Das Europäische Patentsystem

Ingrid Schneider, Dr. phil., ist Privatdozentin für Politikwissenschaft am Fachbereich Sozialwissenschaften der Universität Hamburg.

Ingrid Schneider

Das Europäische Patentsystem

Wandel von Governance durch Parlamente und Zivilgesellschaft

Campus Verlag
Frankfurt/New York

Gedruckt mit Unterstützung des Förderungs- und Beihilfefonds Wissenschaft der VG Wort.

Bibliografische Information der Deutschen Nationalbibliothek
Die Deutsche Nationalbibliothek verzeichnet diese Publikation in der Deutschen Nationalbibliografie.
Detaillierte bibliografische Daten sind im Internet über http://dnb.d-nb.de abrufbar.
ISBN 978-3-593-39306-3

Satz: Marion Jordan, Frankfurt am Main
Druck und Bindung: Druckhaus »Thomas Müntzer«, Bad Langensalza
Gedruckt auf Papier aus zertifizierten Rohstoffen (FSC/PEFC).
Printed in Germany

Besuchen Sie uns im Internet: www.campus.de

Inhalt

Teil II: Empirie

Teil III: Ergebnisse

Dank

Die vorliegende Arbeit wurde vom Institut für Politische Wissenschaft der Universität Hamburg im Jahr 2009 als Habilitationsschrift angenommen. Sie wurde für die Drucklegung bis Juli 2010 aktualisiert.

Ohne Unterstützung von vielen Seiten wäre dieses Buch nicht möglich gewesen.

Dank eines Stipendiums des Hochschulsonderprogramms III konnte ich dieses Projekt, das ursprünglich unter einer anderen Fragestellung stand, aufnehmen, dieser finanziellen Unterstützung zolle ich meinen ausdrücklichen Dank. Die Habilitationsarbeit ist sodann im Rahmen meiner Anstellung als wissenschaftliche Mitarbeiterin der Forschungsgruppe Medizin/Neurowissenschaften des Forschungsschwerpunkts Biotechnik, Gesellschaft und Umwelt (BIOGUM) der Universität Hamburg fortgeführt und abgeschlossen worden. Der Leiterin dieser Forschungsgruppe, Frau Prof. Dr. Regine Kollek, danke ich für die Bereitstellung dieses institutionellen Rahmens, ihre Geduld und den Freiraum zur thematischen Schwerpunktsetzung. Ihr und meinen Kollegen, besonders Jan van Aken, Martin Döring und Günter Feuerstein, danke ich für den interdisziplinären Arbeitszusammenhang und die kollegiale Begleitung.

Frau Prof. Dr. Christine Landfried als Erstgutachterin gebührt mein Dank für die konstruktiven Gespräche und die Zuversicht, die sie in das Gelingen des Werks gesetzt hat, Frau Prof. Antje Wiener, Ph.D., für die bereitwillige Übernahme des Zweitgutachtens und Herrn Prof. Dr. Herbert Gottweis, Wien, für seine Verbindlichkeit als externer Gutachter und als Kommissionsmitglied. Allen dreien bin ich dankbar für den Zeitaufwand der Lektüre, die Zügigkeit, mit der sie ihre Gutachten erstellt haben sowie für den Zuspruch und die disziplinäre Würdigung, desgleichen allen weiteren Mitgliedern der Habilitationskommission, insbesondere Frau Prof. Dr. Marianne Pieper und Prof. Dr. Wolfgang Hoffmann-Riem.

Die spezifische Governance-Perspektive dieser Arbeit wäre nicht möglich gewesen ohne die jahrelange fachliche Auseinandersetzung sowohl mit Wissenschaftlern als auch mit Praktikern. Hier schulde ich besonderen Dank den Abgeordneten und Mitarbeitern von Europäischem Parlament, Europäischer Kommission und Deutschem Bundestag, die mir in vielen Gesprächen ihre jeweiligen Sichtweisen vermittelt haben. Ebenso gilt dieser Dank den Mitarbeitern des Europäischen Patentamtes, insbesondere Dr. Georg Artelsmair, Dr. Konstantinos Karachalios, Frau Bettina Reichl, Dr. Berthold Rutz und Dr. Pierre Treichel, die bereit waren, in einen intensiven Gedankenaustausch mit mir zu treten, desgleichen Herrn Dr. Dieter Schneider vom Deutschen Patent- und Markenamt. Wertvolle Informationen erhielt ich von Frau Dr. Ruth Tippe, der ich an dieser Stelle stellvertretend für weitere zivilgesellschaftliche Organisationen danken möchte. Gleichermaßen danke ich allen anderen Gesprächspartnern, die im hinteren Teil dieser Arbeit aufgeführt sind.

Für wichtige Diskussionen und juristische Rückversicherungen möchte ich Frau Prof. Dr. Christine Godt meinen herzlichen Dank aussprechen. Wertvolle Anregungen habe ich von Dr. Henk van den Belt, Wageningen, erhalten. Die aufmerksame Begleitung und der fachliche Gedankenaustausch per email mit Egil Kallerud, Oslo, haben wesentlich zur Fertigstellung der Arbeit beigetragen, ihm gebührt großer Dank. Frau PD Dr. Ursula Mihciyazgan danke ich für die äußerst gelungene Verbindung von Empathie und Distanz, in der sie mir Beistand geleistet hat. Die beiden letztgenannten sowie zwei Patentprüfer haben einzelne Kapitel der Arbeit kommentiert, für ihr Feedback und wichtige Hinweise bin ich dankbar, auch wenn ich nicht alle Anmerkungen berücksichtigen konnte. Für guten Rat zu richtigen Zeit fühle ich mich Bernhild Schrand zu Dank verpflichtet.

Monika Hansen und Claudia Benrad danke ich für die Literaturbeschaffung und die Hilfe bei der Fertigstellung des Manuskripts, Birgit Sonntag und Margarethe Winnicki für die Unterstützung bei der Erstellung von Grafiken und Marko Silvestric für den computertechnischen Beistand.

Meinem Lebensgefährten Dr. Matthias Stritzel bin ich sehr dankbar für seinen Humor, ihm und unseren Kindern Manuel und Laura gilt meine Dankbarkeit für das lebenspralle Gegengewicht zu den akademischen Höhen und das Mittragen der Belastungen, die diese Bergbesteigung auch für sie mit sich gebracht hat. Allen Freundinnen und Freunden danke ich für ihr Verständnis, ihren Rückhalt und ihre Ermutigung.

Last but not least möchte ich mich bei allen Gesprächspartnern bedanken, die an dieser Stelle ungenannt geblieben sind oder die es zu ihrem eigenen Schutz vorgezogen haben, anonym zu bleiben.

Dem Förderungs- und Beihilfefonds Wissenschaft der VG Wort bezeuge ich meinen Dank für die großzügige finanzielle Unterstützung zu der Drucklegung und dem Campus Verlag für die Aufnahme in das Verlagsprogramm.

Einleitung

Das Patentrecht gilt als eine Art »Geheimwissenschaft«, die aufgrund der dafür benötigten naturwissenschaftlichen Fachkenntnisse selbst für Juristen schwer zugänglich ist (vgl. Adrian 1996: 6). Lange Zeit blieb das Feld Spezialisten überlassen. Umso erstaunlicher ist es, dass diese »dry and dusty corner of the law« (Emmott 2001: 374) in den Fokus lange andauernder politischer Kontroversen gerückt ist. Diese Studie liefert hierfür Erklärungen, indem sie exemplarisch an dem besonders konfliktiven Politikprozess um die Patentierung in der Biotechnologie aufzeigt, wie in diesem Politik- und Technologiefeld das Patentrecht politisiert wurde.

Der Titel dieses Buchs lautet »Das Europäische Patentsystem. Wandel von Governance durch Parlamente und Zivilgesellschaft«. Ihm liegt die Hypothese zugrunde, dass die EU-Biopatentrichtlinie und die heftigen Kontroversen, von denen sie begleitet war, sowohl Ausdruck wie Auslöser für Transformationen in der Governance des europäischen Patentsystems ist. Ausgangspunkt der Studie ist daher die Richtlinie »über den rechtlichen Schutz biotechnologischer Erfindungen« (98/44/EG), die vom ersten Entwurf 1988 bis zur Verabschiedung 1998 zehn Jahre in Anspruch nahm und bis zur endgültigen Implementierung in den nationalen Mitgliedsstaaten der Gemeinschaft noch einmal rund ein Jahrzehnt benötigte. Die Rahmendaten dieses zwanzigjährigen Politikprozesses bestimmen auch den Untersuchungszeitraum von 1988 bis 2010.

Die Untersuchung ist nicht nur empirisch, sondern auch theoretisch ausgerichtet, denn um diese Transformationen angemessen beschreiben zu können, bedarf es eines theoretischen Rahmens. Deshalb werden im ersten Teil dieses Buchs in einem Theorie- und Grundlagenteil zum einen Governance-Theorien sowie das politologische Instrumentarium und die Methodologie für die Policy-Analyse von Governance-Prozessen diskutiert. Zum anderen werden in Bezug auf den Forschungsgegenstand die Grundstrukturen des europäischen Patentsystems, das heißt seine Geschichte, seine Kriterien der Patentierbarkeit, seine Patenttheorien, seine institutionelle Verfasstheit und die »Vorgeschichte« seiner Governance im Bereich der Biotechnologie aufgezeigt. Um der Frage nachzugehen, *was* sich transformiert hat und *wie* sich dieses – nicht zuletzt durch die Kontroversen – vollzogen hat, werden dabei wichtige Aspekte herausgearbeitet, die im zweiten, empirischen Teil weiter verfolgt werden, denn die Transformationen des Patentsystems haben mehrere Dimensionen: In prozeduraler Hinsicht betreffen sie das Verhältnis zwischen der Selbstregulation des Patentsystems und seiner legislativen Governance. In inhaltlicher Hinsicht geht es unter anderem um die Reichweite und die Grenzen des Patentschutzes, aber auch um die Resonanz und Responsivität für die Innovationsförderung und andere soziale, ökonomische und normative Anliegen, die vor allem von Parlamenten und Zivilgesellschaft an das Patentrecht herangetragen wurden. In institutioneller Hinsicht kommen die besonderen Charakteristika des europäischen Patentsystems ins Blickfeld, welches nicht auf die EU beschränkt ist, sondern eine eigene supranationale Doppelstruktur ausgebildet hat.

Die vorliegende Studie fokussiert auf das Patentrecht in der Biotechnologie und konzentriert sich dabei auf die biomedizinischen Anwendungsbereiche. Obgleich in der EU-Biopatentrichtlinie 98/44/EG auch die Patentfähigkeit von Pflanzen und Tieren behandelt wurde, bleiben diese Aspekte ausgeklammert, da sie eine Fülle weiterer Bereiche – etwa von Ernährungssicherung, Umwelt, Tierschutz, Biodiversität – berühren, die den Rahmen dieses Buchs gesprengt hätten. Darüber hinaus ist die Fokussierung auf die biomedizischen Anwendungsfelder dadurch gerechtfertigt, dass gesellschaftliche Konflikte sich an dem besonderen Gegenstand, dem Patentschutz auf »lebende Materie« entzündeten, die Kontroversen sich auf diese humanmedizinischen Bereiche konzentrierten und damit die wesentlichen Gesichtspunkte erfasst werden.

Gleichwohl war der Konflikt kein bloßer Technologiekonflikt, sondern ist als Teil von emergenten neuen Konfliktkonstellationen zu bewerten, die im Zusammenhang mit der Aufwertung von Immaterialgüterrechten stehen. Daher handelt es sich nicht um einen singulären Prozess, sondern es können daran exemplarisch einige Konfliktfelder verdeutlicht werden, die in breitere Entwicklungslinien eingebettet sind. So ist hervorzuheben, dass das Patentrecht – zusammen mit anderen Immaterialgüterrechten wie dem Urheberrecht, dem Markenrecht sowie weiteren gewerblichen Schutzrechten – in den vergangenen beiden Jahrzehnten international eine erhebliche Bedeutungsaufwertung erfahren hat, offensichtlich sind Patente zu einer »Währung der wissensbasierten Ökonomie« geworden (Guellec/van Pottelsberghe 2007).

Das Konzept der »wissensbasierten Ökonomie« wurde 1996 von der OECD formuliert und hat seither als Leitbegriff und Vision eine erstaunliche politische Karriere gemacht. Manche meinen zwar, es handele sich dabei lediglich um eine Umetikettierung von »Wissenschafts- und Technologiepolitik«, in der gleichzeitig der in Technikkonflikten ambivalent gewordene Begriff des »wissenschaftlich-technischen Fortschritts« durch den wohlklingenden Terminus der »Innovation« ersetzt wurde. Andere argumentieren hingegen, dass dieser Begriff einen grundlegenden Strukturwandel von globalisierten Industriegesellschaften im

Übergang hin zu Wissens- oder Informationsgesellschaften bezeichnet, in denen die Produktion und der Handel mit immateriellen, stofflosen Gütern – Dienstleistungen, Informationen und Wissen – entscheidend für die Zukunft dieser Ökonomien sei (Stehr 1994, Albert et al. 1999, Böschen/Schulz-Schaeffer 2003, Pahl/Meyer 2007). Die Europäische Kommission stilisiert den »freien Wissensverkehr« inzwischen zur »fünften Grundfreiheit« des Binnenmarktes (EUC 2007).

Einige Auguren deuten dies als Umbruch zu einer »Wissensordnung«, in der Wissen zu einer Produktivkraft und Schlüsselressource werde und neben der Rechts- und Wirtschaftsordnung einen gleichwertigen Rang als Grundordnung der Gesellschaft einnehme (Spinner 1994: 50). Vor dem Hintergrund des Heraufziehens einer »wissensbasierten Ökonomie« ist der Zugang zu Wissensressourcen, die private, öffentliche oder gemeinnützige Produktion von Wissen und seine Aneignung, Zirkulation und Diffusion zu einem relevanten Thema geworden, das sich in einer wachsenden Zahl von Policy-Konflikten in verschiedenen Politikarenen widerspiegelt. In diesem Sinne wären die Konflikte um das zum *›cornerstone of economic activity‹* (Gowers 2006: 3) aufgerückte »geistige Eigentum« als Konflikte um Regeln, Allokations-, Verteilungs- und Machtverhältnisse in dieser neuen, heraufziehenden Ordnung zu verstehen, in denen unter anderem die Frage verhandelt wird, ob Wissen Ware und Eigentum oder aber ein Kollektivgut ist (Hofmann 2006). Die Modi des Schutzes »geistigen Eigentums« in der *économie de l'immatériel* (Lévy/Jouyet 2006) sind daher als Formen der Regulation von Wissensmärkten und -ökonomien zu begreifen. Womöglich, so wiederum eine andere Einschätzung, handelt es sich bei den Auseinandersetzungen indes vor allem um das Manifestwerden von Konflikten, die von jeher im Patentrecht und anderen gewerblichen Schutzrechten angelegt waren, jedoch lange Zeit latent geblieben sind.

Die vorliegende Arbeit nimmt diese Deutungsmuster interessiert zur Kenntnis, will sich aber nicht an diesen zeitdiagnostischen Einschätzungen oder politökonomischen Debatten beteiligen. Vielmehr ist es zentrales Anliegen der Untersuchung, zu eruieren, wie *in* diese Konflikte selbst, die sich im Rahmen von Gesetzgebungsprozessen vollzogen haben, unterschiedliche Deutungsmuster eingegangen sind, wie diese sich im Verlauf des Politikprozesses verändert haben und zu welchen Schließungsprozessen es dabei gekommen ist. Diese eher induktive Perspektive wird in eine breitere Governance-Perspektive eingeordnet. Es geht also nicht darum, in normativer Absicht Stellung zu beziehen dazu, welches Deutungsmuster plausibler oder analytisch und argumentativ überlegen war, sondern darum herauszuarbeiten, wie sich *durch* den Prozess der Bestreitungen und Anfechtungen tradierter patentrechtlicher Axiome und Deutungsmuster sowie das Gesetzgebungsverfahren selbst neue Konzeptionen, aber auch

Regelungsmuster entwickelten, die wiederum ihren Niederschlag in Akteuren und Strukturen gefunden haben.

In Bezug auf den »Umbruch« hin zur Wissensordnung ist darauf hinzuweisen, dass sich die Biopatentkontroverse durchaus auch als impliziter Kommentar dazu lesen lässt, dass Wissen keineswegs immer »stofflos« ist, sondern an materielle Entitäten gebunden ist und sich in ihnen verkörpert, dass aber gleichzeitig der Patentschutz in seinem Schutzbereich auch auf die rechtliche Inanspruchnahme von »Stoffen« als Erfindungen ausgegriffen hat. Dieser Bedeutungsgewinn von Immaterialgüterrechten im Übergang zu Wissensgesellschaften hat gleichzeitig dazu geführt, dass Konflikte im Zusammenhang mit solchen rechtlich geschaffenen Gütern, die Wissen marktfähig machen, offenbar wurden und diese »geistigen Eigentumsrechte« neue Reibungsflächen erzeugen. Diese Politisierung von *Intellectual Property Rights* hat wiederum das Interesse von Politik-, Sozial- und Geisteswissenschaftlern an diesen Themenstellungen geweckt, sodass das Politikfeld nicht mehr nur Juristen und den in jüngerer Zeit wieder in stärkerem Maße engagierten Ökonomen überlassen bleibt, sondern zunehmend auch Stimmen aus anderen Disziplinen zu hören sind.

Mit dieser Studie soll nicht nur ein politologischer Beitrag zur interdisziplinären Diskussion über Intellectual Property Rights geleistet werden, es wird darüber hinaus ein neues Politikfeld – die Immaterialgüterrechte – für die politikwissenschaftliche Analyse eröffnet.

In einem weiteren Sinne sieht sich die vorliegende Arbeit als Beitrag zur Governance-Forschung, zur Policy-Analyse, zur europäischen Integrationsforschung, zur Parlamentarismusforschung, zur Rechtspolitologie, sowie zur politikwissenschaftlichen Technikforschung bzw. allgemeiner zu den Studien im Rahmen des interdisziplinären Forschungsgebiets der Science and Technology Studies (STS), die ich im folgenden kurz umreissen werde.

Da die Governance-Forschung und die Methodologie der Policy-Analyse, insbesondere in ihrer neueren diskurstheoretisch und Frame-analytisch angelegten Ausprägung, in den ersten beiden Kapiteln dieses Buchs ausführlich diskutiert werden, beschränke ich mich hier darauf, auf einige Anschlüsse hinzuweisen, bevor ich die Relevanz dieser Arbeit für die weiteren oben genannten politologischen Forschungsgebiete skizziere.

Diese Studie leistet erstens einen Beitrag zur *Governance-Forschung* insoweit sie auf die Verschränkung von horizontaler und vertikaler Governance (Mayntz 1998) und auf bisher wenig berücksichtigte Governance-Dimensionen der Problemwahrnehmung sowie der Prozesse, mittels derer divergierende und konkurrierende Deutungsmuster in Einklang gebracht werden können, hinweist. Die Fokussierung auf einen hartnäckigen Policy-Konflikt und seine Bewältigung durch parlamentarische Gesetzgebungsprozesse kann zudem zum besseren Verständnis von Persistenz und Wandel von Governance-Konfigurationen im Zusammenhang mit demokratischer Legitimation beitragen.

Dementsprechend richtet sich zweitens die *Policy-Analyse* des Politikprozesses darauf, wie der Text eines Gesetzentwurfes entstanden ist und verfolgt, durch welche institutionellen und substantiellen, insbesondere parlamentarischen Prozesse dieser Text immer wieder »umgeschrieben« wurde bis hin zum letztlich verabschiedeten Gesetz. Hierzu nehme ich Bezug auf das inzwischen breit etablierte Forschungsgebiet der Politikfeldanalyse (Windhoff-Héritier 1987; Schubert/Bandelow 2003) und setze darin mit der Vorstellung, theoretischen Diskussion und empirischen Anwendung der Frame-Analyse als diskursanalytischem Ansatz einen eigenen Akzent (Kap. I.B und II.C). Die Frame-Analyse (Schön/Rein 1994) wird dabei sowohl als eine Forschungsmethodik verwendet, die dazu dient, die in der Governance-Perspektive aufgeworfene Fragestellung nach der Annäherung von konträren Deutungsmustern zu beantworten. Sie wird darüber hinaus als ein Konzept betrachtet, das der Bedeutung von Sprache, Ideen und Diskursen im Verhältnis zu den politikwissenschaftlichen Basiskategorien von Akteuren und Strukturen im Zusammenhang mit Macht ein angemessenes Gewicht verleiht. Damit beziehe ich mich auf die »argumentative Wende« der Policy-Analyse (Majone 1989, Fischer/Forester 2003), die auf die Bedeutung von Sprache als Element von Wirklichkeitskonstitution sowie auf die Rolle von Diskurskoalitionen (Hajer 1993) zur Formierung und Durchsetzung politischer Meinungs- und Willensbildungsprozesse abhebt.

Durch die Diskurs- und Frame-Analyse können sprachwissenschaftliche, philosophische, sozial- und kommunikationstheoretische Ansätze für die Politikwissenschaft fruchtbar gemacht werden, was auch zur Reflexion und Weiterentwicklung der tradierten Policy-Arenen-Forschung (Lowi 1972) beitragen und an die klassische politische Ideenlehre anschließen kann (Goldstein/Keohane 1993).

Diese Studie leistet drittens einen Beitrag zur *europäischen Integrationsforschung*, denn insbesondere die empirische Untersuchung zur Biopatent-Richtlinie behandelt insoweit ein geradezu prototypisches Thema der europäischen Integration, als sie einen EU-Gesetzgebungsprozess vom »Anfang bis zum Ende«, das heißt vom ersten Gesetzentwurf der Kommission bis hin zur Verabschiedung und zur Implementierung in jedem EU-Mitgliedsstaat rekonstruiert. Damit werden klassische Themen der Integrationsforschung wie die Integration durch Recht, die institutionelle Entwicklung und die Rolle von Policy-Netzwerken tangiert (vgl. Wiener/Diez 2004; Jachtenfuchs/Kohler-Koch 1996; Kohler-Koch/Eising 1999). Dieses durchaus exemplarische und »normale« EU-Gesetzgebungsverfahren und seine nationale Umsetzung weist allerdings einige für die politikwissenschaftliche Forschung besonders reizvolle Charakteristika auf:

- Der Politikprozess sticht durch die Länge seines Bearbeitungsverfahrens von insgesamt fast zwei Jahrzehnten Dauer heraus. Dies ist allein schon bemerkenswert anhand von Debatten über »sunset clauses« für Gesetze, bei denen »Verfalls«- Fristen von fünf bis zehn Jahren avisiert werden. Es wirft nicht zuletzt Fragen nach der Problemlösungsadäquanz und dem »Veralten« von Gesetzen in von besonders hoher Dynamik gekennzeichneten Innovationsfeldern auf. Gleichzeitig verweist es auf die doppelte, gleichermaßen reaktive wie antizipative Temporalität einer jeden Legislation und damit ihre Temporalitätsparadoxien: Gesetzgebung regelt Probleme, die in der Vergangenheit entstanden sind, verbindlich für die Zukunft. Sie ist daher einerseits auf größtmögliche Präzision angelegt, bleibt aber andererseits notwendig generalklauselhaft, um zukünftige Tatbestände umgreifen zu können.
- Der Prozess umfasst die gesamte Struktur der Europäischen Union, denn das Gesetzgebungsverfahren hat alle Gemeinschaftsinstanzen durchlaufen, inklusive der gerichtlichen Überprüfung anhand einer Nichtigkeitsklage vor dem EuGH, sowie einer Klage und Verurteilung mehrerer Mitgliedsstaaten wegen Säumnissen in der Umsetzung.
- Beide Faktoren verweisen auf die außerordentlich hohe Konfliktträchtigkeit, auch wenn oder weil diese Konflikte sich in geringerem Maße innerhalb des Parlaments als parteipolitischer Konflikt, sondern vielmehr als Konfliktkonstellation zwischen Parlament versus Kommission und Rat abzeichneten.
- Der Prozess verweist auf eine Veränderung in der Struktur der EU, denn der untersuchte Politikprozess fällt in eine Phase der Erweiterung der Mitbestimmungsrechte des Europäischen Parlaments durch das Kodezisionsverfahren nach dem Maastrichter Vertrag. Da das Parlament dabei erstmals seine Vetomacht nutzte und nach einem Vermittlungsverfahren die Richtlinie 1995 zunächst zu Fall brachte, wurde der Machtstatus des Parlaments erhöht, sodass ihm in der nachfolgenden Phase in weitaus höherem Maße Rechnung getragen werden musste. Daher hatte die Richtlinie 98/44/EG ebenfalls bedeutsame Konsequenzen für die Qualität der Governance-Struktur zwischen den Organen der Gemeinschaft.
- Wie an diesem Politikprozess deutlich wird, muss die europäische Integrationsforschung bisweilen über das gemeinschaftsrechtliche europäische Mehrebenensystem hinausgehen, da hier auch die Interaktion der Europäischen Union mit anderen supranationalen Organisationen – hier der Europäischen Patentorganisation – berührt ist. Insofern bietet die Arbeit eine aufschlussreiche Fallstudie dazu, in welcher Weise die EU mit anderen europäischen Organisationen interagiert, welche einander rechtlich nicht unterworfen sind, aber dennoch einer gewissen Koordination und Harmonisierung bedürfen.

– Die ausführliche Untersuchung des Politikprozesses zur Umsetzung der Richtlinie in Deutschland sowie der Implementierungsergebnisse in den EU-Mitgliedsstaaten und in weiteren Ländern stellt nicht zuletzt deshalb einen interessanten Beitrag zur europäischen Implementierungsforschung dar, weil darin Änderungen und Erweiterungen zum EU-Richtlinientext eingegangen sind und damit die Frage nach dem Verhältnis zwischen Konvergenz und Differenz aufgeworfen wird.

Allein die vorgenannten Gesichtspunkte machen bereits deutlich, dass mit dieser Studie nicht nur inhaltlich, sondern auch methodisch ein relevanter Beitrag zur europäischen Integrationsforschung geleistet wird, weil sie mit einem doppelten Zugriff, nämlich zum einen mit einer Policy-Analyse, zum anderen mit einer diskursanalytisch fundierten Frame-Analyse arbeitet, die neue Wege für die Analyse von Politikprozessen aufzeigt.

Die vorliegende Arbeit lässt sich viertens in der *Parlamentarismusforschung* verorten. Dazu ist anzumerken, dass zwar ein Zweig politikwissenschaftlicher Analysen sich durchaus der spezifischen Rolle des Europäischen Parlaments (Corbett 2002, Landfried 2003, Maurer/Nickel 2005, Rittberger 2005) und seinem Machtzuwachs als Ko-Legislator gewidmet hat (vgl. Tömmel 2003), dass aber die deutsche Parlamentarismusforschung im vergangenen Jahrzehnt insgesamt eher ein Stiefkind der Disziplin geworden ist. Es scheint, als seien »die großen Debatten über den ›Parlamentarismus schlechthin‹ zu Ende« (von Beyme 1999: 176), jedenfalls hat sich die klassische politikwissenschaftliche Parlamentarismusforschung sehr weit auf die Struktur und Organisation von Parlamenten, ihre Funktionskataloge (Wahl, Gesetzgebungs- Kontroll- und Kommunikationsfunktionen) sowie in jüngerer Zeit auf die Transformationsprozesse durch Trans- und Supranationalisierungsprozesse konzentriert (vgl. Patzelt 2004). Womöglich ist es gerade die Governance-Forschung mit ihrem Fokus auf »neue« und »weiche« Formen der Steuerung sowie auf netzwerkartige Kooperations- und Koordinationsprozesse, die häufig *das* traditionelle Instrument demokratischer Willensbildung sowie der Kontrolle der Regierung in repräsentativen, liberalen Demokratien aus dem Blickfeld des Fachs verdrängt hat.[1] In diesem Zusammenhang beklagte von Beyme für das Fach ebenfalls, dass die Gesetzgebung für die Policy-Forschung mit einer »obsoleten Zentralperspektive« (1997: 11) verbunden gewesen und deshalb den Juristen überlassen worden sei. Tatsächlich zählen Parlamente in Policy-Analysen und Governance-Studien zu stark vernachlässigten kollektiven Akteuren. Entweder werden Regierungen als wichtigste staatliche Akteure untersucht oder andere Spieler wie

1 Siehe die These vom »post-parlamentarischen Zeitalter« (Benz 1998), sowie die Abgesänge auf das Parlament, die Klage über Entparlamentarisierungsprozesse und die alte Parlamentarismuskritik als Parteien- und Verbändeherrschaft, vgl. im Überblick: Marschall 2005.

etwa transnationale Unternehmen, internationale Institutionen oder Nichtregierungsorganisationen sind favorisierte Forschungsgegenstände in supranationalen Arenen. Parlamentarische Deliberations- und Aushandlungsprozesse, wie sie in Ausschüssen und Plenarsitzungen stattfinden, werden zudem in einer mediatisierten Welt häufig marginalisiert, und dies spiegelt sich in der Forschung wider. Das bedeutet aber auch: Wenn parlamentarische Prozesse nicht mehr analysiert werden, wird die Bedeutung des Parlaments zwangsläufig weiter unterminiert.

Ich habe deshalb in meiner Rekonstruktion des Politikprozesses in den Mittelpunkt gerückt, wie Parlamente neue Sichtweisen in die politische Debatte einbrachten, wie sie diese in den parlamentarischen Deliberationen und in Aushandlungsprozessen mit der Kommission und dem Rat auf EU-Ebene sowie mit der Regierung und der Ministerialbürokratie auf nationaler Ebene durchsetzten oder aber damit scheiterten. Dabei wird sichtbar, wie responsiv und gleichzeitig konstruktiv Parlamente mit hartnäckigen Kontroversen, die zunächst aus der Zivilgesellschaft artikuliert wurden, umgingen und wie sie diese einem Schließungsprozess zuführen konnten. Insofern zeigen die Ergebnisse meiner empirischen Untersuchung, dass es sich lohnt, den Prozessen in den Parlamenten wieder mehr Aufmerksamkeit in der Analyse zu schenken und Parlamenten als unerlässlichen und unverzichtbaren Organen demokratischer Willensbildung und Entscheidungsprozessen wieder mehr Anerkennung zu zollen.

Ein fünfter Forschungsstrang, dem sich dieses Buch politikwissenschaftlich zuordnet, ist die *Rechtspolitologie*, denn in dieser Arbeit fokussiere ich auch auf Prozesse der rechtlichen Selbstregulation und des Einflusses von epistemischen rechtlichen Gemeinschaften auf Politikprozesse (Kapitel I.E) sowie auf die Interaktion zwischen Judikative und Legislative und die Bedeutung der Rechtsauslegung für die Rechts-Evolution (Kapitel I.F).

Die Rechtspolitologie hat sich Mitte der 1970er Jahre im Arbeitskreis »Politische Rechtstheorie« der Deutschen Vereinigung für Politische Wissenschaft (DVPW) konstituiert und 1985 ein erstes Lehrbuch vorgelegt (Görlitz 1985) sowie eine »Jahresschrift für Rechtspolitologie« und eine Schriftenreihe begründet (vgl. Görlitz/Voigt 1989; Voigt 1993, 2000). Dass sie dennoch in Deutschland eher im Schatten des politikwissenschaftlichen Mainstreams blieb, führt Voigt (2006: 66) auf historische Faktoren wie die Ansiedelung der ersten politologischen Lehrstühle an philosophischen Fakultäten und die bewusste Abtrennung vom öffentlichem Recht zurück, obgleich einige Gründerväter der Politikwissenschaft in der Bundesrepublik, wie etwa Ernst Fraenkel, Franz Neumann und Karl Löwenstein Juristen waren (vgl. Bleek 2001). Wenn es nur selten zu Brückenschlägen zwischen Politischer Wissenschaft und Rechtswissenschaft gekommen ist, so mag dies auch mit Vorbehalten der Jurisprudenz gegenüber der Rechtspolitik zu tun haben (Fromme 2004). Die Pflege des Rechtspositivismus durch Juristen einerseits, die von Politologen als »Mythos vom ›unpolitischen‹, ›objektiven‹ Recht« (van Ooyen/Möllers 2006: 11) geschmäht wurde und Versäumnisse der Politikwissenschaftler andererseits, die in einem Akt »partieller Selbstentmündigung« (Seibel 2003: 221) das Recht den Juristen überlassen und damit die problematische Trennung von Politik und vermeintlich unpolitischem Recht reproduziert haben, haben disziplinäre Spannungen erzeugt, die bis heute nicht überwunden sind. Obgleich mit dem Ende der reformierten Juristenausbildung der Einbezug der Sozialwissenschaften in die universitären Rechtsfakultäten abgeschafft wurde, scheint gleichwohl inzwischen das Interesse der beiden Disziplinen aneinander neu zu erwachen (vgl. Bora 2003b, Becker/Zimmerling 2006). So setzt sich die Rechtspolitologie mit dem Zusammenspiel von Recht und Politik auseinander und macht das Recht als Steuerungsmedium und seine Institutionen als Regulationsinstanzen explizit zum Forschungsgegenstand. Sie befasst sich nach der tradierten politologischen Begriffstrias erstens mit der Polity-Dimension, also den Strukturen und Formen von Recht wie etwa dem Rechtsstaat und Verrechtlichungstypen, wie auch zweitens in der Policy-Dimension mit den politischen Funktionen und Inhalten von Recht, sowie drittens hinsichtlich der Politics-Aspekte mit den politischen Abläufen der Rechtsentstehung, Rechtsanwendung und Rechtsinterpretation (Voigt 2006: 67). In Verbindung mit der rechtswissenschaftlichen Governance- und Verwaltungsforschung geht es dabei auch um die Möglichkeitsbedingungen der Politikgestaltung durch Recht und den Einsatz von Recht als Governance-Instrument (vgl. Hoffmann-Riem/Schmidt-Aßman/Schuppert 1993, Schuppert 1998).

Schließlich leistet diese Studie sechstens einen Beitrag zur *politikwissenschaftlichen Technikforschung* (vgl. Martinsen/Simonis 1995, Simonis/Martinsen/Saretzki 2000) bzw. allgemeiner zur sozial- und kulturwissenschaftlichen Technik- und Innovationsforschung (Hackett 2008). Dies ist darin begründet, dass das Patentrecht in besonderer Weise als technologie- und innovationsstimulierendes Recht gilt, das in erster Linie wirtschaftspolitische Funktionen hat. Da die Kontroversen im untersuchten Politikprozess sich auch um das Spannungsfeld zwischen »Innovationsfreiheit und Innovationsverantwortung« (Eifert/Hoffmann-Riem 2008) drehten, ging es nicht zuletzt um die Frage, ob und inwieweit in das Patentrecht innovationsregulierende Dimensionen eingeschrieben werden können und sollen. Wenn die Technikgeneseforschung betont, dass Innovationsentwicklung ein sozialer Prozess ist, in dem wichtige Weichen gestellt und soziale Gestaltungsoptionen eröffnet werden (Rammert 1993, 1994), wird technische Innovation – in Übereinstimmung mit der politologischen Technikforschung – als gestaltungsfähig und gestaltungsbedürftig angesehen (Martinsen 1997; Abels/Bora 2004). Allerdings zeigen die Erkenntnisse der Technikforschung auch, dass die Gestaltungsspielräume des Rechts sich mit zunehmender, sozial eingebetteter Technikentwicklung und -diffusion zu verengen scheinen. Denn limitierende und in normativer Hinsicht eingrenzende Potentiale von Recht greifen eher spät in technische Innovations- und Diffusionsprozesse ein, und regulatives, eingrenzendes Recht besteht vor allem in Folgenkontrolle, nicht aber in pro-aktiver Einflussnahme auf technische Entwicklungslinien (Wolf 1992).

Da das Patentrecht sich gewissermaßen an der »vordersten Front« der Innovation bewegt und als früh einsetzender rechtlicher Steuerungsmodus für technische Innovation anzusehen ist, böte es insofern potentiell einen Ansatzpunkt für eine frühe und begleitende Innovationsgestaltung, die sowohl Innovation ermöglicht und freisetzt, als auch diese in einen »Korridor der Gemeinwohlverträglichkeit« einbindet, wie es die juristische Innovationsforschung in Zusammenhang mit Governance-Modellen als Leitbild fordert (Hoffmann-Riem 2006). Da ich an anderer Stelle die Frage diskutiert habe, ob und inwieweit sich das Patentrecht hierzu eignet (vgl. Schneider 2008), werde ich in dieser Arbeit hierauf nicht weiter eingehen. Gleichwohl werden hier ausführlich die Wirkungen von Patentschutz behandelt, und insofern sind zugleich auch Anschlüsse an die sozialwissenschaftliche, demokratietheoretisch fundierte Wirkungsforschung zu finden, zu der insbesondere die Technikfolgenabschätzung und -bewertung (Westphalen 1997; Grunwald 2002; Renn 2008) sowie die Gesetzesfolgenabschätzung (Böhret/Konzendorf 2001, vgl. Bora 2003a) wichtige Beiträge geleistet haben, an welche die juristische Innovations- und Governanceforschung anknüpft (Hoffmann-Riem 2005, 2006, Trute et al. 2007).

Wichtig ist es mir, darauf hinzuweisen, dass die Herausforderung derartiger Policy-Forschungen in der Paradoxie liegt, dass unerwünschte Implikationen, sei es von Technik oder von Recht (vgl. Roßnagel 1997, 2001), zu antizipieren sind, *um* zu verhindern, dass sie eintreten. Es geht damit in einem generelleren Sinn um den Anspruch auf die Beeinflussung und Regelung von etwas Neuem, *bevor* es Wirklichkeit geworden ist, was Dieter Sauer und Christa Lang (1999) mit dem Begriff der »Innovationsparadoxien« beschrieben haben. Diese Studie will deutlich machen, dass die Art und Weise des Patentschutzes auf technologische Entwicklungspfade (Trajektorien) einwirkt und dass – allgemeiner gesprochen – Patentschutz nolens volens immer auch regulative Implikationen hat, ob diese nun latent bleiben oder explizit werden. Sie versteht sich als Plädoyer für eine »Patentfolgenabschätzung« insofern, als sie sich dafür einsetzt, die Wirkung der Patentspielregel auf andere soziale Prozesse und Funktionssysteme zu eruieren und damit das Funktionssystem Patentrecht sich selbst und der Gesellschaft gegenüber transparenter und reflexiver zu machen.

Damit ist der Beitrag dieser Studie zur politologischen Forschung zur Governance, zur Policy-Analyse, zur europäischen Integration, zum Parlamentarismus sowie zur Rechtspolitologie und nicht zuletzt für die Technikforschung und die Science and Technology Studies (STS) umrissen.

Ziel der Untersuchung ist es nicht nur, zu einem besseren Verständnis der Governance des Patentsystems beizutragen, sondern auch das Potential, zu einer Neukonzeption des Patentrechts zu gelangen, zu verdeutlichen. Es werden Optionen aufgezeigt, dieses Potential, das sich im Politikprozess vergegenwärtigt hat, zu heben und damit dauerhaft zu höherer Transparenz und Responsivität des Patentsystems als einer demokratischen Gestaltungsaufgabe beizutragen.

Zum Forschungsfeld, in das diese Studie sich einordnet, ist darüber hinaus anzumerken, dass ich für die Untersuchung vor allem auf rechtswissenschaftliche und wirtschaftswissenschaftliche Sekundärliteratur, sowie auf naturwissenschaftliche und philosophisch-ethische Fachliteratur zurückgegriffen habe, da der deutsche Implementierungsprozess der Richtlinie sowie ihre Umsetzung in anderen EU-Mitgliedsstaaten bisher noch nicht in übergreifender Weise wissenschaftlich aufgearbeitet wurde und es bisher kaum politologische Darstellungen des europäischen Patentsystems (mit Ausnahme von Artelsmair 2004) gibt. Bezüglich empirischer Fallstudien zur EU-Biopatentrichtlinie liegen bereits einige juristische Darstellungen (Lausmann-Murr 2000, Zintler 2002, Barton 2004) vor, die allerdings die politischen Entscheidungsprozesse kaum abbilden. Außerdem hat Pernicka 2001 eine politologische Untersuchung veröffentlicht, die jedoch einen methodologischen Ansatz vertritt, der auf Sabatiers Akteurskoalitions-Framework und dem polit-ökonomischen regulationstheoretischen Ansatz basiert. Diese Arbeiten unterscheiden sich daher in ihren disziplinären, theoretischen und methodologischen Ansätzen von meinem Policy- und Frame-analytischen Zugang und der übergeordneten Governance-Perspektive.

Die Darstellung meiner Untersuchung gliedert sich, wie oben kurz angedeutet, in zwei große Blöcke, in einen Theorie- und Grundlagenteil (I.) und in einen Empirieteil (II.). Welche Aspekte in den einzelnen Kapiteln dieser Blöcke behandelt werden, werde ich nun kurz vorstellen.

Zunächst zum Teil I: Während in den ersten beiden Kapiteln eine politologische Grundlegung der Untersuchung geleistet wird, stehen in den folgenden vier Kapiteln das Patentrecht und Patentsystem im Vordergrund.

Das erste Kapitel A des ersten Teils zu Theorien und Grundlagen des Europäischen Patentsystems befasst sich mit der politologischen Governancetheorie. Es referiert verschiedene *Governance*-Konzepte und begründet, warum Parlamente einen unverzichtbaren Bestandteil von *Government* darstellen und welche Bedeutung ihnen insbesondere bei Kontroversen und in hartnäckigen Policy-Konflikten zukommt. Um die eingangs mit dem steuerungstheoretischem Ansatz von Renate Mayntz bereits aufgeworfene Frage nach der Verknüpfung zwischen horizontaler und vertikaler Governance genauer untersuchen zu können, wird hier auch auf das von Habermas und Peters entwickelte Schleusenmodell Bezug genommen. Dieses Modell ist nicht zuletzt insofern hilfreich, als damit zivilgesellschaftliche Problematisierungen in ihrer Bedeutung für Transformationen in der Governance eines Politikfelds besser erfasst werden können.

Kapitel I.B ordnet die Studie in die Politikfeldanalyse ein und stellt die Diskursanalyse als spezifische Form der Policy-Analyse vor. Der Schwerpunkt liegt sodann in der Darstellung der Frame-Theorie, ihren Wurzeln, Begriffsdefinitionen und den Merkmalen und Funktionsweisen von Frames. Dabei werden verschiedene Frame-Typologien und die Unterscheidung zwischen zwei wesentlichen Frame-Konstellationen vorgestellt. Die Fokussierung auf die »antagonistische« Frame-Konstellation in Policy-Kontroversen leitet über zur Analyse von Frame-Dynamiken und zur Darstellung des Konzepts des Reframing. Neben der Darstellung der Methodik meiner Frame- und Policy-Analyse wird zudem die Relevanz des Frame-Konzeptes für die Politikwissenschaft in einem allgemeineren Sinne diskutiert.

Kapitel I.C stellt als Grundlagenkapitel zunächst kurz die Geschichte des Patentrechts und grundlegende Kriterien der Patenterteilung dar. Es setzt sich vor allem mit Theorien auseinander, die den Patentschutz erklären, rechtfertigen oder problematisieren. Kapitel I.D beschäftigt sich auf der Ebene der Strukturen und Institutionen mit der Architektur des europäischen Patentsystems. Es stellt dessen institutionelle Doppelstruktur mit den beiden Pfeilern der Europäischen Patentorganisation (EPO) auf der einen und der Europäischen Union auf der anderen Seite dar. Außerdem beleuchtet es die Evolution des EPO-Systems und zeigt einige seiner Fehlentwicklungen und Demokratiedefizite auf.

Kapitel I.E befasst sich zunächst aus rechtspolitologischer Perspektive mit der innerdisziplinären Verortung des Patentrechts im Privatrecht. Schwerpunkt bildet sodann die Anwendung des Analysekonzepts der epistemischen Gemeinschaft auf das Patentrecht, womit seine Expertenkonstellation, die geteilten normativen und kognitiven Prinzipien sowie ihre Bedeutung und Funktion für die Governance des europäischen Patentrechts herausgearbeitet werden. Dabei erfolgt auch eine Auseinandersetzung mit der vermeintlichen Hermetik des Patentrechts und seiner Community.

Kapitel I.F verfolgt parallel zwei Gesichtspunkte: Zum einen befasst es sich mit der tradierten Governance des Patentrechts durch Gerichte und Patentämter, die über Präzedenzfälle Entscheidungen treffen, welche für die weitere Evolution des Patentrechts maßgeblich sind. Dieser »justiziale« Steuerungsmodus, in dem Gerichte als eine Art »Ersatz-Gesetzgeber« fungieren, wird einer rechtspolitologischen Reflexion unterzogen. Zum anderen werden in diesem Kapitel die maßgeblichen Entscheidungen und Stationen nachgezeichnet, die biotechnisches »Material« als »Stoff« bzw. als »Produkt« patentfähig machten, wobei ich diese Entwicklung als Erosion von Grenzziehungen, die in das Europäische Patentübereinkommen (EPÜ) eingelassen sind, beschreibe. Dabei werden einige – unintendierte – Implikationen und Folgen dieses Grenzverlustes aufgeführt. Zudem weise ich auf einige Funktionsrationalitäten von Grenzziehungen und weiteren Regulativen für die Steuerungskapazitäten des Patentsystems hin.

Mit diesen Theorie- und Grundlagenkapiteln ist die Basis für das Verständnis und die Einordnung der nun folgenden empirischen Kapitel im Teil II der Studie gelegt.

Kapitel II.A rekapituliert in einer Policy-Analyse den zweiphasigen Verlauf des Gesetzgebungsprozeses in der Europäischen Union, der vom ersten Richtlinienentwurf 1988 bis zum Scheitern 1995, sowie in der zweiten Etappe von der erneuten Vorlage Ende 1995 bis hin zur Verabschiedung 1998 reicht. Danach wird die Anfechtung der Richtlinie vor dem Europäischen Gerichtshof (EuGH) 1998 abgehandelt, die 2001 mit dem EuGH-Urteil ihren Abschluß fand. Zudem wird die Transposition der Richtlinie in die Ausführungsordnung des Europäischen Patentübereinkommens und damit in den »zweiten Pfeiler« des europäischen Patentsystems dargestellt, wobei die Art und Weise dieser Überführung durch den Verwaltungsrat der EPO kritisch analysiert wird.

Kapitel II.B stellt den deutschen Prozess der Implementierung der EU-Biopatentrichtlinie in nationales Recht dar, der sich über zwei Legislaturperioden hinweg vollzog. Dabei wird auch auf die deutsche Stoffschutzdebatte eingegangen, da diese den Schwerpunkt der parlamentarischen Auseinandersetzungen bildete und von großer Bedeutung für das Patentrecht als Disziplin und seine Rechtsdogmatik war.

Kapitel II.C zeichnet die EU-Kontroversen und den deutschen Politikprozess noch einmal aus Frame-analytischer Perspektive nach, es bildet daher das empirische Korrelat zu Kap. 1.B. Dieser zweite Analyseschritt wurde bewusst separat von der Policy-Analyse angelegt, zum einen aus Gründen der wissenschaftlichen Redlichkeit, da der sukzessive Wandel des Gesetzestextes entlang der legislativen Stationen zunächst sorgfältig empirisch dokumentiert und die institutionellen Spielregeln, die ihren Niederschlag auf das Ergebnis hatten, verdeutlicht werden sollten. Zum anderen wurde dieses zweistufige Vorgehen aus Gründen der Lesbarkeit und Verständlichkeit gewählt, da eine verflochtene Darstellung zu komplex und unübersichtlich geworden wäre. Mithilfe dieses methodischen Instruments der Frame-Analyse wird deutlich, wie die Ausgangskonstellation der beiden Hauptframes, welche die Kontroverse bestimmt haben, gelagert war und welche unterschiedlichen Problemdeutungen sich in ihnen vergegenständlicht haben. Außerdem kann die Rekonstruktion der Frame-Dynamiken demonstrieren, wie in das Ergebnis des Politikprozesses in der EU die Anteile welcher Frames selektiv eingegangen sind und dass es im Umsetzungsprozess auf nationaler Ebene in der Bundesrepublik zu einem Reframing kam, das durch ein neues Deutungsmuster die zuvor unvereinbaren Frames zu integrieren vermochte.

Kapitel II.D untersucht die Umsetzung der EU-Biopatentrichtlinie in den EU-Mitgliedsstaaten sowie in einigen anderen europäischen Staaten, in denen die Richtlinie aufgrund von anderen Verpflichtungen eine rechtliche Bindungswirkung entfaltete oder – wie dies für China der Fall ist – sogar freiwillig übernommen wurde. Dabei wird durch eine typologische Anordnung zunächst geklärt, ob und in wie starkem Maße diese Implementierung von Konfliktivität gekennzeichnet war. Darüberhinaus zeigt eine Übersicht sowie die Analyse divergierender Wortlaute in den nationalen Gesetzestexten, mit denen Veränderungen gegenüber dem EU-Richtlinientext vorgenommen wurden, auf, dass es in einer Reihe von europäischen Staaten zu innovativen Neuauslegungen und Ergänzungen gekommen ist, die auch der Richtlinie selbst neue Konnotationen verleihen und regulative Akzentsetzungen verdeutlichen. Um den Leserinnen und Lesern zu ermöglichen, sich ein eigenes Bild von diesen Modifikationen zu machen, sind zudem die jeweiligen relevanten Passagen aus den nationalen Gesetzestexten von acht europäischen Ländern im Anhang dokumentiert.

Kapitel II.E fasst weitere Entwicklungen auf europäischer Ebene zusammen, die sich nach dem Inkrafttreten der EU-Richtlinie im Jahr 1998 vollzogen haben. Es geht zum einen auf die Monitoring-Berichte der Europäischen Kommission ein und klärt dabei deren Governance-Stil, zum zweiten beschreibt es die Entschließungen des Europäischen Parlaments und die darin beanspruchten Auslegungshoheiten für die Richtlinie und beleuchtet drittens die Patenterteilungspraxis des Europäischen Patentamtes zusammen mit einschlägigem Case Law seiner Einspruchs- und Beschwerdekammern. Kapitel II.F schließlich wandert zur nationalen Ebene zurück und stellt erste Ergebnisse hinsichtlich des Vollzugs der deutschen Richtlinienimplementierung durch das Deutsche Patent- und Markenamt (DPMA) vor, wobei zuvor auch auf die Reaktionen des Bundesjustizministeriums und der Patentanwaltschaft eingegangen wird.

Teil III der Arbeit fasst die Ergebnisse von Teil I und Teil II zusammen. Hier werden die Transformationen in der Governance des Europäischen Patentsystems von 1998 bis 2010 in ihren zentralen Aspekten beschrieben. Darüber hinaus werden einige weitere Erkenntnisse für die politikwissenschaftliche Forschung, die sich in dieser Studie herauskristalliert haben, thematisiert.

An dieser Stelle möchte ich noch auf die Daten, auf die ich für die empirische Untersuchung zurückgegriffen habe, hinweisen. Zum einen habe ich die umfangreichen öffentlichen sowie interne Dokumente dieses Politikprozesses benutzt, zum anderen habe ich in Experteninterviews und teilnehmenden Beobachtungen eigene Daten erhoben. Dabei bestand für die Durchführung der

Untersuchung zum deutschen Implementierungsprozess der Vorteil, dass die Autorin von 2000 bis 2002 als Sachverständige der Enquete-Kommission »Recht und Ethik der modernen Medizin« des Deutschen Bundestages eine entscheidende Etappe des deutschen Politikprozesses gewissermaßen »aus nächster Nähe« miterleben konnte. Aus dieser Zusammenarbeit mit Abgeordneten aller Fraktionen in der Enquete-Kommission entstand ein guter und vertrauensvoller Kontakt, der mir neben Gesprächen über die politischen Ereignisse und Einschätzungen zudem Zugang zu einer Fülle von internen Materialien aus den Fraktionen eröffnete, die in der Regel nicht an Wissenschaft oder Öffentlichkeit gelangen, aber für diese Studie ausgewertet werden durften.

Neben der Aufarbeitung von Quellen, insbesondere den Dokumenten aus den Politikprozessen selbst, und der Fachliteratur beruht die Studie auf Experteninterviews mit wichtigen Akteuren (zur Analysemethodik siehe Kap. I.B.5) sowie auf Hintergrundgesprächen mit Mitarbeitern der Europäischen Kommission, des Europäischen Parlaments, des Europäischen Patentamts, des Deutschen Bundestags, des deutschen, französischen und britischen Patentamts, des deutschen Bundesjustizministeriums sowie von Industrieverbänden, Patentanwaltschaft und zivilgesellschaftlichen Organisationen (siehe die Auflistung im letzten Teil des Buches). Die beobachtende Teilnahme an Anhörungen im Bundestags-Rechtsausschuss sowie an einer Einspruchsverhandlung beim Europäischen Patentamt (zum sog. »Edinburgh Patent«) sowie an Konferenzen und Seminaren unter anderem des deutschen Justizministeriums, der Patentanwaltschaft und die aktive Mitwirkung als wissenschaftliche Expertin an Anhörungen und anderen Politikberatungsprozessen des Europäischen Parlaments und des Europäischen Patentamtes, des österreichischen Bundeskanzleramts und des schweizerischen und österreichischen Parlaments erbrachten wichtige Erkenntnisse, die sich aus dem schriftlichen Quellenstudium und den Experteninterviews alleine nicht erschlossen hätten.

Allen Interview- und Gesprächspartnern danke ich herzlich für ihre Offenheit, Auskunftsbereitschaft und die Zeit, die sie mir gewidmet haben. Für alle wertenden Schlussfolgerungen sowie mögliche Fehler und Missverständnisse trage ich selbstverständlich die Verantwortung.

Teil I: Theorie und Grundlagen

A Governancetheorie und die Unverzichtbarkeit von Parlamenten

Das Parlament ist mehr als ein Stempelkissen, das die Entscheidungen von Netzwerken außerhalb des Parlaments ratifiziert.
(von Beyme 1997: 359)

Da die vorliegende Arbeit zum europäischen Patentsystem sich in der politikwissenschaftlichen Governance-Forschung verortet, ist zuerst auf den verwendeten Governance-Begriff einzugehen, die gegenwärtige Bedeutung des Governance-Konzepts für die Politikwissenschaft zu beleuchten und die Anschlussfähigkeit an diese Forschung zu klären. In diesem Kapitel stelle ich dar, mit welcher engeren Begriffsdefinition von Governance ich arbeite und welche Akzentsetzungen ich vornehme. Im zweiten Teil dieses Kapitels begründe ich, wann und warum Governance-Konzepte auf Parlamente und formale Gesetzgebungsakte nicht verzichten können. Im dritten Teil beziehe ich mich auf das von Bernhard Peters und Jürgen Habermas entwickelte Schleusenmodell, das sowohl klassische vertikale wie horizontale Governance-Modi integriert und insbesondere auf die Bedeutung zivilgesellschaftlicher Problemartikulation fokussiert, die – so die Annahme – einen außerordentlichen Problembearbeitungsmodus in Gang setzt, bei dem Parlamente unverzichtbar für demokratische Legitimation sind. Hieran anknüpfend lege ich abschließend dar, welche Bedeutung Kontroversen für die Problembewältigung in Governance-Prozessen zukommen kann und setze mich dabei mit dem Begriffspaar Argumentieren und Verhandeln und seiner Relevanz für die Analyse und Bewertung von Politikprozessen auseinander.

1. Begriffsdefinitionen: Governance als erweiterte Steuerungsperspektive (Mayntz)

Bevor sich der Begriff *Governance* in der europäischen Politikwissenschaft geradezu epidemisch ausgebreitet hat, wurde er ursprünglich in Abgrenzung zu *Government* entwickelt. Gleichwohl verwende ich diese beiden Begriffe nicht als Opposita, sondern gehe davon aus, dass *Governance* in seiner weitesten sozialwissenschaftlichen Konzeption einen Oberbegriff darstellt für alle »Formen und Mechanismen der Koordinierung zwischen mehr oder weniger autonomen Akteuren, deren Handlungen interdependent sind, sich also wechselseitig beeinträchtigen oder unterstützen können« (Benz et al. 2007: 9). *Government* bildet demnach eine Unterform von Governance, statt ihr direkt entgegengesetzt zu sein. Vielmehr bilden gerade die Verknüpfungen von vertikaler und horizontaler Governance, also von seitens staatlicher Akteure ausgeübter Steuerungsformen in Verbindung mit gesellschaftlicher Selbstregulierung einen wichtigen Gegenstand politikwissenschaftlicher Analysen. Politik bezieht sich dabei auf die Erzeugung kollektiv verbindlicher Entscheidungen, die nicht alleine auf die Realisierung von Individualinteressen ausgerichtet sind und die Legitimation des Handelns einbeziehen.

In meinem Verständnis von Governance als analytischem Konzept folge ich der von Renate Mayntz (1997; 1998; 2004) entwickelten Typologie der Erweiterung traditioneller politikwissenschaftlicher Steuerungstheorien hin zur »Governance«-Forschung. Die Governance-Forschung entstand demnach unter anderem aus der Fortentwicklung traditioneller politikwissenschaftlicher Steuerungstheorien. Während in den 1960er und frühen 1970er Jahren noch präskriptive Planungstheorien vorherrschten, in denen dem Staat eine zentrale Steuerungsfunktion und Steuerungsfähigkeit zugeschrieben wurde, setzte in den 1970er Jahren mit dem Scheitern hierarchischer Planungskonzepte eine Ernüchterung über die Gestaltungsfähigkeit des Staates ein. Dabei wurde die Policy-Entwicklung zum Gegenstand empirischer Analysen, indem »Kontextfaktoren«, wie exekutive Organisationen und insbesondere das Recht als Policy-Instrument in den Blick genommen wurden. In den 1980er Jahren avancierte die Policy-Implementierung zum Hauptfokus der Forschung.

Mayntz (1998) zufolge sind in folgenden fünf Dimensionen Akzentverschiebungen und Erweiterungen in den Kernparadigmen politischer Steuerungstheorie festzustellen:

1. Die legislative *top-down*-Perspektive wurde transformiert. Sie verschob sich vom *Subjekt* der Steuerung (Regierung) hin zu den Strukturen und Verhaltensdispositionen der Steuerungs*objekte*. Der Fokus verlagerte sich von der Annahme einer Steuerungs*fähigkeit* hin zur *Steuerbarkeit*. Dabei wurde die *bottom-up*-Perspektive hinsichtlich der sektoralen Struktur und des Zielgruppenverhaltens des Regierungsfeldes miteinbezogen. Generell verschwimmt die klare Unterscheidbarkeit von Steuerungssubjekt und Steuerungsobjekt zugunsten des »Managements von Interdependenzen« (vgl. Benz 2004: 20), welche als Wechselwirkungen und Interaktionen zwischen Akteuren, Konstellationen und Koordinationsprozessen untersucht werden. Damit rückt die institutionalistische Perspektive auf die Regelungs*struktur* ins Zentrum der Governance-Forschung (Mayntz 2004).

2. Die zugrunde liegende Annahme vom Staat als eines Kontrollzentrums der Gesellschaft wurde revidiert: Statt einer *vertikalen*, hierarchischen Kontrolle rückten nun kooperative und *horizontale* Regulations*prozesse* einerseits über Marktprinzipien, andererseits über horizontale Selbstorganisation in den Vordergrund. Mit der Abkehr von der Annahme einer politischen Steuerung *der* Gesellschaft musste der Staat selbst gewissermaßen seine der Gesellschaft übergeordnete Position räumen und seinen Steuerungsmodus als – weiterhin privilegiertes – Teilsystem *in* der funktionell differenzierten Gesellschaft einnehmen (Mayntz 1997: 165). Im Zentrum standen nun Verhandlungssysteme und die soziale Selbstregulation, vor allem über öffentlich-private Policy-Netzwerke und neokorporatistische Arrangements. Indem der Staat Regulationsfunktionen an Institutionen lokaler oder sektoraler Selbst-Regierung abgibt bzw. delegiert, verliert er – aus Sicht der früheren zentralistischen Perspektive – Steuerungskapazitäten.

Dieser Befund schließt an systemtheoretische Theorieansätze einer »polyzentrischen Gesellschaft« (Willke 1992) und an postmoderne Theorien dezentrierter Regulation (Black 2001) an, wonach Machtbeziehungen im Feld verstreut sind, keinen »Kern« aufweisen, sondern ein flaches Feld von aufeinander bezogenen Strukturen und Verhältnissen bilden und zudem vorausschauende, planende, gezielte Steuerung im Sinne eines *command and control* nicht mehr als möglich erachtet wird.

Dennoch sei es, so hebt Renate Mayntz zusammen mit Fritz Scharpf hervor, in diesen neuen, horizontalen Steuerungsformen nicht um den Verlust staatlicher Kontrolle gegangen, sondern um einen *Formwandel von Staatlichkeit,* wobei diese in ihrer Wirkung sogar teilweise als effektiver einzuschätzen sei: Staatlichen Akteuren sei weiterhin sowohl in Netzwerken wie auch gegenüber anderen sozialen Regulationsprozessen eine hervorgehobene Position zu eigen: Horizontale Selbst-Steuerung vollziehe sich demnach »im Schatten der Hierarchie« (Scharpf 2000: 323). Vernachlässigt worden seien jedoch, wie Mayntz (1998) konstatiert, mit dieser Konzentration auf den *output,* auf die Effektivität und Effizienz von Politikprozessen, die *input*-Perspektive von Steuerungsentscheidungen durch demokratische Partizipation sowie das Verhältnis zwischen input- und output-Seite.

3. Eine Erweiterung des analytischen Rahmens der Steuerungstheorie wurde durch *Europäisierungsprozesse* notwendig. Damit wurden Governancetheorien auf die supranationale Ebene ausgedehnt. In einer ersten Europäisierungsdimension werden die *Folgen* europäischer Politik auf die sektoralen Strukturen und das *Policy-Making* in den Mitgliedsstaaten untersucht.

4. Eine weitere Analysedimension erforscht die europäische Ebene des politischen Handelns, insbesondere unter Berücksichtigung seines Charakters als Mehrebenensystem (vgl. Jachtenfuchs/Kohler-Koch 1996; Kohler-Koch/Eising

1999). Kontrollverluste durch nationale Regierungen entstehen nicht nur durch legislative und regulatorische Kompetenzverlagerungen, sondern auch durch marktvermittelte Konkurrenzprozesse und die Mobilität sowohl des produktiven wie auch des Finanzkapitals.

5. Eine fünfte Dimension untersucht die input-orientierte Legitimation von Politik auf europäischer und nationaler Ebene. Insbesondere nimmt Mayntz (1998) hier Bezug auf das Fehlen eines entwickelten und funktionierenden demokratischen input-Prozesses.

Die Globalisierung erfordert Mayntz zufolge eine erneute Erweiterung der Governance-Theorie. Transnationale Regulationsstrukturen jenseits der EU werfen das Problem der Ko-Existenz einer Fülle von verschiedenen Typen von Strukturen und Prozessen auf, und damit verschiedener Governance-Modi. Dies verweist auf einen weiteren Strang der Governance-Theoriebildung, der aus Forschungen zur europäischen Integration (vgl. Eilstrup-Sangiovanni 2006, Wiener/Diez 2004) und zu den internationalen Beziehungen (vgl. Rosenau/Czempiel 1992, Rosenau 1997, Reinecke 1997) erwuchs. Aufgrund der vorherrschenden Verflechtungsprozesse von nationaler, trans-, supra- und internationaler Politik, und allein schon mangels eines einheitlichen internationalen Akteurs ist hierbei keine zentrale und hierarchische Steuerung möglich, wobei »*governance without government*« spezifische Legitimationsfragen hervorruft, wie von verschiedenen Autoren betont wird (Wolf 2000; Wolf/Conzelmann 2007a und b).

Eine verallgemeinerungsfähige Theorie im Sinne einer Metatheorie von Governance, einer »Governance of Governance«, ist Mayntz (1998) zufolge bisher nicht entwickelt. Ob es eine solche geben kann und sollte, und wie sie aussehen könnte, bleibt eine strittige Frage und eine Herausforderung für die aktuelle politikwissenschaftliche Theorieentwicklung. Politologischer Konsens im Fach bleibt, dass der Governance-Ansatz vor allem einen Analyserahmen bereitstellt und damit eine Heuristik für eine explorative Forschungsperspektive, mit der sich empirisches Material strukturieren lässt (von Blumenthal 2005: 1173).

2. Würdigung des Governance-Konzepts und eigene Schwerpunktsetzung

Der Begriff »Governance« hat sich im Laufe des letzten Jahrzehnts zu einem Leit- und Dachbegriff für die Politikwissenschaft entwickelt. Als generischer Begriff erbringt er damit integrative Leistungen für die Disziplin selbst und fungiert zudem als transdisziplinäres Brückenkonzept (Blatter 2006), beispielsweise zur Rechtsdisziplin (Hoffmann-Riem 2005, Trute et al. 2007).

In dieser Stärke – der universalen Verwendbarkeit und Anschlussfähigkeit – liegt jedoch gleichzeitig seine Schwäche: Das Governance-Konzept leidet unter einer gewissen Konturlosigkeit und Diffusität, es ist uferlos und »notoriously slippery« (Pierre/Peters 2000); Governance besitzt keine Ränder, keine »Außenseite«, kein Oppositum, insbesondere, wenn sie primär oder ausschließlich als analytischer Begriff verwendet wird (Benz et al 2007: 18, Schuppert 2006) und weniger als normativer Begriff einer »good governance«, die gelingen oder scheitern kann. Positiv hervorzuheben bleibt jedoch, dass die Fokussierung der Governance-Forschung auf die Fragestellung, *wie* gesellschaftliche Koordination funktioniert, statt vorauszusetzen, *dass* sie funktioniert und gleichzeitig anzunehmen, dass der Staat das allmächtige Steuerungszentrum der Gesellschaft bildet, hohen Erkenntniswert hat, weil sie Aufschlüsse über die Arten und Weisen gesellschaftlicher Selbststeuerung und die vielfältigen Interdependenzen und Interaktionsformen zwischen staatlichen, nicht-staatlichen und privaten, kollektiven Akteuren geben kann. Die geläufigen Typologisierungen von Governance-Modi, etwa jene der vier Grundtypen Hierarchie, Verhandlung, Netzwerke, Wettbewerb (Schuppert 2007: 491), dienen vielen Studien als »analytischer Werkzeugkasten« (Benz et al. 2007: 18) und erlauben eine breite Anwendbarkeit über viele Politikfelder hinweg; damit können verschiedene Stränge von Policy-Forschung integriert und wechselseitig kommunizierbar gemacht werden. Allerdings bergen sie meines Erachtens die Gefahr, dass differente, komplexe und interdependente Realitäten auf Module und (Kombinationen von) Grundtypen zurechtgestutzt werden und damit ihren Eigentümlichkeiten, Widersprüchen, Entwicklungsprozessen und -dynamiken zuwenig Rechnung getragen wird.

In dieser Arbeit beziehe ich mich positiv auf das Governance-Konzept als Rahmen, das heißt als Analyseinstrument, um Strukturen, Prozesse und Entwicklungen beschreiben zu können. Bezugnehmend auf die kritischen Anmerkungen von Mayntz wähle ich jedoch eine eigene Schwerpunktsetzung, um bislang eher unterbelichtete Dimensionen ins Zentrum zu stellen, nämlich insbesondere die input-Legitimität von Governance-Prozessen, womit der Bedeutung der parlamentarischen Demokratie Rechnung getragen wird. Des weiteren lege ich besonderes Gewicht auf Sprache und Diskurse, um Veränderungsprozesse besser erfassen zu können und konzentriere mich außerdem auf das Recht als Regelungsmechanismus.

Diese Fokussierung entspringt nicht alleine theoretischen und methodischen Präferenzen, sondern vor allem der Auseinandersetzung mit den empirischen Gegebenheiten meines Forschungsgegenstandes. Ausgehend von der Annahme, dass Forschungsmethodik und Theorie dem empirischen Forschungsobjekt gegenüber angemessen sein, also mit ihm in einer Wechselbeziehung stehen sollten, halte ich es zudem für wichtig, einen wachen Blick für die Paradoxien und nicht-intendierten Ergebnisse und Folgen von Politikprozessen zu behalten. Indem diese stärker berücksichtigt werden, kann das Denken in kausalen Linearitäten aufgebrochen und Erkenntnisbeförderndes und Innovatives auch für die Theoriebildung hervorgebracht werden. Eine solche Perspektive auf Governance, Government und Implementation bewahrt sowohl vor einem Rückfall in die Planungseuphorie der 1970er Jahre und in den naiven Glauben an die Verwissenschaftlichung der Politik als auch vor einem nihilistischen Steuerungsskeptizismus (vgl. Scharpf 1989).

Vor allem in zwei Aspekten will meine Arbeit einen Beitrag zu Desiderata leisten, die bereits ein entsprechender Überblicksband (Benz et al. 2007) als Analysedefizite der bisherigen Governance-Forschung kennzeichnet und die sich folgendermaßen charakterisieren lassen:

- Koordinationsmuster zwischen Staat und Gesellschaft setzen »auch geteilte Deutungsmuster und Sinnvorstellung und damit eine ideelle Ebene voraus«. Um Aufschluss über die in Governance-Konfigurationen entstehenden Identitäten zu erhalten, müssten Analysen deshalb stärker die kognitive Dimension in den Blick nehmen und rekonstruieren, »ob und wie die Akteure ihre Weltbilder und Deutungsmuster aufeinander abstimmen«. Dies würde auch »einen stärkeren Fokus auf die Problemwahrnehmung« in entsprechenden Governance-Analysen nahe legen.
- Auch wenn in Governance-Analysen sowohl die Struktur- als auch die Prozessdimension von Koordination gemeint und mitgedacht würden, verfüge der Governance-Ansatz doch über keine analytischen Kategorien, »um die Entstehung von Governance-Konfigurationen zu fassen. [...] Zwangsläufig geraten dann auch die Prozesse, vor allem jedoch die Konflikte, die zur Genese, Reproduktion oder auch Transformation von Koordinationsstrukturen führen, aus dem Blickfeld« (alle Zitate laut Benz et al. 2007: 19).

Diese beiden Aspekte, zum einen die Abstimmung von Deutungsmustern und zum anderen die damit zusammenhängende Reproduktion oder Transformation von Governance-Konfigurationen stehen im Zentrum meiner Fragestellung. Daher habe ich mich neben der konventionellen *Policy-Analyse* für die *Frame-Analyse* entschieden, um die erheblich divergierenden *Problemdefinitionen und Deutungsmuster* zum Patentrecht in den Blick zu bekommen. Damit kann auch der *Konfliktivität* des Politikprozesses, welche erst in einem langwierigen Prozess einer Schließung zugeführt werden konnte, angemessen Rechnung getragen werden. Durch die Bearbeitung der Patentrechts-Governance in einem Gesetzgebungsverfahren wurde, so meine erste These, eine Arena eröffnet, in welcher diese konfligierenden Problemdeutungen in öffentlichen Kontroversen zur Sprache gebracht, von Parlamenten bearbeitet und in Rechtstexte übersetzt werden konnten. Daraus resultierte, so die zweite These, eine *Neukonzeption* des Patentrechts, die mit einer *Transformation und Rekonfigurierung der Patent-Governance* im europäischen Patentsystem einherging. Entscheidenden Anteil an dieser Rekonfiguration hatten die Parlamente und die Zivilgesellschaft. Die Legislative und der Parlamentarismus bilden jedoch ein weiteres Desiderat der Governance-Forschung, worauf ich später noch eingehen werde.

An dieser Stelle bleibt zunächst zusammenzufassen, dass der Erkenntniswert des Governance-Konzepts unter anderem in der Erfassung von Regelungsstrukturen liegt, die über den Nationalstaat auf die supra- und internationale Ebene hinausgehen, welche nicht von komprehensiver Staatlichkeit geprägt sind. Zudem richtet sich die Governance-Forschung auf horizontale Koordinationen des Handelns von kollektiven Akteuren und auf deren Verknüpfung mit vertikalen Governance-Prozessen. Gerade in der Perspektive auf diesen Verknüpfungsprozess liegt ein Schwerpunkt meiner Arbeit. Neben dieser positiven Bezugnahme auf Governance als analytisch gültiges und fruchtbares Leitkonzept fokussiere ich auf in bisherigen Studien vernachlässigte Governance-Dimensionen, nämlich die Bedeutung von Sprache und Frames für Politikprozesse einerseits, sowie auf das Governance-Potential von parlamentarischen Prozessen andererseits.

Wie die chronologische Anordung des Empirieteils meiner Arbeit zeigt, richte ich meinen Blick auf die Governance des europäischen Patentsystems in *diachroner* Perspektive. Dabei rücken die Veränderungsprozesse von Governance im Hinblick auf einen Zeitraum von mehr als zwei Jahrzehnten ins Blickfeld. Dem liegt, wie bereits hervorgehoben, die These zugrunde, dass sich die Governance des europäischen Patentsystems durch den Legislativprozess der Richtlinie 98/44/EG zwischen 1988 und 2010 transformiert hat.

Insofern treffe ich eine analytische Auswahl hinsichtlich des Governance-Subjekts und des Governance-Objekts: Ich beschreibe zunächst im Grundlagenteil (Kap. I.C bis F) gewissermaßen die »vorgängige« Governanceform des europäischen Patentrechts und Patentsystems, die primär als *horizontale Governance* zu charakterisieren ist, um dann aufzuzeigen, dass mit der Gesetzesinitiative durch die Europäische Kommission ein vertikaler Governance-Modus hinzutritt, der sich mit der horizontalen Governance verknüpft. Dies ermöglicht es, die Veränderungen, die durch den Legislativprozess eingetreten sind, zu erfassen und im Ergebnis zusammenzuführen und zu bewerten.

Legislation – dies bildet eine weitere Vorannahme, die ich anhand des behandelten Politikfelds näher ausführen werde – ratifiziert und kodifiziert häufig in gesetzlich bindender Form Regeln, die sich über horizontale Koordinationsmechanismen herausgebildet haben und sichert diese dadurch ab. Durch Gesetzgebungsprozesse vollzieht sich *Government*, die Setzung verbindlichen Rechts. Hierbei kann es aber, wie im vorliegenden empirischen Fall geschehen, zu Kontroversen und Konflikten um die rechtlichen Regeln kommen. Durch die Verlagerung der Entscheidung auf demokratisch gewählte, repräsentative Instanzen vollziehen sich mehrere Prozesse: Zum einen müssen implizite Regeln, die sich in Governance-Prozessen gebildet haben, expliziert und in die Sprache des Rechts (Gesetzestext) gebracht werden. Zum anderen wird die Entscheidung den Organen und Mechanismen des politisch-administrativen Systems überantwortet. Damit kommen dessen eigene Verfahrens- und Spielregeln ins Blickfeld, welche Übersetzungsprozesse implizieren, sowie Verfahren demokratischer Partizipation, Transparenz und Rechenschaftspflichten, die policy-analytisch aufgearbeitet werden müssen.

Hinsichtlich der eingangs vorgestellten Governance-Typologisierung von Renate Mayntz (1998) rekurriere ich dabei auf folgende Dimensionen: Zum einen auf die europäische Ebene des Policy-Making, anhand der Policy-Formulierung der Biopatentrichtlinie (4. Aspekt von Mayntz). Zum anderen auf die Policy-Implementierung im Sinne der – europarechtlich notwendigen – Implementierung einer europäischen Richtlinie in nationales Gesetz (3. Dimension von Mayntz). Beide beziehe ich auf die grundlegende zweite Dimension in der Mayntz'schen Typologie, nämlich die Governance-Entwicklung in selbstregulativen gesellschaftlichen Teilsystemen beziehungsweise im vorliegenden Falle die Policy-Implementierung durch exekutive Behörden (Patentämter) in Koordinationsprozessen mit privaten Akteuren, insbesondere den Patentanmeldern. Ein weiterer wichtiger Aspekt bildet die input-Legitimation von Governance (5. Punkt von Mayntz), der ich durch die besondere Konzentration auf parlamentarische Prozesse nachgehe, wobei ich auch das Verhältnis von input- und output-Legitimation betrachte.

3. »Bringing parliaments back in«: Die Unverzichtbarkeit von Parlamenten und formaler Gesetzgebung

Governance-Forschung bedeutet, wie erwähnt, eine Abkehr vom alten *»command and control«* Denken des Regierens. Für Handlungskoordinationen und Regelungsstrukturen, welche *unterhalb* der Ebene formaler Gesetzgebung stattfinden, stellt sich allerdings die Frage, wann, warum und unter welchen Bedingungen auf Parlamente und Gesetzgebung nicht verzichtet werden kann. Dies wirft die Frage auf, wann und wo horizontale, kollaborative *Governance*-Strukturen an ihre Grenzen stoßen und vertikales *Government* notwendig machen.

Hierzu stelle ich drei Thesen vor:

- Zum einen stößt eine bloße Fortschreibung von Recht durch Administration und Gerichte, sowie durch privatrechtliche Verträge oder Aushandlungsprozesse zwischen privaten und staatlichen Akteuren zuweilen auf Grenzen hinsichtlich grundsätzlicher Regeln, für deren Anpassung und Konkretisierung es formaler Rechtsakte durch hierzu befugte politische Institutionen im Rechtsstaat bedarf.

- Zum anderen können Parlamente bei Gesetzgebungsverfahren eine Transparenz und Öffentlichkeit über die zu kodifizierenden Regeln und Normen herstellen. Damit eröffnen sie eine deliberative Arena, in der differente Problembeschreibungen und konfligierende Lösungsoptionen einen Austragungsort erhalten können und damit eine Inklusion divergierender Problemdeutungen, Präferenzen und Interessen.
- Drittens sind gerade bei stark konfliktträchtigen Auseinandersetzungen Parlamente in der Lage, eine Integrationsleistung zu vollbringen, zu der die gesellschaftliche Selbstorganisation alleine nicht imstande ist. Sie vermögen zudem, durch Interessenausgleich und Verständigungsprozesse eine gesellschaftliche Befriedung herzustellen.

Alle drei Thesen sind mit der Prämisse verbunden, dass Entscheidungen von Parlamenten als demokratisch gewählten Volksvertretungen in höherem Maße Legitimität beanspruchen können als horizontale Governance-Arrangements in Netzwerken oder korporatistischen Strukturen, denn letztere laufen Gefahr, Vereinbarungen zuungunsten von Dritten auszuhandeln, welche in den Aushandlungsprozess nicht einbezogen wurden. Trotz aller sicherlich nicht unberechtigten Kritik an der Leistungsfähigkeit repräsentativer liberaler Demokratien bleibt zu konstatieren, dass Parlamente über formalisierte Verfahren zur Anhörung von Verbänden und Experten verfügen und in der Lage sind, diese an allgemein akzeptierte formale Institutionen und Entscheidungsprozesse zurückzubinden. Partizipation zu ermöglichen, Öffentlichkeit und Transparenz herzustellen und Politik zu vermitteln bleiben zentrale demokratische Beiträge des Parlaments (vgl. von Beyme 1997).

Dies verweist erneut auf das von Mayntz akzentuierte demokratietheoretische Defizit von bisherigen Governance-Forschungen hinsichtlich der *input*-Legitimität von Governance, sowie der Verknüpfung von Effektivität und Legitimität durch Partizipation, also des Verhältnisses zwischen *output* und *input*-Legitimität. Während einige Europaforscher die Effektivität europäischen Regierens für ausreichend erachten (Majone 2005; Moravcsik 2002; Scharpf 1999), gehe ich mit Borrás davon aus, dass beide Legitimationsformen eng miteinander verknüpft sind, »the legitimacy aspect of the system is not dissociable from its effectiveness«, oder, um es noch zuzuspitzen: »effectiveness and legitimacy are two faces of the same coin« (Borrás 2006: 5; vgl. Borrás und Conzelmann 2007). Zudem ist die These eines Effizienzverlustes der EU durch die Stärkung des Parlaments im Gesetzgebungsverfahren empirisch widerlegt.[2] Effektivität und Partizipation sind nicht zwangsläufig Gegenspieler, sondern Partizipation kann Bedingungen und Lösungen für adäquate Entscheidungen eröffnen (vgl. Blumenthal 2005: 1163). Dies erweist sich gerade in und durch Kontroversen, bei denen die Effizienz und Effektivität einer Governance, oder gar ihre grundsätzliche, substantielle Legitimität bestritten wird. »*Bringing parliaments back in*« bedeutet daher, anhand empirischer Analysen genauer zu bestimmen, wo Parlamente unverzichtbar sind und welche Leistungen sie für Governance erbringen, insbesondere da ihnen institutionell ein hohes Maß von Verbindlichkeit und Verantwortungszuordnung auferlegt ist.

In diesem Kontext ist allerdings auf ein bestimmtes Spannungsfeld hinzuweisen: Einerseits ist die repräsentative Demokratie und rechtsstaatliche Legitimation über die Gewaltenteilung weiterhin in hohem Maße akzeptiert – »publics in democratic polities across the world (still) consider parliaments to be the ›major basis for legitimising political authority and legislation‹« (Aurel/ Rittberger 2006: 122 unter Verweis auf Burns). Andererseits wird konstatiert, dass es zu einer wachsenden Kluft zwischen dieser öffentlichen Erwartungshaltung und der entsprechenden Leistungsfähigkeit komme, denn Parlamente erschienen immer weniger in der Lage, diese Ansprüche und Erwartungen zu erfüllen. Dieser Befund wird in der politikwissenschaftlichen Forschung unter der »Entparlamentarisierungsthese« zusammengefasst und zugespitzt (Börzel 2000; Helms 2005). Demnach bestehe parlamentarische Gesetzgebung vor allem in einem Vollzug exekutiver Entscheidungen, weshalb eine Übermacht der Exekutive auszumachen sei, während gleichzeitig unter anderem durch korporatistische Prozesse Entscheidungen aus Regierung und Parlament auswanderten und überdies die zunehmende Medialisierung von Politik das Parlament als Stätte des demokratischen Diskurses marginalisiere. Zudem, so die Argumentation, würde durch die europäische Integrationsdynamik die Exekutive zulasten der Legislative gestärkt (Moravcsik 1997) und durch die Entscheidungsverlagerung auf die supranationale Ebene einer parlamentarischen Steuerung und Kontrolle entzogen.

---

2 Siehe Maurer (2005: 109–110), der anhand empirischer Daten nachweist, dass das Mitentscheidungsverfahren im Durchschnitt weniger Zeit in Anspruch nimmt als Verfahren, bei denen das Europäische Parlament weniger Mitwirkungsrechte hat und daher die These eines ›trade-off‹ zwischen Parlamentsbeteiligung und Entscheidungseffizienz zurückweist. Auch wenn im vorliegend zu untersuchenden Fall durchaus zu konstatieren ist, dass das parlamentarische Mitentscheidungsverfahren zu einer hohen zeitlichen Verschleppung geführt hat, so bleibt andererseits aber darauf hinzuweisen, dass sich dadurch der Gehalt und die Qualität des Gesetzgebungsakts entscheidend geändert hat und damit die Effektivität erhöht wurde. Zudem bleibt daran zu erinnern, dass Demokratie nun einmal im Gegensatz zu autokratischen Verfahren Zeit kostet.

Diesem Befund ist nicht grundsätzlich zu widersprechen, er beachtet jedoch meines Erachtens zuwenig, dass eben auch Gegenbewegungen in und zu diesen Prozessen zu verzeichnen sind. So sind nach Rittberger (2005), an dessen Konzepte und Befunde ich mich anlehne, zwei gegenläufige, aber synchrone Prozesse in den Blick zu nehmen, nämlich sowohl Deparlamentarisierung als auch Reparlamentarisierung. Beide seien, so seine These, der ich mich anschließe, »insolubly linked« (2005: 199). Diese Reparlamentarisierung wird als Gegenreaktion auf Legitimationsdefizite, die durch Entparlamentarisierung entstanden sind, verstanden und ist auf beiden Ebenen, sowohl der europäischen wie auch der nationalen, aufzufinden. Denn es bleibt festzustellen, dass es auf supranationaler Ebene zu einem sukzessiven Kompetenz- und Bedeutungszuwachs des Europäischen Parlaments im EU-Gesetzgebungsverfahren gekommen ist[3] und – wie Aurel und Rittberger betonen –, »national parliaments are anything but moribund as a consequence of the integration process« (2006: 123).

Ohne in dieser Arbeit auf diese Koinzidenz und das Reibungsverhältnis zwischen De- und Reparlamentarisierung detailliert eingehen zu können, möchte ich zunächst schlicht unter Vorausgriff auf meine empirische Untersuchung festhalten, dass Parlamente sowohl in der EU als auch national eine große Bedeutung in dem hier zu untersuchenden Politikprozess gespielt haben. Dies deutet darauf hin, dass parlamentarische Demokratie durchaus als vital anzusehen ist, gewissermaßen nach dem Motto »Totgesagte leben länger«.

4. Das Europäische Parlament

Zur allgemeinen Bedeutung des Europäischen Parlaments ist zunächst auf seine Funktionen zu verweisen, aber auch auf die Besonderheiten, die es von Parlamenten auf nationaler Ebene abheben. Zu den Funktionen und Befugnissen des Europäischen Parlaments zählen die Systemgestaltungsfunktion, die Wahl- und Rekrutierungsfunktion, die Politikgestaltungsfunktion, die Kontrollfunktion sowie die Artikulations- und Interaktionsfunktion (Maurer 2005: 96f). In dieser Arbeit beziehe ich mich vor allem auf die Politikgestaltungsfunktion durch die Mitwirkung an der Rechtsetzung und damit auf jene Tätigkeiten, die auf die

3 »Over four decades, through three sets of Treaty amendment (notably Maastricht and Amsterdam) and through interpretations of the Treaties, the Parliament has moved from being a largely consultative assembly to being a genuine co-legislature. The bulk of EU legislation now requires the approval both of Parliament and of Council in ›a classic two chamber legislature: in which the Council represents the states and the European Parliament represents the citizens‹. The ›codecision procedure‹ means that legislation has up to three readings each in Parliament and Council, with agreement by both on the same text being necessary for it to become law« (Corbett 2002: 4).

substantielle Beeinflussung der EU-Politiken abzielen. Gleichzeitig nimmt das Parlament aber auch seine Systemgestaltungsfunktion wahr, indem es die konstitutionelle Weiterentwicklung des europäischen Systems sowohl der EU wie anderer supranationaler Institutionen – wie etwa des Europäischen Patentamtes – vorantreibt. Zudem zeigt der zu untersuchende Politikprozess exemplarisch, auf welche Weise die Artikulations- und Interaktionsfunktion des Parlaments für Wähler und Öffentlichkeit aber auch die Aggregation und Vermittlung von unterschiedlichen Positionen sowie die Mobilisierung für wichtige Anliegen vom Parlament wahrgenommen wird.

Es gehört allerdings zu den politikwissenschaftlichen Gemeinplätzen, das Demokratiedefizit der EU zu beklagen; dabei wird gemeinhin die *sui generis*-Struktur der Europäischen Union mit den üblichen nationalen Spielregeln und Mechanismen verglichen und ein Abweichen von diesen Normen als defizitär vermerkt.[4] Ohne gewisse Insuffizienzen und damit die relative Gültigkeit einer solchen Diagnostik zu leugnen, bleibt demgegenüber aber auch auf das positive Potential von Differenz (vgl. Landfried 2002) hinzuweisen und darauf, dass gerade die Eigen-Artigkeit der Europäischen Union, die weder Bundesstaat noch Staatenbund ist, konstruktive und dynamische Strukturen hervorgebracht hat, über deren demokratischen Gehalt empirische Einzelstudien nach Ausweis ihrer normativen Kriterien mehr Aufschluss geben können als pauschale Urteile (vgl. Maurer/Nickel 2005).

Merkmale des Demokratiedefizits der EU sind unter anderem das Fehlen eines europäischen *demos* und einer europäischen Öffentlichkeit (Franzius/Preuß 2004), das Auseinanderklaffen zwischen »positiver« (ökonomischer und rechtlicher) und »negativer« (politischer) Integration (Scharpf 1997), die unübliche und unzulängliche Gewaltenteilung zwischen Kommission und Rat und die Stärke der Exekutive, die Beschränkungen des Europäischen Parlaments hinsichtlich von Budgethoheit, fehlender Gesetzgebungsinitiative, nicht existenter europäischer Parteien und eines fehlenden Dualismus zwischen Regierung und Opposition (vgl. Tömmel 2003: 244–250; Abromeit 2002).

Trotz der unbestreitbar hohen Dominanz von Wirtschaftsinteressen und dem starken Einfluss organisierter Interessen (Kohler-Koch 1996) vermerken einige Studien jedoch, dass schwache und diffuse Interessen vom Europäischen Parlament in stärkerem Maße vertreten werden (Pollack 1997). Auch für zivilgesellschaftliche Problemdefinitionen bestehe eine höhere Responsivität (Heinelt

4 Vgl. die Kritik seitens der Europäischen Parlamentarismusforschung an der zu geringen Beachtung des Parlaments, das »auch in einem wissenschaftlich gelagerten Defizit« gründe. »Der Vergleich des Europäischen Parlaments mit Idealtypen des nationalen Parlamentarismus wird immer noch, oft unter Ausblendung der Empirie beider Parlamentsebenen, geführt und in Negativbilder des supranationalen Parlaments gegossen. Die dabei entstehenden Momentaufnahmen sind von einer erschreckenden Statik, die die Dynamik des EU-Systems, der Integration [...] nicht erfassen kann« (Maurer/Nickel 2005: 10).

2002). Dabei gelten gerade die relative Unabhängigkeit von den nationalen Parteien und die geringere ideologische Bindungskraft der Fraktionen als positive Attribute, die einen konsensorientierten Arbeitsstil und eine kosmopolitische Ausrichtung der Parlamentarier unterstützen. Insbesondere öffnet sich das Europäische Parlament für neue Problemlagen, die sich infolge von Globalisierungsprozessen stellen, wie etwa Umweltschutz, Geschlechterdemokratie, Gesundheits- und Verbraucherschutz sowie Risiken neuer Technologien. Damit profiliert es sich gegenüber Kommission und Rat, die stärker territoriale und funktionale Interessen repräsentieren. Zudem pflegt das Parlament sein ethisch-moralisches Selbstverständnis als »Gewissen der EU« und übt es aktiv aus (vgl. Tömmel 2003: 259f). Es bildet seinem Selbstverständnis nach einen Raum zur Rückkopplung an die Bürgerinnen und Bürger. Gerade das Europäische Parlament besitzt – Maurer zufolge – gegenüber den anderen EU-Organen einen Vorsprung in der Aktivierung und Artikulation von politischen Konflikten. Denn es fungiere »längst als öffentlicher und der Öffentlichkeit zugänglicher Raum, der die so oft geforderten Kommunikationsstrukturen für transeuropäische Dialoge aufweist« (Maurer 2005: 119).

Der demokratische Gehalt und die Legitimität europäischer Gesetzgebung müssen sich daher auch daran messen lassen, ob plurale Interessen und vielfältige Problemkonzeptionen in die politische Meinungs- und Willensbildung eingehen und angemessen berücksichtigt werden. Hierzu bedarf es aber eines theoretischen Modells, in dem der Zusammenhang von Öffentlichkeit, Zivilgesellschaft und Governance dargestellt wird. Welche Funktionen das Parlament dabei wahrnehmen und welche Rolle es darin spielen kann, soll nun mittels eines demokratietheoretischen Ansatzes erschlossen werden.

5. Das Schleusenmodell von Peters/Habermas als demokratietheoretischer Ansatz

Für die Biopatentkontroverse und ihren Verlauf war die zivilgesellschaftliche Öffentlichkeit, die darin artikulierten neuen Problemdeutungen und die Bestreitung der Legitimität der bisherigen Patent-Governance ein wichtiger Katalysator für den parlamentarischen Prozess. Auch wenn ich nicht im Einzelnen die Akteure und deren Aktionen analysiere, so wird sich in meiner empirischen Policy-Analyse vor allem zeigen, wie diese sich als Anfechtungen und neue Problemdeutungen im politischen Bearbeitungsprozess niedergeschlagen haben.

Für die theoretische Modellierung der Interaktion zwischen Zivilgesellschaft, Öffentlichkeit und politischem System rekurriere ich auf das von Jürgen

Habermas (1992: 429–435) adaptierte Schleusenmodell von Bernhard Peters. Habermas präsentiert dieses sowohl deskriptive wie auch normativ-kritische Modell in Weiterentwicklung seiner Studien zum Verhältnis von Politik und Öffentlichkeit (vgl. Stolze 2000). Angeregt durch Bernhard Peters (1993) und orientiert an der Kritik des systemtheoretischen Ansatzes von Helmut Willke (1992) macht Habermas dabei in normativer Hinsicht vor allem geltend, dass die Idee des Rechtsstaates Schaden nähme, wenn die gesellschaftlichen Funktionssysteme verfassungsrechtlich aus ihrer instrumentellen Rolle entlassen würden und zum »Selbstzweck« degradierten (Habermas 1992: 425). Horizontale Governance in Form von parastaatlichen Verhandlungssystemen ohne effektive Anbindung an den parlamentarischen Komplex und die Öffentlichkeit riefen Legitimationsprobleme hervor und seien wegen ihrer Spezialisierung auf Fragen der funktionalen Koordinierung dem anfallenden Problemdruck auch kognitiv nicht gewachsen (Habermas 1992: 427). Er selbst bezeichnet das Schleusenmodell als seine Antwort auf die »Frage nach der Durchsetzungsfähigkeit des rechtsstaatlich regulierten Machtkreislaufs« (Habermas 1992: 429). Es verdeutliche, wie kommunikative Macht in der Gesellschaft vermittels des Rechts in administrative und systemische Macht transformiert werden solle.

Im Schleusenmodell geht es vor allem um die Struktur von Entscheidungsprozessen: Peters (1993: 340) Entwurf zufolge sind die Kommunikations- und Entscheidungsprozesse eines rechtstaatlich verfassten politischen Systems auf einer Achse angeordnet, die vom Zentrum zur Peripherie reicht und durch ein System von Schleusen strukturiert werden. Das politische System ist in ein Zentrum und eine zweigeteilte Peripherie gegliedert. Den institutionellen *Kern* macht das Regierungssystem aus, welches sich aus der Regierung, der Verwaltung, dem parlamentarischen Komplex und dem Rechtswesen zusammensetzt. Dieser Kern hat die größte Legitimität, bindende Entscheidungen mit der vergleichsweise größten sachlichen und sozialen Reichweite zu treffen und umzusetzen.

Die *innere Peripherie* wird gebildet von selbstverwalteten Institutionen, die bestimmte delegierte Hoheitsfunktionen ausführen oder mit Selbstverwaltungsrechten ausgestattet sind. Die *äußere Peripherie* bildet den Bereich der politischen Öffentlichkeit oder der öffentlichen Meinung in Massenmedien, fachspezifischen Kommunikationsnetzen, Foren und Veranstaltungen. Im intermediären Bereich, also zwischen innerer und äußerer Peripherie angesiedelt, sind »für verschiedene Politikfelder komplexe Netzwerkstrukturen zwischen öffentlichen Verwaltungen und privaten Organisationen, Spitzenverbänden, Interessengruppen usw. entstanden, die in regelungsbedürftigen, aber intransparenten gesellschaftlichen Bereichen Koordinationsfunktionen erfüllen« (Habermas 1992: 430). Mit anderen Worten: Dieser intermediäre Bereich bezeichnet selbstregulative, »horizontale« Governance-Netzwerke und neokorporatistische Verhandlungssysteme.[5]

Davon unterscheidet Habermas an der äußeren Peripherie angelagerte Gruppen, Assoziationen und Verbände, die gegenüber dem Parlament, der Verwaltung und über die Justiz gesellschaftliche Probleme zur Sprache bringen. Sie stellen politische Forderungen an die Regierung, artikulieren Interessen oder Bedürfnisse gegenüber dem Kern und nehmen Einfluss auf die Formulierung von Gesetzesvorhaben oder Politiken (Habermas 1992: 430). Diese reichen von Verbänden, die partikulare Interessen vertreten, über Vereinigungen mit parteipolitischen Zielsetzungen, kulturelle Einrichtungen, Kirchen und karitative Einrichtungen bis hin zu »*public interest groups*«. Hier hebt Habermas insbesondere die Akteure der Zivilgesellschaft hervor, denen die Aufgabe zukomme, gesellschaftliche Problemlagen wahrzunehmen, zu kondensieren und lautverstärkend an die politische Öffentlichkeit weiterzuleiten. Zivilgesellschaftliche Akteure definiert er als nichtstaatliche und nicht-ökonomische, mehr oder weniger spontan entstandene soziale Bewegungen, Bürgerinitiativen und -foren, politische Vereinigungen und andere Assoziationen auf freiwilliger Basis (Habermas 1992: 443, 451).

Das Schleusenmodell basiert auf zwei Modi von Kommunikationsflüssen und Problemverarbeitungsweisen: Bindende Entscheidungen müssen, wenn sie mit Autorität umgesetzt werden sollen, durch die engen Kanäle des Kernbereichs hindurchgeleitet werden. Jedoch ist die Legitimität der Entscheidungen abhängig von Meinungs- und Willensbildungsprozessen in der Peripherie. Das Zentrum ist ein Schleusensystem, das viele politisch-administrative Prozesse passieren müssen, es kontrolliert aber »die Richtung und die Dynamik dieser Prozesse nur in begrenztem Maße. Veränderungen können von der Peripherie ebenso ausgehen wie vom Zentrum« (Peters 1993: 351). Mit dieser Auffassung wird – im Einklang mit Governance-Theorien – Abstand genommen von einer »Zentralperspektive«. Hier wird den vielfältigen Entstehungsorten und verzweigten Verlaufsflüssen von Kommunikations-, Regulations- und Veränderungsprozessen Rechnung getragen.

Gleichwohl bleibt in demokratietheoretischer Hinsicht bezüglich der input-Legitimität wichtig festzuhalten, dass

»bindende Entscheidungen, um legitim zu sein, von Kommunikationsflüssen gesteuert sein [müssen], die von der Peripherie ausgehen und die Schleusen demokratischer und rechtsstaatlicher Verfahren am Eingang des parlamentarischen Komplexes oder der Gerichte (gegebenenfalls auch am Ausgang der implementierenden Verwaltung) passie-

5 Für die Zwecke dieser Arbeit sind zur inneren Peripherie insbesondere patentjuristische Standesvertretungen zu zählen. Zu den Verbänden sind Industrieverbände, Erfindervereinigungen, aber auch wissenschaftliche Fachorganisationen zu rechnen. Patentämter sind im Übergang zwischen »Kern« – also der Administration – und innerer Peripherie angesiedelt.

ren. Nur dann kann ausgeschlossen werden, dass sich auf der einen Seite die Macht des administrativen Komplexes oder auf der anderen Seite die soziale Macht der auf den Kernbereich einwirkenden intermediären Strukturen gegenüber einer kommunikativen Macht, die sich im parlamentarischen Komplex bildet, verselbständigen« (Habermas 1992: 432).

Diese Warnung vor einer Verselbständigung von Macht in neokorporatistischen oder administrativen Strukturen ohne öffentliche Kontrolle bleibt hervorzuheben, da sie eine normative Herausforderung für die Governance-Theorie darstellt. Dabei überlastet Habermas die Anforderungen an eine gleichsam permanente demokratische input-Legitimation nicht, denn er unterscheidet mit Peters zwei Operationsmodi der Problembearbeitung, nämlich den *Routinezustand* und den *außerordentlichen Modus*.

Im *Routinemodus* verlaufen Kommunikationsflüsse zirkulär oder in Gegenrichtung und werden nach etablierten Mustern und Konventionen bearbeitet, also sowohl in der Legislative, Exekutive und Judikative im Kern wie auch in den intermediären Bereichen zwischen Kern und innerer Peripherie. Dies beschreibt gewissermaßen Governance »*as usual*«, im Normalzustand.

Davon zu unterscheiden ist der *außerordentliche Problembearbeitungsmodus* in Konfliktfällen: Dieser ist durch Krisenbewusstsein, erhöhte öffentliche Aufmerksamkeit, »kurz: durch *Problematisierung* gekennzeichnet« (Habermas 1992: 433). In solchen Fällen konfliktreich veränderter Problemwahrnehmungen und Problemlagen expandiere die Spannweite der Aufmerksamkeit, wobei sich Kontroversen in der breiteren Öffentlichkeit vor allem an normativen Aspekten der im Brennpunkt stehenden Probleme entzündeten. Der Druck der öffentlichen Meinungen erzwinge dann einen außerordentlichen Problemverarbeitungsmodus, der die rechtsstaatliche Regulierung des Machtkreislaufes begünstige, also Sensibilitäten für die verfassungsrechtlich geregelten *politischen Verantwortlichkeiten* aktualisiere.

»Nur dann können Parlamente und Gerichte, denen ein konstruktiver bzw. rekonstruktiver Umgang mit normativen Gründen *formell vorbehalten* ist, die Richtung des Kommunikationskreislaufs auch *faktisch bestimmen*. In derart zugespitzten Konfliktfällen behält der politische Gesetzgeber das letzte Wort« (Habermas 1992: 433, Hervorhebungen im Original).

Allerdings erwähnt Habermas einschränkend, es sprächen viele Evidenzen dafür, dass dem parlamentarischen Komplex meistens die Kraft fehle, von sich aus »Fälle zu Konfliktfällen zu machen«. Sowohl die Empfindlichkeit für latente Probleme, die von eingespielten Routinen nicht oder nur unzureichend erfasst werden, wie auch die Initiative zur erfolgreichen dramatischen Aufarbeitung neu anfallender Probleme seien in den unter Zeitdruck entscheidenden Institutionen schwach ausgeprägt (Habermas 1992: 433). Genau an dieser Stelle weist er der Zivilgesellschaft eine wichtige Aufgabe zu: Die von ihr ausgehenden

Problematisierungen stellen einen wichtigen demokratischen Korrekturmechanismus dar.

An dieses Modell und vor allem die demokratietheoretisch bedeutsame Charakterisierung der beiden Operationsmodi demokratischer Problembearbeitung (Routine- versus außerordentlicher Zustand) von Habermas schließt meine Arbeit an:

- Sie bezieht sich auf den Übergang von »Governance zu Government«, sie beschreibt also, an welchen Bruchstellen der Normalität die Legislative gefordert ist, eine kollektiv verbindliche Entscheidung herzustellen und diese nicht länger intermediären Arrangements überantwortet lassen kann.
- Sie verweist auf die Bedeutung von Problematisierung – also von neuen Problemdefinitionen, durch die konventionelle Deutungsmuster in Frage gestellt und die Gültigkeit routinisierter Problemlösungsarrangements bestritten werden. Später werde ich diese mit dem Verfahren der Frame-Analyse sichtbar machen, die gleichzeitig einen Analysemodus für die Bearbeitung von Frame-Konflikten liefert (vgl. Kap. I.B).
- Sie unterstreicht die Bedeutung von zivilgesellschaftlichen Sensibilitäten und Konfliktthematisierungen, die unter anderem durch Skandalisierung, *naming and shaming* Praktiken und Moralisierung erfolgen und dadurch öffentliche Aufmerksamkeit erfahren.

Dieses Schleusenmodell wird der Bedeutung von zivilgesellschaftlicher Öffentlichkeit und von Kontroversen gerecht und weist gleichzeitig dem Parlament einen unverzichtbaren Platz bei der Bearbeitung solcher Konflikte zu.

Habermas spricht hierzu an anderer Stelle metaphorisch von der »Belagerung« der »Festung« des Staates durch öffentliche Diskurse, die auf die Prämissen der Urteils- und Entscheidungsprozesse einwirkt, jedoch »ohne Eroberungsabsicht« ausgeübt werden solle und damit Volkssouveränität als kommunikativ erzeugte Macht zur Geltung bringe (Habermas 1992: 626). Die zivilgesellschaftliche Öffentlichkeit sei das Medium uneingeschränkter Kommunikation, die zwischen sozialer und administrativer Macht vermittle (Habermas 1992: 211, vgl. Stolze 2000: 155).

An diesem Punkt sehe ich gewisse Anschlüsse an Dryzek's Modell einer »discursive democracy that emphasizes the contestation of discourses in the public sphere« (Dryzek 2001: 657).[6] Die meisten institutionenpolitischen deli-

6 In diesem Sinne besteht eine Affinität meiner Arbeit zu deliberativen und diskursiven Demokratiemodellen, die jedoch darin nicht theoretisch und normativ diskutiert werden können. Deliberative Politik wird von Habermas als »Zusammenspiel einer zivilgesellschaftlich basierten Öffentlichkeit mit der rechtsstaatlich institutionalisierten Meinungs- und Willensbildung im parlamentarischen Komplex (und der Entscheidungspraxis der Gerichte)« bestimmt (1992: 448). Durch öffentliche Bestreitungen und Kontroversen kann somit kommunikative Macht entstehen, die in legitime Rechtsetzungsprozesse eingeht. Der Einfluss öffentlicher Diskurse

berativen Demokratieansätze erkennen die Legitimität parlamentarisch-repräsentativer Demokratie an, setzen sich jedoch dafür ein, in ihrem Rahmen Öffentlichkeit und zivilgesellschaftlichen Assoziationen (Cohen/Rogers 1994) größeres Gewicht einzuräumen und sie als Katalysatoren für eine Erweiterung der Problemdefinitionen und der Problemlösungskapazitäten von politischer Willensbildung und Entscheidungsfindung zu betrachten. Damit sollen sie auch zu einer Öffnung und Fortentwicklung der politischen Institutionen und zu einer Reflexivierung von Governance beitragen (vgl. Klein 2001; Schmalz Bruns 1995).

Parlamente, so meine normative Schlussfolgerung aus dem Schleusenmodell, sollten Responsivität gegenüber zivilgesellschaftlich artikulierten Problemdeutungen aufweisen und im Ergebnis eine Resonanz gegenüber diesen erkennen lassen. Parlamente nehmen demnach eine Vermittlungs- und Scharnierfunktion zwischen dem politisch-administrativen System einerseits und der Öffentlichkeit andererseits ein.[7]

An dieser Stelle bleibt jedoch darauf hinzuweisen, dass parlamentarisches Handeln sich vom Agieren in der öffentlichen Sphäre unterscheidet. In der Sphäre der Öffentlichkeit ist eine fundamentale Bestreitung einer Politik möglich, sie eröffnet aber keine direkten Vollmachten auf rechtliche Entscheidungsprozesse. Parlamente hingegen haben zwar Gesetzgebungsbefugnisse, sind jedoch in ihren Handlungen an eine Reihe von formalen, prozeduralen und inhaltlichen Restriktionen gebunden. Bezieht man dies auf die Ebene des europäischen Mehrebenensystems, so lassen sich unter anderem folgende Charakteristika und Mechanismen feststellen:

- Die Europäische Kommission besitzt das Monopol auf das Initiativrecht für ein Gesetzgebungsverfahren und damit hohe Agenda-Setting-Macht.[8]

»muss sich auf die Beratungen demokratisch verfasster Institutionen der Meinungs- und Willensbildung auswirken und in formellen Beschlüssen eine autorisierte Gestalt annehmen, um politische Macht zu erzeugen (Habermas 1992: 450).

7 Habermas erinnert pointiert sowohl an die Notwendigkeit autonomer Öffentlichkeiten, welche »die politische Willensbildung vorbereitet und beeinflusst« (1992: 211), als auch an die unerlässliche Funktion des Parlaments für die Gesetzgebung, damit diese Willensbildung in verbindliche legislative Beschlüsse einmündet: »Die politische Willensbildung zielt auf Gesetzgebung ab, weil zum einen das System der Rechte, die sich die Bürger gegenseitig zuerkannt haben, zunächst durch Gesetze interpretiert und ausgestaltet, weil zum anderen die organisierte Staatsgewalt, die als Teil für das Ganze handeln muss, nur über Gesetze programmiert und gelenkt werden kann« (Habermas 1992: 211).

8 Mit dem Inkrafttreten des Vertrags von Lissabon (2009) ist es diesbezüglich zu einer gewissen Ausweitung der Rechte des Parlaments gekommen. Der Lissabon-Vertrag erlaubt dem Parlament, die Kommission »mit der Mehrheit seiner Mitglieder« zu einer bestimmten Gesetzgebung aufzufordern. Nach einer interinstitutionellen Vereinbarung von Ende Januar 2010 wurde diese Klausel weiter ausgestaltet. Die Kommission muss künftig nach einer »Aufforderung« des Parlaments zu einer Gesetzesinitiative »innerhalb von drei Monaten« Stellung bezie-

- Das Parlament ist als Ko-Legislator darauf beschränkt, Änderungen zu einem vorgegebenen Textentwurf vorzuschlagen und abzustimmen – es kann keinen »eigenen«, originären Gesetzestext schreiben, sondern lediglich einen vorgegebenen Text umformulieren und ergänzen.
- Parlamente müssen bei Rechtsänderungen an das bestehende Normgefüge anknüpfen (Ladeur 1999: 43), daher müssen Gesetzesreformen und -Novellierungen an bestehende Gesetzeswerke angepasst und damit eine gewisse Fortschreibung an »altes Recht« vollzogen werden.
- Parlamente müssen eine Compliance mit bestehenden rechtlichen Normen und Statuten sowie mit internationalen, völkerrechtlich verbindlichen Vertragswerken, die von Regierungen unterzeichnet wurden, herstellen.
- Die Gesetzgebungskompetenzen der Europäischen Gemeinschaft sind auf bestimmte Felder eingeschränkt, während andere der nationalen Souveränität und der Subsidiarität überlassen bleiben.
- Parlamente sind an Verfahrens- und Entscheidungsregeln, sowie insbesondere an bestimmte Mehrheitsregeln gebunden.

Auf die nationale Ebene bezogen ist festzuhalten, dass für den Deutschen Bundestag ebenfalls die Bindung an Normen und Verfahrensregeln gültig ist, hier aber folgende allgemeine Merkmale gelten:

- Der Bundestag hat eine eigenständige Gesetzgebungskompetenz, Gesetzesinitiativen aus der Mitte des Parlaments heraus sind jedoch sehr selten.
- Für die Implementierung von EU-Richtlinien gelten strikte europarechtliche Grenzen hinsichtlich von Gestaltungsspielräumen, sowie enge Zeitfenster für die Umsetzung.

Aus dem Druck zur Verabschiedung eines Gesetzes, der wiederum entsteht, um effektives Regieren zu ermöglichen oder um europarechtliche Vorgaben einzuhalten, entwickeln sich Schließungszwänge. Während in der Öffentlichkeit »endlos« debattiert und an verhärteten Positionierungen festgehalten werden kann, entfalten die Verfahrensprozeduren und Schließungsnotwendigkeiten des Gesetzgebungsverfahrens eine Logik der Fokussierung und Komplexitätsreduktion und damit einer Unterscheidung zwischen relevanten und irrelevanten Aspekten einer Policy. Dieser Entscheidungsdruck und die Schließungserfordernisse sollten nicht nur negativ konnotiert werden. Vielmehr werde ich aufzeigen, dass dadurch eine Reihe von Vermittlungsprozessen »zwischen« verschiedenen Problemdeutungen in Gang gesetzt werden, die es ermöglichen

hen und in Jahresfrist einen entsprechenden Gesetzesvorschlag vorlegen. Lehnt die Kommission dieses ab, so muss sie es politisch vor den Abgeordneten rechtfertigen (Winter, Martin: »Mehr Rechte für das EU Parlament«, in: Süddeutsche Zeitung, 29.01.2010, S. 7).

können, divergierende Deutungen partiell zu integrieren und eine neue Problemdeutung und -lösung anzustoßen.

Festzuhalten bleibt hier, dass zwischen gesellschaftlichen Funktionssystemen aufkommende Reibungsverhältnisse sowie zivilgesellschaftlich aufgeworfene Konflikte in das Parlament »eingeschleust« und »übersetzt« werden, und dass sie dadurch, dass die Konflikte und ihre Bewältigung in einen Gesetzgebungsakt und damit Gesetzestext eingehen, eine andere Bearbeitungsform erfahren.

Für die empirische Arbeit bedeutet dies, dass um den Einfluss des parlamentarischen Handelns abschätzen zu können, policy-analytisch zum einen nachzuverfolgen ist, zu welchen »Textveränderungen« eines Gesetzentwurfs es zwischen dem »Eintritt« und dem »Austritt« aus der legislativen Arena kam, wie also der Gesetzestext »umgeschrieben« wurde.[9] Zum anderen ist nachzuvollziehen, in welcher Weise Problemartikulationen in den Gesetzestext eingegangen sind und zu welchen Ergebnissen sie geführt haben.[10]

6. Kontroversen als Ressource für Governance

Welche Rolle spielen Kontroversen und Konflikte für Governance? Häufig werden sie vor allem dahingehend wahrgenommen, dass sie zum Scheitern von »erfolgreicher« Governance, zu Reformstaus und zu Politikblockaden führen. Demgegenüber verstehe ich Kontroversen als grundlegende Elemente von Politisierung und als zum Wesen dessen gehörig, was »das Politische« ausmacht (Mouffe 1999[11], vgl. Nullmeier 1998, Greven 2001). Kontroversen legen divergierende Sichtweisen offen, sie eröffnen Handlungsspielräume und konkurrie-

9 »MEPs shape legislation (…) A draft directive really is a draft – MEPs and the ministers in the Council work through it paragraph by paragraph, amending and rewriting« (Corbett 2002: 5).

10 Auf das Instrument der Frame-Analyse für diese Rekonstruktion gehe ich in Kap. I B ein.

11 »By ›the political‹ I refer to the dimension of antagonism that is inherent in all human society, antagonism that can take many different forms and can emerge in diverse social relations. ›Politics‹, on the other hand, refers to the ensemble of practices, discourses and institutions that seek to establish a certain order and to organize human coexistence in conditions that are always potentially conflictual because they are affected by the dimension of ›the political‹.« (Mouffe 1999: 754) Die Existenz einer demokratischen öffentlichen Sphäre bestehe gerade in der Anerkennung und Legitimierung von Konflikten und der Weigerung, solche durch Aufzwingen einer autoritären Ordnung zu unterdrücken. Nur eine demokratische Gesellschaft schaffe Raum für konfligierende Interessen und Werte. Konsens sei gebunden an einen »konflikthaften Konsens«, »a pluralist democracy needs to make room for dissent and for the institutions through which it can be manifested.« (Mouffe 1999: 756) Die primäre Aufgabe demokratischer Politik »is not to eliminate passions nor to relegate them to the private sphere in order to render rational consensus possible, but to mobilise those passions towards the promotion of democratic designs« (Mouffe 1999: 755–756).

rende Handlungsoptionen. Kontroversen können zu einer Rekonzeptualisierung von »alten« Governance-Mustern und -Arrangements und zu einer Neuordnung von Governance-Konfigurationen führen.

Meine zentrale Hypothese dazu lautet, dass persistierende öffentliche Kontroversen nicht als Defizit, als Barriere für und Verschleppung von effektivem Policy-Making anzusehen, sondern als positives Steuerungspotential und als Ressource für Governance im Sinne von Steuerungsfähigkeit und Problemlösungskompetenz zu betrachten sind. Als entscheidende Voraussetzung für die Nutzung dieser Governance-Ressource betrachte ich die Rezeptivität des Gesetzgebers, insbesondere des Parlaments (auf europäischer wie nationaler Ebene) für die im öffentlichen Diskurs entwickelten Problemdefinitionen und den konstruktiven Umgang mit diesen im Politikprozess selbst. Empirisch ist deshalb zu untersuchen, ob und wieweit diese Kontroversen als Potential für reflexive Governance fungiert haben, bzw. genutzt werden konnten.[12]

Meine Hypothese muss sich allerdings hinsichtlich der Frage bewähren, ob durch diese Kontroversen die Problemlösungskompetenz gesteigert und neue Entscheidungsfähigkeiten hergestellt wurden.[13] Hier kommt es also auf Schließungsprozesse an und das Einmünden in abgeschlossene Gesetzgebungsakte ist ein wichtiger Indikator.

Wiederum ist dabei an das Schleusenmodell anzuschließen: Wenn es im »außerordentlichen Modus« zu einer Schließung von Kontroversen durch Gesetzgebung gekommen ist, dann kann wieder »Routine« einkehren – jedoch unter veränderten Vorzeichen und gegebenenfalls in einer veränderten Governance-Konfiguration.

Zusammenfassend können Kontroversen – sowohl in der Öffentlichkeit, wie auch in Parlamenten – als Ereignisse bzw. Prozesse betrachtet werden, die bestehende Governance-Strukturen herausfordern und in diesem Sinne möglicherweise auch – zumindest zeitweise – blockieren. Voraussetzung bleibt aller-

12 Hierzu ist es notwendig, die Verschiebungen und Erweiterungen, welche die Deutungsmuster (Frames) der Kontroverse in der Dynamik der Auseinandersetzung erfahren haben und das Reframing zu analysieren, worauf ich im theoretisch-methodischen Teil zur Frame-Analyse näher eingehen werde (vgl. Kap I B).

13 Landfried (2002: 246–251) führt als ein Negativbeispiel für nicht gelingende Governance aus, dass im Falle der Medienkonzentration und entsprechenden Regulierungsversuchen auf europäischer Ebene zwar eine intensive, plurale Debatte, initiiert über das Europäische Parlament, geführt wurde. Die Willensbildung war jedoch insofern ineffizient, als diese nicht zu einer Entscheidung (Richtlinie) führte. Damit kam es nicht zu politischer Governance im Medienbereich, mit negativem Ergebnis insofern, als die ökonomische Medienkonzentration zu Lasten von Meinungsvielfalt zunahm. Von einer zwangsläufigen Steigerung von Governance-Potential durch Kontroversen und durch die Zunahme von Akteuren auf der Input-Seite von Politikprozessen auszugehen, wäre daher verfehlt. Das gleiche lässt sich für andere Gesetzgebungsinitiativen sagen, die für das Politikfeld dieser Arbeit relevant sind, etwa das Europäische Gemeinschaftspatentübereinkommen oder die Softwarepatent-Richtlinie.

dings, dass Kontroversen und Konflikte demokratisch und konstruktiv gelöst, also nicht allein über hierarchische Machtausübung, sondern über Argumentation und Verhandlung in angemessenen Verfahren, die letztlich in Mehrheitsentscheidungen münden, entschieden werden.[14] Ein erfolgreicher Ausgang – Kontroversen als Governance-Ressource im Sinne von Problemlösungsressource – läge dann darin, dass Regeln, Regelungsstrukturen und Institutionen restrukturiert werden und damit wieder »normale« Governance-Prozesse einkehren, nun aber unter veränderten Bedingungen: mit neuen Anliegen, Akteuren und Themen, die einbezogen werden, in denen sich also Akteurkonstellationen und Regelungsmodi von Governance, insbesondere im Recht, verändern.

7. Argumentieren und Verhandeln

Wie kann also nun Prozess und Ergebnis eines Gesetzgebungsaktes im Rahmen der Governance eines Politikfeldes bewertet werden? Als eine Art »Gütemaßstab« für den demokratischen Gehalt einer politischen Entscheidung dient in der politikwissenschaftlichen Forschung der Grad des Argumentierens. Die ursprünglich von Jon Elster (1986) in Auseinandersetzung mit dem Habermasschen Diskursmodell eingeführte Unterscheidung zwischen *Arguing and Bargaining* als grundlegenden Kommunikationsmodi hat insbesondere in der deutschen Politikwissenschaft weite Kreise gezogen, eine Fülle von Theoriediskussionen entfacht[15] und normative Relevanz im Sinne eines Primats und einer Überlegenheit des Argumentierens erlangt. Politikprozesse, so die normative Konklusion, können danach bewertet werden, ob diese vorwiegend im Modus des *Arguing* stattgefunden haben und ob es zu einer Schließung durch den »zwanglosen Zwang des besseren Arguments« kam, in denen Behauptungen, Normen und Geltungsansprüche geprüft und in einem argumentativen Verfahren Gültigkeit erlangt haben. Im Anschluss an Theorien deliberativer Demokratie wird das Arguing als die »normativ hochstehendste Form der Verbindlichkeitserzeu-

14 »Beratungen zielen allgemein auf ein rational motiviertes Einverständnis und können im Prinzip unbegrenzt fortgesetzt oder jederzeit wiederaufgenommen werden. Politische Beratungen müssen aber mit Rücksicht auf Entscheidungszwänge durch Mehrheitsbeschluss beendet werden. Wegen ihres internen Zusammenhangs mit einer deliberativen Praxis begründet die Mehrheitsregel die Vermutung, dass die fallible Mehrheitsmeinung bis auf weiteres, nämlich bis die Minderheit die Mehrheit von der Richtigkeit ihrer Auffassungen überzeugt hat, als vernünftige Grundlage einer gemeinsamen Praxis gelten darf« (Habermas 1992: 371).

15 Siehe dazu im Überblick: von Prittwitz 1996, Saretzki 1996 und 2007, Holzinger 2001, Risse 2000 und 2003.

gung« (Nullmeier 2003: 221) dargestellt. Der Grad der Realisierung argumentativer, auf Überzeugung beruhender Verständigung wird damit als positiver normativer Maßstab von kollektiv verbindlichen Entscheidungen gesetzt.

Zur Auseinandersetzung mit diesem Maßstab ist zunächst kurz auf die in der politikwissenschaftlichen Debatte analytisch herausgearbeiteten Unterschiede zwischen *Arguing and Bargaining* einzugehen. Argumentieren hat vor allem die Funktion, bei Konflikten über die Gültigkeit von Werten eine Verständigung zu erreichen. Verhandeln hingegen wird primär zur Einigung bei Interessenkonflikten eingesetzt. Beim Verhandeln geht es um ein »Kräftemessen« und letztlich eine Einigung, bei der durch Nachgeben und Verzicht auf das eigene ideale Ziel und die maximale Interessendurchsetzung eine (partielle) Anerkennung der Forderungen der Gegenseite erreicht werden kann (vgl. Holzinger 2001: 420). Beim Argumentieren hingegen geht es um die gegenseitige Überzeugung über die Gültigkeit von Aussagen, Werten und Normen.[16] Diese Unterschiede sind in Schaubild 1 aufgetragen.

Das Begriffpaar Argumentieren und Verhandeln kann eine fruchtbare analytische Kategorisierung bilden, jedoch ist meines Erachtens vor allem seine dichotome Anordnung in Frage zu stellen und vor einer holzschnittartigen Anwendung zu warnen. Denn auf einer Meta-Ebene betrachtet handelt es sich bei *arguing and bargaining* um binäre Kategorien, die in der Regel hierarchisch klassifiziert und mit »negativen« and »positiven« Konnotationen versehen sind. Mir geht es vor allem darum, hier eine andere Anordnung vorzunehmen. Wie zwar in empirischen Studien (vgl. Holzinger 2001, Risse 2000) nachgewiesen wurde, aber in der Theoriedebatte beharrlich »vergessen« wird, treten in kommunikativen Situationen zur Lösung von Konflikten und Kontroversen eigent-

16 Hinsichtlich einer Sequentialisierung zwischen Argumentieren und Verhandeln sind wichtige Unterschiede zu vermerken: Holzinger (2001: 442) geht davon aus, dass zuerst eine Phase des Argumentierens zur Auflösung von Tatsachen und Wert-/Normdissensen erfolge, die sodann vom Verhandeln und dem Auflösen des Interessenkonflikts abgelöst werde. Saretzki (1996: 37) konstatiert eine umgekehrte Sequentialisierung: Argumentationsprozessen gingen häufig Verhandlungen voraus, in denen die Voraussetzungen und Bedingungen des Argumentierens nach Maßgabe von »bargaining power« festgelegt und hinsichtlich von Problemdefinitionen und zu behandelnden Problemkomplexen restringiert würden. Saretzki (1996: 34f) verweist darüber hinaus auf funktionale, strukturelle und prozessuale Unterschiede. Argumentieren habe eine triadische, Verhandeln eine dyadische Grundstruktur: Beim Argumentieren müssten Opponenten immer auf etwas Drittes, einen Maßstab oder eine Instanz rekurrieren, um eine empirische These als »wahr«, als valides Faktum auszugeben und hierzu ein Verfahren bzw. eine Methode zu dessen Feststellung anzugeben, oder auf Werte, Normen, Prinzipien verweisen, um die Behauptung der Gültigkeit eines normativen Postulats als »richtig« oder »gerecht« zu rechtfertigen und damit seinen Geltungsanspruch zu sichern. Beim Verhandeln bezögen sich Opponenten hingegen »in letzter Instanz« immer nur auf das Gegenüber selbst, um auf dessen Angebote, Drohungen und Abwanderungsankündigungen zu reagieren, deren Glaubwürdigkeit zu beurteilen und erfolgreich verhandeln zu können.

Schaubild 1: Verhandeln und Argumentieren

	Verhandeln (bargaining)	*Argumentieren (arguing)*
Orientierung	strategisch	kommunikativ, verständigungsorientiert
Paradigmatischer Ort	Marktplatz	Forum (Agora)
Grundmodus	Tausch und Macht	Diskursethik (Habermas), Deliberation
Ziel	Interessenausgleich/ -durchsetzung	Normativ: Werte, Wahrheit
Kriterien und Zwecke	Ausgleich von Interessen, bei weiterem Dissens über Tatsachen und Normen, sowie von nicht geteilten Werten – oder: teilweiser Konsens über empirische und normative Behauptungen	begründen, überzeugen: Wahrheit von empirischen Tatsachenbehauptungen (Wissen), Gültigkeit von Normen und Werten (normativ); Validität, Konsistenz, Unparteilichkeit
Zu bewältigender Problemtyp	distributiv	kognitiv
Handlungsmodi	Drohen, Exit-Position, Veto-Macht, Forderungen erheben mit Anspruch auf Glaubwürdigkeit: Drohungen, Versprechen, Abwandern: Opponenten zur Akzeptanz der erhobenen Forderungen bewegen	Verbindlichkeit. Ggf. gegenseitige Hinterfragung der Ausgangspositionen, Kraft des »besseren Arguments«, argumentative Macht
Ort der Kommunikation	In der Tendenz: geheim, begrenzter Teilnehmerkreis	Öffentlichkeit Oder: nicht-öffentliches, geschlossenes Verfahren (ggf. mit Moderation)
Ergebnis	Kompromiss	Konsens, Verständigung

Zusammengestellt in Anlehnung an Elster (1986) und Saretzki (1996).

lich immer *beide* Kommunikationsformen zusammen und oft in »gemischter« Form auf. Insbesondere das Argumentieren ist ubiquitär und wird auch in Verhandlungssituationen häufig instrumentell, interessengeleitet und strategisch eingesetzt. Selbst bei primär als Verteilungsproblemen zu kategorisierenden Sprechsituationen kommt man nicht ohne ein Minimum an geteilten Annahmen über die Realität aus, es gibt kein *bargaining* ohne *arguing*-Elemente. Dieses wird oft konzediert.

Weitaus voraussetzungsreicher und schwieriger ist die zweite Grundaussage: Diese lautet, *arguing* sei auch ohne *bargaining* möglich. Es ließen sich damit kognitive *und* distributive Probleme bewältigen (Saretzki 1996: 36). Implizit wird damit eine normative Aussage verbunden, die eng mit der kontrafaktisch unterstellten »idealen Sprechsituation« (Habermas) und der deliberativen Verständigung verknüpft ist. Empirisch gesehen bleibt allerdings zu konstatieren, dass die Bedingungen für eine ideale Sprechsituation in Politikprozessen wohl nur selten erfüllt sind. Die partizipative und diskursive Lösung von Kontroversen und Konflikten bleibt zweifelsohne ein anzustrebendes Ideal, an das eine Annäherung gesucht werden sollte. Dabei wäre es wünschenswert, dass man durch Normbegründungsdiskurse und die Klärung von Wahrheitsfragen zu einer Verständigung durch gegenseitige Überzeugung und zu verallgemeinerungsfähigen Interessen gelangt. Realistischer ist es allerdings, davon auszugehen, dass die Diskursteilnehmer nicht gleichermaßen mächtig sind und neben der kommunikativen Verständigung auch strategische Ziele verfolgen. Bedeutsam erscheint mir jedoch vor allem, festzuhalten, dass das Argumentieren für machtschwache Gruppen zu einer Ressource von Machtentfaltung werden kann und durch Begründungszwänge und die Notwendigkeit der Rechtfertigung von Geltungsansprüchen eine Zivilisierung von Konflikten einsetzen kann. Ich gehe allerdings davon aus, dass »reines« Argumentieren in Politikprozessen in der Regel nicht vorkommt, sondern es immer mit Verhandeln und strategischer Kommunikation verknüpft ist.

Deshalb sind Argumentieren und Verhandeln keine analytischen Gegensätze, die sich oppositionell zueinander verhalten im Sinne eines sich gegenseitig-Ausschließens, sondern es sind komplementäre und additive Kommunikationsmodi. Häufig ist »von außen«, also aus der Beobachterperspektive, nicht einmal zu beurteilen, ob ein Argument allein zur Überzeugung des Kontraparts oder strategisch eingesetzt wird, da kein zuverlässiger Lackmustest vorhanden ist, um die intrinsischen Motive und die Ehrlichkeit und Wahrhaftigkeit von Personen nachzuweisen. Insofern liegt meine theoretische Konsequenz darin, die Dichotomie in eine Polarität umzuwandeln und Argumentieren und Verhandeln als Pole auf einem Kontinuum mit Abstufungen, Verbindungen und Überlappungen zu fassen (Vgl. Schaubild 2).

Der Gewinn dieser Umwandlung für empirische Arbeiten liegt darin, dass Diskurse und Verhandlungssituationen nach einer graduellen Logik (»mehr oder weniger«) »kartiert« werden können, indem aufgetragen wird, in welchem Ausmaß und in welcher Form jeweils verhandelt und argumentiert wurde. Auch kann dabei eine zeitliche Sequenzierung über den Verlauf eines Kommunikationsprozesses erfolgen. Dabei ist allerdings zu berücksichtigen, dass es zu einer Finalisierung kommen und der verhandelnde Abschluss einer langen argumentativen Kommunikationssequenz letztlich die Ausrichtung des ganzen Prozesses »umpolen« kann. Die evaluative Konsequenz liegt darin, dass sich auch die normative Konnotation verändern sollte: »Negative« and »positive« Konnotationen und Urteile verlaufen nicht *zwischen* den beiden Kategorien, sondern *innerhalb* der Kategorien. Auch Verhandeln sollte als positive Kommunikationsform bewertet werden, wenn es fair verlief und nicht ausschließlich durch Ausspielen von autoritativen Machtpositionen realisiert wurde; dabei ist ein wichtiger Maßstab, ob es im Ergebnis zu einem fairen Interessenausgleich gekommen ist und ein Kompromiss erzielt wurde. Beim Argumentieren kommt es darauf an, in welchem Maße Geltungsansprüche tatsächlich von beiden Seiten als »richtig« anerkannt wurden.

Schaubild 2: Argumentieren und Verhandeln: Von der Dichotomie zur Polarität

1. Traditionelle dichotome Kategorisierung und Konnotierung von Argumentieren und Verhandeln

A Argumentieren	B Verhandeln
+ (positive Konnotation und Evaluation)	- (negative Konnotation und Evaluation)

2. Anordnung von Argumentieren und Verhandeln als Polarität

<table>
<tr><td colspan="6">A ←—— Argumentieren ——————————— Verhandeln ——→ B
< (weniger) Graduierung (mehr) ></td></tr>
<tr><td>A ←——</td><td>Argumentieren</td><td>——→ A</td><td>B ←——</td><td>Verhandeln</td><td>——→ B</td></tr>
<tr><td>> (mehr)</td><td>Verständigung</td><td>(weniger) <</td><td>< (weniger)</td><td>Fairness</td><td>(mehr) ></td></tr>
<tr><td>+ (positiv)</td><td>Konnotation/
Evaluation</td><td>(negativ) -</td><td>- (negativ)</td><td>Konnotation/
Evaluation</td><td>(positiv) +</td></tr>
</table>

Ein weitergehendes Problem in der Theoriedebatte um die beiden Kommunikationsmodi *Arguing and Bargaining* bildet ihr rationalistischer Bias, durch den affektive Prozesse zuwenig analytische und theoretische Aufmerksamkeit erfahren oder von vorneherein als »Störfaktor« ausgegrenzt werden.[17] Neuere policyanalytische und philosophische Ansätze beschäftigen sich hingegen im Rückgriff auf die Aristotelische Rhetorik (Aristoteles 1993) damit, das neben dem *Logos* auch *Ethos* und *Pathos* in Politikprozessen hohe Bedeutung erlangen können und bemühen sich um eine adäquate empirische wie theoretische Erfassung und Darstellung.[18] Herbert Gottweis verweist darauf, dass insbesondere in Situationen von auf die Zukunft bezogener Unsicherheit Ethos und Pathos in Policy-Prozessen an Gewicht gewinnen, weil wissenschaftliche Erkenntnisse als nicht ausreichend für politische Entscheidungsprozesse betrachtet werden:

»With the mobilization of ethos and passion based modes of argumentation »truth-consensus« oriented expert deliberation and advice loses of importance, images of sincerity, credibility and the social imaginary of the »ethical«, »good« society, but also feelings, empathy and emotion gained of relevance and weight« (Gottweis 2003b: 7).

Solche Ansätze werden durch neuere neurobiologische Forschungen unterstützt, welche die Affektgebundenheit von Kognitivität und Rationalität nachweisen (Damasio 2004; Ciompi 1994, DeSousa 1997).[19] Jüngere sozialtheoretische Konzepte »rehabilitieren« ebenfalls Emotionen in Politikprozessen und attribuieren ihnen nicht zwangsläufig distortive, sondern ebenso aufklärerische,

17 Aus der Perspektive einer »Politologie der Emotionen« werden »(hyper-)rationalistische Akteurs- und Politikkonzepte als deskriptiv inadäquat und normativ verfehlt« angesehen, nicht nur wegen ihrer Realitätsferne, sondern, weil sie »aus emotionsphilosophischer Sicht auch das demokratische Rationalitätspotential von Emotionalität« verspielen (Weber 2007).

18 *Logos* bezeichnet das rationale Argumentieren, bei dem Fakten und andere empirische Belege als Beweis für die Richtigkeit angeführt werden. *Pathos* appelliert an die Emotionalität des Publikums. Es soll angerührt werden, seine Leidenschaften geweckt, Empathie und Sympathie hervorgerufen, und seine Sensibilität angesprochen werden. *Ethos* bezieht sich vor allem auf die sprechende Person selbst, ihre Glaubwürdigkeit und Moralität. Im Zentrum stehen dabei vor allem Vertrauenswürdigkeit, Autorität und Respekt, sowie der Charakter der Person (vgl. Gottweis 2003b und 2005b; Turnbull 2004).

19 Die Neurowissenschaften haben in den 1990er Jahren mit der Entwicklung der »affective neuroscience« ihre rein kognitive Fixierung überwunden. Im Zentrum steht dabei die Bedeutung emotionaler und motivationaler Aspekte. Damasio konstatiert in seiner »Hypothese der somatischen Marker« eine enge Beziehung zwischen rationalem Denken und emotionalem Verhalten. Logische Überlegungen und die daraus folgenden Problemlösungsoptionen sind demnach unwillkürlich mit (positiven oder negativen) körperlichen Empfindungen verknüpft. Solche somatischen Marker wirkten dabei insofern verhaltenssteuernd, als sie wie ein unbewusster Bewertungsapparat funktionierten, wodurch die Vielzahl der kognitiv möglichen Optionen nach ihrer Wünschbarkeit bzw. Unerwünschtheit sortiert und letztlich reduziert wird. Somatische Marker ersetzen demnach nicht das Denken, sie erhöhen aber Damasio zufolge die individuelle »Nützlichkeit von Entscheidungsprozessen« und begünstigen ein »effektives persönliches und soziales Verhalten« (Damasio 2004: 237ff).

erkenntnisbefördernde und lösungsorientierte Funktionen (Holmes 2004; Lyman 2004; Ost 2004, Weber 2007).[20]

Insgesamt bleibt daraus die Konsequenz zu ziehen, dass das Begriffspaar Argumentieren/Verhandeln durchaus ein analytisches Instrument zur Rekonstruktion von Diskursverläufen bieten kann, man sich jedoch vor einer zu starken normativen Aufladung hüten sollte. Ein fairer Interessenausgleich in Verhandlungen ist bei Interessenkonflikten als ein normativ durchaus überzeugendes Ergebnis anzusehen. Auch eine partielle Verständigung ohne Klärung letzter Wahrheits- und Geltungsfragen sowie eine Annäherung und gegenseitige Akzeptanz von Wertvorstellungen, welche allerdings in einer wertpluralen Gesellschaft kaum vollkommen geteilt werden dürften, sind in konfliktiven Politikprozessen als ein gutes Ergebnis zu betrachten. Insbesondere bei Wissenskonflikten[21] sollte dies in Anbetracht neuerer wissenschaftstheoretischer Erkenntnisse einschließen, dass es notwendigerweise Nichtwissen und Unwissen gibt und dieses auch nur partiell aufzuheben ist.[22] Letztlich hängt die normative Bewertung des demokratischen Gehalts eines Ergebnisses, wie etwa eines Gesetzgebungsaktes, von der gründlichen Analyse des empirischen Einzelfalls und seines jeweiligen Kontextes ab.

Deshalb operiere ich in meiner Arbeit weniger mit dem Begriffspaar »Argumentieren und Verhandeln«, vielmehr betrachte ich Politikprozesse mithilfe der Frametheorie als Prozesse des Framings und Reframings, wie im nächsten Kapitel dargestellt wird. Dabei wird deutlich, dass diesem theoretischen Ansatz ein anderes Modell von Realitätskonstruktion zugrunde liegt und für Politikprozesse andere Bezüge hergestellt werden, wobei auch das Schleusenmodell alleine

20 Nach dieser Betrachtungsweise stehen »emotions not as in conflict with rationality, but as factors that inform rationality« (Ost 2004: 235, ebenso Lakoff 2006: 14). Vgl. ebenfalls Ciompi's (1994) Konzept der »Affektlogik«, wonach emotionale Gestimmtheiten und Intuitionen die Entscheidungsfähigkeit bei verschiedenen, rational gleichwertigen Lösungen erhöhen und darüber hinaus, so Nussbaum (2001), auch den moralischen Kontext einer Handlung erschließen und zu »evaluative judgements« führen.
Zweifelsohne können Emotionen in der Politik eine »dunkle« Seite – Populismus, Manipulation – aufweisen und werden aufgrund der historischen Lasten in Deutschland besonders geschmäht. Sie besitzen aber auch eine »helle«, vernunftfördernde Seite. Nicht zuletzt stellen Empathie, Solidarität und Gerechtigkeitssinn entscheidende Motivatoren für politisches Handeln dar und verweisen damit auf ein Menschenbild (*homo politicus*), das nicht im *homo oeconomicus* und in *rational choice*-Verhalten aufgeht.

21 Zur Typologisierung von Interessen-, Wissens- und Wertkonflikten siehe Menz/Bogner 2006.

22 Die wissenschaftstheoretisch fundierte Erkenntnis der Wissens-Forschung lautet, dass »mehr Wissen« das Unwissen nicht beseitigt, sondern vor allem die Kenntnis über das (bewusste) Nicht-Gewußte (»Nichtwissen 1«) erweitert. Es besteht darüber hinaus eine zweite Kategorie von so genanntem Nichtwissen 2, wovon wir – jeweils epochenspezifisch – nicht einmal umreissen können, was wir nicht wissen. Einfache »Wahr«-»Falsch«-Kategorisierungen sind bei modernen, komplexen und risikobehafteten Technologien und Wissensformen selten möglich (vgl. Engel 2002; Böschen et al. 2004).

nicht ausreicht. Wichtig ist dabei nicht (lediglich) der Kommunikationsmodus, sondern ein diesem *vorgängiger* Prozess, nämlich jener der Realitätswahrnehmung und Problemdeutung. Das bedeutet, davon auszugehen, dass bei einem äußerst kontroversen Politikprozess, bei dem Problemdeutungen eines Konflikts zutiefst divergieren, eine argumentative Verständigung unmöglich ist. Bei solchen antagonistisch angelegten Konflikten bedarf es erst einer neuen, geteilten Problemdeutung, damit überhaupt eine gemeinsame Basis für die argumentative politische Auseinandersetzung zur Verfügung steht und es letztlich zu einem Kompromiss oder zu einer Verständigung kommen kann. Erst mithilfe Frame-theoretischer Analysen ist deshalb eine angemessene Rekonstruktion und Evaluation solcher Politikprozesse möglich.[23]

8. Fazit

Die vorliegende Arbeit ist in der Governance-Forschung angesiedelt. Sie setzt darin einen Schwerpunkt auf bisher vernachlässigte Dimensionen der Governance-Forschung, nämlich auf die Problemwahrnehmung und die Abstimmung von Deutungsmustern in Politikprozessen. Die Rekonstruktion von Policy-Konflikten und ihrer Bewältigung insbesondere durch parlamentarische Gesetzgebungsprozesse soll dazu beitragen, Prozesse zu erhellen, die zur Reproduktion oder Transformation von horizontalen Governance-Konfigurationen führen. Parlamente und formale Gesetzgebungsakte haben insofern eine wichtige Funktion, als sie als unverzichtbarer Bestandteil von legitimer Governance betrachtet werden, wobei die input-Dimension und ihre Verbindung zum output hervorgehoben wird. Das Europäische Parlament ebenso wie die nationalen Parlamente werden als Instanzen für die Rückkoppelung an die Bürgerinnen und Bürger sowie für die Responsivität gegenüber zivilgesellschaftlichen Problemartikulationen betrachtet. Als theoretisches Modell rekurriere ich dabei auf das Schleusenmodell von Peters und Habermas, das zwischen einem »Routine«-Problembearbeitungsmodus von Governance in intermediären Netzwerken zwischen Staat, Verbänden sowie Interessengruppen einerseits und einem »außerordentlichen« Modus andererseits unterscheidet, bei dem insbesondere aus der Zivilgesellschaft und Öffentlichkeit neue Problemartikulationen an das Regierungssystem herangetragen werden. Letztere Situation erfordert eine Entscheidung durch Parlamente, die sich responsiv gegenüber den in »Gegen-Diskursen« und alternativen Situationsdeutungen artikulierten Problemen und Konflikten verhalten und im Ergebnis eine Resonanz gegenüber diesen erken-

23 Auf diese grundlegenden Aspekte wird in den Kapiteln zur Frame-Theorie (Kap. I B) und zur Frame-Empirie (Kap. II C) noch genauer eingegangen.

nen lassen sollten. Kontroversen werden damit als Ressource für Governance gefasst, da sie neue Steuerungspotentiale erschließen und zur Rekonfiguration von Governance-Strukturen im »Routinemodus« beitragen können.

Um den demokratischen Gehalt von Politikprozessen zu bewerten, wird zwar auf die Unterscheidung zwischen Argumentieren und Verhandeln Bezug genommen, diese werden jedoch nicht als dichotom angeordnete Kommunikationsmodi, sondern als graduelle Modi gefasst, die sich ergänzen oder überlappen können. Primärer Fokus liegt auf der Bedeutung von Deutungsmustern (Frames) für das Verständnis von Policy-Konflikten. Ein Maßstab für die Prozess- und Ergebnisqualität eines Politikprozesses ist demnach, inwieweit ein Reframing als eine zumindest partielle Syntheseleistung zwischen konträren Problemdeutungen erreicht wurde, auf dessen Basis es sodann – unter anderem durch Argumentieren und Verhandeln – zu Schließungsprozessen kommt, die entweder als Kompromiss oder als Verständigung bewertet werden können. Im folgenden Kapitel werde ich aufzeigen, dass die Frame-Analyse einen Ansatzpunkt bildet, um hartnäckige Policy-Konflikte angemessen beschreiben und analysieren zu können.

B Policy-Analyse, Diskursanalyse und Frame-Analyse

In diesem Kapitel stelle ich das methodologische Konzept meiner empirischen Untersuchung dar und mache deutlich, warum ich mich für eine diskursanalytisch zentrierte Policy-Analyse entschieden habe. Im mittleren Teil dieses Kapitels wird das Konzept der Frame-Analyse, die ich als besondere Form der Diskursanalyse betrachte, vorgestellt. Da die Frame-Analyse in der Politikwissenschaft noch nicht sehr verbreitet ist, werde ich dabei zum einen die Frame-Theorie mit ihren heterogenen Wurzeln, zum anderen das »Werkzeug« der Frame-Analyse, das ich in einigen Aspekten erweitert habe, diskutieren. Hierbei gehe ich sowohl auf die Unterscheidung der »statischen« oder synchronen Frame-Ebene als auch auf die der diachronen Frame-Dynamiken und das Konzept des Reframing ein. Im Abschluß stelle ich die Anschlußfähigkeit der Frame-Theorie an andere politikwissenschaftliche Theorieansätze sowie die Relevanz der Frame-Analyse für die Politikwissenschaft dar.

1. Zur Policy-Analyse in der Politikwissenschaft

Einer klassischen Formulierung zufolge beschäftigt sich die Policy-Analyse damit, »what governments do, why they do it and what difference it makes« (Dye 1978). Sie untersucht also die Inhalte, die Motive sowie die Folgen und Wirkungen von Politikprozessen. Allgemein richtet sich das Erkenntnisinteresse von Policy-Analysen auf die Zusammenhänge zwischen Politikinhalten, Politikprozessen und ihren Implikationen. Dabei strukturiert das klassische Politikzyklusmodell in zeitlicher Hinsicht oft eine idealtypische Phasenheuristik von Problemdefinition, Agenda Setting, Politikformulierung, Politikimplementierung und Evaluation (vgl. Héritier 1993).[1]

Der Policy-Analyse als politikwissenschaftlicher Methode wird zwar oft Theoriearmut vorgeworfen, jedoch ist ihr analytisches und systematisierendes Potential sowie ihr Beitrag zu Studien konkreter Politikfelder inzwischen allge-

1 Zu den Typen der Policy-Analyse können zudem ex-ante-Analysen (Beratungsstudien) von ex-post-Analysen (Verlaufs- und Evaluationsstudien) unterschieden werden.

mein anerkannt (Schubert/Bandelow 2003). Als Ansätze lassen sich unter anderem funktionalistische Politikzyklusmodelle (Easton 1965), handlungs- und steuerungstheoretische Ansätze (Mayntz 1997), lerntheoretische Ausrichtungen (Bandelow 1999), neo-institutionalistische Perspektiven (March/Olsen 1989) sowie diskursanalytische Ansätze (Hajer 1997a; Gottweis 1998) unterscheiden. Letztere haben in jüngerer Zeit an Bedeutung gewonnen, ich werde auf sie noch ausführlicher eingehen.

In Bezug auf die Governance-Forschung und die dieser Arbeit zugrundeliegende Perspektive lässt sich die eingangs genannte klassische Dye'sche Charakterisierung in die Fragestellung umformulieren, »what governance does, why it is done, and what difference parliaments make«. In meiner Verlaufsstudie rekonstruiere ich, in welcher Weise sich der Politikprozess um die EU-Biopatentrichtlinie und ihre nationale Umsetzung vollzogen hat. Der explanative Ansatz liegt darin, zu klären, welche Bedeutung dies für die Voraussetzungen, Inhalte und Folgen der Governance des europäischen Patentsystems hatte.

Die Policy-Analyse des Politikprozesses zur EU-Biopatent-Richtlinie und ihrer Implementierung in Deutschland und anderen EU-Mitgliedsstaaten nehme ich in zwei Stufen vor, nämlich erstens in einer klassischen Policy-Analyse des Politikverlaufs (Kap II.A) und zweitens in einer Frame-Analyse dieses Prozesses (Kap. II.C), weil ich der Auffassung bin, dass erst durch eine verfeinerte Analyse die komplexen Prozesse erfasst werden können, die sich hinsichtlich der Problemdeutungsmuster vollzogen haben und die entscheidenden Einfluss auf das Ergebnis hatten. Zunächst stelle ich in einer empirischen Policy-Analyse den chronologischen Verlauf des ausgedehnten Politikformulierungs-Prozesses anhand verschiedener Stationen des Gesetzgebungsverfahrens in der EU und in Deutschland dar. Dabei nehme ich Bezug auf das klassische Politikzyklusmodell und die idealtypische Phasenheuristik. Der rote Faden meiner Analyse und gleichzeitig ihr zentraler Gegenstand bildet der Text der Richtlinie bzw. des Gesetzestextes, der verschiedene Autoren aufweist und in einem langen Prozess verschiedene Entwurfsstadien bis zu seiner Verabschiedung durchschritten hat. In diesem Sinne untersuche ich »Recht als Text« (Busse 1992) und vermerke dabei, wie sich dieser Text im Lauf des Policy-Prozesses durch welche Akteure, Einflüsse und Entscheidungssituationen und anhand welcher Entscheidungsregeln verändert hat. Diese rekonstruktive, empirisch-analytische Arbeit vollzieht anhand der verschiedenen Textentwürfe nach, wie es zum Endergebnis gekommen ist und analysiert dabei in einzelnen Phasen spezifische Verbindungsstellen zwischen Parlament, anderen Akteuren und der Öffentlichkeit. Zudem werden einige Implikationen des Gesetzgebungsprozesses, beispielsweise für das Zusammenspiel der EU-Organe oder für den Konstitutionalisierungsprozess der Europäischen Union aufgezeigt.

Auf einer zweiten Stufe rekonstruiere ich dann den zunächst aus policy-analytischer Perspektive untersuchten Politikprozess noch einmal aus frame-analytischer Perspektive, wobei ich die Ergebnisse der Policy-Analyse der ersten Stufe in Bezug auf die Frame-Konstellationen und Dynamiken hin analysiere und damit gegenüber der ersten Stufe reflexiv mache.

Die hier vorgelegte diskursanalytische Policy-Analyse ist eine besondere Form der argumentativen Policy-Analysen. Diese haben verschiedene Stränge, die wiederum alle in einem engen Zusammenhang mit dem »linguistic turn« der Policy-Forschung stehen. Auf diese und insbesondere auf die Frame-Theorie gehe ich nun genauer ein.

2. »Linguistic Turn« und »Argumentative Turn« in der Policy-Analyse

Ein Wort ist mächtiger als ein Schwert
(Redewendung)
Nicht Taten verändern die Welt, sondern Worte über die Taten
(Aristoteles)

So unterschiedlich die Ansätze des »linguistic turn« der Policy Forschung auch sind, sie haben gemein, dass sie Sprache und die Sprachgebundenheit von Erkenntnis in den Mittelpunkt rücken. Giandomenico Majone leitete sein hierzu viel zitiertes Buch mit den Worten ein: »As politicians know only too well but social scientists often forget, public policy is made of language. Whether in written or oral form, argument is central in all stages of the policy process« (Majone 1989: 1). Sprache wird dabei nicht als »Abbildung« von Realität oder als bloßes Kommunikationsmedium betrachtet, sondern als eigenständiger Faktor in Politikprozessen.[2] Weitgehender Konsens innerhalb dieser Theorierichtung besteht darüber, dass Sprache bzw. Diskurse neben den theoretischen Elementen »Akteur« und »Struktur« ein eigenständiges Element bilden und dass

2 Sprache wird demnach nicht nur als »Medium« zur Übermittlung einer Botschaft verstanden, sondern als handlungs- und wirkungsmächtiges, ja sogar wirklichkeitskonstitutives Element selbst begriffen. Es geht unter anderem um die Frage »how to do things with words« (John Austin 1962). Sprachwissenschaftlich ist zwischen den Ansätzen erstens des Objektivismus zu unterscheiden, die davon ausgehen, dass Sprache Realität objektiv abbilde, zweitens des Subjektivismus, der alles als kulturell konstruiert sieht, wobei Sprache diesen Zustand reflektiere und keinen Zugang zur Realität habe und drittens anderen Modellen, wie etwa dem Experientalismus, wonach Sprache durch menschliche Erfahrung geformt wird und diese reflektiere (vgl. Johnson 1987; Lakoff 1987).

diese daher auch in der Analyse eigenständig analysiert und reflektiert werden sollten (siehe Grafik 1).

Sprachliche Konzepte nehmen demnach Einfluss auf Akteure und Strukturen, Problemdefinitionen und -bearbeitungen von Politik. In diesem Sinne kann »policy-making« verstanden werden als »a constant discursive struggle over the criteria of social classification, the boundaries of problem categories, the intersubjective interpretation of common experiences, the conceptual framing of problems, and the definitions of ideas which guide the way people create the shared meanings which motivate them to act« (Fischer/Forester 1993: 2). In dieser Art von Policy-Analyse geht es also um die Durchsetzung legitimer Weltdeutungen in politischen Diskursen und Konflikten sowie um politische und institutionelle Lern- und Veränderungsprozesse.

Grafik 1: Dreieck von Akteuren, Strukturen und Sprache

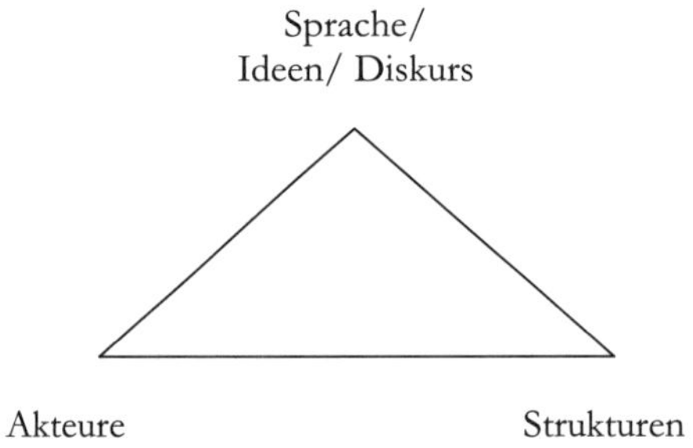

Unter Bezugnahme auf das für die Sprachwissenschaft elementare semiotische Dreieck (Ogden/Richards 1923) bestehend aus Signifikant (Zeichen), Signifikat (Gegenstand) und Begriff ist zunächst grundlegend festzuhalten, dass sich ein sprachliches Zeichen nicht direkt und unmittelbar auf einen außersprachlichen Gegenstand bezieht, sondern dass dieser Bezug nur mittelbar über die Vermittlung eines mentalen Konzepts erfolgt.[3]

Sprache ist also nicht abgelöst von Akteuren, von Sprechenden und von Akten sprachlicher Artikulation zu denken. Gleichzeitig bilden Diskurse als Summe von Sprechakten jedoch eigene, überindividuelle Formationen, sodass auch Institutionen mit ihren Regelwerken als geronnene, verfestigte Ergebnisse

3 Zu erinnern ist auch an die dynamische Dimension: Sprache ist sowohl durch Kontinuität wie durch fortwährende Transformation gekennzeichnet. Die Kontinuität der Sprache ist einerseits Möglichkeitsbedingung der Verständigung überhaupt und an zu einem bestimmten Zeitpunkt intersubjektiv geteilte Sinnhorizonte und Bedeutungszuschreibungen geknüpft. Diesem sozialen Charakter der Sprache verdankt sich aber auch die permanente, diachrone Verwandlung der Sprache, die fortwährende Neujustierung des relationalen, fluiden Systems Sprache in Verbindung mit sprachlichen Kategorien, Konzepten und Klassifikationen (Eco 1977).

von sedimentierten, früheren Diskursformationen mit einer gewissen Persistenz und Eigenoperationalität zu begreifen sind.

Unter dem »argumentative turn« der Policy-Analyse sind verschiedene Stränge seit den 1970er Jahren zu fassen. Einige traten im Anschluss an David Easton und Harold Lasswell für eine partizipatorische Policy-Analyse ein; sie setzen sich für ein problemorientiertes und kontextsensitives Wissenschaftsmodell ein, häufig in Verbindung mit deliberativen und diskursiven Demokratietheorien, welche die Bedeutung der Eröffnung von interaktiven, kommunikativen Räumen für Politikprozesse hervorheben (Fischer/Forester 1993; Fischer 2003, Hajer/Wagenaar 2003). Ein weiterer Strang des »linguistic turn« und der »post-positivistischen Policy-Analyse« hat die Bedeutung von Sprache und Diskurs im politischen Kontext, unter anderem im Anschluß an de Saussures Zeichentheorie und an Derridas Differenzansatz[4] rekonzeptualisiert (Gottweis 2003a). Weitere Ausdifferenzierungen erfolgten mit dem »performative turn« (Hajer/Uitermark 2008) und dem »rhetorical turn« (Gottweis 2005a).[5] Aus der Verknüpfung von linguistischen und diskursiven mit anderen Theorieansätzen ergeben sich demnach verschiedene theoretische Stränge, Schulen und Spielarten, welche je nach Schwerpunktsetzung entweder die Eigenheiten von Sprache und Diskursen oder die jeweilige Verknüpfung mit den Meta-Elementen ›Struktur‹ und ›Akteur‹ fokussieren.[6]

3. Diskursanalyse als Policy-Analyse

Diese Arbeit versteht sich als diskursanalytisch verortete Form der Policy-Analyse. Hierzu ist es zunächst nötig, den Diskursbegriff zu klären. Diskursanalyse ist kein kohärentes Paradigma von fest definierten Theorien und methodologischen Verfahren, sondern ein Sammelbegriff für eine facettenreiche sozial-und kulturwissenschaftliche Richtung, die eine weites Spektrum von Ansätzen, Konzepten und Verfahren umfasst (vgl. im Überblick: Keller et al. 2006, van Dijk 1985; Sarasin 2003). Ihre Ursprünge liegen unter anderem in der Analytischen Philosophie, insbesondere in der Sprechakttheorie (Searle), der Linguistik,

4 In Derridas dekonstruktivistischem Ansatz ist die Unterscheidung zwischen *différence* (»Unterschied«) und *différance*, die die Verschiebung von Bedeutungen im Laufe der Zeit meint, zentral.

5 Siehe die Übersichtsdarstellungen zur politikwissenschaftlichen Diskursanalyse (Nullmeier 2006) und zur Geschichte und Einordnung des argumentative turn in der Policy-Analyse (Saretzki 2003, Fischer 2003: 181–202, Gottweis 2006). Zur argumentativen Policy-Analyse in Verbindung mit deliberativen Demokratietheorien siehe: Majone 1989; Fischer 2003; Fischer/Forester 2003; Gottweis 1998, 2003a; Hajer/Wagenaar 2003, Dryzek 1990, Saretzki 1998).

6 Auf diese verschiedenen Schulen und Traditionslinien sowie die Auseinandersetzungen zwischen ihnen kann ich in dieser Arbeit nicht eingehen, weil hier die diskursanalytische Form der Policy-Analyse im Vordergrund steht.

der Semiotik, der Ethnologie und anderen Kulturwissenschaften, und in verschiedenen Sozial- und Kommunikationstheorien (Habermas, Foucault).[7] Inzwischen setzt sich die Diskursanalyse als anerkannte Theorie und Methode auch in verschiedenen Teildisziplinen der Politikwissenschaft durch.[8]

»Diskurs« kann im allgemeinsten Sinne als intersubjektive sprachliche Kommunikation oder textliche Äußerung über ein Thema gefasst werden. Maarten Hajer definiert den Begriff als »a specific ensemble of ideas, concepts, and categorizations that are produced, reproduced, and transformed in a particular set of practices and through which meaning is given to physical and social realities« (1995: 44). In diesem weiten Diskursbegriff bezieht er auch Praxen ein (vgl. Nullmeier 2006: 305). Ich halte es allerdings unter anderem aus Differenzierungsgründen für notwendig, zwischen diskursiven Praxen und anderen, außerdiskursiven Praxen[9] und Strukturen, welche beispielsweise durch implizites Wissen, Entscheidungsregeln und institutionelle Verfahrensabläufe bestimmt sind, zu unterscheiden.[10]

Die Diskursanalyse bezieht sich in der Politikwissenschaft auf politische Diskurse, verstanden als sprachliche Interaktionen von Individuen, Interessen-

7 Einen Überblick zu Traditionslinien, aber auch zu gewissen Rezeptionssperren der Politikwissenschaft sowie zu neueren Entwicklungstendenzen bietet Nullmeier 2006.

8 Die Verankerung in der Disziplin zeigt sich unter anderem in der »Standing Group on Theoretical Perspectives in Policy Analysis« des European Consortium for Political Research (ECPR), die auf den Fachtagungen regelmäßig diskursanalytisch zentrierte Panels durchführt. Vgl. etwa auch zur Rolle von Diskursen für Prozesse politischen Wandels (Radaelli/Schmidt 2004), für Umweltkonflikte (Hajer 1993, 1997a), sowie insgesamt zur sozialwissenschaftlichen Diskurstheorie (Keller 2004, 2005; Keller et al 2006, van Dijk 1985).

9 Pointiert formuliert setze ich mich damit von diskurstotalistischen Epistemen ab, die entweder davon ausgehen, dass es überhaupt kein »Jenseits des Diskurses« gebe oder dass uns dieses jedenfalls nicht zugänglich sei, wobei in diesem Zusammenhang häufig auf Vorhang- oder Schleier-Metaphoriken zurückgegriffen wird. An dieser Stelle sei lediglich an menschliche Wahrnehmung und Erfahrung durch andere Sinne (Augen, Geruch, Hapsis), die nicht (allein) sprachlich oder textlich vermittelt sind, verwiesen.

10 Der Fokus auf die argumentative Policy-Analyse hat sich dem Vorwurf ausgesetzt, *Verhandlungs*formen, die sich vom *Argumentieren* unterscheiden, zuwenig zu beachten (vgl. dazu Saretzki 1996). Zudem müssten nicht-sprachliche Faktoren, wie ökonomische Ressourcen, Sozialstruktur, rechtliche Regelungsmechanismen, institutionelle Verfestigungen, großtechnische Systeme und Infrastrukturen sowie weitere Dimensionen und Kontextbedingungen von politischen Prozessen erfasst werden (vgl. Nullmeier 1997: 131ff; Saretzki 2003: 414; Majone 1989: 2). Diese Kritik ist sicherlich berechtigt, sofern Ergebnisse der Diskursanalyse verabsolutiert würden. Der Erkenntniswert anderer analytischer Verfahren und die Untersuchung »materieller«, »außerdiskursiver« Elemente und Prozesse soll keineswegs in Abrede gestellt werden. Solche Ansätze haben eine differente Reichweite und bieten einen anderen Erklärungswert. Entscheidend für die methodologische Wahl scheint mir die Frage nach dem Erkenntnisinteresse und dem erwarteten Erkenntnisgewinn zu sein. Für den hier zu untersuchenden Politikprozess, der unerwartet heftige und lange anhaltende politische Kontroversen auslöste, erschien mir ein diskursanalytischer Ansatz aussichtsreich, um wesentliche, konstitutive Elemente des Konflikts zu erhellen.

gruppen, zivilgesellschaftlichen Bewegungen und Institutionen, durch welche bestimmte Situationen als kollektiv zu lösende Probleme begriffen und auf die Agenda gesetzt werden, um daraus verbindliche Entscheidungen zu treffen und entsprechende Handlungen zu vollziehen (vgl. Donati 2001: 148).

Die politologische Diskursanalyse fasst Politik unter anderem als Kampf um Deutungsmacht, womit den sprachlich gefassten Prozessen von Politik (in allen drei Dimensionen von Politics, Policy und Polity) sowie der gesteigerten Rolle von Wissen, seiner Interpretation und Wirkmächtigkeit in sozialen und politischen Ordnungen Rechnung getragen wird[11]. Dabei werden Diskurse als ein Erklärungsfaktor für politischen Wandel (Radaelli/Schmidt 2004) betrachtet.

Die Erklärungen, die mithilfe der Diskursanalyse gegeben werden, sind m.E. häufig zu eindimensional und können der Komplexität der Veränderungsprozesse nicht hinreichend Rechnung tragen. Hierfür ist eine Frame-Analyse hilfreich, denn sie kann diskursinterne wie -externe Konstellationen differenzierter erfassen.

4. Frame-Theorie und Methodik als Ausformung der Diskursanalyse

Die Frame-Analyse betrachte ich als eine besondere Form der diskursanalytischen Policy-Analyse. Im Folgenden beleuchte ich zunächst die theoretisch-disziplinären Wurzeln der Frame-Theorie. Nach einer Klärung der Definition und der Funktion von Frames beschäftige ich mich dann mit der unterschiedlichen Konzeptualisierung von Frames in akteur- und strukturzentristischen Ansätzen. Weiterhin werde ich die ermöglichenden und restringierenden Funktionen von Frames sowie verschiedenen Frame-Ebenen und Frame-Konstellationen aufzeigen. Hierzu nehme ich vor allem auf den frame-theoretischen Ansatz von Schön und Rein Bezug, den diese insbesondere zur Analyse hartnäckiger politischer Kontroversen entwickelt haben (Schön/Rein 1994), wobei dieser Ansatz das methodische Gerüst für die Analyse des vorliegenden Politikprozesses bietet.

4.1 Frame-Theorie: disziplinäre und epistemologische Wurzeln

Die wissenschaftlichen und disziplinären Wurzeln der Frame-Theorie gründen unter anderem in der Anthropologie, der kognitiven Psychologie, der Informatik, Kybernetik und der Soziologie.

11 Zur Wissenspolitologie siehe Maier et al. 2003.

Der metaphorische Begriff »Rahmen« selbst geht zurück auf den Kybernetiker und Psychiater Gregory Bateson (1972: 159), der Frames als psychologische Konzepte mit inklusiven Funktionen (– das, was innerhalb des Rahmens liegt –) und exklusiven Funktionen beschrieb. Sein Frame-Konzept ist Bestandteil seiner Kommunikationstheorie, in der Erwartungsstrukturen[12] eine wichtige Rolle spielen und wonach psychische Erkrankungen auf Störungen der Kommunikation zurückgehen.

Ein weiterer, früher Ast der Frame-Theorie stammt von Marvin Minsky (1975), der zur Künstlichen Intelligenz geforscht hat. Er hat versucht, mit dem Frame-Konzept übergreifend die Organisation und strukturierte Zusammenfassung von »Wissen« zu erfassen.

In der Soziologie wurde das Konzept des Frame im Symbolischen Interaktionismus von Erving Goffman (1974)[13] eingeführt und dann in der Ethnomethodologie von Harold Garfinkel (1984) und später auch in der wissenssoziologischen Deutungsmusteranalyse nach Alfred Schütz (1974, vgl. Lüders/ Meuser 1997) weiterentwickelt. In all diesen Ansätzen geht es um die Erklärung der Organisation von Wissen und Erfahrung, insbesondere um Wissenskonstrukte, mit denen die Alltagserfahrung »sortiert« wird. Dabei werden Frames als dynamische Wissensgebilde verstanden, die dieses Wissen strukturieren und »restrukturieren«.

Ein weiterer, wichtiger Zweig der Frame-Theorie bilden die Kognitionstheorien, in Verbindung mit Neuro- und Informationswissenschaften und Semantik.[14] Charles Fillmore, einer der Begründer der Kognitiven Linguistik (vgl. Cienki 2007), untersucht in seinem Hauptwerk »Frame Semantics« (1976, 1982), inwiefern sprachliche Ausdrücke und Weltwissen des Sprechers zusammenhängen. Hier wird der Frame als eine mentale Repräsentation von stereotypen Situationen oder Sachverhalten verstanden, mit dessen Hilfe Weltwissen organisiert wird. Wichtig ist, dass er – ähnlich wie Goffman – davon ausgeht, dass Frames aus Erfahrungen gespeist werden. Jedes Wort gehört zu einem Frame, der bei

12 Diese Dimension wird treffend beschrieben von der Linguistin Deborah Tannen: »[P]eople approach the world not as naive, blank-slate receptacles [...], but rather as [...] veterans of perception who have stored their prior experiences as »an organized mass,« and who see events and objects in the worlds in relation to each other and in relation to their prior experience. This prior experience or organized knowledge then takes the form of expectations about the world, and in the vast majority of cases, the world, being a systematic place, confirms these expectations, saving the individual the trouble of figuring things out anew all the time.« (Tannen 1993: 20)

13 Die ursprüngliche Definition Goffmans in seinem Buch »Frame Analysis« lautet: »I assume that definitions of a situation are built up in accordance with principals of organization which govern events [...] and our subjective involvement in them; frame is the word I use to refer to such of these basic elements as I am able to identify« (Goffman 1974: 10f).

14 Ich danke meinem Kollegen Martin Döring für seine wertvollen Hinweise zu den semantischen und kognitionswissenschaftlichen Frame-Theorien.

der Benutzung des Wortes aktiviert wird und in Relation zu weiteren Worten und deren Frames steht.

Ein nächster wichtiger Ast bildet die Prototypensemantik, ein von Eleonor Rosch (1973, 1976, 1978) stammender Ansatz, in der Psychologie und Linguistik verbunden werden. Hier geht es vornehmlich um die Abstufung der Zugehörigkeit von Entitäten zu idealisierten Kategorien (Frames oder Prototypen). So geht Rosch davon aus, dass eine zentrale normative Kategorie zunächst festgelegt wird (»bestes Beispiel«) und zu dieser dann andere Entitäten in Relation gesetzt werden.[15]

Fillmore und Roche waren wichtige Wegbereiter für Sprachwissenschaftler wie George Lakoff und Mark Johnson (1980) und die Entwicklung der Kognitiven Semantik. In Weiterentwicklung des Prototypenansatzes entwickelten diese den Begriff des »Idealised Cognitive Model«. In diesem semantischen Modell sind zusätzlich zu den Wortbedeutungen alle übertragenen Bedeutungen enthalten. Der Linguist Lakoff (1987) veranschlagt zudem die Metapher als primären Denkmechanismus. Wichtig dabei ist, dass er davon ausgeht, dass durch die Übertragung von einer wortwörtlichen Bedeutung auf einen neuen Frame Bedeutungsspuren des Ausgangsframes auf den neuen Frame übergehen und somit die Wahrnehmung des neuen Sachverhalts mitbestimmen. Lakoff ist zudem als ein wichtiger Brückenbauer zur politikwissenschaftlichen Frame-Theorie zu betrachten. Er hat in seinen Arbeiten unter anderem die Unterschiede im politischen Denken zwischen Republikanern und Demokraten in den USA untersucht und dabei den Einfluss von Sprache, Frames und Metaphern auf politische Strategien und das kollektive politische Bewusstsein hervorgehoben (vgl. Lakoff 1996, 2006). Das metaphorische Reframing als Mittel der politischen Kommunikation bildet Lakoff zufolge ein mächtiges, persuasives Instrument, insofern als es einen Denkumschwung erzeugen kann, der nicht auf der direkten Ebene der Meinungsbildung ansetzt, sondern tiefer liegende Frames aktualisiert (Lakoff 2006: 9ff; vgl. Schön 1993).

Für die Politikwissenschaft stammen wichtige Quellen und Anwendungsformen[16] der Frame-Theorie zudem aus der sozialen Bewegungsforschung (Benford/Snow 1988, 2000; Donati 2001; Gamson 1992). Insbesondere Robert Benford und David Snow haben die Bedeutung von »collective action frames« hervorgehoben und aufgezeigt, wodurch soziale Bewegungen »signifying work«

15 Beispielsweise gehört zur Kategorie »Vogel« als »bestes Beispiel« ein Spatz, der sich in einem Ring konzentrischer Kreise um diesen Prototypus »näher« an der Schwalbe befindet als am Eichelhäher, während der Vogel Strauß ein Grenzfall der Kategorie bildet (vgl. Rosch 1973, 1976, 1978).

16 Die Frametheorie wurde empirisch in verschiedenen Politikfeldern angewandt, die von der Umweltpolitik (Hajer 1993) bis zur Finanzpolitik (Abolafia 2004) reichen, aber auch allgemeiner Politikprozesse in der Europäischen Union (Daviter 2007) oder in der internationalen Politik umfassen (Payne 2001).

und »meaning construction« (2000: 614) leisteten und damit zu einer »politics of signification« beitragen.[17]

Ein weiteres grundlegendes politologisches Werk bildet der von Martin Rein und Donald Schön entwickelte Policy-Frame-Ansatz (1993, 1996), mit dem ich hier vor allem arbeite, da er die Frametheorie in bahnbrechender Weise für die Analyse von Policy-Kontroversen fruchtbar gemacht hat.[18] Diese beiden Forscher haben sich als Policy-Analysten vor allem mit besonders dauerhaften und hartnäckigen (»intractable«, »wicked«) politischen Konflikten, welche »highly resistant to resolution by appeal to evidence, research, or reasoned argument« (Schön/Rein 1994: 23) sind, beschäftigt. In ihrem Grundlagenwerk »*Frame Reflection*« sind sie dabei zu dem Schluß gelangt, dass Konflikte als grundlegende Frame-Konflikte thematisiert und rekonstruiert werden sollten, um sie durch Frame-Reflexion einem Reframing und schließlich einer politischen Lösung zugänglich zu machen (Schön/Rein 1994).

4.2 Frames: Definition des Konzepts

Frames können zunächst vereinfacht als implizite Deutungsmuster gefasst werden, die zur Sinngebung und Bewertung von Realität dienen. Ihre beiden zentralen Funktionen liegen zum einen in der Selektion von relevanten Realitätsaspekten und zum anderen in der Strukturierung von Realität.

Frames umgreifen die folgenden vier definierten Elemente: Sie umfassen zunächst eine *Problemdefinition*, die mit einer *Ursachenzuschreibung* verbunden ist. Zudem enthalten Frames eine *Bewertung* des Problems, die auf bestimmten Werten und Normen beruhen kann und sie sind mit einer *Handlungsempfehlung* verbunden (Entman 1993: 52; Dahinten 2006: 52). Es handelt sich bei Frames häufig um latente Referenzsysteme, die nicht bewusst hergestellt werden und dem reflexiven Bewusstsein nicht notwendigerweise direkt zugänglich sind. Frames strukturieren und leiten, welche Anteile von Realität auf welche Weise ins Blickfeld geraten.

Für den Zweck dieser Arbeit definiere ich Frames als mit Geltungsansprüchen versehene Deutungsmuster eines Sachverhaltes. Diese können eine propo-

---

17 Neben der Ressourcenmobilisierung und politischen Opportunitätsstrukturen komme damit dem Framing eine zentrale Bedeutung für die Dynamik von politischen Prozessen zu: »Movement actors are viewed as signifying agents actively engaged in the production and maintenance of meaning for constituents, antagonists, and bystanders or observers« (Benford/Snow 2000: 613).

18 Zur Begriffgeschichte und disziplinären Herleitung unter anderem über Erving Goffman und Karl Mannheims Wissenssoziologie siehe auch Rein/Schön (1993: 146–147). Zu weiteren Ableitungen siehe Dahinden 2006 und zu verschiedenen Frame-Konzepten vgl. Nullmeier (1997: 122 und 127).

sitionale, argumentative oder narrative Struktur aufweisen. Ein Frame setzt sich aus mehreren Elementen zusammen, die Unterframes, Argumentationslinien oder *story lines* genannt werden. Ihre Zusammengehörigkeit ergibt sich aus dem Diskurskontext. Die verschiedenen Elemente eines Frames sind aufeinander ausgerichtet und häufig nicht klar voneinander abgegrenzt, sondern komplementär aufeinander bezogen. Die Hauptframes einer politischen Kontroverse lassen sich mit einem Wort »auf den Begriff« bringen. Als Ausgangspunkt lässt sich häufig eine *problem setting story* (Schön/Rein 1994) ausmachen, in der eine Begründung erzählt oder eine zentrale These formuliert wird. Auf die Interaktion von Frames werde ich im weiteren Verlauf dieses Kapitels eingehen.

Rahmung erfüllt eine wichtige Funktion im Prozess der Situationsdefinition und -deutung: »framing is a way of selecting, organizing, interpreting, and making sense of a complex reality to provide guideposts for knowing, analyzing, persuading, and acting« (Rein/Schön 1993: 146). Frames sind dabei nicht neutral, denn das »Einrahmen« impliziert notwendigerweise ein Ausschließen. Die Verwendung eines bestimmten Frames evoziert eine bestimmte Bedeutung. Das Aktualisieren eines Frames verstärkt eine bestimmte Bedeutung, es schwächt damit eine andere ab oder überlagert sie und ruft so eine spezifische Perspektivierung hervor.

Das Frame-Konzept bildet einen integrativen Theorieansatz, der sich nicht in bestimmten thematischen oder historischen Fällen erschöpft. Als solches stellt das Frame-Konzept eine Theorie mittlerer Reichweite (vgl. Merton 1957) dar. Framing bildet ein deskriptiv-analytisches Konzept, das sich zur Diskussion normativer Fragen ebenfalls eignet und das Praxisrelevanz besitzt (Dahinden 2006: 19f).[19] Framing, die »Rahmung« von Realität, bezeichnet somit eine wahrnehmungstheoretische Herangehensweise an die Welt. Demnach werden zum Erfassen und Einordnen von Wirklichkeit und ihren Zusammenhängen basale kognitive Einheiten gebildet, die eine Komplexitätsreduktion ermöglichen und Orientierung bieten. Externe und neue Sachverhalte werden in ein bereits bestehendes Wissens- und Kategoriensystem eingeordnet.

4.3 Merkmale und Funktionsweisen von Frames

In Anlehnung an Fillmore (1982) und Donati (2001: 149–150) gehe ich von vier grundlegenden Merkmalen von Frames aus:

19 Schwächen des Frame-Konzepts liegen in der mangelnden Integration einer Vielfalt von Ansätzen aus verschiedenen Disziplinen und an fehlender terminologischer Präzision, wodurch es vor allem ein Gerüst bildet, das in seiner jeweiligen Ausführung verfeinert werden muss (vgl. Fisher 1997).

- *Gruppierungs- und Re-Kognitionsfunktion*: Erstens wird ein Bündel von einzelnen Wahrnehmungen a-priori als ein Objekt oder ein Ereignis synthetisiert, dessen Typologie bereits bekannt ist und damit als signifikant und sinnhaft gedeutet werden kann. Die Wahrnehmungen werden »gruppiert« und damit mit einer wiedererkennbaren Struktur und Bedeutung versehen. Jede Rekonstruktion bleibt daher an gewisse Re-Kognitionsprozesse[20] gebunden. Welcher Deutungsrahmen in der jeweiligen Situation aktualisiert wird, hängt neben den Eigenschaften des Objekts von der Verfügbarkeit der Kategorie in der Enzyklopädie des Rezipienten ab.
- *Adaptions- und Ausschluss-, sowie Ergänzungsfunktion*: Ein zweites konstitutives Merkmal von Frames besteht darin, dass Elemente, die nicht in das bestehende Schema passen, entweder an dieses angepasst oder eliminiert werden. Datenlücken oder einzelne Informationen über Sachverhalte hingegen werden durch den Frame ergänzt, womit das (wieder-)erkannte Muster vervollständigt wird. Der Aufruf nur eines oder weniger Elemente reicht aus, um den gesamten Rahmen zu aktualisieren.
- *Reihung und Integration von Frames*: Frames als grundlegende Wahrnehmungseinheiten sind hierarchisch integriert und mit »höheren« Frames als Sinneinheiten verschachtelt.[21]
- *Konnotationseffekte*: Bei Frames und ihrem Zusammenwirken kommt es außerdem zu Konnotationseffekten. Damit sind mit Charles Fillmore (1982) »Nebenbedeutungen«, also jenes, was neben dem rein Beschreibenden an normativen Bewertungen und affektiven Assoziationen bei gedanklichen Strukturen »mitschwingt«, angesprochen. Frames haben sowohl kognitive wie emotionale Elemente, sie strukturieren nicht nur die Weltwahrnehmung, sondern bewerten sie auch und belegen sie mit positiven oder negativen »Gestimmtheiten«.

Frames stellen also grundlegende Wahrnehmungselemente dar, die unverzichtbar für menschliche Kognition, Orientierung und Handeln sind. Eine »rahmenlose« Sicht auf die Wirklichkeit gibt es demzufolge nicht (vgl. Lakoff/Wehling 2008: 74):

»There is no way of perceiving and making sense of social reality except through a frame, for the very task of making sense of a complex, information-rich situation requires an operation of selectivity and organization, which is, what ›framing‹ means« (Schön/Rein 1994: 30).

20 Donati (2001: 150) betont, dass Kognition somit immer an Wiedererkennen, also an »Re-Kognition« gekoppelt ist.

21 Es sei an dieser Stelle erwähnt, dass Kultur als ein kollektives Reservoir von Frames zu betrachten ist.

In diesem Sinne stellen Frames gewissermaßen Linsen dar, durch die Realität überhaupt erst perzipiert werden kann. Wirklichkeitswahrnehmung und Situationseinschätzung wird über Frames strukturiert und restrukturiert, wobei Erwartungsstrukturen (vgl. Tannen 1993: 20) eine Rolle spielen.

Framing-Prozesse werden jedoch für die Politikwissenschaft und die Policy-Forschung erst und vor allem dann relevant, wenn sich daraus konfligierende Deutungen ergeben.

4.4 Frames und die Konzeptualisierung von Akteuren und Strukturen

Innerhalb der Frame-Theorie ist zwischen akteurs- und strukturzentristischen Frame-Konzeptionen zu unterscheiden. Ein *akteurszentrierter* Frame-Ansatz herrscht in der medien- und kommunikationswissenschaftlichen Frame-Forschung vor (Entman 1993).[22] In der Politikwissenschaft wird dieser Ansatz unten anderem von David Snow und Robert Benford (1986, 1988, 2000) sowie von William Gamson (1992) vertreten. Letztere explorieren die Prozesse, wodurch soziale Bewegungen neue Problemsichten aufwerfen und ihre Perspektive einem größeren Publikum vermitteln. Sie gehen davon aus, dass Frames die Werte und Vorstellungen von Akteuren organisieren und dass diese Akteure die Frame-Produktion kontrollieren, also imstande sind, Frames selbst zu prägen und aktiv zu gestalten.[23]

Während diese eher *handlungstheoretischen* Ansätze davon ausgehen, dass Akteure – seien es soziale Bewegungen, Medienvertreter, Verbände oder Politiker selbst – *Masterframes* »schaffen« können, also in einer gewissen instrumentellen und operationalen Weise über Sprache und die damit verbundenen Inhalte verfügen und diese gestalten können, vertrete ich für diese Arbeit einen *strukturzentrierten* Frame-Ansatz und gehe davon aus, dass Akteure zwar bestimmte Begriffe prägen mögen, sie aber keine Macht über den (ganzen) Diskurs als solchen haben. Frames können demnach nicht oder nur sehr begrenzt intentional geschaffen werden, denn meiner Konzeptualisierung nach handelt es sich bei Frames um Ensembles von Überzeugungen, Weltbildern, Normen und Bewertungen, mit denen eine bestimmte gesellschaftliche und politische Wirklichkeit sinnhaft gedeutet wird. Frames werden somit auf einer strukturellen

22 Das »aktive« Frame-Konzept in der medienwissenschaftlichen Forschung reicht von journalistischen Darstellungsformen (Dahinden 2006) bis hin zu Aspekten des »Marketing« von Politik, politischen Kampagnen und zur Tätigkeit von spin-doctors (Baringhorst 2004). »[T]o frame is to select some aspects of a perceived reality and make them more salient in a communicating text, in such a way as to promote a particular problem definition, causal interpretation, moral evaluation, and/or treatment recommendation« (Entman 1993: 52).

23 Framing »denotes an active, processual phenomenon that implies agency and contention at the level of reality construction« (Benford/Snow 2000: 614).

kognitiven Ebene angesiedelt, und es wird angenommen, dass Akteure und Institutionen nur eine begrenzte Kontrolle über die Frames und keine vollkommen autonomen Gestaltungsmöglichkeiten der Frames haben. Eine solche stärker strukturzentrierte Frame-Theorie wird unter anderem auch von Teun van Dijk (1985) and Paolo Donati (2001) vertreten.[24]

Außerdem gehe ich von einem Wechselverhältnis zwischen Akteuren und Frames als Diskursstrukturen aus. Frames sind handlungsleitend für Akteure und stellen eine Verbindung von Deskription und Präskription, vom Sein zum Sollen, her. Frames sind aber auch selbst Teil von (sprachlichen) Handlungen von Akteuren, denn durch sprachliche Äußerungen werden nicht allein Sachverhalte beschrieben und sich für deren Existenz verbürgt (Behauptung), sondern durch Sprechakte werden Handlungen selbst vollzogen (Performanz).[25]

Auf diese Weise wird der häufig latent unterstellte Gegensatz von Sprache und Praxis, von ideologischem Schein und Realität, von symbolischem oder rhetorischem zu substantiellem politischen Handeln unterlaufen und verschoben. Gleichzeitig weist der Frame-Ansatz darauf hin, dass die Art und Weise des Sprechens über ein Thema, seine Deutung und Problematisierung, über die denkbaren und möglichen Handlungsoptionen mit bestimmt. Dies ist ein für die Frame-Analyse wichtiger Aspekt, den ich im Folgenden weiter herausarbeiten werde.

---

24 Beide Autoren unterscheiden hierzu zwischen zwei Frame-Typen bzw. Frame-Ebenen, zum einen zwischen eher operativen »discursive structural frames«, was auf Strategien der Meinungsbildung und des Organisationsverhaltens ausgerichtet ist und zum anderen einem »higher level of frames«, was Menschen organisieren und aktualisieren, um zu einem sinnhaften Verstehen von Wirklichkeit und politischen Themen zu gelangen, wobei sie sich auf letztere konzentrieren (van Dijk 1985; Donati 2001). Auf die Typologisierung und Lokalisierung verschiedener Ebenen in der Anordnung von Frames werde ich später noch eingehen.

25 Diese Erkenntnis beruht auf der Sprechakttheorie von Austin (1962) und Searle (1969). Durch Sprechakte wird zum Beispiel etwas angeordnet (Befehl, gerichtliche Verfügung), einer Person oder Sache ein Name gegeben (Taufe, Benennung), man verpflichtet sich selbst zu einem Tun (Versprechen), weist auf eine Gefahr hin (Warnung) oder kränkt jemanden (Beleidigung). Nach Austin (1962) lassen sich folgende Akte unterscheiden: 1. lokutiver Akt: das Hervorbringen von Äußerungen auf der artikulatorischen, syntaktischen und semantischen Ebene; 2. illokutiver Akt: der Vollzug einer Äußerung in ihrer kommunikativen Geltung z. B. als Frage, Bitte, Warnung, Empfehlung, Drohung; 3. perlokutiver Akt: das Erzielen der vom Sprecher beabsichtigten und beim Hörer auch tatsächlich eingetretenen Wirkung der Äußerung, z. B. überzeugen, umstimmen, verärgern, verunsichern, kränken, trösten.

4.5 Ermöglichende und restringierende Funktionen von Frames: Diskurskoalitionen und Ausschlüsse

Frames als Ensembles von Ideen, Argumenten und Deutungen über eine spezifische Situation haben sowohl ermöglichende (*enabling*) als auch restringierende (*restricting*) Funktionen, die meines Erachtens für die Analyse von Policy-Kontroversen wichtig sind:

- Eine erste ermöglichende Funktion von Frames liegt in ihrer *Problematisierungsfunktion*; diese erlaubt das Infragestellen eines Common Sense, das Aufbrechen von als selbstverständlich betrachteten, häufig auch institutionalisierten Vorannahmen und damit eine *Politisierung*.
- Die daraus folgende, zweite produktive Funktion von Frames liegt darin, *Diskurskoalitionen* zu ermöglichen. Darunter sind Koalitionen von heterogenen Akteuren zu verstehen, welche versuchen, ihre Problemdefinition und -deutung gegenüber konkurrierenden Problembeschreibungen durchzusetzen (Hajer 1995: 58ff): »A discourse coalition is thus the ensemble of a set of story lines, the actors that utter these story lines, and the practices that conform to these story lines, all organized around a discourse« (Hajer 1993: 47). Hajer stellt damit einen Zusammenhang von Frames, Akteuren und Praktiken im Politikprozess her.[26] Frames haben darin eine mobilisierende und stabilisierende Funktion für politische Akteurskoalitionen.
- Die restringierende Funktion liegt zum einen darin, dass antagonistisch angelegte Frame-Konstellationen und daraus resultierende hartnäckige Kontroversen (intractable, enduring controversies im Sinne von Schön/Rein 1994) einem argumentativen Verständigungsprozess wenig zugänglich sind und daher zu *Politikblockaden* führen können.
- Zum anderen bringen dominante Frame-Konstellationen *Ausschlüsse* hervor, insofern sie bestimmte politische Akteurs-Bündnisse ausschließen. Die dominanten Frames einer Kontroverse führen dazu, dass Fakten, Argumente und Deutungen, die nicht in diese Frames »passen«, ausgeblendet und marginalisiert werden. Dies bedeutet, dass alternative Frames, die quer zu der dominanten Frame-Konstellation liegen, kaum gedacht und artikuliert werden können oder ihre Chancen deutlich vermindert sind, im öffentlichen Diskurs Gehör zu finden. Allerdings sind solche Positionen insofern bedeutsam, als sie potentiell die Polarisierung einer Kontroverse auflösen und zu einem Reframing beitragen können, welches diese differenten Perspektiven aufnimmt.

26 »[P]olitics is a process of the creation of discourse-coalitions based on a shared definition of reality. [...] credibility, acceptability, and trust determine the extent to which this process of world-making is successful.« (Hajer 1995: 287)

Eine Frame-Analyse kann damit einerseits die »positive«, ermöglichende Seite von Frame-Konstellationen, die im Hervorbringen von Problemstellungen und Diskurskoalitionen liegt, ausleuchten. Sie kann andererseits – zumindest ansatzweise – versuchen, die »negative« Seite von Frame-Konstellationen gewissermaßen als Außengrenze von Frames zu erfassen und damit erforschen, welche Sprechpositionen marginalisiert oder unterdrückt werden. Dieser Aspekt wird bislang kaum thematisiert. Es wäre aber meines Erachtens an wissenstheoretische Überlegungen anzuknüpfen. In diesen wird Wissen mehr oder weniger deutlich als »Kern« konzipiert, um den herum bildhaft gesprochen ein erster Zirkel von »gewusstem« oder spezifischen Nichtwissen und außen herum ein zweiter Kreis von »nicht gewusstem« oder unspezifischem Nichtwissen gelagert ist (vgl. Engel et al. 2002; Strulik 2004; Böschen et al. 2004). Analog dazu kann in Anlehnung an diskurstheoretische Überlegungen im Anschluß an Foucault angenommen werden, dass um dem »dominanten Kern« einer Frame-Konstellation, der ein Feld des Denk- und Sagbaren bildet, ein Kreis des nicht Sagbaren herumführt, in dem die Frames angesiedelt sind, die sanktioniert und an den Rand des Diskurses gedrängt werden und dass ganz außen herum ein weiterer Kreis liegt, in dem (derzeit) Nicht-Denkbares und Unsagbares verortet ist. Hierunter können zu einer gegebenen historischen Epoche nicht artikulierbare Positionen und Sichtweisen verstanden werden (vgl. Mihciyazgan 2008). Die erste Randzone marginalisierter Frames kann für gegenwärtige Kontroversen analytisch noch erschlossen werden, indem andere Problemkonzeptionen und Akteure aufgefunden und beschrieben werden; die zweite Randzone lässt sich allenfalls im längeren historischen Rückblick analytisch sichtbar machen. Auf die restringierende Funktion gehe ich daher nur in sehr begrenztem Umfang ein. Der Schwerpunkt meiner empirischen Frame-Analyse liegt auf der Analyse der ermöglichenden Funktion von Frames.

Eine weitere, für die Frame-Analyse wichtige Unterscheidung ist diejenige zwischen hierarchischen Frame-Ebenen.

4.6 Frame-Ebenen und Typologien

Einzelne Autoren unterscheiden zwischen »tiefen« und »flachen« Frames. Damit sind unterschiedlich hierarchisch verankerte und aggregierte Frame-Ebenen, sowie kurz- und langlebigere Formen von Problemkonzeptionen und Deutungsmustern benannt. George Lakoff etwa unterscheidet in seiner Frame-Theorie zwischen »surface frames«, im Gegensatz zu »deep seated frames«, wobei letztere in den USA die Wasserscheide zwischen konservativen und liberalen

Weltbildern bildeten (vgl. Lakoff/Wehling 2008: 80).[27] In meiner Arbeit verfolge ich diese doppelte Ebenenaufteilung nicht, sondern betrachte Frames gewissermaßen auf einer mittleren Frame-Strukturebene, welche die Kontroverse um eine bestimmte politische Thematik strukturiert. Lakoff nennt diese »issue defining frames«, welche festlegen, worüber wir eigentlich als politische Themen debattieren (Lakoff/Wehling 2008: 81).

Die Gründe, warum ich diese Aufteilung zwischen hierarchischen Ebenen in meiner Arbeit nicht verfolge, liegen darin, dass zwar anzunehmen ist, dass diese »mittleren« Frames in politischen Auseinandersetzungen womöglich an »tiefe Frames« (Lakoff) oder gesellschaftliche »Meta-Narrative« (Gottweis 1998), an »core beliefs« (Sabatier) oder »Metacultural Frames« (Schön/Rein 1994) rückgekoppelt sind – bzw. werden(!); mit diesen Bezeichnungen werden bestimmte grundlegende Glaubenssätze, kulturelle Werte und politische Grundausrichtungen bezeichnet, mit denen die jeweiligen Themen gewissermaßen »unterirdisch« verbunden sind.[28] Mein Anliegen ist es jedoch weder, diese »Tiefenstrukturen« offenzulegen, noch Frame-Konflikte quasi-deterministisch auf diese zurückzuführen, da ich dies als einen gewissen Reduktionismus betrachte, der gar selbst in (aktives) Framing oder sogar in eine Ideologisierung verfallen kann. Ich verorte die Patent-Kontroverse ganz bewusst *nicht* in solchen Kategorien, da ich davon ausgehe, dass sie Ausdruck eines *emergenten*[29] Prozesses ist, in dem bestimmte Modi gesellschaftlicher Organisation – bezeichnet etwa als Übergang von der industriellen zur wissensbasierten Gesellschaft – sich verändern und neue Entitäten entstehen (»intangible Güter«), die eine Differenz zu »alten« Gütern (tangible Güter) aufweisen, welche durch eine rechtliche Form (Patentrecht, gewerbliches Schutzrecht, geistiges Eigentum) geschützt werden, wobei sich dieses Recht selbst in diesem Transformationsprozess verändert. Die Patentkontroverse ist ein Ausdruck und Medium dieses fluiden Prozesses und der dabei entstehenden Konflikte. Diese Konflikte »drehen« sich um Begriffe, es werden dabei jedoch gleichzeitig Machtverhältnisse und (Re-) Distributionsprozesse verhandelt und ausgetragen. Jede (vorschnelle) Festlegung auf bestimmte Begriffe, wie etwa jenen des »geistigen Eigentums« oder des »Eigentums an

---

27 »Deep frames are mental structures through which we conceptualize our values, principles, and fundamental ideas. Surface frames are the frames that are evoked by words and slogans, like tax relief or the culture of corruption« (Lakoff/Ferguson 2006).

28 Beispiele für solche »tiefen Frames« wären »Neoliberalismus«, »soziale Marktwirtschaft« oder »bürgerliche Eigentumsordnung«.

29 Emergenz bezeichnet die spontane Herausbildung von Phänomenen oder Strukturen auf der Makroebene eines »Ganzen« auf der Grundlage des Zusammenspiels seiner teilchenhaften Elemente. Dabei lassen sich die emergenten Eigenschaften des »Ganzen« nicht offensichtlich auf Eigenschaften der Elemente zurückführen, die diese isoliert aufweisen. Konstitutive Merkmale von Emergenz sind Irreduzibilität, Unvorhersagbarkeit und Kontextbedingungen. (Vgl. http://de.wikipedia.org/wiki/Emergenz, Abruf 16.6.2008).

Ideen« nimmt selbst teil am Spiel der Benennung und der Bedeutungsfixierung als performativem Akt, mit dem das »Wesen« einer Sache nicht etwa »enthüllt«, sondern selbst erst festgelegt wird.[30]

Eine »Verankerung« solcher Kontroversen in »tiefen Frames« nähme also selbst gewissermaßen Partei, ordnete zu und damit selbst »an«. Dabei – so meine Befürchtung – ginge gerade die *différence* verloren, nämlich das, was diese Prozesse so neu macht, was sie von früheren sozialen und politischen Auseinandersetzungen unterscheidet, und was sich darin an neuen, »größeren« Konfliktlinien und cleavages formiert, welche sich eben *nicht* umstandslos in ein überkommenes Parteiensystem und darin enthaltene ideologische Ordnungen fügen. Meine Arbeit ist darauf angelegt, das Werden und die Prozesshaftigkeit dieser emergenten Phänomene zu beobachten und die Formen (Frames) dieser Auseinandersetzung zu studieren. Dabei will ich diese weder in Kategorien der Vergangenheit zementieren, noch in Visionen der Zukunft einhegen, sondern ihre Realisierung in einer bestimmten historischen Etappe, an einem bestimmten geographischen und politischen Ort, unter gegebenen politischen Bedingungen empirisch-analytisch untersuchen. Wichtiger als die Unterscheidung zwischen den Ebenen ist für meine Untersuchung eine andere Typologisierung: Die Frames der politischen Auseinandersetzung, die ich untersuche, sind über einen längeren Zeitraum stabil bestehende, einen Policy-Konflikt bestimmende, konkurrierende Deutungsmuster. Diese bezeichne ich als *Hauptframes* einer politischen Kontroverse.

Hauptframes sind dominante, mit Geltungsansprüchen versehende Deutungsmuster eines Sachverhaltes, die eine propositionale, argumentative oder narrative Struktur aufweisen und mit einem Wort »auf den Begriff« gebracht werden können. Es sind Ensembles, die aus Teilelementen oder *Unterframes* bestehen, welche ebenfalls eine unterschiedliche semantische Struktur haben können: Es kann sich dabei um Argumentationslinien handeln, wobei Begründungsmodi und Geltungsansprüche in den Vordergrund treten oder um *story lines*[31], das heißt Handlungseinheiten und Handlungsbögen einer »Geschichte«, womit die Narrativität von Frames hervorgehoben wird. Diese Unterframes können jedoch auch wissenschaftliche Hypothesen, Behauptungen über Wirkungszusammenhänge, ideelle oder metaphorische Konzepte sein. Ihre Zusammengehörigkeit ergibt sich aus dem Diskurskontext. Während die verschiedenen Elemente eines Haupt-Frames häufig miteinander verwoben und relativ konstant sind, sind die Unterframes flexibler und können im Lauf der Zeit

30 In dieser Hinsicht fühle ich mich ganz einer »flachen« Theorie verpflichtet, welche die *Relationalität* von Begriffen, Akteuren, Institutionen als das »Eigentliche« betrachtet und keinen essentiellen Kern oder ein geheimes Zentrum darin vermutet.

31 Zum Konzept von story lines vgl. Hajer (1995: 56; 63) und Stone (1988).

wechseln und durch weitere Unterframes erweitert werden. Dieser Aspekt betrifft die Frame-Dynamik, auf die ich später noch zurückkommen werde.

Hauptframes selbst und ihre Unterframes weisen Verbindungen zu größeren Sinn- und Deutungszusammenhängen einer Gesellschaft auf, die man als Ideologien, Glaubenssysteme (belief system) oder Meta-Narrative bezeichnen kann. Obwohl diese Affinitäten zu »größeren« oder »tieferen« Sinnstrukturen vorhanden sind und ihre Relevanz für breitere soziale Integrationsleistungen nicht zu leugnen ist, liegen diese, wie bereits oben begründet, außerhalb des Analyserahmens für die vorliegende Arbeit, ein Schritt, zu dem in einem Aspekt noch weiterer Klärungsbedarf besteht. Ich möchte dabei auf den Unterschied zwischen Frames und Ideologien hinweisen. Frames sind im Unterschied zu Ideologien weniger monolithisch und keine vollkommen ausstrukturierten Ideensysteme.[32] Vielmehr betont die Frame-Analyse als Form der politischen Diskursanalyse eher die Schwächen, Vieldeutigkeiten und Lücken als die Stärken vermeintlich homogener ideologischer Strukturen (vgl. Donati 2001: 147). Gleichzeitig konzentriert sie sich auf die Kontroversen und damit auf konkurrierende Interpretationen von sozialer und politischer Realität, wobei politische Auseinandersetzungen als Kämpfe um Deutungsmacht verstanden werden. Die Ausrichtung auf Kontingenzen in Problemdefinitionen, Neuschöpfungen in sozialen Interaktionen, die Prozesshaftigkeit und fortwährende Aushandlung von Situationsdeutungen verweist Nullmeier zufolge – in Fortentwicklung von Habermas' Modell kommunikativen Handelns und Hans Joas' Modell des kreativen Handelns – darauf, dass Politikwissenschaft eine Abkehr vom »Konzept intentionalen, teleologischen Handelns« vollziehen müsse und damit von Ansätzen, die »vorgefasste Interessen zur Grundlage der Prozess- oder Strukturerklärung machen« (Nullmeier 1997: 133, vgl. Stone 1988). Die Differenz zu »alten« Ideologieforschungen oder zur Ideologiekritik liegt damit unter anderem in einer stärkeren Kontextbezogenheit.[33]

4.7 Frame- Konstellationen: Simultane und antagonistische Frames

Frames formen insofern eine basale kognitive Struktur, als – so die zentrale Annahme – es nicht möglich ist, außerhalb von Deutungsrahmen zu denken. Es ist unmöglich, (an) etwas zu denken, ohne bestimmte Frames zu aktivieren.

32 Ideologie ist definiert als »a fairly broad, coherent, and relatively durable set of beliefs that affects one's orientation not only to politics but to everyday life more generally«, während Frames als »innovative amplifications and extensions of, or antidotes to, existing ideologies or components of them« verortet werden können (Benford/Snow 2000: 613).

33 Dies mag wissenschaftshistorisch gesehen durchaus auch mit dem Ende einer bipolaren Weltordnung einerseits und dem »Tod« von »großen« Theorien und Meta-Erklärungen der Welt andererseits zusammenhängen.

Eine gewisse zusätzliche Evidenz liefern neurowissenschaftliche Erklärungen, wonach Frames bestimmte neuronale Verknüpfungen im Gehirn bilden, sodass bei häufiger Aktivierung diese Verknüpfungen als eine Art neurologische Schaltkreise stabilisiert werden (Lakoff/Wehling 2008: 74). Wie bereits erörtert, kann Kognition als Interaktion zwischen verschiedenen Ebenen von ineinander integrierten, miteinander vernetzten, verknüpften und hierarchisch ineinander verschachtelten Frames verstanden werden.

In kommunikations- und demokratietheoretischer Hinsicht ist es bedeutsam, zwischen zwei grundlegend verschiedenen Konstellationen von Hauptframes zu unterscheiden, die ich als simultane und inverse bzw. antagonistische Frames bezeichne. Beim ersten, simultanen Frame-Konstellations-Modus können mehrere, voneinander zu unterscheidende und sogar zueinander widersprüchliche Frames im Gehirn *nebeneinander* bestehen. Ein bestimmter Sachverhalt kann so sowohl den einen als auch den anderen Frame simultan aktivieren, ohne dass es dabei zu Konflikten kommt.

Daneben besteht ein zweiter Modus, in dem Frames gewissermaßen diametral entgegengesetzt zueinander stehen. Hier, bei dieser antagonistischen bzw. inversen Konstellation, blockiert der »Aufruf« des einen Frame die Wahrnehmung und Aktualisierung eines anderen Frame. Beide können nicht »zusammen« gesehen bzw. gedacht werden. Analog zu simultanen versus inversen Frames sind auch politische Konfliktkonstellationen und -arenen dahingehend zu unterscheiden, ob es sich dabei um differierende, aber nebeneinanderher bestehende Meinungsverschiedenheiten oder um widerstreitende, in antagonistischer Opposition zueinander stehende Kontroversen handelt.

Um diese beiden Modi zu erläutern, greift die Frame-Theorie auf Phänomene der optischen Gestaltwahrnehmung und der Gestaltpsychologie zurück und nutzt »Kippbilder« zur Illustration. Die wichtigsten für diese Zwecke sind das Pokalprofilmuster, welches entweder zwei schwarze, sich anschauende Gesichter oder einen weißen Pokal, jeweils im Profil, zeigt, die Ente-Hase-Figur und das Vexierbild zwischen einer alten und einer jungen Frau.[34] (Siehe Grafik 2)

34 Die »duck or rabbit«-Figur geht zurück auf den US-Psychologen Joseph Jastrow (1899), der damit darauf hinwies, dass visuelle Wahrnehmung nicht allein eine physikalische, sondern auch eine mentale Aktivität darstellt. Das Pokalprofilmuster wird dem dänischen Psychologen Edgar J. Rubin (1886–1951) zugeschrieben. Die Darstellung der alten und jungen Frau aus dem Jahr 1915 stammt von dem US-Cartoonisten William Ely Hill.
Ein weiteres Beispiel ist der Necker-Würfel, ein Kubus, bei dem je nach Aufsicht entweder die Vorder- oder die Rückseite gesehen wird. Er wurde entwickelt vom Schweizer Geologen Louis Albert Necker, der den Effekt der bistabilen Wahrnehmung 1832 zuerst an Kristallzeichnungen beschrieb.

Grafik 2: Gestaltpsychologische Reversionsfiguren

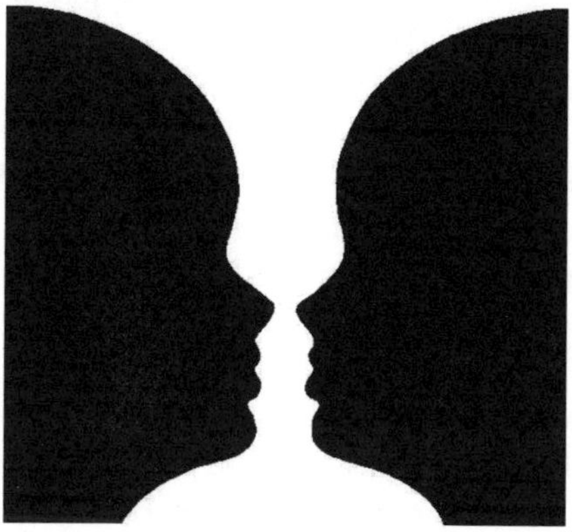

a) Pokalprofilmuster

b) »Duck vs. rabbit«

c) »Alte oder junge Frau«

Charakteristisch für diese Reversionsfiguren ist ihre »Unvereinbarkeit«: Man kann nicht gleichzeitig den Hasen und die Ente wahrnehmen, sondern nur hintereinander. Im Gehirn findet also ein Prozess des »Umschaltens« statt, bei dem »das Bild springt«. Diese Figuren verweisen darauf, dass das Wahrnehmungssystem zwar autonom zwischen zwei Möglichkeiten hin- und herschalten, bestimmte inverse Gegebenheiten aber nicht gleichzeitig erfassen kann, sondern nur als »entweder – oder« wahrnehmen kann.

Die neuro-linguistische Frame-Forschung merkt dazu an, dass es physisch nicht möglich sei, zwei entgegenstehende Frames gleichzeitig zu aktivieren, vielmehr werde der andere, entgegenstehende Frame im Gehirn automatisch blockiert und unterdrückt (Lakoff/Wehling 2008: 75). Auf die Frame-Forschung bezogen bedeutet dies, dass Fakten, die nicht in einen Frame passen, »abprallen« und ignoriert oder in den eigenen Frame so »eingebaut« werden, dass daraus ganz andere Schlussfolgerungen gezogen werden.
Kontroverse auf diese Weise erklärt werden könnte.

Dieses Phänomen hier ausführlich und bildhaft dazustellen, erscheint mir wichtig, denn es betrifft einen zentralen Aspekt meiner Fragestellung: Wenn die Kontroverse um die Biopatentrichtlinie als hartnäckiger Frame-Konflikt betrachtet wird, dann ergibt sich daraus die Frage, ob die Beteiligten sich womöglich deshalb zunächst auf »nichts« einigen konnten, weil sie ein grundlegend unterschiedliches Verständnis davon hatten, »worum es eigentlich« ging. Es wird also zu klären sein, ob es sich um eine simultane oder eine antagonistische Frame-Konstellation handelte. Ohne den Ergebnissen meiner Analyse vorgreifen zu wollen, ist hier darauf hinzuweisen, dass zumindest theoretisch die Möglichkeit offen zu halten ist, dass der Verlauf der Kontroverse auf diese Weise erklärt werden könnte.

In Anlehnung an Rein und Schön halte ich die Frame-Analyse besonders geeignet für die Analyse von »stubborn policy controversies«, die als »unresolvable« gelten (Schön/Rein 1994: xvii). Die beiden Autoren unterscheiden hierzu typologisch zwischen *policy disagreements* und *policy controversies*: Im Unterschied zu politischen Auseinandersetzungen, die als Uneinigkeit (*policy disagreement*) charakterisiert sind, die aber unter Rekurs auf Fakten gelöst werden können, sind hartnäckige Kontroversen (*policy controversies*) dadurch bestimmt, dass sie resistent gegenüber einer Lösung unter Bezugnahme auf Fakten sind (dies.: 4). Denn in solchen Kontroversen besteht zum einen Dissens darüber, welche Fakten relevant sind, zum anderen werden die selben Fakten von den Streitparteien unterschiedlich ausgelegt. Ebenso besteht keine Übereinstimmung darüber, welche Argumente als relevant, logisch, kohärent und zwingend angesehen werden. In der Sprache der Frame-Theorie geht es also vor allem um jene »duck or rabbit«-Kontroversen, in denen sich Frames fundamental und invers gegenüberstehen.

Zwar können einzelne Fakten oder Aussagen verifiziert und falsifiziert werden, nicht jedoch ein ganzer Frame: »there is no possibility of *falsifying* a frame; no data can be produced that would conclusively disconform it in the eyes of all qualified, objective observers« (Schön/Rein 1994: 30). Hier stellt sich die Frage, wie es überhaupt zu einer politischen Übereinkunft oder einem Kompromiss kommen kann. Für die Frame-Theorie wird diese Frage unter Verweis auf ein notwendiges »Reframing« beantwortet, worauf ich noch eingehen werde, wobei zuvor einige Aspekte bezüglich der Frame-Dynamiken zu klären sind.

4.8 Frame-Dynamiken und Reframing

Bisher habe ich mich in einer synchronen Perspektive gewissermaßen auf die statische Seite von Frames, ihre Funktionen, Ausformungen, Ebenen und Konstellationen konzentriert. Zur Rekonstruktion und Analyse des Verlaufs von Policy-Kontroversen als Frame-Konflikten ist es jedoch notwendig, nicht bei der *Statik* der Haupt-Frames stehen zu bleiben, sondern die diachrone Frame-*Dynamik* mit einzubeziehen. Dazu ist zunächst festzuhalten, dass die Frame-Analyse nicht im Gegensatz zu traditionellen Politikzyklus-Studien steht, sondern diese als heuristische Modelle betrachtet, jedoch nicht unbedingt eine gleichmäßig gerichtete Fokussierung auf die einzelnen Phasen des Policy-Zyklus vornimmt, sondern vor allem auf die erste – manchmal den gesamten Politikprozess »andauernde« – Phase des Agenda Setting und der Formulierung des Policy Problems fokussiert. Diese wird insofern als eine Antizipation von Implementations- and Evaluationsprozessen gedacht, als jede Problembeschreibung und Problemdiagnose bereits *präskriptive* Dimensionen enthält. Bereits das Bezeichnen und Benennen (*naming*) umfasst rahmende Funktionen und strukturiert das Handeln und die Bewertung vor. Somit lassen sich zwar Fakten und Bewertungen, Fakten und Normen, Sprechen und Handeln, Beschreiben und Bewerten *analytisch* voneinander trennen, in der Empirie eines Politikprozesses sind diese allerdings schier unauflöslich ineinander verwoben. Gerade auf diese Verwobenheit macht die Frame-Theorie aufmerksam und bietet einen Weg, diese analytisch in den Blick zu bekommen.

> »Through the processes of naming and framing, the stories make the ›normative leap‹ from data to recommendations, from fact to values, from ›is‹ to ›ought‹« (Schön/Rein 1994: 26).

Politische Kämpfe um das Benennen und Einrahmen von Situationen und Sachverhalten sind daher auch symbolische Austragungsorte für die Bedeutungszuschreibungen eines Themenfelds, in der Deutungsmacht nicht nur impliziert, um was es überhaupt geht, sondern auch, was getan werden sollte (Schön/Rein 1994: 29).

An dieser Stelle ist auch darauf hinzuweisen, dass in der Frametheorie die positivistische Annahme, es sei möglich, trennscharf zwischen bestimmten »objektiven« Fakten einerseits und den darauf beruhenden »subjektiven« Bewertungen und den normativen Schlussfolgerungen andererseits zu unterscheiden, in Frage gestellt wird.[35]

»We see policy positions as resting on underlying structures of belief, perception and appreciation, which we call »frames«. We see policy controversies as disputes in which the contending parties hold conflicting frames. Such disputes are resistant to resolution by appeal to facts or reasoned argumentation because the parties' conflicting frames determine what counts as a fact and what arguments are taken to be relevant and compelling« (Schön/Rein 1994: 23).

Wenn derartig strikte Unterscheidungen für kaum möglich gehalten werden, so wird auch die Möglichkeit eines rationalen Diskurses letztlich sehr skeptisch beurteilt: Bei einer *inversen, antagonistischen* Frame-Konstellation besteht die Gefahr, dass bereits zu Beginn des Diskurses radikal entgegenstehende Frames als nicht intelligibel ausgegrenzt werden oder jede argumentative Verständigung scheitern muss, da sich die Diskursteilnehmer nicht einmal auf wesentliche Grundzüge des zu behandelnden Gegenstandes einigen können. Hartnäckige Frame-Konflikte können daher immun gegenüber vernunftgeleiteten Diskursen und kommunikativen Regeln sein, die Verständigung ermöglichen (Habermas 1987 und 1988), »[because] the frames themselves determine what counts as evidence and how evidence is interpreted (Rein/Schön 1993: 145).

Nach Rein und Schön liegt die Aufgabe von Policy-Analysten deshalb darin, sich auf die zugrunde liegenden Frame-Konflikte zu konzentrieren und auf ein Reframing hin zu orientieren. Es gehe darum, dass die Diskursteilnehmer ein reflexives Verhältnis zu ihren eigenen Frames entwickelten (vgl. Rein/Schön 1993: 162). Frame-Verschiebungen und Veränderungen in den Konzeptualisierungen des Problems (*frame shifts*) über einen bestimmten Zeitraum hinweg könnten demnach ein »reframing of the way we think about and act on the policy issue in question« (Rein/Schön 1993: 152) ermöglichen.

Auf dieses Reframing werde ich nach zwei weiteren Unterscheidungen zu inter- und intra-Frame-Interaktionen genauer eingehen, die analytisch zu differenzieren sind im Hinblick auf die Untersuchung der Frame-Dynamik und welche ich als Weiterentwicklung des Konzepts von Schön und Rein (1994) entworfen habe.

Dynamiken zwischen den dominierenden Frames einer Kontroverse lassen sich demnach auf zwei Interaktionsebenen betrachten:

---

35 An dieser Stelle bieten sich Anschlussmöglichkeiten für die Post-Kuhnianische Wissenschaftstheorie, sowie an Sabatier's Advocacy-Coalition Framework (vgl. Weible/Sabatier/McQueen 2009), deren Bearbeitung jedoch den Rahmen dieser Arbeit sprengen würde.

- Die *intra-frame-Dynamik* bezieht sich auf die Ausweitung, Neuzusammensetzung, sowie auf Verschiebungen innerhalb der Unterframes eines Hauptframes.
- Die *inter-frame-Dynamik* beschreibt Veränderungsprozesse zwischen den zuvor identifizierten Hauptframes einer Kontroverse.

Wodurch diese Dynamiken und Veränderungsprozesse ausgelöst und eingeleitet werden, ist empirisch zu bestimmen. Ich gehe zum einen von »kritischen externen Ereignissen« aus, welche – obgleich von Akteuren Frame-abhängig unterschiedlich interpretiert – als relevant angesehen werden und einen Wandel hervorrufen können. Zum anderen sind es endogene Momente und Prozesse, die vor allem durch die beiden oben genannten Frame-Dynamiken bestimmt sind, welche zu Frame-Verschiebungen führen können. Analytisch können dabei evolutionäre, strukturelle, d.h. von der Diskursanordnung erzeugte Effekte und intentional durch die Akteure erzielte Veränderungen unterschieden werden (vgl. Nullmeier 2006: 305), die sich allerdings in der Empirie überlappen.

Schön und Rein (1994; 1996) verweisen auf die Rolle der Frame-Reflexion als entscheidendes Moment von Änderungsprozessen und sehen die Rolle von Policy-Analysten auch darin, diese Reflexionsprozesse anzuleiten und zu moderieren. Im Gegensatz dazu ist meine Arbeit nicht interventionistisch angelegt. Mein Forschungsprozess konzentriert sich in erster Linie auf das »Aufdecken« und die Rekonstruktion von Frames und ihrer Dynamiken bis hin zum politischen Schließungsprozess. Hierbei ist es von Interesse, genauer zu analysieren, in welcher Weise es zu Frame-Veränderungen gekommen ist, wie in politischen Ergebnissen (hier: Gesetzestext) Elemente aus divergierenden Frames eingegangen sind und wie sie integriert wurden. Damit kann letztlich auch eine Aussage zum »Reframing« gemacht werden.

Schön/Rein unterscheiden diesbezüglich zudem zwischen *rhetorical frames* und *action frames*:

»In policy debate, policy stories and the frames they contain serve the rhetorical functions of persuasion, justification, and symbolic display«[…]. In policy practice, on the other hand, policy stories influence the shaping of laws, regulations, allocation decisions, institutional mechanisms, sanctions, incentives, procedures, and patterns of behaviour that determine what policies actually mean in action« (1994: 32).

Diese Unterscheidung zwischen »Debatte« und »Praxis« lässt sich insofern aufnehmen, als hierbei der Unterschied zwischen der öffentlichen bzw. zivilgesellschaftlichen Sphäre mitsamt ihren Foren für Debatten und der politisch-institutionellen, insbesondere parlamentarischen Arena akzentuiert werden kann. An dieser Stelle lässt sich eine Anschlussfähigkeit zum Schleusenmodell von Peters und Habermas (vgl. Kap. I.A.5) herstellen: Die öffentlichen Debatten, in denen alternative Problemstellungen und -deutungen artikuliert werden, die zu einer

Politisierung und Polarisierung in einem Politikfeld führen (*rhetorical frames*) werden demnach in die Policy-Arena im »Kern« hineingeschleust und von Parlamenten bearbeitet. Diese spiegeln sich im Gesetzestext wider, der eine Schnittstelle und zugleich Ausdruck dieses Überführungsprozesses ist (*action frames*) und gegebenenfalls das Ergebnis eines Reframings darstellt. In der öffentlichen Arena geht es dabei vor allem um Deutungshoheiten, in der Politik aber darüber hinaus um kollektiv verbindliche Entscheidungen, denen Verantwortlichkeit zugeordnet wird (*government*).

»Debatte« findet aber auch in den politischen Institutionen statt und nimmt auf die Rechtsetzung und ihren Vollzug Einfluss. Eine weiterer Typ von Frames bildet der *»institutional action frame«*, womit sowohl die Regierung als auch der politisch-administrative Apparat adressiert sind:

»institutions possess characteristic points of view, prevailing systems of beliefs, category schemes, images, routines, and styles of argumentation and action, all of which inform their action frames« (Schön/Rein 1994: 33).

Diesen Aspekt werde ich bei der Analyse der Institutionen des europäischen Patentsystems (Kap. I.D) und der epistemischen Gemeinschaft des Patentrechts (Kap. I.E) wieder aufnehmen. Ein Reframing betrifft also auch die Frage, ob und inwieweit die Ergebnisse von Politikprozessen sich in einer veränderten Problemdeutung und -bearbeitung der entsprechenden Institutionen – im vorliegenden empirischen Fall insbesondere der Patentämter und Gerichte – niederschlagen.

Nun bleibt auszuarbeiten, was überhaupt unter *Reframing* zu verstehen ist. »Reframing« ist ein theoretisch noch wenig entwickeltes Konzept.[36] Reframing bedeutet, dass es in der abschließenden Phase der Kontroverse zu einer – zumindest partiellen – Synthetisierung und Integration der zuvor als antagonistisch und invers zueinander charakterisierten Frame-Konstellationen kommt bzw. kommen kann oder kommen sollte. Dabei wird angenommen, dass die Diskursteilnehmer ihre Frames einander »angenähert«, parallele Konzeptualisierungen mit Überlappungen entwickelt, Schnittmengen gefunden, einen gemeinsamen Referenzbereich aufgebaut und sich – zumindest teilweise – auf eine neue Problemsicht und Wirklichkeitsdeutung verständigt haben. Im Idealfall werden widerstreitende Frames durch einen neuen, überwölbenden Frame überbrückt, der die zuvor antagonistischen Frames integriert.

Schön und Rein vertreten hierzu einen eher »pädagogischen« oder mediatorischen Ansatz, indem sie das Management von Frame-Konflikten durch geeignete Settings thematisieren. *Frame Reflection* diene dazu, dass Akteure sich –

36 Vgl. Ansätze dazu, die sich aber vor allem auf *frame shifts* beziehen bei Rein/Schön 1996, und zu *frame transformation* bei Snow et al. 1986. Siehe eine stärkere Ausarbeitung bei Kallerud 2009 und bei Schneider/Kallerud 2009.

unter anderem durch Perspektivwechsel – der Frames bewusst werden, durch welche sie die Realität wahrnehmen[37]; dabei werden latente Frames manifest und können durch Bearbeitung verändert werden, »human beings can reflect on and learn about the game of policy making even as they play it, and, more specifically, [...] they are capable of reflecting *in action* on the frame conflicts that underlie controversies and account for their intractability« (Schön/Rein, 1994: 37, Hervorhebung im Original). Durch solche Reflexionsprozesse könne es zu einem *Reframing*, zur Herausbildung neuer, zumindest partiell geteilter Sichtweisen auf ein Policy Problem kommen.[38]

Sicherlich gibt es unterschiedliche Formen der Frame-Bearbeitung zur Erzielung eines politischen Ergebnisses. Diese kann sich durch Argumentieren und Verhandeln vollziehen, sie ist jedenfalls an institutionelle Entscheidungsmuster und ihre Regeln, wie etwa den Ablauf eines Gesetzgebungsverfahrens, gebunden. Hierbei könnte zudem an Diskurs- und Mediationsverfahren sowie an andere Modelle interventionistischer Politikberatung angeknüpft werden. Während Schön und Rein sich diesbezüglich vor allem auf neue, deliberative Foren hin orientieren (vgl. auch Fischer 2003), fokussiere ich auf die »traditionellen« Politikforen und -arenen, in denen es jedoch zu einer Einschleusung der öffentlichen bzw. zivilgesellschaftlichen Problemdeutungen (Frames) gekommen ist.

Ich betrachte das Parlament bzw. das politisch-administrative System als herausgehobenen Ort, der zu einer Frame-Dynamisierung und einem Reframing auffordert, da dort eine Entscheidung gefunden und vollzogen werden muss, welche konkurrierende Frames integriert (vgl. Habermas 1992: 371). In analytischer Hinsicht ist dabei zu trennen,

- ob und inwieweit in ein politisches Ergebnis Anteile von konkurrierenden Frames eingegangen sind;
- ob es insgesamt zu einem »Reframing« im Sinne einer Hybridisierungs- oder Synthetisierungsleistung gekommen ist.

---

37 »We should reflect on the problem-setting processes which are usually kept tacit, so that we may consciously select and criticize the frames which shape our responses. But what will frame awareness bring? It is likely to bring us sharper and more explicit confrontation with frame conflict« (Schön 1993: 150).

38 Schön grenzt dabei *Reframing* scharf von »Problemlösung« ab – »this sort of inquiry does not fit the dominant model of problem solving« (1993: 151) – und verwendet in einer früheren Fassung dieses Phänomens den Begriff des *frame restructuring*, das er folgendermaßen umreisst: »we respond to frame conflict by constructing a new problem-setting story, one in which we attempt to integrate conflicting frames by including features and relations drawn from earlier stories, yet without sacrificing internal coherence or the degree of simplicity required for action« (Schön 1993: 152). Vgl Kallerud 2009 und Schneider/Kallerud 2009.

Mein Forschungsinteresse liegt demnach erstens darin, anhand einer Fallstudie allgemeine empirisch fundierte, analytische Aussagen über Frame-Dynamiken zu treffen, sodass diese als Hypothesen in weiteren Fallstudien überprüft und später gegebenenfalls generalisiert werden können. Zweitens möchte ich auch das Reframing als analytisches Konzept betrachten. Reframing bezieht sich dann auf die abschließende Phase einer Kontroverse, in der alte Konstellationen aufgelöst werden und entweder eine Synthetisierung erfolgt oder eine neue Kontroverse mit neuen Konstellationen beginnt. Auf jeden Fall geht es beim Reframing um Transitions- und Transformationsprozesse, die zu einem *frame alignment* oder einer *frame accommodation* führen.

Damit ergibt sich allerdings die Frage, woran »Reframing«-Prozesse zu erkennen sind. Hier ist weitere Theorie-Arbeit zu leisten.[39] In meiner Untersuchung habe ich diese und ähnliche Fragen auf pragmatische Weise beantwortet, indem ich anhand von zentral in den Kontroversen verwendeten Begriffen rekonstruiert habe, wie diese dem Konflikt ein »Drehmoment« verliehen haben und inwiefern der Verlauf einer Kontroverse bezüglich des Schließungsprozesses sich reflexiv zur Frame-Dynamik verhalten hat.

Im Ergebnis kann damit ein Beitrag dazu geleistet werden, zu erfassen, wie »intractable controversies«, welche geltende Legitimationsgrundlagen in Frage stellen und womöglich gar das Potential haben, die (Werte-)Basis eines Gemeinwesens aufzusprengen[40] (vgl. Guggenberger /Offe 1984: 12), zu »policy disagreements« werden, die einer politischen Lösung zugänglich sind. Damit ist an die befriedende Funktion von Politik und elementare politische Leistungen einer Güterabwägung und des Ausgleich konkurrierender Interessen erinnert, ohne jedoch in idealistischer oder harmonistischer Weise diese Übereinkunft notwendig als Ziel und Endpunkt jeder Politik zu betrachten. Wie bereits im ersten Kapitel (Kap. I A) hervorgehoben, sind Kontroversen als Ressourcen für Governance zu verstehen. Sie bedürfen jedoch einer – möglichst friedlichen – Lösung und sollten ein für alle Beteiligten akzeptables Ergebnis schaffen.

Im Unterschied zu »idealistischen« Diskursansätzen vertrete ich mit meinem Konzept der Frame-Theorie ein stärker konflikttheoretisches Modell und begreife Diskurse als strukturelle Formationen, denen Macht inhärent ist. Die Beobachtung, dass hartnäckige Frame-Konflikte sich der Lösbarkeit unter Verweis auf harte Fakten und begründete Argumentation entziehen, stellt, wie bereits erwähnt, eine gewisse Herausforderung für die Habermas'sche Kommu-

39 Siehe dazu Schneider/Kallerud 2009.

40 »[...] frame conflicts often take the form of dilemmas – that is, they are situations in which no available choice is a good one, because we are involved in a conflict of ends which are incommensurable. Ends are incommensurable because they are embedded in conflicting frames that lead us to construct incompatible meanings for the situation. [...] these dilemmas often find their social expressions in societal divisions that are sources of anguish in their own right« (Schön 1993: 151).

nikationstheorie dar. Denn diese ist an ein prozedurales Setting gebunden, das unter anderem davon ausgeht, dass Konflikte durch den Gebrauch der Vernunft, argumentatives Handeln, Begründungspflichten an Geltungsansprüche und finale Verständigung gelöst werden können. Sofern jedoch über die grundlegenden Parameter des Policy-Problems keine Einigkeit besteht und auch nicht hergestellt werden kann, besteht die Gefahr, dass ein rationaler Diskurs sich lediglich innerhalb eines (Haupt-)Frames bewegt und Diskursteilnehmer mit konfligierenden Frames von vorneherein gar nicht zur Diskursarena zugelassen werden. Insofern besteht eine Verknüpfung mit Fragen der Partizipation, also damit, wer überhaupt »mitsprechen darf«, wer als legitimer Akteur zum Mitwirken an einem deliberativen Prozess berechtigt wird. Als Konsequenz bliebe demnach festzuhalten: Um deliberieren zu können, bedarf es eines gewissen *common ground*. Reframing kann dazu beitragen, eine solche gemeinsame Basis (wieder)herzustellen, indem auf kreative Weise eine neue, von den Diskursteilnehmern geteilte Problemdeutung entwickelt wird.

Meine Herangehensweise an »Reframing« ist daher nicht von einem normativ-idealistischen Modell, sondern von einer »realistischen« Vorgehensweise geprägt, die zunächst einmal genauer rekonstruieren will, *wie* Frame-Konflikte sich dynamisieren. In Politikprozessen geht es zudem nicht primär um Wahrheitsfindung, sondern um Entscheidungsfindung (Limoges 1993). Mein Ausgangspunkt war die These, dass es Konstellationen gibt, die den »üblichen« Mitteln einer argumentativen Verständigung nicht zugänglich sind. Diskursteilnehmer können es jedoch bewerkstelligen, zu einer weithin akzeptierten Entscheidung zu gelangen, wenn es ihnen in einem schöpferischen Prozess gelingt, zu einer neuen, womöglich *geteilten* Deutung einer Situation (Reframing) zu gelangen, die eine gemeinsame Basis (wieder)herstellt und einen Kompromiss oder gar eine Übereinkunft über politische Strategien ermöglicht. Dies markiert den Unterschied zwischen »Verständigung« und »Reframing«, wobei es durchaus Schnittmengen zwischen diesen beiden theoretischen Modellen gibt.

5. Zur Methode der Frame-analytischen Policy-Analyse

Frame-Analyse umreisst nicht nur einen analytischer Zugang, sondern auch eine Forschungsmethodik. Hierzu sind sowohl quantitative wie qualitative, ebenso wie deduktive und induktive Methoden möglich und gebräuchlich.[41] In meiner

41 Zum Spektrum von Frame-Methoden und ihrer Diskussion siehe ausführlich Dahinden 2006, der auch deduktive und quantitative Ansätze von Massendatenanalysen (insbesondere Medienberichterstattung) aufführt. Zu interpretativen Methoden der Frame-Analyse siehe Yanow 2000.

Untersuchung erwies sich nicht zuletzt wegen der Fokussierung auf die Frame-Dynamik die induktiv-qualitative Methode als zielführend, da sie den Vorteil der Datennähe und Offenheit zum empirischen Material bietet. Mein Forschungsinteresse lag nicht darin, Aussagen zur Häufigkeit und quantitativen Verteilung von Frames in der Biopatent-Kontroverse zu treffen. Vielmehr ging es mir darum, in qualitativer Hinsicht den Frame-Konflikt und vor allem die Frame-Dynamik zu rekonstruieren.

Als Material der Policy-Analyse und Frame-Analyse verwende ich methodisch vor allem die Dokumente des Politikprozesses, insbesondere den Gesetzentwurf selbst, sowie Plenardebatten, Anhörungen, Protokolle von Ausschuss-Sitzungen und weitere Materialien aus den Legislativprozessen wie etwa fraktionsinterne Arbeitspapiere. Eine zweite Quelle bilden Experteninterviews und Hintergrundgespräche. Drittens verwende ich Texte aus Fachzeitschriften und allgemeinen Medien als Datengrundlage.

Zur Identifikation von Frames und Unterframes greife ich auf das qualitative Verfahren der Datenanalyse durch Kodierung nach Glaser/Strauss' Grounded Theory (1998) zurück. Die Hauptframes der Kontroverse lassen sich zügig identifizieren. Im analytischen Identifizieren und Zusammentragen der Unterframes eines Hauptframes ergibt sich nach einiger Zeit eine Sättigung, in der keine neuen Elemente mehr auftauchen. Mit diesem induktiv-qualitativem Ansatz wird auch die Frame-Dynamik über den Untersuchungszeitraum hinweg analysiert. Zäsuren für diese Frame-Dynamik ergeben sich bei Politikprozessen nicht zuletzt aus markanten Ereignissen, insbesondere Abstimmungen in Ausschüssen und Lesungen im Plenum, die sich aus Protokollen und Berichten, sowie aus verabschiedeten Gesetzestexten rekonstruieren lassen. Die formalen Verfahrensabläufe bei Gesetzgebungsprozessen und deren Entscheidungsregeln strukturieren die Entscheidungsprozesse und erfordern Schließungsprozesse. Dies befördert Frame-Dynamiken, sofern eine Entscheidung auf Argumentations- und Aushandlungsprozessen beruht und nicht gänzlich durch bloße Mehrheitsentscheidungen zwischen statischen und unbewegten Positionen gefällt wird. Dabei war zur Erfassung der Frame-Dynamik wichtig, wie sich die Frames in Policy-Ergebnissen niedergeschlagen haben und in welcher Weise konkurrierende Frames integriert wurden. Dies geschieht anhand der qualitativen Analyse von Schlüsseltexten wie dem Gesetzestext in verschiedenen Entwurfsstadien selbst, von Stellungnahmen im Parlamentsplenum, Pressemitteilungen, sowie durch Befragung von Abgeordneten und anderen beteiligten Experten.

6. Relevanz der Frame-Theorie für die Politikwissenschaft und Anschlussfähigkeit an andere politikwissenschaftliche Ansätze

Die Frame-Theorie ist noch ein relativ neuer Ansatz in der Politikwissenschaft. Deshalb möchte ich im Folgenden einige kurze Anmerkungen zur Leistungsfähigkeit und zum Erkenntniswert von Frame-Analysen und ihrer Anschlußfähigkeit an andere politikwissenschaftliche Ansätze sowie zur Relevanz der Frame-Theorie für die Disziplin selbst machen.

Die Frame-Theorie eröffnet einen Zugang und stellt ein Verfahren bereit, um politische Kontroversen zu analysieren, um die Konstituierung, Stabilisierung und Veränderung von politischen Koalitionen zu untersuchen, sowie die Ergebnisse von Politikprozessen zu reflektieren. Die Methode der Frame-Analyse ist daher für analytische, interpretative und evaluative Zielsetzungen nutzbar.

Dabei bestehen gewisse Affinitäten zu anderen Ansätzen. Dazu zählt etwa Paul Sabatiers (1988, 1998) Advocacy-Coalition-Framework, das allerdings stärker akteurs- und handlungszentriert ist. Bezüge bestehen auch zu Theorien des Policy-Learning (Bandelow 1999), wobei allerdings letztlich umstritten bleibt, was Lernen ist, wer lernt und wie Lernprozesse angestoßen werden (Nullmeier 2006: 303f). Anschlussfähig ist die Frame-Theorie ebenfalls an die politik- und medienwissenschaftliche Agenda-Setting Forschung (vgl. Stone 1989; Brettschneider 1994; Brosius 1994; Rössler et al 2002), die den Begriff der »*Salience*« geprägt hat.[42] Dieser bezeichnet den Prozess der Selektion, Thematisierung und Gewichtung eines »neuen« Themas, weist also auf Prozesse der Problemformulierung, Prioritätensetzung und Themenstrukturierung hin. Die Frage, wodurch eine bestimmte Themenstellung überhaupt politische Relevanz erhält, ist dabei ein gemeinsamer Ausgangspunkt mit der Frame-Analyse.

Bisher habe ich die Frame-Theorie gewissermaßen als »Unter-Unter-Form« der diskursanalytischen Policy-Analyse vorgestellt. Das Frame-Konzept als grundlegende kognitive und wahrnehmungstheoretische Kategorie ernstzunehmen, bedeutet jedoch, ihm in weitaus stärkerem Maße Relevanz für die Politikwissenschaft als Disziplin einzuräumen. Die Implikationen einer frametheoretisch informierten Politikwissenschaft will ich hier anhand eines Klassikers der Policy-Analyse andeuten:

Eine der einflußreichsten Thesen für die Analyse von Politikprozessen wurde von Theodore Lowi formuliert. Sie lautet: »Policies determine politics« (Lowi 1972: 299). Generationen von Politikwissenschaftlern haben diese These

---

42 Für die Agenda Setting Forschung selbst war die Chapel Hill Studie von McCombs/Shaw (1972) grundlegend, die vor allem auf die Erforschung von Medienwirkungen abhob. Rogers und Dearing unterscheiden dabei zwischen den Forschungstraditionen des *media agenda setting, public agenda setting* und *policy agenda setting* und verweisen zudem auf die »hierarchy of importance« (Rogers/Dearing 1988: 565) verschiedener Themen.

der vier Typen von Politikinhalten und ihrer Wirkungen bezüglich der dadurch eröffneten Policy-Arenen sowie ihrer stärker konflikt- oder konsensorientierten Charakteristika des Politikprozesses übernommen und ihre Policy-Analysen damit strukturiert (vgl. Heinelt 2003). Die Zuordnung eines spezifischen Politikfeldes zu einem Policy-Typ wurde damit als gegeben gesetzt.

Patente wurden beispielsweise von Lowi selbst unter dem *distributivem* Policy-Typ eingeordnet, das Anreize als Steuerungsprinzip setzt und eine konsensuale Policy-Arena erzeugt (vgl Windhoff-Héritier 1987: 52). Wie diese Arbeit jedoch noch aufzeigt, ist es ebenso möglich, Patentpolitik als *redistributive* Policy zu betrachten, welche soziale Kosten aufwirft und eine Differenzierung in Gewinner und Verlierer zulässt. Patentpolitik kann aber auch als *regulative* Policy aufgefasst werden, die Verhaltensvorschriften für die Aktivitäten privater Anmelder enthält und wechselnde Konfliktlinien hervorruft. Und Patentpolitik kann sogar als *konstitutive oder sozialregulative* Policy verstanden werden, in der Betroffene sich selbst regulieren und eine konfliktreiche Form der sozialen Iteraktion (z.B. Patentwettläufe, Proteste gegen Patenterteilungen) organisieren.

Es ist allerdings darauf aufmerksam zu machen, dass – im Gegensatz zu vermeintlich objektivierenden Klassifikationen von Policy-Arenen[43] – bereits Lowi in einem einflussreichen Aufsatz schrieb: »it is not the actual outcomes but the *expectations* as to what the outcomes can be that shape the issues and determine their politics« (Lowi 1964: 707, Hervorhebung I.S.). Mit dem Fokus auf den »Erwartungen« wird implizit bereits die Wahrnehmung und kognitive Rahmung von Politikinhalten adressiert. In der policy-analytischen Literatur selbst wurde diesbezüglich von der Bedeutung des »*issue relabelling*« (vgl. im Überblick: Windhoff-Héritier 1987: 56–57) gesprochen. Dies verwies darauf, dass über die »Umetikettierung«, also die semantische Umbenennung von Policies die Wahrnehmung des Politikinhalts und damit auch seine Bearbeitung und der Ausgang politischer Schließungsprozesse beeinflusst werden kann. Diesem Phänomen – der *sprachlichen* Dimension von Politikinhalten und Problemen – wurde aber in der Politikwissenschaft zuwenig Aufmerksamkeit, inbesondere in analytisch-theoretischer Hinsicht, zuteil. Politikarenen werden eben nicht von »blanken« Politikinhalten, sondern von deren Deutung vorgegeben. Frame-

43 In der politikwissenschaftlichen Rezeption war Lowi's These häufig mit einer schematischen Kategorisierung von regulativen, distributiven, redistributiven und konstitutiven Politikarenen und den damit verbundenen unterschiedlichen Graden von Konfliktpotentialen assoziiert (Windhoff-Héritier 1987: 52ff). Dies wirkt bis hin zu Majones (1994, 2005) These, dass die Zukunft Europas nur in einem »regulativen«, markt-korrigierenden Staat liegen könne, nicht aber in redistributiven Policies, da letztere zu viele Konflikte heraufbeschwörten und über die Entscheidungskapazitäten der Gemeinschaft hinausreichten. Policy-Analyse hat sich später vor allem auf sektorale Politikfelder konzentriert (Windhoff-Héritier 1983: 351). In einem Politikfeld können aber anerkanntermaßen sowohl distributive, redistributive und regulative Politiken vorkommen, sowohl zeitgleich wie sequentiell (vgl. Heinelt 2003).

Theorie fordert daher zu einem »*Reframing of Lowi*« auf und formuliert dementsprechend als Leitsatz: »*The framing of policies determines politics*«.[44]

Frame-Theorie nimmt allerdings auch den »*Problemlösungsbias*« der Politikwissenschaft von einer anderen Seite her kritisch in den Blick: Renate Mayntz (2001, 2004) hat damit eine Sichtweise kritisiert, welche Politik auf Problemlösungsverhalten verkürzt, während Macht- und Herrschaftsaspekte ausgeblendet bleiben. Die Fokussierung auf »Problemlösung« verkennt aber ebenso, dass »Probleme« nichts Vorgegebenes, Vorgängiges sind, sondern ihre Artikulation selbst an Prozesse von Bedeutungsgenerierung und -strukturierung geknüpft sind.[45] Damit wird der Prozess der *Problematisierung* selbst zum Thema (vgl. Rochefort/Cobb 1994).

Wenn Politik auch als Problembearbeitungsprozess (und nicht als bloße Macht- oder Interessenpolitik)[46] begriffen wird, bleibt wohl einsichtig, dass »problem solution depends on the prior work of problem construction and reconstruction, and this work is deeply rhetorical and interpretative« (Fischer/Forester 1993: 6). Die Frame-Analyse bietet eine Möglichkeit, diesen Problematisierungsprozess zu untersuchen und dabei Frames als Vermittlungselement zwischen Akteuren und Strukturen zu begreifen.[47]

Das Frame-Konzept eröffnet insofern sowohl ein anderes strukturtheoretisches, als auch handlungstheoretisches Modell, als sich über Diskurse und Frames neue Wahrnehmungen und Selbstdefinitionen von Institutionen und Akteuren konstituieren, die – à la longue und im Zusammenspiel mit anderen Faktoren – einen politischen Wandel bewirken können. Nicht zuletzt verweisen Frame-analytische Ansätze darauf, dass Sprache als Machtfaktor in Governance-Prozessen Rechnung getragen werden muss (vgl. Kap I.A). Sprache und Framing kann als Instrument machtschwachen Gruppen Einfluss verleihen. Framing *kann* Handlungswirkungen haben, *wenn* es institutionelle Wahrnehmungen und Problem-

44 In dasselbe Horn stossen Mooney und Schuldt: »how an issue is framed, rather than its intrinsic content, leads to its classification […] the most interesting questions in this line of thought are how and why a policy can change its policy type« (2008: 201).

45 »[P]roblem setting matters. The ways in which we set social problems determine both the kinds of purposes and values we seek to realize, and the directions in which we seek solutions« (Schön 1993: 150).

46 »We miss a great deal if we try to understand policy-making solely in terms of power, influence, and bargaining, to the exclusion of debate and argument« (Majone 1989: 2).

47 Eine Brücke über das Schisma zwischen Akteur- und Strukturtheorien schlagen anerkannte Konzepte wie der akteurszentrierte Institutionalismus (Scharpf 2000). Dieses bleibt jedoch häufig einem rational choice-Ökonomismus und spieltheoretischen Modellen verhaftet. Dabei kommen soziologische und kognitiv-linguistische Perspektiven zu kurz.
Institutionelle Bedingungen und Machtverhältnisse bestimmen die Definition einer Policy mit, determinieren ihren Ausgang jedoch nicht. Sie lassen Raum für Entscheidungsspielräume und Kontingenzen, je nach einer spezifischen historischen Situation, in der Akteure ein Problem zu definieren und zu lösen haben (vgl. Benz 1997).

definitionen verändert. Dies sind allerdings voraussetzungsreiche Unterfangen, die nicht *allein* auf der sprachlichen Ebene abgebildet werden können, weil sie an Prozesse der Generierung, Mobilisierung, Verbreitung und Durchsetzung von »anderen Frames« geknüpft sind und daran, ob und inwieweit ein Reframing institutionalisiert wird.[48]

Generell ist Frame-Theorie durchaus anschlussfähig an die klassische politische Ideenlehre als Kernelement der Disziplin[49], sofern diese einen Zusammenhang zwischen Ideen und Wertvorstellungen, Institutionen und politischem Wandel anerkennt (vgl. Goldstein/Keohane 1993).[50] Sie beschäftigt sich allerdings weniger mit ideengeschichtlichen Traditionslinien, die philosophisch bis in die Antike zurückgehen, als mit gegenwärtigen Ideen und Deutungsmustern, die dazu dienen, aus komplexen Situationen und Prozessen »Sinn« herzustellen und daraus kollektiv verbindliche Ziele und zukünftige Entscheidungshorizonte abzuleiten.

Mit diesen Hinweisen auf die Anschlussfähigkeit, Leistungsfähigkeit und Querschnittsfunktion der Frame-Theorie für die Politikwissenschaft will ich es an dieser Stelle bewenden lassen – nicht allerdings ohne den abschließenden Fingerzeig darauf, dass auch jede wissenschaftliche Arbeit an Frames gebunden ist und dieses Faktum angemessen reflektieren muss.

---

48 Hier ist wiederum auf die notwendige Verbindung zwischen neuen Problemartikulationen und ihrer Einschleusung in den politisch-administrativen Apparat hinzuweisen (vgl. Habermas 1992: 449).

49 Es bleibt anzumerken, dass in der traditionellen Struktur des Faches die Politische Theorie auch als »Ideengeschichte« fungiert, womit die Historizität, Diskursivität und insbesondere Narrativität von Ideen in das Fach einfließt, häufig freilich latent bleibt. Sofern der Policy-Analyse Theorieferne attestiert wird, so mag dies auch mit der mangelnden Reflexion über semantische Strukturen zusammenhängen. Allerdings ist hervorzuheben, dass es mittlerweile in der ECPR eine Standing Group zur *Theorie* der Policy Analyse gibt, in der diskursive und deliberative Ansätze weiterentwickelt werden. Ebenso hat sich in den USA bei den APSA-Tagungen eine neue Subsektion »Qualitative Methods« herausgebildet, die sich bereits zwei Jahre nach ihrem Start zu der nach Mitgliederzahlen drittgrößten Sektion in der APSA etabliert hat (vgl. http://www.asu.edu/clas/polisci/cqrm/QualitativeMethodsAPSA.html).

50 »ideas influence policy when the principled or causal beliefs they embody provide road maps that increase actor's clarity about goals or ends-means relationships, when they effect outcomes of strategic situations in which there is no unique equilibrium, and when they become embedded in political institutions« (Goldstein/Keohane 1993: 3). Damit schafft dieser Ansatz ein Gegengewicht zu rationalistischen und funktionalistischen Modellen, welche Interessen und Präferenzen als gegeben und quasi-objektiv setzen und zu dem vorgängig, was Akteure glauben (vgl. Stone 1988).

7. Zusammenfassung

In diesem Kapitel habe ich die methodologischen Grundlagen meiner empirischen Studie dargestellt. Diese lässt sich theoretisch und methodisch in argumentativen und diskursiven Ansätzen innerhalb der Politikfeld-Analyse verorten, welche Sprache als zentrales Strukturelement von Politikprozessen fassen. Frametheorie als Unterform der Diskursanalyse speist sich aus verschiedenen disziplinären und epistemischen Wurzeln, insbesondere der Soziologie und der Kognitiven Linguistik. Sie geht davon aus, dass Frames basale kognitive Einheiten sind, welche menschliche Wahrnehmung strukturieren und eine Problemdefinition mit einer Ursachenzuschreibung, einer Bewertung und Handlungsanleitung verbinden. Frames sind auf allen Ebenen des Politikprozesses prävalent. Frames aggregieren Fakten, Normen und Bewertungen, sie enthalten neben deskriptiven immer auch präskriptive Dimensionen.

Frames werden hier definiert als mit Geltungsansprüchen versehene Deutungsmuster eines Sachverhaltes, die eine propositionale, argumentative oder narrative Struktur aufweisen können. Sie gliedern sich in Haupt- und Unterframes auf und sind auf verschiedenen Ebenen miteinander verschachtelt und integriert. Frames besitzen ermöglichende Funktionen, insbesondere für Diskurskoalitionen, haben jedoch auch restringierende Funktionen bezüglich von Ausschlüssen. Hinsichtlich von Frame-Konstellationen und Modi ihrer Aktivierung sind simultan zu aktivierende, divergierende Frames von inversen, antagonistischen Frames zu unterscheiden. Hierzu korrespondierende Politik-Konstellationen sind *policy disagreements*, welche unter Rekurs auf Fakten und Argumente lösbar sind und *policy controversies,* welche sich hartnäckig gegenüber einer solchen Auflösung sperren.

Eine Frame-Analyse liefert das theoretische und methodische Rüstzeug, um zu rekonstruieren, was der latente Gegenstand in heftig umstrittenen politischen Konflikten ist, und über die Dynamik der Verlaufsprozesse zu reflektieren, die sich nicht ausschließlich durch rationale Argumentationsketten erklären lässt. In diesem Sinne kann die Analyse der Frame-Dynamik Aufschluss über das Resultat der Prozesse geben. Es kann zum einen zu variierenden und sich transformierenden Konstellationen zwischen verschiedenen dominanten Frames innerhalb einer Kontroverse sowie zum anderen zu intra-Frame-Differenzierungen und inter-Frame-Interaktionen kommen. Diese Frame-Dynamik kann schließlich in ein Reframing münden, womit eine Synthetisierungsleistung bezeichnet wird, die einen Kompromiss oder gar eine Verständigung in politischen Entscheidungssituationen ermöglicht und damit die Vermittlung oder sogar Lösung von »vertrackten« Disputen eröffnet. Inwieweit die Erkenntnisse der Frame-Analyse selbst zum besseren Verständnis von hartnäckigen Kontroversen beitragen können, diese Frage wird am Ende dieser Studie zu beantworten sein.

C Patentrecht: Geschichte, Grundlagen und Theorien

For long the uncontentious territory of the technocrat and the lawyer,
the patent system has in fact a turbulent and disputed history
and the twenty-first century is seeing the resurgence
of some of the furious debates of the nineteenth century.
(Brimelow 2007: XI)

Nach der Darstellung des politikwissenschaftlichen Rahmens zur Governance-Forschung und Policy-Analyse befassen sich die nun folgenden vier Kapitel mit den Grundlagen zur Governance des europäischen Patentsystems. Einführend hierzu gibt dieses Kapitel zunächst einen kurzen Überblick über die Geschichte des Patentrechts sowie die Kriterien der Patenterteilung nach dem Europäischen Patentübereinkommen Der Schwerpunkt des Kapitels liegt sodann auf der Auseinandersetzung mit Theorien, die Patente auf unterschiedliche Weise erklären und legitimieren. Hierzu werden erstens die klassischen juristischen Patentrechtstheorien diskutiert, zweitens einige ökonomische Ansätze zum Patentrecht dargestellt und drittens der Funktionswandel in der Nutzung von Patenten, wie er sich insbesondere in den vergangenen beiden Jahrzehnten vollzogen hat, erläutert. Der nächste Teil setzt sich unter dem Gesichtspunkt der Janusköpfigkeit des Patentschutzes mit den inhärenten Spannungsverhältnissen und Zielkonflikten sowohl der Theorien wie auch der Praxis des Patentschutzes auseinander, wobei auch einige weitere Theorien einfließen. Diese münden am Ende in das Ergebnis, dass es einer Neubegründung des Sozialvertrags bedarf, der dem Patentrecht zugrunde liegt.

Zur Nomenklatur bleibt vorab anzumerken, dass unter dem Sammelbegriff »Immaterialgüterrechte« die gewerblichen Schutzrechte und das Urheberrecht zusammengefasst werden. Patente zählen zu den gewerblichen Schutzrechten, worunter zudem Marken, Gebrauchs- und Geschmacksmuster, Sortenschutz und andere verwandte Schutzrechte gefasst werden.

1. Zur Geschichte des Patentrechts

Die Geschichte von Patenten[1] reicht zurück bis ins europäische Mittelalter, als Herrscher Privilegien, etwa für Handelsmonopole auf Nahrungsmittel und andere Waren, vergaben und damit Anhänger begünstigten oder dies als Einnahmequelle nutzten. Erste individuelle Erfinderpatente zur Förderung von Handwerk und Gewerbe datieren in der Renaissance. 1416 wurde von der Republik Venedig das erste Erfinderpatent ausgestellt, 1447 das venezianische Patentgesetz erlassen. Bis Ende des 18. Jahrhunderts wurden auch in England (Statute of Monopolies, 1623), Frankreich (1791) und den USA (1790) Patente auf Erfindungen erteilt und gesetzlich verankert (Kurz 2000). Dabei blieb die Gewährung von monopolartigen Privilegien jedoch »eine politisch verstandene Handlung. Patentrechte waren immer noch Privilegien seitens des Staates, nicht Ansprüche des Erfinders« (Hutter 1989: 77).

Im 19. Jahrhundert erfolgte die systematische Grundlegung des Patentrechts und der Patentgesetzgebung. In diesem Zeitraum setzten sich die grundlegenden juristischen Theorien zur Legitimation und Ausgestaltung dieses neuen Rechtstyps durch, darunter die Lehre der Immaterialgüter- und Persönlichkeitsrechte, durch welche die alte Privilegienlehre überwunden wurde.[2] Patente konnten nun als subjektive Rechte beansprucht werden, und für die Aufgabe der Registrierung und Überprüfung der Patentansprüche wurden erstmals eigene Behörden geschaffen. Der Gegenstand von Patenten bezog sich dabei vor allem auf Maschinen und die klassische Chemie. Die Einführung dieser Rechte erfolgte nicht ohne Kämpfe. Der Verabschiedung des ersten Reichspatentgesetzes von 1877 in Deutschland gingen heftige Kontroversen insbesondere über Protektionismus und Chemiepatente voraus, bei der sich die Patentbefürworter nur knapp gegen die Patentgegner durchsetzen konnten (vgl. Machlup 1961; Seckelmann 2006).

Das Patentrecht hat sich früh internationalisiert. In der Pariser Verbandsübereinkunft zum Schutz des gewerblichen Eigentums (PVÜ, 1883) wurden

1 Der Begriff »Patent« selbst ist abgeleitet vom lateinischen *littera patens*, damit sind offene, unversiegelte Briefe bzw. Urkunden gemeint. Als terminus technicus wurde er in England für königliche Erlasse, die dem Träger bestimmte Rechte gewährten, verwendet. Zur Geschichte des Patentrechts siehe: May/Sell 2005; Kurz 2000.

2 Die gewerblichen Schutzrechte und das Urheberrecht in ihren heutigen Grundstrukturen und -problemen sind im Wesentlichen im 19. Jahrhundert entstanden. In diesem Zeitraum wurden auch in Deutschland die entscheidenden Reichsgesetze verabschiedet, unter anderem das Urhebergesetz von 1870/1871, das Markenschutzgesetz von 1874, das Kunsturhebergesetz von 1876, das Gesetz betreffend den Schutz der Photographien gegen unbefugte Nachbildung von 1876, das Gesetz zum Urheberrecht an Mustern und Modellen von 1876, das Patentgesetz von 1877, das Patentgesetz von 1891, das Gebrauchsmustergesetz von 1891, das Warenzeichengesetz von 1894 und das Gesetz zur Bekämpfung des unlauteren Wettbewerbs von 1896 (vgl. Kurz 2000).

ausländische Patentinhaber den inländischen in ihren Rechten gleichgestellt. Ein weiterer Internationalisierungsschub vollzog sich mit dem Übereinkommen zur Errichtung der Weltorganisation für geistiges Eigentum (WIPO, World Intellectual Property Organization) 1967 unter UN-Ägide. Im Rahmen der Welthandelsorganisation WTO wurden mit dem Übereinkommen über handelsbezogene Aspekte der Rechte des geistigen Eigentums (Agreement on Trade-Related Aspects of Intellectual Property Rights, TRIPs, 1994) hohe, völkerrechtlich verbindliche Mindestschutzstandards festgeschrieben (Drahos/Braithwaite 2002; Sell 2003). Gleichwohl bleiben Patentrechte weiterhin territorial gebunden und sind damit auf den Geltungsbereich der jeweiligen Jurisdiktion beschränkt. Es besteht zwar die Möglichkeit, im Rahmen des von der WIPO verwalteten Patent Cooperation Treaty (PCT, 1970) mit einem einzigen Verfahren Patentschutz in einem oder mehreren der mittlerweile 142 Vertragsstaaten[3] anzumelden sowie eine internationale Recherche und vorläufige Prüfung durchführen zu lassen. Dennoch verleiht das PCT-Verfahren kein Weltpatent, denn nach dem Ende der PCT-Phase (spätestens nach 30 Monaten) zerfällt die internationale Anmeldung in nationale Anmeldungen und es werden von den nationalen bzw. regionalen Patentämtern nach Prüfung Patente für die benannten nationalen Jurisdiktionen erteilt (Artelsmair 2003).

Maßgeblich für die Diskussion um die EU-Biopatentrichtlinie sind drei Patentrechtsebenen: Auf nationaler Ebene sind dies die jeweiligen nationalen Patentgesetze. Auf supranationaler Ebene betrifft dies das Europäische Patentübereinkommen (EPÜ), welches 1973 als völkerrechtlicher Vertrag zwischen einer Reihe von westeuropäischen Staaten abgeschlossen wurde und Arbeits- und Rechtsgrundlage des Europäischen Patentamtes (EPA) bildet (vgl. Kap. I.D). Internationale Patentübereinkünfte sind vor allem das bereits genannte TRIPs-Abkommen (Trade Related Intellectual Property Rights) sowie der Patent Cooperation Treaty (PCT). Diese rechtlichen Vereinbarungen müssen miteinander abgestimmt werden, was auch bei europäischen Gesetzgebungsprozessen zu beachten ist.

2. Das Europäische Patentrecht nach dem Europäischen Patentübereinkommen

Die Grundzüge der Kriterien, die nach dem Europäischen Patentübereinkommen (EPÜ) erfüllt sein müssen, um eine Patentvergabe möglich zu machen, können folgendermaßen zusammengefasst werden:

3 Stand: Januar 2010.

Patente werden erteilt auf Erfindungen auf allen Gebieten der Technik. Die Erfindung muss am Anmeldetag neu sein, das heißt der Öffentlichkeit noch nicht bekannt bzw. offenbart worden sein, nicht zum Stand der Technik gehören und sich auch nicht für Experten im Fach offenkundig ergeben (sog. »Erfindungshöhe« oder *inventive step*). Außerdem muss die Erfindung gewerblich anwendbar sein.[4] Patente beinhalten das Prinzip des »*the winner takes it all*«: Der Erstanmelder kann, sofern die Erfindung nicht durch schriftliche oder mündliche Beschreibung, durch reine Benutzung oder in sonstiger Weise irgendwo auf der Welt öffentlich zugänglich gemacht worden ist, durch den Prioritätstag (Tag der Patentanmeldung) den gesamten Patentschutz für seine Erfindung beanspruchen; für Parallelerfinder, welche dieselbe Erfindung gemacht, diese aber später angemeldet haben, entfaltet sich demnach eine Sperrwirkung.[5] Der Schutzumfang des Patents wird von den Patentansprüchen bestimmt und in der Patentschrift niedergelegt.[6] Die Patentansprüche müssen ausreichend offenbart und durch die Beschreibung der Erfindung gestützt sein (Benkard 2002). Die genannten Kriterien bilden in der Praxis keine scharf voneinander abgetrennten Tatbestände, sondern sind wie in einem System »kommunizierender Röhren« (Godt 2007: 132, 655) miteinander verbunden.

---

4 Im US-amerikanischen Patentrecht lautet die Trias der entsprechenden Patentierungskriterien: *novelty, non-obviousness, utility*. Während in Europa das Neuheitskriterium anhand des Anmeldedatums bestimmt wird (*first to file* – Grundsatz), gilt in den USA das *first to invent*-Prinzip beim Prioritätsdatum, wonach der Ersterfinder diesen Anspruch auf den Erfindungstag durch Laborprotokolle etc. nachweisen muss. In den USA und in Japan gibt es zudem im Unterschied zu Europa eine *grace period* (Neuheitsschonfrist), wonach innerhalb eines bestimmten Zeitraumes (6 oder 12 Monate) eine Patentanmeldung gewährt werden kann, obwohl die Erfindung zuvor durch den Erfinder oder Patentanmelder veröffentlicht worden ist. Wird die Patentanmeldung innerhalb dieser Neuheitsschonfrist vorgenommen, gilt die vorherige Veröffentlichung nicht als neuheitsschädlich.

5 In den USA gilt für allein beim USPTO angemeldete Patente im Gegensatz zu Europa, dass die Quellen im Ausland schriftlich verfasst sein müssen, um neuheitsschädliche Wirkung entfalten zu können.

6 Die Beschreibung in der Patentschrift ist zur Auslegung des Schutzumfangs mit heranzuziehen. Nach gängiger Patentrechtsdogmatik ist der Schutzbereich eines Patents eine Frage, die auf der so genannten Rechtsfolgenseite angesiedelt ist. Demnach wird der Schutzbereich nur im Verletzungsfall geprüft und zwar vom Verletzungsrichter. Insofern schieben insbesondere EPA-Patentprüfer die Frage des Schutzumfangs gerne von sich, unter Verweis darauf, dass sie mit der Rechtsfolgenseite nichts zu tun hätten, sondern diese dem nationalen Recht und den Gerichten obläge. Es bleibt jedoch darauf hinzuweisen, dass die Erteilungsbehörden mit dem Schutzbercich insofern zu tun haben, als sie mit der Festlegung der Patentansprüche im Dialog mit dem Anmelder den Gegenstand des Patents (subject matter) auf der Tatbestandsebene definieren. Jede Handlung Dritter, die im Wortsinn-Bereich des Anspruchs anzusiedeln ist, ist durch das Patent untersagt und stellt eine einfache und klare Patentverletzung dar. Lediglich im Randbereich des Patents kann es demnach Unklarheiten geben, die später von den Verletzungsgerichten, und zwar nur den konkreten Einzelfall betreffend, gelöst werden.

Ein Patent ist ein Ausschließlichkeitsrecht: Es gewährt seinem Inhaber für eine Laufzeit von maximal 20 Jahren[7] das alleinige Verwertungsrecht gegenüber Dritten. Dieses Recht kann auf andere übertragen oder seine Nutzung zum Gegenstand von Lizenzen gemacht werden. Das Patent verleiht dem Patentinhaber somit eine zeitlich befristete Exklusivität oder Monopolstellung. Der Patentinhaber ist zur Offenbarung seiner Erfindung verpflichtet und stellt dieses Wissen damit der Allgemeinheit zur Verfügung. Nach 18 Monaten veröffentlicht das Patentamt die Patentanmeldung in der Offenlegungsschrift. Patente gewähren keine Eigentumsrechte im sachenrechtlichen Sinne. Sie verleihen auch keine positiven Benutzungs- oder Verwertungsrechte, sondern lediglich ein Untersagungsrecht gegenüber Dritten. Ob die Erfindung verwertet werden darf, ist von den national geltenden Gesetzen (z.B. Strafrecht, Umweltrecht) abhängig. Außerdem vermittelt ein Patent auch deshalb nicht ein positives Benutzungsrecht, sofern ältere Patente existieren können, die einen weiteren Schutzumfang haben und damit eine schutzrechtliche Abhängigkeit von diesem Patentinhaber implizieren.

Man unterscheidet grundsätzlich zwischen zwei verschiedenen Kategorien von Patentschutz: *Verfahrenspatente* sind Rechtsansprüche, die sich auf ein technisches Verfahren beziehen, sowie das exakt mit diesem Verfahren hergestellte Erzeugnis. Nicht erfasst werden damit ähnliche oder identische Erzeugnisse, die mit einem veränderten Verfahren hergestellt wurden. Zu den Verfahrenspatenten werden auch die sogenannten Verwendungspatente gerechnet, beispielsweise die Verwendung eines chemischen Stoffes als Pflanzenschutz- oder als Arzneimittel. Bei *Produktpatenten* umfasst der Gegenstand des Patentschutzes die mittels einer erfinderischen Leistung hergestellte Sache, Vorrichtung oder das Erzeugnis. Eine Unterform davon bildet der so genannte Stoffschutz, der sich auf eine chemische oder biologische Substanz selbst bezieht, welche Gegenstand oder Ausgangspunkt der Erfindung ist. Schutzrechtlich gesehen ist der Produktschutz stärker als der Verfahrensschutz. Der Stoffschutz verleiht starke und weitreichende Ansprüche, da er alle auf den Stoff bezogenen Herstellungsverfahren umfasst sowie, sofern eine einzige Anwendung genannt wird, auch alle möglichen anderen Funktionen und Anwendungsfelder einer Substanz, inklusive solche, die dem Patentinhaber zum Zeitpunkt der Anmeldung nicht bekannt waren (so genannter absoluter Stoffschutz) (Kraßer 2004).

Auf die Grenzen der Patentierbarkeit nach dem Europäischen Patentübereinkommen wird in Kap. I.F eingegangen, erwähnt seien an dieser Stelle ledig-

7 Bei Patenten für Erfindungen, die Arzneimittel oder Pflanzenschutzmittel betreffen, kann nach zwei EU Verordnungen aufgrund der langen Dauer der Zulassungsverfahren durch ein Ergänzendes Schutzzertifikat der Schutz um maximal fünf Jahre verlängert werden, bei Kinderarzneimitteln noch um eine weiteres halbes Jahr (vgl. Thomsen 2000). Schutzzertifikate werden nur von den nationalen Patentämtern erteilt.

lich die in Artikel 52 niedergelegten Grenzen der Patentfähigkeit, insbesondere der Patentausschluss für Entdeckungen und wissenschaftliche Theorien, sowie die sogenannte Ordre Public Klausel, wonach kein Patentschutz für Erfindungen erteilt werden kann, deren Veröffentlichung oder Verwertung gegen die öffentliche Ordnung oder die guten Sitten verstoßen würde (Art. 53 (a), EPÜ).[8]

Zu den Schranken des europäischen Patentrechts[9] zählt das *Forschungsprivileg* (§11 PatG), das Forschungen *an* der Erfindung zu Versuchszwecken, die der Erforschung der Funktionsweise und Weiterentwicklung einer geschützten Erfindung dienen, freistellt; nicht unter das Versuchsprivileg fallen jedoch Forschungen *mit* der Erfindung als Mittel zur Erlangung von Kenntnissen auf einem anderen Gebiet.[10] Eine weitere immanente Schranke des Patentrechts bildet die *Zwangslizenz* (§ 24 PatG), mittels derer unter bestimmten Bedingungen ohne oder gegen den Willen des Patentinhabers gerichtlich die Befugnis zu einer bestimmten Patentnutzung gegen eine Vergütung eingeräumt wird. In Deutschland ist allerdings bislang kein Fall der letztlichen rechtskräftigen Erteilung einer Zwangslizenz bekannt geworden.

Zur Auslegung und Anwendung der Kriterien, Regeln und Ausnahmen des Patentschutzes hat sich eine hoch ausdifferenzierte und komplexe Patentrechtsdogmatik entwickelt, die in den einzelnen nationalen Rechtskulturen jeweils eigene Traditionen und Variationen aufweist und von Patentjuristen[11] als Spezialdomäne verwaltet wird.

3. Legitimations- und Wirkungstheorien des Patentrechts

Das Patentrecht ist ein Mittel marktwirtschaftlicher Gesellschaften zur Einhegung der Zukunft. Es soll die Ungewissheiten und das Risiko des Scheiterns

8 Die Angabe der EPÜ-Artikel wird in dieser Arbeit grundsätzlich nach dem EPÜ von 1973 aufgeführt, da auch alle Bezugnahmen in den Gesetzgebungsverfahren auf dieser Version basieren. Die Veränderungen durch die EPÜ Revision aus dem Jahr 2000, welches am 13. Dezember 2007 in Kraft trat, sind unter http://transpatent.com/archiv/461epue/epue.html nachzuvollziehen, inklusive einer Konkordanzliste. Bezugnahmen auf EPÜ 2000 sind eigens gekennzeichnet.

9 Forschungslizenz und Zwangslizenz sind nicht im EPÜ geregelt, sondern obliegen der nationalen Gesetzgebung und Rechtsprechung, da sie die Wirkungen eines Patents betreffen, das EPÜ aber nur die Erteilung regelt.

10 Siehe die BGH-Urteile »Klinische Versuche I und II« (in GRUR 1996: 109 und in Mitteilungen der Dt. Patentanwälte 1997: 253), sowie die BVerfG-Entscheidung »Klinische Versuche« (in: GRUR 2001: 43).

11 Der Begriff »Patentjuristen« soll umfassen: Patentanwälte und Prüfer in den Patentämtern sowie Rechtsanwälte und Richter, die im Patentbereich tätig sind. Siehe dazu ausführlich Kap. I.E. zur epistemischen Gemeinschaft des Patentrechts.

von Inventionen, Innovationen und den damit verbundenen Investitionen zähmen. Generell ist das Patentrecht also vor allem auf die Zukunft und die »Schaffung des Unvorhergesehenen« (Hutter 1989: 82) hin angelegt: Patentschutz bezieht sich »auf die Knappheit der Ressourcen und Kapitalgüter, die zur Herstellung zukünftiger Information nötig sind« (ebenda) und auf die Investition von Zeit, Geld und Kapital zur Entwicklung neuer Erfindungen bzw. Technologien. Patentrechte sollen die »Bewältigung bisher unüberwindbarer Unsicherheit ermöglichen« (Hutter 1989: 83).

Das Patentrecht hat eine wirtschafts- und forschungspolitische Dimension, insofern als es sich um »ermöglichendes« (Black 1998) oder »technikfreisetzendes« (Winter 1986; 1992) Recht handelt. Die übergeordnete Zweckbestimmung des Patentrechts liegt in der »Förderung der technischen, wirtschaftlichen und sozialen Entwicklung« (Kunczik 2003: 848). Es steht somit in einem Zusammenhang mit staatlicher Innovations- und Wirtschaftsförderung und mit technologiepolitischer Governance. Dies ist auch in der deutschen höchstrichterlichen Rechtsprechung anerkannt. Demnach ist es der »Zweck des Patentrechts, den technischen Fortschritt zu fördern und den Erfindergeist für das Gewerbe in nutzbringender Weise anzuregen« (BVerfG 2001: 44). Ebenso bestätigt das Bundesverfassungsgericht die Schranken des Patentrechts, als »ein uneingeschränkter Schutz des Patents mit Rücksicht auf die Grundsätze der Freiheit der Forschung und die Sozialbindung des Eigentums dort nicht gerechtfertigt sei, wo die Weiterentwicklung der Technik gehindert werde« (BVerfG2001: 44)[12].

Implizit ist in das Patentrecht ein technischer Fortschrittsoptimismus eingelassen, der sich nicht nur auf Technik und Wirtschaft, sondern auch auf das Soziale bezieht: Technische Innovation gilt als Auslöser für sozio-ökonomische Entwicklung, und die Entwicklung von Innovationen gilt dementsprechend als förderungswürdig. Inzwischen gibt es zahlreiche Ansätze, die diesen Wirkungszusammenhang problematisieren und unter anderem auf die Ambivalenzen von Technikentwicklung (vgl. Teusch 2006) und die Bedeutung sozialer Innovationen hinweisen (Ostrom 1990), was jedoch nicht Gegenstand dieser Arbeit ist.

In funktionalistischer Hinsicht gehe ich zunächst grundlegend davon aus, dass Patentschutz als Rechtsform eine technische Lehre bzw. ein geistiges Produkt in ein verkehrsfähiges Immaterialgut verwandelt, das somit lizenziert und gehandelt werden kann (Kraßer 2004: 49). Aus polit-ökonomischer Sicht bewirkt die Kommodifizierungs- und Exklusivierungsfunktion des Patentrechts eine künstliche Verknappung von Wissensgütern und macht diese damit überhaupt erst handels- und marktfähig (May/Sell 2005). Gleichzeitig jedoch macht

12 Die Zitate sind entnommen aus dem Beschluß des BVerfG betreffend die BGH-Rechtsprechung Klinische Versuche, vom 10.05.2000 – 1 BvR 1864/95.

das Patentrecht technisches Wissen in der Patentschrift öffentlich zugänglich und trägt somit zu seiner Verbreitung bei.[13]

Im Folgenden werden die wichtigsten juristischen und ökonomischen Patentrechts-Theorien skizziert und dabei auf einige Widersprüche bei ihren Wirkungsannahmen, sowie auf weitere Inkonsistenzen und Zielkonflikte hingewiesen.

4. Die klassischen juristischen Patentrechtstheorien

Die klassischen Patentrechtstheorien, die zum Kanon jedes juristischen Lehrbuchs gehören[14] (vgl. Kraßer 2004: 34ff; Osterrieth 2004: 4–6), rechtfertigen die Gewährung zeitlich befristeter und territorial begrenzter Ausschlussrechte mit folgenden vier – sich nicht gegenseitig ausschließenden – Ansätzen:

1) *Naturrechts- oder Eigentumstheorie*: Hier wird die Auffassung vertreten, jede geistige Schöpfung sei von Natur aus geistiges Eigentum des Menschen, der sie hervorgebracht habe. Eine Erfindung ohne dessen Erlaubnis zu verwenden, sei deshalb »geistiger Diebstahl«.
2) *Belohnungstheorie*: Demnach sei es ein Gebot der Gerechtigkeit, Erfinder für ihr gesellschaftlich nützliches Tun als »Lehrer der Nation« und für die Vermehrung technischen Wissens und die allgemeine Bedürfnisbefriedigung zu belohnen.
3) *Anreiz- oder Ansporntheorie*: Sie beruft sich auf das Allgemeininteresse am technischen Fortschritt und geht davon aus, dass die Erfindungs-, Investitions- und Innovationstätigkeit durch Patente angespornt werden kann. Implizit wird dabei die Annahme vertreten, dass Erfindungen nur bei entsprechender Ertragssicherung zustande kämen.
4) *Offenbarungs- bzw. Vertragstheorie*: Patentschutz wird nur gewährt, wenn in der Patentschrift das neue technische Wissen der Allgemeinheit zugänglich gemacht wird. Das Ausschlussrecht an der Erfindung wird dieser Auffassung zufolge als eine Art Gegenleistung für den Verzicht des Erfinders auf Geheimhaltung (Vertragstheorie) gewährt.

---

13 »the economic function of IPRs was to make markets possible where previously there existed a risk of market failure due to the public good nature of intangible creations. Exclusive rights make embodiments of intangible public goods artificially appropriable, create markets for those embodiments, and make it possible to exchange payment for access to these creations« (Reichman 2003: 297).

14 Es bleibt darauf hinzuweisen, dass diese klassischen Theorien nicht von Juristen ausgearbeitet wurden, sondern ihre erstmalige Ausformulierung von Fritz Machlup (1961), einem Ökonomen, stammt. Sie sollen hier jedoch als »juristische Patentrechtstheorien« aufgeführt werden, weil sie seither vom juristischen Diskurs adaptiert wurden.

Während die Naturrechts-/Eigentumstheorie und die Belohnungstheorie stärker individualrechtlich auf den Erfinderschutz hin orientiert sind, beziehen sich die Ansporn- und Offenbarungstheorien stärker auf das Verhältnis zwischen Erfinder und Allgemeinheit, sie sind daher eher relational und vertragsrechtlich angelegt.[15] Entsprechend verortet Resnik aus philosophisch-ethischer Perspektive die Naturrechts- und Belohnungstheorie als libertäre, die Ansporn- und Offenbarungstheorie als utilitaristische Ansätze (Resnik 2003: 322).[16] Bei allen vieren handelt es sich in erster Linie um Rechtfertigungslehren, die dazu dienen, eine historisch entstandene Institution zu wahren.[17] Bis auf die Ansporntheorie gelten alle diese Theorien mittlerweile als angefochten oder gar widerlegt[18]; sie bilden dennoch weiterhin eine stete Referenzquelle, insbesondere in der juristischen Disziplin.

Ein weiteres Defizit liegt darin, dass die ihnen inhärenten Prämissen über die Wirkungen des Patentsystems kaum empirisch überprüft sind, sondern vielmehr auf ungesicherten und theoretisch unterkomplexen Annahmen über das Verhalten von Akteuren beruhen[19] (vgl. Andersen/Konzelmann 2008):

---

15 Die verschiedenen Rechtfertigungstheorien sind auch auf unterschiedliche Adressaten bezogen, was in der Literatur leider kaum je explizit zum Ausdruck kommt. Naturrechts- und Belohnungstheorie beziehen sich eher auf den Erfinder als Person, während die Anreiz- und vor allem die Vertragstheorie sich eher auf den Anmelder beziehen, der oft ein Unternehmen, also eine juristische Person ist. Die Interessen, Möglichkeiten und Bedürfnisse von Erfindern und Eigentümern/Anmeldern können durchaus sehr unterschiedlich sein. Schon aus rechtsdogmatischen Gründen müsste hier stärker unterschieden werden.

16 Resnik (2003) führt daneben noch hegelianisch inspirierte Konzepte des »Selbstausdrucks«, *privacy*-Theorien sowie egalitäre Ansätze auf und spricht sich selbst für einen pluralistischen Mix aus.

17 Dem Patenthistoriker Peter Kurz (2000) zufolge zeigen historische Untersuchungen auf, dass diese Theorien »niemals die Treibfeder des Patentschutzes als solchem waren. Vielmehr standen hinter den Gesetzen und Normen des gewerblichen Rechtsschutzes (auch schon in der unkodifizierten Zeit) immer äußerst handfeste wirtschaftliche Interessen; die Theorien, die die jeweiligen Regelungen juristisch abstützten, wurden immer erst im Nachhinein entwickelt.« (Kurz 2000: 577). Auf nationaler Ebene diente ein starker Patentschutz fortgeschrittenen Staaten zum Schutz der eigenen Industrie, während für technologisch schwache Staaten kein oder nur schwacher Patentschutz vorteilhafter sei (Kurz 2000: 578).

18 »Es zeigt sich, dass einzig die Ansporntheorie als Legitimationsbasis für das moderne Patentrechtssystem unbestritten ist. Sie ist die maßgebliche Rechtfertigung des Patentrechts.« Die anderen drei Theorien »lassen sich somit im Lichte der wirtschaftlichen Realität nicht aufrechterhalten« (Kunczik 2003: 848). Vgl. ebenso Peifer (2003: 446).

19 Die empirische Sicherung solcher Annahmen ist methodisch äußerst schwierig, denn es müsste nicht nur nachgewiesen werden, dass Akteure allein wegen der Anreizfunktion von Patenten gewisse Erfindungen getätigt haben, sondern auch, dass diese Erfindungen ohne Patentschutz nicht gemacht worden wären. Generell handelt es sich hinsichtlich des Patentrechts bei der Rechtswissenschaft eher um eine logisch (und dogmatisch) argumentierende Disziplin, hingegen bei der patentrechtsbezogenen Ökonomie – trotz aller Modellhaftigkeit – um ein viel stärker empirisch arbeitendes Fach, sofern man von den vor allem mathematischen Ansätzen absieht.

»Die Industrieökonomik bemüht sich seit Jahrzehnten mit unübersichtlichem Erfolg, den Einfluss des Patentsystems auf den technologischen Fortschritt und die Innovation als Kausalfaktor zu isolieren und gegebenenfalls zu gewichten.« (Ullrich 2001a: 112f). Im Folgenden sollen einige der zahlreichen Einwände aufgezeigt werden.[20]

Die *Naturrechtslehre* galt lange als diskreditiert, insbesondere weil sie historisch betrachtet ein bloßes semantisches Relikt der französischen Revolution darstellt, welche damals durch die neue Rede von »natürlichen geistigen Eigentumsrechten« die feudale Tradition des Monopolrechts und die Konnotation der Willkür des absolutistischen Privilegiensystems abstreifen wollte (Machlup 1961: 378, Kurz 2000). Umstritten war und blieb, ob intangible »Gegenstände«, also Ideen, Wissen, Informationen überhaupt eigentumsfähig sein könnten und sollten und – sofern man dies bejahte – warum dieses Recht dann zeitlich zu befristen wäre oder nur dem Ersterfinder respektive Anmelder zuteil würde, nicht aber unabhängigen Parallelerfindern (Bauer 1993: 110).

In der philosophischen Diskussion erlangte die Naturrechtslehre unter Bezug auf die Locke'sche Arbeitswertlehre insbesondere im angelsächsischen Raum geradezu »totemischen Charakter« (Drahos 1996: 41; vgl. Eissler 2004). In Kontinentaleuropa hingegen dominieren mit Bezugnahmen auf Kant (vgl. Eimer 2006) oder Hegel (Drahos 1996) skeptischere und abwägende Positionen zum Patentrecht, welche nicht nur die Rechte, sondern auch die Verantwortungspflichten des Patentinhabers und den notwendigen Ausgleich zur Gesellschaft betonen und damit die Sozialbindung des Eigentums (Leinemann 1998) stark machen oder die Sozialvertragsidee akzentuieren, worauf am Schluss dieses Kapitels wieder Bezug genommen wird (vgl. BVerfG 2001).[21]

Widersprüchlich bleibt allerdings bereits unter der Bezugnahme auf Locke, ob eigentlich die investierte geistige Leistung belohnt werden soll oder vielmehr die geniale Idee: »Patentiert wird nämlich nicht die vom Anmelder aufgewandte Mühe, sondern das Ergebnis, selbst wenn es ihm in den Schoß gefallen sein

20 Ausführlich zur Darstellung und Kritik der klassischen Patentrechtstheorien siehe: Kraßer (2004: 34–49); Bauer (1993: 109–144); Godt (2007: 515–525); Pernicka (2001: 71–80); Hilken (1989).

21 Die Rechtsprechung des BVerfG erkennt das Patentrecht als Eigentum im Sinne von Art. 14 I 1 GG an, im Sinne einer »grundsätzliche[n] Zuordnung des vermögenswerten Ergebnisses der schöpferischen Leistung an den Patentinhaber im Wege privatrechtlicher Normierung und seine Freiheit, in eigener Verantwortung darüber verfügen zu können. Das macht den grundgesetzlich geschützten Kern des Patentrechts aus.« Gleichzeitig betont das BVerfG die vom Gesetzgeber gezogenen Schranken des Patentrechts, wonach »der Gesetzgeber nicht nur die Individualbelange zu sichern hat, sondern ihm auch aufgetragen ist, den individuellen Berechtigungen und Befugnissen die im Interesse des Gemeinwohls erforderlichen Grenzen zu ziehen; er muss den Bereich des Einzelnen und die Belange der Allgemeinheit in einen gerechten Ausgleich bringen« (BVerfG – Klinische Versuche, in: GRUR 2001: 44).

sollte« stellte der deutsche Bundesgerichtshof hierzu fest.[22] Zudem betont das Patentrecht den *technischen* Charakter einer Erfindung; es muss angemeldet und von staatlichen Behörden erteilt werden, im Gegensatz zum Urheberrecht, das der theoretischen Lehre nach bereits mit dem Schöpfungsakt selbst eintritt. Selbst das Urheberrecht stellt aber *Ideen* gemeinfrei und schützt persönlichkeits- und vermögensrechtlich allein ihren individuellen *Ausdruck*.[23]

Der Haupteinwand gegen die Naturrechtslehre lautet, dass es sich beim Patentschutz nicht um eine erkennbare und verbindliche vor- oder überpositive Norm handelt, sondern das Patentrecht an einen positiven, öffentlich-rechtlichen Rechtsakt gebunden ist, mit dem das Recht geschöpft wird (vgl. Kraßer 2004: 35). Die Annahme natürlicher, der Rechtsetzung vorgängiger Rechte »beruhe auf einem unzulässigen Schluß vom Sein auf das Sollen und entziehe die betreffenden Rechte dem politischen Diskurs und dem demokratischen Rechtssetzungsverfahren« (Ohly 2003a: 548). Unter anderem durch den angelsächsischen, generischen Begriff der »geistigen Eigentumsrechte« (*Intellectual Property Rights*), der durch die internationale Dominanz des Englischen allmählich auch andere Sprachen und tradierte Patentkulturen durchdringt, in denen dieser Begriff lange verpönt war (vgl. Leinemann 1998: 25, Ohly 2003a;), erleben wir augenblicklich allerdings eine gewisse Renaissance der Naturrechtslehre (vgl. kritisch: May 2005, Eissler 2004).[24] Die Naturrechtstheorie verdeckt somit

22 BGH in »Naturstoffe«, in: GRUR (1978: 238), hier zitiert nach van Raden/von Renesse (2002: 398, FN 45). Ebenso: »Ob eine Erfindung Ergebnis einer jahrelangen Forschung ist oder sich als geniale Eingebung eines Moments ergibt, ist für die Beurteilung der erfinderischen Tätigkeit ohne Belang. Ein Glückstreffer, eine Zufallserfindung kann patentrechtlich eine erfinderische Tätigkeit darstellen. Entscheidend ist allein das Resultat« (Osterrieth 2004: 199).

23 Für das Urheberrecht ist die Unterscheidung zwischen *idea versus expression* konstitutiv, wobei die Idee als solche nicht schutzfähig ist, während ihr Ausdruck schutzfähig sein kann. Selbst im Urheberrecht gibt es daher einen Bereich der Public Domain, der nicht privateigentumsrechtlich eingehegt werden kann und soll (vgl. Ahrens 2002). Dieser dient auch dazu, die Zugangsinteressen der Allgemeinheit zu wahren.

24 Ein weiterer kritischer Einwand betrifft das Subjekt des vorgeblichen Menschenrechts auf Erfindungsschutz, wobei nicht umstandslos von Menschen auf juristische Personen geschlossen werden dürfe. An dieser Stelle bedürfte es freilich der noch stärkeren Reflexion des Verhältnisses zwischen Erfinder und Eigentümer, die beide jeweils in der Patentschrift aufgeführt werden, aber nicht identisch sein müssen. May vermerkt dazu kritisch: »This erroneous depiction of commercial rights to profit with *human rights* leads to an over emphasis on the protection of IPRs related to others' rights. While human rights may be *natural* rights accorded to persons with no qualification, commercial actors are legal entities subject to legal definition and limitation. Thus, their commercial character, alongside the demands they make on others regarding the limitation of behaviour (frequently IPRs involve halting ›infringing‹ behaviour, not *allowing* owners' ›freedoms‹), means IPRs are unlike human, or natural, rights. They are rights to constrain others' actions often enjoyed by corporations. The inaccurate presentation of IPRs as natural or human rights underpins a strident (almost absolutist) claim as regards the importance of rights holders' interests and fails to fully recognise that too often important

den Charakter des Patentrechts als hoheitlichem Recht, das wirtschafts- und innovationspolitische Funktionen hat (vgl. Winter 1992).

Die *Belohnungstheorie* wiederum stützt sich auf bestimmte Gerechtigkeitsvorstellungen, wonach dem Erfinder für das öffentliche Zur-Verfügung-Stellen seiner Innovation ein exklusives und monetarisierbares Recht zuteil werden soll. Fraglich bleibt dabei unter anderem, warum nur technische Inventionen, nicht aber andere geistige Leistungen und soziale Innovationen, die mindestens ebenso belohnungswürdig scheinen, aneignungsfähig sind und pekuniär vergütet werden. Selbst wenn man eine Erfinderbelohnung grundsätzlich bejaht, ist damit der Patentschutz noch nicht als das probate Mittel anerkannt, denn auch mit Reputation verbundene Ehrungen, Preisauszeichnungs-Systeme oder andere Vergütungsansprüche könnten diesen Zweck erfüllen. Die patentrechtliche Spielregel, welche die Höhe der Vergütung über den Markt, durch Exklusivität oder Lizenzeinnahmen steuert[25], ist weder zwangsläufig effizient noch unbedingt »gerecht« im Sinne einer dem volkswirtschaftlichen oder gesellschaftlichen Nutzen angemessenen, verhältnismäßigen Entlohnung (vgl. Kraßer 2004: 37, Bauer 1993).[26]

Die *Anreiztheorie*, die im Fachdiskurs weitgehend anerkannt bleibt, basiert vor allem darauf, dass Menschen vermittels extrinsischer Anreize – zeitlich befristete Exklusivität und Gewinnaussicht – dazu veranlasst werden, Erfindungen zu tätigen. Die Anreiztheorie beruht weitgehend auf dem Modell des homo oeconomicus. Hingegen ist aber gleichwohl gültig, dass intrinsische und individuelle Motive wie etwa Neugierde und Entdeckungsfreude, soziale Austauschmotive wie Reputation in einer Expertengemeinschaft sowie soziale Motive wie etwa der Wunsch danach, einen Beitrag für die Allgemeinheit zu schaffen, ausschlaggebend für das Entstehen einer Erfindung sein können. Daher ist das Anreizmodell zwar eine Variable, die aber weder zwangsläufig notwendig noch

---

other interests are compromised by the enforcement of IPRs. Historically, IPRs have always been policy-derived legal interventions, meant to serve a specific purpose« (May 2005).

25 Die Idee eines »gerechten Lohns« durch Patentschutz basiert aber darauf, dass mittels des Ausschlussrechtes der Erfinder in die Lage versetzt werden soll, durch Verknappung der aufgrund seiner Idee entstehenden Produkte den Preis herauszufinden, den diese Idee der Gesellschaft wert ist und der darum dem gesellschaftlichen Nutzen entspräche (Bauer 1993: 112).

26 Godt stellt zweierlei Grundannahmen der Theorie in Frage: »Zum einen belohnt nicht primär das Patentrecht, sondern der Markt. Zum anderen ist der Preis primär nicht durch die hohe Nachfrage nach einem wertvollen Gut bedingt, sondern umgekehrt durch die rechtlich konstruierte, künstliche Verknappung, die ausschließlich dem Anbieter zugute kommt« (2005: 497). Erfinderlohn und volkswirtschaftlicher Nutzen müssen nicht notwendigerweise korrelieren: Der Nutzen einer Erfindung ist für die Gesellschaft am größten, wenn diese möglichst frei und allgemein zur Verfügung steht. Der Erfinder hingegen erhält im Prinzip den größten Gewinn (im sog. Cournotschen Punkt), wenn er den Markt beherrschen kann und dieser suboptimal versorgt ist – zu Lasten der Allgemeinheit (Bauer 1993: 112f).

in sich hinreichend ist, um Erfindungen zu erklären und Patentschutz auf Erfindungen zu rechtfertigen.

Hinsichtlich der *Offenbarungstheorie* lässt sich zunächst feststellen, dass es prinzipiell drei Arten des Umgangs mit innovativem Wissen gibt: Geheimhaltung, sofortige Veröffentlichung oder Patentschutz. Das Urheberrecht fußt darauf, dass Ideen nur durch Publikation namentlich, also eponymisch angeeignet werden können, womit eine Idee, ein Lehrsatz oder ein anderes bedeutendes Werk mit seinem Erstautor verbunden wird.[27] Das Patentrecht hingegen baut eine seiner Rechtfertigungslehren auf der Anreizwirkung zur Offenbarung – statt der Geheimhaltung – auf. Dies gemahnt zwar an den Unterschied zwischen »technischen« und literarischen oder wissenschaftlichen Werken, gleichzeitig weist es aber auf eine der Schwächen der Offenbarungstheorie hin: Ob eine Herstellungsweise oder eine stofflich-technische Zusammensetzung überhaupt geheim gehalten werden kann, ist je nach Produkt ganz verschieden leicht oder schwer möglich. Manches ist ganz offensichtlich zu kopieren, anderes durch Re-Engineering erschließbar (Nack 2003: 368). Falls (vollkommene) Geheimhaltung überhaupt möglich ist, wird sie von Unternehmen in aller Regel gegenüber dem Patentschutz präferiert, da sie weder finanzielle Kosten aufwirft, noch zeitlich befristet ist.[28] Wie empirische Studien zudem zeigen, machen Forscher und Unternehmen von allen drei oben genannten Modi Gebrauch, oft sogar in komplementärer Weise, auch wenn die Möglichkeit des Patentschutzes besteht, denn aus strategischen Überlegungen kann sich eine andersartige Präferenz ergeben (Adrian 1996). Deshalb ist das häufig vorgebrachte Argument, »entweder Patentschutz oder es bleibt als Alternative nur die Geheimhaltung«, nicht haltbar.

Strittig bleibt zudem, ob bzw. in welchem Umfang Patentschutz überhaupt die ihm zugeschriebene Offenbarungsfunktion empirisch leistet. Zu den hohen Künsten von Patentanwälten zählt es jedenfalls, so wenig wie nur irgend möglich zu offenbaren oder sogar die »eigentlichen« technischen Kniffe in der Beschreibung zu verstecken, andererseits aber dennoch in den Ansprüchen möglichst breiten Patentschutz zu erlangen (Kunczik 2003: 847).[29] Wieweit Patentschriften zum Austausch von Wissen beitragen ist auch deshalb strittig, als

27 Eponymie, die Benennung von Gesetzen und Theorien nach ihren Entdeckern (z.B. Darwinismus, Pasteurisieren, Creutzfeld-Jakob-Krankheit, Diesel-Benzin, Ampére), verleiht höchste wissenschaftliche Anerkennung und geht mit sozialen Stratifizierungsprozessen innerhalb der Wissenschaft einher (vgl. Merton 1985a: 94; Ziman 2000: 45).

28 Paradebeispiel ist das Produkt Coca Cola, dessen weltumspannende Popularität allerdings weniger auf seine noch immer geheimgehaltene Zusammensetzung zurückgehen dürfte, sondern auf sein Marketing sowie auf das Markenrecht.

29 Cornish konstatiert dazu, dass Patentanmelder dazu tendierten, »to omit from his/her specification information that may seem incidental but is in fact useful or important to commercial success« (2000: 148).

Patentschriften von Forschern nicht häufig herangezogen werden, weil sie im Gegensatz zu wissenschaftlichen Veröffentlichungen keinem *peer review* unterzogen werden und ihre Validität deshalb fraglich ist. Die Offenbarungstheorie hat deshalb insgesamt stark an Überzeugungskraft verloren.

Zusammenfassend lässt sich festhalten, dass die Naturrechtslehre, auch wenn sie neuerdings wieder mehr Anklang findet, keine überzeugende Erklärung für den Patentschutz bietet und die Offenbarungs- und die Belohnungstheorie entweder argumentativ implausibel oder empirisch betrachtet unzutreffend sind. Auch die Ansporntheorie, die Patente als »Köder« für Erfinder (Machlup 1961: 373, 378) charakterisiert, besitzt lediglich begrenzte Überzeugungskraft, wie aus der nun folgenden Darstellung von ökonomischen Ansätzen deutlich wird.

5. Ökonomische Patentrechtstheorien und empirische Forschungen

Juristen haben sich lange Zeit mit den vier klassischen Patenttheorien begnügt. Erst durch das Aufbrechen einer »neuen« Patentkontroverse, zu welcher der Biopatent-Konflikt beigetragen hat, wurden diese Theorien destabilisiert und problematisiert. Insbesondere die »Rückkehr« der Ökonomen in die von Juristen dominierte Patentdiskussion hat neue Impulse in die patenttheoretische Auseinandersetzung gebracht.

5.1 Der public good-Charakter von Wissen und Erfindungen (Arrow, Nelson)

Wie bereits aufgezeigt, liegt die zentrale Aufgabe und Zweckbestimmung des Patentrechts in der Förderung von Innovation. Es ist das Verdienst von Ökonomen, in diesem Zusammenhang auf einige grundlegende Charakteristika von Wissen hingewiesen und es als »öffentliches Gut« gefasst zu haben, wobei diese Eigenschaften als ursächlich dafür angesehen werden, dass in auf marktwirtschaftlicher Konkurrenz basierenden Systemen Innovation keineswegs naturwüchsig und zwangsläufig ist. Eine wesentliche Grundlage für die Problematisierung der Innovationsförderung in Marktwirtschaften bildet die Theorie des *Marktversagens* für Erfindungen als öffentliche Güter, welche ganz wesentlich von den neoklassischen Ökonomen Richard Nelson (1959) und Kenneth Arrow (1962) geprägt wurde. Ihnen zufolge führt vollkommene Konkurrenz nicht zur optimalen Ressourcenallokation für Erfindungen, wofür »Unteilbarkeiten, mangelnde Aneignungsmöglichkeit und Ungewissheit« (Arrow 1970: 115) bei diesem spezifischen Gut verantwortlich seien.

Erfindungen werden hierbei als *Wissen* gefasst, welches als Wirtschaftsgut durch folgende besondere Eigenschaften charakterisiert ist:

- Es ist unteilbar[30];
- es ist in der Nutzung nicht rivalisierend, kann also von mehreren Personen, sogar gleichzeitig, genutzt werden;
- es erschöpft sich nicht durch den Konsum und
- es ist leicht zu kopieren.

Es ist zu betonen, dass diese Charakteristika keineswegs von vorneherein mit einem negativem Vorzeichen zu versehen sind. Hervorzuheben ist die raumzeitliche Ungebundenheit und die potentielle Ubiquität, denn Wissen als Immaterialgut kann parallel an vielen verschiedenen Orten genutzt werden, ohne dass dies seine Qualität einschränkt oder es sich erschöpft. Eine logische Konsequenz dieser Eigenschaften ist es, dass Wissen positive Externalitäten aufweist, da es durch seine Nutzung nicht aufgebraucht, sondern oft sogar verbessert wird. Nützliches Wissen ist demnach kumulativ und diffundiert zu geringen Kosten (Foray 2004).

Hervorgehoben wird allerdings, dass aufgrund dieser Charakteristika von Wissen als eines öffentlichen Gutes auch systemnotwendig Probleme auftreten, denn es entstehen Kosten zu seiner Produktion, wohingegen die Kosten für seine Reproduktion sehr niedrig sind. Überdies kann, so die theoretische Annahme, die Verbreitung des Wissens nicht ausgeschlossen werden, es sei denn über Geheimhaltung. Das Hauptproblem liegt deshalb darin, dass andere Akteure sich das mühsam erstellte Wissen weitgehend kostenfrei aneignen können, ohne dass sie einen Beitrag zu seiner Gestehung zu leisten haben. Zur Kennzeichnung dieser Möglichkeit der kostenlosen Appropriation des Wissens hat sich der negativ konnotierte Begriff »Trittbrettfahrertum« (*free riding*) eingebürgert.[31] Die Argumentation lautet: Wirke allein die »unsichtbare Hand des Marktes«, so bestünden keine »natürlichen Anreize«, um Unternehmen zu veranlassen, in die Schaffung von grundlegendem Wissen zu »gesellschaftlich optimalen« Bedingungen zu investieren. Gesellschaftlich erwachse daraus die Gefahr einer Unterinvestition in Forschung und Entwicklung. Um dieses Marktversagen zu beheben, so die Ökonomen, bedürfe es nicht-marktwirtschaftlicher Mechanismen. Die daraus

30 Kenneth Arrow konstatiert ein »fundamentales Paradoxon bei der Bestimmung der Nachfrage nach Information. Ihr Wert ist für den Käufer unbekannt, solange er sie nicht hat, wird er aber in die Lage versetzt, ihren Wert zu beurteilen, hat er sie im Grunde schon erlangt« (Arrow 1970: 121). Es ist nicht möglich, auf die damit assoziierten Probleme der Informationsasymmetrien im Rahmen dieser Arbeit einzugehen.

31 Vgl. kritisch zum Begriff und Konzept: Lemley 2004b.

gezogene Konsequenz ist, dass entsprechende Anreize grundsätzlich durch zwei Möglichkeiten geschaffen werden könnten, nämlich erstens die öffentliche Finanzierung und zweitens den Patentschutz.

1. Die öffentliche Finanzierung insbesondere der Grundlagenforschung stellt Arrow und Nelson zufolge das probate Mittel dar, um Grundlagenwissen als öffentliches Gut bereitzustellen. In diesem Fall wird das Wissen durch öffentliche Subventionierung für alle frei zugänglich gemacht: »Knowledge should be administered as a common pool, with free access to all who can use the knowledge.« (Nelson [1959] 2002: 164). Die Kosten für die Herstellung des öffentlichen Gutes Wissen werden aus Steuermitteln getragen, um den Erkenntnisfluss zu ermöglichen, der sozialen und technologischen Fortschritt generieren soll. Unternehmen und andere Akteure, die Innovationen schaffen, erhalten damit das grundlegende »Rohmaterial« an Wissen kostenlos oder zu geringen Preisen zur Verfügung gestellt. Wissensfortschritte werden erzielt, ohne nachträgliche Ineffizienzen durch die zeitlich befristete Exklusivierung von geistigen Eigentumsrechten in Kauf zu nehmen (vgl. Coriat/Orsi 2002).
2. Patente als temporäre Monopole schaffen eine zweite Möglichkeit, die Investitionen in die Entwicklung von neuem Wissen und Produkten zu amortisieren. Sie erlauben es, den wissenschaftlich-technischen Wettbewerbsvorsprung rechtlich zu sichern, indem sie Information, für deren Erstellung es substantieller intellektueller und ökonomischer Anstrengungen bedurfte, vor der kostenfreien Aneignung durch andere bewahren. Patentrecht als gewerblicher Rechtsschutz wird daher als ein Mittel betrachtet, das »Trittbrettfahrer«-Problem zu lösen und kollektives Handeln zu ermöglichen. Patente sollen aber, so die vorgebrachte Kautele, derart ausgelegt sein, dass sie angemessene Anreize für Erfinder und Unternehmen bieten, ohne aber gleichzeitig Markt-Ineffizienzen zu schaffen, die mit strategischem und Anti-Wettbewerbsverhalten verbunden sind (vgl. Ullrich 2005). Verbraucher zahlen demnach eine »Rente«, die den Innovatoren über Patente zuteil wird, während das Risiko von wettbewerbsgefährdenden Praktiken aufgrund der patentrechtlichen Exklusivität durch einen entsprechenden Zuschnitt der Patente minimiert werden soll.

Arrow und Nelson behandelten in ihren Schriften beide Modelle als Gegenmittel zum Marktversagen beim Hervorbringen von Innovation. Sie hielten jedoch den Patentschutz nur für die zweitbeste Lösung und sprachen sich für eine öffentlich geförderte Forschung und damit gegen den Patentschutz insbesondere in der Grundlagenforschung aus.[32] Ihre Begründung für diese normative Entscheidung bleibt wiederum auf ökonomische Gleichgewichts- bzw. Optimierungsbestrebungen hin orientiert, denn »in dem Maße, wie eine Unternehmung erfolgreich den wirtschaftlichen Wert ihrer Erfindungstätigkeit monopolisiert, [tritt] eine Unterausnutzung dieser Information – verglichen mit einer idealen Allokation« auf (Arrow 1970: 125). Der Maßstab ist daher die optimale Ausnutzung von Wissen und die volkswirtschaftlich optimale Allokation von Ressourcen zur größtmöglichen Innovationsentwicklung.

Wie in der Diskussion dieser *public good*-Theorie innerhalb der Disziplin der Ökonomie deutlich wurde, sind ökonomische Patentrechtstheorien mit verschiedenen Konzepten von Wissen sowie des Verhältnisses von Invention, Innovation und Diffusion von neuen technischen Erfindungen verbunden. Ökonomen wie Nelson und Arrow betrachteten Erfindungen als Wissen oder Information, welche leicht transferierbar und reproduzierbar sind, ohne dass dies signifikante Kosten aufwirft.[33] Demgegenüber argumentierten Vertreter einer institutionellen oder evolutionären Ökonomie (vgl. Dasgupta/David 1994), dass Wissen nicht mit Information als einer »Sache« gleichgesetzt werden dürfe, wie dies bei Arrow und Nelson angelegt sei. Statt einer produktorientierten vertreten sie deshalb eine prozessorientierte Perspektive. Sie fokussieren vor allem auf Wissen als Ergebnis eines kognitiven Prozesses sowie auf die Prozesse der Aneignung und Übertragung von Wissen. Sie heben hervor, dass zwischen kodifiziertem und implizitem Wissen unterschieden werden müsse. Dabei werde deutlich, dass Wissen eben nicht direkt von Wettbewerbern transferiert oder kopiert werden könne, wie bisher modellhaft angenommen. Vielmehr bedürfe es spezifischer Anreize, um implizites Wissen zu artikulieren, zu kodifizieren und damit in fungible Information zu verwandeln (Cowan et al. 2000).[34] Mit dieser Akzentverlagerung erfährt der von Nelson und Arrow als »zweitbeste« Lösung betrachtete Patentschutz eine Aufwertung, denn er wird als ein Mittel angesehen, implizites Wissen in explizites Wissen zu transformieren. Ein weiterer, stärker sozio-ökonomischer Ansatz konzipiert Patente als ein Mittel, Wissenschaft und Industrie »füreinander zu interessieren« (*intéressement*), um

32 Diese ökonomische Begründung der staatlichen Finanzierung von Grundlagenforschung geht ganz wesentlich auf Arrow (1962) und Nelson (1959) zurück. Vgl. zur Diskussion auch David 1995; David/Foray 1995; Salter/Martin 2001, Coriat/Orsi 2002; Mirowski/Sent 2002.

33 Arrow (1962) verwendet die Begriffe Wissen, Information und Erfindung synonym, Nelson bezieht sich vor allem auf wissenschaftliche Forschung. Vgl. ausführlich zur Diskussion verschiedener Wissenskonzepte aus soziologischer Sicht: Spinner 1994; Weber/Nagenborg/Spinner 2002.

34 Weitere dafür verwendete Begriffe sind explizites Wissen versus *tacit knowledge* oder verkörpertes (*embodied*) Wissen. Als Urheber dieser Unterscheidung gilt Polanyi ([1966] 1985).

Allianzen zwischen Laboratorien und operationalen technisch-ökonomischen Netzwerken zu schaffen (Callon 2002).[35]

Vorläufig bleibt an dieser Stelle zusammenzufassen, dass eine wichtige Legitimation sowohl für Patentschutz als auch für staatlich finanzierte Forschung sowie für andere Konzeptionen, welche die Bedeutung einer vitalen *Public Domain* in den Vordergrund stellen, in dem grundlegenden Innovationsproblem begründet ist, welches durch die Charakteristika von Wissen als »öffentlichem Gut« bedingt ist. Weiterhin ist festzuhalten, dass Patente in ganz unterschiedlicher Weise innerhalb der semantischen Oppositionen von implizitem und explizitem Wissen, zwischen privatem und öffentlichem Sektor und in Bezug auf das Verhältnis zwischen Geheimhaltung und Offenbarung verortet und konzeptionell kartiert werden können (vgl. Mirowski/Sent 2002: 49; David/Foray 1995). Mit den bisher umrissenen ökonomischen Ansätzen sind gleichzeitig bereits zwei der gegenwärtigen Hauptmotive für den Patentschutz – Investitionsschutz und Technologietransfer – benannt, auf die später noch eingegangen wird.

Als kleiner Exkurs ist an dieser Stelle aus historisch-neoinstitutionalistischer Perspektive darauf hinzuweisen, dass die Vorverlagerung des Patentschutzes in den Bereich der Grundlagenforschung weniger theoretischen Erwägungen und neuen Konzeptionen von Wissen geschuldet war, als vielmehr in erster Linie als Resultat von Umorientierungen in der US-Forschungs- und Technologiepolitik Ende der 1970er Jahre anzusehen ist.[36] Seit den 1980er Jahren setzte sich ausgehend von den USA eine neue Sichtweise durch: Öffentlich finanzierte Grundlagenforschung sollte durch den Patentschutz stärker auf die Anwendung hin ausgerichtet werden. Patente galten dabei als Vehikel für den Technologietransfer und die Umsetzung von Inventionen in Innovationen sowie die Diffusion von neuer Technologie.[37]

Ein weiteres historisches Movens für die Rekonzeptualisierung von Grundlagenforschung bildet die emergente Biotechnologie in den USA und das dort entstandene Regime ihrer Finanzierung durch Venture Kapital und später über die Technologie-Börsen, die Ausgründung von Start-up-Firmen aus Universi-

35 In der Technikforschung werden diese neuen Interaktionsformen zwischen Universität, Industrie und Staat als »Mode 2« (Gibbons et al. 1994), als »Triple Helix« (Etzkowitz/Leydesdorff 2000) oder als »Entrepreneurial Science« (Etzkowitz 2002) diskutiert (vgl. kritisch: Weingart 1999, sowie aus anderer Perspektive kritisch kommentierend: Martin/Kasper 2000, Angell/Relman 2002; Bekelmann/Li/Gross 2003, Ziman 2000 und Krimsky 2003).

36 Als Zäsur gilt der Bayh-Dolc Act von 1980 in den USA, mit dem Universitäten und anderen öffentlich geförderten Instituten erlaubt wurde, Patente anzumelden. Ich gehe darauf in der »Vorgeschichte« der EU-Biopatentrichtlinie im empirischen Teil ein (Kap. II.A.1.). Ausführlich zum Bündel an legislativen Maßnahmen: Barben 2007, aus der Fülle an Literatur vgl. Rai 1999; Coriat/Orsi 2002.

37 Zum Diffusionsproblem siehe kritisch: Ullrich 2005.

täten und die Mehrfachrolle von Forschern als Unternehmensgründern (vgl. Barben 2007). Dieses Modell wurde von Europa und Japan als »Nachzüglern« später zu kopieren gesucht.

Zudem – dies wird in den meisten historischen Rekonstruktionen nicht erwähnt – hat der Patentschutz in der Biotechnologie auch eine protektionistische Komponente: Die USA als Hauptfinanziers des Humangenom-Projekts – neben dem gemeinnützigen britischen Wellcome Trust – wollten das aus Steuergeldern finanzierte Wissen über die Humangenom-Sequenz nicht der ganzen Welt frei zur Verfügung stellen, sondern über das Patentrecht ihre eigenen, nationalen Universitäten und Unternehmen privilegieren.[38]

In Europa konvergierte die Stärkung des Patentschutzes ebenfalls mit einer veränderten Sichtweise auf Forschung und Entwicklung. Die Ernüchterung über aktive staatliche Planungs- und Steuerungsvorstellungen in der Technologiepolitik in den 1970er Jahren (Martinsen/Simonis 1995) führte allmählich zu einem neuen Governance-Modell, das direkte finanzielle Förderung und staatliche Entscheidung zugunsten von privaten Akteuren und Wettbewerbs-Schemata zurückfuhr (Dolata 1996). Patente und ihre ökonomische Validierung über den Markt wurden als bessere Mechanismen für die Ressourcenallokation angesehen und von der Annahme genährt, dass der Markt eine bessere Steuerungsinstanz für den Erfolg von Innovation biete. Ein weiterer wichtiger Grund für die Verschiebung des Patentschutzes »nach vorne« (*upstream*) in Forschung und Entwicklung bildet das Verschwimmen der Grenzen zwischen Grundlagenforschung und angewandter Forschung, das in den Biowissenschaften besonders prononciert ist. Eine zusätzliche Komponente dieser Akzentverschiebungen und Transformationsprozesse sind neue Konzepte und politische Orientierungen für die Universitäten, die aus ihrem Elfenbeinturm hinabsteigen und sich mit dem Marktplatz verbinden sollten.[39]

Diese Governance-Verschiebungen und der Einzug des Patentrechts in frühe technologische Forschungsstadien und in die biowissenschaftlichen Fakultäten der Universitäten haben also historische und politische Hintergründe und können nicht alleine aus den Patenttheorien selbst erklärt werden. Die Entwicklungen werfen allerdings erneut die eingangs von Arrow und Nelson

38 In einem der von mir geführten Interviews wurde hierauf ausdrücklich hingewiesen: »Die Europäer haben im Gegensatz zu den Amerikanern nicht Milliarden investiert, die zur Sequenzierung des Humangenoms geführt haben. Wir haben uns also sehr vornehm zurückgehalten, […] die einzigen, die mitgehalten haben, waren die Engländer mit dem Wellcome Trust, weil die halt so viel Geld hatten […]. Also, das darf man auch nicht ganz weglassen, weil man ist schon irgendwo ein Trittbrettfahrer, auch wenn man das nicht laut sagen will. […] Ja und ich meine, das ist dann nicht so verwerflich, wenn die Amerikaner […], das muss man verstehen, wenn einer Milliarden investiert und die ganze Welt profitiert davon, dass er sagt: ja, etwas möchte er auch davon haben. Das ist, glaube ich, einsichtig« (Interview Straus).

39 Vgl. Ziman 2000; Krimsky 2003; van den Belt 2005; Monotti/Ricketson 2003.

gestellte Frage auf, ob es sich dabei um die effizienteste Form der Ressourcenallokation für Wissensgüter handelt.

5.2 Der empirisch gestützte ökonomische Skeptizismus gegenüber dem Patentschutz

Die Ökonomie als Disziplin, insbesondere die Makro-Ökonomie, steht dem Patentrecht als temporärem Monopolrecht von jeher kritischer gegenüber als die juristische Disziplin und lehnt jede naturrechtliche Legitimation ab. Für sie ist relevant, ob das Patentrecht einen Mehrwert (*added value*) für die volkswirtschaftliche Wohlfahrt ergibt oder zu einem Wohlfahrtverlust (*deadweight loss*) beiträgt. Sie verweist darauf, dass es sich – makroökonomisch gesehen – nur auszahlt, eine Erfindung zu belohnen, wenn diese lediglich *aufgrund* des Patentrechts, nicht aber ohnehin, vermittels anderer Mechanismen, erfolgt wäre (Guellec/Pottelsberghe 2007; Foray 2002). Hier bleibt aber jeder empirische Nachweis notorisch schwierig, nicht zuletzt aus methodischen Gründen. Ökonomen haben allerdings in einer Vielzahl von empirischen Studien modellhafte Annahmen zum Patentschutz und seiner Wirkung überprüft, wovon einige Ergebnisse nun kurz vorgestellt werden sollen.

In betriebswirtschaftlicher Hinsicht liegen die Funktionen des Patentschutzes für die Industrie zum einen in der Sicherung des Wettbewerbsvorsprungs und im Schutz von Know How, zum anderen geht es um den Schutz von Entwicklungsinvestitionen. Die weiter oben erwähnte Annahme von Arrow und Nelson, dass es notwendigerweise zu einem Marktversagen für Innovationen komme, ist in der Ökonomie allerdings nicht unumstritten geblieben. Denn empirische Studien, die allerdings branchenspezifisch und nach Betriebsgrößen und Innovationssektoren zu differenzieren sind, belegen, dass Wettbewerb alleine bereits einen permanenten Innovationsdruck schafft. Der Innovationsökonom Christopher Freeman spricht von einer »innovative treadmill« und dem Leitsatz »not to innovate is to die« (Freeman/Soete 1997: 266).

Auch das Axiom, dass Patente generell in allen Branchen sowohl einen Innovations*anreiz* wie auch eine innovative *Wirkung* erzielen, ist durch wirtschaftswissenschaftliche Untersuchungen überzeugend erschüttert worden. Den Faktoren Zeitvorsprung (*lead time*) und Geheimhaltung werden von Unternehmen sowohl bei Produkt- wie bei Prozessinnovationen (Arundel 1999; 2001) in Befragungen regelmäßig ein höherer Stellenwert eingeräumt als dem Patentschutz. Aber auch besondere Marktstrukturen, geschicktes Marketing, überragende Vertriebs-, Verkaufs- und Serviceleistungen sind Innovationsanreize, die neben oder anstelle von Patenten benutzt werden, um einen Vorsprung vor der Konkurrenz zu erzielen und auszubauen (Nelson/Winter 1982).

Dass Patentschutz Anreize zu Erfindungen geben kann, ist wohl unstrittig;[40] ob es dieser jedoch zwingend *bedarf*, um Innovationen zu generieren, bleibt höchst strittig.

Am stärksten wird die Benefizienz-Annahme im pharmazeutischen Sektor empirisch gestützt, unter anderem wegen der acht- bis zwölfjährigen Entwicklungszeit für einen neuen Wirkstoff und der sehr hohen Kosten von mehreren hundert Millionen Euro für die Sicherheits- und Wirksamkeitsprüfungen bei der Zulassung von Arzneimitteln (NRC 2004; Bessen/Meurer 2008).[41]

In vielen anderen Branchen und neuen Technologiefeldern ist in makroökonomischer Hinsicht der Mehrwert des Patentsystems (wieder) umstritten. Wenn man viele theoretische und empirische Überlegungen zusammenfasst, so gilt Patentschutz bei *statischer* Innovation, in der *ein* Patent *ein* Produkt schützt, als innovationsfördernd. Bei *komplexen*, kumulativen Innovationen hingegen, in denen *viele* differenzierte Patente und *viele* Produkte aufeinandertreffen, kann Patentschutz nachteilig sein (Bessen/Maskin 2006).

Insgesamt sehen Ökonomen die Rolle von Patenten bei der Stimulierung von Innovation als ambivalent. In der Bilanz gilt sie als positiv in so genannten *diskreten* Produktindustrien, als neutral oder negativ in *komplexen* Produktindustrien.[42] Gleichzeitig sei aber die beträchtliche Heterogenität innerhalb eines Industriezweigs zu beachten. Patente könnten den Wettbewerb stärken, wenn sie Eintrittsbedingungen für kleinere Firmen erleichtern, sie können aber durch die

---

40 »Von allen Theorien zur Rechtfertigung der Existenz des Patentrechts ist letztlich nur die sog. Anspornungstheorie in ihrer grundsätzlichen Wirkungsweise heute unbestritten« (Peifer 2003: 446).

41 Doch selbst hier erscheint hinsichtlich einer pauschal attestierten Wohlfahrtssteigerung Vorsicht angebracht, insofern als ein großer Teil der neu zugelassenen Medikamente keine echten Innovationen darstellen, die nachgewiesene Vorteile sowohl in ihrer Qualität wie in ihrer Effektivität gegenüber bestehenden Produkten bieten (sog. »me-too«-Präparate). Ein weiteres Problem, die hohen Preise für patentgeschützte Medikamente, lassen sich ggf. über Preisdeckelungen seitens der Politik und andere Maßnahmen *post-grant* wenigstens teilweise auffangen. Zur kritischen Diskussion siehe Schaaber 2005, Angell/Relman 2002 sowie WHO 2002 und WHO 2006, die zum Ergebnis kommen, dass das Patentsystem nicht geeignet ist, die innovative Medikamentenentwicklung für die Krankheiten mit höchster Prävalenz in Dritte-Welt-Ländern anzuregen (sogenannte *»neglected diseases«*).

42 Zur Unterscheidung: Als »diskrete« Produktindustrien gelten Lebensmittel, Textilien, Chemikalien einschließlich Öl und Plastik, Pharmazeutika, Metalle und Metallprodukte. Patente werden darin primär zum Ausschluss Dritter genutzt, nur zuweilen zur Lizenzierung und um Rechtsstreitigkeiten vorzubeugen.
Zu den »komplexen« Produkttechnologien zählen der Maschinenbau, Computer, Elektronik und Transportmittel. Patente in diesen Branchen, so die empirische Erkenntnis, werden stärker strategisch für Verhandlungen und Kreuzlizenzierungen eingesetzt, sowie um Gerichtsverfahren zuvorzukommen (Hall 2006: 15; Hall 2001).

Exklusivstellung des Patentinhabers auch wettbewerbsschädliche Effekte hervorrufen (Hall 2007).[43]

Zusammenfassend lassen sich aus ökonomischen Studien folgende Schlussfolgerungen destillieren: Die Einführung oder Stärkung eines Patentsystems (Ausweitung der patentierbaren Gegenstände oder des Schutzumfangs, Verlängerung der Patentlaufzeit, härtere Durchsetzung) führt zweifelsohne zu einem Anstieg in den Patentanmeldungen und in der strategischen Nutzung von Patenten für Firmenstrategien (Lerner 2002; Hall/Ziedonis 2001). Weit weniger klar ist es, ob solche Veränderungen zu einem Wachstum innovativer Aktivitäten führen (Moser 2005; OECD 2004). Allgemein gesprochen können Patente, insbesondere bei kumulativen und inkrementellen Innovationsprozessen, zu Problemen hinsichtlich von Zugang, Kosten und Qualität führen und die Diffusion einer Technologie einschränken (Scotchmer 1991; 2005; Heller/Eisenberg 1998). Insgesamt ist es »im Saldo« keineswegs erwiesen, dass das Patentsystem Innovationen tatsächlich fördert. Auch wirtschaftliche Konkurrenz zwingt zu ständiger technischer Fortentwicklung und gesellschaftliche Funktionssysteme wie die Wissenschaft haben andere, insbesondere auf Reputation beruhende Anreizsysteme entwickelt, um zum Entstehen neuer Erkenntnisse und zu sozialen und technischen Innovationen zu gelangen.

Als Konsequenz ziehen Ökonomen aus dieser ambivalenten Wirkung von Patentschutz, dass es notwendig sei, Abwägungen in das Patentrecht einzuführen und die Anreize so zu setzen, dass es zu einer Optimierung des Patentschutzes kommt, was die Laufzeit, den Umfang und andere Parameter des Patentschutzes anbetrifft. Auf diese Abwägungsnotwendigkeiten werde ich ganz am Ende dieses Kapitels noch einmal zurückkommen.

6. Neue Funktionen des Patentschutzes: Zur produktiven und strategischen oder destruktiven Nutzung von Patenten

Patente werden heutzutage in vielfältiger Weise genutzt. Während eine der ursprünglichen Ideen des Patentsystems im Erfindungsschutz und in der Verbreitung einer Technologie lag, sind heute eine Reihe weiterer, sekundärer Nutzungen von Patenten zu verzeichnen, die zunehmend auch in den Fokus der theoretischen und empirischen Analyse geraten. Insbesondere in den vergangenen zwei Jahrzehnten haben sich die Reichweite und die Funktionen des Patentschutzes ausgeweitet und verändert:

43 »the actual architecture of the IPR system is a hybrid structure with both competitive and monopolistic dimensions« (Andersen/Konzelmann 2008: 14).

- Die *produktive* Funktion von Patentschutz liegt klassischerweise im Verwerten von Patenten in neuen Produkten, Verfahren oder Dienstleistungen. Die Verwertung von Patenten vollzieht sich indes bereits darüber, dass Wissen kommodifiziert und damit zu einem verknappbaren und handelbaren Immaterialgut wird, das an andere Unternehmen oder Forschungsorganisationen lizenziert oder verkauft werden kann. Darüber hinaus werden Patente als *bargaining chips* in Verhandlungen verwendet, zur Kreuzlizenzierung, sowie als eine Art Lockmittel und Sicherheitsindikator, um externe Finanzquellen etwa von Banken oder Risikokapitalanlegern zu erschließen. Die produktive Funktion von Patenten liegt also darin, Wissensmärkte zu schaffen und das intangible Wissens-Kapital zu kommodifizieren, daraus Wert zu schöpfen und einen Handel zu ermöglichen (Foray 2004; Jaffe/Lerner 2005).
- Die *defensive oder gar »destruktive«* Seite von Patenten liegt in ihrer *strategischen* Nutzung, um Wettbewerbern zuvorzukommen oder diese auszuschalten und damit beispielsweise Verbesserungserfindungen zu unterbinden und eigene Produkte länger am Markt zu halten. Insofern steht Patentschutz nicht zwingend auf der Seite der Durchsetzung des »Neuen« (und präsumtiv »Besseren«), sondern kann auch dazu genutzt werden, den Absatz »alter« Produkte zu sichern und Innovation zu blockieren oder abzubremsen. Diese destruktive Dimension von Patenten kann zudem nicht-intentional über systemische Effekte erfolgen, wenn breite Patente auf Pioniererfindungen potentielle neue Marktteilnehmer ausgrenzen oder wenn sich durch eine Vielzahl von überlappenden Patentanmeldungen Patentdickichte aufbauen, die eine Übersicht erschweren, Unsicherheit über die *freedom to operate* schaffen, und hohe Transaktionskosten aufwerfen.[44]

Patente gelten überdies in Zeiten knapper staatlicher Kassen als probates technologiepolitisches Instrument, da sie für den Staat nicht nur kostenfrei erscheinen, sondern durch die jährlichen Gebühren für die Aufrechterhaltung des Patentschutzes sogar Einnahmen für das Staatsbudget generieren können. Allerdings können Patente als temporäre Monopole soziale Kosten im Hinblick auf Qualität, Zugang und Kosten patentgeschützter Erfindungen aufwerfen und makroökonomisch gesehen kontraproduktive oder dysfunktionale externe Effekte hervorrufen (Mazzoleni/Nelson 1998b). Die ineffiziente Seite der Patentexpansion wird unter den Stichworten Patentdickicht, *Royalty Stacking, Reach-through-Claims*, Patentierung von Forschungswerkzeugen diskutiert[45] und in der Fachliteratur unter dem Stichwort der *»tragedy of the anticommons«* (Heller/

44 Shapiro 2001; FTC 2003; OECD 2004; NRC 2004.
45 Siehe dazu Kap.II.F, Tabelle 4.

Eisenberg 1998, Heller 2008) zusammengefasst, wonach zu viele Eigentumsrechte zu einer Unternutzung von Wissensressourcen führen.

Zusammenfassend bleibt festzuhalten, dass Patentschutz eine von mehreren möglichen Antworten auf das von Ökonomen konstatierte Marktversagen hinsichtlich der Hervorbringung von Wissen als öffentliches Gut darstellt. Patente bieten eine Option[46], die Amortisation finanzieller Investitionen durch die temporäre Exklusivstellung zu sichern. Das *return on investment* lässt sich indes letztlich nur realisieren, wenn am Ende tatsächlich ein neues Produkt geschaffen und eine kaufkräftige Nachfrage dafür auf dem Markt realisiert werden kann. Insoweit knüpfen die klassischen Patentrechtstheorien vor allem an die *produktive* Verwertung der patentrechtlich geschützten Produkte oder Verfahren an.

Darüber hinaus gibt es inzwischen eine Vielzahl von Instrumenten und Mechanismen, vermittels derer bereits über die patentrechtlich vermittelte Kommodifizierung des Gutes »Wissen« selbst finanzielle Rückflüsse geschaffen werden, insbesondere durch Lizenzierungsverträge, aber auch durch den An- und Verkauf von Patentportfolios[47], jüngst sogar auf eigenen Patent-Auktionen sowie durch Patente als »symbolische« Indikatoren für Venture Capital-Anleger und Shareholder: »IP is no longer regarded merely as a protective shield for inventors but also as a strategic tool for value generation« (EIU 2007: 5). Insofern hat sich die marktschaffende Funktion des gewerblichen Rechtsschutzes inzwischen gewissermaßen verselbständigt.[48]

Die zunehmende defensive und strategische Nutzung von Patenten ist gleichzeitig als eine Antwort auf die Expansion des Patentsystems zu sehen, wobei nicht aus den Augen zu verlieren ist, dass es auch zu destruktiven Nutzungen von Patenten kommt, die dem ursprünglichen Ziel, Innovationen zu fördern, vollkommen zuwiderlaufen können.

---

46 Andere Optionen sind, wie bereits erwähnt, die Geheimhaltung oder etwa die Nutzung des *first mover advantage* auf dem Markt.

47 Die *Portfoliotheorie* (Wagner/Parchomovsky 2005) verweist darauf, dass der Wert des Patentschutzes heute nicht mehr in einem einzelnen Patent, sondern im Patentportfolio liegt. Hat ein Unternehmen ein genügend großes Portfolio an Patenten, kann es kleine Unternehmen gerichtlich oder durch Drohung ausschalten, während andere Unternehmen ob ihres eigenen Patentarsenals unbehelligt gelassen werden. Durch *Kreuzlizenzierungs-Abkommen* zwischen Großunternehmen, in denen die Erlaubnis zur wechselseitigen Nutzung der Patente der Gegenpartei ausgehandelt wird, kommt es zu einer Art Waffenstillstand, es kann dadurch aber auch ein Oligopol von großen Unternehmen entstehen (vgl. Eissler 2004: 40; Sietmann 2001).

48 Hier können gewisse Parallelen zur Verselbständigung des Finanzsektors gegenüber der »Realwirtschaft« gesehen werden, wobei aber gleichzeitig die Wechselbeziehungen nicht aus dem Blick geraten sollten. So, wie sich das Patentsystem aufgebläht hat und ubiquitär geworden ist, hat sich auch das Finanzsystem ausgebreitet und beide stehen in Verflechtungszusammenhängen sowohl miteinander wie auch mit der sozio-ökonomischen Entwicklung.

7. Die Janusköpfigkeit des Patentschutzes: Spannungsverhältnisse und Zielkonflikte

Bisher habe ich einige juristische und ökonomische Theorien des Patentrechts diskutiert und auf alte und neue Funktionen des Patentschutzes in seiner aktuellen Nutzung hingewiesen. Diese Diskussion soll nun noch weiter sozialwissenschaftlich zugespitzt werden, um schlussendlich die Janusköpfigkeit des Patentschutzes zu verdeutlichen. Ich greife dabei insofern an dieser Stelle meiner empirischen Analyse voraus, als festzustellen ist, dass vermittels der über die EU-Biopatentrichtlinie erfolgten Politisierung des Patentrechts und der äußerst kontroversen Debatten auch Revisionen in den Patentrechtstheorien angestoßen wurden. Wie die im vergangenen Jahrzehnt intensivierte Fachdiskussion über Patente gezeigt hat, wirft der Zusammenhang von Innovation und Patentschutz eine Reihe von Spannungsverhältnissen und Zielkonflikten auf, von denen einige im Folgenden genauer benannt werden sollen. Dabei geht es zunächst erstens darum, die Inkohärenzen und Inkonsistenzen in den bisherigen Patenttheorien bloßzulegen. Aus der empirischen Auseinandersetzung mit der Praxis und den neuen Handhabungen des Patentschutzes sind zweitens in jüngerer Zeit einige neuere, eher deskriptiv-analytische Patentrechtstheorieansätze hervorgegangen, die weniger idealtypisch sind als die alten und auch keine umfassenden Erklärungsansprüche erheben, aber den Vorteil haben, auf einige wichtige neue Funktionsmodi von Patentschutz hinzuweisen. Eine dritte Aufgabe der folgenden Erörterung liegt darin, latente Konflikte aufzuzeigen und wichtige, aber bisher unterbelichtete Forschungsfragen zu thematisieren.

Meine kritische Diskussion schließt dabei durchaus an die Ernüchterung von Birgitte Andersen und Sue Konzelmann an, die sich auf die Suche nach einer nützlichen Theorie für das Produktivpotential von Immaterialgüterrechten begeben haben und feststellen:

»our tools for understanding the dynamics of IPR systems remain blunt. Managers and policy makers tend to emphasize success stories associated with IPRs, […] it is also important to recognize that patents […] may create problems of their own« (Andersen/Konzelmann 2008: 13).

Ihre Kritik fassen die beiden Ökonominnen pointiert folgendermaßen zusammen:

»the belief systems in the IPR mainstream literature are inherently flawed because their analysis is built upon theoretical logic and the assumption that all inventors are autonomous, rational, profit-maximizing agents whose collective behaviour maximizes both their own and the society's general welfare. The effects of technological and creative interdependence, strategic interaction and collaboration in competitive IPR markets are largely ignored. This is problematic because, for example, the specific and rigid nature of productive knowledge applied in technological ideas can affect the efficiency of patent systems. […] In addition, institutional capabilities and power relationships in IPR-related bargaining situations can have important impacts on behaviour and outcomes, and there are substantial opportunity costs associated with using the IPR system as a business strategy or political instrument« (Andersen/Konzelmann 2008: 14).

Mit dieser Kritik artikuliert sich der Bedarf an neuen – gerade auch sozialwissenschaftlichen – Modellen und Analysen, welche sowohl die Interdependenzen im Akteursverhalten erfassen, wie auch Fragen von institutionellen Dimensionen, Machtverhältnissen und impliziten Normen artikulieren.

7.1 Erfindungs- oder Investitionsschutz? Patente als Versicherung, Lotterie oder Beglaubigungsgut

Einer der Zielkonflikte des Patentrechts liegt darin, ob nun eigentlich Erfindungen oder Investitionen geschützt werden sollen. Die juristische Lehre stützt sich zentral auf die Leitidee des Erfindungsschutzes, während für die Ökonomie die Amortisation von Investitionen (*return on investment*) im Vordergrund steht.[49] Häufig werden diese beiden Ziele als komplementär angesehen, sie sind aber letztlich inkompatibel und auch in sich nicht unbedingt logisch kohärent. Der Patenthistoriker Kurz betont, dass »der Investitionsschutz eine dem Patentrecht (und auch einem marktwirtschaftlichen System) eigentlich vollkommen fremde Überlegung ist« (Kurz 2000: 581).[50] Wer staatlicherseits Investitionen schützen will, um Innovationen hervorzurufen, kann dies womöglich besser über direkte Forschungsförderung, Darlehen oder Ausfallbürgschaften bewerkstelligen, denn Patentschutz gewährt ja nur dann einen *return* auf die Investitionen, wenn die Erfindung tatsächlich vermarktet oder zumindest lizenziert wird. Dies ist in der ganz überwiegenden Zahl aller Patente nicht der Fall, denn Lemley (2001) zufolge werden bis zu 90 bis 95 Prozent aller Patente niemals produktiv verwertet. Deshalb sprechen Lemley und Shapiro (2005) von »probabilistischen Patenten« und legen damit den Ansatz zu einer *probabilistischen Patenttheorie*. Das Risiko des

---

49 Der Wettbewerbs- und Patentjurist Ullrich beklagt die »politische« Umorientierung: »Der privatrechtlich angelegte Ausschließlichkeitsschutz technologischer Leistungen wird zunehmend durch eine industrie- und handelspolitische Instrumentalisierung überlagert; er droht deshalb von der Rechtsgüterordnung zur reinen Marktregelung umzuschlagen. So hat sich nicht nur eine binnen- und außenwirtschaftlich veranlasste Schutzeskalation einstellen können. Vielmehr werden zunehmend die rechtlichen, insbesondere privatrechtlichen Wertungskriterien und Güterabwägungsregeln für den Ausgleich kollidierender privater und öffentlicher Schutz- bzw. Regelungsinteressen durch industrie- und handelspolitische Steuerungsgesichtspunkte und Prioritätenbestimmungen ersetzt« (Ullrich 2001a: 123).

50 Vgl. ebenso: »Das Patentrecht darf sich nicht von einer ›invention protection‹ zu einer ›investment protection‹ umfunktionieren lassen (Krefft 2003: 15). »Not every investment justifies a legal monopoly […] [T]o grant exclusive rights on something that doesn't meet the nonobviousness requirement presents a problem« (Straus in Shuman 1999: 23).

Scheiterns einer Innovation verbleibt beim Erfinder respektive Eigentümer eines Patentes. Dies macht die Investitionsschutztheorie als solche unplausibel, obgleich diese mit der weiter oben vorgestellten *public good* Theorie erklärt werden kann und heute zu der letztlich zentralen Legitimationsfigur für den Patentschutz avanciert ist.

Auf die äußerst niedrige Rate von tatsächlich verwerteten patentgeschützten Erfindungen reagiert eine andere Konzeption des Patentsystems: In der *Versicherungstheorie* stellt der Patentschutz eine Art Rück-Absicherung dar, welche die Investition im Falle eines Erfolgs durch eine zeitlich befristete Exklusivität schütze.[51] Die Betrachtung des Patentrechts als »Versicherungssystem« bezieht sich zudem darauf, dass beispielsweise die emergente Biotechnologie-Industrie auf Venture Capital oder Börsenfinanzierung angewiesen ist. Die Anleger wollen wiederum mangels anderweitiger Sicherheiten wenigstens das Know-how der Start up-Unternehmen als *intangible asset* durch Patente verbrieft sehen. Patente haben in dieser Hinsicht eine Signalwirkung und wirken als »*Beglaubigungsgüter*«, so ein weiterer theoretischer Ansatz, mit dem Thambisetty (2007) den unscharfen Charakter von Patenten und ihre Funktion auf den finanzkapitalfinanzierten Wissensmärkten charakterisiert.[52]

Eine andere Variante stellt die *Lotterie- oder Glücksspieltheorie* des Patentrechts dar (Scherer 2002). Diese reagiert darauf, dass selbst bei einer letztlichen Verwertung die überwiegende Mehrheit der patentierten Innovationen nur einen bescheidenen Ertrag abwirft und das investierte Kapital nicht amortisiert wird, während einige wenige andere sich in überaus hohen Gewinnen (*blockbuster*) auszahlen. Diese asymmetrische Proportionalität (*skew reward distribution*) wird von Protagonisten der Lotterietheorie nicht etwa als eine Schwäche des Patentsystems in Bezug auf seine Verhältnismäßigkeit ausgelegt, sondern begrüßt:

---

51 Treffend ist dieses Credo von einem von mir interviewten Praktiker wiedergegeben:
»Das Patentsystem ist eine Art Versicherungssystem. Der Patentanmelder hat irgendwas gefunden, wovon er glaubt, dass es sinnvoll ist, dass es diese Wirkung hat […]. Wir erteilen in aller Regel solche Patente und wenn sich nachträglich herausstellt, dass das doch nicht so gut war, wie man geglaubt hat – es stellt sich zum Beispiel bei den klinischen Versuchen erst heraus – dann stirbt das Ganze. Dann haben wir ein Patent erteilt für ein totes Produkt sozusagen, da ja der Effekt des Patentes nur der ist, Dritte abzuhalten, das kommerziell zu verwerten. Wenn da aber nichts kommerziell verwertbar ist, stört es eigentlich niemanden.« (Interview Gugerell, EPA Biotechnologie-Direktor).

52 Thambisetty spricht sich vor allem gegen die Vorstellung klar abgegrenzter Erfindungen und entsprechender Eigentumsrechte als realitätswidrig aus: »in newly arising or immature technologies, patents are subject to intrinsic and extrinsic uncertainty that make them very opaque representations of the underlying inventions. The opacity is a result of unsettled legal doctrine and scientific terminology, uncertain commercial and technological prognosis, and leads to considerable ambiguity in property parameters. Patents in immature technologies do not solve Arrow's information paradox of non-rivalrous goods because they do not represent the sharp exclusive right that is central to his thesis. In such cases patents ought to be reclassified in terms of their perceived and actual function as credence goods« (2007: 707).

Gerade der Glücksspielcharakter des Patentsystems und die Aussicht auf möglicherweise äußerst hohe Auszahlungen verleite risiko-averse, aber »*skewness-loving*« Investoren dazu, finanziell zu investieren.[53] Ein solches *Gambling*-Modell des Patentschutzes – sofern die ihm inhärente Annahme überhaupt zutrifft – hat aber auch seine Schattenseiten, insofern als es normativ einem Missbrauch des Patentsystems – etwa durch Ausnutzen der Monopolstellung durch skrupellos hohe Preise oder einer Einschüchterung von präsumtiven Patentverletzern durch »Patenttrolle«[54] – keine Erwiderung bieten kann. Wer Zocker-Mentalitäten theoretisch-deskriptiv einführt und (implizit) normativ-bewertend gutheißt, sollte sich nicht wundern, wenn Akteure das Patentsystem als Kasino nutzen und keine Selbstbindung an rationales und verantwortungsvolles Verhalten mehr erfolgt.

Das Lotteriemodell legt allerdings bloß, dass der Wert von Patenten in hohem Maße spekulativ und symbolisch ist. Die ungleiche Ertragsverteilung im Patentsystem ist ein Faktum, worauf die *Erfinder*schutztheorie indifferent reagieren kann, etwa nach dem Motto, alle Erfinder seien gleich an Rechten geboren und würden vom Patentamt gleich behandelt. Für die *Investitions*schutztheorie – die immanent durchaus dem Patentrecht als gewerblichem Schutzrecht von Anfang an innewohnte, heute jedoch durch die gesteigerte Bedeutung des Finanzkapitals auf Innovationsmärkten eine unvergleichlich andere Bedeutung gewinnt – hingegen weist sie eine hohe Implausibilität auf. Sicherlich, für ein Einzelunternehmen können Verluste auf die Mehrzahl ihrer patentgeschützten Erfindungen durch Gewinne aus den erfolgreichsten Projekten mehr als ausgeglichen werden; insofern subventioniert das Patentsystem gewissermaßen Investitionen innerbetrieblich quer. Dies verweist aber eben auch darauf, dass vor dem Patentamt doch nicht alle Erfinder gleich sind, sondern große Firmen sich schlichtweg mehr Patentanmeldungen leisten können. Diesem Argument wird gemeinhin damit begegnet, dass das Patentrecht gerade individuellen Erfindern und kleinen Unternehmen Markteintrittschancen gegenüber den »Großen« biete. Dies kann zwar zutreffen, ändert aber nichts daran, dass die Nutzungsmöglichkeiten und Wirkungen des Patentsystems asymmetrisch verteilt sind und dass die gegenwärtigen Patenttheorien hierfür keine schlüssigen Antworten

---

53 En passant wird hier das Menschenbild eines *homo ludens* als Gegenbild zum *homo oeconomicus* entworfen.

54 Patent-Trolling nennt man ein Verhalten, bei dem ein Patent durch den Eigentümer nicht selbst verwertet oder lizenziert, sondern ausschließlich dazu genutzt wird, andere, die von (Teilen dieses) Patentes patentrechtlich abhängig sind, mittels Anwaltsbriefen einzuschüchtern und zu Lizenzzahlungen zu veranlassen. Oft sind es nicht einmal selbst angemeldete, sondern von Dritten aufgekaufte Patente, die so eingesetzt werden. Es handelt sich mithin um eine Art »Schutzgelderpressung«, die seit den 1980er Jahren vor allem in den USA als Phänomen aufgetaucht ist und inzwischen auch Europa heimzusuchen beginnt.

bieten.[55] Denn mit der Fixierung auf die wohlfahrtssteigernden Wirkungen des Patentschutzes werden asymmetrische Implikationen weitgehend ausgeblendet, wie Andersen und Konzelmann wiederum zu Recht betonen:

»By ignoring a wide range of real-life elements, prevailing mainstream IPR theory assumes that the interaction of micro-level units (e.g. firms and individuals) within IPR systems maximizes social and economic welfare at the sectoral, national and global levels. [...] strong IPR regimes may cause the very opposite. [...] the increasing privatisation and harmonization of knowledge-based assets, also associated with the more robust IPR regimes, has led to asymmetrical results across countries, regions, sectors and firms within sectors with respect to meeting the originally intended objectives of: stimulating innovation-based competition; fostering spillover and expansion of knowledge-based ideas and creative expressions; rewarding inventiveness and creativity throughout the economic system; and facilitating sustainable development of firms and industries« (Andersen/Konzelmann 2008: 13).

Somit liegt in den ungleichmäßigen und (re-)distributiven Implikationen des Patentschutzes einer der blinden Flecken bisheriger Patenttheorien.

Festzuhalten bleibt, dass die oben genannten Mechanismen – Erfinderschutz, Investitionsschutz, Rückversicherung bei Erfolg, *intangible asset*, Beglaubigungsgut, Lotteriecharakter – zweifelsohne einige wichtige Funktionen des heutigen Patentrechts erfassen. Sie dürfen allerdings nicht isoliert betrachtet werden, die Reichweite ihrer Geltungsansprüche ist begrenzt oder fraglich und ihre Interaktion ist keineswegs schlüssig und friktionsfrei. Weiterer Differenzierungen bedürfte es zwischen der allgemeinen Funktion und dem entsprechenden sektor- oder technologiespezifischen Anwendungsbereich sowie zwischen hypothetischer und tatsächlicher Wirkung. Bereits diese Hinweise mögen genügen, um die Unterkomplexität gegenwärtiger Patentrechtstheorien hinsichtlich der Dynamik des Patentsystems herauszustellen.

7.2 Technologietransfer: Kommerzialisierung der Wissenschaft oder Privatisierung der Grundlagenforschung?

Der Technologietransfer zwischen Wissenschaft und Industrie bildet heute neben der Investitionsschutzfunktion die wesentliche legitimatorische Säule des Patentrechts (vgl. Godt 2007). Zuwenig Beachtung erfährt allerdings sowohl im juristischen wie im ökonomischen Fachdiskurs, dass die Überformung der spezifischen Struktur und der Normen des Wissenschaftssystems durch die Regeln

55 »[...] the question of whether prevailing IPR theory is useful in explaining why the IPR system generates different performance results and varying potential for growth across firms, sectors and nations participating in the IPR system. At present, the answer would be ›no‹« (Andersen/Konzelmann 2008: 13).

des Patentrechts eine konfliktive und höchst strittige Angelegenheit bildet.[56] Kontrovers ist, wieweit distinkte gesellschaftliche Funktionssysteme wie etwa die Wissenschaft ihre Autonomie und ihre Eigenlogik bewahren können oder tiefgreifenden Normtransformationen unterworfen werden, wenn Forschung zum Patentschutz angemeldet und auf die ökonomische Verwertung ausgerichtet wird (Royal Society 2003). Hier wird es nicht zuletzt darauf ankommen, wieweit sich öffentlich-rechtliche sowie gemeinnützige Organisationen in der *Ausübung* ihrer Patentrechte von privatwirtschaftlichen unterscheiden.[57]

Es bleibt an dieser Stelle mit einem Zitat aus dem Jahr 1933 auf die Kontinuität der normativ ausgerichteten Kritik am *university patenting* hinzuweisen:

> »The way it is working out is proving dangerous: it tends to shut off unselfish exchange of ideas and information, it tends to kill a critical and impartial attitude, it tends to introduce quarrels and bitterness and to consume time and funds in lawsuits. It may quite naturally influence the choice of university personnel and the choice of research problems. If, in addition, the policy of taking out patents for revenue be interpreted as a declaration of independence the public may quite cheerfully acquiesce and leave research work to earn its own way. Why should gifts intended for the general welfare play the role of capitalizing a business? And if what becomes of the peculiar function of university research as contrasted with that of the shrewdly administered business enterprise?« (Gregg 1933: 257).[58]

Bei der Technologietransferfunktion des Patentschutzes ist bisher nicht empirisch ausgemacht, ob er tatsächlich im Sinne seiner politischen Erfinder funktioniert, also die ihm zugeschriebene Wissenstransferfunktion effizient und effektiv leistet. Ebenso wenig ist bisher in der Deutung und Bewertung klar, als was sich dieser neue Interaktionsmodus zwischen universitärer Wissenschaft und Industrie letztlich entpuppen wird: Handelt es sich um die Kommerzialisierung der Wissenschaft, welche die Normen der *Republic of Science* (Merton 1985a) unhintergehbar transformiert und die Universität in eine verlängerte Werkbank bzw. das Forschungslabor der Industrie verwandelt? Oder handelt es sich um die Privatisierung der Grundlagenforschung? Werden also mithilfe von Patenten als »Köder« Finanzkapital und Industrie zu Investitionen in hochriskante

56 Siehe dazu unter anderem: Powell/Owen-Smith 1998; Rai 1999; Weingart 2001; Monotti/Ricketson 2003; Nelson 2001, 2004; Eisenberg/Nelson 2002; Dasgupta/David 1994; van den Belt 2004; Godt 2003, 2005; Gulbrandsen 2004.
Kontrovers diskutiert wird unter anderem die potentielle Behinderung wissenschaftlicher Forschung durch Patente. Beispielsweise kann die zunehmende Konkurrenz von Wissenschaftlern um die Patent-Erstanmeldung gerade zu einer zeitweiligen Geheimhaltung von Forschungsergebnissen führen und wissenschaftliche Veröffentlichungen verzögern (Blumenthal et al. 1996). Außerdem werden Interessenkonflikte durch finanzielle Eigeninteressen von Forschern, die in Personalunion als Ärzte und Biotech-Unternehmer agieren, problematisiert (vgl. Bekelman/Li /Gross 2003; Martin/Kasper 2000; Krimsky 2003).

57 Beispielsweise bezüglich der Lizenzierungskonditionen, vgl. Godt 2003; Rai 1999.

58 Ein Dank an Steve Maurer und Bronwyn Hall für den Hinweis auf diesen Artikel.

Grundlagenforschung mit vagen Anwendungs- und Erfolgsaussichten gelockt, sodass auch das Risiko des Scheiterns vom Staat auf Private verlagert wird? Eine angemessene Antwort darauf wird sich erst mit etwas zeitlicher Distanz formulieren lassen.

7.3 Individuelle Erfindung oder kollektive Innovation?

Dem Patentschutz liegt die Idee einer individuellen Erfinderpersönlichkeit zugrunde – sie evoziert als kollektiv wirkungsmächtiges Bild geradezu den leidenschaftlichen, aber einsamen Garagenbastler oder Dachbodenerfinder.[59] Die Gegenidee liegt in der Betrachtung von Erfindungen als kollektivem oder zeitgeschichtlichem Produkt. Demnach liegen gewisse Erfindungen »in der Luft«, wenn »die Zeit reif« für sie ist und bedürfen lediglich einer mehr oder minder begabten Person, um sie zu realisieren. Die Häufigkeit von »Doppelerfindungen« mag als Indiz für diese »Kollektivthese« sprechen.[60] Gleichzeitig wird wohl niemand bestreiten, dass es durchaus entsprechend talentierter und hartnäckig tüftelnder Personen bedarf, um kleine oder große Inventionen in die Welt zu setzen, so dass die »Wahrheit« hier bestenfalls in der Mitte liegen dürfte.

Dies bleibt insofern bedeutsam, als die wenigsten Erfindungen radikale Neuerungen darstellen, die meisten aber inkrementell sind. Einiges spricht für die Annahme, dass nahezu jegliche Innovation auf konstant »verschobener« Imitation beruht, Neuerung also auf Abweichungen in der Kopie und dem Nachvollzug des Alten, Traditionellen zurückgeht (vgl. Seibt 2005). Erst à la longue, im historischen Rückblick, werden demzufolge die »epochalen Umwälzungen« erkannt, kann die Zeitenwende, der Paradigmenwechsel erfasst werden, nicht aber in der Präsenz des Augenblicks seines in-die-Welt-Tretens. Die weni-

59 Der US-amerikanische Garagenbastler (»toiling away in his garage«, Jaffe/Lerner 2005: 161) oder der europäische Dachbodenerfinder bilden damit die Entsprechungen des »romantischen Autors« im Urheberrecht, den Boyle (1996) als wirkungsmächtigen Prototyp und Sinnbild der Intellectual Property Rights bestimmt. Ein ikonographisches Denkmal wurde der Mansardenkunst durch den Biedermeier-Maler Carl Spitzweg in seinem berühmten Bild »Der arme Poet« (1839) gesetzt.

60 Solche mehr oder weniger zeitgleich unabhängig voneinander sich vollziehenden Doppelerfindungen sind ein faszinierendes Phänomen. Historische Beispiele sind etwa die parallele Erfindung der Glühlampe durch Heinrich Goebel und Thomas Alva Edison, des Telefons durch Philip Reis und Graham Bell, des Dampfschiffes durch John Fitch und James Rumsey, der relaisgesteuerten Rechenmaschine durch Konrad Zuse, Alan Turing und Howard Aiken, des Mikrochips durch Robert Noyce und Jack Kilby und des Mikroprozessors durch Gilbert Hyatt und Marcian Hoff (Sietmann 2001). Weitere Beispiele sind die Entdeckung des HI-Virus als Auslöser von Aids durch Luc Montagnier (Frankreich) und Robert Gallo (USA), sowie der BRCA-Brustkrebsgene durch Mary-Claire King sowie Mike Stratton (beide UK) und Mark Skolnick (USA). In den letztgenannten Fällen kam es zu erheblichen Patentstreitigkeiten.

gen Heureka-Momente der Geschichte bilden aus dieser epistemischen Perspektive die Ausnahme, nicht aber die Regel der Innovation. Und solche archimedischen »Heurekas« werden auch nicht dem Patentschutz entlockt, sondern – dies ist ein weiterer wichtiger Punkt – primär der menschlichen Neugierde, intrinsischer Forschungslust oder bestimmten Denkkollektiven. Aus diesen Überlegungen kann gefolgert werden, dass es nicht zwingend eines Patentschutzes bedarf, sondern vor allem förderlicher Bedingungen für die Genese von Neuerungen, als da wären Zeit, Geld, Denkkollektive, Institutionen, die rechte Mischung zwischen Kooperation und Wettbewerb, aber auch anderer exogener Anreize, wie etwa Reputation oder Karriereaufstieg.

Außerdem ist inzwischen festzustellen, dass Erfindungen heutzutage vor allem in komplexen Netzwerken und Wissens-Communities erzeugt werden und häufig nicht mehr Einzelnen, sondern allenfalls Teams und entsprechenden Relationen zuzuordnen sind (Powell 2001).[61] Es bleibt also die Frage, ob und wie dieser veränderten Wissensproduktion im Patentrecht angemessen Rechnung getragen werden kann.[62]

Exzessives Patentieren, so ein weiterer wichtiger Aspekt, kann aber die Public Domain solcher Wissens-Communities erodieren lassen und den freien Austausch untereinander abkühlen. Theoretische Studien und empirische Forschungsergebnisse deuten darüber hinaus darauf hin, dass eigentumsrechtliche und privatwirtschaftliche, kommodifizierte Schutzformen zu *Crowding Out* Effekten führen und andere, auf *peer production*, Reziprozität und nicht-monetären Austauschbeziehungen basierende Produktionsmodi von neuem Wissen verdrängen können (vgl. zusammenfassend: Benkler 2004: 21ff). Es gibt allerdings auch Hinweise darauf, dass dekommodifizierte Formen der Wissensproduktion in bestimmten Konstellationen komplementär zu kommodifizierten überleben können (EPO 2007: 87–97). Es bedarf hierzu entsprechender Untersuchungen, die das Spannungsfeld von »friedlicher Koexistenz«, »Ausbeutung« und »Verdrängung« zwischen patent- und nicht-patentgeschützter Wissensproduktion vermessen, entsprechende Verlaufsprozesse studieren und gegebenenfalls notwendige Bedingungen oder Regulationen angeben, die eine egalitäre Koexistenz ermöglichen.

7.4 Kumulative und sequentielle Innovation

Schließlich soll noch auf die alte, jedoch aufs neue zu unterstreichende Feststellung hingewiesen werden, dass auch die größten Erfinder lediglich »Zwerge

61 Vgl. beispielhaft zur Humangenomforschung als Großforschungsprojekt Abels 2000.

62 Siehe dazu die Beiträge von Ladeur/Vesting, Osterloh/Luethi, Metzger und Lutterbeck, alle in: Eifert/Hoffmann-Riem 2008.

auf den Schultern von Riesen« sind.[63] Mit diesem Aphorismus wird der kumulative und sequentielle Charakter von Innovationen gekennzeichnet (Scotchmer 1991; Bessen/Maskin 2006). In jeder patentfähigen Erfindung sind – sei es nun patentfähige oder nicht patentfähige – Vorarbeiten von anderen enthalten. Zwar soll das Kriterium der »Erfindungshöhe« dazu dienen, die spezifische patentierbare Leistung aus dem allgemeinen Prozess des technischen Fortschritts herauszuheben (vgl. Bauer 1993: 112), die Anwendung dieses Kriteriums bleibt allerdings notorisch schwierig. Kaskaden von voneinander abhängigen Patenten tragen dem Umstand kumulativer Erfindungen gegebenenfalls Rechnung, sie können aber andererseits zu einem Patentdickicht (Shapiro 2001) führen. Zu »breiter« Patentschutz kann entweder die Leistungen vorhergehender Erfinder mit aneignen und damit in einem ungerechtfertigtem Maße Rendite beanspruchen, oder er kann nachfolgende Forscher von Inventionen abhalten, da diese bei breiten Patenten keine oder nur geringe, durch starke Abhängigkeit geprägte Chancen auf Patentschutz erlangen, womit die Anreizfunktion des Patentschutzes abgeschwächt wird (vgl. Scotchmer 1991; Alpen 2000).

Angesichts der diachronen Dimension von Erfindungen und der Tatsache, dass Innovationen auf den Leistungen von Vorgängern aufbauen oder sich auf andere Inventionen stützen, gestaltet sich ein »angemessener« Erfindungsschutz als große Herausforderung. Einzelne Erfindungen in diesem Innovationsfluss sauber abzugrenzen von dem, was andere bereits explizit oder implizit vor- und mitgedacht, miterfunden haben, kann sowohl beim Kriterium der Neuheit wie auch bei dem der Erfindungshöhe angesiedelt werden, und die regulative Figur des Durchschnittsfachmanns (Niedlich 2003) im Patentrecht trägt diesem Umstand Rechnung. Da jedoch alle Anmelder auf Maximierung ihrer Patentansprüche ausgerichtet sind, besteht die Gefahr einer »Überbelohnung«. Beim Umfang des Patentschutzes genügend Raum zu lassen für nachfolgende Erfinder, die verbessern, verändern, »außen herum erfinden« (*invent around*), andere Facetten und Anwendungsfelder entdecken, bleibt eine Aufgabe von »ausbalanciertem Patentschutz«. Wie dieser zu erreichen wäre und ob er sich durch die Konkurrenz der Akteure gewissermaßen von selbst einstellt oder erst durch politische Intervention und Regulation erfolgt, ist und bleibt strittig und bildet

63 Der Newton zugeschriebene Ausspruch »If I have seen farther, it is by standing on the shoulders of giants« kann, wie Merton (1980) nachweist, bis zu seinen Ursprüngen in das 12. Jahrhundert zurückverfolgt werden. Er verweist darauf, dass wissenschaftliche Arbeit im Wesentlichen durch Kooperation entstanden ist und sich meist durch selektive Kumulation auszeichnet (vgl. Merton 1985a: 95). Selbst Thomas Kuhn (1962: 52 und 96), der in seiner grundlegenden Arbeit über wissenschaftliche Paradigmenwechsel belegt, dass wissenschaftliche Revolutionen nicht-kumulative Übergänge zwischen inkommensurablen Weltanschauungen sind, betont, dass »normale« Wissenschaft in der Regel kumulativ verfährt.

eine Herausforderung auch für die Theorieentwicklung im Patentrecht (vgl. van Raden et al. 2002).[64]

7.5 Return oder Kredit auf die Investition: Ist früher und breiter Patentschutz die Lösung oder ein Problem?

Wie bereits weiter oben festgestellt, ist die Investitionsschutztheorie heute eine der zentralen Legitimationsfiguren für das Patentrecht. Ein weiterer Zielkonflikt bildet hierbei die Frage, an welcher Stelle *upstream* oder *downstream* im Inventions- und Innovationsprozess der Patentschutz ansetzen sollte. Manche Theoretiker konzeptualisieren Patentschutz nicht einmal als Belohnung oder Rendite für etwas bereits Erfundenes, sondern gewissermaßen als Vorschuss oder »rechtlichen Kredit« für weitere Investitionen in die Innovation. Dies wird am prononciertesten in der *Prospect-Theorie* des Patentrechts von Edmund Kitch ausgeführt. Ihm zufolge gestattet die Erteilung breiter Patente im frühen Stadium eines Erfindungsprozesses dem Patenthalter, ähnlich wie bei Minen-Schürfrechten, das abgegrenzte Feld der Patentansprüche (*the prospect*) zu explorieren und zu erschließen. Die rechtliche Sicherheit erlaube es dem Patentinhaber – und seinen Finanziers – in eine patentierte Technologie zu investieren und entsprechende Aktivitäten zentral zu koordinieren. Außerdem würde dies unnötige und ineffiziente Doppelerfindungen vermeiden und eine optimale Kapital- und Ressourcenallokation sichern (Kitch 1977). Es bedürfe solcher »*ex-ante-incentives*«, um insbesondere im Pharmabereich Innovationen zu ermöglichen (vgl. Burk/Lemley 2003: 334–338).[65]

Dieser theoretischen Argumentation kann als Gegenposition ein berühmter Satz aus einem Urteil des US-Supreme Court gegenübergestellt werden. Dieser lautet: »a patent is not a hunting license. It is not a reward for the search, but compensation for its successful conclusion«.[66]

Weitere Entgegnungen zur Prospect-Theorie sind ökonomisch und wissenschaftssoziologisch begründet. Demnach führt die zentrale Forschungsplanung nicht zu technischem Fortschritt, da es die Initiative von Forschern behindert. Auch die Duplikation gewisser Forschungsanstrengungen sei nicht nur negativ zu bewerten, da diese Zugang zu und Wirkung von neuem Wissen stärke sowie seine Validierung verbessere (Eisenberg 1989: 1060). Ökonomen bestreiten,

64 Daher bleibt zuzustimmen, dass »die Frage nach dem angemessenen Schutz der Erfindungen eine Wanderung auf einem sehr schmalen Grat ist« (Kurz 2000: 585–586).

65 Aus einer gänzlich anderen Sichtweise wird hierzu formuliert, dass durch die Patenterteilung staatlicherseits eine Art *Subvention* gewährt werde, denn Patente sind ein (potentiell) geldwerter Rechtstitel. Diese Interpretation schließt an »alte« Patentrechtsformen, nämlich Patente als staatlicherseits gewährte *Privilegien*, an (Drahos/Braithwaite 2002).

66 Brenner v. Manson, 383 U.S. 519, 536 (1966).

dass frühe und starke Patente zu einer optimalen Ressourcenallokation und Effizienz führen (Mazzoleni/Nelson 1998a und b).[67]

Dabei ist auf ein weiteres Problem hinzuweisen: Ist das vorsorgliche Abstecken von *claims* bzw. *prospects* durch niedrig ausgelegte Patentierungskriterien erlaubt, führt dies im Anmelderverhalten zu Strategien der Vorratspatentierung und zum »Horten« von Patentansprüchen. Es bilden sich daher Strategien des »Vorwärts-Patentierens«, bei denen Terrain spekulativ abgesteckt wird, allein um Wettbewerbern zuvorzukommen.[68] Im Ergebnis können aus solchen offensiv-defensiven Strategien Kosten für alle Beteiligten und die Allgemeinheit entstehen (*lose-lose-game*). Denn es bleibt offen, ob überhaupt in den eigenen Prospect investiert oder nur der »Platz besetzt« wird. Daraus entsteht (Rechts-) Unsicherheit und Bewegungsmangel, die *freedom to operate* wird eingeschränkt, was womöglich zur Folge hat, dass die Felder der Innovation brachliegen (Kieff 2003).[69]

An dieser Stelle sei noch auf einen anderen Aspekt hingewiesen: Das Patentrecht überlässt letztlich der Anmelderschaft, wie sie die Ansprüche abfasst, wo Patentschutz einsetzen soll und wie spezifisch schmal oder unspezifisch breit geschnitten die Ansprüche gefasst werden. Patentämter nehmen allerdings durch ihre Erteilungspraxis Einfluss auf das Anmelderverhalten und überneh-

---

67 Lemley (2004a) unterscheidet grundlegend zwischen *ex-ante und ex-post Rechtfertigungen* für Immaterialgüter, fasst dabei allerdings im Gegensatz zur obigen Nomenklatur begrifflich die public-good Theorie mit ihrer Aussicht auf zukünftiges Einkommen als »ex-ante«-Anreiz, hingegen die Prospect-Theorie und andere Ansätze als »ex-post« Legitimation, wonach gewerbliche Schutzrechte am effizientesten gemanagt werden, wenn sie in einem einzigen Eigentümer konsolidiert werden. Letztendlich rechtfertige diese ex-post-Legitimation breiten, ewigen und unbegrenzten Schutz ohne jegliche Ausnahme. Patentschutz sei nicht mehr ein notwendiges Übel und eine notwendige Antwort auf Marktversagen, sondern eine absolute Machtübergabe über solche Produkte an Private (Lemley 2004a: 23), unter Ausschaltung des Konkurrenzmechanismus. Dieses Argument, so kritisiert Lemley, »stems from a particular sort of myopia about private ordering, in which actions by individual private firms are presumed to be ideal and the traditional role of the market in disciplining errant firms is ignored« (2004: 1a).

68 »[I]n the race to obtain priority of patent protection, there is an increasing tendency to file for patents on new discoveries before a practical application for them has been found and thoroughly proven. Whilst most patent laws have a test for industrial applicability or utility, there is an increasing tendency to try to satisfy this in a general and, at the limit, a speculative way. Such ›*prophetic patents*‹ will often contain no practical information about how to apply the knowledge at all, relying on an application being found at a later date. This can lead to much wasted science in trying to prove or disprove an alleged technical effect. More worryingly it means that a scientist proving some new application for the first time can be blocked by a patent that really has brought no technical teaching or practical benefit to the field. We see this as simply an attempt to patent *knowledge*.« (Royal Society 2003: 12, Rn. 3.30, Hervorhebung I.S.)

69 Es sollte nicht vergessen werden, dass »ein zu umfassender Patentschutz das Wirtschaftsleben behindern und manche Firmen sogar in den Ruin treiben kann« (Kurz 2000: 585). Patentschutz kann aber auch hinsichtlich von bestimmten Technologieentwicklungen und sozialen Schieflagen gesellschaftlich hohe Kosten aufwerfen (vgl. EPO 2007a).

men damit eine kollektive Koordinierungsfunktion, welche von den nach Maximierung ihrer Eigeninteressen strebenden Anmelder nicht oder nur schwerlich geleistet werden kann. Akzeptieren die Patentämter niedrige Schwellen für die Erfindungshöhe, so lädt dies zu frühen, relativ unspezifisch gefassten Anmeldungen ein. Niedrig ausgelegte Patentierungsschwellen und -kriterien können einen Teufelskreis auslösen: Sie induzieren Anmeldungen mit niedriger Qualität, verstopfen damit die Eingangsstation der Patentämter, schaffen Arbeitsrückstände (Backlogging) sowohl bei der Recherche wie bei der Prüfung und führen zur Erteilung von qualitativ schlechten Patenten. Dies setzt Verstärkungswirkungen in Kraft (Harhoff 2006a). Im Übrigen ist zu bedenken, dass sich daraus Patentwettläufe entwickeln können.[70] Die Stärkung und Vermehrung des Patentschutzes erzeugt – ganz in der Logik des Wettrüstens – Patent-Eskalationen, bei denen letztlich fraglich ist, ob daraus überhaupt ein Sieger hervorgeht oder letztlich alle Beteiligten vor allem verlieren (BMWi Beirat 2007; Hall 2005; Harhoff 2006b).[71]

7.6 Zusammenfassung: Die Janusköpfigkeit des Patentschutzes

Zusammenfassend bleibt festzuhalten, dass eine Fülle von sich zum Teil ergänzenden, sich aber auch widersprechenden Theorien sowohl zur Rechtfertigung des Patentschutzes wie auch zur Erklärung seiner Wirkungsweise und zu seiner Kritik bestehen, die in sich nicht immer kohärent sind. Eine integrative »Mastertheorie« des Patentschutzes ist angesichts der beschleunigten Entwicklung des Feldes nicht in Sicht. Vielmehr scheinen sich angesichts der Dynamik des Sektors auch die Fliehkräfte zu verstärken. So bleibt zum gegenwärtigen Zeitpunkt der Diskussion der Hinweis auf die empirischen Beobachtungen, die zu (vorläufigen) Theorien mittlerer Reichweite Anlass geben. Dies beziehen sich zum einen auf die Wirkungsweise des Patentrechts und damit auf die Frage, ob Patentschutz überhaupt die optimale Form der Innovationsstimulierung darstellt oder ob andere Formen hoheitlich-staatlicher Steuerung (Steuererleichterungen, Subventionen, direkte Förderung durch wettbewerbsgesteuerte Ausschreibung, Bürgschaften etc.) oder privater Selbststeuerung hierzu besser geeignet sind. Zum anderen ist in diesen Theorien große Uneinigkeit zu ver-

70 Das Patentwettrüsten und die entsprechende Abschreckungstheorie (*Sperr- oder Defensivpatente*) greift am stärksten unter Großunternehmen. Hat ein Unternehmen es mit einem aggressiven Wettbewerber zu tun, bleibt ihm kaum eine Alternative, als selbst Patente als Waffe im Wettbewerb einzusetzen, also möglichst viele Schutzrechte zu erlangen, um damit im Konfliktfall mit einer Widerklage zum Gegenangriff übergehen zu können (Kurz 2000: 582; Sietmann 2001).

71 Die entsprechenden Probleme werden in der patentrechtlichen Fachdiskussion unter den Termini Sperrpatente, Royalty Stacking und Patentdickicht verhandelt (vgl. Kap. II.F, Tabelle 4).

zeichnen über den besten Zeitpunkt des Einsetzens von Patentschutz, um Effizienz und Effektivität in der Innovation zu sichern: Sollen Patente früh (*upstream*) im Forschungs- und Entwicklungsprozess erteilt werden? Dann ist die gewerbliche Anwendbarkeit häufig spekulativ und hypothetisch, was andere Inventoren vom Eintritt in das Feld abschrecken mag. Wird Patentschutz aber erst relativ spät *downstream* ermöglicht, kann dies Tendenzen zur Geheimhaltung von Wissen stärken. Auch der Umfang eines angemessenen Patentschutzes bleibt eine theoretische Streitfrage (Merges/Nelson 1990), denn wenn Patente sehr breit angemeldet und erteilt werden, kann dies ungerechtfertigte Exklusivität schaffen. Außerdem können durch überlappende Ansprüche mit anderen Patenten Dickichte (*patent thickets*) entstehen, welche den Aufwand für Patentrecherchen und die Transaktionskosten für kumulierende Lizenzverhandlungen in die Höhe treiben.[72]

Als Ergebnis dieser Übersicht über die Wirkungsannahmen und Aporien des Patentschutzes bleibt vor allem die zwangsläufige, unhintergehbare Janusköpfigkeit des Patentschutzes zu konstatieren:

- Patentschutz kann Erfindungen befördern, aber sie auch be- oder gar verhindern.
- Patentschutz ist vor allem wirtschaftspolitisch motiviert, aber (privat)rechtlich kodiert.
- Patentschutz bietet die Aussicht auf einen *return* oder gar einen Vorschuß für Investitionen, muss aber weder die sich in der Innovation konsolidierende Invention, noch die ertragreiche Verwertung im Ergebnis einlösen. Er kann in diesem Sinne die inhärente Unsicherheit und die Zukunfts-Risiken von Innovationen nicht bannen, sondern allenfalls zähmen.

Patentschutz ist jedoch auch mit sozialen Kosten und Lasten für die Allgemeinheit assoziiert, wovon als wichtigste zu nennen sind:

- Probleme des allgemeinen Zugangs zu patentierten Erfindungen, auch als Voraussetzung für darauf aufbauende Neuerungen und Verbesserungen, sofern kein *inventing-around* möglich ist, der Patentschutz absolut ist und der Patentinhaber keine Lizenzierung gestattet (David/Foray 1995; Ullrich 2001a; Andrews 2002).
- Patentschutz kann die Diffusion einer Innovation einschränken (May/Sell 2005).
- Aus der wettbewerbsbeschränkenden, temporären Exklusivstellung des Patentinhabers können Probleme (zu) hoher Preise als Kosten für patentierte Produkte erwachsen (Gifford 2004).

---

72 Zur *Transaktionskostentheorie* des Patentschutzes siehe: Merges 2005, aber auch bereits Arrow (1962: 618).

- Patentierung selbst ruft Kosten für die Erlangung eines Patents sowie für die Einrichtung und Aufrechterhaltung des Systems hervor (Hilken 1989: 116–117). Es wirft zudem Transaktionskosten für Wettbewerber auf. Streitfälle verursachen hohe Gerichtskosten, die insbesondere für kleine und mittlere Unternehmen prohibitiv sein können.[73]
- Patente können Standardsetzungsmaßnahmen negativ beeinflussen, wenn sich nicht die beste Praxis oder die über peer review -Verfahren ermittelte beste technische Norm durchsetzt, sondern die über Patente verliehene Standardsetzungs-Macht andere, gar bessere Lösungen unterdrückt (Ullrich 2007).
- Patentschutz hat distributive Implikationen für die Richtung von Forschungsbemühungen: Wenn Forschung sich nach Profitabilität und zahlungskräftiger Nachfrage ausrichtet, werden dringende soziale Bedürfnisse etwa in der Gesundheitsversorgung oder beim Umweltschutz vernachlässigt und entsprechend notwendige oder sinnvolle Investitionen unterbleiben (Boyle 2003a).[74] Patentschutz als Antwort auf das (partielle) Marktversagen für (Grundlagen-) Forschung lenkt daher den Markt in bestimmte Richtungen, gemäß präsumtiver Nachfrage und Kaufkraft. Er läuft damit Gefahr, Ungleichheiten zu stärken und Forschung in eine Richtung zu lenken, die keineswegs zwangsläufig gemeinwohlfördernd und sozial verträglich ist.

---

73 Mitte der 1990er Jahre lagen die durchschnittlichen Kosten für eine Patentklage in den USA bei 500.000 US-Dollar (Sietmann 2001; Jaffe/Lerner 2005), in Europa sind die Kosten je nach Land in der Regel weitaus niedriger. Kleine Firmen können sich eine Patentklage – sei es nun eine Verletzungs- oder Nichtigkeitsklage – allein wegen der Anwaltskosten und des wirtschaftlichen Risikos in aller Regel nicht leisten.

74 Auf diesen Aspekt wurde in der Arzneimittelforschung insbesondere durch die HIV-Krise sowie die Problematik vernachlässigter tropischer Erkrankungen hingewiesen (Schaaber 2005; WHO 2002 und 2006). Inzwischen gibt es hier innovative Modelle, öffentliche Förderung, aber auch Patentschutz mit Auktionen und staatlichen Ankaufmodellen zu verbinden. Es bleibt jedoch zu konstatieren, dass Patentschutz den Trend zur selbstoptimierenden Lifestyle-Medizin unterstützt, der dem Pharmamarkt mit entsprechenden Produkten (Beispiele: Viagra, Prozac, Ritalin) großen Umsatz verschafft. Hierzu vermerkt Peifer: »Da das Patentsystem als Forschungsanreiz konsequent auf marktgängige Produkte als Forschungsergebnisse setzt, besteht jedenfalls das Risiko, dass Investitionen in weniger marktgängige Segmente, etwa die Erforschung seltener Krankheiten und dafür potentiell wenig nachgefragter Medikamente sowie die Hervorbringung reinen Wissens (Grundlagenforschung) schwach angereizt werden. Öffnet man das Patentsystem gegenüber gesellschaftspolitisch wichtigen Technologien und Arbeitsfeldern, so kann man zwar damit rechnen, dass die privaten Forschungsaufwendungen in diesem Bereich verstärkt werden, doch bewirkt dies auch eine einseitige Erforschung besonders marktrelevanter Felder. Die Investition in nachfragearme, aber gesellschaftspolitisch besonders verdienstvolle Bereiche (wie etwa die anwendungsferne Grundlagenforschung) muss staatlich finanziert werden (Peifer 2003: 447). Dementsprechend kommentiert Ullrich: »Förderung von Forschung und Entwicklung durch Patentschutz erfolgt gerade unspezifisch; die Steuerung erfolgt allein durch die Nachfrage am Markt. Dieser neigt bekanntlich bei Umwelt und Entwicklungsländerbedürfnissen zum Versagen, wenn die Nachfrage nicht regulatorisch gestützt wird (Ullrich 2001a: 112)..

So bleibt anzuerkennen, dass Patentschutz kontradiktorische Effekte aufweist. Die juristische Einfassung des Patentrechts, welche Patente vor allem aus der Erfinderschutz-Perspektive ableitet, tut sich allerdings schwer, diese negativen Implikationen anzuerkennen – ganz zu schweigen davon, dass sie bisher in der Lage wäre, diesen rechtsdogmatisch Rechung zu tragen (vgl. Albers 2003a). Implizit oder explizit geht die Patent-Community davon aus, dass die Benefizienzen des Patentschutzes die Kosten überwiegen (vgl. Kap. I.E). Es bedürfte aber weitaus mehr empirischer Forschungen, um diese Kosten-Nutzen-Abschätzung tatsächlich fundiert beurteilen zu können. Der allgemeine, insbesondere juristische Patentdiskurs begegnet jedem Einwand, der soziale Kosten aufführt, pauschal mit dem Argument, ohne den Patentschutz wären entsprechende Innovationen überhaupt nicht entstanden; dies ist freilich, wie bereits ausgeführt, keine schlüssige und überzeugende Entgegnung.

Der Zweck des Patentrechts liegt, wie eingangs festgehalten, in der Innovationsförderung. Ob dieser Zweck allerdings effektiv und effizient erfüllt wird, bleibt weitgehend fraglich. Darüber hinausgehend stellen sich Fragen nach den Lenkungswirkungen und der Sozialverträglichkeit des Patentschutzes.

Abschließend bleibt mit einem Zitat eines Ökonomen darauf hinzuweisen, dass die Ambivalenz des Patentrechts keine neue Erkenntnis darstellt, auch wenn die Diskussion darüber erst im vergangenen Jahrzehnt wieder vehement aufgebrochen ist. Der Ökonom Fritz Machlup darf als Pionier einer Theorie der Wissens- und Informationsökonomie gelten (Machlup 1962). Er hat sich eingehend mit der ersten Antipatentbewegung von 1850 bis 1870 beschäftigt und diese Patentdebatte aufgearbeitet (Machlup 1961) und er hat zusammen mit Edith Penrose (1951) für den US-Kongress bereits früh eine historisch fundierte Studie zur Ökonomik des Patentsystems vorgelegt (Machlup 1958).[75] Sein Fazit lautet:

75 Fritz Machlup und Edith Penrose haben die ökonomischen Implikationen des Patentsystems in einer grundlegenden historischen Längsschnittstudie für den US-Congress erstmals untersucht. Sie analysierten unter anderem die Wirtschaftsentwicklung der beiden »patentlosen« Staaten Niederlande und Schweiz im Vergleich zu Staaten, die über ein Patentsystem verfügten. Obgleich diese beiden Länder im 19. Jahrhundert kein Patentsystem besaßen, bremste dies ihre wirtschaftliche Entwicklung nicht; in dieser Zeit entstanden die schweizerische Chemieindustrie und der niederländische Philips-Konzern. Erst auf den Druck des Auslands hin führten sie 1907 beziehungsweise 1912 Patentrechtsgesetze ein. Auch weitere empirische Erhebungen zeitigten kein eindeutiges Ergebnis für das Patentsystem (vgl. Murmann 2003; Kurz 2000: 584; van den Belt 2003: 230f). Machlup und Penrose zogen daraus folgende Konklusion: »If national patent laws did not exist, it would be difficult to make a conclusive case for introducing them; but the fact that they do exist shifts the burden of proof and it is equally difficult to make a really conclusive case for abolishing them« (Penrose 1951: 40).
»If one does not know whether a system ›as a whole‹ (in contrast to certain features of it) is good or bad, the safest ›policy conclusion‹ is to ›muddle through‹ – either with it, if one has long lived with it, or without it, if one has lived without. If we did not have a patent system, it would be irresponsible, on the basis of our present knowledge of its economic consequences,

»Das Fehlen jeder empirischen Information sowohl für die Unterstützung als auch für die Ablehnung der These, dass das Patentsystem eine wirksame Förderung für erfinderische Forschung darstellt – und damit auch für die Produktion gesellschaftlich neuer, technologischer Erkenntnis – ist in hohem Maße frustrierend. Die ungläubigen Thomasse sind gewöhnlich schüchtern und zurückhaltend aus Furcht, sie könnten sich den Zorn der Gläubigen zuziehen. [...] Die Befürworter des Patentschutzes haben seit Jahrhunderten ihren Glauben an diese Institution gepredigt, und ihre Darlegungen werden auch nicht durch einen Schatten von Zweifel getrübt. Sie mögen wohl die Wahrheit auf ihrer Seite haben – aber der Glaube allein und kein Beweis stützt sie« (Machlup 1970: 171).

Diese Feststellung trifft wohl auch heute noch zu. Obgleich mittlerweile eine Fülle von empirischen Studien vorliegen, bleibt die empirische Beweiskraft für die Überlegenheit des Patentsystems *insgesamt* gegenüber anderen Innovationsanreizen und -prozessen gleichwohl bestritten.[76]

Das Patentsystem weist aufgrund seines institutionellen Bestehens ein starkes Beharrungsvermögen auf. Inzwischen wird allerdings die Gefahr einer »Hypertrophie« (Zypries 2004) oder einer Implosion des Patentsystems offen diskutiert (vgl. EPO 2007a). Ohne der Analyse dieser Prozesse und den Ergebnissen dieser Arbeit vorgreifen zu wollen, bleibt daher darauf zu verweisen, dass solide empirische Wirkungsanalysen und Untersuchungen zum volkswirtschaftlichen Kosten-Nutzen-Verhältnis des Patentwesens in spezifischen Bereichen noch immer äußerst rar sind, aber notwendig wären, um die gewerblichen Schutzrechte wieder auf ihren funktionalen Kern zurückführen. Insbesondere fehlt es an theoretischen und empirischen Studien, welche die Dynamik des Patentsystems angemessen abbilden. *Ob* das Patentsystem daher seine Zwecke der Innovationsförderung erfüllt und ob es diese effizient erfüllt, ist heute unsicherer denn je (vgl. EPO 2007a). Damit ist zudem nicht nur der Bedarf an Theorien aufgeworfen, die angemessener die Funktion und Wirkung von Patentrechten beschreiben, sondern es ist auch notwendig, geeignete wissenschaftliche Indikatoren zu entwickeln, um zu evaluieren, ob und wann Patentschutz dysfunktional wird. Überdies ist eine Warnung an die politische Praxis gegeben, die positiven Implikationen des Patentschutzes nicht zu überschätzen und die negativen Konsequenzen überhaupt wahrzunehmen (vgl. BMWi Beirat 2007). Eine »aufgeklärte« und reflexive Patentrechtstheorie müsste strittige Effizienzannahmen,

to recommend instituting one. But since we have had a patent system for a long time, it would be irresponsible, on the basis of our present knowledge, to recommend abolishing it«(Machlup 1958: 80).

76 Die Gemeinwohlorientierung des Patentrechts soll darin liegen, Innovation zum volkswirtschaftlichen Nutzen und zur allgemeinen Wohlfahrtssteigerung zu stimulieren. An diesem Anspruch ist die konkrete Ausgestaltung des Patentrechts zu messen. Erstaunlicherweise fehlt es jedoch weiterhin an konkludenter empirischer Evidenz, dass die *benefits* des Patentsystems seine Kosten überwiegen (vgl. ETAG 2007; Mazzoleni/Nelson 1998a; Merges/Nelson 1990, Murmann 2003; Hilken 1989: 117f; ALRC 2004a; NAS 2006).

normative Konflikte und problematische verteilungspolitische Implikationen des Patentschutzes (vgl. Döbert/van den Daele 2002) thematisieren und Methoden entwickeln, diese empirisch sichtbar und überprüfbar zu machen.

8. Die notwendige Neubegründung des Sozialvertrags im Patentrecht

Zumindest im europäischen Patentrecht zählt die Idee eines Sozialvertrages zwischen Erfinder und Gesellschaft zu seinen konstitutiven Leitvorstellungen. Josef Kohler, der Spiritus Rector des deutschen Patentrechts, der erstmals den Begriff »Immaterialgüterrecht« prägte, formulierte hierzu, Sinn und Zweck des gewerblichen Rechtsschutzes sei es,

> »in gewerblicher Verwerthung den Vortheil des Producenten mit dem Vortheil des Publikums zu verbinden« (Kohler 1878: 9).

Das Prinzip von Leistung und Gegenleistung drückt sich auch in der juristischen Diskussion in verschiedenen Varianten aus. Die klassische Form des *quid pro quo* rechtfertigt das patentrechtlich verliehene temporäre Monopol damit, dass dies dem Patentinhaber diejenigen Wettbewerbsvorteile gewähre, die sonst nur die Geheimhaltung sichern würde. Der Patentinhaber sei im Gegenzug zur Offenlegung seiner Erfindung verpflichtet und stelle dieses Wissen damit der Allgemeinheit zum volkswirtschaftlichen Nutzen zur Verfügung (vgl. Bauer 1993: 113). Dieses Tauschgeschäft »Exklusivität gegen Offenbarung« soll daher, so die Annahme, zu dem führen, was heutzutage gerne »win-win-Situation« genannt wird. Eine Kritik dieser Annahmen der Offenbarungstheorie ist bereits weiter oben erfolgt; sie hat deutlich gemacht, dass unter den heutigen Bedingungen eine solche Fassung des Sozialvertrags obsolet geworden ist.

Anspruchsvollere Varianten des *do ut des* fordern, dass der Lohn für den Erfinder in einem vernünftigen, angemessenen, proportionalen Verhältnis zu dem stehen solle, womit der Forscher die Gesellschaft bereichert habe (BVerfG 2001[77]; van Raden/von Renesse 2002), wobei allerdings der anzulegende Maßstab der Verhältnismäßigkeit offen bleibt.

Vor allem Ökonomen sprechen demgegenüber bevorzugt von multiplen *trade-offs* beim Patentschutz, die zu beachten seien.[78] Hier werden im Sozialvertragsgedanken in stärkerem Maße Abwägungen in den Patentschutz eingeführt.

77 Das ausschließliche Nutzungsrecht werde von der Rechtsordnung gewährt als »angemessene[r] Lohn für die Bereicherung der Allgemeinheit« (BVerfG 2001: 44).

78 Der schillernde englische Begriff *trade-off* bezeichnet sowohl Tauschgeschäfte, wie auch Zielkonflikte, gegenseitige Abstimmungsnotwendigkeiten und Abwägungsprärogative.

Diese bestehen etwa zwischen dem Anreiz, neues technisches Wissen überhaupt zu generieren, den der Patentschutz gewährt, und den Transaktionskosten durch den Patentschutz selbst, welche die Effizienz von Wissensmärkten einschränken. Ein weiterer trade-off besteht zwischen der Stimulationswirkung für die Genese neuer Technologien, aber der Einschränkung in ihrer Diffusion. Ebenso ergeben sich Abwägungsbedarfe und potentielle Friktionen zwischen den Interessen der Schöpfer und jenen der Nutzer von patentierten Gegenständen (Boyle 2003a). Der so genannte *structural trade-off* des Patentsystems liegt darin, dass um der Anreizwirkung willen für innovative Aktivitäten und neue Wissensgüter in der Zukunft durch das temporäre Monopol der Zugang zu existierenden Wissensprodukten restringiert wird. In einem weiteren Sinne sollte beim Patentschutz eine Abwägung zwischen den individuellen Interessen des Anmelders nach exklusiver Aneignung von Wissen und dem öffentlichen Interesse an einem freien Zugang zu breit anwendungsfähigem und nützlichem Wissen erfolgen (Ullrich 2002: 76). Diese Forderung nach einer Berücksichtigung und Stärkung der Public Domain ist im juristischen Patentrechtsdiskurs überwiegend unterbelichtet geblieben[79], bildet aber eine wichtige Orientierung für eine Neufassung des Sozialvertrages im Patentrecht.

Die Idee eines Sozialvertrages im Patentrecht bleibt eine wichtige Leitvorstellung, denn die ihr inhärente Gleichgewichtsidee, ebenso wie die Idee von Billigkeit, wenn nicht Fairness oder gar »Gerechtigkeit«, bilden ein wichtiges »intuitives« Legitimierungsmotiv und eine Norm, die Ansatzpunkte für kritische Stimmen liefert.[80] Im Gegensatz dazu bildet der »reine« Erfinderschutz, insbesondere in seiner naturrechtlichen Verbrämung, keinen solchen semantischen und ideellen Ansatzpunkt für eine kritische und abwägende Diskussion. Die Sozialvertragstheorie trägt jedoch bislang eine allzu harmonistische Konnota-

---

79 Als Ausnahmen wären in Deutschland vor allem zu nennen: Ullrich (2001a) mit einer primär wettbewerbsrechtlichen Perspektive und Godt (2005), die eine regulative Inhaltsbestimmung des Patentschutzes vertritt. Aus Großbritannien ruft inzwischen Cornish (2004), einer der großen akademischen Patentrechtskenner, als Emeritus zur Mäßigung und geißelt von ihm als Omnipotenzwahn interpretierte Expansionstendenzen der Intellectual Property Rights. Aus Australien widmet sich Drahos (1996) vor allem den Konsequenzen für Entwicklungsländer. In den USA wären, mit unterschiedlicher Akzentuierung, aufzuführen: Eisenberg 1989; Rai 1999, Boyle (2003 b, c, 2004), Burk/Lemley 2003, Reichman 2000, Davis 1989, 2005, Bagley 2003. In den USA ist die kritische Diskussion *innerhalb* der akademischen Patent*rechts*disziplin wesentlich verbreiteter als in Europa, auch wenn Boyle (2003a) diese zu Recht als eine Aufspaltung in »Minimalisten« und »Maximalisten« reflektiert, welche zumeist nicht über eine utilitaristische Verkürzung der insgesamt weiter reichenden Problemstellungen hinausgehe.

80 Es bleibt aber hervorzuheben, dass das Prioritätsprinzip, wonach dem Erstanmelder (Europa) bzw. dem Ersterfinder (USA) der »ganze Kuchen« zusteht, insofern einer egalitären Gerechtigkeitsidee widerspricht, als eine Aufteilung auf alle diejenigen, welche zu einer neuen, technisch nutzbaren Idee beigetragen haben, nicht vorgesehen ist. Eine Ausdifferenzierung zwischen verschiedenen Gerechtigkeitsprinzipien, wie etwa Leistungs-, Verdienst-, Bedürfnis- oder Verfahrensgerechtigkeit für das Patentrecht kann hier nicht geleistet werden.

tion, denn sie geht meistens von einer Übereinstimmung von Erfinder- und Allgemeininteressen aus. Das Allgemeininteresse ist in zweifacher Hinsicht entscheidend: Zum einen leitet sich die Existenzberechtigung des Patentrechts aus dem Allgemeininteresse an Innovationsförderung ab. Zum anderen beruht »die konkrete Ausgestaltung der Schutzvoraussetzungen und Schranken auf einer sorgfältigen Abwägung zwischen dem Schutzinteresse des Rechtsinhabers und Zugangsinteresse der Allgemeinheit« (Ohly 2003a: 548–549), weshalb es einer jeweiligen Feinabstimmung zwischen Rechtsschutz und Zugangsfreiheit bedarf.

Deshalb bedarf es einer Neubegründung des Sozialvertrags im Patentrecht, die der Janusköpfigkeit des Patentschutzes Rechnung trägt, indem sie Spannungsverhältnisse zwischen den Interessen von Erfindern bzw. Patentinhabern und Allgemeinheit hervorhebt, und Konflikte thematisiert. Die Diskussion der Patentrechtstheorien hat aufgezeigt, dass es eines breiteren Rahmens bedarf, um Form, Funktion und Ausgestaltung des Patentrechts zu erfassen und zu beurteilen. Die Juristen haben sich lange mit dem Rechtspositivismus begnügt und Legitimationsfragen weitgehend außer Acht gelassen. Ökonomen sind auch an Fragen des Wettbewerbs und der Zugangsfreiheit geschult und beschäftigen sich unter anderem mit dem Nachweis von Effektivität und Effizienz des Patentsystems, wobei Innovation allerdings weitgehend eine *Black Box* bleibt. Eine sozialwissenschaftliche Perspektive geht darüber hinaus, indem sie danach fragt, was die Gesellschaft erwartet und fordert, wobei die Legitimation des Patentsystems hier nicht allein von ihrer Effizienz her – geleitet von bestimmten Optimierungsvorstellungen – geführt wird. Vielmehr stellen sich dabei auch Fragen danach, welche Form und Richtung Innovation nehmen soll, um diese sozial- und umweltverträglich auszugestalten.[81] Es geht also nicht allein um technologisch gestütztes Wachstum und ökonomische Konkurrenzfähigkeit, sondern auch um distributive, normativ-ethische und Nachhaltigkeits-Aspekte.[82] Weder

81 »Dass sich das Patentrecht als Forschungs- und Innovationsinstrument auch in die ordnungs- und sozialpolitische Werteordnung einer kulturellen Gemeinschaft einfügen muss, wird zwar pauschal anerkannt, doch in Detailfragen nur selten in Erinnerung gerufen« (Peifer 2003: 436).

82 Ein entsprechendes europäisches Verständnis bezieht sich auf das Precautionary Principle und einen gemeinsamen europäischen Ordre Public. Im Rahmen der Beratungen über die EU-Grundrechte-Charta und eine gemeinsame europäische Verfassung hat die Ethikberatungsgruppe der Europäischen Kommission im Jahr 2000 auf Anfrage von Kommissionspräsident Prodi einen orientierenden Report zu Bürgerrechten und Neuen Technologien verfasst (EGE 2000b). Darin formuliert die Gruppe Zielvorgaben für Wissenschafts- und Technologieförderung, die im Einklang mit der europäischen Wertekultur stehen: »science and technology should strive to alleviate the suffering, inequality, injustice, and discrimination that tradition and nature have brought out. Moreover, science and technology should not introduce new suffering, inequality, injustice, servitude, constraints or discrimination. In this respect science, technology and multiculturalism face many challenges in the field of biotechnology and ICT« (EGE 2000: 4).

Patentschutz noch Innovation sind demnach ein Selbstzweck, vielmehr werden diese in normativer Weise daraufhin befragt, ob und wie ihre jeweilige Ausgestaltung dazu beitragen kann, globale Herausforderungen und soziale Probleme zu lösen. Zudem lässt sich diese Frage auch andersherum stellen, um nicht einem Problemlösungsbias zu unterfallen (Mayntz 2001), nämlich danach, ob das Patentrecht in seiner bisherigen Form und Ausgestaltung soziale Probleme schafft, die einer Lösung im Sinne seiner Rekonfiguration bedürfen.

Hierzu wurde bereits darauf hingewiesen, dass das Patentrecht weder zwangsläufig innovationsfördernd noch per se »gerecht« ist, sondern vielmehr asymmetrische Wirkungen entfalten und damit einige Akteure zugunsten anderer bevorteilen kann. Solange diese Implikationen latent bleiben, werden sie von den Betroffenen vor allem erlitten und geduldet, denn sie manifestieren sich häufig nicht offensichtlich als durch das Patentrecht verursacht sondern werden gegebenenfalls anderen Faktoren attribuiert. Das Patentsystem kann soziale Kosten hervorrufen, die externalisiert werden, etwa dadurch, dass die temporäre Monopolisierung Zugangsbarrieren zu allgemein notwendigem Wissen schafft oder zu überhöhten Preisen und zur Fehlausrichtungen von Forschung und Entwicklung führt.

Die Janusköpfigkeit des Patentschutzes verweist darauf, dass Patente als Instrument der Machtausübung genutzt werden und dadurch Konflikte entstehen können. Diese sollten expliziert und auch gegenläufige Interessen und Präferenzen artikulationsfähig gemacht werden, um sie in politischen Argumentations- und Aushandlungsprozessen auszutragen.

Eine Politisierung des Patentrechts bedeutet, die *im* und *durch* das Patentrecht entstehenden gesellschaftlichen Spannungen auszuweisen sowie einer öffentlichen und transparenten Debatte zuzuführen. Diese kann insofern auf das Patentsystem zurückwirken, als durch die Auslegung der Patentregeln bei neuen Technologien Einfluss auf Art und Grad der Patentierbarkeit und damit auf sozio-technische Trajektorien genommen wird.

Die in den vergangenen beiden Jahrzehnten erneut vehement aufgebrochenen Debatten über das Patentrecht haben dazu geführt, dass diesem neue Begründungs- und Rechtfertigungserfordernisse auferlegt wurden. Diese liegen zum einen darin, nachzuweisen, dass es einlöst, was es behauptet, nämlich ein innovations- und gemeinwohlförderliches Rechtsinstitut zu sein. Damit werden nunmehr gewisse Rechenschaftspflichten erhoben, das heißt, das Patentsystem soll der Gesellschaft gegenüber nachweisen, was es erreicht. Aufgrund einiger potentiell negativer und sozial unerwünschter Auswirkungen des Patentschutzes bedürfte es zudem Maßnahmen, diese zu antizipieren und abzumildern oder ihr Auftreten möglichst zu vermeiden. Die Idee des Sozialvertrags kann dabei dazu dienen, das Patentsystem an seinen öffentlichen Auftrag zu erinnern und somit zurück auf Gesellschaft und Politik hin zu orientieren. Diese Anmerkungen sollen als Kontext und Hintergrund dafür dienen, eine Reihe von neuen Problematisierungen zu verstehen und einzuordnen, die im Laufe des untersuchten Politikprozesses um die EU-Biopatentrichtlinie artikuliert wurden.

D Die Architektur des europäischen Patentsystems

Das europäische Patentsystem ist durch eine komplexe, multipolare Konstellation zwischen der nationalen, europäischen und internationalen Ebene mit Parallelstrukturen, aufgeteilten Kompetenzen, Verflechtungen und in einiger Hinsicht auch Rivalitäten charakterisiert. Für die Zwecke dieser Arbeit ist eine Darstellung der Grundzüge des Systems auf der supranationalen Ebene wichtig, denn für die Analyse der Governance des europäischen Patentsystems und deren Entwicklung seit 1988 ist die Besonderheit dieses Systems zu berücksichtigen: Es gibt hier zwei zentrale Grundpfeiler, die Europäische Patentorganisation auf der einen und die Europäische Union auf der anderen Seite. Diese Doppelstruktur ist nicht nur in ihrer statischen Architektur, sondern auch in ihrer Evolution zu betrachten, denn die Europäische Patentorganisation (EPO) hat sich in den vergangenen drei Jahrzehnten mindestens ebenso stark wie die Europäische Union verändert. Auch wenn – im Gegensatz zur Gemeinschaft – ihre Statuten weitgehend unverändert geblieben sind, so sollen doch auch die dynamischen An- und Umbauten dieser Institution, die sich durch Erweiterungen und ein verändertes Anmelderverhalten ergeben haben, betrachtet werden.

Im Folgenden stelle ich zunächst die Europäische Patentorganisation mit ihren Vertragsgrundlagen und Zielsetzungen vor und zeige anhand der Entwicklung der EPO-Vertragsstaaten einerseits und der Mitgliedsstaaten in der Europäischen Gemeinschaft andererseits parallele Wachstums- und Integrationsprozesse auf. Ein weiterer Analyseschritt umfasst die Governance-Struktur der Europäischen Patentorganisation mit ihren Haupt-Organen. Da das Europäische Patentamt die zentrale Institution des europäischen Patentsystems bildet, wird es in seiner Wachstumsdynamik beleuchtet. Dabei wird auch auf die Reformprozesse der Europäischen Patentorganisation und die formell-institutionellen Hürden, die diese erschweren, sowie auf problematische Entwicklungen und Demokratiedefizite in der EPO-Struktur einzugehen sein, wobei gleichzeitig auf den voll ausgebildeten supranationalen Charakters der EPO hingewiesen wird. Da die Europäische Union den zweiten institutionellen Pfeiler der europäischen Patent-Governance bildet, werde ich in einem gesonderten Abschnitt deren Kompetenzen und Gestaltungsversuche für das europäische Patentsystem darstellen, um abschließend das Verhältnis zwischen der EPO und der EU in Bezug auf die europäische Patentpolitik zusammenfassend zu beschreiben.

1. Die Europäische Patentorganisation (EPO)

1.1 Zweck und Zielsetzung, rechtliche Grundlagen

Die Europäische Patentorganisation (EPO) als supranationale Organisation ist im Wesentlichen das Produkt eines »Geburtsfehlers«, denn sie ist in ihrer heutigen Form durch das Scheitern eines EU-Gemeinschaftspatentübereinkommens (GPÜ) entstanden. Auf diesen Punkt werde ich später noch eingehen. Als die intergouvernementale Europäische Patentorganisation 1977 gegründet wurde, beruhte dies auf einem völkerrechtlichen Vertrag, dem Europäischen Patentübereinkommen (EPÜ), das am 5. Oktober 1973 auf einer diplomatischen Konferenz in München von 16 europäischen Staaten unterzeichnet wurde und am 7. Oktober 1977 in Kraft trat. Bis zu diesem Zeitpunkt war das Übereinkommen von den sieben Staaten Belgien, Frankreich, Bundesrepublik Deutschland, Luxemburg, den Niederlanden, der Schweiz und Großbritannien ratifiziert worden. Damit konnte 1977 das Europäische Patentamt aufgebaut werden. Bald traten der EPO weitere Staaten bei.

Ziel des EPÜ ist es, wie in seiner Präambel niedergelegt, die Zusammenarbeit zwischen den europäischen Staaten auf dem Gebiet des Erfindungsschutzes zu verstärken und einen solchen Schutz »durch ein einheitliches Patenterteilungsverfahren und durch die Schaffung bestimmter einheitlicher Vorschriften für die nach diesem Verfahren erteilten Patente zu erreichen« (EPÜ, Präambel). Durch das EPÜ wurde ein in den Vertragsstaaten gemeinsames europäisches Recht für die Erteilung von Erfindungspatenten geschaffen. Zweck des Übereinkommens war es, Patentanmeldern zu ermöglichen, durch eine einzige europäische Patentanmeldung und mit einem zentralisierten europäischen Patenterteilungsverfahren Patentschutz für alle diejenigen EPÜ-Vertragsstaaten zu erhalten, die vom Anmelder in seiner Patentschrift benannt werden.

An dieser Stelle sei darauf hingewiesen, dass das auf diesem Wege erlangte Patent daher kein europäisches Einheitspatent, sondern ein »Bündelpatent« ist: Es verschafft Anmeldern die Option, »à la carte« diejenigen europäischen Staaten auszuwählen, für welche der Patentschutz für die eigene Erfindung Geltung erlangen soll. Abgesehen von den beiden Instanzen des beim Europäischen Patentamt (EPA) angesiedelten Einspruchsverfahrens (binnen neun Monaten nach Erteilung) und des verwaltungsinternen Beschwerdeverfahrens ist jedoch die rechtliche Durchsetzung der Wirkung eines Patentes nicht europäisch zentralisiert, sondern bleibt weiterhin allein auf der nationalen Ebene angesiedelt.

Zwar bezweckt das EPÜ, das Patentrecht seiner Vertragsstaaten zu harmonisieren, es sollte aber nicht die nationalen Patentämter ersetzen, sondern diese lediglich ergänzen. Auf diese Weise entstand eine *parallele* Struktur zwischen nationalen Patentämtern und Europäischem Patentamt, die weitreichende Folgen hatte und noch heute hat.

Für die Anmelder hat dies zur Konsequenz, dass es ihnen weiterhin offen steht, den nationalen Weg der Patentanmeldung zu wählen. Inzwischen sind die jeweilige nationale, europäische und internationale[1] Route der Patentanmeldung über eine Vielzahl von Mechanismen ineinander verflochten, was Übergänge zwischen den verschiedenen Routen ermöglicht, den Anmeldern damit aber gleichzeitig interessenorientierte »Ausweichoptionen« verschafft, um an ein Patent in der von ihnen gewünschten Zeit und Form zu gelangen. Eine Folge dieser Parallelstruktur ist daher auch, dass eine Wettbewerbssituation zwischen den nationalen Patentämtern und dem europäischen Patentamt entstanden ist, durch die auch die Gestaltungsmöglichkeiten der einzelnen Ämter restringiert werden.

Zur Reichweite der Patente ist darauf hinzuweisen, dass ein vom EPA erteiltes europäisches Bündelpatent einem durch ein nationales Patentamt erteilten Patent gleichwertig ist und nach der Erteilung in voneinander unabhängige nationale Patente »zerfällt«. Das weitere rechtliche Schicksal eines erteilten Patentes bestimmt sich daher überwiegend nach nationalem Recht. Dies gilt insbesondere für seine Verwertung (Übertragung, Einräumung von Lizenzen), seine Durchsetzung im Verletzungsfall und sein Erlöschen, aber auch hinsichtlich der Erteilung von Zwangslizenzen und der Reichweite des Forschungsprivilegs. In einigen zentralen Punkten bleibt das europäische Patent jedoch auch nach seiner Erteilung allein dem EPÜ unterworfen. Dies gilt insbesondere für die Nichtigkeitsgründe, den Schutzumfang[2] und die Schutzdauer, sowie nach dem EPÜ 2000 für das zentrale Beschränkungsverfahren (Treichel 2004).

Verletzungs- und Nichtigkeitsklagen gegen ein in mehreren europäischen Staaten gültiges, europäisches Patent können aufgrund dieser institutionellen Spaltung zwischen Erteilung und Wirkung nur einzeln vor den jeweiligen nationalen Gerichten eingereicht werden. Da es bisher keinen Europäischen Patent-

1 Ein Europäisches Patent kann, wie bereits in Kap. I C erwähnt, auch durch eine Internationale Anmeldung nach dem 1970 geschlossenen Patentzusammenarbeitsvertrag (PCT = Patent Cooperation Treaty) und durch Einleiten der regionalen EP-Phase nach Abschluss der internationalen Phase erlangt werden.

2 Der Schutzumfang wird jedoch nicht vom EPA bestimmt, sondern von den allein dafür zuständigen nationalen Verletzungsgerichten und zwar jeweils immer nur in einem konkreten Verletzungsfall. Die Folge davon ist, dass nationale Gerichte bei der Verletzung das EPÜ anwenden müssen.

gerichtshof gibt, bleibt insofern die Supranationalität des europäischen Patentrechts unvollständig.[3]

Vom Ziel der Vereinheitlichung des Rechts ausgehend lässt sich folgern, dass durch das EPÜ das europäische Patentrecht harmonisiert wurde hinsichtlich der Gegenstände der Patentierbarkeit (*subject matter, patent eligibility*), der Kriterien für die Erteilung von Patenten, der Prioritätszeitpunkte sowie teilweise der Wirkungen eines Patents und der Dauer des Patentschutzes. Nicht harmonisiert wurden hingegen Zwangslizenzen, die Fragen einer Neuheitsschonfrist[4], Arbeitnehmererfindungen, das Forschungsprivileg und Detailfragen der Patentverletzung.

Zum rechtlichen Rahmen der EPO zählt neben dem EPÜ als Vertragstext die sogenannte Ausführungsordnung zum EPÜ (EPÜ-AO), die gemäß Artikel 164 EPÜ integraler Bestandteil des EPÜ ist und vom Verwaltungsrat der EPO geändert werden kann. Daneben spielen auch die Richtlinien für die Prüfung im Europäischen Patentamt im Normengeflecht des EPÜ, insbesondere in der Prüfungspraxis, eine wichtige Rolle. Sie enthalten Anweisungen hinsichtlich der Patentierungserfordernisse und des Verfahrens, das bei den verschiedenen Aspekten der Prüfung europäischer Anmeldungen und Patente nach dem EPÜ anzuwenden ist (Treichel 2004). Diese Prüf-Richtlinien werden vom Europäischen Patentamt amtsintern erstellt und kontinuierlich weiter fortgeschrieben; dabei gehen sowohl die Entscheidungen der Beschwerdekammern, insbesondere der Großen Beschwerdekammer als amtsinterne höchste Instanz, als auch amtsinterne Praxisabstimmungs-Verfahren, die in den technologiespezifischen Clustern und Direktoraten entwickelt werden, ein.[5]

---

3 Auf die im Dezember 2009 erfolgte Einigung im Rat der EU, einen gemeinsamen europäischen Patentgerichtshof einzurichten, wird später eingegangen.

4 Die Neuheitsschonfrist ist zwar in Art. 55 EPÜ partiell geregelt, allerdings in einer Form die nur selten zur Anwendung kommt (z.B. Missbrauch der Erfindung oder Ausstellung auf bestimmten Messen). Problematisch dabei ist auch, dass diese Frist sechs Monate vor dem Anmeldedatum gerechnet wird und damit oft noch in den Prioritätszeitraum fällt. Mitgliedsstaaten des EPÜ können aber keine davon abweichenden Regelungen erlassen, da sie für die Frage der Neuheit an das EPÜ gebunden sind.

5 Amtsübergreifend besteht das *Practice and Procedure Committee* (PPC), in dem auch Vertreter der Technologie-Cluster sitzen. Diese geben interne und externe Richtlinien für die Prüfung, Recherche und Einspruch, aufbauend auf der Rechtsprechung der Generaldirektion 3 (Beschwerdekammern) heraus. Im *Joint Cluster Biotech* gibt es außerdem ein *Biopractice Committee* (BPC) in dem für spezielle Biotech-Fragen Prüfungsleitlinien entwickelt werden (z.B. Microarrays, Antibodies etc.). Diese werden nur intern verwendet und geben eher eine Argumentationshilfe als fest verbindliche Vorgaben. (Schriftl. Mitteilung, EPA-Mitarbeiter, 11.06.2008)

1.2 Die Entwicklung der EPO- Vertragsstaaten und der EU-Mitgliedschaften

Die Entwicklung der Europäischen Patentorganisation ist insofern als Erfolgsmodell zu betrachten, als ihr ein rasches Wachstum zuteil wurde. Nach der im Jahr 1977 erfolgten Gründung durch sieben »kerneuropäische« Staaten waren 1988, dem Basisjahr meiner Untersuchung, bereits 13 Staaten dem EPÜ beigetreten und damit Mitglied der EPO, darunter Schweden als nordeuropäisches Land, sowie Italien, Griechenland und Spanien als südeuropäische Staaten. Bis zum Jahr 2010 hat sich diese Zahl auf 37 Vertragsstaaten erhöht. Neben weiteren skandinavischen und südeuropäischen Staaten, inklusive der im Jahr 2000 beigetretenen Türkei, kam es zu einer Ost- und Südosterweiterung auf die früheren Ostblockstaaten, bis hin zur Aufnahme der Nachfolgerepubliken des ehemaligen Jugoslawien. Mit einer Reihe der letzteren und weiteren Staaten sind inzwischen auch bilaterale EPÜ-Erstreckungsabkommen unterzeichnet, wodurch der Patentschutz vom Anmelder auf diese Staaten ausgedehnt werden kann. Zuletzt wurde in 2010 ein Erstreckungsabkommen mit Marokko offiziell vorbereitet. Serbien wurde als nächstes eingeladen, dem EPÜ beizutreten, bei Mazedonien, San Marino und Albanien ist dies in 2009 und 2010 bereits erfolgt.

Wie die Tabelle 1 zeigt, sind die Mitgliedstaaten der EPO und der EU weitgehend koextensiv. Es zeigen sich synchrone Erweiterungsmuster, wobei festzustellen ist, dass der EPÜ-Beitritt in aller Regel sogar der EU-Mitgliedschaft vorausgeht. Diese Parallelität ist von der EU politisch gewünscht, und so wurde denn auch der Beitritt zum EPÜ zum Bestandteil des *acquis communautaire* und damit zur Aufnahmebedingung für die neuen östlichen Vertragsstaaten der EU im Jahr 2004 gemacht (Artelsmair 2003: 296; 419; Sadlonova 2005).

Gleichwohl sind die Mitgliedsstaaten nicht deckungsgleich (vgl. Grafik 1): Zwar sind alle EU-Mitglieder auch EPÜ-Vertragsstaaten, doch sind umgekehrt nicht alle EPÜ-Vertragsstaaten EU-Mitglieder. So umfasste die EPO von Anbeginn an mit der Schweiz auch ein Land, das auf absehbare Zeit nicht der EU beitreten dürfte. Inzwischen sind darüber hinaus Liechtenstein, die Türkei, Monaco, Island, Norwegen, Kroatien und Mazedonien EPO-Mitglieder, mithin gibt es derzeit insgesamt acht EPÜ-Vertragsstaaten, die nicht der Europäischen Gemeinschaft angehören. Dies hat bedeutsame Konsequenzen für rechtliche Harmonisierungsprozesse und bildet insbesondere eine große Hürde für eine potentielle Überführung der EPO in die Europäische Union.

Grafik 1: Schnittmengen von EPO und EU-Mitgliedsstaaten 2010

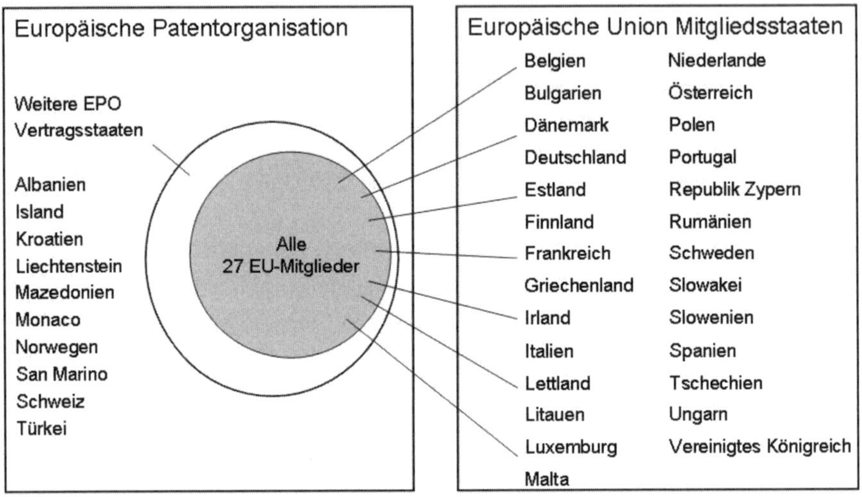

Quelle: EPA Jahresbericht 2008 und eigene Recherchen

Tabelle 1: Mitgliedsstaaten der Europäischen Patentorganisation und der Europäischen Union, nach Beitrittsjahr

	Staat	*Beitrittsdatum EPO*	*Beitritt zur EU*
1	Deutschland (*)	07.10.1977	23.07.1952
2	Niederlande (*)	07.10.1977	23.07.1952
3	Belgien (*)	07.10.1977	23.07.1952
4	Luxemburg (*)	07.10.1977	23.07.1952
5	Frankreich (*)	07.10.1977	23.07.1952
6	Großbritannien (*)	07.10.1977	01.01.1973
7	Schweiz (*)	07.10.1977	–
8	Schweden	01.05.1978	01.01.1995
9	Italien	01.12.1978	23.07.1952
10	Österreich	01.05.1979	01.01.1995
11	Liechtenstein	01.04.1980	–
12	Griechenland	01.10.1986	01.01.1981
13	Spanien	01.10.1986	01.01.1986
14	Dänemark	01.01.1990	01.01.1973
15	Monaco	01.12.1991	–
16	Portugal	01.01.1992	01.01.1986
17	Irland	01.08.1992	01.01.1973

	Staat	*Beitrittsdatum EPO*	*Beitritt zur EU*
18	Finnland	01.03.1996	01.01.1995
19	Zypern	01.04.1998	01.05.2004
20	Türkei	01.11.2000	–
21	Tschechische Republik	01.07.2002	01.05.2004
22	Slowakische Republik	01.07.2002	01.05.2004
23	Estland	01.07.2002	01.05.2004
24	Bulgarien	01.07.2002	01.01.2007
25	Slowenien	01.12.2002	01.05.2004
26	Ungarn	01.01.2003	01.05.2004
27	Rumänien	01.03.2003	01.01.2007
28	Polen	01.03.2004	01.05.2004
29	Island (*)	01.09.2004	–
30	Litauen	01.12.2004	01.05.2004
31	Lettland	01.07.2005	01.05.2004
32	Malta	01.03.2007	01.05.2004
33	Norwegen (*)	01.01.2008	–
34	Kroatien	01.01.2008	–
35	Mazedonien	01.01.2009	–
36	San Marino	01.07.2009	–
37	Albanien	01.05.2010	–
	Erstreckungsstaaten (**)		
	Bosnien und Herzegowina		–
	Montenegro		–
	Serbien (Rechtsnachfolger der ehem. Staatsunion Serbien und Montenegro)		–

Quelle: EPA, Europäische Union

(*) Vertreter der mit (*) gekennzeichneten Staaten haben an der Diplomatischen Konferenz zur Gründung der Europäischen Patentorganisation 1973 teilgenommen. Aufgrund ihrer Teilnahme an der Diplomatischen Konferenz waren Island und Norwegen berechtigt, der EPO jederzeit durch Ratifikation beizutreten. Island hat das EPÜ 2004 ratifiziert, in Norwegen trat es Anfang 2008 in Kraft.

(**) Erstreckungsstaaten sind Staaten, in denen europäische Patente kraft einer Vereinbarung Wirkung entfalten. Verhandlungen über ein Validierungsabkommen mit Marokko wurden in 2010 vorbereitet.

1.3 Die Governance-Struktur der EPO: Verwaltungsrat, Europäisches Patentamt und Beschwerdekammern

Die Europäische Patentorganisation (EPO) ist eine internationale Organisation mit eigener Rechtspersönlichkeit, die ihren Sitz in München hat und durch den Präsidenten des Europäischen Patentamtes repräsentiert wird. Sie ist finanziell autonom und bezieht ihre Einnahmen zur Aufrechterhaltung der Organisation aus den Verfahrensgebühren der Anmelder, den Jahresgebühren für europäische Patentanmeldungen vor der Erteilung und derzeit 50 Prozent der national erhobenen Jahresgebühren für europäische Patente nach der Erteilung.

Die EPO besteht aus zwei Organen: dem Verwaltungsrat und dem Europäischen Patentamt (EPA):

Der *Verwaltungsrat* besteht aus den Vertretern der Vertragsstaaten des EPÜ. In der Regel werden die EPO-Mitgliedsstaaten jeweils durch den Präsidenten des nationalen Patentamtes repräsentiert.[6] Der Verwaltungsrat als Aufsichtsorgan überwacht die Tätigkeit des EPA, stellt den Haushaltsplan der Organisation fest und ist *Legislativorgan* hinsichtlich der Ausführungsordnung, der Finanzordnung, der Gebührenordnung und anderer im EPÜ festgelegter Materien.

Das *Europäische Patentamt* als *Exekutivorgan* nimmt die Aufgabe der EPO wahr, Patente für die Vertragsstaaten des EPÜ zu erteilen.

Neben den Eingangsstellen zur Eingangs- und Formalprüfung, den Recherche- und Prüfungsabteilungen für die Sachprüfung und für die Entscheidung über Erteilung oder Zurückweisung einer eingereichten Patentanmeldung hat das Europäische Patentamt weitere Abteilungen, unter anderem diejenige für Recht und Internationale Angelegenheiten (vgl. Organisationsstruktur in: EPO 2007c: 85). Dazu zählen weiterhin die der operativen Tätigkeit zugeordnete Einspruchsabteilung, bei der Einsprüche, die binnen neun Monaten nach Erteilung eingereicht werden können, im Oppositionsverfahren bearbeitet werden; die Einspruchsabteilung besteht aus drei technisch vorgebildeten Mitgliedern (Patentprüfern) und gegebenfalls einem zusätzlichen rechtskundigen Mitglied; ihr gehört häufig der im Erteilungsverfahren zuständige Prüfer an.[7] Darüber hinaus ist der Einsprechende als Partei im Einspruchsverfahren beteiligt und wird über sämtliche Äußerungen des Patentinhabers vom EPA informiert, wie auch der Patentinhaber über die gesamte Korrespondenz des Einsprechenden mit dem EPA informiert wird.

6 Die aktuelle Liste der nationalen Repräsentanten siehe in: EPO (2008: 37). Zu den sich daraus ergebenden Problemen, Loyalitäten und Interessenkonflikten siehe Lévy /Jouyet 2006.

7 Dass der erste Prüfer auch Mitglied der Einspruchsabteilung ist, hat sich erst in den vergangenen Jahren, auch auf Druck von außen, allmählich verändert; so wird etwa in einzelnen Biotechnologie-Abteilungen der erste Prüfer grundsätzlich ersetzt.

Gegen die Entscheidungen der Prüfungs- und Einspruchsabteilungen gibt es das Rechtsmittel der Beschwerde.[8] Diese werden von den *Beschwerdekammern* entschieden, die in der Generaldirektion 3 des Europäischen Patentamtes angesiedelt sind und rund 200 Mitarbeiter beschäftigen (EPO 2007d: 31).[9] Die höchste Beschwerde-Instanz des EPA ist die Große Beschwerdekammer, die über Rechtsfragen von grundsätzlicher Bedeutung entscheidet. Diese Große Beschwerdekammer ist zuständig für Entscheidungen über Rechtsfragen, die ihr von den Beschwerdekammern oder vom Präsidenten des Europäischen Patentamts vorgelegt werden, sowie für Überprüfungsanträge bei schweren Verfahrensmängeln im Beschwerdeverfahren. Ihre Entscheidungen sind für alle Instanzen des EPA – sowohl die Prüfungs- und Einspruchsabteilungen (erste Instanz) wie auch die Beschwerdekammern (zweite Instanz) – rechtsverbindlich. Die Beschwerdekammern des Europäischen Patentamts haben Gerichtscharakter, sie sind als eine *Quasi-Judikative* des EPO-Patentsystems anzusehen und genießen eine gewisse Unabhängigkeit. So sind Mitglieder der Beschwerdekammern nicht an Weisungen des Amts gebunden, sondern allein dem Europäischen Patentübereinkommen unterworfen. Dieser Gerichtsfunktion, welche die Beschwerdekammern innerhalb der Europäischen Patentorganisation bereits de facto wahrnehmen, sollte nach einer geplanten Revision des EPÜ offiziell Rechnung getragen werden, indem diese als formelles drittes Organ der EPO verselbständigt und weitgehend unabhängig von der Verwaltungsstruktur des Europäischen Patentamtes gestellt werden.[10] Sofern ein europäischer Patentgerichtshof errichtet wird, wie von der EU in einem Ratsbeschluss im Dezember 2009 vorgesehen, könnte die geplante Eigenständigkeit der Beschwerdekam-

8 Darüber hinaus gilt das Rechtsmittel der Beschwerde auch gegen die Entscheidungen der Eingangsstelle und der Rechtsabteilungen (Art. 106(1) EPÜ). Entscheidungen der Beschwerdekammern können neuerdings seit Inkrafttreten des EPÜ 2000 auf Antrag des Beschwerten von der Grossen Beschwerdekammer überprüft werden (Art. 112a EPÜ 2000).

9 Es gibt derzeit 24 Technische Beschwerdekammern sowie eine Juristische Beschwerdekammer, eine Große Beschwerdekammer und eine Beschwerdekammer in Disziplinarangelegenheiten. Die Mitglieder wie auch die Vorsitzenden der Kammern werden für einen Zeitraum von fünf Jahren vom EPO-Verwaltungsrat ernannt. Pro Jahr gehen bei den Beschwerdekammern derzeit rund 2 000 neue Fälle ein; im gleichen Zeitraum erledigen die Kammern ca. 1 600 Beschwerden. Ihre Entscheidungen werden im Europäischen Patentregister, im Amtsblatt des EPA oder online veröffentlicht. (Vgl. http://www.epo.org/about-us/boards-of-appeal_de.html).

10 Dieses neue judikative Organ der Organisation sollte als »Europäisches Patentbeschwerdegericht« bezeichnet werden und die im EPÜ vorgesehenen richterlichen Funktionen ausüben. Zu den geplanten Neuerungen zählen die Ernennung der Richter auf Lebenszeit und ein eigener Haushalt. Zum Stand dieser 2003 begonnenen Planungen einer entsprechenden EPÜ Revision siehe CA/46/04 vom 28.05.2004 unter http://www.epo.org/patents/law/legislative-initiatives/autonomy_de.html. Ein Zeitpunkt für eine entsprechende EPÜ-Revision ist derzeit nicht absehbar und könnte zukünftig hinfällig werden.

mern entweder entfallen oder diese in das neue europäische Patentgericht integriert werden

Die Governance-Struktur der Europäischen Patentorganisation ist in Grafik 2 noch einmal in einer Übersicht zusammen mit der EU als dem zweiten Pfeiler des Europäischen Patentsystems verdeutlicht.

Grafik 2: Die beiden Pfeiler des europäischen Patentsystems

Pfeiler des europäischen Patentsystems	
Europäische Patentorganisation (EPO)	Europäische Union (EU)
• Europäisches Patentübereinkommen (EPÜ) (*Vertrag 1973*)	• Gründungs- und weitere Verträge
• EPO Verwaltungsrat (*Legislative*)	• Rat • Parlament
• Europäisches Patentamt (EPA) (*Exekutive*)	• Kommission
• Beschwerdekammern des EPA (*Quasi-Judikative*)	• Europäischer Gerichtshof

1.4 Das Europäische Patentamt – Wachstumsdynamik eines Amtes

Das Europäische Patentamt (EPA) wuchs, ohne dass dies viel öffentliche Beachtung erfahren hätte, binnen der drei Dekaden seines Bestehens zu einer großen internationalen Organisation heran. Mittlerweile bildet das EPA weltweit, gemessen an den Mitarbeiterzahlen, die drittgrößte internationale Behörde – nach den Vereinten Nationen und der Europäischen Kommission.[11]

Dieses schnelle evolutionäre Wachstum des Europäischen Patentamts vollzog sich auch für die Gründungsväter überraschend. Bei der Errichtung des EPA im Jahr 1977 rechnete man mit 30.000 bis 40.000 Anmeldungen pro Jahr als zukünftige Höchstmarke (van Benthem 1990). 30 Jahre später betrug das Anmeldeaufkommen das Sechsfache dieser ursprünglichen Prognose, bei weiterhin steigender Tendenz in den Anmelderaten.

11 Laut Selbstbekundung des Europäischen Patentamts (mündliche Mitteilung, Wolfram Förster, heute Hauptdirektor Mittel, EPA, am 11.3.2005).

1978, im ersten Jahr seiner Tätigkeit, musste das EPA mit 940 Bediensteten gerade einmal 3600 europäische und Euro-PCT Anmeldungen bearbeiten. Nur sechs Jahre nach der EPA-Gründung im Jahr 1984 hatten sich die Anmeldungen bereits auf 35.982 verzehnfacht. Im Jahr 2008 wurden sogar bereits rund 226.000 Patentanmeldungen (Euro-PCT, internationale Phase) eingereicht, 147.000 davon entfielen auf europäische Patentanmeldungen (Euro-PCT, regionale Phase) (vgl. EPO 2008). (Zur Entwicklung der Anmeldezahlen siehe Grafik 3.)

Grafik 3: Patentanmeldungen beim Europäischen Patentamt 1978–2009

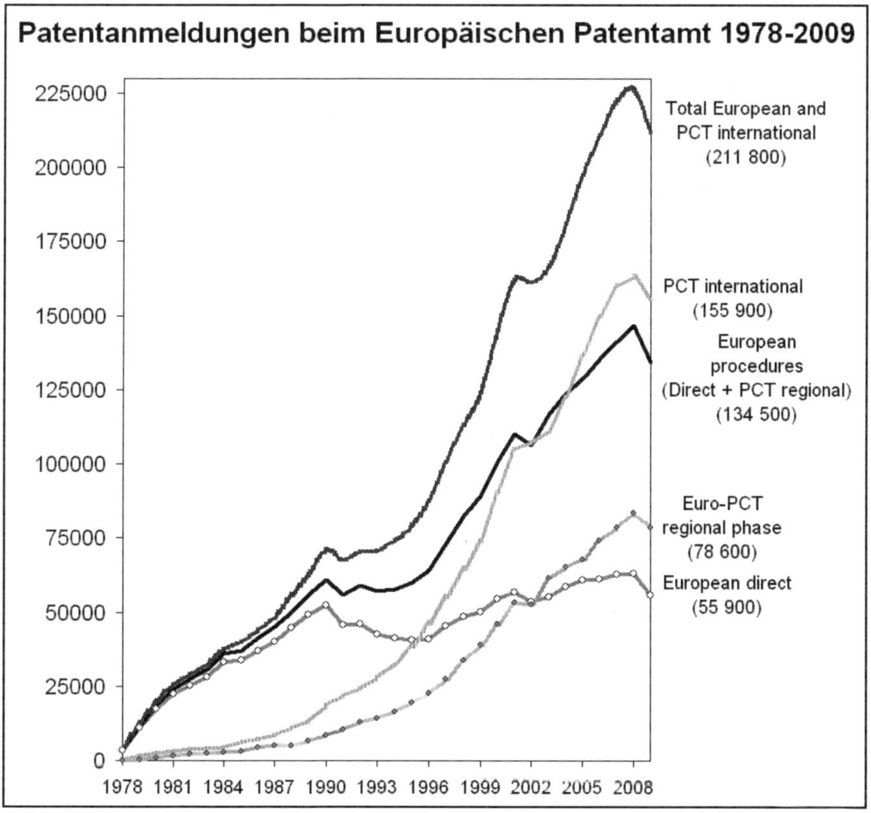

Quelle: EPO Jahresberichte

Mittlerweile beschäftigt das EPA in seinen vier Dienststellen[12] rund 3.800 Prüfer und hat insgesamt 6.800 Bedienstete aus über 35 Ländern.[13] Davon entfallen rund 250 Patentprüfer auf den Biotechnologie-Cluster (EPO 2007: 77; 59).

Sehr dynamisch entwickelte sich auch der Haushaltsetat: Während er im ersten Betriebsjahr bei etwa 50 Millionen Euro lag, übertrifft er mittlerweile die Milliardengrenze.[14]

In den 1990er Jahren wuchsen die Patentanmeldungen besonders stark an. Die Zahl der jährlichen Anmeldungen stieg von 71.000 im Jahr 1990 auf rund 179.000 in 2004 und wuchs damit in diesem Zeitraum um über 250 Prozent (Pompidou 2005: 8, vgl. EPA 2004 und 2007). Die Biotechnologie, sowie Informations- und Kommunikationstechnologien machen zwar nur einen einstelligen Prozentsatz der Patentanmeldungen beim EPA aus, hatten jedoch besonders hohe Zuwachsraten zu verzeichnen (siehe Grafik 4). Auch wenn sich das zwischen 5 und 10 Prozent liegende Wachstum in den vergangenen Jahren etwas abgeflacht hat, geht man noch nicht von einer Sättigung, sondern von weiterhin steigenden Anmeldezahlen aus (Brimelow 2008). Die weltweite Finanz- und Wirtschaftskrise hat zwar dazu geführt, dass die Anmeldezahlen in 2009 um acht Prozent unter dem Vorjahr lagen und damit einen der wenigen Einbrüche in seiner Geschichte zeigten (siehe Grafik 3), das EPA rechnet jedoch nicht mit einer kontinuierlichen Fortsetzung dieses Einbruchs (EPA, persönliche Mitteilung, 21.4.2010).

---

12 Das EPA hat seinen Hauptsitz in München, eine Zweigstelle befindet sich in Den Haag und weitere Dienststellen in Berlin und Wien. Seine Amtssprachen sind Deutsch, Englisch und Französisch.

13 http://www.european-patent-office.org/epo/pubs/brochure/general/d/mission_d.htm. Die Zahl der Planstellen im EPA-Haushalt erhöhte sich von 1.018 (1978) auf 6.522 im Jahr 2003. (Zahlen laut EPA Jahresbericht 2003: 92–94). Ende 2009 betrug die Zahl der EPA-Bediensteten 6.818 Personen (EPA, persönliche Mitteilung, 21.4.2010). Teilweise konnten ausgeschriebene Stellen mangels qualifizierter Bewerber nicht entsprechend besetzt werden. Auch verweigerte der Verwaltungsrat des EPA zeitweise Forderungen nach der Neueinstellung von Prüfern (Friebel et al. 2006). Im Gegensatz zum japanischen und zum US-amerikanischen Patentamt, die in den vergangenen Jahren in hohem Maße neue Prüfer eingestellt haben, werden beim EPA derzeit lediglich frei werdende Stellen neu besetzt.

14 Im Jahr 2006 betrugen die Einnahmen insbesondere aus Patentgebühren und Verfahrenskosten insgesamt 1,03 Milliarden Euro (EPO 2007b). Aufgrund der Umstellung auf ein neues, internationales Rechnungslegungssystem sind darin die Einkünfte aus den nationalen Jahresgebühren für Patente, die von den nationalen Patentämtern eingenommen und zur Hälfte an das EPA abgeführt werden, nicht enthalten. Diese werden vom epi auf 280 Millionen Euro für 2006 beziffert (siehe epi 2007). Diesen Einnahmen stehen die laufenden Ausgaben für die Bediensteten, die Infrastruktur und den Pensionsfonds gegenüber (EPO 2007b).

Grafik 4: Jährliche Wachstumsraten der Anmeldungen beim EPA 1991–2001 für Biotechnologie- sowie Informations- und Kommunikations-Technologien

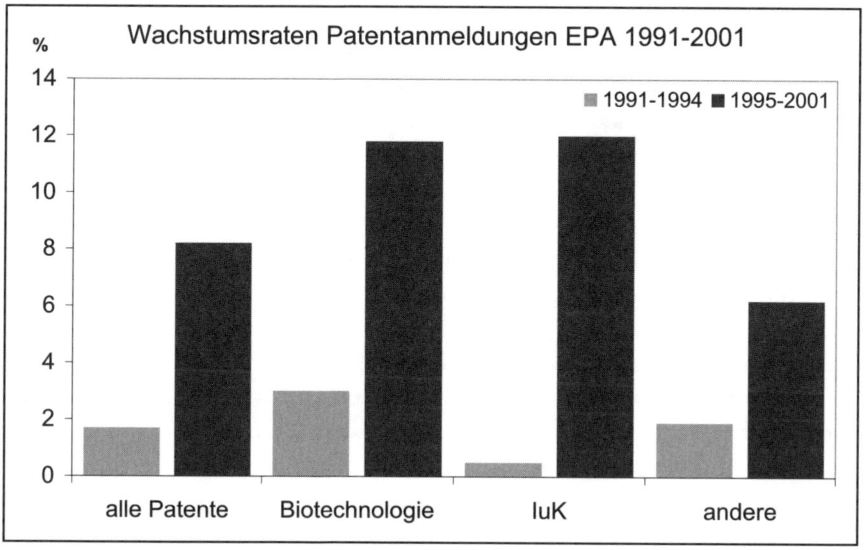

Quelle: Nach OECD (2004: 13)

Das EPA sah sich veranlasst, dem wachsenden Arbeitsanfall mit einer institutionellen Expansion nachzukommen. Es beantwortete steigende Anmelderaten mit räumlichen Erweiterungen, zunächst massiver Rekrutierung neuer Prüfer[15], mit Schulungen für das Personal, hohen Investitionen in die elektronische Dokumentation und in innovative Suchinstrumente[16], sowie mit diversen Neuetablierungen und internen Umstrukturierungsmaßnahmen der einzelnen Direktorate. Die erheblich gestiegenen Anforderungen werden vom EPA vor allem als Management- und Controlling-Aufgabe rezipiert. Ihnen wurde mit internen Reorganisationsprozessen begegnet, insbesondere der Zusammenlegung der

15 Jährlich um rund 10 Prozent wachsende Patentanmeldungen würden eine regelmäßige Neurekrutierung von mittlerweile rund 500 Prüfern pro Jahr erfordern. Rechnet man etwa ein Jahr Anwerbezeit und zwei bis fünf Jahre Einarbeitung für einen Patentprüfer mit ein (lt. pers. Mitteilung Gareth Lord, EPA Controlling, am 10.3.2005), so wird zum einen deutlich, vor welche Herausforderungen das EPA gestellt war und ist, und zum anderen, welche Rückstauprozesse bei der Bewältigung der steigenden Anmeldezahlen nahezu zwangsläufig sind. Da es unter den Bediensteten des EPA wenig Fluktuation gibt und diese hohe Einkommen und Pensionsansprüche genießen, gestaltet sich die Personalpolitik des EPA ganz anders als etwa jene des USPTO.

16 Das EPA verfügt über Zugang zu Datenbanken mit 56 Millionen Patentdokumenten, sowie über eine Bibliothek mit über 55 Millionen Faksimile Patentdokumenten und anderer Literatur. Es investiert massiv in neue IT-Systeme, wobei der Schwerpunkt auf dem elektronischen Geschäftsverkehr und der Entwicklung computergestützter Rechercheninstrumente liegt. Auf diese Weise soll das Anmelde- und Erteilungsverfahren vereinfacht und beschleunigt werden.

früher personell getrennten Arbeitsbereiche Patentrecherche einerseits und Patentprüfung andererseits (BEST -»Bringing Examination and Search Together«). Dabei lässt sich fragen, ob diese Reorganisation sinnvoll und ausreichend war: Hätte es im EPA aufgrund der veränderten Anforderungen grundlegender Neustrukturierungen bedurft? Bei genauerer Betrachtung zeigt sich, dass es beträchtliche institutionelle Hürden für eine Veränderung des EPA und der Europäischen Patentorganisation insgesamt gibt.

1.5 Rechtlich-institutionelle Hürden für eine Revision des EPÜ und für Änderungen in der EPO- Governance

Die rechtlich-institutionelle Grundordnung der Europäischen Patentorganisation ist durch das Europäische Patentübereinkommen festgelegt, es bildet damit seine Polity. Änderungen dieses grundlegenden Vertragswerks können nur durch eine Diplomatische Konferenz der Vertragsstaaten erfolgen (lt. Art. 172 EPÜ). Dabei handelt es sich um ein äußerst langwieriges und umständliches Verfahren, bei dem nicht nur eine Dreiviertelmehrheit erzielt werden muss[17], sondern das revidierte EPÜ anschließend der Ratifikation durch die Parlamente der nationalen Mitgliedsstaaten bedarf. Wird eine solche EPÜ-Vertragsänderung von einem Mitgliedsstaat nicht ratifiziert, fällt dieser Staat »automatisch« aus der Europäischen Patentorganisation heraus.[18] Es überrascht daher nicht, dass das EPÜ erst einmal, im Jahr 2000, revidiert wurde, wobei die daraus entstandene Vertragsfassung, das so genannte »EPÜ 2000«, erst Ende 2007 in Kraft trat.[19]

17 Zu den Stimmverhältnissen legt Art. 172 (2) EPÜ fest: »Die Konferenz wird vom Verwaltungsrat vorbereitet und einberufen. Sie ist nur beschlussfähig, wenn mindestens drei Viertel der Vertragsstaaten auf ihr vertreten sind. Die revidierte Fassung des Übereinkommens bedarf zu ihrer Annahme der Dreiviertelmehrheit der auf der Konferenz vertretenen Vertragsstaaten, die eine Stimme abgeben. Stimmenthaltung gilt nicht als Stimmabgabe«.

18 Absatz 4 des Artikels 172 EPÜ besagt, dass Vertragsstaaten die zum Zeitpunkt des Inkrafttretens der revidierten Fassung diese weder ratifiziert haben noch ihr beigetreten sind, von diesem Zeitpunkt an dem EPÜ nicht mehr angehören. Dieser Passus verursacht in manchen Mitgliedstaaten erheblichen zeitlichen Druck beim Gesetzgebungsprozedere.

19 Mit der Revision 2000 des EPÜ wurde das europäische Patentsystem modernisiert. Bei einer Reihe von Bestimmungen ging es um notwendige Anpassungen an Vorgaben aus dem TRIPs-Übereinkommen oder den neuen WIPO-Vertrag zur Harmonisierung patentrechtlicher Formerfordernisse. Ein großer Teil der Revision zielte darauf, das europäische Erteilungsverfahren weiter zu vereinfachen und zu beschleunigen und die Rechtsbehelfsmöglichkeiten zu erweitern und zu verbessern. Es wurden aber auch wichtige materiellrechtliche Änderungen bei den Patentierbarkeitserfordernissen, bei den Bestimmungen über den Schutzbereich europäischer Patente und im Bereich der institutionellen Vorschriften vorgenommen (vgl. EPO 2007e; http://www.epo.org/patents/law/legal-texts/epc2000/diplomatic-conference-nov2000.html).

Sowohl die hohen Hürden für eine Vertragsänderung als auch die äußerst harten Konsequenzen bei einer Nicht-Ratifizierung einer EPÜ-Revision für diesen Staat sind als große Hemmnisse für die politische Anpassungsfähigkeit der EPO an neue Rahmenbedingungen zu betrachten. Daraus lässt sich folgern, dass das EPÜ im Grunde strukturell nicht reformierbar ist (so Bossung 1995). Denn zum einen besteht für kontroverse Veränderungsanträge kaum eine Durchsetzungschance, zum anderen widerspricht die »glaziale«[20] Dauer, bis Änderungen vorbereitet, beschlossen und in Kraft getreten sind, gerade in Zeiten der Globalisierung mit ihren permanenten weltweiten Veränderungen den Anforderungen an kurzfristige Anpassungs- und Reformprozesse. Dies zeigte sich auch bei der EPÜ Revision 2000: Strittige Punkte, wie Biotechnologie- und Software-Patentierung, wurden auf einen »zweiten Korb« und damit de facto auf den St. Nimmerleinstag verschoben. Auch Fragen der Streitregelung und des Zusammenhangs mit dem Gemeinschaftspatent blieben ausgeklammert (Grossenbacher 2000a, b).

Einer zeitgemäßen und pro-aktiven Governance der EPO als starker europäischer Organisation mit Ausstrahlungskraft nach innen und außen stehen jedoch noch andere Hürden entgegen. Eine weitere ist darin zu sehen, dass es an einer *politischen* Governance der EPO mangelt.[21] Bossung schreibt dazu zu Recht, dem Europäischen Patentübereinkommen als Basisabkommen

»fehlt jede über die Erteilung einheitlicher Patente hinausgehende ›Zielsetzung‹. Ohne Zielsetzung gibt es auch keinen politischen Auftrag. Dementsprechend sind die Führungsorgane der EPO, also der Präsident des EPA […] und der Verwaltungsrat […] ›nach innen‹ gewendet, nämlich auf das Funktionieren des Amts. […] Somit dominieren in der Führung des EPA die Delegationen der Vertragsstaaten im Verwaltungsrat. […] Nationale Interessen, also jene des nationalen Patentamts, der nationalen Patentanwaltschaft, Sonderinteressen nationaler Wirtschaftszweige und sonstige nationale Interessen sind die bestimmenden Kräfte im Verwaltungsrat der EPO. Die Arbeit dieses Gremiums kann daher nur bescheidene Erfolge haben und auch diese nur innerhalb des engeren Aufgabenbereichs des EPA, europäische Patente zu erteilen (Art. 4 (3) EPÜ). Es ist

---

20 »Change in our laws and practice tends to be incremental and slow. […] Finding space to think about policy and time then to debate is very difficult. Once people agree on change, it takes an age to implement it: EPC 2000 was drafted in late 80s 90s and came into force in 2007…glacial.« (Brimelow 2008: 1)

21 Das 2001 erstmals vom EPA formulierte Mission Statement, das 2009 als »Mission and Vision« novelliert wurde, versucht einen gewissen Ersatz zu liefern, vermag das oben von Bossung formulierte Grundproblem aber nicht zu heilen. Der Auftrag des EPA wird im neuen Mission Statement folgendermaßen gefasst: »Als das Patentamt für Europa fördern wir Innovation, Wettbewerbsfähigkeit und Wirtschaftswachstum in ganz Europa, indem wir uns einer hohen Qualität verpflichten und effiziente Dienstleistungen nach Maßgabe des Europäischen Patentübereinkommens erbringen.« (Siehe http://www.epo.org/about-us/office/mission_de.html, letzte Abfrage 20.7.2010).

nicht verwunderlich, daß die langwährende ›Strategie‹-Debatte im Verwaltungsrat zu keiner neuen Orientierung führen konnte« (Bossung 1995: II.3).

Wie in diesem Zitat deutlich wird, ist davon auszugehen, dass eine politische Governance der EPO aufgrund der Struktur des Verwaltungsrates kaum möglich ist. Deshalb ist es wenig überraschend, dass eine neuerliche Debatte um eine »strategische Erneuerung« im Verwaltungsrat der EPO (zwischen 2007 und 2009) kaum Früchte getragen hat. Dies liegt zunächst einmal daran, dass in dieser Steuerungsinstanz nationale Einzelinteressen dominieren. Auch Faktoren in der Struktur dieses Gremiums tragen zu einem Mangel an *politischer* Steuerung bei, denn im Verwaltungsrat vertreten in aller Regel die nationalen Patentamtspräsidenten die Interessen der Vertragsstaaten. Begründet wird dies mit deren ausgewiesener Fachkompetenz (vgl. Artelsmair 2003: 83) und der notwendigen Vernetzungsfunktion zwischen nationaler und supranationaler Ebene. Nun besteht aber eine gewisse Konkurrenz zwischen dem EPA und dem jeweiligen nationalen Patentamt um Patentanmelder, denn diese bringen Arbeit[22] und Verfahrensgebühren ein. Die nationalen Patentämter ziehen die Jahresgebühren für Patente ein und führen davon die Hälfte an das EPA ab. Daher besteht auf beiden Seiten ein gewissermaßen in das System eingelassenes Interesse an hohen Erteilungszahlen, welche gleichzeitig Einnahmen bedeuten.[23] Das hat aber unter Umständen zur Folge, dass wettbewerbs- und handelspolitische Aspekte des gewerblichen Rechtsschutzes nicht hinreichend berücksichtigt werden.

Die nationalen Eigeninteressen traten in den ersten beiden Jahrzehnten des Bestehens des Europäischen Patentamtes eher zugunsten einer gemeinsamen europäischen Idee zurück und der Verwaltungsrat stellte realiter ein schwaches Aufsichtsorgan dar. Spätestens seit den Amtszeiten des EPA-Präsidenten Alain Pompidou (2004 bis 2007) und der EPA-Präsidentin Alison Brimelow (2007 bis 2010) ist jedoch ein Erstarken nationaler Eigeninteressen zu Lasten einer europäischen Gestaltungsvision zu beobachten. Dies zeigt sich unter anderem im Streit um ein europäisches Patentnetzwerk (EPN) und um eine Nutzung der vorausgehenden Patentrecherchen von nationalen Ämtern (Patent Utilisation Project (UPP) und Utilisation Implementation Project (UIP)), die von EPA-Bediensteten als »Dezentralisierungs-Strategie« der nationalen Patentämter per-

---

22 Es ist allerdings auf Unterschiede zwischen prüfenden und nicht prüfenden nationalen Patentämtern zu verweisen, auf die hier nicht differenzierend eingegangen werden kann. Einige Staaten wie Frankreich und Belgien führen traditionell keine Patentprüfungen durch, andere wie Italien haben diese neuerdings an das EPA abgetreten.

23 Ob die nationalen Patentämter eigenfinanziert sind und die Jahresgebühren als Einnahmen selbst verwenden dürfen, ist von Land zu Land unterschiedlich geregelt. In Deutschland ist der Haushalt des DPMA von der Regierung festgelegt. Sämtliche Einnahmen des DPMA fließen (tagesaktuell) an die Bundeskasse ab. Alle Geldmittel, die das DPMA erhält, müssen via den Haushaltsausschuss vom Deutschen Bundestag gebilligt werden. Über das DPMA-Budget hinausgehende Einnahmen fließen an den Bundeshaushalt ab.

zipiert werden. In diesem Zusammenhang intensivierten sich auch Konflikte zwischen dem Verwaltungsrat und dem Amt selbst: Während der Verwaltungsrat im Rahmen einer »strategischen Erneuerung« eine stärkere Kontrolle des Amtes anstrebt, sieht sich das Amt den Begehrlichkeiten der nationalen Ämter ausgesetzt und befürchtet, Autonomie und Macht an den Verwaltungsrat zu verlieren (vgl. Artelsmair 2003: 389).

Reformprozesse innerhalb der EPO werden zudem durch die wachsende Heterogenität der EPÜ-Mitgliedsstaaten erschwert. Die Spannbreite zwischen »patentstarken« und »patentschwachen« Vertragsstaaten spreizt sich zunehmend auseinander. Einige Länder verzeichnen jährlich tausende von Patenten, andere werden bei weniger als zehn erteilten europäischen Patenten als Vertragsstaaten benannt (vgl. EPO 2007).[24] Dennoch beruhen die Stimmrechte im EPO-Verwaltungsrat allein auf dem Prinzip »Ein Land, eine Stimme«. Eine Gewichtung von Stimmrechten – etwa nach Größe, Bevölkerungszahl und erteilten Patenten – ist im EPÜ nicht vorgesehen und wäre nunmehr politisch auch nicht durchsetzbar. Neben Konflikten zwischen großen und kleinen, patentstarken und patentschwachen, neuen und alten Vertragsstaaten prägen auch unterschiedliche Auswirkungen der patentrechtlichen Europäisierung auf die nationalen Patentämter die entsprechenden Interessenkonstellationen. Einige süd- und später osteuropäische Staaten bauten überhaupt erst spät ein arbeitsfähiges, nationales Patentsystem auf; sie wurden vom EPA hierin mit finanziellen Mitteln und technischen Ressourcen unterstützt und zeigen sich im Gegenzug loyal. Für große Staaten mit traditionell starker Patentkultur wie insbesondere Deutschland und Großbritannien ging die Etablierung des europäischen Patenterteilungsverfahrens über das EPA zwar anfänglich mit einem Rückgang der Anmelderaten einher, dieses ist jedoch inzwischen wieder weitgehend aufgehoben. Hingegen hatte für kleine Staaten mit historisch starker Patentkultur wie etwa die Niederlande und einige skandinavische Länder die Europäisierung der Patenterteilung einen Niedergang der Anmelderaten zur Folge und gefährdete damit die Existenz der nationalen Patentprüfsysteme (vgl. Grubb 1999: 24; Ullrich 2002: 23).[25]

---

24 17 der EPO-Vertragsstaaten verzeichneten 2005 weniger als 100 erteilte europäische Patente. Prozentual ergibt sich eine deutliche Dominanz Deutschlands mit 23,47 Prozent aller vom EPA erteilten Patente im Jahr 2005. Es folgen Frankreich (7,02 %), Großbritannien (4,03%), Italien (3,51%), die Schweiz (3,59%), die Niederlande (2,85%), Finnland (1,42%) und Österreich (1%). Alle anderen EPO Vertragsstaaten liegen unter einem Prozentpunkt. (Im Vergleich dazu entfielen auf die USA 24,42% aller im Jahr 2005 erteilten EPA-Patente, auf Japan 17,92% der EPA-Patente.) (Alle Zahlen lt. EPO Jahresbericht 2005, S. 82–83).

25 Die Existenzprobleme einiger »alter«, kleiner Patentämter sind das Resultat des Erfolgs des Europäischen Patentamtes: Nach der Gründung des Europäischen Patentamtes 1977 gingen die Anmeldezahlen bei den nationalen Patentämtern von Österreich, Dänemark und Spanien auf 25 Prozent zurück, in der Schweiz sogar auf 20 Prozent des Ausgangswertes. In Spanien und Dänemark, die erst Mitte bzw. Ende der 1980er Jahre dem EPÜ beitraten, brachen die

Seit der Jahrtausendwende hat die exorbitante Zunahme der Anmelderaten, die zwar durch die Finanz- und Wirtschaftskrise eine gewisse Abflachung, aber bisher keine Trendwende erfahren hat und die weiterhin mit einem starken Rückstau der bearbeiteten Anmeldungen beim EPA einhergeht, sowie der Verlust von Patentanmeldungen bei nationalen Ämtern zu intensiven Debatten zwischen dem Verwaltungsrat und dem EPA über eine strategische Erneuerung und Optionen einer Dezentralisierung des Europäischen Patentsystems geführt. Damit sind erhebliche Verteilungskämpfe verbunden.[26]

So lässt sich zusammenfassend festhalten, dass durch die kaum zu verändernde Anlage des EPÜ einerseits und die Dynamik der EPO als wachsender und sich heterogenisierender Organisation andererseits zunehmend Reibungsflächen entstehen, die für die Governance der EPO nachteilig sind. Sie führen zu Konflikten und dazu, dass viele Entscheidungen de facto informell und außerhalb der vertraglich vorgesehenen Gremien – Verwaltungsrat und Diplomatische Konferenz der Vertragsstaaten – getroffen werden, nämlich in der Verwaltungspraxis des Europäischen Patentamtes und den Entscheidungen seines Managements, sowie in Ausschüssen, Arbeitsgruppen und Präsidien des Verwaltungsrates.

Diese Entwicklung ist unter zwei Aspekten zu kommentieren: Zunächst lässt sich festhalten, dass diese Entwicklung sich sozusagen zwangsläufig ergibt, denn wenn es, wie oben aufgezeigt, dem EPÜ an einer formulierten politischen

---

nationalen Anmeldezahlen rasch auf 25 bis 30 Prozent ein. Demgegenüber verlief der Rückgang der nationalen Anmeldezahlen in Frankreich und Großbritannien auf 40 bzw. 50 Prozent noch relativ moderat. In Deutschland erfolgte bis Mitte der 90er Jahre ein Rückgang auf etwa 65 Prozent des Ausgangswertes, seit Ende der 90er Jahre wurde jedoch der Ausgangswert aus dem Jahr 1977 wieder überschritten. Dies lässt sich sowohl auf die deutsche Einigung wie auch auf eine gestiegene Inlandsnachfrage nach Patenten zurückführen (vgl. Artelsmair 2003: 244–246, mit genauen Zahlen). Nun lässt sich argumentieren, dass ein Rückgang der nationalen Anmeldezahlen zum Sinn und Zweck der EPA-Gründung dazugehörte, sollten doch schließlich mit einem zentralisierten Prüfungs- und Erteilungsakt parallele Arbeiten vermieden und Kosten gespart werden. Zudem profitieren die nationalen Mitgliedsstaaten vom Wachstum der Patentanmeldungen beim EPA, da sie schließlich die Jahresgebühren für in ihrem Land validierte Patent erhalten und davon lediglich 50 Prozent an das EPA abführen müssen. Dennoch bergen die Rückgänge der nationalen Anmeldezahlen, insbesondere für kleinere, nationale Ämter immer das Risiko eines Substanzverlustes, bis hin zu einer existentiellen Gefährdung – zumindest im Hinblick auf die Prüfungskapazität. Teilweise hat dies zu einer Redefinition der Aufgaben eines nationalen Patentamtes hin zur Innovationsberatung für Anmelder geführt.

26 Stichworte sind ein Europäisches Patentnetzwerk, das »Outsourcing« von Recherche- und Prüfungsaufgaben an nationale Patentämter, Pilotprojekte eines »Patent Prosecution Highway« (PPH) und eines »Utilisation Pilot Project« (UPP) bzw. neuerdings eines »Utilisation Implementation Project« (UIP), sowie in jüngster Zeit die Diskussion um eine »gegenseitige Anerkennung« von Patenten. Auf diese äußerst kontroversen Debatten kann ich im Rahmen dieser Arbeit nicht eingehen. (Vgl. dazu: http://www.epo.org/about-us/european-patent-network_de.html)

Zielsetzung, die als Ausrichtungspunkt für Entscheidungen genommen werden könnte, fehlt, sind die EPO und insbesondere das EPA selbst gehalten, Grundlagen für ihre Entscheidungen zu finden und dabei gleichzeitig deren politische Implikationen zu kaschieren. Dies verstärkt die ohnehin vorhandene technokratische Grundtendenz der Patentadministration.

Damit verbunden ist aber auch auf einen allgemeineren Aspekt einzugehen. Unter Rekurs auf Max Weber unterscheidet Landfried zwischen technisch-rationalem und politischem Handeln und stellt dazu fest:

»Wird eine technische Frage auf dem ›technischen Wege‹ durch Experten gelöst, dann ist dagegen nichts einzuwenden. Technokratisch ist ein Handeln erst dann, wenn Politiker so tun, als handele es sich um eine rein technische Frage über die Wahl der besten Mittel, obwohl in Wirklichkeit über eine politische Frage mit Implikationen für den Inhalt und das Ziel eines politischen Programms entschieden wird. [...] es schadet der Demokratie, wenn politische Fragen als technische ausgegeben und an den gewählten Volksvertretern und der Öffentlichkeit vorbei in Expertenzirkeln entschieden werden« (Landfried 2003: 75–76).

Sie macht also darauf aufmerksam, dass durch die Verschiebung von politischen Entscheidungen auf die »technische« Ebene Defizite entstehen, die Folgen für die Demokratie insgesamt haben. Für die vorliegende Fallstudie lässt sich folgern, dass Patentadministrationen durch ihr technokratisches Verhalten »so tun als ob« sie rein technisch entschieden, de facto aber mit diesen expliziten oder impliziten, in die Patenterteilung eingehenden, Entscheidungen auch politische Entscheidungen treffen. Durch dieses »*tacit Policy-Making*« werden bestimmte Handlungskorridore abgesteckt und Pfade in der Gestaltung des Systems beschritten. Die technische Engführung des Patentsystems durch die Administration läuft daher Gefahr, die politischen Implikationen von »patent-technischen« Entscheidungen – beispielsweise für die Trajektorien von Innovationsprozessen – zu negieren und die Präferenzen der Bürger in demokratischen Dialogen außen vor zu halten. Dies ist umso bedeutsamer, als diese patentrechtlichen Entscheidungen aufgrund der Supranationalität der EPO und des EPA Wirkung auf die Vertragsstaaten und das europäische Patentrecht insgesamt haben. Hierauf werde ich im Folgenden eingehen.

1.6 Die Supranationalität der Europäischen Patentorganisation und des Europäischen Patentamtes

Wie oben bereits angedeutet, führte die Etablierung der EPO zu einer Europäisierung des Patentsystems. Dabei erhielt die intergouvernementale Struktur des europäischen Patentsystems im Zuge seiner Entwicklung zunehmend supranationalen Charakter. Inzwischen wird in der Fachliteratur davon ausgegangen, dass die EPO als eine supranationale Organisation einzustufen ist, denn sie erfüllt alle Voraussetzungen und Kriterien der Supranationalität (vgl. Artelsmair 2003: 226ff):

»Die Patentämter treten mit dem Europäischen Patentamt direkt in Verbindung; die Organe der europäischen Patentorganisation sind unabhängig von den Weisungen der Mitgliedsstaaten; es besteht mit den Beschwerdekammern eine eigene, weisungsunabhängige Instanz mit gerichtlicher Funktion (vgl. Art. 23 Abs. 3 EPÜ), für Abstimmungen im Verwaltungsrat ist das Mehrheitsprinzip vorgesehen (vgl. Art. 35 EPÜ); ein Vetorecht einzelner Vertragsstaaten besteht nicht; die europäische Patentorganisation verfügt über Finanzhoheit (vgl. Art. 37 ff. EPÜ)« (Benkard 2002: 67, Rn.3).

Damit zusammenhängend hat die EPO einen hohen Grad an Autonomie erlangt. Die nationalen Mitgliedsstaaten sind in der Regel nicht durch Regierungsvertreter repräsentiert; sie können überstimmt werden, womit ihre Souveränität über EPO- Beschlüsse potentiell eingeschränkt wird. Die EPO hat insbesondere über die sekundäre Rechtsetzungsfunktion des Verwaltungsrates (Ausführungsordnung) sowohl rechtsetzende wie rechtsausübende Funktionen inne. Das Europäische Patentamt bindet bei seiner Patenterteilung von beim EPA für das jeweilige Land benannten europäischen Patenten die nationalen Mitgliedsstaaten und hat damit ein genuin europäisches Patentrecht geschaffen (Ullrich 2002).[27]

Im Verhältnis zwischen Europäischem Patentamt und Europäischer Patentorganisation sind zusammenfassend folgende drei Kompetenzbereiche zu unterscheiden (vgl. Grafik 2 weiter oben):

1) *Legislative* Kompetenz übt der Verwaltungsrat aus. Dessen Beschlüsse sind für sowohl für das EPA wie auch für nationale Gerichte verbindlich (»Sekundäre Rechtsetzungsfunktion«).
2) *Exekutive* Kompetenzen hat das EPA inne. Diese liegen vor allem in der Prüfung und Erteilung europäischer Bündelpatente.
3) *Quasi-judikative* Kompetenzen werden im EPA über das Einspruchsverfahren und die Beschwerdekammern des EPA als »justizähnlichen« Spruchkammern ausgeübt.[28]

---

27 Allerdings »endet« diese immanent rechtsetzende Funktion in gewisser Weise mit der Patenterteilung und der quasi-gerichtlichen Prüfung über die Einspruchs- und Beschwerdekammern. Die Patente fallen danach in den Wirkungsbereich des nationalen Rechts; sie können von nationalen Gerichten entweder für nichtig erklärt werden (Nichtigkeitsverfahren) oder bei Patentstreitigkeiten über eine Verletzung des Patents rechtlich bindende Entscheidungen getroffen werden (Verletzungsverfahren).

28 Das Einspruchsverfahren gilt formal als *administratives* Verfahren, in dem Verwaltungsentscheidungen überprüft werden. Die Beschwerdekammern hingegen entsprechen *gerichtlichen* Verfahren. Die Beschwerdekammern sind nur an das EPÜ gebunden und können Richtlinien für die Prüfung und sogar die Regeln der Ausführungsordnung außer Kraft setzen (Grubb

Diese drei Bereiche sind nicht klar institutionell voneinander getrennt, weshalb Aerts (2007) eine nicht ausgebildete funktionale Gewaltenteilung bemängelt.[29] Kritisch aufgeworfen werden zudem Fragen der Transparenz, Rechenschaftspflichten und demokratischen Kontrolle in der Governance der EPO (vgl. Borrás/Koutalakis/Wendler 2007; Schneider 2006b, 2007b, 2009a; ETAG 2007).

Das Europäische Patentamt ist zu einem starken Global Player im Patentrecht geworden und sieht sich selbst als entsprechendes Referenzmodell (EPO 2007a; Artelsmair 2003). Seine Gründerväter vertraten in mehr oder weniger verhaltender Sprache durchaus entsprechende Ambitionen, als Leitbild und Referenzmodell für das internationale Patentsystem zu fungieren und sich zu einer Art Weltpatentamt (van Benthem 1990 und ders. in: EPO 2006a) weiterzuentwickeln. Auf dem internationalen Parkett tritt das Europäische Patentamt als genuiner Repräsentant für das europäische Patentrecht auf und unterhält eine eigene, patentrechtliche »Außen- und Entwicklungspolitik«, indem es bei der WIPO (World Intellectual Property Organisation) und der Trilateralen Koordination der Patentämter aktiv ist. Seit 2007 hat sich die Koordination der Patentämter auf die »IP5« (USA, Japan, Europa, China und Südkorea) ausgedehnt, wobei in diesem Rahmen im Jahr 2010 zehn »Foundation Projects« zu gemeinsamen statistischen Parametern, Recherche- Prüfungs- und Dokumentationswerkzeugen und anderen praxis- und IT-bezogenen Arbeitsgruppen gegründet wurden (Persönliche Mitteilung, EPA, 21.04.2010). Außerdem unter-

1999: 126–127). Die Regeln der Ausführungsordnung können von den Beschwerdekammern aber nur ausser Kraft gesetzt werden, wenn sie dem Sinn und Inhalt des Abkommens zuwiderlaufen, das heißt, wenn EPÜ-Artikel und Regel der EPÜ-AO sich widersprechen.

29 »It appears that under the EPC system, the European Patent Organisation, i.e. the EPO, its President and the Administrative Council, in fact exercises the combined powers of initiative of law-making, law-making itself and execution of the law. The Conference of Contracting States has an important legislative function, whereas the Boards of Appeal and Enlarged Board of Appeal interpret the law. There is no possibility of review of law-making under the EPC. […] under the intergovernmental EPC system there appears to be no functional separation of powers« (Aerts 2007: 174). Diese Kritik, die vor allem eine fehlende Überprüfung durch den EuGH bemängelt, berücksichtigt allerdings zu wenig, dass die nationalen Gerichte durchaus eine gewisse Kontrollfunktion hinsichtlich der EPO-Gesetzgebung und »Rechtsprechung« der Beschwerdekammern ausüben können. Außerdem trägt er dem spezifischen Charakter der EU als Mehrebenensystem im Vergleich zu dem US-System zuwenig Rechnung. Wie Trute (2006) deutlich macht, treffen ähnliche Legitimationsprobleme auch auf die innerhalb des EU Gemeinschaftsrechts etablierten Regulierungsagenturen zu: »Für die mit wissenschaftlich-technischer Expertise beauftragten Einrichtungen ist ihre Unabhängigkeit Funktionsvoraussetzung, die dann freilich komplementäre Sicherungen der Verantwortlichkeit und Transparenz erforderlich machen. Daran wird die Komplexität des Legitimationsproblems ebenso sinnfällig wie die Gefahr, Einrichtungen zu schaffen, die gleichsam durch die Maschen der nationalen und gemeinschaftlichen Zurechenbarkeit und Verantwortlichkeit fallen« (Trute 2006: 380). Er konstatiert eine Verantwortungsdiffusion, wobei Verantwortungsklarheit schwer einzulösen, aber Voraussetzung einer wirksamen demokratischen Legitimation sei (Trute 2006: 382).

stützt das Europäische Patentamt Drittländer (unter anderem China, generell Staaten Asiens, Afrikas und Lateinamerikas) beim Aufbau einer Patentinfrastruktur und stellt hierfür technische und finanzielle Ressourcen zur Verfügung.[30] Eine bedeutsame Außenfunktion hat das Europäische Patentamt zudem dadurch, dass es sich als stilbildende, qualitäts- und standardsetzende Instanz im internationalen Raum definiert und sich durch verschiedene Aktivitäten, unter anderem durch Patentrecherchen und Prüfberichte innerhalb des PCT-Systems entsprechend profiliert.

Neben dieser Außenwirkung, die durchaus als eine gewisse eigenständige »Außenpolitik« betrachtet werden kann, nimmt das Europäische Patentamt eine starke Binnenfunktion für das europäische Patentrecht ein, indem es durch seine Patenterteilung und die Spruchpraxis seiner Beschwerdekammern das europäische Patentrecht maßgeblich prägt.

De facto hat sich mit der EPO ein weitgehend autonomes, supranationales europäisches Patentsystem herausgebildet. Dies hat das europäische Patentrecht zentralisiert und harmonisiert. Das Europäische Patentamt agiert weitgehend selbstreferentiell und ist eigenen Pfadabhängigkeiten unterworfen. Als EPO-Patentsystem bleibt es jedoch in nationale und internationale Verflechtungen eingebunden und es erstreckt seinen Geltungsbereich nur in geringem Maße auf die nationale Durchsetzung und Wirkung von Patenten nach ihrer Erteilung.

Umstritten bleibt, wieweit dieses EPO-Patentsystem als effizient anzusehen ist. Für eine Effizienzannahme spricht die international anerkannt hohe Qualität der europäischen Patentrecherche und Patentprüfung. Zudem hat das Europäische Patentamt auf die Herausforderungen, die sich ihm insbesondere durch seine starke Inanspruchnahme durch die Nutzer – die Patentanmelder – stellten, flexibel und dynamisch reagiert. Es ist dabei zu einem Big Player herangewachsen, der administrative und organisatorische Kompetenzen und Macht auf sich vereinigt. Es mehren sich allerdings die Stimmen, die auch beim EPA Fehlentwicklungen und beispielsweise problematische Anreizstrukturen zur Erteilung von »trivialen« Patenten konstatieren.[31] Auf die Frage des Qualitätsverlustes bei der Patenterteilung, ihre möglichen Ursachen und Maßnahmen zur Qualitätssicherung werde ich weiter unten noch zurückkommen.

---

30 http://www.epo.org/about-us/office/annual-reports/2004/internal-affairs.html. Zur internationalen technischen Zusammenarbeit des EPA siehe den Report von 2002 unter http://www.iprcommission.org/papers/text/study_papers/sp9_Regional_orgs.txt

31 Vgl. zu diesen Kontroversen EPO 2007a; Guellec/van Pottelsberghe 2007; OECD 2004; Harhoff 2006a; BMWi Beirat 2007.

1.7 Demokratiedefizite und Fehlentwicklungen in der EPO

Wie oben bereits angedeutet, sind demokratische Defizite für die Governance der Europäischen Patentorganisation zu verzeichnen. Diese liegen unter anderem darin, dass es an Rückbindungen an eine demokratische Willensbildung durch gewählte Volksvertreter in den Parlamenten und Regierungen mangelt. Aufgrund der eigenständigen supranationalen Struktur der EPO kann weder auf die nationalen Parlamente noch auf das Europäische Parlament zurückgegriffen werden:

»there is no active participation of a democratically elected body, and there is no judicial review of adopted legislation« (Aerts 2007: 169).

Zwar weist der Verwaltungsrat gewisse Analogien zum Rat innerhalb der EU auf; im Gegensatz zur Europäischen Union gibt es jedoch kein Äquivalent zum Europäischen Parlament, und die Verwaltungsratsmitglieder der EPO sind im Gegensatz zu Regierungsmitgliedern im Rat der EU nicht den nationalen Parlamenten gegenüber verantwortlich:

»although during law-making under the EPC system it can be said that the negotiating Contracting States represent the citizens in one way or another, it is clear that democratically elected national parliaments are not actively involved in the law-making process itself and that parliaments can only ratify submitted legislation, indicating only minimal democratic control over the process. If the Administrative Council acts alone, national parliaments are not involved at all. With respect to this, the expansion of the law-making competence of the Administrative Council according to the EPC 2000 means a further dilution of the democratic legitimacy of the system« (Aerts 2007: 176).

Wie Artelsmair zu Recht feststellt, werden durch die relativ weitreichenden sekundären Rechtsetzungsbefugnisse des EPO Verwaltungsrates »europaweit gültige Gesetze von weisungsabhängigen nationalen Beamten ohne parlamentarische Kontrolle erlassen« (2003: 347). Da sich darüber hinaus im vergangenen Jahrzehnt die Praxis eingebürgert habe, wesentliche Entscheidungen in geheimen Delegationsleitersitzungen zu treffen, würden sogar die beiden Stakeholder, die innerhalb der EPO zumindest Beobachtungs- und Konsultationsrechte haben[32], nämlich das epi als Vertretung der europäischen Patentanwaltschaft und die Union der Industrie- und Arbeitgeberverbände (UNICE, seit einigen Jahren umbenannt in »Business Europe«), von Meinungs- und Willensbildungsprozessen ausgeschlossen (Artelsmair 2003: 348).

Andere Beobachter spitzen diese Bewertung noch kritisch zu, indem sie darauf verweisen, dass aufgrund des Wachstums der EPO-Mitgliedsstaaten wegweisende strategische Entscheidungen nicht mehr im EPO-Verwaltungsrat

32 Das entsprechende Gremium für diese Konsultationen ist SACEPO (Standing Advisory Committee before the European Patent Office).

selbst getroffen würden, sondern in einem vertraulich tagenden Lenkungsgremium, dem »Board 28« gebahnt werden, in dem der Präsident des Verwaltungsrates und die Präsidenten einiger EPO-Mitgliedsstaaten sowie der Amtspräsident die »Geschicke« der EPO lenkten.[33]

Hinsichtlich von Fragen der Transparenz ist zudem darauf zu verweisen, dass die Entscheidungen des EPO-Verwaltungsrates zwar im Amtsblatt der EPO veröffentlicht werden und damit allgemein verfügbar sind. Die dazugehörigen Dokumente, die in der internen Datenbank »Micado« gespeichert werden, welche nachvollziehbar machen, wie diese Entscheidungen zustande kamen und welche nationalen Delegationen in welcher Weise darauf Einfluss genommen haben, sind jedoch in aller Regel weder den nationalen Parlamenten noch der Öffentlichkeit zugänglich.

Verschärfend kommt hinzu, dass – wie bereits erwähnt –den einzelnen Akteuren im EPO-System die macht- und verteilungspolitischen Implikationen ihres Handelns bisweilen nicht einmal selbst bewusst sind, sondern von ihnen als »rein technische« Entscheidungen gesehen werden.[34]

Zusammenfassend ist also festzuhalten, dass hinsichtlich von demokratietheoretisch relevanten Prinzipien wie Transparenz, Rechenschaftspflichten, Beteiligung pluraler Stakeholders, informierten politischen Entscheidungsprozessen, die gewählten Vertretern zurechenbar sind und durch diese verantwortet werden müssen, beträchtliche Defizite in der Europäischen Patentorganisation zu verzeichnen sind.

Hinsichtlich der Entwicklungstendenzen des europäischen Patentsystems sind jedoch noch einige andere Aspekte wichtig, die in eine kritische Betrachtung einzubeziehen sind. Es lassen sich eine Reihe von Faktoren dafür anführen, dass das Europäische Patentamt und die EPO insgesamt Gefahr laufen, Allgemeininteressen zugunsten der Partikularinteressen von Anmeldern und von Bestandserhaltungsinteressen der Institution zu vernachlässigen.

Entsprechende institutionelle Anreizstrukturen liegen unter anderem im Eigenfinanzierungsmodus des Europäischen Patentamtes und der Alimentierung nationaler Patentämter durch die Jahresgebühren für europäische Patente. Dies übt eine Tendenz dahingehend aus, Patente eher zu erteilen, als zurückzuweisen. Ein weiterer Faktor liegt darin, dass nur Anmelderinteressen systematisch

33 Dieses auf Artikel 28 des EPÜ gestützte Präsidium wurde am 5. Juni 2003 vom EPO Verwaltungsrat (2003) eingesetzt. Der »Board 28« setzt sich aus dem Präsidenten und dem Vizepräsidenten sowie aus drei weiteren Mitgliedern des EPO Verwaltungsrats zusammen; der Präsident des Europäischen Patentamts nimmt an den Beratungen teil. Bei der 106. Sitzung des EPO-Verwaltungsrates (2006) wurde dieses Präsidium beauftragt, eine Studie zur Zukunft des Europäischen Patentsystems und zum Umgang mit der zukünftigen Arbeitslast zu erstellen, die 2007 vorgelegt wurde.

34 Ich greife diesen Gesichtspunkt unter den Grundannahmen der handelnden epistemischen Gemeinschaft des Patentrechts wieder auf, siehe Kapitel I.E.

im Patentsystem repräsentiert sind. Durch diese und weitere Faktoren besteht die Gefahr, Anmelder als »Kunden« zu behandeln, die vom Amt »bedient« werden (Hagel 2004). In der Sprache der Verwaltungswissenschaften ausgedrückt besteht die Möglichkeit, dass es zu einer »capture by the clients« kommt.[35]

Dies hat in jüngerer Zeit zu kritischen Anmerkungen hinsichtlich des öffentlichen Auftrags des Patentsystems geführt:

»The notion that paying customers, in the form of applicants rather than the public, are the intended beneficiaries of the patent system is an indefensible position for a quasi-judicial administrative agency entrusted with issuing patents in the public interest« (Thambisetty 2007: 250).

Betont wird vor allem, dass ein allzu »anmelderfreundlicher« Kurs und ein Selbstverständnis als eine Art Dienstleistungsagentur für Patentanmelder (Hutter 1989) dazu führt, dass gegenläufige Interessen an Gemeinfreiheit, also daran, bestimmte Gebiete bzw. Forschungsstadien vom Patentschutz freizuhalten, zu kurz kommen und diese Orientierung zudem einen Qualitätsverlust von erteilten Patenten zur Folge haben kann:

»The idea that applicants, rather than the public at large, are the intended beneficiaries of the patent system cannot help but to contribute to the push to issue patents regardless of quality« (Lemley 2001: 1496, Fn 3).

Entsprechend kritisch bewertet ein Report der britischen Royal Society diesbezügliche Tendenzen und fordert zu einem Gegenlenken auf:

»[...] there are trends among the patent offices to satisfy applicants by granting patent applications, and for governments to see their office's activities as a source of revenue. Such trends carry the risk that the important public interest task of examining patents to a consistent high standard is subordinated to meeting the wishes of applicants for the grant of their patent applications. *We recommend that governments make it clear to their respective national and regional patent offices that their primary goal is to examine patent applications appropriately rather than to strive to grant as many patents as possible*« (RoySoc 2003: 11, RN 3.26, Hervorhebung im Original).

Fehlentwicklungen und Qualitätsverluste beim Europäischen Patentamt beklagt auch ein Gutachten des Wissenschaftlichen Beirats des deutschen Bundeswirtschaftsministeriums. Dieser sieht das EPA »am Scheideweg«, denn Ausschlussrechte, mit denen Wettbewerb behindert werden kann, lieferten keinen Beitrag

35 Das Capture-Theorem besagt, dass Behörden sich zunehmend die Sichtweise derer zueigen machen, die sie kontrollieren, bzw. denen gegenüber sie die öffentlichen Interessen vertreten sollten. Daher richte sich das Verhalten der Behörde an den Interessen derer aus, die es eigentlich regulieren und beschränken soll (vgl. Teubner 1987: 30f). Den Capture-Vorwurf an die Adresse des EPA erheben Hagel (2004) und Abbott (2004), die argumentieren, dass das Amt sich zu sehr an den Interessen der »Nutzer« orientiere, darüber aber breitere ökonomische und gesellschaftliche Überlegungen aus den Augen verliere.

zu mehr Forschung und Innovation. Daher mahnt der Beirat eine restriktivere Erteilungspolitik und eine Umstrukturierung der Anreizsysteme an, um »gewerbliche Schutzrechte [...] auf ihren ökonomisch begründbaren Kern zurückzuführen« (BmWi Beirat 2007: 17).

Wenn so deutlich ein Qualitätsverlust bei vom EPA erteilten Patenten kritisiert wird, so ist allerdings auch darauf hinzuweisen, dass es bisher an geeigneten Indikatoren fehlt, um Patentqualität zu messen und zu angemessenen und operationalisierbaren Kriterien zu gelangen (vgl. Brimelow 2008; Elsmore 2009). Während der Amtszeit der EPA-Präsidentin Alison Brimelow (7/2007 bis 6/2010) wurden allerdings unter der Initiative »Raising the Bar« verfahrenstechnische Maßnahmen entwickelt, welche die Anmelder zu qualitativ höherwertigen Patentanmeldungen veranlassen sollen. Die entsprechenden Bestimmungen sind am 1. April 2010 in Kraft getreten. Gleichzeitig wird vom EPA ausdrücklich vermerkt, dass »Raising the Bar« nicht bedeute, seitens des Amtes die Anforderungen an die erfinderische Tätigkeit anzuheben (siehe EPO 2010). Wie konsequent diese Maßnahmen von Brimelows Nachfolger Benoît Battistelli, der von der EPO in 2010 für eine Amtszeit von fünf Jahren gewählt wurde, fortgeführt werden, welche Wirkungen sie bei Anmeldern und Prüfern zeitigen und wie sie im Ergebnis zu bewerten sein werden, bleibt weiteren Untersuchungen vorbehalten.

Darüber hinaus sind praktikable Modelle, wie den oben angeführten Demokratiedefiziten entgegengewirkt werden kann, bisher rar. Dies betrifft sowohl die Frage, ob und wie die Finanzierungsgrundlagen des Amtes umgestellt werden könnten, ob solche Instrumente überhaupt geeignet werden, bessere Anreize zu setzen, und welche weiteren Mechanismen angezeigt wären. Im Grunde wäre für eine Korrektur von Fehlentwicklungen und Strukturdefiziten eine Reform der Europäischen Patentorganisation erforderlich. Da jegliche Umsetzung von Reformvorstellungen jedoch an die eingangs analysierten Grundprobleme des starren und behäbigen Korsetts der EPÜ-Vertragsgrundlagen gebunden bleibt, bestehen kaum Aussichten, dass es tatsächlich zu einer grundlegenden EPÜ-Revision kommt. Die Frage einer Reform des europäischen Patentsystems weist zudem auf die Probleme zurück, die sich aus der institutionellen Doppelstruktur zwischen EPO und EU ergeben. Im Folgenden gehe ich daher auf den zweiten supranationalen Pfeiler des europäischen Patentsystems, die Europäische Union, ein und beleuchte darin deren Verhältnis zur EPO.

2. Die Patentpolitik der Europäischen Union

Zu Beginn dieses Kapitels habe ich auf den »Geburtsfehler« des Gemeinschaftspatentübereinkommens hingewiesen, aus dem sich die institutionelle Doppelstruktur aus EPO und EU ergab. Dieser Prozess ist zunächst genauer zu beschreiben, um die daraus resultierenden Ausweichstrategien sowie die Spannungen zwischen den beiden Grundpfeilern des europäischen Patentsystems besser verstehen und auch die im Mittelpunkt dieser Arbeit stehende EU-Biopatentrechtlinie in den Kontext dieser Entwicklung einordnen zu können.

Zum Mandat bleibt zuvor festzuhalten, dass formelle Kompetenzen für die Regulierung von Immaterialgüterrechten in den Verträgen der Europäischen Gemeinschaft nicht vorgesehen waren (Borrás 2003). Gleichwohl strebte die Kommission in verschiedenen Arenen nach entsprechenden Gestaltungsansprüchen und eignete sich »auf Umwegen« entsprechende Kompetenzen an. In den späten 1980er und 1990er Jahren vermittelte sich dies über die Einheitlichkeit des Binnenmarkts und den daraus abgeleiteten Harmonisierungsbedarf. Neuerdings geschieht es über den Anspruch, Europa zu einer innovationsstarken, »wissensbasierten Ökonomie« und einem einheitlichen Forschungsraum zu machen. Hinsichtlich letzterer Zielsetzung fungiert in jüngerer Zeit die Lissabon-Strategie[36] der Europäischen Union als Taktgeber, die unter anderem fordert, dass »Innovation und Ideen in der wissensbasierten Wirtschaft, insbesondere durch Patentschutz, angemessen belohnt werden« (Lissabon Agenda 2000, Rdnr.12).

In den 1970er Jahren begann die Europäische Kommission mit dem Agenda Setting für ein Europäisches Gemeinschaftspatent, das zur Vollendung des Binnenmarkts beitragen sollte und auf das ich weiter unten eingehen werde. Mittels von EuGH Entscheidungen und Gutachten, insbesondere im Zuge der WTO/TRIPs-Verhandlungen zog die Europäische Kommission in den 1990er Jahren außerdem Gesetzgebungskompetenzen für gewerbliche Schutzrechte und Urheberrechte an sich, und erhob, neben der Gestaltungsmacht nach innen, den Anspruch, Europa patentpolitisch auf dem internationalen Parkett zu repräsentieren (Artelsmair 2003: 291–296). Andere Initiativen der Europäischen Kommission, Kompetenzen der Gemeinschaft bei gewerblichen Schutzrechten und Urheberrechten durchzusetzen und entsprechende dem Gemeinschaftsrecht unterliegende Institutionen zu gründen, waren insbesondere im Marken-

36 Das auf einem Sondergipfel der europäischen Staats- und Regierungschefs im März 2000 in Lissabon verabschiedete Programm hat zum Ziel, die EU innerhalb von zehn Jahren zum wettbewerbsfähigsten und dynamischsten wissensbasierten Wirtschaftsraum der Welt zu machen. Mit dieser Strategie will die EU »im Rahmen des globalen Ziels der nachhaltigen Entwicklung ein Vorbild für den wirtschaftlichen, sozialen und ökologischen Fortschritt in der Welt sein« (Lissabon Agenda 2000).

recht (Gemeinschaftsmarken-Verordnung 1993) erfolgreich.[37] In einigen Politikfeldern kam es zu Regulierungen (Richtlinien zu Datenbanken, IPR-Durchsetzung), die jedoch ihrerseits politisch umstritten blieben (vgl. Derclaye 2007).

Die lange Chronik des gescheiterten Gemeinschaftspatentübereinkommens lässt sich kurz folgendermaßen zusammenfassen: Das Übereinkommen über das europäische Patent für den Gemeinsamen Markt, kurz Gemeinschaftspatentübereinkommen (GPÜ), wurde am 15. Dezember 1975 in Luxemburg unterzeichnet. Durch das GPÜ sollte ein einheitliches Patent für alle EU-Staaten geschaffen werden.[38] Da das GPÜ jedoch nicht von ausreichend Unterzeichnerstaaten ratifiziert wurde, ist es niemals in Kraft getreten. Ein weiterer Versuch zur Schaffung des Gemeinschaftspatents war die Unterzeichnung der Vereinbarung über Gemeinschaftspatente (VGP) 1989 in Luxemburg. Darin wurden dem GPÜ verschiedene Protokolle beigefügt. Aber auch diese Vereinbarung trat nicht in Kraft (Ullrich 2006). In den Jahren 2006 bis 2008 bemühte sich Binnenmarktkommissar Charlie McCreevy erneut, das Gemeinschaftspatent durch eine Verordnung des Rates einzuführen. Nach zähen Verhandlungen gab er dieses Projekt jedoch auf (McCreevy 2006; 2008). Schließlich scheiterte auch ein erneuter Anlauf im Jahr 2008, im Rahmen der französischen EU-Ratspräsidentschaft zu einer Einigung zu gelangen. Relativ überraschend kam es sodann am 4. Dezember 2009 innerhalb der schwedischen Ratspräsidentschaft doch noch zu einem Entschluß des Rats, ein nunmehr so genanntes EU-Patent zu etablieren.[39] Dabei wurde allerdings die Sprachenfrage ausgeklammert und auf ein Zusatzprotokoll verschoben, das bis Mitte 2010 von der Europäischen Kommission ausgearbeitet werden soll. Das geplante EU Patent soll vom Europäischen Patentamt geprüft und erteilt werden, einschließlich der Einspruchs- und der Beschwerdeverfahren. Die Hauptbestimmungen des geplanten Regulierungsentwurfs betreffen Regelungen *nach* der Patenterteilung wie Eigentumsfragen (Transfer, Insolvenzverfahren, Lizenzierung), Zwangslizenzen sowie Verfall und Nichtigkeit eines EU Patents.

---

37 Für eine Übersicht über die relevanten EU Regulationen, d.h. Verordnungen und Richtlinien, im Bereich der sog. geistigen Eigentumsrechte (ergänzendes Schutzzertifikat für medizinische Produkte, Urheberrecht, Datenbanken, Gemeinschaftsmarke, Sortenschutz) siehe Borrás (2003: 85). Einen Einblick in die Kontroversen über Softwarepatente im Kontext der geplanten, jedoch gescheiterten Richtlinie über computerimplementierte Erfindungen (CII, EU COM 2002) und die verabschiedete Richtlinie zur Durchsetzung von Intellectual Property Rights (EU COM 2003) siehe Haunss/Kohlmorgen 2008.

38 Wie Artelsmair (2003: 296) ausführt, transferierte die Europäische Kommission bereits früh den ursprünglich intergouvernemental geschlossenen Vertrag über ein Gemeinschaftspatentübereinkommen in den Zuständigkeitsbereich der Gemeinschaft.

39 Council of the European Union 2009: Conclusions on an enhanced patent system in Europe, 2982nd Competitiveness (Internal market, Industry and Research) Council meeting, Brussels, 4.12.2009, http://www.consilium.europa.eu/uedocs/cms_Data/docs/pressdata/en/intm/111744.pdf

Im Mai 2010 wurde ein erster allgemeiner Entwurf zur EU Patent-Regulierung vom Europäischen Parlament in erster Lesung gebilligt. Ein weiterer Bestandteil des zu schaffenden EU Patentes bildet ein gemeinsamer Patentgerichtshof mit exklusiven Zuständigkeiten für Patentverletzungs- und Nichtigkeitsklagen für europäische und EU Patente. Doch auch die Modalitäten zur Errichtung eines europäischen Patentgerichtshofs (Agreement on the European and EU Patents Court, EEUPC) bleiben noch zu klären, wofür ein Gutachten des EuGH auf Anfrage des Rats der EU im Herbst 2010 die kniffligen Fragen der Vereinbarkeit mit dem Gemeinschaftsrecht beantworten soll. Denn das vorgeschlagene EEUPC ist eine »gemischte« Vereinbarung, die über die EU-Mitglieder hinaus allen EPO-Vertragsstaaten zur Unterzeichnung offen stehen soll. Der Beitritt von mindestens einem EPO-Vertragsstaat, der kein EU-Mitglied ist, ist notwendig, um die Verhandlungen fortzusetzen und zum Abschluss zu bringen. Darüber hinaus bleibt offen, ob es für ein Inkrafttreten des EU Patents einer EPÜ-Revision bedarf oder ob dafür ein einfacherer Weg rechtlich und politisch gangbar wäre (Persönliche Mitteilungen, EPO, 21.06.2010). Aufgrund vieler Imponderabilien bleibt derzeit offen, ob und wann es tatsächlich neben dem nationalen Patent und dem europäischen Bündelpatent ein einheitliches EU Patent, mit dem für *alle* EU-Mitgliedsstaaten gleichzeitig ein Patentschutz erlangt würde, geben wird. Es ist anzumerken, dass die damit verbundene Neuregelung des Verteilungssschlüssels für die Jahresgebühren zwischen den EU Mitgliedsstaaten im Verwaltungsrat der EPO sich zu einem weiteren Hemmschuh entwickeln könnte.[40]

Allen gescheiterten Bemühungen lag die Vorstellung zugrunde, dass ein EU-Gemeinschaftspatent, das Einheits-Patentschutz für alle EU-Mitgliedsstaaten gleichzeitig gewähren würde, sowie ein Europäischer Patentgerichtshof für Streitfälle wünschenswert seien und die Einheitlichkeit des europäischen Patents »vollenden«[41] würden. Auch heute besteht wieder der Wunsch, die institutionelle Spaltung zwischen der Gemeinschaft und der Europäischen Patentorganisation zu überwinden und es gab mancherlei Aufrufe, die EPO in die Europäische Union »zurückzuführen« (vgl. Bossung 1995, 2003). Wie eine solche

40 Zum Stand der Gemeinschaftspatent_Initiativen 2000 bis 2007 siehe: http://www.epo.org/patents/law/legislative-initiatives/community-patent_de.html

41 Ob und inwieweit dieses »EU–Einheits-Patent« gegenüber der »à la carte«-Lösung des EPO-Bündelpatents sinnvoll ist und von den Stakeholders gewünscht wird, bleibt allerdings strittig. Zwischenzeitlich gingen sogar ehemals maßgebliche Protagonisten davon aus, dass die Idee eines europäischen Einheitspatents sich überlebt habe. Für die Europäische Kommission stellt das Gemeinschaftspatent in strategischer Hinsicht jedoch schier die einzige Möglichkeit dar, einen festen Fuß in die EPO hinein zu erhalten. Es ist vorgesehen, dass die EU, vertreten durch die Kommission, dem EPÜ beitritt. Dafür ist eine erfolgreiche EPÜ-Revision durch eine Diplomatische Konferenz notwendig, die sodann von allen 37 EPÜ-Vertragsstaaten ratifiziert werden muss. Ob Überlegungen zu einer einfacheren Verfahrensweise, ohne EPÜ Revision, rechtlich gangbar und politisch durchsetzbar sind, bleibt abzuwarten.

Überführung angesichts von mittlerweile bereits zehn Nicht-EU-Mitgliedern als Vertragsstaaten in der EPO ausgestaltet werden könnte, bleibt gleichwohl unklar. Die Unterstellung der EPO unter die EU wird auch nicht von allen Stakeholders (Industrie, Mitgliedsstaaten) und akademischen Analysten als zielführend betrachtet (vgl. Artelsmair 2003, Ullrich 2006). Meiner Auffassung nach wird eine solche Überführung alleine weder die geschilderten Demokratiedefizite der EPO beheben noch die aufgeführten Fehlentwicklungen korrigieren können.

So bleibt festzustellen, dass das Europäische Gemeinschaftspatent dreieinhalb Jahrzehnte lang trotz mannigfacher Geburtshelfer und vielfachen Reanimationsbemühungen eine Totgeburt nach der anderen produzierte. Hauptstreitpunkte waren und bleiben zum einen die Sprachenfrage, zum anderen die Modalitäten zu einer europäischen Patentgerichtsbarkeit. Die entsprechenden, hartnäckigen Interessenkonflikte und divergierenden nationalen Eigeninteressen blieben bisher in allen Verhandlungsprozessen unüberwindbar (vgl. Artelsmair 2003; Schmidt-Szalewski 2007; Stauder 2005). Ob das neue EU Patent in den kommenden Jahren nun tatsächlich das Licht der Welt erblicken wird, bleibt abzuwarten.

Wegen dieser Serie des Scheiterns wurden zwischenzeitlich Ausweichstrategien eingeschlagen. Zu den bedeutendsten zählen das London Agreement und das EPLA, die im Folgenden kurz vorgestellt werden.

Das im Jahr 2000 von zehn Staaten unterzeichnete Londoner Sprachenabkommen[42] trat nach der Ratifikation durch Frankreich 2007 im Mai 2008 in Kraft.[43] Ziel des Londoner Übereinkommens ist es, »die Übersetzungskosten im Interesse der Patentinhaber zu senken«. Das Abkommen hat eine Stärkung der drei EPA-Amtssprachen Englisch, Deutsch und Französisch durch ganzen oder teilweisen Verzicht auf Übersetzung der erteilten Patente in die jeweilige Landessprache zum Ziel und soll pro Patent eine Senkung der Übersetzungskosten um bis zu 45 Prozent ermöglichen. Fachleute haben daraus potentielle jährliche Einsparungen für die europäische Wirtschaft von bis zu 500 Millionen Euro errechnet.[44] Skeptiker betonen allerdings, dass sich die Ausdifferenzierungsprozesse unter den EPÜ-Mitgliedsstaaten mit dieser neuen Regelung noch intensivieren könnten (vgl. BmWi Beirat 2007).

Das Europäische Übereinkommen über Patentstreitigkeiten (EPLA) sollte mittels eines fakultativen Protokolls zum Europäischen Patentübereinkommen

42 Den Text des Abkommens sowie weitere Informationen siehe unter http://www.epo.org/patents/law/legislative-initiatives/london-agreement_de.html

43 Zur Genese und dem Text des Londoner Abkommens siehe http://www.epo.org/patents/law/legal-texts/london-agreement_de.html. Der aktuelle Stand der Ratifikation durch einzelne Staaten ist abrufbar unter: http://www.epo.org/patents/law/legal-texts/london-agreement/status_de.html

44 http://www.epo.org/about-us/press/releases/archive/2006/19062006a_de.html

ein integriertes europäisches Patentgerichtswesen mit einheitlichen Verfahrensregeln und einem gemeinsamen Berufungsgericht schaffen. Außerdem sollte es die Modalitäten für die Schaffung und Finanzierung einer gemeinsamen Einrichtung festlegen, auf die die nationalen Gerichte im Rechtsstreit als Gutachter zurückgreifen könnten, soweit es um Rechtsgültigkeit oder Verletzung eines Patents geht.[45] Ob und in welcher Form Teile des EPLA im Rahmen des EU Patents in den geplanten europäischen Patentgerichtshof und das *Agreement on the European and EU Patents Court* (EEUPC) eingehen werden, wird 2010 und 2011 verhandelt.

Sowohl das Londoner Sprachenübereinkommen wie auch das EPLA sind Initiativen, die aus der Europäischen Patentorganisation heraus gestartet wurden, um die seit langem festgefahrene Pattsituation beim EU-Gemeinschaftspatent zu überwinden und Wege zur Lösung der strittigen Sprachen- und Gerichtsfragen aufzuzeigen.[46] Beide beruhten jedoch nicht auf einem konsensualen, gemeinsamen Vorgehen der EPO- oder der EU Mitgliedsstaaten, sondern darauf, dass sich einige Länder zu einer »Koalition der Willigen« formierten, im Vertrauen darauf, dass späterhin weitere Staaten dem Übereinkommen beitreten würden.[47] Beide Abkommen waren als fakultative Übereinkommen ausgestaltet. Den EPÜ-Vertragsstaaten sollte es demnach freistehen, sich an dem neuen integrierten Gerichtswesen zu beteiligen und die Gerichtsbarkeit dem Europäi-

45 Ziele des EPLA waren: 1. die Schaffung eines Europäischen Patentgerichts, bestehend aus einem Gericht erster Instanz mit einer zentralen und mehreren regionalen Kammern sowie einem Berufungsgericht, das für Klagen in Zusammenhang mit der Verletzung und der Nichtigkeit europäischer Patente zuständig ist. 2. Die Beauftragung des Europäischen Patentberufungsgerichts (als »fakultatives Gutachtergremium«) mit der Erstattung von nicht bindenden Gutachten über Fragen des europäischen oder damit harmonisierten nationalen Patentrechts auf Ersuchen von nationalen Gerichten, die mit Verletzungs- oder Nichtigkeitsklagen befasst sind. Die Aussichten für eine Einigung über EPLA standen nach intensiven Diskussionsprozessen 2006 und 2007, mitinitiiert von der Europäischen Kommission und einem erneuten Bemühen während der deutschen EU Ratspräsidentschaft 2007 eher schlecht, wie das ernüchterte Resümee von Justizministerin Zypries (2007) und die Zusammenfassung von Pagenberg (2007) aufzeigen.

46 Da insbesondere das EPLA von vorneherein nur Sinn machte, wenn es auch als Europäischer Patentgerichtshof für ein kommendes EU-Patent tauglich wäre, waren auch EU Kommission, Rat und Parlament intensiv damit befasst. Nicht zuletzt wegen der unterschiedlichen Mitgliedschafts-Überschneidungen stellt das EPLA eine äußerst delikate juristische Konstruktion dar, dessen Vereinbarkeit mit dem EU Gemeinschaftsrecht eine große juristische Herausforderung birgt. Zu den Entwürfen, Modalitäten und dem Stand des »Europäischen Übereinkommens über Patentstreitigkeiten« (EPLA) siehe: http://www.epo.org/patents/law/legislative-initiatives/epla_de.html

47 Zu den Staaten, die von Anfang an aktiv in der Arbeitsgruppe »Streitregelung« der EPO mitgearbeitet und den EPLA Entwurf verfasst haben, gehören unter anderem Dänemark, Deutschland, Finnland, Frankreich, Luxemburg, Monaco, die Niederlande, Schweden, die Schweiz und das Vereinigte Königreich.

schen Patentgericht zu übertragen.[48] Sowohl beim Londoner Abkommen wie beim EPLA haben sich bisherige Wirkungsabschätzungen vor allem darauf konzentriert, die Vorteile – geringere Kosten, höhere Effizienz des europäischen Patentsystems – herauszustellen. Potentiell nachteilige Implikationen[49] werden kaum entsprechend ausgewiesen. Vor allem aber bleiben differenzielle Wirkungen auf einzelne Mitgliedsstaaten zuwenig untersucht.

Zusammenfassend lässt sich festhalten, dass das wiederholte Scheitern des EU-Gemeinschaftspatents zur Folge hatte, dass die angestrebte Hoheit der Europäischen Kommission, auf die Governance des Patentwesens in Europa stärker Einfluss zu nehmen, vereitelt wurde und der Kommission damit nur geringe Gestaltungsansprüche in diesem Politikfeld gestattete (Borrás 2003: 82–89; vgl Stoll/Minor in EPO 2006a). Dies dürfte sich durch das geplante EU Patent ändern, da dann die EU, vertreten durch die Kommission, dem EPÜ offiziell beitreten wird, doch wann und in welcher Form dies in Kraft treten wird, bleibt ungewiss.

De facto vollzieht sich europäische Patentpolitik vor allem entlang der EPO-Achse. Gleichwohl ist die Spannung zwischen EU und EPO insofern für die in dieser Arbeit untersuchte Biotechnologiepatent-Gesetzgebungsinitiative der Europäischen Kommission wichtig, als diese Initiative sich auch als Versuch der EU fassen lässt, Gestaltungskompetenz über das europäische Patentsystem zu erlangen. Unter diesem Gesichtspunkt soll das Verhältnis zwischen EPO und EU noch einmal genauer betrachtet werden.

3. Das Verhältnis zwischen EPO und EU

Das Verhältnis zwischen EPO und EU ist durch eine gewisse Rivalität gekennzeichnet.

Die formelle Beziehung zwischen der Gemeinschaft, insbesondere der Europäischen Kommission, und der Europäischen Patentorganisation, insbesondere dem Europäischen Patentamt, zeichnete sich lange Zeit durch gegenseitige Nichtbeachtung aus. Dem dritten Präsidenten des Europäischen Patentamtes

48 Siehe Punkt 10 in EPLA Impact Assessment, http://documents.epo.org/projects/babylon/eponet.nsf/0/2D620982152DB517C12572A700433C61/$File/impact_assessment_2006_02_v1_de.pdf

49 »Zentralisierung erhöht das Risiko einer Potenzierung von Fehlern« (BmWI Beirat 2007: 17). Selbst vermeintliche Vorteile könnten nachteilige Wirkungen haben: So könnten geringere Kosten für ein europäisches Patent zu einer weiteren Zunahme der »Patent-Überflutung« führen. Arbeitseinbußen kann es auf nationaler Ebene bei den Patentämtern, Patentanwälten und Patentgerichten geben – es bleibt jedoch offen, ob diese als Verluste oder als Effizienzsteigerung bewertet werden sollten.

Ingo Kober (amtierend 1996–2004) wird nachgesagt, niemals eine Dienstreise nach Brüssel unternommen zu haben. Seine Nachfolger Alain Pompidou (2004–2007) und Alison Brimelow (2007–2010) begannen hingegen, Kontakte nach Brüssel zu pflegen, als sonderlich intensiv können diese allerdings nicht bezeichnet werden.

Das Europäische Patentamt hatte sich mittels seiner langjährigen Praxis »eine führende Rolle im internationalen Patentwesen erarbeitet und verstand sich selbst, vor allem aufgrund der geballten Sachkompetenz, als natürliches Zentrum der europäischen Patentpolitik« (Artelsmair 2003: 293). Die Europäische Gemeinschaft, insbesondere die Kommission, machte ihr dieses Selbstverständnis, vor allem aber den politischen Anspruch streitig und erhob selbst genuine Gestaltungsansprüche auf das Europäische Patentsystem. Ein im Juli 2006 öffentlich gewordenes Dokument der Europäischen Kommission, welches dessen Beamte im Rahmen eines Konsultationsprozesses mit KMUs verfasst hatten, unternimmt in deutlicher Sprache eine Einschätzung und Bewertung des Europäischen Patentamtes:

> »Whilst being basically a patent granting office the EPO has ambitions to steer patent policy at European and international levels. It has a business culture of its own with very little understanding for what happens in Brussels in a more global context. Initiatives from Brussels implying changes to the existing multilateral European patent system are considered as an attack on the holy writ. The EPO has close ties with national patent offices and far less with the ministerial level in Member States.
>
> Recently the EPO has become subject to growing criticism by MEPs and various EU Member States for a lack of political accountability. [...] the EPO has been sensitive to encroachment on their prerogatives by the Commission and we have been concerned by EPO's efforts to assume a policy role which does not belong to it. The situation has improved under the current President«.[50]

Hier wird das EPA als dogmatisch, politikunerfahren und machthungrig dargestellt, vor allem aber der Vorwurf erhoben, dass das EPA seine Kompetenzen als Exekutivorgan, das heißt als Behörde, die das Patentrecht lediglich administrativ ausführen solle, überschreite.

Aus Sicht des Europäischen Patentamtes war es hingegen die Kommission, die mit den oben bereits angesprochenen sowie weiteren Gesetzgebungsinitiativen im Bereich der gewerblichen Schutzrechte (Biopatentrichtlinie, Softwarerichtlinie) ihren Aktionsradius erweiterte, was Antipathien beim EPA hervorrief, gleichwohl jedoch nach Ansicht eines beim EPA selbst bediensteten Politikwissenschaftlers »einen fundamentalen Wandel der patentpolitischen Landschaft in

50 Lt. dreiseitigem Papier, tituliert »The European Patent Office (EPO)«, Datei »smepanel0601_EPO-2«, nicht ausdrücklich als Kommissionspapier gekennzeichnet, aber im Juli 2006 »geleakt« und wochenlang in interessierten Kreisen zirkulierend, ohne ein entsprechendes Dementi der Kommission.

Europa« (Artelsmair 2003: 292) herbeiführte. Denn Verbände und zivilgesellschaftliche Nichtregierungsorganisationen trafen bei der Kommission und dem Europäischen Parlament durchaus auf ein Gehör, das sie beim EPA in geringerem Maße fanden. Auf diese unterschiedliche Responsivität werde ich hier nicht näher eingehen, sie ist jedoch Gegenstand des empirischen Teils meiner Arbeit.

Trotz mancherlei Ressentiments und auf Gegenseitigkeit beruhender Animositäten (Artelsmair 2003: 293) lassen sich Annäherungsprozesse beobachten: So unterhält das EPA seit Ende der 1990er Jahre ein Verbindungsbüro in Brüssel, das 2004 offiziell zur Repräsentanz der EPO erklärt wurde; sechs Mitarbeiter pflegen dort vor allem die Kontakte zur Europäischen Kommission und zum Europäischen Parlament (vgl. Gal 2006; EPO 2008: 27).

Im gleichen Zeitraum hat die Europäische Union einen Sitz im Verwaltungsrat der EPO erhalten, allerdings lediglich mit Beobachterstatus, ohne Stimmrecht (vgl. Artelsmair 2003). Das seit 2006 jährlich von Europäischer Kommission und EPA gemeinsam ausgerichtete *European Patent Forum*, einer Tagung, bei der jeweils zu einem Hauptthema referiert sowie ein Preis, der *European Inventor Award*, verliehen wird, führt zumindest eine Gelegenheit zu einem regelmäßigen Gedankenaustausch her.[51] In den vergangenen Jahren haben sich Kontakte einzelner EPA-Abteilungen und Mitarbeiter mit verschiedenen Generaldirektoraten der Kommission etabliert. Befristet wurden auch EPA-Mitarbeiter zur Europäischen Kommission abgeordnet, beispielsweise für die EU Pharmaceutical Sector Inquiry und das EU Patent, wo sie gewichtige Beratungsfunktionen übernahmen. Obgleich im Generaldirektorat 5 (Recht) des EPA inzwischen eine Abteilung »europäische und internationale Angelegenheiten« eingerichtet wurde, werden die entsprechenden Beziehungen aber bisher kaum koordiniert und es fehlt sowohl im Amt wie bei der Kommission an einer Quervernetzung entsprechender Aktivitäten (vgl. Pugatch 2007).

Aufgrund der bestehenden Rivalitäten zwischen EPO und EU gestalten sich alle Verhandlungen, die in verschiedenen Arenen stattfinden, schwierig, da sie nicht allein die Konkurrenz zwischen diesen beiden supranationalen Institutionen berühren, sondern zusätzlich auch die Interdependenzen zwischen der nationalen und der supranationalen Ebene und damit das Spannungsfeld zwischen Zentralisierung und Subsidiarität. Zu diesen vertikalen Politikverflechtungen treten horizontale hinzu: Patentpolitik ist zwar ein äußerst spezialisierter Politikbereich, dennoch gibt es bedeutsame Politikverflechtungen unter anderem mit der Wirtschafts-, Industrie-, Technologie-, Handels- und Wettbewerbspolitik (Artelsmair 2003: 415). Diese Verflechtungen werden jedoch in der Praxis häufig zugunsten einer getrennten institutionellen Abarbeitung ausgeblendet. Die faktisch existierende Entflechtung zwischen der Patentpolitik und anderen

51 Siehe http://www.epo.org/about-us/events/inventor-forum/inventor_de.html, letzter Abruf 20.07.2010.

Politikfeldern, die institutionell getrennt bearbeitet werden, hat demnach eine mangelnde Kohärenz und Cross-Compliance[52] zwischen den Politikfeldern und -arenen zur Folge.

Abschließend lässt sich feststellen, dass die supranationale Doppelstruktur des europäischen Patentsystems zwischen den beiden Pfeilern EPO und EU sicherlich einer Reform bedürfte, um eine bessere Abstimmung zwischen den verschiedenen Ebenen und eine pro-aktive Politikgestaltung im Politikfeld des Patentrechts zu ermöglichen. Die Vorstellungen über die Zukunft des Europäischen Patentsystems gehen allerdings weit auseinander.

Die Europäische Kommission formuliert mehr oder weniger unverhohlene »Übernahme«-Absichten für das EPA (Minor/Stoll in EPO 2006a), könnte diese jedoch wohl nur umsetzen, wenn die Europäische Kommission das Mandat erhielte, die EU-Mitgliedsstaaten im Verwaltungsrat der EPO zu vertreten. Letztlich wäre eine Überführung der EPO in die Gemeinschaft wohl nur durch eine grundlegende EPÜ-Revision vermittels des EU Patents möglich. Das Erreichen dieses politischen Ziels steht jedoch, wie bereits geschildert, selbst nach der jüngsten EU-Patent-Initiative im Jahr 2009, in den Sternen.

Eine Reihe von wissenschaftlichen Experten befürwortet ebenfalls eine Unterstellung des EPA unter die EU:

> »The European patent system urgently needs to be placed under the control of a fully functioning, democratically legitimated legislature. This can only be the EU« (Bossung 2003: 28).

Aus dieser Sicht würden durch diese Überführung zwangsläufig breitere politische Erwägungen in die Patentgemeinde Einzug halten und zudem in politischen Aushandlungsprozessen »Package Deals« zwischen den Nationalstaaten möglich werden, die innerhalb der bisherigen EPO-Struktur nicht machbar sind.[53] Einige Stakeholder, nicht zuletzt die Gewerkschaft der EPO-Bediensteten SUEPO[54], würden eine »freundliche Übernahme« durch die EU begrüßen. Hingegen bewertete der damalige Präsident des EPO-Verwaltungsrates[55], der in Amtsunion Direktor des Schweizerischen Eidgenössischen Instituts für geisti-

---

52 Zu diesen Begrifflichkeiten siehe Hoffmann-Riem (2008: 40).

53 Man denke beispielsweise an die »Verrechnung« von Fischereirechten an der marokkanischen Küste an Spanien gegen Zugeständnisse in der Sprachenfrage beim EU Patent, wodurch Spanien bewogen werden könnte, den Anspruch auf Spanisch als eine vierte Amtssprache im europäischen Patentsystem aufzugeben. Siehe befürwortend zur Unterstellung unter die EU: Guellec in EPO 2006a: 194, Guellec/Van Pottelsberghe 2007, Aerts 2007.

54 Siehe: http://www.suepo.org/public, insbesondere anlässlich einer Demonstration am 18.9.2008 in Brüssel.

55 Grossenbacher war vom Jahr 2000 bis März 2009 Präsident des Verwaltungsrates der EPO. Seine Position ist natürlich auch der Nichtmitgliedschaft der Schweiz in der EU geschuldet, weshalb er besonders die Interessen der Nicht EU-Mitglieder unter den EPÜ-Vertragsstaaten hervorhob und zudem die Interessen der nationalen Patentämter betonte.

ges Eigentum war, ein solches – wie auch immer zu bewerkstelligendes Manöver – eher als feindliche Übernahme, da diese »Zentralisierung« nationale Patentämter entmachten und die zehn nicht der EU angehörenden Mitgliedsstaaten der EPO in die politische Bedeutungslosigkeit entlassen würde (Grossenbacher in EPO 2006a: 184).

Statt – seien es nun freundliche oder feindliche – »Übernahmen« der EPO durch die EU strategisch weiterzudenken, könnte es meines Erachtens jedoch zielführender sein, über stärkere Ko-Evolutionsprozesse nachzudenken, die auch die nationale Ebene nicht vernachlässigen. Dabei sollte auch auf eine striktere funktionale Gewaltenteilung Wert gelegt werden. Es bleibt allerdings festzuhalten, dass sich die starke und relativ autonome Stellung des Europäischen Patentamtes wohl auch bei einer formellen Unterstellung unter das Gemeinschaftsrecht nicht grundlegend ändern dürfte, da die Patenterteilungspraxis einen impliziten Policy-Making-Charakter hat und die Rechtsprechung der Beschwerdekammern zur Rechtsfortbildung im Patentrecht beiträgt (vgl. Kap. I.F). Mit einer solchen Unterstellung des EPA unter das Gemeinschaftsrecht käme jedoch schlussendlich auch der EuGH zum Zuge, womit – sofern in einem entsprechenden Vereinbarung nicht anderweitig geregelt – einem *allgemeinen* europäischen Gerichtshof Normenkontrollkompetenzen für das Patentrecht überantwortet würden und nicht allein den technisch spezialisierten Patentgerichten.

4. Zusammenfassung

Für die vorliegende Arbeit bleibt es wichtig, festzuhalten, dass es sich bei der Europäischen Patentorganisation (EPO) und der Europäischen Gemeinschaft (EU) um zwei vollkommen voneinander unabhängige supranationale Institutionen handelt. Trotz großer Überschneidungen in den Mitgliedschaften gibt es keine formale Kooperation. Die Europäische Gemeinschaft besitzt keinerlei Macht über die EPO. Die Europäische Patentorganisation und ihr Exekutivorgan, das Europäische Patentamt, sind als solche Legislativakten der EU nicht zugänglich: Weder sind sie an Gemeinschaftsrecht gebunden, noch sind sie der Gerichtsbarkeit des Europäischen Gerichtshofs unterworfen. Das supranationale europäische Patentsystem zeichnet sich dementsprechend durch eine institutionelle Doppelstruktur zwischen Europäischer Patentorganisation und Europäischer Union aus, wobei das Verhältnis zwischen diesen beiden Organisationen durch Rivalität gekennzeichnet ist.

Die *Europäische Union* besitzt kaum Kompetenzen im Bereich des Patentrechts, sondern konnte diese nur »auf Umwegen« erlangen, nämlich über die

Zielvorgabe der Einheitlichkeit des Binnenmarkts sowie in jüngerer Zeit über die Lissabon-Rhetorik einer innovationsstarken, wettbewerbsfähigen, »wissensbasierten« Ökonomie. In diesem Zusammenhang hat die Kommission eine Reihe von Gesetzgebungsinitiativen gestartet, zu denen auch die in dieser Arbeit untersuchte Biopatentrichtlinie gehört.

Die *Europäische Patentorganisation* besteht aus dem Europäischen Patentamt (EPA) und dem Verwaltungsrat. Das *Europäische Patentamt* bildet den Kern des europäischen Patentsystems. Es ist die Ausführungsbehörde für das Europäische Patentübereinkommen und wird vom Verwaltungsrat der Europäischen Patentorganisation beaufsichtigt. De facto besitzt das Europäische Patentamt einen hohen Grad an supranationaler Autonomie. Dazu trägt nicht zuletzt die Eigenfinanzierung des EPA über die Gebühren der Anmelder und Patentinhaber bei. Es prüft und erteilt europäische Bündelpatente. Das Europäische Patentamt hat damit eine harmonisierende Funktion für das europäische Patentrecht und gestaltet dieses – zumindest *pre-grant* – auf entscheidende Weise. In das EPA sind die Einspruchsabteilung und die Beschwerdekammern integriert, letztere fungieren als quasi-gerichtliche Instanzen und bilden quasi-judikative Organe für das europäische Patentrecht.

Aufgrund der rasanten Steigerung der Patentanmeldungen und eines raschen und dynamischen Expansionsprozesses ist das Europäische Patentamt europäisch wie international zu einem Big Player für die Patent-Policy geworden. Für eine aktive politische Gestaltungsrolle des Europäischen Patentamts bildet das Europäische Patentübereinkommen jedoch eine enge Fessel. Dies lässt sich nur schwer verändern, da für eine EPÜ-Revision eine Diplomatische Konferenz auf Ministerebene erforderlich ist. Daher hat sich die Evolution des EPÜ-basierten Patentrechts weitgehend auf die Ausführungsordnung des EPÜ verlagert, für welche der EPO-Verwaltungsrat befugt ist, Änderungen zu verabschieden. Eine Fortschreibung des materiellen und prozeduralen Patentrechts vollzieht sich darüber hinaus über die Praxis der Patenterteilung und über die teils internen und teils extern zugänglichen Richtlinien für die Prüfung, die amtsintern verfasst werden.

Der *Verwaltungsrat der EPO* übt eine Kontroll- und Aufsichtsfunktion über das Amt aus, diese war jedoch – zumindest in der Vergangenheit – eher schwach ausgeprägt. Unter anderem aufgrund des Fehlens jeglicher politischen Zielbestimmung des EPÜ, welche über einen bloßen Auftrag zur Patenterteilung hinausginge, ist der EPO-Verwaltungsrat vor allem »nach innen« gewendet. Die oben geschilderten Governance-Strukturen und -Probleme – Schwerfälligkeit und Langatmigkeit von Reformprozessen, zunehmende Spreizung der Mitgliedsstaaten und Heterogenisierung in der Zusammensetzung der EPO – haben dazu geführt, dass der EPO-Verwaltungsrat eine starke Binnenorientierung aufweist und eine in den Anfangsjahrzehnten durchaus vorhandene europäische oder internationale Perspektive in jüngerer Zeit zugunsten von Renationalisierungsprozessen leidet.

Das *Europäische Patentamt* besitzt zwar ebenfalls eine starke Binnenorientierung, die nicht zuletzt der Größe der Organisation und der damit verbundenen Manövrierfähigkeit geschuldet ist. Es hat allerdings durchaus eine starke Orientierung »nach außen« ausgebildet. Es unterhält eine aktive trilaterale Kooperation mit den Patentämtern der USA und Japans sowie neuerdings darüber hinaus mit jenen Chinas und Südkoreas (in der IP5), es agiert auf Konferenzen und in Gremien internationaler Organisationen, betreibt eine eigene »europäische Patentpolitik« und unterhält Beziehungen zu Entwicklungs- und Schwellenländern.

Aufgrund der oben genannten Strukturprobleme in der Governance der EPO, insbesondere der Starrheit der völkerrechtlichen Konstitutivstrukturen des EPÜ, haben sich in der Praxis informelle Mechanismen des Umgangs mit Reformnotwendigkeiten ergeben. Hierzu zählt die Aufwertung der sekundären Rechtssetzungsfunktion des EPO-Verwaltungsrates, der die Ausführungsordnung des EPÜ mit Stimmenmehrheit ändern kann. Zudem hat das Europäische Patentamt als eigentlich lediglich »ausführendes Amt« ein starkes Eigengewicht als supranationale Behörde erhalten, die sich in hohem Maße selbst reguliert.

Durch die Kombination von exekutiven (EPA Patenterteilung), judikativen (EPA Beschwerdekammern) und sogar quasi-legislativen (EPO Verwaltungsrat) Funktionen zeichnet sich die Europäische Patentorganisation zusammengefasst durch ein hohes Maß an supranationaler Autonomie und »technokratischer Selbstbestimmung« (Ullrich 2002) aus. Eines der Demokratiedefizite des EPO Systems liegt in seiner fehlenden parlamentarischen Rückbindung. Die einzige Form der Kontrolle durch demokratisch gewählte Vertreter besteht darin, dass Revisionen des EPÜ national von den Parlamenten ratifiziert werden müssen. Hierdurch wird jedoch lediglich eine ex-post-Kontrolle ermöglicht, nicht aber eine begleitende oder pro-aktive Gestaltungsrolle durch gewählte Volksvertreter. Da zudem eine Nicht-Ratifikation durch ein nationales Parlament zur Konsequenz hat, dass der entsprechende Vertragsstaat aus der EPO gänzlich herausfällt, dürfte diese Hürde zu hoch sein, um jemals von einem Parlament in Anspruch genommen zu werden.

Zusammenfassend lassen sich diese Strukturen, aber auch Strukturprobleme des europäischen Patentsystems mithilfe des Schleusenmodells von Peters/Habermas (vgl. Kap. I.A) beschreiben:

Die »innere Peripherie« der europäischen Patent-Governance bildet das Europäische Patentamt mit seinem Management, den Patentprüfern und den Beschwerdekammern, die im »Routinemodus« der Problembearbeitung agieren (vgl. Habermas 1992: 429; Peters 1993: 340). Entscheidungen über die Weiterentwicklung des materiellen Patentrechts in neuen Technologiebereichen werden nicht im Verwaltungsrat getroffen, sondern sind das Resultat administrativer Regelsetzung und von Entscheidungen der Einspruchs- und Beschwerdekammern. Beide ergeben sich in erster Linie aus Interaktions- und Verhandlungsprozessen zwischen dem EPA und den Anmeldern bzw. den Einsprechenden. Die legislative Funktion sowie die Aufsicht über das Amt als Exekutivorgan wird im Normalmodus der Patent-Governance im EPO-System von den nationalen Patentamtspräsidenten und Fachbeamten bestritten, die im Verwaltungsrat als Legislativgremium der EPO tätig sind. Selbst wenn auf höchster Ebene – durch eine Diplomatische Konferenz der Vertragsstaaten – EPÜ-Revisionen ausgehandelt werden, delegieren die nationalen Fachminister häufig die Verhandlungskompetenzen an die entsprechenden Experten aus den nationalen Patentämtern (Artelsmair 2003: 83). Sie tragen damit Verantwortung für Entscheidungen über Weichenstellungen für die Zukunft des europäischen Patentsystems, ohne dafür politische Verantwortung zu übernehmen und übernehmen zu können, denn es handelt sich um Ministerialbeamte oder (in Deutschland auf Lebenszeit berufene) Patentamtspräsidenten, im Gegensatz zu politisch Verantwortlichen, die durch Abwahl oder Rücktritt zur Verantwortung gezogen werden können.

Die EU-Biopatentrichtlinie kann als Versuch bewertet werden, Kompetenzen und Gestaltungsansprüche der Gemeinschaft über das europäische Patentrecht sowohl gegenüber den nationalen Mitgliedsstaaten wie auch gegenüber der Europäischen Patentorganisation durchzusetzen. An das EU-Legislativverfahren für das europäische Biotechnologie-Patentrecht lässt sich dabei zusätzlich die Frage richten, ob es einen Korrekturmechanismus für die beschriebenen demokratischen Defizite des EPO-Systems darstellt.

E Die epistemische Gemeinschaft des Patentrechts

The patent system in particular is striking in its closure and its resistance to external interventions.
(Black 1988: 651)

those involved in the practice of law interpret, redefine, recreate and reconstitute the meaning of law in particulars
(Schmidt 2004: 274)

Die empirische Untersuchung des Patentrechts aus politologischer und sozialwissenschaftlicher Perspektive ist bisher weitgehend ein Desideratum geblieben. Entsprechende Studien sind weder in der Rechtspolitologie[1], noch in der Rechtssoziologie[2] oder der Rechtsethnologie[3] aufzufinden. So notwendig hierzu grundlegende Studien vorzulegen wären, muss ich mich nach der Darstellung der grundlegenden Patenttheorien und der institutionellen Architektur des europäischen Patentsystems hier auf einen Aspekt, nämlich auf die Betrachtung des Patentrechts in seiner disziplinären Verortung und die Rolle von Patentjuristen bei der Governance des Patentsystems beschränken. Damit liegt, um an das im ersten Kapitel dieser Arbeit konzipierte Dreieck zwischen Akteurs-, Struktur- und Sprachebene anzuknüpfen, der Fokus nunmehr auf der Akteursebene.[4]

Dabei gehe ich davon aus, dass die spezifische Expertenkonstellation dieses Politikfeldes ein weiteres konstitutives Element des Patentsystems bildet, wofür zunächst auf die Verankerung des Patentrechts in der juristischen Disziplin und im »Rechtskorpus« einzugehen ist. Für die Untersuchung dieser Expertenkonstellation verwende ich das Konzept der »epistemischen Gemeinschaft« von Haas (1992). Dieses ist akteurs- und handlungstheoretisch angelegt, gleichzeitig

1 Zur Rechtspolitologie siehe: Görlitz 1985; Görlitz/Voigt 1989; Voigt (1993, 1998, 2000).

2 Eine Ausnahme bildet Hutter 1989, der eine Studie aus systemtheoretischer Perspektive auf das Arzneimittelpatentrecht vorgelegt hat. Grundlegend zur Rechtssoziologie: Weber 1967; Friedman 1975, Luhmann 1987, 1993; Cotterell 1992, 1995; Ehrlich 1989. Siehe auch allgemein zu rechtsoziologischen Perspektiven: Rehbinder 2007, Röhl 1987; Supiot 2005.

3 Zu rechtsethnologischen Ansätzen siehe: Pospisil 1971, Moore 2001. Zur Rechtsevolution siehe: Voigt 1998. Andere Ansätze zur Erklärung von Rechtsveränderungen bilden die rechtsvergleichende Perspektive und die Annahme einer Rechtsakkulturation, sowie die Übernahme aus von anderen Rechtskulturen »verpflanzten« Konzepten und Gesetzgebungen. Siehe zur Rechtskomparatistik Nelken 1997, zu Konzepten transnationaler Rechts»transplantation« Watson (1993; 1985a, b; 2000; 2001) bzw. zur Rechtsadaption Feest/Nelken 2001, Nelken 2002.

4 Ich gehe von einem dialektischen Verhältnis zwischen den drei Meta-Elementen aus, denn eine gegebene Struktur muss von Akteuren reproduziert werden, was sich vor allem über Sprache, Wissensbestände und Praxen vollzieht; gleichzeitig werden über diese Reproduktion Verschiebungen und Transformationen in Gang gesetzt (vgl. Radaelli 1999: 761).

integriert es die Rolle von Wissen, Ideen und Normen. Außerdem weise ich auf Besonderheiten der *rechtlichen* epistemischen Gemeinschaft (van Waarden/ Drahos 2002) sowie auf die Patentanwaltschaft als Profession hin, denn dieses Kapitel versteht sich auch als Beitrag zur Rechtspolitologie. Im Schlussteil wird die Bedeutung und Funktion der epistemischen Gemeinschaft für die Governance des Patentrechts zusammenfassend dargestellt.

1. Patentrecht als konstitutiv juridifiziertes soziales Verhältnis und die disziplinäre Subsumtion unter das Privatrecht

Das Patentrecht ist, wie in Kapitel I.C bereits herausgearbeitet wurde, zum einen ein wirtschafts- und technologiepolitisches Instrument des Staates mit dem Zweck der Innovationsförderung, zum anderen bildet es ein spezifisches Gebiet der juristischen Disziplin, es wird also von Juristen dominiert, die eine besondere Kompetenz und Deutungsmacht in diesem Feld entfalten. Das Patentrecht ist darüber hinaus als eine von Anbeginn an »juridifizierte« Beziehung, nämlich als ein besonderes soziales Verhältnis zwischen Erfindern, Wissenschaft, Industrie und Gesellschaft zu beschreiben, denn in diesem Verhältnis geht es nicht, wie in anderen Politikbereichen – etwa im Verhältnis zwischen Arbeitgebern und Arbeitnehmern – um ein gewissermaßen nachträglich juridifiziertes Verhältnis (vgl. Voigt 1980; Teubner 1987), mit dem soziale und ökonomische Beziehungen in Rechtsformen übersetzt und von ebendiesen »überschrieben« werden.[5] Vielmehr ist das Patentrecht als solches zuallererst ein durch staatliche Gesetzgebung und durch Recht geschaffenes, geschöpftes, erzeugtes Eigentumsverhältnis, mittels dessen einem Patentinhaber ein *entitlement*, eine Anspruchsberechtigung, verliehen wird. Patentrecht ist solchermaßen ein soziales Verhältnis, für das die Juridifizierung ein *konstitutives* Moment selbst bildet. Daher ist vor der Darstellung der epistemischen Gemeinschaft dieser Juridifizierungsprozess genauer zu beschreiben.

Wie Fritz Machlup (1961: 379) zur historischen Genese des Patentrechts schreibt, gab es bei der – konfliktiven und politisch umstrittenen – Etablierung des deutschen Patentsystems zwischen 1850 und 1873 unter Wissenschaftlern einen Machtkampf zwischen den – überwiegend ein solches Rechtsinstitut favorisierenden – Juristen, die sich auf die Seite der Ingenieursverbände sowie der Chemie- und Maschinenbauindustrie stellten, und den – weitaus skeptischeren – wirtschaftsliberalen Volkswirten. In diesem Machtkampf, so konstatiert Mach-

5 In diesem Sinne ist es in der Politikwissenschaft üblich, von Prozessen der Ökonomisierung und der Juridifizierung des »Sozialen«, das heißt von sozialen Verhältnissen zu sprechen.

lup recht lapidar, hätten die Juristen den Sieg davongetragen.[6] Entscheidend sei dabei nicht zuletzt die Wirtschaftskrise der 1870er Jahre gewesen, in welcher der Ruf nach wirtschaftsfördernden Maßnahmen durch die Politik erschallte und Resonanz fand (vgl. Penrose 1951: 15; Godt 2007: 511; Kurz 2000). Mit der gesetzlichen Einführung eines solchen Rechtsinstituts in Deutschland im Jahr 1877, einschließlich der Einrichtung der dazu gehörigen Verwaltungsinstitutionen, insbesondere der Patentämter, wurde gleichzeitig eine »Expertenkaste« ins Leben gerufen, die sich auf dieses neue Feld spezialisierte und sich zunehmend professionalisierte.

Durch Vertreter des Zivilrechts wurden die Anliegen und Schutzansprüche der Industrie und Ingenieursverbände rechtsdogmatisch gefasst. Dies führt bis heute dazu, dass das Patentrecht primär in der Sprache des Eigentums- und Vertragsrechts gerahmt ist, nicht aber in jener des öffentlichen Rechts. Darüber hinaus fühlt man sich dem Eigentumsbegriff des BGB verpflichtet, welches Eigentum traditionell als absolutes Herrschaftsrecht über eine Sache fasst.[7] Demzufolge fühlt sich ein entsprechendes Rechtsverständnis primär der Abwehr staatlicher Eingriffe in das private Eigentum verpflichtet:

> »Daraus resultiert eine Dogmatik von freiheitlichem Abwehranspruch, dem Einreden als Ausnahmen entgegengesetzt werden können. Es stellt die freiheitswahrenden Funktionen und die Interessen des Patentanmelders in den Vordergrund; konkurrierende Schutzansprüche werden in den Hintergrund gedrängt und als Eingriffe konzipiert, die zu rechtfertigen sind. Das Patent unterliegt nicht mehr dem Verdacht, einen Eingriff in den freien Wettbewerb darzustellen. Vielmehr werden Politikinstrumente, die die Einhegung des Patentschutzes in Rücksicht auf andere Politikziele beabsichtigen, zu rechtfertigungsbedürftiger Eingriffsverwaltung« (Godt 2007: 512).

Diese Subsumtion des Patentrechts unter das Privatrecht[8] hat zur Folge, dass, wie Christine Godt überzeugend herausarbeitet hat, zwei Paradigmen des Zivil-

---

6 »Bis zum Jahre 1873 war die Patentfrage heiß umstrittenes Thema. Die Volkswirte hatten ihren Standpunkt mit Nachdruck vertreten, eifrig bemüht, die Öffentlichkeit und die Regierung zu überzeugen. Die Niederlage der Patentgegner – die in Regierungskreisen von vielen als ein Sieg der Juristen und anderer »Protektionisten« über die Mehrheit der Nationalökonomen angesehen wurde – veränderte den Charakter der volkswirtschaftlichen Erörterungen und Stellungnahmen zum Patentwesen. Die Flut von Büchern, Flugschriften und Artikeln über die wirtschaftlichen Grundlagen des Patentschutzes nahm ein Ende, die Nationalökonomen hatten das Interesse an der Patentfrage verloren und wandten sich anderen Problemen zu.« (Machlup 1961: 379).

7 Vgl. BGB § 903: »Befugnisse des Eigentümers: Der Eigentümer einer Sache kann, soweit nicht das Gesetz oder Rechte Dritter entgegenstehen, mit der Sache nach Belieben verfahren und andere von jeder Einwirkung ausschließen.« Moderne Eigentumstheorie hingegen fasst Eigentum als relationales Verhältnis zwischen Personen (vgl. Munzer 1990, Siegrist 2006, Eckl/ Ludwig 2005).

8 Ich danke Christine Godt und Peter-Tobias Stoll für Gespräche und ihre Hinweise darauf, dass die privatrechtliche Rahmung des Patentrechts und die entsprechende disziplinäre Zu-

rechts fundamental in das Patentrecht eingelassen sind: Zum einen die scharfe Trennung zwischen privatem und öffentlichen Recht, zum anderen das Prinzip der Privatautonomie. Durch ersteres wird das Patentrecht konzipiert als

»Institution, die die Marktkräfte befreit. Es ist nicht Teil der Ordnung, die diese Freiheitsrechte begrenzt. Mit anderen Worten, es ist eine Institution der Freiheitsordnung und nicht ein Instrument der Wettbewerbspolitik. Dem Rechtsinhaber wird umfassende Verfügungsgewalt über sein Ausschließungsrecht zugestanden. Negative Auswirkungen des Rechtsgebrauchs werden als systemimmanent und gewollt konzipiert – nicht als Missbrauch. Wollte der Staat eine Begrenzung, so muss er positiv-rechtlich das Recht einschränken« (Godt 2007: 513).

Das zweite Paradigma, die Privatautonomie des Patenthalters, übersetze sich, wie Godt ausführt, zusammen mit dem eigentumsrechtlichen Absolutheitsanspruch im Patentrecht in einen unbeschränkbaren Schutzumfang des Patenttitels. Dies stehe in krassem Gegensatz zu einem – von Godt demgegenüber favorisierten, neuen – Verständnis des Patentrechts als eines Rechtsinstituts, das verschiedene Interessen auszugleichen habe (Godt 2007: 513).

Diese disziplinäre Zuordnung des Patentrechts zum Zivilrecht, gepaart mit dem – in Deutschland besonders ausgeprägten – Schisma zwischen Privatrecht und öffentlichem Recht[9] führt zu spezifischen Pfadabhängigkeiten und auch gewissen Denksperren bei den Vertretern der Rechtsdisziplin, welche eine Rezeption eines regulativen Rechtsverständnisses erschweren (vgl. Boyle 2003a, Drahos 1996). Innerhalb der Rechtsdiziplin selbst bilden Patentjuristen allerdings, dies sei hier ausdrücklich erwähnt, eine randständige Gruppe, die sich in einer Nische des Privatrechts aufhalten. Dies ist vor allem durch die spezifische Technizität der Materie bedingt.

Im Folgenden sollen die Experten des Patentrechts als »epistemische Gemeinschaft« gefasst werden, wofür zunächst das entsprechende theoretische Konzept vorgestellt wird.

2. Das theoretische Konzept der »epistemischen Gemeinschaft«

In dieser Arbeit geht es mir unter der Governance-Perspektive darum, die Selbstregulierung des Patentsystems auszuleuchten und die durch die EU-Bio-

---

ordnung insbesondere in Deutschland eine entscheidende Fessel für eine Neuorientierung und divergente Konzeptualisierung des Patentrechts bildet, obwohl durch letztere makroökonomische sowie menschenrechtliche Erwägungen einbezogen werden könnten.

9 Diese Spaltung ist im angelsächsischen Common Law und dem Recht der romanischen Länder weitaus geringer ausgeprägt, hier kommen andere Rechtstraditionen und Rechtskulturen zur Geltung.

patentrichtlinie eingeleiteten Transformationen zu studieren. Patentjuristen und insbesondere die Patentanwälte sind dabei eine eminent wichtige Berufgruppe und ihre professionspolitische Bedeutung würde eine genauere Betrachtung verdienen. Mit dem über das Theorem der Profession hinausgehenden Konzept der epistemischen Gemeinschaft ist es möglich, wichtige Dimensionen der Patent-Governance sichtbar zu machen, wie sich im Folgenden zeigen wird.

Eine *epistemic community* beschreibt der Definition von Peter Haas zufolge, der dieses Konzept für die Politikwissenschaft prägte,

»a network of professionals with recognized expertise and competence in a particular domain and an authoritative claim to policy relevant knowledge within that domain or issue-area« (Haas 1992: 3).

Dieses Konzept der epistemischen Gemeinschaft wurde zunächst vor allem für wissenschaftliche und technische Expertisen im Bereich der internationalen Umweltpolitik entwickelt. Inzwischen wurde es auch für andere Arenen und Politikfelder sowie für Beiträge zur europäischen Integration fruchtbar gemacht.[10] Es stellt ein theoretisches Instrument dar, um den Einfluss von wissenschaftlichen Experten auf Politikprozesse zu beschreiben.[11] Der Anspruch auf politikrelevantes *Wissen* in einem bestimmten Themenfeld verleiht den Experten Zugang zur politischen Arena und stellt ihre primäre Machtquelle dar, im Unterschied zu anderen kollektiven Akteuren wie etwa Verbänden, welche ihre Teilhabeansprüche vor allem auf eine Interessenrepräsentation stützen.

Bevor ich auf die definitorischen Merkmale der epistemischen Gemeinschaft eingehe, grenze ich das Konzept von zwei anderen theoretisch-analytischen Konzepten ab, der Profession einerseits und Netzwerken und Organisationen andererseits.

Eine *Profession* wird in der Soziologie als Berufsgruppe mit folgenden Merkmalen definiert:

- *Lizenz*: Ihre Tätigkeit beruht auf spezialisiertem, in der Hochschule erworbenem und danach systematisch weiterentwickeltem Expertenwissen.
- *Gesellschaftliches Mandat*: Ihre Leistungen werden weitgehend als – staatlich unterstütztes – Monopol angeboten.
- *Selbstkontrolle*: Ihre Tätigkeiten unterwirft sie einer normativen kollegialen Eigenkontrolle, etwa durch Berufsgerichte, womit sie sich sozialer Kontrolle durch Nicht-Experten tendenziell entzieht.
- *Autonomie*: Sie ist durch ein hohes Maß an beruflicher Autonomie (Freiberuflichkeit) gekennzeichnet.

10 Siehe Radaelli 1995, 1999; Zito 2001, Stone 2004; Egeberg et al 2003, vgl. Fischer 1990. Van Waarden/Drahos (2002) schreiben etwa die Konvergenz der EU-Regulierung in der Wettbewerbspolitik maßgeblich der epistemischen Gemeinschaft von Wettbewerbsjuristen zu.

11 Vgl. dazu ebenfalls grundlegend: Jasanoff 1990; Ezrahi 1990.

– *Sozialprestige*: Mit der Zugehörigkeit sind in der Regel hohes Ansehen, gesellschaftliche Wertschätzung und hohes Einkommen verbunden (Freidson 1986, vgl. Siegrist 1995: 227).

Nach diesen Kriterien kann die Patentanwaltschaft als Profession verstanden werden.

Wenn mit der Herausbildung und Etablierung einer Profession bestimmte Machtmechanismen assoziiert sind[12], so gilt dies auch für das Konzept der epistemischen Gemeinschaft. Im Unterschied zur Profession sind in dieser jedoch in der Regel *mehr* als eine Berufsgruppe oder Disziplin vertreten. Insofern kann eine Profession als Unterform der epistemischen Gemeinschaft betrachtet werden.

In Bezug auf das Konzept von *Netzwerken* ist darauf hinzuweisen, dass epistemische Gemeinschaften durch starke kognitive und normative Bindungen zusammengehalten werden, »die in Netzwerken nicht erreichbar sind, weil diese primär auf informellen, relativ schwachen Bindungen aufruhen, und die in Organisationen entbehrlich sind, weil diese ihre Mitglieder formal über Mitgliedschaftsregeln auf den Organisationszweck verpflichten« (Stichweh 2001).[13]

Haas zufolge teilen epistemische Gemeinschaften eine bestimmte Weltsicht (Episteme[14]), welche sowohl kognitive wie auch normative Dimensionen hat.

Diese Episteme besteht aus vier analytisch zu trennenden Aspekten:

1. Geteilte normative Prinzipien und Vorstellungen (*beliefs*), welche eine Wertorientierung für die Handlungen bereitstellt.
2. Geteilte kausale Vorstellungen, die aus der Analyse zentraler Probleme in ihrem Arbeitsfeld stammen und eine Verbindung zwischen politischen Handlungen und erwünschten Ergebnissen herstellen.
3. Eine konsensuelle Wissensbasis, die auf geteilten Validitäts-Annahmen beruht, welche intersubjektive, intern definierte Kriterien für die Abwägung und Bewertung von Wissen in ihrem Wissensbereich umfasst oder gar einen geteilten Glauben an eine bestimmte Methode der Wahrheitsproduktion.

---

12 Die freie Berufstätigkeit des Patentanwaltsstandes ist in der Patentanwaltsordnung geregelt und unterliegt einer Selbstverwaltung.

13 Stichweh (2001) charakterisiert zudem als typisch für epistemische Gemeinschaften ihre immanente Globalisierungswirkung, da sie sich auf eine Sache und den ihr zugeordneten Wissensbestand beziehe und damit regionale oder lokale Einschränkungen ihrer sozialen Bedeutsamkeit als unbegründet erscheinen ließen, und er prognostiert einen Bedeutungsgewinn für globale epistemische Gemeinschaften, der sich aus deren sach- und wissensgestützter Autonomie ergäbe.

14 Vom griechischen Wort ἐπιστήμη, epistéme – Erkenntnis, Wissen, Wissenschaft. Episteme bezeichnet im allgemeinen Sinne historisch variable Denkstrukturen, welche Erkenntnis und Wissen einer Epoche oder eines bestimmten Feldes bestimmen, beherrschen und auch begrenzen.

4. Eine geteilte »*policy enterprise*«, womit ein gemeinsames Ensemble von Praktiken gegenüber Problemsets umrissen ist, auf welche sich die professionelle Kompetenz richtet (Haas 1992: 3).

Epistemische Gemeinschaften lassen sich also durch die Kombination dieser vier Charakteristika von anderen Gruppen, wie etwa Interessengruppen, welche nicht notwendigerweise kausale Vorstellungen und eine gemeinsame Wissensbasis teilen, unterscheiden. Sie lassen sich außerdem durch professionelles Training, Sozialisation und Habitualisierung sowie Kriterien von Exzellenz, Reputation und Prestige von anderen sozialen Gruppen abgrenzen. In diesen Gemeinschaften wirken besondere Inklusions- und Exklusionsmechanismen.

Eine Funktion der epistemischen Gemeinschaften besteht darin, Politiker in ihrer Meinungs- und Willensbildung zu beraten und sie bei der Analyse von Problemen und der Identifikation von Korrelationen oder Kausalitätsbeziehungen zu unterstützen. Sie identifizieren Verhandlungsthemen und schlagen bestimmte politische Maßnahmen vor. Sie agieren typischerweise *trans*national und üben durch die Zirkulation und die Diffusion von Informationen sowie über *peer pressure* aufeinander Anpassungsdruck aus (vgl. van Waarden/Drahos 2002: 22).

3. Die epistemische Gemeinschaft des Patentrechts

Bevor ich die von Haas formulierten vier Kriterien auf den Gegenstandsbereich des Patentrechts und sein Politikfeld anwende, umreiße ich vorab noch die empirischen Arbeitsfelder der Mitglieder der Patent-Community.

Die epistemische Gemeinschaft der Patentexperten im Patentrecht als Politikfeld setzt sich aus Spezialisten unter anderem aus folgenden Arbeitsfeldern zusammen:

- Mitarbeiter von nationalen und supranationalen Patentämtern (Patentprüfer, Juristen, Mitglieder der Beschwerdekammern);
- Mitarbeiter von internationalen Patentorganisationen (WIPO, WTO-TRIPs), aber auch von OECD, WHO und anderen internationalen Organisationen, die sich mit Fragen des gewerblichen Rechtsschutzes befasst haben;
- Hochschullehrer für gewerbliche Schutzrechte und Urheberrecht an Universitäten und außeruniversitären Forschungsinstituten (z.B. Max-Planck-Institute);
- praktizierende Patentanwälte in Patentanwaltskanzleien oder in Patentabteilungen größerer Firmen;

- Beamte von nationalen Behörden, Ministerien und anderen Exekutivinstitutionen bzw. Verwaltungseinheiten;
- Richter an allgemeinen Gerichtshöfen und Patentgerichten, sowohl bei Verletzungs- wie auch bei Nichtigkeitsklagen, welche in Deutschland institutionell und verfahrensrechtlich getrennt sind;
- Angestellte von universitären Technologietransferstellen;
- sowie Wirtschaftsberater.

Bezieht man die von Haas genannten vier Charakteristika auf den Gegenstandsbereich des Patentrechts, dann zeigt sich, dass diese epistemische Gemeinschaft zwar transnational, aber kaum interdisziplinär zusammengesetzt ist. Sie besteht zudem aus »zwei Kulturen«, den Technikern, Ingenieuren und Naturwissenschaftlern einerseits und Juristen andererseits, wobei Patentjuristen gelegentlich eine naturwissenschaftlich- technische und juristische Doppelqualifikation aufweisen, womit gleichzeitig angedeutet ist, dass die Trennungslinie zwischen beiden Kulturen nicht sehr stark ausgeprägt ist. Akademische Patentrechtler sind dabei für die Weiterentwicklung der Patenttheorie, Patentanwälte und Patentrichter für die Fortbildung der Rechtspraxis zuständig.

3.1 Geteilte normative und kognitive Prinzipien: Die Glaubenssätze des Patentrechts

Zu den geteilten normativen und kognitiven Prinzipien, die Haas als konstitutiv für epistemische Gemeinschaften betrachtet (Punkt 1 seiner oben genannten Auflistung), lässt sich in Hinblick auf die epistemische Gemeinschaft des Patentrechts feststellen, dass diese bereits im Patentrecht als Rechtsinstitut, das der Innovationsförderung und der wirtschaftlichen Entwicklung dient, enthalten sind. Das Patentrecht selbst weist einige Glaubenssätze auf, welche Axiome für seine epistemische Gemeinschaft bilden und damit geteilte Auffassungen darstellen, die sich gewissermaßen »jenseits« einer kritischen, rationalen Hinterfragung befinden und nicht, wie etwa wissenschaftliche Hypothesen, durch empirische Untersuchungen überprüft werden.

Diese Kernprinzipien lassen sich kurz gefasst folgendermaßen umreißen:

a) Wertneutralität

Das Patentrecht wird als weitgehend wertneutral betrachtet. Es ist kein Rechtsinstitut, das normativ über die Erwünschtheit oder soziale Nützlichkeit von Technologien urteilt.[15]

---

15 »The grant of a patent is an event from which nothing follows consequentially and inevitably in terms of human action. Therefore, patenting cannot be classified as wrong, or even right,

b) Innovationsfreundlichkeit

Patentrecht wird gleichzeitig als technologie- und innovationsfreundliches Rechtsinstitut verstanden, das positiv zum wissenschaftlich-technischen Fortschritt beiträgt. Bestehender gesellschaftlich-rechtlicher Regelungsbedarf wird nicht als Aufgabe des Patentrechts betrachtet sondern zur Abarbeitung an andere Rechtsbereiche, wie etwa das Strafrecht, Medizin- oder Umweltrecht, delegiert. Technikregulation sei weder Aufgabe des Patentrechts, noch könne es diese Funktion ausfüllen. Kurz gefasst: Patentrecht wird ausschließlich als technologiestimulierendes und innovationsfreisetzendes Recht betrachtet, das zudem durch die Offenlegung in der Patentschrift den Austausch von Wissen fördern soll.

c) Einheitlichkeit

Der Grundsatz des Unitarismus des Patentrechts unterstreicht die Einheitlichkeit des Patentsystems jenseits von territorialer Aufspaltung und technologischer Differenzierung. »*One size fits all*« lautet das Credo[16]. Das heißt, es wird weder eine Notwendigkeit noch ein Bedarf hinsichtlich einer patentrechtlichen Differenzierung für verschiedene Technologiebereiche, Branchen oder für wirtschaftlich entwickelte und weniger entwickelte Weltregionen gesehen. Auch eine Differenzierung der Konditionalitäten zwischen großen Firmen und kleinen und mittleren Unternehmen (KMU) wird nicht für zielführend gehalten.[17]

---

but can be put in the category of ethically neutral.« (Crespi 1995: 435, hier zit. nach Krefft 2003: 96). Kritisch wird dieses positivistische und szientistische Patentrechts-Verständnis von anderen analysiert: »[P]atent law is continually presented as a neutral, inert system, which is above or beyond ethics, politics, or cultural concerns [...] [T]he legitimacy of patent law has been grounded upon the idea that it operates in an apolitical way to reward and stimulate scientific progress, without discrimination or prejudice [...] [T]his image extends not only to the belief in the neutrality of the patent regime, but also to the idea that technical invention is itself intrinsically uncontroversial [...] [and] logically premised on the absence of morality« (Bently/Sherman 1995: 275).

16 Kritisch dazu: »The patent community clings religiously to the one-size-fits-all credo, preserving the inertia of the system against the business concerns of particular industries, and preserving it against scrutiny that might lead to an empirical understanding of costs and benefits – and winners and losers« (Kahin 2001).

17 In der empirischen Praxis ist diese Einheitlichkeit nicht so absolut, wie sie rechtsdogmatisch und rechtspolitisch immer hochgehalten wird. So gibt es beispielsweise verlängerte Laufzeiten durch Ergänzende Schutzzertifikate und bei Kinderarzneimitteln (*pediatric patent term extensions*) im pharmazeutischen Bereich. TRIPs wiederum enthält einige Flexibilitäten in Hinblick auf den Entwicklungsstand – auch wenn diese mangels lokaler Kompetenz nicht immer genutzt werden können. Auch der Fachmann (skilled person) ist nicht in allen Bereichen der gleiche, so dass sich auch der Standard für den erfinderischen Schritt unterscheiden kann. Auch bezüglich der großen und kleinen Firmen gibt es bei einigen Staaten Ausnahmen, indem Steuererleichterungen oder Subventionen für KMUs gewährt werden oder indem, wie beim USPTO,

Ebenso wenig wird eine explizite Differenzierung in den Laufzeiten von Patenten zwischen kurz- und langzyklischen Technologien befürwortet. Außerdem dürfe kein Feld der Technik von der Patentierbarkeit ausgenommen werden (Technikneutralität). Das Patentsystem, so die Annahme, bedarf der Einheit und Einheitlichkeit, um gleiche Wettbewerbs- und Innovationsbedingungen über verschiedene Industriebranchen und Regionen hinweg zu gewährleisten.[18]

d) Enge und positive Korrelation zwischen Patenten und Innovationskapazität

Es wird von einer positiven Korrelation zwischen der Zahl von Patenten und der Innovationsfähigkeit eines Landes oder einer Region ausgegangen. Überwiegend herrscht zudem die Annahme vor, je stärker Patentrechte für die Patentinhaber ausgestaltet würden, desto mehr Innovation werde erzielt werden können.[19] In einer Kurzformel ausgedrückt lässt sich dieses Credo folgendermaßen zusammenfassen: Viele Patente = viel Innovation. Je mehr Patente und je stärker der Patentschutz, umso mehr Innovation ist möglich.

Diese Axiome, die zum Teil im Patentrecht kodifiziert sind, bilden auch Grundüberzeugungen der epistemischen Gemeinschaft des Patentrechts. Dies festzuhalten ist insofern wichtig, als »außerhalb« dieser Axiome liegende Überlegungen bis vor wenigen Jahren kaum thematisiert werden konnten.

3.2 Geteilte Kausalvorstellungen, Wissensbasis und Policy-Enterprise

Die drei weiteren von Haas formulierten Kriterien lassen sich ebenfalls auf die epistemische Gemeinschaft des Patentrechts beziehen, nämlich Kausalitätsannahmen, Wissensbasis und Policy-Enterprise.

Die geteilten *Korrelations- oder kausalen Vorstellungen* der Patent-Community stehen in engem Zusammenhang mit den vier oben genannten Axiomen: Sie bestehen vor allem darin, anzunehmen, dass das Patentrecht einen entscheidenden und in der Bilanz allzeit positiven Beitrag zur Technologieentwicklung, Wirtschaftsentwicklung und zur Innovationsfähigkeit eines Landes leistet.[20]

---

die KMUs nur die Hälfte der Patentgebühren entrichten müssen. Das Credo der Community, und darauf kommt es hier an, lautet jedoch Unitarismus.

18 Vgl. kritisch Godt (2005: 491f) und die Beiträge in Eifert/Hoffmann-Riem (2008).

19 James Boyle charakterisiert diese Haltung in kritischer Absicht dahingehend, dass er die adäquate Reichweite und den Umfang des Patentschutzes als »*extra large*« (Boyle 2004) kennzeichnet.

20 Eine empirische Überprüfung des Zusammenhangs von Patenten und Innovationsfähigkeit ist nicht zuletzt deshalb erschwert, weil es sich bei Innovation um eine »*fuzzy entity*« handelt und es an allgemein gültigen Indikatoren und Methoden zur Feststellung von Innovation mangelt. Einschlägige indirekte Messungen, die sich auf vorliegende Statistiken stützen, sind die For-

Außerdem ist das Patentsystem durch das Prinzip der Rechtsstaatlichkeit, der *rule of law* gekennzeichnet. Das Erteilen eines Patents wird in diesem Sinne nicht als politischer Akt, durch den der Staat etwas *gewährt*, sondern als rechtlicher *Anspruch* der Patentanmelder gegenüber dem Staat und seinen Exekutivagenturen – insbesondere den Patentämtern – gefasst. Patentämter üben aus dieser Sicht keine politische Rolle hinsichtlich des Erteilens oder Verweigerns von Patentansprüchen aus, sondern prüfen lediglich »technisch«, ob die entsprechenden Rechtsnormen (materielles Patentrecht) und formalen Voraussetzungen (prozedurales Patentrecht), die in den Patentgesetzen und den entsprechenden Ausführungsbestimmungen rechtlich festgelegt sind, erfüllt wurden.[21]

Zur gemeinsamen *Wissensbasis* der epistemischen Gemeinschaft im Patentrecht ist anzuführen, dass diese sich aus dem Wissen um die Regeln der juristischen Methode, der Rechtsdogmatik und -hermeneutik sowie aus formalen Kriterien (z.B. zum Aufbau von Patentansprüchen), die mit einer eigenen rechtlichen Logik und Präzision sowie einer eigenen Rechtsterminologie »abgearbeitet« werden, ergibt. Sie trägt eine szientistische und technokratische Grundausrichtung. Naturwissenschaftlich-technische Erkenntnisse werden in die Sprache des Patentrechts »übersetzt« und damit gleichzeitig transformiert. Die Art und Weise dieser »Übersetzung« und Anpassung ist eine spezifische Leistung von Patentanwälten, wobei sich gerade ihre spezifische Kompetenz darin zeigt, die Interessen des Anmelders mit den von den Patentämtern gestellten und sich verändernden Erfordernissen in Einklang zu bringen.[22] Die Gemeinsamkeit der Wissensbasis führt allzu leicht dazu, dass übersehen wird, dass es sich hierbei auch um einen Transformationsprozess handelt: Wirtschaftliche und technologiepolitische Fragen und Präferenzen werden in diesem Prozess juridifiziert, sie werden nur noch als Probleme von Schutzbereichen, der spezifischen Formulierung von Patentansprüchen, von Patent-Laufzeiten, und jeweiliger Modi des Schutzes des »geistigen Eigentums« (Urheberrecht, Marke, Patentrecht, Gebrauchsmuster etc.) formuliert und prozeduralisiert.

schungs- und Entwicklungsausgaben, Publikationshäufigkeiten, sowie die absolute oder relative Zahl von Patenten. Wie aus letzterem deutlich wird, gerät die Argumentation damit leicht zur Tautologie, mit der Tendenz, diese apologetisch zu wenden. Zur »direkten« Messung von Innovation werden methodisch Befragungen von Unternehmen geführt und ausgewertet; dabei wird Innovation aber nicht gesellschaftspolitisch, sondern primär betriebswirtschaftlich definiert.

21 Darunter fällt insbesondere, ob die drei Basiskriterien der Neuheit, erfinderischen Tätigkeit und gewerblichen Anwendbarkeit, sowie die formalen Voraussetzungen, wie etwa Anmeldefristen und Zahlungen von Gebühren gegeben sind.

22 Die Prüfer des Deutschen Patent- und Markenamtes arbeiten in einer beträchtlichen Zahl von Fällen im Dialog mit den Anmeldern unmittelbar an der Formulierung der Patentansprüche mit. Sie nehmen daher aktiv teil an dieser »Übersetzungsarbeit« und überlassen diese nicht allein den Anmeldern oder Patentanwälten.

Die gemeinsame *policy enterprise* der Patent-Community liegt in der Bestandswahrung und Stärkung des gewerblichen Rechtsschutzes. Die Expansion der Immaterialgüterrechte wird dabei für unumkehrbar gehalten (vgl. Schricker et al. 2001, Ohly 2005).

Gemeinsame rechtliche Schulungen, Trainings und Weiterbildungen – nicht zuletzt durch das Ausbildungs- und Prüfungsverfahren für Europäische Patentanwälte, das direkt beim Europäischen Patentamt angesiedelt ist, aber auch Fortbildungsveranstaltungen privater Anwaltskanzleien und spezialisierter Institute – stellen Sozialisations- und Habitualisierungsinstrumente dar, durch die die Mitglieder der Community in einen Diskurs-, Werte- und Normenzusammenhang eingeführt werden. Dabei werden auch Kohärenz und Konvergenz über Problemformulierungen und Methoden zur Lösung von neuen Fragen (z.B. mittels Kasuistiken zur Anwendung des Patentrechts in neuen Technologiebereichen) hergestellt.

Damit sind bereits einige Besonderheiten der epistemischen Gemeinschaft des Patentrechts genannt. Im Folgenden will ich noch auf weitere Charakteristika hinweisen, die diese mit anderen rechtlichen Communities teilt und dabei einige grundlegende Governance-Muster des Patentsystems herausarbeiten.

4. Besonderheiten *rechtlicher* epistemischer Gemeinschaften und patentrechtsspezifische Governance-Muster

Rechtliche epistemische Gemeinschaften weisen, wie Frans van Waarden und Michaela Drahos in einem Aufsatz (2002: 23; vgl. van Waarden 2003) hervorheben, einige Besonderheiten auf, welche sie von anderen wissenschaftlichen (z.B. Physiker, Philologen) oder professionellen (z. B. Ärzte, Architekten) Gemeinschaften unterscheiden. Ihnen zufolge ist für *rechtliche* epistemische Gemeinschaften ihre starke *Normativität*, die strikt abgrenzt, was legal und akzeptabel ist – und demzufolge unrechtmäßige und nicht-akzeptable Praktiken ausgrenzt –, charakteristisch. Kennzeichnend seien aber vor allem auch *prozedurale* Normen der Urteilsfindung. Dies betrifft im Patentrecht Patentprüfungs- sowie Einspruchsverfahren und gerichtliche Verfahren zur Nichtigkeit und Verletzung eines Patentes. Präzedenzfälle und Case Law restringieren zukünftige Handlungsoptionen und schaffen damit Pfadabhängigkeiten.

Wie van Waarden und Drahos weiterhin aufzeigen, sind Juristen stärker als andere Disziplinen *politisch institutionalisiert* »and in the front row of policy making« (2002: 24). Dies gilt es zu unterstreichen, denn Juristen des Patentrechts sind nicht allein wissenschaftlich und politikberatend tätig, sondern agieren teilweise selbst insofern als Regelsetzende, als sie als Fachjuristen in Ministerien,

Kanzleramt, Parlament oder in den Patentämtern Gesetzestexte, Verordnungen oder Prüfrichtlinien entwerfen. Richter formulieren Entscheidungen, die zu Fallrecht (Case Law) werden. Rechtsgelehrte und Patentanwälte schreiben Kommentare zu Rechtsfällen und tragen damit zum innerjuridischen und öffentlichen Diskurs bei. Damit sind nicht nur Aufgabengebiete von Rechtsreferenten in Patentämtern, insbesondere von deren juristischen Abteilungen und Beschwerdekammern, sondern auch diejenigen von Patentrichtern und von Patentbeamten in der Verwaltung (Ministerien, Patentämter) umrissen.

Die *hierarchische Strukturierung* stellt nach van Waarden und Drahos ein weiteres Charakteristikum der juristischen epistemischen Gemeinschaft dar: An der Spitze stehen auf nationaler Ebene in der Bundesrepublik die Richter des Bundesverfassungsgerichtes. Der X. Senat des Bundesgerichtshofes bildet die oberste Berufungs- bzw. Revisionsinstanz für Patentstreitigkeiten. Das Bundespatentgericht ist für Nichtigkeitsklagen zuständig, über Verletzungsklagen entscheiden die Zivilgerichtskammern beim Landesgericht und als Berufungsinstanzen die Senate für Patentstreitigkeiten bei den Oberlandesgerichten.[23] Maßgeblich auf die Prägung und die Evolution des Patentrechts nehmen die Lehrstuhlinhaber von entsprechenden Universitätsinstituten oder von Forschungszentren des jeweiligen Landes Einfluss. Auf europäischer Ebene ist einerseits der Europäische Gerichtshof (EuGH) für das Gemeinschaftsrecht maßgeblich. Da das Europäische Patentübereinkommen und die Europäische Patentorganisation nicht dem Gemeinschaftsrecht unterliegen und es bisher keinen europäischen Patentgerichtshof gibt, treffen andererseits die Große Beschwerdekammer des Europäischen Patentamts, sowie dessen Juristische und Technische Beschwerdekammern maßgebliche Entscheidungen für die europäische Rechtsfortbildung (vgl. Kap. I.D).

Wie van Waarden und Drahos (2002: 24) schreiben, sind Rechtsinstitutionen – insbesondere natürlich die Gerichte – relativ unabhängig, ihre Vertreter genießen Autorität und können damit als Katalysatoren für Neuorientierungen dienen, beispielsweise indem sie gerichtliche Präzedenzfälle schaffen oder Entscheidungen vorbahnen, welche der Politik gelegen oder auch ungelegen kommen können. Dies gilt, wie eben beschrieben, in besonderer Weise für die Patentrichter.

---

23 Die institutionelle Trennung zwischen Verfahren der Nichtigkeitsklage und Verletzungsverfahren ist ein vor allem deutsches Spezifikum. »Patentrichter« umfassen in Deutschland die so genannten *Volljuristen*, die in den Landesgerichten, Oberlandesgerichten und dem Bundesgerichtshof (BGH) sitzen und als juristisches Mitglied auch im Bundespatentgericht (BPatG), sowie die *Techniker* im BPatG (hier sind zwei Techniker, ein Jurist und ein Techniker als Vorsitzender in den Beschwerdesenaten und drei Techniker, ein Jurist sowie ein Jurist als Vorsitzender in den Nichtigkeitssenaten vertreten. Der von mir verwendete Begriff »Patentrichter« beinhaltet beide, sowohl Techniker wie auch Volljuristen.

Ähnlich fasst auch Britta Rehder (2007) Juristen rechtspolitisch als Akteure, die durch ihre jeweilige Rechts*auslegung* politisch handeln, selbst wenn sie keine direkten politischen Funktionen ausüben:

»In keinem gesellschaftlichen Diskurs sind Sinnproduktion und Macht so unmittelbar verknüpft wie in den Rechtswissenschaften. [...] Deutungsinnovationen ermöglichen demnach Prozesse des Umdenkens, des Präferenzwandels und mithin des politischen Strategiewechsels« (Rehder 2007: 264).

Dabei weist sie forschenden Rechtswissenschaftlern die kreativsten Neuinterpretationen von Regeln zu, während sie zu Recht davon ausgeht, dass Richter wesentlich stärker in ihrer Rechtsauslegung restringiert sind. Wenn sie Anwälten wiederum eine Gatekeeper-Funktion für innovative Normendeutung zuschreibt (Rehder 2007: 266–268), dann wird deutlich, dass sie von einer Art hierarchischen Aufgabenteilung und einer abgestuften Wirkmacht innerhalb der rechtlichen epistemischen Gemeinschaft ausgeht.

Es ist an dieser Stelle hervorzuheben, dass dies, übersetzt auf die Governance-Perspektive meiner Arbeit, bedeutet, dass Juristen erstens ausführende Funktionen für das politische System haben, zweitens aber eigene, dem Regierungssystem teilweise als *checks and balances* gegenüberstehende Governance-Funktionen aufweisen und drittens durch ihre juristische Praxis implizit politische Steuerungsleistungen vollbringen, indem sie in prozessualer, dynamischer Perspektive durch spezifische Rechtsinterpretationen zu einer Evolution von Recht in speziellen Rechts- und Politikfeldern beitragen.

Auch van Waarden/Drahos (2002: 23) konstatieren, dass Mitglieder der Rechtsprofession eine aktive gesellschaftliche Rolle spielen und im Rahmen der gesetzlich vorgegebenen Entscheidungsspielräume autoritativ Recht setzen können (Richterrecht). Für das Politikfeld des Patentrechts spielt daneben die Patentanwaltschaft[24] eine gewichtige Rolle: Patentanwälte in kommerziellen

24 Die Patentanwaltschaft verfügt jeweils über nationale Verbände. In den USA ist der Berufsverband die American Intellectual Property Law Association (AIPLA), in Großbritannien The Chartered Institute of Patent Agents (CIPA). In Deutschland ist die Community vor allem über die GRUR – Deutsche Vereinigung für gewerblichen Rechtsschutz und Urheberrecht e.V., sowie die Patentanwaltsverbände in den einzelnen Bundesländern organisiert, eine wichtige Rolle als Standesvertretung spielen auch der VPP – Vereinigung von Fachleuten auf dem Gebiet des gewerblichen Rechtsschutzes und der Bundesverband der Patentanwälte. Wichtige Verbände auf europäischer Ebene sind das epi – Institut der beim Europäischen Patentamt zugelassenen Vertreter der Patentanwaltschaft, sowie für die Industrie-Patentanwaltschaft FEMIPI – European Federation of Agents of Industry in Industrial Property. International ist insbesondere die bereits 1897 gegründete Association Internationale pour la Protection de la Propriété Industrielle (AIPPI) mit ihren Weltkongressen und Publikationen relevant. Zudem zu nennen sind FICPI – Internationaler Patentanwaltsverband, sowie IIPA – International Intellectual Property Alliance. Namhafte und international einflussreiche Forschungsinstitute und Think Tanks des Patentrechts sind unter anderem das Münchener Max-Planck-Institut für Geistiges Eigentum, Wettbewerbs- und Steuerrecht, das Washingtoner IIPI – International

Firmen, aber auch in niedergelassenen Kanzleien vollziehen in ihren Patentanmeldungen und Schriftsätzen nicht nur Anwendungen und Auslegungen des Patentrechts, sondern vertreten Partikularinteressen, indem sie sich bemühen (und in ihrer Funktion auch bemühen müssen), den Präferenzen ihrer Mandanten möglichst maximale Geltung zu verschaffen. Hier liegt allerdings auch ein Spannungsfeld zwischen Patentanwälten einerseits und Patentprüfern und Patentrichtern andererseits. Während erstere auf individuelle Interessenmaximierung ausgerichtet sind, bewegen sich letztere an der Schnittstelle zwischen der privaten und öffentlichen Sphäre: Sie müssen – implizit – nicht nur die Interessen und Ansprüche von unterschiedlichen Erfindern respektive Patenthaltern bzw. Einsprechenden oder präsumtiven Verletzern bei der Prüfung oder bei Einspruchsverfahren und Gerichtsverhandlungen abgrenzen und abwägen. Es obliegt ihnen auch, die Kontinuität und Kohärenz des nationalen und europäischen Patentrechts zu wahren und dabei – ideell – die Interessen der Gesamtheit der Patentanmelder zu berücksichtigen, sowie diese – im Idealfall – mit jenen der Allgemeinheit abzuwägen. Für diese Abwägungen gegenüber allgemeinen Interessen bildet die privatrechtliche Rahmung des Patentrechts jedoch, wie oben bereits ausgeführt, eine gewisse Denkschwelle.

Im Sinne einer Governance-Perspektive bleibt hervorzuheben, dass das Prüfungsverfahren der Patentämter und die Entscheidungen über Streitfälle (post grant) als *Koordinationsleistungen* zu verstehen sind, bei denen Ämter und Gerichte indem sie Einzelfälle klären und einer Entscheidung zuführen, gleichzeitig zwischen verschiedenen Partikularinteressen vermitteln und einen Ausgleich herstellen. Faktengestützte »konträre Interessen« einzubringen, ist zwar im Patenterteilungsverfahren und beim Einspruch binnen einer Neunmonats-Frist nach Erteilung prinzipiell für jedermann möglich,[25] es handelt sich bei solchen »Gegeninteressen«[26] aber um schwache und diffuse Präferenzen und Interessen, die

Intellectual Property Institute, sowie das CEIPI – Center for International Industrial Property Studies in Strasbourg (Vgl. http://www.ip-links.de/index_ger.htm).

25 Gemäß Artikel 115 EPÜ kann nach der Veröffentlichung der europäischen Patentanmeldung jeder Dritte Einwendungen gegen die Patentierbarkeit der angemeldeten Erfindung beim Europäischen Patentamt erheben. Die Einwendungen sind schriftlich einzureichen und zu begründen.

26 Als »Gegeninteressen« sind in diesem Zusammenhang beispielsweise Interessen an der Freihaltung bestimmter Bereiche (etwa Grundlagenforschung) von der Patentfähigkeit zu verstehen, um einen gemeinsamen, allen zugänglichen Wissenspool zu erhalten, oder das öffentliche gesundheitspolitische Interesse daran, keine überhöhten Preise für Medikamente zu entrichten. Eine beginnende dauerhaftere Organisierung von Gegeninteressen fand in dem hier untersuchten Politikfeld vor allem durch NGOs (wie beispielsweise Greenpeace) statt. Bei Softwarepatenten zählt die open source community dazu. In den USA ist neuerdings die »A2K« (Access to Knowledge)- Bewegung zu nennen sowie die von Dan Ravicher gegründete Public Patent Foundation. Auch einige Verbände der Generikaindustrie haben allmählich die Bedeutung von Patentpolitik erkannt.

bislang kaum organisiert sind, worauf ich an anderer Stelle hingewiesen habe (vgl. Schneider 2008, 2009b). Diese Koordinationsleistungen sind jedoch im Bewusstsein der im Patentsystem Handelnden nicht als Governance-Aktivitäten, bei denen es auch um Machtverhältnisse und technologiepolitische Steuerungsakte geht, verankert, sondern werden als bloße »technische« Prüfungen und juristisch-technische Streitfälle aufgefasst. Demzufolge hat das Recht bisher kaum eine Sprache zur Reflexion der eigenen Rolle in diesen Governance-Prozessen gefunden (vgl. Albers 2003a).

5. Exkurs zur Rolle der Patentanmelderschaft

Bisher wurde die epistemische Gemeinschaft des Patentrechts mit ihren Glaubenssätzen, geteilten Vorstellung und ihren Besonderheiten als *rechtliche* Community beschrieben. Bevor nun auf die Bedeutung und Funktion dieser Community für die Governance des europäischen Patentrechts eingegangen wird, ist in einem Exkurs auf eine Akteursgruppe hinzuweisen, die in dieser epistemischen Gemeinschaft auf *indirekte* Weise vertreten ist: Dies sind die Patent-Anmelder, die in der Regel durch Patentanwälte repräsentiert werden. Die Patentanmelderschaft bildet keine homogene Entität, sondern stellt ein heterogenes Ensemble von großen, inzwischen oft transnational agierenden Firmen und von individuellen Erfindern, von kleinen und mittleren Unternehmen sowie Start-ups, sowie zunehmend auch von Universitäten, Forschungsinstituten oder Stiftungen unterschiedlicher öffentlicher, privater oder gemischter (Public-Private-Partnerships – PPPs) Trägerschaft dar. Ähnlich wie letztere in ihrer Ausrichtung zwischen Gemeinnützigkeit bzw. öffentlichem Auftrag und individueller Interessenmaximierung bzw. Profitorientierung changieren, so gilt für die gesamte Gruppe der Patentanmelder, dass ihre Interessen und Präferenzen sehr unterschiedlich sind und sich außer dem Interesse, ein Patent zu erlangen, nicht unbedingt auf einen gemeinsamen Nenner bringen lassen.[27]

---

27 Im Untersuchungszeitraum dieser Studie (1988–2010) hat sich, darauf sei hier hingewiesen, der Kreis der Anmelderschaft ausgeweitet und entsprechend heterogenisiert. Insbesondere in der Biotechnologie sind Start-up- Unternehmen und Universitäten mit ihren Technologietransferinstituten eine entsprechend jüngere Erscheinung, es handelt sich daher um emergente patentrechtliche Akteure, für deren Untersuchung ein anderes Forschungsdesign nötig gewesen wäre (vgl. dazu Ahrweiler et al 2006, Haagen et al. 2007). Die Analyse der Heterogenität der Patentanmelderschaft und ihrer Implikationen für die Governance des Patentsystems bleibt weiteren Studien vorbehalten. Hierbei wäre es darüber hinaus wichtig, die Rolle der Forschungsförderungsorganisationen bei der Patent-Governance einzubeziehen (vgl. für Deutschland beispielsweise DFG 1997); in den USA üben die staatlichen NIH als Forschungsförderorganisation mit ihren IP-Richtlinien eine wichtige Regulierungsfunktion aus, die sich

Eine empirische Analyse dieser verschiedenen Gruppen von Patentanmeldern und ihren übereinstimmenden beziehungsweise divergierenden Interessen kann im Rahmen dieser Arbeit nicht geleistet werden, da dies eine andere Fragestellung aufwirft und eine polit-ökonomische Analyse vorausgesetzt hätte. Für den Kontext dieser Arbeit bleibt es wichtig, festzuhalten, dass zum Zeitpunkt der Einführung der EU-Biopatentrichtlinie seitens der Anmelderschaft ein genereller Drang zur Stärkung des Patentrechts vorherrschte und die Europäische Kommission sich diesem gegenüber responsiv verhielt. Die dahinter stehende Frage lautet, was der Auslöser und die Triebkräfte für diesen Trend waren und ob es sich dabei um eine von starken ökonomischen Akteuren vorangetriebene oder um eine politisch induzierte Entwicklung handelte. Von der ersten Perspektive her wird angenommen, dass es vor allem der Druck aus der etablierten pharmazeutischen und chemischen Industrie war, der die internationale Stärkung des Patentschutzes und die Patentfähigkeit von neuen biotechnologischen Stoffen (wie Gensequenzen, Antikörper etc.) durchsetzte (vgl. Drahos/Braithwaite 2002), aus der zweiten Perspektive handelt es sich bei Biopatenten primär um ein politisch induziertes neues Steuerungsmodell, wonach die Biotechnologie über spin-offs aus Universitäten und über privates Venture-Kapital, beides gestützt vermittels von Patenten, »aus der Taufe« gehoben werden sollte (vgl. Barben 2007). Meines Erachtens sind diese beiden Faktoren nicht gänzlich gegeneinander zu diskutieren, sondern spielten beide eine wichtige Rolle und wirkten im Sinne einer Ko-Produktion zusammen. Ein weiterer wichtiger Faktor bildete die internationale ökonomische Standortkonkurrenz, wonach Patente als Mittel angesehen wurden, eine wissenschaftlich-technische Überlegenheit abzusichern bzw. über eine Stärkung des Patentrechts ein Aufholen in Technologiewettläufen zu ermöglichen (vgl. Dolata 1996). Die empirisch-analytische Auseinandersetzung über diese Triebkräfte und wie diese sich im Verhalten der Patentanmelder niederschlugen, hätte eine andere Schwerpunktsetzung bedeutet und würde den Rahmen dieser Arbeit sprengen. Für die hier gewählte Fragestellung bleibt es aber wichtig, beobachtend festzuhalten, dass die EU-Biopatentrichtlinie in ihrem ersten Entwurf zunächst Teil dieser Tendenz zur Stärkung des Patentschutzes war, im Verlauf des legislativen Politikprozesses jedoch entgegenwirkende Kräfte aufkamen und schließlich die Frage zu beantworten, ob und inwieweit durch die Parlamente und den Gesetzgebungsprozess diese Tendenz modifiziert wurde.

Hervorzuheben bleibt – und dies macht die Referenz auf das Konzept der epistemischen Gemeinschaft notwendig –, dass wissenschaftliche Patentexperten und Patentanwälte als Akteure zumindest nach der von mir geteilten Einschätzung vieler Beobachter eine eigenständige Vermittlungs- und möglicher-

---

teilweise sogar als Gegenpol zum USPTO begreifen lässt (Rai/Eisenberg 2003; vgl. NAS 2006, Walsh et al. 2005).

weise sogar eine Verstärkungsrolle in diesen Prozessen spielten. Das Konzept der epistemischen Gemeinschaft dient daher dazu, die Governance des Politikfelds bzw. der Politikarena des Patentrechts genauer zu charakterisieren.

Ich behandle die Patentanmelderschaft daher als vor allem über die Patentjuristen repräsentierte Gruppe. Im Feld reflektiert sich dies unter anderem darüber, dass große Unternehmen und Industrieverbände selbst dort, wo sie politische Lobbyarbeit betreiben, sei es in der Politik oder beim Europäischen Patentamt, in erster Linie über ihre eigenen Patentabteilungen und die dort beschäftigten Patentjuristen agieren. Dies spiegelt sich auch in der Zusammensetzung des *Ständigen Beratenden Ausschusses* (SACEPO) beim Europäischen Patentamt wider: In diesem Konsultativgremium der so genannten »Nutzer« des Patentsystems sind zur Hälfte die Patentanwaltschaft über das Institut der beim Europäischen Patentamt zugelassenen Vertreter (*epi*), zur anderen Hälfte die Industrie repräsentiert, deren Vertreter von dem Arbeitgeberverband *Business Europe* benannt werden, wobei letztere als Mitglieder in der Regel die Leiter der Patentabteilungen großer Firmen nominieren; bislang haben unabhängige Erfinder, KMUs sowie Universitäten und Forschungszentren keinen festen Sitz in diesem Gremium inne.[28]

Ich werde in diesem Zusammenhang weiter unten in diesem Kapitel noch einmal auf einige quantitativen Verhältnisse innerhalb der Patentanmelderschaft zurückkommen und auf die Vermittlungs- und sozialen Aushandlungsprozesse zwischen den Anmeldern und Patentjuristen hinweisen. Es bleibt aber festzuhalten, dass für die Analyse der Governance des europäischen Patentrechts professionelle Experten – insbesondere die Patentjuristen – als Akteure eine herausragende Bedeutung haben.

6. Zur Bedeutung und Funktion von epistemischen Gemeinschaften

Nach der Beschreibung der Akteure des Patentrechts mithilfe des Konzepts der epistemischen Gemeinschaft soll nun die allgemeine Bedeutung und Funktion von epistemischen Gemeinschaften genauer analysiert und hierzu der politologische Forschungsstand referiert und auf das Patentrecht hin angewandt werden.

28 Erst für die SACEPO-Amtsperiode 2009 bis 2011 wurde von der EPA-Präsidentin zusätzlich zu den je zehn epi- und Business Europe-Vertretern die Liste der ad nominem benannten SACEPO-Mitglieder erweitert und dabei neben einem langjährigen ehemaligen epi-Vertreter auch vier akademische Mitglieder sowie ein Vertreter der freien Erfinder und einer der Generikaindustrie benannt. Es ist damit aber noch keine »dritte Bank« entstanden.

Haas (1992) zufolge liegt die Bedeutung von *epistemic communities* vor allem darin, Themenfelder zu strukturieren und damit neue Politikfelder auf die politische Agenda zu setzen. Vor allem im Bereich der internationalen Umwelt- und der Klimapolitik ist tatsächlich zu beobachten, dass sich unter veränderten gesellschaftlichen Problemlagen und ihrer semantischen Artikulation als »neue globale Herausforderung« interdisziplinäre Experten-Communities mit Einfluss auf die Politik herausbilden. Im Patentrecht ist allerdings eine »alte« epistemische Gemeinschaft am Werk, welche das Patentssystem als ihre Domäne verwaltet und sich dabei europäisiert und internationalisiert hat. Sie hat dazu beigetragen, dass Fragen des »Schutzes des geistigen Eigentums« in der Rangordnung politischer Themen an Gewicht gewonnen haben und in andere Politikarenen vorgedrungen sind.[29] Patentrecht ist demnach zu einem wichtigen Bestandteil der Handels-, Wissenschafts- und Forschungspolitik geworden.

Gleichzeitig zeigen sich in der Forschungspolitik andere neue Tendenzen, denn diese wird zunehmend – in einer Abkehr vom Technikdeterminismus früherer Jahrzehnte – als gestaltungsbedürftig angesehen, wenn nicht gar als demokratische Gestaltungsaufgabe betrachtet (Martinsen 1997). Wie der Inhalt und die Richtung wissenschaftlich-technischer Innovation ausgestaltet werden kann und soll, wird gesellschaftlich kontrovers diskutiert. Diese beiden Prozesse – Aufwertung des Patentschutzes einerseits und Technologiekonflikte andererseits – sind jedoch lange Zeit parallel nebeneinander ohne wechselseitige Bezugnahme aufeinander verlaufen. Ob das Patentrecht bei der demokratischen Gestaltung technischer Innovation eine Rolle spielen kann und falls ja, worin diese liegen könnte, dies sind Fragen, die erst durch den von mir untersuchten Politikprozess angestoßen und der Deliberation zugänglich gemacht wurden. Die Biopatentrichtlinie geriet damit zu einer Reibungsfläche und einem Austragungsort für unterschiedliche Vorstellungen von technologiepolitischer Governance. Die epistemische Gemeinschaft des Patentrechts wurde dabei herausgefordert, ihre kognitiv-normativen Axiome zu überprüfen.

Es bleibt darauf hinzuweisen, dass die erfolgte Aufwertung des Patentrechts in den vergangenen beiden Jahrzehnten im Rahmen von wirtschafts-, wissenschafts- und forschungspolitischen Strategien, die einen von den USA, Europa und Japan ausgehenden internationalen Prozess darstellt, auch die epistemische Gemeinschaft des Patentrechts selbst vor neue Herausforderungen stellt. Kazuo Wakasugi, der vormalige Commissioner des Japanischen Patentamts, weist in diesem Zusammenhang auf notwendige Transformationsprozesse des Patentsystems hin und bezweifelt im gleichen Atemzug die »Zukunftsfähigkeit« der

29 Vgl. zur gegenwärtigen politischen Konjunktur von Themen der Intellectual Property Rights: Lissabon Agenda 2000, Harhoff 2006; für die Bundesrepublik: Merkel 2007; BMWi Beirat 2007, Zypries 2004 a und b; für Großbritannien: Gowers 2006; für Frankreich: Lévy /Jouyet 2006, PIETA 2006.

Zunft: »such patent experts may be the enemies of the future […] subconsciously, the experts in patent offices are resistant to change« (zit. lt. EPO 2006a: 384). Damit wird auf Verharrungs- und Trägheitskräfte der epistemischen Gemeinschaft des Patentwesens verwiesen, die auch für den zu untersuchenden Politikprozess von Relevanz sind.

Van Waarden und Drahos (2002) sehen die Funktion von *epistemic communities* darin, im europäischen oder internationalen Rahmen eine »weiche« Harmonisierung voranzutreiben, die konfliktvermeidend und entpolitisierend vorgeht, gleichwohl längerfristig zu politisch-rechtlichen Konvergenzen führt.[30] Diese Funktion kann auch der Patent-Community zugeschrieben werden. Wie im vorliegenden Politikprozess empirisch noch genauer zu zeigen sein wird, sind im Patentrecht latente Konflikte angelegt, die von der epistemischen Gemeinschaft bisher kaum bearbeitet, sondern an andere gesellschaftliche Teilsysteme und rechtliche Instanzen delegiert wurden. Die Verlagerung von Entscheidungsprozessen zur Patent-Governance in die legislative Arena der Europäischen Union führte hingegen dazu, dass es zu einer Artikulation einiger dieser Konflikte kam und diese in den Parlamenten und von den Regierungen in anderer Art und Weise bearbeitet wurden, als dies in herkömmlicher Weise durch die epistemische Gemeinschaft, insbesondere die Patentämter und Gerichte, der Fall war. Ohne die Ergebnisse meiner Analyse vorwegzunehmen, möchte ich schon hier darauf hinweisen, dass es infolge dieser Politisierungs- und Polarisierungsprozesse zu einem Reframing des Patentrechts und damit zu Irritationen kam, die wiederum auf die epistemische Gemeinschaft selbst zurückwirken, worauf im Schlussteil dieser Arbeit noch einzugehen sein wird.

Der rechtspolitologische Ansatz von Rehder (2007) widmet sich stärker den machtaffinen Aspekten von rechtlichen epistemischen Gemeinschaften; demnach geht es darum, analytisch offenzulegen, dass und wie sich Juristen-Communities an der Reproduktion oder Transformation spezifischer politischer Macht- und Herrschaftsinteressen beteiligen. Mit den Aspekten von Macht und Herrschaft gehe ich allerdings zurückhaltend um, denn was diese im Feld von Technologie und Innovation bedeuten, bedürfte einer eingehenden theoretischen Herleitung und analytischen Reflexion, die den Rahmen dieser Arbeit sprengen würde.[31] Gleichwohl bleibt darauf hinzuweisen, dass Technologieent-

30 Die beiden Autoren, die sich vor allem auf den Bereich des Wettbewerbsrechts beziehen, betonen, dass man nicht von einer gezielten Strategie sprechen könne: »But if it had been [a conscious strategy of ›soft harmonization‹ - I.S.], it would not have been injudicious. The strategy may perhaps have been slow, but in the long run not ineffective; and it is certainly low-key, which avoids strong resistance, by gradually building consensus. Quite different from harmonization strategies in other policy fields« (van Waarden/Drahos 2002: 29; vgl. ähnlich: Quack 2006).

31 Zur Exploration dessen, welche Implikationen Technologieentwicklung für die Reproduktion oder Überwindung sozialer Ungleichheiten haben kann, bedarf es anderer theoretischer Zugänge,

wicklung und Innovation sich nicht in einem »Machtvakuum« vollziehen, sondern sowohl demokratiepolitische wie auch verteilungspolitische Wirkungen haben können.

An dieser Stelle lässt sich zunächst zusammenfassen, dass epistemische Gemeinschaften von Experten in einem bestimmten Politikfeld eine Wirkung auf die Ausrichtung und die Evolution des Politikfelds zugesprochen werden kann. Damit zeigt sich bereits, dass der Theorieansatz der »epistemischen Gemeinschaft« ein wichtiges Analyseinstrument auch für die Governance-Forschung darstellt, denn in diesem wird ein besonderer Fokus sowohl auf die Akteursebene wie auch auf die Dimensionen von spezialisiertem, komplexem Expertenwissen und »technokratischen« Wissensbeständen gelegt. Es besteht damit in gewissem Maße eine Anschlussfähigkeit an Theorien demokratischer Elitenherrschaft[32] sowie an theoretische Reflexionen zur Rolle von wissenschaftlichen Experten in der Politikberatung.[33]

7. Bedeutung der epistemischen Gemeinschaft für die Ausrichtung der Governance des Patentrechts

Als nächster Schritt soll der substantielle Einfluss der epistemischen Gemeinschaft des Patentrechts auf die Governance des Patentrechts, insbesondere im Politikfeld der Biotechnologie-Patentierung, genauer bestimmt werden.

Die patentrechtliche epistemische Gemeinschaft wirkt ein auf die Evolution, das heißt die Fortschreibung und Weiterentwicklung des Rechts in diesem Gebiet. Unter Rekurs auf das im Kapitel zur Governancetheorie (Kap. I.A) dargestellte Schleusenmodell von Peters/Habermas bleibt dabei festzuhalten, dass die patentrechtliche epistemische Gemeinschaft im »Routinezustand« für eine entsprechende Prozessierung des Patentrechts sorgt. Als solche zählt die epistemische Gemeinschaft zum Kern und zur »inneren Peripherie« des Schleusenmodells (vgl. Habermas 1992: 432), wobei – unter Normalbedingungen – neue Technikfelder in den vertrauten prozeduralen Lauf des patentrechtlichen Geschehens eingespeist und integriert werden. Hierbei wird die »normale Maschinerie« reproduziert und bei laufendem Betrieb Anpassungs-, Transfer- und Transformationsleistungen – an neue Techniken und neue Akteure (Start-ups,

Methoden und Analyseverfahren. Modellbildend hierfür ist das im FRP VI geförderte EU Projekt »Researching Inequality through Science and Technology – ResIST« (http://www.resist-research.net/home.aspx).

32 Vgl. Bachrach 1970, Röhrich 1975; 1991.

33 Vgl. Jasanoff 1990, van den Belt 1989; Fischer 1990; Limoges 1993; Bogner/Torgersen 2005.

Universitäten) – vollzogen. In einem solchen Modus vollziehen sich politische Anpassungsprozesse relativ geräuscharm und friktionsfrei.

Im »außerordentlichen Problembearbeitungsmodus«, der Problematisierung und Politisierung eines Politikfeldes (Habermas 1992: 433), gerät jedoch diese eingespielte Maschinerie ins Stocken und es werden erhöhte gesellschaftspolitische Rechenschaftsanforderungen an sie gestellt. Dabei spielt es eine Schlüsselrolle, ob die epistemische Gemeinschaft bereit und in der Lage ist, responsiv auf diese Anforderungen zu reagieren. Auch im »außerordentlichen« Modus spielt die epistemische Gemeinschaft eine bedeutsame Rolle, insofern als sie Definitionsmacht über die »richtige Auslegung« eines komplexen juristisch-technischen Feldes beansprucht und entsprechende Geltungsansprüche neuen und konkurrierenden Stakeholders gegenüber behauptet. Sie agiert demnach als *gatekeeper* für andere Disziplinen und dafür, welche Erwägungen überhaupt in die Arena politischer Deliberation gelangen sollen.

Der Einfluss der patentrechtlichen epistemischen Gemeinschaft auf die Evolution des Rechts soll im Folgenden genauer untersucht werden. Hierzu ist zunächst frametheoretisch zu formulieren, dass die Patentgemeinde den Diskurs über die Patent-Governance einschließlich der Gesetzgebung »rahmt«, und dabei Richtung und Inhalt der Evolution des Patentrechts formt. Zu fragen ist hier nun, in welcher Weise diese Evolution gesteuert wird?

Der auf das Patentrecht spezialisierte Jurist Peter Drahos kennzeichnet die hohe Gestaltungsmacht dieser epistemischen Gemeinschaft folgendermaßen:

> »It is the patent community working with a set of assumptions, understandings, conventions and values that settles issues and problems of interpretation within the patent system. By doing so, the patent community probably exercises more influence on the direction and content of patent policy than legislatures, which in any case rely on committees of specialists to advise them on matters of patent policy« (Drahos 1999: 442).

Tatsächlich bleibt hervorzuheben, dass das Patentsystem in seiner Governance in geringem Maße legislativ gesteuert ist, worauf ich im Kapitel I.F noch genauer eingehen werde. Selbst für den Fall von Legislativprojekten leisten Patentjuristen maßgebliche Vorarbeit für Gesetzestexte, sei es im Verfassen der Entwürfe oder in der Beratung des Gesetzgebers. Diese sind in einer spezifischen patentrechtlichen Rationalität sozialisiert, was Implikationen für den Inhalt von Gesetzgebungsvorhaben hat.

Drahos und eine Reihe weiterer kritischer Beobachter (vgl. Cornish 2004; Boyle 2003a; Dutfield 2004, Godt 2007) führen die Anwendung des Patentrechts auf biotechnologische Erfindungen daher nicht primär auf politische Anreize zurück, sondern auf das Handeln von Patentjuristen selbst, die damit die Strategien einzelner Akteure aus Wissenschaft und Industrie vertreten haben sollen:

»A crucial aspect to the expansion of the patenting in biotechnology has been the development of juridical arguments and theories that have enabled applicants for biotech patents to overcome existing bars. One of the interesting things is that, while these arguments are often analytically weak, they have been readily accepted by the patent community in the name of adapting the patent system to overcome existing bars« (Drahos 1999: 443).

Vorherrschendes Motiv für die 1980er und frühen 1990er Jahre war es demnach, bisherige, als zu eng empfundene Grenzen im Patentrecht zu überwinden (vgl. Nack 2002), um der als Schlüsseltechnologie für das 21. Jahrhundert verstandenen Biotechnologie zum Durchbruch zu verhelfen.[34] Hierzu sind, wie der Wissenschaftshistoriker Henk van den Belt (1989) betont, soziale Aushandlungsprozesse zwischen den interessierten Patentanmeldern und den Patentjuristen relevant.[35] Fortentwicklungen und Adaptionsprozesse des Patentrechts, zum Beispiel an neue Technologiefelder oder an Globalisierungsprozesse, erfordern daher Flexibilisierungen in der Anwendung der bisherigen Rechtskategorien.[36] Es sollte vor allem eine Aufgabe der Rechtsdisziplin sein, eine autoritative Neuinterpretation der geltenden Rechtsdogmatik in der Anwendung auf neue Patentmaterien zu entwickeln (vgl. Kap. I.F).

Wie oben bereits ausgeführt, ist für Patentjuristen die Wertneutralität des Patentrechts ein Glaubensgrundsatz. Dabei betonen sie, dass sie sich alleine im Rahmen des positiven Rechts bewegen und in der Ausführung von Recht und Gesetz handeln. Da die Juridifizierung konstitutiv für das Patentsystem ist, geht damit eine *Entpolitisierung* einher. Das heißt, es kommt zu einer Technisierung,

34 Die Maxime lautete demnach, bisherige Grenzen im Patentrecht – etwa die Unterscheidung zwischen Entdeckung und Erfindung, oder Patentausschlüsse hinsichtlich von Pflanzenarten und Tierrassen (Art. 53b EPÜ), müssten entweder eng ausgelegt oder gänzlich überwunden werden (Beier 1986). Siehe hierzu Kap. I. F.

35 Der Wissenskorpus (»body of knowledge«) des Patentrechts entwickelt diesem Verständnis nach zudem Pfadabhängigkeiten, insofern als er beschrieben werden kann als »being a residue of previous negotiations, carries the solutions of the past into the present as both a resource for and as a constraint on new negotiations. With the rise of new technologies these legal bodies of knowledge will often be experienced as straitjacket, it may then take a major renegotiation to break the force of ›binding‹ precedent.« (van den Belt 1989: 208).

36 Wie in Kap. I. F noch genauer herausgearbeitet wird, lassen sich solche Anpassungsleistungen analytisch in der Logik von zwei grundlegenden Modi – Kontinuität und Bruch – fassen. Das Recht beschreibt seine Weiterentwicklung vor allem als Kohärenz und Kontinuität, nicht als Bruch. Dabei kommt es allerdings zu immanenten Transformationen: Analogiebildungen – zum Beispiel von chemischen Stoffen auf molekularbiologische »Stoffe« – bilden eine Quelle neuer Auslegungen und Verschiebungen, bei denen Differenzen einer abstrakten »Ähnlichkeitslogik« unterworfen und unterschiedliche Kontexte der »molekularen Stoffe« zuwenig in Betracht gezogen werden. Brüche mit früheren Praxen und Rechtsauslegungen – beispielsweise zur Nichtpatentierbarkeit von Naturstoffen oder dem Freihalten der Grundlagenforschung – werden in der Regel nicht als solche sichtbar gemacht, sondern als »logische«, folgerichtige und geradezu zwingend »notwendige« Auslegung in *Kontinuität* mit den seit jeher gültigen Rechtsprinzipien und Dogmatiken dargestellt.

Objektivierung und Neutralisierung von Entscheidungen und Urteilen, die allein als Folge der rechtlichen Logik und innerrechtlicher Diskurse betrachtet werden. Ihr implizit politischer Charakter wird dadurch latent gehalten.

An dieser Stelle lässt sich fragen: Worum handelt es sich bei diesen latent politischen Entscheidungsprozessen und welche Motive und Ziele kommen dabei zum Tragen?

Der Jurist Gerd Winter schreibt dazu:

»Doctrinal debates, in contrast to political debates, tend to disguise their underlying motives. They complicate the matter once more by adding professional interests (of the patent attorneys, the patent judges, etc) to the more basic substantial interests« (Winter 1992: 175).

Für ihn handelt es sich also um tieferliegende Interessen, die verschleiert würden. Meines Erachtens sind die Begriffe *motives* und *interests* in diesem Kontext nicht sehr hilfreich, denn man sollte insbesondere akademische Vertreter des Patentrechts nicht leichtfertig bezichtigen, in eigennütziger Weise zu agieren. Wenn »Motive« apersonal gedacht werden, dann ist zu erkennen, dass nicht Personen, sondern vielmehr die spezifische Sozialisation und das kognitiv-normative *belief system* des Patentrechts als Disziplin für eine spezifische und selektive Perspektive verantwortlich zu machen sind.

Eine ähnlich angelegte Kritik ist bei dem US-Patentjuristen James Boyle zu finden. Er charakterisiert die Grundhaltung der epistemischen Gemeinschaft des Patentrechts in einer recht harschen Kritik als »worshiping at the church of innovation« (2003a: 21). Mit dieser Metapher spielt er auf die Technik- und Innovationsgläubigkeit der Patentgemeinde an, die zu einer Art Ersatzreligion im desäkularisierten, technischen Zeitalter geworden sei. Dieser »Glaube«, gewissermaßen an die heilige Dreifaltigkeit von Technik, Wirtschaft und Patentrecht in der »Kirche der Innovation«, müsse als wesentlicher Erklärungsfaktor für den Expansionstrieb des Patentsystems in den vergangenen zwei Dekaden geltend gemacht werden (vgl. ähnlich: Cornish 2004).[37]

Auch Walter Holzer, Patentanwalt und früherer Präsident des *epi*, welches als europäische Standesorganisation die Interessen der Patentanwälte vor dem Europäischen Patentamt vertritt, bemüht religiöse Begriffe und spricht von Gläubigen:

37 Vgl. repräsentativ für diesen »Glauben« die Aussage von Paul Brändli, des zweiten Präsidenten des Europäischen Patentamtes (1985–1995): »Im großen und ganzen hat sich das Patentsystem als solide Konstruktion erwiesen. Nie war seine Daseinsberechtigung so klar und sein Beitrag zur Förderung der Innovation sowie des sozialen und wirtschaftlichen Fortschritts so unbestritten wie heute, auch wenn es immer noch keinen schlüssigen Beweis dafür gibt, dass mit Patenten mehr Innovationen zustande kommen als ohne sie« (Brändli 1996: 301). Diese Selbstgewissheit ist dem Patentsystem inzwischen abhanden gekommen.

»The patent system is a hermetic world of a few thousands of people. [...] For the world of believers, no better system has been developed to protect technology« (zit. nach EPO 2006a: 23).

Damit zeigt sich ein durchgängiges Muster: Die Überzeugung, es handele sich um eine hermetisch abgeschlossene Gruppe von Gläubigen wird sowohl von Insidern des Patentsystems vertreten und dort positiv konnotiert, wie auch von Outsidern – dort in eher negativer Konnotation (vgl. Black 1998) – vermerkt.

Meines Erachtens ist das Patentrecht eine Domäne eines kleinen Kreises von Spezialisten, von »Eingeweihten«, die mit dieser komplexen Materie vertraut sind und Entscheidungen im Rahmen einer *bounded rationality* prozessieren. Die hermetische Abgeschlossenheit ist zum Teil durch die Spezialsprache der Rechtsdogmatik bedingt. Sie ergibt sich aber auch aus der Gatekeeping-Funktion: Es geht darum, Gestaltungsprozesse für die patentrechtlich gestützte Innovationsentwicklung innerhalb der Community zu halten und andere Disziplinen und Stakeholder »außen vor« zu lassen. Dies sollte jedoch nicht zwangsläufig zu der Schlussfolgerung führen, dass Patentjuristen und Patentanwaltschaft sich gänzlich »außerjuristischen« Präferenzen und Interessen gegenüber abschirmen.

Bemerkenswerterweise hat inzwischen eine Reihe von Analysten darauf hingewiesen, dass die Handlungen der Patent-Gemeinde, insbesondere der Patentanwaltschaft, welche im Mandat ihrer Klienten agiert, weder »objektiv« noch ganz uneigennützig seien:

»The patent world is a small world, and with regard to governance, the influence of patent agents, lawyers and judges on decision-making at European level is often self-serving« (Stoll/Minor in: EPO 2006: 331).

Dies äußern zwei Beamte der Europäischen Kommission[38]. Sie unterstellen den Hauptvertretern der patentrechtlichen epistemischen Gemeinschaft damit, dass diese ihren Einfluss auf europäischer Ebene mit partikularen Eigeninteressen verbinden. Sie konkretisieren diese jedoch nicht. Welcher Art könnten diese Eigeninteressen sein?

Sie lassen sich erstens als Eigeninteressen an der Bestandswahrung und gegebenenfalls sogar an der Ausdehnung des Patentsystems fassen. Derartige Interessen sind jeder einmal etablierten sozialen Institution eigen. Es geht dabei um Erhaltungs- und Trägheitskräfte, die an die Organisationslogik sowie unter anderem an Arbeitsplätze, Verdienstchancen, sozialen Status und Einflussmöglichkeiten geknüpft sind (March/Olson 1989). Diese sind durchaus legitime Eigeninteressen, auch wenn sie als Beharrungskräfte wirken.

38 Thierry Stoll, geschäftsführender Generaldirektor, Jacqueline Minor, Direktorin für Grundsatzfragen und wissensbasierte Ökonomie, sind beide tätig in der GD Binnenmarkt und Dienstleistungen der Europäischen Kommission.

Als ein zweites »Eigeninteresse« der patentrechtlichen epistemischen Gemeinschaft lässt sich herauskristallisieren, dass die Patentspielregel in einem wissenschaftlich-technischen Feld zu einer für alle geltenden Spielregel gemacht werden soll. Mit der Durchsetzung der Patentspielregel (*patent or perish*) werden jedoch mögliche andere Spielregeln, wie beispielsweise Geheimhaltung, kommunitäre Wissenskreationen, peer-basierte Sharing-Aktivitäten, Tauschgeschäfte oder meritokratische Regeln in Innovations-Netzwerken marginalisiert (vgl. Benkler 2004; Lutterbeck 2008). Seitens von Technik- und Wissenschaftshistorikern wird dieser Impetus kritisch hinterfragt:

»If we believe that we live in a ›knowledge society‹ (a society in which knowledge and its mastery by as much people as possible is the ideal), forms of producing, certifying and appropriating knowledge are central questions. The point is not to attack the legitimacy of proprietary knowledge but to recognise the importance of other forms of life, the social legitimacy and economic importance of other ways of making knowledge (open websites gathering information on rare illnesses, for example). In policy terms, *their role, their interest, their importance need to be evaluated and they should probably be protected since they correspond to different values and different systems of norms.* Democratic societies have much to gain from accepting and learning how to live with variety since variety is an asset in efficient ›knowledge societies.‹ Societies able to have all social forces mobilized and ready to invest in all levels of knowledge production and appropriation, ask for it« (Pestre 2007: 19, Hervorhebungen im Original).

Die »selbstdienliche« Fixierung der epistemischen Gemeinschaft auf den Patentschutz hat dieser Kritik zufolge den unerwünschten Effekt, dass andere Formen der Wissens-, Technologie- und Innovationsproduktion nicht ausreichende Anerkennung, Wertschätzung und Förderung erfahren.[39]

Drittens nehmen einzelne Akteursgruppen, insbesondere die Patentanwälte Einfluss und bringen partikulare Interessen zur Geltung. So vermittelt und vertritt insbesondere die Profession der Patentanwaltschaft – stellvertretend – die Interessen ihrer Mandanten, der Patentanmelder. Der häufig verwendete und oben bereits thematisierte Begriff der Hermetik insinuiert, dass es keinerlei Durchlässigkeit für äußere Einflüsse gäbe. Die epistemische Gemeinschaft des Patentrechts ist m. E. durchaus von einer Art »Membran« umgeben, mit der sie sich von anderen Akteuren abschließt. Von einer Impermeabilität dieser Hülle ist aber nicht auszugehen. Vielmehr zeichnet sich das Patentsystem und das

39 Vgl. demgegenüber das Konzept einer »knowledge ecology« durch James Boyle »to focus on claims of distributional justice, to make distinctions between types of normative claims and knowledge goods. [...] Just as the environmentalists taught us about the contributions of the ecology to human health, and the need for sustainable development, so we have to develop a more sophisticated sense of the balance between intellectual property rights and the public domain, to understand that it is the interaction between the realm of the free and the realm of the protected that produces innovation, not one of them alone.« (Knowledge Ecology Studies, Vol 1 (2007), http://kestudies.org/ojs/index.php/kes/article/view/29/53).

Patentrecht durch eine *Semi-Permeabilität*[40] für Anmelderinteressen aus, es ist daher selektiv durchlässig, während andere Interessen und Präferenzen blockiert werden.[41]

Insbesondere sind hier die Interessen und Präferenzen der Großindustrie, die eine sehr große Gruppe der Anmelderschaft ausmacht, zu berücksichtigen. Um die quantitativen und damit verbunden auch qualitativen Verhältnisse in der Anmelderschaft aufzuzeigen, sollen hierzu einige Zahlen angegeben werden: Die Hauptanmelder von Patenten sind große, transnationale Unternehmen (vgl. Moir 2008) wie Philips, Samsung, BASF oder auch IBM, von denen im Jahr 2007 die ersten 25 Unternehmen auf der Rangliste des Europäischen Patentamtes jeweils zwischen 3222 und 522 Patentanmeldungen verzeichneten. Die Zahlen der tatsächlich erteilten Patente fallen zwar geringer aus – hier schwankten 2007 die Raten der 25 Ranglistenführer zwischen 835 (Siemens) und 225 (NEC) Patenten (EPO 2007c: 21). Dennoch bleibt bemerkenswert, dass damit auf einzelne transnationale Unternehmen mehr erteilte Patente entfallen, als viele europäische Staaten auf sich vereinen können. So verzeichneten Österreich 518, Belgien 524, Dänemark 419 und Spanien 331 beim EPA erteilte Patente, ganz zu schweigen von den süd- und osteuropäischen Staaten, welche weniger als 50 beim EPA erteilte Patente im Jahr 2007 aufweisen, wie etwa Portugal (22), Griechenland (15), Ungarn (35), Polen (27) oder die Türkei (39).[42]

Die Interessen der Industrie, insbesondere von großen Firmen, werden jedoch im Patentsystem in der Regel nicht als *partikulare* perzipiert, welche durch andere, plurale oder entgegenstehende Interessen in einer Art Kräfteparallelogramm ausgeglichen werden müssten.[43]

Diese Überlegung möchte ich anhand der Patentanwälte veranschaulichen: Sie agieren im Interesse ihrer Klienten, so wie Rechtsanwälte im Interesse ihrer Mandanten handeln. Dies zählt zu den Spielregeln der juristischen Profession. Dabei befinden sich Patentanmelder zueinander in Konkurrenz und entfalten damit ein gewisses wechselseitiges Begrenzungspotential (*checks and balances*). Um es in einem Bild zu fassen: Die durch Patentanwälte repräsentierten Patent-

40 Mit Semi-Permeabilität bezeichnet man in der Biologie die Diffusionseigenschaft von substanziellen oder physikalischen Grenzflächen (in der Regel Membranen), halbdurchlässig oder teilweise durchlässig zu sein, das heißt, nur bestimmte Moleküle durchzulassen.

41 Für die Entwicklung des Begriffs der Semi-Permeabilität des Patentrechts danke ich Egil Kallerud. Er selbst spricht von einer »›asymmetrical permeability‹ of patent law/policy to outside pressures: while it is very responsive to ›extra-legal‹ industrial interests, it is defiantly resilient to other (ethical, social/distributional etc) concerns« (schriftliche Mitteilung vom 29.2.2008).

42 Zahlen laut EPA Jahresbericht 2007, S. 72.

43 Vielmehr wird eine Identität zwischen den Industrie- bzw. Erfinderinteressen und jenen der Gesellschaft – an sozialer Wohlfahrt, technischem Fortschritt und wirtschaftlicher Prosperität – angenommen. Diese Prämisse wurde bereits in den Axiomen und Glaubenssätzen der Patent-Community analysiert und hervorgehoben.

anmelder schreiten als Gruppe in einem neuen Technologiefeld voran und werden von anderen Anmeldern darin begrenzt, nicht zuviel Raum im Feld einzunehmen. Dieses Kontrollelement bezieht sich jedoch gewissermaßen nur auf die »Breite« der patentrechtlichen Ansprüche. Woran es allerdings systemimmanent fehlt, sind – institutionalisierte – Gegenkräfte, also Akteure, welche sich »gegen« dieses Voranschreiten stellen oder dieses Voranschreiten in eine andere Richtung leiten könnten. Oder, um noch einmal zum vorab bemühten Vergleich zwischen Patentanwälten und Strafverteidigern zurückzukehren: Im Patentrecht ist im Gegensatz zum Strafrecht die Position des Staatsanwalts unbesetzt, sie existiert schlichtweg nicht.[44] Deshalb kommen im Patentsystem vor allem gleichgerichtete Interessen zum Zuge, es handelt sich daher in erster Linie um anmeldergetriebenes Recht.

Nicht in der Patent-Community vertreten sind beispielsweise Innovatoren, die es »anders machen«, also ohne Patentschutz innovieren, sowie Betroffene, die die sozialen Kosten von patentgestützter Innovation zu tragen haben (vgl. Kap. I.C). Die Durchsetzungschancen für entsprechende Präferenzen, gewissermaßen »patentfreie Zonen« der Wissens- und Innovationsgenerierung einzurichten, sind deshalb, wie intime Kenner des Politikfelds festhalten, gering und entsprechende Initiativen bleiben auf die Politik verwiesen:

»Those who believe the patent system should exclude any categories of human innovation from its reach have little hope of prevailing in the courts, even if they get sued for patent infringement, but must make their case before Congress« (Eisenberg 2006: 355).

Diese für die USA getroffene Feststellung ist wohl auch für Europa weitgehend gültig. Es ist daher kein Zufall, dass solche »Gegenkräfte« oder »Lenkungsakteure«, die eine differente Orientierung für die Evolution des Patentrechts als

---

44 Auf diese These der fehlenden Staatsanwaltposition im Patentrecht erntete ich kräftigen Widerspruch von einigen Patentprüfern. Sie argumentieren, dass sie ihre Aufgabe sehr wohl im Allgemeininteresse ausübten und dass es schließlich den Grundsatz der Amtsermittlung gäbe und das Patentamt auch »von Amts wegen« (Art. 114 EPÜ) Einwände vorbringen könne, sowohl in der Prüfung wie auch im Einspruchsverfahren. Gleichzeitig berichteten mir dieselben Prüfer, dass sie die Anmelder aktiv bei der Formulierung von Patentansprüchen unterstützen, von Vorgaben des mittleren Managements, man dürfe die Anmelder nicht verprellen, oder schilderten Kollegen, die nach dem Motto handelten, »ein bißchen was geht immer«, also nie eine Anmeldung grundsätzlich zurückweisen würden. Ich halte dies für widersprüchlich, ohne Prüfern ihr Berufsethos und ihre Überzeugung, im Allgemeininteresse zu handeln, absprechen zu wollen. Meines Erachtens erfolgt hier eine Rollenkollusion, wohingegen ich eine stärkere Rollentrennung für angezeigt halte. Es hat m.E. schon gute Gründe, warum im Strafrecht die Rollen von Verteidiger, Staatsanwalt und Richter streng getrennt sind und das Patentrecht sollte sich daran ein Beispiel nehmen. Sonst besteht die Gefahr eines Schwankens zwischen Selbstüberschätzung – der Prüfer könne Anmelderinteresse und Allgemeininteresse klar abwägen – und Selbstunterschätzung, wobei beklagt wird, dass Prüfer nichts ausrichten könnten gegenüber aggressiv vorgehenden Patentanwälten und ihnen die Hände ohnehin durch die gerichtliche Rechtsauslegung gebunden seien.

Politikfeld einzuleiten suchten, im hier untersuchten Politikprozess erst aus der Zivilgesellschaft heraus, mit der Herausbildung advokatorischer Public-Interest-Organisationen zustande kamen,[45] denn die epistemische Gemeinschaft des Patentrechts hat sich anderen Präferenzen nach Schutzrechtsbeschränkung oder Patentfreihaltung, die aus ökonomischen, sozialen oder ethisch-normativen Gründen geltend gemacht werden können, weitestgehend verschlossen.

Zur Eingangsfrage, *wie* die Governance des Patentrechts durch seine epistemische Gemeinschaft gesteuert wird, lässt sich damit zusammenfassen, dass diese in erster Linie horizontal statt legislativ verläuft, im Sinne von Wissenschaft und Industrie eine autoritative Neuinterpretation des Patentrechts entwickelt wird, die sich entpolitisiert vollzieht, in hohem Maße technik- und innovationsgläubig ist und den Eindruck einer hermetischen Abgeschlossenheit erweckt, jedoch sowohl mit Eigeninteressen verbunden ist als sich auch durch eine Semi-Permeabilität für starke Anmelderinteressen auszeichnet. An all den hier ausgeführten Kritiken zeigt sich, dass es wichtig ist, die sozialen Aushandlungsprozesse, die von dieser epistemischen Gemeinschaft vollbracht werden, ihre Semi-Permeabilität für bestimmte Präferenzen sowie die von den Anmeldern über die Patentanwaltschaft zur Geltung gebrachten Partikularinteressen bei der Analyse der Patent-Governance in Rechnung zu stellen.

8. Zusammenfassung

In diesem Kapitel wurde aufgezeigt, dass das Patentrecht als ein konstitutiv juridifiziertes soziales Verhältnis zu begreifen ist. Historisch hat sich das deutsche und europäische Patentrecht im Privatrecht angesiedelt und damit dessen individualrechtliche Prämissen und marktfreisetzenden Handlungsmaxime als Abwehr gegen staatliche Intervention und öffentlich-rechtliche Eingriffe als Vermächtnis angetreten.

Um die Akteure im Feld des Patentrechts in ihren für die Governance wichtigen Funktionen beschreiben zu können, wurde das Konzept der epistemischen Gemeinschaft von Haas vorgestellt, wobei die Anwendung dieses Konzepts folgende Ergebnisse erbracht hat:

---

45 Zudem – dies ist jedoch ein anderer, davon zu trennender kausaler Erklärungsansatz – ist darauf hinzuweisen, dass entgegenstehende Interessen im Patentsystem kaum repräsentiert sind (Hutter 1989; Schneider 2006b). An anderer Stelle habe ich dazu ausgeführt, dass diese *pre-grant* vor allem aus Gründen der Temporalität kaum repräsentier*bar* – (vgl. Schneider 2008) sind und allenfalls *post-grant* (vgl. Godt 2008) in die Regulation des Patentsystems eingehen können.

Die epistemische Gemeinschaft des Patentrechts besteht vor allem aus Patentjuristen sowie aus Naturwissenschaftlern und Technikern mit patentjuristischer Zusatzqualifikation. Die Beschränkung auf diese beiden Gruppen von einerseits Technikern und Naturwissenschaftlern und andererseits spezialisierten Juristen bildet ein Charakteristikum des Patentsystems. Sie hat ein spezifisches, hochkomplexes Expertenwissen herausgebildet, das oft zusätzlich nach Branchen und technischen Spezialzweigen segregiert ist, und eine eigene Patentrechtsdogmatik entfaltet, welche anderen Juristen, selbst Zivilrechtlern, oft verschlossen bleibt und ihr damit eine Auslegungshoheit verschafft. Sie hütet ihr Deutungsmonopol und übt als »hermetisch abgeschlossene« Community eine Gatekeeping-Funktion gegenüber anderen Disziplinen und Stakeholders aus. Diese scheinbare Hermetik sollte allerdings nicht dazu verleiten, das Patentsystem allein als eine Sache von Technikern und Juristen misszuverstehen. Vielmehr ist die patentrechtliche epistemische Gemeinschaft semi-permeabel insbesondere für starke Anmelderinteressen, während sie sich gegenüber anders gelagerten Präferenzen nach Patentschutzfreihaltung oder -beschränkung weitgehend undurchlässig zeigt.

Die kognitiv-normative Verfasstheit der patentrechtlichen epistemischen Gemeinschaft lässt sich als szientistisch und technokratisch charakterisieren. Sie beruht auf einigen Axiomen, welche von einer Wertneutralität, Einheitlichkeit und Innovationsfreundlichkeit des Patentrechts ausgehen und eine positive Korrelation zwischen der Stärkung von Patentrechten und der Innovationsfähigkeit behaupten. Als normativ und hierarchisch strukturierte, rechtliche epistemische Gemeinschaft ist sie politisch institutionalisiert.

Die epistemische Gemeinschaft, die als juristisch-technische Expertenkultur das Patentrecht verwaltet, sorgt dafür, dass die Governance des Patentrechts in hohem Maße einer Selbstregulierung zwischen Anmeldern, Patentämtern und Gerichten überlassen bleibt.

Darüber hinaus hat die epistemische Gemeinschaft mehrere bedeutsame Governance-Funktionen. Sie trägt erstens zur »weichen« supranationalen Harmonisierung des Patentrechts bei. Sie treibt zweitens Inhalt und Richtung der Evolution des Patentsystems durch Rechtsauslegung und Rechtspraxis vorwärts und überwindet dabei gegebenenfalls immanente Grenzen des gesetzten Patentrechts durch neue Aushandlungs- und Interpretationsprozesse. Patentjuristen haben somit zum einen ausführende Funktionen für das politische System, zum anderen weisen sie eigene, dem Regierungssystem teilweise als *checks and balances* gegenüberstehende Governance-Funktionen auf und sie vollbringen darüber hinaus durch ihre juristische Praxis implizit politische Steuerungsleistungen, indem sie durch spezifische Rechtsinterpretationen die Evolution des Patentrechts lenken. Die epistemische Gemeinschaft des Patentrechts hat darüber hinaus bisweilen eine *Agenda-Setting*-Funktion für gesetzgeberische Akte.

Es bleibt in der Bewertung umstritten, ob die epistemische Gemeinschaft des Patentrechts im Gemeinwohlinteresse und uneigennützig zugunsten des technischen und ökonomischen Fortschritts agiert, wie sie sich selbst beschreibt, oder ob sie auch eigennützige Interessen verficht. Zu diesen Eigeninteressen lassen sich die Bestandswahrung des Patentsystems, die Durchsetzung der Patentspielregel sowie die Interessen der Patentanmelder als ihrer Klientel zählen.

Das Agieren der Patent-Community hat entpolitisierenden Charakter insofern, als sie rechtliche Auslegung und soziale Aushandlungsprozesse, insbesondere zwischen Patentanmeldern, Patentämtern und Gerichten, als juristisch-technische maskiert, damit Interessenkonstellationen (cui bono – wem nützt die Überwindung oder Verschiebung immanenter patentrechtlicher Grenzen?) latent hält und die Kontingenz von Gestaltungsoptionen zugunsten einer scheinbaren Eindeutigkeit und einer juristisch zwingenden Logik verdeckt.

Ob und wieweit sich durch entsprechende konfliktreiche Politikprozesse in neuen Arenen und Foren, wie etwa Gesetzgebungsverfahren, Veränderungen in der Zusammensetzung und inhaltlichen Ausrichtung der epistemischen Gemeinschaft ergeben, ist eine Fragestellung, der in der empirischen Untersuchung weiter nachgegangen werden soll.

F Die Vorgeschichte der Biotechnologie-Patent-Governance in Europa: Grenzziehungen im Patentrecht und ihre Erosion durch Ämter und Gerichte

Much of the time, law is settled and plain. But life turns up new problems, and lawyers, officials, and citizens debate the meaning of terms that seemed clear years or even months before. For in the end laws are just words on a page – words that are sometimes malleable, opaque, as dependent on context and trust as they are in a story or poem or promise to someone, words whose meanings are subject to erosion, sometimes collapsing in the blink of an eye.
(Obama 2006: 77)

Today, it is not clear whether the patent system has any subject matter boundaries at all.
(Eisenberg 2006: 357)

Der Gegenstand des Patentrechts – technische Innovation – ist ein genuin dynamischer. Daher erscheint es zwingend, dass sich das Patentrecht gegenüber Neuentwicklungen auf allen Gebieten der Technik flexibel zeigt. Diese Flexibilität mag auch ein Grund dafür sein, dass sich die Rechtsfortbildung im Patentrecht vorwiegend über die Erteilungspraxis der Patentämter und die Spruchpraxis von amtseigenen Beschwerdekammern und von Gerichten vollzieht. Diese Rechtsfortbildung verdient jedoch genauere empirische und analytische Betrachtung sowohl als Governance-Modus als auch hinsichtlich seiner Wirkungen auf die Richtung, die das Patentsystem in den vergangenen beiden Jahrzehnten eingeschlagen hat.

In diesem Kapitel geht es zunächst um die Vorgeschichte der EU- Biopatent-Richtlinie: Wie kam es überhaupt dazu, dass »biologisches Material« zum Gegenstand des Patentrechts wurde? Diese Frage beantworte ich, indem ich aus den einschlägigen Gerichtsurteilen und weiteren Dokumenten rekonstruiere, wie »lebende Materie« zu einer *subject matter* des Patentrechts werden konnte. Einen besonderen Schwerpunkt meiner Darstellung bildet die Genese der Rechtsfigur des absoluten Stoffschutzes, da dieser bei der Verabschiedung der EU-Biopatentrichtlinie und insbesondere in der deutschen Umsetzungskontroverse eine herausragende Rolle spielte.

Gleichzeitig beschreibe ich empirisch-analytisch diese Entwicklung als Verlust von Grenzziehungen im Patentrecht und damit von Unterscheidungen hinsichtlich der Patentfähigkeit (*patent eligibility*) auf Tatbestandsebene und des Umfangs des Patentschutzes (Schutzbereich). Dem liegt die These zugrunde, dass die im Patentrecht immanent vorhandenen Grenzen, die in Artikeln des Europäischen Patentübereinkommens niedergelegt sind, im Verlauf der historischen Entwicklung nach dem Zweiten Weltkrieg ausgehöhlt wurden. Ich untersuche, wie Unterscheidungskategorien und Grenzen, die konstitutiv für das Patentrecht sind, durch gerichtliche Entscheidungen und die Auslegungspraxis der Patentrechtsdisziplin im Lauf der Zeit erodiert sind. Der Glaube, die neuen Biotechnologien könnten und würden nur florieren, wenn diese Substanzen als »Stoffe« patentrechtlich geschützt würden und zwar in einem breiten Umfang, war maßgeblich dafür, dass gewisse immanente Grenzen überwunden wurden. Dies geschah, wie im Verlauf dieses Kapitels deutlich wird, neben Entscheidungen in der Patenterteilungspraxis selbst in erster Linie durch entsprechende gerichtliche Beschlüsse und Urteile, mithin also durch die Jurisdiktion, kaum aber durch legislative Akte. Damit wird deutlich, wie bereits an anderer Stelle angedeutet (vgl. Kap I. E), dass die Governance des Patentrechts sich vor allem durch das Handeln der Anmelder, welche die Patentämter vermittels der Patentanwälte in eine bestimmte Richtung drängen, die damit korrespondierende Prüfungs- und Erteilungspraxis der Patentämter, sowie – und hierin liegt nun ein Schwerpunkt meiner Analyse in diesem Kapitel – durch gerichtliches oder quasi-gerichtliches (Beschwerdekammern des Europäischen Patentamtes) Case Law vollzieht. Es handelt sich also um Rechtsfortbildung durch Richterrecht.

Bei meiner Darstellung beziehe ich mich vor allem auf das europäische Patentrecht sowie die Spruchpraxis deutscher Patentgerichte und ziehe vergleichend die weitgehend parallele Entwicklung in den USA heran. Ein Teil meiner Ausführungen bezieht sich auf das Patentrecht generell, ich fokussiere allerdings bei der Heranziehung von maßgeblichen gerichtlichen Urteilen vor allem auf die Situation in der Biotechnologie, insbesondere in der humanmedizinischen Anwendung. Nach einem Abriss der Grenzverschiebungen und Grenzverluste beschäftige ich mich damit, welchen Einfluss diese auf das Verhalten der Patentanmelder und die Patentierungspraxis in der Gentechnologie hatte.

Abschließend soll die Frage gestellt werden, wie die Diagnose der Grenzverluste bewertet werden kann. Hierzu hebe ich insbesondere die gesellschaftliche und ökonomische Bedeutung von Grenzen und Unterscheidungskriterien im Patentrecht hervor.

1. Grenzen der Patentierbarkeit im EPÜ

Alle Patentgesetze kennen Außengrenzen des Patentfähigen und Patentwürdigen. Die diesbezüglichen generalklauselhaften Vorschriften werden – neben der Patenterteilungspraxis der Patentämter – in maßgeblicher Weise von Gerichten und von der Auslegung durch die Patentrechtsdisziplin konkretisiert und damit in ihrer Anwendung gesteuert. Diese Begrenzungs-Regeln und ihre Fortbildung durch Richterrecht sind daher als eigenständige Regulationsinstrumente, welche die Governance des Patentrechts und der Technologieentwicklung mitbestimmen, anzusehen.

Die wichtigste Regel[1] des materiellen europäischen Patentrechts für die Patentfähigkeit (*patent eligibility*) und ihre Grenzen findet sich in Artikel 52 EPÜ, welcher lautet[2]:

»Artikel 52: Patentfähige Erfindungen

(1) Europäische Patente werden für Erfindungen erteilt, die neu sind, auf einer erfinderischen Tätigkeit beruhen und gewerblich anwendbar sind.

(2) Als Erfindungen im Sinn des Absatzes 1 werden insbesondere nicht angesehen:

a) Entdeckungen sowie wissenschaftliche Theorien und mathematische Methoden;

b) ästhetische Formschöpfungen;

c) Pläne, Regeln und Verfahren für gedankliche Tätigkeiten, für Spiele oder für geschäftliche Tätigkeiten sowie Programme für Datenverarbeitungsanlagen;

d) die Wiedergabe von Informationen.

(3) Absatz 2 steht der Patentfähigkeit der in dieser Vorschrift genannten Gegenstände oder Tätigkeiten nur insoweit entgegen, als sich die europäische Patentanmeldung oder das europäische Patent auf die genannten Gegenstände oder Tätigkeiten als solche bezieht.«

Die Liste dieser unter Art 52 (2) genannten nicht schutzfähigen Gegenstände wird als nicht abschließender Katalog betrachtet. Im Folgenden gehe ich auf einige dieser Bestimmungen näher ein.[3]

2. Die Grenze zwischen Entdeckung und Erfindung

Eine erste Grenze der Patentfähigkeit liegt nach Art. 52 (2) (a) in der Unterscheidung zwischen Entdeckung und Erfindung[4], die ein konstitutives Merkmal

1 Auf die Ordre Public Klausel in Art. 53 (a) EPÜ beziehe ich mich in einem späteren Teil dieses Kapitels. Weitere Grenzen, wie Art. 53 (b) EPÜ, wonach unter die Ausnahmeregelung Pflanzensorten oder Tierarten sowie im Wesentlichen biologische Verfahren zur Züchtung von Pflanzen oder Tieren fallen, sowie die Grenzen hinsichtlich Zweck und Dauer des erteilten Rechts können hier nicht behandelt werden.

2 Deren Hauptsätze sind in den ersten beiden Absätzen niedergelegt. Auf Absatz 4 gehe ich später ein.

3 Für eine detaillierte Analyse aller von der Patentfähigkeit ausgeschlossenen Gegenstände siehe: Nack 2002.

des europäischen Patentrechts bildet.[5] Gleichwohl gibt es weder im europäischen Patentrecht noch in den nationalen Gesetzen oder in Konventionen eine positive Legaldefinition des Erfindungsbegriffs (Melullis in Benkard 2002: 297; Kresbach 1994: 55). In den einschlägigen Rechtskommentaren finden sich Umschreibungen, wonach eine Erfindung das Ergebnis einer geistigen Schöpfung sei, während eine Entdeckung nur Vorfindliches aufdecke.[6] Die Entdeckung bereichere das Wissen, die Erfindung aber das menschliche Können (Melullis in Benkard 2002: 346). Damit wird auf die Anwendungsfähigkeit einer Erkenntnis abgehoben.

Zur Begründung von Grenzen des Patentschutzes findet sich in juristischen Lehrwerken nur wenig Erhellendes. Gegen die zeitweilige Monopolisierung einer Entdeckung wird eingewandt, dass damit etwas bereits Vorhandenes dem allgemeinen Gebrauch vorenthalten würde; da dies jedoch ohne die Leistung eines Entdeckers nicht oder erst später möglich geworden wäre, bedürfe es eines weiteren Arguments gegen die Patentierung einer Entdeckung: Entscheidend sei die Gefahr einer zu breiten, entwicklungshemmenden Schutzwirkung (Kraßer 2004: 122; Straus 1992: 21).

Eine Konkretisierung und letztlich Substitution des Erfindungsbegriffs wird über den Begriff der *Technizität* vorgenommen, der aber wiederum selbst unscharf bleibt. Demnach soll eine Erfindung eine Lehre über die zweckgerichtete

---

4 Diese Unterscheidung zwischen Erfindung und Entdeckung im deutschen und europäischen Patentrecht geht in ihrer theoretischen Fassung wesentlich auf Joseph Kohler (1900) zurück. Dieser schrieb zur Abgrenzung: »*Die Erfindung ist eine Schöpfung, ein geschaffenes, sie ist nicht ein bloss Entdecktes, ein bloss Erkanntes.* […] Daraus ergibt sich von selbst, dass alle *theoretischen Principien der Wissenschaft* als solche dem Patentwesen entzogen sind, denn sie sind jedenfalls blosse Entdeckungen, sie sind niemals Erfindungen. Entdeckung ist es namentlich auch, wenn die *Eigenschaften von Stoffen*, von anorganischen und organischen Wesen *enthüllt* werden, ebenso die Eigenschaften von Kräften und der Verlauf von Krafterscheinungen« (Kohler 1900: 89 und 90, Hervorhebungen im Original). Mit letzterer Grenzziehung blieb Kohler dem deutschen Stoffschutzverbot von 1877 treu.

5 Im US-Patentrecht werden die Begriffe »invention or discovery« weitgehend synomym verwendet (Straus 1992: 21). Dies geht bereits auf die entsprechende Formulierung in der US-Verfassung zurück: »Congress shall have power (…) To promote the progress of science and useful arts, by securing for limited times to authors and inventors the exclusive right to their respective writings and discoveries« (Art. I, section 8, U.S. Constitution). Gleichwohl kennt auch das US-Patentrecht die relevanten Unterscheidungen: »while a patentable invention is a mental achievement, for an idea to be patentable it must have first taken physical form. Despite the fact that the Constitution uses the term ›discovery‹ rather than ›invention‹, a patent may not be issued for the discovery of a hitherto unknown phenomenon of nature. ›If there is to be invention from such a discovery, it must come from the application of the law of nature to a new and useful end.‹« (Clause 8, Annotations 1339–1341, http://caselaw.lp.findlaw.com/data/constitution/article01/39.html).

6 Entdeckung sei »die Auffindung oder Erkenntnis bisher unbekannter, aber objektiv in der Natur schon vorhandener Gesetzmäßigkeiten, Wirkungszusammenhänge, Eigenschaften oder Erscheinungen (Straus 1992: 21).

Lösung eines technischen Problems, eine Regel zum technischen Handeln enthalten. In Bezug auf die Beschränkung des Patentschutzes auf bestimmte technische Gebiete gegenüber andersartigen geistigen Leistungen sprechen Patentliteratur und Rechtsprechung vom notwendig offenen, dynamischen Charakter des Technikbegriffs (Keukenschrijver in Busse 2003: 44f).

Die Abgrenzung von »Regeln und Verfahren für gedankliche Tätigkeiten« (Art. 52 (2) c EPÜ) bezieht sich darauf, dass eine Erfindung eine »Lehre« sein soll, die von einem anderen wiederholt und ausgeführt werden kann. Diese Lehre soll auf ein konkretes Problem bezogen sein und dieses in technischer Weise (sog. Aufgabe-Lösungs-Ansatz) bewältigen. Damit soll eine Abgrenzung zwischen reiner Grundlagenforschung und angewandter Erkenntnis vorgenommen werden. Diese kann jedoch durch die Beschränkung in Artikel 52 (3) EPÜ auf Entdeckungen und gedankliche Tätigkeiten *als solche* unterlaufen werden: Sobald eine Anwendungsmöglichkeit genannt wird, kann diese als Lehre zum technischen Handeln patentiert werden (Keukenschrijver in Busse 2003: 51, Melullis in Benkard 2002: 345). Wissenschaftliche Theorien sind als »reine Erkenntnis« nicht patentfähig, eine patentfähige Erfindung kann aber vorliegen, wenn »ein bisher nur zufällig und unbewusst erreichter Erfolg auf Grund der Erkenntnis einer Gesetzmäßigkeit bewusst und planmäßig erreicht werden kann« (Keukenschrijver in Busse 2003: 53).

Sowohl in der Lehre wie in der Rechtsprechung des europäischen Patentrechts ist die Abgrenzung des Erfindungsbegriffs von der Entdeckung als Patentierungsgrenze weitgehend irrelevant geworden (Nack 2002; Moufang 1988: 170). Ralph Nack, der seine juristische Habilitationsschrift den Grenzen des Patentrechts gewidmet hat, konstatiert, »dass die meisten Patentierungsverbote zunächst eine *große* Reichweite hatten und später wieder *beschränkt* worden sind. Einige Patentierungsverbote sind heute völlig bedeutungslos« (2002: 306, Hervorhebungen im Original). Sowohl in den USA wie in Europa habe sich in jüngster Zeit die Tendenz ergeben, dass überhaupt keine äußeren Grenzen der Patentierbarkeit mehr bestünden (2002: 304). Diese Tendenz wird von Nack als folgerichtig befürwortet, denn das Patentrecht müsse für alle zukünftigen, unvorhergesehenen Entwicklungen der Technik offen sein. Pointiert weist Nack darauf hin, dass gesetzliche Patentierungsverbote hinfällig seien. »Dies zeigt insgesamt, dass der Erfindungsbegriff kein mystischer, unersetzlicher Begriff des Patentrechts, sondern eine *pure Zweckschöpfung* ist: Er hat die Funktion, als ein begriffliches Vehikel für die flexible und an bestimmten Leitlinien orientierte Definition des Kreises der patentierbaren Gegenstände zu dienen. Die Patentierungsverbote wiederum haben die *Funktion*, Anhaltspunkte für diese Grenzziehung zu bieten« (Nack 2002: 302, Hervorhebungen im Original). Die eigentliche inhaltliche Funktion des Erfindungsbegriffs läge darin, eine »Leistung auf dem Gebiet der Technik« zum Ausdruck zu bringen. Bei den Begriffen der Neuheit und der erfinderischen Tätigkeit gehe es um eine qualitative Funktion, nämlich darum, dass der Erfindungsgegenstand im Verhältnis zum Stand der Technik neu und nicht nahe liegend sei (Nack 2002: 318). Der Erfindungsbegriff sei jedoch, ähnlich wie das Kriterium der gewerblichen Anwendbarkeit »zu einem völlig funktionslosen Rechtsinstitut degradiert« (Nack 2002: 317). Nack lehnt daher letztlich konsequent alle inhaltlichen Begrenzungen der patentierbaren Gegenstände und damit Patentausschlüsse auf der Ebene der *subject matter* ab. Entsprechend fordert er vom Gesetzgeber unter anderem eine ersatzlose Streichung des Patentierungsverbots für Entdeckungen, ebenso wie des Patentausschlusses für gedankliche Tätigkeiten.[7] Im Sinne der geforderten Flexibilität und der Anpassungsfähigkeit an die Dynamik und Unvorhersehbarkeit von Technikentwicklung mag dies durchaus logisch kohärent erscheinen. Ob diese Öffnung allerdings ökonomisch und gesellschaftspolitisch sinnvoll und angemessen ist, ist eine andere Frage. Jedenfalls legt Nack durchaus in beeindruckend klarer Weise das Credo der Patentrechts-Community offen, dass sich nichts dem Patentschutz grundsätzlich entziehen dürfe. Die normative Funktion, auf welche die semantische Unterscheidung zwischen Erfindung und Entdeckung verweist, wird damit negiert. Auf diesen Punkt gehe ich im späteren Verlauf dieses Kapitels noch ein. Ich beschreibe im Folgenden die Abfolge von Entscheidungen, wodurch biologische Substanzen als »Stoffe« im Patentrecht patentfähig wurden.

3. Schutz von Stoffen versus Verfahrensschutz

In Deutschland galt durch das Reichspatentgesetz von 1877 ein Verbot der Patentierung von Nahrungs-, Genuss- und Arzneimitteln sowie von chemisch hergestellten Stoffen. Während für die erstgenannten Patentausschlüsse Überlegungen zur »Volkswohlfahrt« und zur »Volksgesundheit« (Preissteigerungen, Missbrauch) maßgeblich waren, lag der ausschlaggebende Grund für das deut-

7 Als neues Unterscheidungskriterium rekurriert Nack auf das von ihm entwickelte Konzept der »Wissenstradition«. Entscheidend für die Patentierbarkeit sei, dass die Leistung einen Bezug zum natur- und ingenieurwissenschaftlichen Bereich aufweisen und eine Weiterentwicklung des Wissens und Könnens aus den Bereichen darstellen müsse, die bisher bereits dem Patentschutz zugänglich waren (Nack 2002: 314). Dieses Kriterium bietet freilich keine äußere Grenze des Patentschutzes, sondern eröffnet letztlich alles »Technische« dem gewerblichen Rechtschutz. Des weiteren fordert Nack aufgrund der Systematik der Schutzgebiete, dass das Patentrecht nicht auf die vom Urheberrecht und Geschmacksmusterrecht erfassten Bereiche menschlichen Schaffens ausgedehnt werden dürfe. Grund für den Patentausschluss ist in diesem Fall keine inhaltlicher, sondern lediglich ein pragmatischer, nämlich eine Überschneidung von Schutzgebieten zu vermeiden.

sche Stoffschutzverbot in der Haltung der chemischen Industrie gegen eine Sperrwirkung des Patentschutzes für auf anderem Wege hergestellte chemische Stoffe (Kurz 2000: 375).[8]

Patentrechtlich schützbar waren damit nur Verfahren. Allerdings wurde bereits – eingeleitet durch die »Methylenblau«-Entscheidung des Reichsgerichts von 1888 – die Erstreckung des Verfahrensschutzes auf das unmittelbar hergestellte Erzeugnis gesetzlich 1891 ermöglicht (Fili 2002: 39; Kurz 2000: 409).[9]

Das deutsche Stoffschutzverbot wurde im Jahr 1968 vom Gesetzgeber aufgehoben, wobei diese legislative Änderung durch die Patentpraxis weitgehend vorgebahnt worden war. Es bleibt festzuhalten, dass diese grundlegende gesetzliche Reform des Patentrechts sich ohne Aussprache durch den Bundestag vollzog und in Form eines »Vorabgesetzes« auf Initiative industrieller Kreise rasch durch den parlamentarischen Prozess geschleust wurde. Dabei wurde diese neue materiellrechtliche Regelung in ein verfahrensrechtliches Gesetz eingefügt und schnell vom Rechtsausschuss »durchgewunken«. Begründet wurde das Gesetz nicht inhaltlich-argumentativ, sondern pragmatisch, mit der Überlastung der Patentämter und einer notwendigen Anpassung an das Straßburger Übereinkommen von 1963[10], das die uneingeschränkte Patentfähigkeit von chemisch hergestellten Stoffen vorsah (vgl. ausführlich: Hutter 1989: 151–157; Godt 2007: 108f). Damit zog die Bundesrepublik im Jahr 1968 mit anderen europäischen Staaten und den USA gleich, die bereits seit längerem den Stoffschutz im Patentrecht kannten.[11]

Es bleibt mit einem kleinen Exkurs aber darauf hinzuweisen, dass der Stoffschutz in verschiedenen Ländern keineswegs einheitlich gehandhabt wurde. Der Stoffschutz bezog sich zunächst auf chemische Verbindungen und später auf pharmazeutische Wirkstoffe in Arzneimitteln. Das Vereinigte Königreich hatte

---

8 Das deutsche Stoffschutzverbot geht auf eine Petition der Deutschen Chemischen Gesellschaft an den Reichstag zurück, mit der »in letzter Minute« erfolgreich in den Gesetzgebungsprozess interveniert wurde. In dieser Petition vom 16.3.1877 heißt es: »Ein chemisches Product lässt sich auf verschiedenen Wegen und aus verschiedenen Materialien darstellen. Die Patentierung des Productes selbst [...] würde verhindern, dass später aufgefundene, verbesserte Verfahrensweisen im Interesse des Publicums und der Erfinder zur Ausführung gelangen« (zit. nach Kurz 2000. 375).

9 Dieser Erzeugnisschutz entspricht Artikel 64 (2) EPÜ.

10 Das »Übereinkommen zur Vereinheitlichung gewisser Begriffe des materiellen Rechts der Erfindungspatente«, kurz Straßburger Patentübereinkommen, ist ein Europaratsabkommen. Es wurde von der Bundesrepublik Deutschland am 27. November 1963 unterzeichnet. Die Zustimmung des Bundestags erfolgte in Artikel I des Gesetzes über internationale Patentübereinkommen (IntPatÜG) vom 21. Juni 1976 (BGBl. II S. 649). Das Übereinkommen trat mit Hinterlegung der achten Ratifikationsurkunde am 1. August 1980 in Kraft.

11 Der europäische Stoffschutz wird heute in der Regel aus Art.52(1) EPÜ (Erfindungsschutz) und aus Artikel 27(1) TRIPs abgeleitet, wonach Patente für Erfindungen auf allen Gebieten der Technik erhältlich sein müssen, sowohl für Erzeugnisse als auch für Verfahren. Ein Stoff wird demnach in der Rechtsdogmatik als »Erzeugnis« gefasst.

bereits seit 1623 ein entsprechendes Schutzsystem, der Stoffschutz wurde dort allerdings 1919 gesetzlich zum Schutz der einheimischen chemischen Industrie vor der deutschen Konkurrenz abgeschafft und erst 1949 wieder eingeführt (Grubb 1999: 18f). In Frankreich startete die Phase einer entsprechenden formalen Regulierung im Jahr 1791, zwischen 1844 und 1941 war der patentrechtliche Schutz von pharmazeutischen Stoffen jedoch kategorisch verboten; dieser Bann wurde 1941 bis 1946 gelockert. 1960 wurde ein spezielles Patent für Arzneimittel eingeführt, das 1968 dann vom vollen Patentschutz ersetzt wurde. In Italien hob eine verfassungsgerichtliche Entscheidung 1978 das Verbot auf Arzneimittelpatente auf, das bis dahin 120 Jahre in Kraft gewesen war (Schneider, D. 2008: 512). Auch in der Schweiz und in Schweden wurde der Stoffschutz für Arzneimittelwirkstoffe erst 1978 eingeführt. Japan führte Stoffpatente 1976 ein (Dutfield 2009), Spanien erst im Jahr 1992 (Schaaber 2005: 68, Grubb 1999: 24). Selbst dann, wenn der Stoffschutz auf Pharmazeutika rechtlich möglich war, konnte er in einer Reihe insbesondere südeuropäischer Länder nicht gerichtlich durchgesetzt werden. Thumm (2000: 106) vermerkt dies für Spanien bis 1996, Griechenland bis 1995, Portugal bis 1995 und Italien bis 1987. Offenbar gilt deshalb auch für Teile Europas, dass erst das TRIPs-Abkommen eine bindende Durchsetzung des Patentschutzes auf Stoffe, insbesondere Arzneimittel, herbeigeführt hat.

Der Stoffschutz bildet insofern einen Fremdkörper im Patentrecht, als mit ihm »nicht eine technische Handlungsanweisung, sondern das Ergebnis ihrer Umsetzung unter Schutz gestellt« wird (Melullis in Benkard 2002: 332). Er stellt für das Patentrecht weiterhin eine Herausforderung dar.[12] Ob Stoffe erfunden oder nur entdeckt werden können, bleibt umstritten. Hierzu wurde pointiert kritisch formuliert: »Es darf nicht vergessen werden: Zu keiner Zeit hat das Patentgesetz ›Stoffe‹ schützen wollen, nicht absolut und auch nicht zweckgerichtet: Patentschutz war und ist für Erfindungen vorgesehen« (van Raden/von Renesse 2002: 399).

Die Zulassung des Stoffschutzes im Patentrecht bildete eine wesentliche Voraussetzung für den biotechnischen und genetischen Patentschutz. Stoff- und Erzeugnispatente sind nicht auf ein Endprodukt beschränkt, sondern können auch Zwischen- oder Ausgangsprodukte umfassen (Melullis in Benkard 2002: 332). Die Rechtsprechung zum Stoffschutz (Naturstoffe; absoluter Schutzumfang) war wesentlich für den Verlust weiterer Abgrenzungen im Patentrecht, auf diese wird später eingegangen.

12 Siehe dazu beispielsweise den Aufsatz des damaligen Leiters der Biotechnologie-Abteilung des Deutschen Patent- und Markenamtes (DPMA) Dieter Schneider zu den heutigen Problemen bei der Patentierung von Arzneimittelwirkstoffen und bei der Handhabung der zweiten medizinischen Indikation (Schneider 2008: 525), vgl. außerdem Schneider/Walter 2007, in dem diese einen gebietsgebundenen und damit gewissermaßen »teilabsoluten« Stoffschutz befürworten.

4. Belebte versus unbelebte Natur und Naturstoffe

Patentschutz diente ursprünglich dem Maschinenbau und der chemischen Industrie. »Die Erfindung ist also eine Menschenschöpfung, keine Naturschöpfung: was die Natur schafft, kann nicht erfunden werden« schrieb noch der Nestor des deutschen Patentrechts Joseph Kohler (1900: 84). Die Eröffnung des Patentschutzes für Gegenstände der belebten Natur wurde durch die Patentierbarkeit von Mikroorganismen, wie Hefen, Bakterien, Pilzen, sowie Viren eingeleitet.[13] Dabei handelte es sich jedoch zunächst um sporadische Patenterteilungen seitens von Patentämtern, keineswegs um eine systematische Patentierungspraxis.

In den USA stand der Patentierbarkeit von Naturstoffen lange Zeit die *products of nature* Doktrin entgegen, die 1889 durch die Ex parte Latimer Entscheidung kodifiziert wurde und eine wesentliche Patentierungsschranke bildete. Diese wurde jedoch erstmals aufgeweicht durch gerichtliche Entscheidungen im Jahr 1911, die Patente auf eine gereinigte Form von aus Drüsengewebe extrahiertem Adrenalin aufrechterhielten (Dutfield 2004: 2). 1924 wurden in den USA erstmals Patente auf Hormone von Säugetieren (Insulin), Vitamine (B12) und Impfstoffe erteilt (Robbins 2004). 1948 erhielt Merck ein Patent auf das Antibiotikum Streptomycin, das aus Bodenproben isoliert worden war; das Patent wurde 1958 gerichtlich aufrechterhalten. Entscheidende Kriterien für die Überwindung der Naturstoffdoktrin in den USA wurden die Elemente *isolation and purification*, wonach in der Natur vorfindliche Stoffe in eine patentierbare *composition of matter* oder *manufacture* verwandelt wurden, sofern die weiteren Patentierungsvoraussetzungen der Erfindungshöhe (*non-obviousness*) und gewerblichen Anwendbarkeit (*utility*) erfüllt waren (Demaine/Fellmeth 2003; Dutfield 2009; Robbins 2004).

Der entscheidende Durchbruch für die Patentierbarkeit von Mikroorganismen, die rasch auf alle biotechnologischen »Produkte« ausgeweitet wurde, bildete die *Diamond v. Chakrabarty*-Entscheidung des US-Supreme Court im Jahr 1980. Dabei wurde in einer 5:4 Mehrheits-Entscheidung genetisch veränderten

13 Dass es sich bei Hefen um lebendige Zellen handelt, wurde 1836 und 1837 unabhängig voneinander von einem französischen und deutschen Forscher entdeckt und nach beschreibender Anerkennung durch Pasteur 1858 akzeptiert. Hefen wurden 1833 in Belgien und 1843 in Finnland erstmals patentiert. 1873 erteilte das USPTO Pasteur ein Patent für »bazillenfreie Hefe als Herstellungsartikel« (Jacobs 2001: Fn 36 und Rn 68). 1922 erteilte das Reichspatentamt erstmals ein Patent auf einen Bazillus, den Tubercel-Bazillus (Godt 2007: 30). Diese frühen Beispiele für die Patentierung lebender Mikroorganismen wurden späterhin immer wieder herangezogen, um zu »beweisen«, dass das Patentrecht von jeher für den Bereich der belebten Natur offen stand. Dieser Bezug »hinkt« jedoch insofern, als erst durch die Entwicklung von bio- und gentechnologischen Verfahren auf industrieller Praxis ein »Bedarf« an Patentschutz im Bereich der lebenden Materie entstand.

ölfressenden Bakterien die Patentfähigkeit zuerkannt.[14] Der Oberste Gerichtshof bezog sich in seiner Entscheidungsbegründung auf Materialien des US Congress zur Patentrechtsreform aus dem Jahr 1952, wonach »alles unter der Sonne, was von Menschenhand gemacht wird«, patentfähig sei.[15] Nicht patentierbar seien Naturgesetze, physikalische Erscheinungen und abstrakte Ideen. Das neue Bakterium Chakrabartys sei jedoch kein Werk der Natur, sondern ein Produkt menschlichen Erfindungsgeistes. Die entscheidende Grenze verlaufe nicht zwischen lebenden und toten Gegenständen, sondern zwischen Naturprodukten (gleich, ob »lebend« oder »tot«) und »von Menschenhand gemachten« Erfindungen. Der Mikroorganismus sei ein Ergebnis des menschlichen Erfindungsgeistes und der Forschung (Moufang 1988: 122–124; Hutter 19879: 141–147; Kresbach 1994: 66–73). Entscheidender Kunstgriff bei dieser grundlegenden Umorientierung des Patentrechts war, dass der Gerichtshof dies nicht als »eigenmächtige« Entscheidung fasste, sondern diese gewissermaßen auf die »ursprüngliche Absicht« des US- Congress zurückverlegte, der, so das Gericht, bewusst eine weite Formulierung gewählt habe, da patentwürdige Erfindungen oft unvorhersehbar seien.[16] Sicherheits- und andere Bedenken zur Gentechnologie hingegen müssten an den Gesetzgeber gerichtet werden, nicht an die Judikative oder die Patentämter. Mit dieser Methode wurde das Patentrecht ein weiteres Mal vorgeblich vor gesellschaftspolitischen Erwägungen und Entschei-

---

14 Bei diesem Fall handelte es sich um genetisch veränderte, also keine natürlichen oder »naturidentischen« Bakterien. Der Streit um das US-Patentierungsverbot für Naturstoffe wonach »a new mineral discovered in the earth or a new plant found in the wild is not patentable subject matter« [because it is not] »a product of human ingenuity«, flammt in den USA regelmäßig wieder auf (Demaine/Fellmeth 2003). Aus Diamond v. Chakrabarty lässt sich also noch nicht direkt die Patentierung naturidentischer Stoffe und Mikroorganismen ableiten. Diese wiederum wurde in Europa mit der Biopatentrichtlinie 1998 festgeschrieben.

15 Diamond v. Chakrabarty 1980: 447 U.S. 303, S. 309, dabei zitierend: S. Rep. No. 1979, 82 Cong, Sd Sess., 5 (1952). Das vom Supreme Court herangezogene Zitat geht aus den *Committee Reports* des US-Kongresses zur Überarbeitung des US-Patentgesetzes von 1952 hervor. Im Original lautete allerdings das Zitat aus dem Gesetzgebungsmaterial: »Eine Person mag eine Maschine oder ein Erzeugnis, was alles einschließt, was unter der Sonne vom Menschen geschaffen ist, ›erfunden‹ haben, jedoch ist das nicht notwendigerweise nach § 101 patentierbar, solange nicht die (anderen) Erfordernisse des Titels erfüllt sind.« Naturstoffe seien jedoch nicht vom Menschen geschaffen. (Dt. Übersetzung zitiert nach Nack 2002: 143).

16 Hutter merkt zu dieser gängigen juristisch-narrativen Argumentationsfigur der historischen »Rückverlegung« von bahnbrechenden neuen Entscheidungen in »alte« Gesetzesmaterialien an, dies sei eine »Methode, bei der eine bekannte Geschichte mit einer neuen Interpretation erzählt wird. Die Betonung wurde verlagert von ›*exclusion from subject matter*‹ auf ›*unanticipated inventions*‹. Beide Interpretationen sind möglich, die Wahl hängt allein von der Wahrnehmung des Gerichts ab. Bei dieser Methode sind Argumente dann akzeptierbar, wenn sie sich auf die (fiktive) ›ursprüngliche Absicht‹ […] des US Congress – beziehen. Offenbar ist dieses ritualistische, archaisch anmutende Vorgehen notwendig, um soziale Destabilisierung zu vermeiden. Wenn Interpretationen nicht an ›ursprüngliche Absicht‹ geknüpft werden müssten, wäre jede zufällige Situation ein Grund zur Eliminierung von Gesetzen« (Hutter 1989: 144).

dungen immunisiert, mit dem Einbezug in die Patentierbarkeit jedoch eine grundsätzliche Richtungsentscheidung getroffen. Kritisch anzufragen wäre allerdings, ob diese nicht ebenfalls als Prärogative des aktuellen Gesetzgebers hätte behandelt werden sollen, statt dem Case Law des Supreme Court überlassen zu bleiben. Die in diesem Urteil vollzogene Aufspaltung, die eine Patentierbarkeit im Interesse der Innovationsförderung bejaht, eine Regulierung im Sinne einer Innovationsverantwortung jedoch nachlagernd an andere Instanzen delegiert, bleibt charakteristisch für das Patentrecht. Zweifelsohne stieß die Chakrabarty-Entscheidung »die Tür zur Patentierung lebender Organismen weit« auf und stellt »einen Meilenstein der Patentrechtsgeschichte« dar (Moufang 1988: 124). Wie Eisenberg feststellt, war diese Entscheidung wesentlich für eine breite Expansion des Patentrechts und eine enorme Ausdehnung der für patentfähig erachteten Materien:

»although the Court purported to address only a narrow issue of statutory interpretation concerning whether Chakrabarty's microorganism was eligible for patent protection, it ultimately embraced a very broad rule of patentability [...]. The result has been a stunning expansion in the kinds of innovations that are brought before the PTO, including new sports moves, games, cooking recipes, and even the technology of legal practice« (Eisenberg 2006: 355).

Im deutschen Patentrecht ging dieser Chakrabarty-Entscheidung jedoch bereits elf Jahre zuvor ein anderer Präzedenzfall voraus, der ebenfalls Rechtsgeschichte geschrieben hat. Dieser war die »*Rote Taube*« Entscheidung des BGH von 1969.[17] Dieser Präzedenzfall[18] war entscheidend für die Patentfähigkeit von lebenden Organismen und der in ihnen wirksamen biologischen Kräfte. Der Erfindungsbegriff wurde hierbei durch denjenigen der »technischen Lehre« substituiert. Der BGH erklärte, dass »nach heutiger Sicht auch biologische Verfahren für einen bestimmten Erfolg kausal und damit berechenbar sein können« und damit der Bereich der lebenden Natur dem Gebiet der Technik nicht entgegenstünde. Entscheidender und seither einschlägiger Leitsatz für die Patent-

17 Wie Bunke (2009) rechtshistorisch nachweist, hat »die rote Taube nie real existiert« (2009: 170) sondern diese Erfindung war frei erfunden, was auch dem X. Senat des BGH von Anfang an bekannt war, aber »niemanden gestört« (ebenda) hatte, denn der BGH wollte die Grundsatzentscheidung über die Patentfähigkeit lebender Materie ermöglicht haben.

18 Es ging bei der roten Taube um ein »Verfahren zur Züchtung einer Taube mit rotem Gefieder«, also lediglich um ein Verfahrenspatent, dessen letztliche Erteilung sogar am Kriterium der mangelnden »Wiederholbarkeit« scheiterte. Dennoch wurde darin die grundlegende Entscheidung nicht nur zur Tierzüchtung, sondern generell zur Patentierbarkeit der belebten Natur getroffen. Unter Berufung auf die »Rote Taube«-Entscheidung wurde später auch die grundsätzliche Patentierbarkeit von Pflanzenzüchtungen (»Usambara-Veilchen«, Bundespatentgericht 1973) und von mikrobiologischen Verfahren, die vermehrungsfähig sind und einen Erzeugnisanspruch auf das Produkt umfassten (»Bäckerhefe«, BGH 1975) anerkannt (vgl. Moufang 1988: 95–100).

rechtsdogmatik war, dass »eine gewerblich verwertbare neue, fortschrittliche und erfinderische Lehre zum planmäßigen Handeln unter Einsatz beherrschbarer Naturkräfte zur Erreichung eines kausal übersehbaren Erfolges« als patentierbar angesehen werden kann.[19]

Die Erwägungen des BGH wurden später »auch auf andere Erfindungsgegenstände aus dem Bereich der belebten Natur sinngemäß übertragen« (Kresbach 1994: 66). Unter Berufung auf diese Leitentscheidung des BGH wurde die Patentfähigkeit auf den gesamten Bereich der belebten Natur ausgedehnt. Zwar forderte der BGH noch die Wiederholbarkeit als qualitatives Merkmal der »Technizität«; dieses Kriterium wurde jedoch mit der »Tollwutvirus«-Entscheidung des BGH 1987 fallen gelassen.[20] Ebenso fiel mit dieser Entscheidung die bisherige Anforderung einer ermöglichenden Beschreibung; diese wurde durch die Hinterlegung ersetzt. Gleichzeitig wurde damit der Budapester Vertrag von 1977, der eine Hinterlegung von Mikroorganismen patentrechtlich ermöglichte und anerkannte, umgesetzt (Moufang 1988: 106–108).

Die Patentfähigkeit von *Naturstoffen* erfolgte in der Bundesrepublik durch die Patentrechtsprechung in der *Antamanid*-Entscheidung des Bundespatentgerichts von 1977, die als weiterer Meilenstein für eine Aufhebung bis dato geltender Grenzen anzusehen ist. Das Bundespatentgericht erklärte darin einen im grünen Knollenblätterpilz vorkommenden Stoff für patentierbar, da dieser vorher der Öffentlichkeit nicht zugänglich war und der Erfinder nicht nur die Existenz dieses Stoffs entdeckt, sondern auch eine technische Lehre zur Gewinnung dieser Substanz und deren gewerbliche Nutzbarkeit – nämlich die Anwendung als Gegengift gegen das Gift dieses Pilzes – offenbarte. Als entscheidendes Merkmal für die Patentfähigkeit wurde in dieser Entscheidung die *Isolierung* des Naturstoffes aus seiner natürlichen Umgebung bestimmt, womit nicht nur der Nachweis einer Entdeckung, sondern die Konversion in eine Erfindung konstituiert wurde, sofern natürlich vorkommende Stoffe isoliert, synthetisiert oder aufgereinigt werden.[21]

19 BGH Rote Taube, BGHZ 52: 79, in: GRUR (1969: 673), vgl. Kresbach (1994: 64).

20 Der BGH betonte man dürfe nicht von einem »überspannten« Erfordernis der beherrschbaren Naturkräfte ausgehen und formulierte, es sei »entsprechend dem Zweck des Patentschutzes, den technischen Fortschritt zu fördern und den Erfindergeist für das Gewerbe in nutzbringender Weise anzuregen, auch bei der Auslegung und Anwendung des Patentgesetzes praktischen Bedürfnissen stärker Rechnung zu tragen ist als theoretischen Überlegungen« (BGH – Tollwutvirus-Urteil 12.2.1987, GRUR Int. 1987, 357 (359), zit. nach Kresbach 1994: 76).

21 Antamanid, BPatGE 20, S. 81 ff, in: GRUR (1978: 238). Damit entschied das Bundespatentgericht analog zur US-Dogmatik der »*isolation and purification*« als maßgeblichen Kriterien für die Patentfähigkeit von Naturstoffen. Kritische Positionen halten der Analogiebildung zu DNA-Sequenzen entgegen, dass eine erhebliche Begriffsverwirrung dadurch entstehe, dass unter der »Isolierung eines Naturstoffs« auch die Isolierung von Gensequenzen subsumiert wird. Im Gegensatz zum Antanamid-Fall handele es sich hierbei immer um das Ergebnis einer komplexen Folge von biochemischen Reaktionen, bei denen das meiste der vorhandenen DNA-Se-

Seither gelten patentrechtlich in der Natur vorkommende Substanzen grunsätzlich als patentierbar. Das Europäische Patentamt schloss sich dieser Auffassung an (vgl. Straus 2000: 1062). Im EPA wurde der Stoffschutz für Naturstoffe über die Richtlinien für die Prüfung verankert:

»Das Auffinden eines Stoffes in der Natur ist ebenfalls eine bloße Entdeckung und folglich nicht patentierbar. Wenn der Stoff in der Natur aufgefunden und ein Verfahren für seine Gewinnung entwickelt wird, ist dieses Verfahren patentierbar. Wenn der Stoff entweder durch seine Struktur, durch das Verfahren, durch das er hergestellt wird, oder andere Parameter genau beschrieben werden kann und völlig ›neu‹ ist, d.h. sein Vorhandensein vorher nicht bekannt war, dann kann er als solcher ebenfalls patentierbar sein. Ein Beispiel für einen solchen Fall ist das Auffinden eines neuen, von einem Mikroorganismus erzeugten Stoffes« (EPA Richtlinien, Teil C, Kap. IV, 2.3. , zit. nach Kresbach 1994: 99).

Damit wird die von einer Stofferfindung zu lösende »Aufgabe« schon in der Bereitstellung eines in der Natur vorhandenen, bisher noch nicht beschriebenen Stoffes gesehen (Straus 1992: 22).

5. Der Umfang des Stoffschutzes: zweckgebunden oder absolut?

Ein weiterer, entscheidender Präzedenzfall für die Biotechnologie-Patentierung in Bezug auf den Umfang des Stoffschutzes stellt die »Imidazoline«-Entscheidung des Bundesgerichtshofs dar.[22] Die Rechtsprechung des BGH im Jahr 1972 im Fall Imidazoline machte deutlich, dass bei chemischen Stoffen der Patentschutz *absolut* ist, und damit alle Wirkungen, Zwecke und Brauchbarkeiten des Stoffes umfassen, auch wenn der Patentinhaber diese Verwendungsmöglichkeiten nicht erkannt hat (Köster 2002: 834).

Im Zeitraum zwischen der Aufhebung des deutschen Stoffschutzverbots 1968 und dieser Entscheidung von 1972 war offen, ob der Stoffschutz zweckgebunden oder »absolut« sein sollte, dies wurde in der Literatur unterschiedlich diskutiert (Geissler 1972). Mit der höchstrichterlichen Entscheidung des Bundesgerichtshofs wurde festgelegt, dass bei chemischen Stofferfindungen die erstmalige Bereitstellung bereits die Aufgabe und technische Lösung des Problems darstelle. Als erfinderische Tätigkeit wurde bereits das Erkennen von über-

quenz entfernt und verworfen wird und ganz gezielt nur eine kleiner Teil der DNA-Sequenz gewonnen werde. Diese Verfahren werden außerdem mit physikalischen Isolierungsschritten, wie etwa beim Antanamid, kombiniert. Solchermaßen isolierte Gensequenzen hätten aber vor der Erfindung nie als chemischer Stoff in der Natur existiert. Gensequenzen, die unter Patentschutz gestellt werden, seien deshalb keine Naturstoffe.

22 Beschluss des Bundesgerichtshofes vom 14.03.1972. Imidazoline – BGH, in: GRUR (1972: 541).

raschenden Eigenschaften und Wirkungen, die der neue Stoff gegenüber vergleichbaren bekannten Stoffen hat und die der Fachmann nicht erwarten kann, bewertet. Dies gilt sogar für den Fall, dass der Stoff an sich nahe liegend und das Verfahren sogar bekannt ist. Angaben zum technischen oder therapeutischen Effekt (Zweck) gehören nicht zum Gegenstand der Erfindung, sondern werden der gewerblichen Anwendbarkeit zugeordnet und sind vor allem für die Prüfung der erfinderischen Tätigkeit wichtig. Sie brauchen nicht bereits bei der Patentanmeldung vorgelegt, sondern können im Laufe des Prüfungsverfahrens nachgereicht werden. Die Anwendbarkeit ist beispielhaft darzulegen und schränkt den Umfang des Patentschutzes nicht ein. Vielmehr wird ein »absoluter Stoffschutz« in Bezug auf alle möglichen Verwendungen und Anwendungen des vom Erfinder bereitgestellten Stoffes erteilt[23], unabhängig von der ursprünglich offenbarten Zwecksetzung, selbst solche, die der Ersterfinder selbst nicht erkannt hat (vgl. Straus 2001b; Godt 2007: 38f).

Diese breite Umfangsbestimmung des Stoffschutzes bedeutet, dass ein weiteres begrenzendes Regulativ innerhalb des Patentrechts wegfiel: Dabei geht es nicht mehr um die Außengrenze des Patentfähigen, sondern um die Binnengrenzen der Patentierbarkeit in Bezug auf den Schutzumfang (*scope*). Mit der Patentrechtsdogmatik des »absoluten Stoffschutzes«, die auch auf die europäische Ebene des Patentrechts übertragen wurde, entfallen Regulationsmöglichkeiten, die sich auf das Verhältnis zwischen dem patentiertem Gegenstand (Tatbestandsebene) und dem Umfang, beziehungsweise auf die Steuerung des Umfangs von stoffgeschützten Patentansprüchen beziehen. Durch die Anerkennung des absoluten Stoffschutzes und seine analoge Anwendung auf den Bereich von Gensequenzen durch die Patentrechtsdisziplin und die Erteilungspraxis in den Patentämtern wurden zweckgebundene Umfangsbeschränkungen des Stoffschutzes nicht mehr als alternative Auslegungsoption in Betracht gezogen. Das Beharren auf der Geltung der absoluten Stoffschutzdogmatik für den Gentechnikbereich wurde von Patentrechtlern hartnäckig vertreten. Sie wurde als folgerichtig und alternativlos dargestellt und damit andere Optionen des Patentschutzes für biotechnologische Erfindungen (Vogel/Grunwald 1994) von vornherein ausgegrenzt.[24] Die Geltung des Stoffschutzes für Gensequenzen

23 Ein Anwendungsgebiet muss aber schon bei der Anmeldung offenbart sein, siehe BPatGE 17,192.

24 Es bleibt an dieser Stelle vorausschickend festzuhalten, dass an den Grundsätzen der Naturstoff-Rechtsprechung bei Erlass der EU-Biopatentrichtlinie 1998 festgehalten wurde (siehe Kap. II. A und II. C). Die Isolierungsdoktrin für Naturstoffe aus der Antamanid-Entscheidung ging als Ratio in die Formulierung von Artikel 5(2) der EU-Biopatentrichtlinie ein: »Ein isolierter Bestandteil des menschlichen Körpers oder ein auf andere Weise durch ein technisches Verfahren gewonnener Bestandteil, einschließlich der Sequenz oder Teilsequenz eines Gens, kann eine patentierbare Erfindung sein, selbst wenn der Aufbau dieses Bestandteils mit dem Aufbau eines natürlichen Bestandteils identisch ist.« Von einem absoluten Stoffschutz ist

und andere (human)biologische Substanzen vollzog sich daher nicht durch eigenes Case Law von Gerichten und Beschwerdekammern, sondern allein über die Erteilungspraxis der Patentämter.[25]

Zusammenfassend bliebt festzuhalten, dass insbesondere die Trias von gesetzlicher Zulassung des Stoffschutzes (1968), Naturstoff-Rechtsprechung (Antamanid, BPatG 1977) und absolutem Umfang des Stoffschutzes (Imidazoline, BGH 1972) dazu führte, dass biotechnologische »Produkte«, also biologische Substanzen als solche, patentfähig und in einem breiten Umfang schutzfähig wurden.

6. Die Herkunft als Unterscheidungskriterium? Menschliche und nicht-menschliche Stoffe

Der Tatbestand, dass zum Patent angemeldete Gensequenzen oder andere biologische Bestandteile aus dem menschlichen Körper stammen können, war für die Patentrechtsprofession ohne jegliche moralische Signifikanz und ihm wurde schon gar nicht eine patentrechtliche Bedeutung zugeschrieben. Dies ist unter anderem darauf zurückzuführen, dass andere Körperbestandteile und Stoffe, wie etwa Hormone, bereits seit Jahrzehnten patentiert worden waren. Die Patentämter erteilten ohne jegliches Zaudern Patente auf humane DNA-Sequenzen. Das Patentrecht als solches kennt keine Unterscheidung zwischen dem menschlichen Körper entnommenen und anderen (lebenden) Stoffen.

Erst der öffentliche Legitimationsdruck, der sich im Rahmen der Auseinandersetzung um die EU-Biopatentrichtlinie an dieser Frage entzündete, führte

in der Richtlinie selbst allerdings niemals ausdrücklich die Rede, auch nicht in den Erwägungsgründen. Die Geltung des absoluten Stoffschutzes wurde jedoch von der Patentrechtsdisziplin als unverrückbare Dogmatik voraus- und eingesetzt. Neu war allerdings dabei, dass Artikel 5(3) von der Patentrechtsdisziplin in erster Abwendung von der Imidazoline-Entscheidung dahingehend ausgelegt wurde, dass die gewerbliche Anwendbarkeit bereits bei der Anmeldung beizubringen sei und nicht erst später nachgereicht werden durfte. Die Abkehr vom »absoluten Stoffschutz« unter Bezugnahme auf Artikel 5(3) der EU-Richtlinie bedurfte, wie im empirischen Teil dieser Arbeit ausführlich dargestellt wird (Kap. II. B), mehrjähriger intensiver Beratungen im Deutschen Bundestag. Sie ging vom Parlament aus und bedurfte erheblicher Überzeugungskraft und großen politischen Drucks zu ihrer Durchsetzung.

25 Vielmehr bestand offenbar das Anmelderverhalten beim Europäischen Patentamt gerade darin, direkt auf Gene und andere humangenetische Substanzen bezogenes Case Law zu vermeiden. So hätten Prüfer im Europäischen Patentamt in den 1990er Jahren vereinzelt sogar Patentanmeldungen (insbesondere bei auf Homologien beruhenden DNA-Patentanmeldungen oder bei Gensequenzen mit fehlenden oder unspezifischen Funktionsangaben) zurückgewiesen, um Beschwerden und damit entsprechende Rechtsprechung zu provozieren, die Anmelder hätte sich jedoch demgegenüber passiv verhalten, das heißt, keine Beschwerde eingelegt (Mündliche Mitteilung, EPA-Biotech-Prüfer, 21.9.2007).

dazu, dass unter Patentrechtlern überhaupt Begründungsmodi für diese Auslegung entwickelt wurden, die bis dato als »Selbstverständlichkeit« galt. Dabei bezog man sich vor allem auf die weitgehende Übereinstimmung von menschlichen DNA-Sequenzen mit solchen nicht-menschlichen Ursprungs. Außerdem rekurrierte man auf die Isolierungsdogmatik für Naturstoffe und schloss daraus, dass »isolierte und/oder synthetisierte DNA-Sequenzen jedweden Ursprungs, bei Erfüllung der üblichen Patentierungsvoraussetzungen, [...] fraglos patentiert werden können« (Straus 1992: 35).

Andere Meinungen im Schrifttum der Patentrechtsdisziplin (Dolder 1984; Moufang 1988; Appel 1996, Lausmann-Murr 2000, Peifer 2003) wurden als Dissidententum ausgegrenzt, Veröffentlichungen von Vertretern solcher Positionen kaum zitiert und entsprechende Erwägungen niemals ernsthaft als Patentierungsschranke in Betracht gezogen.[26] Damit blieb der Versuch, eine andere Perspektive *in* der Sprache des Patentrechts zu fassen, ohne Resonanz in der epistemischen Gemeinschaft des Patentrechts. Die Kritik von außen, die sich unter dem Motto »Kein Patent auf Leben« artikulierte, wurde als irrational, forschungs- und wirtschaftsfeindlich abgetan (Vossius/Grund 1995; Grubb 1999: 260) oder damit belehrt, dass diese das Patentrecht schlichtweg missverstünden.

Eine EPA- Einspruchskammer befand in ihrer »Relaxin«-Entscheidung im Jahr 1995:

> »The patenting of a single human gene has nothing to do with the patenting of human life. Even if every gene in the human genome were clones (and possibly patented), it would be impossible to reconstitute a human being from the sum of its genes.«[27]

Eine Patentierungsgrenze für (isolierte) menschliche Körperbestandteile war somit niemals im Patentrecht explizit enthalten und es gelang Kritikern auch nicht, diese in das Patentrecht durch Rechtsauslegung einzuschreiben.

---

26 Rainer Moufang beispielsweise kam in seiner Dissertation noch zu der Auffassung, es sei »ein generelles Patentierungsverbot für Substanzen, die aus dem menschlichen Körper gewonnen werden, aus Art. 53 lit. A EPÜ [...] abzuleiten. Für den Bereich genetischer Erfindungen bedeutet dies, daß keine Patente auf menschliche Genomteile oder Zellinien erteilt werden dürfen. Es ist zwar zuzugeben, dass zwischen einem menschlichen Insulin-Gen und einemRatteninsulin-Gen biologisch gesehen möglicherweise kein großer Unterschied besteht. Gleichwohl dürfte es auch für das Patentrecht geboten sein, die Grenze zwischen Mensch und Tier zu respektieren.« (1988: 247). Später rückte Moufang unter dem Druck der Disziplin und der legislativen Kodifizierung von dieser Position ab.

27 Howard Florey/Relaxin, in: EPOR 1995: 541, vgl. Grubb 1999: 159.

7. Chirurgische und therapeutische Verfahren am Menschen (Heilverfahren)

Nach dem vierten Absatz des Artikels 52 EPÜ gelten »Verfahren zur chirurgischen oder therapeutischen Behandlung des menschlichen oder tierischen Körpers und Diagnostizierverfahren, die am menschlichen oder tierischen Körper vorgenommen werden, [...] nicht als gewerblich anwendbare Erfindungen« im Sinn des Absatzes 1 von Artikel 52 EPÜ.[28] Allerdings wird diese Ausgrenzung unverzüglich wieder eingeschränkt, indem im nächsten Satz bestimmt wird: »Dies gilt nicht für Erzeugnisse, insbesondere Stoffe oder Stoffgemische, zur Anwendung in einem der vorstehend genannten Verfahren.«

Die Grenze der Patentfähigkeit von Heilbehandlungen, deren Ratio in der Sicherung der ärztlichen Behandlungsfreiheit zu sehen ist und dazu dienen soll, dass medizinisch indizierte Behandlungen zum Schutz oder zur Wiederherstellung der Gesundheit nicht durch patentrechtliche Monopolisierung ausgeschlossen werden, wird patentrechtlich traditionell eng ausgelegt. Entscheidend ist hierbei die Präposition »am«: Damit werden nur ärztliche Diagnosen und Therapien, wie etwa Operationen, die »am« Körper des Patienten vorgenommen werden, vom Patentschutz ausgeschlossen. Hingegen werden Stoffe und Stoffgemische, wie etwa Arzneimittel, ausdrücklich dem Patentschutz für zugänglich erklärt. Die somatische Gentherapie und die Zelltherapie wurde von Patentrechtlern eiligst dahingehend eingeordnet, dass es sich dabei um einen Einsatz gentechnischer Verfahren und (Zwischen-)Produkte zur Herstellung eines molekulargenetisch wirksamen Arzneimittels handele, dessen wichtigster Bestandteil die dem Patienten verabreichte »fremde« genetische Information darstelle. Deshalb seien, so eine damalige Rechtsauslegung, sowohl die »ex-vivo« wie auch die »in-vivo« Gentherapie, analog zu allen klassischen Arzneimitteln dem Patentschutz zugänglich zu machen (Straus 1992: 28).[29]

Dem Patentierungsausschluss in Art. 52 (4) EPÜ kommt damit durch die Interpretation der Disziplin nur eine geringe Bedeutung zu.[30] Zeitweilig wurde in Europa sogar ganz über die Abschaffung dieses EPÜ-Artikel-Absatzes diskutiert. In den USA, wo eine vergleichbare Bestimmung fehlt, werden inzwischen auch Operationsmethoden zum Patent angemeldet und erteilt (Shulman 1999).

---

28 Im EPÜ 2000 ist dies nunmehr als Artikel 53(c) gefasst und damit nicht mehr unter »gewerblicher Anwendbarkeit« beanstandet, sondern als Ausnahme von der Patentierbarkeit definiert, wie auch Pflanzensorten, Tierarten oder gegen den Ordre Public verstoßende Erfindungen.

29 Das EPA hält die in-vivo-Gentherapie als Methode von der Patentierung ausgeschlossen (nach Art 53(c) EPÜ 2000), Vektoren zur Übertragung der Gensequenz und den »medical use of vector« aber für patentfähig (mündliche Mitteilung eines EPA-Patentprüfers, 1.4.2010).

30 Zu brisanten Fragen der zweiten medizinischen Indikation und der entsprechenden Rechtsprechung siehe Dieter Schneider (2007).

8. Der Ordre Public als Grenze

Die als »Ausnahme von der Patentierbarkeit« in Artikel 53 (a) EPÜ kodifizierte Ordre Public-Klausel normiert folgendes:

»Europäische Patente werden nicht erteilt für:
a) Erfindungen, deren Veröffentlichung oder Verwertung gegen die öffentliche Ordnung oder die guten Sitten verstoßen würde; ein solcher Verstoß kann nicht allein aus der Tatsache hergeleitet werden, dass die Verwertung der Erfindung in allen oder einem Teil der Vertragsstaaten durch Gesetz oder Verwaltungsvorschrift verboten ist.«

Diese Generalklausel zum Ordre Public wurde von der Patentrechtsdisziplin traditionell eng ausgelegt. Man versuchte, dieses »Einfallstor für übergeordnete sozialethische Erwägungen in das im übrigen wertneutrale, ganz auf die technologische Würdigung von Erfindungen zugeschnittene System des Patentrechts« (Straus 1992: 24) so stark wie möglich geschlossen zu halten. Dies geschah unter anderem unter Verweis darauf, dass nur ein Verstoß gegen die »tragenden Grundsätze der Rechtsordnung« zu einem Patentausschluss führen dürfe. Unter Verweis auf Artikel 27 (2) TRIPs wurde zudem behauptet, dass ein Patentierungsausschluss voraussetze, dass die gewerbliche Verwertung einer Erfindung in einem spezifischen Land nicht erlaubt sei, wobei dieses Verbot zudem aus den tragenden Grundsätzen der Rechtsordnung entsprungen sein müsse (Straus 1992: 27). Damit wurde eine autoritative Auslegung des TRIPs-Vertrages vorgenommen, die so hohe Hürden setzt, dass sie kaum je überschritten werden dürfte.[31] Denn wenn Patentrecht vor allem *neue* Technologien schützt, so gehört es regelhaft zu den Charakteristika solcher Innovationen,

---

31 Es ist hingegen darauf hinzuweisen, dass Artikel 27 (2) TRIPs auch Ausnahmen zulässt. Art 27 (2) TRIPs lautet: »Die Mitglieder können Erfindungen von der Patentierbarkeit ausschließen, wenn die Verhinderung ihrer gewerblichen Verwertung innerhalb ihres Hoheitsgebiets zum Schutz der öffentlichen Ordnung oder der guten Sitten einschließlich des Schutzes des Lebens oder der Gesundheit von Menschen, Tieren oder Pflanzen oder zur Vermeidung einer ernsten Schädigung der Umwelt notwendig ist, vorausgesetzt, daß ein solcher Ausschluß nicht nur deshalb vorgenommen wird, weil die Verwertung durch ihr Recht verboten ist.« Eine neue Präzedenz für eine *weite* Auslegung von Art. 53 (a) EPÜ wurde in der Entscheidung der Großen Beschwerdekammer des EPA im Fall WARF, in dem es um die Patentfähigkeit humaner embryonaler Stammzellen ging, Ende November 2008 gesetzt (GBK 2008, vgl. Kap. II.E.3). Diese Entscheidung dürfte durchaus als richtungweisend für eine Neuinterpretation dieser Ausnahmebestimmung gelten und sie ist Konsequenz der EU-Biopatentrichtlinie, wie im empirischen Teil dieser Arbeit ausgeführt wird (siehe Kap. II.A und II. C.) Vgl. auch Kersten 2004 und Schneider 2008 für eine weite Interpretation von Artikel 53(a) EPÜ. Allerdings ist eine Vorlage des deutschen BGH an den EuGH zur Vorabentscheidung im Falle des so genannten Brüstle Patents zur Patentfähigkeit von humanen embryonalen Stammzellen (Brüstle versus Greenpeace, BGH Beschluss Xa ZR 58/07 vom 17.12.2009) dahingehend zu beobachten, als damit der WARF -Entscheidung des EPA widersprochen werden könnte und dies somit erneut eine enge Auslegung des Artikels 53 (a) EPÜ einläuten würde (Vorabentscheidung C-34/10 Brüstle/BGH Deutschland beim EuGH).

dass solche neuen Technologieanwendungen noch nicht spezifisch gesetzlich normiert sind. Wird also ein rechtliches Verwertungs-Verbot als Bedingung für eine Patentversagung gesetzt *und* zudem als weitere Schwelle ein massiver Verstoß gegen die öffentliche Ordnung verlangt, so bedeutet dies faktisch, dass der Patentausschluss kaum je zur Anwendung kommen dürfte.

Die Opposition in der Öffentlichkeit gegen biotechnologische Patente, die sich auf Art. 53 (a) EPÜ berief, wurde daher in der Patentrechtsdisziplin vor allem als fehlgeleitete Ideologisierung und als »Unverständnis der Patentrechts«, wie es unter der Hoheit seiner epistemischen Gemeinschaft autoritativ ausgelegt wurde, angesehen.

9. Zwischenergebnis: Erodierte Grenzen

Zusammenfassend ist festzuhalten, dass frühere Schranken der Patentierbarkeit und Abgrenzungslinien, die im europäischen Patentrecht – zumindest im Wortlaut des EPÜ – durchaus vorhanden sind, durch die gerichtliche Rechtsprechung, sowie durch die Interpretationsleistungen der Patentprüfung und Rechtslehre weitgehend gefallen sind. Dieser Erosionsprozess lässt sich folgendermaßen rekapitulieren: Die Ausgrenzung von Entdeckungen und gedanklichen Leistungen wurde in der Patentrechtsdogmatik und -praxis weitgehend irrelevant. Die Aufhebung des Stoffschutzverbotes – in der Bundesrepublik Deutschland im Jahr 1968 – ermöglichte nicht nur die Patentierung von Verfahren und Erfindungen, sondern auch jene von Ausgangs- und Zwischen»produkten«, sowie die Erstreckung des Verfahrensschutzes auf das damit hergestellte Erzeugnis. Damit ermöglichte es die Vorverlagerung des Patentschutzes von Endprodukten auf »Ausgangsprodukte« und damit von »Stoffen« bzw. biologischen Substanzen, die »*upstream*« im Forschungs- und Entwicklungsprozess angesiedelt sind. Die Grenze zwischen der belebten und der unbelebten Natur fiel mit der Technizitätsdefinition des BGH (»Rote Taube« Entscheidung), sowie der Isolierungsdogmatik der Naturstoffrechtsprechung. Die Imidazoline Entscheidung fasste den Umfang des Stoffschutzes »absolut«, so dass keine Steuerungsmöglichkeit bezüglich der Breite des Stoffschutzes mehr gegeben war. Eine Patentierungsgrenze für biologische Substanzen menschlicher Herkunft wurde von der überwiegenden Zahl der Patentrechtler nicht einmal in Erwägung gezogen und die Ordre Public-Klausel (Art. 53 (a) EPÜ) wurde als Einfallstor für übergeordnete normative Erwägungen so gut wie geschlossen gehalten.

Dies zeigt, dass in Europa nicht lediglich die »Chakrabarty«-Entscheidung des US Supreme Court nachvollzogen wurde, sondern sich in verschiedenen europäischen Staaten, insbesondere in der Bundesrepublik, bereits *vor und parallel* zu dieser US-Entscheidung aus dem Jahr 1980 eine richterrechtliche Auslegung des Patentrechts entwickelte, welche der Patentierbarkeit von biotechnologischen »Stoffen« keine Grenzen auferlegte, sondern rechtlich bestehende Patentierungsschranken durch die Auslegung der epistemischen Gemeinschaft überwand. Es kam daher in Europa zu strukturell ähnlichen Entwicklungen wie in den USA.

Diese Entwicklungen auf dem Gebiet der Rechtsprechung bahnten den Weg für eine weitreichende Patentierungspraxis der Patentämter auf dem Gebiet der Biotechnologie. Im Interesse der Kohärenz und Kontinuität des Patentrechts wurde für den Einbezug natürlich vorkommender Stoffe und lebender Organismen in die Patentfähigkeit plädiert und diese durchgesetzt.

»In short, the inclusion of living things as patentable subject matter is logical. However, to borrow the words of Cary Fowler [...] the incorporation of life forms into the patent system did not happen ›because of the extension of legal logic, but because of the initiatives of actors, who struggled to extend (or limit) that logic‹« (Dutfield 2004: 14).

Mit dieser Aussage soll nicht vertreten werden, ein Einbezug von »lebendigem Material« oder menschlichen Körperbestandteilen sei illegitim oder ein Bruch mit den elementaren Grundsätzen des Patentrechts gewesen. Vielmehr geht es mir zum einen darum, nachzuvollziehen, *wie* es zu die diesem Einbezug kam und zum anderen zu erklären, welche Folgewirkungen man sich mit der spezifischen Art und Weise, wie dies geschah, einhandelte. Die Rekonstruktion dieser von Patentrechtlern als quasi-natürlich dargestellten Entwicklung habe ich in den vorausgehenden Teilen genauer untersucht und als Erosion von Grenzen im Patentrecht bewertet. Die nun folgende Analyse der Implikationen dieser Grenzverluste hat zwei Komponenten:

Zum einen stellt sich die Frage, welche Folgen die Verschiebung oder der Verlust früherer Patentierungsgrenzen – ohne dass neue Abgrenzungskategorien geschaffen wurden – und die Übertragung rechtsdogmatischer Figuren von einem Technikfeld auf ein anderes für die Entwicklung der Patent-Governance in diesem spezifischen neuen biotechnischen Technikfeld hatte.

Zum anderen hat dies eine demokratietheoretische Dimension: Dabei geht es darum, wie über Richterrecht sowie über disziplinäre und erteilungspraktische Rechtsauslegung eine Rechtsfortbildung geschaffen wird, die für die Politik eine weitgehende präjudizierende Wirkung hat. Dies bedeutet, dass die außerlegislative Rechtsfortbildung letztlich für die Politik weitgehend bindend wird und Pfadabweichungen und Brüche nur unter großem Aufwand, unter Aufbietung starker argumentativer Anstrengungen und hohem politischem Druck ins Werk gesetzt werden können.

Ich werde zunächst einige Aspekte der ersten Frage behandeln und dann auf die zweite Dimension eingehen.

10. Implikationen und paradoxe Effekte der angewandten Patentdogmatik: der Verlust von »inneren« Grenzen

Die Entscheidung, Gensequenzen und andere biologische Stoffe, wie etwa Zellen, Zelllinien und andere Substanzen aus dem menschlichen Körper als »Stoffe« analog zu synthetisch hergestellten chemischen Stoffen zu behandeln, wurde von einflussreichen Vertretern der Patentrechtsdisziplin vorangetrieben. Mit Bezugnahme auf die Unitaritätstheorie des Patentrechts (*»one size fits all«*) und die notwendige Kohärenz wurden (human)biologische Stoffe und biologische Organismen unter Berufung auf eine »zwingende« Patentrechtsdogmatik ebenfalls als patentfähig erklärt und der für chemische Stoffe und Arzneimittel entwickelten Patentrechtsdogmatik unterworfen. Damit konnten Eigenheiten gentechnologischer Erfindungen und Differenzen von Substanzen wie etwa der DNA im Vergleich zu chemischen »Stoffen« nicht erfasst und anerkannt werden.[32] Ebenso wurden divergente Strukturen, innerhalb denen neue genetische Erkenntnisse hervorgebracht werden – etwa neue Interaktionsformen zwischen Wissenschaft und Industrie durch Spin-offs von Universitäten und Biotech-Start-ups – nur verstärkend für den Tatbestand der Patentfähigkeit berücksichtigt.

Innerhalb der epistemischen Gemeinschaft des Patentrechts war man sich über die Patentfähigkeit genetischer Erfindungen schnell einig, bereits früh bestand ein weitgehender Konsens auch über regionale Patentkulturgrenzen hinweg. Dies dokumentiert ein Dokument der Trilaterale der Patentämter der USA, Europas und Japans, das bereits aus dem Jahr 1988 stammt. Es entspringt also aus einer Phase parallel zum Agenda Setting auf EU-Ebene und entstand in einer Zeit, *bevor* überhaupt in großem Maßstab Genpatente angemeldet wurden. Darin wird folgende Position eingenommen:

32 Bei abstrakter und isolierter Betrachtung ohne Einbezug des Kontextes sind die Grenzen zwischen chemischen Molekülen und DNA-Nukleotiden, oder auch Peptiden und Proteinen fließend. Als wichtigste Gründe dafür, warum Gensequenzen patentrechtlich differenzierend zu chemischen Stoffen zu behandeln sind, gelten – so das hier vorweggenommene Ergebnis der deutschen Stoffschutzdebatte – ihr primär informationeller Charakter (Codierungsfunktion), ihre Multifunktionalität (das Dogma »ein-Gen-ein-Protein» ist überholt) und die Tatsache, dass es sich um eine begrenzte, für alle Forscher wichtige Ressource handelt (begrenzte Zahl von Genen im Genom jedes Organismus, beim Menschen ging man früher von 100.000 Genen aus, heute nur noch von 25 – 30.000 Genen), sowie dass bei stoffgeschützten Gensequenzpatenten ein »inventing around« kaum möglich ist. (Siehe dazu ausführlich Kap. II. B. 2 zur deutschen Stoffschutzkontroverse.) Zu beachten ist zudem die ethische Dimension bei menschlichen Gensequenzen (Ausstrahlung der Menschenwürde auf den menschlichen Körper). Für Organismen generell wird die Reproduktionsfähigkeit als Unterscheidungskriterium stark gemacht.

»Purified natural products are not regarded under any of the three [European, US and Japanese] laws as products of nature or discoveries because they do not in fact exist in nature in an isolated form. Rather, they are regarded for patent purposes as biologically active substances or chemical compounds and eligible for patenting on the same basis as other chemical compounds.«[33]

Der Bezug auf die Isolierungsdoktrin für die Patentierbarkeit von Naturstoffen ermöglichte die Patentfähigkeit. Außengrenzen wie die »products of nature«-Doktrin oder die Einordnung als »Entdeckung« wurden verworfen. Gleichzeitig wurde selbstverständlich von der Übertragbarkeit der für chemische Stoffe entwickelten Patentierungsgrundsätze ausgegangen.

DNA-Sequenzen und biologische Stoffe selbst wurden also patentrechtlich schützbar und als solche bereits als »Produkt« bewertet. Die sich dem Erfinder stellende »Aufgabe« wurde entweder bereits in der Isolierung und Synthetisierung oder Aufreinigung gesehen, oder darin, dass die DNA für ein anzugebendes Protein kodierte (»Produkt« Protein als »Lösung«). Die DNA-Sequenz wurde als Stoff *absolut* geschützt, gewerbliche Anwendungen mussten nur beispielhaft genannt werden. Damit lag die Erfindungshöhe bereits in der erstmaligen Beschreibung einer DNA-Sequenz begründet, sofern ihr irgendeine – und sei es eine weitgehend unbestimmte, hypothetische oder spekulative – biologische Funktion zugeordnet werden konnte.

Die Erosion der Grenzen im Patentrecht ermöglichte somit eine Expansion des Patentschutzes zum einen in qualitativer Hinsicht – seine Ausdehnung bis hin auf höhere Säugetiere, wobei die Onkomaus diesbezüglich einen paradigmatischen Fall darstellt – und zum anderen in qualitativer Hinsicht, insofern als die niedrig angelegten Schwellen der Auslegung der Patentierungserfordernisse mit ihrer weitgehenden Reduktion auf das Neuheitskriterium im Rahmen des internationalen Großprojektes zur Humangenomsequenzierung zu einem erheblichen Anstieg von Anmeldungen auf DNA-Patente führte (vgl. Hopkins et al. 2006).

Nimmt man für diese Patentfähigkeit von DNA-Sequenzen eine Kosten-Nutzen-Abwägung vor, so ließe sich diese folgendermaßen zusammenfassen:

Für dieses Vorgehen beim Patentschutz spricht aus einer folgeorientierten Analyse heraus, dass ein Forscher bei einer von ihm patentierten Gensequenz davon ausgehen kann, dass sich weitere finanzielle und geistige Investitionen lohnen, da er die späteren Früchte seiner Arbeit ernten kann. Außerdem können Patente individuellen Forschern oder Start-Ups eine machtvollere Verhandlungsposition gegenüber Kapitalgebern und Unternehmen verleihen. Patentschutz schafft aus dieser Sicht Rechtssicherheit und verhilft zum *return on investment*.

---

33 Trilateral Co-operation of the US, European, and Japanese Patent Offices, 1988 in: 7 *Biotechnology Law Review* 163, hier zit. nach: Gold/Joly/Caulfield 2005: 3.

Auf der Kostenseite der Bilanz wäre aufzuführen, dass Patente auf Forschungsgegenstände, die sich weit *upstream* im Forschungsprozess befinden, ganze Forschungsgebiete unter Beschlag nehmen oder anderen Forscherkollegen bzw. ökonomischen Wettbewerbern hohe Transaktionskosten auferlegen kann. Letztere bestehen unter anderem in Nachforschungen, ob Sequenzen bereits patentiert sind, um keine Verletzungsklagen zu riskieren, in Verhandlungen über die Lizenzierung, in Kosten für Lizenzen, gegebenenfalls in Rechtsstreitigkeiten und Prozesskosten. Befürchtungen über potentielle Klagen wegen Patentverletzungen oder hohe Lizenzgebühren können eine abschreckende Wirkung haben und dazu führen, dass bestimmte Forschungen gar nicht erst aufgenommen oder nicht weiterentwickelt werden. Während in anderen Technikfeldern ein *inventing around* möglich ist, bei dem eine alternative technische Lösung denselben Nutzen erbringt, und dies sogar als ein Effekt des Patentschutzes erwünscht ist, ist sowohl bei humanbiologischen Stoffen wie auch bei Gensequenzen, die für ein bestimmtes Protein kodieren oder eine Korrelation zu einer Erkrankung haben, ein solches »Außenherum-Erfinden« meistens nicht möglich. Gene für eine bestimmte Krankheits-Suszeptibilität oder für die Kodierung therapeutisch wirksamer Proteine lassen sich häufig nicht substituieren (vgl. Demaine/Fellmeth 2003: 1376; Cukier 2006: 251). Zudem sind auch Aspekte der öffentlichen Gesundheitsversorgung berührt. Die frühe Patentierung von »Ausgangssubstanzen« und ihre Belegung mit einem weiten Schutzumfang setzt zudem kaum Anreize für nachfolgende Erfinder, obgleich weitere Funktionsaufklärungen und die Aufklärung von therapeutischen Anwendungsmöglichkeiten häufig anspruchsvollere und langwierigere Arbeiten erfordert.

Im Folgenden gehe ich der Frage nach, welche Wirkungen eine solche Erteilungspraxis auf das biotechnische Innovationsfeld hatte.

Die analoge Übertragung der deutschen Naturstoffe- (Antamanid 1977) und »absoluter Stoffschutz« (Imidazoline 1972)-Rechtsprechung vom Bereich der Chemie auf Gensequenzen und andere biologische Entitäten hatte folgenreiche Auswirkungen für biotechnische Trajektorien im Hinblick auf die Erteilung *früher* und *breiter* Patente. Dabei kam es auch zu einem weiteren Verlust von »inneren« Abgrenzungskriterien bei den Patentierungsvoraussetzungen im Patentrecht:

- Im Hinblick auf das Kriterium der *erfinderischen Leistung* hat das Gleichsetzen mit chemischen Substanzen zu Problemen geführt und es wurden die Schwellen der Patentierbarkeit niedrig angesetzt: Bereits die Benennung der Gensequenz und einer einzigen Funktion reichte aus.
- Das Kriterium der *gewerblichen Anwendbarkeit* (im US-Patentrecht: *utility*) bezog sich weitgehend auf hypothetische, potentielle Anwendungen, nicht auf bereits vom Anmelder nachgewiesene.

– Das einzige wirklich »harte« Kriterium der Patenterteilung bildete somit die *Neuheit.*

Daraus resultierte ein Prioritätswettlauf, der zu einer starken Vorverlagerung der Patentanmeldungen und zu Qualitätsverlusten bei der Patentbeantragung und -erteilung führte. Dieses Vorverlagern des Patentschutzes von Endprodukten (gewerbliche Anwendung) auf Ausgangsprodukte und damit in der geläufigen Phasenlogik von »*downstream*« hin zu »*upstream*« in Forschung und Entwicklung im Biotechnologiesektor setzte somit eine Beschleunigungsdynamik in Gang und beförderte bestimmte Anreize: Rationales Verhalten der Patentanmelder hinsichtlich der stumpf gewordenen Patentierungskriterien wurde es nun, möglichst früh möglichst viele Gensequenzen anzumelden.[34] Dies beförderte eine Praxis von spekulativen Patentanmeldungen und Vorratspatentierungen, galt doch die Devise »Wer zu spät kommt, den bestraft das Patentamt.« Das dem Patentsystem inhärente »*Winner take all*«- Prinzip wurde durch den absoluten Stoffschutz verstärkt: Eine genauere, zeitintensivere Funktionsaufklärung konnte den Verlust der Priorität, also der zeitlichen Erstanmeldung des Patents, zur Folge haben. Latentes Prinzip des Handelns der Anmelder wurde somit, wie es ein Teilnehmer eines KMU-Workshops bei einer EPA-Tagung 2004 ausdrückte, »*patent first, think later*«.[35] Schließlich blieb es immer möglich, Patentanmeldungen, die sich bei der weiteren Erforschung ihres Gegenstandes als wertlos herausstellen, fallen zu lassen bzw. zurückzuziehen.[36] Dies wiederum verleitete zu einer Taktik, die eigene, »vorsorglich« beantragte Patentanmeldung

---

34 Welche Anmelderstrategien aus den niedrigen Patentierungsschwellen abgeleitet wurden, wird aus einem Unternehmensberatungspapier einer renommierten Consulting-Firma deutlich: »The ability to write broader patents forces companies to think much earlier about the role of patenting in their product development strategy. The race to patent is already becoming more aggressive, as the ability to patent first has a greater ability than formerly to block competitive entry to compound families« (Boston Consulting Group 2000: 11–12). »A company that patented a gene target, for example, would be able to block any competitor from launching a compound targeted against that gene […]. With broad patents on key elements of discovery, a company could control not just a family of compounds, but a wide research space.« (Boston Consulting Group 2000: 10–11)

35 http://documents.epo.org.

36 Siehe hierzu wiederum das bereits zitierte Consulting-Unternehmen, das die Patentierungsstrategie der Industrie wiedergibt, indem sie auf die Strategie des »Vorwärtspatentierens« (First-to-patent competitors) drängt, mittels derer mit spekulativen Patentanmeldungen zum eigenen Vorteil »Zeit gekauft« werden kann, weil Gerichte in ihrer Reaktion zeitlich weit nachhängen: »Even if these patents are not sustainable, however, they still could create a large, if temporary, competitive advantage until the patent was overturned. This time element is likely to be significant: courts have tended to be slow to respond to challenges, and individual cases may go through several rounds of appeal. Additionally, competitors looking to overturn patents will need to expend considerable resources and attention to launch a lengthy legal battle. This cost is likely to discourage challenges to lower-value patents« (Boston Consulting Group 2000: 11).

zu verschleppen, indem beim EPA Fristverlängerungen beantragt und weitere Möglichkeiten zur Verzögerung des Erteilungsprozesses genutzt wurden. Dieses für den individuellen Patentanmelder rationale Verhalten ist jedoch insgesamt gesehen eher unproduktiv: Es schafft Unsicherheit bei den Konkurrenten, da weder klar ist, ob ein Patent aufrechterhalten und erteilt wird, noch, wie weit der Umfang des Patentschutzes faktisch reicht. Außerdem beförderte diese Erteilungspraxis eine Anmeldeverhalten massenhafter Patentschriften durch einzelne Genomikfirmen (wie Incyte, Human Genome Sciences und andere). Dies vollzog sich auf Kosten qualitativ hochwertiger Anmeldungen durch einzelne Forscher. Gleichzeitig überschwemmte dies die Patentämter mit Anmeldungen und trug damit zur »Patentinflation« und späteren »Rückstau«-Problemen bei der Patentbearbeitung erheblich bei (vgl. Thomas et al 2002; Paradise et al 2005, Hopkins et al 2006).

Damit wird eine Legitimation des Patentschutzes, für Erfinder und Investoren Rechtssicherheit zu schaffen, um ihre riskanten Investitionen zu amortisieren und eine bessere Kalkulation ihrer Ressourcenallokation zu ermöglichen, im Effekt in ihr Gegenteil verkehrt: Statt also Rechtssicherheit zu ermöglichen sowie durch die Patentanmeldung eine gewisse Sicherheit für einen *return on investment* zu bieten, wurden durch die Grenzverluste des Patentrechts neue Unsicherheiten geschaffen. Die Möglichkeit eines frühen und breiten Patentschutzes erzeugt Prioritätswettläufe, Herdenverhalten (alle müssen die Patentspielregel einhalten) und erhöht somit in der Konsequenz für alle Spieler die Risiken und Unsicherheiten, deren Eindämmung gerade ein Ausgangspunkt und gewichtiges Legitimationselement des Patentschutzes bildet (vgl. Drahos in: STOA 2006). Diese paradoxen Effekte wurden jedoch erst zum Beginn des neuen Jahrtausends zum Gegenstand der gesellschaftlichen und wissenschaftlichen Diskussion.

Warum kam es überhaupt zu solchen Entwicklungen? Die Gründe dafür liegen im epistemisch verankerten Glauben der Akteure im Patentsystem, der Patentförderung mit Innovationsförderung gleichsetzt, sowie in der Etablierung eines neuen Modells von Patenten als Technologietransfervehikel von Universitäten zur Industrie mittels von Ausgründungen (spin offs), sowie in einem neuen Finanzierungsmodell von Biotech-Start-ups über den Finanzkapitalmarkt (Popp Berman 2008).

Im Folgenden soll über die Bedeutung von äußeren und inneren Grenzen im Patentrecht noch einmal reflektiert werden.

11. Normative und konsequentialistisch abgeleitete Funktionen von Grenzziehungen

Angesichts der von mir als Verlust von inneren und äußeren Grenzen beschriebenen Entwicklung bleibt an dieser Stelle zu fragen, wozu Grenzen im Patentrecht überhaupt notwendig sind. Was bildet den harten Kernbestand der Patentierungsausschlüsse in Artikel 52 und 53 des EPÜ? Begründungen können sowohl auf der normativen Ebene von Prinzipien erfolgen als auch aus makroökonomischen und gesellschaftspolitischen Folgeüberlegungen abgeleitet werden. Ich gehe davon aus, dass Grenzziehungen und Regulative *im* Patentrecht zu seiner Steuerungskapazität beitragen. Im Folgenden beziehe ich mich auf drei zentrale Grenzziehungen und Regulative, erstens den Patentausschluss für Entdeckungen, zweitens den »Durchschnittsfachmann« und drittens auf den Ordre-Public-Vorbehalt und stelle in einem hermeneutisch vorgehenden Verfahren dar, worin ihre Ratio und ihr Bedeutungsgehalt liegt.

11.1 Der Patentausschluss für Entdeckungen

Eine wesentliche Ratio des Patentausschlusses für Entdeckungen ist, dass ein Kern abstrakten Wissens *allen* zur Verfügung stehen und deshalb in der Public Domain verbleiben muss. Dies bezieht sich vor allem auf grundlegende Theorien, aber auch auf grundlegende Wirkungsmechanismen. Nur aus einer solchen öffentlich zugänglichen Wissensallmende können demzufolge neue Entwicklungen hervorgehen. Die semantische Unterscheidung zwischen Entdeckungen und Erfindungen hat demnach zuerst und vor allem die normative Funktion, daran zu erinnern, dass es sinnvolle Patentierungsschranken gibt und diese im Interesse der Allgemeinheit und des Gemeinwohls Leitlinien bilden sollten. Die Nicht-Patentfähigkeit von Entdeckungen dient vor allem dem Zweck, Grundlagenforschung von der Patentfähigkeit freizuhalten. Zwar erfordert eine Entdeckung häufig eine größere Geistesleistung als eine Erfindung und sie ist darüber hinaus oft weitaus folgenreicher. Jegliche Erfindung inkorporiert zudem Vorgefundenes und steht »auf den Schultern« von »großen« Vorgängern (Merton 1985b; Scotchmer 1991). Insofern ist aus der semantischen Trennung alleine eo ipso keine trennscharfe Unterscheidung zu destillieren. Folgeabwägungen können diese jedoch umreissen: Der Schutz von Entdeckungen wäre notwendigerweise sehr breit und unspezifisch, da er nicht auf eine abgrenzbare Anwendung oder ein einzelnes Produkt gerichtet ist. Daher steht – unter Proportionalitätsaspekten – die möglicherweise geringe erfinderische Leistung in keinem adäquaten Verhältnis zu den potentiell erzielbaren Gewinnen, es würde eine Überbelohnung erfolgen (Hashimoto/Aida 2008). Eine temporäre Exklusivierung qua Patent würde außerdem eine Flaschenhalssituation schaffen, Lizenzpflichten einführen und damit verbundene Transaktionskosten aufwerfen (Nelson 1959, 2004). Eine Patentierung von Grundlagenforschung würde somit Blockaden für die Weiterentwicklung schaffen und den technischen Fortschritt eher hemmen als fördern (vgl. Godt 2007: 25f). So zumindest lautete das ungeschriebene Credo, das in das Patentrecht des EPÜs eingelassen ist.

Allerdings ergaben sich bereits früh disziplinäre Spannungsfelder und Konflikte, wie bereits im Kap. I.C ausgeführt wurde: Die in der juristischen Patentdisziplin gestellte Frage lautet, ob eine radikale Neuerung bzw. eine grundlegende Erfindung überhaupt gemacht worden wäre, wenn es keinen Patentschutz als Anreiz gegeben hätte – sie wird regelhaft mit »Nein« beantwortet. Ökonomen hingegen stellen diese Frage anders: Demnach ist Patentschutz nur gerechtfertigt, wenn daraus ein makroökonomischer Mehrwert erfolgt, nicht aber Entdeckungen mit einem temporären Monopol geschützt werden, denn damit werden sie der allgemeinen Zugänglichkeit entzogen und durch die aus der Alleinstellung erwachsenden hohen Preise entstünde ein volkswirtschaftlicher Nachteil (Mazzoleni/Nelson 1998a, b).

Aus diesem Dilemma heraus hat sich in entwickelten Industriegesellschaften eine Organisationsform für Forschung und Entwicklung herausgebildet, in denen staatlich finanzierten Universitäten die Aufgabe der Grundlagenforschung übertragen wurde. Diese wurden an bestimmte Normen der öffentlichen Verbreitung der Ergebnisse und der internen Validierung (durch *peer review*) und Weiterentwicklung des Wissens gebunden (Merton 1985a). Patentschutz wurde der anwendungsbezogenen Entwicklung zugeordnet. Dieses Modell löst sich jedoch zunehmend auf, was einen Paradigmenwechsel einläutet, der wissenschaftstheoretisch unter den Begriffen eines »Mode 2« (Gibbons et al. 1994), einer »postnormal science« (Funtowicz/Ravetz 1993), oder einer »postacademic science« (Ziman 1995), sowie einer »Triple Helix« zwischen Universität, Industrie und Nationalstaat (Etzkowitz/Leydesdorff 2000) reflektiert wird.

Mithin – dies ist als politischer Kontext der Entwicklungen wichtig – haben sich in der sozialen Organisation von biotechnologischen Innovationsprozessen Verschiebungen zwischen zuvor als getrennt betrachteten Bereichen ergeben, insbesondere das Verschwimmen der Grenze zwischen Grundlagen- und angewandter Forschung, sowie eine stärkere, politisch gewollte Interaktion zwischen Wissenschaft und Industrie. Die Biotechnologie-Patentierung ist somit zugleich Zeuge wie Protagonist von Entdifferenzierungsprozessen zwischen dem öffentlichen und dem privaten Sektor und den Funktionssphären von Universitäten und Firmen. Daher hat die Auflösung der »Außengrenzen« im Patentrecht ein Korrelat in diesen gesellschaftsorganisatorischen Grenzverschiebungen, sowie in veränderten Annahmen über Technologietransfers und optimale Innovationsförderung. Wie diese Entgrenzungsprozesse zu bewerten sind, wird erst aus historischer Sicht zu beurteilen sein.

Festzuhalten bleibt, dass die Patentrechtsdisziplin es bisher noch nicht vermocht hat, ein *qualitatives* Kriterium zu entwickeln, das als Surrogat für den Entdeckungsbegriff tauglich wäre (vgl. Godt 2007: 596). Die Entwicklungen in der Rechtsprechung und in der Rechtsdisziplin selbst haben vielmehr dazu geführt, dass Kernbegriffe des Patentrechts an Abgrenzungsschärfe und damit an Steuerungspotential für die Patent-Governance verloren haben (vgl. Nack 2002).

Da die Unterscheidungskriterien »nach außen« hinsichtlich der Grenzen der Patentfähigkeit (Entdeckung, Naturstoffe) weggebrochen waren, ohne dass dafür ein äquivalentes Substitut eingeführt wurde, wäre es um so wichtiger gewesen, qualitative Binnendifferenzierungen einzuführen, um Kriterien für die Angemessenheit und Verhältnismäßigkeit des Patentschutzes bereitzustellen. Hier wäre es wichtig gewesen, insbesondere die Kriterien für die Erfindungshöhe sowie zum angemessenen Verhältnis zwischen erfinderischer Leistung und gewährtem Schutzumfang zu schärfen.

Ein weiterer Grund, warum dies nicht geschah, lag darin dass – unter Bezugnahme auf die Imidazoline-Rechtsprechung – schon die *Bereitstellung* der DNA-Sequenz oder eines biologischen Stoffes als patentwürdig gewertet und mit einem breiten Schutzumfang (»absoluter Stoffschutz«) versehen wurde. Damit ging jedoch ein in anderen Technikgebieten bestehendes Regulativ weitgehend verloren, das auf den »Stand der Technik« rekurriert. Dieses patentrechtsimmanente Regulativ verdient genauere Beachtung.

11.2 Der Stand der Technik und der »Durchschnittsfachmann« als Regulativ

Ein wichtiges inhärentes Regulativ im Patentrecht bilden der »objektive Stand der Technik« und die fiktive Figur des »Durchschnittsfachmanns« im europäischen Patentrecht (Niedlich 2003), beziehungsweise die äquivalente Figur der PHOSITA (*Person Having Ordinary Skills in the Art*) im US-Patentrecht (Eisenberg 2004; Bouchard 2007). Diese regulative Rechtsfigur schafft gewissermaßen eine Grenze der Patentierbarkeit »nach unten«: Die Schwelle des erfinderischen Schritts (*inventive step*) wird dadurch bestimmt, dass sie über dem Maß der Lösung in einem Gebiet der Technik liegen soll, die sich für das Wissen und das Können des für den jeweils geprüften Fall zuständigen Durchschnittsfachmanns in naheliegender Weise aus dem Stand der Technik ergibt. Dieses Patentierungskriterium ist im US-Patentrecht explizit als *non-obviousness* verankert, in Europa ist sie in Artikel 56 des EPÜ niedergelegt.[37] Die normative Funktion

37 »Eine Erfindung gilt als auf einer erfinderischen Tätigkeit beruhend, wenn sie sich für den Fachmann nicht in naheliegender Weise aus dem Stand der Technik ergibt.« (Artikel 56, EPÜ).

dieser Regel liegt darin, zu verhindern, dass Patente auf geistige Leistungen erteilt werden, welche offensichtlich oder trivial sind. Die dahinterliegende Ratio ist eine doppelte: Sie liegt zum einen darin, dass Exklusivrechte nicht erteilt werden sollten auf Dinge, auf die jeder technisch Versierte gekommen wäre und die von allen Beteiligten im Feld benötigt werden. Sie sollen daher Zugangsbarrieren ausschließen. Zum anderen ist darin ein Gerechtigkeitsmotiv eingeschrieben: Der Erfinder soll nicht über Gebühr belohnt werden.

Was sich für einen durchschnittlichen Fachmann in einem spezifischen technischen Feld offensichtlich ergibt, soll nicht patentierbar sein. Diese Rechtsfigur führt darüber hinaus eine gewisse Technologiespezifität in das unitaristische Patentrecht (»*One size fits all*«) ein: Wie sich durch die Erteilungspraxis ergibt, wird der Durchschnittsfachmann in einigen Technikfeldern als eher dumpfe, äußerst »konservative« Person konzipiert, während sie in anderen Technikfeldern über anspruchsvolles Wissen und Können verfügt (vgl. Burke/ Lemley 2003). De facto ermöglicht diese Rechtsfigur ein gewisses technologiespezifisches Patentrecht (Gold/Durell 2004). Und tatsächlich ist in einer Situation, in der – nicht zuletzt aufgrund der absoluten Stoffschutzdogmatik – andere Kriterien zur Regulation bei der Patenterteilung wegbrechen, die schärfere Festlegung der Schwellen für die erfinderische Leistung der einzige Weg, eine höhere Qualität der Patenterteilungen zu sichern.

Im EPÜ sind neben der »erfinderischen Leistung« bzw. dem inventive step, der eine Erfindung vom Stand der Technik abhebt, zwei weitere Anhaltspunkte verankert, die regulierende Wirkung entfalten könnten: Zum einen die ausreichende Offenbarung der Erfindung (Art. 83 EPÜ)[38], zum anderen die Deutlichkeit und Stütze in der Patentbeschreibung gemäß Artikel 84 EPÜ.[39]

11.3 Der Ordre Public Vorbehalt

Die Ordre Public Vorbehalte (Art. 53 (a) EPÜ) bilden ethische Generalklauseln, die als »Schleusennormen für die Einbindung des Patentrechts in die verfassungsrechtlich vermittelte Werteordnung« (Kersten 2004: 129) zu verstehen sind. Der Jurist Jan Kersten spricht in diesem Zusammenhang von der Notwendigkeit einer horizontalen und vertikalen Konstitutionalisierung des Patentrechts (2004: 125–146). Das Verhältnis zwischen Verfassungsrecht und einfa-

Zum hierzu beim EPA entwickelten »problem-solution approach« und »could-would approach« siehe Knesch 1994.

38 »Die Erfindung ist in der europäischen Patentanmeldung so deutlich und vollständig zu offenbaren, dass ein Fachmann sie ausführen kann.« (Art. 83 EPÜ).

39 »Die Patentansprüche müssen den Gegenstand angeben, für den Schutz begehrt wird. Sie müssen deutlich, knapp gefasst und von der Beschreibung gestützt sein.« (Art. 84 EPÜ)

chem Recht in einer hierarchisch gestuften Normordnung entfalte sich dialektisch, indem das Verfassungsrecht auf die Auslegung der einfachen Rechtsordnung – auch des Patentrechts – ausstrahle, auf der anderen Seite die »abstrakten« Verfassungsnormen der ausgestaltenden Konkretisierung bedürfen (Kersten 2004: 129–130). Desweiteren können die Begriffe der »öffentlichen Ordnung und guten Sitten« auch als Public-Policy-Klausel verstanden werden, die vom Gesetzgeber mittels von Konkretisierungen im Hinblick auf eine verantwortungsvolle und gemeinwohlförderliche Innovationspolitik ausgestaltet werden können (Lausmann-Murr 2000: 181). Im Sinne einer Kohärenz der Rechtsordnung und einer *Cross-Compliance* rechtlicher Normierungen[40] ist es daher konsequent, Grenzen auch im Patentrecht zu wahren.

Die Ratio des Patentausschlusses nach dem Ordre Public-Vorbehalt liegt somit darin, die gesellschaftliche Erwünschtheit einer Erfindung ex-ante zu steuern. Mit dem Patentierungsverbot soll eine gesellschaftliche Missbilligung ausgedrückt werden. Ein Verbot der Patentierung soll hier dazu dienen, die Anwendung und Verbreitung einer Erfindung einzuschränken. Dabei wird davon ausgegangen, dass mit der Nicht-Patentfähigkeit auch ein Anreiz zur Forschung und Entwicklung entfalle. Der Zweck des Patentierungsverbotes liegt also darin, die nicht-patentfähige Erfindung *für niemanden* zugänglich zu machen.

Damit wird dem Ordre-Public-Vorbehalt eine Wirkungslogik zugewiesen, die einen gegenteiligen Effekt zu dem Patentierungsausschluss für Entdeckungen entfalten soll, welcher ja gerade darin lag, dass durch die Nicht-Patentfähigkeit ein Zugang *für alle* gesichert werden soll.

Diese beiden – in ihrer Logik absolut konträren – Teleologien von Patentierungsverboten verweisen darauf, dass sowohl Patentschutz wie Patentversagen widersprüchliche Wirkungen entfalten kann (vgl. Kap I.C). Entscheidend sind daher ihre Einbettung in weitere Kontextfaktoren von Forschung und Entwicklung, wie etwa die Finanzierung entsprechender Forschungszweige sowie die gesellschaftliche Akzeptanz von neuen Technologien.

Dies macht einerseits auf die Grenzen der Steuerbarkeit von Innovationen durch das Patentrecht aufmerksam. Es weckt andererseits jedoch das Bewusstsein, dass *im* Patentrecht selbst von jeher regulative Prinzipien eingelassen waren, die jedoch in der Evolution des Patentrechts nach dem Zweiten Weltkrieg weitgehend in Vergessenheit gerieten (Robbins 2004). Als einer der Gründe für dieses Anheimfallen kann die Justizialisierung des Patentrechts angeführt werden, die im nächsten Abschnitt behandelt wird.

Zusammenfassend bleibt festzuhalten, dass sowohl die äußeren Grenzen der Patentierbarkeit (Entdeckungs- und Ordre-Public-Klausel), wie auch die »innere

40 Zu diesen Begriffen siehe: Hoffmann-Riem (2008: 40).

Grenze« der regulativen Figur des Durchschnittsfachmanns relevante Governance-Kapazitäten für das Patentrecht enthalten, indem sie normative, öffentlichrechtliche und makro-ökonomisch motivierte Steuerungspotentiale ermöglichen.

12. Demokratietheoretische Problematisierung: Law making und Agency durch die Judikative: Gerichte als »Ersatzgesetzgeber«

Der Umgang mit neuen Technologien und die Frage des Modus ihrer Patentierbarkeit wird unter Juristen primär und fast ausschließlich als rechtsdogmatisches Problem diskutiert, nicht aber als wirtschafts- oder gesellschaftspolitische Fragestellung. Gerd Winter fasst noch einmal die tradierte Vorgehensweise der epistemischen Gemeinschaft des Patentrechts zusammen:

»New technologies were subsumed under the criteria of patentability and the scope of protection. When these criteria did not fit, they were stretched or reformulated. The related discourse was a predominantly scholarly one: it was kept within the closed circles of attorneys, administrators, judges and academics specializing in intellectually property law« (Winter 1992: 168).

Die Juridifizierung von Entscheidungen sowohl über die grundsätzliche Patentfähigkeit biologischer Stoffe und von Erfindungen in der Biotechnologie wie auch über die Art und Weise des Umfangs des Patentschutzes entzieht diese einer gesellschaftspolitischen Reflektion und Deliberation. Außerdem schottet sich das Patentrecht als Disziplin damit gegenüber ökonomischen und sozialpolitischen Diskursen ab. Christine Godt formuliert hierzu pointiert,

»dass die bisherige theoretische Durchdringung des Patentrechts die Schutzziele des »Nicht-Schutzes« vernachlässigt. Mangels dogmatischer Anknüpfungspunkte und konturierter Spiegelung in den Tatbeständen haben Interessen an der *Schutzrechtsbegrenzung* Schwierigkeiten, in den Rechtsdiskurs einzutreten. Dabei erfordert eine dem rechtsstaatlichen Gemeinwohlauftrag verpflichtete Analyse, nicht nur den Schutz *von*, sondern auch den Schutz *vor* privatrechtlicher Aneignung. Der Staat hat die Aufgabe, Ausgleich zwischen den konfligierenden Interessen zu schaffen. Dies trifft nicht nur für die öffentlichen Belange des Gesundheits- und Umweltschutzes zu, sondern auch für die Belange der Nutzer von Information und für die Freiheitsrechte der Geschäftspartner. Diese Kollisionen sind nur selten Gegenstand patentrechtlicher Diskussionen« (Godt 2007: 502, Hervorhebung I.S.).

An dieser Stelle soll nun eine allgemeiner gehaltene rechtspolitische Reflexion der Governance durch Richterrecht erfolgen, die meines Erachtens Erkenntnispotentiale eröffnen kann. Denn das Patentrecht wird zwar häufig als besonders hermetisch und mit einer Sonderrationalität ausgestattet angesehen, gleichwohl lassen sich einige Charakteristika des justiziellen Governance-Modus festmachen, die nicht nur das Patentrecht betreffen, sondern in einem allgemeineren Sinne Gültigkeit beanspruchen können.[41]

Die Rechtspolitologen Axel Görlitz und Rüdiger Voigt fassen die richterliche Rechtsfortbildung als »Steuerungsaktivität der Steuerungsagentur ›Justiz‹« auf, die sie als »Justizialisierung« (Görlitz/Voigt 1985: 154) bezeichnen. Das Ergebnis einer Gerichtsentscheidung ist demnach nicht allein durch das in Gesetzen enthaltene materielle Recht gesteuert, sondern durch weitere Faktoren, worunter sie neben dem Vorverständnis und der Methodenauswahl des Richters, Verfahrensvorschriften, Parteikonstellationen und der Rechtskultur als gesellschaftspolitischem Umfeld vor allem zwei maßgebliche Faktoren herausstellen, nämlich die höchstrichterliche Rechtsprechung und die Rechtsdogmatik. Erstere schaffe durch Musterentscheidungen gewisse Präjudizien, die als »konsentierte Rechtsprinzipien« befolgt würden (Görlitz/Voigt 1985: 156). Letztere werden als System von Entscheidungsregeln gefasst, mittels derer die Rechtswissenschaft ihre Erkenntnisse zusammenfasst und dabei rechtsrelevante Tatsachen selektiert:

»Das führt zu der spezifisch juristischen Sichtweise, die komplexe Sachverhalte auf Entscheidungen hin zuzuspitzen ermöglicht, freilich unter Ausblenden nicht immer unwesentlicher Informationen. Rechtsdogmatik verändert u.U. die Wirkung gesetzlicher Regelungen dadurch, dass sie ihnen einen neuen Sinn unterlegt. [...] Der Anschein richterlicher Willkür wird so vermieden und der Legitimitätsbonus des Gesetzes erhalten« (Görlitz/Voigt 1985: 157).

Auch Sheila Jasanoff beschreibt die Praxis der richterrechtlich bestimmten Rechtsweiterentwicklung[42] als fortwährenden Auswahlprozess:

»the law makes progress precisely through case-by-case attempts to take apart its own settled meanings and reinterpret them in the light of altered social circumstances. Technology change potentially offers countless opportunities for such legal introspection, for it produces novelties that challenge existing classifications and the rules built upon them. Yet, the law's self-reflection is always partial and selective« (Jasanoff 2005: 208).

Diese partielle und selektive Selbstintrospektion des Rechts kann jedoch dazu führen, dass *bestimmte* Interessen, Präferenzen und Erwägungen zu Lasten von anderen privilegiert werden. Dispute über die Biowissenschaften werden insbe-

41 Siehe zu dieser Thematik auch: Shapiro/Stone Sweet 1994 und Stone Sweet 2000.

42 Solche Probleme treten zwar im Allgemeinen verschärft in den angelsächsischen *Common Law* Systemen auf, die von jeher stärker durch richterrechtliches Case Law geprägt werden, während die kontinentaleuropäische *Civil Law* Tradition gemeinhin den Schwerpunkt auf die gesetzliche Regelung und die Formulierung rechtlicher Prinzipien legt. Das Patentrecht bildet jedoch insofern eine Besonderheit im kontinentaleuropäischen Rechtssystem, als hier auch in Europa legislative Entscheidungen eher selten waren und die praktische Rechtsfortbildung den Patentämtern und den Gerichten überlassen wurde (vgl. Ullrich 2001: 85f).

sondere in den USA stärker in den Gerichten gelöst als in repräsentativeren politischen Foren. In Europa bot die EU-Biopatentrichtlinie zumindest die Chance für einen breiteren politischen Diskurs und den Einbezug von allgemeinpolitisch relevanten Fragen.

Gerichte, die im Patentrecht eine Rechtsfortbildung schaffen, bekennen sich hingegen selten zu ihrer gesellschaftspolitischen Aufgabe und ihrer entsprechenden Governance-Funktion. Vielmehr beziehen sie sich entweder darauf, einen konkreten, individuellen Streitfall möglichst gerecht zu lösen. Oder sie berufen sich bei Präzedenzfällen auf die Fiktion, in ihren Urteilen »lediglich« den Willen des historischen Gesetzgebers auszuführen. Die eigene Akteursrolle und die impliziten Policy-Making Funktionen der Judikative werden damit verschleiert:

»courts are committed to carrying out the legislature's intent, subordinating their own agency as interpreters of law. Courts are institutionally mandated to apply the laws as they find it – not to make law or policy – and this is what judges say they are doing even in the most controversial cases, where the meaning of prior law is most in doubt« (Jasanoff 2005: 208).

Der Rekurs auf bestehende gesetzliche Regeln bedeutet aber gerade die Anwendung von Regeln, die geschaffen wurden, *bevor* bestimmte, mit neuen Technologien verbundene Konflikte oder Dilemmata überhaupt zu Tage treten konnten.

Die implizite Ratio der Gerichte und der Beschwerdekammern im Patentrecht lautete jedoch immer, dass für die Patentfähigkeit erlaubt werden müsse, was vom Gesetzgeber nicht ausdrücklich verboten sei und damit »in dubio pro inventore« (Beier 1989: 14). Dieser Pro-Patent-Bias konvergiert mit dem Pro-Technik-Bias des Patentrechts, wonach Patentschutz grundsätzlich allen Technikgebieten gleichermaßen zugänglich sein müsse. Zudem teilen Patentrichter in der Regel die utilitaristische – allerdings nicht empirisch fundierte – Ansicht (vgl. Kap I. C), dass Patente per se bereits innovationsförderlich seien:

»The pro-patent law faction has here and there alluded to the blessings of patent law promoting inventiveness and innovation. [...] But patent lawyers, when stressing the promotional effects of patent law, have tended to take the existence as well as the desirability of those effects for granted. The hypothesis, questionable both in theory and as a matter of practice, was turned into an axiom which served to justify any coverage of new technologies by patent protection« (Winter 1992: 168).

Auf dieses Axiom habe ich bereits im Kapitel zur epistemischen Gemeinschaft des Patentrechts (Kap. I.E) hingewiesen. Das Paradox liegt also darin, dass Gerichte zwar implizit auch über forschungs-, industrie- und gesundheitspolitische Fragen entscheiden, wenn sie Patentrecht fortschreiben, gleichzeitig aber alle regulatorischen Fragen aus dem Patentrecht rigoros ausgrenzen.[43] Es ist

43 Indem ich der empirischen Darstellung hier vorausgreife, sei mit folgendem Zitat darauf hingewiesen, dass sich diese Ausgrenzung bis hin in die Argumentation der Schlussanträge von

jedoch in Frage zu stellen, dass es sich bei diesem Regulationsausschluss tatsächlich um einen neutralen und objektiven Akt handelt; denn es lässt sich argumentieren, dass sich im Patentschutz bestimmte Interessen von Patentinhabern artikulieren, während Interessen an einer Schutzfreihaltung zugunsten von anderen Zielen – wie etwa Forschungsförderung, Persönlichkeitsrechte oder umwelt- und verteilungspolitische Anliegen bisher keine Artikulation erhalten haben (vgl. Godt 2007).

Brüche, Grenzüberschreitungen und potentielle qualitative Sprünge in der Übertragung und Ausdehnung des Patentrechts auf neue Technikgebiete werden mit dem Gestus des »immer schon«, der Rückverlagerung in »alten« Gesetzestext oder in »alte« rechtsdogmatische Grundsätze verhüllt. Die Logik der judikativen Methode, die ihr eine gewisse Unangreifbarkeit verschafft, liegt also darin, dass sich das Neue als bloße Traditionspflege, als Kontinuation und Extrapolation des Bestehenden gibt:

»Die Weiterentwicklung bestehender Grundsätze in Anpassung an neue Gegebenheiten ist nicht als Abkehr von einer bestehenden Praxis zu verstehen, sondern vielmehr als konsequentes Ausdeuten dieser Grundsätze anhand ihrer Grenzen. Gerade das Patentrecht ist bekanntlich ›ein Rechtsgebiet, dessen vornehmste Aufgabe es ist, die nach dem jeweils neuesten Stand der Wissenschaft und Forschung patentwürdigen Ergebnisse zu erfassen.‹ (BGH, GRUR 1979: 672 – Rote Taube)« (van Raden/von Renesse 2002: 399, FN 53).

Radikale Neuerungen können somit ins Gewand der Kontinuität gekleidet, als inkrementelle Verschiebungen des Immergleichen gedeutet und damit entpolitisiert werden.

Franc Mali schreibt jedoch der richterrechtlichen Entscheidungsstruktur eine Reihe negativer Implikationen zu:

»(1) reduction of the perceived distance between biological and mechanical manipulations, (2)emphasize of individual rights above collective ones, (3) rewarding economic initiative despite ethical concern, (4) de-emphasize of need for new legislation to address questions raised by biotechnology« (Mali 2004: 3–4).

Selbst wenn Entscheidungen über die Anwendung des Patentrechts auf die Ebene der Legislative gehoben werden, wie dies in Europa mit der EU Biopatentrichtlinie der Fall war, fließt die Entwicklung der Patentrechtsprechung und

Generalanwalt Jacobs zur Nichtigkeitsklage gegen die Biopatent-Richtlinie vor dem EuGH gezogen hat: »Zwar ist unbestreitbar, dass sowohl die Durchführung von Forschungen, die zu biotechnologischen Verwendungen führt, als auch die Verwendungen, für die diese Erfindungen nutzbar gemacht werden, bedeutende Auswirkungen auf die Gesundheit, die Sicherheit und insbesondere den Umweltschutz haben können, doch sollten mit der vorgeschlagene Maßnahme [EU-Biopatentrichtlinie] nicht diese Forschungen oder Verwendungen vom Standpunkt der Gesundheit, der Sicherheit, des Umwelt- oder des Verbraucherschutzes aus geregelt werden« (Jacobs 2001, Rn. 65).

ihre Rechtsdogmatik maßgeblich auch in legislative Vorhaben ein und setzt damit Fakten, die vom Gesetzgeber kaum oder nur unter erheblichen Mühen geändert werden können. Zu diesem präjudizierenden Effekt von richterrechtlichen Entscheidungen trägt nicht zuletzt bei, dass auch die Regierungs- und Parlaments-Berater in den entsprechenden Fachreferaten der Ministerien häufig Juristen sind und von der patentrechtlichen Scholastik imprägniert bleiben (vgl. Kap. I.E). Aus der Logik der – vorauseilenden – Erteilungspraxis der Patentämter und der Rechtsprechung der Gerichte wird sodann in der Regel »legislativer Gehorsam« abgeleitet, was heißt, dass diese Präzedenz setzenden Entscheidungen nicht mehr einzuholen oder gar umzukehren sein sollten – und aus Gründen der Rechtssicherheit und des Vertrauensschutzes schon gar nicht mit rückwirkender Bindungskraft.[44]

Dieses »Hase- und-Igel«-Verhältnis zwischen Praxis (Exekutive) und Judikative gegenüber der Legislative ist beileibe kein Spezifikum des Patentsystems, sondern auch in vielen anderen Rechtsbereichen vorherrschend. Die Rechtspolitologen Axel Görlitz und Rüdiger Voigt sprechen in diesem Zusammenhang von einem »Quasi-Gesetzgebungsrecht der Verwaltung«, das durch die Einwirkung der Exekutive auf das Gesetzgebungsverfahren noch gestärkt werde:

»Die Verwaltung kehrt in diesen Fällen das von der Verfassung vorgesehene Verhältnis zwischen Exekutive und Legislative gewissermaßen um, indem sie sich des Gesetzgebers zur Durchsetzung eigener Interessen bedient. Dabei drängt sie zugleich der zentralen Programminstanz ihre Deutung der Probleme auf, um die für sie günstigste gesetzliche Regelung zu initiieren« (Görlitz/Voigt 1985: 171).

Die beiden Autoren unterscheiden dabei typologisch zwischen einer »gestaltenden« und einer »vollziehenden« Verwaltung (Görlitz/Voigt 1985: 164). Letztere trete »*in erster Linie an die Justiz heran*. Sie versucht auf dem Umweg über ihre Klienten, […] Handlungssicherheit und legitimatorische Rückendeckung zu erhalten« (Görlitz/Voigt 1985: 171, Hervorhebung I.S.). In diesem Sinne kann es zu einer Kooperation beziehungsweise, pointierter ausgedrückt, zu einer Art Schulterschluss zwischen Patentanmeldern und Patentämtern kommen, in dem Interesse, die Grenzen der Patentierbarkeit auszudehnen. Die Exekutive in Gestalt der Patentprüfer tritt dabei nicht im öffentlichen Interesse als Kontrollinstanz gegenüber der Klientel der Anmelder auf, sondern »verbündet sich«

44 Bezeichnend dafür sind wiederum die Schlussanträge von Generalanwalt Jacobs zur Nichtigkeitsklage gegen die Biopatent-Richtlinie vor dem EuGH, der argumentierte, »dass die Patentierbarkeit lebender Materie keine von der Richtlinie eingeführte Neuigkeit ist, sondern lediglich die Anerkennung dessen, was augenblicklich im Einklang mit nationalem Recht geschieht. Die Mitgliedsstaaten haben schon lange die Patentierbarkeit bestimmter Erfindungen anerkannt, die lebende Materie betreffen« (Jacobs 2001: Rn 67). »Mitgliedstaaten« bedeutet hier eben nicht die demokratisch legitimierten Gesetzgeber der Mitgliedsstaaten, sondern deren Gerichte und Patentämter.

mit der Anmelderschaft im gemeinsamen Interesse an einer Auslegung der Patentierungsregeln zugunsten der breiteren Patentierbarkeit. Dieses »an einem Strang ziehen« kann positiv verstanden werden als eine fortlaufende Gestaltung des Patentsystems im Gemeinwohlinteresse, in eher negativer Konnotation handelt es sich um ein »*capture by the clients*« (vgl. Hagel 2004), bei dem Partikularinteressen sowohl der Anmelder als auch der Prüfer (am Erhalt des Systems) zu Lasten von gegenläufigen Interessen zur Geltung kommen.

Hier kommt ein weiteres Mal die Bedeutung der juristischen epistemischen Gemeinschaft (vgl. Kap. I.E) zum Tragen: Patentanwälte, sei es in Patentabteilungen großer Unternehmen oder niedergelassen in Kanzleien, Patentexperten an Hochschulen und öffentlichen Instituten, Patentjuristen im EPA, Richter an Patentgerichten oder allgemeinen Gerichtshöfen, bis hin zum EuGH teilen eine gewisse juristische Habitualisierung, die ökonomische und gesellschaftspolitische Fragen rigoros aus dem Patentrecht ausgrenzt. Hinzu kommt die Spezialisierung im Recht: Sofern Richter nicht selbst eine naturwissenschaftliche Vorbildung und Spezialwissen im Patentrecht haben, besitzen sie oft nur einen rudimentären Einblick in technische Fragen und neigen daher dazu, der Kompetenz ihrer patentrechtlichen Fachkollegen zu vertrauen, statt mutig eigene Akzente zu setzen.

Gerichtliche Präzedenzfälle verschieben die Grenzen der Patentierbarkeit. Diese wurden bislang jedoch, wie aus den vorausgehenden Abschnitten deutlich wurde, fast immer ausgedehnt, nicht »zurückversetzt«. Es ist schwer, konträre Entscheidungen zu finden.[45] Als Beispiel für eine »Nachkorrektur« durch Gerichte, die *nicht* eine Ausdehnung der Grenzen der Patentierbarkeit bewirkte, sondern die Freiräume für Forscher stärkte, wäre die Entscheidung des deutschen Bundesverfassungsgerichts »Klinische Versuche« zu nennen, die das Forschungsprivileg konkretisierten und relativ weit fassten (BVerfG 2001).[46]

Gerichte und Technische Beschwerdekammern der Patentämter haben sich daher nicht auf ihre Normenvollzugskontrollfunktion für den Gesetzgeber beschränkt, sondern die Entwicklung des Patentrechts maßgeblich in eine bestimmte Richtung hin weiter vorangetrieben.

Eine bemerkenswerte Ausnahme im außereuropäischen Raum bildet die Entscheidung des kanadischen Supreme Court 2002 zum Onkomaus-Patent.[47]

45 Erst in jüngster Zeit sind aus Großbritannien (Crespi 2005) und den USA (Kintisch 2009; Simmons 2009; Kesselheim/Mello 2010) einzelne Urteile bekannt geworden, die auf eine gewisse »Zeitenwende« hindeuten könnten.

46 Dem gingen zwei entsprechende Entscheidungen des BGH voraus (Klinische Versuche I, in: GRUR 1996: 109 und Klinische Versuche II in: Mitteilungen der Dt. Patentanwälte 1997: 253).

47 Die Grundsatzentscheidung des kanadischen Supreme Court vom 5. Dezember 2002 vermerkte, dass ernste Zweifel an der Verfassungsmäßigheit von Patenten auf »higher life forms« bestünden, siehe www.lexum.umontreal.ca/cscscc/en/rec/html/harvard.en.htm.

In seinem Urteil befand der Gerichtshof, er maße sich nicht an, selbst eine Entscheidung über die Patentierbarkeit höherer Lebensformen zu treffen. Stattdessen verwies er darauf, dass eine solche Entscheidung der Legislative vorbehalten sein müsse:

»Since patenting higher life forms would involve a radical departure from the traditional patent regime, and since the patentability of such life forms is a highly contentious matter that raises a number of extremely complex issues, clear and unequivocal legislation is required for higher life forms to be patentable. The current Act does not clearly indicate that higher life forms are patentable« (Supreme Court 2002, zit. nach Dutfield 2004: 11).

Der Gerichtshof bezog sich in seiner Entscheidung unter anderem darauf, dass die Zulassung höherer Lebensformen einen Dammbruch zur Patentierbarkeit von menschlichen Organismen (in toto) eröffnen könne.[48] Klar wurden in dieser Entscheidung die Grenzen des eigenen judikativen Mandats anerkannt und dem Gesetzgeber aufgetragen, die – fließende – Grenze zwischen »niedrigeren« Lebensformen wie etwa Mikroorganismen und »höheren« Organismen und die Frage ihrer Patentierbarkeit zu ziehen:

»Given the complexity of the issues involved, it is not the task of the Court to situate the line between higher and lower life forms« (zit. nach Dutfield 2004: 11).

In gewissem Einklang mit dieser kanadischen Entscheidung fordert Godt konsequent einen Richtungswechsel ein. Dieser bezieht sich sowohl auf die Ebene der legislativen Governance des Patentrechts in neuen Technologiebereichen, als auch auf die Ebene einer Neukonzeptionalisierung innerhalb des Patentrechts selbst, das sich als regulatives Rechtsinstitut begreifen müsse:

»Den Parlamenten ist die Aufgabe zugewiesen, über die tatbestandliche Struktur von Patentschutz Abwägungen richtungsweisend vorzugeben, die von den Ämtern im Einzelfall nachvollzogen werden können. Die Gerichte haben inhärente Abwägungen im streitigen Einzelfall zu konkretisieren« (Godt 2007: 504).

Abwägungsprärogativen für den Patentschutz seien zu unzureichend ausgeprägt, als dass Parlamente, Gerichte und Behörden ihre Entscheidungen daran ausrichten könnten. Hier bedürfe es einer konzeptionellen Neuorientierung. Damit fordert Godt ein Primat der Gesetzgebung ein.

An dieser Stelle lässt sich jedoch ein grundlegendes Dilemma formulieren: Auf der einen Seite sind Urteile über die Patentfähigkeit von neuen technologischen Entwicklungen und neue *subject matter* des Patentrechts inhärent und für

48 »If the line between lower and higher life forms is indefensible and arbitrary, so too is the line between human beings and other higher life forms. It is now accepted in Canada that lower life forms are patentable but this does not necessarily lead to the conclusion that higher life forms are patentable, at least in part for the reasons that it is easier to conceptualize a lower life form as a ›composition of matter‹ or ›manufacture‹ than it is to conceptualize a higher life form in these terms« (Canadian Supreme Court, zit. nach Dutfield 2004: 11).

die Praxis von Patentämtern unvermeidlich. Daher müssen diese, ebenso wie die Gerichte, gewisse Ermessens- und Gestaltungsspielräume bei der Auslegung des Patentrechts haben. Auf der anderen Seite lässt sich vertreten, dass es sich bei grundlegenden Entscheidungen über die Patentfähigkeit in neuen Technikgebieten um genuin politische Akte handelt, die dem Gesetzgeber überlassen bleiben sollten. Dieses Dilemma lässt sich folgendermaßen einfassen:

Spezifische Gesetzgebung, welche die Außengrenzen der Patentfähigkeit festlegt und die Ausnahmen von der Patentierbarkeit konkretisiert, kann den Patentämtern und Gerichten größere Lenkung an die Hand geben. Eine solche Gesetzgebung kann jedoch angesichts von nicht-antizipierbaren technologischen Sprüngen schnell obsolet werden. Daher sind gesetzliche bzw. rechtliche Generalklauseln unvermeidlich, die mehr Flexibilität in der Auslegung ermöglichen. Durch einen stärker generellen Wortlaut in Gesetzen behalten diese bei technischen Fortschritten Relevanz und können selbst bei Veränderungen in den gesellschaftlich-normativen Beurteilungen von Technologien Geltung beanspruchen. Gleichzeitig statten solche Generalklauseln die Prüfungsabteilungen, Beschwerdekammern und Gerichte mit genug Spielraum aus, Grenzen zu schaffen oder aufzuheben, die sich aus normativen oder sozio-ökonomischen Erwägungen heraus ergeben (vgl. Bagley 2003: 469).

Auf die institutionelle Ebene bezogen bedeutet dies reformuliert: Die starke autonome Position des Europäischen Patentamtes als »law maker« (Ullrich 2002: 27) und von Gerichten als Rechtsetzern ist in gewisser Weise unvermeidlich, nicht zuletzt angesichts »the excessively long gestation period for any legal changes«, und der »frightening inflexibility of Convention law« im EPÜ (ebenda). Die Diagnose, »legislative action will hardly ever catch up with technological development« (Ullrich 2002: 27) ist allerdings in doppelter Hinsicht zu pessimistisch: Denn immerhin haben technologische Innovationen teilweise durchaus lange Gestationsperioden, was auf notwendige Differenzierungen zwischen kurzlebigen und langzyklischen Technikzweigen und -branchen verweist.[49] Darüber hinaus ist nicht in Abrede zu stellen, dass sowohl die Patentprüfungs- und Erteilungspraxis bei einer Anmeldung sich in der Regel über mehrere Jahre hinzieht, als auch interne Beschwerdefälle beim EPA oder der Erteilung nachgelagerte gerichtliche Streitfälle häufig eine sehr lange Bearbeitungszeit umfassen. Ob Gesetzgebung daher vergleichsweise immer als »langsamer« abschneidet, ist empirisch keineswegs evident und darf durchaus bestritten werden.[50] Im Gegensatz zu amtlichen oder gerichtlichen Entschei-

---

49 Im allgemeinen gilt die Biotechnologie als langzyklisches Technologiegebiet (Nightingale/Martin 2004), während die Informations- und Kommunkationstechnologien kurze Innovationszyklen aufweisen.

50 Verwiesen sei als anekdotische Evidenzen hier nur auf folgende drei Fälle: 1. Das von Amgen gehaltene Patent auf Erythropoietin, dem zwei Monate vor Ablauf der Laufzeit von einem

dungen ist jedoch bei legislativen Akten eine wesentlich breitere demokratische Partizipation und Deliberation möglich.

In diesem Zusammenhang spricht sich Peifer (2003: 446f) ebenso wie Beyer (1994: 541, 551) für eine prospektive Technikfolgenabschätzung und Technikbewertung aus, die auch in das Patentrecht eingehen müssten. Es sei sinnvoll, »die Frage, welche Forschungsergebnisse und welche ihrer Verwertungen erwünscht sind, durch den Gesetzgeber im Rahmen der Patentfähigkeit vorab zu klären.« Werde der Gesetzgeber nicht rechtzeitig tätig, würden Patente erteilt und der Gesetzgeber sodann unter Zugzwang gesetzt. »Bleibt dessen Entscheidung aus, entstehen Märkte, die im Nachhinein nicht mehr ohne erhebliche volkswirtschaftliche Schäden geschlossen werden können« (Peifer 2003: 447). Dieser ökonomischen Sicht bleibt hinzuzufügen, dass etablierte Technikverwertungen, selbst wenn sie als ethisch äußerst problematisch angesehen werden, in der Regel auch politisch kaum mehr rückholbar sind, sondern allenfalls regulativ in ihrer Anwendung begrenzt werden können.[51]

Im übrigen bliebe noch zwischen allgemeinen Gerichtshöfen, die Patentrechtsfälle behandeln und spezialisierten Patentgerichten zu differenzieren, welche technisch kundige Richter aufweisen. Zwar verfügen letztere über technischen Sachverstand und damit ein größeres Expertenwissen. Thambisetty vermerkt jedoch wohl nicht ganz zu Unrecht, dass auf Patentrecht spezialisierte Gerichtshöfe stärker zu einer »formal and tunnel vision« (2006: 10) neigten als allgemeine Gerichte, die eher öffentliche Interessen einbeziehen würden.[52]

Für den empirischen Teil dieser Arbeit ist aus den vorgenannten Reflexionsprozessen heraus die Frage zu stellen, ob und wie es im EU-Legislativprozess zur Biopatent-Richtlinie zu entsprechenden Abwägungsentscheidungen kam.

---

britischen Gericht der »death blow« versetzt wurde (Crespi 2005). 2. Die Entscheidung über die Patentierung der Harvard Onkomaus beim EPA, die in der letzten Instanz erst nach 17 Jahren abgeschlossen wurde. 3. Die Entscheidung der Großen Beschwerdekammer des EPA über embryonale Stammzellpatente, die 13 Jahre nach der Patentanmeldung erfolgte (WARF/Thomson Anmeldung Nr. 96903521.1, GBK G2/2006, entschieden am 27.11.2008).

51 Zur Diskussion über Möglichkeiten und Grenzen des Einbezugs von Technikfolgenbewertung in das Patentrecht siehe Schneider 2006a und 2008.

52 Gegen die generelle Gültigkeit dieser These sprechen allerdings als prominenter Fall die »Chakrabarty«-Entscheidung des US Supreme Court von 1980, aber auch beispielsweise die EuGH-Entscheidung zur Nichtigkeitsklage gegen die Biopatentrichtlinie. Insofern wäre hier eher zu prüfen, ob Zeitläufte und generelle »politische Stimmungen« zum Patentrecht nicht ausschlaggebend sind. In den USA scheinen sich überdies derzeit Kompetenzrivalitäten zwischen dem zentralen Patentgerichtshof CAFC und dem Supreme Court abzuzeichnen (vgl. Kintisch 2006), womit Machtkämpfe *innerhalb* des Justizsystems als weiterer Faktor für »Richtungsschwankungen« im Patentrecht zu identifizieren wären.

13. Zusammenfassung

Für den Gegenstand dieser Arbeit – die Governance des Patentsystems – ist es wichtig, zur Fortschreibung des Patentrechts die folgenden Punkte festzuhalten:

Die Evolution der Governance des Patentrechts hat sich traditionell über die Prüfungspraxis der Patentämter und über die Spruchpraxis von Beschwerdekammern und Gerichten vollzogen. Legislatives Government trat hinter der *administrativen und justiziellen Governance* weitgehend zurück. Ein Abriss der wichtigsten richterrechtlichen Entscheidungen im europäischen und US-amerikanischen Case-Law hat gezeigt, wie biotechnologische Verfahren und insbesondere biologische »Stoffe« zum Gegenstand des Patentrechts wurden.

Die Inklusion der Biotechnologie als Gegenstand des Patentrechts, insbesondere ihrer spezifischen »Materialität« in Bezug auf die »Lebendigkeit« der *subject matter* vollzog sich im Bewusstsein des Handelns dieser Akteure nicht als radikaler Bruch mit bestehenden Patentierungsgrundsätzen, sondern als durch Einzelfälle ein- und angeleitetes Kontinuum. Es handelte sich damit nicht um eine Logik des abrupten Einbruchs, sondern vielmehr um eine Abfolge vieler kleiner Schritte, insbesondere von gerichtlichen Entscheidungen, die zwar nur spezielle Fälle betrafen, als Case Law jedoch allgemeine Gültigkeit gewannen.

Die Chakrabarty-Entscheidung des US-Supreme Court (1980) wird häufig als singulärer und ausschlaggebender »Wendefall« für das internationale Biopatentrecht charakterisiert. Dieses geläufige Narrativ wurde in diesem Kapitel dahingehend differenziert und erweitert, dass es in Europa – teilweise sogar zeitlich erheblich vorgängig – eine parallele Entwicklung von vor allem *gerichtlichen* Entscheidungen gab, in der sich das Patentrecht hin zur Patentierung von »lebender Materie« öffnete. Hier waren insbesondere der erweiterte Technizitätsbegriff (»Rote Taube«, BGH 1969), die Naturstoffrechtsprechung (Antamanid, BPatG 1977), die gesetzliche Zulassung des Stoffschutzes (deutsches Patentgesetz 1968) und dessen Festlegung auf einen »absoluten« Umfang (Imidazoline, BGH 1972) bahnbrechend für eine Erweiterung des Patentschutzes auf die Biotechnologie.

Diese Entwicklung wurde von mir in der empirisch-analytischen Rekonstruktion gleichzeitig als Verlust von inhärenten, bis dato konstitutiven Grenzziehungen im Patentrecht beschrieben. Diese Entgrenzungsprozesse bezogen sich sowohl auf die »Außengrenzen« des Patentrechts im Sinne von absoluten Ausschlüssen von der Patentfähigkeit (Entdeckungen und Ordre-Public-Vorbehalt) als auch auf die »Binnengrenzen« der Patentierbarkeit im Sinne des Absinkens der Schwellen für die erfinderische Leistung sowie einer mangelnden Umfangssteuerung des Schutzbereiches.

Hinsichtlich des letzteren Aspekts wurde die Patentrechtsdogmatik des Stoffschutzes und seines »absoluten« Umfangs ohne Zweckbeschränkung in ihrer Genese rekapituliert. Die Übertragung dieser Dogmatik von chemischen auf molekularbiologische, insbesondere humanbiologische »Stoffe« vollzog sich bar jeglichen Aufhebens in der Praxis der Patentprüfung in Form eines Analogieschlusses, bei der von einer Art funktionaler Äquivalenz ausgegangen wurde. Das heißt, der Einbezug von Genen, Zellen und anderen Körperbestandteilen wurde in der internen Logik des Patentrechts als Kontinuität gefasst: Die Übertragung der für chemische Substanzen entwickelten Patentierungsgrundsätze vollzog sich nicht als Abkehr, sondern geradezu als reibungslose und selbstverständliche Anwendung der bisherigen Patentierungspraxis und geschah im Einvernehmen zwischen Amt und Anmeldern. Der Stoffschutz auf Gene war damit letztlich gerade *keinem* biotechnologie-spezifischen Case Law zu verdanken.

Im Hinblick auf die Implikationen einer solchen in breitem Umfang erfolgenden Patenterteilungspraxis lassen sich einerseits ermöglichende Effekte studieren, insbesondere erlaubte die Vorverlagerung der Patentierung *upstream* in den Forschungsprozess hinein die Bildung neuer Allianzen zwischen Wissenschaft, Industrie und Risikokapitalgebern. Infolge dieser Entwicklung kam es jedoch andererseits zu einigen paradoxen und restringierenden Wirkungen. Der Schwund der Außengrenzen und das niedrige Ansetzen der Patentierungsschwellen entfachte Prioritäts- und Neuheitswettläufe und ist ursächlich dafür mitverantwortlich zu erklären, dass sich die Zahl der Patentanmeldungen beim Europäischen Patentamt aufblähte, was in der Folge zu internen Problemen bei der Bewältigung der Arbeitsbelastung führte sowie die Qualität der Anmeldungen und Erteilungen tendenziell eher absenkte. Die aus der Grenzerosion resultierende Patentanmeldungs-Schwemme initiierte damit sich selbst verstärkende negative Rückkopplungseffekte (vgl EPO 2007a: 90).

Für die Anmelder und ihre Konkurrenten war das Aufweichen von Grenzen und scharfen Unterscheidungsmerkmalen mit entstehenden Grauzonen hinsichtlich der Überlappungen der Patentschutzbereiche und der patentrechtlichen Abhängigkeiten (*patent thickets*) verbunden, womit insgesamt die Unsicherheit eher zunahm denn durch den Rechtsschutz abnahm, wie es eigentlich die Funktion des Patentrechts sein sollte. Zudem wurde Raum für Gambling-Aktivitäten sowie defensive und strategische Nutzungen von Patenten geschaffen (vgl. Kap. I.C.6). Es bleibt in diesem Zusammenhang daran zu erinnern, dass eine strenge Patentprüfungspraxis als staatliche Koordinationsleistung – und damit als *good governance* – betrachtet werden muss. Sofern sie vom Patentamt nur unzureichend erbracht wird, bürdet sie Folgen den privaten Akteuren auf. Dies kann als Externalisierung von Kosten bzw. als Auferlegen von Validierungspflichten und Transaktionskosten begriffen werden.

Diese Analyse diente dazu, den traditionellen Evolutionsmodus der Governance des Patentsystems über die Patenterteilungspraxis und das Richterrecht in Ergänzung zu den vorangegangenen Kapiteln ein weiteres Mal zu erhellen, zu konkretisieren sowie in demokratietheoretischer und rechtspolitologischer Hinsicht zu reflektieren. Die für westliche Demokratien konstitutive Gewaltenteilung schreibt den Gerichten (lediglich) eine Kontrollfunktion für den Gesetzgeber zu und weist dem administrativen Apparat (Patentamt) die Exekutivfunktion zu. Empirisch-analytisch betrachtet, so die Erkenntnis, kommt es jedoch im Patentsystem zu einer weitgehenden Autonomie von Patenterteilungspraxis und zu Formen von justizieller »Gesetzgebung«. Es handelt sich de facto im Ergebnis um neues Recht erzeugende, also um rechtsschöpfende und rechtssetzende Akte. Dieses *immanente Policy-Making* verdeckend berufen sich Richter und Patentämter jeweils auf die Rechtsdogmatik sowie auf vorgängige gesetzgeberische Entscheidungen beziehungsweise auf das bindende Vertragsrecht des Europäischen Patentübereinkommens oder des völkerrechtlichen TRIPs-Abkommens. Die spezifische eigene Auslegung und damit verbindliche Setzung von *neuem* Recht – besonders augenfällig wurde dies im Chakrabarty-Urteil des US-Supreme Court aus dem Jahr 1980 – wird gewissermaßen in das offene Gefäß »früheren Rechts« und gesetzgeberischer Generalklauseln gefüllt. Inkrementeller oder sogar radikaler patentrechtlicher Wandel kleidet sich demnach in das Gewand der Kontinuität und der bloßen Normenkontrolle beziehungsweise Normenvollzugskontrolle, was seine rechts*politischen* Implikationen unsichtbar macht.

Die nationale gerichtliche Überprüfung der Erteilungs- und Spruchpraxis des Europäischen Patentamtes *post-grant* könnte potentiell einen Gegenspieler zur benannten Grenzerosion darstellen und Potentiale von *checks and balances* eröffnen. Empirisch war dies jedoch in den 1980er und 1990er Jahren nicht der Fall, sondern es kam durch die Gerichte zu einer gleichgerichteten und sich damit verstärkenden Expansion des Patentfähigen. Die justizielle Regulation hebt Gerichte in den Stand eines »Ersatz-Gesetzgebers«. Deren Ausrichtung an den Spezifika des jeweiligen Einzelfalles hat jedoch den Nachteil, dass weitergehende sozio-ökonomische Implikationen der Evolution des Patentschutzes aus dem Blickfeld geraten können. Außerdem sind die Kapazitäten zur öffentlichen Deliberation im Gegensatz zu Legislativverfahren bei gerichtlichen Entscheidungen nur äußerst gering.

Der Nutzen dieser Analyse könnte darin liegen, offenzulegen, dass es sich bei der Interpretation der Grenzen der Patentierbarkeit immer um soziale Konventionen und gesellschaftliche Aushandlungsprozesse handelt. Deren institutionelle Verfasstheiten und Steuerungsmodalitäten (Wer darf sie festlegen? Wie entwickelt sich Deutungshoheit und Autorität?) und die Ausschlüsse (Wer darf mitreden?) bedürfen allerdings in demokratietheoretischer Hinsicht besonderer Aufmerksamkeit.

Mit diesen analytischen Beobachtungen wurde ein grundlegender Governance-Modus des Patentrechts *vor* 1988, also vor seiner wechselvollen supranationalen Legislativgeschichte, beschrieben. Diese lieferten darüber hinaus Erkenntnisse, wie sich normalerweise die Evolution des Patentrechts vollzieht. Denn Patenterteilungspraxis und Technische Beschwerdekammern der Patentämter beziehungsweise Gerichte bilden die Vorreiter für neue Entwicklungen und bahnen damit die Pfade für entsprechende gesetzgeberische Akte. Umso interessanter erscheint die Analyse von Politikprozessen, in denen es potentiell zu einem Abweichen von dieser Pfadabhängigkeit kommen und sich legislative Entscheidungen vom Modus ihrer Präjudizierung durch Administration und Judikative lösen können.

Am Ende dieses Kapitels wurde – gewissermaßen kontrafaktisch zur beschriebenen empirischen Entwicklung – darauf hingewiesen, dass Grenzziehungen im Patentrecht bedeutsame Steuerungskapazitäten und Governance-Funktionen für das Patentsystem bereithalten. Die Ratio des Festhaltens an Außengrenzen der Patentfähigkeit (Entdeckungs-Klausel) liegt darin, einen elementaren Kernbestand neuen Wissens für alle uneingeschränkt und zum allseitigen Nutzen zugänglich zu halten und damit eine Grundlagenforschung sowie die Genese und Aufrechterhaltung einer Public Domain zu sichern. Die Ordre Public-Klausel verbürgt eine Konstitutionalisierung des Patentrechts im Sinne einer Einordnung in die verfassungsrechtliche Normenhierarchie und trägt somit zur Kohärenz und Cross-Compliance des Rechts bei; sie eröffnet darüber hinaus Potentiale zu einer sozialen Technikgestaltung im Sinne einer Public Policy für neues, gesellschaftlich umstrittenes Wissen. Binnengrenzen der Patentierbarkeit wie der über die fiktive Figur des »Durchschnittsfachmanns« definierte »Stand der Technik«, sowie weitere Aspekte der Umfangssteuerung bilden regulative Potentiale, um die Flexibilität und Effizienz des Patentrechts zu gewährleisten sowie eine angemessene Balance des Patentrechts zwischen Erfinder und Allgemeinheit auszugestalten.

Trotz aller theoretischen und rechtspolitischen Unzulänglichkeiten bleibt die Idee, dass es Außengrenzen der Patentierbarkeit geben muss, eine wichtige Leitvorstellung, die ihre theorieleitende und identitätsstiftende Handlungsorientierung in der Aufgabe finden könnte, die Grenzen einer markt- und eigentumsförmigen Organisation der Generierung von Wissen und von Innovationen in öffentlicher Erinnerung zu halten und durchzusetzen.

Teil II: Empirie

A Policy-Analyse der EU-Biopatentrichtlinie

Dieses empirische Kapitel beschreibt in einer Policy-Analyse den Verlauf des Agenda-Settings und des Gesetzgebungsprozesses bis hin zur Verabschiedung der EU-Biopatentrichtlinie (98/44/EG). Außerdem wird die Nichtigkeitsklage gegen diese Richtlinie vor dem Europäischen Gerichtshof (EuGH) und die Überführung der Richtlinie in die Ausführungsordnung des Europäischen Patentübereinkommens der Europäischen Patentorganisation abgehandelt. Die Darstellung ist chronologisch angelegt, enthält jedoch neben dem Abriss der wichtigsten Stationen und der darin vorgenommenen Änderungen des Richtlinientextes auch jeweils analytische Passagen und Würdigungen im Hinblick auf die übergeordnete Frage der Patent-Governance.

1. Die erste Phase des Gesetzgebungsprozesses (1988–1995)

1.1 Die Vorgeschichte der Richtlinie: Schritte zum Agenda-Setting

Die Geschichte der EU-Biopatentrichtlinie lässt sich nicht isoliert und auf Europa beschränkt erzählen, denn entscheidende Anstöße zum Agenda Setting seitens der Europäischen Kommission stammten von jenseits des Atlantiks, aus den Vereinigten Staaten. Dort war es zu einer Stärkung und Expansion von Patentrechten gekommen, die durch den Aufstieg der japanischen Halbleiterindustrie und die daraus entstandene Wahrnehmung einer Wettbewerbsschwäche der US-Industrie (Coriat/Orsi 2002, Waldby/Mitchell 2006: 101–104), sowie durch die emergente Biotechnologie-Industrie beeinflusst waren. Für die USA gelten drei Zäsuren als ausschlaggebend für die Entwicklung des Patentrechts:

- Erstens der Bayh-Dole Act aus dem Jahr 1980, der es Forschern an Universitäten und anderen staatlich geförderten Instituten erlaubte, Patente auf ihre Erfindungen anzumelden und Lizenzrechte an private Unternehmen zu vergeben, auch wenn die entsprechenden Forschungsprojekte öffentlich finanziert wurden.[1]

1 Der 1980 unter der Reagan Administration verabschiedete Bayh-Dole Act wurde 1984 erweitert und durch andere Gesetze ergänzt, die vom US-Congress verabschiedet wurden, wie der

- Zweitens die Einrichtung des United States Court of Appeals for the Federal Circuit (CAFC) im Jahr 1982, eines zentralen Patentgerichtshofs als Berufungsinstanz für District Court Entscheidungen, mit dem die Patentrechtsprechung vor einem technischen Gericht vereinheitlicht und im Sinne von Anmelderinteressen gestärkt wurde.[2]
- Drittens die bereits erwähnte Entscheidung »Diamond v. Chakrabarty« des US-Supreme Court von 1980 (vgl. Kap. I.F), die ein gentechnisch verändertes, ölfressendes Bakterium als patentfähig erklärte, wobei der vielzitierte Satz aus dem Urteil lautete, »alles unter der Sonne, das von Menschenhand gemacht« sei, könne patentiert werden.[3]

Mithilfe dieser legislativen und judikativen Weichenstellungen wurde das bestehende US-Patentrecht vereinheitlicht, gestärkt und die Grenzen des Patentfähigen ausgedehnt. Dies blieb seitens der Europäischen Kommission nicht unbemerkt und wurde als auszeichnendes Merkmal der ökonomischen und technologischen Wettbewerbsfähigkeit der USA aufgenommen.

Der politische Wille zur Regulierung von gewerblichen Schutzrechten auf der Ebene der Europäischen Union entstand ab 1985 im Zuge der Binnenmarktinitiativen der Europäischen Kommission, die in Initiativen zur Harmonisierung von Immaterialgüterrechten in der Gemeinschaft übersetzt wurden (Borrás 2003). Die Regulierungsabsicht hatte ihre Vorläufer in Arbeitsgruppen der OECD und der WIPO, bei denen Patentrechts-Experten ein konkretisiertes

---

Stevenson-Wydler Technology Innovation Act (1980) und der Federal Technology Transfer Act (1986). Diese Gesetze etablierten ein neues Biotechnologie-Regime, indem sie den Technologietransfer zwischen Wissenschaft und Industrie befördern und Start-ups über Patente zu Venture-Kapital-Finanzierungen verhelfen sollten. (Ausführlich analysiert in: Rai/Eisenberg 2003; Barben 2007, Mowery et al. 2001; Sampat 2006).

2 Der CAFC wurde am 1.Oktober 1982 unter Artikel III der US-Verfassung gegründet. Das legislative Anliegen des US-Congresses lag darin, durch eine zentrale Gerichtsbarkeit die rechtsdogmatische Stabilität zu erhöhen und ein sich ausbreitendes *forum shopping* zu vermeiden (Jaffe/Lerner 2005). Man erwartete – und erreichte – eine stärkere Bestätigung des Patentbestands und weniger Patent-Nichtigkeit (Merges et. al 1997: 128). Rai (1999: 102–109) weist detailliert und kritisch nach, dass der CAFC in seiner Rechtsprechung (Case Law) einen Trend hin zu einer Ausweitung des Patentsystems in der Biotechnologie, gerade auch in der Grundlagenforschung, massiv gefördert habe. Die Kriterien für die Patentierbarkeit seien »dramatisch« abgesenkt worden (ebenso: Landes/Posner 2004). Zu einer weniger harten Beurteilung der Leistungsfähigkeit des CAFC kommt die empirische Studie von Wagner/ Petherbridge (2004), die belegen, dass das Ziel einer kohärenteren und mehr vorhersagbaren rechtlichen Infrastruktur nicht erreicht wurde und den CAFC als »court in broad transition« kennzeichnen.

3 *Diamond v. Chakrabarty* 1980: 447 U.S. 303, S. 309, siehe zur Einordnung dieser Entscheidung Kap. I F. Vgl. zur Genese und den Implikationen der Chakrabarty-Entscheidung: Kevles 1998; Jasanoff 2005 und Eisenberg 2006, die den Fall bewertet als »a watershed moment not just for the biotech industry, but also for the ongoing struggle between champions of an expansive patent system [...] and the skeptics« (2006: 357).

und dem Bedarf der Biotechnologie-Industrie angepasstes Patentrecht anmahnten.

Eine Studie der OECD von 1982 wies darauf hin, dass »ein verbessertes und den neuen Entwicklungen in der Biotechnologie angepasstes Patentsystem gebraucht wird« (Bull et al. 1984: 23). Eine weitere OECD-Studie von 1985 kamg zu dem Ergebnis, das Recht der USA und Japans sei »offener und flexibler« (Beier et al. 1986: 108) gegenüber den neuen biotechnologischen Entwicklungen. Dabei wurden die Umwälzungen im Rahmen der Patenterteilung betont:

»Heute besteht, im Gegensatz zu früher, als nur unbelebte Materie im Spiel war, die Notwendigkeit, lebendes Material zu schützen, ein Umstand, der die Exekutive dazu gezwungen hat, auf signifikante Weise mit herkömmlichen Verfahren, wenn nicht gar Grundsätzen zu brechen« (Beier et al. 1986: 107).

Dieses Zitat verweist auf die Erteilungspraxis der Patentämter (Exekutive), welche – wie bereits in Kap. I.F herausgearbeitet wurde – implizite rechtsetzende Implikationen hat. Dabei spielte das Europäische Patentamt mit seinen Beschwerdekammern eine herausragende Rolle als Trendsetter für das europäische Patentrecht. Die OECD Studie empfahl eine europäische Harmonisierung des Patentschutzes, die gesetzlich nachvollziehen und kodifizieren sollte, was durch die Patenterteilungspraxis des Europäischen Patentamtes bereits Realität geworden war. Die Praxis, »lebendes Material« zu patentieren, wird in dieser OECD-Studie einerseits als Bruch mit dem herkömmlichen Patentrecht charakterisiert, im selben Atemzug aber als »notwendig« bezeichnet, was bedeutet, dass der Druck seitens der Anmelder, entsprechende Patente zu erhalten, seitens der epistemischen Gemeinschaft des Patentrechts als eine Unumgehbarkeit betrachtet wurde (vgl. Kap. I.E und I.F). Gleichzeitig wird implizit auf die spezifischen Probleme in der Architektur des europäischen Patentsystems Bezug genommen, die Hürden für eine Änderung des Europäischen Patentübereinkommens darstellen (vgl. Kap. I.D):

»Für den Augenblick ist es jedenfalls dringend erforderlich, dass alle Unterzeichnerstaaten des EPÜ ihre nationale Rechtslage und -praxis an das europäische Recht angleichen. Verglichen mit dem gegenwärtigen Zustand wäre dies bereits eine deutliche Verbesserung des internationalen Schutzes biotechnologischer Erfindungen, ungeachtet der Änderungen des EPÜ, die in Zukunft noch nötig werden könnten« (Beier et al. 1986: 109).

Auch die WIPO (World International Property Organisation) in Genf hatte eine Expertengruppe eingesetzt, in der über drei Jahre hinweg Probleme des Patentsystems in der Biotechnologie diskutiert und »suggested solutions« verabschiedet wurden. An dieser Arbeitsgruppe nahmen vor allem »Industriekreise« teil, auch das Europäische Patentamt entsandte einen Vertreter (Interview Gugerell, EPA). Sie empfahl 1983 eine weltweite Harmonisierung des Patentrechts, um die wissenschaftliche und ökonomische Entwicklung in der Biotechnologie voranzubringen (vgl. Gold/Gallochat 2001: 335).

Die Europäische Kommission erwähnt die Förderung der Biotechnologie mittels des Immaterialgüterrechts erstmals 1982 in ihrem Vorschlag für eine europäische Strategie auf dem Gebiet der Wissenschaft und Technik.[4] Im Weißbuch über die Vollendung des Binnenmarktes von 1985 konkretisiert die Kommission ihr Vorhaben und kündigt an, dem Rat eine Richtlinie über den Patentschutz biotechnologischer Erfindungen vorzuschlagen. Zur Begründung führt sie an:

»Urheberrechtliche Unterschiede wirken sich unmittelbar und negativ auf den innergemeinschaftlichen Handel und auf die Fähigkeit der Unternehmen aus, den Gemeinsamen Markt als das einzige Umfeld für ihre Wirtschaftstätigkeit anzusehen«. [5]

Damit wird in der Begründung eine Akzentverschiebung von der internationalen Wettbewerbsfähigkeit hin zum innergemeinschaftlichen Handel vollzogen, um kompetenzrechtlich an die Verwirklichung des Binnenmarktes anknüpfen zu können (vgl. Zintler 2002: 45f). Denn eine eigene Kompetenz für das Patentrecht war nicht Gegenstand der Römischen Verträge (Artelsmair 2003, vgl. Kap. I.D). Begründet wird der Richtlinienvorschlag mit der Rechtsangleichungskompetenz nach Artikel 100 (a) EGV (später Art. 95 EGV).[6] Federführend wirkt die Generaldirektion für Binnenmarkt und gewerbliche Wirtschaft (GD XV) der Kommission. Die Wahl dieser Verfahrensweise, nämlich die Harmonisierung über eine Binnenmarkt-Richtlinie, brachte das Mitentscheidungsverfahren unter Artikel 189 (b) EGV (später Art. 251 (2) EGV) ins Spiel und erforderte damit die Kooperation des Europäischen Parlaments im Entscheidungsprozess (Gold/Gallochat 2002: 49). Mit dieser Entscheidung, die Richtlinie als Binnenmarkt-Direktive einzuordnen, wurde eine wichtige Weichenstellung getroffen, die große Bedeutung für den weiteren Verlauf des Gesetzgebungsverfahrens gewinnen sollte.[7]

---

4 KOM (82) 865 endg., S. 41.

5 KOM (85) 310 endg, Anhang: 36; vgl. auch Pernicka (2001: 110) und Zintler (2002: 45).

6 Der Vertrag über die Arbeitsweise der Europäischen Union (AEUV) nach dem Vertrag von Lissabon wurde hinsichtlich der EGV-Artikel-Nummerierung nicht mehr berücksichtigt.

7 Inhaltlich möglich gewesen wären auch Artikel 230 EGV (Industriepolitik) und Artikel 230f EGV (Forschungspolitik), allerdings um den Preis, dass die EU dabei keine eigene Rechtsetzungskompetenz besitzt und daher lediglich über nachgeordnete Maßnahmen – etwa über die Haushaltspolitik zu den jeweiligen Forschungsrahmenprogrammen der EU – Einfluss zu nehmen vermag. In Betracht gekommen wäre auch Artikel 235 EGV (später Art. 308 EGV), dabei hätte die Biopatentierung als »neues Recht« klassifiziert werden müssen; eine Anwendung dieses Vertragsartikels hätte einen einstimmigen Ratsbeschluß erfordert, aber keine Kodezision des Parlaments erlaubt. (Siehe ausführlich zu den anders gearteten institutionellen und prozeduralen Konsequenzen dieser Optionen: Zintler 2002 und Gold/Gallochat 2002).

1.2 Der erste Richtlinienvorschlag der Kommission vom 21.10.1988

1988 legt die Kommission ihren ersten Vorschlag für eine Richtlinie des Rates über den rechtlichen Schutz biotechnologischer Erfindungen vor. Sie griff dabei auf die Vorarbeiten der Expertengruppen von WIPO und OECD und damit von Mitgliedern der epistemischen Gemeinschaft des Patentrechts (vgl. Kap. I.E) zurück. Der erste Richtlinienentwurf der Kommission stammte weitgehend aus der Feder von Prof. Dr. Joseph Straus vom Max-Planck-Institut für ausländisches und internationales Patent-, Urheber- und Wettbewerbsrecht in München:

»Ich habe gewirkt an der ersten Fassung, bis 1988 eigentlich. Ich habe sogar die Begründung geschrieben für diesen Entwurf, weil die Kommissionsbeamten irgendwann einmal einen Monat vor dem Termin, zu dem sie eigentlich dem Kommissar was vorlegen sollten, zu mir kamen und sagten: ›Entweder sie helfen uns oder wir können das nicht hinkriegen.‹ Also tat ich das. Und ich habe auch dann im Rat die Kommission im Wesentlichen vertreten, solange die erste Variante zur Diskussion stand« (Interview Straus).[8]

Als Zielsetzungen und Begründungen für die Richtlinie führt die Kommission in diesem ersten Vorschlag auf:

- *Harmonisierung*: Die Vielzahl von Regelungssystemen habe zu einer Situation rechtlicher Unsicherheit geführt. Es bedürfe daher harmonisierter, eindeutiger und verbesserter Normen für den Schutz biotechnologischer Erfindungen.
- *Wettbewerbsfähigkeit*: Ein einheitliches Patentrechtssystem in der Gemeinschaft solle dafür sorgen, die Entwicklung der Biotechnologie zu verbessern und den Rückstand gegenüber konkurrierenden Staaten zu verringern oder aufzuholen. Die USA besäßen die stärkste Forschungsbasis, Japan die stärkste kommerzielle Grundlage für die Biotechnologie.
- *Wirtschaftswachstum und Innovation*: Patentschutz belohne Erfinder für ihre Leistung und schaffe einen Anreiz für technische Innovation, damit werde das Wirtschaftswachstum gefördert.

Damit bleibt dieser erste Richtlinie-Entwurf ganz einer patentrechtsimmanenten und wirtschaftspolitischen Perspektive verpflichtet.[9] Prämisse ist, dass die Konkretisierung und Ausweitung des biotechnologischen Patentrechts Innovations-

8 Diese Expertise und das frühe »Ghostwritertum« sollten sich noch auszahlen: Joseph Straus avancierte im Laufe der kommenden Jahre zu dem international wohl einflussreichsten Experten für das Biopatentrecht und zum Berater einer Reihe von Regierungen und internationalen Organisationen.

9 Ich werde diese Perspektive im späteren Frame-analytischen Teil dieser Arbeit (Kap. II. C) als Frame »Wirtschaft« noch einer genaueren Analyse unterziehen.

anreize schafft, Forschung und Entwicklung befördert und Europa als wirtschaftlichen Standort stärkt. Der erste Richtlinien-Vorschlag legt besonderes Gewicht auf die Gefahr einer Rechtszersplitterung in den Mitgliedsstaaten. Dass dieses Harmonisierungsanliegen in erster Linie *präventiv* ist, wird in den Erwägungsgründen deutlich, in denen formuliert wird, dass das »Entstehen neuer Unterschiede« im Rechtsschutz für biotechnologische Erfindungen »verhindert werden« müsse.[10] Mehrfach wird auf die Notwendigkeit des »wirkungsvollen und angeglichenen« Patentschutzes zur Absicherung von Investitionen hingewiesen.[11] Die Kommission macht deutlich, dass sie eine explizite Kodifizierung des Patentschutzes bezüglich dieses neuen Technologiegebietes für nötig hält. In Artikel 2 des Richtlinien-Entwurfs heißt es hierzu:

»Der Gegenstand einer Erfindung darf nicht allein deshalb, weil er aus lebender Materie besteht, als nicht patentfähig gelten.«[12]

In diesem ersten Richtlinien-Vorschlag wird mit keinem Wort Bezug auf den menschlichen Körper oder auf Ausschlüsse von der Patentierbarkeit, die sich auf die öffentliche Ordnung und die guten Sitten beziehen (Artikel 53 (a), EPÜ), Bezug genommen.

»Dieser erste Entwurf war ziemlich nüchtern und insbesondere wurden ethische Fragen nicht erwähnt, nicht behandelt, und man hatte insgesamt den Eindruck, dass es einfach darum ging, im Interesse der Industrie die Grenzen der Patentierbarkeit zu erweitern« (Interview Leonhardt, Beamter des Sekretariats des Rechtsausschusses des Europäischen Parlaments).

Die Experten hatten eine »ethische« Kontroverse um die Richtlinie keineswegs antizipiert. Als potentieller politischer Kollisionspunkt wird zu diesem Zeitpunkt vor allem die Patentierbarkeit von Pflanzen betrachtet, da hier die Richtlinie ein neues Schutzregime, zusätzlich zum Internationalen Übereinkommen zum Schutz von Pflanzenzüchtungen (UPOV[13]) etabliert. Damit wurden neue Auslegungen und Erweiterungen des Europäischen Patentübereinkommens, das Pflanzensorten und Tierarten sowie im Wesentlichen biologische Verfahren zur Züchtung von Pflanzen und Tieren von der Patentierbarkeit ausschließt (Art. 53 (b), EPÜ), vorgenommen. Eine Hauptdifferenz von »lebender Materie« im Gegensatz zu den bisher üblichen Gegenständen des Patentrechts liegt in ihrer Selbstreplizierbarkeit. Hierzu wurden in Artikel 11 und 12 des Richtlinienent-

---

10 KOM(88) 496 endg. – SYN 159, Amtsblatt C10 vom 13.1.89, S. 3.

11 ebenda.

12 KOM(88) 496 endg. – SYN 159, Amtsbl. C10 vom 13.1.89, S. 5.

13 Das UPOV-Übereinkommen wurde im Jahre 1961 in Paris beschlossen und in den Jahren 1972, 1978 und 1991 überarbeitet. Ziel des UPOV-Übereinkommens ist der Schutz von Pflanzenzüchtungen durch ein Immaterialgüterrecht. Zur Kontroverse um den Patentschutz auf Pflanzen, der in dieser Arbeit ausgeklammert wird, siehe Bauer 1993, Godt 2007.

wurfs Aussagen getroffen, welche auch die ersten und nachfolgenden Generationen in den Patentschutz einbezogen.[14] Dass der »menschliche Körper« durch zivilgesellschaftliche Problemartikulation zu einem Streitpunkt ersten Ranges avancierte, kam für die Patentrechts-Fachwelt vollkommen überraschend. Zwischen 1989 und 1992 wurde der Richtlinien-Vorschlag in den Ausschüssen des Europäischen Parlaments beraten.

1.3 Die Stellungnahme des Wirtschafts- und Sozialausschusses vom 26.4.1989

Die Stellungnahme des Wirtschafts- und Sozialausschusses (WSA 1989) zum Richtlinienvorschlag der Kommission führt erstmals Ansätze einer sozialen und ethischen Dimension in die Biopatentrichtlinie ein. Im Keim vollzieht sich hier zum ersten Mal die Entwicklung bzw. Anerkennung einer regulativen Perspektive auf das Patentrecht, die als »Ethik« gerahmt wurde.[15] Der Wirtschafts- und Sozialausschuss erkennt in seiner Stellungnahme eingangs billigend an, dass durch die Richtlinie der Binnenmarkt stimuliert und der Rückstand Europas gegenüber den USA und Japan aufgeholt werden soll. Er betont, dass die Richtlinie einen ersten Schritt zur Ausdehnung des Bereichs der Patentfähigkeit darstelle.[16] Die Patentfähigkeit lebender Materie mit Ausnahme von Pflanzensorten und Tierarten wird befürwortet und damit die im EPÜ gesetzten Grenzen akzentuiert. Der Ausschuss weist jedoch gleichzeitig auf die ethische Bedeutsamkeit der Richtlinie hin, und merkt an, dass der Richtlinienvorschlag nicht allen diesbezüglich bestehenden Problemen Rechnung trage. Insbesondere »bedauert« der Wirtschafts- und Sozialausschuss, dass »der Mensch als solcher in der Richtlinie nicht ausdrücklich als nicht patentfähige Spezies ausgewiesen wird«.[17] Daher rät er, die Richtlinie solle dies »in einem eigenen Artikel expressis verbis festlegen, der klar und deutlich sagt, dass der Mensch nicht patentfähig ist«.[18] Zur Rechtslage vermerkt der Wirtschafts- und Sozialausschuss, der Ausschluss des Menschen aus dem patentrechtlichen Schutz sei zwar in der EG vorgesehen, aber die Gemeinschaft könne dies den Mitgliedsstaaten nicht zur Auflage machen.[19]

---

14 KOM(88) 496 endg. – SYN 159, Amtsblatt C10 vom 13.1.89, S. 4.

15 Dieses andere Framing wird in Kap. II.C als Frame »Ethik« eingehend analysiert.

16 Der WSA verweist dabei vor allem auf Probleme, die sich aus der Doppelung von Sortenschutz und Patentschutz im Bereich der Pflanzenzüchtung ergeben und gibt zu bedenken, dass dies »zum Verschwinden des unabhängigen Züchters führen« könne (WSA 1989 in Abl. C 159, Randnr. 2.10, S. 11).

17 WSA 1989 in Abl. C 159, Randnr. 2.15.

18 WSA 1989, in Abl. C 159: 10-13, Zitat in Randnr. 3.2., S. 12.

19 WSA 1989, in Abl. C 159: 12, Randnr. 3.2.

Dieser Patentausschluss für Menschen ist im Sinne einer Klarstellung zu verstehen. Es wird damit eine explizite Stellungnahme zu einem ethisch begründeten Patentausschluss befürwortet, der sich pauschal auf den Menschen *in toto* als Patentrechtsgegenstand bezieht.[20]

Der Wirtschafts- und Sozialausschuss hat demnach erstmals einen Patentausschluss aus normativen Gründen für die Richtlinie empfohlen. Diese Empfehlung war rechtspolitisch intendiert und noch nicht rechtsdogmatisch innerhalb der Ordre Public Klausel des EPÜ (Art 53 (a)) gefasst und eingebracht. Mit diesem für den weiteren Verlauf des Gesetzgebungsprozesses entscheidenden ersten Impuls verändert sich die Zielrichtung und die Intention der Richtlinie: Die rein wirtschaftspolitisch intendierte Stärkung des europäischen Patentrechts in der Biotechnologie wird hiermit durch eine regulative Dimension ergänzt, nämlich die Unterscheidung zwischen patentfähigen und nicht patentfähigen Erfindungen, welche sich nicht mehr allein auf die gängigen Patentierungskriterien[21] stützt.

1.4 Der Mensch als Gegenstand des Patentrechts – kleiner juristischer Exkurs

Diese Forderung des Wirtschafts- und Sozialausschusses nach einer solchen Klarstellung wurde vereinzelt in der patentrechtlichen Fachdiskussion aufgenommen. Moufang (1993) gibt zunächst die herrschende Rechtsmeinung wieder, die aus der Menschenwürde ableitet, dass ein menschliches Lebewesen in toto nicht patentierbar ist. Insofern spräche »angesichts des Befremdens, den die Statuierung einer rechtsethischen Selbstverständlichkeit auszulösen vermag« (Moufang 1993: 447) viel dafür, auf ein explizites Verbot in den Patentgesetzen zu verzichten. »Denn auch im allgemeinen Zivilrecht erfolgt die Anerkennung des Prinzips, dass der Mensch nicht Rechtsobjekt, sondern nur Rechtssubjekt sein kann, regelmäßig ohne eine solche positivrechtliche Bestimmung« (Moufang 1993: 447). Andere Interpretationen rekurrieren auf die im Sachenrecht vorgenommenen Unterscheidungen, wonach am lebenden menschlichen Körper keine Eigentumsansprüche begründet werden können, nach ihrer Abtrennung vom Körper jedoch solche dinglichen Rechte möglich sind (vgl. Schünemann 1985, OTA 1987, Müller 1995, Appel 1996, Schneider 2002a). Dolder leitet daraus ein Patentierungsverbot nach Artikel 53 (a) EPÜ ab, wenn die

20 Hier wird bislang weder eine Differenz zwischen menschlichem Lebewesen und Personen, noch eine Trennung zwischen einer menschlichen Person und ihrem Körper vollzogen; ebenso wenig findet eine Unterscheidung zwischen dem Körper in seiner Gesamtheit und von ihm abgetrennten Teilen statt. Entsprechende Differenzierungen greifen erst im späteren Verlauf des Policy-Prozesses.

21 Diese sind vor allem Neuheit, erfinderische Leistung und gewerbliche Anwendbarkeit, vgl. Kap. I. C.

Erfindung »eine objektmäßige Nutzung des lebenden menschlichen Körpers als einer strukturierten Gesamtheit von Zellen, Geweben und Organen beinhaltet oder voraussetzt, nicht hingegen, falls sich die objektmäßige Nutzung auf losgetrennte Teile dieses Körpers beschränkt« (Dolder 1984: 3).

Ein Rechtsvergleich zeigt jedoch, dass auch andere Legislaturen eine explizite Klarstellung favorisiert haben. Der australische Gesetzgeber schrieb im Jahr 1990 eine Patentierungsausnahme für Menschen und für biologische Verfahren zu ihrer Erzeugung fest.[22] Vorausschickend erwähnt sei hierzu, dass Ende 2003 auch der US Congress eine Gesetzesänderung verabschiedet hat, des Inhalts »human organisms are not patentable subject matter« und damit explizit ein Patentierungsverbot für Menschen als solche kodifizierte.[23] Dem war eine Anhörung des President's Council on Bioethics vorausgegangen, in dem Patentrechtsexperten sich unterschiedlich geäußert hatten: Der Historiker Daniel Kevles sagte, »the patent laws as written [...] include no obvious obstacle to the further expansion of these terms to include living human organisms«. Die Juristin Arti Rai betrachtete die bis dato praktizierte Politik des USPTO, Patentanmeldungen auf ganze menschliche Organismen abzulehnen und dies mit dem 13. Amendment der US-Verfassung (Ächtung der Sklaverei) zu begründen, als angreifbar. Dies sei womöglich für lebend geborene Menschen haltbar, für Embryonen und Föten sei aber eine explizite Gesetzgebung vonnöten.[24]

An dieser Stelle bleibt würdigend festzuhalten, dass diese Vorstöße nach einem expliziten Patentierungsverbot für Menschen als Reaktion auf die rechtlichen und politischen Verunsicherungen anzusehen sind, welche durch neue biomedizinische Interventionsmöglichkeiten ausgelöst wurden. Denn biotechnologische Eingriffsoptionen in gesellschaftliche Naturverhältnisse und in die Physis des Menschen selbst verändern nicht nur »biologische Tatsachen«, sondern transformieren oder unterminieren potentiell auch Dimensionen von Politics, Policy und Polity (Saretzki 1997). Fragen der Regulation neuer Technologien, Produkte und Wissensformen sind daher aufs engste mit konstitutionellen Fragen wie etwa der nach dem Verständnis von *citizenship* oder von Eigentum in einem demokratischen Staat verwoben, wie Jasanoff (2005 und 2006) anhand ihrer Koproduktionsthese von Wissenschaft, Gesellschaft und Demokratie ausführt.

Konkrete Herausforderungen betreffen zum einen die Praxis von Patentämtern und Gerichten, die aus der – bereits Mitte des 19. Jahrhunderts erfolgten – Patentierbarkeit von Mikroorganismen wie Hefen (Pasteursche Bierhefen) all-

22 Sec. 18 (2) des australischen Patentgesetzes (zit. in Moufang 1993: 329, Fussnote 5).

23 Hill Negotiators Agree to Bar Patents for Human Organisms, Associated Press, 25.11.2003: A19.

24 Zitiert laut Wortprotokoll des Hearings unter http://bioethicsprint.bioethics.gov/background/workpaper8.html.

mählich auch die Patentfähigkeit weiterer lebendiger Organismen wie Pflanzen und Tieren ableiteten (vgl. Kap. I. F). Diese Praxis gipfelte in der Patentierbarkeit von Säugetieren als »höheren Organismen« – paradigmatisch vollzogen an der Harvard Krebsmaus – und warf damit die Frage auf, ob und inwieweit Menschen von der Patentfähigkeit auszunehmen sind (sog. non-human disclaimer in Patentschriften). Zum anderen blieb zunächst auch bei Verfahrenspatenten – zum Beispiel auf gentechnische Eingriffe wie die Keimbahntherapie oder bei Verfahren der In-vitro-Befruchtung wie etwa der Kryokonservierung von Embryonen – unklar, wieweit auch der Mensch als »Erzeugnis« und damit patentrechtlich als Ergebnis eines Verfahrens mit geschützt sein könnte.

Juristen sahen ganz überwiegend keinen Anlass, ein Patentierungsverbot für Menschen (lebender Körper, in toto) gesetzlich festzuschreiben (vgl. Dolder 1984; Appel 1996). Ein generelles Patentierungs*verbot* für menschliche Zelllinien und Gene bedurfte aber, so die allgemeine rechtsdogmatische Auffassung, des Gesetzgebers. Denn dieses hätte, so die Argumentation, den engen Anwendungsbereich von Artikel 53 (a) EPÜ überschritten: »Es ist nicht zu verkennen, dass deduktive juristische Analyse hier letztendlich auf immanente Grenzen stößt und zu diffundieren droht. Gerade diese deutlich zu Tage tretende Aporie sollte das Patentrecht zu Zurückhaltung mahnen« (Moufang 1993: 450). Gefordert wird hier implizit eine autoritative und demokratisch legitimierte Auslegung des Patentrechts durch die Legislative, eine Auffassung, die jedoch in Rechtskreisen nicht unbedingt geteilt wurde.[25] Andere vertraten, man könne eine entsprechende Auslegung dem Europäischen Patentamt als Exekutive sowie den Gerichten überlassen (vgl. Straus 1997 und 2000). Wie sich somit zeigt, hatte der Wirtschafts-und Sozialausschuss mit seiner Initiative ein brisantes Feld eröffnet, das sodann in der juristischen Debatte einen gewissen, recht kontroversen Niederschlag fand.

25 Moufang sprach sich in seiner Dissertation (1988) normativ für die Herausnahme menschlicher Zelllinien und Gene aus der Patentfähigkeit aus. Er forderte allerdings unmissverständlich formulierte Ausschlussbestimmungen, nicht zuletzt um angesichts der erheblichen Kosten einer Patentanmeldung Rechtssicherheit für die Anmelder zu schaffen. Moufang sollte jedoch mit seiner Forderung nach Patentausschlüssen für menschliche Gene und Zelllinien in seiner Disziplin eine Minderheit bleiben, die isoliert blieb und ausgegrenzt wurde. Er selbst gab unter dem Druck der Rechtsentwicklung sukzessive frühere Positionen auf und nahm von der Forderung nach starken Patentausschlüssen Abstand, wenngleich er weiterhin eine ethische Sensibilität des Patentrechts anmahnte (vgl. Moufang 1993; 2002, 2003, Interview Moufang).

1.5 Die Stellungnahme des Parlaments zum Richtlinienvorschlag vom 29.10.1992

Das Europäische Parlament behandelte den Richtlinien-Vorschlag im federführenden Ausschuss für Recht und Bürgerrechte. Mitberatend tätig waren der Ausschuss für Wirtschaft, Währung und Industriepolitik, der Ausschuss für Energie, Forschung und Technologie, sowie der Ausschuss für Landwirtschaft, Fischerei und ländliche Entwicklung. Am 21. und 22. Mai 1990 wurde eine Sachverständigenanhörung durchgeführt. Im Arbeitsdokument des Berichterstatters Willy Rothley heißt es dazu, diese Anhörung hätte einen Überblick über die vertretenen Meinungen zum Richtlinien-Vorschlag verschafft, welche sich grob in drei Gruppen einteilen ließen:

»die Befürworter der Richtlinie, die für eine möglichst umfassende Patentierbarkeit eintreten, die Kritiker, die eine mangelnde Ab- und Eingrenzung gegenüber dem pflanzlichen Sortenschutz geltend machen, und die Gegner, die grundsätzliche Einwände ethischer, wirtschaftlicher oder rechtlicher Art vorbringen. Die Auseinandersetzung um die Richtlinie verspricht heftig zu werden. Der Europäische Dachverband der Chemischen Industrie (CEFIC) wirft Europa in einer jüngeren Verlautbarung eine ›feindliche politische Einstellung gegenüber der Biotechnologie‹ vor.«[26]

Diese Prophezeiung einer »heftigen« Auseinandersetzung war durchaus weitsichtig. Allerdings wird in diesem Zitat auch deutlich, dass die diskursiven Konfliktlinien sich noch weitgehend analog zur Kontroverse um die Haltung zur Bio- und Gentechnologie insgesamt bewegten und noch kaum eine spezifisch patentrechtliche Kritik artikulierten. Singuläre Ereignisse und öffentlich kontrovers diskutierte Patentanmeldungen und Erteilungspraxen diesseits und jenseits des Atlantiks bildeten den Hintergrund für diese kritische und regulativ orientierte Haltung von Teilen des Europäischen Parlaments und die dabei hergestellte Verbindung zwischen Ethik und Patentrecht.[27]

Überraschend war, dass das Plenum des Europäischen Parlaments am 10. Februar 1992 den Richtlinienvorschlag der Kommission nicht wie vorgesehen verabschiedete, sondern an die Ausschüsse zurückverwies. Abstimmungstermine am 10.3.1992 und weitere im Juni 1992 wurden vertagt.[28]

---

26 Ausschuss für Recht und Bürgerrechte des Europäischen Parlaments, Arbeitsdokument, 27.7.1990, 55/89, PE 141.360, S. 2.

27 Hervorzuheben ist vor allem der Streit um das Patent auf die Harvard Krebsmaus (vgl. Lausmann-Murr 2000; Gold/ Gallochat 2001: 337f; Straus 1997), das zivilgesellschaftliche Proteste hervorrief, sowie später die EST-Kontroversen um Craig Venters Patentanmeldungen, die vor allem von Genforschern selbst sehr kritisch betrachtet wurden (siehe Gold/Gallochat 2001: 338; Sulston/Ferry 2002).

28 Diese Vertagungen waren vor allem einer Herausnahme des Landwirteprivilegs aus dem Richtlinienvorschlag und Bauernprotesten geschuldet (siehe dazu Pernicka 2001: 129 131; Zintler 2002: 56ff).

1.6 Die parlamentarische Debatte

Das Europäische Parlament debattiert den Richtlinienentwurf im Verfahren der Zusammenarbeit im April (8.4.1992) und Oktober 1992 und verabschiedet den Richtlinienentwurf mit einer Reihe von Änderungen.[29]

In diesen Änderungsanträgen wird die Förderung von Biotechnologie im Patentrecht daran geknüpft, dass Risikoaspekte einbezogen und zur Voraussetzung jeder einschlägigen Regelung deren *ethische* Beurteilung gemacht werden.[30] Das Parlament fügt zudem in Anlehnung an Artikel 52(2)a des Europäischen Patentübereinkommens ein, dass Entdeckungen nicht als Erfindungen gelten können. Ein zweiter Unterabsatz (Artikel 2(1)b) dieses Änderungsantrags nimmt den Vorschlag des Wirtschafts- und Sozialausschusses auf, den Körper des Menschen und seine Teile von der Patentierbarkeit auszuschließen:

»Der Körper oder Teile des Körpers des Menschen sind nicht patentierbar.«[31]

Damit wird der menschliche Körper als Patentierungsgrenze rechtsdogmatisch innerhalb der europäischen Patentrechts-Dichotomie von Erfindung und Entdeckung angesiedelt.

Der vom Parlament vorgeschlagene Artikel 2(1)d führt in Anlehnung an Artikel 53(a) des Europäischen Patentübereinkommens erstmals eine Ordre Public Klausel in den Richtlinien-Text ein. Dabei soll bei jeder Erfindung eine umfassende Güterabwägung zwischen Nutzen und Risiken oder Einwänden, die sich aus den tragenden Grundwerten einer Rechtsordnung ableiten, erfolgen, wobei dies jeweils in einer Einzelfall-Abwägung bewertet werden soll:

»Ob ein Verstoß im Sinne des vorsehenden Absatzes vorliegen würde, ist in jedem Einzelfall im Wege einer Güterabwägung zu ermitteln, bei der der Nutzen der Erfindung einerseits und etwaige durch sie begründete Risiken sowie möglicherweise aus Grundwerten der Rechtsordnung abzuleitende Einwände andererseits gegenüberzustellen und zu bewerten sind.«[32]

Damit wird eine neue, hohe Anforderung an die Patentprüfung herangetragen. Mit dieser Güterabwägungsklausel führte das Parlament eine regulative Konzeption des Patentrechts in den Gesetzestext ein. Es lehnte sich dabei rechtlich

---

29 Europäisches Parlament 1992: Dritter Bericht des Ausschusses für Recht und Bürgerrechte, A3-0286/92, PE 201.664/eng., 5.10.1992. Darin wird als Rechtsgrundlage der Richtlinie die Förderung des Binnenmarkts gemäß Art 189 (b) Abs. 2 S. 2 EGV (später Art 251 Abs. 2 S. 2 EGV) vermerkt.

30 Europäisches Parlament 1992: Dritter Bericht des Ausschusses für Recht und Bürgerrechte, A3-0286/92, PE 201.664/endg., 5.10.1992. Änderungen 3 und 4.

31 Änderungsantrag Nr. 15, Art. 2.1.b neu, in: Europäisches Parlament 1992: Dritter Bericht des Ausschusses für Recht und Bürgerrechte, A3-0286/92, PE 201.664/endg., 5.10.1992, S.9.

32 Änderungsantrag Nr. 17, Art. 2(1)d) neu, in: Europäisches Parlament 1992: Dritter Bericht des Ausschusses für Recht und Bürgerrechte, A3-0286/92, PE 201.664/endg., 5.10.1992, S. 9.

an das EPÜ und die Rechtsprechung der Beschwerdekammern des EPA an und suchte damit eine Kohärenz der europäischen Rechtsordnung herzustellen. Außerdem konkretisiert das Parlament nun erstmals Patentausschlüsse aufgrund des Ordre Public, die das Leiden von Tieren betreffen und damit die Patenterteilung an Ziele des Tierschutzes anbinden.[33]

In Anknüpfung an Artikel 52(4) des Europäischen Patentübereinkommens werden Verfahren zur chirurgischen und therapeutischen Behandlung am menschlichen oder tierischen Körper und Diagnoseverfahren am menschlichen Körper für nicht patentfähig erklärt. Neu ist sodann in Artikel 2(1)i, dass Verfahren zur genetischen Änderung des Menschen für nicht patentierbar erklärt werden. Damit werden Keimbahneingriffe explizit von der Patentfähigkeit ausgenommen. Somatische gentherapeutische Eingriffe werden in Art. 2(1)j hingegen als patentierbar angesehen, sofern sie nicht gegen die öffentliche Ordnung verstießen oder die Menschenwürde beeinträchtigten.[34]

Zwar hat das Europäische Parlament mit diesen Änderungsanträgen den Artikel 2(1) des Richtlinienentwurfs der Kommission, der besagt, dass der Gegenstand einer Erfindung nicht allein deshalb, weil er aus biologischem Material besteht, dieses verwendet oder auf dieses angewandt wird, als nicht patentfähig gelten darf, im Wesentlichen nicht angetastet. Es hat damit die Legitimität und Konkretisierung von lebender Materie als Patentgegenstand (*subject matter)* nicht beanstandet. Durch die Einfügung von Patentierungsausschlüssen werden dieser Regel jedoch Ausnahmen und Schranken gegenübergestellt.[35]

1.7 Kritische Würdigung

Mit diesen Änderungsanträgen versuchte das Europäische Parlament in den Richtlinienentwurf der Kommission erstmals Grenzen der Patentfähigkeit einzuschreiben. Es bezog sich dabei auf zwei Klauseln des Europäischen Patentübereinkommens, nämlich zum einen auf die Abgrenzung zwischen Entdeckung und Erfindung als Patentierungsschranke (Art. 52(2)a EPÜ) und zum anderen auf die Ordre Public Klausel (Art. 53(a) EPÜ) als Ausnahme von der Patentierbarkeit. Somit wurden auf diese von jeher im europäischen Patentrecht enthaltenen Grenzen positiv Bezug genommen, nicht zuletzt, um kritische Positionen zum Patentschutz in der Biotechnologie aus dem Parlament rechtsdogmatisch und rechtssystematisch im »bisherigen europäischen Recht« zu

33 Änderungsantrag Art. 2 f , g und neu, in: Europäisches Parlament 1992: Dritter Bericht des Ausschusses für Recht und Bürgerrechte, A3-0286/92, PE 201.664/endg., 5.10.1992, S. 9.

34 Ebenda.

35 Zu den Änderungsanträgen des Parlaments zum Landwirteprivileg, mit denen ebenfalls Schranken des Patentschutzes festgeschrieben werden, siehe Zintler (2002: 59f).

verankern. Damit reartikulierte und reintegrierte das Parlament patentrechtsimmanente Grenzen, welche für das Patentrecht und seine Rechtsdisziplin weitgehend irrelevant geworden waren (vgl. Nack 2002).[36] Das Parlament intendierte, Grenzen der Patentfähigkeit (*patent eligibility*) wieder in das Patentrecht einzuziehen, welche durch die Praxis der Patentämter, Patentgerichte und durch verfestigte rechtsdogmatische Auslegungen im Verlauf des Expansionsprozesses des Patentschutzes überwiegend verloren gegangen waren (vgl. Kap. I.F). Gleichzeitig wollte das Parlament den Patentämtern implizit neue Aufgaben auferlegen, nämlich zusätzlich zur technischen Prüfung von Neuheit, Erfindungshöhe und gewerblicher Anwendbarkeit die Anforderung einer umfassenden Rechtsgüterabwägung. Diese sollte prospektiv den Nutzen und die Risiken einer Erfindung abschätzen und bewerten. Eine solche Perspektive verlangt nichts weniger als einen fundamentalen Umbruch in der Herangehensweise von Patentprüfern: Diese ist bisher allein auf eine formale Prüfung von Patentierungsvoraussetzungen hin ausgelegt. Eine Neuorientierung der Patentprüfung im Sinne der vom Parlament eingebrachten Änderungsvorschläge verlangte nunmehr implizit nichts weniger als eine Neuausrichtung hin zu einem *Patent Assessment* und damit eine Rekonfiguration hin zu einer sozio-ökonomischen, sozialethischen und sozialökologischen Wirkungsanalyse von Patenten – und zwar in Bezug auf jede einzelne Patentanmeldung. Ob Patentprüfer überhaupt in der Lage sein könnten, diesen hohen Anspruch einzulösen und was dies hinsichtlich einer internen Reorganisation von Patentämtern im Hinblick auf Methodologien, Instrumentarien, sowie neues interdisziplinäres Know How bedeuten würde, kann und soll an dieser Stelle nicht weiter erörtert werden. Ob solches überhaupt leistbar wäre und wie dies geschehen sollte und könnte, wurde vom Europäischen Parlament hinsichtlich seiner Chancen und Risiken nicht diskutiert. Es bleibt an dieser Stelle darauf hinzuweisen, dass eine solche Güterabwägungs-Aufgabe die Rolle von Patentämtern stärkt, indem es sie als sozialregulative Instanzen aufwertet. Ob Patentämter dafür gerüstet sein könnten oder regulativ überfordert wären, wenn sie gewissermaßen als Richter über Innovation aufträten sowie welche neuen Legitimationsanforderungen sich daraus stellten, bleibt eine Diskussion, die in Theorie und Praxis noch zu führen ist.[37]

Diese neuen, vom Parlament formulierten regulativen Anforderungen an das Patentrecht waren motiviert durch eine »deep anxiety over the possibility of patenting the human body and its components« (Gold/Gallochat 2001: 338). Die Sorge um den Sonderstatus des menschlichen Körpers in seiner Doppel-

---

36 Die Dichotomie zwischen Entdeckung und Erfindung halten einige Patentrechtler ohnehin für eine »willkürliche« Grenzziehung (»admittedly arbitrary« – siehe Gold/Gallochat 2001: 349).

37 Diese Debatte wird im Ergebnisteil dieser Arbeit wieder aufgenommen.

stellung als Rechtssubjekt und als Rechtsobjekt (vgl. Schneider 2002a) bildete somit den Ausgangspunkt für eine »ethisch« akzentuierte und gleichermaßen sozialregulativ gewendete Reformulierung des Patentrechts. Die geforderte Risiko-Prüfung und Güterabwägung gehen allerdings über den Fokus auf den menschlichen Körper hinaus und fordern, eine Technologiefolgenabschätzung und -bewertung in das Patentrecht aufzunehmen, und zwar einzelfallbezogen, für jede individuelle Patentanmeldung. Ob dies »Sinn machte« und angesichts der vielfältigen Unsicherheiten und Ungewissheiten von Innovationsprozessen überhaupt praktikabel wäre, bleibt Gegenstand von intensiver Diskussion.[38]

Es ist allerdings hervorzuheben, dass dieses vorgeschlagene Güterabwägungsverfahren nicht allein einen – von der Rechtspraxis völlig abgehobenen – Ansatz des Parlaments darstellte. Das Modell einer solchen einzelfallbezogenen Güterabwägung entstammt der Entscheidung der Technischen Beschwerdekammer des Europäischen Patentamtes zur Harvard Krebsmaus aus dem Jahr 1992.[39] Das Parlament forderte allerdings eine wesentlich umfassendere Güterabwägung von Nutzen, Risiken und ethischen Einwänden im *case by case* Verfahren.

Damit ist tatsächlich ein »Wendepunkt in der Entwicklungsgeschichte« (Zintler 2002: 60) der Biopatentrichtlinie erreicht. Die von der Kommission beabsichtigte rechtliche Präzisierung und Kodifizierung des biotechnologischen Patentrechts, die implizit eine Stärkung des Patentschutzes zu befördern suchte, wurde seitens des Parlaments verschränkt mit einer dem Patentrecht auferlegten, patentrechtsimmanenten Nutzen- und Risiko-Reflexion. Damit erfolgte in der Regulierungsabsicht eine Ergänzung der wirtschaftspolitischen Wettbewerbssicherungsmotive durch eine Transformation hin zu einer – in nuce angelegten – regulativen Konzeption des Patentrechts. Diese bindet die innovationsfreisetzende Funktion des Patentrechts ein und leitet sie in einen Korridor gemeinwohlverträglicher, Risiken und ethische Erwägungen aufnehmender Innovations-

38 vgl. Beyer 1994; Adrian 1996; Peifer 2003; Schneider 2006, 2007b, 2008, 2009a,b,c.

39 T 19/90, EPA 1992, «Harvard Krebsmaus« (EP 169672). Decision of April 3, 1992, «Oncomouse/Harvard II«, in: 24 IIC (1993) 103ff; vgl. Gugerell in: Vogel/ Grunwald 1994: 106ff. Siehe zur Güterabwägungsformel ausführlich: Zintler 2002: 57f. Bei der Patentanmeldung selbst handelte sich um eine transgene Maus, in deren Genom in den Labors der Harvard Medical School ein menschliches Krebsgen eingefügt wurde. Dadurch entwickelt die Maus innerhalb kurzer Zeit bestimmte Krebserkrankungen, was die Erforschung des Verlaufs der Krankheit und möglicher Therapien an einem Tiermodell ermöglichen sollte. Das Onkomaus-Patent wurde 1988 in den USA und 1992 am EPA erteilt. Eine kritische Übersicht über die Patentierungspraxis des EPA nach dieser Güterabwägungsentscheidung T19/90 liefern Klein/ Einfinger (2006: Randnummern 118–129). Es bleibt darauf hinzuweisen, dass das Europäische Parlament in einer 1993 veröffentlichten Entschließung die von der EPA Beschwerdekammer selbst getroffene Abwägung hinsichtlich der Onkomaus als nicht weitgehend genug verwarf und sich gegen eine entsprechende Patenterteilung aussprach (European Parliament 1993).

verantwortung.[40] Damit verhielt sich der Regelungsimpetus des Parlaments divergent zu jenem der Kommission, indem es neue Patentierungsschranken und Abwägungen im Gewand der »alten« EPÜ-Klauseln in das europäische Patentrecht einzuschreiben suchte.

Im Hinblick auf die in einem späteren Kapitel (II.C) vorgenommene Frame-Analyse des Politikprozesses bleibt an dieser Stelle vorauszuschicken, dass durch diese vom Parlament geforderten Änderungen dem von der Kommission vertretenen »Wirtschafts«-Frame Ansätze eines »Ethik«-Frames gegenübergestellt werden, der die Technologie- und Innovationsförderung an eine Risikoreflektion und an Ordre-Public-Abwägungen rückbindet. Damit wird die Zielrichtung des Vorhabens der Kommission zu verändern gesucht, indem ihr eine andere, regulative Komponente beigefügt wird.

1.8 Der geänderte Richtlinienvorschlag der Kommission vom 16.12.1992

Die Kommission legt am 16. Dezember 1992 einen geänderten Vorschlag für eine Richtlinie des Rates über den Rechtsschutz für biotechnologische Erfindungen[41] vor, in dem der Stellungnahme des Europäischen Parlaments Rechnung getragen werden sollte. Es ist zu prüfen, ob und wie die vom Parlament verfolgte Neuausrichtung darin berücksichtigt wurde.

Die Kommission erachtet die vom Europäischen Parlament aufgeworfenen ethischen Fragen zwar als wichtig, hält aber an der Einschätzung fest, dass die meisten dieser Fragen nicht Gegenstand einer Patent-Richtlinie sein sollten, da diese lediglich Unterschiede in den technischen Zugängen harmonisieren solle. Die Biopatentrichtlinie solle zwar ethische und soziale Fragen durchaus thematisieren, jedoch nur solche, die sich direkt auf Patente bezögen, nicht aber auf generelle Annahmen oder Befürchtungen bezüglich biotechnologischer Forschung und Entwicklung. Fragen der Ethik müssten *außerhalb* des Patentrechts geregelt werden. Die Kommission verweist als Beispiel auf die Arzneimittelgesetzgebung. Forschungskontrolle oder Regelungen zur Nutzung und Verwer-

40 Siehe rechtlich-konzeptuell zum Begriff der Innovationsverantwortung: Hoffmann-Riem (2006: 266; vgl. Kap. II.C.4.4.). Hoffmann-Riem entwirft dabei das Konzept eines »innovationstauglichen Rechts« in Abgrenzung zum imperativen Recht: »Sinnvoller dafür ist ein Recht, dessen Befolgung leicht erkennbar auch den eigenen Interessen seiner Adressaten nutzt, das kreative Fantasie frei setzt und dennoch Anreize enthält, den (häufig durch Ordnungsrecht gekennzeichneten) Korridor der Gemeinwohlverträglichkeit nicht zu verlassen. Solch freisetzendes, stimulierendes Recht respektiert die eigennützigen Interessen der Akteure – diffamiert sie also nicht als illegitim – , versucht aber, durch institutionelle Arrangements auch Gegeninteressen Durchsetzungschancen zu geben. Gefordert ist ein rechtlicher Rahmen, der für die Akteure Anreize schafft, bei der Verfolgung von eigensüchtigen Interessen auch, gewissermaßen im Huckepackverfahren, Gemeinwohlinteressen zu befriedigen« (2006: 273).

41 KOM (92) 589, 16.12. 1992 endg., ABl.C44, 16.2.1993, S. 36ff.

tung biotechnologischer Erfindungen hätten im Patentrecht keinen angemessenen Ort.[42]

Damit wird die konventionelle Konzeption weiter aufrechterhalten, beim Patentrecht handele es sich um ein »wertneutrales«, lediglich der Technologieförderung gewidmetes, nicht aber um ein regulatives Rechtsinstitut. Kersten bezeichnet diese Haltung als »Vorbehalt einer patentrechtlichen Sonderrationalität« (2004: 126).[43]

Die Kommission nimmt die ethischen Bedenken des Parlaments allerdings dahingehend auf, als sie die Ordre Public-Klausel des Artikels 53(a) EPÜ selbst in den Text der Richtlinie aufnimmt und anhand von Beispielfällen konkretisiert: In Art. 2(3)b des geänderten Richtlinien-Entwurfs wird nun »der menschliche Körper oder Teile des menschlichen Körpers« als Bruch des Ordre Public und damit als nicht patentierbar eingestuft.

Das Europäische Parlament hatte seine vorgeschlagenen Regelungen zum menschlichen Körper allerdings gerade nicht als Ordre Public-Ausnahmen eingefügt, sondern diese als eigenständige, generelle Klarstellung in einem eigenen Gesetzesartikel vorangestellt und ihnen damit rechtssystematisch ein viel größeres Gewicht verliehen.[44] Eine solche normative Setzung speiste sich bei vielen Abgeordneten aus dem Motiv, das universale ethische Prinzip einer Unverfügbarkeit und Nichtkommerzialisierbarkeit des menschlichen Körpers in die Richtlinie einschreiben zu wollen (vgl. Moufang 1993: 450). Von anderen wurde die Nichtpatentfähigkeit des menschlichen Körpers und seiner Teile darauf zurückgeführt, dass diese als Entdeckung gefasst und auch die Patentierungskriterien der Neuheit und erfinderischen Leistung nicht als erfüllt angesehen wurden (Interview Breyer MdEP; vgl. Zintler 2002: 63). Mit der Verschiebung dieser Passage in die Ordre Public-Klausel wurde das Anliegen des Europäischen Parlaments allerdings eher entschärft und in traditionelle patentrechtliche Deutungsmuster umgelenkt.

Als weiteren Ordre-Public-Ausschluss formulierte die Kommission nun Keimbahneingriffe, nämlich

42 KOM (92) 589, 16.12. 1992: 4, 5 und 7. Siehe dazu auch Gold/Gallochat (2001: 339 Fussnoten 40 und 41), sowie Zintler (2002: 62).

43 Straus konzediert zwar, dass das Patentrecht wie jedes andere Gesetz auch Teil der geltenden Rechtsordnung sei. Es könne sich daher übergeordneten sozial-ethischen Erwägungen, wie sie in der Verfassung, der öffentlichen Ordnung und den guten Sitten verankert sind, nicht ganz entziehen und »vollkommen neutral« (Straus 1992: 262) bleiben. Gleichzeitig argumentiert er jedoch dafür, das Einfallstor für solche Erwägungen möglichst eng zu halten (vgl. Straus 1997).

44 Siehe Änderungsantrag Nr. 15, Art. 2.1.b neu, in: Europäisches Parlament 1992: Dritter Bericht des Ausschusses für Recht und Bürgerrechte, A3-0286/92, PE 201.664/endg., 5.10.1992, S.9.

»Verfahren zur Veränderungen der genetischen Identität des menschlichen Körpers zu anderen als therapeutischen Zwecken und unter Verletzung der Menschenwürde«.[45]

Durch diese Formulierung wurde der vom Europäischen Parlament vorgesehene Generalausschluss der Keimbahnintervention von der Patentfähigkeit erheblich eingeschränkt. Die Kommission führt dazu den Begriff Keimzellen-Gen*therapie* ein. Wie Zintler (2001: 64) zutreffend feststellt, läuft damit der Patentierungsausschluss de facto nahezu ins Leere, da die Veränderung der Keimbahn des menschlichen Genoms (und damit auch der nachfolgenden Generationen des betroffenen Menschen) gerade nicht ausgeschlossen wird, wenn diese Intervention therapeutisch intendiert ist. Laut Argumentation der Kommission erfordert der potentielle Heilcharakter dieses Eingriffs eine grundsätzliche Patentierbarkeit. Dies steht im Einklang mit der tradierten Patentrechtsdogmatik, welche darauf abhebt, dass jedwede Technik positiv oder negativ genutzt werden könne und es nicht im Ermessen von Patentämtern stünde, normative Bewertungen und Regulierungen zu den Verwendungsabsichten und den tatsächlichen späteren Benutzungskontexten vorzunehmen. Dies bliebe anderen gesellschaftlichen Regulierungsinstanzen wie etwa dem Strafrecht vorbehalten. Das Europäische Parlament hingegen wollte mit seinem grundsätzlichen Patentierungsverbot für Keimbahneingriffe eine normative Setzung – nämlich die ethische Verwerflichkeit von medizinischen Keimbahninterventionen – in das Patentrecht einschreiben. Damit sollte das Patentrecht im Sinne einer regulativen Public Policy genutzt werden. Patentierungsausschlüsse schaffen zwar keineswegs ein Forschungs- und Verwertungsverbot. Sie entziehen jedoch einen stimulierenden Anreiz für entsprechende Forschungsrichtungen, nämlich die temporäre rechtliche Exklusivität. Außerdem wurde die grundsätzliche Patentfähigkeit als staatliche Billigung und damit als normative Wertentscheidung gedeutet (vgl. Barton 2004: 74f). Das Europäische Parlament besitzt jedoch, dies bleibt an dieser Stelle anzumerken, keine supranationale Regelungskompetenz für solche biomedizinischen Regulierungsentscheidungen, diese bleiben den nationalstaatlichen Gesetzgebern vorbehalten. Das Parlament und der Rat können lediglich über das Haushaltsrecht entsprechende forschungs- und technologiepolitische Fördermaßnahmen im Rahmen der EU Forschungsrahmenprogramme ausschließen (vgl. Pernicka et al. 2002). Mit der Aufnahme als Patentierungsausschluss wollte das Parlament jedoch eine normative Bewertung – die Ablehnung von Keimbahneingriffen[46] – vermittels des Patentrechts gesetzlich festschreiben. Somit sollte sowohl die Regelungskompetenz der Europäischen Union implizit erweitert, als auch das Patentrecht als Instrument der Forschungs- und Technologie-Regulierung genutzt werden.

---

45 KOM (92) 589, 16.12. 1992: Art. 2(3)b.

46 Zur engeren Ethikdiskussion um die Keimbahntherapie siehe die Argumente zusammengefasst in: Resnik 1994, Wimmer 1989, Graumann 2006.

Die Art und Weise der Aufnahme des Menschenwürde-Arguments seitens der Europäischen Kommission in Form eines Nebensatzes mit einer »und«-Verknüpfung lässt darauf schließen, dass die Kommission annahm, es könne auch Keimbahneingriffe geben, die nicht therapeutisch intendiert sind und die dennoch nicht die Menschenwürde verletzen. Zintler kritisiert, dass damit »die Bestimmung der Beliebigkeit ausgesetzt« (2002: 65) wurde. Dem ist dahingehend zuzustimmen, als in der Praxis der Patenterteilung eine solche Bestimmung faktisch leergelaufen wäre, da hohe Hürden an ihre Anwendung gesetzt und gleichzeitig viele Optionen eröffnet wurden, sie durch eine geschickte Formulierung von Patentansprüchen zu unterlaufen.

Die somatische Gentherapie wird von der Kommission nun implizit stets als therapeutisch betrachtet und damit prinzipiell für patentfähig erklärt, während das Europäische Parlament hierzu noch eine fallweise Prüfung nach der Ordre Public-Klausel gefordert hatte (vgl. Barton 2004: 234; kritisch: Zintler 2002: 64f).[47]

Insgesamt lässt sich dieser geänderte Richtlinienvorschlag der Kommission als Eindämmungsstrategie gegenüber den Eingaben des Parlaments bewerten. Einzelne Regulierungsanliegen wurden aufgenommen, jedoch in ihrer Wirkungs- und Bindungskraft erheblich eingeschränkt. Dabei wurden umgekehrte Regel-Ausnahme-Verhältnisse festgeschrieben, im Sinne einer grundsätzlichen Patentierbarkeit (Regel), es sei denn, es läge ein besonders gravierender Fall (Ausnahme) vor. Dies entspricht der tradierten Patentrechtsdogmatik. Das Europäische Parlament hatte dieses Verhältnis jedoch von seinen Regelungsintentionen her »umgekehrt«. Zudem blieb an dieser Stelle der Entwicklungsgeschichte der Richtlinie unklar, was die Formulierung »als solche« im Passus hinsichtlich des menschlichen Körpers zu bedeuten habe.

Insgesamt wies die Kommission damit den Ansatz zurück, *in* das Patentrecht eine normativ-ethische Forschungs- und Entwicklungsregulierung einzuschreiben. Sie verwies diese auf außerpatentrechtliche Normen und Gesetze und immunisierte damit das Patentrecht vor einer Regulation hinsichtlich der Weiterentwicklung und gewerblichen Anwendung der Technologien. Der geänderte Richtlinien-Entwurf hat damit insgesamt den Regulierungsimpetus der Kommission nicht modifiziert oder seine zugrunde liegenden Prämissen und

47 Auch hinsichtlich der Änderungsempfehlungen des Europäischen Parlaments, die den Tierschutz regulativ in das Patentrecht einschreiben wollten, nahm die Kommission erhebliche Abstriche und entschärfende Umdeutungen vor. Während das Parlament Keimbahneingriffen bei Tieren, welche Leiden verursachen, ohne einen Nutzen für Mensch oder Tier zu gewähren, ablehnte, ordnete die Kommission den Tierschutz einer Nutzenorientierung unter (siehe dazu Zintler 2002: 65f). Sie formulierte als Patentierungsausschluss »Verfahren zu Veränderung der genetischen Identität von Tieren, die geeignet sind, ein Leiden oder körperliche Beeinträchtigungen der Tiere ohne jeglichen Nutzen für den Menschen oder das Tier zu verursachen« (KOM (92) 589 endg., Art. 2(3)c).

Axiome erweitert, sondern hat lediglich in äußerst verdünnter Form einige Regelungsgegenstände und -Intentionen des Europäischen Parlaments aufgenommen.

Mit kleinen Zugeständnissen sollte die Zustimmung des Parlaments und des Rats erreicht werden. Das Bekenntnis zur ethischen Dimension des Patentrechts bleibt jedoch formal und rhetorisch. Durch die enge Fassung der Patentierungsausnahmen in Artikel 2 b und c wurde sogar das Prinzip des Ordre Public-Verstosses möglicherweise eingeschränkt, da die aufgeführten Punkte als Interpretationshilfe für den Ordre Public-Begriff selbst dienen sollten (vgl. Zintler 2002: 66).

Die Kommission blieb damit einer vor allem wirtschaftspolitisch gefassten Konzeption des Patentrechts verhaftet.[48] Während »lebende Materie« explizit zum legitimen Patentgegenstand gemacht wird, bleiben Zugeständnisse hinsichtlich einer ethischen Dimension aus dem Patentrecht selbst weitgehend ausgeklammert. Allerdings, dies bleibt festzuhalten, wurde an diesem Punkt die Aufnahme eines Ordre Public-Vorbehaltes in den Text der Richtlinie vollzogen. Auch wenn die Kommission in ihrer Begründung unterstreicht, dass das Patentrecht nicht der geeignete Ort sei, um »ethische Probleme« zu lösen, konzediert sie nun erstmals, dass das Patentrecht »bestimmte unüberschreitbare Grenzlinien als Richtschnur für die Interpretation der Begriffe öffentliche Ordnung und gute Sitten« festlegen müsse.[49] Damit wurde erstmals zugestanden, dass Grenzen des Biopatentrechts gesetzlich zu markieren und zu konkretisieren seien. Dieser Fokus auf Grenzziehungen – so mager ihre Anerkennung zunächst aussah – wurde bedeutsam für den weiteren Verlauf des Gesetzgebungsprozesses und geriet zu einem Kernpunkt der Kontroversen.

1.9 Die Stellungnahme der Beratergruppe »Ethik der Biotechnologie« (GAEIB) vom 30.9.1993

An diesem Punkt des Gesetzgebungsprozesses nimmt erstmals eine Sachverständigenkommission, die aus Wissenschaftlern verschiedener Disziplinen zusammengesetzt ist, Stellung zum Richtlinien-Vorschlag. Es handelt sich um die Beratergruppe »Ethik der Biotechnologie« der Kommission. Dieses Gremium wurde von der Europäischen Kommission am 20.11.1991 erstmals einberufen. Sein Mandat liegt darin, die ethischen Fragen der Biotechnologie zu identifizieren, zu definieren und zu beurteilen, die Kommission zu beraten und die Öffentlichkeit zu informieren. Die Mitglieder werden allein von der Kommission

48 Die Frame-Analyse kennzeichnet diese in Kap. II. C als Frame »Wirtschaft«.

49 KOM (92) 589 endg., 16.12.1992: 1.

berufen. Die Stellungnahmen der Beratergruppe haben keine bindende Wirkung.

Vorausschauend auf die zukünftige Entwicklung bleibt an dieser Stelle als kleiner Exkurs anzumerken, dass das Gremium als »Group of advisers to the European Commission on the ethical implications of biotechnology« (GAEIB) von 1991 bis 1997 agierte und sodann 1998 in »European Group on Ethics in Science and New Technologies« (EGE) umbenannt wurde. Das Mandat wurde im weiteren Verlauf von der Kommission ausgedehnt und umfasst mittlerweile nicht mehr allein die Biotechnologie, sondern auch andere Technologien; der Schwerpunkt der Stellungnahmen liegt jedoch weiterhin auf biomedizinischen Themenstellungen.

Die Entwicklung dieses Gremiums selbst und seine sich allmählich verfestigende Institutionalisierung durch die Europäische Kommission ist Zeugnis der »Ethisierung« von Technologiekonflikten. Sie dokumentiert den »Aufstieg« der wissenschaftlichen Politikberatung zu ethischen Fragen von Biomedizin und neuen Technologien, was zum einen den Beratungsbedarf der Politik in den komplexen biomedizinischen Feldern signalisiert, zum anderen auch auf eine bestimmte Form von Legitimitäts- und Akzeptanzsicherung verweist:

> »bioethics committees have helped develop an ethical language capable of facilitating the political debate and legitimizing subsequent policy decisions, and, on so doing, have promoted a novel, if still emergent, form of global governance« (Salter 2007: 295).

Ob man dies bereits als »bioethics governance« fassen sollte, bliebe an anderer Stelle zu diskutieren, dies würde den Rahmen der vorliegenden Arbeit sprengen. Festzuhalten bleibt aber, dass sich an diesem Punkt eine neue bioethische Expertengruppe etablierte, die allmählich »Einlass« in die bis dato von Technikern und Juristen beherrschte epistemische Gemeinschaft des Patentrechts (vg. Kap. I. E) einforderte.

Die Stellungnahme Nr. 3[50], mit der sich das Ethikgremium GAEIB erstmals zur Richtlinie äußert, beruht auf eigener Initiative der Beratergruppe.[51] Sie vertritt darin die Auffassung, dass es gegen die Patentierung biotechnologischer Erfindungen keine grundsätzlichen ethischen Einwände gäbe (GAEIB 1993:

50 GAEIB (Group of advisers to the European Commission on the ethical implications of biotechnology) 1993: Opinion n° 3 – Opinion on ethical questions arising from the Commission proposal for a Council directive for legal protection of biotechnological inventions. 30. 09.1993. Hier zitiert nach der deutschen Fassung unter http://ec.europa.eu/european_group_ethics/docs/avis3_de.pdf.

51 Zur sukzessiven Mandatserweiterung in vier Etappen und zur Erhöhung der Mitgliederzahl von anfangs sechs auf mittlerweile 15 Mitglieder siehe die Website, die neben den Aufgaben auch die Aktivitäten der Gruppe dokumentiert: http://ec.europa.eu/european_group_ethics/archive/index_en.htm. Vgl. zur ersten Biopatentstellungnahme dieser Gruppe Zintler (2002: 67) und Barton (2004: 128–132).

6).[52] Verbote von bestimmten Formen der Genmanipulation sollten im öffentlichen Recht behandelt werden, nicht aber im Patentrecht; entsprechende Passagen sollten deshalb aus der Richtlinie gestrichen werden (GAEIB 1993: 6 und 8). Die aufgeworfenen ethischen Fragen seien in den Erwägungsgründen der Richtlinie zu thematisieren, nicht aber in den Artikeln der Richtlinie selbst (GAEIB 1993: 6). Einige Konzepte und Anwendungsbereiche bedürften allerdings noch der Klärung. Dabei sei ausdrücklich »zunächst klarzustellen, dass die Identifizierung von Genen oder partiellen Gensequenzen ohne Entdeckung deren Funktion keine erfinderische Tätigkeit darstellt und folglich nicht patentierbar ist« (GAEIB 1993: 7). Außerdem solle »die Gemeinschaft gegen die kommerzielle Verwertung des menschlichen Körpers Position beziehen« (GAEIB 1993: 10).

Damit wurde zwar die Aufnahme »ethisch motivierter« Fragen in den Richtlinientext rhetorisch anerkannt, diesen jedoch durch weitgehende Verbannung in die Erwägungsgründe ihre bindende rechtliche Wirkung genommen und ihnen lediglich eine Funktion als (unverbindliche) Auslegungshilfe zugeschrieben. Zudem lehnt GAEIB die Konkretisierung von Patentausschlüssen in der Humangenetik in Bezug auf Keimbahneingriffe ab.

Die Beratergruppe empfiehlt aber, Gene und Gensequenzen von der Patentierbarkeit auszunehmen, sofern ihre Funktion unbekannt ist. Im Umkehrschluss wird damit die Patentierbarkeit von Gensequenzen bei Offenlegung einer Funktion bestätigt, sofern die weiteren Patentierungsvoraussetzungen erfüllt sind. Zum Schutzumfang des Patents auf eine DNA-Sequenz macht die Gruppe keine Aussagen, ebenso wenig wird der patentrechtliche Stoffschutz erwähnt. Es wird unterstellt, dass die Nennung einer Funktion einer Gensequenz bereits ausreicht, um eine erfinderische Leistung zuzusprechen und ein patentrechtliches Ausschlussrecht zu begründen.

Auf Keimbahneingriffe wird lediglich indirekt Bezug genommen, insofern als der Aufnahme in die Artikel der Richtlinie widersprochen und diese Punkte auf die – rechtlich nicht bindenden – Erwägungsgründe verwiesen werden. Zudem führt die Gruppe in ihrer Begründung aus, das »Verbot der Gentechnik zu nichttherapeutischen Zwecken und unter Verletzung der Menschenwürde« sei zwar anzuerkennen, wiewohl solle die komplexe Frage der Legitimität von Keimzelleingriffen in der Richtlinie nicht angesprochen werden, da diese der falsche Ort sei (GAEIB 1993: 8).[53]

Insofern nimmt die Ethikberatergruppe einen sehr konventionellen Standpunkt hinsichtlich der Immunisierung des Patentrechts gegenüber der Ein-

52 Die Aussagen von GAEIB zur Erzeugung transgener Tiere und zur Artenvielfalt werden hier nicht berücksichtigt. Siehe zu deren Analyse Zintler (2002: 68f).

53 Zur Ethikdiskussion um die Keimbahntherapie insbesondere bezogen auf Eingriffe zu Zwecken des »enhancement« siehe Resnik 1994, Wimmer 1989, Graumann 2006, Schneider 2004b.

schreibung von ethisch-regulativen Erwägungen ein. Allein die Tatsache jedoch, dass sich die recht frisch berufene Kommission bereits in ihrer dritten Stellungnahme aus eigener Initiative mit dem Thema des biotechnologischen Patentrechts befasst, verweist auf die durch die zivilgesellschaftliche Öffentlichkeit angestoßene »Ethisierung« dieses Rechtsgebiets, welche Resonanz nicht nur im Parlament, sondern auch in entsprechenden Expertengremien der Politikberatung gefunden hat. Diese Art der Politisierung entspricht der *salience* einer neuen Form der Thematisierung des Patentrechts innerhalb einer ethischen Rahmung (Frame »Ethik« – vgl. Kap. II.C).[54]

Hervorzuheben bleibt in diesem Zusammenhang der Verweis von GAEIB, dass das Konzept der Menschenwürde im Gemeinschaftsrecht überhaupt erstmals in Art 2(3)b dieser Richtlinie auftrete, was seltsam erscheinen möge. Mit der Berücksichtigung ethischer Überlegungen werde ein neues Kapitel im Patentrecht aufgeschlagen (GAEIB 1993: 7). Diese Anmerkung ist insofern wichtig, als sie auf die überraschenden Wege der Thematisierung der europäischen Union als Werte- und Rechtsgemeinschaft[55] und die emergente Konstitutionalisierung der Gemeinschaft (vgl. Landfried 2001; Wessels 2003) verweist. GAEIB zufolge bleibe zudem festzuhalten, dass ein homogenes Konzept der Menschenwürde und entsprechender Verletzungstatbestände in der Europäischen Union bislang nicht besteht.[56] Ethische Fragen stellen sich aus Sicht der Gruppe jedoch im Grunde erst bei der Anwendung neuer Technologien und werden zu ihrer Regulation auf das öffentliche Recht verwiesen. Damit wird – erneut – auf die widersprüchliche Rolle der gleichzeitigen Thematisierung im und Verwerfung von Ethik aus dem Patentrecht verwiesen.

Zusammengefasst bleibt festzuhalten, dass die Ethikberatergruppe ganz im Sinne des tradierten Patentrechtsverständnisses argumentiert. Es zählt jedoch zu ihrem Verdienst, dass sie erstmals die Rolle von Genpatenten und ihrer »Funktion« thematisiert hat, auch wenn dies noch in sehr angedeuteter und unbestimmter Form geschieht. Dass sich die Ethikgruppe überhaupt der Biopatentrichtlinie angenommen hat, verweist auf die Koproduktion von Ethik-Governance und Wertedimensionen in der Europäischen Union mit Wirtschafts- bzw. Binnenmarkt-initiiertem Agenda-Setting, das sich durch Kontroversen und durch Framing Prozesse vollzogen hat. Mit dieser Einschätzung

54 Allgemein zum »*salience*«-Begriff und Konzept, welches das Relevantwerden eines *policy issues* bezeichnet, sowie zur Agenda-Setting Forschung siehe Brettschneider 1994; Brosius 1994; Rössler et al 2002, vgl. Kap. I.B.

55 Zur Unterscheidung zwischen drei Konzepten Europas als a) problemorientierte supranationale binnenmarkt-zentrierte Organisation, b) als wertebasierte Gemeinschaft und c) als rechtsbasierte postnationale Union siehe: Sjursen (2008: 3).

56 Allerdings erfolgte mit der EU Grundrechtecharta (2000) und deren Aufnahme in den Vertrag von Lissabon (2009) eine weitere Konstitutionalisierung des Gemeinschaftsrechts, die sich zukünftig auch in der EuGH Rechtsprechung niederschlagen dürfte.

widerspreche ich darüber hinaus aus einer empirischen Perspektive der scharfen, dichotomen Trennung von »negativer« und »positiver« Integration in Europa (vgl. Scharpf 1997), auch wenn diese Unterscheidung für theoretische und analytische Zwecke durchaus hilfreich ist. Es bleibt aber festzuhalten, dass gerade der Ausschluss von politischen und normativen Dimensionen der wirtschaftlichen Integration Europas im Rahmen von Handel und gemeinsamem Binnenmarkt Proteste und Konflikte hervorrufen kann (vgl. Abromeit 2002: 203); eine dadurch entstehende politische Polarisierung[57] kann dazu führen, dass beide Dimensionen der europäischen Integration berücksichtigt und in ein ausgleichendes Verhältnis zueinander gesetzt werden – sofern, und dies stellt eine notwendige, aber nicht hinreichende Voraussetzung dar – es zu einem entsprechenden Reframing kommt (vgl. Kap. I.B).

1.10 Der Gemeinsame Standpunkt des Rates vom 7.2.1994 als Resultat von Verfahrens-Änderungen nach dem Vertrag von Maastricht

Für die Weiterentwicklung der Richtlinie wurden nunmehr institutionelle Faktoren in der Evolution des Europäischen Gemeinschaftsrechts bedeutsam. Kurz nachdem die Kommission ihren veränderten Richtlinien-Vorschlag vorlegte, trat der Vertrag von Maastricht in Kraft[58], der dem Europäischen Parlament erweiterte Mitwirkungsmöglichkeiten einräumte.[59] Die Biopatentrichtlinie wurde

57 Vgl. theoretisch zur Politisierung und Polarisierung der europäischen Integration: De Wilde 2007.

58 Der Vertrag von Maastricht wurde am 7.2.1992 verabschiedet und ist am 1.11.1993 in Kraft getreten.

59 Zum Verfahren sei ausführlich Wessels zitiert: »Die Vertragsbestimmungen legen einen Ablauf im Wechselspiel zwischen den beteiligten Organen fest [...]: Nach dem Vorschlag der Kommission und der Stellungnahme des EP in der ersten Lesung kann der Rat den Entwurf des EP billigen, so dass der Rechtsakt erlassen wird. Stimmt der Rat hingegen den Vorschlägen des EP nicht zu, so legt er – gegebenenfalls mit qualifizierter Mehrheit – einen »Gemeinsamen Standpunkt« fest. Innerhalb der nächsten drei Monate kann das EP in seiner zweiten Lesung den gemeinsamen Standpunkt des Rates billigen oder keine weiteren Beschlüsse fassen. In diesen Fällen gilt der Rechtsakt nach Unterzeichnung durch die Präsidenten von Rat und EP als erlassen. Lehnt das EP in dieser zweiten Lesung jedoch den gemeinsamen Standpunkt des Rats mit der absoluten Mehrheit seiner Mitglieder ab, so ist der Rechtsakt gescheitert. Ebenfalls mit der absoluten Mehrheit der Mitglieder kann das EP jedoch auch Änderungen am gemeinsamen Standpunkt vorschlagen. Der Rat muss dann in seiner zweiten Lesung innerhalb einer Dreimonatsfrist über diese Änderungen abstimmen. Die Abstimmung kann dann mit qualifizierter Mehrheit geschehen, wenn die Kommission keine Einwände gegen die Änderungsvorschläge des EP erhebt. Ist dies nicht der Fall, muss der Rat mit Einstimmigkeit zustimmen. Danach gilt der Rechtsakt als erlassen. Akzeptiert der Rat nicht alle Änderungen des EP, so ruft der Präsident des Rates in Einvernehmen mit dem Präsidenten des EP den Vermittlungsausschuss an. Dieser besteht aus den Mitgliedern des Rates und ebenso vielen Abgeordneten des EP. Vertreter der Kommission sind nicht stimmberechtigt, doch sie nehmen an

damit dem Kodezisionsverfahren unter Artikel 189 (b) EGV (später 251 (2) S.2 EGV) unterstellt. Der erste Schritt in diesem Verfahren war die Vorbereitung eines Gemeinsamen Standpunkts durch den Rat. Diesen legte der Rat am 7. Februar 1994 vor.

Zum Verfahren des Gemeinschaftsrechts bleibt an dieser Stelle festzuhalten, dass das Europäische Parlament zwar im Verfahren der Zusammenarbeit Änderungsvorschläge einbringen kann. Der Rat als weiteres Legislativorgan der Gemeinschaft bestimmt jedoch, ob er diese aufnimmt oder nicht und kann auch weitere Abänderungen aufnehmen. Ihm kamen daher im Rechtsetzungsverfahren wesentliche politische Entscheidungsrechte zu.

Die Minister der zu diesem Zeitpunkt 12 Mitgliedsstaaten gelangen mit qualifizierter Mehrheit – gegen die Stimmen von Dänemark, Luxemburg und Spanien – zu ihrem Gemeinsamen Standpunkt. Italien stimmt zwar zu, gibt allerdings Vorbehalte im Zusammenhang mit der Frage von Keimbahneingriffen und Embryonen zu Protokoll (vgl. Pernicka 2001: 135; Lausmann-Murr 2000: 68ff).

Der Rat folgt in seinem Gemeinsamen Standpunkt weitgehend den von der Kommission eingebrachten Vorschlägen.[60] Allerdings werden in den Erwägungsgründen einige Grundsätze bezüglich der Patentierbarkeit des menschlichen Körpers konkretisiert. Erwägungsgrund 10 wird ausgeweitet, indem Beispiele für Körperteile genannt werden. Es heißt nun:

»Entsprechend dem allgemeinen Grundsatz, der ein Aneignungsrecht am Menschen untersagt, müssen der menschliche Körper oder Teile davon *als solche*, beispielsweise ein Gen, ein Protein oder eine Zelle in natürlichem Zustand *im* menschlichen Körper, wie auch die Keimzellen und die frühen Embryonalstadien, von der Patentierbarkeit ausgenommen werden; hingegen sind *isolierte* Bestandteile des menschlichen Körpers nicht allein deshalb von der Patentierbarkeit auszuschließen, weil sie vom Menschen stammen, wobei die Teile des menschlichen Körpers, aus denen diese isolierten Bestandteile herrühren, von der Patentierbarkeit ausgeschlossen bleiben.«[61]

Diese Erwägung ist als Präzisierung der üblichen Patentierungsvoraussetzungen zu verstehen.

Der neu eingefügte Erwägungsgrund 11 klärt zudem, dass

---

den nichtöffentlichen Sitzungen teil. Wird in diesem Gremium ein gemeinsames Ergebnis gefunden, kann der erarbeitete Kompromiss innerhalb von sechs Wochen in den jeweils dritten Lesungen durch eine qualifizierte Mehrheit im Rat und der Mehrheit der abgegebenen Stimmen im EP bestätigt werden. Ansonsten ist das Vorhaben gescheitert« (Wessels 2004: 40f, siehe dazu auch das Schaubild 1 am Ende von Kap.II.A.1.12.).

60 KOM (92) 589 endg., SYN 159, ABl. C101 vom 09.04.1994, S. 62–68. Vgl. zur Analyse bezogen auf den Tierschutz und das Landwirteprivileg ausführlich: Gold/Gallochat (2001: 340), Lausmann-Murr (2000: 68f), Calamé (2001: 82f) und Zintler (2002: 70–74).

61 KOM (92) 589 endg., SYN 159, Erwägungsgrund 10, ABl. C101 vom 09.04.1994, S. 65, Hervorhebung I.S.

»isolierte Nucleinsäuren des menschlichen Körpers ohne andere beschriebene Anwendungen als die aufgrund der üblichen Eigenschaften derartiger Nucleinsäuren, beispielsweise ihrer Eigenschaft, bei der Synthese späterer Kopien von Nukleinsäuren als DNA-Proben oder Grundbausteinen dienen zu können.«[62]

nicht patentierbar seien. Diese Klarstellung ist als Reaktion auf die aus den USA stammende Debatte um die Patentierbarkeit von EST-Abschnitten zu betrachten. Ein entsprechender Vorstoß seitens des Genforschers Craig Venter, frühe Ergebnisse des Humangenomprojekts, nämlich tausende von Genfragmenten ohne bekannte Funktion anhand so genannter ESTs *(expressed sequence tags)*, die lediglich eine Markierungsfunktion im Erbgut haben, zum Patent anzumelden, stieß sowohl innerhalb der National Institutes of Health selbst, wo er damals tätig war, auf Kritik, wie auch insbesondere bei Forschern in Europa auf regelrechte Empörung (vgl. Anderson 1993, Sulston/ Ferry 2002). Diese über Jahre laufende EST-Kontroverse begleitete die weitere Entwicklung der Biopatent-Richtlinie in der Europäischen Union und zählt zu ihren wichtigsten kritischen externen Ereignissen.[63]

Mit den obigen Formulierungen knüpft der Rat an die Isolierungsdogmatik des Patentrechts für Naturstoffe an (vgl. Kap. I.F). Es wird zudem ein Regel-Ausnahme-Verhältnis etabliert und neue Abgrenzungen zwischen Patentierbarkeit und Nicht-Patentfähigkeit gezogen, die sich auf eine Dichotomie des »innen/außen« des menschlichen Körpers einerseits bezieht und andererseits durch die Isolierungsdogmatik breite Erfindungstatbestände festschreibt.

Bezüglich der strittigen Frage der Keimbahneingriffe wird in Erwägungsgrund 12 festgehalten, dass »Verfahren zur Veränderung der genetischen Identität des Menschen, die die Menschenwürde verletzen, von der Patentierbarkeit ausgenommen werden«[64] müssten. Erwägungsgrund 13 macht allerdings deutlich, dass Keimbahneingriffe durchaus patentiert werden könnten, sofern sie die Menschenwürde wahrten. Das Kriterium der Wahrung der Menschenwürde wird an das Verfolgen therapeutischer Ziele geknüpft. Im Übrigen verweist der Erwägungsgrund auf die bekannte Tatsache, dass »die einschlägigen einzelstaatlichen und gemeinschaftlichen Genehmigungsverfahren zwingend einzuhalten«[65] wären. Mithin schließt der Rat – wie bereits die Kommission – Keimbahneingriffe keineswegs grundsätzlich von der Patentierbarkeit aus.

Eine wichtige Neueinfügung findet sich allerdings in Artikel 2(3)a des Richtlinientextes. Nicht patentierbar ist nunmehr der menschliche Körper oder Teile

62 KOM (92) 589 endg., SYN 159, Erwägungsgrund 11, ABl. C101 vom 09.04.1994, S. 65.

63 Diese EST-Kontroverse wird im Kapitel zur Frame-Analyse noch einmal aufgenommen, siehe Kap. II C.

64 KOM (92) 589 endg., SYN 159, Erwägungsgrund 12, ABl. C101 vom 09.04.1994, S. 65

65 KOM (92) 589 endg., SYN 159, Erwägungsgrund 13, ABl. C101 vom 09.04.1994, S. 65

davon »*als solche*«. Der Zusatz dieser beiden Worte »*als solche*«[66] erfolgt seitens des Rats ohne weitere Begründung.[67] Es bleibt an dieser Stelle vorauszuschicken, dass dies im weiteren Verfahren für große Verwirrung und Unruhe sorgen und einer der wesentlichen Gründe für die Ablehnung des Richtlinienvorschlages durch das Parlament werden sollte:

»Der ursprüngliche Text der Kommission war juristisch nicht sehr gut. Er war einfach schlecht gemacht. Diese krampfhaften Formulierungen: »der menschliche Körper als solcher ist nicht patentierbar«. Wissen Sie, ich werde bis an mein Lebensende an diese Formulierung ›als solche‹, ›as such‹, ›en tant que telle‹, denken [lacht]. [...] Es hat lange gedauert, bis wir die richtige Formulierung gefunden haben und diese missverständlichen und zweideutigen Formulierungen vermieden haben« (Interview Rothley, MdEP, Berichterstatter für die Richtlinie).

Um den weiteren Verlauf hinsichtlich dieser Formulierung bereits vorwegzunehmen: Das Europäische Parlament lehnt diesen Zusatz in seinem 3. Änderungsvorschlag[68] ab, diese Streichung wird jedoch von der Kommission[69] zurückgewiesen. Im Vorschlag des Vermittlungsausschusses wird der Terminus »*als solche*« beibehalten, Rat und Europäisches Parlament geben allerdings unterschiedliche Auslegungen dazu ab, die im Plenum zu heftigen Diskussionen führen.

1.11 Eine abgebrochene Abstimmung: Abänderungsanträge des Europäischen Parlaments zur zweiten Lesung im Plenum am 5.5.1994

In der zweiten Lesung[70] des Richtlinienvorschlags im Rahmen des Kodezisionsverfahrens macht das Europäische Parlament keine Änderungen an den Artikeln der Richtlinie mehr geltend. Es sieht jedoch bei den Erwägungsgründen zwei Neueinfügungen vor: Zum einen wird in Erwägungsgrund 8a der Ordre Public-Verstoß insofern erläutert, als eine Einzelfallprüfung im Wege einer Güterabwägung vorzunehmen sei,

66 Englische Fassung: »as such«, französisch: »en tant que telle«.

67 Die Formulierung »als solche« war zuvor im ersten Halbsatz des Erwägungsgrundes 10 aufgetaucht und entsprach damit dem geänderten Vorschlag der Kommission. Erst an diesem Punkt des Normierungsprozesses gelangt diese Wortwahl jedoch in den Artikel (2(3)a) der Richtlinie.

68 ABl C 205, 25.7.1994, S. 307

69 KOM (94) 245 endg., 9.6.1994, S.2

70 Gemeinsamer Standpunkt des Rates zu dem Vorschlag für eine Richtlinie des Europäischen Parlaments und des Rates über den rechtlichen Schutz biotechnologischer Erfindungen (Änderungen des Parlaments) Abl. EG Nr. C 205 vom 25.7.1994, S. 307ff.

»bei der der Nutzen der Erfindung einerseits und etwaige durch sie begründete Risiken sowie möglicherweise aus Grundwerten der Rechtsordnung abzuleitende Einwände andererseits gegenüberzustellen und zu bewerten sind.«[71]

Damit wird den Patentprüfern die Aufgabe einer technischen Risiken- und ethischen Kostenabwägung zugewiesen. In einem gewissen Spannungsverhältnis stehen hier die geforderte Einzelfallabwägung einerseits und die Risikoabschätzung und -bewertung andererseits, die sich in der Regel kaum auf ein einzelnes Verfahren oder Produkt beziehen dürfte, sondern einem bestimmten Technikzweig zu unterziehen ist. Ob primär technisch ausgebildete Patentprüfer überhaupt in der Lage wären, diese Aufgabe zu erfüllen, wird nicht thematisiert.[72]

In einem zweiten Abänderungsantrag formuliert das Parlament einen neuen Erwägungsgrund (9a), der erläuternd vermerkt:

»Diese verstärkte Berücksichtigung von sittlich moralischen Gesichtspunkten bei der Prüfung biotechnologischer Erfindungen ist geboten wegen des Gegenstands dieses Technikzweigs – lebende Materie – und der oft gewaltigen Tragweite der zu prüfenden Erfindungen. Sie verändert allerdings nicht den Charakter des Patentrechts als eines primär technischen Rechts und ersetzt nicht die rechtlichen Prüfungen, denen biotechnologische Erfindungen bereits im Stadium der Entwicklung oder im Stadium der Vermarktung, insbesondere unter dem Gesichtspunkt der Sicherheit zu unterziehen sind.«[73]

Damit wird verlangt, dass ethische Prüfgesichtpunkte nicht erst bei der Vermarktung einer Erfindung, sondern bereits im Stadium der Patentprüfung einzubeziehen sind. Der tradierten patentrechtlichen »Verschiebungsstrategie«, die von der Kommission und auch der Ethikberatergruppe geteilt wurde, wonach innovationspolitische Regulation sich in anderen Rechtsinstituten und zeitlich nach »hinten« versetzt vollziehen soll, wird damit eine komplementäre Konzeption gegenübergesetzt: Governance von Innovation soll sich sowohl *im* Patentrecht, wie auch durch *andere* Mechanismen vollziehen – zum Beispiel durch die Arzneimittelprüfung und die darin enthaltenen Vorgaben zur Sicherheit und Wirksamkeit eines Medikaments – und sie soll in verschiedenen Stadien der Technikentwicklung stattfinden, nicht erst und allein bei der Anwendung oder bei der Vermarktung.

Der dritte Abänderungsantrag des Parlaments betrifft Erwägungsgrund 10 des Gemeinsamen Standpunktes. Statt der Formulierung »der menschliche Körper oder Teile davon »*als solche*« seien von der Patentierbarkeit ausgenommen, wird nun formuliert:

---

71 Änderungsantrag 1, Abl. EG Nr. C 205 vom 25.7.1994, S. 308.

72 Vgl. Gold/Gallochat (2001: 360), die kritisieren, dass dies zu ad-hoc-Entscheidungen führe. Sie schlagen stattdessen vor, dass Ordre Public-Einwände nur im Einspruchsverfahren nach Patenterteilung eingebracht werden sollten und ein darauf spezialisiertes Organ eine klare und konsistente Rechtsprechung entwickeln könne.

73 Änderungsantrag 1, Abl. EG Nr. C 205 vom 25.7.1994, S. 308

»Entsprechend dem allgemeinen Grundsatz, der ein Aneignungsrecht am Menschen untersagt, müssen der menschliche Körper oder Teile davon, beispielsweise ein Gen, ein Protein oder eine Zelle in natürlichem Zustand im menschlichen Körper oder daraus isoliert, wie auch die Keimzellen und die frühen Embryonalstadien, von der Patentierbarkeit ausgenommen werden. Eine Erfindung jedoch, in die isolierte Bestandteile des menschlichen Körpers Eingang gefunden haben, ist nicht allein deshalb von der Patentierbarkeit auszuschließen, weil sie Material verwendet, das vom Menschen stammt, wobei die Teile des menschlichen Körpers, aus denen diese isolierten Bestandteile herrühren, von der Patentierbarkeit ausgeschlossen bleiben.«[74]

Damit verschiebt das Parlament die herkömmliche Patentrechtsdogmatik: *Isolierte* Körperbestandteile – darunter gefasst etwa Gene, Zellen oder Proteine – werden nun zunächst von der Patentierbarkeit ausgenommen und in Satz eins, der die Nicht-Patentfähigkeit anhand des besonderen Status des menschlichen Körpers definiert, aufgenommen. Erfindungen *auf der Basis* isolierter Körperbestandteile können allerdings weiterhin patentfähig sein. Das entscheidende Unterscheidungskriterium wird nun offenbar dem Erfindungsbegriff zugeschrieben, also womöglich auf die erfinderische Leistung abgehoben. Der Erfindungsbegriff wird jedoch hier (noch) nicht substantiell an eine Verwendung, Funktion oder gewerbliche Verwertung gekoppelt. Mit dieser Formulierung legt das Europäische Parlament nahe, dass es Gensequenzen, Zellen und Proteine solange nicht als legitime *subject matter* eines Patents bewertet sehen will, solange sie nicht in eine Erfindung »eingegangen« sind. Dies kann man als implizite Kritik an der Stoffschutzdogmatik auffassen, die Motive und Vorstellungen dazu bleiben allerdings unklar. Eine weitere Interpretation könnte darin bestehen, dass eine »Verschiebung« des Patentschutzes vom Ausgangsprodukt (Gensequenz) auf ein industriell verwertbares »Endprodukt« und damit gleichzeitig zeitlich eine Verschiebung von *upstream* hin zu *downstream* im Forschungs- und Entwicklungsprozess intendiert war.

In einem vierten Abänderungsantrag hinsichtlich von »Verfahren zur Veränderung der genetischen Identität des Menschen« (der Begriff »Keimbahn« taucht nicht auf, ist aber offensichtlich gemeint) wird die bisherige Formel für den Patentausschluss »die die Menschenwürde verletzen« nun ersetzt durch »zu anderen als therapeutischen Zwecken«. Nach dieser Neuformulierung bleiben »therapeutische Keimbahneingriffe« patentfähig, andere nicht. Da nicht ausgeführt wird, ob unter nicht-therapeutischen Eingriffen beispielsweise ästhetisch-kosmetische Zwecke, oder ein *enhancement* gemeint ist, bleibt dieser Passus weiterhin unklar. Auch im Hinblick auf die *enhancement*-Debatte in Philosophie und Bioethik wird häufig darauf verwiesen, dass eine trennscharfe Unterscheidung zwischen »therapeutischen« und »verbessernden« Eingriffen kaum vollzogen werden kann, da Krankheit immer ein normatives Konzept impliziert (Lanze-

74 Erwägungsgrund 10, die unterstrichenen Hervorhebungen kennzeichnen die Änderung.

rath 2000; Fuchs et al. 2002; Schneider 2004b). Insofern zeigt sich, dass für die Praxis tatsächlich noch keine handhabbare Formulierung von Abgrenzungskriterien gefunden wurde. Zudem bliebe zu fragen, ob ein zum Patent angemeldetes *Verfahren*, das einen Keimbahneingriff ermöglicht (z.B. eine Sonde zum Einführen eines Genabschnitts) dahingehend in der Klassifizierung seiner Patentfähigkeit differenziert werden könnte, ob »therapeutische wirksame« Gene oder anderweitig eingesetzte DNA in die Keimzelle transferiert wird.

Das Europäische Parlament hatte zudem einen Abänderungsantrag für Artikel 2(3)a des Richtlinientextes vorgesehen, in dem das »als solche« gestrichen und entsprechend ersetzt worden war. Dieser zentrale – weil auf den rechtsgültigen Artikel bezogene – Abänderungsantrag, der mit dem angenommenen Erwägungsgrund 10 korrespondierte, kam jedoch, ebenso wie der oben genannte vierte Abänderungsantrag, nicht mehr zur Abstimmung.

Insgesamt lagen dem Plenum des Europäischen Parlaments 15 Abänderungsanträge des federführenden Ausschusses für Recht und Bürgerrechte vor. Es wurden aber nur drei abgestimmt und angenommen. Die wegen späterer Beschlussunfähigkeit nicht abgestimmten Abänderungsanträge waren in ihrer Intention sehr unterschiedlich. Einige wollten die Patentierung menschlicher Gene sowohl in vivo wie isoliert vom menschlichen Körper generell untersagt wissen. Andere sahen eine Ausweitung der Patentierbarkeit auf Therapien und diagnostische Verfahren »ex vivo« in einem weiteren Umfang vor, als es der Rat in seinem Richtlinienvorschlag vorgesehen hatte (vgl. Zintler 2002: 74-76; Pernicka 2001: 138f).

Zum Abbruch der Plenarabstimmung bleibt zu rekonstruieren, dass es bei der zweiten Lesung im Plenum des Europäischen Parlaments am 4. Mai 1994 nach der Abstimmung über die ersten drei Anträge (betreffend die oben genannten Erwägungsgründe) zur Annahme eines Antrags kam, die Abstimmung am nächsten Tag fortzusetzen.[75]

Am 5. Mai 1994 waren jedoch kaum mehr als ein Viertel der Parlamentsabgeordneten im Plenarsaal anwesend, somit reichte die erforderliche Stimmenzahl der Abgeordneten im Plenum nicht mehr für absolute Mehrheitsbeschlüsse aus. Weil das Europäische Parlament damit beschlussunfähig war, beschloss es, die Sitzung aufzulösen. Da die Abstimmung nicht weitergeführt werden konnte, war vorgesehen, eine Fristverlängerung beim Rat zu erreichen oder anderenfalls die Positionen in den Vermittlungsausschuss einzubringen.

75 Ob es sich dabei um ein zufälliges Ereignis handelte, das aus zeitlicher Überlastung resultierte oder um einen strategisch motivierten Verfahrensantrag, der mit der Annahme des geänderten Erwägungsgrundes Nr. 10 durch das Europäische Parlament und der für Artikel 2(3)a vorgesehenen Streichung der »als solche« Klausel in Zusammenhang stand, konnte nicht mehr festgestellt werden.

Dieser Abbruch der Abstimmung wegen Beschlussunfähigkeit war singulären Faktoren geschuldet: Zuvor war im Plenarsaal des Parlaments über die Erweiterung der EU um Österreich, Schweden und Finnland abgestimmt worden. Danach strömten viele Abgeordnete nach draußen, um die Entscheidung mitzuteilen, den Medien Interviews zu geben und dieses erfolgreiche Ergebnis zu feiern (Interview Liese MdEP, vgl. Pernicka 2001: 138). Diese situative Konstellation verhinderte eine rechtsgültige Abstimmung des Parlaments über die eingebrachten Abänderungsanträge.[76] Die abgebrochene Abstimmung konnte nicht nachgeholt werden. Vielmehr läuteten die Europawahlen am 12. Juni 1994 eine neue Legislaturperiode ein. Dieser Wahltermin und die damit unter anderem verbundenen personellen Diskontinuitäten hatten Auswirkungen auf die weitere Entwicklungsgeschichte der Richtlinie, wie ich später noch eingehend darstellen werde.

1.12 Die Stellungnahmen der Kommission und des Rats zu den Abänderungen des Parlaments am 9.6.1994

Die Kommission[77] stimmt den vom Europäischen Parlament verabschiedeten Abänderungen 1 und 2[78] zu und übernimmt sie in den geänderten Vorschlag zur Prüfung durch den Rat. Sie lehnt jedoch die dritte Abänderung, nämlich darin die Streichung der Worte »als solche« ab. Die Begründung der Kommission ist rein formal: Da der Erwägungsgrund nicht mehr mit dem – nicht zur Abstimmung gekommenen, daher unveränderten – Artikel 2(3)a der Richtlinie, den er erläutern soll, übereinstimmt, würde die Abänderung Nr. 3 »die Kohärenz des Rechtsrahmens für den Schutz biotechnologischer Erfindungen gefährden«.[79] Dies steht im Einklang mit der bisherigen Vorgehensweise der

76 Es ist bezeichnend, dass dieses situative Ereignis in den meisten juristischen Abhandlungen zur Richtlinie (vgl. Barton 2004: 136; Lausmann-Murr 2000: 70) nicht auftaucht, weil sich diese auf die formalen Ergebnisse, nämlich verabschiedete Änderungsanträge, beschränken. Nur eine kontextsensitive Rekonstruktion – gleich ob man sie als »List der Geschichte« oder als Hineinragen von Kontingenz bewertet – kann jedoch erklären, warum es letztlich 1995 zum Scheitern der Richtlinie im Parlament gekommen ist. Es bleibt an dieser Stelle darauf hinzuweisen, dass es im Parlamentsalltag nicht ganz selten zu solchen Konstellationen kommt, dass diese im Gedächtnis der Abgeordneten präsent sind und ihre weitere Haltung und Willensbildung mit bestimmen können. Daher muss eine sozialwissenschaftliche Rekonstruktion von Politikprozessen diese Kontexte einbeziehen und entsprechende Methoden – beispielsweise qualitative Interviews mit Akteuren – aufnehmen, statt sich allein auf die Dokumentenanalyse zu beschränken.

77 KOM (94) 245 endg./COD 159, 9.6.1994.

78 Erwägung 8a und 9a, siehe Abänderungsantrag des Europäischen Parlaments vom 5. Mai 1994.

79 KOM (94) 245 endg. /COD 159, 9.6.1994, S. 2.

Kommission: Dem Parlament wird bei Erwägungsgründen, welche weiche und generalisierende Formulierungen enthalten, etwa dass ethische Gesichtspunkte bei der Beurteilung von biotechnologischen Erfindungen stärker berücksichtigt werden sollen, entgegengekommen. Härtere Einschränkungen bezüglich der Patentfähigkeit von isolierten menschlichen Körperbestandteilen werden jedoch zurückgewiesen.[80]

Auch die Mehrheit im Rat weist sodann den dritten Abänderungsvorschlag des Europäischen Parlaments ab, mit dem eine wesentliche Neufassung hinsichtlich der Patentfähigkeit von Gensequenzen und anderen Körperbestandteilen geleistet worden wäre.

Da der Rat dem geänderten Entwurf des Europäischen Parlaments nicht zugestimmt hatte, musste nun ein Vermittlungsausschuss einberufen werden, um die Richtlinie im Kodezisionsverfahren mit dem Europäischen Parlament erneut zu verhandeln. Mit diesem durch den Maastrichter Vertrag eingeführten Verfahren hatte das Europäische Parlament einen erheblichen Kompetenzzuwachs gegenüber dem bisherigen Verfahren der Zusammenarbeit erhalten. Seine Vertreter konnten in einen direkten Dialog mit den Ratsvertretern eintreten. Zudem wurde dem Europäischen Parlament mit einer dritten Lesung ein Vetorecht eingeräumt, mit dem es erstmals Richtlinien-Entwürfe zu Fall bringen konnte (siehe Schaubild 1).[81]

1.13 Das Vermittlungsverfahren zwischen dem Parlament und dem Rat

Der Vermittlungsausschuss wurde erstmalig am 18. November 1994 einberufen und traf sich dreimal[82] zur Ausarbeitung eines Kompromissvorschlages. Der Vermittlungsausschuss setzte sich aus zwölf Vertretern des Europäischen Parlaments und zwölf Delegierten des Rates zusammen.

Am 23. Januar 1995 wurden die Vermittlungsgespräche erfolgreich abgeschlossen. Binnen einer Frist von sechs Wochen mussten nun der Rat (mit qualifizierter Mehrheit) und das Parlament (mit absoluter Mehrheit der abgegebenen Stimmen) über den Rechtsakt abstimmen.

80 Im Juni 1994 und damit in unmittelbarer zeitlicher Nähe hatte die Kommission eine Mitteilung unter dem Titel »Biotechnologie und das Weißbuch über Wachstum, Wettbewerbsfähigkeit und Beschäftigung« vorgelegt. Darin bekräftigt sie ihren bisherigen, wettbewerbszentrierten Standpunkt zur Biotechnologieförderung in der Gemeinschaft und bezeichnet einen starken Patentschutz als notwendig, um ein investitionsfreundliches Umfeld zu schaffen (KOM (94) 219 endg., 1.6.1994, S. 7, siehe zur Analyse: Zintler 2001: 76f).

81 Eine ausführliche Übersicht zu den Regeln des Mitentscheidungsverfahrens findet sich bei Landfried (2002: 75f) und Wessels (2004: 42).

82 Die zweite Sitzung fand am 12. Januar 1995 statt.

Schaubild 1: Das Kodezisionsverfahren nach Artikel 251 EGV

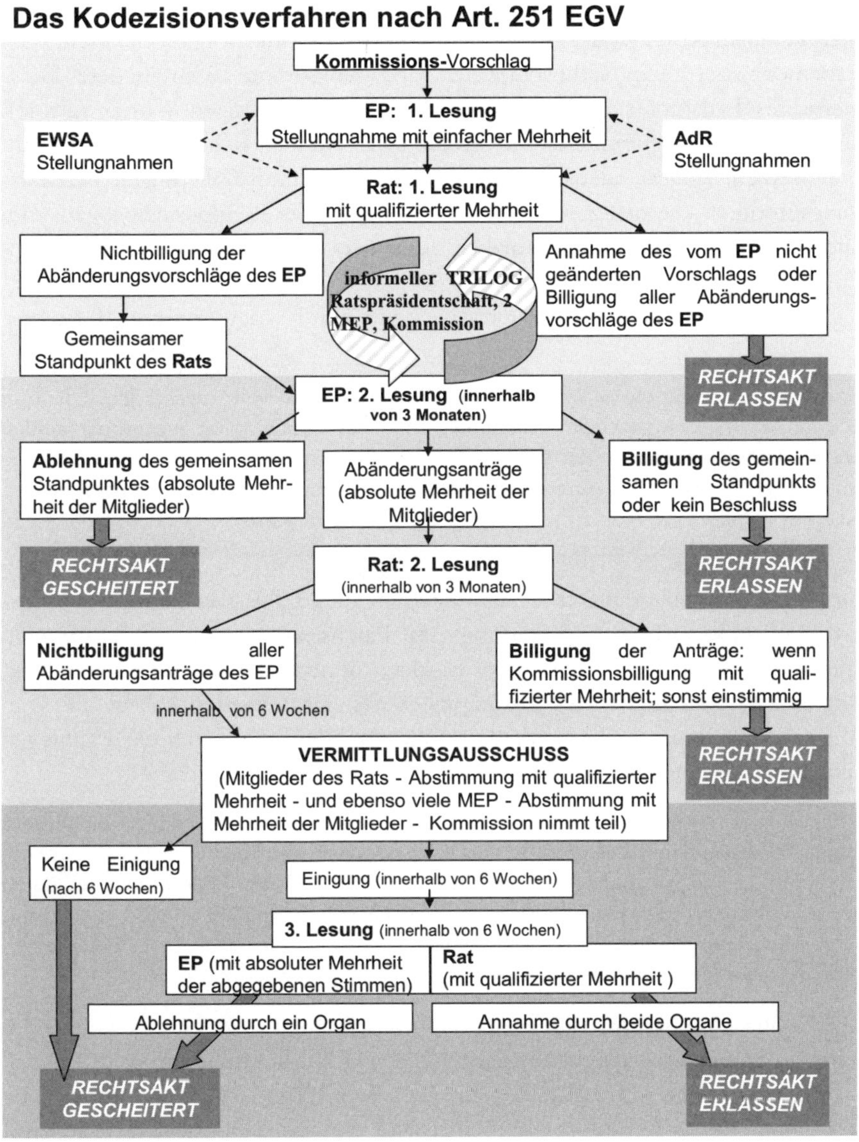

Quelle: Tekin/ Wessels (2009).

Im Folgenden wird der Kompromissvorschlag dargestellt. Hauptstreitpunkt des Vermittlungsverfahrens war die Frage der Patentierbarkeit von Teilen des menschlichen Körpers, die sich an dem von der Kommission abgelehnten, vom Parlament aber zuvor verabschiedeten Erwägungsgrund 10 entzündete. Delegierte des Parlaments forderten die Streichung der strittigen Wörter »als solche«[83] in Erwägungsgrund 10 und Artikel 2 (3), konnten sich damit jedoch nicht durchsetzen. Zugestanden wurden jedoch zwei Umformulierungen in Erwägungsgrund 10, die sich zum einen auf den Begriff der Erfindung bezogen, zum anderen auf die Zuordnungsfähigkeit zum menschlichen Körper eines Individuums.

Der geänderte Text des zweiten Abschnitts von Erwägungsgrund 10 lautete:

»hingegen sind Erfindungen, die Bestandteile umfassen, welche gewerblich anwendbar sind und auf technischem Wege auf eine Art und Weise vom menschlichen Körper gewonnen sind, dass sie einem bestimmten Individuum nicht mehr zugeordnet werden können, nicht deshalb von der Patentierbarkeit auszuschließen, weil sie vom Menschen stammen, auch wenn der Aufbau dieser Bestandteile mit einem Teil des menschlichen Körpers identisch ist, wobei die Teile des menschlichen Körpers, aus denen diese isolierten Bestandteile herrühren, von der Patentierbarkeit ausgeschlossen bleiben.«[84]

Der Rat glaubte allerdings trotz der Annahme dieses Zusatzes zum Erwägungsgrund 10 eine auslegende Erklärung zum Passus »dass sie einem bestimmten Individuum nicht mehr zugeordnet werden können« abgeben zu müssen. Der Rat erklärt, dass damit »die Bedingungen festgelegt werden sollen, die vom Menschen stammende Bestandteile erfüllen müssen, um durch ein Patent geschützt werden zu können«. Dies sei ein zusätzlicher Hinweis darauf,

»dass ein vom Menschen stammender Bestandteil patentierbar ist, wenn er nicht mehr einem Teil des menschlichen Körpers als solchem, das heißt, in natürlichem Zustand im menschlichen Körper, zugeordnet werden kann, weil der betreffende Bestandteil durch ein technisches Verfahren vom menschlichen Körper gewonnen wurde, das ihn aus seiner menschlichen Umgebung vollständig herauslöst, so dass dieser patentierte Bestandteil nicht mehr einem bestimmten Individuum zugeordnet werden kann.«[85]

Die Kommission schloss sich später dieser Erklärung an, der zufolge bereits das *technische Herauslösen* aus dem Körper maßgeblich für die Patentierbarkeit ist.[86]

Daraufhin legt das Parlament eine Erklärung über seine eigene Auslegung des Sinnes dieses Passus vor, die eine Seite umfasst. Entscheidend seien folgende Punkte:

---

83 »Der menschliche Körper oder Teile davon als solche« (KOM (92) 589 endg., SYN 159).

84 Erwägungsgrund 10, die unterstrichenen Hervorhebungen kennzeichnen die Änderung. Gemeinsamer Entwurf, 9.2.1995, PE-CONS 3606/1/95, C4-0042/95.

85 Gemeinsamer Entwurf, 9.2.1995, PE-CONS 3606/1/95, C4-0042/95, Anlage III.

86 Gemeinsamer Entwurf, 9.2.1995, PE-CONS 3606/1/95, C4-0042/95, Anlage VIII.

»(1.) Der Formulierung selbst – ›vom menschlichen Körper gewonnen‹ – sowie dem Zusammenhang, in dem sie innerhalb des Erwägungsgrundes steht, ist zu entnehmen, dass sie sich auf Bestandteile des menschlichen Körpers bezieht, die von diesem getrennt worden sind.
(2.) Die Formulierung soll für die Frage der Patentierbarkeit solcher isolierter Bestandteile eine Richtschnur geben, die den Schutz der Menschenwürde gewährleistet. Grundsätzlich müssen zu deren Wahrung der Mensch als Person, aber auch Teile von ihm von jeder Aneignung ausgenommen sein.
(3.) Von diesem Grundsatz kann unter dem Gesichtspunkt der Menschenwürde eine Ausnahme gemacht werden für Bestandteile, die auf technischem Wege vom menschlichen Körper gewonnen und dabei so verändert werden sind, dass ihre Merkmale es insgesamt nicht mehr erlauben, sie einem Individuum noch zuzuordnen.«[87]

Das Europäische Parlament hebt dabei insbesondere auf Veränderungen ab, die auf technischem Wege erfolgt sind. Zum Grad der technischen Veränderung werden allerdings keine detaillierteren Aussagen gemacht. Die Bindung an das Merkmal der Zuordnungsfähigkeit zu einem Individuum wirft die Frage auf, ob ein Körperbestandteil – etwa eine Genstruktur oder eine Zellkultur – noch »identisch« mit der in einem individuellen Menschen vorhandenen sein muss, oder welche quantitativen oder qualitativen Abweichungen eine erhebliche Differenz markieren würden. Allerdings erscheinen die Anforderungen an die Patentfähigkeit hier deutlich höher gesteckt als in der vom Rat und der Kommission abgegebenen Auslegung. Offenbar wollte das Parlament hier einen individuellen Personenbezug einer Gensequenz als Ausschlusskriterium fassen. Es grenzte damit gewissermaßen »individuelle«, persönlichkeitsrechtlich relevante von »allgemeinen«, universalen, in jedem Menschen oder in bestimmten Populationen vorhandenen Genabschnitten ab (vgl. Schneider 2003a).

Diese beiden unterschiedlichen Erklärungen des Rats und des Parlaments zum Gemeinsamen Entwurf machen deutlich, dass sich hinter dem mühsam gefundenen Formelkompromiss weiterhin erhebliche Dissense über die Möglichkeiten und Grenzen der Patentierbarkeit von menschlichen Körperbestandteilen verbargen. Diese bezogen sich auf die Abgrenzung zwischen Erfindung und Entdeckung, aber auch auf das Verständnis von Technizität und gewerblicher Anwendbarkeit. Darüber hinaus wurde die Frage der individuellen Zuordnungsfähigkeit von Körperbestandteilen als relevanter Faktor für die Berücksichtigung von Persönlichkeitsrechten aufgeworfen.

Im Vermittlungsausschuss einigte man sich außerdem über eine Änderung zu Keimbahneingriffen und strich den Begriff »automatisch« aus dem Erwägungsgrund. Anliegen des Parlaments war es vor allem, deutlich zu machen, dass es Keimbahneingriffe, die in die nächste Generation vererbt würden, gegenwärtig für ethisch unannehmbar hielt; daher seien diese mit der Menschen-

87 Gemeinsamer Entwurf, 9.2.1995, PE-CONS 3606/1/95, C4-0042/95, Anlage V.

würde unvereinbar und von der Patentierbarkeit auszuschließen. Die deutsche, österreichische und italienische Delegation wollten zudem eine Erklärung abgeben, dass sie die Keimbahntherapie »an sich für unannehmbar« hielten, und »nicht nur gegenwärtig«.[88]

Dieser Kritik schloss sich das Europäische Parlament in seiner Verhandlung am 1.März 1995 an. Es befürchtete, dass mit fortschreitender technischer Machbarkeit von Keimbahneingriffen die Bedenken fallen und auch einer Patentierbarkeit nicht mehr widersprochen würde.[89]

Drei der zwölf Parlaments-Abgeordneten stimmten in der Sitzung gegen den Kompromissvorschlag, da sie der Auffassung waren, dass die Änderungen und Klärungen des gemeinsamen Entwurfs den Anliegen des Parlaments nicht gerecht wurden. [90]

1.14 Das Scheitern des Richtlinien-Vorschlages durch die Ablehnung des Parlaments am 1.3.1995

Fünf Wochen nach Abschluss der Verhandlungen im Vermittlungsausschuss kam es im Parlamentsplenum zur Abstimmung über den geänderten Richtlinienentwurf. Dieser Abstimmung ging eine geballte Lobbytätigkeit von zivilgesellschaftlichen Organisationen, insbesondere von Umweltverbänden, entwicklungspolitischen Organisationen, Verbraucherschützern, Gentechnikkritikern, Wissenschaftlern, insgesamt wohl hunderten von NGOs aus aller Welt voraus, die mittels Gesprächen, Briefen und Faxen ihre Kritik an der Richtlinie zum Ausdruck brachten und die Abgeordneten aufforderten, gegen den Vorschlag zu stimmen (Interview Breyer, MdEP; Jasanoff 2005: 220). Auch in Presseaussendungen wurden entsprechende Aufrufe gestreut, die Medien berichteten. Das Parlament wurde durch zivilgesellschaftliche Organisationen buchstäblich »belagert«. Am Tag vor der Abstimmung in Strasbourg hängte Greenpeace in einer spektakulären Aktion ein riesiges Banner zwischen zwei Parlamentsgebäude, über eine stark befahrene Strasse hinweg, das die Aufforderung enthielt: »European Parliament: Reject Patents on Life«. Am Tag der Abstimmung mischten sich NGO-Vertreter mit T-Shirts, auf welchen »Vote NO! to Patents

88 A4-0028/95 – PE 211.520/endg. Auf zwei weitere im Vermittlungsausschuss behandelte Punkte, betreffend den Tierschutz (»Veränderungen der genetischen Identität von Tieren«) und »Ausnahmeregelung für Tierzüchter« wird im Rahmen dieser Arbeit nicht eingegangen, vgl. dazu Zintler (2002: 79–81), Pernicka (2001: 140). Es bleibt hervorzuheben, dass die Frage des menschlichen Körpers und seiner Patentierbarkeit Hauptgegenstand der Verhandlungen war.

89 Verhandlungen des Europäischen Parlaments Nr. 4-458: 38ff, zit. nach Zintler (2002: 83).

90 Es handelte sich um die deutschen Abgeordneten Hiltrud Breyer (Grüne Fraktion) und die Sozialdemokratin Evelyne Gebhardt, sowie eine dänische Abgeordnete.

on Life!« aufgedruckt war, unter die Parlaments-Abgeordneten (vgl. Pernicka 2001; Thaker 2002: 3) auf den Fluren.

»Die Gegner haben eine hervorragende Lobbyarbeit gemacht, Einzelgespräche eines nach dem anderen mit Abgeordneten geführt. Greenpeace hat eine große Aktion am Tag der Abstimmung veranstaltet. Ich weiß nämlich von einem Abgeordneten, der gesagt hat, er hat das Transparent gesehen und dann hat er mit ›Nein‹ gestimmt, am gleichen Tag. Ich kann mich erinnern, wir hatten allein in der letzten Woche von 350 Organisationen weltweit Gegenlobby gehabt. Also mein Büro war eine Woche nur damit beschäftigt, die Faxe, die wir gekriegt haben von NGOs weltweit, zu kopieren und in alle Fächer zu legen. Damit waren zwei Leute in meinem Büro eine Woche beschäftigt, aber von morgens bis abends« (Interview Breyer, MdEP).

Hingegen war die Lobbytätigkeit der Industrieunternehmen eher gering – offenbar herrschte dort die Einschätzung vor, mit dem Vermittlungsverfahren sei das Ergebnis programmiert.

»Übrigens hat die Industrie da eine trostlose Rolle gespielt, das kann man schon sagen. Politisch unfähig, politisch wirklich unfähig [lacht]. Das ist ganz schlimm. Die sind nicht gewohnt, eine politische Debatte zu führen. Die hocken auf dem hohen Ross, sind mächtige Konzerne und die sind gewohnt, dass alles nach ihrer Pfeife tanzt. Und jetzt geht das plötzlich nicht. Und dann ist dieses Europäische Parlament ohnehin ein unbekanntes Wesen. Also irgendwie geschickt operiert hat man da nicht. Man hat sich viel Mühe gegeben, das muss ich schon sagen, aber politisch geschickt hat man nicht operiert. […]

(Frage): *Wie war das denn am Anfang? Wie hat die Industrie sich verhalten?*

Ja, sagen wir so, wie sich halt ein nicht außerordentlich geschickter Lobbyist verhält. Man lädt einen zum Abendessen ein, erklärt einem die Bedeutung und drückt einem solche Dinger in die Hand, die man nicht liest [lacht]. Und haben die Entwicklungsgänge nicht begriffen, haben nicht den Stand der Diskussion begriffen, was ich ihnen nicht vorwerfe« (Interview Rothley, MdEP, Berichterstatter für die Richtlinie).

In der dritten Lesung am 1. März 1995 stimmten 240 Abgeordnete gegen den gemeinsamen Entwurf und 188 für ihn. 23 Abgeordnete enthielten sich der Stimme.[91] Damit war historisch erstmals eine Richtlinie vom Europäischen Parlament abgelehnt worden, nachdem zuvor eine Übereinkunft im Vermittlungsrat erreicht war, und somit der Rechtsakt gescheitert.[92] Gegen das Ergeb-

91 Amtsblatt EG, C68 vom 20.3.1995, S. 15f und 26f. Zu den Zahlen: 567 Abgeordnete waren im Juni 1994 auf 5 Jahre gewählt worden, hinzu kamen 59 zusätzliche Abgeordnete aus den neuen Mitgliedsstaaten. Insgesamt setzte sich das Europäische Parlament damit aus 626 Abgeordneten zusammen (vgl. Oeckl 1996: 26).

92 Wie die jüngere Geschichte zeigt, wiederholte sich dieses Ereignis seither nur sehr selten. Im Europäischen Parlament gescheitert sind unter anderem die Übernahme-Richtlinie, die Software-Richtlinie und die Dienstleistungs-Richtlinie. Zuvor, zwischen 1988 bis 1993 gab es vier Zurückweisungen des Parlaments, ohne Vermittlungsverfahren, siehe dazu im Detail: Judge/Earnshaw 2008: 234 und 238ff.

nis des Vermittlungsverfahrens stimmte die Mehrheit der sozialdemokratischen und sozialistischen Abgeordneten, die Grüne Fraktion sowie auch einzelne Abgeordnete aus konservativen und liberalen Parteien und der christlich-sozialen Fraktion.[93]

Bereits an dieser Stelle ist auf die hohe Bedeutung von Verfahrensfragen hinzuweisen:

Um es dem Parlament zu erleichtern, den in einem Vermittlungsprozess zwischen Parlament und Rat ausgehandelten Kompromiss anzunehmen, reichte nach dem Maastrichter Vertrag in dritter Lesung (und nur in dritter Lesung) die absolute Mehrheit der abgegebenen Stimmen aus, um einen Gesetzgebungsvorschlag anzunehmen. In zweiter Lesung ist die absolute Mehrheit der Mitglieder erforderlich. Damit kann in dritter Lesung aber auch ein Gesetzgebungsvorschlag mit der absoluten Mehrheit der abstimmenden Abgeordneten zurückgewiesen werden.[94] Diese Regel kam nun erstmalig in der Praxis zur Geltung, als die Richtlinie mit der absoluten Mehrheit der anwesenden Abgeordneten zu Fall gebracht wurde. Eine absolute Mehrheit der Parlamentsmitglieder wäre nicht erreicht worden.

Als unmittelbare Reaktion herrschte im Plenarsaal auf die Verkündung des Abstimmungsergebnisses hin ein kurzer Moment absoluter Stille, der sodann von vollem Applaus abgelöst wurde. Die Bewertungen dieses spektakulären Scheiterns der Richtlinie fielen allerdings naturgemäß geteilt aus. Einige Abgeordnete bezeichneten das Ereignis als eine »Sternstunde des Parlaments«.[95] Andere, insbesondere der parlamentarische Berichterstatter für die Richtlinie, empfanden die Zurückweisung als eine Art Betriebsunfall, der ihrer Ansicht nach baldmöglichst wieder korrigiert werden sollte:

»Nach der Ablehnung war das Parlament elektrisiert, weil sie irgendwie das Gefühl hatten, mein Gott, vielleicht haben wir jetzt ja einen Riesenbock geschossen« (Interview Rothley, MdEP, Berichterstatter).

Für alle Beteiligten ebenso wie für die Öffentlichkeit kam dieses Ergebnis vollkommen überraschend. Es war vorher nicht abzusehen gewesen.

»Ich meine vom Prinzip her ist das auch keine Katastrophe. Wenn in einem Vertrag oder einer Verfassung drin steht, dass ein Parlament auch mal einen Gesetzesvorschlag ablehnen darf, dann kann man es nicht als Katastrophe bezeichnen, wenn es von dieser Möglichkeit mal Gebrauch macht« (Interview Liese, MdEP).

---

93 Abstimmungsliste des Europäischen Parlaments, vgl. Emmott (2001).

94 Es gab nach der Ablehnung der Biopatentrichtlinie eine politische Diskussion, ob man auch in dritter Lesung das Erfordernis der absoluten Mehrheit der Parlamentsmitglieder einführen sollte. Dies ist jedoch im Amsterdamer Vertrag nicht aufgenommen worden.

95 So Breyer, MdEP (Grüne) und Gebhardt, MdEP SPE in der Tagespresse zum Ereignis (vgl. Pernicka 2001: 143).

In dieser eher defensiven Einschätzung eines Abgeordneten der EVP-Fraktion klingt allerdings auch an, dass das Parlament mit diesem Abstimmungsergebnis selbst unter Legitimationsdruck geriet und seine »politische Reife« in Frage gestellt fand.

1.15 Analyse des Scheiterns der Biopatentrichtlinie im Jahr 1995

Im Folgenden soll analysiert werden, welche Gründe zum Scheitern der Biopatentrichtlinie im Jahr 1995 führten.

1.15.1 Inhaltlich-substantielle Fragen

Wie bereits ausführlich referiert, bestanden Unklarheiten und politisch strittige Fragen vor allem bezüglich der Patentierbarkeit von Körperbestandteilen, hinsichtlich von ethisch begründeten Patentierungsausnahmen zu Keimbahneingriffen, des weiteren bezüglich von Fragen der Patentierbarkeit von Tieren und dem Tierschutz als Patentierungsschranke, sowie zum Landwirteprivileg beim Saatgut.[96] Diese politischen Streitpunkte waren nicht zur Zufriedenheit des Parlaments geklärt, geschweige denn gelöst worden:

»the issue of ethics and morals of patents in human genes was the main cause for the failure of the initiative« (Straus 1996: 55).

Neben diesen substantiellen Fragen, welche vor allem von der Zivilgesellschaft und den Medien herausgestellt wurden, war es jedoch – so meine These – das Zusammentreffen mit einer Reihe von institutionellen und situativen Faktoren, die letztlich zur Ablehnung der Richtlinie durch das Europäische Parlament führten. Diese sollen nun erläutert werden. Ich greife zu dieser Rekonstruktion und Analyse vor allem auf Experteninterviews mit Mitgliedern und Angestellten des Europäischen Parlaments zurück.

1.15.2 Diskontinuitäten durch den Wechsel der Legislaturperiode

Das Vermittlungsverfahren und die Abstimmung im Europäischen Parlament über dessen Ergebnis entfielen in zwei verschiedene Legislaturperioden. Im Deutschen Bundestag sowie in anderen nationalen Legislaturen fallen unabgeschlossene Gesetzesvorhaben nach Neuwahlen der Diskontinuität zum Opfer und müssen neu aufgerollt werden. Dies ist im Europäischen Parlament nicht

96 Die Aspekte der Patentierung von Tieren und insbesondere von Pflanzen und Saatgut mit ihren entwicklungs- und umweltpolitischen Dimensionen der Ernährungssicherheit werden in dieser Arbeit nicht behandelt. Siehe dazu Bauer 1993, Godt 2007.

der Fall und ermöglicht damit im Prinzip ein schnelleres und effektiveres Regieren. Dennoch haben Wechsel in den Legislaturperioden Implikationen für anhängige Gesetzgebungsverfahren. Durch die Neuwahlen des Europäischen Parlaments im Juni 1994 waren rund 60 Prozent der Mitglieder des Europäischen Parlaments ausgetauscht worden (Interview Liese, MdEP; vgl. Thaker 2002: 3).

»Die neu hinzugekommenen Abgeordneten haben sich natürlich nicht an das Fehlverhalten ihrer Vorgänger gebunden gefühlt und gesagt, wir beschließen nur eine Richtlinie, mit der wir auch zufrieden sind, die wir auch vertreten können« (Interview Liese, MdEP).

Dies kommentierte ein Europaabgeordneter, der erst 1994 in das Europäische Parlament eingezogen war. Die divergierenden Auslegungs-Erklärungen, welche Rat und Europäisches Parlament zum Ergebnis des Vermittlungsverfahrens einbrachten, trugen dazu bei, dass das Vertrauen in einen validen und Rechtssicherheit schaffenden Gesetzestext nicht gegeben war:

»Die beiden Erklärungen schlossen sich aus oder waren jedenfalls nicht vollständig kompatibel. Und da war ein Unbehagen einfach im Parlament und deswegen hat man das verworfen« (Interview Rothley, MdEP, Berichterstatter für die Richtlinie).

Einer anderen Parlaments-Abgeordneten zufolge herrschte keine Unsicherheit angesichts der komplexen Thematik, sondern war es vielmehr der Frische und Unverbrauchtheit von den Mechanismen des parlamentarischen Alltags zuzuschreiben, dass die Richtlinie von Neu-Parlamentariern abgelehnt wurde:

»Ich glaube nicht, dass sie sich nicht recht orientieren konnten, ganz im Gegenteil, die waren schon recht pfiffig. [...] Die waren zwar neu, aber kannten sich schon aus, nur waren die vielleicht noch nicht zu dem Zeitpunkt so/ die haben noch nach Gewissen entschieden, so glaube ich und nicht nach Räson« (Interview Breyer, MdEP).

Ein Referent der Grünen Fraktion erläutert, wie sehr dieses unerwartete und gewissermaßen nicht-intendierte Ergebnis die Abgeordneten selbst erschütterte:

»In some sense the fact that the parliament rejected it in 1995 came as a shock to everybody, including the politicians. Perhaps they had not quite realized how powerful they were and I think they were nervous of using that power again. They were told immediately after that vote in March 1995 that they were cheating, that they were abusing their power by rejecting the conciliation committee's compromise« (Interview Emmott).

Schließlich war mit der Ablehnung der Richtlinie ein siebenjähriger Politikprozess und damit effektives demokratisches Regieren gescheitert. Das Parlament sah sich infolgedessen legitimatorischen Anfechtungen ausgesetzt. Auf diese Aspekte der Rechenschaftspflichten und der Machtverantwortung werde ich später noch zurückkommen.

1.15.3. Entscheidungsregeln und Verfahrensfragen

Wie bereits dargestellt, war die zweite Lesung der Richtlinie im Parlamentsplenum abgebrochen worden, da die dafür erforderliche absolute Mehrheit für die Annahme von Änderungsvorschlägen schon allein deswegen nicht zustande kommen konnte, weil zu wenige Abgeordnete im Plenarsaal anwesend waren. Diese Beschlussunfähigkeit hatte dazu geführt, dass weitergehende Forderungen aus dem Willensbildungsprozess des Parlaments überhaupt nicht in das Verfahren eingegangen waren und auch vom Vermittlungsausschuss nur unzureichend behandelt werden konnten.

Für die Zustimmung oder Ablehnung eines Ergebnisses des Vermittlungsausschusses in dritter Lesung bedarf es jedoch lediglich einer absoluten Mehrheit der abgegebenen Stimmen. Dies stellt eine niedrige Schwelle dar und steht im Kontrast zu den sonstigen Anforderungen an qualifizierte Mehrheitsentscheidungen im Europäischen Parlament, die eine absolute oder sogar eine Zweidrittelmehrheit seiner Mitglieder verlangen (vgl. in der Übersicht: Landfried 2002: 75). Verfahrenstechnisch war es somit wesentlich leichter, die Richtlinie abzulehnen.

»What they discovered much to their surprise was that in order to say no, the parliament only needed a simple majority of the votes. Normally for major decisions it inquires a two-thirds majority of all the members of the House and not just those who are voting today, but all 626 of them. And so the directive was rejected on a simple majority who turned against it. And that shocked everybody. That was what the rule said, which was correct, but that was not a high majority in order to reject the conciliation document. And so for a long time there were threats that the parliament would have its powers taken away, that they would not allow the parliament to be in a position to reject so easily and compromise the conciliation text. [...] These threats in the background, I think, made people quite nervous and there were those in the upper high rocks of the two political groups that were quite nervous« (Interview Emmott, Referent der Grünen Fraktion).

Es stand somit die Balance der Macht zwischen Kommission, Parlament und Rat mit auf dem Spiel. Die eingeführten Veränderungen durch den Maastrichter Vertrag von 1992 (Kodezisionsverfahren) kamen in der Gemeinschaft de facto erstmals zur Anwendung. Die Abstimmung im Jahr 1995 wurde als eine Nagelprobe für den »verantwortungsbewussten Umgang« des Parlaments mit dem in Maastricht erreichten Kompetenzzuwachs angesehen. Hinzu kamen Loyalitätsfragen: Der Ablehnung der Richtlinie wohnte eine gewisse Brüskierung der eigenen Parlaments-Delegierten im Vermittlungsverfahren inne.

»Das spielte damals eine große Rolle, das Argument: Jetzt hat das Parlament hier eine Delegation hingeschickt und die hat verhandelt mit dem Ministerrat. Der Ministerrat und das Parlament haben sich geeinigt. Und dann kann es doch nicht sein, dass hinterher das Parlament das ablehnt, obwohl doch die Delegation mit großer Mehrheit zugestimmt hat« (Interview Liese, MdEP).

Die Glaubwürdigkeit des Europäischen Parlaments und die Frage, wie weit es als Verhandlungspartner ernst zu nehmen war, blieb mit berührt.

Mit der neuen *balance of power* musste jedoch ebenso die Kommission erst umgehen lernen:

»Die Kommission hatte das noch nicht kapiert, dass sich mit dem Vertrag von Maastricht auch ihre Rolle verändert hat. Da muss sie plötzlich eingehen auf das Parlament, und muss eben genau zuhören: Was sind denn da, wie immer artikuliert, die Ängste, die Sorgen. Vor dem Vertrag von Maastricht, ohne das Mitentscheidungsverfahren, da saßen die Beamten der Kommission mit einer stoischen Ruhe im Ausschuss [des Europäischen Parlaments]. Da konnte man erzählen, was man wollte, die haben so getan, als schreiben sie mit und in Wahrheit hat sie das alles überhaupt nicht interessiert. Weil es letzten Endes darauf nicht ankam. Und mit Maastricht hat sich das alles verändert. Das heißt, die müssen jetzt politisch debattieren, auf die Leute eingehen und Bedenken aufnehmen« (Interview Rothley, MdEP, Berichterstatter für die Richtlinie).

Die Ablehnung der Richtlinie war daher auch mit einer Reihe institutioneller und verfahrenstechnischer Faktoren verbunden. Die Deutung dieser Faktoren und die Interpretationen der Rolle, die das Europäische Parlament im weiteren Verlauf zwischen dem Rat und der Kommission spielen sollte und konnte, nahmen nicht unwesentlichen Einfluss auf den weiteren Verlauf.

Einige Abgeordnete und Kommissionsmitglieder sahen die Richtlinie mit der Ablehnung als gescheitert an. Andere legten Wert darauf, den Einfluss der Organe der Europäischen Union auf das Patentrecht nicht zu untergraben. Denn damit hätte man die Definitions- und Gestaltungsmacht dem Europäischen Patentübereinkommen (EPÜ) und somit faktisch dem Europäischen Patentamt bzw. der Europäischen Patentorganisation einerseits und der nationalen Ebene andererseits überlassen.

Seitens von Biotechnologie-Industrieverbänden herrschte zwar eine gewisse Bestürzung über das völlig unerwartete Abstimmungsergebnis. Es gab jedoch bei Teilen die Auffassung, »ist doch halb so schlimm, wir haben ja das EPÜ und eigentlich können wir so weiter machen« (Interview Breyer, MdEP; ebenso andere Interviewpartner). Der britische, von vielen Start-ups dominierte Biotechnologie-Industrieverband lehnte einen neuen Richtlinien-Vorschlag ab, weil er davon Verschlechterungen gegenüber der Erteilungspraxis des Europäischen Patentamts erwartete (Pernicka 2001: 144). Überwiegend setzte sich jedoch die Haltung durch, ein Scheitern der Biopatentrichtlinie würde der europäischen Industrie erheblich schaden. Teilweise wurde in Reaktion darauf mit Abwanderung bzw. Verlagerung der Forschungskapazitäten in die USA gedroht.[97]

97 Persönliche Mitteilung, Vertreter von Boehringer Ingelheim am 29.05.2006, und von Bayer am 29.3.2007. Vgl. Lausmann-Murr (2000: 76), Pernicka (2001: 146f), sowie Rothley: Why Parlia-

Die Kommission vertrat relativ durchgängig die Auffassung, man müsse sich nach über sieben Jahren Arbeit an der Richtlinie im Interesse der Harmonisierung, Technologieförderung und der Schaffung von Rechtssicherheit weiterhin um das Verabschieden einer Biopatentrichtlinie bemühen (Interview Vandergheynst, Europäische Kommission).

Der deutsche Sozialdemokrat Willi Rothley, Berichterstatter für das Europäische Parlament und Vorsitzender des federführenden Ausschusses für Recht und Bürgerrechte, verbuchte das Scheitern der Richtlinie als persönliche Enttäuschung und Niederlage, die es – nicht zuletzt im Interesse einer Gesichtswahrung – zu revidieren galt.

»Rothley hat seine Fraktion unter Druck gesetzt. Er hat das mit seiner Person verbunden, diese Abstimmung«.[98]

Die zentrale Rolle, die der Entscheidungsregel »absolute Mehrheit der abgegebenen Stimmen in dritter Lesung« für den Verlauf des Verfahrens zukam, muss nochmals betont werden. Denn ohne Beachtung solcher institutioneller Regeln erweisen sich allein mit inhaltsanalytischen oder diskursanalytischen Methoden vorgehende Studien als defizitär und bergen die Gefahr, zu falschen Schlussfolgerungen zu gelangen. An dieser Stelle zeigt sich, dass mehrere analytische Ansätze kombiniert werden müssen, um valide Aussagen zu generieren. Allein auf das substantielle Recht bezogene oder diskursanalytisch vorgehende Verfahren sind nicht in der Lage, solche institutionellen Faktoren und die Machtfragen, die mit Vertrauensfragen assoziiert sind, theoretisch abzubilden. Hätte es jedoch in diesem Fall einer absoluten Mehrheit der Mitglieder des Europäischen Parlaments gegen den Richtlinienvorschlag bedurft, um zur Geltung zu gelangen, wäre die Richtlinie nicht gescheitert – selbst wenn alle sonstigen diskursiven Konstellationen gleich geblieben wären. Dies spricht methodisch dafür, die Diskursanalyse mit anderen Ansätzen zu verbinden.

Zusammenfassend bleibt festzuhalten, dass neben substantiellen Dissensen zwischen Parlament, Rat und Kommission vor allem die Diskontinuitäten im Wechsel der Legislaturperiode, sowie die niedrigschwellige Abstimmungsregel in der dritten Lesung dazu führten, dass die Richtlinie 1995 scheiterte.

---

ment Must Think Again About Biotechnological Protection; Gallochat: A Vote in Favor of America, European Brief; Straus: Wrong Decision for the Wrong Reasons, alle drei Einschätzungen in: European Brief, March/April 1995, S. 60–63.

98 Interview MdEP, Aussage bestätigt durch zwei weitere MdEPs verschiedener Fraktionen.

2. Die »zweite Runde« des Gesetzgebungsverfahrens (1995–1998)

2.1. Der neue Richtlinien-Vorschlag der Kommission vom 13.12.1995

Bereits neun Monate nach der Ablehnung, am 13. Dezember 1995, legte die Kommission einen neuen Text als Richtlinien -Entwurf vor.[99] Diese neue Entwurfsvorlage der Kommission hatte ein Vorspiel im Parlament und war mit dem Rapporteur abgestimmt. Willi Rothley, der Berichterstatter des Europäischen Parlaments, beschreibt das taktische Agieren, mittels dessen die Neuvorlage »eingefädelt« wurde:

»Also nach der Ablehnung im Parlament war die Kommission eigentlich überzeugt davon: die Sache ist gescheitert. [...] Ich habe mich mit dem Kommissar Monti getroffen und seinen Beamten und dann haben wir das analysiert: Woran ist das gescheitert? Was müsste, wenn einer überhaupt kommt, in einem neuen Vorschlag stehen? Wann soll der Vorschlag kommen? Und dann habe ich gesagt: Das braucht seine Zeit. Da muss man sehr, sehr vorsichtig sein. Und im Rechtsausschuss habe ich gesagt: Ich möchte nicht, dass die Kommission einen neuen Vorschlag macht. Die Kommission muss nämlich die Entscheidung des Parlaments respektieren. Und warum habe ich das gesagt? Wenn ich nämlich Gegner der Richtlinie gewesen wäre, hätte ich genau das gesagt. Also habe ich es gesagt. Und dann haben die Gegner sich gedacht: ›Was denkt der sich dabei‹. Waren etwas überrascht. Und dann gab es viele Beratungen. Und eines Tages haben die Gegner im Rechtsausschuss gesagt: Wir brauchen einen neuen Vorschlag. Dann habe ich den Kommissar Monti angerufen und habe gesagt: Das ist geschafft.« (Interview Rothley)

Im neuen Richtlinienentwurf werden im wesentlichen drei Änderungen vorgenommen, die sich an den Kritikpunkten orientieren, die im Vermittlungsverfahren und seitens der anschließenden Verhandlungen des Europäischen Parlaments hervorgetreten waren: Zum einen gibt es eine Neuformulierung hinsichtlich der strittigen Frage der Patentierbarkeit von Körperbestandteilen. Zum anderen wird die Patentierbarkeit von Keimbahneingriffen neu gefasst.[100] Auf diese Textänderungen gehe ich weiter unten ein, widme mich aber zuvor ihrem Rechtfertigungsmodus.

2.1.1 Die Begründung des neuen Richtlinien-Vorschlages

Zur Begründung ihres neuen Richtlinien-Vorschlages rekapituliert die Kommission das Scheitern des ursprünglichen Vorschlages. Sie verweist auf die anhal-

99 KOM (95) 661 endg., Vorschlag für eine Richtlinie des Europäischen Parlaments und des Rates über den Rechtsschutz für biotechnologische Erfindungen, 13.12.1995

100 Die dritte Änderung bezüglich des Landwirteprivilegs für Zuchtvieh wird im Rahmen dieser Arbeit nicht behandelt.

tende Rechtsunsicherheit und die Gefahr, dass einzelne Mitgliedsstaaten in ihrer Gesetzgebung, sowie nationale Patentämter oder Gerichte unterschiedlich entscheiden könnten.[101] Es stelle sich »auch die Frage nach dem genauen Inhalt des durch ein Patent über eine biotechnologische Erfindung verliehenen Schutzbereiches«.[102] Hier werden zwei zu unterscheidende Aspekte, nämlich zum einen der Tatbestand der Patentfähigkeit eines Produkts bzw. Verfahrens (»Inhalt«) und zum anderen der Umfang des Patentschutzes (»Schutzbereich«) in merkwürdiger »vermischter« Form angesprochen, hierzu jedoch nichts weiter ausgeführt. Man könnte diesen Punkt jedoch, retrospektiv gesehen, als Ursprung der späteren »Funktionsbindung« und sogar der deutschen »Stoffschutzdebatte« ansehen (siehe Kap. II.B.2).

Die Kommission merkt an, dass beim ursprünglichen Vorschlag technische Überlegungen im Vordergrund gestanden hätten und die Einschätzung vorherrschte, ethisch begründete Patentierungsausnahmen könnten »letztlich nur von Fall zu Fall beurteilt werden«.[103] Damit ist implizit die Entscheidungskompetenz von Patentprüfern und Gerichten adressiert. Das Scheitern der Richtlinie dürfe nicht als Moratorium missverstanden werden, die Rechtsunsicherheit dauere an. Gerade hinsichtlich der »ethischen Gesichtspunkte« könne sich bei den Patentgerichten eine unterschiedliche Auslegung entwickeln, »die sich – wenn vom Gesetzgeber nicht anders formuliert wird – als eine ewig offene emotionelle [sic] Büchse der Pandora erweisen könnte«.[104]

Diese – unzweifelhaft aus dem französischen Ursprung übertragene – Passage lohnt eine genauere Interpretation: Die Kommission bemerkt richtigerweise, dass die Fortschreibung des europäischen Patentrechts durch nationale Patentämter (sowie durch das Europäische Patentamt, auf das die Kommission formal keinerlei Einfluss hat) erfolgt und sich damit die horizontale und dezentrale Governance des europäischen Patentsystems fortsetzt; das Scheitern der Richtlinie hat keine Politikblockade erreicht oder einen Stillstand in der Praxis zur Folge. »Ethische« Aspekte werden als Gefahr für die Einheit des europäischen Patentrechts und als bedrohliche, permanent offen stehende (»ewige«) Hintertür für Unheil im europäischen Patentrecht gewertet; dies zeigt die Metapher der »Büchse der Pandora«. Daraus leitet die Kommission ab, dass nur eine strikte und enge Formulierung der Ethik-Ausnahmen *im* Richtlinientext einen viablen Ausweg biete. Die selektive und spezifische Integration von »Ethik« dient dazu, Zustimmung für die Richtlinie zu erheischen, aber gleichermaßen,

101 KOM (95) 661 endg., Vorschlag für eine Richtlinie des Europäischen Parlaments und des Rates über den Rechtsschutz für biotechnologische Erfindungen, 13.12.1995, S. 6.

102 KOM (95) 661 endg., 13.12.1995, S. 4.

103 KOM (95) 661 endg., 13.12.1995, S. 5.

104 KOM (95) 661 endg., 13.12.1995, S. 6.

die Sprengkraft der Wirkung von »Ethik« als Patentierungsschranke einzudämmen.

Hier wird das Umschwenken der Kommission deutlich: Als Zugeständnis und Entgegenkommen an das Parlament und gleichermaßen an die Macht des ethischen Diskurses bietet sie erstens nunmehr an, »ethische« Restriktionen in den Richtlinientext einzuführen.

Damit deutet sich ein neuer Argumentationsmodus an: »Ethik« wird in die wirtschaftspolitische Konzeption[105] der Kommission aufgenommen und partiell integriert. Ein solches legislatives Vorgehen wird zudem offensiv als Vorteil der Richtlinie gegenüber der bisherigen Regelung im Europäischen Patentübereinkommen gepriesen (vgl. Vandergheynst 1997: 5). Diese Einschreibung hat zum einen machtpragmatische Gründe: Mit ihr soll die erforderliche Parlamentsmehrheit hergestellt werden. Zweitens soll sie eine »offene Flanke« schließen: denn die Ordre Public-Generalklausel (Artikel 53a) des EPÜ lässt Raum für weite und divergente Auslegungen, sowohl seitens des Europäischen Patentamtes wie seitens nationaler Patentämter, nationaler Legislaturen und nationaler Gerichte. Klar spezifizierte ethische Schranken und enge Ausschlussgründe *in* der Richtlinie selbst würden aber, so die Überlegung, Akzeptanz und patentrechtliche Gültigkeit für eben *nicht* als ethische Schranke definierte Verfahren und Produkte schaffen. Dieses dialektische Verhältnis von Ausschluss und Einschluss hegt durch Ausgrenzung ein und produziert gleichermaßen einen neuen Bereich dessen, was hinsichtlich der Patentfähigkeit für möglich erachtet wird.[106] Um im von der Kommission gewählten Bild zu bleiben: Indem man einige wenige Krumen aus dem Gefäß aufnimmt, versiegelt man die giftige Büchse der Pandora. Zudem artikuliert die Kommission wiederum eine präventive Abwehrstrategie gegen potentielle, »ethisch« motivierte nationale Differenzen, die als Abweichungen markiert werden und der Harmonisierung und dem gemeinsamen Binnenmarkt schaden könnten. Das dritte Motiv schließt an das erste an: Fortan wird Kritikern der Richtlinie entgegengehalten, man müsse die Richtlinie verabschieden, gerade *weil* sie aus »ethischen« Gründen bestimmte Dinge von der Patentierbarkeit ausschließe.

Dieser Argumentationsstrang *für* die Biopatentrichtlinie, welche die »ethischen Bedenken« aufgenommen hat, wird sich nunmehr in immer stärker ausgeprägter Form durch den weiteren Diskursverlauf hindurch ziehen. Sie spielt, dies sei vorweggenommen, auch später bei der deutschen Implementierung der Richtlinie eine wichtige Rolle.

---

105 Ich werde diese später als Frame »Wirtschaft« kennzeichnen und eingehender analysieren, siehe Kap. II.C.

106 Als generelles Phänomen haben Feuerstein/ Kollek (1999) diesen Wirkungsmodus von Ethik auf biomedizinische Innovation im biopolitischen Diskurs analysiert.

Hinsichtlich der Europäischen Patentorganisation als rivalisierender supranationaler Struktur (vgl. Kap. I.C) vermerkt die Kommission, es sei »vergeblich zu glauben, dass mangels Angleichung der nationalen Patentrechtsvorschriften das EPÜ und die Rechtsprechung des Europäischen Patentamts letztlich genügen würden«, insbesondere da sich die Rechtsprechung des Europäischen Patentamts »als noch nicht sehr stabilisiert«[107] erweise. Hier wird implizit Bezug genommen auf eine Reihe von damals anhängigen Einspruchsverfahren in ethisch sensiblen Fragen im Biotechnologiebereich, insbesondere zur »Harvard Krebsmaus«, zum Fall Relaxin (EP 112149) und zu Nabelschnurblut (EP 343 217). Zwar setzten die nationalen Gerichte üblicherweise ihre Beschlussfassung solange aus, »bis die abschließenden Entscheidungen des Europäischen Patentamtes vorliegen.« Damit wird konzediert, dass die Spruchpraxis des Europäischen Patentamts letztlich bereits judikative Funktionen übernommen hat und dieser Vorrang der supranationalen Ebene von den nationalen Patentämtern und Gerichten zugunsten der Einheitlichkeit des europäischen Patentsystems freiwillig respektiert werde. Die Kommission verweist allerdings in einer Drohgebärde darauf, dass diese Entscheidungen des Europäischen Patentamtes lange Zeit in Anspruch nähmen und »sich schließlich bei den nationalen Gerichten nicht durchsetzen«[108] könnten, da diese weiterhin nach freiem Ermessen entscheiden können. Hier werden keine Belege für divergente nationale Gerichtsentscheidungen angeführt, sondern eine Drohkulisse aufgebaut, um das regulative Anliegen der EU – die präventive Harmonisierung – zu rechtfertigen.

Verwiesen wird sodann allerdings konkret auf das französische Bioethikgesetz vom 29. Juli 1994 und einen darin enthaltenen Passus bezüglich der Nicht-Patentierbarkeit von Körperbestandteilen.[109] Dieser nationale Gesetzgebungsakt barg tatsächlich das Potential zu einer Fragmentierung des europäischen Patentrechts, da es dem bisherigen Regelungsimpetus der Kommission widersprach. Diese verweist deshalb darauf, dass solche nationalen Rechtslösungen die angestrebte Angleichung der nationalen Rechtsvorschriften der Mitgliedsstaaten gefährden könnten. Implizit wird damit auch ein Dissens der Kommission gegenüber dem Inhalt des französischen Gesetzes eingeräumt, denn im Falle einer Affirmation hätte die Kommission positiv darauf verweisen können, dass

107 KOM (95) 661 endg., Vorschlag für eine Richtlinie des Europäischen Parlaments und des Rates über den Rechtsschutz für biotechnologische Erfindungen, 13.12.1995, S. 6.

108 KOM (95) 661 endg., 13.12.1995, S.7.

109 Vgl. Artikel 7 des Gesetzes Nr. 94-653 vom 29.07.1994 zur Änderung der beiden Absätze von Artikel L-611-17 des Gesetzbuches über das geistige Eigentum, ABl. der französischen Republik vom 30.07.1994, zitiert nach KOM (95) 661 endg. vom 13.12.1995, S. 7, das aufgrund der Achtung des menschlichen Körpers die Patentierbarkeit des menschlichen Körpers, von Körperteilen und ihren Produkten, sowie die Kenntnis der Gesamt- oder Teilstruktur eines menschlichen Gens ausschließt.

ein Mitgliedsstaat bereits legislativ vorangegangen sei und auf Gemeinschaftsebene nun nachgezogen werden müsse.

Hierzu bleibt kurz der Sachstand zur damaligen französischen Situation zu erläutern: Am 29. Juli 1994 wurde in Frankreich ein Bioethik-Gesetz (Gesetz Nr. 94-653) verabschiedet.[110] Artikel 7 ändert die ersten beiden Absätze des Artikels L 611-17 der Vorschriften des Gesetzbuches über das geistige Eigentum. Darin heißt es zur Ordre Public-Klausel:

»Nicht patentierbar sind: a) Erfindungen, deren Veröffentlichung oder Verwertung gegen die öffentliche Ordnung oder die guten Sitten verstoßen würden und die Verwertung einer solchen Erfindung nicht allein aus der Tatsache hergeleitet werden kann, dass sie durch eine Rechts- oder Verwaltungsvorschrift verboten ist.

Aus diesem Grunde können der menschliche Körper, seine Teile und seine Produkte sowie die Kenntnis der Gesamt- oder Teilstruktur eines menschlichen Gens als solche nicht Patentgegenstand sein.«[111]

Zwar findet sich auch hier die »as such«-Formel, gleichzeitig werden jedoch mit »ses éléments et produits« insbesondere auch Gene bzw. DNA-Sequenzen des menschlichen Körpers eingeschlossen. Damit setzte das französische Parlament eine Formulierung durch, die eine direkte Negierung und Umkehrung des bisherigen Richtlinien-Entwurfs der Kommission darstellte.

Die französische Regierung interpretierte diesen Gesetzesartikel dahingehend, dass menschliche Gene nicht patentierbar seien, auch wenn sie aus dem menschlichen Körper isoliert sind und anderweitig die Patentierungskriterien erfüllten (Gold/Gallochat 2001: 340; ausführliche Analyse: Lausmann-Murr 2000: 116–121). Bemerkenswert ist, dass hier auch Wissen und Erkenntnisse (*connaissance*) über die Genstruktur »als solche« als nicht patentierungsfähig gelten. Hier bleibt unklar, ob es einer spezifischen gewerblichen Anwendung bedarf, um eine Gensequenz patentierbar zu machen und inwieweit das Patent dann auch die Gensequenz als solche abdeckt, oder ob eine Zweckbindung im Umfang intendiert ist.

Dieser Vorstoß des französischen Parlaments gab Befürchtungen der Kommission Nahrung, dass legislative Akte der Mitgliedsstaaten eine Fragmentierung der europäischen Patentierungsregeln hervorrufen könnten. Umso stärker

---

110 Gesetz 94-653, Art. 7, 29. Juli 1994, veröffentlicht im Amtsblatt der französischen Republik vom 30.7.1994. Der zweite Absatz des Gesetzestextes lautet im französischen Original: »à ce titre, le corps humain, ses éléments et produits ainsi que la connaissance de la structure totale ou partielle d'un gène humain, ne peuvent en tant que tels, faire l'objet de brevets« (zit. lt. Lausmann-Murr 2000: 117). Die fragliche Klausel lautet in der englischen Übersetzung: »consequently, the human body, its elements and products and knowledge related to the overall structure of a human gene or element thereof may not, as such, form the subject-matter of patents«.

111 (Dt. Übs. zit. nach dem neuen Richtlinienvorschlag der Kommission, S. 7, Pkt. 20., KOM (95) 661 endg. vom 13.12.95)

drängte sie auf die Verabschiedung der Biopatentrichtlinie. Auf der anderen Seite ermutigte diese Entscheidung Kritiker der Biopatentrichtlinie in ihrer Haltung, Körperbestandteile seien von der Patentierbarkeit auszunehmen. Insofern brachte der Alleingang des französischen Parlaments Dynamik in die supranationale Gesetzesdebatte.

2.1.2 Prädiktion des ökonomischen Potentials der Biotechnologie

Die Notwendigkeit eines neuen Agenda Settings wird von der Kommission zudem mit Zahlen bezüglich einer prädiktiven Studie zum Weltmarktpotential der Biotechnologie untermauert.[112]

Gegenwärtig (1994) liege der Absatzmarkt für biotechnologische Erzeugnisse bei 5,1 Milliarden ECU. Für das Jahr 2000 werde ein Absatz von 83,3 Milliarden ECU angesetzt. Diese Schätzung entspricht einem Zuwachs von 78,2 Milliarden ECU und damit einer exorbitanten Steigerung um 1633 Prozent.

Für den Bereich Arzneimittel weist die Kommission für das Jahr 1994 einen Absatz von 1,2 Milliarden. ECU aus. Dieser solle sich auf 23,9 Milliarden ECU im Jahr 2000 – und damit um 22,7 Milliarden ECU binnen sechs Jahren – steigern, dies entspricht einem Zuwachs um das Zwanzigfache.[113] Weitere Anhaltspunkte für diese überaus optimistische Erwartung werden nicht gegeben. Die Kommission vermerkt jedoch, dass »sich die Wirtschaftsvorausschätzungen für den Weltmarkt der biotechnologischen Erzeugnisse präzisiert und verfeinert haben, seit der ursprüngliche Vorschlag veröffentlicht wurde«.[114] 1988 sei im ersten Kommissionsvorschlag für das Jahr 2000 noch eine Absatzschätzung von 40 Milliarden US-Dollar angegeben worden. Im Anhang konzediert die Kommission, »zwar entsprachen die konkreten wirtschaftlichen Aussichten des Marktes für biotechnologische Erzeugnisse nicht immer unmittelbar den Erwartungen«, doch ließen die neuen Schätzungen »für das Jahr 2000 einen regelrechten Aufschwung [...] erkennen«.[115]

Welcher Art diese Präzisierungen und Verfeinerungen sein sollten – außer, dass sich die Schätzungen nominal erhöht haben – darüber schweigt sich die Kommission aus. Diese Zahlen sollten jedoch dazu dienen, die Dringlichkeit

---

112 Alle folgenden Zahlen laut KOM (95) 661 endg., Vorschlag für eine Richtlinie des Europäischen Parlaments und des Rates über den Rechtsschutz für biotechnologische Erfindungen, 13.12.1995.

113 KOM(95) 661 endg., Vorschlag für eine Richtlinie des Europäischen Parlaments und des Rates über den Rechtsschutz für biotechnologische Erfindungen, 13.12.1995, S. 8 Pkt. 24 und Anhang, S. 27. Als Quelle für diese Wirtschaftsprognose wird von der Kommission »CEFIC-SAGB 1994« (KOM(95) 661 endg., Anhang, S.27) angegeben, eine Auflösung dieses Acronyms und eine Referenzquelle bzw. ein Literaturhinweis wird nicht genannt.

114 KOM(95) 661 endg., 13.12.1995, S. 8.

115 KOM(95) 661 endg., 13.12.1995, Anhang, S. 27.

des Anliegens einer Biotechnologie-Patentrichtlinie und seine wirtschaftspolitische Bedeutung zu untermauern. Dies zeigt, dass die Kommission weiterhin sehr stark traditionellen wirtschaftspolitischen Konzeptionen des Patentrechts[116] verhaftet bleibt.

2.1.3 Exkurs: Das wirtschaftliche Potential der Biotechnologie – retrospektiv betrachtet

Es bleibt zugestandenermaßen methodisch fragwürdig, zu einem bestimmten Zeitpunkt getroffene Prognosen mit der real eingetretenen Entwicklung zu konfrontieren. Dennoch seien hier zum retrospektiven Abgleich einige Leistungszahlen von Biotechnologie-Firmen in Europa und den USA aus dem Jahr 2000 – dem von der Kommission genannten Referenzjahr – sowie den Folgejahren dargestellt. Es bleibt darauf hinzuweisen, dass es sich beim Jahr 2000 um den Zenit des Börsenbooms bei der Biotechnologie handelte, wobei diese »Blase« der *new economy* 2001 platzte und seither dieser Sektor schwierigen Konsolidierungsprozessen ausgesetzt ist.[117] Insofern sind die Zahlen aus dem Jahr 2000 jedoch als »günstig« für den Sektor insgesamt anzusetzen. Eine direkte Vergleichbarkeit mit den von der Kommission oben genannten Zahlen ist allerdings insofern nicht möglich, da bei pharmazeutischen Unternehmen die mit bio- bzw. gentechnischen Methoden erzielten Umsätze nicht getrennt ausgewiesen sind.

In Europa gab es im Jahr 2000 insgesamt 1570 Biotechnologie-Firmen (USA: 1379), davon waren 105 börsennotiert (USA: 339). Diese beschäftigten 61.000 Mitarbeiter (USA: 174.000). Für Forschung und Entwicklung wurden 5 Milliarden Euro aufgewendet (USA: 14,7 Milliarden US-Dollar). Sie erzielten einen Umsatz von 8,7 Milliarden € (USA: 26,6 Milliarden US-Dollar) und wiesen Verluste von 1,6 Milliarden € (USA: 6,2 Milliarden US-Dollar) aus.[118] Wie aus diesen Zahlen zumindest in groben Zügen deutlich wird, sind die sehr optimistischen Schätzungen der Europäischen Kommission nicht eingetroffen.

Diese ernüchternde Empirie behindert allerdings nicht weitere euphorische Prognosen seitens der Europäischen Kommission. 2002 traf die Kommission in einer Mitteilung zur Umsetzung der Richtlinie folgende Voraussage:

»Bis 2005 könnte der europäische Biotechnologiemarkt ein Volumen von über 100 Milliarden € erreichen. Bis 2010 könnten die globalen Märkte, einschließlich der Sekto-

---

116 Später gekennzeichnet als Frame »Wirtschaft«, siehe Kap. II.C.

117 Die tiefe Krise der Biotechnologie-Branche nach dem Ende des Börsenbooms mit einer Fülle von Insolvenzen, Entlassungen und ausbleibendem *fresh money* ist auch anhand der Titel der deutschen Biotechnologie-Reports von Ernst & Young nachzuvollziehen, die lauteten «Per Aspera Ad Astra« (2004) und «Verhaltene Zuversicht« (2007).

118 Alle Zahlen lt. Schmidt (2002: 279).

ren, in denen neue Technologien der Biowissenschaften und Biotechnologie maßgeblich zum Einsatz kommen, einen Wert von über 2 Billionen € erreichen, die Landwirtschaft nicht mitgerechnet.«[119]

Demgegenüber wies der Globale Ernst & Young Biotechnology Report 2005 für das Jahr 2004 einen *weltweiten* Umsatz der Biotech-Industrie von 54,6 Milliarden US-Dollar aus. Dies entspricht einer Steigerung um 17 Prozent zum Vorjahr. Im selben Jahr kam es dabei zu Verlusten von 6,4 Milliarden US-Dollar. Insgesamt betrugen die Verluste der Biotechnologie-Industrie seit den 1970er Jahren über 45 Milliarden US-Dollar. Ernst & Young rechnete für das Jahr 2009 erstmals mit einer aggregierten Profitabilität der Branche. Mit rund 1.400 Unternehmen und 183.000 Beschäftigten weltweit (2004) bleibt die Biotechnologie bislang eine Nischen-Industrie.[120]

Zwar entfielen 2003 die globalen Einnahmen der börsennotierten Biotech-Unternehmen von insgesamt 46,6 Milliarden US-Dollar zu 77 Prozent auf die USA und nur zu 16 Prozent auf Europa.[121] Im Jahr 2003 überstieg allerdings erstmals die Zahl der europäischen Biotech-Unternehmen mit 1861 Firmen nominal die der USA (1473 Unternehmen).[122] Europa verzeichnete 2003 für die Biotech-Branche einen Umsatz von 11.277 Milliarden Euro. Die Netto-Verluste beliefen sich 2003 auf 1.917 Milliarden Euro (2002: minus 4.033 €). Die Zahl der europäischen Beschäftigten betrug 77.907 Mitarbeiter.[123]

Die Europäische Kommission malt in ihrem Report »Life Sciences and Biotechnology – A Strategy for Europe« aus dem Jahr 2005 ein rosigeres Bild der Situation. Demnach habe die Biotechnologie in Europa zwar spät und langsam gestartet, beginne aber aufzuholen. Herangezogen werden dafür die Zahlen der europäischen Firmen, die inzwischen jene der USA übersteigen.[124] Europäische Biotech-Firmen sind jedoch kleiner, zählen nur halb so viele Beschäftigte verglichen mit jenen in den USA, investieren nur ein Drittel in Forschung und Entwicklung, bringen nur ein Drittel oder ein Viertel des Venture-Kapitals auf und haben viermal weniger Zugang zu Finanzierung über Kreditaufnahme. Dennoch generiere die US-Industrie nur etwa doppelt so hohe Einnahmen wie der

119 IP/02/1448, Brüssel, 10.10.02, »Im Biotechnologiesektor muss das EU-Patentrecht richtig angewandt werden, so ein Bericht der Kommission«, http://europa.eu.int/rapid/pressReleasesAction.do?reference=IP/02/1448&format=HTML&aged=1&language=DE&guiLanguage=en).

120 Ernst & Young, Global Biotechnology Report, http://www.ey.com/global/content.nsf/International/Biotechnology_Report_2005_Beyond_Borders, Abruf 3.8.2005; Vgl. Elias, Paul: Biotechnology Loses Billions A Year, 1.6.2005, Associated Press.

121 Ernst & Young (2004b: 10).

122 Ernst & Young (2004a: 20; 2004b: 8).

123 Ernst & Young (2004a: 20).

124 Hier werden von der Kommission dieselben Zahlen wie oben aus dem Ernst & Young Report genannt, mit 1861 Firmen in der EU, gegenüber 1473 Firmen in den USA.

EU-Biotech-Sektor vermerkt die Kommission zur Leistungskraft der europäischen Biotechnologie-Industrie.

Als Fazit hält die Kommission erneut fest, Europa müsse gegenüber seinen internationalen Rivalen – insbesondere den USA und Asien – aufholen.[125]

Nüchterne ökonomische Analysen weisen aus, dass die Biotechnologie- Industrie die in sie gesetzten Erwartungen, es handele sich um eine »Schlüsselindustrie für das 21. Jahrhundert« mit weitreichenden Beschäftigungs- und Umsatzeffekten, zumindest bislang nicht erfüllt hat. Martin/Nightingale (2004) fassen als Fazit aus ihrer äußerst gründlichen Analyse sogar zusammen, bei der »biotechnologischen Revolution« handele es sich um einen »Mythos« (vgl. Hopkins et al 2007). Überhöhte Erwartungen an den ökonomischen und therapeutischen Erfolg der Biotechnologie werden in der soziologischen Diskussion mittlerweile unter den Gesichtspunkten einer *sociology of expectations* (Brown/Michael 2003) und der Dynamiken von *economies of hope und hype* (Novas/Rose 2000) geführt. Es bleibt dahingestellt, ob man daraus folgert, dass das Biotechnologie-Zeitalter als »lange Welle« erkennbar sein wird, die längere Inkubationsphasen bis zum *take off* braucht.[126] In diesem Falle einer langzyklischen Entwicklung relativiert sich auch die Laufzeit von 20 Jahren für ein Patent. Bedeutsam für Erfolg oder Mißerfolg wird sein, ob in der Forschungspipeline befindliche gentechnische Medikamente sich in den klinischen Phasen als erfolgreich erweisen werden. Pessimistischere Einschätzungen gehen sogar davon aus, dass die Biotechnologie generell nicht die Wachstums- und Innovationsbranche darstellt, als welche sie im ausgehenden zwanzigsten Jahrhundert vielfach perzipiert wurde. In welcher Weise der Modus des Patentschutzes zu biotechnologischer Innovation beiträgt, dürfte weiterhin umstritten bleiben (vgl. Kevles 1998; Asheim et al 2007).

2.1.4 *Die Abgrenzung zwischen Entdeckung und Erfindung*

Zur Erläuterung der wesentlichen Merkmale des neuen Richtlinien-Vorschlages präzisiert die Kommission auf über vier Seiten[127] ihre Abgrenzung zwischen Erfindungen und Entdeckungen:

---

125 European Commission: Life Sciences and Biotechnology – A Strategy for Europe«, MEMO/05/389, Brüssel, 21.10.2005 und IP/05/1324.

126 Zum Vergleich zwischen dem Biotechnologie-Sektor Großbritanniens und Deutschlands siehe Ahrweiler et. al (2006), sowie Haagen et al. (2007); beide empirischen Arbeiten stellen eine Kritik des Theorems nationaler Innovationssysteme dar. Auf Pfadabhängigkeiten und nationale Innovationsregime zurückzuführende Unterschiede (vgl. Dolata 1996; Barben 2007) werden zwar konzediert, es hätten sich jedoch weitgehende Konvergenzen vollzogen.

127 KOM (95) 661 endg., Vorschlag für eine Richtlinie des Europäischen Parlaments und des Rates über den Rechtsschutz für biotechnologische Erfindungen, 13.12.1995, S. 12–16.

»Der neue Vorschlag zielt grundlegend darauf ab, den Unterschied zwischen dem was patentierbar ist und was nicht patentierbar ist, zu klären. Mit anderen Worten, es handelt sich darum, eindeutig zu bestätigen, dass Entdeckungen nicht als patentierbare Erfindungen gelten können«.[128]

Die Begründungen der Kommission sollen nun vorgestellt und diskutiert werden. Die Kommission verweist hierzu auf die Grundprinzipien des Patentrechts und auf Prüf-Richtlinien des Europäischen Patentamts.[129] Bei einer Erfindung handele es sich zusammenfassend um »eine technische Lösung für ein technisches Problem«.[130] Die Analyse des Beitrags zur Technik sei »eine objektive Maßnahme. Die Bedeutung dieses Beitrags kann unter Bezugnahme auf den Stand der Technik beurteilt werden«.[131] Damit werden Grundsätze des Patentrechts (Problem-Lösungs-Ansatz, Technizität, vgl. Kap. I.C und I.F) wiedergegeben. Konkret zur Problematik von Körperbestandteilen führt die Kommission sodann aus:

»Gemäß den vorstehend dargelegten Grundsätzen kann also ein Teil des menschlichen Körpers, der nicht mittels eines technischen Verfahrens gewonnen, also nur abgelöst, entnommen oder gesammelt würde, nicht als eine patentierbare Erfindung gelten. So kann ein Körperglied, ein Körperorgan oder eine Körperflüssigkeit (z.B. Samen, Blut, Tränen oder Schweiß) nicht patentierbar sein. Selbst unabhängig davon, ob dieses Körperglied, dieses Körperorgan oder diese Körperflüssigkeit einer Entdeckung gleichgestellt werden, muss sich folgende Frage stellen: Wie wird das technische Problem technisch gelöst? Zudem ist diese Frage im Verhältnis zum Stand der Technik gesehen zu beantworten. Was aber ist der Stand der Technik in diesem Bereich? Technisch sind diese Fragen nicht beantwortbar, es sei denn, auf absurde Weise.«[132]

Mehr oder weniger implizit setzt sich die Kommission hier mit Kriterien der Patentrechtsdogmatik auseinander, insbesondere der Isolierungsdoktrin für Naturstoffe, dem Erfindungsbegriff über die »Technizität« und der Erfindungshöhe über den Stand der Technik und den sog. Durchschnittsfachmann.[133] Sie

---

128 KOM (95) 661 endg., 13.12.1995, S. 12, Pkt.36. Die Kommission vermerkt weiter: »Diese Präzision ist geboten nach den Erörterungen zu Erwägungsgrund 12 [sic] des gemeinsamen Entwurfs des Vermittlungsausschusses. Dieser betrifft die Patentierbarkeit von Erfindungen, »*in die Bestandteile eingegangen sind, welche gewerblich anwendbar sind und auf technischem Wege auf eine Art und Weise vom menschlichen Körper gewonnen sind, dass sie einem bestimmten Individuum nicht mehr zugeordnet werden können*« (S.12). [Im Vermittlungsausschuss wurde diese Änderung unter Erwägungsgrund 10 debattiert. I.S.] Es erscheint interessant, dass diese – interpretationsbedürftige – Passage nun unter der Erfindung/Entdeckungs-Dichotomie abgehandelt wird.

129 KOM (95) 661 endg., Vorschlag für eine Richtlinie des Europäischen Parlaments und des Rates über den Rechtsschutz für biotechnologische Erfindungen, 13.12.1995, S. 12f.

130 Dies., S.13, Pkt. 41.

131 Dies., S.13, Pkt. 42.

132 Dies., S.13, Pkt. 43.

133 Diese Begriffe der Patentdogmatik wurden in Kap. I.F bereits ausführlich dargestellt. Wie dort ebenfalls erörtert, entstammt die Definition bzw. Ersetzung des Begriffs der Erfindung durch

hält fest, dass eine bloße Isolierung vom Körper (»abgelöst, entnommen oder gesammelt«) nicht ausreiche, um eine Patentfähigkeit zu begründen. Entscheidend erscheint das technische Verfahren – ob der Gewinnung oder der Verwendung bleibt unklar. Allerdings bleibt der Endsatz dieser Passage kryptisch und erschließt sich auch nach mehrfachem Lesen nicht. Festzuhalten bleibt hier, dass die Kommission sich zunächst auf »fassbare« Körperbestandteile, insbesondere Körperflüssigkeiten bezieht. Ob es eine Differenz von diesen Entitäten gegenüber Zellen, Zelllinien und -kulturen, sowie gegenüber Genen gibt, dazu trifft sie keine Aussage.

Die Kommission widmet sich allerdings auf den folgenden beiden Seiten detailliert der Frage der Patentierbarkeit von »Nukleinsäuresequenzen menschlichen Ursprungs«,[134] also der brisanten Frage der Patentierbarkeit »menschlicher Gene«, die mittlerweile in Parlament und Öffentlichkeit kritisch diskutiert werden. Zu den DNA-Sequenzen werden zunächst biologische Ausführungen zu den Basenpaaren gemacht[135] und die DNA als »chemische Trägersubstanz der ungefähr 100 000 Gene des genetischen Code, in dem die Erbinformationen kodiert sind«[136] charakterisiert. Die Kommission präzisiert, die »DNA einer Zelle ist ein *passiver Informationsbestand*, der sich nicht erneuert und nicht zerstört«.[137] Dabei handele es sich um »Naturgesetze«, deren Aneignung durch das Patentrecht ausgeschlossen sei.[138] Damit nimmt die Kommission implizit Bezug auf die Patentierungsschranke in Artikel 52(2) EPÜ.

Als »Patentierbarkeitsvoraussetzungen« wird sodann ausgeführt:

> »wenn die kodierende Region eines Gens gekennzeichnet wird, wenn ein Verfahren zu ihrer Gewinnung ausgearbeitet wird, wenn sie ihrer Struktur nach bestimmt werden kann und wenn dieses biologische Material die technische Lösung für ein technisches Problem bietet, ist sie patentierbar.« [139]

Apodiktisch wird festgehalten: »Im DNA-Bereich ist der Stand der Technik objektiv«.[140] Wie aus den weiteren Ausführungen und der Bezugnahme auf die Klonierung der kodierenden Regionen in Bakterien in einer Genombank[141] deutlich wird, richten sich diese Charakterisierungen vor allem auf eine damals

»technische Lehre« der BGH-Entscheidung Rote Taube von 1969, BGHZ 52, 74. Vgl. zum Erfindungsbegriff Godt (2005: 50).

134 KOM (95) 661 endg., Vorschlag für eine Richtlinie des Europäischen Parlaments und des Rates über den Rechtsschutz für biotechnologische Erfindungen, 13.12.1995, S. 14, Pkt. 44 ff.

135 Dies., S. 14, Pkt. 44.

136 Dies., S. 14, Pkt. 45.

137 Dies., S. 14, Pkt. 46.

138 Dies., S. 14, Pkt. 47.

139 Dies., S. 14, Pkt. 48. Die Fußnoten im Original dieses Zitats mit den Verweisen wurden hier nicht aufgenommen.

140 Dies., S. 15, Pkt 49.

141 Dies., S. 15, Pkt.49.

vorherrschende Anwendungsform der Gentechnik zur Arzneimittelproduktion – nämlich den rekombinanten Einbau von Gensequenzen in Bakterien als Bioreaktoren zur Produktion von Arzneimitteln wie etwa Humaninsulin, Erythropoietin oder den Blutgerinnungsstoff Faktor VIII. Dem damals bereits enorm fortschreitenden Bereich der Gensequenzierung im Rahmen des 1990 gestarteten internationalen Humangenomprojekts, das größtenteils aus öffentlichen Geldern finanziert wurde (vgl. Kevles/Hood 1993; Abels 2000), widmet die Kommission keine eigene Betrachtung.[142] Sie vermerkt lediglich, es »sind die isolierten menschlichen Nukleinsäuren ohne bestimmten technischen Verwendungszweck nicht patentierbar«.[143] Hierzu müssten die erfinderische Tätigkeit und die gewerbliche Anwendung beurteilt werden. Dies bezieht sich offenbar vor allem auf die EST-Kontroverse und soll sicherstellen, dass isolierte DNA-Sequenzfragmente ohne Funktionszuordnung nicht patentierbar werden. Gleichwohl taucht der Begriff der »Funktion« einer DNA-Sequenz an dieser Stelle nicht auf.

Abschließend fasst die Kommission zusammen: Unter Heranziehung der

> »klassischen Grundsätze des Patentrechts ist es also nicht schwierig, zwischen Entdeckung und Erfindung bei Teilen menschlichen Ursprungs zu unterscheiden. Der durch ein *technisches Verfahren* vom menschlichen Körper *isolierte* Bestandteil ist *künstlich*, damit er eine Erfindung sein kann, denn er ist die *technische* Lösung für ein vom Menschen erfundenes technisches Problem. Die *Natur* ist unfähig, selbst derartige Teile zu erzeugen. Die Techniken, die zur *Gewinnung* dieser isolierten Bestandteile des menschlichen Körpers angewandt werden, funktionieren nur durch *Eingreifen* des Menschen.«[144]

Semantisch wird hier das – in der Patentrechtsdogmatik nicht etablierte – Gegensatzpaar »natürlich versus künstlich« eröffnet, um Plausibilität für die Patentierbarkeit von Gensequenzen zu erzeugen. Fokussiert wird jedoch weiterhin insbesondere auf die Gewinnung der DNA-Sequenz. Hierzu bleibt allerdings zu vermerken, dass auch bei anderen Körpersubstanzen in der Regel die Gewinnung an ein »Eingreifen des Menschen« gebunden ist (beispielsweise bei einer Blutentnahme). Wenn es allerdings um die Aufklärung der Funktion einer kodierenden DNA-Sequenz geht, stellt sich die Frage, welches »technische Problem« denn dabei gelöst werden soll. Genau definiert ist dieses »technische

---

142 Vgl. dagegen die kritische Diskussion unter Naturwissenschaftlern selbst (etwa in Vogel/Grunwald 1994), die vor einer Privatisierung des Humangenoms warnten sowie eine öffentliche Bereitstellung und breiten Zugang verlangten. Diese Forderungen mündeten 1997 in die sog. Bermuda-Erklärung des Humangenomprojekts. Diese stellte als Prinzipien auf, dass genetische Rohdaten in der Public Domain bleiben und binnen 24 Stunden von den Forschern im Internet veröffentlicht werden sollten (vgl. Kap. II.C). (http://www.ornl.gov/sci/techresources/Human_Genome/research/bermuda.shtml)

143 KOM(95) 661 endg., Vorschlag für eine Richtlinie des Europäischen Parlaments und des Rates über den Rechtsschutz für biotechnologische Erfindungen, 13.12.1995, S. 15, Pkt. 50.

144 Dies., S. 15, Pkt.51, (Hervorhebungen I.S.).

Problem« nicht, sondern der »Gewinnung« nachgelagert. Es stellt sich die Frage, ob es um die Funktion einer DNA-Sequenz geht, ein bestimmtes Protein herzustellen, oder es sich um eine konkrete gewerbliche Anwendung einer spezifischen DNA-Sequenz handelt. Zunächst handelt es sich bei der Gensequenzierung um einen Erkenntnisfortschritt in der Grundlagenforschung. Ob dies jemals dazu führen wird, damit eine »technische Lösung« für ein »technisches Problem« zu erzeugen, bleibt allerdings dahingestellt.[145] Hinsichtlich der Unterscheidung zwischen der Entdeckung eines abstrakten Zusammenhangs bzw. der Korrelation zwischen DNA-Sequenz und einem Protein oder einer physiologischen Körperfunktion (beispielsweise einer Krankheit) oder einem Merkmal im Sinne einer wissenschaftlichen Erkenntnis einerseits und einer Erfindung andererseits, die eine konkrete, praktische Anwendung erfordert, welche zudem im Sinne des Patentrechts noch gewerblich anwendbar sein muss, bleiben allerdings auch nach diesen langen Ausführungen der Kommission noch wesentliche Fragen offen. Letztlich ist es die Stoffschutzdogmatik des Patentrechts, die patentrechtlich von biochemischen Stoffen auf DNA-Sequenzen übertragen wurde, deren Angemessenheit hier zur Debatte stünde. Diese wurde jedoch an dieser Stelle von der Kommission nicht geführt.[146]

Die Kommission lehnt sich an die patentrechtliche Isolierungsdogmatik an, um die Patentfähigkeit von menschlichen Körperbestandteilen, einschließlich Gensequenzen, zu legitimieren. Isolierung, technisches Verfahren, Problem-Lösungs-Ansatz und menschliche Intervention werden recht stichwortartig und krude aneinandergereiht, um zum einen an die »klassischen« Prinzipien des Patentrechts anzuknüpfen und zum anderen DNA menschlicher Herkunft für patentierbar zu erklären. Auf die zu diesem Zeitpunkt in der Öffentlichkeit längst aufgekeimten Fragen, warum und in welcher Weise Patentschutz auf menschliche Gene als solche akzeptabel sein sollten, obwohl es sich dabei doch zumindest einem Alltagsverständnis zufolge nicht um eine »Erfindung« sondern lediglich um eine »Entdeckung« handele, werden hier letztlich keine plausiblen und überzeugenden argumentativen Begründungen gegeben, vielmehr wirkt die Argumentation zirkulär und tautologisch. Sollte der »menschliche Eingriff« das

145 Wissenschaftsphilosophisch und epistemologisch betrachtet bleibt hierzu anzumerken, dass spätestens nach Heisenbergs paradigmatischen Theoriefortschritten davon auszugehen ist, dass jede Erkenntnis an ein »Eingreifen des Menschen« geknüpft ist, der »passive Beobachter« also immer als Teil des Experiments anzusehen ist und darauf Einfluss nimmt. Heisenberg erkannte für die Quantentheorie, dass der Beobachter, der Vorgang der Beobachtung und das Objekt der Beobachtung untrennbar miteinander verknüpft sind. Je nach dem Standpunkt des Beobachters sind Atome als Teilchen oder als Welle erkennbar (vgl. Zeilinger 2003). Analog hierzu sind Gensequenzen als wissenschaftliche Entitäten immer auch mit dem Kontext der Genwissenschaften, ihren Modellen und Abbildungsmechanismen verflochten (vgl. Fox Keller 2000). Welche Folgen daraus für die Patentierungspraxis zu ziehen wären, ist bisher nur unzureichend reflektiert.

146 Ich verweise dazu auf die deutsche Stoffschutzdebatte, siehe Kap. II.B.2.

entscheidende Kriterium für die Patentfähigkeit darstellen, so stellte sich im Umkehrschluß die Frage, ob es patentrechtlich relevante Fälle geben kann, in denen ein Teil vom menschlichen Körper isoliert wird, ohne dass dies durch einen »technischen Eingriff« geschieht.[147] Der Begriff der Technizität ist allerdings ebenso allumfassend und abstrakt und ebenso wenig positiv gefüllt wie jener der Erfindung (vgl. Godt 2007: 28), sodass daraus schwerlich ein valides Abgrenzungskriterium zwischen patentfähigen und nicht patentfähigen »isolierten« Körperbestandteilen zu entwickeln ist.[148]

Eine Diskussion um die Grenzerosion wurde bereits in Kap. I.F – dort anhand der wegbrechenden »Außengrenzen«, also dessen, was nicht patentfähig ist und des Verlustes von »inneren« Unterscheidungen in der Umfangssteuerung des Patentschutzes – geführt. Dieser Gesichtspunkt soll hier in anderer Form in einem kurzen Exkurs noch einmal aufgenommen werden. Die moderne Biomedizin und Biotechnologie hat zu einer Erosion der Grenzlinien zwischen dem »natürlichen« und dem »künstlichen«, zwischen Entdeckungen und Erfindungen, zwischen dem Nützlichen und dem bloß »Neuen« geführt. Gleichzeitig verschwimmen mit ihnen die klaren Grenzen zwischen Menschen, Tieren und anderen Organismen, sowie diejenigen zwischen Menschen und Maschinen. DNA-Sequenzen menschlicher Herkunft können Gegenstand von diagnostischen Tests und möglicherweise von therapeutischen Eingriffen werden. Diese Destabilisierung von Grenzen ruft Verunsicherung und den Ruf nach neuen, klaren Grenzen hervor. Jasanoff weist in ihrer wissenssoziologischen Reflexion darauf hin, dass die Kontroversen, die um neue patentrechtliche Grenzlinien in der Biotechnologie gezogen wurden, Aufmerksamkeit auf solche »metaphysischen Attribute« (2005: 223) der neuen Biotechnologien gezogen hätten:

»The extension of ownership claims deep into matter that used to be considered human or natural, and hence beyond the reach of private exploitation, created uncertainty and confusion for patent officers, judges, activists, and members of the general public. Taming these anxieties proved to be an unexpected challenge for patent law« (Jasanoff 2005: 223).

Die Dynamik dieser rechtlichen »Zähmung« sei jedoch, so Jasanoff, in Europa und den USA anders verlaufen, da in den USA ethische und politische Debatten aus dem Patentrecht herausgehalten und einem rein technischen Legalitätsdiskurs unterworfen wurden. Die legislative Governance der Biopatentierung, unter Einschluß parlamentarischer Deliberation, generierte in Europa demnach

147 Der tägliche Verlust beispielsweise von Hautzellen durch Regeneration des Körpers ist patentrechtlich ohnehin nicht von Belang, ebenso wenig wie alle »privaten« Nutzungen.

148 Zum Technik-Begriff im Patentrecht vermerkt Sellnick anhand einschlägiger juristischer Fach-Kommentare : »Letztlich läuft dies darauf hinaus zu sagen, Technik, technisches Handeln und Erfindungen sind das, was von der Praxis der Patentämter und der Rechtsprechung dazu erklärt wird. Der Versuch einer Positivabgrenzung verläuft daher unbefriedigend« (2002: 122).

eine eigene Dynamik. Die bisherige Praxis des vor allem von den Anmeldern und ihren Interessen gesteuerten Patentrechts erfuhr damit eine Gegenbewegung und musste Bedenken von Laien, aber auch andere Konzeptionen von »öffentlichen Interessen« und Gemeinwohl integrieren. Dies schloss ein, dass versucht wurde, in einer Situation »verschwimmender Grenzen« *semantisch* feste Grenzlinien zu etablieren und damit eine Stabilisierung herzustellen.

Letztlich leitet die Kommission aus ihren oben genannten Ausführungen eine einfache Unterscheidung ab: Als »natürlich« gilt alles, was nicht durch einen technischen Eingriff »isoliert« ist. Diese Isolierung kann auch eine gedankliche Isolierung darstellen. Laut Kommission – im Einklang mit der gängigen Patentrechtsdogmatik (vgl. Moufang 1988: 170–175; 257f) – durchläuft damit der Körperbestandteil gewissermaßen eine Metamorphose.[149] Aus einem »natürlichen« Körperbestandteil – beispielsweise einer DNA-Sequenz – wird fortan ein »künstlicher«, grundsätzlich patentfähiger Gegenstand. Die Patentdogmatik zu Naturstoffen knüpft daran weitere Kriterien, nämlich der »erstmaligen Bereitstellung«, wonach ein in der Natur vorgefundener Stoff patentrechtlich als »neu« konstruiert wird. Gleichzeitig wird »Wissen« patentfähig, nicht allein das »Können«,[150] indem die Patentierung in den Bereich der Grundlagenforschung vordringt und entsprechende akademisch-universitäre Patentierungspraxen gefördert werden. Ebenso verschwimmt eine andere Grenze: Bei der Patentierung von »Wissen«, also von biowissenschaftlichen Erkenntnissen werden »Stoffe« beziehungsweise natürlich vorkommende Entitäten wie Zellen, Gensequenzen bis hin zu ganzen Organismen patentiert.

»Alte« patentrechtliche Grenzen – wie diejenige zwischen Erfindung und Entdeckung – wurden damit gleichsam aufgehoben und zwar nicht allein, weil sie »schon immer« schwer zu ziehen waren (Moufang 1988: 170), sondern auch, weil unter interessierten wissenschaftlichen und wirtschaftlichen Kreisen eine gewisse Patenteuphorie vorherrschte. Diese fegte das Bewusstsein für die Ratio dieser »alten« Unterscheidungen – nämlich bei dem Patentausschluss für Entdeckung die Bedeutung einer Public Domain allgemein verfügbaren Wissens, auf welche alle für Erkenntnisfortschritte angewiesen sind – hinweg (vgl. Kap. I.F). Diese Veränderungen stehen aber auch im Zusammenhang mit neuen Interaktionsformen zwischen Wissenschaft und Industrie, sowie der Annäherung zwi-

149 Jasanoff kommentiert dies kritisch: »Discovery – the very discovery that prompted the material's isolation – then miraculously transmutes into invention; it is the process of material isolation that brings about the conceptual transubstantiation. [...] this sleight of hand might appear problematic to some« (2005: 222). Jasanoff spielt hier auf die katholische Transubstantiationslehre an, die vom Patentrecht gewissermaßen gegenläufig – vom Fleisch zum Geist – praktiziert werde.

150 Eine geläufige patentrechtliche Unterscheidung lautet, dass das Patentrecht nicht bereits das Wissen, sondern erst das »Können« – die gewerblich anwendbare Erfindung – schützt.

schen Grundlagenforschung und angewandter Forschung in der Biotechnologie.

Interessanterweise knüpft die Kommission in der oben ausführlich geschilderten Darstellung zur Neubegründung des Richtlinienvorschlages nicht an geläufige Patenttheorien und Legitimationsmuster an. Weder wird etwa an die Lockesche Arbeitswertlehre noch auf die Public Good-Theorie oder den *return on investment* verwiesen (vgl. Kap. I.C). Es bleibt hervorzuheben, das die öffentlich angestoßene und im Parlament aufgenommene *Problematisierung* (vgl. Habermas 1992: 433) des Patentschutzes auf natürliches, lebendiges und insbesondere vom menschlichen Körper stammendes Material dazu führte, dass das Patentrecht selbst, beziehungsweise seine epistemische Gemeinschaft, sowie die Europäische Kommission, die den Richtlinienvorschlag zu vertreten hatte, aufgefordert wurden, das, was sie bis dato als »Selbstverständlichkeit« behandelt hatten – die Patentfähigkeit dieser »Stoffe« – zu begründen und argumentativ zu plausibilisieren. Man konnte sich also – ganz im Sinne der Habermasschen Diskurslogik – nicht mehr einfach auf die eigene Definitionshoheit der Patentjuristen (vgl. Kap. I.E) und die Faktizität der Patenterteilungspraxis des Europäischen Patentamtes zurückziehen.

In ihren weiteren Ausführungen erklärt die Kommission, dass sie die strittigen Worte »*als solche*« bezüglich der Patentierbarkeit von Körperbestandteilen nicht in den neuen Richtlinien-Vorschlag übernommen hat, sondern sich für eine andere Formulierung entschieden habe, worauf weiter unten eingegangen wird. Insgesamt begründet die Kommission die Herausnahme der strittigen Passage zur Patentierbarkeit von Körperbestandteilen aus dem Ordre Public-Artikel damit, dass

> »diese Frage des Unterschieds zwischen Entdeckung und Erfindung bei Teilen menschlichen Ursprungs eine *technische* Frage ist. So kann das Patentrecht *den allgemeinen Grundsatz, der ein Aneigungsrecht am Menschen untersagt*, nicht beeinträchtigen. Ein Gen oder eine Zelle *in ihrem natürlichen Zustand* müssen von der Patentierbarkeit ausgenommen werden, denn sie können nicht als patentierbare Erfindungen gelten. Aus dieser Sicht hat das Patentrecht keinen ethischen Standpunkt entsprechend der öffentlichen Ordnung oder der guten Sitten zu vertreten. Es hat nur seine Grundsätze zu beachten.«[151]

Mit ihrer mehrmaligen Fokussierung der Begriffe »objektiv« und »technisch« unterstreicht die Kommission ihre Anschauung, dass es bei der Patentierbarkeit von DNA-Sequenzen, Körperzellen und anderer Körperbestandteile um enge,

151 KOM(95) 661 endg., Vorschlag für eine Richtlinie des Europäischen Parlaments und des Rates über den Rechtsschutz für biotechnologische Erfindungen, 13.12.1995, S. 15–16, Pkt.53, (Hervorhebungen I.S.).

klassisch patentrechtliche Fragen gehe.[152] Zudem verknüpft die Kommission in ihrer Begründung Probleme der Rechtsangleichung mit solchen der Wirtschafts- und Technologieförderung. Dies stellt keinen wesentlichen Unterschied zur ersten Fassung dar, sondern verbleibt in dieser Tradition und ist ihrem traditionellen wirtschaftspolitischen Deutungsmuster verpflichtet. Als Drohgebärde wird ein wirtschaftliches Nachhinken bzw. gar potentielles Abhängen Europas prophezeit, wenn es nicht zur Verabschiedung der Richtlinie käme.[153]

Zusammenfassend richtet sich die Argumentation der Kommission gegen eine Abhandlung der Thematik des menschlichen Körpers in der Ordre Public-Klausel sowie dagegen, Körperbestandteile und grundlagenwissenschaftliche Erkenntnisse von der Patentierbarkeit generell auszunehmen

An dieser Stelle ist noch einmal, wie bereits in Kap. I.F erfolgt, auf die unterschiedliche Begründungsratio für die im EPÜ verankerten Patentierungsgrenzen hinzuweisen: Was die Kommission – richtigerweise – als »allgemeine Grundsätze« des Patentrechts fasst, bezieht sich auf die Entdeckungs-Klausel in Art. 52(2)a EPÜ. Diese markiert eine normative Grenze, wonach etwas, das für *alle* verfügbar sein muss, nicht patentfähig sein soll.[154]

Das von der Kommission parallel herangezogene Verbot des »Aneignungsrechts am Menschen« leitet sich aus der persönlichkeitsrechtlichen Qualifizierung des Menschen als Rechtssubjekt ab, das auch seinen Körper (lebend, in

152 Damit verwirft sie ethische Einschreibungen und jegliche »moralischen«, aber auch sozialregulativen Gesichtspunkte in diesem Punkt. Zum Frame »Ethik« und Frame »Wirtschaft« siehe Kap. II.C.

153 KOM(95) 661 endg., Vorschlag für eine Richtlinie des Europäischen Parlaments und des Rates über den Rechtsschutz für biotechnologische Erfindungen, 13.12.1995, S. 8, Pkt. 24

154 Diese Patentierungsschranke geht davon aus, dass es Tatbestände gibt, die aufgrund ihres abstrakten oder allgemeinen Gehalts so eminent wichtig für *alle* Forscher und Erfinder sind, dass sie von allen ohne Einschränkung genutzt werden können müssen. Zielbestimmung und Motiv ist daher das Freihalten des *Zugangs für alle*, ohne Einschränkung. Demgegenüber markiert die Ordre Public-Klausel im Patentrecht ein Verbot für etwas, das zwar womöglich in seinem Gehalt erfinderisch ist, aber als so gefährlich oder erschütternd für die Grundlagen der Rechtsordnung – die öffentliche Ordnung und die guten Sitten – betrachtet wird, dass es *für niemanden zugänglich* sein soll. Ratio des Patentierungsausschlusses ist es hier, weder einen Anreiz noch eine staatliche Billigung für entsprechende Forschung und Entwicklungen zu schaffen. Der Patentausschluss fußt daher in den beiden Fällen auf verschiedenen Begründungslogiken und geradezu konträren Zielbestimmungen: Bei der Entdeckung als Patentierungsschranke wird eine allgemeine Zugänglichkeit angestrebt, bei der Ordre Public-Klausel gerade der Zugang für die Allgemeinheit auszuschließen versucht. Diese beiden Ausnahmeklauseln vom Patentschutz verweisen damit gleichzeitig auf die immanent widersprüchliche, janusköpfige Wirkung des Patentrechts selbst: Einerseits wird damit ein Anreiz für Erfindungen geschaffen, andererseits kann Patentschutz die Diffusion einer Erfindung be- oder sogar verhindern. Die Kommission trifft hier keine angemessene Differenzierung, unternimmt jedoch in ihren Erläuterungen den Versuch, die Patentierungsausnahmen möglichst *eng* auszulegen. Nicht patentfähig sind »ein Gen oder eine Zelle in ihrem natürlichen Zustand«, wohl aber, wenn technisch von einem Menschen isoliert.

toto) umfasst. Es geht rechtsphilosophisch auf die aus dem römischen Recht stammende, grundlegende Unterscheidung zwischen Personen und Sachen zurück und wurde menschenrechtlich durch das Verbot der Sklaverei und die Kantische Norm der Nichtkommerzialisierung des menschlichen Körpers aufgewertet.[155] Es bezieht sich demnach auf das ethische Verbot der eigentumsrechtlichen Aneignung eines ganzen Menschen. Was dieses sachenrechtliche Eigentumsverbot am Menschen jedoch mit dem Patentrecht als Eigentum an intangiblen Gütern zu tun hat, wird nicht erörtert. Die davon wiederum getrennt zu behandelnde Frage ist, wieweit *Teile* des menschlichen Körpers »in ihrem natürlichen Zustand« patentfähig sein *sollen*. Dies stellt eine normative und rechtspolitische Frage dar, zu der die Kommission argumentativ – außer vager Patentrechtslyrik – nichts beiträgt.[156]

2.1.5 Der rechtsverbindliche Teil: Die Neuformulierung der Artikel

Nachdem in der vorausgegangenen Abhandlung ausführlich die neue Begründung der Kommission referiert und kritisch gewürdigt wurde, komme ich nun zur konkreten Formulierung des rechtsverbindlichen Teils des neuen Richtlinien-Vorschlages. In den Artikeln wird das erste Kapitel (»Patentierbarkeit«) einer neuen Systematik unterworfen – die Begriffs-Definitionen stehen nunmehr am Anfang des Textes (in Artikel 2 statt in Artikel 4), sind aber vom Text her nahezu unverändert. Im Vergleich mit dem Gemeinsamen Text des Vermittlungsausschusses, der vom Europäischen Parlament verworfen wurde, lauten die – für den Kontext dieser Arbeit besonders relevanten – neuen Formulierungen im Einzelnen:[157]

»Artikel 3
1. Der menschliche Körper und seine Bestandteile in ihrem natürlichen Zustand gelten nicht als patentierbare Erfindungen.
2. Unbeschadet des Absatzes 1 ist der Gegenstand einer zur gewerblichen Anwendung geeigneten Erfindung, der einen aus dem menschlichen Körper isolierten oder auf andere Weise durch ein technisches Verfahren gewonnenen Bestandteil des menschlichen Körpers betrifft, patentierbar, selbst wenn der Aufbau dieses Bestandteils mit dem Aufbau eines natürlichen Bestandteils identisch ist.«

Die strittige Formulierung der menschlichen Körperbestandteile »als solche« wurde somit ersetzt durch den Terminus »in natürlichem Zustand«. Der zweite Absatz hebt nun als Kriterien für eine Patentierbarkeit auf die Technizität der

155 Vgl. Schünemann 1985; Appel 1996; Schneider 2002a; 2007.

156 Elaborierte Argumentationen finden sich etwa in: Moufang 1988; Sterckx 1997; Anwander et al. 2002; Hoedemaekers/ Dekkers 2001, Hoedemaekers 2001, Resnik 2004.

157 Ich zitiere im Folgenden aus der deutschen Neuübersetzung der Direktive, KOM(95) 661 endg/2 vom 11.7.1996.

Gewinnung bzw. Erzeugung und die gewerbliche Anwendung ab. Erstaunlicherweise bleibt allerdings das Patentierungskriterium der erfinderischen Leistung (*inventive step*, Erfindungshöhe) an dieser Stelle unerwähnt.

In der englischen Fassung lautet dieser zweite Absatz:

»Notwithstanding paragraph 1, the subject of an invention capable of industrial application which relates to an element isolated from the human body or otherwise produced by means of a technical process shall be patentable, even if the structure of that element is identical to that of a natural element.«

Hierbei wird einerseits deutlich, wie auf die grundlegenden Patentierungskriterien der gewerblichen Anwendung und der technischen Lehre abgehoben wird. Zum anderen wird der Begriff »*produced*« verwendet, der zum einen auf ein Produkt, ein Erzeugnis verweist und andererseits das (technische und erfinderische) Schaffen (die geistige Leistung) betont. In der ersten deutschen Übersetzung[158] des Textes wird dies mit »durch ein technisches Verfahren *erzeugten* Bestandteil des menschlichen Körpers« übersetzt. In der amtlichen Neuübersetzung[159] heißt es nun schwächer »*gewonnenen*« Bestandteil. Im Deutschen wird darin ein Unterschied zwischen dem »Gemachten« (Erzeugnis, Produkt) und dem bloß »Herausgenommenen«, lediglich in seiner Lokalität veränderten, deutlich. Schon allein diese semantischen »Feinheiten« berühren den Kern des Streites, als was von Körper abgetrennte, isolierte Teile rechtspolitisch zu gelten hätten.

Das Ende des zweiten Absatzes, nämlich die Formulierung »selbst wenn der Aufbau dieser Bestandteile mit einem Teil des menschlichen Körpers identisch ist« wurde aus Erwägungsgrund 10 des gemeinsamen Entwurfs des Vermittlungsverfahrens übernommen.[160] Diese mögliche »Identität« von einem Körperbestandteil *im* Körper im Gegensatz zu »*außerhalb*« bzw. »*isoliert*« wirft wiederum die Frage nach der (für die Patentierbarkeit entscheidenden!) Differenz auf. Diese wird markiert durch die Conditio »einer zur gewerblichen Anwendung geeigneten Erfindung« – es geht also offenbar nicht nur um den Ort, an dem sich die Körpersubstanz befindet, sondern um die Möglichkeit und Geeignetheit zur gewerblichen Anwendung. Die »Erfindung« bleibt, wie bereits statuiert, definitorisch unbestimmt.

Obwohl nun einerseits die umstrittene Klausel »als solche« vermieden wurde und die Erläuterung im Text der Richtlinie von den Erwägungsgründen in den zweiten Absatz des Artikels gewandert ist und damit erheblich an rechtlicher Verbindlichkeit gewonnen hat, bleibt die Frage virulent, ob und wieweit damit tatsächlich einer Präzisierung und einer eindeutigen Auslegbarkeit der Weg bereitet wurde.

158 KOM(95) 661 endg. vom 13.12.95.

159 KOM(95) 661 endg/2 vom 11.7.1996.

160 Hier wird wiederum in der Neuübersetzung aus dem »auch wenn« ein »selbst wenn«, im Deutschen erfolgt damit eine stärkere Betonung.

Es deutet sich meines Erachtens an, dass kein wesentlicher inhaltlicher Unterschied zum im Vermittlungsausschuss erzielten Text erreicht wurde, jedoch die »Reizworte« entfernt und eine neue semantische Opposition (natürlich versus künstlich bzw. technisch) in den Richtlinientext eingebracht wurden. Vor allem aber wurde die Systematik verändert: Die Körper-Passage bildet nun einen frei stehenden, eigenständigen Artikel. Damit wird dieser aus dem diskursiven Kontext der »ethisch begründeten« Patentierungsausschlüsse (Ordre Public) herausgenommen und in den Kontext der Dichotomie von Erfindung/Entdeckung gestellt. Unter Verweis auf die *Technizität* wird dabei alles vom Körper *isolierte* eo ipso zum potentiellen Patentierungsgegenstand (subject matter).

Dies verweist wiederum auf die Konsequenzen der Isolierungsdogmatik, nämlich darauf, ob eine Isolierung als Entdeckung gewertet wird oder die Isolierung als Metamorphose aufgefasst wird, die ein binäres »Umschalten« zur Patentfähigkeit ermöglicht (vgl. auch: Zintler 2002: 86f).

Somit nimmt die Kommission einerseits die Dichotomie von Erfindung und Entdeckung auf, stellt andererseits aber vermeintlich Eindeutigkeit unter Bezug auf (allgemeingültige) Patentierungsvoraussetzungen her. Mit diesem als »objektiv« bezeichneten Ansatz (vgl. Vandergheynst 1997: 6) wird dieser von Weltanschauung und Moral freigestellt. Es findet damit eine Immunisierung und Isolierung vom Ordre Public-Kontext (EPÜ Art. 53(a)) und damit von »ethischen« und »politischen« Erwägungen statt. Der Patentausschluss für Entdeckungen wird zwar als Patentierungsschranke formal aufgenommen, letztlich aber nicht inhaltlich gefüllt und als Regulativ genutzt. Vielmehr wird eine Selbstverständlichkeit – die Nicht-Patentfähigkeit des ganzen, natürlichen menschlichen Körpers – in die Richtlinie eingeschrieben.

Zusammenfassend bleibt festzuhalten, dass das Verbot der Patentierbarkeit des menschlichen Körpers und seiner Teile gesetzessystematisch durch die neue Anordnung nicht mehr als Anwendungsfall der Ordre Public-Klausel eingeordnet, sondern nunmehr als eigener Artikel gefasst wurde. Zwar hebt später Erwägungsgrund 16 die Bedeutung der Wahrung der Grundprinzipien der Würde und Unversehrbarkeit des Menschen hervor und bekräftigt den in Artikel 5 (1) verankerten Grundsatz der Nichtpatentierbarkeit des menschlichen Körpers, betont aber anschließend, dass diese Prinzipien mit der Nichtpatentierbarkeit von Entdeckungen in Einklang stünden. Die Menschenwürde und damit die Nicht-Aneignungsfähigkeit des menschlichen Körpers für die kommerzielle Verwertung wird nicht explizit als Patentierungsschranke formuliert.

An dieser Stelle macht der Neuvorschlag eine Schnittstelle für einen *Kompromiss* zwischen dem Europäischen Parlament und der Kommission sichtbar – beide Sichtweisen wurden eingefügt und sind gewissermaßen »zu ihrem Recht« gekommen. Der Preis dafür ist jedoch eine Inkonsistenz in der Begründung und eine merkwürdige, rechtssystematisch nicht stimmig wirkende Verschachtelung. Infolgedessen spricht Calamé von einer »verfehlten Gesetzessystematik«(2001: 211, Fussnote 1194).

Ich komme nun zur Neufassung der Ordre-Public-Klausel. Der als »Ethik« gekennzeichnete Problemkomplex, der unter die Ordre Public-Klausel fällt, wird von der Kommission in einem neuen Artikel 9 (zuvor: Artikel 2.3.) aufgenommen. Er lautet:[161]

»Artikel 9
1. Erfindungen, deren Verwertung gegen die öffentliche Ordnung oder die guten Sitten verstoßen würde, sind von der Patentierbarkeit ausgenommen, dieser Verstoß kann nicht allein daraus hergeleitet werden, dass die Verwertung durch Rechts- oder Verwaltungsvorschriften verboten ist.
2. Im Sinne von Absatz 1 gelten als nicht patentierbar
a) Methoden der Keimbahntherapie zur Anwendung am Menschen;«[162]

Damit werden erstmals Keimbahneingriffe *am* Menschen ganz eindeutig von der Patentierbarkeit ausgeschlossen. Die Kommission vertritt nun im Verhältnis zum Ergebnis des Vermittlungsausschusses, in dem noch die Conditio eines Verstoßes gegen die Achtung der Menschenwürde eingeführt wurde,[163] hierbei eine klare und unmissverständliche Position. Diese bezieht sich jedoch offenbar vor allem auf eine Auslegung der Patentierungsschranke in Artikel 52(4) EPÜ.

Der Blick in die Begründung wirft allerdings wiederum Fragen auf: Die Kommission führt zwei Einwände gegen den gemeinsamen Entwurf des Vermittlungsausschusses auf. Einerseits wurde in diesem Entwurf kritisiert, dass damit eine Ausnahme von Artikel 52(4) des Europäischen Patentübereinkommens geschaffen werde, wonach Verfahren zur chirurgischen oder therapeutischen Behandlung des menschlichen oder tierischen Körpers und Diagnostikverfahren, die *am* menschlichen oder tierischen Körper vorgenommen werden, nicht als gewerblich anwendbar gelten. Zum anderen wurde der Kommission

161 In diesem Falle folge ich der ursprünglichen Übersetzung, da diese adäquat die englische Fassung wiedergibt, während die Neuübersetzung unter 9(2)a »Methoden zur Therapie der menschlichen Keimbahn« missverständlich ist, da laut dieser Fassung nicht-therapeutische Keimbahneingriffe patentierbar wären. Wie Zintler (2002: 88) mutmaßt, wären Keimbahneingriffe, die nicht auf Therapie einer Erkrankung, sondern auf »enhancement« zielen, nicht vom Ausschluss erfasst. Dieser Deutung möchte ich widersprechen. Nach meiner Einschätzung wollte die Kommission hier tatsächlich und unmissverständlich alle Anwendungsformen von Keimbahneingriffen ausschließen, sie hat lediglich den Begriff der »Keimbahntherapie« als gebräuchlichen verwendet.

162 Unter 9(2)b geht es um Verfahren zur Veränderung der genetischen Identität von Tieren, die Leiden oder körperliche Beeinträchtigungen verursachen und deren Verhältnis zum verfolgten Zweck. Diese Tierschutzfragen werden im Rahmen dieser Arbeit ausgeklammert.

163 Im gemeinsamen Entwurf des Vermittlungsausschusses war in Art.2.3.2.b) festgehalten, dass »Verfahren zur Veränderung der genetischen Identität des Menschen, die die Menschenwürde verletzen«, von der Patentierbarkeit ausgenommen werden.

damals vorgeworfen, nicht grundsätzlich gegen Keimbahneingriffe Stellung zu beziehen.

Zu dieser vom Vermittlungsausschuss geforderten grundsätzlichen Stellungnahme verweist die Kommission darauf, »dass es sich das Patentrecht nicht gestatten kann, einen grundsätzlichen Standpunkt erga omnes zu vertreten«.[164] Es weist außerdem darauf hin, dass sowohl die Ethikberatergruppe der Kommission (in ihrer bereits behandelten Stellungnahme vom 13.12.1994) wie auch ein UNESCO-Bioethik-Unterausschuss für humane Gentherapie die Kompliziertheit dieses Sachverhalts und die Schwierigkeit, einen abschließenden Standpunkt zu treffen, hervorgehoben haben.

Nun heißt es:

»Da aber kein grundsätzlicher ethischer Standpunkt festgelegt werden kann, der über den Befugnisrahmen einer Richtlinie zur Harmonisierung der Rechtsvorschriften über die biotechnologischen Erfindungen hinausgehen kann, besteht kein Zweifel, dass dieser Vorschlag die Methoden der Keimbahntherapie zu Anwendung am Menschen eindeutig von der Patentierbarkeit ausschließen kann.«[165]

Dieser Satz ist widersprüchlich. Einerseits hebt er die Kompetenzbeschränkung hervor, wonach die Europäische Gemeinschaft kein Mandat für genuin ethische Fragen hat – diese bleiben der nationalen Ebene vorbehalten.[166] Damit stellt sich implizit die Frage, ob ein gemeineuropäischer Ordre Public formuliert werden kann, der über den kleinsten gemeinsamen Nenner hinausgeht.[167]

Zum anderen betont die Kommission, dass das Patentrecht nicht einen prinzipiengeleiteten ethischen Standpunkt vorgeben könne, wenn es dazu kei-

---

164 KOM(95) 661 endg/2 vom 11.7.1996, S.16, Pkt. 55.

165 KOM(95) 661 endg/2 vom 11.7.1996, S.16, Pkt. 55.

166 Die Europäische Union kann formal gesehen lediglich implizit über den EU Forschungshaushalt Einfluß auf bioethische Regulierungen nehmen. Ethische Wertungsunterschiede führten im Europäischen Parlament und im Rat zu schwierigen Kontroversen, beispielsweise um verbrauchende Embryonenforschung im Zusammenhang mit Stammzellen in der Förderung des VI. und VII. Forschungsrahmenprogramms der EU. Nicht zuletzt an der Frage der Embryonenforschung scheiterte auch der Bericht des 2000 eingerichteten Nichtständigen Humangenetik-Ausschusses im Plenum des Europäischen Parlaments. Dieser sog. Fiori Bericht wurde jedoch auch deshalb im November 2001 nicht verabschiedet, weil eine Vielzahl widersprüchlicher und inkonsistenter Änderungsanträge eingebracht worden waren (vgl. Abels 2003). In diesem Humangenetikausschuss wurde auch das Thema Biopatentierung erneut auf die Tagesordnung gesetzt und eine Anhörung dazu durchgeführt. Außerdem wurden Fragen der »Ethik« im Zusammenhang der EU Gewebe-Richtlinie und der EU Blut-Richtlinie verhandelt. Dies zeigt, dass ethisch-normative Fragen inhärenter Bestandteil der Gesetzgebung in diesen Feldern darstellen, dass aber andererseits zum einen die Frage des genuin ethischen Mandats der EU ungeklärt ist und zum anderen das Europäische Parlament keineswegs eine einheitliche Position zu diesen Fragen vertritt, sondern tief gespalten ist. Andererseits wurden immer wieder Entschließungsanträge des Europäischen Parlaments etwa zum Klonen verabschiedet, die eine kritische Position wiedergaben.

167 Eindeutig bejaht dies aus juristischer Perspektive Kersten 2004.

nen einheitlichen europäischen Standpunkt, der sich in übereinstimmenden nationalen Gesetzen oder tragenden Rechtsgrundsätzen aller Mitgliedsstaaten manifestiere, gäbe. Auch Ethik-Beratungsgremien blieben in ihren Empfehlungen uneins. Alle drei Argumente sprächen eher dagegen, überhaupt in einer Patentrechts-Richtlinie ethisch begründete Patentierungsausschlüsse zu verankern. Daher überrascht der Schluss, dass zweifelsfrei Keimbahneingriffe am Menschen von der Patentierbarkeit ausgeschlossen werden könnten. Die Begründung dafür lautet, es gäbe zwar kein Mandat für ethisch begründete Patentausschlüsse, aber die Richtlinie verbiete ja auch nur die *Patentierbarkeit* von Keimbahntherapie am Menschen. Zudem wird zutreffend festgestellt, dass der Patentierungsausschluss kein gesetzliches Verbot bedeutet. Keimbahneingriffe am Menschen können weiterhin durchgeführt werden, sofern sie nicht gegen nationale Gesetze (wie z.B. in Deutschland das Embryonenschutzgesetz) verstoßen. Aber mit dem Ausschluss von der Patentierbarkeit könnte ein Anreiz für die Weiterentwicklung der entsprechenden Technologie entfallen. Zur Begründung dieser Annäherung an das Parlament beim Totalausschluss der Keimbahntherapie *am* Menschen wird auf ein bereits bestehendes Patentierungsverbot (in Art. 54 (2) EPÜ) rekurriert und damit mit einer rechtspositivistischen und patentrechtsimmanenten Logik in Einklang gebracht

Das »Ethik«-Anliegen des Europäischen Parlaments, so scheint es, soll befriedigt werden. Es wird kanalisiert und dort eingefügt, wo es politisch, wissenschaftlich und ökonomisch nicht viel zu kosten scheint. Denn zu diesem Zeitpunkt erscheinen Keimbahneingriffe am Menschen noch meilenweit von jeder Anwendung entfernt. Sie wären – dies gilt bis heute – mit unabschätzbaren gesundheitlichen Risiken verbunden und man hat wohl auch keinen allzu großen Markt dafür erwartet.[168] Es liegt nahe, zu vermuten, dass mit diesem pragmatischen Zugeständnis der Kommission an das Parlament die Gemüter besänftigt und dies dem Parlament als »sein Verhandlungserfolg« übermittelt werden sollte. Selbst wenn es sich an dieser Stelle lediglich um ein strategisch-taktisch motiviertes Zugeständnis der Kommission an das Parlament handelte, vertrete ich die Auffassung, dass damit eine neue, regulative Konzeption des Patentrechts für ethisch kontrovers diskutierte Forschungsrichtungen in die Richtlinie eingeschrieben wurden, deren gewichtige Bedeutung nicht unterschätzt werden sollte und sich wohl erst im Nachhinein vollends erschließt. Denn es wurde die Keimbahntherapie am Menschen *ohne jedes wenn und aber* von der Patentfähigkeit ausgeschlossen, womit das Patentrecht als »sanfter« Steuerungsmodus für die zukünftige Technikentwicklung konzipiert wurde.[169]

Gleichzeitig wurde die Problematik der Patentierbarkeit von Körperbestandteilen, deren Grenzen und Schutzumfang nun aus der »Ethik« und dem

168 Vgl. Schmitz 2002; Resnik 1994; Wimmer 1989; Graumann 2006.
169 Vgl. Schneider 2008 und Kapitel II.C.4.4.

diesbezüglichen Gestaltungsanliegen des Europäischen Parlaments herausgelöst. Diese Fragestellung wurde als ein rein »technisches« bzw. »patentrechtsinternes« Problem rückübersetzt. Damit wurde der Anspruch des Parlaments auf weitergehende legislative Gestaltungskompetenz in diesem Punkt zurückgewiesen.

Auf weitere Änderungen im neuen Richtlinienentwurf der Kommission wird im Rahmen dieser Arbeit nicht eingegangen.[170]

2.2 Die Stellungnahme des Wirtschafts- und Sozialausschusses vom 11.7.1996

Der Wirtschafts- und Sozialausschuss (WSA 1996) bestätigt in seiner Stellungnahme zum neuen Richtlinien-Vorschlag die Auffassung der Kommission, dass Europas Patentpolitik jener der USA hinterherhinke.[171] 65 Prozent der erteilten biotechnologischen Pharma-Patente stammten aus den USA, nur 15% aus Europa. Europa erleide einen *brain drain* zu den USA. Daher sei die zügige Verabschiedung der Richtlinie notwendig. Der WSA schlägt allerdings einige inhaltliche Änderungen und systematische Umstellungen vor, die von der Kommission in ihrem am 29. August 1997 geänderten Vorschlag aufgenommen werden.[172]

Zur Nichtpatentierbarkeit der menschlichen Körperbestandteile wird vorgeschlagen, die Formulierung »in ihrem natürlichen Zustand« zu streichen, da sie zu Unklarheiten beitrage. Der Ausschluss des menschlichen Körpers von der Patentierbarkeit würde damit festgeschrieben »und nur eine einzige Ausnahme zulassen, die in Absatz 2 ganz genau definiert wird.«[173]

Keimzellen und Embryonen sollten explizit aufgenommen werden, um deutlich zu machen, dass auch diese unter den Begriff des menschlichen Körpers fielen.

Der neue erste Absatz von Artikel 3 lautete damit:

»Der menschliche Körper, einschließlich der Keimzellen und des menschlichen Embryos und aller Teile des menschlichen Körpers gelten als nicht patentierbare Erfindungen.«[174]

Zu den Regeln, in welchen Fällen der Patentierungsausschluss des menschlichen Körpers nicht greift, wird vorgeschlagen, dies neu zu fassen und sich dabei auf die allgemeinen Patentierungskriterien zu stützen.

---

170 Sie stellen – abgesehen vom Landwirteprivileg für Zuchtvieh, in dem den Anliegen des Europäischen Parlaments entgegengekommen wurde – keine substantiellen Veränderungen dar. Festzuhalten bleibt, dass als Rechtsgrundlage für die Richtlinie am Artikel 100 a EGV (später Art. 95 EGV) festgehalten wird.

171 WSA 96/C 295/03, ABl C 295 vom 7.10.1996, S. 11–17.

172 KOM (97) 446 endg., 29.8.1997, vom 29.8.1997.

173 WSA 96/C 295/03, Pkt. 4.3.2.1., ABl. C 295/, S. 14.

174 WSA 96/C 295/03, ABl C 295 vom 7.10.1996, S. 15, 4.3.2.2.

Außerdem empfiehlt der WSA, in Art. 9(2)a den Ausschluss von Keimbahneingriffen an Menschen von der Patentierbarkeit wasserdicht zu machen, indem sowohl die *Methoden* zur genetischen Veränderung der Keimbahn wie auch die *Ergebnisse* für nicht patentierbar erklärt würden.[175]

Zudem schlägt der Wirtschafts- und Sozialausschuss vor, die Information der Öffentlichkeit über biotechnologische Entwicklungen zu verbessern. Ethische Fragen müssten »mit größter Strenge und Deutlichkeit« behandelt werden, dürften aber »nicht als Vorwand für Untätigkeit dienen«. Außerdem dürfe das Patentrecht »nicht an die Stelle der Kontrollinstrumente treten [...], mit denen die Einhaltung der von der Gesellschaft allgemein anerkannten ethischen Normen überwacht wird«.[176] Damit wird »Ethik« in die Schranken des Ordre Public und Regulation an andere gesellschaftliche und rechtliche Instanzen verwiesen. Weitergehende ethische und sozialregulative Argumente gehen nicht in die Konzeption des Patentrechts ein. Insbesondere werden die ökonomischen Chancen der Biotechnologie betont und einem starken Patentrecht dabei eine tragende Rolle zugeschrieben.

2.3 Der zweite Richtlinienvorschlag im Parlament: Der Rothley-Bericht

Am 25. Januar 1996 wird der neue Richtlinien-Vorschlag dem Europäischen Parlament unterbreitet und am 12. Februar 1996 an die Ausschüsse überwiesen. Federführend ist wiederum der Ausschuss für Recht und Bürgerrechte, als Berichterstatter wird vom Ausschuss erneut Willi Rothley benannt. Als mitberatende Ausschüsse geben der Ausschuss für Landwirtschaft und ländliche Entwicklung, für Entwicklung und Zusammenarbeit, für Wirtschaft, Währung und Industriepolitik sowie für Umweltfragen, Volksgesundheit und Verbraucherschutz Stellungnahmen ab. Der ebenfalls mitberatende Haushaltsausschuss, sowie der Ausschuss für Forschung, technologische Entwicklung und Energie[177] beschließen, keine Stellungnahme abzugeben (Rothley Bericht 1997: 3).[178]

175 WSA 96/C 295/03, ABl C 295 vom 7.10.1996, S.15.

176 Alle Zitate aus: WSA 96/C 295/03, ABl C 295 vom 7.10.1996, S. 16. Zur detaillierten Analyse der WSA-Stellungnahme siehe Zintler (2002: 89–94) und Barton (2004: 143–145).

177 Die unterschiedlichen Standpunkte, insbesondere zur Patentierbarkeit von Körperbestandteilen und Artikel 3 konnten in diesem Ausschuss nicht zusammengeführt werden, so dass der Ausschuss sich nicht in der Lage sah, eine Stellungnahme zu verabschieden (Vandergheynst 1997: 6).

178 Bericht zum Vorschlag für eine Richtlinie des Europäischen Parlaments und des Rates über den rechtlichen Schutz biotechnologischer Erfindungen (KOM(95)0661 – C4 – 0068/96/0350(COD)). Ausschuss für Recht und Bürgerrechte. Berichterstatter: Willi Rothley. A4-0222/97, PE 218.021/endg. vom 25.6.1997 (im Folgenden zitiert als »Rothley Bericht«), S. 3.

Der Rechtsausschuss tritt zehnmal zusammen, die mitberatenden Ausschüsse insgesamt 17mal. Außerdem wird vom Rechtsausschuss am 10. und 11.Juni 1996 eine öffentliche Anhörung abgehalten.

In den Ausschüssen wird eine Fülle von Änderungsanträgen eingebracht und abgestimmt. Insgesamt werden in dem ganzen Verfahren mehrere hundert Änderungsanträge vorgelegt. Dabei werden unter anderem Probleme des Patentausschlusses für Tierrassen und Pflanzensorten, das Landwirteprivileg für Zuchtvieh, Tierschutz- und entwicklungspolitische Fragen, die Erhaltung der Artenvielfalt, insbesondere im Verhältnis zur UN Biodiversitätskonvention (CBD, verabschiedet in Rio 1992) und damit zusammenhängend die Integration des Postulats der informierten Zustimmung (*prior informed consent*) und des Vorteilsausgleichs (*benefit sharing*) eingebracht. Einzig der Ausschuss für Wirtschaft, Währung und Industriepolitik verabschiedet keinerlei Änderungen, sondern äußert in einer Schlussfolgerung große Zufriedenheit mit dem Richtlinien-Vorschlag der Kommission und fordert zu beschleunigter Annahme auf.[179]

Aus dem Ausschuss für Umweltfragen, Volksgesundheit und Verbraucherschutz erfolgt ein Änderungsantrag (Nr. 18), der die Schaffung eines Ethikausschusses zur Beurteilung aller ethischen Aspekte von Patentanmeldungen für genetisches Material vorsieht. Dies wird in Änderungsantrag 56 für einen neuen Artikel 9(a) verankert.[180]

In der abschließenden Sitzung des Rechtsausschusses am 17. und 18. Juni 1997 wird der Entwurf einer legislativen Entschließung angenommen. Dabei werden insgesamt 64 Änderungsanträge verabschiedet. Davon entfallen 44 auf Erwägungsgründe, 20 auf die Artikel der Richtlinie. Bereits aus diesen Zahlen ist zu entnehmen, dass in die Erwägungsgründe eine Fülle von Erläuterungen zur Auslegung der Artikel der Richtlinie eingegangen sind. Eine Reihe von Änderungsanträgen aus den Ausschüssen, welche die Artikel betreffen, können sich im Rechtsausschuss nicht durchsetzen oder werden in die Erwägungsgründe verschoben und damit ihrer rechtlichen Bindungskraft entzogen.

Hervorzuheben ist, dass in den Erwägungsgründen eine Bezugnahme auf völkerrechtliche Normierungen und Rahmenwerke stattfindet. Dazu zählen neben dem TRIPs-Abkommen[181] die Biomedizinkonvention des Europarates sowie der grundlegende Verweis auf die Würde und Unversehrtheit des Menschen[182], die UN Menschenrechtskonvention[183], sowie die UN Konvention über die Biologische Vielfalt.[184] Damit wird das Patentrecht konstitutionalisiert

179 Rothley-Bericht 1997: 70.

180 Rothley-Bericht 1997: 259.

181 Rothley-Bericht 1997: Änderungsantrag 8, 25, 26 und 37.

182 Rothley-Bericht 1997: Änderungsanträge 10-11.

183 Rothley-Bericht 1997: Änderungsantrag 33.

184 Rothley-Bericht 1997: Änderungsanträge 41-44.

und in allgemeine, grundlegende internationale und europäische Normenkataloge eingebettet.

2.3.1 Änderungen zum menschlichen Körper und zur Ordre Public Klausel

Insbesondere wird vom Europäischen Parlament Artikel 3, betreffend den menschlichen Körper, umgeschrieben und präzisiert. Besonders hervorzuheben ist, dass dabei ein dritter Absatz zur konkreten Offenbarung der gewerblichen Anwendbarkeit eingefügt wird. Dabei handelt es sich um einen wichtigen Kompromissvorschlag, den das Europäische Parlament einbrachte, um sein Anliegen einer Einschränkung der Reichweite von Genpatenten durchzusetzen. Auf diese Regelung wird später insbesondere in der deutschen Stoffschutzdebatte noch ausführlich Bezug genommen (vgl. Kap. II.B.2).

Der Änderungsantrag 49 zu Artikel 3 lautet:

»(1) Der menschliche Körper <u>in den einzelnen Phasen seiner Entstehung und Entwicklung sowie die bloße Entdeckung eines seiner Bestandteile, einschließlich der Sequenz oder Teilsequenz eines Gens, können keine patentierbaren Erfindungen darstellen.</u>

(2) <u>Ein isolierter Bestandteil des menschlichen Körpers oder ein auf andere Weise durch ein technisches Verfahren gewonnener Bestandteil, einschließlich der Sequenz oder Teilsequenz eines Gens, kann als patentierbare Erfindung gelten</u>, selbst wenn der Aufbau dieses Bestandteils mit dem Aufbau eines natürlichen Bestandteils identisch ist.

(3) <u>Die gewerbliche Anwendbarkeit einer Sequenz oder Teilsequenz eines Gens muss in der Patentanmeldung konkret offenbart werden</u>.«[185]

Im Vorgriff auf den Abschluss des Rechtsetzungsprozesses ist zu rekapitulieren, dass dieser Artikel nun bereits sehr weitgehend der letztlich 1998 verabschiedeten Fassung der Richtlinie entspricht. Lediglich zwei kleine Formulierungsänderungen werden später noch vorgenommen: In der Mitte des Absatzes 2 wird formuliert, »<u>kann eine</u> patentierbare Erfindung <u>sein</u>« und in Absatz 3 wird das Wort »offenbart« durch »<u>beschrieben</u>« ersetzt.[186]

Es bleibt im Hinblick auf spätere Debatten um die »Funktionsbindung« von DNA-Sequenzen festzuhalten, dass die Kommission den Änderungsvorschlag des Parlaments für Absatz 3 übernimmt und die Worte »gewerbliche Anwendbarkeit« durch das Wort »<u>Funktion</u>« ersetzt. Der Rat in seinem Gemeinsamen Standpunkt allerdings »zog es vor, den im Patentrecht gängigeren Begriff ›ge-

185 Rothley-Bericht 1997: 22. Die vom Parlament verabschiedeten Änderungen zum Kommissionsentwurf sind durch Unterstreichung markiert.

186 Richtlinie 98/44/EG des Europäischen Parlaments und des Rates vom 6.7.1998 über den rechtlichen Schutz biotechnologischer Erfindungen, Amtsblatt der Europäischen Gemeinschaften L 213-221, vom 30.7.98.

werbliche Anwendbarkeit‹ beizubehalten«.[187] Es bleibt vorauszuschicken, dass neben der hier vom Rat vertretenen Synonymisierung von »Funktion« mit »gewerblicher Anwendbarkeit«, welche auf die Beschreibung in der Patentschrift als Ort der Offenbarung hindeutet, später auch konkurrierende Auslegungen auftreten. Diese setzen den Begriff »Funktion« mit der biologischen Kodierungsfunktion einer DNA-Sequenz in Verbindung und fordern die konkrete Angabe eines von der betreffenden DNA-Sequenz kodierten Proteins. Ob diese in die Beschreibung oder in die Ansprüche eingehen soll, bleibt in der Auslegung ebenfalls strittig (vgl. Kap. II.B.3.).

Das Parlament erweitert in Artikel 9 die Patentierungsausschlüsse der Ordre Public-Klausel. Es werden nun zur Anwendung am Menschen weitere Punkte aufgeführt, nämlich zum Klonen von und an Menschen (2 a und e), sowie zur Verwendung von Embryonen.

Artikel 9 (2) lautet nunmehr:

(2) Im Sinne von Absatz 1 gelten unter anderem als nicht patentierbar:
a) Verfahren zum reproduktiven Klonen von Menschen;
b) Verfahren zur Veränderung der genetischen Identität der menschlichen Keimbahn;
c) [Leiden von Tieren][188]
d) Methoden, bei denen menschliche Embryonen verwendet werden
e) Methoden zur künstlichen Herstellung menschlicher Embryonen mit der gleichen Erbinformation wie ein anderes menschliches Lebewesen oder ein Verstorbener (Klonen von Menschen).[189]

In dieser Ausweitung schlägt sich zum einen die internationale politische Debatte um das Klonen und die verbrauchende Embryonenforschung nieder, die just zu dieser Zeit sehr intensiv geführt wird.[190] Nach der Bekanntgabe von Klonschaf »Dolly« konsultiert die Kommission ihre eigene ethische Berater-

---

187 Gemeinsamer Standpunkt vom 28.2.1998, Interinstitutionelles Dossier Nr. 95/0350 (COD), Begründung des Rates, S. 6, Pkt.22

188 Artikel 9(2)c zum Tierschutz wird hier nicht berücksichtigt. Die vorgenommene Änderung ist zudem unwesentlich.

189 Rothley-Bericht 1997: 24. Die unterstrichenen Abschnitte markieren die Änderungen bzw. Neueinfügungen.

190 Anlass bildet die wissenschaftliche Bekanntgabe »erfolgreicher« Klonexperimente an Säugern: Im November 1993 wird bekannt, dass der US-Wissenschaftler Jerry Hall menschliche Embryonen kloniert hatte, indem er die Embryonen in der Petrischale splittete. Der Versuch wurde nach mehreren Zellteilungen abgebrochen. Im März 1997 publizieren schottische Wissenschaftler die Geburt des Klonschafes »Dolly«, das mit dem Verfahren des Kerntransfers einer Körperzelle in eine entkernte Eizelle erzeugt worden war (Campbell et al 1996; vgl. Kolata 1998). Beide Klonverfahren lösen in vielen Ländern öffentliche Kontroversen aus. Sie führen zu parlamentarischen Expertenberatungen, da selbst in Ländern, in denen das Klonen gesetzlich verboten ist (z.B. Deutschland, Großbritannien, Frankreich) nicht klar ist, ob dies tatsächlich bedeutet, dass die verwendeten Klonverfahren unzulässig sind. Insbesondere bei der Kerntransfermethode (Somatic Cell Nuclear Transfer) ist die Legaldefinition des Embryos berührt, da dieser nicht aus der Vereinigung von Ei- und Samenzelle hervorgeht.

gruppe, die am 28. Mai 1997 ihre Stellungnahme abgibt.[191] Diese fordert darin ausdrücklich, die Verurteilung des Klonens zu Reproduktionszwecken im Humanbereich bei der Biopatentrichtlinie zu berücksichtigen.[192] Außerdem spricht sich das Europäische Parlament in mehreren Entschließungen aus den Jahren 1993, 1997 und 1998 gegen die Anwendung der Klonierung an Menschen aus.[193]

Mit der Normierung dieser Liste von Patentierungsverboten – die ausdrücklich als beispielhaft, nicht als abschließend definiert wurde,[194] verleihen die Parlaments-Abgeordneten ihrem Verständnis von »ethischen Grenzen« im Patentrecht Ausdruck und machen ihre politische Willensbildung und ihren Gestaltungsanspruch in diesen Fragen geltend. Insbesondere für wertkonservative Abgeordnete aus der EVP-Fraktion sind diese Patentierungsausnahmen ein wesentlicher Grund dafür, die neue Fassung der Richtlinie als eine Verbesserung gegenüber 1995 zu empfinden und ihr zuzustimmen.[195]

---

191 GAEIB (Beratergruppe für Fragen der Ethik in der Biotechnologie der Europäischen Kommission) 1997: Opinion n° 9, 28.05.1997, Ethische Aspekte von Klonungstechniken.

192 CGEB 1997: Pkt. 2.10.

193 European Parliament 1993: Resolution on the cloning of the human embryo, in: Official Journal C 315, 22.11.1993: 224. European Parliament 1997: Resolution on the cloning of human beings, in: Official Journal C 115, 14.4.1997: 92. European Parliament 1998: Resolution on the cloning of human beings, in: Official Journal C 034, 2.2.1998: 164. Vgl. zur Aufnahme seitens der Kommission: Vandergheynst (1997: 10). Als umfassende verfassungs-, europarechtliche und völkerrechtliche Analyse zum Klonieren von Menschen siehe Kersten (2004).

194 Siehe hierzu Änderungsantrag 29 zum Erwägungsgrund 22 (der 1998 leicht abgeändert zum Erwägungsgrund 38 wird), welcher nun lautet: »Ferner ist es wichtig, in die Vorschriften der vorliegenden Richtlinie eine beispielhafte Auflistung der von der Patentierbarkeit ausgenommenen Erfindungen aufzunehmen, um so den nationalen Gerichten und Patentämtern durch eine Konkretisierung der Bezugnahme auf die öffentliche Ordnung oder die guten Sitten eine Richtschnur an die Hand zu geben. Selbstverständlich kann diese Auflistung keinen Anspruch auf Vollständigkeit erheben. Verfahren, deren Anwendung gegen die Menschenwürde verstößt, wie etwa Verfahren zur Herstellung von Mischlebewesen von Mensch und Tier, sind natürlich ebenfalls von der Patentierbarkeit auszunehmen.« (Rothley-Bericht 1997: 14; die unterstrichenen Abschnitte markieren die Änderungen bzw. Neueinfügungen). In diesem Erwägungsgrund werden zudem noch Verfahren zur Herstellung von Hybriden (Chimären) von der Patentierbarkeit ausgenommen. Es fragt sich allerdings zum einen, warum dieser Punkt nicht in den Artikel der Richtlinie aufgenommen wurde. Zum anderen wird keine präzise Definition von Hybriden gegeben. Es stellt sich die Frage, ob damit bereits die Einfügung von menschlichen Genen beispielsweise in Schweineembryonen abgedeckt ist, die dazu dienen soll, Organe für die Xenotransplantation zu züchten, oder ob lediglich »geborene« Chimären gemeint sind (vgl. Oduncu 2001; Bobbert 2007).

195 Interview Liese, MdEP, (EVP).

2.3.2 *Analyse der Argumentation des Rothley-Berichts und seiner Begründungslogiken*

Im Folgenden werden einige wesentliche Argumentationsweisen und Begründungslogiken des Parlaments-Berichts referiert und kritisch gewürdigt.

Der Report des Berichterstatters Rothley leitet seinen Begründungsteil damit ein, dass an Patenten für biotechnologische Erfindungen »ein überragendes öffentliches Interesse« bestehe.[196] Dieses wird durch die mit Patenten einhergehende Offenbarungspflicht begründet. Eine Verweigerung des Patentschutzes würde demzufolge zu Geheimhaltung führen. Damit rekurriert der Bericht auf die geläufige Offenbarungstheorie und den Sozialkontrakt als europäische patentrechtliche Legitimationstheorien (vgl. Kap. I.C).

Als rechtlichen Rahmen verweist der Bericht auf das TRIPs-Abkommen, zu dem sich die Europäische Gemeinschaft und die Mitgliedsstaaten als Vertragsparteien völkerrechtlich verbindlich im Rahmen der Welthandelsorganisation WTO verpflichtet haben. Insbesondere wird Bezug genommen auf Artikel 27 des TRIPs-Abkommens (vgl. TRIPs 1994). In Bezug auf Patentausschlüsse aufgrund eines Verstoßes gegen den Ordre Public wird die rechtliche Auslegung vertreten, der Ausschluss von der Patentierbarkeit setze voraus, dass die gewerbliche Verwertung der Erfindung in dem betreffenden Mitgliedsstaat verboten ist. Im Umkehrschluss folge daraus, dass eine Erfindung, deren gewerbliche Verwertung erlaubt ist, niemals von der Patentierbarkeit ausgeschlossen werden dürfe.[197] Diese Auslegung wirft – hält man sie für gültig – beträchtliche Schwierigkeiten bezüglich der verankerten Ordre Public-Patentierungsausschlüsse in Artikel 9 auf, da nicht in allen EU-Mitgliedsstaaten Keimbahneingriffe, Klonen und verbrauchende Embryonenforschung verboten sind. Auf diesen Widerspruch geht der Bericht allerdings nicht ein.

Zur Ratio und Legitimation des Patentrechts greift der Bericht auf die gängigen Patentrechtstheorien (Belohnung, Anreiz, Absicherung aufwendiger Investitionen, Verbreitung von Fachkenntnissen statt Geheimhaltung) zurück. Dabei vertritt er eine privatrechtliche und relationale Auffassung des Patentrechts als Eigentumsrecht:

»Das Recht aus dem Patent regelt ein Rechtsverhältnis zwischen (natürlichen und juristischen) Personen und nicht zwischen Personen und einer Sache«.[198]

---

196 Rothley-Bericht 1997: 29.

197 Rothley-Bericht 1997: 30. Der Bericht folgt damit der Auffassung von Prof. Joseph Straus, welche dieser in der Anhörung am 10. und 11. Juni 1996 äußerte (Rothley-Bericht 1997: 30, Fussnote 2). Die von Straus vertretene Rechtsauffassung (vgl. Straus 2004) wird allerdings nicht von allen Juristen geteilt. (Eine kritische Sicht bzw. eine andere Auffassung vertreten unter anderem Dolder (1984: 3) ; Moufang (1993: 446); Lausmann-Murr (2000: 142), Godt (2005: 582), Kersten (2004: 128ff)).

198 Rothley-Bericht 1997: 32.

Außerdem wird festgehalten:

»Patentschutz ist ein wertneutrales Instrument der Technologieförderung. Die Risiken, die mit einer technischen Entwicklung – auch der Gentechnologie – verbunden sind, können nicht durch das Patentrecht gesteuert werden. Das ist Aufgabe der allgemeinen Gesetze (für die Bundesrepublik Deutschland etwa das Arzneimittelgesetz, das Tierschutzgesetz, das Gentechnikgesetz oder das Embryonenschutzgesetz).«[199]

Damit werden eine regulative Auffassung vom Patentrecht und seine Einbindung in das Verfassungsrecht und das öffentliche Recht zurückgewiesen.[200] Eine nicht unerhebliche Zahl der Mitglieder des Europäischen Parlaments haben jedoch – zumindest implizit – in ihren Äußerungen in Plenardebatten, ihren Änderungsanträgen, ihrem Abstimmungsverhalten, also insgesamt in ihrer politischen Willensbildung eine regulative Funktion des Patentrechts vertreten, und dies nicht nur bezüglich der Ordre Public-Klausel.[201] Insofern bleibt fraglich, ob der Rothley-Bericht tatsächlich die Willensbildung des Europäischen Parlaments angemessen wiedergibt.

Zur ökonomischen Begründung wird unter anderem ein Beitrag aus der Zeitschrift *nature*[202] zitiert. Demnach wurden zwischen 1981 und 1995 weltweit 1.175 Patente für Erfindungen auf menschliche DNA-Sequenzen erteilt, und zwar vom Europäischen Patentamt, dem US-Patentamt (USPTO) und dem japanischen Patentamt. Die Hälfte dieser erteilten Patente weltweit stammt vom Europäischen Patentamt. US-amerikanische und japanische Firmen hielten 70%, die europäischen Unternehmen nur 24% der vom Europäischen Patentamt erteilten DNA-Patente. Der niedrige europäische Anteil an vom Europäischen Patentamt erteilten Patenten gebe Anlass zu ernster Sorge, wird *nature* zitiert.

Eine Analyse dieser Erteilungszahlen findet nicht statt. Gleichwohl könnten diese Zahlen auch anders interpretiert werden, nämlich insofern, als Forscher und Unternehmen aus den USA und Japan offenbar keine Probleme hatten, ihre DNA-Sequenzpatente in Europa einzureichen und dort auch erteilt zu

199 Rothley-Bericht 1997: 3.

200 Vgl. zu einer regulativen patentrechtlichen Konzeption Drahos 1996, Kersten 2004, Godt 2007.

201 Vgl. hier stellvertretend für viele Stimmen die doppelte Fassung von Ethik und Moral, sowohl in einer engen wie auch einer weiten, umfassenden Form, die rechtlich inzwischen als Konstitutionalisierung oder Horizontalisierung des Patentrechts gefasst wird (vgl. Geiger 2006, Kur 2006) durch den Europa-Abgeordneten Liese: »... durch die Patentierung würde ein wirtschaftlicher Anreiz für eine moralisch nicht vertretbare Methode gegeben. Andererseits können die Folgen einer Patentierung insgesamt zu Konsequenzen führen, die moralisch nicht akzeptabel sind« (Liese 1996: 314). Hier werden sowohl deontologische wie konsequentialistische Begründungen herangezogen. Die Tatsache, dass jede Entgegnung und Bestreitung als »ethisch-moralische« markiert werden musste, ist aus den Regeln des Diskurses abzuleiten, die in der Frame-Analyse (Kap. II.C) genauer untersucht werden.

202 Nature, vol. 380, 4.4.1996, S. 387f, zitiert in Rothley Bericht 1997: 37.

bekommen.[203] Da Patentrecht ein territoriales Recht darstellt, sind auch europäische Erfinder nicht benachteiligt, sondern unterliegen dort, wo sie ihre Patente anmelden, denselben Regeln wie ihre Kollegen. Der niedrige Anteil europäischer Patentanmeldungen könnte – neben möglicherweise bestehendem technischem Zurückhinken – mit einer anderen Patentierungskultur und -praxis in europäischen Staaten zu tun haben, insbesondere was die Patentanmeldung seitens von Universitäten, öffentlich geförderten Forschungseinrichtungen und gemeinnützigen Einrichtungen betrifft. Auch die entsprechende nationale Gesetzgebung hierzu könnte mit ein Grund sein.[204] Insofern ist dieser Abschnitt unbefriedigend und vermag hinsichtlich der ökonomischen Notwendigkeit von Patenten auf DNA-Sequenzen, die weit in die Grundlagenforschung hineinreichen, nicht zu überzeugen.[205]

2.3.3 Die Stoffschutzdiskussion im Parlament: Produkt- versus Verfahrensschutz

Ein weiterer Abschnitt im Begründungsteil des Rothley-Berichtes ist einer spezifischen Patentrechtsdogmatik gewidmet. In diesem Abschnitt wird erstmals – und als einzige Fundstelle im offiziellen EU Gesetzgebungsverfahren – explizit auf die Rechtsfigur des Stoffschutzes eingegangen. Es wird behauptet, dass es sich bei dem Begriff »Produkt« in Art. 27(1) des TRIPs-Abkommens nicht um das Endprodukt eines Verfahrens, etwa ein Arzneimittel, handele, sondern »um die Patentkategorie Produktstoff = Sache oder Stoff«.[206] Der Stoffschutz sei durch das TRIPs-Abkommen »zwingend vorgeschrieben«.[207] Belege für diese Aussage werden nicht angeführt, auch werden nicht andere juristische Positio-

---

203 Eine entgegengesetzte Beurteilung des wirtschaftlichen Standortarguments findet sich im Plenarbeitrag der Abgeordneten Maria Berger (SPE/A): Sie argumentierte, man wolle nicht Patente in der Biotechnologie verhindern, sondern »nur eine zu weit gehende Anwendung ausschließen. So dürfe es etwa keinen Stoffschutz auf genetisches Ausgangsmaterial geben, da dies unter anderem auch dazu führen würde, dass amerikanische und japanische Unternehmen auf Jahre hinaus Vorteile erhielten« (Plenum aktuell, Strasbourg, 15.7.1997, PE 256.914/DE, S. 8.).

204 Viele europäische Länder haben erst Mitte oder Ende der 1990er Jahre ihre Hochschullehrer-Erfindungsgesetzgebung geändert, während in den USA der entsprechende Bayh-Dole-Act bereits 1980 erlassen wurde.

205 Kritisch dazu etwa die Europa-Abgeordnete Breyer: »Die Zahl der Patentanmeldungen ist ein Indikator für die Rahmenbedingungen der Industrie. Sie ist dabei sehr viel mehr das Ergebnis als die Ursache für diese Bedingungen« (Breyer 1996: 325). Patente sind weder der einzige, noch der ausschlaggebende Faktor bei der Technologieförderung. Mindestens ebenso wichtig sind Fragen der Forschungsfinanzierung, des Steuersystems und der gesetzlichen Sicherheits- bzw. Haftungsregeln (vgl. Straus 1997: 53).

206 Rothley-Bericht 1997: 37.

207 Ebenda.

nen dazu referiert.[208] Außerdem wird – zutreffend – ausgeführt, dass der Stoffschutz für chemische Stoffe in den 1960er Jahren im kontinentalen Europa eingeführt wurde.[209]

Ohne explizite juristische Referenzen gibt der Bericht sodann die (deutsche) Naturstoff-Rechtsprechung,[210] die Isolierungslehre (Antamanid) und den absoluten, umfangsseitigen Schutzumfang (Imidazoline)[211] folgendermaßen wieder:

»Der Sach- oder Stoffschutz für chemische Stoffe (z.B. der Wirkstoff eines Arzneimittels) [...] bedeutet, dass sich der Patentschutz nicht nur auf das Verfahren erstreckt, mit dem ein bestimmter Stoff erstmals (synthetisch) hergestellt oder (als Stoff, der bis dahin unerkannt in der Natur schon vorhanden war) bereitgestellt worden ist, sondern auf den Stoff selbst. Dieser Schutz ist deshalb erforderlich, weil die Herstellung des (nunmehr bekannten) Stoffes mit einem anderen Verfahren sehr leicht ist. (Das Verfahren muß sich nur in Kleinigkeiten von dem patentierten Verfahren unterscheiden.) Damit wird der Nachahmung eines Stoffes, dessen chemische Zusammensetzung im Patentverfahren veröffentlicht werden muß, Tür und Tor geöffnet. Ein Patentschutz allein für das Verfahren ist praktisch völlig wertlos. [...] Der Stoffschutz ist absolut.«[212]

Diese Darstellung der deutschen, patentrechtlichen Stoffschutzdogmatik für die Biochemie ist durchaus zutreffend. Es war jedoch keineswegs zwingend, diesen absoluten Stoffschutz auch auf die Biotechnologie, insbesondere auf DNA-Sequenzen, anzuwenden.

In dieser Passage des Rothley-Berichtes wird erstaunlicherweise mit keinem Wort auf DNA-Sequenzen Bezug genommen, geschweige denn diskutiert, ob die analoge Anwendung hier gerechtfertigt ist oder nicht. Gleichzeitig aber wird gesagt: »In diesem Sinn [Produkt = Stoff] sind auch die Änderungsanträge des Berichterstatters zu verstehen.«[213]

---

208 TRIPs Artikel 27(1) führt tatsächlich weltweit verbindlich ein, dass nicht nur Verfahren, sondern auch Produkte – und damit nach allgemeiner Auslegung Arzneimittel-Wirkstoffe – patentrechtlich zu schützen sind. Ob daraus im Analogieschluß zwingend abzuleiten ist, dass Gensequenzen als »Stoffe« zu schützen wären, bleibt strittig. Vgl. Kraßer 2004: 136f; Wolfrum/Stoll 2001, sowie Godt (2003b: 28–33), die zwischen tatbestands- und umfangseitigen Beschränkungen unterscheidet: »Die sich in dieser Diskussion offenbarenden Probleme schließen allerdings am Ende nicht aus, dass als rechtspolitische Entscheidung der Gesetzgeber den Produktschutz von DNA-Sequenzen/Genen versagt und den Schutz auf Verfahrenspatente beschränkt.« (Godt 2003b: 31).

209 Vgl. dazu Kap. I.F., in dem die Einführung des Stoffschutzes für einzelne europäische Länder ausgeführt und die Trias der relevanten Rechtsprechung erläutert wird.

210 In Artikel 3 (2) der endgültig verabschiedeten Richtlinie ist die Naturstoff-Rechtsprechung in die Richtlinie legislativ eingegangen. Allerdings sagt dieser Artikel nur etwas über die Patentfähigkeit, nicht jedoch bereits über die Patentwürdigkeit von Naturstoffen. Es besteht juristisch keine Einigkeit, ob es diesbezüglich Auslegungsspielraum auch auf Tatbestandsseite gibt, oder lediglich beim Schutzumfang (vgl. Godt 2003b: 30).

211 Vgl. Kap. I.F. und Kraßer 2004: 129f.

212 Rothley Bericht 1997: 37.

213 Rothley Bericht 1997: 37. Die eckige Klammer ist Bestandteil des Originalzitats.

Es wäre wohl überzogen, hier von arglistiger Täuschung zu sprechen. Zumindest aber bleibt festzuhalten, dass dem Parlament gegenüber nicht eindeutig offen gelegt wurde, welche Bedeutung dieser Stoffschutz-Passus für die Richtlinie hat, insbesondere in den Artikeln, die den menschlichen Körper und biologisches Material insgesamt betreffen.

Diese rechtsdogmatische und rechtspolitische Auffassung des Berichterstatters des Europäischen Parlaments, die jener sich nach langen Diskussionen mit Patentrechtlern zu eigen gemacht hat,[214] wurde jedenfalls nicht ausreichend den Abgeordneten gegenüber kommuniziert. Der Berichterstatter und mit ihm das Parlament folgten hier dem Rat von (einigen wenigen) Patentrechtsexperten, denen es gelang, durch eine autoritative Auslegung des Patentrechts den absoluten Stoffschutz der deutschen Biochemie-Rechtsprechung in die Patentrechtsdogmatik für die Biotechnologie zu überschreiben.

»Rothley hat natürlich richtig drauf gepocht und hat gesagt: ›Ja was wollt ihr eigentlich? Wollt ihr nicht, dass gentechnisch hergestellte Pharmazeutika auf den Markt kommen, die vielleicht demnächst die Alzheimer-Krankheit kurieren können usw.‹ Und dann haben die Gegner gesagt: ›Ja natürlich, die Medikamente, dagegen haben wir ja nichts, aber wir wollen nicht, dass eben das menschliche Ausgangsmaterial, was also ein Gen ist, von dem Patent erfasst wird‹. Also ›Verfahrenspatent: Ja – Stoffpatent: Nein‹. Auf diesen Satz hat es sich im Grunde am Ende reduziert. Ja, dann kam eben Rothley mit dem Hinweis: Stoffschutz gibt es schon lange und das Patentrecht hat sich dahin entwickelt.« (Interview Leonhardt, Parlamentssekretariat des Rechtsausschusses)

Mit dem Hinweis auf diese als zwingend dargestellte Patentrechtsdogmatik wurde eine politische Gestaltbarkeit des Patentrechts unterminiert. Allerdings ergibt sich eine zunächst eher paradox erscheinende Argumentation: Denjenigen, die vertreten, es dürfe kein Patent auf Gene als solche geben, wird – insbesondere seitens der Kommission – entgegengehalten, es handele sich doch bloß um die »technische Lehre«, die patentiert werde (Technizität). Sicherlich ist es zutreffend, dass die technische Lehre – eine Erfindung – patentiert wird. Mittels der Naturstoffe- und Stoffschutz-Rechtsprechung erstreckt sich das mittels eines Patents verliehene Ausschlussrecht jedoch auf das erstmals bereitgestellte (Ausgangs-) »Produkt«. Der Patentschutz erfasst damit tatsächlich den »Stoff« selbst und keineswegs nur die offenbarte »technische Lehre«. Und zudem ist dieser Stoffschutz im Umfang absolut, umfasst also *jede* Anwendung dieses Stoffes.[215] Es wird also de facto der »Stoff« selbst und keineswegs allein die

---

214 Interview Rothley.

215 Diese Dogmatik des absoluten Stoffschutzes wurde bereits in Kap. I.F erläutert; es wird auf sie bei der deutschen Umsetzungsdebatte (Kap. II. B) noch ausführlich eingegangen.

»Lehre« zu seiner Verwendung[216] geschützt. Zum Stoffschutz wiederum wird Kritikern entgegengehalten, dieser sei ein Fundament des Patentrechts und unabänderlich.

Es wäre redlich gewesen, diesen absoluten Stoffschutz auf biologisches Material als *eine* Möglichkeit der Rechtsauslegung auszuweisen, die unter Juristen zur herrschenden Meinung avancierte. Dabei hätte man in einem zweiten Schritt diese im Feld der Biochemie entwickelten Patentrechtsdogmatik auf das neue Gebiet der biotechnologischen Erfindungen als analoge *Übertragung* zu markieren gehabt, wobei Gemeinsamkeiten ebenso wie Unterschiede in Rechnung zu stellen gewesen wären. Drittens war es wenig lauter, diese beiden Schritte per TRIPs-Vertrag als völkerrechtlich zwingend vorgeschriebene Notwendigkeiten zu bezeichnen – nicht zuletzt deshalb, weil die Tinte der Unterzeichung des TRIPs-Übereinkommens zu diesem Zeitpunkt noch recht frisch war und sich noch gar keine gefestigte Rechtsauslegung, geschweige denn eine Rechtsprechung hierzu entwickeln konnte.

Überdies hätte ein Verweis auf die einschlägige deutsche Patentrechtsprechung dem Parlament beispielsweise die Möglichkeit eröffnet, über Expertengutachten die Rechtspraxis und Rechtsprechung in anderen europäischen Ländern rechtsvergleichend untersuchen zu lassen, oder andere Rechtsauslegungen zu eruieren, statt die deutsche Rechtsdogmatik und ihre spezifische Auslegung der Europäischen Union gewissermaßen »überzustülpen«.

Im Hinblick auf deliberative Normen (Habermas 1992) parlamentarischer Demokratie bleibt dieser – durchaus zentrale – Abschnitt im Rothley-Bericht daher weit hinter der geforderten argumentativen Begründungsnotwendigkeit und entsprechenden Überzeugungsansprüchen zurück.

Bemerkenswerterweise wird weder der Terminus »Stoffschutz«, noch »absoluter Stoffschutz« irgendwo in den Text der Richtlinie eingefügt, auch in den Erwägungsgründen und der Begründung der Kommission tauchen diese Fachbegriffe nicht auf. Es handelt sich bei ihnen um eine rechtliche Konvention und eine auf Case Law in einzelnen europäischen Ländern basierende rechtsdogmatische Auslegung, die jedoch als rechtspolitische Auffassung insbesondere zum Schutzumfang von DNA-Sequenzen durchaus bestreitbar war und dieses noch immer ist.

Der Verweis auf autoritatives Wissen aus dem Patentrecht verwickelt sich zudem in weitere Widersprüche: Hätte sich tatsächlich aus dem Patentrecht und aus TRIPs *zwingend* ein (absoluter) Stoffschutz für DNA-Sequenzen ergeben, stellt sich die Frage, warum überhaupt noch eine eigene EU-Gesetzgebung für biotechnologische Erfindungen für nötig gehalten wurde. Tatsächlich stellt zu

---

216 Die Möglichkeit eines Verwendungspatents wird zwar im Rothley-Bericht (1997: 37–38) kurz angesprochen, allerdings ohne Bezug auf den Fachbegriff der zweiten medizinischen Indikation und ohne expliziten Verweis auf das Problem der Abhängigkeit.

diesem Zeitpunkt die Biopatentrichtlinie »die erste internationale Gesetzgebung dar, die speziell und ausschließlich biotechnologische Erfindungen betrifft.«[217]

Der Berichterstatter des Europäischen Parlaments – selbst von Hause aus Jurist, aber kein Patentrechtler – schildert im Experteninterview seinen eigenen Lern- und Entwicklungsprozess hinsichtlich des biotechnologischen Patentschutzes.[218] Dem bleibt vorauszuschicken, dass Rothley selbst zuvor einen recht kritischen Bericht des Parlaments zur Gentechnik betreut hatte und sich selbst von einem anfänglichen Skeptiker zu einem Befürworter des biotechnologischen Patentrechts und insbesondere des absoluten Stoffschutzes wandelte. Den Wechsel seiner Überzeugungen und die Übernahme gewisser patentrechtsdogmatischer Auslegungen erläutert er selbst als kognitiv-intellektuellen Überzeugungsprozess; in seiner Schilderung scheinen jedoch auch Anklänge an eine Art religiöses Erweckungserlebnis auf, die seine »Konversion« bestimmten, sowie Motive internationaler wirtschaftlicher Standortkonkurrenzen, die handlungsleitend wurden:[219]

---

217 GAEIB (Beratergruppe für Fragen der Ethik in der Biotechnologie der Europäischen Kommission) 1996: Opinion n° 8 – 25.09.1996 – Die ethischen Aspekte der Patentierbarkeit von Erfindungen, die sich auf Elemente menschlichen Ursprungs erstrecken, Pkt. 1.2.
In der Zwischenzeit waren Beratungs- und Gesetzgebungsverfahren in Kanada und in Australien anhängig, diese wurden jedoch nicht in explizite, kohärente Biotechnologie-Patent-Gesetze überführt.

218 Zur herausragenden Rolle des Berichterstatters in EU Kodezisionsverfahren vgl. Benedetto: «rapporteurs are the most powerful of parliamentarians in terms of influencing the content of legislative outcomes« (2005: 85).

219 Ich habe mich dazu entschlossen, diese Interview-Passage so ausführlich zu zitieren, weil sie meines Erachtens bezüglich des für die Willensbildung des Parlaments hervorgehobenen Berichterstatters sehr aussagekräftig ist. Gleichzeitig widerspreche ich damit in zivilgesellschaftlichen Kreisen und bei einigen Medienvertretern kursierenden Interpretationen. Solche behaupten mehr oder weniger vereinfachend, der Berichterstatter sei »von der Pharmaindustrie gekauft« worden, schließlich zähle zu seinem Wahlkreis der Standort des Unternehmens Boehringer Ingelheim. Daran ist zu verifizieren, dass insbesondere die Patentabteilung der Firma Boehringer Ingelheim Lobbyarbeit in Brüssel für die Biopatent-Richtlinie machte und einen engen Kontakt zu dem MdEP Rothley unterhielt, sowie Kontakte mit akademischen Patentjuristen pflegte (Lt. Hintergrundgespräch mit einem hochrangigen ehemaligen Mitarbeiter von Boehringer Ingelheim am 29.5.2006). Dennoch ist es m.E. falsch, von einem »Kauf« von Intellekt und Gewissen eines Abgeordneten zu sprechen. Vielmehr handelte Rothley aus politischer Überzeugung, wie die folgende Interviewpassage (aus einem insgesamt dreistündigen Interview) deutlich macht. Zu dieser Überzeugung hat freilich ein bestimmter Kreis von Patentrechtsexperten maßgeblich beigetragen. Meine Kritik richtet sich daher vor allem darauf, dass die Offenheit bestimmter Rechtsauslegungen von diesen Patentrechtsexperten nicht ausreichend deutlich gemacht wurde, sondern es insbesondere unter Verweis auf TRIPs zu autoritativen Schließungen kam. Meine Bedenken gelten deshalb zum einen der Qualität wissenschaftlicher und politischer Auseinandersetzung, die m.E. nicht ausreichend plural und kontrovers geführt wurde, zum anderen der Koalition von bestimmten Patentexperten mit Industrievertretern, Abgeordneten und später Patientenorganisationen, die eine sehr selektive, strategische und zweckgerichtete Argumentation verfolgte.

»Ja gut, wenn man über wenig Informationen verfügt, dann ist das Ganze etwas Bedrohliches, was Unheimliches, das diffus einem entgegentritt. Und dann ist man schon von dem Gedanken ergriffen, dass jetzt Teile des Menschen patentiert werden sollen. Ja gut, dann muss man mal anfangen, sich ein bisschen zu informieren, über was rede ich denn überhaupt. Von der Sache her, was ist denn ein Gen, was ist denn ein Patent? Ja und dann weiß ich noch, da saß ich einen ganzen Tag im ›Hilton‹ in Mainz zusammen mit den Leuten, da ging es um den objektiven Stoffschutz. Dann haben wir den ganzen Tag darüber geredet und ich weiß noch gut: eines Tages bin ich mit dem Sekretär des Rechtsausschusses in mein Büro und habe gesagt: Hör' zu, unsere Position ist unhaltbar. Und die intellektuelle Redlichkeit gebietet, dass wir eine Position von der wir wissen, dass sie unhaltbar ist, aufgeben.

(Frage) *Welche Position war das jetzt gewesen?*

Das war diese Position, ich habe bis zuletzt geglaubt, man kann einen wirksamen Patentschutz machen, indem man den Naturstoff sozusagen ausklammert. Patentschutz gewähren, was weiß ich, für Verfahren und für die Anwendung, aber den Stoff selbst ausklammern. Das war sozusagen nach zwei, drei Jahren meine letzte Verteidigungsposition. Also ich rede jetzt nur über die grundlegenden Dinge. Und irgendwann war klar, dass diese Position nicht zu halten ist.

Ich habe mich dann natürlich genau informiert, wie war das, wann hat man denn den Stoffschutz überhaupt eingeführt, warum hat man den eingeführt, mit welchem Ergebnis? Seit der Zeit weiß ich, dass die Italiener am Anfang, es war in den sechziger Jahren, gemeint haben, sie können auf den Stoffschutz verzichten. Das Ergebnis war: Nach wenigen Jahren lag die Forschung im chemischen Bereich in Italien am Boden. Dasselbe war in Japan. Genau dasselbe Phänomen. Also haben sie es beide nachgeholt. Also der Stoffschutz ist eine ziemlich moderne Entwicklung im Patentrecht, praktisch 30 Jahre alt. Dann muss man sich natürlich auch informieren, dass das schon bisher Praxis ist, dass man auch Naturstoffe patentiert. Und dann muss man irgendwann sagen: Warum soll denn hier etwas anderes gelten, zumal das dieselben Stoffe sind, die auch sonst in der Natur vorkommen? Und dann kommt man irgendwann zum Ergebnis: Es ist nicht zu halten. Also ich meine, man kann sagen, man will überhaupt keinen Patentschutz, das ist klar. Aber wenn man sagt: ich will einen Patentschutz, dann ergibt sich aus einer inneren Logik eine bestimmte Position.

(Frage) *Also rechtsimmanent sozusagen?*

Nicht nur rechtsimmanent, sondern auch rechtspolitisch. Wenn ich keinen Stoffschutz gewähre, ist das Patentrecht für die Katz'. Dann soll ich es lieber bleiben lassen. Das meine ich mit intellektueller Redlichkeit. Ich kann nicht so tun als ob. Ich tue so, als ob ich Erfindungen in diesem Bereich schützen will, in Wahrheit tue ich es nicht. Und wenn ich das weiß, dann kann ich diese Position nicht aufrechterhalten. Dann muss ich mich entscheiden. Dann muss ich sagen: ich lehne alles ab oder ich akzeptiere es, einschließlich des Stoffschutzes. Ich kann aber doch nicht so tun, als würde ich etwas machen und tue es in Wirklichkeit nicht.

(Frage) *Das war gewissermaßen der Funke, in Mainz im ›Hilton‹-Hotel? Wer hat sie da überzeugt?*

Das waren Wissenschaftler, Patentrechtler, einfach mal so darüber reden: wie ist das, die sich genau in der Geschichte des Patentrechts auskennen. Das muss man dann halt machen, da muss man sich halt informieren« (Interview Rothley).

Diese Argumentationsweise stellt den Stoffschutz auf DNA-Sequenzen und andere biotechnologische Ausgangsprodukte als zwingend dar, als einzig mögliche konsistente und kohärente Anwendung des Patentrechts. Damit wird jedoch jede Kontingenz und Pluralität in der Rechtsauslegung und legislativen Ausgestaltung verschüttet.

»(Frage) *Von daher hätte es gar keinen europäischen Sonderweg gegeben?*

Er wäre jedenfalls überhaupt nicht durchsetzbar gewesen« (Interview Rothley, MdEP).

Eine Reihe von Naturwissenschaftlern und einige wenige, dissidente Patentjuristen mahnten allerdings bereits früh an, dass für Genpatente eine eigene patentrechtliche Kategorie nötig wäre. Rechtlich hätte durchaus die Möglichkeit einer sui-generis-Lösung[220] für biotechnologische »Produkte« oder »Stoffe« (wie etwa DNA-Sequenzen, aber auch Zellen, Zellkulturen etc.) bestanden.[221] Außerdem wird keine Differenzierung zwischen dem Stoffschutz als solchem und dem »absoluten« Stoffschutz vorgenommen. Die Möglichkeit, den Umfang des Stoffschutzes zu beschränken, wird hier noch nicht gedacht, stattdessen wird eine »alles oder nichts«-Position vertreten.

Es ist jedoch hervorzuheben, dass es zum Zeitpunkt der zweiten Verhandlungsrunde der Richtlinie im europäischen Gesetzgebungsverfahren bereits Gegenargumente zur Übertragung des Stoffschutz-Paradigmas im Parlament gab. Einige dieser Argumente sollen im Folgenden kurz wiedergegeben werden. Diese Aussagen machen deutlich, dass keineswegs Patentschutz in der Biotech-

220 Ein generelles Argument gegen sui-generis Lösungen für neue Technologien ist allerdings, dass sie das Patentsystem anfällig für Lobbying und strategisches Agenda Setting durch interessierte Industriekreise machen und sich wohl überwiegend in einer weiteren Ausdehnung von Patentschutz niederschlagen; dies spräche für die Aufrechterhaltung eines *one size fits all*-Systems.

221 Vgl. Dolder 1984, Moufang 1988, Vogel/Grunwald 1994, Varma/Abraham 1996; Eisenberg 1997, 2002, Sterckx 1997, Jacobs/van Overwalle 2001, Gold/Galluchat 2001, Conley/Makowski 2004. Diese sprachen sich für andere rechtliche Schutzkonzeptionen aus, die meisten blieben in ihrer Disziplin jedoch isoliert und ausgegrenzt. Zusammenfassend resümieren Gold/Galluchat: »Given the important ethical and social differences between biotechnology and other technologies, it is even worth contemplating whether a patent scheme is best suited for biotechnical inventions. The Biotech Directive followed the lead of the United States and of Japan by selecting patent protection for these inventions, but that choice was neither inevitable nor necessarily best.« (2001: 361). Wie Dutfield/ Suthersanen (2005) allerdings überzeugend herausarbeiten, wäre ein urheberrechtliches Modell des Schutzes von Genen wegen der wesentlich längeren Laufzeiten als Alternative nicht dienlich gewesen.

nologie »als solcher« abgelehnt wurde, sondern die Patentierung von »Stoffen« – Genen, Zellen und anderen Körpersubstanzen – auf Ablehnung stieß.

Die Abgeordnete Hiltrud Breyer aus der Grünen Fraktion vermutet, dass »mit der Patentierung von Genen die patentrechtlichen Dimensionen neu abgesteckt werden sollen« (Breyer 1996: 322). Sie stellt der Antamanid-Entscheidung des deutschen Bundespatentgerichts[222] und der Ableitung, Gene seien als »Naturstoffe« zu patentieren, folgende Differenzen zu biochemischen Substanzen entgegen: Zum einen sei die grundsätzliche Zusammensetzung des genetischen Codes bekannt und zweitens ebenso die Methoden zu seiner Analysierung. Bei der Verwertung genetischer Information werde aber »nicht eine neue, überraschende Eigenschaft erwartet, sondern die Herstellungsprozesse sollen einen Stoff in der Regel so ›natürlich‹ wie möglich nachahmen« (Breyer 1996: 322). Sie spricht sich deshalb lediglich für einen Verfahrensschutz für die gentechnische Herstellung von pharmazeutischen Produkten aus. Als weiteres Argument führt sie an, dass sich der »Patentschutz auf alle Eigenschaften der Gene – auch die zur Zeit der Patentanmeldung noch gar nicht bekannt sind« (Breyer 1996: 322) erstreckt. Daher könne die Erforschung und Entwicklung von Medikamenten oder Diagnostika langfristig sogar durch die Patentierung behindert werden.

Die Abgeordnete Evelyne Gebhardt, innerhalb der sozialistischen Fraktion die schärfste Kontrahentin von Willi Rothley, stützt sich in ihrer Argumentation hingegen vor allem auf eine ethische Kritik an Genpatentierung, die sie mit der Menschenwürde begründet. Als Kriterien gegen eine Patentierbarkeit des Gens selbst nennt sie zum einen seine Herkunft als »Teil des menschlichen Erbgutes« und damit als »Teil des menschlichen Erbes, das evolutionsgeschichtlich entstanden ist«. Sie leitet daraus ein zweites Argument, nämlich das Postulat einer allgemeinen Zugänglichkeit ab: »Das Wissen um das menschliche Genom muss allen frei zur Verfügung stehen.« Dieses Argument stützt sie zusätzlich unter Verweis auf die Endlichkeit der Zahl menschlicher Gene. Daraus leitet sie ab: »Einem Patentschutz für ein Medikament ist nichts entgegenzusetzen. Das Patent darf sich aber nicht auf das Gen selbst erstrecken.« Darüber hinaus vertritt sie eine holistische Position:

> »Es ist ein ausgesprochen gefährlicher Denkansatz, wenn im Umgang mit menschlichen Genen diese nicht mehr in ihrer Einheit mit dem menschlichen Körper gesehen werden. Die Aufforderung an die Wissenschaft, im Forschungslabor beim Umgang mit dem Erbmaterial nicht zu vergessen, woher dieses Material stammt, den Zusammenhang des mikrobiologischen »Etwas« mit dem Ganzen zu sehen, woher es stammt, ist eine ethische Notwendigkeit. […] Es ist nicht zu hoch gegriffen, wenn hier der Begriff der Menschenwürde ins Spiel gebracht wird« (alle Zitate: Gebhardt 1996: 319).

222 BPatG vom 28.7.1977, »Antamanid«, vgl. Kap. I.F.

Zusätzlich zu einer Kritik des Reduktionismus, mittels derer Gebhardt der Isolierungslogik und der vom Patentrecht vorgenommenen »ontologischen Metamorphose«[223] widerspricht, wird ein weiteres Argument eingeführt:

»Mit dem Begriff der Erfindung wird auch immer ein Schöpfungsanspruch verbunden. Nicht nur für religiöse Menschen ist dieser Anspruch, auf Teile des menschlichen Körpers angewandt, eine Zumutung. Schöpferische Leistung, angewandt auf technische Erfindungen und Fortschritte, ist unverfänglich. Es stößt aber an ethische Grenzen, wenn dieser […] im Zusammenhang mit Vorgängen im Bereich der Biologie gebracht wird. […] Das menschliche Gen ist hier Teil des lebenden Organismus« (Gebhardt 1996: 319).

Diese Sichtweise fordert zum einen, die Sonderstellung der Biotechnologie als neuen Bereichs, der dem Patentschutz zugänglich gemacht werden soll, anzuerkennen. Sie lehnt sich gegen eine vermeintliche »Hybris« des Patentrechts auf, wonach mit der Isolierung und Charakterisierung eines Gens im menschlichen Körper der Forscher dieses Gen »erfunden« habe. Kritisch bleibt demgegenüber anzumerken, dass nicht ganz deutlich wird, welche Konsequenzen aus diesen Argumenten und Kategorisierungen abgeleitet werden. Beispielsweise stellt sich die Frage, ob nur bei der öffentlichen Finanzierung der Genforschung ein Anspruch auf allgemeine Zugangsrechte zum solchermaßen entstandenen Wissen erhoben wird, oder ob dies auch für privat getragene Forschung und ihre ökonomischen Risiken gelten solle. Zudem bleibt offen, ob es ausreichen könnte, wenn ein Genforscher sich dem »Wohl der Menschheit« verpflichtet fühlt oder wenn Firmen im »Gemeinwohlinteresse« forschen und neue therapeutische Optionen entwickeln? Ebenso bliebe zu fragen, welche Konsequenzen das geforderte Eingedenksein der Herkunft aus dem menschlichen Körper hat oder haben sollte. Dieser pars pro toto-Perspektive wäre zu entgegen, dass die DNA de facto vom Körper abgetrennt ist und durch diese Isolierung eine Statusveränderung erfährt. Zudem bleibt es kein »individuelles Gen« mehr, sondern ist gewissermaßen lediglich als »universelles Gen« wissenschaftlich interessant. Brisanz erhält die Gendiagnostik für ein Individuum nicht durch die Isolierung, sondern möglicherweise durch den Schatten, den ihre Ergebnisse auf die eigene biographische Zukunft werfen können, oder durch Übermittlung dieser Information an Dritte, welche dem Individuum schaden könnte.[224]

Ohne an dieser Stelle weiter inhaltlich auf die Debatte um die Genpatentierung eingehen zu können, bleibt zu vermerken, dass es durchaus anspruchsvollere Argumente aus den Reihen des Europäischen Parlaments zum Stoffschutz gab, die wohl für eine differenzierte patentrechtliche Behandlung von Gensequenzen gesprochen hätten. Statt apodiktisch eine bestimmte Auslegung zu

223 Vgl. dazu, wie bereits weiter oben ausgeführt, Jasanoff (2005: 222).

224 Vgl. zu dieser Diskussion: Kollek/Lemke 2008, Anwander et al 2002, Schneider 2003a, Meiser 2005.

verfolgen, zu welcher der Berichterstatter gelangt war, hätten solche Positionen in dem Report des Berichterstatters wiedergegeben und gewürdigt oder argumentativ entkräftet werden können. Den Kritikern fehlte es allerdings an einer überzeugenden Einschreibung in den Korpus des Patentrechts – auch im Sinne von »handwerklich guten« Textbausteinen. Zwar wurden von einzelnen Abgeordneten später weitere diesbezügliche Änderungsanträge eingebracht, diese konnten sich jedoch im Gegensatz zu den im Rothley-Bericht aggregierten 64 Änderungsanträgen parlamentarisch nicht durchsetzen. Die kontroverse Debatte über die Patentierbarkeit von Gensequenzen geht jedoch in die Erwägungsgründe der Richtlinie ein[225] und führt dort zu einigen Präzisierungen und Klarstellungen.

In einem weiteren Abschnitt geht der Rothley-Bericht (1997: 38) auf die Rolle der Patienten ein. Hierbei wiederholt sich ein ähnliches Argumentationsmuster: Kritische Stellungnahmen[226] finden keine Resonanz im Bericht. Stattdessen heißt es, »die Option der Schaffung eines alternativen Regelwerks [ist] unrealistisch, wenn die Patienten so bald wie möglich von den Erfindungen profitieren sollen«.[227]

Die oben nur kurz skizzierten Argumentationslinien werde ich später im Rahmen der Frame-Analyse noch einmal aufgreifen (Kap. II.C). Sie verdeutlichen, dass mit deontologischen Prinzipien und konsequentialistischen Argumenten explizit eine regulative Neukonzeption des Patentrechts entworfen wurde. Dabei wurden einerseits Ansätze zu einer Konstitutionalisierung des Patentrechts (vgl. Kersten 2004, Kur 2004, Geiger 2006) entwickelt, welche das Patentrecht in eine europäische Normenhierarchie und in völkerrechtliche Verpflichtungen und Normen einordneten. Zum anderen wurde die innovationsfördernde Wirkung des Patentrechts hinterfragt und potentiell negative forschungspolitische Wirkungen (Einschränkung der Freiheit der Grundlagenforschung, Behinderung durch Lizenzpflichten) und ökonomische Implikationen (Preise für Arzneimittel, Zugangsfragen, Verstärkung des Nachhinkens von Europa durch Patentierung seitens der USA und Japans) artikuliert. In statu nascendi wurde damit eine regulative Fassung des Patentrechts konzipiert, deren Konturen sich im Verlauf der Implementierung der Richtlinie in den nationalen Mitgliedsstaaten weiter herausschälten und dort partiell stärker konkretisiert wurden.

225 Rothley-Bericht 1997: Änderungsantrag 16. Dieser Antrag entspricht den Erwägungsgründen 22 bis 25 in der endgültig verabschiedeten Richtlinie.

226 Vgl. dazu beispielsweise das Parlamentsplenarprotokoll, in dem viele Kritikpunkte aufgeführt werden: Plenum aktuell, Strasbourg, 15.7.1997, PE 256.914/DE. Auf die Rolle von Patientenorganisationen im Kontext der ersten Lesung im Parlament wird weiter unten noch ausführlich eingegangen.

227 Rothley Bericht 1997: 38.

Zusammengefasst bleibt festzuhalten, dass der Rothley-Bericht mit 64 Änderungsanträgen eine Reihe von kritischen Positionen aus dem Parlament synthetisiert und aggregiert. Diese gehen allerdings hauptsächlich in die Erwägungsgründe ein. Hinsichtlich der Änderungen im rechtsverfügenden Teil der Richtlinie sind vor allem neue Formulierungen zur strittigen Frage der Patentierung von Körperbestandteilen sowie Konkretisierungen der Ordre Public Klausel hervorzuheben. Der Begründungsteil des Berichts lässt allerdings eine anspruchsvollere argumentative Auseinandersetzung und eine Responsivität gegenüber divergierenden Positionen weitgehend vermissen.

2.4 Zur Institutionalisierung von ethischer Expertise im Biopatentrecht

Anhand der zweiten Stellungnahme der Ethikberatergruppe der Europäischen Kommission sowie der späteren Implementierung einer fortlaufenden begleitenden Beratungsfunktion wird deutlich, dass der Governance-Modus des Patentrechts sich allmählich verändert und »Ethikexperten« Zugang zu dieser Policy-Arena erhalten, womit sich die epistemische Gemeinschaft des Patentrechts sukzessive zu erweitern beginnt.

2.4.1 Die Stellungnahme der Beratergruppe für Fragen der Ethik in der Biotechnologie der Europäischen Kommission vom 25.9.1996

Die Ethikberatergruppe nahm diesmal auf Anforderung der Kommission Stellung.[228] Sie beschränkt sich dabei auf Ersuchen der Kommission hin »auf die ethischen Aspekte der Patentfähigkeit von Erfindungen, die sich auf Teile des menschlichen Körpers erstrecken und die Achtung der menschlichen Person betreffen«.[229] Die Gruppe hält einleitend fest, dass die Berücksichtigung moralischer Bedenken seit langem im europäischen Patentrecht eine Rolle gespielt habe. Ihre Stellungnahme bezieht sich vor allem auf zwei Aspekte: Zum einen auf die Frage der Zustimmung der Person, von der Körperbestandteile stammen. Zum anderen auf die Patentfähigkeit von Genen. Zur ersten Frage wird zum einen das Gebot der Achtung der Menschenwürde in Bezug auf die Patentierung konkretisiert. Dies betrifft einerseits (a) die informierte Zustimmung der Versuchsperson und andererseits (b) das Nichtkommerzialisierungsgebot. Im Weiteren geht es (c) um Abgrenzungen bezüglich der Patentierbarkeit von Körperbestandteilen. Die Gruppe hält vorab fest, die Richtlinie müsse »ausrei-

228 GAEIB (Beratergruppe für Fragen der Ethik in der Biotechnologie der Europäischen Kommission) 1996: Die ethischen Aspekte der Patentierbarkeit von Erfindungen, die sich auf Elemente menschlichen Ursprungs erstrecken. Stellungnahme Nr. 8 vom 25.9.1996

229 GAEIB 1996: Pkt. 1.1.

chende Garantien dafür bieten, dass eine rechtliche Grundlage für die Verweigerung der Erteilung eines Patents auf eine Erfindung geschaffen wird, die die Rechte der Person und die Würde des Menschen gefährden kann«.[230]

Ad a) wird festgehalten:

»Die Speicherung oder Entnahme von Elementen menschlichen Ursprungs beruhen auf der Einwilligung, Kooperation und Großzügigkeit der mit der Forschung zusammenarbeitenden Person.«[231]

Dies werfe ethische Fragen auf bezüglich der Aufklärung, der Zustimmung zur zukünftigen Verwendung für die Forschung oder kommerzielle Zwecke, sowie hinsichtlich einer Vergütung des Spenders. Zur freiwilligen, informierten Zustimmung der Person, von der Körpersubstanzen entnommen werden, wird gefordert, dass »die Aufklärung der Person insbesondere über die Möglichkeit der Einreichung einer Patentanmeldung betreffend die Verwendung dieser Entnahme vollständig und genau sein muss.«[232]

Es bleibt vorwegzunehmen, dass diese Anforderung zum Probandenschutz und zur Wahrung der Persönlichkeitsrechte später in den Erwägungsgrund 26 der verabschiedeten Richtlinie eingehen wird, nachdem das Europäische Parlament eine Aufnahme als Artikel in die Richtlinie nicht gegenüber der Kommission und dem Rat durchsetzen konnte.

Ad b): Aus dem universal gültigen ethischen Prinzip des Kommerzialisierungsverbots für den menschlichen Körper leitet die Ethikgruppe ab, dass

»kein Patent auf den menschlichen Körper oder seine Teilen erteilt werden kann. Dies bedeutet auch, dass der Person, bei der eine Entnahme erfolgt, oder deren Rechtsvertretern keine Vergütung gezahlt werden kann.«[233]

Aus dieser Formulierung wird ersichtlich, dass das Kommerzialisierungsverbot in Bezug zum lebenden Körper gesetzt wird und vor allem auf die Entnahme fokussiert wird. Die Unentgeltlichkeit bezieht sich allein auf die spendende Seite, den »ursprünglichen Träger« der Körpersubstanz.[234]

Ad c): Unter Rekurs auf das Begriffspaar Entdeckung und Erfindung wird festgehalten, dass die *Kenntnisse* über den Körper und seine Teile »in das Gebiet der wissenschaftlichen Entdeckung fallen und nicht patentfähig sind. Deshalb ist festzustellen, dass die *einfache Kenntnis* der gesamten Struktur oder der Teil-

230 GAEIB 1996: Pkt. 2.1.

231 GAEIB 1996: Pkt 1.7.

232 GAEIB 1996: Pkt.2.4.

233 GAEIB 1996: Pkt. 2.3.

234 Das Problem der weiteren Kommerzialisierung *downstream* in der Verwertungskette wird nicht thematisiert (vgl. dazu Schneider 2002b, Waldby/Mitchell 2006).

struktur eines Gens *nicht* Gegenstand eines Patents sein kann«.[235] Zur Unterscheidung zwischen »einfacher Kenntnis« und »Erfindung« präzisiert die Gruppe:

»Was die Erfindungen betrifft, die auf der Kenntnis eines Gens oder einer Teilsequenz eines menschlichen Gens beruhen, so ist die Erteilung eines Patents nur annehmbar, wenn einerseits die *Identifizierung* der mit dem Gen oder der Teilsequenz des Gens verbundenen *Funktion* den Weg für neue Möglichkeiten öffnet (z.B. Herstellung eines neuen Arzneimittels) und wenn andererseits die *Anwendung*, die zu einem Patent führt, ausreichend *präzisiert und festgelegt* ist.«[236]

Diese Formulierung kann als erster Vorläufer einer späteren deutschen Debatte, die unter dem Stichwort der »Trias« von DNA-Sequenz, Funktion und Anwendung als Patentierungsvoraussetzungen[237] gefasst wird, gesehen werden (siehe Kap. II.B.2). Es bleibt zu betonen, dass die Beratergruppe die Patentierbarkeit von Gensequenzen an bestimmte Bedingungen knüpft, welche eine Präzisierung der von dem Genabschnitt erfüllten Funktion und deren gewerblichen Anwendung erwartet. Die Frage, ob der *Umfang* des Patentanspruchs sich auf die offengelegte biologische Funktion und/ oder den gewerblichen Verwendungszweck beschränken soll, wird nicht angesprochen. Auch wird die Problematik des Stoffschutzes nicht erwähnt. Die oben zitierte Position ist allerdings in gewissem Maße in Artikel 5(3) der endgültig verabschiedeten Richtlinie eingegangen.

Ein Mitglied der Beratergruppe, der Tübinger Theologieprofessor Dietmar Mieth, nahm die Stellungnahme an, ergänzte sie jedoch mit einem Sondervotum. Darin hielt er seine Position fest, dass ein Patent auf eine Innovation erteilt werden dürfe, wenn ein Körperbestandteil, wie etwa ein isoliertes Gen »wesentlich geändert wurde. Dieser Teil gilt nicht als wesentlich geändert, wenn seine Struktur mit der eines Teils (Gen) identisch ist, der sich im menschlichen Körper befindet oder wenn die genetische Information mit der eines im menschlichen Körper befindlichen Gens identisch ist.« Mieth will allerdings Patente auf Innovationen für eine neue therapeutische Anwendung, die eine – auch unveränderte – Gensequenz beinhalten, zulassen, im Sinne eines Verfahrens- oder Erzeugnispatents. Jedoch grenzt er ein: »Das Patent darf nicht das Gen selbst abdecken, sondern vielmehr die spezifische identifizierte Verwendung.« Damit wird - implizit - eine Zweckbindung des DNA-Sequenz-Patents intendiert und gefordert, die DNA-Sequenz als solche von der Patentierung freizustellen. Diese Auffassung konnte sich im EU-Gesetzgebungsverfahren nicht durchsetzen.

235 GAEIB 1996: Pkt. 2.2., Hervorhebung I.S.

236 GAEIB 1996: Pkt. 2.5. Hervorhebung I.S.

237 Bundesrat 2000: Empfehlungen der Ausschüsse zur 757. Sitzung des Bundesrates am 1.12.2000, Entwurf eines Gesetzes zur Umsetzung der Richtlinie über den rechtlichen Schutz biotechnologischer Erfindungen, Drucksache 655/1/00 vom 27.11.2000. Beschluss, Punkt g.

Die Ethikberatergruppe fordert in ihrem Votum außerdem, die Bürgerinnen und Bürger über die komplexen, auch ethischen Fragen der Biopatentierung besser zu informieren:

»Die Bekräftigung der Rechte der Bürger in der Europäischen Union erfordert, dass der wirtschaftliche Nutzen der Entwicklung der Biotechnologien die Einhaltung der ethischen Anforderungen nicht beeinträchtigt.«[238]

Somit nimmt die Ethikgruppe in ihrem Selbstverständnis eine advokatorische Rolle für die europäischen Bürger ein. Sie proklamiert eine Balance zwischen Ethik und Wirtschaft, warnt vor einer einseitig ökonomischen Utilitätsorientierung und bindet das Patentrecht an ethisch gesetzte Rahmenbedingungen an. Sozialethische Fragen der Wirkungen von Biopatenten etwa hinsichtlich der Verteilungsgerechtigkeit (vgl. Döbert/ van den Daele 2002) und den Implikationen für die öffentliche Gesundheitsversorgung (vgl. WHO 2006), sowie wissenschaftsethische Fragen (vgl. Rai 1999) wirft die Beratergruppe allerdings aufgrund der engen, von der Europäischen Kommission vorgegebenen Fragestellung nicht auf.

2.4.2 Institutionalisierung einer fortlaufenden beratenden Funktion der Ethikberatergruppe für die Richtlinienimplementierung

Neben der beratenden Aufgabe kam der Ethikberatergruppe auch eine legitimatorische Funktion zu. So vermerkt der für die Richtlinie federführende Kommissionsbeamte Dominique Vandergheynst, nach dem 1995 gescheiterten Richtlinienvorschlag sei es »außerordentlich wichtig, dass die Europäische Kommission über eine autorisierte Stellungnahme zur ethischen Dimension der Patentierbarkeit von Elementen menschlichen Ursprungs verfügt« (1997: 8). Hier wird demnach das autoritative Wissen von externen »Ethik«-Experten eingesetzt, um die Glaubwürdigkeit der Kommission zu rehabilitieren.

Das Parlament setzt sich in prozeduraler Hinsicht in Entschließungen und Plenardebatten mit dieser Beratergruppe, ihrem Mandat und ihren Aufgaben auseinander. Es vermerkt, dass einige demokratiepolitisch relevante Probleme hinsichtlich dieser Expertengruppe in der Art ihrer Nominierung liegen. Die Experten werden ausschließlich von der Kommission benannt. Das Parlament hat keine Möglichkeit, Experten zu benennen, anzuhören oder von der Kommission vorgeschlagene Experten abzulehnen. Die Auswahl durch die Kommission vollzieht sich über einen ungeschriebenen Proporz zwischen einerseits der Repräsentation von nationalen Mitgliedsstaaten und andererseits von wissenschaftlichen Disziplinen (Recht, Naturwissenschaften, Medizin, Ethik, Philosophie, Theologie – Sozialwissenschaftler sind nicht vertreten). Hinsichtlich der

---

238 GAEIB 1996: Pkt. 2.7.

politischen Verortung wurde anscheinend Wert darauf gelegt, überwiegend »biotechnologiefreundliche« Sachverständige zu benennen.[239] Dies stieß auf Kritik des Parlaments. Es erhob Ansprüche auf eine Mitbesetzung und eine parlamentsnähere Ansiedelung der Beratergruppe; diese wurden zunächst abgelehnt, später kam es jedoch zu einigen kleineren Zugeständnissen.[240]

Vorwegzunehmen im Hinblick auf spätere Entwicklungen bleibt, dass der Status der Ethikberatergruppe durch die letztlich verabschiedete Richtlinie aufgewertet wird, sie in ihrem Mandat jedoch beschränkt bleibt. Zwar forderten die Abgeordneten die Einsetzung eines parlamentseigenen Bioethikausschusses, konnten sich damit jedoch nicht durchsetzen. Die Kommission verwies auf die bereits bestehende Beratergruppe und nahm in ihrem Richtlinien-Vorschlag (Artikel 7) darauf Bezug. Dem schloss sich der Rat an, schränkte jedoch das Mandat der Ethikgruppe insoweit ein, als es auf »Ethik« beschränkt wurde – »um von vornherein die Möglichkeit, dass diese Gruppe an dem Verfahren zur Erteilung eines bestimmten Patents beteiligt werden könnte, auszuschließen«.[241] Mit dieser Erklärung schloss der Rat aus, dass die Ethikberatergruppe vom Europäischen Patentamt beratend bei der Erteilung eines spezifischen Patents hinzugezogen werden könnte.

Im späteren, endgültig verabschiedeten Richtlinientext lautet der Artikel 7:

»Die Europäische Gruppe für Ethik der Naturwissenschaften und der Neuen Technologien der Kommission bewertet alle ethischen Aspekte im Zusammenhang mit der Biotechnologie.«

Erwägungsgrund 44 der Richtlinie präzisiert hierzu:

»In diesem Zusammenhang ist darauf hinzuweisen, dass die Befassung dieser Gruppe auch im Bereich des Patentrechts nur die Bewertung der Biotechnologie anhand grundlegender ethischer Prinzipien zum Gegenstand haben kann.«[242]

In welcher Weise hier das Mandat der Gruppe definiert wird und ob die »grundlegenden ethischen Prinzipien« eine Abgrenzung bilden, bleibt aufgrund der unscharfen Formulierung offen. Gleichwohl wurde in der Plenardebatte zur zweiten Lesung der Richtlinie[243] von den Parlaments-Abgeordneten Ullmann und White kritisiert, dass diese Lösung noch nicht zufriedenstellend wäre, da die Parlamentsmitglieder keinen Zugang zu diesem Ausschuss hätten. Der Aus-

239 Laut Interview Mieth.

240 Siehe zur Parlaments-Entschließung und zur allmählichen Mandatserweiterung ausführlich: Zintler (2002: 110–112), sowie zu den Änderungen in den Verfahrensregeln: http://ec.europa.eu/european_group_ethics/archive/index_en.htm

241 Gemeinsamer Standpunkt des Rates, 26.2.1998, Begründung, S. 11, Pkt. 40.

242 Richtlinie 98/44/EG des Europäischen Parlaments und des Rates vom 6.7.1998 über den rechtlichen Schutz biotechnologischer Erfindungen, Amtsblatt der Europäischen Gemeinschaften L 213-221, 30.7.98.

243 Protokoll der Plenardebatte zur zweiten Lesung der Richtlinie, 11.5.98, S. 23.

schuss habe noch nicht die erforderlichen umfassenden Kompetenzen und ihm fehle es an Unabhängigkeit. Außerdem wurde vermerkt, dass die Geschlechterverteilung zuungunsten von Frauen unausgewogen wäre und die Mitglieder »fast alle Berufsethiker« seien. Kommissar Monti verwies in seiner Entgegnung darauf, dass die Ethikgruppe unabhängig sei, eine Transparenz ihrer Arbeit sicherstelle und vom Europäischen Parlament konsultiert werden könne.[244]

Es bleibt an dieser Stelle darauf zu verweisen, dass parallel zu dieser supranationalen Entwicklung ethische Beratungsgremien für biomedizinische Fragen bei Regierungen und Parlamenten in den 1990er Jahren in einer Reihe von europäischen Ländern institutionalisiert wurden. Welche Rolle und Funktion diesen bioethischen Expertengremien zukommt und wie diese zu bewerten sind, kann in dieser Arbeit nicht erörtert werden.[245] Festzustellen ist allerdings, dass die Ethikberatergruppe sich auch nach der Verabschiedung der Richtlinie in einer Reihe von weiteren Stellungnahmen zur Patentierung von Stammzellen (EGE 2000), sowie auch zur demokratischen Gestaltung des europäischen Patentsystems (EGE 2007) geäußert hat. Ebenso haben im Prozess der Implementierung der Richtlinie in den nationalen Mitgliedsstaaten eine Reihe von wissenschaftlichen Ethikberatungsgremien in Frankreich (CCNE 2000), Großbritannien (CIPR 2002, Nuffield Council 2002, RoySoc 2003), Dänemark (DCE 2004) und Deutschland (REM 2000, NER 2004) kritische Stellungnahmen zur Biopatentierung abgegeben. Diese Entwicklungen signalisieren, dass für die Politikberatung einem neuen Wissenschaftszweig, der Bioethik, ein Platz in der epistemischen Gemeinschaft des Patentrechts eingeräumt wird.

2.5 Die Verankerung von Monitoringpflichten in der Richtlinie

Die Bedenken der Parlamentarier hinsichtlich des Vollzugs der Richtlinie und ihrer Implikationen flossen neben der vorab genannten Bewertungsrolle durch die Ethikgruppe in die Implementierung von Berichtspflichten durch die Kommission und damit eines fortlaufenden Monitorings ein. Der entsprechende Änderungsvorschlag des Parlaments wurde von Kommission und Rat 1997 angenommenen (vgl. Straus 1997: 67f) und drückt sich in Artikel 16 der Richtlinie aus:

»Artikel 16
Die Kommission übermittelt dem Europäischen Parlament und dem Rat folgendes:
a) alle fünf Jahre nach dem in Artikel 15 Absatz 1 vorgesehenen Zeitpunkt einen Bericht zu der Frage, ob durch diese Richtlinie im Hinblick auf internationale Übereinkommen

244 Protokoll der Plenardebatte zur zweiten Lesung der Richtlinie, 11.5.98, S. 26.
245 Siehe dazu Fuchs 2002.

zum Schutz der Menschenrechte, denen die Mitgliedstaaten beigetreten sind, Probleme entstanden sind;
b) innerhalb von zwei Jahren nach dem Inkrafttreten dieser Richtlinie einen Bericht, in dem die Auswirkungen des Unterbleibens oder der Verzögerung von Veröffentlichungen, deren Gegenstand patentierfähig sein könnte, auf die gentechnologische Grundlagenforschung evaluiert werden;
c) jährlich ab dem in Artikel 15 Absatz 1 vorgesehenen Zeitpunkt einen Bericht über die Entwicklung und die Auswirkungen des Patentrechts im Bereich der Bio- und Gentechnologie.«

Mit diesen Bestimmungen wurde deutlich gemacht, dass es einer begleitenden Abschätzung der Folgewirkungen von Biopatentrecht bedarf, um gegebenenfalls erneuten gesetzgeberischen Handlungsbedarf zu erkennen und ihm Genüge leisten zu können. Damit wurde eine Form des *Impact Assessment*, also einer Patentfolgenabschätzung in die Richtlinie eingeschrieben. Diese bezieht sich zum einen auf die ethischen und menschenrechtlichen Implikationen, womit eine Querverbindung zur Europäischen Menschenrechtskonvention (Erwägungsgrund 43) und zur Biomedizinkonvention des Europarates, die biomedizinische und bioethische Grundnormen kodifiziert hat, hergestellt wird. Zum zweiten wird ein kritischer Wirkungszusammenhang zwischen Patentierung und wissenschaftlicher Grundlagenforschung artikuliert. Drittens sollen die Folgen auf die biotechnische Innovationsentwicklung beobachtet werden.

Diese gesetzlichen Normierung eines Monitoringbedarfs nimmt zum einen die Kommission in die Pflicht und macht sie Rat und Parlament gegenüber rechenschaftspflichtig. Zum anderen ist hervorzuheben, dass sich darin eine neue Sicht auf das Patentrecht widerspiegelt: Es wird nicht mehr davon ausgegangen, dass technik- und innovationsförderliche Wirkungen genuin auftreten, sondern es werden potentielle negative Wirkungen auf Grundlagenforschung sowie allgemeine Innovationsentwicklung anerkannt. Zudem wird formuliert, dass es Kollisionen zwischen Patentrecht und Menschenrechten – hier ist wohl an Persönlichkeitsrechte, aber auch an Patienten- und Verbraucherschutz gedacht – geben könnte. Zusammengenommen vergegenwärtigt sich darin eine neue Konzeption der Governance des Patentschutzes, das gegenüber seinen Wirkungen reflexiv gemacht werden soll und das selbst als Regulativ mit Einfluss auf sozio-ökonomische Gesellschaftsentwicklungen angesehen wird. Zudem liegt darin eine Perspektive, in der das Patentrecht als gestaltungsfähig und gestaltungsbedürftig angesehen wird im Hinblick darauf, erwünschte Wirkungen zu fördern und unerwünschte Wirkungen zu vermeiden. Mit anderen Worten, es hat sich eine neue, regulative Patentrechtskonzeption in die Richtlinie eingeschrieben.

Insgesamt sollen die begleitende wissenschaftliche Politikberatung durch ein ethisches Expertengremium, sowie die engmaschigen, regelmäßigen Berichtspflichten der Kommission als Instrumente dafür sorgen, dass ein gegebenenfalls bestehender Nachregulierungsbedarf zeitnah erfasst und erkannt wird.

2.6 Zum Kontext der ersten Lesung im Europäischen Parlament: Die Rolle von Patientenorganisationen

Die erste Lesung des neuen Richtlinienvorschlags im Parlament fand unter der Entfaltung starker Lobby-Aktivitäten insbesondere von pharmazeutischen und biotechnologischen Industrieverbänden statt, die von Willi De Clercq, einem liberalen Mitglied des Rechtsausschusses als »the largest lobby campaign in the history of the EU« bezeichnet wurden (zit. lt. Emmott 2001: 381). Auch Vertreter von Umweltverbänden und anderen NGOs kritisierten wiederum, diesmal unter dem Slogan »No patents on genes«, die Richtlinie in grundlegender Weise; sie gerieten diesmal jedoch weitgehend ins Hintertreffen.

Seitens von Industriekreisen verließ sich man sich bei dieser »zweiten Runde« des Gesetzgebungsverfahrens nicht alleine darauf, die eigene Interessenlage und das Plädoyer *für* die Biopatentrichtlinie den Parlaments-Abgeordneten nahe zu bringen und dabei auch mit der Abwanderung der Industrie und dem Verlust von Arbeitsplätzen zu drohen. Vielmehr wurde mit materiellen und diskursiven Mitteln eine neue Allianz hergestellt, wobei auf diese neue Koalition im Folgenden näher eingegangen werden soll.

Etwa ein Jahr vor sowie direkt bei der ersten Lesung der Richtlinie im Plenum am 16. 7. 1997 trat eine neue Akteursgruppe hervor, die im ersten »Durchlauf« der Richtlinie noch nicht aufgetreten war. Es handelte sich um eine Patientenorganisation, die *European Alliance of Genetic Support Groups* (EAGS), die insbesondere von Alastair Kent, dem Geschäftsführer der britischen *Genetic Interest Group* (GIG), eines Zusammenschlusses gemeinnütziger genetischer Selbsthilfegruppen, in Brüssel repräsentiert wurde. Dieser Dachverband EAGS reklamierte nicht nur, 18,6 Millionen betroffene Europäer zu repräsentieren, die unter einer von 5000 genetisch bedingten Krankheiten leiden, sondern sogar insgesamt die Patienteninteressen im Hinblick auf die Biopatentrichtlinie zu artikulieren (vgl. Rothley-Bericht 1997: 38). Dieser Anspruch wurde später erheblich in Frage gestellt, sowohl aus Gründen mangelnder verbandsinterner demokratischer Vermittlungs- und Abstimmungsprozesse, als auch insofern, als es sich bei Menschen mit genetischen Erkrankungen um eine sehr heterogene Gruppe handelt, deren Organisationen – wie sich nachträglich zeigte – durchaus äußerst unterschiedliche Positionen zur Genpatentierung hatten (vgl. Schweiger/Then 1997).

Die intensive Lobbyarbeit der EAGS in Brüssel wurde organisatorisch durch die Zuarbeit von zwei professionellen Consultingfirmen unterstützt und von SmithKline Beecham finanziert, einem Pharmaunternehmen, das zu den größten Anmeldern von Gensequenzpatenten zählt (vgl. dazu Zahlen bei Hopkins et al. 2007). Diese Finanzierung wurde allerdings von der EAGS nicht offiziell deklariert. [246]

Die Lobbyarbeit gegenüber dem Parlament segelte unter dem Banner »Patents *for* Life«. Auf diese Weise wurde wiederum – wie bereits 1995 bei der ersten Abstimmung, diesmal jedoch unter umgekehrtem Vorzeichen[247] – in starkem Maße Moralität und Emotionalität eingesetzt, um die Zustimmung der Parlamentarier zu gewinnen. Die Organisation sprach im Namen derer, die an bislang unheilbaren Krankheiten litten, was ihr Glaubwürdigkeit verlieh (Ethos) und sie appellierte an das Mitleid, die Fürsorgepflichten und die Solidarität der Abgeordneten (Pathos).[248] Ein weiterer Slogan lautete »No Patents, No Cure«. Moralität wurde durch Berufung auf den »therapeutischen Imperativ« aufgerufen und damit die Botschaft verbreitet, Biopatente könnten Leben retten, was offenbar hohe intuitive Suggestionskraft entfaltete, da »Hoffnung auf Heilung« nicht zu widerlegen ist.

Zweifelsohne stellt es ein richtiges und löbliches Ziel dar, Therapien für schwere Krankheiten zu finden. Wie viel die Biotechnologie dazu beitragen kann und inwieweit Patente diesem Ziel förderlich sind oder sogar hemmende Wirkungen entfalten, ist und bleibt freilich äußerst umstritten. Durch das Spiel auf der Klaviatur starker moralisch-emotionaler Zuspitzung, die eine direkte und kausale Verbindung suggeriert (»Ohne Patente keine Medikamente«) wurden solche kontroversen argumentativen Auseinandersetzungen allerdings weitgehend unterbunden.

---

246 Es handelte sich um die Consulting-Unternehmen GPC Market Access und Adamson Associates. Deren Koordinator und Lobbyist Simon Gentry soll von SmithKline Beecham ein Budget von 30 Mio. ECU für professionelle Lobbyarbeit für die Biopatentrichtlinie erhalten haben (Angaben laut Then/Schweiger 1997: 5–7, dort auch genaue Hinweise zu weiteren Lobby-Akteuren, sowie eine detaillierte Dokumentation der Geschehnisse, inklusive kritischer Stellungnahmen anderer Selbsthilfeorganisationen wie etwa der deutschen Marfan-Hilfe). Die Allianz der Umweltorganisationen hatte im Vergleich dazu lediglich ein Budget von etwa 20.000 DM, das gerade dazu ausreichte, für drei Monate einen Koordinator in Brüssel zu finanzieren und Informationsmaterial zu drucken (Pernicka 2001: 148).

247 In vielerlei Hinsicht ähnelte die Kampagne derjenigen der NGO-Koalition »No Patents on Life«, die 1995 gegen die Richtlinie mobilisiert hatte und sie verwendete ähnliche Lobbying-Mittel wie massive Fax und email-Sendungen an die Abgeordneten und direkte Präsenz im Parlament in Strasbourg am Tag der Abstimmung. Wie Thaker (2002), der diese Kampagne von 1997 explizit befürwortet, herausgearbeitet hat, wurden diese Aktionsformen bewusst von den professionellen Marketing-Organisationen im Auftrag des britischen Pharmaunternehmens geplant und dabei vieles von den kritischen NGOs schlicht kopiert.

248 In geradezu exemplarischer Weise zeigt dies auf, wie nicht nur Logos, sondern auch Ethos und Pathos in Politikprozessen mobilisiert wird, ein Aspekt, den unter anderem Gottweis (2003, 2005) und Turnbull (2004) auch für andere Politikfelder hervorheben und dem in rationalistischen Diskursansätzen zuwenig Rechnung getragen wird (vgl. Kap. I.A).

Auf parlamentarische Fachpolitiker machte dieses Aufgebot wenig Eindruck:

»Die einen haben Patienten angekarrt und gesagt: wenn ihr gegen die Patentrichtlinie stimmt, dann seid ihr für das Leid dieser Menschen verantwortlich. Das ist völliger Quatsch, weil ich gar nicht garantieren kann, dass konkreten Menschen geholfen wird durch die Patentrichtlinie. Ich kann noch nicht einmal garantieren, dass überhaupt der therapeutische Fortschritt weitergeht. [...]

Im Grunde ist für die Patienten wichtig, dass überhaupt Forschung möglich ist, in den Universitäten und in der Industrie. Die Patentrichtlinie ist für die Tatsache, ob jetzt Medikamente neu entwickelt werden oder nicht, glaube ich nicht so wichtig wie andere Dinge, wie z.B. die Orphan Drugs Richtlinie, wo es darum geht, Medikamente für seltene Krankheiten besonders zu fördern. Also ich habe da nie was von gehalten, wenn man diese Richtlinie sozusagen als die Entscheidung darüber ansieht, ob es in Zukunft möglich ist, Krankheiten zu heilen oder nicht. Das war eine vorgeschobene Debatte« (Interview Liese, MdEP der EVP).

Bei Abgeordneten, die sich fachlich nicht firm genug fühlten und noch unsicher bezüglich ihres Votums waren, mag die Lobbyarbeit der Patientenverbände allerdings durchaus die erhoffte Wirkung gezeitigt haben, wie exemplarisch die Aussage des irischen Abgeordneten Pat Cox (MdEP, Liberale Partei) zeigt:

«Again today my mailbox is full of letters, not least from groups in my own country representing those who suffer from genetic and other medical disorders currently without a cure, requesting support for this measure because it offers them some hope. In conscience I will not vote against offering that hope.« (zit. nach Thaker 2002: 9)

Bei der Plenardebatte und Abstimmung am 16.7.1997 demonstrierten rund ein dutzend Mitglieder der Dänischen Zystische Fibrose Vereinigung, davon viele in Rollstühlen, in der Lobby des Europäischen Parlaments in Strasbourg. Sie hielten Plakate mit der Aufschrift »No Patents – No Cure« und trugen gelbe T-Shirts mit der Aufschrift »Patents for Life«.[249]

Die Moralität richtete sich auf das individuelle Gewissen der Abgeordneten und damit derer, die reklamieren, dass das Parlament das »Gewissen der Europäischen Union« verkörpert. Die Anwesenheit von Patientenvertretern fungierte dabei als Beglaubigungsinstanz. Dieses Mal konnten die Abgeordneten *für* die Richtlinie stimmen und sich moralisch bestätigt sehen im Angesicht derer, die an Krankheiten leiden und sich selbst in Rollstühlen exponierten.

Einige meiner Interviewpartner haben diese Kampagne als Instrumentalisierung von Patienten und als moralische Erpressung von Abgeordneten eingestuft:

---

249 Die Anreise der Patientenvertreter und Unterbringung für eine Woche in einem Hotel in Strasbourg soll unter anderem von Alastair Kent organisiert worden sein, die Kosten habe SmithKline Beecham getragen, ebenso wie den eigens bestellten Fotografen für das Parlament (Schweiger/Then 1997: 11).

»I think the pharmaceutical industry, or the biotech industry understood very early in the second round of the Directive, that the best sales tactic from their point of view and the best marketing strategy was to use the patients groups to say: ›we are sick people and we will die and not get well unless you grant‹. It's pretty cruel their attempt to blackmail in my assessment, but that's what they did. And I think that had an enormous impact on the politicians who could not afford to be seen to be saying no to these people. So I think that in a large measure neutralised the voices of the doctors' associations, the churches, farmers and all the other people against the Directive. And if I was giving an award for good tactics then I would say that they did a good job, they managed to persuade a large majority of the parliamentarians. I may be wrong, but that's what I saw happening in the lobbies, I saw people in wheelchairs having their photographs taken with the deputies and it's pretty hard to vote against somebody like that, a very powerful emotion« (Interview Emmott, Gentechnik-Referent der Grünen Fraktion).

Es würde an dieser Stelle zu weit führen, zu elaborieren, inwieweit diese starke emotionale Intervention tatsächlich ausschlaggebend war für das finale Abstimmungsvotum der Parlamentarier. Wie bereits an anderer Stelle vermerkt, waren andere institutionelle Faktoren und Mechanismen wohl zumindest ebenso schwerwiegend, insbesondere der starke politische Wille, diesmal die Richtlinie zu verabschieden und sich damit »verantwortungsvoll« zu verhalten, eine gewisse Ermüdung hinsichtlich der Thematik sowie – dies ist nicht zu vergessen – die Anerkennung von Errungenschaften, welche die Aufnahme der 66 Änderungsanträge des Parlaments in den Gesetzestext bedeutete.

Aus Gründen des Umfangs und der Schwerpunktsetzung ist es im Rahmen dieser Arbeit nicht möglich, noch differenzierter auf diese Geschehnisse einzugehen und diese auch unter demokratietheoretischen Aspekten zu diskutieren.[250]

2.7 Die erste Lesung im Europäischen Parlament am 16.7.1997

Bei der ersten Lesung des neuen Richtlinien-Vorschlages im Europäischen Parlament werden am 16. Juli 1997 in der Abstimmung 66 von insgesamt 250 Änderungsanträgen angenommen (vgl. Emmott 2001). Für die Richtlinie mit ihren 66 Änderungsanträgen stimmen 388 Abgeordnete, dagegen 110, bei 15 Enthaltungen.

Die Plenardebatte am 15. Juli 1997 machte allerdings deutlich, dass es im Europäischen Parlament weiterhin massive Divergenzen zur Richtlinie und zum

250 Geplant ist hierzu die Veröffentlichung eines bereits vorliegenden Manuskripts, das sich der Thematik »Patienten und Patente« von mehreren Zugängen her, auch bezüglich allgemeinerer Fragen der Organisation schwacher und transitorischer Interessen und der Repräsentation von Minderheiten, widmet und dabei zudem Aspekte der Partizipation und des Schutzes von Patienten in der Patentpolitik behandelt.

Rothley-Bericht gab. Weitergehende Änderungsanträge, die einen Stoffschutz auf genetisches Ausgangsmaterial ausschließen wollten,[251] konnten sich in der Abstimmung nicht durchsetzen.[252]

2.8 Änderungen der Kommission vom 29.8.1997 und Gemeinsamer Standpunkt des Rates vom 26.2.1998: Veränderungen beim Informed Consent und im Ordre Public

Die Kommission übernimmt in ihrem geänderten Richtlinien-Vorschlag vom 29. August 1997 65 der 66 verabschiedeten Änderungen des Europäischen Parlaments im Wortlaut oder versieht sie lediglich mit kleinen redaktionellen Änderungen. [253]

»Der Rat und die Kommission haben am Ende fast alles angenommen. Weil der Rat ganz genau wusste, wenn das Parlament nein gesagt hätte, wäre die Sache für immer tot gewesen. Weil das politisch so sensibel war, haben der Rat und die Kommission alles getan. Und weil es politisch so sensibel war, in der Öffentlichkeit so sensibel war, war die Stellung des Parlaments unglaublich stark in dieser Frage. Und deswegen hat der Rat die Änderungen angenommen. Abgesehen davon, dass sie auch in Ordnung sind. Aber das war der entscheidende Punkt.« (Interview Rothley, MdEP, Berichterstatter)

Die einzige Ausnahme in der Billigung der 66 Änderungsanträge des Parlaments bildet Änderungsantrag 76 des Europäischen Parlaments, mit dem ein neuer Artikel 8a in die Richtlinie eingeführt werden soll. Absatz 1 dieses abgelehnten Artikels 8a betrifft die Angabe des geographischen Herkunftsortes für biologisches Material tierischer und pflanzlicher Herkunft und die Übereinstimmung mit den rechtlichen Bestimmungen am Herkunftsort über Zugang und Ausfuhr. Er knüpft an die UN-Biodiversitätskonvention an, wird von der Kommission aber als zu weitgehend verworfen.

Absatz 2 dieses vom Parlament verabschiedeten, von der Kommission abgelehnten Artikels 8a lautet:

»Wenn eine Erfindung aus biologischem Material menschlichen Ursprungs besteht oder derartiges Material verwendet, wird ein Patent für diese Erfindung nur dann gewährt, wenn im Patentantrag Name und Anschrift der Ursprungsperson oder ihres gesetzlichen Vertreters bzw. der Angehörigen genannt sind und wenn der Antragsteller den Patentbehörden den Nachweis dafür erbringt, dass die Verwendung des Materials und der Antrag auf Erteilung eines Patents mit freiwilliger und in voller Kenntnis der Sachlage erteilter Zustimmung der Ursprungsperson oder ihres gesetzlichen Vertreters bzw. ihrer

251 Änderungsanträge 71-75.

252 Protokoll der Plenardebatte zur 1. Lesung der Richtlinie, 15.7.1997, sowie Pressebericht PE 256.914/DE, S. 8, zu kritischen Anmerkungen von Abgeordneten siehe S. 4, 5, 7.

253 KOM (97) 446 endg; ABl. 1997, Nr. C311, 11.10.1997, S. 12ff.

Angehörigen erfolgt ist. Name und Anschrift von Ursprungsperson, des gesetzlichen Vertreters und der Angehörigen werden von den Patentbehörden nicht veröffentlicht.«[254]

Mit diesem Artikel sollte das Erfordernis eines qualifizierten Informed Consent der Person, von der Körpermaterial stammt, zur ausdrücklichen und bindenden Bedingung für die Patenterteilung gemacht werden. Damit wurde dem Schutz der Persönlichkeitsrechte der »Quellen« der Genforschung ein hoher Stellenwert eingeräumt. Bei Verletzungshandlungen wäre es zwingend geworden, ein Patent nicht zu erteilen bzw. zu widerrufen (vgl. Moufang 2003; HUGO Ethics Committee 1996). Die Kommission lehnt diesen Artikel unter der Begründung ab, es seien die Anforderungen an den Schutz personenbezogenen Daten nicht erfüllt[255], außerdem sieht sie Inkompatibilitäten mit den TRIPs-Verpflichtungen.

Der Rat schließt sich im Gemeinsamen Standpunkt vom 26.2.1998 dieser Position an.[256]

Der Gemeinsame Standpunkt des Rates wird am 28.11.1997 mit qualifizierter Mehrheit beschlossen, die Niederlande lehnen den Richtlinienvorschlag ab, Belgien und Italien enthalten sich (vgl. Emmott 2001: 381).

Der Rat macht zur Frage des Informed Consent darüber hinaus geltend, dass die Patentämter nicht in der Lage sein würden, die Zustimmung der betreffenden Person zu überprüfen.[257] Deshalb dürften diese Anforderungen keine Bedingungen für die Patentierbarkeit darstellen. Der Rat übernimmt allerdings einige Teile des Anliegens in Erwägungsgrund 16f (später Erwägungsgrund 26 in der in Kraft getretenen Richtlinie) auf.

Dieser lautet:

»Hat eine Erfindung biologisches Material menschlichen Ursprungs zum Gegenstand oder wird dabei derartiges Material im Rahmen der Einreichung einer Patentanmeldung verwendet, so muss die Person, bei der Entnahmen vorgenommen werden, die Gelegenheit erhalten haben, gemäß den innerstaatlichen Rechtsvorschriften nach Inkenntnissetzung und freiwillig der Entnahme zuzustimmen.«[258]

Damit wird zwar eine wesentlich schwächere Formulierung gewählt, das Anliegen des Schutzes der Persönlichkeitsrechte der Probanden geht jedoch in die

254 Änderung 76, ABl. C286, 22.9.1997, S. 99f.

255 KOM (97) 446 endg, 29.8.1997, S.2

256 Die Abstimmung im Rat erfolgte bereits am 28.11. 1997.

257 Gemeinsamer Standpunkt (EG) Nr. 19/98, vom Rat festgelegt am 26.2.1998 im Hinblick auf den Erlass der Richtlinie 98/.../EG des Europäischen Parlaments und des Rates vom [...] über den rechtlichen Schutz biotechnologischer Erfindungen, Interinstitutionelles Dossier Nr. 95/0350 (COD) [Auslassungen so im Originaldokument!], Begründung des Rates, S.7, Pkt. 25

258 Gemeinsamer Standpunkt, Interinstitutionelles Dossier Nr. 95/0350 (COD), Erwägungsgrund 16f, S. 7.

Richtlinie ein. Die belgische Delegation schlägt vor, dahingehend zu ergänzen, dass bei fehlender Zustimmung die Verwertung der Erfindung als ein Verstoß gegen den Ordre Public zu betrachten sei. Da dieser Vorschlag von den anderen Delegationen abgelehnt wird, enthält sich Belgien bei der Abstimmung über den Gemeinsamen Standpunkt der Stimme.[259]

Es bleibt vorauszuschicken, dass es um die Auslegung und rechtliche Bindungskraft von Erwägungsgrund 26 späterhin in etlichen Mitgliedsstaaten (insbesondere Belgien, Dänemark, Italien, Deutschland) erhebliche Auseinandersetzungen und eine Neuauflage der Debatte hinsichtlich einer »Umwandlung« in einen rechtlich bindenden Gesetzesartikel geben wird.[260]

Die Argumentation von Kommission und Rat, dies sei würdigend angemerkt, überzeugt in diesem Punkt nicht. Denn bei entsprechendem politischen Willen hätte sich mit Sicherheit eine Form der Dokumentation des *informed consent* finden lassen, beispielsweise über eine dritte, treuhänderische Instanz oder eine notarielle Hinterlegung, welche datenschutzrechtlichen Anforderungen gerecht geworden wäre. Es ist zu vermuten, dass es vor allem die Bindung der informierten Zustimmung an die Patenterteilung war, die bei Kommission und Rat auf Ablehnung stieß (vgl. Straus 1996; Moufang 2003). Denn damit wären die Schutzrechte oder gar »Gegenrechte« der Probanden aufgewertet und zur neuen Patentierungsvoraussetzung geworden (vgl. Godt 2007).

Während die Kommission die übrigen Änderungen des Parlaments weitgehend akzeptiert, übernimmt der Rat in seinem Gemeinsamen Standpunkt einige Änderungen nicht bzw. fügt Umformulierungen hinzu.

Veränderungen gibt es vor allem hinsichtlich der Patentierungsausschlüsse aufgrund des Ordre Public. Dabei wird das Patentierungsverbot zum Klonen präzisiert und erweitert. Ersetzt werden die Worte (Absatz 2.a) »Verfahren zum reproduktiven Klonen von Menschen« vom Rat durch die Formulierung »Verfahren zum Klonen von menschlichen Lebewesen«, da – so die Begründung – »das Attribut ›reproduktiv‹ seines Erachtens zu restriktiv sein könnte. Es gilt als vereinbart, dass sich der Begriff ›menschliche Lebewesen‹ auf den Menschen ab der embryonalen Phase bezieht.«[261]

In Buchstabe c) dieses Absatzes wird hingegen eine Einschränkung eingefügt. Die »Verwendung von menschlichen Embryonen« wird von der Patentierbarkeit ausgeschlossen, wenn diese »zu industriellen und kommerziellen Zwecken« erfolgt. Ein neuer Erwägungsgrund macht deutlich, dass der Paten-

259 Gemeinsamer Standpunkt, Interinstitutionelles Dossier Nr. 95/0350 (COD); vgl. Calamé (2001: 82).

260 Vgl. die Diskussion in Calamé (2001: 226–230); zur Bindungskraft von Erwägungsgrund 26 siehe Beyleveld/ Brownsword 2003.

261 Gemeinsamer Standpunkt, Begründung, Interinstitutionelles Dossier Nr. 95/0350 (COD): Pkt. 35.

tierungsausschluss nicht gilt »für Erfindungen, die therapeutische und diagnostische Zwecke verfolgen und sich auf den menschlichen Embryo beziehen und diesem nutzen« (Erwägungsgrund 42).[262] Damit wurde festgesetzt, dass allein »eigennützige« Erfindungen, die dem betreffenden Embryo selbst dienen, patentwürdig sein können. Jeder fremdnützige Embryonenverbrauch ist damit nicht patentfähig.

Ein generelles Patentierungsverbot für die Verwendung von Embryonen war im Rat auf den Widerstand von Großbritannien gestoßen. Denn dort ist nach dem 1980 verabschiedeten Human Fertilisation and Embryology Act die verbrauchende Embryonenforschung unter Auflagen bis zum 14. Tag nach Befruchtung zulässig. Auch Spanien, Dänemark und Frankreich erlauben Forschung an »überzähligen« Embryonen bis zu diesem Zeitpunkt (vgl. Calamé 2001: 83). Es bleibt an dieser Stelle vorauszuschicken, dass dieses Patentierungsverbot später wesentliche Relevanz für die Patentfähigkeit von menschlichen embryonalen Stammzellen erhalten wird.

Sowohl von der Kommission wie vom Rat wird die Streichung von Erwägungsgrund 21 des Kommissionsvorschlages von 1995 gebilligt, wonach die Frage, ob der Patentierungsausschluss nach Ordre Public greift, in jedem Einzelfall im Wege einer Güterabwägung ermittelt werden sollte.[263] Insbesondere wurde gegen diesen Erwägungsgrund argumentiert, den Patentämter würden damit Aufgaben überantwortet, für deren Erfüllung sie weder beauftragt noch in der Lage wären.[264] Es bleibt jedoch kontrovers, wie dieser Verzicht auf Güterabwägung in jedem Einzelfall bei der Prüfung der Patentanmeldung zu interpretieren ist. Lausmann-Murr (2000: 81 und 85) argumentiert, das Parlament habe damit seinen Anspruch auf eine umfassende Ethikabschätzung als Querschnittsaufgabe aufgegeben und sich mit der Erweiterung der Ordre Public-Konkretisierungen beschieden. Im Gegensatz dazu lässt sich ebenso argumentieren, dass das Parlament weiterhin davon ausging, dass sowohl die Grenze

262 Allerdings bleibt bei dieser Formulierung möglicherweise Auslegungsspielraum hinsichtlich der Frage, ob die Verwendung von Embryonen – verstanden als Eingriff in den Embryo – immer dem individuellen Embryo selbst nützen muss oder ob eine Vernutzung von Embryonen für eine Gruppe anderer Embryonen mit denselben Merkmalen zulässig wäre. Der Begriff der »Gruppennützigkeit« als ethische Rechtfertigungsfigur für fremdnützige Forschung an Nichteinwilligungsfähigen war allerdings zu diesem Zeitpunkt noch nicht erfunden, er taucht als rechtliche und ethische Rechtfertigungsfigur erst auf mit der 12. Novellierung des deutschen Arzneimittelgesetzes 2004 (§41 AMG, Forschung an Kindern ohne Eigennutzen).

263 »Ob ein solcher Verstoß vorliegt ist in jedem Einzelfall im Wege einer Güterabwägung zu ermitteln, bei der der Nutzen der Erfindung einerseits und etwaige durch sie begründete Risiken sowie möglicherweise aus Grundwerten der Rechtsordnung abzuleitende Einwände andererseits gegenüberzustellen und zu bewerten sind.« (Erwägungsgrund 21, in der Änderung 28 des Europäischen Parlaments vom 16.7.1997 gestrichen.)

264 Vgl. Straus (1997: 32), mit Hinweis auf die Stellungnahme der DFG-Senatskommission für Grundsatzfragen; Calamé (2001: 81).

zwischen einer Erfindung und Entdeckung als Patentierungsschranke im Erteilungsverfahren heranzuziehen ist, wie auch bei jeder Anmeldung zu prüfen ist, ob eine Kollision mit dem Ordre Public vorliegt.[265] Mit der Liste von Patentierungsverboten kodifizierte das Parlament aber gerade bindende Patentausschlüsse, bei denen für die Mitgliedsstaaten kein Auslegungsspielraum besteht.[266] Unzweifelhaft bildet der Ordre Public das »Einfallstor für sozialethische Erwägungen« (Straus 1997: 24) im Patentrecht. Wie schmal oder weit dieses Tor geöffnet wird, ist eine Frage der Auslegung in der Praxis von Patentämtern und Gerichten. Der Gesetzgebungsprozess spricht insgesamt dafür, dass es der Wille des Parlaments, aber auch der Mehrheit des Rates war, Patentierungsausnahmen weit auszulegen. Auf die Frage der Querschnittsaufgabe gehe ich am Ende bei der Diskussion der Ergebnisse noch ein.

2.9 Die 2. Lesung im Europäischen Parlament am 12.5.1998 und die Billigung durch den Rat am 16.6.1998

Nicht von der Kommission angenommene bzw. vom Rat nicht übernommene Änderungen – insbesondere zum Ethikausschuss, zum Informed Consent, zum generellen Patentausschluss für die Verwendung von Embryonen, sowie zur Einschränkung der Patentierbarkeit von Genen – werden zum Teil erneut in den Rechtsausschuss, sowie in die zweite Lesung der Richtlinie am 11. Mai 1998 in das Europäische Parlament eingebracht. Sie können sich jedoch bei der Abstimmung nicht durchsetzen.[267]

Bei der Plenarabstimmung spielten wiederum die Entscheidungsregeln eine nicht unerhebliche Rolle für den Ausgang. Denn in der zweiten Lesung im Rahmen des Mitentscheidungsverfahrens reicht für die Annahme eine Billigung des Gemeinsamen Standpunktes oder sogar eine Nicht-Äußerung binnen drei Monaten nach der Übermittlung aus. Es bedarf aber der absoluten Mehrheit der Mitglieder des Parlaments für die Ablehnung des Gemeinsamen Standpunktes sowie für dessen Abänderung. Somit liegen die Hürden für Änderungsanträge oder gar für eine Zurückweisung höher als diejenigen für eine Annahme.

---

265 Eine solche Auslegung vertritt Spranger (2002: 245).

266 Patentämter dürfen demnach in diesen Fällen eben keine Güterabwägung, sondern lediglich eine Sachverhaltsprüfung vornehmen. Einschlägig ist hierbei das spätere Case Law des EuGH (C-456/03 Commission v. Italy), worauf in der zusammenfassenden Würdigung der Richtlinie in diesem Kapitel noch eingegangen wird.

267 Vgl. PE.226.189/1-51. Darunter war Änderungsantrag 30 (eingebracht von den MdEP Ahern und Ullmann im Namen der Fraktion die Grünen), der für Artikel 5(3) der Richtlinie forderte: »Die spezifische gewerbliche Anwendbarkeit einer Sequenz oder Teilsequenz eines Gens muss in der Patentanmeldung konkret beschrieben werden.« Damit war offenbar eine Konkretisierung der Anwendbarkeit – womöglich gar eine Zweckbindung – intendiert.

Ein Antrag der Fraktion der Grünen auf Rückweisung des gesamten Dokuments wird mit 432 Stimmen abgelehnt, gegenüber 78 befürwortenden Stimmen, vor allem von den Fraktionen der Grünen und der Vereinten Europäischen Linken (vgl. Emmott 2001: 381; Thaker 2002: 9).[268] Dies zeigt, dass es zwar durchaus noch grundlegendes Ablehnungspotential im Parlament gab, ganz überwiegend jedoch der Wille vorherrschte, die Richtlinie nun endlich erfolgreich zum Abschluss zu bringen.

Der Gemeinsame Standpunkt des Rates wird vom Europäischen Parlament am 12. Mai 1998 in zweiter Lesung mit absoluter Mehrheit (388 Annahmen, 110 ablehnende Voten, 15 Enthaltungen) verabschiedet.

Am 16. Juni 1998 billigt der Rat die Richtlinie. Am 6. Juli 1998 unterzeichnen der Rat und das Europäische Parlament die Direktive. Sie tritt am 30. Juli 1998, dem Tag ihrer Veröffentlichung im Amtsblatt der Europäischen Gemeinschaften, in Kraft. Die Mitgliedsstaaten sind nun aufgerufen, sie binnen zwei Jahren, also zum 30.7.2000 in nationales Recht zu implementieren.

2.10 Zusammenfassung und Würdigung des Politikprozesses auf EU-Ebene

Mit dem Inkrafttreten der EU-Biopatentrichtlinie kam ein über zehn Jahre währender, äußerst turbulenter Legislativprozess zum Abschluss, der im Folgenden noch einmal zusammengefasst, diskutiert und gewürdigt werden soll. Ich gehe dabei zunächst in der Prozessdimension auf einige Aspekte des Institutionengefüges zwischen Kommission, Parlament und Rat ein, stelle sodann die wichtigsten Erwägungsgründe und Artikel der Richtlinie kurz dar und liefere abschließend eine Einschätzung hinsichtlich der Bedeutung der vom Parlament eingebrachten Textänderungen, die hinsichtlich des Verhältnisses von symbolischer und substantieller Politik qualifiziert werden.

Für die Entscheidungsprozesse in der Europäischen Union bleibt die starke Bedeutung von institutionellen Spielregeln zu unterstreichen: Die von der Europäischen Kommission mit ihrem Agenda Setting-Monopol anfangs getroffene Grundentscheidung, die Richtlinie als Binnenmarkt-Initiative zu fassen, hatte großen Einfluss auf den weiteren Verlauf. Die entsprechende Anwendung von Artikel 100a EG-Vertrag (später Art. 95 EGV)[269], die eine Verabschiedung qua qualifizierter Mehrheit im Rat ermöglichte, dafür aber die Beteiligung des Parlaments vorgab, erhöhte zwar die Chancen, die Richtlinie zu verabschieden, da

268 Die Linken hatten zu diesem Zeitpunkt 33 Sitze, die Grünen 27 Sitze – somit stimmten auch Mitglieder anderer Fraktionen erneut für die Ablehnung.

269 In Betracht gekommen wäre, wie bereits erwähnt, auch Artikel 235 EGV (später Art. 308 EGV), wobei dieser Artikel einen einstimmigen Beschluss des Rats erfordert hätte, dies dem Parlament aber nur Konsultations-, nicht aber Kodezisionsrechte eingeräumt hätte.

die einzelnen Mitgliedsstaaten ihre individuelle Vetomacht im Rat nicht ausspielen konnten. Anderseits aber brachte dies das Parlament als Ko-Legislator ins Spiel, was sich in Verlauf und Inhalt der Richtlinie niederschlug. Zum Zeitpunkt des Agenda Settings war zudem eine wichtige Wendung nicht absehbar: Mit der Stärkung des Parlaments durch das im Rahmen des Maastrichter Vertrags im Jahr 1993 eingeführte Kodezisionsverfahren trat das Parlament als Gegenspieler zur Kommission in Erscheinung und machte seine konditionale Agenda Setting-Macht[270] (Tsebelis 1994) geltend. In dieser sehr langen Phase der Politikformulierung konnte das Europäische Parlament seinen Machtzuwachs durch das Kodezisionsverfahren nutzen, indem es 1995 erstmals seine Vetomacht voll ausspielte und die Richtlinie zu Fall brachte. Dies machte fürderhin Konzessionen an das Parlament erforderlich, was Kommission und Rat bewogen, im »zweiten Durchlauf« 66 Änderungsanträge des Parlaments aufzunehmen. Das relativ zügige Gesetzgebungsverfahren im »zweiten Durchgang« von 1995 bis 1998 stand stark unter dem Druck institutionenpolitischer Absicherung. Denn bei der Wiederauflage der Richtlinie waren nunmehr alle drei europäischen Gesetzgebungsorgane – Kommission, Parlament und Rat – unter Erfolgszwang geraten: Sie mussten ihre Reputation als europäische Legislatoren mit einem Gelingen der Richtlinie unter Beweis stellen, da ein erneutes Scheitern die Glaubwürdigkeit der europäischen Institutionen schwer beschädigt hätte, umso mehr, da die Richtlinie so stark »ethisch aufgeladen« war. Sowohl das Parlament wie auch Rat und Kommission bemühten sich daher, den entstandenen »Flurschaden« zu beheben und ihre politische Verantwortungsfähigkeit unter Beweis zu stellen. Die Verabschiedung stand zudem im Schatten wirtschaftspolitischer Ängste. Neue Akteure, wie Patientengruppen – deren Repräsentativität und Mandat allerdings äußerst zweifelhaft blieb – traten als Mitspieler in die Kontroverse ein. Aus den vorgenannten Gründen waren politische Kräfte, die versuchten, die Richtlinie kurz vor Erreichen der Ziellinie erneut zum Kippen zu bringen, auf Misserfolg programmiert.

Insgesamt hat die Patentierung biotechnologischer Erfindungen durch das EU-Gesetzgebungsverfahren an Legitimität gewonnen und bedeutete somit gleichzeitig eine Stabilisierung der vorangegangenen Entscheidungs- und Spruchpraxis des Europäischen Patentamtes. Das Europäische Parlament beanspruchte, als »Gewissen Europas« und als »Sprachrohr der europäischen Bürgerinnen und Bürger« zu handeln. Diese primäre Bezugnahme auf Werte statt auf Interessen spielte eine entscheidende Rolle, um anderen Positionen ebenfalls zur Geltung

270 »I argue that the Parliament under the current »Cooperation Procedure« has an important power: it can make proposals which, if accepted by the Commission, are easier for the Council of Ministers to accept (qualified majority is required for acceptance) than to modify (unanimity is necessary for modification). I call this »the power of the conditional agenda setter« (Tsebelis 1994).

zu verhelfen. Gegen eine ökonomisch verkürzte Logik wurde somit ein europäisches Identitätsverständnis zur Sprache gebracht, in dem Europa sich als Wertegemeinschaft entwirft, die der Logik der »negativen Integration« (vgl. Scharpf 1997) eine »positive«, politisch regulierende Integration zur Seite stellt. Damit artikulierte sich – vermittels einer diskursiven Rahmung unter »Ethik« – eine politische Kraft, mittels derer eine Diskurskoalition von Kritikern des bestehenden Patentsystems und seiner Deutungshoheit eine gewisse politische Geltung erlangte.

Mit der Verabschiedung der Richtlinie behauptete die Europäische Union ihre supranationale Gesetzgebungskompetenz für gewerbliche Schutzrechte und baute diese gleichzeitig weiter aus. Damit vollzog sich nicht allein eine Machtverlagerung von der nationalen hin zur supranationalen Ebene. Im konkurrierenden Institutionengefüge zwischen Europäischer Patentorganisation (EPO) und Europäischer Union beanspruchte die Gemeinschaft ihre politische Gestaltungsmacht für die Patentgesetzgebung und damit für die legislative Governance des Patentrechts, statt diese allein der Erteilungspraxis der nationalen Patentämter und des Europäischen Patentamtes sowie der Rechtsfortbildung durch die Gerichte anheim zu stellen.

Hervorzuheben bleibt, dass die Richtlinie weltweit erstmals technologiespezifisches, materielles Patentrecht legislativ normiert hat. Damit bildet die Europäische Union einen bemerkenswerten Sonderfall gegenüber dem allgemeinen Governance-Modus des Patentrechts, der sich international weitgehend horizontal über Patentämter und Gerichte vollzieht. Diese technologiespezifische Normierung und gesetzliche Kodifizierung ist von ihrer Genese her in starkem Maße der spezifischen, historisch bedingten supranationalen Doppelstruktur des Europäischen Patentsystems zwischen EPO und EU und seiner »Unvollständigkeit« bezüglich eines fehlenden europäischen Patentgerichtshofes geschuldet (vgl. Kap. I.D). Dass sich aus dieser vermeintlichen »Defizienz« des europäischen Patentsystems eine legislative Dynamik entfaltete, kann man als eine »List der Geschichte« sehen, die zudem dazu führte, dass das Patentrecht aus der Verwaltung durch seine bisherigen *custodians,* die epistemische Patentgemeinschaft, herausgelöst und in neue Legitimierungs-Kontexte gestellt wurde. Die diesbezüglichen Kontroversen und starken Polarisierungen fanden im Europäischen Parlament ihren Niederschlag und ihren Austragungsort. Weiterhin bleibt festzuhalten, dass trotz fundamental gegensätzlicher Auffassungen über das Biopatentrecht am Ende ein politischer Schließungsprozess erreicht wurde. Als deliberative Verständigung oder gar Konsens im Sinne der Habermasschen Diskurstheorie (vgl. Habermas 1987, 1988) ist diese Schließung jedoch nicht zu qualifizieren. Hierzu reicht bereits ein Blick auf die Abstimmungsergebnisse, denn dazu war doch bereits die Zahl der Gegenstimmen im Parlament zu hoch. Es handelte sich aber ebenso wenig um einen allein per Mehrheitsentscheid ausgetragenen Machtkonflikt. Das Ergebnis kann als Kompromiss und als Resultat eines Verhandlungsprozesses, in den in hohem Maße argumentative Elemente und auch gewisse wechselseitige Einsichten einflossen, bewertet werden. Wieweit dieses Policy Learning[271] reichte und welchen Erfolg es zeitigte, dazu gehen die politischen Einschätzungen allerdings weiterhin auseinander.

Das in den Schließungsprozess eingegangene politische Kopplungsgeschäft lautete gewissermaßen, dass die Kritiker im Parlament die generelle Patentfähigkeit von biologischen Substanzen akzeptieren mussten, im Gegenzug aber die »ethisch« motivierten Patentierungsausnahmen erhielten. Während manche dies als gutes Ergebnis betrachten, beurteilen andere dies als äußerst mageres Resultat.[272] Dabei wird deutlich, dass die Bewertung des Ergebnisses nicht nur von der politischen Positionierung des Beobachters und der Beurteilung des Verfahrensverlaufs abhängt, sondern auch von der Interpretation des letztlich verabschiedeten Gesetzestextes selbst. Deshalb sollen in einem nächsten Schritt der Prozess der Textgenese und sein Ergebnis noch einmal rekapituliert werden.

In der Gesamtbetrachtung des gesetzlichen Normierungsprozesses zwischen 1988 und 1998 wird deutlich, dass sich der Text der Richtlinie und mit ihm sein Regelungsimpetus im Laufe der Zeit immer weiter verschoben und verändert hat. Generell ist zur Textgenese festzuhalten, dass insbesondere viele Erwägungsgründe, sowie die Dimension des menschlichen Körpers (Artikel 5) und des Ordre Public (Artikel 6) neu hinzu kamen, die im ersten Entwurf noch gänzlich fehlten.

Die Kommission hatte vor allem die Binnenmarktperspektive und die präventive Aufhebung potentieller Handelsschranken durch das Patentrecht im Blick, gleichzeitig sollte mit der Harmonisierung das Biopatentrecht im Hinblick auf die wirtschaftliche Entwicklung und das europäische Innovationspotential in Konkurrenz zu den USA und Japan gestärkt werden. Dagegen vertrat das Parlament eine andere Perspektive, indem es das Patentrecht kontextualisierte und damit aus seiner engen Fassung löste. Patentschutz wurde nicht allein als technisch-juristische Spezialmaterie begriffen, sondern in eine Prüfung seiner

---

271 Einer meiner Interviewpartner bewertete das Ergebnis im Sinne eines Policy Learnings: »Ja, das war doch für alle, individuell für die Abgeordneten und alle Beteiligten, auch ein Lernprozess. Indem man Argumente, die von anderer Seite vorgebracht wurden, man musste sich ja damit auseinandersetzen, und dann fängt man doch manchmal an, über etwas neu zu denken oder anders zu denken, sozusagen.« (Interview Leonhardt, Sekretariat des Rechtsausschusses des Europäischen Parlaments).

272 Die Wiedergabe dieser unterschiedlichen evaluativen Aussagen geht auf die geführten Experteninterviews mit Abgeordneten und anderen Beteiligten zurück, aber auch auf Gespräche auf Fachtagungen und bei anderen Anlässen. Manche Beteiligte und Beobachter sprechen sogar von einer Art »Täuschung«, indem sie behaupten, viele Abgeordnete hätten gar nicht genau gewusst, was sie eigentlich abgestimmt hätten. Manche Abgeordnete hätten sich von Artikel 5(1) der Richtlinie sogar zu falschen Schlüssen hinsichtlich der Nicht-Patentfähigkeit des menschlichen Körpers »verleiten« lassen.

politischen Legitimation und in eine Wirkungsanalyse der ökonomischen, sozialen und ethischen Implikationen des Patentschutzes eingebettet. Die Moralisierung des Patentschutzes in der Biotechnologie war dabei ein Mittel zu seiner Politisierung, das den engen Rahmen der bisherigen Rechtsdogmatik und Rechtspraxis aufsprengte. Kontroversen um das Ob und Wie eines regulativen Verständnisses von Patentrecht begleiteten den gesamten Legislativprozess und hielten auch darüber hinaus an.

Dabei standen und stehen sich Vertreter eines traditionellen Patentrechtsverständnisses und Verfechter einer Neukonzeption gegenüber, wie aus den folgenden beiden Stellungnahmen deutlich wird:

»Das war natürlich auch typisch für diese Diskussion, dass zum ersten Mal eigentlich ein auch ethisch befrachtetes Thema zum Gegenstand der Behandlung im Europäischen Parlament wurde, im Verfahren der Mitentscheidung, wo immerhin der Einfluss des Parlaments ja erheblich größer ist, als bei der einfachen Konsultation und wo man also das Gefühl hatte, man kann notfalls etwas verhindern, was der Mehrheit eben nicht gefällt. Und dann wurde dieses Thema doch, ich meine etwas überfrachtet von Fragen, die durchaus berechtigt sind, aber die eigentlich in andere Bereiche gehören, wie z.B. die Frage mit dem ›Informed Consent‹, die Frage der Herkunft von Stoffen aus Ländern der Dritten Welt, wie werden die Interessen der Dritten Welt berücksichtigt, das Übereinkommen von Rio, dann Sortenvielfalt, Sortenschutzabkommen usw. Also Fragen, die Richtigkeit oder Falschheit der Biotechnologie, oder der Gentechnik insbesondere, allgemein betreffend. Die wurden alle in die Patentdiskussion reingebracht. Fragen also, die wirklich über den Rahmen eigentlich des Patentschutzes hinausgehen. Das Patentrecht war eigentlich nie dazu da, über die Wünschbarkeit oder Nützlichkeit einer Technik oder Technologie zu entscheiden.« (Interview Leonhardt, Parlamentssekretär des Rechtsausschusses)

Im Gegensatz zu dieser engen Rahmung des Patentschutzes, die eine Kopplung mit Technikkonflikten ablehnt und dies als »Überfrachtung des Patentrechts« bewertet, wiesen andere Stimmen vehement auf die notwendige Einbettung des Patentrechts in öffentliche Ziele und Anliegen hin:

»the immunisation of patent law from general ethical and social concerns may not be appropriate with respect to biotechnology patents. Given the economic force of patents – the way they encourage certain forms of activity over others – and the key importance of biotechnology to both health care and agriculture, countries ought not to be deprived of the ability to regulate social and ethical issues arising out of biotechnology directly through patent law« (Gold/Galluchat 2001: 361).

Die von starker Emotionalisierung und Moralisierung begleitete Politisierung des (Bio-) Patentrechts kam für alle »engen« Experten des Patentrechts überraschend.[273] Die Ethisierung des Patentrechtsdiskurses wirkte gleichermaßen

273 Vgl. hierzu grundsätzlich zur Definition, Eingrenzung und Bewältigung von «Moralpolitik«: «morality policies are assumed to be distinctive in that they generate conflicts of basic moral

mobilisierend und aktivierend. Sie holte das Feld aus dem engen Zirkel von technischen und juristischen Patentrechtsexperten heraus. Gleichzeitig legte es deren Vertretern Begründungszumutungen für Rechtsdogmatiken und Sachverhalte auf, die als selbstverständlich gesetzt galten und zum Common Sense der Profession zählten.

Wieweit es notwendig, möglich und erstrebenswert ist, »direkt« durch Patentrecht die Sozial- und Umweltverträglichkeit von Innovation regulativ zu steuern, bleibt weiterhin Gegenstand der wissenschaftlichen und politischen Auseinandersetzung.[274] Diese unterschiedlichen Auffassungen gehen notwendigerweise auch in die Interpretation des Resultates, des endgültigen Richtlinientextes, ein. Im Folgenden werden hierzu in verdichteter Form die Ergebnisse des verabschiedeten Richtlinien-Textes vorgestellt.

Das zähe Ringen und der Kompromisscharakter der Richtlinie wird bereits bei Ansicht des Textkorpus der Richtlinie deutlich: Den (mageren) 12 Artikeln der Richtlinie sind 56 Erwägungsgründe vorangestellt. In diese Erwägungsgründe sind die unterschiedlichsten politischen Zielvorstellungen, die mit der Richtlinie verknüpft sind, eingeflossen, wobei anzuerkennen ist, dass diese nicht unbedingt miteinander kohärent sind. Sie sollen hier kurz referiert werden:

Die Erwägungsgründe 1–7 führen die Industrieentwicklung, den Investitionsschutz, Handelshemmnisse, sowie die rechtliche Harmonisierung angesichts der Gefahr einer Rechtsfragmentierung als Ziele der Richtlinie auf. Erwägungsgrund 8 betont, dass es sich nicht darum handele, ein neues Recht zu schaffen, sondern das bestehende Recht anzupassen. Die Erwägungsgründe 11 und 12 richten sich auf das Entwicklungspotential der Biotechnologie, den Umweltschutz, die Bedeutung für Entwicklungsländer, sowie die Bekämpfung von Krankheiten und des Welthungers. Erwägungsgrund 12 verweist auf das TRIPs-Abkommen, das zu Produkt- und Verfahrensschutz in allen Technologiefeldern verpflichtet, führt in Erwägungsgrund 36 aber auch die sozio-ökonomischen und ethischen Patentierungsschranken aus Artikel 27(2) TRIPs auf. Ab Erwägungsgrund 13 werden Einwände gegen die Patentierbarkeit abgearbeitet, die Differenz zwischen Entdeckung und Erfindung markiert (13, 16, 34) und betont, dass das Patentrecht Restriktionen und Verbote zur Forschungsregulierung und Kommerzialisierung bezüglich der öffentlichen Gesundheit, Sicherheit, des Umwelt- und Tierschutzes, der genetischen Diversität und der Einhaltung ethischer Standards weder ersetzen noch überflüssig machen kann

values, do not lend themselves to compromise, and are widely salient and technically simple« (Mooney/Schuldt 2008: 199).

274 In dieser Arbeit soll diese Frage nicht normativ beantwortet, sondern lediglich festgehalten werden, dass dieser Konflikt ein wesentlicher Angelpunkt der Kontroverse war. Zu den Möglichkeiten und Grenzen, Technikrisiken und Technikbewertungen im und vermittels des Patentrechts zu regulieren, habe ich mich an anderer Stelle ausführlich geäußert (siehe Schneider 2008).

(14).[275] Die Menschenwürde und körperliche Unversehrtheit seien zu respektierende Grundprinzipien (16), in diesen Zusammenhang werden Patentierungsverbote bezüglich des menschlichen Körpers und seiner Teile in seiner natürlichen Umgebung gestellt, während davon isolierte Teile patentfähig sein können (17, 20–21). Die Erwägungsgründe 22 bis 25 befassen sich spezifisch mit der Patentfähigkeit von Gensequenzen und führen (implizit) auch die zweite medizinische Indikation (28) und den Ausschluss von chirurgischen, diagnostischen und therapeutischen Maßnahmen am Körper (35) mit auf. Die informierte Zustimmung des Menschen, von dem Körpermaterial stammt (26) und die geografische Herkunftsangabe (27) wurden – nach ihrer Verbannung aus den Artikeln der Richtlinie seitens von Kommission und Rat – in zwei Erwägungsgründen untergebracht. Die Erwägungsgründe 29 bis 33, sowie 45 bis 52 behandeln die Patentfähigkeit von Pflanzen und Tieren und die Vorgaben der UN Konvention zur Biologischen Vielfalt (56). Die Ordre Public Klausel wird in den Erwägungsgründen 37 bis 45 expliziert und konkretisiert, wobei Erwägungsgrund 39 den Ordre Public als Querschnittsaufgabe mit der Aussage verankert, dass ethische Grundsätze die übliche patentrechtliche Prüfung, unabhängig vom technischen Gebiet der Erfindung, ergänzen.

Diese breit gefächerten Erwägungsgründe legen Rahmenbedingungen des Biopatentrechts fest und liefern Auslegungsstandards für die Artikel der Richtlinie. In ihnen spiegeln sich ein weit gefasstes Verständnis des Biopatentrechts und die Notwendigkeit, darin unterschiedliche Ziele gegeneinander abzuwägen und dabei Grund- und Menschenrechtsprinzipien, sowie auch internationale umweltrechtliche Verpflichtungen einzuhalten. Eine »ethische« Prüfung wird als integraler Bestandteil des Patentprüfungsverfahrens eingefordert. [276]

Aus einem vermeintlich »rein technischen« ersten Richtlinienentwurf der Kommission von 1988 entwickelte sich somit binnen der nächsten zehn Jahre eine »politische Richtlinie«. Diese bettete das Patentrecht in allgemeine, politi-

---

275 Die in Klammern angegebenen Zahlen geben den jeweiligen Erwägungsgrund in der Richtlinie wieder.

276 Wie weit diese »ethische Querschnittsaufgabe« reicht, dazu bestehen unterschiedliche Ansichten: »Recital 39 is more than a mere stylistic inaccuracy Rather, the provision explicitly demands an ethical supplement to the standard legal examinations under patent law« (Spranger 2002: 245). Sowohl die verabschiedeten Erwägungsgründe wie auch die Artikel 5 und 6 der Richtlinie, insbesondere die unabgeschlossene (!) Liste der Patentierungsausnahmen bieten tatsächlich eine Basis dafür, ethische Erwägungen dauerhaft zu einem Bestandteil der Prüf- und Erteilungspraxis der Patentämter zu machen. Allerdings wurde »Ethik« in den Artikeln der Richtlinie vor allem auf »substanzielle« Entitäten und Verfahren wie Embryonenschutz, Klonen und Keimbahneingriffe zugeschnitten, während weitergehende sozialethische Erwägungen aus den *Artikeln* der Richtlinie weitgehend ausgeklammert wurden, wie Baumgartner (2005) kritisch reflektiert. Zu unterschiedlich engen oder weiten Konzeptionen von »Ethik« im Patentrecht siehe Bentley/Sherman 1995; Sterckx 1997; Bagley 2003; Kur 2004; Geiger 2006 und Thambisetty 2006.

sche Zielvorgaben ein und formulierte Schranken und »ethisch begründete« Patentierungsausschlüsse. Solche Grenzen und Schranken sind zwar dem europäischen Patentrecht von jeher immanent, sie waren jedoch in der horizontalen Governance zwischen Patentanmeldern, Patentämtern und Gerichten weitgehend irrelevant geworden (vgl. Kap I.F). Die lange währende Debatte um das Biopatentrecht hat im Ergebnis dazu geführt, dass Grenzen im Patentrecht reakzentuiert und als positive Gestaltungschancen betrachtet wurden.[277]

Als Konvergenzen, notwendige Abwägungen, und Zielkonflikte werden in den Erwägungsgründen der Richtlinie unter anderem folgende Dimensionen benannt[278]: Das Patentrecht soll den wissenschaftlich-technischen Fortschritt durch Gewährung eines zeitlich befristeten Ausschlussrechts an den Erfinder fördern (1–3) und *dadurch* den öffentlichen Belangen des Umweltschutzes (10), des Gesundheitswesens und der Hungerbekämpfung (11) entsprechen. Patentschutz soll zum Technologietransfer beitragen und damit die ökonomische Entwicklung in den Entwicklungsländern vorantreiben (11). Patentschutz ist unter Wahrung der Grundprinzipien auszuüben, die Würde und Unversehrtheit des Menschen gewährleisten (16). Zu dieser verfassungsrechtlichen Einrahmung nimmt die Richtlinie explizit auf die 1950 gezeichnete Konvention zum Schutze der Menschenrechte und Grundfreiheiten Bezug sowie auf die gemeinsamen Verfassungsüberlieferungen der Mitgliedstaaten als allgemeine Grundsätze des Gemeinschaftsrechts (43). Referenz genommen wird darüber hinaus auf die Konvention zur Biologischen Vielfalt (56) als völkerrechtliches Abkommen.

Diese Erwägungsgründe, in die viele der Änderungsanträge des Parlaments eingegangen sind, haben hinsichtlich ihrer Rechtsverbindlichkeit einen weichen Charakter, es handelt sich in erster Linie um »Auslegungshilfen« für die Artikel.

In den »harten« Artikeln der Richtlinie setzte sich jedoch die Pro-Patent-Diskurskoalition mit einer Kodifizierung und Stärkung des Biopatentrechts weitgehend durch, wobei die grundsätzliche Patentierbarkeit biologischen Materials, auch menschlicher Herkunft, ebenso gesetzlich festgeschrieben wurde wie die Isolierungsdogmatik für natürliche Substanzen. Implizit wurde auch die Geltung des Stoffschutzes für biologische Substanzen verankert, obwohl festzuhalten ist, dass dieser auf europäischer Ebene keineswegs explizit gesetzlich kodifiziert wurde. Die Richtlinie 98/44/EG verpflichtet demnach die Mitgliedsstaaten der EU, biotechnologische Erfindungen in ihrem nationalen Patentrecht zu schützen (Artikel 1). Erstmals für das nationale und internationale Patentrecht kodifiziert die Richtlinie explizit die Patentfähigkeit lebender Materie:

---

277 Als Grenze wurde neben Artikel 6 der Artikel 5 (1) in das Recht eingeschrieben, diese jedoch in Artikel 5(2) der Richtlinie weitgehend wieder aufgehoben, wie in Kap. II.C noch aufgearbeitet wird.

278 Die Zahlen in Klammern verweisen wiederum auf den jeweiligen Erwägungsgrund in der Richtlinie.

»Artikel 3
(1) Im Sinne dieser Richtlinie können Erfindungen, die neu sind, auf einer erfinderischen Tätigkeit beruhen und gewerblich anwendbar sind, auch dann patentiert werden, wenn sie ein Erzeugnis, das aus biologischem Material besteht oder dieses enthält, oder ein Verfahren, mit dem biologisches Material hergestellt, bearbeitet oder verwendet wird, zum Gegenstand haben.

(2) Biologisches Material, das mit Hilfe eines technischen Verfahrens aus seiner natürlichen Umgebung isoliert oder hergestellt wird, kann auch dann Gegenstand einer Erfindung sein, wenn es in der Natur schon vorhanden war.«

Den Schutz für Material und Verfahren sowie den Schutzumfang normiert die Richtlinie in ihren Artikeln 8 und 9:

»Artikel 8
(1) Der Schutz eines Patents für biologisches Material, das aufgrund der Erfindung mit bestimmten Eigenschaften ausgestattet ist, umfasst jedes biologische Material, das aus diesem biologischen Material durch generative oder vegetative Vermehrung in gleicher oder abweichender Form gewonnen wird und mit denselben Eigenschaften ausgestattet ist.
(2) Der Schutz eines Patents für ein Verfahren, das die Gewinnung eines aufgrund der Erfindung mit bestimmten Eigenschaften ausgestatteten biologischen Materials ermöglicht, umfasst das mit diesem Verfahren unmittelbar gewonnene biologische Material und jedes andere mit denselben Eigenschaften ausgestattete biologische Material, das durch generative oder vegetative Vermehrung in gleicher oder abweichender Form aus dem unmittelbar gewonnenen biologischen Material gewonnen wird.

Artikel 9
Der Schutz, der durch ein Patent für ein Erzeugnis erteilt wird, das aus einer genetischen Information besteht oder sie enthält, erstreckt sich vorbehaltlich des Artikels 5 Absatz 1 auf jedes Material, in das dieses Erzeugnis Eingang findet und in dem die genetische Information enthalten ist und ihre Funktion erfüllt.«

Damit geht eine Besonderheit lebendiger »Materie«, nämlich die Reproduktionsfähigkeit, welche sie von anderen technischen Gegenständen und Prozessen, die bisher Gegenstand des Patentrechts waren, unterscheidet, in den Patentschutz ein.[279]

Zu diesen Normierungen, welche die biotechnologischen Verfahren und Produkte explizit patentierbar machen, treten jedoch Einschränkungen, die insbesondere in den Artikel 5 und 6 der Richtlinie kodifiziert wurden. Da eine inhaltliche Analyse dieser beiden Artikel in Kap. II.C vorgenommen wird, soll an dieser Stelle auf eine eingehende Betrachtung der Artikel selbst verzichtet werden, es sind aber einige Anmerkungen zum Status dieser Artikel nötig.

279 Die teilweise Aufhebung der im EPÜ festgelegten Patentierungsschranken für Pflanzenarten und Tierrassen in Artikel 4 und 12 der Richtlinie werden im Rahmen dieser Arbeit nicht behandelt.

Die Genese dieser beiden Artikel bis hin zur letztlich in Kraft getretenen Fassung wurde im Lauf dieser Arbeit ausführlich rekonstruiert und spezifiziert.[280] Neben den Erwägungsgründen fanden insbesondere in diesen beiden rechtsverbindlichen Artikeln die langjährigen Auseinandersetzungen um eine Neukonzeption des Patentrechts ihren Niederschlag. Das Europäische Parlament trat hier wesentlich dafür ein, dass sich darin neue Formulierungen durchsetzten, die für das bisherige Patentrecht und seine überkommene Dogmatik zunächst sehr sperrig waren. Wie in der Textgenese bereits en detail dargestellt wurde, waren einige wichtige Impulse hierzu von Gremien wie dem Wirtschafts- und Sozialausschuss, sowie der Ethikberatergruppe der Kommission ausgegangen. Dass »der menschliche Körper und seine Teile« überhaupt als Entität in das materielle Patentrecht gelangten, ist insbesondere der Resonanz und Responsivität des Parlaments für zivilgesellschaftliche Problemartikulationen und eine außerordentlich starke öffentliche Debatte um die Patentfähigkeit des Lebendigen (oft apostrophiert als »das Leben« selbst) zuzuschreiben. Bei der Patentdisziplin selbst stießen diese öffentlichen Kontroversen auf Ressentiments. Diese haben mit dem beanspruchten Deutungsmonopol der epistemischen Gemeinschaft des Patentrechts, dem Verhältnis von Experten und Laien, aber auch mit dem Auseinanderklaffen von Fachsprache und Alltagssprache, sowie fundamental divergierenden Grundverständnissen des Regelungsgegenstandes zu tun.[281]

Die Einfügung der »weichen« Artikel 5(1) und 5(3), sowie von Artikel 6(2), die vom Parlament durchgesetzt wurden, sind jedoch als bedeutsame Errungen-

---

280 Hier sei noch einmal kurz zusammengefasst, wie die beiden zentralen Artikel 5 und 6 in den Richtlinientext hineingelangten, in welcher Form sie dort zwischenzeitlich rechtssystematisch platziert waren, und wie diese Textstellen im Laufe des Gesetzgebungsprozesses »migrierten«. Die Initiative, Menschen und ihren Körper überhaupt in den Text aufzunehmen, ging 1989 vom Wirtschafts- und Sozialausschuss aus. Das Europäische Parlament nahm diesen Hinweis in seiner ersten Stellungnahme 1992 auf und formulierte einen ersten, frei stehenden Artikel zum menschlichen Körper und seinen Teilen. Von der Kommission wurde die Passage sodann mit dem Zusatz »als solche« versehen und in den Zusammenhang des Ordre Public und einen entsprechenden Artikel eingeordnet. In der »zweiten Runde« des Gesetzgebungsverfahrens nahm die Kommission die Textpassage aus dem Ordre Public-Zusammenhang wieder heraus und stellte sie in den Entdeckung-versus-Erfindungs-Kontext. Wiederum wurde aus der Patentierbarkeit des menschlichen Körpers ein eigener Artikel (Artikel 3) gemacht, der räumlich über mehrere Artikel getrennt wurde von den Patentierungsverboten nach Ordre Public (Artikel 9). Mit dieser Einordnung in »rein technische Fragen« wurde eine Entpolitisierung und Entemotionalisierung angestrebt und eine diskursive Entkopplung von der »Ethik« vorgenommen. Das Parlament und der Rat beließen es bei dieser Trennung, erweiterten jedoch beide Artikel durch Präzisierungen und die Verlängerung der Liste der Patentierungsausnahmen. Im endgültig verabschiedeten Entwurf stehen sodann beide Artikel (Artikel 5 und Artikel 6) wieder zusammen und lassen eine gewisse Bezugnahme und einen Verweisungszusammenhang aufeinander zu.

281 Ich gehe in der Frame-Analyse in Kap. II.C noch ausführlicher auf diese divergierenden Grundverständnisse und ihre Annäherung ein.

schaften für eine Rekonzeptualisierung des europäischen Patentrechts zu werten. Sie sollten deshalb keinesfalls als bloße »symbolische Politik« missverstanden werden. Vielmehr sind diese Artikel Einflugschneisen und Ausdrucksform für regulative Konzepte einer europäischen Patentpolitik.

Das Patentrecht wird nunmehr neben den EU-Forschungsrahmenprogrammen vermittels der beiden Artikel 5 und 6 als integraler Bestandteil der Forschungs- und Innovationsregulierung der Gemeinschaft angesehen und damit die vorgebliche Wertfreiheit des Patentrechts und seine Resistenz gegenüber gesellschaftlichen Regulationsbemühungen überwunden.

Der europäische Gesetzgeber hat in Artikel 6(2) Ausnahmen von der Patentierbarkeit erstmals rechtsverbindlich und in nicht ausschließlicher Aufzählung konkretisiert und damit seine Gesetzgebungsprärogative wahrgenommen. Spezifisch definierte Grenzen werden nicht allein einer abstrakten Ordre Public-Generalklausel und damit der Rechtsfortbildung durch Patentämter und Gerichte überlassen. Diese Patentierungsausschlüsse binden das Europäische Patentamt sowie nationale Patentämter und Gerichte. Sie besitzen in dieser Frage keinen ethischen Auslegungsspielraum, sondern dürfen lediglich eine Sachverhaltsprüfung vornehmen, ob die entsprechenden Patentausschlüsse erfüllt sind oder nicht.[282] Unsicherheiten bestehen jedoch bezüglich der – engen oder weiten – Auslegung der auf den Ordre Public gestützten Ausnahmen von der Patentierbarkeit in Artikel 6(2), dies ist ein Punkt, auf den später noch zurückzukommen ist.

Artikel 6(2) übt vermittels der Patentierungsausschlüsse eine Wirkung auf das Vorfeld von Verwertungsentscheidungen und Kommerzialisierungsprozessen aus. Diese Klauseln berücksichtigen somit den ineinander verketteten Charakter von Forschungs- und Entwicklungsentscheidungen. Sie verlagern die Regulationskapazitäten »upstream« in den Forschungsprozess. Statt wie bisher die »unmoralische« Nutzung respektive Verwertung einer Erfindung vom Prozess ihrer Entstehung abzutrennen, wird somit eine überbrückende Klammer hergestellt. Dies trägt der stärkeren Durchlässigkeit sowie der Verflechtung zwischen Wissenschaft und Industrie, Produktiv- und Finanzkapital Rechnung.

Der politische Kompromisscharakter der Richtlinie wurde allerdings erkauft durch weiterwirkende Unklarheiten und weite Auslegungsspielräume bezüglich

---

282 Das Case Law des EuGH (C-456/03 *Commission v. Italy)* ist hierbei einschlägig: «Unlike Article 6(1) of the Directive, which allows the administrative authorities and courts of the Member States a wide discretion in applying the exclusion from patentability of inventions whose commercial exploitation would be contrary to ordre public (public policy) and morality, *Article 6 (2) allows the Member States no discretion with regard to the unpatentability of the processes and uses which it sets out, since the very purpose of this provision is to give definition to the exclusion laid down in Article 6(1)* (see, to this effect, Netherlands v Parliament and Council, paragraphs 37 to 39).« (ECJ, C-456/03 Commission/ Italy, 16.06.2005, ECR [2005] I-5335, Punkt 78 et seq. Hervorhebung I.S.).

der Patentierbarkeit von menschlichen Körperbestandteilen, was sich im unklaren Verhältnis von Artikel 5(1) zu Artikel 5(2), sowie hinsichtlich des Tatbestandes und Umfangs des Patentschutzes von DNA-Sequenzen niederschlug. Ein großer Erfolg des Parlaments dürfte in der Einfügung von Artikel 5(3) der Richtlinie liegen, über dessen Auslegung allerdings juristisch keine Einigkeit besteht (vgl. Krefft 2003). Rechtssystematisch ist dieser dritte Absatz von Artikel 5 in seiner Stellung insofern problematisch, als sich die darin geforderte Konkretisierung der gewerblichen Anwendbarkeit einer DNA-Sequenz nur auf solche humaner Herkunft zu beziehen scheint, stellt man einen engen Bezug zu den ersten beiden Absätzen von Artikel 5 her. Da sich jedoch viele humane DNA-Sequenzen gar nicht oder kaum von solchen anderer Organismen unterscheiden, erscheint eine solche Unterscheidung wenig sinnvoll. Die Erläuterungen in den Erwägungsgründen 22 bis 25 beziehen sich zudem auf DNA-Sequenzen allgemein, ohne spezielle Referenz auf den menschlichen Körper, so dass auch eine weite Auslegung von Artikel 5(3) in Bezug auf alle Gensequenzen gleich welcher Herkunft möglich erscheint.

Dass es sich bei dem Gesetzestext um einen politischen Kompromiss handelt, zeigt sich auch darin, dass in ihn zwei verschiedenartig gerichtete Regulationsimperative – Patentierbarkeit oder gar Ausweitung der Patentfähigkeit versus Schrankensetzung – integriert wurden, sowie die Kontroversen um die patentrechtssystematische Einordnung des menschlichen Körpers und seiner Teile weiterhin fortbestanden, die durch semantische Formelkompromisse nur überdeckt wurden. Es überrascht daher nicht, dass Schwierigkeiten bei der Auslegung und Umsetzung entstehen und Juristen sich notorisch über eine »verfehlte Gesetzessystematik« (Calamé 2001: 211) und »die dogmatisch unsauberen und zum Teil verworrenen Regelungen der Richtlinie« (Krefft 2003: 233) beklagen. Gerade in diesen Irritationen für die überkommene Rechtsdogmatik liegt jedoch ein wesentliches Merkmal politischer Argumentations- und Aushandlungsprozesse, in denen konträre Standpunkte zusammengebunden werden und zu einem Endprodukt finden müssen. Solche politischen Kompromisse sollten deshalb auch als Impulsgeber für Neuentwicklungen in der Patentrechtsdogmatik betrachtet werden.

Ich komme nun zur abschließenden Bewertung der Richtlinie, wobei meine Arbeit nicht anstrebt, die Richtlinie in ihrem substantiellen Gehalt normativ zu evaluieren.

Zweifelsohne hat die Richtlinie die politisch offene Frage nach der moralisch-ethischen Zulässigkeit der Patentierbarkeit von Körpersubstanzen wie Genen und Zellen dahingehend eindeutig beantwortet, dass sie eine Patentfähigkeit ermöglicht. Damit wurde die vorausgegangene Erteilungspraxis des Europäischen Patentamtes und nationaler Patentämter ratifiziert und rechtlich kodifiziert. Insofern kam es im Wesentlichen zu einer Bestätigung der Erteilungspraxis der Patentämter.[283]

Gleichwohl hat das Parlament seine Gestaltungsmacht insofern genutzt, als es sowohl in den Erwägungsgründen wie auch in einigen Artikeln der Richtlinie das Patentrecht mit neuen Abwägungen konfrontierte. Dabei verhielt sich das Europäische Parlament responsiv gegenüber Bedenken aus der Zivilgesellschaft und der Öffentlichkeit hinsichtlich

- ethischer Grenzen der Patentfähigkeit und ihrer Vereinbarkeit mit der Menschenwürde,
- forschungsethischer und forschungspolitischer Grenzen, die ihren Niederschlag auch in patentrechtlichen Regulativen finden sollen,
- Aspekten der Public Health im Sinne einer Qualität und Zugänglichkeit der öffentlichen Gesundheitsversorgung, nicht zuletzt in Bezug auf Implikationen des Patentschutzes für Kostenfragen und die Finanzierbarkeit der Gesundheitswesens,
- der makroökonomischen Effizienz von Patenten, die Innovation behindern können, wenn sie exzessiv erteilt werden, und
- der Erosion der *public domain* und einer *open science*, insbesondere in der Grundlagenforschung.

Damit setzte das Legislativverfahren Impulse für eine bessere Balance des europäischen Patentsystems und erlaubte, Innovation im Hinblick auf Effizienz, Nachhaltigkeit und soziale Erwünschtheit hin zu qualifizieren. Implizit wurde somit eine regulative Neukonzeption des Patentrechts angebahnt. Das Patentrecht hat sich bis dato allein als technologie- und innovationsförderndes Rechtsinstitut begriffen, das alle gesellschaftlichen Regulierungen von Innovation auf andere, nachgelagerte Instanzen und Rechtsinstitute verwies. In den parlamentarischen Änderungen manifestiert sich aber eine neue Rahmung des Patentrechts und damit ein neuer, vertikal initiierter Governance-Modus, der auf Inhalt und Richtung der weitgehend horizontal regulierten Patent-Governance einwirkt. Ob und wie sich diese Neukonzeptionen und innovativen Governance-Impulse im Vollzug der Richtlinie durchsetzen werden, bleibt abzuwarten.

Vom Zeitpunkt des Inkrafttretens der Richtlinie im Mai 1998 aus gesehen konnte argumentiert werden, dass die Konzessionen, welche Kommission und Rat dem Parlament gegenüber machten, als bloße »symbolische Politik« zu bewerten seien, wohingegen in ihrer substantiellen Dimension die Richtlinie

283 Durch Artikel 5(3) wurde allerdings explizit eine neue Verfahrenspraxis festgelegt, wonach Funktionen einer Gensequenz bereits bei der Anmeldung zu nennen sind und nicht im Lauf des Verfahrens nachgereicht werden können, wie dies bis dato für chemische Substanzen der Fall war.

»starke Biopatente« ratifiziert habe, womit biologische Substanzen und genetische Information mit einem breiten Umfang geschützt wurden.

Obgleich ich den Nutzen dieser üblichen Unterscheidung zwischen »symbolischer« und »substantieller« Politik hinsichtlich einer Evaluation von Politikergebnissen nicht grundsätzlich in Abrede stelle, werde ich dennoch in einem nun folgenden kleinen Exkurs diese Unterscheidung sowohl in theoretischer wie in empirischer Hinsicht zu unterlaufen suchen, indem ich einigen weiteren Ereignissen und Entwicklungen vorausgreife.

Damit soll betont werden, dass »symbolische Politik« in »substantielle Politik« transformiert werden kann, sofern Veränderungen im Kontext eines Rechtsaktes stattfinden.[284] Aus einer solchen Sicht ist jeder Gesetzesakt erst einmal nur ein geschriebener Text, der mit der staatlichen Autorität von Gesetzgeber und Regierung ausgestattet wird. Ob und in welcher Weise diesem Gesetzestext Vollzug geleistet wird, bleibt der Rechtspraxis und damit den Funktionssystemen der Gesellschaft überantwortet. Ob Gesetzesakte neue Normen setzen oder »alte« festschreiben, womit generell das Verhältnis zwischen Fortschreibung und der Artikulation von Differenz (Umschreibung) berührt ist, lässt sich nicht allein am Text selbst festmachen, sondern muss dahingehend untersucht werden, welche Netzwerke semiotischer Verhältnisse und materieller Kontexte in Betracht zu ziehen sind. Obgleich daher die Verabschiedung einer EU-Richtlinie als Schließungsprozess und als finaler Punkt einer Entscheidung anzusehen ist, in dem »harte Resultate« erzielt werden (*output*), bleibt das Ergebnis (*outcome*) und seine Wirkung (*impact*) zunächst vorläufig. Ein Ensemble von verschiedenen Effekten wie etwa politischen Machtverhältnissen, Interessen von Stakeholders, Auslegung durch professionelle Experten, sowie der administrative Vollzug entscheidet letztlich über die konkrete Bedeutung und die Implementierung eines Gesetzgebungsaktes. Dabei soll darüber hinaus betont werden, dass die praktische Signifikanz eines Rechtsaktes durch das Handeln multipler Akteure bestimmt wird und daher in einem komplexen operativen Feld angesiedelt ist. Dadurch, so meine These, kann die symbolische Dimension von Gesetzgebungsakten potentiell ebenso relevant werden wie die substantielle.

Mit dieser Interpretation widerspreche ich sowohl Kritikern wie Befürwortern der Richtlinie, wenn diese die Bedeutung der »ethischen« Zugeständnisse an das Parlament, die im Richtlinientext verankert wurden, herunterspielen, wie nun anhand von drei kurzen Einschätzungen belegt werden soll.

Seitens einer Reihe von Kritikern wurden diese Zugeständnisse, die sich unter anderem in der Ordre Public-Klausel und ihrer konkreten Spezifizierung in Artikel 6(2) der Richtlinie niedergeschlagen haben, als bloßes »ethisches Feigen-

284 Es bleibt darauf hinzuweisen, dass diese Transformation sich auch umgekehrt vollziehen kann.

blatt« (van den Belt 2002) veranschlagt. Diese mit einem gewissen Entlarvungsgestus vorgetragene Kritik, die besagt, dass eine als unethisch zu bewertende Richtlinie lediglich ethisch übertüncht wurde und die sich als ideologiekritisch versteht, stimmt in merkwürdiger Weise mit Aussagen seitens von Richtlinienbefürwortern überein.

Für federführende Protagonisten wie den Berichterstatter des Parlaments waren die 1997 normierten Patentierungsausschlüsse vor allem in strategischer Hinsicht relevant, um ein zustimmendes Votum des Parlaments zur Richtlinie herbeizuführen:

»Zum Glück spielt der Paragraph über die öffentliche Ordnung und die guten Sitten in der Patentpraxis so gut wie keine Rolle« (Interview Rothley, MdEP).

Diese – im Jahr 1998 getroffene – Aussage spiegelt sich auch in der Einschätzung des Referenten des Rechtsausschusses des Parlaments wider, die zum gleichen Zeitpunkt getroffen wurde:

»Man wollte einfach den Kritikern entgegenkommen oder sie beruhigen. Keimbahn, Klonierung, das hat an sich überhaupt nichts in der Patentrichtlinie zu suchen oder sagen wir mal so: Es hätte ohnehin gegolten. Wenn heute einer herkommt zum Europäischen Patentamt und sagt: Ich habe eine Methode, einen Menschen zu klonen, dann wird das abgelehnt. Aber eben mit der uralten Begründung: Dies ergibt einen Verstoß gegen die guten Sitten, so dass man es nicht extra nochmal reinschreiben muss. Andererseits besteht die Gefahr, dass es demnächst diese Technik gibt, auf der einen Seite und die Verunsicherung der Menschen demgegenüber. Und dann war das eben nichts anderes als eine Beruhigung, um die Öffentlichkeit zu beruhigen. Also es wäre nicht unbedingt notwendig gewesen.

(Frage) *Aber da spielt auch symbolische Politik eine Rolle?*

Ja, und Politik auch in dem Sinne, um Gegnern möglichst Argumente aus der Hand zu nehmen, ohne dass man ihnen in der Sache wirklich substantiell entgegenkommt, weil es eigentlich so ein Nebengleis ist, nicht« (Interview Leonhardt, Parlamentssekretariat).

An dieser Stelle ist auf die Dynamik von Gesetzesvollzügen zu verweisen und darauf hinzuweisen, dass entsprechende Bewertungen sich bereits binnen kurzer Zeit verändern können, wenn sich andere externe Faktoren oder neue Machtverhältnisse einstellen. Die obigen Einschätzungen, dass die Patentierungsausschlüsse lediglich Selbstverständlichkeiten kodifizierten, als vernachlässigbar zu qualifizieren seien oder als Nebenschauplätze de facto rechtspraktisch bedeutungslos bleiben würden, haben sich jedenfalls historisch überholt. Man mag es als Volte der Geschichte deuten, dass im November 1998, nur wenige Monate nach der Verabschiedung der Richtlinie, erstmalig die Herstellung von humanen embryonalen Stammzellen wissenschaftlich publiziert wurde (siehe Thomson et al. 1998, Shamblott et al. 1998). Damit wurde ein neues Forschungsfeld der menschlichen embryonalen Stammzellforschung eröffnet, das binnen kurzer Zeit eine große wissenschaftliche und politische Dynamik entfaltete. Im Zusammenhang mit dieser Forschungsrichtung etablierte sich zudem das Forschungsgebiet des sogenannten »therapeutischen Klonens«, das weltweit Furore machte, obgleich hinsichtlich letzterer Methode bis heute noch kein wissenschaftliches *proof of evidence* gelungen ist.[285]

Durch diese Ereignisse gewannen die ethisch motivierten Patentierungsausschlüsse – insbesondere das Verbot der »Verwendung von menschlichen Embryonen zu industriellen oder kommerziellen Zwecken« in Artikel 6(2)c der Biopatentrichtlinie, sowie das Patentierungsverbot für »Verfahren zum Klonen von menschlichen Lebewesen« in Artikel 6(2)a eine außerordentlich hohe praktische und politische Signifikanz. Dies bildete den Auftakt für neue Kontroversen über das Biopatentrecht und darüber, ob die kodifizierten Patentierungsverbote eng oder weit auszulegen seien. Ohne in dieser Arbeit inhaltlich auf die strittige Frage der Patentfähigkeit von menschlichen embryonalen Stammzellen eingehen zu können,[286] bleibt darauf hinzuweisen, dass diese Kontroversen auch Einfluss auf die Implementierung der EU-Biopatentrichtlinie in den nationalen Mitgliedsstaaten der EU und auf die Patenterteilungspraxis des Europäischen Patentamtes hatten. Auf einige damit zusammenhängende Ereignisse werde ich daher bei der Darstellung des deutschen Implementierungsprozesses (Kap. II. B) sowie beim Verweis auf weitere Entwicklungen auf europäischer Ebene (Kap. II. E) noch eingehen.

An dieser Stelle sei der Exkurs über den Zusammenhang von symbolischer und substantieller Politik dahingehend abgeschlossen, dass darauf zu verweisen ist, dass diese Transformation von symbolischer zu substantieller Politik sich nicht in dem hier exemplarisch genannten Feld der ethisch-moralisch kontroversen Embryonenforschung erschöpft.

Wenn in dieser Arbeit besonderes Augenmerk auf die von Parlament und Rat verabschiedeten Artikel und Erwägungsgründe der Richtlinie gelegt wird, welche eine menschenrechtliche und sozio-ökonomische Einbindung des Patentrechts sowie Patentierungsausschlüsse normiert haben, bedeutet dies in einem umfassenderen Sinn, diese Passagen nicht als Gesetzeslyrik zu veranschlagen oder als rein symbolische Politik ad acta zu legen. Vielmehr entfachen diese Passagen weiterhin Widerstreit, es handelt sich gewissermaßen um wider-

---

285 Erinnert sei in diesem Zusammenhang lediglich an den Fälschungsskandal um den südkoreanischen Klonforscher Hwang Woo-suk, der um die Jahreswende 2005/2006 aufgedeckt wurde. Bislang ist es trotz vielfacher entsprechender Ankündigungen noch keinem Wissenschaftler gelungen, eine geklonte menschliche embryonale Stammzelllinie herzustellen. Zur ethischen Problematik von »reproduktiven« und »therapeutischen« Klonverfahren siehe Schneider 2003b.

286 Ich habe mich inhaltlich mit der Patentierung von humanen embryonalen Stammzellen an anderer Stelle auseinandergesetzt (siehe Schneider 2002b und 2004a). Siehe zu dieser Kontroverse aus der Fülle an Literatur: van Overwalle 2001, Treichel 2004, Plomer 2006.

ständige, querragende, uneindeutige, für vielfältige Auslegungen offene Teile des Gesetzestextes, welche Potentiale für eine restrukturierte Governance des europäischen Patentsystems bieten, worauf im Schlusskapitel dieser Arbeit noch einzugehen ist (vgl. Teil III).

An dieser Stelle bleibt zu vermerken, dass es in starkem Maße von der Auslegung im Praxisvollzug und bei Gerichten abhängig sein wird, ob die vorgenommene Aufwertung des Ordre Public (Artikel 6), die dem menschlichen Körper eingeräumte Sonderstellung (Artikel 5(1) der Richtlinie) und die vor allem in die Erwägungsgründe eingegangene regulative, das heißt rechtsgüterabwägende Neukonzeption des Patentrechts sich in einer veränderten Patenterteilungspraxis niederschlagen wird oder nicht. Ob die Richtlinie lediglich die vorgängige Patenterteilungspraxis des Europäischen Patentamtes ratifiziert oder aber tektonische Verschiebungen im Patentrecht und Patentsystem hervorgerufen hat, wird erst à la longue mit gebührendem historischem Abstand zu beantworten sein.[287]

Mit der Verabschiedung der Richtlinie 1998 kam es letztlich zu einem effektiven Rechtsetzungsverfahren, das zudem durch die breite öffentliche Diskussion, die Partizipation der Zivilgesellschaft und das hohe parlamentarische Engagement einen höheren Anspruch nicht allein auf formale, sondern auch auf substantielle Legitimation erheben kann. Gleichwohl führte das Ergebnis des Politikprozesses nicht zu einer gesellschaftlichen Befriedung, sondern die starken Kontroversen setzten sich außerparlamentarisch, aber auch juristisch weiter fort, wie im Folgenden anhand der Klage vor dem Europäischen Gerichtshof deutlich wird.

3. Die Nichtigkeitsklage der Niederlande vor dem Europäischen Gerichtshof

Die Legitimität der EU-Biopatentrichtlinie wird nur drei Monate nach ihrem Inkrafttreten erneut bestritten. Am 19. Oktober 1998 – einen Tag vor Ablauf der Frist – reichen die Niederlande eine Nichtigkeitsklage gegen die Richtlinie vor dem Europäischen Gerichtshof (EuGH) in Luxemburg ein.[288] Italien und

287 Und auch dann, so lehren uns Historiker und Geschichtsphilosophen, ist das letzte Wort noch nicht gesprochen, ist Geschichtsbewertung immer an gegenwärtige Probleme, Präferenzen und Problemsichten gebunden und Geschichtsschreibung damit gleichermaßen Gegenwartskunde und Zukunftseinhegung oder mit anderen Worten: «Other futures will need other pasts« (Groebner 2007, vgl. dazu Koselleck 1979).

288 EuGH 2001: Rechtssache C-377/98. Königreich der Niederlande gegen Europäisches Parlament und Rat der Europäischen Union. Nichtigerklärung Richtlinie 98/44/EG. Amtl. Sammlung EuGH – I, S. 7079-7173.

Norwegen[289] schließen sich der Klage als Streithelfer an. Eine Anhörung dazu findet am 13.2.2001 statt. Am 14. Juni 2001 schlägt der zuständige Generalanwalt Francis Jacobs vor, die Klage niederzuschlagen.[290] Die Klage wird am 9. Oktober 2001 vom EuGH abgewiesen.

Die drei Jahre, binnen derer die Entscheidung vor dem EuGH anhängig ist, wird von etlichen EU Mitgliedsstaaten zum Anlass genommen, die nationale Implementierung zurückzustellen. Zwar wird der am 6. Juli 2000 von den Niederlanden eingereichte Antrag auf einstweilige Anordnung über eine Aussetzung des Vollzugs der Richtlinie bis zur Entscheidung des Gerichtshofes bereits am 25. Juli 2000 mit Beschluss des EuGH-Präsidenten zurückgewiesen. Dennoch verbreitet das noch ausstehende Urteil eine gewisse Rechtsunsicherheit.

Die Niederlande stellen in ihrer Klage die Gültigkeit der Richtlinie in Frage und zweifeln ihre Vereinbarkeit mit höherrangigem Gemeinschaftsrecht an. In ihren Klagegründen[291] vertreten sie, dass im Bereich der Biotechnologie Patente

---

289 Norwegen ist zwar kein Mitglied der Europäischen Union, aber das am 01.01.1994 in Kraft getretene Abkommen über den europäischen Wirtschaftsraum (EWR-Abkommen, früher EFTA), ermöglicht Norwegen die Teilnahme am gemeinsamen Binnenmarkt der EU (mit Ausnahme der politisch sensitiven Bereiche Landwirtschaft und Fischerei). Voraussetzung für das Funktionieren des EWR ist die Übernahme aller EU-Binnenmarktregelungen durch die EWR-Partner. Es gibt allerdings ein formales Veto-Recht im Vertrag bezüglich der Umsetzung von EU-Richtlinien in nationales Recht. Dies wurde jedoch nicht genutzt, weil es Sanktionsmaßnahmen seitens der Europäischen Kommission hervorgerufen hätte. Daher ist Norwegen auch an die EU-Biopatentrichtlinie und deren Umsetzung gebunden. Die Debatte über die Umsetzung dieser EU-Richtlinie war jedoch in Norwegen auf sehr hoher politischer Ebene angesiedelt. Verhandelt wurde dabei nicht nur Norwegens eher skeptische Haltung zur Biotechnologie, sondern die Richtlinie galt auch als Testfall für den Beitritt zur EU und den Verlust nationaler Souveränität. Außerdem fühlt sich Norwegen den Entwicklungsländern in internationalen Verhandlungen zu geistigen Eigentumsrechten verpflichtet. Diese Einbettungen spielten allesamt eine gewichtige Rolle in der norwegischen Debatte um die EU-Richtlinie (Kallerud 2004a). Die (sehr kritischen) Diskurse über die EU-Richtlinie waren zudem mit den Beitrittsverhandlungen Norwegens zum Europäischen Patentübereinkommen verknüpft (Kallerud 2004b und 2009). Norwegen trat Anfang 2008 der Europäischen Patentorganisation bei. (Zum Vergleich der Implementierungsdebatten in Norwegen und Deutschland siehe Schneider/ Kallerud 2009.)

290 Jacobs, Francis G. 2001: Schlussanträge des Generalanwalts Francis G. Jacobs vom 14.6.2001 zur Rechtssache C-377/98 »Nichtigerklärung – Richtlinie 98/44/EG«, in: Amtl. Sammlungen EuGH - I, S. 7084–7173. Der EuGH folgt in seinem Urteil sehr weitgehend diesen Schlussanträgen. (Im Folgenden zitiert als Jacobs 2001 bzw. unter Angabe der Randnummer aus diesen Schlussanträgen.)

291 Eine ausführliche Analyse der sechs Klagegründe, wobei drei sich auf formale Fragen der Rechtsgrundlage des Subsidiaritätsprinzips und der Verfahrensvorschriften stützen, und drei materielle Fragen berühren, nämlich Rechtssicherheit, völkerrechtliche Verpflichtungen und Menschenwürde, findet sich bei Barton (2004: 255–280). Ausführlich zu den Implikationen der Verfahrensvorschriften siehe Gold/Gallochat (2001). Ich verzichte auf eine umfassende Wiedergabe der Klagegründe und des Urteils und beschränke mich auf die wesentlichen Aussagen.

auf biotechnologische Verfahren beschränkt sein sollten und nicht auf Produkte ausgedehnt werden sollten: Weder Pflanzen und Tiere als solche, noch in genetisch veränderter Form, noch menschliches biologisches Material sollten patentierbar sein (Jacobs 2001: I 7087, Randnr. 11).

Das Urteil des EuGH vom 9. Oktober 2001 (Rechtssache C-377/98) bestätigt, dass die Richtlinie in völligem Einklang mit den Grundprinzipien zum Schutz der Würde und Integrität des Menschen steht. In der Richtlinie zum Schutz biotechnologischer Erfindungen würden die Grundrechte gewahrt, so der EuGH. Im Urteil heißt es, die Richtlinie

»fasst das Patentrecht in Bezug auf lebende Materie so streng, dass der menschliche Körper tatsächlich unverfügbar und unveräußerlich bleibt und somit die Menschenwürde gewahrt wird.« (Randnr. 6)

Nur Erfindungen, die einen natürlichen Bestandteil mit einem technischen Verfahren in Verbindung brächten, könnten geschützt werden. Damit bietet die Richtlinie den Richtern zufolge ausreichenden Schutz.

Die Nichtigkeitsklage wird in allen Klagegründen zurückgewiesen. Die Niederlande hatten unter anderem in ihrer Klagebegründung angeführt, die Richtlinie verletze Grundrechte. Auf diese Begründung und deren Zurückweisung soll im Folgenden eingegangen werden. Neben diesen substantiellen Belangen wurde zudem vorgebracht, sie sei zu Unrecht auf Artikel 100 (a) EGV gestützt worden. Der gemeinsame Binnenmarkt als Rechtsgrundlage der Richtlinie habe dazu gedient, die Einstimmigkeitsregel im Rat zu umgehen.[292] Auf diese Diskussion werde ich nicht eingehen, ich verweise dazu auf die ausführliche Darstellung bei Gold/Gallochat (2001).

3.1 Der Klagegrund »Verletzung der Grundrechte«

Die Niederlande bringen vor, dass die Richtlinie Grundrechte sowohl durch Tun als auch durch Unterlassen verletze (Randnr. 189). Unter Bezug auf Artikel 5(2) der Richtlinie argumentieren sie, dass der menschliche Körper »Vermittler der Menschenwürde« sei; »unter dem Blickwinkel der Menschenwürde sei es unannehmbar, lebende menschliche Materie zum Objekt zu machen« (Randnr. 190). Außerdem treffe die Richtlinie keine angemessene Vorsorge für die sorg-

292 Die Niederlande argumentierten in ihrer Nichtigkeitsklage, dass Artikel 100(a) EG-Vertrag (später: Art. 95 EGV) die falsche Voraussetzung für die Richtlinie gewesen sei, da es keiner Harmonisierung bedurft hätte. Nach Auffassung der Niederlande wäre als Rechtsgrundlage nur Art. 235 EGV (später: Art 308 EGV) in Betracht gekommen. Dieser Artikel erfordert einen einstimmigen Ratsbeschluss. Dieselbe Anfechtung in Bezug auf die vermeintlich falschen Rechtsgrundlagen im EGV findet sich in der Stellungnahme der Enquetekommission des deutschen Bundestages zur Umsetzung der Richtlinie (REM 2001).

same Behandlung menschlichen Materials und die Zustimmung der betroffenen Person (Randnr. 191).

Unter Verweis auf die EU-Grundrechte-Charta, insbesondere Artikel 1: Achtung der Menschenwürde und Artikel 3 (2) freiwillige Einwilligung nach vorheriger Aufklärung in den Bereichen Medizin und Biologie, wird im Votum des Generalanwalts bestätigt, dass »jedes Rechtsinstrument der Gemeinschaft, das gegen diese Rechte verstößt, rechtswidrig wäre« (Randnr. 197). Die Richtlinie verstoße aber nicht gegen diese Grundrechte. Denn der Patentschutz auf einen isolierten Körperbestandteil laufe nicht »auf eine Aneignung eines Teils des betreffenden menschlichen Körpers hinaus« (Randnr. 199). Denn das Patent vermittle nicht ein positives Eigentumsrecht, sondern lediglich ein (negatives) Ausschließungsrecht gegenüber Dritten. »Das Patent erfasst daher nicht das Gen, wie es im menschlichen Körper vorkommt, da sich Gene des Körpers nicht in der isolierten und gereinigten Form vorfinden, die Gegenstand des Patents sind« (Randnr. 199). Mit diesem Absatz bezieht sich der Schlussantrag des Generalanwalts Jacobs auch auf die Unterscheidung zwischen einer Entdeckung und einer Erfindung. Explizit heißt es sodann: »Der Grundsatz ›Kein Patent auf Leben‹ ist daher ein übertriebene Vereinfachung« (Randnr. 200).

In einem weiteren Absatz wird die Patentierbarkeit von menschlichen Körperbestandteilen unter dem Gesichtspunkt des Ordre Public verhandelt. Hierzu wird ausgesagt, es seien gleichwohl Umstände vorstellbar, unter denen die Erteilung eines Patents auf einen isolierten menschlichen Körperbestandteil oder auf Verfahren gegen die Menschenwürde verstoße. Hier trete aber der Patentierungsausschluss nach Art. 6 (1) ein, der gerade in seiner Allgemeingültigkeit und Unabgeschlossenheit sicherstelle, dass nach einer Einzelfallbewertung kein Patenterteilung erfolge (Randnr. 201). Artikel 5 und 6 der Richtlinie stellten eine sorgfältige Grenzziehung sicher.

Zum Grundrechtsverstoß durch Unterlassen hatten die Niederlande argumentiert, dass »die Richtlinie festlegen sollte, dass der Spender isolierter Bestandteile des menschlichen Körpers, die patentiert worden seien, das Schicksal seines Körpers oder eines Teils davon kontrollieren könne« (Randnr. 206). Dem Erwägungsgrund 26 der Richtlinie sei es aber nicht eindeutig zu entnehmen, ob sich die Zustimmung auf die *Anmeldung* des Patents oder auf die *Entnahme* von Körpermaterial beziehen solle (Randnr. 209). Zwar sei es »durchaus wünschenswert«, dass kein menschlicher Körperbestandteil ohne Zustimmung der Person, von der er stamme, *entnommen* werden solle. Dieser Grundsatz sei sowohl in der EU-Grundwerte-Charta (Artikel 3(2)) wie auch in der Konvention des Europarates über Menschenrechte und Biomedizin (Kap. II) verankert (Randnr. 210). Doch »ist das Patentrecht meines Erachtens nicht der angemessene Ort, um ein solches Erfordernis aufzustellen und durchzusetzen« (Randnr. 211), formuliert Jacobs. Auch könne der Nachweis einer solchen Zustimmung

»möglicherweise undurchführbar« sein, da Erfindungen auf »die Untersuchung von Abertausenden von Blut und Gewebeproben« zurückgehen könnten, die »wahrscheinlich zusammengeworfen werden und zum Zeitpunkt der Analyse fast sicher anonym sind«. Es sei unvernünftig, »von Patentprüfern zu erwarten, dass sie sich davon überzeugen, dass die Zustimmungskette für jede Probe lückenlos und belegt ist«. Die Sicherstellung des informed consent falle »wohl eher [sic!] in die Verantwortung des medizinischen oder Forschungsstabs, der die Proben entnimmt«. Dies sei durch Standesregeln und nationale Rechtsvorschriften »außerhalb des Patentbereichs festgelegt« (alle Zitate in: Randnr. 212).

Die Richtlinie sei daher »nicht der richtige Ort für Vorschriften über die Zustimmung des Spenders oder des Empfängers von Bestandteilen menschlichen Ursprungs«. Die Probleme seien »nicht im Patentrecht zu lösen« (Randnr. 213).

3.2 Kritische Würdigung und Diskussion

Mit dieser Argumentation wird zwar einerseits die Relevanz und Gültigkeit der Persönlichkeitsrechte in Bezug auf die Entnahme und Verwendung von menschlichen Körpersubstanzen bestätigt. Gleichzeitig ist hier in geradezu klassischer Weise die Abwehrhaltung in Bezug auf das Patentrecht wiedergegeben, das sich allen Ansprüchen auf Wahrung und Sicherung der entsprechenden Aufklärungs- und Informationspflichten gegenüber den ursprünglichen Körpersubstanzgebenden entzieht.

Zwar ist durchaus der Auffassung von Generalanwalt Jacobs zuzustimmen, dass das Patentrecht »die ethische Überwachung der Forschung und der gewerblichen Verwertung ihrer Ergebnisse *nicht ersetzen*« kann (Randnr. 213, Hervorhebung I.S.). Gleichwohl bleibt zu fragen, ob die Wahrung der Persönlichkeitsrechte nicht doch *im* Patentrecht und *bei* der Patenterteilung angemessen berücksichtigt werden muss. Der Verweis auf Praktikabilitätsgesichtspunkte alleine reicht jedenfalls nicht aus – zumal hier durchaus differenziert werden könnte. In anderen als ethisch sensibel markierten Feldern, beispielsweise der Biobanken-Diskussion, wird eine ausführliche Debatte um die Anonymisierung, Pseudonymisierung und Re-Anonymisierung von Probenmaterial geführt (Deschenes et al. 2001). Selbst wenn man die Probleme nicht *im* Patentrecht »lösen« kann, kann das Patentrecht doch einen Beitrag dazu leisten, die Wahrung entsprechender Grundrechte sicherzustellen (vgl. Schneider 2008).

Zum Wie der *Entstehung* einer Erfindung äußert sich der Schlussantrag nicht, dies wird aus dem Verantwortungs- und Geltungsbereich des Patentrechts ausgeklammert. Selbst wenn die Haftung für Verletzungen der Zustimmungspflicht nicht im Patentrecht ausgetragen, beziehungsweise mit dem Entzug des Patents geahndet werden müssten,[293] sondern im Zivilrecht, im Strafrecht oder im ärztlichen Berufsrecht angesiedelt sein könnten, wäre doch ein Verweis auf entsprechende Pflichten sowie Sanktionsmöglichkeiten im Patentrecht meines Erachtens unabdingbar, um den Schutz der Grundrechte sicherzustellen.

Das Ergebnis des Schlussantrags von Generalanwalt Jacobs enthält diesbezüglich einen Appell an die Nationalstaaten. Es heißt dort:

»Ferner erhellt die Klage die Bedeutung einer auf nationaler Ebene getroffenen Regelung der *Verwendung* biotechnologischen Materials, gerade weil diese Verwendung, da sie *außerhalb* der Parameter der Patentierbarkeit liegt, in der Richtlinie nicht geregelt ist und darin tatsächlich *nicht geregelt sein kann.* Insbesondere muss eine angemessene Regelung getroffen werden, um sicherzustellen, dass der Grundsatz der Einwilligung nach Aufklärung beachtet wird, wann immer Menschen Material *entnommen* wird, das für wissenschaftliche oder technologische Zwecke *Verwendung finden kann.*« (Randnr. 228)

Diese Passage verweist implizit auf die notwendige Kohärenz und Cross-Compliance des Rechts und auf wechselseitige Auffangordnungen (vgl. Hoffmann-Riem 2006), die sich in unterschiedlichen, komplementären Gesetzestexten von Patent-, Zivil- und Medizinrecht niederschlagen können. Außerdem enthält sie die Aufforderung zu einer nationalen Regelung.

Offen bleibt beim Plädoyer von Generalanwalt Jacobs, ob die Einwilligung nach Aufklärung auch eine Aufklärung über eine potentielle patentrechtliche Verwertung umfassen muss, oder ob es lediglich um eine Einwilligung über die *Entnahme* einer Körpersubstanz geht. Diese ist freilich ohnehin geregelt, da eine ärztliche Entnahme ohne Einwilligung (abgesehen von Notfällen oder bei Nicht-Einwilligungsfähigen) einer Körperverletzung gleichkommt. Differenziert wird weder nach dem *Entnahmezweck* (Diagnostik, Therapie – oder Forschung), noch wird irgendetwas über den *Umfang* der Aufklärung, sowie über die beabsichtigte *Verwendung* ausgesagt. Der Begriff der *Verwendung* bleibt ebenso unklar und doppeldeutig, weil er einerseits auf die *wissenschaftliche* Verwendung von Körpermaterialien abstellt, deren Ergebnis eine Erfindung sein kann und andererseits auf die *gewerbliche* Verwendung, sei es der Körpersubstanz oder der Erfindung (welche patentiert oder nicht patentiert sein kann).

Die Einwilligung bezieht sich daher sowohl auf das Vorfeld, wie auf das Nachfeld einer Erfindung (vgl. Godt 2007). Mit beiden soll und will das Patentrecht sich jedoch nicht befassen.

---

293 Siehe als Gegenmeinung: «Ein Schutzrecht sollte auch dann nicht erteilt werden, wenn die angemeldete Erfindung maßgeblich auf einen rechtswidrigen Eingriff in den Körper eines Patienten zurückgeht«. Auch bei verbotenen Experimenten wird eine solche Sanktionierung gefordert. »Der Verlust der Schutzrechtsfähigkeit dürfte die angemessene und erforderliche patentrechtliche Sanktion darstellen, um schwerwiegende Verstöße gegen forschungsethische Grundsätze zu ahnden und dadurch die Interessen der rechtstreuen Beteiligten am Forschungsprozess zu schützen« (Fuchs 2000: 8, vgl.: Lausmann-Murr 2000, Peifer 2003; Ohly 2003b und Moufang 1993: 439, 446, bzw. angeführt als »ultima ratio«: Schneider 2008).

»Das Recht auf Unversehrtheit der Person, das im Bereich der Medizin und der Biologie die unbeeinflusste Zustimmung des Spenders und des Empfängers in voller Kenntnis [sic!] der Sachlage umfasst, kann nicht gegen eine Richtlinie angeführt werden, die sich nur mit der Erteilung von Patenten befasst und deren Anwendungsbereich sich daher nicht auf Vorgänge vor und nach dieser Erteilung, – sei es die Forschung oder die Verwendung der patentierten Erzeugnisse – erstreckt« (Nr. 6, letzter Absatz).

In diesen Leitsätzen des Urteils wird das tradierte Credo des Patentrechts noch einmal auf den Punkt gebracht.

Insgesamt erweckt dieses Votum den Eindruck, dass es an angemessener Differenzierung fehlt und es stattdessen mit einem Beschwichtigungsgestus agiert. Nicht beantwortet wird, wie sich Menschen vor unbefugter Nutzung und kommerzieller Verwertung ihrer Körpersubstanzen schützen können und sollen, wenn sie nicht ausreichend Gelegenheit erhalten (haben), Einblick in die Verwendung und die Bearbeitungskette der von ihnen entnommenen Körpersubstanzen, sowie in potentielle, bereits bei der Entnahme beabsichtigte oder späterhin sich ergebende, Patentanmeldungen zu erhalten (vgl. Taupitz 1991a, 1991b, 1993, Halàsz 2004).

Das Ergebnis des Schlussantrags von Generalanwalt Jacobs hält fest, dass die Nichtigkeitsklage keinen Erfolg haben könne. Sie sei aber nicht vergeblich gewesen, insbesondere weil »Besorgnisse im Zentrum« gestanden hätten,

»die ein allgemeines Bewusstsein erkennen lassen, dass die unverantwortliche Fortführung biotechnologischer Forschungen Folgen haben kann, die ethisch unannehmbar sind. […] Die Klage mag insofern nicht vergeblich gewesen sind, als sie gezeigt haben dürfte, dass diese Bedenken zerstreut werden können und müssen« (Randnr. 226).

Diese zusammenfassende Textpassage soll die Wogen glätten. Die Biopatentrichtlinie wird gewissermaßen »ethisch gereinigt«. Dies erfolgt einerseits dadurch, dass darauf verwiesen wird, dass alle eventuellen Bedenken in der Ordre Public Generalklausel bestens aufgehoben seien und angemessen berücksichtigt würden. Auf der anderen Seite wiederum wird betont, dass das Patentrecht weder ein Ort für Forschungsethik noch für Technologiesteuerung oder -kontrolle sei. Dieses paradoxe Verhältnis von *Inklusion* und gleichzeitiger *Exklusion* von »Ethik« ist kennzeichnend für die herrschende patentrechtliche Lehre und Rechtsprechung. Möglicherweise war gerade diese Paradoxie ein Anlass dafür, weshalb in der Öffentlichkeit auch die Niederschlagung der Nichtigkeitsklage gegen die Richtlinie nicht als Akt der Vertrauensbildung bewertet wurde und nicht in eine Befriedung der Kontroversen mündete. Vielmehr verschärften sich in zeitlicher Nähe zum EuGH Urteil einige Konflikte um einzelne Patente, insbesondere bezüglich humaner embryonaler Stammzellen (sog. »Edinburgh Patent«) und um Genpatente, insbesondere zu den Brustkrebsgenen BRCA1 und BRCA2. Diese wurden auch vom Europäischen Parlament zum Anlass genommen, sich erneut zur Biopatentierung zu äußern.

Im *rechtlichen* Sinne hat die EuGH-Entscheidung hingegen tatsächlich zu einer Stabilisierung beigetragen, da sich kein Mitgliedsstaat mehr darauf berufen kann, es habe Bedenken hinsichtlich der europarechtlichen Legitimität und Gültigkeit der Richtlinie. Damit stärkte die EuGH-Entscheidung gegen die Nichtigkeitsklage der Niederlande die normative Gültigkeit der Richtlinie.

3.3 Das EuGH Urteil – ein Beitrag zur Konstitutionalisierung des Patentrechts und zur Konstitutionalisierung der Europäischen Union

Abschließend bleibt zur Klage der Niederlande vor dem EuGH zu vermerken, dass die Legitimität der Richtlinie durch die Zurückweisung aller Klagegründe durch den EuGH gestützt wurde. Gleichzeitig aber, dies hebt vor allem Barton (2004: 268) hervor, ist die besondere Bedeutung des EuGH Urteils darin zu sehen, dass der EuGH darin erstmals in seiner Geschichte zur Frage der Verletzung der Menschenwürde durch einen EU-Rechtsakt explizit Stellung bezogen hat. Damit liegt »die Besonderheit darin, dass der Gerichtshof die Menschenwürde zum ersten Mal ausdrücklich als Bestandteil des primären Gemeinschaftsrechts anerkennt« (Barton 2004: 268). Generalanwalt Jacobs bezog sich explizit dabei auch auf die rezente Grundrechtscharta. Während Jacobs in seinen Schlussanträgen aber sogar von einem »Recht auf Menschenwürde« sprach, verwendet das Urteil die vorsichtigere Formulierung »unter der Beachtung der Menschenwürde« und stellt sie unmittelbar neben den Hinweis auf das aus der Menschenwürde abgeleitete »Grundrecht auf Unversehrtheit der Person«. Zwar bleibt damit offen, ob die Einordnung der Menschenwürde als subjektives Recht vom EuGH abgelehnt wird.[294] Doch wird damit die Menschenwürde als objektives Verfassungsprinzip der EU ausdrücklich anerkannt, womit »ein bedeutender Schritt zur weiteren Ausformung einer europäischen Wertegemeinschaft getan ist« (Barton 2004: 268).

Somit bleibt festzuhalten, dass »ausgerechnet« in dieser vom Patentrecht als weitgehend »wertneutral« kategorisierten und damit gewissermaßen »ethikfreien« Zone des Rechts nun erstmals das höchstinstanzliche Organ der EU in seiner Rechtsprechung explizit auf die Menschenwürde Bezug genommen hat. Dies verweist auf den emergenten Prozess der horizontalen Konstitutionalisierung der Europäischen Union, im Sinne einer Herausbildung und Verdichtung

294 Frahm/Gebauer (2002) kritisieren in ihrer Analyse des Urteils scharf, dass der EuGH der »entscheidenden Frage« (2002: 86) ausgewichen sei, ob es ein Patent auf humangenetisches Material überhaupt geben darf und kennzeichnen dies als Kernfrage des Menschenwürdeschutzes. Zu den beiden Dimensionen des subjektivrechtlichen und objektivrechtlichen Menschenwürdeschutzes bei der Biopatentierung siehe die ausführliche Diskussion bei Meiser (2006).

einer Normen- und Institutionenordnung.[295] Diese Konstitutionalisierung vollzieht sich eben nicht alleine über einen Verfassungsvertrag, sondern gewissermaßen *bottom up* über einzelne, konkrete Rechtsakte und über die entsprechende Spruchpraxis des EuGH.

Somit ist eine doppelte Bewegung zu verzeichnen: Der lange Prozess der Verabschiedung der Richtlinie und ihrer Anfechtung vor dem EuGH hat zu einer emergenten Konstitutionalisierung und damit zum Verständnis der EU eben nicht allein als Wirtschaftsunion sondern als Wertegemeinschaft beigetragen. Gleichzeitig hat dieser Prozess Schritte zu einer Konstitutionalisierung, Ethisierung und regulativen Neukonzeption des europäischen Patentrechts vollzogen. Diese beiden Prozesse – und damit die Dynamisierung und Umgestaltung sowohl der europäischen Polity als auch des Patentrechts – bleiben allerdings nicht unilinear, sondern widersprüchlich. Einerseits wurde das Patentrecht erstmals im Hinblick auf Kollisionen mit Ethik und Menschenwürde thematisiert; andererseits bestätigt der EuGH die Vereinbarkeit der Biopatentierung mit Menschenwürde und Unverfügbarkeit, ohne hierfür genauere Kriterien, Leitlinien und Abwägungsprärogative aufzustellen. Der abstrakte Verweis auf die Menschenwürde, so bleibt zu resümieren, bleibt ohne eine stärkere Konkretisierung in Bezug auf explizite Grundrechte farblos. Gerade zur Konkretisierung von Persönlichkeitsrechten als möglichen Gegenrechten im und zum geistigen Eigentumsrecht (siehe dazu Godt 2007) hat der EuGH sich jedoch äußerst konventionell und oberflächlich geäußert und damit die Chance für die Formulierung normativer Leitlinien vertan.

Dennoch kann das EuGH Urteil als Signal für eine Abkehr von der vom Patentrecht beanspruchten »Sonderrationalität« (Kersten 2004: 126) und den patentrechtlichen Distanzierungsvorbehalten sowohl zum einfachen Recht wie zum Verfassungsrecht (vgl. Kersten 2004: 132) gelesen werden. Eine »enge« Auslegung der Ordre Public Klausel und weiterer Schranken im Patentrecht ist keineswegs zwingend. Vielmehr stellt die Ordre Public Klausel ebenso wie die durch Erwägungsgrund 36 in die Richtlinie implementierten Rechtsgüter (Schutz des menschlichen Lebens, von Pflanzen und Tieren, Umweltschutz) aus Artikel 27 (2) des TRIPs Vertrages »Schleusennormen für die Einbindung des Patentrechts in die verfassungsrechtlich vermittelte Wertordnung« (Kersten 2004: 129) dar, wobei der europäische Gesetzgeber in Artikel 6(2) entsprechende Abwägungen, die für die Rechtspraxis bindend sind, bereits vorgenommen hat. Damit hat sich durch die EU Biopatentrichtlinie eine unhintergehbare horizontale und vertikale Konstitutionalisierung des europäischen Patentrechts (Kersten 2004; Meiser 2005) vollzogen, der im Vollzug dieser Richtlinie Rechnung zu tragen ist.

---

295 Zu verschiedenen Ansätzen zur Konstitutionalisierung Europas siehe: Weiler 1999, Landfried 2001, Joerges 2002, Schieder 2004, Rittberger/ Schimmelpfennig 2006, Wiener 2008.

Abschließend ist anzumerken, dass die Charakterisierung »Past as Prologue« aus einem Aufsatztitel von Gold und Gallochat für die Richtlinie zutreffend bleibt. Diese beiden Autoren fassen einerseits durchaus mit einem gewissen Pathos – und im Hinblick auf etwaige Vollzugsdefizite möglicherweise sowohl zu teleologisch als auch zu optimistisch – zusammen:

»Its adoption by the European Parliament ensures that patent law in Europe has been forever changed with respect to biotechnology« (Gold/Gallochat 2001: 347).

Zum anderen formulieren sie zu Recht:

»the Biotech Directive represents only the start, rather than the end, of discussions on the ethical and social implications of biotechnology in Europe and of the interrelationship between patent rights and the Community's international environmental and human rights obligations« (Gold/Gallochat 2001: 347).

Wie die Diskussion sowohl auf supranationaler wie auch auf nationaler Ebene in vielen EU-Mitgliedsstaaten gezeigt hat, ist die Debatte über das Biopatentrecht tatsächlich nicht abgebrochen, sondern hat sich weiter fortgesetzt. Bevor ich auf die nationale Implementierung der Richtlinie eingehe, werde ich darstellen, wie die Richtlinie von der Europäischen Union auf die Europäische Patentorganisation transponiert wurde.

4. Die Transposition der EU-Richtlinie in das Europäische Patentübereinkommen durch den Verwaltungsrat der Europäischen Patentorganisation

Die Europäische Patentorganisation (EPO) ist, wie bereits in Kapitel I. D ausgeführt, rechtlich von der Europäischen Union und ihren Organen vollkommen unabhängig und dem Gemeinschaftsrecht nicht unterworfen. Formal gesehen ist die EPO als solche keine Normadressatin der Richtlinie und war daher nicht zu einer Anpassung des Europäischen Patentübereinkommens an die von der EU verabschiedete Richtlinie verpflichtet. Dennoch wurde durch Beschluss des Verwaltungsrates der Europäischen Patentorganisation bei seiner Sitzung vom 16. Juni 1999 die EU-Biopatentrichtlinie in die Ausführungsordnung des Europäischen Patentübereinkommens (Regel 23b bis 23e EPÜ) mit Wirkung zum 1.9.1999 übernommen und somit zur Grundlage der Patenterteilungspraxis des Europäischen Patentamts.[296] Die Richtlinie wurde damit gewissermaßen von der Gemeinschaft auf die Europäische Patentorganisation »transponiert«.

296 Beschluß des Verwaltungsrats vom 16. Juni 1999 zur Änderung der Ausführungsordnung zum Europäischen Patentübereinkommen, in: Amtsblatt des EPA 7/1999, S. 437–440.

Diese Verfahrensweise hat Zweifel und Kritik hinsichtlich demokratischer und rechtlicher Grundsätze hervorgerufen, denn mittels dieses Vorgehens wurde die Vertragsstaatenkonferenz der EPO als genuines Entscheidungsgremium umgangen. Eine Reihe von Juristen, deren Kritik ich im Folgenden aufführen werde, bestreitet die Rechtmäßigkeit der gewählten Form der Umsetzung. Bossung merkt an, der Verwaltungsrat »[was] overstepping its competence by assuming a legislative role or anticipating decisions which are the prerogative of the judiciary« (Bossung 2003: 14). Gleichermaßen heißt es in einem von der Europäischen Kommission in Auftrag gegebenen Gutachten: »Indeed, given that the implementating regulations are in Article 164 EPC characterized as being integral part of the convention, an amendment leading to substantial concretisation of major concepts of the Convention appears to represent ›legislation in disguise‹« (Plomer 2006: 97, Fussnote 327).

Damit wird von beiden Juristen vertreten, es wäre notwendig gewesen, eine Diplomatische Konferenz der EPÜ Vertragsstaaten einzuberufen und das EPÜ förmlich zu revidieren. Denn nur die Vertragsstaatenkonferenz besitzt echte Legislativkompetenzen für das EPÜ. Ein Rechtsgutachten von Bauer moniert diesbezüglich ebenfalls einen Verstoß gegen Artikel 33 EPÜ, da die Ausführungsordnung nicht der richtige Ort für die Einfügung der Richtlinien-Artikel gewesen sei.[297] Godt kennzeichnet das gewählte Verfahren eines bloßen Verwaltungsratsbeschlusses gleichfalls als »rechtswidrig« (2005: 46), da es nicht nur gegen das Europäische Patentübereinkommen verstoßen habe, sondern auch gegen europarechtliche Pflichten der Staaten, die gleichzeitig EPÜ-Vertragsstaaten und EU-Mitglieder sind, zur rechtsstaatskonformen Umsetzung unter Beteiligung der nationalen Parlamente.

Letztlich lassen sich die obige Kritik einschließend und darüber hinausgehend mehrere kritische Punkte anführen, die zum einen das Verfahren und zum anderen den gewählten Zeitpunkt der Transposition betreffen:

Hinsichtlich des Zeitpunkts ist anzumerken, dass der Präsident des Europäischen Patentamtes Ingo Kober, der den Verwaltungsratsbeschluss initiierte, nicht einmal das ausstehende Urteil des EuGH zur Nichtigkeitsklage der Nie-

297 Gutachterliche Stellungnahme zur Ergänzung der Ausführungsordnung zum Europäischen Patentabkommen durch Beschluss des Verwaltungsrates der Europäischen Patentorganisation vom 16.Juni 1999, München, 2.11.1999, erstellt im Auftrag der Initiative »Kein Patent auf Leben!« durch Rechtsanwalt Michael Bauer. Darin wird ebenfalls der Vorwurf einer rechtswidrigen Kompetenzüberschreitung erhoben: »Die Einfügung des Kapitel VI in die Ausführungsordnung erscheint systemwidrig. Durch die Einfügung derartiger das materielle Patentrecht betreffender Bestimmungen in die Ausführungsordnung entsteht eine Tendenz, die Ausführungsordnung zu einem ›Parallelregelungswerk‹ zum Europäischen Patentübereinkommen mit inhaltlich gleichen Regelungsgehalten umzugestalten ohne die zur Änderung bzw. Revision des EPÜ erforderlichen Abstimmungen mit den Vertragsstaaten über eine Revisionskonferenz zu erlangen.«

derlande gegen die Richtlinie abwartete.[298] Auch hatte zu diesem Zeitpunkt noch keiner der EU-Mitgliedsstaaten die Richtlinie in nationales Recht umgesetzt.[299]

Von besonderer Tragweite allerdings, dies ist hervorzuheben, war diese Verwaltungsratsentscheidung für diejenigen Vertragsstaaten der Europäischen Patentorganisation, die nicht gleichzeitig Mitglied der Europäischen Gemeinschaft sind (vgl. Kap I.D). Denn während die Regierungen der EU-Mitgliedsstaaten im EU-Rechtsetzungsprozess zumindest die Gelegenheit gehabt hatten, über den Rat Einfluss auf das Ergebnis zu nehmen, blieb dies den besagten anderen EPO-Staaten versagt. Vermittels der Präsidenten der nationalen Patentämter als Repräsentanten ihrer Regierung akzeptierten sie also eine EU-Richtlinie, auf deren Inhalt ihre Regierungen keinerlei demokratische Einflussmöglichkeiten gehabt hatten. Und sie mussten fortan hinnehmen, dass vom Europäischen Patentamt europäische Patente mit Gültigkeit auch für ihr Land erteilt wurden, ohne dass sie hinsichtlich dieser dergestalt konkretisierten Regeln für biotechnologische Patente irgendeine rechtliche Partizipationsmöglichkeit hatten.

Es bleibt allerdings darauf hinzuweisen, dass – wie bereits anderweitig (siehe Kap I.D) erörtert – eine Überführung der EU-Richtlinie in die EPO über eine förmliche EPÜ-Revision einen schwerfälligen und weitaus langwierigeren Ent-

298 Es ist anzumerken, dass es sich bei den Niederlanden und Italien, welche die Richtlinie vor dem EuGH angefochten hatten, um zwei EPO-Vertragsstaaten handelt. Da nicht bekannt wurde, dass sich diese beiden Staaten bei der Abstimmung im Verwaltungsrat zumindest enthalten hätten, wirft dies auch ein fahles Licht auf die demokratischen Gepflogenheiten innerhalb des Verwaltungsrates und die Sensibilitäten der darin ihr Land repräsentierenden nationalen Patentamtspräsidenten. Hier den Ausgang des EuGH-Verfahrens abzuwarten, hätte von den demokratischen Tugenden des Verwaltungsrates gekündet.

299 Einen unangenehmen Beigeschmack erfährt die rasche, vom EPA selbst vorbereitete Übernahme der Richtlinie in die Ausführungsordnung darüber hinaus durch eine weitere Verknüpfung. Die Technische Beschwerdekammer des EPA hatte im Fall *plant genetics systems* (T356/93, 21.02.95), bei der Greenpeace als Streitpartei aufgetreten war, eine Entscheidung gefällt, welche die Patentierbarkeit von Pflanzen, im Einklang übrigens mit Art. 53b EPÜ (Patentierungsverbot für Pflanzensorten), einschränkte (vgl. Dutfield 2009). Diese Entscheidung wurde von Patentjuristen als Fehlentscheidung bewertet, da es dem von ihnen verfolgten Trend der Ausweitung der Patentierbarkeit im Pflanzensektor widersprach. Unter Berufung auf die in die Ausführungsordnung übernommene EU-Richtlinie wurde diese Entscheidung von der Großen Beschwerdekammer des EPA zugunsten einer liberalen Auslegung der Patentfähigkeit von Pflanzen und auch Tieren wieder einkassiert (Novartis-Entscheidung G 1/98 vom 20. Dezember 1999). Dieser Fall erweckte in der zivilgesellschaftlichen Öffentlichkeit wohl nicht ganz zu Unrecht den Eindruck, das EPA bediene sich der EU-Richtlinie vor allem dort, wo es in die eigene politische Ausrichtung passe, wohingegen Patentierungsverbote sehr eng ausgelegt würden (Schriftliche Mitteilung, Ruth Tippe, »Kein Patent auf Leben« vom 24.08.2006, welche die Umsetzung der Biopatentrichtlinie ins EPÜ als »einen schwarzen Fleck in den Annalen der EPO« bezeichnet).

scheidungsprozess bedeutet hätte.[300] Von der Vertragsstaatenkonferenz und den intergouvernementalen Verhandlungen bis hin zur nationalen Ratifikation durch die Parlamente hätte ein Inkrafttreten rund sieben Jahre Zeit in Anspruch genommen. Gelegenheit dazu hätte es auf der ohnehin im Jahr 2000 anberaumten Vertragsstaatenkonferenz gegeben, bei der das EPÜ revidiert wurde.[301] Die Fragen der Biotechnologiepatente wurden jedoch dort nicht einmal auf die Tagungsordnung gesetzt, sondern in einen so genannten »zweiten Korb« verschoben, für den es eine weitere Diplomatische Konferenz geben sollte, was – so bleibt an dieser Stelle anzumerken – bis heute noch nicht geschehen ist (Osterrieth 2004: 41; vgl. Artelsmair 2003: 346).

Politischer Hintergrund für dieses Vorgehen war es, dass man nicht mittels einer Diplomatischen Konferenz ein weiteres supranationales Forum für Kontroversen über die Biopatente eröffnen wollte, sondern seitens des Europäischen Patentamtes froh war, dass diese Kontroversen hinsichtlich der EU-Richtlinie eine Schließung erfahren hatten.

Ein weiterer Grund war, dass man aus dem Gesichtspunkt heraus, die Einheitlichkeit des harmonisierten europäischen Patentrechts zu wahren, eine Umsetzungsverpflichtung für die EPO sah. Zudem argumentierte man, dass die Richtlinie inhaltlich im Wesentlichen die Grundsätze reflektierte, welche das Europäische Patentamt auf der Basis des Europäischen Patentübereinkommens zur Patentierbarkeit biotechnologischer Erfindungen bereits entwickelt hatte. Da die Richtlinie im Wesentlichen lediglich die bestehende Erteilungspraxis des Europäischen Patentamts festgeschrieben habe, habe die Umsetzung für das europäische Patentrecht primär deklaratorische und klarstellende Funktion gehabt (Treichel 2004). Diese Argumentation leugnet, dass es durchaus durch die Richtlinie zu Veränderungen des europäischen Patentrechts gekommen war, insbesondere in den Artikeln 5 und 6. Auch die der Richtlinie vorangestellten Erwägungsgründe verleihen dem Patentrecht eine andere Rahmung und Ausrichtung. Diese Erwägungsgründe wurden jedoch nicht in die Ausführungsordnung des EPÜ übernommen, sie sollen allerdings ergänzend herangezogen werden (laut neuer Regel 23b(1) EPÜ).

---

300 Änderungen des Europäischen Patentübereinkommens selbst sind nur im Rahmen einer Revision nach Artikel 172 EPÜ zulässig. Eine zu revidierende Fassung des EPÜ bedarf demnach der Zustimmung von Drei Vierteln der Mitglieder auf der hierzu einzuberufenden Konferenz der Vertragsstaaten, wobei Enthaltungen nicht als Stimmen gezählt werden. Die Akte zur EPÜ-Revision muss von allem Vertragsstaaten ratifiziert werden und tritt außerdem erst zwei Jahre nach Ratifikation oder dem Beitritt von 15 Vertragsstaaten bzw. drei Monate nach Ratifikation aller Vertragsstaaten in Kraft.

301 Ullrich (2002 und 2004: 20ff) bedauert, dass die Revisionskonferenz des EPÜ 2000 die Fragen der Biotechnologie-Patente nicht behandelt hat und sieht die Verwaltungsrats-Entscheidung ebenfalls als demokratisch defizient an.

Die eingeschlagene Vorgehensweise wurde erst eineinhalb Jahre später, anlässlich der Revisionskonferenz des Europäischen Patentübereinkommens im November 2000, gewissermaßen nachträglich legalisiert. Nach den geänderten Art. 33(1)b und Art. 34 EPÜ wurde dem Verwaltungsrat die Möglichkeit eingeräumt, die Übereinstimmung weiter Teile des EPÜ mit internationalen Verträgen oder mit dem Recht der Europäischen Gemeinschaft durch Änderung des Europäischen Patentübereinkommens sicherzustellen. Somit wurden die Kompetenzen des Verwaltungsrates erheblich erweitert.

Dies stellt – im Nachhinein (!) – die bei der EU-Biopatentrichtlinie praktizierte Anpassungspraxis auf eine solidere Rechtsgrundlage, wobei allerdings anzumerken ist, dass diese EPÜ 2000-Revision erst im Dezember 2007 in Kraft trat. Es ändert jedoch insgesamt nichts an der oben beschriebenen Problematik, dass die EPO-Vertragsstaaten, die nicht gleichermaßen EU-Mitgliedsstaaten sind, bei einem solchen Vorgehen keine Möglichkeit haben, durch eine substantielle Diskussion ihre eigene politische Willensbildung in das Ergebnis einzubringen oder eine formelle Möglichkeit zum Opting-Out erhalten. Darüber hinaus besteht weiterhin die bereits beschriebene Grundproblematik (vgl. Kap I. D) einer fehlenden parlamentarischen Kontrolle der EPO und ihres Verwaltungsrates[302], wobei letzterer aufgrund der üblichen Repräsentation der EPO-Vertragsstaaten durch die Präsidenten der nationalen Patentämter durch »Insider-Governance« (Drahos in: STOA 2006) gekennzeichnet ist.

Zusammenfassend ist festzuhalten, dass die Überführung der EU Biopatentrichtlinie in das EPÜ sich durch eine Verfahrensweise auszeichnete, die von einer Reihe von Juristen als rechtswidrig qualifiziert wurde, woran auch die »nachträgliche« Änderung entsprechender EPÜ-Artikel zur Erleichterung internationaler rechtlicher Anpassungsprozesse nichts ändert.

In pragmatischer Hinsicht allerdings bleibt zuzugestehen, dass es sich bei der gewählten Verfahrensweise über den Verwaltungsratsbeschluss und die Platzierung in der Ausführungsordnung um ein *muddling through* handelt, das aus der ineffizienten Governance-Struktur der Europäischen Patentorganisation resultiert. Dies erklärt das Demokratie- und Rechtsdefizit, auch wenn es dieses nicht rechtfertigen kann. Vielmehr verweist es auf die Notwendigkeit einer grundlegenden Reform der EPO-Governance-Strukturen.

Wäre tatsächlich der rechtskonforme Weg einer formellen EPÜ-Revision begangen worden, so wäre für etliche Jahre unklar gewesen, ob die Bestimmungen der EU-Richtlinie auf das EPÜ anwendbar sind oder nicht. Dies hätte Rechtsunsicherheit geschaffen, Anmeldern die Möglichkeit zum »Austesten« von Spielräumen und zum Forum-Shopping zwischen nationaler und europäischer Patentanmeldung gegeben, sowie die Gefahr einer uneinheitlichen Entwicklung

302 Dies betont Artelsmair (2003: 348, Fussnote 560) zu Recht eingehend.

zwischen EPÜ und nationalem bzw. EU-Patentrecht heraufbeschworen. Dem geteilten Interesse an einer Harmonisierung des europäischen Patentrechts wäre dies entgegengestanden. Und immerhin bleibt zu würdigen, dass die Verabschiedung der EU Richtlinie sich unter Beteiligung des Europäischen Parlaments vollzogen hatte, während parlamentarische Partizipation in den EPO-Strukturen praktisch nicht vorgesehen ist.

Für die Evolution des europäischen Patentrechts bedeutet die wortlautgetreue Übernahme der Richtlinienartikel in das EPÜ demnach aber auch, dass zwischen den beiden institutionell »getrennten Welten« von EU und EPO eine Brücke hergestellt wurde. Zudem schuf dieses Vorgehen einen folgenreichen Präzedenzfall. Die EPO wird sich wohl zukünftig kaum aussuchen dürfen, ob sie eine weitere EU-Richtlinie, die materielles Patentrecht regelt, übernimmt oder nicht, vielmehr wird sie gehalten sein, diese ebenfalls zu implementieren. Damit wird deutlich, dass legislative Regelungen der Gemeinschaft durchaus eine Sogwirkung auf supranationale Institutionen entfalten, die nicht zu ihrem Einflussradius zählen. Gleichzeitig besitzt die EU und damit insbesondere die Kommission allerdings kaum eine Möglichkeit, auf die Auslegung der übernommenen Richtlinienartikel durch die Erteilungs- und Spruchpraxis des Europäischen Patentamtes Einfluss zu nehmen.

B Die Implementierung der EU-Biopatent-Richtlinie in Deutschland

Dieses Kapitel zeichnet den mehrjährigen Prozess der nationalen Implementierung der EU-Biopatentrichtlinie in Deutschland nach, wobei die Policy-Analyse den wesentlichen Stationen im Gesetzgebungsverfahren folgt. Der Schwerpunkt liegt auf den sich besonders im Parlament manifestierenden Kontroversen sowie auf den Auseinandersetzungen um den letztlich zu verabschiedenden Gesetzestext. Dabei werden die zentralen Streitpunkte und die Form, in der diese einer Lösung und Entscheidung zugeführt wurden, aber auch die Konfliktkonstellationen einer Prozessanalyse unterzogen. Zusätzlich ziehe ich für die Dynamik dieses Umsetzungsprozesses externe Ereignisse und Kontextfaktoren heran, die eine angemessene Einordnung der Geschehnisse ermöglichen, der Schwerpunkt liegt jedoch auf der Rekonstruktion der Auseinandersetzung im politisch-administrativen System.

Das Kapitel ist teils chronologisch, teils analytisch angeordnet. Die Struktur ergibt sich zum einen aus den beiden Phasen des Gesetzgebungsprozesses in der 14. Legislaturperiode (2000 bis 2002) und in der 15. Legislaturperiode (2003 bis 2004). Der inhaltliche Schwerpunkt der politischen Kontroversen, die so genannte »Stoffschutzdebatte«, wird in einem eigenen, mittleren Teil genauer untersucht. Besonders intensiv wird die »letzte Etappe« des deutschen Implementierungsprozesses, in der es zu einem Schließungsprozess kam, dargestellt. Zur Übersicht über den Gesetzgebungsprozess verweise ich auf die tabellarische Chronologie (Tabelle 1) am Ende von Kap. II.B. 1.1.

Die Policy-Analyse dieses deutschen Implementierungsprozesses wird im nächsten Kapitel dieser Arbeit (Kap. II.C) durch die Frame Analyse ergänzt, insbesondere durch die Rekonstruktion des Reframing-Prozesses, welcher sich in und durch die nationale Umsetzung in der Bundesrepublik vollzogen hat.

1. Die erste Phase des Umsetzungsprozesses (2000–2002)

1.1 Europarechtliche Einordnung: Funktion von EU-Richtlinien und Modus ihrer Umsetzung

Richtlinien sind Teil des sekundären Gemeinschaftsrechtes der Europäischen Union, die sich an die Mitgliedsstaaten der EU richten und diese verpflichten, die Ziele der Richtlinie zu verwirklichen. Im Gegensatz zu Verordnungen, die eine allgemeine und unmittelbare Geltungswirkung haben, besteht für die Mitgliedsstaaten bei der Implementierung von Richtlinien ein gewisser Gestaltungsspielraum. Einschlägig ist Artikel 249 Absatz 3 des EG-Vertrages:

»Die Richtlinie ist für jeden Mitgliedstaat, an den sie gerichtet wird, hinsichtlich des zu erreichenden Ziels verbindlich, überlässt jedoch den innerstaatlichen Stellen die Wahl der Form und der Mittel.«[1]

Demnach besteht eine Umsetzungspflicht hinsichtlich des Inhaltes der Richtlinie in das nationale Recht. Die Funktion der Richtlinie besteht in der Rechtsangleichung. In der Regel wird bei Richtlinien eine zweijährige Frist festgesetzt, bis zu der die Umsetzung zu erfolgen hat. Bei der Biopatentrichtlinie 98/44/EG hatte die Umsetzung gemäß Artikel 15 bis zum 30.07.2000 zu erfolgen. Die Durchführung der Umsetzung wird von der Kommission überwacht. Bei fehlender oder nicht ordnungsgemäßer Umsetzung leitet die Kommission gegen den Mitgliedsstaat regelmäßig ein Vertragsverletzungsverfahren nach Artikel 226 EGV ein, das im Extremfall mit einem Zwangsgeld gemäß Artikel 228 EGV verbunden ist.

EU-Richtlinien sind gegenüber nationalem Recht vorrangig wirkend. Setzt daher ein Mitgliedsland die Richtlinie nicht fristgemäß oder nicht ordnungsgemäß um, so entfaltet diese unter bestimmten Voraussetzungen auch ohne Umsetzung eine unmittelbare Wirkung im nationalen Recht, so dass sich in diesem Falle einzelne Patentanmelder unmittelbar auf die Bestimmungen der Richtlinie berufen können. Aufgrund der hohen Regelungsdichte in den Sachvorschriften der EU-Biopatentrichtlinie wurde eine Änderung des deutschen Patentgesetzes notwendig.

Zu den inhaltlichen Anforderungen an eine Umsetzung der Richtlinie durch nationales Recht zählt vor allem die Konkretisierung unbestimmter Rechtsbegriffe. Verwendet die Richtlinie offene oder unbestimmte Rechtsbegriffe, die auslegungsbedürftig sind, so fragt sich, ob diese durch Vorschriften des nationalen Rechts inhaltlich konkretisiert werden können. Auch die EU-Biopatentrichtlinie hat verschiedene interpretations- und konkretisierungsbedürftige Begriffe verwendet, beispielsweise in Artikel 1 und 3 der Begriff »Erfindung«,

1 Art. 249 (3) EGV.

sowie in Artikel 6 die Begriffe »öffentliche Ordnung oder die guten Sitten«. Als konkretisierungsbedürftig wurde auch Artikel 5(3) angesehen, wonach »die gewerbliche Anwendbarkeit einer Sequenz oder Teilsequenz eines Gens [...] in der Patentanmeldung konkret beschrieben werden« muss. Insbesondere richtete sich die parlamentarische Debatte auf die Auslegung und Konkretisierung dieses Absatzes. Zudem waren die Begriffe »Klonen« und Embryo« in Artikel 6 (2) der Richtlinie »auslegungsempfänglich«, da in der Richtlinie selbst keine Legaldefinitionen gegeben wurden.[2]

Als gemeinschaftsrechtliche Begriffe müssen auch derartige unbestimmte Rechtsbegriffe gemeinschaftsweit einheitlich ausgelegt werden. Die letztliche Zuständigkeit hierfür liegt beim EuGH, im Einzelfall ist es den nationalen Gerichten überlassen, Verstöße gegen die umzusetzende Richtlinie festzustellen. Daraus folgt, dass unbestimmte Rechtsbegriffe zwar in einer Richtlinie durch nationales Recht konkretisiert werden können; es ist jedoch darauf zu achten, dass die begriffliche Verfeinerung vom Konzept des in der Richtlinie verwendeten Oberbegriffes noch gedeckt ist. Ob dies der Fall ist, lässt sich im Grunde nur ex-post, nach einer Entscheidung durch den EuGH feststellen. Der EuGH wird sich in seiner Auslegung der entsprechenden Begriffe an dem Zweck der Richtlinie orientieren, der in den Erwägungsgründen der Richtlinie dokumentiert ist. Fehlgeschlagene Konkretisierungsversuche haben keine nachteiligen Folgen für die Mitgliedsländer, weil in einem solchen Fall jedenfalls kein hinreichend qualifizierter Verstoß gegen Gemeinschaftsrecht und daher kein Anspruch auf Schadensersatz besteht (Prokopf 2007).

Die EU-Mitgliedsstaaten sind daher nicht gehalten, eine Richtlinie wortlautgetreu »abzuschreiben«, sondern besitzen einen gewissen Gestaltungsspielraum. Die Auslotung dieses politischen und rechtlichen Spielraums im Hinblick auf seine europarechtliche Kompatibilität, sowie seine Vereinbarkeit mit den im TRIPs-Übereinkommen eingegangenen völkerrechtlichen Verpflichtungen zählte zum Kern der Auseinandersetzungen um die Umsetzung der Richtlinie in den einzelnen EU-Mitgliedsstaaten.

Die Kontroversen, welche die Richtlinie auf der supranationalen Ebene begleitet hatten, brachen anhand der nationalen Umsetzung der Richtlinie in einer Reihe von EU Mitgliedsstaaten mehr oder weniger vehement wieder auf (vgl. Kap. II.D). Verschleppungen in der Umsetzung der Richtlinie waren teilweise auch auf die Nichtigkeitsklage der Niederlande vor dem EuGH zurückzuführen. Obgleich daraus keine aufschiebende Wirkung hervorging, hatte sie ein gewisses Abwarten zur Folge (vgl. Kap. II.A.3).

---

2 Vgl. Präzisierungsmöglichkeiten des nationalen Gesetzgebers bei der Umsetzung der Richtlinie 98/44/EG »Patentierung biotechnologischer Erfindungen«. Ausarbeitung des Wissenschaftlichen Dienstes des Bundestages, WF VII – 115/00, RD Dr. Markus, 18.8.2000, sowie Müller 2003.

Tabelle 1: Chronologie der Umsetzung der EU-Biopatentrichtlinie in Deutschland

14. Legislaturperiode	
30. Juli 1998	EU Richtlinie in Kraft getreten
19. Oktober 1998	*Klage der Niederlande vor dem EuGH auf Nichtigkeit der Richtlinie*
30. Juli 2000	Umsetzungsfrist läuft ab
23./ 24. Februar 2000	Aktuelle Stunden, Bundestags-Plenardebatten zum »Edinburgh Patent«
18. Oktober 2000	Bundesregierung beschließt Gesetzentwurf zur 1:1-Umsetzung der Richtlinie (Kabinettsbeschluss)
1. Dezember 2000	Stellungnahme des Bundesrats
25. Januar 2001	Zwischenbericht der Bundestags-Enquete-Kommission »Recht und Ethik der modernen Medizin« zum »Schutz des geistigen Eigentums in der Biotechnologie«
13. März 2001	Entgegnung der Bundesregierung zur Bundesrats-Stellungnahme
23. März 2001	Gesetzentwurf in Bundestag eingebracht
10. Mai 2001	Bundestags-Plenardebatte zum Enquete-Bericht Biopatente
21. Juni 2001	1. Lesung im Bundestag – Plenardebatte
9. Oktober 2001	*EuGH weist Nichtigkeitsklage gegen die EU-Richtlinie ab*
17. Oktober 2001	Öffentliche Anhörung des Rechtsausschusses zum Gesetzentwurf
31. Januar 2002	Öffentliche Anhörung des Gesundheitsausschusses
Dezember 2001 – März 2002	Verhandlungen einer Koalitions-Arbeitsgruppe mit BMJ über Entschließungsantrag und modifizierten Gesetzesentwurf
Juni 2002	Fraktionsspitzen der Regierungskoalition verschieben Umsetzung auf die 15. Legislaturperiode
15. Legislaturperiode	
Dezember 2002	*EU-Kommission droht mit Klage gegen Deutschland wegen Nicht-Umsetzung*
Frühjahr 2003	Verhandlungen Koalitions-Arbeitsgruppe mit BMJ über Einbringen des Gesetzesentwurfes seitens der Parlamentsfraktionen - Scheitern
25. Juni 2003	Bundesregierung beschließt Gesetzentwurf zur 1:1-Umsetzung der Richtlinie

Juli 2003	*EU-Kommission beschließt, Klage zu erheben*
September 2003	Bundesrats-Stellungnahme zum Regierungsentwurf
Oktober 2003	Bundesregierung leitet Bundestag Gesetzentwurf zu
Januar 2004	*EuGH erhält Klage gegen Deutschland (C-5/04)*
11. März 2004	1. Lesung im Bundestag
Mai 2004	Bundestags-Rechtsausschuss beschließt Anhörung
29. September 2004	Öffentliche Sachverständigenanhörung im Bundestags-Rechtsausschuss
6. Oktober 2004	Stellungnahme des Nationalen Ethikrates
28. Oktober 2004	*Verkündung des EuGH-Urteils Kommission gegen Deutschland (C-5/04)*
11. November 2004	Kompromiss in Verhandlung Bundesjustizministerin Zypries mit Fraktionen der SPD und B90/Grüne erzielt
3. Dezember 2004	2./3. Lesung im Bundestag, Implementierungs-Gesetz verabschiedet
28. Februar 2005	Gesetz in Kraft getreten

1.2 Politische Ausgangslage und Konfliktkonstellationen

Für die Umsetzung der EU-Biopatentrichtlinie in der Bundesrepublik war das Referat Patentrecht im Bundesjustizministerium federführend. Beteiligt waren auch das Bundesministerium für Bildung und Forschung (BMBF) und das Gesundheitsministerium (BMG), diese hatten jedoch nur eine untergeordnete Bedeutung. Vor der Skizzierung der politischen Ausgangslage soll kurz der allgemeine Verlauf umfasst werden, wonach das Gesetzgebungsverfahren folgenden Stationen folgt: Das Fachreferat des Ministeriums erstellt zunächst den Referentenentwurf, der den anderen Bundesministerien, dem Bundeskanzleramt, den Bundestagsfraktionen, den Bundesländern sowie verschiedenen Verbänden zur Stellungnahme übersandt wird. Dieser Referentenentwurf mündet in den Regierungsentwurf, der vom Kabinett beschlossen und dem Bundesrat zur Stellungnahme zugeleitet wird. Das Umsetzungs-Gesetz unterlag allerdings nicht der Zustimmungspflicht durch den Bundesrat. Hat der Bundesrat seine Stellungnahme abgegeben, wird diese wiederum der Bundesregierung zugeleitet. Die Gegenäußerung der Bundesregierung wird vom federführenden Fachreferat des Bundesjustizministeriums entworfen und vom Bundeskabinett beschlossen. Diese drei Dokumente – der Regierungsentwurf, die Stellungnahme des Bundesrates und die Gegenäußerung der Bundesregierung zur Stellungnahme des Bundesrates – werden an den Präsidenten des Bundestags weitergeleitet. Im

Bundestag wird die Gesetzesvorlage in einer ersten Lesung beraten und anschließend an den zuständigen Ausschuss des Bundestags weitergeleitet. Federführend war hier der Rechtsausschuss. In diesen Ausschussberatungen erfolgt die detaillierte fachliche Bearbeitung und politische Feinabstimmung der Gesetzesvorlage, gegebenenfalls unter Anhörung von Sachverständigen und Verbänden. Daneben können Arbeitsgruppen zwischen Regierung und Koalitionsfraktionen eingesetzt werden, um strittige Punkte zu beraten und eine Verständigung herbeizuführen. Nachdem der Ausschuss seine Beschlussempfehlung abgegeben hat, erfolgt eine zweite Lesung des Gesetzentwurfs im Bundestag. Gegenstand der Beratung ist nunmehr die durch Beschlussempfehlung modifizierte Fassung. In der dritten Lesung des Gesetzentwurfs im Bundestag wird schließlich der eigentliche Gesetzesbeschluss herbeigeführt. Nach Unterzeichnung durch den Bundespräsidenten und der Verkündung des Gesetzes im Bundesgesetzblatt tritt das Gesetz in Kraft.

Bevor der konkrete Gesetzgebungsprozess geschildert wird, sollen die Konfliktkonstellationen umrissen werden, die den Verlauf bestimmten: Das federführende Referat Patentrecht des Bundesjustizministeriums setzte sich für eine möglichst wortlautgetreue Umsetzung der Richtlinie, eine sogenannte »Eins-zu-Eins«-Umsetzung ein. Ihm war vor allem an Rechtstreue und Rechtskonformität im Sinne der Harmonisierung und Einheitlichkeit des EU-Gemeinschaftsrechts gelegen. Es sah den Ausgestaltungsspielraum bei der Richtlinie als sehr gering an. Gleichzeitig betonte das Bundesjustizministerium die Potentiale der Biotechnologie und die innovationsfördernde Wirkung des Patentrechts. Die Beamten des Ministeriums – in der Regel patentrechtliche Fachjuristen – blieben dabei einer tradierten Patentrechtsdogmatik verhaftet.

Die maßgeblichen Konfliktlinien bei der Umsetzung der Richtlinie verliefen vor allem zwischen der Regierung und dem Parlament. Trotz bestehender inhaltlicher Differenzen sowohl zwischen wie auch innerhalb der verschiedenen Parlamentsfraktionen hatte die Konfliktlinie zwischen Regierung und Opposition nur eine untergeordnete Bedeutung. Die Opposition spielte – zumindest bis kurz vor Abschluss des legislativen Verfahrens im Jahr 2004 – keine wesentliche Rolle und siedelte das Thema nicht hochrangig an. Die FDP forderte eine schnelle und wortlautgetreue Umsetzung. Für die CDU/CSU war das Thema von geringer Bedeutung, im Übrigen gab es auch innerhalb der konservativen Fraktion unterschiedliche Meinungen. Konflikte zwischen den beiden Koalitionspartnern SPD und Bündnisgrüne traten vor allem gegen Ende des finalen Umsetzungsprozesses zutage, waren jedoch nicht ausschlaggebend für das Ergebnis. Wesentlich war der Konflikt zwischen der Exekutive und der Legislative.

Das Parlament, insbesondere seine Fachpolitiker, die in den Ausschüssen damit befasst waren, nahm eine kritische Haltung zur Biopatentrichtlinie ein und versuchte, den nationalen Gestaltungsspielraum für Änderungen, Ergänzungen und Klarstellungen im Regierungsentwurf auszuweiten und möglichst maximal zu nutzen. Es trat damit in Konflikt mit dem Bundesjustizministerium. Diese Konflikte waren sowohl politischer wie auch rechtlicher Natur. Letztlich versuchte sich das Parlament an einer Quadratur des Kreises, nämlich einer richtlinienkonformen Umsetzung *und* gleichzeitig inhaltlichen Modifikation der EU Richtlinie.

Die nationale Umsetzung der EU-Biopatentrichtlinie durch die rot-grüne Koalitionsregierung unter der Kanzlerschaft von Gerhard Schröder war aus einer Reihe von Gründen mit Anfangsschwierigkeiten behaftet. Zunächst waren diese im parteipolitischen Umbruch von der Opposition zur Regierung im Jahr 1998 angelegt. Beide Partner der neuen Regierungskoalition hatten zu Zeiten der CDU/CSU/FDP-Koalitionsregierung in den 1990er Jahren die Beratungen in der EU über die Biopatentrichtlinie kritisch (SPD) bis ablehnend (Grüne) begleitet. Die schwarz-gelbe Vorgänger-Regierung war im Rat immer für eine zügige Verabschiedung der Richtlinie eingetreten und hatte den Entwurf als »im Prinzip und von seiner Tendenz her akzeptabel« bewertet, da Deutschland »an der Schaffung europaweit harmonisierter Regelungen auf diesem Gebiet besonders interessiert« sei.[3] Hingegen hatte die SPD 1992 eine »undurchsichtige Haltung der Bundesregierung zur Patentierung menschlicher Gene« kritisiert.[4] Ein Entschließungsantrag von SPD-Abgeordneten meldete 1997 »Bedarf an Präzisierung und einer stärkeren Gewichtung von ethischen Gesichtspunkten« an.[5] Die Grünen hatten die EU Richtlinie in ihrer supranationalen Entstehungsphase politisch abgelehnt. SPD und Grüne hatten nunmehr nach dem Wechsel von der Opposition in die Regierung die Umsetzung einer Richtlinie zu verantworten, die sie zuvor in vielen Punkten kritisiert hatten. Dies machte ein Um-

3 Zitate aus: BMWi – E B 7, Richtlinie des Europäischen Parlaments und des Rates über den rechtlichen Schutz biotechnologischer Erfindungen, Vorblatt, Bonn, 10.04.96, Bewertung, S. 1–2.

4 Titel einer Erklärung der SPD Abgeordneten Dr. Marliese Dobberthien zur Antwort der Bundesregierung auf zwei schriftliche Fragen zur Patentierung menschlicher Gene, Die SPD im Deutschen Bundestag, 04.05.1992, Nr. 1163. Die beiden Anfragen bezogen sich auf das Relaxin-Patent und auf die EST-Anmeldungen von Craig Venter. Vgl. ebenso: Antwort der Bundesregierung auf die Kleine Anfrage der Abgeordneten Dobberthien et al: Patentierung von gentechnisch veränderten Pflanzen, Bundestags- Drs. 12/1871, 16.01.1992.

5 Zitat aus S. 4 des Antrags zum Vorschlag für eine Richtlinie des Europäischen Parlaments und des Rates über den rechtlichen Schutz biotechnologischer Erfindungen, Dt. Bundestag, Drs. 13/6828, vom 29.01.97. Der Antrag wurde von der Fraktion der SPD eingebracht, namentlich unterschrieben haben ihn unter anderem die Abgeordneten Edelgard Bulmahn, Wolf-Michael Catenhusen, Margot von Renesse, Peter Struck, Jörg Tauss und Wolfgang Thierse. Diese waren allesamt später in wichtigen Funktionen in Regierung und Parlament mit der Implementierung der EU Richtlinie befasst.

denken erforderlich. Im Folgenden stelle ich den chronologischen Verlauf des Gesetzgebungsverfahrens dar.[6]

1.3 Das Präludium zur Implementierung: Das »Edinburgh Patent« und die Reaktion von Ministerien und Parlament im Februar 2000

Die deutsche Umsetzungsdiskussion beginnt mit einem Paukenschlag: Am 21. Februar 2000 macht die Umweltschutzorganisation Greenpeace öffentlich bekannt, dass das Europäische Patentamt am 8.12.1999 ein Patent über Verfahren zur Isolierung, Selektion und Vermehrung von tierischen transgenen Stammzellen« (EP 0695351) an die Universität Edinburgh erteilt hatte. Die Erteilung dieser von Greenpeace als »Embryo-Patent« bezeichneten Anmeldung wird als Verstoß gegen das Europäische Patentübereinkommen und die darin eingegangene EU-Biopatentrichtlinie (vgl. Kap. II.A.4) skandalisiert. Greenpeace zieht nicht nur mit Protestbannern vor das Europäische Patentamt in München, sondern mauert in seiner Protestaktion auch die Eingänge des Amtes (symbolisch) zu, so dass die EPA-Bediensteten nur durch die Garage ihren Arbeitsplatz betreten können. Greenpeace nimmt diese Patenterteilung zum Anlass für eine grundlegende Kritik der Patenterteilungspraxis durch das Europäische Patentamt und fordert anlässlich der Protestaktion ein grundsätzliches Verbot von »Patenten auf Lebewesen, ihre Gene und Teile des menschlichen Körpers«.

Das Europäische Patentamt erklärt daraufhin in einer Pressemitteilung, dass der Anspruch Nr. 48 des Patents EP 0695351 durch den Zusatz »non-human« hätte eingeschränkt werden müssen,

> »da nach dem englischen medizinischen Sprachgebrauch das Wort »animal« »human« (menschlich) mit einschließt. Das Europäische Patentamt hat diesen Fehler bereits eingeräumt und bedauert ihn. Das Amt wird alle Aufmerksamkeit aufwenden, um derartige Fehler zukünftig zu vermeiden.«[7]

Das Patentamt erklärt weiterhin, dass das EPA »ein erteiltes Patent nicht aus eigener Initiative wegen eines Fehlers ändern« kann. Es könne aber nach dem EPÜ innerhalb einer Frist von neun Monaten nach Erteilung von jedermann durch Einspruch angegriffen werden.[8]

Diese Aktion von Greenpeace und das Eingeständnis eines Fehlers seitens des Europäischen Patentamts werden von den Medien international aufge-

6 Um Darstellungs- und Analyseteile klar zu trennen, arbeite ich, wie bereits in Kap. II.A, mit einem Tempuswechsel: Der Verlauf ist im Präsens, die eingeschobenen Analyse-Abschnitte in der Vergangenheitsform gehalten.

7 Europäisches Patentamt, Pressemitteilung, 23.2.2000.

8 Europäisches Patentamt, Pressemitteilung, 23.2.2000.

nommen und gelangen in einer Reihe von Ländern zur Primetime-News in den Abendnachrichten und auf die Seite Eins in Tageszeitungen.[9]

In einer Aktuellen Stunde des Deutschen Bundestages nimmt die Justizministerin Herta Däubler-Gmelin im Rahmen ihrer Fachaufsicht zu dieser Patenterteilung Stellung. Sie erklärt, dass diese Patenterteilung »zu Recht zu großer Aufmerksamkeit und zu erheblicher Irritation in der Öffentlichkeit geführt« habe und kündigt an, dass das Ministerium Einspruch gegen dieses Patent beim Europäischen Patentamt einlegen werde.[10]

Diese Patenterteilung ist sowohl am 23.2.2000 wie auch am 24.2.2000 im Rahmen einer Aktuellen Stunde Anlass für eine Plenardebatte des Deutschen Bundestages. Alle befragenden Abgeordneten, einschließlich des früheren Justizministers Schmidt-Jortzig,[11] geben sich um die »Ethik« im Patentrecht besorgt. Dabei wird die Befürchtung geäußert, es habe sich bei dem fehlerhaft erteilten Patent möglicherweise nicht um einen bedauerlichen, irrtümlichen Einzelfall gehandelt:

»Die europäische Politik darf es sich nicht länger gefallen lassen, dass eine Behörde mit einer eigenen Gerichtsbarkeit über so wichtige ethische Zukunftsfragen entscheidet, geht es doch hier nicht nur um das Versagen von Prüfern. Dieser Fall ist vielmehr verhängnisvoller Ausdruck eines Systems, das auf die Industrie fixiert ist und nicht mehr auf die Ethik. Ich fordere daher: Patente auf Gene müssen wieder von der Bildfläche verschwinden. […] Die deutsche und die europäische Patentgesetzgebung müssen dringend verbessert und die Patentämter einer stärkeren öffentlichen Kontrolle unterstellt werden.«[12]

9 Eine Übersicht über die durchgängig kritischen Medienreaktionen nicht nur in der Bundesrepublik, sondern auch in Italien und anderen Ländern findet sich unter »Gen-Patent auf Embryo – Öffentliche Reaktionen auf die Skandal-Enthüllung«, http://www.archiv.greenpeace.de/GP_DOK_3P/HINTERGR/CO5HI67.pdf (Abfrage 28.11.2004), sowie unter http://www.greenpeace.de/themen/patente/patente_auf_leben/ .

10 BT-Drs. 14/89 vom 23.2.2000, S. 8228. Insgesamt wurden später 14 Einsprüche gegen das Patent mit der Registriernummer EP 0695351 beim EPA eingereicht. Darunter waren die Bundesrepublik, vertreten durch das deutsche Justizministerium, sowie die Regierungen der Niederlande und Italiens, und neben einem Sammeleinspruch von Greenpeace zudem die Bundestagsfraktionen von Bündnis 90/Die Grünen und der PDS.

11 »Für die F.D.P. – das sage ich ausdrücklich – ist der Sachverhalt, um welchen sich die Aktuelle Stunde dreht, ebenso eindeutig inakzeptabel wie, so glaube ich, für alle Fraktionen in diesem Hause. Wir verlangen deshalb von der Bundesregierung, mögliche Schritte zur Beseitigung der vorgekommenen gravierenden Fehlleistung im Europäischen Patentamt und zur künftigen Vermeidung erneuter, ähnlicher Vorgänge zu ergreifen. […] Es geht bei diesem Themenkomplex schließlich um Grundlagen des Menschseins, also um Existenzfragen der Menschheit. Da darf sich ein Parlament nicht um eine Durchdringung – auch wenn sie schwierig ist – und gegebenenfalls um klare Normierungen drücken« (Schmidt-Jortzig (FDP) in: BT-Drs. 14/90, 24.2.2000, S. 8334–8335).

12 Abg. Werner Lensing (CDU/CSU), in: BT-Drs. 14/90 vom 24.2.2000, S. 8228.

Wolf-Michael Catenhusen, der Parlamentarische Staatssekretär bei der Bundesministerin für Bildung und Forschung, gibt in seinem Beitrag zu bedenken:

»Es geht also nicht nur um das Versagen des Europäischen Patentamtes, sondern es geht um eine Entwicklung in der biomedizinischen Forschung, bei der das, was traditionell Medikament war, verschwimmt und bei der auch die Grenzen für die Patenterteilung offenkundig ins Rutschen kommen, vor allem dort, wo es um die Anwendung am Menschen geht.«[13]

Er hebt die Bedeutung der »Patentversagung aus ethischen Gründen«[14] hervor und argumentiert für eine europäische Lösung:

»Deshalb muss unsere massive Kritik an dem Europäischen Patentamt darauf zielen, dass von einer aktiven Wahrnehmung dieser neuen Aufgabe nicht die Rede sein kann. Das Patentamt hat bis heute nicht begriffen, dass diese neue europäische Patentrichtlinie auch die Einhaltung ethisch gebotener Grenzen – gerade was den Eingriff in die menschlichen Erbanlagen angeht – durch das Patentamt einfordert. Ich denke, wir sind uns einig, dass sich das Patentamt dieser Aufgabe bisher nicht gestellt hat und an dieser Stelle versagt hat. […]

Wir sind konfrontiert mit der Anmeldung eines Patentes, das nicht in Deutschland entstanden ist. Wenn solche Patente auf europäischer Ebene nicht zugelassen werden, kann es sein – diese Entwicklung werden wir in Europa bekommen –, dass sie in Großbritannien oder Italien zugelassen werden. Wir müssen uns der Frage, wie wir internationale Regeln und Standards auf diesem Gebiet zumindest in Europa durchsetzen, mit einer anderen Dramatik widmen. […] Aber wir sind dringend darauf angewiesen, in dieser Frage eine europäische Lösung zu finden. Deshalb lassen Sie uns in den Prozess stärker einsteigen: auf der einen Seite unsere gemeinsamen deutschen Positionen international offensiv zu vertreten, auf der anderen Seite aber nicht die schwierige Frage wegzudrücken, was uns internationaler Konsens wert ist.«[15]

Mit diesem international hohe Wellen schlagenden Ereignis, das von Greenpeace aufwändig und vermittels einer *naming and shaming*- Strategie inszeniert wurde, wurden einige grundlegende Parameter der nachfolgenden deutschen Biopatent-Debatte justiert. Diese lagen darin, dass das Patentrecht in einen unauflöslichen Zusammenhang mit »Ethik« gerückt und erneut Grenzen des Patentrechts im Bereich des Lebendigen angemahnt wurden.

Mit diesem Ereignis begann sich zudem die Governance des europäischen Patentsystems zu verändern: NGOs begehrten Einflussnahme auf die Erteilungspraxis des Europäischen Patentamtes und die nationalen Parlamente sahen sich veranlasst, in ihrer Implementierung der EU-Biopatentrichtlinie erneut die Potentiale und Grenzen der Patentierbarkeit in der Biotechnologie zu erörtern und durch entsprechende legislative Maßnahmen im nationalen Patentrecht zu

13 BT-Drs. 14/90 vom 24.2.2000, S. 8338.
14 BT-Drs. 14/90 vom 24.2.2000, S. 8338.
15 BT-Drs. 14/90 vom 24.2.2000, S. 8339.

verankern, aber auch auf die europäische und internationale Gestaltung des Patentrechts Einfluss zu nehmen.

Eine Reihe von Verbänden und zivilgesellschaftlichen Organisationen machten ihre Kritik an der Richtlinie öffentlich geltend. Insbesondere die deutsche Sektion der Umweltorganisation Greenpeace begleitete das Thema der Biopatentierung und die deutsche Umsetzung mit regelmäßigen Kampagnen und öffentlichkeitswirksamen Aktionen. Neben diesen medienwirksamen Interventionen widmete sich Greenpeace intensiv der Patenterteilungspraxis des Europäischen Patentamtes durch die Dokumentation und Analyse von angemeldeten und erteilten Patenten.[16] Diese Analysen wurden zum einen genutzt, um vermeintlich widerrechtlich erteilte Patente öffentlich zu skandalisieren und gleichzeitig eine grundlegende Kritik an der Biopatentierung zu artikulieren. Gleichzeitig stellte Greenpeace sein Monitoring der Patenterteilungspraxis des EPA und des deutschen Patentamtes (DPMA) dem Parlament und der Regierung zur Verfügung; seine Vertreter wurden zu Bundestags-Anhörungen eingeladen. Greenpeace übernahm damit eine zivilgesellschaftliche Watchdog-Funktion für das europäische Patentrecht und machte gleichzeitig seinen Anspruch als Mitspieler in der Governance des europäischen Patentsystems geltend. Einfluss auf das europäische Patentsystem nahm Greenpeace darüber hinaus über Einsprüche gegen einzelne Patenterteilungen beim Europäischen Patentamt und vor dem deutschen Patentgericht.

1.4 Der Regierungsentwurf des deutschen Umsetzungsgesetzes vom April 2000

Im April 2000 legt das Bundesministerium der Justiz (BMJ) einen Referentenentwurf vor und übermittelt ihn Verbänden zur Stellungnahme. Der Gesetzentwurf lehnt sich sehr eng an den Wortlaut der Richtlinie an. Artikel 3 der Richtlinie entspricht §1 (2) des Gesetzentwurfs, die Artikel 5 und 6 der Richtlinie finden sich in den Paragraphen §§1a und 2 wieder. In Artikel 2 (2) wird eigens auf das Embryonenschutzgesetz zur Konkretisierung der Ordre Public Klausel verwiesen.[17] Die Artikel 8–11 entsprechen den §§9 a-c des Entwurfs. In §24 (2) wird ein Passus zur erleichterten Erteilung von Zwangslizenzen aufgenommen, indem das »öffentliche Interesse« als Voraussetzung einer Zwangslizenzierung bei Abhängigkeit gestrichen wird.

16 Greenpeace wurde dabei erheblich unterstützt von Dr. Ruth Tippe von der Kampagne »Kein Patent auf Leben« in München.

17 Es heißt dort in §2 (2): »Bei der Anwendung der Nummern 1 bis 3 sind die entsprechenden Vorschriften des Embryonenschutzgesetzes vom 13. Dezember 1990 (BGBl. I S. 2746) zu berücksichtigen« (RegE, 20.10.2000).

Industrieverbände und Patentexperten äußern recht uneingeschränkt Zustimmung zu diesem Gesetzentwurf. Er stößt jedoch auf scharfe Kritik seitens von Nichtregierungsorganisationen wie Greenpeace und »Kein Patent auf Leben«, Bundesärztekammer, den Spitzenverbänden der Krankenkassen, der Entwicklungshilfeorganisation Misereor und einzelnen Gliederungen der christlichen Kirchen, unter anderem der Deutschen Bischofskonferenz. Dieser Widerstand kommt für die Referenten des Bundesjustizministeriums »nicht völlig unerwartet, jedoch in dieser Deutlichkeit und Nachhaltigkeit überraschend« (Welp 2003: 36).

Der Regierungsentwurf[18], der am 18. Oktober 2000 vom Bundeskabinett beschlossen und dem Parlament zugeleitet wird, wurde daraufhin im Gesetzestext nur ganz minimal, im Begründungsteil jedoch erheblich erweitert. In der Begründung des Regierungsentwurfs (RegE 2000) wird erstmals in langer Form die geltende Patentrechtsprechung zu Naturstoffen und zum absoluten Stoffschutz referiert. Zudem wird unter der Überschrift »Reichweite des Stoffschutzes und ethische Grenzen« dieser nunmehr in einen Beziehungszusammenhang zur »Ethik« gestellt.[19]

1.5 Der Kabinettsbeschluss vom 18. Oktober 2000

Entgegen den üblichen Gepflogenheiten erklärt das Kabinett nicht nur seine Zustimmung zum Regierungsentwurf, sondern fasst einen ausführlichen Beschluss, der wichtige Aussagen zum Gesetzesentwurf und zu politischen Handlungsabsichten enthält. Dieser Beschluss trägt den Meinungsverschiedenheiten der Koalitionspartner Rechnung und stellt einen politischen Kompromiss dar. Auf die entsprechenden Formulierungen wird im weiteren Verlauf immer wieder Bezug genommen, daher soll der Beschluss ausführlich zitiert werden. Es heißt darin:

»1. […] Die Bundesregierung begrüßt, dass durch den Gesetzentwurf ein wichtiger Beitrag zur Rechtssicherheit beim EU-weiten Schutz des geistigen Eigentums im Bereich biotechnologischer Erfindungen geleistet wird. Zugleich wird das nationale Patentrecht verbessert und präzisiert, insbesondere bei der Funktionsbeschreibung für Patentanmeldungen, bei den Patentierungsverboten, insbesondere zum Embryonenschutz, bei der Regelung von Zwangslizenzen für abhängige Patente sowie beim Sortenschutz in der Landwirtschaft.

2. Die bahnbrechenden Fortschritte in der Entschlüsselung der Erbanlagen des Menschen und anderer Lebewesen und die anhaltende Diskussion in einer Reihe von Mitgliedstaaten der EU geben aber deutliche Hinweise darauf, dass das europäische Patent-

18 RegE 2000: Entwurf eines Gesetzes zur Umsetzung der Richtlinie über den rechtlichen Schutz biotechnologischer Erfindungen, BR-Drs. 655/000, 20.10.2000.

19 Drs. 655/00 vom 20.10.00, RegE an Bundesrat, S. 14

recht nicht in allen Punkten endgültige Antworten auf die Herausforderungen des neuen Technologiebereichs gefunden hat.

Die Bundesregierung wird in diesem Sinne einen Änderungsprozess auf europäischer Ebene initiieren und für erforderliche Verbesserungen und Präzisierungen eintreten. Insbesondere ist die Reichweite des Stoffpatents im biotechnologischen Bereich zu überprüfen. Dies bedeutet insbesondere eine Prüfung der Voraussetzungen einer Patentierbarkeit von Genen, Gensequenzen und Teilen von Gensequenzen, die von menschlichen und tierischen Lebewesen, Pflanzen oder Mikroorganismen stammen.

Aufgrund neuester Entwicklungen in der biomedizinischen Forschung müssen die ethisch gebotenen Grenzen des Patentrechts gegenüber Bestrebungen, auch menschliche Körperteile zu patentieren, geschützt und weltweit durchgesetzt werden« (RegE, 20.10.2000, Kabinettsbeschluss).

Punkt 1 stellt ein Bekenntnis zur Umsetzungsverpflichtung dar und hebt die Vorzüge der Richtlinie hinsichtlich von erhöhter Rechtssicherheit und »Verbesserungen und Präzisierungen« des Patentrechts hervor. Er stellt insofern den Standpunkt der Mehrheit in der SPD-Fraktion und des federführenden Justizministeriums dar. Punkt 2 formuliert die Bedenken der Fraktion B90/Grüne und von Teilen der SPD-Fraktion. Dieser Punkt betont den Änderungsbedarf für die EU-Richtlinie, insbesondere in Fragen des absoluten Stoffschutzes auf DNA-Sequenzen und verpflichtet sich zum diesbezüglichen Handeln der Bundesregierung auf EU-Ebene. Außerdem werden ethische Grenzen und ein Patentierungsausschluss für »menschliche Körperteile« formuliert. Eine Begriffsbestimmung hinsichtlich von »Körperteilen« findet allerdings nicht statt.

1.6 Die Stellungnahme des Bundesrates und die Gegenäußerung der Bundesregierung

Der Bundesrat hält am 1. Dezember 2000 in seiner Stellungnahme zur deutschen Umsetzung der Biopatentrichtlinie fest, dass menschliche Organe, Gewebe, Zellen und Gene als solche nicht patentierbar sein sollten, sondern nur im Rahmen einer klar zu beschreibenden Funktion und einer konkreten gewerblichen Anwendung. Insofern solle sich ein Patentschutz ausschließlich auf die »Trias« von Substanz, Funktion und gewerblicher Anwendung erstrecken:[20]

»Insbesondere sind Voraussetzungen und Reichweite des Stoffpatents im biotechnologischen Bereich zu überprüfen. Hinsichtlich der Patentierbarkeit von Bestandteilen des menschlichen Körpers einschließlich seiner Gene, Gensequenzen, Teile von Gensequenzen oder von anderen Nukleinsäuren [...] ist darauf hinzuwirken, dass lediglich die erfundenen Veränderungen am biologischen Material selbst für die Patentierung zuge-

20 Bundesrat 2000: Empfehlungen der Ausschüsse zur 757. Sitzung des Bundesrates am 1.12.200, Entwurf eines Gesetzes zur Umsetzung der Richtlinie über den rechtlichen Schutz biotechnologischer Erfindungen, Drucksache 655/1/00 vom 27.11.00.

lassen werden. Auch sollte für alle Stoffpatente eine möglichst präzise Funktionsbeschreibung verlangt werden, um zu verhindern, dass andere auf dem Stoff basierende Erfindungen in anderen Funktionszusammenhängen behindert werden.«[21]

Obgleich das Gesetz nicht der Zustimmungspflicht des Bundesrates unterliegt, spielen die Empfehlungen des Bundesrates keine unerhebliche Rolle und werden von der Bundesregierung mit einer Entgegnung beantwortet.

In ihrer Gegenäußerung zur Stellungnahme des Bundesrates hält die Bundesregierung fest:

»Nach heutigem Verständnis würde die vom Bundesrat verlangte Beschränkung des Stoffschutzes einen deutlichen Bruch mit geltendem Patentrecht bedeuten.«[22]

Dennoch räumt sie unter Verweis auf den Kabinettsbeschluss zur Umsetzung der Biopatentrichtlinie ein, die Bundesregierung werde auf europäischer Ebene »für erforderliche Verbesserungen und Präzisierungen eintreten, um insbesondere die Reichweite des Stoffpatents im biotechnologischen Bereich zu überprüfen«.[23]

Im dem Parlament zugeleiteten Regierungsentwurf ist nun der Wortlaut von Artikel 5(3) der EU Richtlinie bei der Neuformulierung von §1a Abs 3 Patentgesetz (PatG) ergänzt:

»Die gewerbliche Anwendbarkeit einer Sequenz oder Teilsequenz eines Gens muss in der Anmeldung konkret unter Angabe der von der Sequenz oder Teilsequenz erfüllten Funktion beschrieben werden.«[24]

Die Erläuterung macht jedoch deutlich, dass dabei vor allem das in Erwägungsgrund 25 der Richtlinie angesprochene Problem der Überlappung von kodierenden Sequenzen adressiert wurde.

»In dem beschriebenen engen, durch die Funktion definierten Umfang ist der durch ein Stoffpatent gewährte Schutz notwendig, nicht zuletzt im Interesse eines effektiven Innovationsschutzes. Da das allgemeine Patentrecht durch die Richtlinie 98/44/EG nicht verändert wird, sind Einschränkungen des Stoffschutzes bei der Umsetzung der Richtlinie nicht möglich.«[25]

Damit erteilt die Regierung einer gesetzlichen Stoffschutzbeschränkung eine explizite Absage.

---

21 Bundesrat 2000, Beschluss, Punkt g.

22 Gegenäußerung der Bundesregierung zur Stellungnahme des Bundesrates (2001), Kabinettssache Datenblatt 14/07062 (13.3.2001), S. 2.

23 Gegenäußerung der Bundesregierung zur Stellungnahme des Bundesrates (2001), S. 1.

24 RegE 2001: Entwurf eines Gesetzes zur Umsetzung der Richtlinie über den rechtlichen Schutz biotechnologischer Erfindungen, Bundestags-Drucksache 14/5642 vom 23. März 2001, S. 5. Die Unterstreichung markiert die Ergänzung.

25 RegE 2001: 11.

1.7 Die Orientierung des Parlaments auf die supranationale Ebene

Konsens – zumindest auf verbaler Ebene – bestand bei beiden Regierungsfraktionen darüber, dass die Richtlinie verbesserungswürdig sei und man über den Rat diesbezüglich auf die Europäische Kommission einwirken müsse. Strittig war jedoch die Reihenfolge: Das Bundesjustizministerium unter Ministerin Herta Däubler-Gmelin vertrat die Auffassung, eine zügige und wortlautgetreue Umsetzung sei unumgänglich. Erst *nach* der Implementierung könne man supranational einwirken. Es sei »für den Erfolg einer Initiative zu einem Änderungsprozess auf europäischer Ebene wesentlich [...], sich rechtstreu zu verhalten«.[26] Diesen Standpunkt vertrat auch die Europäische Kommission.[27]

Die Grünen und Teile der SPD-Fraktion hingegen argumentierten in prozeduraler und politisch-strategischer Hinsicht, man müsse zunächst eine – zumindest partielle – Neuverhandlung[28] der Richtlinie auf EU-Ebene durchsetzen, *bevor* man die Richtlinie implementiere. Das Hinauszögern der Implementierung wurde dabei als ein Druckmittel angesehen, die Europäische Kommission zu einer Veränderung zu bewegen.

Hinsichtlich der Temporalität setzte das Ministerium daher auf Beschleunigung, während das Parlament bremste und die Verabschiedung des Gesetzentwurfs als Faustpfand einsetzte, um die Regierung zum Handeln auf supranationaler Ebene zu bewegen und damit indirekt Druck auf die Kommission auszuüben. Den Fachpolitikern im Parlament war bewusst, dass es nach der Verabschiedung des Umsetzungsgesetzes keine »Machtmittel« gegenüber der Exekutive mehr in der Hand haben würde. Deshalb setzte es einerseits darauf, *im* Gesetzestext selbst eine Änderung zum Wortlaut der EU-Richtlinie herbeizuführen, um einerseits eine gesetzlich bindende Stoffschutzbeschränkung zu erreichen und andererseits durch diese Divergenz die Kommission auf Trab zu bringen, eine erneute europäische Harmonisierung – im Sinne einer Annäherung an die deutsche Umorientierung – herbeizuführen. Zudem wollten eine Reihe von Fachpolitikern des Parlaments weitere Änderungen der EU-Richtlinie erreichen; diese sollten in einen Entschließungsantrag eingebracht und vom Bundestag verabschiedet werden, um damit eine Handlungsanweisung an die Regierung für deren Verhandlungen auf supranationaler Ebene zu richten.

Das Parlament sah sich dabei in seiner Vorgehensweise von anderen europäischen Parlamenten bestätigt: Die Parlamentarische Versammlung des Europarates hatte in ihrer Empfehlung vom 20. September 1999 darauf hingewiesen, dass angesichts der Fähigkeit von Lebewesen zur Fortpflanzung der Schutzumfang eines Patentes schwer zu umreißen und es damit fast unmöglich sei, private

26 Entgegnung Bundesregierung zu Bundesrat, Entwurf, S. 2.

27 Handschriftlicher Vermerk, Gespräch Däubler-Gmelin; vgl. Welp 2003: 42.

28 Vgl. z.B. MdB Wodarg Änderungsvorschläge zum RegE, vom 28.7.00, S. 7.

und öffentliche Interessen miteinander in Einklang zu bringen. Ferner wurde formuliert, dass weder von Pflanzen, Tieren oder Menschen stammende Gene noch Zellen, Gewebe oder Organe als Erfindungen betrachtet und damit Gegenstand von Patenten sein könnten.[29] In ihrer Sitzung am 9. Juni 2000 forderte sie die Mitgliedstaaten der Europäischen Union zu einer Neuverhandlung der Biopatent-Richtlinie, insbesondere der Regelung in Artikel 5 (2), auf.[30] Zudem erwartete der Bundestag von der deutschen Regierung eine gemeinsame deutsch-französische Initiative. Die französische Regierung vertrat die Ansicht, die Patentierung menschlicher Gene sei unvereinbar mit der Menschenwürde und hatte die Umsetzung der EU-Biopatentrichtlinie in nationales Recht aufgrund dessen einstweilen zurückgestellt und die Europäische Kommission zu einer Revision der Richtlinie aufgefordert. Der französische Präsident Chirac hatte diesbezüglich im Juni 2000 einen Brief an den Kommissionspräsidenten Prodi gerichtet.[31] Die Europäische Kommission ließ allerdings keinen Zweifel daran, dass sie von den Mitgliedsstaaten eine zügige und richtliniengetreue Umsetzung erwartete, bevor sie bereit sei, eine Überarbeitung der Richtlinie auch nur in Erwägung zu ziehen.[32]

---

29 »The Assembly therefore believes that neither plant, animal nor human derived genes, cells, tissue or organs can be considered as inventions nor be subject to monopolies granted by patents« (Europarat, Empfehlung 1425, Strasbourg, 24.09.1999).

30 Vgl. REM (2001: 7). Diese Empfehlung war von dem deutschen MdB Wodarg und dem französischen Abgeordneten Mattei initiiert worden.

31 Der Präsident der Republik Jacques Chirac an Romano Prodi, 30.6.2000. Chirac bezieht sich in seinem Brief auf das Kommerzialisierungsverbot der UNESCO-Erklärung (1997) zum Humangenom und Menschenrechten, sowie eine ablehnende Stellungnahme des französischen Ethikrates zur Genpatentierung (CCNE 2000). Frankreich drängte auf eine verbindliche Neuauslegung von Artikel 5 (3) der Biopatentrichtlinie (vgl. Vermerk zum Brief für die Kommission). Darin heißt es: Die französische Regierung möchte »darauf drängen, dass ohne Erfindung von Diagnose-, Impf- und Therapieverfahren kein Patent auf der Grundlage der Entdeckung von Genen oder Gensequenzen in Anwendung dieser Richtlinie registriert werden darf. Es erschiene mir sehr nützlich, wenn die Kommission das Thema in Abstimmung mit den Mitgliedstaaten und dem Europäischen Patentamt erneut erörtern würde. Seien Sie versichert, dass die französische Präsidentschaft der Europäischen Union, falls Sie bereit sind, die Initiative zu ergreifen, alles daran setzen wird, um einen raschen Abschluss der Diskussionen zu gewährleisten« (Brief übersetzt vom Sprachendienst des Dt. Bundestages).

32 Schreiben der Bundesjustizministerin Däubler-Gmelin an die Vorsitzende der Enquete-Kommission »Recht und Ethik der modernen Medizin« Margot von Renesse, vom 20.7.2001. Darin nimmt die Bundesjustizministerin Bezug auf eine Sitzung der EU Mitgliedsstaaten in Brüssel am 23.01.2001 zum Stand der Umsetzung. Dazu heißt es in diesem Brief: »Zu der Frage einer möglichen Neuverhandlung der Richtlinie äußerte sich die Kommission ablehnend. Sie erklärte aber, dass sie offen sei für weitere Diskussionen, wies aber nachdrücklich auf die Umsetzungspflicht hin.« Kommissar Bolkestein habe der Ministerin am 15.5.2001 mitgeteilt, »dass sich die Umstände, die dem Erlass der Richtlinie zu Grunde lagen, nicht wesentlich geändert hätten. Daher seien Bestrebungen zu einer Überarbeitung der Richtlinie 98/44/EG jedenfalls verfrüht« (S.2).

Die substantielle Debatte spitzte sich relativ schnell auf die Frage der Reichweite des patentrechtlichen Stoffschutzes auf Gensequenzen als zentrale Auseinandersetzung zu. Anfangs wurde aus dem Bundestag generell eine Schutzumfangsbeschränkung bei biotechnologischen Erfindungen, Stoffen und Produkten angestrebt; dies galt jedoch gegenüber dem Beamtenapparat im Justizministerium nicht durchsetzbar. Daher verengte sich die politische Auseinandersetzung auf die Beschränkung bei Gensequenzen, wofür Artikel 5(3) der EU Richtlinie einen rechtlichen Ansatzpunkt bot.[33] Daneben wurden unter anderem Fragen der Maßgeblichkeit des Embryonenschutzgesetzes bei den Ausnahmen von der Patentierbarkeit, Persönlichkeitsschutz, sowie Herkunftsangaben genetischen Materials diskutiert, diese Themenkomplexe spielten jedoch im Verfahren eine untergeordnete Rolle.

Der Regierungsentwurf[34] für die Änderung des deutschen Patentgesetzes wurde vom Bundestag am 21. Juni 2001 in erster Lesung beraten.[35] Dem ging eine Bundestagsdebatte[36] zur Stellungnahme des Bundesrates[37] und der Enquetekommission »Recht und Ethik der modernen Medizin« voraus, welche im Dezember 2000 einen Teilbericht zum Thema vorgelegt hatte.[38]

1.8 Die Stellungnahme der Enquete-Kommission »Recht und Ethik der modernen Medizin« vom Januar 2001

In seiner 96. Sitzung am 24. März 2000 hatte der Deutsche Bundestag beschlossen, die Enquete-Kommission »Recht und Ethik der modernen Medizin« einzusetzen.[39] Diese Enquete-Kommission wurde vom Parlament gegen den anfänglichen Widerstand der Regierung durchgesetzt; ihre Genese stand im Kontext einer breiten zivilgesellschaftlichen und parlamentarischen Kontroverse um die Bioethik-Konvention des Europarates, bei der sich kritische bioethische Fachpolitiker aus allen Fraktionen engagierten. Am 15. Mai 2000 nahm die Kommis-

---

33 Mündl. Mitteilung, MdB Margot von Renesse, 26.10.2002.

34 RegE 2001: Entwurf eines Gesetzes zur Umsetzung der Richtlinie über den rechtlichen Schutz biotechnologischer Erfindungen, Bundestags-Drucksache 14./5642 vom 23.März 2001

35 Protokoll der Plenarsitzung, Bundestagsdrucksache 14/5642, 21.6.2001.

36 Bundestag 2001: Beratung des Zwischenberichts der Enquete-Kommission »Recht und Ethik der modernen Medizin«, Teilbericht zum dem Thema »Schutz des geistigen Eigentums in der Biotechnologie, Plenarprotokoll 14/167, 10.5.2001

37 Bundesrat 2000: Empfehlungen der Ausschüsse zur 757. Sitzung des Bundesrates am 1.12.200, Entwurf eines Gesetzes zur Umsetzung der Richtlinie über den rechtlichen Schutz biotechnologischer Erfindungen, Drucksache 655/1/00 vom 27.11.00

38 REM 2001: Teilbericht »Schutz des geistigen Eigentums in der Biotechnologie, Enquete-Kommission »Recht und Ethik der modernen Medizin«, Bundestags-Drucksache 14/5157.

39 BT-Drs. 14/3011. Zu den Aufgaben und der Arbeit der Enquete siehe deren Schlussbericht (REM 2002: 13–17).

sion ihre Arbeit auf. Das parlamentarische Beratungsgremium setzt sich aus jeweils 13 Abgeordneten aller Bundestagsfraktionen und 13 wissenschaftlichen Sachverständigen zusammen. Am 3. Juli 2000 hält die Enquete eine öffentliche Sachverständigenanhörung zur Biopatentierung ab.[40] Der am 25. Januar 2001 veröffentlichte Teilbericht zum Thema »Schutz des geistigen Eigentums in der Biotechnologie« bildet die erste offizielle Äußerung der Enquete.

Die Enquete-Kommission[41] spricht sich mehrheitlich[42] für ein grundsätzliches Überdenken des Stoffparadigmas auf DNA-Patente aus. In ihren Eckpunkten für die Umsetzung der Biopatentrichtlinie merkt sie an, dass

> »die Übertragung des Patentschutzes auf den Bereich des Lebendigen eine fundamentale rechtsethische Zäsur darstellt, der auf nationaler und internationaler Ebene Rechnung getragen werden muss« (REM 2001: 10).

Die Kommission plädiert nachdrücklich dafür, bei der Umsetzung der Richtlinie folgende Eckpunkte zu berücksichtigen:

> »1. Patente auf biotechnologische Erfindungen können sich nur auf die erfinderische Leistung erstrecken. Sie dürfen weder DNA-Sequenzen noch Lebewesen oder deren Teile noch andere in der Natur bereits vorhandene Phänomene umfassen. Das Stoffpatent ist kein adäquates Instrument zum Schutz geistigen Eigentums bei lebenden Systemen.
> 2. Die Belohnung der erfinderischen Tätigkeit muss angemessen sein. Sie sollte daher auf belegbare Anwendungen begrenzt sein. Die gewerbliche Anwendbarkeit einer Sequenz oder Teilsequenz eines Gens muss in der Anmeldung konkret, d. h. unter belegter Angabe der von der Sequenz oder Teilsequenz erfüllten Funktion sowie der jeweils genutzten Bedeutung dieser Funktion beschrieben werden. Die Erteilung strategischer Patente muss wirkungsvoll ausgeschlossen werden.« (REM 2001: 10)

---

40 Zu deren Ergebnissen siehe REM (2001: 8–9).

41 Enquete-Kommission »Recht und Ethik der modernen Medizin« des Deutschen Bundestags (REM) 2001: Teilbericht »Schutz des geistigen Eigentums in der Biotechnologie«, Bundestags-Drucksache 14/5157.

42 Neun der 26 Enquete-Mitglieder nahmen in einem Minderheitsvotum kritisch Stellung zum Mehrheitsvotum. Sie machten jedoch deutlich, dass auch die Minderheit »das geltende Patentrechtssystem für den Bereich der Biotechnologie in etlichen Punkten für noch nicht ausgereift und angemessen« hielt (REM 2001: 15). Der Verdruss der Minderheit über das Mehrheitsvotum richtete sich vor allem auf dessen europarechtliche Ausführungen (REM 2001: 13f), die als falsch eingeschätzt wurden, sowie darauf, dass zuwenig Akzent auf die rechtsethisch positiven Aspekte der Richtlinie (Artikel 5 und 6) gelegt worden sei. In inhaltlicher Hinsicht bestand jedoch durchaus ein hohes Maß an Übereinstimmung mit dem Mehrheitsvotum. Beträchtliche Teile der Enquete-Stellungnahme waren von Vertretern des Minderheitsvotums zuvor, ausgehend von einer SPD-Fraktionsarbeitsgruppe, mit formuliert worden. Der hohe Grad des Konsenses in Bezug auf die inhaltlichen Fragen der Stoffschutzproblematik wird deutlich in einem Aufsatz (von Renesse/Tanner 2001), welcher eine hohe textliche Übereinstimmung mit der Enquete-Stellungnahme aufweist.

Die Enquete plädiert außerdem dafür, die Schutzbestimmungen des Embryonenschutzgesetzes und des Transplantationsgesetzes im Gesetzestext als Patentierungsschranke zu verankern. Überdies müsse der Schutz des Persönlichkeitsrechts von Menschen, von denen Ausgangsmaterial für eine biotechnologische Erfindung stammt, verbessert werden. Sie setzt sich dafür ein, dass Rechtsmittel gegen erteilte Patente wegen Verstoßes gegen den Ordre Public unbefristet erhoben werden können (REM 2001: 10).

Auch die Enquete-Stellungnahme verweist auf die Doppelstrategie von nationaler und europäischer Handlungsorientierung:

»Die Übertragung des Patentschutzes auf den Bereich des Lebendigen hat einen Paradigmenwechsel eingeleitet, für den das Recht erst noch eine angemessene Systematik entwickeln muss. Die eingangs genannten Empfehlungen müssen daher in die Diskussion über die nationale Umsetzung der Biopatent-Richtlinie einbezogen werden und müssen Gegenstand konkreter Initiativen der Bundesregierung zur Verbesserung des Patentrechts auf europäischer Ebene sein.« (REM 2001: 14)

An dieser Stelle ist würdigend anzumerken, dass der Enquete-Kommission eine starke Sensibilisierungsfunktion zukam und ihr Teilbericht als Katalysator für den weiteren Verlauf wirkte. Zum einen geschah dies in inhaltlicher Hinsicht, weil durch die Erarbeitung des Teilberichts eine Fokussierung auf die Stoffschutzproblematik stattfand. Der entscheidende Impuls lag darin, dass erstmals wissenschaftstheoretische Erörterungen zum Gen-Begriff formuliert und die Debatte damit unterfüttert wurde. Dabei wurden Gene von ihrer »immateriellen Seite, der Information bzw. der ›Funktion‹« (REM 2001: 13) und ihrer dynamischen und relationalen Dimension her bestimmt. Diese epistemischen Erklärungen werden in einen Zusammenhang zur Patentrechtsdogmatik gestellt. Die Begriffe »Zäsur« und »Paradigmenwechsel« verorten einen historischen Bruch. Sie stellen sich damit gegen die vom Patentrecht behauptete Kontinuität und die vermeintliche Eindeutigkeit der Patentrechtsdogmatik hinsichtlich von biochemischen Stoffen, die analog und zwingend so auf die DNA übertragen werden müssten. Es wird eine Abkehr vom »Stoffparadigma des klassischen Patentrechts« angemahnt, das in der Biotechnologie »nicht mehr tragfähig« sei (REM 2001: 13). Die Konturen einer Neuausrichtung bleiben allerdings noch unscharf und sind noch nicht auf den Schutzumfang fokussiert.[43] Die wissenschafts-

43 Der Schlüssel der Enquete-Stellungnahme lag gewissermaßen in einem »ontologischen Reframing« der Debatte: Man erklärte, es handele sich bei Gensequenzen nicht primär, wie bisher im Patentrecht gehandhabt, um biochemische Stoffe, sondern diese Entitäten seien als »Information« zu charakterisieren, was eine Abkehr von der bisherigen Patentdogmatik und eine neue Diskussion um den Schutzbereich notwendig mache. Mit dieser Rekategorisierung von Gen-Patenten wurde eine Neubetrachtung von Genpatenten mit Distanz zu den bisherigen Polarisierungen der Debatte ermöglicht. Der Bericht der Enquete zieht aber noch keine operative Konsequenz aus der Differenz zwischen patentiertem chemischen Stoffen (Material) und genetischer »Information« (vgl. Kap. II.B.2).

theoretischen Vertiefungen waren innovativ und leiteten ein Reframing der zuvor verhärteten Kontroversen (Pro/Contra Patentierung von Genen) ein. Das »Wie« einer Stoffschutzbeschränkung blieb allerdings noch diffus, sowohl bezogen auf seinen substantiellen Kern wie auch bezüglich seiner Übersetzung in eine neue juristisch-gesetzestextliche Fassung und Ausgestaltung.

Zum anderen hatte die Enquete-Kommission eine wichtige Funktion in prozeduraler Hinsicht: Es gab große personelle Überschneidungen zwischen den Enquete-Mitgliedern und Abgeordneten, die sich zu bioethischen Themen als Fachpolitiker in ihrer Fraktion und in den Ausschüssen engagierten. Die häufige Frequenz der Enquete-Sitzungen (dreimal pro Monat) führte zu einem engen Kommunikations- und Arbeitszusammenhang zwischen Abgeordneten und Experten, der auf die Arbeit des Parlaments eine gewisse Bündelungs- und Ausstrahlungskraft ausübte.

1.9 Die Plenardebatten im Bundestag zum Enquete-Bericht und zur ersten Lesung des Regierungsentwurfs vom Mai und Juni 2001

In enger zeitlicher Abfolge erfolgt eine Bundestagsdebatte[44] am 10. Mai 2001 zum Patent-Teilbericht der Enquetekommission »Recht und Ethik der modernen Medizin« und die Beratung des Regierungsentwurfs[45] für die Änderung des deutschen Patentgesetzes in erster Lesung am 21. Juni 2001.[46]

Bedeutungsvoll ist, dass sich in diesen beiden Plenardebatten die Redner ausnahmslos *aller* Fraktionen kritisch zum Regierungsentwurf äußern und Nachbesserungen, insbesondere im Hinblick auf eine Stoffschutzbeschränkung fordern.

Die Enquete-Vorsitzende Margot von Renesse (SPD) sieht im Kernstück des Enquete-Mehrheitsvotums »die Systemgrenzen des Patentrechts markiert« und aufgezeigt, »wohin es sich weiterentwickeln muss«.[47] Werner Lensing (CDU/CSU) bezeichnet das Biopatentrecht als »verbesserungsfähig und auch verbesserungsnotwendig.[48] Monika Knoche (Grüne) sieht »in der Wissenschaftsgemeinde« die Erkenntnis wachsen, »dass die EU-Richtlinie nicht mehr

44 Bundestag 2001: Beratung des Zwischenberichts der Enquete-Kommission »Recht und Ethik der modernen Medizin«, Teilbericht zum dem Thema »Schutz des geistigen Eigentums in der Biotechnologie, Plenarprotokoll 14/167, 10.5.2001

45 RegE 2001: Entwurf eines Gesetzes zur Umsetzung der Richtlinie über den rechtlichen Schutz biotechnologischer Erfindungen, Bundestags-Drucksache 14./5642 vom 23. März 2001

46 Protokoll der Plenarsitzung, Bundestags- Drucksache 14/5642, vom 21.6.2001.

47 Plenarprotokoll BT-Drs. 14/167, 10.5.2001, S. 16405.

48 Plenarprotokoll BT-Drs. 14/167, 10.5.2001, S. 16405.

dem Stand des Wissens folgt« und fordert, insbesondere der Multifunktionalität von Genen Rechnung zu tragen.[49]

Von besonderer Bedeutung erscheint in diesem Zusammenhang, dass auch der Abgeordnete Edzard Schmidt-Jortzig (FDP) eine »Nachjustierung« fordert und »für den nationalen Gesetzgeber einen gewissen Gestaltungsspielraum, der genutzt werden sollte«, sieht.[50] Schmidt-Jortzig hatte zu Zeiten der Verabschiedung der EU-Biopatentrichtlinie in den 1990er Jahren die befürwortende deutsche Position im Rat federführend als Justizminister verantwortet.[51] Dass in der Umbruchphase der Jahrtausendwende erstaunlicherweise selbst Schmidt-Jortzig, nunmehr FDP-Abgeordneter und Obmann für Bioethik seiner Fraktion, für eine Stoffschutzbeschränkung eintrat, kann als Indikator für den Umschwung im Parlament angesehen werden.[52]

Eckhart Pick, der Parlamentarische Staatssekretär bei der Bundesjustizministerin, äußert in seinem Plenarbeitrag zur ersten Lesung lediglich, dass man »die Entwicklung genau beobachten« wolle. Dahingegen sprechen sich wiederum *alle* Redner, die von ihren Fraktionen benannt wurden, für Veränderungen des Gesetzentwurfs aus. Schmidt-Jortzig (FDP) bezeichnet ein Festhalten an einer Eins-zu-Eins-Umsetzung als »fahrlässig«.[53] Norbert Hauser (CDU/CSU) betrachtet Gene »als solche« als gemeinfreie Grundelemente und wissenschaftliche Abstrakta:

»Ebenso wenig wie ein Wissenschaftler für Elemente wie Sauerstoff, Blei, Chlor oder Zink geistiges Eigentum reklamieren kann, dürfen Gene, Gensequenzen oder Teilsequenzen zum geistigen Eigentum werden. Gene sind keine Rohstoffe und Patentbehörden keine Bergämter für genetische Bodenschätze.«[54]

---

49 Plenarprotokoll BT-Drs. 14/167, 10.5.2001, S. 16407.

50 Plenarprotokoll BT-Drs. 14/167, 10.5.2001, S. 16404.

51 Das Patentrecht ist in Deutschland von jeher im Ministerium der Justiz angesiedelt, im Gegensatz zu anderen Ländern, in denen es beispielsweise dem Wirtschafts- oder dem Forschungsministerium unterstellt ist. Vgl. zur damaligen Position der Bundesregierung etwa den Brief von Prof. Dr. Edzard Schmidt-Jortzig, MdB, Bundesminister der Justiz, an Hiltrud Breyer, MdEP (Grüne), 04.11.1997 zur PGS Entscheidung T356/93 des EPA.

52 Schmidt-Jortzig nimmt in beiden Plenardebatten Bezug auf seine veränderte Haltung und auf einen Zeitungsbeitrag, in dem er mit folgenden Aussagen zitiert wird: »Nur Funktionen des Erbguts, technische Verfahren und konkrete Produkte dürfen durch Patente geschützt werden, nicht aber die Gene selbst«. Fachpolitiker aus allen Parteien und die Bundesregierung kämen hier offenbar leider »auf Kollisionskurs«. Das Biopatent-Gesetz müsse aus ethischen und wettbewerbspolitischen Gründen so verändert werden, dass sich Patentrechte nicht auf biologische Substanzen selbst erstreckten. (Zit. laut Schwägerl, Christian 2000: Patent auf Mensch-Tier- Mischwesen erteilt. Greenpeace kritisiert europäische Behörde. Schmidt-Jortzig nennt Biopatent-Gesetz unzureichend. In: Berliner Zeitung, 20.11.2000, S. 7).

53 Plenarprotokoll BT-Drs. 14/176, 21.06.2001, S. 17354.

54 Plenarprotokoll BT-Drs. 14/176, 21.06.2001, S. 17353.

Ulrike Höfken (Grüne) weist auf jüngste Erkenntnisse hin, dass die Zahl der menschlichen Gene weitaus geringer sei als angenommen[55]:

»Seitdem ist auch klar, dass ein einziges Gen nicht nur wenige Proteine kodiert, sondern viele Hunderte, möglicherweise sogar Tausende. Wenn nun ein Gen aufgrund seiner beschriebenen Eigenschaften patentiert würde, dann wäre nach derzeitigem Stand der Richtlinie gleichzeitig die Nutzung Hunderter anderer Eigenschaften exklusiv in der Hand des Patentnehmers. Die Gefahr des Entzugs von für das Allgemeinwohl wichtigem Wissen, der Monopolisierung und der daraus resultierenden negativen Folgen für die Forschung und die Gründung junger Unternehmen liegt auf der Hand.«[56]

Höfken bezieht sich positiv auf ein am selben Tag in der Frankfurter Allgemeinen erschienenes Interview, in denen drei hochrangige Mitarbeiter des Europäischen Patentamtes ihre starken Bedenken gegenüber einer inzwischen zu weit reichenden Genpatentierung äußern, der ihrer Meinung nach das Patentsystem selbst unterhöhle; sie merken an, dass sie sich auch »einen Patentschutz rein auf die konkrete Anwendung bezogen vorstellen« könnten.[57]

In diesem Interview, dies bleibt intermittierend anzumerken, spielen die EPA-Mitarbeiter den nationalen Gesetzgebern den Ball zu:

»[Moufang] Wenn nun Mitgliedsstaaten oder Parlamente sagten, dass sie nur noch einen zweckgebundenen Stoffschutz wollten, würden wir dies selbstverständlich umsetzen.

[Schatz] Ohnehin wird übersehen, dass die Hauptkompetenz für die Frage, wie weitreichend Patentansprüche sind, bei den einzelnen Staaten Gesetzgebern [sic] liegt. Die Frage, wie umfassend der Stoffschutz wirkt, liegt letztlich auch im Bereich des nationalen Rechts, das hat offenbar noch keiner so richtig bemerkt. Alle, die über den Stoffschutz diskutieren, gehen davon aus, dass es sich um absoluten Stoffschutz handelt. Dies ist aber ein Vorverständnis, das auch anders lauten könnte, nämlich im Sinn eines verwendungsbezogenen Schutzes.

[Moufang] Theoretisch könnte ein Staat festlegen, dass der Patentschutz sich nur auf den Stoff für eine konkrete Verwendung bezieht. Der Gesetzgeber könnte dies festlegen und die Patentgerichte würden dies vermutlich auch bestätigen. Ob dann allerdings auch ein Aufschrei durch das Land gehen würde, und inwieweit dies mit EU-Recht in Einklang stünde, können wir nicht abschließend beurteilen.«[58]

---

55 Ursprünglich wurde angenommen, der Mensch habe 100.000 Gene. 2001 ging man davon aus, es seien um die 40.000. Nach heutigen Erkenntnissen nimmt die Wissenschaft an, dass der Mensch 20.000 bis 25.000 Gene aufweist (Nature, Bd. 431, S. 931).

56 Plenarprotokoll BT-Drs. 14/176, 21.06.2001, S. 17353.

57 Schwägerl, Christian 2001, zitiert in Plenarprotokoll, BT-Drs. 14/176, 21.06.2001, S. 17353–4.

58 Schwägerl, Christian 2001: »Jeder kennt die Goldmine und holt sich etwas heraus. Wider das Spekulative: Das Europäische Patentamt will den Zugang zu Genpatenten strenger geregelt sehen.« Interview mit Ulrich Schatz, Hauptdirektor für internationale Rechtsangelegenheiten, Rainer Moufang, Patentrechtler, und Bart Claes, Patentprüfer, Frankfurter Allgemeine, Nr. 141, 21.6.2001, S. 45. Dieses lange, zweidrittelseitige Interview war von Zeitpunkt und Stoßrichtung her hervorragend platziert. Es ist insofern äußerst ungewöhnlich, als sich EPA-Mitarbeiter in der Regel nicht öffentlich in dieser Form äußern (dürfen), sondern dies der Amts-

Margot von Renesse (SPD) betont einerseits die Schwierigkeit des nationalen Gesetzgebungsprozesses und weist auf die Gefahr hin, dass bei einer verfehlten oder nicht richtlinienkompatiblen Umsetzung letztlich der EuGH zur obersten Entscheidungsinstanz geraten würde: »Und dann bekommen wir den Salat. Jetzt können wir es noch inhaltlich verändern.«[59] Ihr besonderer Impetus liegt im Hinweis

> »auf die Gefahr der Überbelohnung dessen, der insbesondere auf dem Gebiet der Naturstoffe ein **Stoffpatent** erhält. Das wird vor allem an den Genen deutlich, weil sie multifunktional sind. Mit einer Funktion alleine das Stoffpatent zu gewähren birgt im Ergebnis die Gefahr der Überbelohnung. Deswegen sollten wir so weit wie möglich in die von mir dargestellte Richtung gehen. Dabei hoffe ich auf die Hilfe der Patentrechtler, dass sie uns sagen, wie wir das Stoffpatent auf die gefundene Funktion einschränken und nichts hinzugeben. Das wäre ein Fortschritt, denn darin liegt ein ethisches Problem.«[60]

In diesem Statement wird erstmals der Begriff »Überbelohnung« als Schlüsselbegriff für das Reframing der Debatte geprägt (vgl. Kap. II.C) und es ist darin gleichzeitig die Richtung einer Stoffschutzbeschränkung vorgebahnt. Es enthält aber auch einen Appell an die Patentrechtswissenschaft, die Politik handwerklich bei einer EU- und TRIPs-konformen, dennoch die EU-Richtlinie weiterentwickelnden, deutschen Umsetzung zu unterstützen. Der Patentrechtsdisziplin wird hierbei eine klare politische Willensbekundung vorgegeben. Gleichzeitig wird in dem obigen Zitat »Ethik« sozial- und gerechtigkeitsethisch umgedeutet, indem diese auf den dem Patentrecht zugrundeliegenden Sozialvertrag, der jedoch zugunsten des Patentinhabers aus dem Lot geraten sei (»Überbelohnung«) bezogen wird.

1.9.1 Einordnung und Würdigung

Zwar werden die Akzente von den einzelnen Rednern unterschiedlich gesetzt, die gemeinsame Ablehnung eines absoluten Stoffschutzes auf Gensequenzen im Bundestagsplenum sendet jedoch eindeutige Signale sowohl an die Regierung, insbesondere an das Justizministerium, wie auch an die Patentrechtsdisziplin. Sie signalisieren, dass der Bundestag in diesem Stadium seiner Meinungs- und Willensbildung nicht bereit ist, eine wörtliche Übernahme des EU-Richtlinientextes in das deutsche Patentgesetz zu verabschieden. Damit werden das Justizministerium, aber auch die epistemische Gemeinschaft des Patentrechts (vgl. Kap. I.E) seitens der Legislative dazu veranlasst, ihre Position neu und intensi-

leitung und der Presseabteilung zu überlassen haben. Daher ist davon auszugehen, dass der Inhalt des Interviews mit dem EPA-Präsidenten Kober abgestimmt war.

59 Plenarprotokoll BT-Drs. 14/176, 21.06.2001, S. 17356.

60 Plenarprotokoll BT-Drs. 14/176, 21.06.2001, S. 17356 (Hervorhebung im Original).

ver zu begründen. Es findet in der Folge, nicht zuletzt ausgelöst durch das Parlament, eine inner-juridische Auseinandersetzung über den absoluten Stoffschutz statt.

Diese Dynamik mag man je nach Sichtweise als machtaffizierten juristischen Opportunismus, als Entgegenkommen zur Vermeidung schlimmeren Unheils (Straus 2001b) oder habermasianisch als Zugkraft des »zwanglosen Zwangs des besseren Arguments« bewerten. Ohne hier ein Urteil vornehmen zu wollen, bleibt an dieser Stelle im Hinblick auf das Ergebnis festzustellen, dass sich eine starke argumentative Dynamik entfaltete, die mit der latenten Verweigerungsdrohung des Parlaments gegenüber der Regierung verstärkt wurde. Diese Drohung wurde jedoch niemals offen ausgesprochen und es blieb ihr zudem die letzte Konsequenz als Machtmittel versagt: An keinem Punkt des Gesetzgebungsprozesses stand zur Disposition, der Regierung die Gefolgschaft und damit die Koalitionsmehrheit zu verweigern. So hochrangig und »existentiell« für ihre politische Identität war das Thema für die Abgeordneten denn nun doch nicht angesiedelt. Auch eine Freigabe der Abstimmung vom Fraktionszwang kam nicht ernsthaft als Option in Frage. Ein entsprechender Vorstoß des Abgeordneten René Röspel (SPD) wurde unverzüglich seitens seines Fraktionschefs zurückgewiesen;[61] zwar galt das Thema durchaus als »ethisch« bedeutsam, es wurde jedoch vor allem als »harte, wirtschaftspolitische« Entscheidung angesehen, die man nicht der individuellen Gewissensentscheidung des einzelnen Abgeordneten preisgeben dürfe.[62] Gleichzeitig weist dies auf die Verschiebungen in der Rahmung des Themas (vgl. Kap. II.C) hin: Die dem »moralischen Unterbau« der Gesellschaft zugeordneten Themen des Klonens, der Embryonenforschung und der Keimbahneingriffe bei der Biopatentierung traten sukzessive gegenüber der Fokussierung auf die Stoffschutzdebatte zurück. Dieser wurden zwar ebenfalls ethische Dimensionen zugesprochen, sie waren jedoch vor allem (re)distributiver Art und konnten damit leichter interessen- und verteilungspolitisch »gelöst« werden, als jene mit grundlegenden moralischen Wertentscheidungen, deontologischen Prinzipien und sozialregulativen Fragen (vgl. Mooney/ Schuldt 2008) verbundene Rahmung der Biopatentierung als »Patent auf Leben«.

Es bleibt damit zu konstatieren, dass dem Parlament, besonders den Koalitionsfraktionen, gegenüber der Macht der Regierung und insbesondere ihres administrativen Apparats im Bundesjustizministerium nur zwei Machtmittel

---

61 Mündliche Mitteilung, René Röspel, MdB, Mai 2001.

62 Als solche wurden im Deutschen Bundestag historisch die Abstimmungen zum Embryonenschutzgesetz (1990), zum Schwangerschaftsabbruch (1995), zum Transplantationsgesetz (1996), sowie zum Stammzellenimport (2002 und 2008) freigegeben, die sich unmittelbar mit den Grenzen des Lebens an seinem Anfang und Ende (Hirntod-Kontroverse, Status des Embryos) befassten.

blieben: Das eine war die argumentative Auseinandersetzung, die zwischen dem Versuch der Überzeugung und der öffentlichen Kritik oder dem Bloßstellen von vermeintlich »falschen« Ansichten, Positionen und Urteilen changiert. Das andere lag darin, auf Zeit zu spielen, also den Politikprozess so lange zu verschleppen, bis die Gegenseite sich dem gewünschten Ergebnis annäherte. In dieser Strategie der – machtpolitisch gesehen – schwächeren Seite liegen allerdings auch beträchtliche Risiken. Denn politisches Handeln und die Durchsetzung eigener Präferenzen ist auch an öffentliche Aufmerksamkeit und andere Kontextbedingungen, welche die eigene Position stützen oder ihr entgegenarbeiten können, gebunden. Mit einer zeitlichen Verschleppungsstrategie können damit aber günstige Chancen und Gelegenheitsfenster (*windows of opportunity*) für die eigene Position ungenutzt verstreichen. Dies ist zudem ein Prozess, bei dem sich erst im Nachhinein rekapitulieren lässt, wo Kontingenz ungenutzt blieb und historische Gelegenheiten versäumt wurden, was also der »richtige Zeitpunkt« (*kairos*) gewesen wäre.

1.9.2 Politiktheoretische Reflexion

In für die politikwissenschaftliche Theorie bedeutsamer Weise weisen die beiden Bundestags-Plenardebatten exemplarisch darauf hin, dass »Verhandeln« und »Argumentieren« als zwei grundlegende Diskursmodi (Elster 1997) komplementär, nicht dichotom zu konzipieren sind. Daraus ergeben sich nicht zuletzt methodische Konsequenzen: Wie bereits in Kap. I. A vermerkt, wird in der breiten fachinternen Debatte (vgl. Risse 2000 und 2003) zwar festgestellt, dass Argumentieren »ubiquitär« sei und man die Interaktionsorientierungen und Motive der Akteure nicht identifizieren könne (Saretzki 2007: 126–129, 2003). In analytischer und normativer Hinsicht wird jedoch gemeinhin eine strenge, dichotome Trennung vorgenommen. Kommt es überhaupt zu einer empirischen Umsetzung der theoretischen Prämissen und damit verbundenen Normen, so wird aus bestimmten Eigenheiten der Sätze selbst – beispielsweise in einem Debattenprotokoll – abgeleitet, ob diese als *arguing* oder *bargaining* zu qualifizieren sind (vgl. Holzinger 2004).

Die oben genannten Plenardebatten sind jedoch ein wichtiger Hinweis darauf, dass der Kontext und die jeweiligen institutionellen Machtpositionen der jeweiligen Akteure und des spezifischen Diskurses mit in das Analysedesign einbezogen werden müssen. In den beiden kurz referierten Plenardebatten wurde zwar sehr viel und auf hohem Niveau argumentiert, mit wissenschaftlichen Fakten und guten Gründen belegt. Entscheidend war jedoch nicht zuletzt, dass das Parlament die Regierung nicht allein argumentativ überzeugen wollte, sondern ihr gegenüber auch signalisierte, dass es für die Mehrheitsabstimmung eine Veränderung des Gesetzestextes erwartete und seine Bereitschaft zur Verabschiedung daran knüpfte. Die dabei zu beobachtende diskursive Verschiebung hin zu wirtschafts- und wissenschaftspolitischen Argumenten seitens der Kritiker wird in der Frame-Analyse (Kap. II.C) genauer analysiert.

In noch einer weiteren Hinsicht sind die beiden Bundestags-Plenardebatten vom 10. Mai 2001 und vom 21. Juni 2001 aufschlussreich: Als »Kronzeugen« werden darin von den Parlamentariern Wissenschaftler wie der DFG Präsident Ernst-Ludwig Winnacker, der Präsident der Bundesärztekammer Jörg Hoppe, aber auch – medial direkt vermittelt – hochrangige Bedienstete des Europäischen Patentamtes aufgerufen. Die entsprechende Inszenierung der Debatte und die wechselseitige Verstärkungswirkung lässt starke Zweifel an systemtheoretischen Grundannahmen von getrennten, selbstreferentiellen Funktionseinheiten einer Gesellschaft aufkommen. Sie deuten darauf hin, dass die Kopplungen und Interdependenzen zwischen den gesellschaftlichen Funktionssystemen zuweilen weitaus größer sind, als modellhaft angenommen.[63] Auch hieraus ergeben sich Fragen an die empirische Forschung, nämlich welche endogenen und exogenen Faktoren eine situative oder länger andauernde Kopplung von Teilsystemen begünstigen oder welche diese eher hemmen und in welchem Forschungsdesign dies entsprechend abzubilden ist.

1.10 Exkurs zum internationalen Kontext des Gesetzgebungsprozesses: Humangenom-Wettlauf und Biotech-Börsenfieber

Die Auseinandersetzungen im Deutschen Bundestag können nur angemessen eingeordnet und verstanden werden im Kontext der besonderen Dynamik von Ereignissen und Entwicklungsprozessen um die Jahrtausendwende, die – wie sich rückblickend rekonstruieren lässt – in den Jahren 2000 und 2001 in einer Klimax kulminierten. Es kam in diesen Zeitläuften zu einer außerordentlichen Verdichtung von »externen« naturwissenschaftlichen, ökonomischen und politischen Ereignissen, die als relevant und signifikant wahrgenommen wurden (*salience*) und dazu führten, dass das Thema auf der Agenda blieb und in der politischen Wahrnehmung hochrangig angesiedelt war (vgl. Tabelle 2). Es kann im Rahmen dieser Arbeit nicht ein vollständiger Überblick über diese Entwicklungen, ihre Akteure und Institutionen sowie Verlaufsprozesse gegeben werden. Im Folgenden sollen jedoch kurz einige markante Ereignisse und Prozesse skizziert werden, weitere werden in anderen Teilen dieser Arbeit (vgl. Kap. II.B.2 und II.E) aufgegriffen.

---

63 Vgl von Beyme: »Die Subsysteme stehen nicht kalt und fremd wie Fixsterne am Himmel« (1997: 27). Zwar ist die wechselseitige Beobachtung der Funktionssysteme als gegenseitige »Systemumwelt« in die Systemtheorie eingelassen. Die oben geschilderte empirische Sachlage ließe sich aber auch als Entdifferenzierung von Teilsystemen deuten.

Tabelle 2: Signifikante Ereignisse der Jahre 2000 bis 2001

10.1.2000	Ankündigung von Celera Genomics, 90% des Humangenoms sequenziert zu haben und bis zum Jahresende 100% erreicht zu haben, entfacht »Wettlauf« zwischen »öffentlicher« und »privater« Genomsequenzierung
21.2.2000	Skandalisierung des vom EPA erteilten »Edinburgh« Patentes durch Greenpeace
14.3.2000	Clinton-Blair-Erklärung zur freien Verfügbarkeit der Rohdaten der Humangenomforschung
9.6.2000	Resolution des Europarats zur Neuverhandlung der EU-Biopatent-Richtlinie
30.6.2000	Brief des französischen Präsidenten Chirac an den Präsidenten der Europäischen Kommission Prodi zur Einschränkung von menschlichen Genpatenten
22.7.2000	G8 Gipfel in Okinawa diskutiert Genpatente
5.1.2001	USPTO »Utility Examination Guidelines« veröffentlicht
26.6.2001	Offizieller »Abschluss« der Humangenom-Sequenzierung
4.10.2001	Entschließung des Europäischen Parlaments gegen die Erteilung zweier Brustkrebsgen-Patente BRCA1 and BRCA2 an Myriad Genetics durch das EPA
Ende 2001	Platzen der »New Economy«- Börsenblase

Mit der Konkurrenz zwischen dem öffentlich geförderten Humangenom-Programm HUGO und dem privaten Unternehmen Celera wurde auch die bis dahin weitgehend in Selbstregulierung vollzogene eigentumsrechtliche Ordnung des Genoms zwischen diesen der Public Domain zur Verfügung gestellten »Rohdaten« und jenen mit Funktionsbeschreibung patentrechtlich appropriierbaren Sequenzdaten umgestülpt. Um die Rivalität zwischen HUGO und Celera herum entfaltete sich zwischen Universitäten, privaten Biotech-Unternehmen (Start-ups) und etablierten Pharmakonzernen ein Patent-Wettlauf, welcher häufig in Metaphern des »Goldrausches« erzählt wird, um »mittels des Patentrechts Claims im menschlichen Erbgut abzustecken« (Sellnick 2002: 121). Craig Venter selbst gab 1999 bekannt, 6500 menschliche Gene beim USPTO angemeldet zu haben (Sulston/Ferry 2002: 252). Firmen wie Incyte Genomics, Amgen, Millenium, Genentech und SmithKline Beecham (jetzt: Isis Pharmaceuticals) überboten diese Anmeldezahlen noch,[64] welche schließlich in der Meldung gipfelten,

64 Vgl. Wolfrum/Stoll (2001: 32) und Jensen/Murray (2005) mit Zahlen.

allein das Unternehmen Human Genome Sciences habe mehr Gene zum Patent angemeldet, als überhaupt im Humangenom vorhanden seien.[65]

Tabelle 3: Anmeldungen von DNA-Patenten am Europäischen Patentamt (1981–2003)

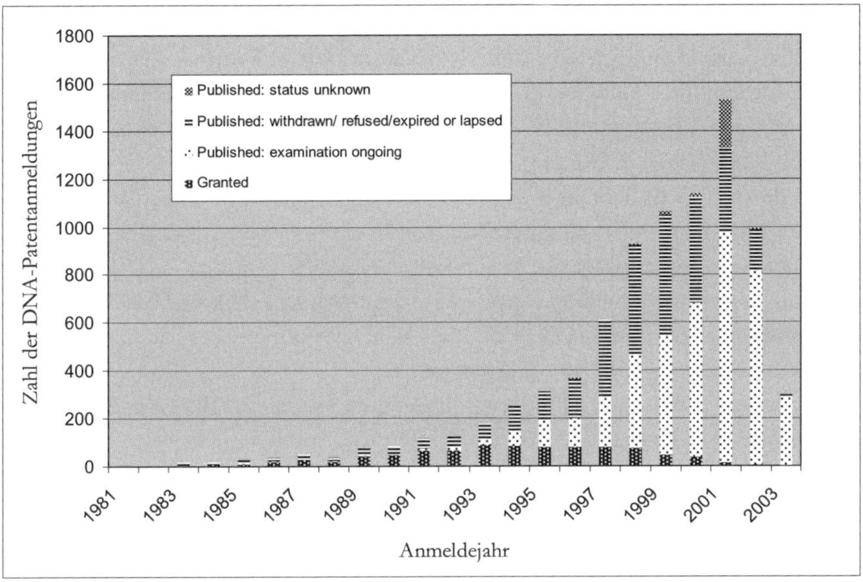

Quelle: Hopkins et al. (2007)

Hinzu kam in dieser Phase ein beispielloser Boom an den Börsen im Rahmen der sog. New Economy, wobei gerade auch Biotech-Aktien junger Unternehmen, die außer ihren Patent-Portfolios kaum eine Sicherheit aufwiesen, eine rasante Aufwertung erfuhren.

In dieser euphorischen, aber gleichwohl überaus überhitzten Situation versuchten die Präsidenten der USA und Großbritanniens in einer gemeinsamen Erklärung (*Clinton-Blair-Declaration* am 14. März 2000) den Bedarf an einer öffentlichen Zugänglichkeit des Wissens über das Humangenom zu artikulieren.[66] Diese Erklärung wiederholte eigentlich nur die Grundsätze der HUGO-Ber-

65 Joachim Müller-Jung, Bericht zu einem Humangenomforschertreffen in San Diego, in: Frankfurter Allgemeine, 2.7.2001.

66 In der Clinton-Blair-Erklärung heißt es: »We applaud the decision by scientists working on the human genome project to release raw fundamental information about the human DNA sequence and its variants rapidly into the public domain, and we commend other scientists around the world to adopt this policy«; betont wurde aber auch »intellectual property protection for gene-based inventions«. (Vgl. Blair and Clinton in plea over gene code, Guardian, 15.3.2000, http://www.guardian.co.uk/Archive/Article/0,4273,3974107,00.html und BBC news, 15.3.2000, http://news.bbc.co.uk/2/hi/science/nature/677815.stm).

muda-Deklaration,[67] nämlich eine Selbstverpflichtung der Forscher, »primäre« Gensequenzen unverzüglich frei und öffentlich verfügbar zu machen, und bestätigte zudem die patentrechtliche Schützbarkeit von Gensequenzen mit nachgewiesener »*utility*«. Die Clinton-Blair-Erklärung löste jedoch an der NASDAQ einen abrupten Absturz der Börsenkurse um 200 Punkte aus, bevor die Aktienkurse wenige Tage später ihre Höhenflüge fortsetzten (Sulston/Ferrry 2002: 247). Ende 2001 und im Jahr 2002 kam es dann zum Ende des Börsenbooms, einem bodenlosen Fall der überbewerteten Aktienkurse, gerade auch für die junge Biotech-Branche und in der Folge zu einer Vielzahl von Insolvenzen bei Biotech-Start-ups (vgl. Coriat/Orsi 2002; Ernst & Young 2004a).

In dieser Hochphase von Wissenschaft und Finanzkapital schlichen sich – bei aller auch von der Politik geteilten Euphorie – Zweifel an der Tragfähigkeit des neuen biotechnologischen Wachstumsregimes (Barben 2007) und den neuen Allianzen oder Mesalliancen zwischen Wissenschaft und Industrie ein. Diese wurden auch beim G8-Gipfel in Okinawa vom 21. bis 22. Juli 2000 von den Staatsoberhäuptern zum Thema gemacht, schlugen sich dort jedoch nicht in konkreten politischen Handlungsempfehlungen nieder. Die Auseinandersetzungen um den Modus der Patentierbarkeit und die Reichweite des Stoffschutzes für Genpatente steht daher in Zusammenhang mit Gambling-Praktiken an den Börsen und ebensolchen spekulativen Strategien der »Vorratspatentierung«.[68] Hieraus entwickelte sich nicht zuletzt seitens der Patentämter, die dem Ansturm der Anmelder ausgesetzt waren, ein Unbehagen und es wurde allmählich ein Bedarf an politischer Koordination der bis dato weitgehend dem Markt und der Selbstregulation überantworteten Kräfte erkannt. In den USA wurde dies in den am 5. Januar 2001 am USPTO in Kraft getretenen *Utility Examination Guidelines* umgesetzt. Demnach wurden die Anforderungen an die »*utility*« – das US-Korrelat des europäischen Kriteriums der »gewerblichen Anwendbarkeit« – einer angemeldeten Erfindung erhöht und verlangt, dass diese die drei Erfordernisse erfüllen müsse, »*credible, specific and substantial*« zu sein.[69] Es bleibt allerdings bestritten, dass damit tatsächlich eine Korrektur einer häufig als zu

67 Vgl. Kap. II.C und siehe die Bermuda-Erklärung des Humangenomprojekts 1997 (unter www.ornl.gov/sci/techresources/Human_Genome/research/bermuda.shtml).

68 Die Vorverlagerung der Patentierung in die Grundlagenforschung eröffnet Patentwettläufe (*first-to-patent-competition*) und ermöglicht es, bestimmte Forschungsgebiete zu »reservieren«, Konkurrenten abzuschrecken und damit auch, »Zeit zu kaufen«, innerhalb derer man sich selbst noch für einen starken Einstieg oder ein Fallenlassen entscheiden kann. Dies schafft allerdings allgemein gesehen Unsicherheit und wirkt somit einer Legitimationsgrundlage des Patentsystems entgegen, Rechtssicherheit und Klarheit über abgesteckte Claims zu sichern (siehe Kap. I.C und I.F).

69 USPTO 2001. »In effect, we have raised the bar to ensure that patent applicants demonstrate a »real world« utility. One simply cannot patent a gene itself without also clearly disclosing a use to which that gene can be put« (Dickinson 2000: 4).

weitreichend betrachteten Vergabe von Patenten beim USPTO eingeleitet wurde (Paradise et al. 2005).

Anekdotische Evidenz für Probleme bei Genpatenten, insbesondere bei Gendiagnostika, lieferte unter anderem ein über mehrere Jahre öffentlich sehr präsenter und symbolträchtiger Konflikt um die von dem US-Unternehmen Myriad Genetics gehaltenen Patente auf die beiden Brustkrebs-Gene BRCA1 and BRCA2.[70] Myriad brachte mit besonders exklusiven Lizenzierungspraktiken für Gentests die Forschergemeinde gegen sich auf und löste anhaltende Proteste bei Nichtregierungsorganisationen und Ärzteverbänden aus.[71] Die Erteilung dieser Patente durch das Europäische Patentamt wurde in einer Entschließung des Europäischen Parlaments vom 4. Oktober 2001 scharf kritisiert.[72] Später wurden einzelne dieser Patente in Einspruchsverhandlungen zurückgewiesen oder erheblich eingeschränkt (vgl. Kap. II.E).

Im Rahmen der OECD wurden anlässlich der beschriebenen Entwicklungen Studien zu den Patentierungs- und Lizenzierungspraktiken im Genomsektor in Auftrag gegeben (OECD 2002a und 2000b, 2006), sowie zum Zusammenhang von Patenten und Innovation (OECD 2004) und zum Verhältnis des Patentrechts zur Wettbewerbspolitik (OECD 2005).

Neben diese exogenen Faktoren, welche vom Deutschen Bundestag rezipiert wurden, traten zudem endogene Diskurs- und Politikverflechtungen mit anderen bioethischen Themen, wie die intensive Debatte um ein Fortpflanzungsmedizingesetz (BMG 2001), ein Stammzellimportgesetz (REM 2002a) und eine UN-Konvention zum Klonen, die zu dieser Zeit auf der parlamentarischen Tagesordnung standen.

Es bleibt aus heutiger Sicht nachzutragen, dass ein nicht unbedeutender Anteil der um die Jahrtausendwende angemeldeten Humangenom-Patente später von den Anmeldern stillschweigend fallengelassen wurde.[73] Welcher Anteil des Humangenoms patentiert ist, lässt sich auch deshalb schwer beziffern, da sich sowohl in den USA wie auch insbesondere beim Europäischen Patentamt noch eine Vielzahl von humanen Genpatent-Anmeldungen in der Patentprüfung befinden, da bei beiden Patentämtern ein mehrjähriger Rückstau in der

70 Vgl. Rimmer 2003a, Williams-Jones/Graham 200, Paradise 2004, van den Belt 2004a.

71 Vgl. Greenpeace Pressemeldung vom 20.6.2001: Greenpeace deckt Patent auf Brustkrebs-Gen auf. Greenpeace und die deutsche Bundesärztekammer forderten den Widerruf des Patents. Den Einspruch gegen mehrere Myriad-BRCA-Patente beim EPA führten darüber hinaus das französische Institut Curie und belgische Humangenetiker (vgl. Matthijs 2004).

72 European Parliament 2001: Resolution on the patenting of BRCA1 and BRCA2 (›breast cancer‹) genes, 04.10.2001.

73 Die Analyse stößt auf methodische Probleme und humane Gensequenzen lassen sich häufig nicht klar von nicht-humanen abgrenzen. Vgl. aber Jensen/Murray 2005, die für die USA nach Auswertung von USPTO-Daten angeben, dass 20% der Gene des Humangenoms (4382 der 23.688 in der NCBI-Datenbank registrierten Gene) explizit patentiert seien.

Patenterteilung zu verzeichnen ist. Wie aus Tabelle 3 ersichtlich ist, kam es aber tatsächlich auch beim Europäischen Patentamt zu einem extremen Anstieg in der Anmeldung von Gensequenzpatenten, der um die Jahrtausendwende seinen Höhepunkt erreichte und sich seither abgeflacht hat (vgl. Hopkins et al. 2006 und 2007; EPA Jahresberichte 2003 bis 2007).

1.11 Das Ringen um die »Funktionsbindung« des Stoffschutzes zwischen Regierung und Regierungsfraktionen in der Koalitions-Arbeitsgruppe

Während es von Regierungsseite weiterhin apodiktisch hieß, dass »Einschränkungen des Stoffschutzes bei der Umsetzung der Richtlinie nicht möglich« seien,[74] vertrat das Parlament vehement, dass es hierzu erhebliche Spielräume bei der Auslegung der Richtlinie gäbe und man diese bei der nationalen Umsetzung ausschöpfen müsse.

Als zentraler Begriff, mit dem eine Reichweite des absoluten Stoffschutzes bei DNA-Sequenzen beschränkt werden sollte, kristallisierte sich im Parlament der Ausdruck »*Funktionsbindung*« heraus. Dieser Begriff wurde maßgeblich von der Abgeordneten Margot von Renesse (SPD) sowie einer Gruppe von Völkerrechts- und Wirtschaftsjuristen aus Göttingen (Stoll/Wolfrum 2001: 63; 79) geprägt. Er war bisher kein dem Patentrecht geläufiger und ihm entlehnter Begriff.[75] Die rechtliche Ausgestaltung eines solchen funktionsgebundenen, umfangsbeschränkten Stoffschutzes blieb allerdings noch unbestimmt.

---

74 An dieser Formulierung im Regierungsentwurf (RegE 2001: 11) hielt das Bundesjustizministerium eisern fest.

75 Wie die Sachverständigen-Stellungnahmen und das Wortprotokoll zur Anhörung des Rechtsausschusses vom 27.10. 2001 zeigen, wurden allerdings auch die Begriffe »*Zweckbindung*« und »*Anwendungs-*« oder »*Verwendungspatent*« in der patentrechtswissenschafts-internen Kontroverse verwendet, welche feste Konzepte in der Patentrechtsdogmatik darstellen (vgl. Osterrieth 2004: 62). Ein *zweckgebundener* Stoffschutz wurde vom BGH in der Entscheidung »Antivirusmittel« eingeführt. Es bezieht sich darauf, dass ein »finales Element« einen wesentlichen Bestandteil der Erfindung bildet, so dass eine Benutzung des Patentgegenstandes ausscheidet, wenn die Zweckverwirklichung weder angestrebt noch zielgerichtet erreicht wird (BGH in: GRUR 1987: 784 – Antivirusmittel). Der Begriff der »*Verwendung*« entstammt patentrechtsdogmatisch der ersten (und zweiten) medizinischen Indikation. Bei der ersten medizinischen Indikation liegt ein Stoff vor, der an sich bereits bekannt und daher nicht patentierbar ist, für den aber erstmalig eine medizinische Anwendbarkeit erkannt wurde (z.B. war das Malariamittel Resochin zuvor als Farbstoff bekannt). Nach §3 (3) PatG und Art. 54 (5) des EPÜ 2000 wird bei einer medizinischen Indikation der Stoff als neu fingiert (sog. Swiss-type claim-Formulierung: »Stoff X zur Verwendung als Medikament«, »Stoff X zur Behandlung der Krankheit Y«). Der zweckgebundene Stoffschutz der ersten medizinischen Indikation umfasst grundsätzlich alle Verwendungen auf dem Gebiet der Therapie, nicht nur die im Anspruch angeführten. Im Gegensatz dazu umfasst die zweite medizinische Indikation nur den speziellen Zweck, der im Anspruch angegeben ist. Allerdings befindet sich auch die Patentrechtsdogmatik zur ersten und zweiten medizinischen

Wichtig erscheint, festzuhalten, dass sich die deutsche Debatte nicht (nur) auf *menschliche* Körperbestandteile erstreckte, sondern auf DNA-Sequenz-Patente *insgesamt* – gleich in welchem Organismus – verlagerte.[76] Dies dürfte den wesentlichen Unterschied zur Kontroverse in *Frankreich* darstellen. Diese fokussierte auf den menschlichen Körper und wurde ausgehend von der Menschenwürde und der Nicht-Kommerzialisierbarkeit des Körpers geführt. Von diesem Ausgangspunkt her wurde eine Einschränkung der Patentierbarkeit (eigentlich tatbestandsbezogen, aber mit Wirkung auf den Umfang) gefordert (vgl. Welp 2003: 43; Godt 2003: 13ff und Anhang).

Wie man eine solche Einschränkung des Stoffschutzes im deutschen Umsetzungsgesetz erreichen und wie man diese juridisch fassen könnte, war ein zentrales Thema des Willensbildungsprozesses und der parlamentarischen Verhandlungen. Diese vollzog sich teilweise in den Rechts-, Forschungs- und Gesundheits-Ausschüssen. Sie bildete aber vor allem den Angelpunkt von Gesprächen einer Koalitions-Arbeitsgruppe, in der sich Fachpolitiker der Regierungsfraktionen mit Beamten des Justizministeriums in den Jahren 2000 bis 2002 regelmäßig trafen, teilweise unter direkter Beteiligung der Justizministerin Däubler-Gmelin.

Diese Koalitions-Arbeitsgruppe erarbeitet neue Formulierungsvorschläge für den Gesetzestext. Diese Änderungsvorschläge werden allerdings im Grunde sämtlich vom Justizministerium zurückgewiesen, mit recht unisono lautenden Argumenten, der jeweilige Vorschlag sei richtlinienwidrig oder nicht TRIPs-kompatibel.[77] Ein Teil der Abgeordneten der Koalitions-Arbeitsgruppe – maßgeblich die SPD-Abgeordnete und Biomedizin-Enquete-Vorsitzende Margot von Renesse – versucht, patentrechtsimmanent einen politischen Kompromiss zu erreichen und für die DNA-Patentierung eine Umfangsbeschränkung des Stoffschutzes legislativ einzuschreiben. Dabei geht es also vor allem um das *Wie* der Patentierbarkeit von Gensequenzen. Dieser Ansatz setzt sich in der Koalitions-Arbeitsgruppe durch. Ein anderer Teil der Abgeordneten vertritt weiterhin eine umfassende Kritik an der Patentierung von Genen »als solchen« und bleibt diesbezüglich der Dichotomie von Entdeckung versus Erfindung verhaftet.

Indikation inzwischen im Umbruch und Fragen der Abhängigkeit der ersten und weiterer medizinischer Indikationen bleiben strittig (vgl. Dieter Schneider 2008).

76 Dies geschah bereits im RegE 2000.

77 Vgl. die internen Papiere, darunter Liste der Themenkomplexe (März 2001) und BMJ 2001: Stellungnahme des Bundesministeriums der Justiz zu den Vorschlägen und Hinweisen der Koalitionsarbeitsgruppe zur Umsetzung der Biopatentrichtlinie (BMJ III B 4, Stand 18.6.2001).

1.12 Die Beratungen in den Ausschüssen des Bundestages

Parallel zu den Zusammenkünften der Koalitions-Arbeitsgruppe wird in den Ausschüssen über den Gesetzesentwurf beraten. Am 17. Oktober 2001 findet eine Sachverständigen-Anhörung der zuständigen sieben Bundestags-Ausschüsse unter Federführung des Rechtsausschusses zum deutschen Biopatent-Gesetzentwurf statt.[78]

Hierzu wird von Seiten der Fraktion Bündnis 90/Die Grünen ein Rechtsgutachten[79] vorgelegt, das erneut den zentralen Punkt der Kontroverse, den absoluten Stoffschutz auf Gene bzw. DNA- Sequenzen, untermauert mit einer Fülle von aktuellen Fakten zum Humangenomprojekt und zur Patentpraxis, zur Disposition stellt.[80] Mit diesem juristischen »Gegengutachten« formiert sich eine Pluralisierung von Expertise, die den bis dato weitgehend monolithischen Rechtsauslegungen und entsprechenden Fachgutachten, die vom Justizministerium (Straus 2001a) und dem Forschungsministerium (Straus/ Holzapfel/ Lindenmeir 2002) in Auftrag gegeben wurden, widerspricht. Diese Pluralisierung bricht das traditionelle Deutungsmonopol der Patentrechtsdisziplin auf und führt gleichzeitig zu heterogenen Auslegungen innerhalb der Disziplin selbst.[81]

Die Sachverständigen-Anhörung im federführenden Rechtsausschuss am 27. Oktober 2001 konzentriert sich vor allem auf die Frage der juristischen Spielräume des Gesetzgebers bei der nationalen Umsetzung der Richtlinie, insbesondere bei der Ausgestaltung einer Funktions- oder Zweckbindung für DNA-Sequenz-Patente. Die Machbarkeit, Ausgestaltung und Legalität einer solchen

78 Öffentliche Anhörung zu dem Gesetzentwurf der Bundesregierung »Entwurf eines Gesetzes zur Umsetzung der Richtlinie über den rechtlichen Schutz biotechnologischer Erfindungen«, 17.10.2001. Als Sachverständige waren geladen der Präsident des Bundespatentgerichtes Hans-Georg Landfermann, der Vorsitzende des Patentausschusses des Verbandes der forschenden Arzneimittelhersteller (VfA) Dieter Laudin, der Richter am Bundespatentgericht Lutz van Raden, der Patentjurist Joseph Straus vom Max-Planck-Institut für ausländisches und internationales Patent-, Urheber- und Wettbewerbsrecht, und der Rechtsanwalt Winfried Tilmann. Als nicht-juristische Sachverständige nahmen Thomas von Rüden der Morphosys AG und Ruth Tippe von der Kampagne »Kein Patent auf Leben« teil. Die schriftlichen Stellungnahmen beschäftigen sich ausführlich mit den Argumenten für oder gegen einen absoluten oder umfangsbeschränkten Stoffschutz. Die Stellungnahme von »Kein Patent auf Leben« enthält eine detaillierte Aufschlüsselung der Patentanmeldungen und erteilten Patente auf Gene von menschlicher Herkunft, und gentechnisch veränderte Tiere und Pflanzen durch das Europäische Patentamt.

79 Wolfrum, Rüdiger/ Stoll, Peter-Tobias 2001: Die Gewährleistung freier Forschung an und mit Genen und das Interesse an der wirtschaftlichen Nutzung ihrer Ergebnisse. Heidelberg und Göttingen, vorgelegt im Oktober 2001.

80 Auch von Seiten von einzelnen Vertretern des Europäischen Patentamtes und führenden Patentrechtlern sind zu diesem Zeitpunkt vorsichtige Absetzbewegungen vom »absoluten Stoffschutz« für Gene erkennbar (vgl. Kap. II.B.2, sowie Schwägerl 2001a und 2001b).

81 Zur Bedeutung von wissenschaftlichen Expertisen zur Politikberatung siehe: Jasanoff 1990.

Einschränkung des absoluten Stoffschutzes werden eingehend und fachgerecht, aber sehr kontrovers erörtert.

Eher am Rande wird darüber hinaus zum einen debattiert, ob das Embryonenschutzgesetz explizit als Teil der Ordre Public-Klausel in das Gesetz aufgenommen werden solle und welche rechtliche Wirkung dies hätte. Thematisiert wird dabei, welche Bedeutung die unterschiedlichen Legaldefinitionen und Auslegungen der Begriffe »Embryo« und »menschliches Lebewesen« in den verschiedenen EU-Mitgliedsstaaten in Bezug auf die Patentwirkung und die Einheitlichkeit des Patentwesens haben. Zum anderen wird diskutiert, ob die Liste der Patentierungsverbote ausreiche oder zu erweitern sei.

Die parlamentsinternen Rivalitäten und politstrategischen Differenzen zwischen einer moderaten, richtlinienkonformen, aber dennoch wortlaut-divergenten Umgestaltung des Patentrechts und einer grundlegenden Ablehnung von Genpatenten artikulieren sich auch in Spannungen zwischen den Ausschüssen: Bei der Anhörung im Rechtsausschuss wird vor allem juristischer Sachverstand geladen und befragt. Dagegen hört der Gesundheitsausschuss bei einem Expertengespräch am 31. Januar 2002 vor allem Verbände-Vertreter aus dem Gesundheitswesen an: Neben dem Verband forschender Arzneimittelhersteller (VfA) kommen auch die Spitzenverbände der Krankenkassen, die Bundesärztekammer, mit dem Pharmakologen Schönhöfer ein Vertreter der kritischen Pharmaforschungs-Beobachtung sowie die Verbraucherzentrale zu Wort, die ihre Bedenken zum Gesetzentwurf äußern. Dabei werden vor allem sozialethisch relevante, negative Konsequenzen der Biopatentierung thematisiert. Als Probleme benannt werden insbesondere durch die patentrechtliche Monopolisierung verursachte hohe Arzneimittelpreise mit den Folgen eines gegebenenfalls eingeschränkten Zugangs für Versicherte oder einer Kostensteigerung für das Gesundheitssystem sowie eine potentielle Einschränkung der ärztlichen Therapiefreiheit.

Die kritische Diskussion über eine »Funktionsbindung« des Stoffschutzes schlägt sich auch in der rechtswissenschaftlichen Debatte in den entsprechenden Fachpublikationen nieder. Sie wurde von der Politik, insbesondere aus dem Parlament, angestoßen und es entstanden positive Rückkopplungsschleifen zur Wissenschaft.[82] Zu einer gewissen »Aufbruchstimmung« im Hinblick auf recht-

82 Wichtige Impulse dazu gaben das Wolfrum/Stoll-Gutachten (2001), aber auch etwa der Richter am Bundespatentgericht Lutz van Raden und die Patentanwältin Dorothea von Renesse (2002), die teilweise mit der Abgeordneten Margot von Renesse zusammen in den einschlägigen patentrechtlichen Fachpublikationen Beiträge veröffentlichten. Die Literatur zum Thema DNA-Patente und Funktionsbindung ist seither stetig gewachsen: Allein in den deutschen Patentrechts-Fachzeitschriften Mitteilungen der Deutschen Patentanwälte und GRUR erschienen zum Thema zwischen 1999 und 2004 über 40 Fachartikel (siehe eine Auflistung unter: www.jura.uni-duesseldorf.de/dozenten/busche/SS2004/Biopatent/Literaturempfehlungen.doc, Abfrage 1.5.2004).

liche Möglichkeiten, bei der deutschen Umsetzung der Richtlinie kreative und innovative Wege zu finden, um Gestaltungsspielräume auszuschöpfen, trug nicht zuletzt bei, dass führende Wissenschaftler bzw. Vertreter wissenschaftlicher Forschungs- und Fachgesellschaften sich kritisch zu einem »zu breiten« Patentschutz äußerten (vgl. Kap. II.B.2). Kritische (Medien-) Öffentlichkeit wurde immer wieder über Nichtregierungsorganisationen, insbesondere Greenpeace, hergestellt.

1.13 Politischer Gestaltungswille zur Reichweite der Stoffschutzbeschränkungen auf Gene: Vorgeschlagene, aber gescheiterte Gesetzesformulierungen

Die Bemühungen von Seiten der Koalitions-Arbeitsgruppe in der ersten Hälfte des Jahres 2002 lassen sich dahingehend zusammenfassen, dass um rechtlich hieb- und stichfeste Formulierungen gerungen wurde, um eine Funktionsbindung des Stoffschutzes für Gene festschreiben zu können, ohne das geltende Patentrecht, das Europarecht[83] und die TRIPs-Verpflichtungen zu verletzen.[84]

Dabei sind analytisch gesehen die folgenden vier Problemkomplexe zu unterscheiden, die von der Koalitions-Arbeitsgruppe abgehandelt wurden:

1) Zum Geltungsbereich der Norm

Rechtlich blieb unklar, auf welcher Ebene die Funktionsbindung wirken würde – ob sie nur für Patentanmeldungen beim Deutschen Patent- und Markenamt (DPMA) Wirkungskraft erzielte oder sich auch auf beim Europäischen Patentamt getätigte Patentanmeldungen erstrecken könnte. Rund 80 bis 90 Prozent der für Deutschland geltenden Biotechnologie-Anmeldungen werden vom Europäischen Patentamt (EPA) als Bündelpatent erteilt. Die politische Willensbildung ging davon aus, dass eine Funktionsbeschränkung sich auch auf vom EPA nach dem Europäischen Patentübereinkommen (EPÜ) erteilte Patente erstrecken müsste, um eine gleichmäßige Wirkung zu erzielen und Anmeldern

83 Der Text der EU-Biopatentrichtlinie ist insofern eine politische Kompromisslösung, als er zur Reichweite des absoluten Stoffschutzes auf Gensequenzen Interpretations- und Auslegungsspielraum lässt. Insbesondere kann Artikel 5. Abs. (3) der Richtlinie dahingehend gedeutet werden, dass das Europäische Parlament eine Umfangsbeschränkung des absoluten Stoffschutzes auf die vom Erfinder geleistete technische Lehre intendiert habe. Die maßgeblichen erläuternden Erwägungsgründe 22–25 waren ebenfalls Anlass, die Richtlinie in dieser Richtung einer Funktionsbeschränkung in der Reichweite des absoluten Stoffschutzes für Gensequenzen auszulegen.

84 Ich greife bei meiner Darstellung auf nicht-öffentliche Protokolle der Koalitions-Arbeitsgruppe zurück.

nicht ein »Schlupfloch« zu bieten, sich über eine Anmeldung über das EPA der gesetzlichen Norm zu entziehen.[85]

2) Zeitliche Dimensionen

Die Parlamentarier nahmen an, dass für einen großen Anteil der »möglichen« Patente auf Gene im menschlichen Genom bereits Anmeldungen bei den Patentämtern vorlagen. Bezöge sich die Funktionsbindung lediglich auf neue Anmeldungen, die nach dem Inkrafttreten des deutschen Gesetzes eingereicht würden, wäre der Regelungszweck verfehlt worden. Daher wurde als politisches Ziel formuliert, dass eine Funktionsbindung sich auch auf bereits angemeldete, aber noch nicht erteilte Patente bezöge.

Um diesen beiden politischen Willensbildungen und Gestaltungsabsichten zur Geltung zu verhelfen, wurden im März 2002 folgende Formulierungen für den Begründungstext des Gesetzes vorgeschlagen:

> »[...] Die durch §1a Abs 3 PatG-Entwurf bedingte Prüf- und Erteilungspraxis wird auf alle Neuanmeldungen von Patenten, aber auch auf die noch nicht abgeschlossenen anhängigen Verfahren zur Anwendung kommen.
>
> [...] Die Bundesregierung geht davon aus, dass die vorgesehenen Klarstellungen auch in die Erteilungspraxis des Europäischen Patentamtes Eingang finden.«

Mit diesen Klarstellungen sollte der entsprechende politische Gestaltungswille zur Geltung gebracht werden.

3) Fragen der Rückwirkung

Ein kritischer Punkt bildete die Rückwirkung auf »Altfälle«, also auf bereits vom EPA oder dem DPMA erteilte Genpatente. Hierbei wurde davon ausgegangen, dass aus verfassungsrechtlichen Gründen des Bestands- und Vertrauensschutzes ein Eingriff in bereits abgeschlossene Vorgänge und Rechtspositionen – also in

---

85 Rechtlich strittig ist dabei das Verhältnis von Artikel 69 zu Artikel 64 EPÜ. Seitens des BMJ (vgl. auch BT-Drs. 15/4595, S. 13) wurde argumentiert, dass der nationale Gesetzgeber den Schutzbereich der EPÜ-Patente nicht beschränken könne, da es für deren Schutzbereich entscheidend darauf ankäme, was das EPA in den Anspruch aufgenommen habe (Art. 69 EPÜ lautet: »Der Schutzbereich des europäischen Patents und der europäischen Patentanmeldung wird durch den Inhalt der Patentansprüche bestimmt«). Diese Praxis des Dialogs zwischen Patentanmelder und EPA, bei dem die genaue Fassung der Patentansprüche im Prozess der Patentprüfung bis zur Erteilung festgeschrieben wird, könne national nicht geregelt werden. Die Justiziare der Koalitionsarbeitsgruppe verwiesen demgegenüber auf Art. 64 EPÜ, der lautet: »Das europäische Patent gewährt seinem Inhaber [...] dieselben Rechte, die ihm ein in diesem Staat erteiltes nationales Patent gewähren würde«. Dabei wurde argumentiert, dass in Deutschland die Funktion des Gens in den Patentanspruch aufgenommen und der Stoffschutz deshalb beschränkt worden wäre; hier gälte daher nach Art. 64 EPÜ das gleiche. (Wiedergegeben laut internen Papieren der Koalitionsfraktionen).

mit absolutem Stoffschutz erteilte Genpatente – nicht möglich wäre. Dabei setzte sich die Koalitions-Arbeitsgruppe mit dem verfassungsrechtlichen Rückwirkungsverbot und der rechtlichen Unterscheidung zwischen einer für den Gesetzgeber verbotenen »echten« Rückwirkung und einer erlaubten und möglichen »unechten« Rückwirkung auseinander. Sie ging davon aus, dass zwar der Gesetzgeber selbst nicht in »alte« Patente eingreifen könne, dass dies aber durch einen Präzedenzfall vor einem deutschen Patentgericht entschieden werden könnte. Bei einem Streitfall um eine Patentverletzung und die damit verbundene Auslegung des Schutzbereiches eines Genpatents wäre ein deutsches Gericht an den verabschiedeten Gesetzestext gebunden, der eine Funktionsbeschränkung des Schutzumfangs normiert. Somit wäre über ein entsprechendes Urteil eine sogenannte teleologische Reduktion durch das Gericht zu erwarten. Als Fallrecht (case law) würde dieses, so die Argumentation, aber wiederum Anwendung finden auf *alle* in Deutschland gültigen Gen-Patente, auch auf diejenigen, welche vom EPA erteilt wurden, sowie sogar auf diejenigen, die noch vor Inkrafttreten des Gesetzes erteilt worden waren.[86]

Damit verbunden war der politische Gestaltungswille, dass eine »Überbelohnung« des Patentinhabers durch eine Beschränkung des Stoffschutzes verhindert werden sollte. Diese Funktionsbeschränkung des Stoffschutzes auf Gene sollte nach dem Willen der Vertreter der Legislative dereinst für *alle* in Deutschland gültigen Genpatente gelten. Dieser politische Wille des Gesetzgebers sollte durch die Begründung im Gesetz und die öffentliche Kommunikation entsprechend zum Ausdruck kommen. Erwartet wurde damit, dass eine entsprechende Wirkung auf die Patentgerichte in Streitfällen zu erzielen sei. Außerdem sollte diese Regelung auch die weitere Diskussion in anderen europäischen Staaten anregen und auf die Erteilungspraxis des Europäischen Patentamtes ausstrahlen.

Zu den vorgenannten Punkten 1) bis 3) bleibt an dieser Stelle, der späteren Entwicklung vorausgreifend, darauf hinzuweisen, dass solche Passagen zwar sehr ausführlich diskutiert wurden, aber letztlich keinen Eingang in den Gesetzestext fanden. Im 2004 verabschiedeten Patentgesetz findet sich weder explizit ein Hinweis auf die Fristen zur Anwendbarkeit, noch dazu, inwieweit in der Wirkung auch vom EPA erteilte Patente berührt sein sollten. Damit besteht ein weiter Auslegungsspielraum beim Gesetzesvollzug, auf den die Parlamentarier keinen Einfluss mehr besitzen. Allerdings wurde im Gesetz keine Übergangsregelung festgelegt, sodass einer Anwendung auf bereits anhängige Patentanmeldungen nichts im Wege stehen dürfte.

---

86 Diese rechtlich-politische Erwartung einer teleologischen Reduktion durch die Gerichte wurde sehr stark von Margot von Renesse (MdB) vertreten und sowohl mehrfach in der Koalitions-Arbeitsgruppe als auch im Rechtsausschuss als maßgebliche Auslegungsposition behauptet (Persönliche Mitteilung, Margot von Renesse, 26.10.2002).

4) Ebenen und Instanzen der Schutzbeschränkung

Weiterhin wurde in der Koalitionsarbeitsgruppe kontrovers diskutiert, auf welcher Ebene eine Einschränkung des Umfangs des Patentschutzes angesiedelt werden sollte: Ob auf der legislativen Ebene, oder bei den Patentprüfern oder beim Verletzungsrichter. Konsens war, dass in das Patentgesetz eine Regelung aufgenommen werden sollte, die für bestimmte biotechnologische Erfindungen einen zweckgebundenen anstelle eines absoluten Stoffschutzes festschrieb. Von einer Reihe von Abgeordneten wurden, teilweise unter Hinzuziehen externer juristischer Beratung, arbeitsfähige – womöglich auch abstimmungsfähige – konkrete Formulierungsvorschläge zur Funktionsbeschränkung bei DNA-Patenten erstellt, die in der Koalitionsarbeitsgruppe diskutiert und fortentwickelt wurden.[87]

Einige wichtige Textvorschläge sollen hier vorgestellt werden. Dabei nehme ich Entwürfe für Gesetzestexte und Entschließungen auf, die sich letztlich im Rechtsetzungsprozess nicht durchsetzen konnten. Der Grund dafür liegt darin, damit bisher nicht öffentlich zugängliches Material zu dokumentieren, das gleichzeitig die intensiven Willensbildungsprozesse im Parlament wiedergibt. Dies dient dazu, zu einer fundierten Einschätzung des letztendlichen Politikergebnisses und des sich darin verkörpernden politischen Willens zu gelangen. Ich beschränke mich hier auf vier grundlegende Textversionen (a bis d), welche verschiedene Regelungsmodelle und -ebenen widerspiegeln.

a) Vorgeschlagen wurde, Artikel 5 (2) der Richtlinie für §1a PatG folgendermaßen zu verändern (Textänderungen sind durch Unterstreichungen hervorgehoben):[88]

»(2) Eine Erfindung, die einen isolierten Bestandteil des menschlichen Körpers [oder eines anderen Organismus] oder einen auf eine andere Weise durch ein technisches Verfahren erzeugten Bestandteil betrifft und gewerblich anwendbar ist, ist nicht von der Patentierbarkeit ausgeschlossen, selbst wenn der Aufbau dieses Bestandteils mit dem eines natürlichen Bestandteils identisch ist.«

Alternativ hierzu wurde vorgeschlagen, den bisherigen Richtlinien-Text des zweiten Absatzes beizubehalten, jedoch neben dem menschlichen Körper wiederum »oder eines anderen Organismus« einzufügen und zudem einzufügen, dass dieser isolierte Bestandteil Teil einer patentierbaren Erfindung sein kann.«

Absatz (3) von §1a PatG sollte durch Umstellung der Satzteile folgendermaßen umformuliert werden:

87 Konkrete Formulierungsvorschläge stammten unter anderem von Margot von Renesse (MdB), Wolfgang Wodarg (MdB) und Ulrike Höfken (MdB), sowie von dem Patentrechtler Schrell und dem Wirtschaftsrechtler Stoll.

88 Diesen Text-Vorschlag hatte der Göttinger Jurist Prof. Peter-Tobias Stoll auf Aufforderung des Parlaments formuliert; er wurde am 10.12.2001 von dem MdB Wolfgang Wodarg in die Koalitions-Arbeitsgruppe eingebracht (Lt. Brief v. Wodarg vom 10.12.2001).

»(3) Ist eine Sequenz oder Teilsequenz eines Gens Bestandteil der Erfindung, so muss sie in der Anmeldung konkret unter Angabe der von der Sequenz oder Teilsequenz erfüllten technischen Funktion beschrieben werden.«

Zusätzlich wurde vorgeschlagen, in §34 Abs. 3 Nr. 3 des PatG (Anmeldung einer Erfindung) folgende Formulierung einzufügen:

»einen oder mehrere Patentansprüche, in denen in den Fällen des §1 a Abs. 3 einschließlich der insoweit gemachten Angaben, angegeben ist, was als patentfähig unter Schutz gestellt werden soll«.

Mit einer solchen Normierung im Gesetzestext wäre deutlich gemacht worden, dass

1. die Beschränkung des Schutzumfanges sich nicht allein auf *humane* Gensequenzen bezieht, sondern alle Gensequenzen, gleich welcher Herkunft einschließt;
2. dass eine Erfindung mehr erfordert als die Beschreibung der Gensequenz;
3. dass die technische Funktion der Sequenz bzw. ihre gewerbliche Anwendung in der Anmeldung beschrieben werden muss. Mit der geänderten Passage in §34 Abs. 3 Nr. 3 des PatG, also der Lokalisation der Funktionsangabe in den Ansprüchen (nicht nur in der Beschreibung) der Patentanmeldung wäre tatsächlich der Schutzumfang auf die beschriebene Funktion beschränkt worden. Die Verpflichtung, erfindungsgemäße Funktionen konkret (§1a Abs. 3) in den Patentanspruch aufzunehmen und dies durch eine Ergänzung in §34 zu stützen, wurde als kompatibel mit dem geltenden Patentrecht angesehen. Denn auch bisher sei schon unumstritten, dass ein zweckgebundener Stoffschutz vom Patentanmelder beansprucht werden darf, indem ein finales Element einen wesentlichen Bestandteil der Erfindung bildet, so dass eine Benutzung des Patentgegenstandes ausscheidet, wenn die Zweckverwirklichung weder angestrebt noch zielgerichtet erreicht wird.[89]

b) Es wurde folgende Veränderung für §1a Abs. 3 PatG vorgeschlagen:[90]

»Beruht die Erfindungshöhe allein auf einer Benutzungsart der Sequenz oder Teilsequenz eines Gens, so ist diese Benutzungsart in den Patentanspruch aufzunehmen.«

Diese Formulierung hätte denselben Zweck wie der unter a) genannte Vorschlag erfüllt.

In ähnlicher Weise, auf die Erfindungshöhe, diesmal aber stärker auf den Durchschnittsfachmann abstellend, verfuhr auch der folgende Vorschlag für einen neuen Absatz für §14 (I) PatG[91]:

---

89 Diese Argumentation bezieht sich auf die BGH Entscheidung »Antivirusmittel« (GRUR 1987: 784).

90 Dieser Formulierungsvorschlag stammte vom BMJ.

»Liegt die Bereicherung des Stands der Technik durch eine Erfindung ausschließlich in der offenbarten Verwendung, beschränkt sich der Gegenstand des Patents auf diese Verwendung.«

Beide Formulierungen waren allerdings mehrdeutig auslegbar, da sie auf die Erfindungshöhe abstellten und damit dem Patentprüfer überantworteten, zu entscheiden, ob die entsprechende Fallkonstellation vorlag.

c) In einem Erläuterungs- und Begründungsentwurf des Gesetzes aus der Feder des Bundesjustizministeriums[92] wird hierzu klargestellt:

»Liegt aber die erfinderische Leistung allein in der Aufklärung der Funktion und ihrer Anwendungsart, wird sich der Patentschutz dem gemäß auf diese Verwendung beschränken müssen. Absoluter Stoffschutz, der auch noch nicht bekannte Funktionen und Verwendungen mit umfassen würde, kann in dieser Fallkonstellation für menschliche Gene und Gensequenzen nicht gewährt werden.

Diese Neuausrichtung der Patentierungspraxis für menschliche Gene und Gensequenzen entspricht den von der Biotechnologierichtlinie verfolgten Zielen (so z.B. Artikel 5 Abs. 3, Erwägungsgrund 25) und setzt diese konsequent um. Dabei sieht das Umsetzungsgesetz keine gesetzliche Beschränkung des Stoffschutzes vor, sondern gibt lediglich Hinweise für die Prüfungspraxis.« (Hervorhebung I.S.)

Bei dieser Formulierung wäre allerdings ein nicht unbeträchtlicher Ermessensspielraum für den Patentprüfer verblieben, um zu entscheiden, ob »die Erfindungshöhe allein auf einer Benutzungsart der Sequenz« beruht oder bereits in der Bereitstellung der DNA-Sequenz selbst liegt.[93]

d) Ein weiterer Regelungsvorschlag sah vor, die Eingrenzung des Umfangs des Patents durch die Einfügung einer besonderen Regelung in §9 PatG vorzunehmen, der die Wirkung des Patents definiert. Er schlug gestützt auf einen Hinweis in Art. 9 der Richtlinie[94] folgende Änderung des Regierungsentwurfes zu §9a[95] vor:[96]

»Betrifft das Patent ein Erzeugnis, das auf Grund einer Erfindung aus einer genetischen Information besteht, sie enthält oder von ihr codiert wird, so erstrecken sich die Wir-

91 Dieser Vorschlag wurde eingebracht von der Bundestagsabgeordneten Margot von Renesse, unter Hinzuziehen des Patentanwalts König.

92 Fassung des BMJ vom März 2002.

93 Insofern liegt dieser Vorschlag nahe an den von Straus (2001a, b) und den von dem Autorenteam van Raden/von Renesse (2002) favorisierten Regelungen.

94 Artikel 9 der EU-Richtlinie lautet: »Der Schutz, der durch ein Patent für ein Erzeugnis erteilt wird, das aus einer genetischen Information besteht oder sie enthält, erstreckt sich vorbehaltlich des Artikels 5 Absatz 1 auf jedes Material, in das dieses Erzeugnis Eingang findet und in dem die genetische Information enthalten ist und ihre Funktion erfüllt.«

95 RegE (2001): Art. 1 Nr. 5.

96 Dieser Vorschlag stützte sich auf Schrell (2001: 785), wurde unter anderem von Stoll/Wolfrum (2001: 80) aufgenommen und von einigen Abgeordneten der SPD und der Grünen in die Beratungen der Koalitions-Arbeitsgruppe eingebracht.

kungen von §9 allein auf jedes Erzeugnis, das seine gem. §1 a III beschriebene Funktion erfüllt.«

Ein weiterer Formulierungsvorschlag für §9 (3) lautete:

»Betrifft das Patent ein Erzeugnis, das auf Grund einer Erfindung aus einer biologischen Information besteht oder sie enthält, so erstrecken sich die Wirkungen des §9 auf jedes Material, in das dieses Erzeugnis Eingang findet und in dem die biologische Information enthalten ist und ihre Funktion erfüllt. Die Wirkungen des §9 beschränken sich dabei jeweils auf diejenige Funktion, die der biologische Informationsträger im Rahmen einer spezifischen Anwendung erfüllt und die in der Beschreibung der gewerblichen Anwendbarkeit genannt wird. §1 Abs. bleibt unberührt.«[97]

Diese Regelung wollte auf der Ebene des Umfangs des Nutzungsrechts nach §9 eine Beschränkung auf die Funktion bewirken. Dieser Regelungsimpetus war also auf der Rechtsfolgenseite, der Wirkung des Patentes, angesiedelt. Gegen eine solche Regelung wurde eingewandt, dass eine Änderung des §9a eine Änderung des materiellen Patentrechts bedeuten würde, die von der Richtlinie nicht beabsichtigt war. Es würde eine neue Patentkategorie (neben Erzeugnis-, Verfahrens- und Verwendungspatent) geschaffen. Die Verlagerung der entscheidenden Fragen im Zweifelsfall auf das Verletzungsverfahren sei der Rechtssicherheit nicht zuträglich, zudem blieben Fragen der Patenterteilung für weitere, auf derselben Sequenz bzw. genetischen Information beruhende Anmeldungen offen.

5) Zusammenfassung: Elusive Unterscheidungen

Die hier vorgestellten Regelungsvorschläge dokumentieren, dass in dieser Phase des Gesetzgebungsprozesses eine sehr ernsthafte, konkrete und intensive Deliberation über mögliche Gesetzesformulierungen und die darin enthaltenen vielfältigen Dimensionen einer Normierung stattgefunden hat. Die Beratungen in der Koalitions-Arbeitsgruppe waren zwar vom Willen um eine Verständigung geprägt, sie waren allerdings keineswegs frei von Machtaspekten und Verhandlungsmodi. Für die Ablehnung einer expliziten, unmissverständlichen Beschränkung des absoluten Stoffschutzes für Genpatente seitens des Bundesjustizministeriums gibt es zwei mögliche Interpretationen: Die erste, europarechtliche, lautet, dass man befürchtete, die Europäische Kommission und der EuGH könnte eine solche definitive und für alle Anwendungsfälle gültige Beschränkung des Stoffschutzes als Verstoß gegen die EU-Richtlinie beurteilen. Daher sah man Regelungen (siehe b und c der obigen Vorschläge) vor, die eine Stoffschutzbeschränkung lediglich als eine Option markierten; dieses Vorgehen wurde als richtlinienkonform bewertet. Die zweite Interpretation lautet, dass –

97 Die Unterstreichungen markieren die Differenzen zum Gesetzentwurf der Bundesregierung.

insbesondere seitens des Justizministeriums – eine Formulierung erwünscht war, die den Stoffschutz nicht wirklich einschränkte, sondern hierzu bei Patentprüfern und Gerichten einen weiten Ermessensspielraum offen hielt. Damit aber hätte die Regelung sowohl seitens der Anmelder wie auch der entsprechenden Instanzen (Patentämter und Gerichte) unterlaufen und ausgehöhlt werden können. So herrschte einerseits Unsicherheit über gerichtsfeste Formulierungen, die einer eventuellen Klage gegen die Bundesrepublik vor dem EuGH hätten standhalten können. Zum anderen herrschte Misstrauen darüber, ob man der Gegenseite trauen könne, dass mit »weicheren« Formulierungen auch tatsächlich die politische Willensentscheidung eines umfangsbeschränkten Stoffschutzes auslegungsfest kodifiziert sei. Diese Vermischung von europarechtlichen und substantiellen, politischen Argumenten lässt sich nur analytisch entflechten; in der empirischen Wirklichkeit waren beide Annahmen und Interpretationen permanent präsent und nicht voneinander unterscheidbar, geschweige denn auflösbar. Insofern herrschte trotz der deliberativen Atmosphäre eine latente oder manifeste verhandlungsbezogene Grundierung vor. Überdies bleibt festzustellen, dass es sich bei diesem Prozess um den Versuch handelte, etwas Neues, Innovatives in das Patentrecht einzuschreiben, dessen Auslegung nolens volens noch nicht eindeutig und gefestigt sein konnte. Insofern blieb auch das Spannungsfeld zwischen der politischen Einschätzungsprärogative des Gesetzgebers und der – nachgelagerten – Interpretationshoheit von Patentjuristen und Patentprüfern präsent.

Im Bezug auf den Prozess und das Verfahren bleibt folgendes anzumerken: Die Initiativen für eine explizite, *legislative* Umfangsbeschränkung des Stoffschutzes für Genpatente in den Artikeln des Gesetzestextes kamen sämtlich aus dem Parlament. Das Bundesjustizministerium brachte diesbezüglich kaum eigene Vorschläge ein, sondern äußerte hauptsächlich seine Einwände gegenüber den von den Abgeordneten vorgebrachten Textvorschlägen und blockierte damit einen Verständigungsprozess. Der behördliche Sachverstand und die wissenschaftliche Hintergrund-Expertise wurden nicht im Sinne einer Unterstützung des politischen Anliegens der Legislative nach einer Umfangsbeschränkung von Genpatenten eingebracht. Obgleich sich der Politik-Formulierungsprozess insgesamt über fast zwei Jahre hinzog (vom Sommer 2000 bis zum Sommer 2002) blieb ihm zudem ein gewisser ad-hoc-Charakter zueigen. Externer wissenschaftlicher Sachverstand wurde nicht systematisch, sondern lediglich punktuell eingebunden.[98] Einzelne Abgeordnete mobilisierten primär

98 Beispielsweise wäre es möglich gewesen, ein juristisches Fachgutachten speziell mit der Frage zu vergeben, Textvorschläge für das deutsche Patentgesetz zu formulieren, mittels dessen eine Funktionsbindung hätte verankert werden können und dafür politische Zielvorgaben zu stellen. Oder man hätte eine Arbeitskonferenz von Naturwissenschaftlern und Juristen (insbeson-

ihre eigenen – begrenzten – Ressourcen, um die rechtlich äußerst komplexen Fragen zu klären; die Unterstützung auf Fraktionsebene war gering. So kam es zwar zu relativ regelmäßigen Arbeitstreffen der Koalitions-Arbeitsgruppe mit dem Justizministerium, diese behielten aber dennoch einen gewissen sporadischen Charakter bei.

1.14 Vorarbeiten zu einem Entschließungsantrag vom März 2002

Parallel zu den Beratungen über konkrete Gesetzesformulierungen wurde in der Koalitions-Arbeitsgruppe an einem Entschließungsantrag des Bundestages gearbeitet.[99] Dieser sollte die »Zweigleisigkeit« des Vorgehens dokumentieren und war auf die supranationale Ebene hin ausgerichtet. Sie sollte neben der Zielrichtung auf die Europäische Union nicht zuletzt auch eine Grundlage für das Justizministerium sein, im Rahmen seiner intergouvernementalen Tätigkeit im EPA-Verwaltungsrat auf die anderen Mitgliedsstaaten des EPÜ entsprechend einzuwirken.

Im Entwurf eines Entschließungsantrages wurde die Bundesregierung aufgefordert, »sich im Europäischen Rat für die Überarbeitung« der Biopatentrichtlinie einzusetzen, insbesondere dafür,

»– die Besonderheiten biologischer Informationsträger bei der Ausgestaltung des patentrechtlichen Stoffschutzes angemessen zu berücksichtigen.
– die Wahrung von Persönlichkeitsrecht und Datenschutz für die Personen, deren Körpermaterial von einem Erfinder genutzt und möglicherweise beim Patentamt hinterlegt wurde, zu verankern.
Die Beachtung unserer völkerrechtlichen Verpflichtungen, insbesondere gegenüber den Entwicklungsländern, hinsichtlich deren Genehmigungsvorbehalten für die Nutzung genetischer Ressourcen [...].
Sich im Rahmen der WTO-Vereinbarungen dafür einzusetzen,
– angemessene Regelungen zu schaffen, die den Besonderheiten der Patentierung von Lebewesen und Genen gerecht werden.
Sich im Rahmen des Europäischen Patentübereinkommens dafür einzusetzen,
– dass die Voraussetzungen geschaffen werden, bereits bei der Patenterteilung in einem transparenten Verfahren ethische Standards zu berücksichtigen. Darüber hinaus ist die Schaffung eines unabhängigen europäischen Patentgerichtes zu prüfen, das befugt ist, die Entscheidungen des EPA zu korrigieren.
Sich bei allen internationalen Verhandlungen dafür einzusetzen,

---

dere Patentrechtlern, aber auch Fachleuten aus dem öffentlichen Recht, insbesondere Wirtschaftsrecht) organisieren und mit einem solchen Arbeitsauftrag betrauen können.

99 Die letzte Sitzung der Koalitions-Arbeitsgruppe fand am 18.3.2002 statt. Der dokumentierte Entwurfstext für den Entschließungsantrag bezieht sich auf diesen letzten Stand, auf den sich die Teilnehmer geeinigt hatten.

– dass eine Übereinstimmung der Ziele der biologischen Vielfalt, der biologischen Sicherheit und des Schutzes geistigen Eigentums und der damit einhergehenden völkerrechtlichen Verpflichtungen hergestellt wird.
– dass das Deutsche Patentamt und das Europäische Patentamt ethische Beratungsgremien einsetzen.«[100]

Mit diesem Entschließungsantrag wäre der Bundesregierung ein umfassender Handlungsauftrag auf verschiedenen supranationalen und intergouvernementalen Verhandlungsebenen erteilt worden.

Bemerkenswert sind zum einen materielle Klarstellungen, wie die beabsichtigte – allerdings verklausulierte[101] – Funktionsbindung für DNA-Sequenzen und die Stärkung des Persönlichkeitsschutzes, aber auch die vorgeschlagene Institutionalisierung von Ethikreflexion in den Patentämtern mittels verfahrensrechtlicher Vorkehrungen. Die geforderte Kontrolle des EPA über einen Europäischen Patentgerichtshof stellt ebenfalls eine beachtenswerte Forderung dar, die ganz offensichtlich noch unter dem Eindruck des fälschlicherweise erteilten Edinburgh-Patents steht.

Von Bundesaußenminister Fischer stammte darüber hinaus der Vorschlag, die Geltung des deutschen Umsetzungsgesetzes auf drei oder fünf Jahre zu befristen, um auf diesem Wege Druck auf die Europäische Kommission auszuüben, die Richtlinie zu novellieren. Dieser Vorschlag einer *sunset clause* wurde seitens des Justizministeriums aus europa- und patentrechtlichen Gründen abgelehnt.

Dieser oben zitierte Entschließungsantrag, der lange zwischen den Koalitionspartnern verhandelt worden war, gelangte jedoch nie in das Parlament zur Abstimmung. Dafür waren nun letztlich nicht mehr Differenzen zwischen der Legislative und der Exekutive, sondern Dissonanzen zwischen den beiden Koalitionsfraktionen ausschlaggebend.

Obgleich einer solchen nachträglichen Einschätzung notwendigerweise ein ebenso spekulativer wie letztlich irrelevanter Charakter innewohnt, kann doch behauptet werden, dass bereits Mitte 2002 die Möglichkeit bestanden hätte, seitens des Parlaments bei der zweiten Lesung des Gesetzentwurfes eine Funktionsbindung des Stoffschutzes bei DNA-Patenten bei der Umsetzung der Richtlinie einzubringen und durchzusetzen.[102] Die Verhandlungen waren weit gediehen und der Entwurf für den Entschließungsantrag war fertig gestellt. Es

100 Entwurf Entschließungsantrag der Fraktionen von SPD und Bündnis 90/Die Grünen zum Gesetzentwurf der Bundesregierung zur Umsetzung der Richtlinie des Europäischen Parlaments und des Rates über den rechtlichen Schutz biotechnologischer Erfindungen vom 10.3.2002.

101 Diese Funktionsbindung geht aus dem Begründungsteil des Entschließungsantrags aber eindeutig hervor.

102 Diese Einschätzung wird geteilt von MdB Margot von Renesse (Schriftliche Mitteilung an die Autorin vom 26.7.2004).

bestand jedoch weiterhin Unsicherheit und auch ein gewisses Misstrauen hinsichtlich einer abschließenden textlichen Kodifizierung eines umfangsbeschränkten Stoffschutzes für Genpatente und es war diesbezüglich in der Koalition zwischen SPD und Grünen keine abschließende Einigung gesucht worden.

Zu einer Verabschiedung des Gesetzes kam es jedoch nicht. Eine kurz vor Ende der Sitzungsperiode des Deutschen Bundestages um 22.30 Uhr angesetzte zweite und dritte Lesung am 13. Juni 2002 musste wegen Unstimmigkeiten in der Koalition kurzfristig wieder abgesagt werden. Ausschlaggebend waren insbesondere wahlkampftaktische Überlegungen von Seiten des grünen Koalitionspartners angesichts der Bundestagswahlen im September 2002[103]. Eine Annahme der Richtlinien-Implementierung – selbst unter Verankerung einer Funktionsbindung des Stoffschutzes bei DNA-Sequenzen – wurde gegenüber der eigenen Wählerklientel nicht für vermittelbar gehalten. Das Thema wurde aber insgesamt als wichtig für die Wahlentscheidung und für das Image der Partei angesehen; ein vermeintliches »Umkippen« wäre als Glaubwürdigkeitsverlust betrachtet worden. Zudem war die Initiative aus den Reihen des größeren Koalitionspartners nicht ausreichend vermittelt, der letztliche Änderungstext für die zweite Lesung nicht mit dem kleineren Koalitionspartner abgestimmt worden, was auf dessen Seite zu Verdruß und Misstrauen führte.

1.15 Zusammenfassung des Umsetzungsprozesses zwischen 2000 und 2002

Die Phase zwischen dem Jahr 2000 und Mitte 2002 stellt die Hochphase der Kontroverse um die Genpatentierung und den Umfang des patentrechtlichen Stoffschutzes dar. Es kulminierten darin, getriggert durch externe Ereignisse wie den Wettlauf um die Humangenomsequenzierung und den Biotech-Börsenboom, Elemente einer unvorhergesehenen Beschleunigung; gleichzeitig kam es gewissermaßen im »Auge des Orkans« zu einem Innehalten, bei dem in Frage gestellt wurde, ob angesichts des überhitzten Patentwettlaufs das Patentrecht noch seine innovationsfreisetzende Funktion wahren und den impliziten Sozialvertrag zwischen Erfinder und Gesellschaft erfüllen könne. Angeregt durch wissenschaftstheoretische Umdeutungen von Genen als multifunktionalen und relationalen »Informationseinheiten« durch das Votum der Bundestags-Enquete und durch die These einer »Überbelohnung« des Erfinders wurde der absolute Stoffschutz für Gensequenzen als forschungs- und wirtschaftspolitisch unangemessen und den neuen Entwicklungen und Erkenntnissen in der Genomik

103 Vgl. »Biopatentgesetz erst nach der Wahl?«, in: FAZ, 10.5.2002, S.4. Meine Einschätzung stützt sich zudem auf mündliche Mitteilungen mehrerer MdBs und von Fraktionsmitarbeiterinnen und –mitarbeitern.

nicht gerecht werdend bewertet. Die Ablehnung dieses absoluten Stoffschutzes für DNA durch Vertreter aller Parteien in zwei Bundestags-Plenardebatten 2001 löste Umorientierungen in der Patentrechtsdisziplin aus und beförderte eine rege »Stoffschutzdebatte« im Patentrecht, worauf im folgenden noch einmal inhaltlich eingegangen wird.

Dass sich bei den Plenardebatten im Bundestag keine Fraktion mehr für einen absoluten Stoffschutz auf Gene aussprach, setzte das Bundesjustizministerium, aber auch die epistemische Gemeinschaft des Patentrechts unter Druck und leitete die Stoffschutzdebatte in der Rechtsdisziplin ein. Führende Protagonisten des Patentrechts sahen sich veranlasst, ein gewisses Einlenken zu signalisieren, ohne an der Geltung des absoluten Stoffschutzes legislativ etwas ändern zu wollen. Gleichzeitig formierte sich eine Pluralisierung innerhalb der Patentrechtsdisziplin und es zeigte sich eine gewisse Öffnung gegenüber einem umfangsbeschränkten Stoffschutz.

Allerdings kam es trotz eines intensiven Deliberationsprozesses insbesondere zwischen Beamten des Bundesjustizministeriums und Abgeordneten der Regierungskoalition letztlich nicht zu einem effektiven Schließungsprozess in einer zweiten Lesung des – noch zu verändernden – Gesetzentwurfes. Insofern war der Beginn des neuen Jahrtausends zwar durch eine hohe Veränderungsdynamik bestimmt, die Politik versäumte jedoch die Chance, »das Eisen zu schmieden, solange es heiß ist«.

2. Die deutsche Stoffschutzdebatte als zentrale inhaltliche Kontroverse

Die Debatte um die Übertragung der Rechtsfigur des »absoluten Stoffschutzes« auf DNA-Sequenzen geriet zum Kernstück der deutschen Implementierungsdebatte zur EU-Biopatentrichtlinie. Daher erfolgt zwischen der chronologischen Darstellung und Analyse des Umsetzungsprozesses an dieser Stelle eine inhaltliche Analyse dieser Stoffschutzkontroverse. Zunächst differenziere ich darin analytisch drei Positionen zur Stoffschutzfrage. In einem weiteren Schritt werden Gründe für eine Abkehr von der Stoffschutzdoktrin aufgeführt, sowie politische und rechtliche Tendenzen einer »Funktionsbindung« des Stoffschutzes auf DNA-Sequenzen im Hinblick auf Plausibilisierungsstrategien untersucht. In einem dritten Schritt werden konkrete Vorschläge aus der epistemischen Gemeinschaft des Patentrechts dargestellt, wie eine Funktionsbindung für

DNA-Sequenz-Patente konzipiert und politisch implementiert werden sollte. Diese Debatte wird abschließend einer Bewertung unterzogen.[104]

2.1 Drei Positionen zur Stoffschutzkontroverse und die Abkehr vom absoluten Stoffschutz auf DNA-Sequenzen

Seit den 1990er Jahren ließen sich bezüglich der Patentierung von DNA-Sequenzen drei Positionen zur Stoffschutzkontroverse identifizieren:

1. Der »absolute Stoffschutz« müsse auch für DNA-Sequenzen gelten, er sei das rechtsdogmatisch angemessene Äquivalent zu chemischen Stofferfindungen und der geltenden Patentrechtsprechung zu Naturstoffen.
2. Im Hinblick auf DNA-Sequenzen müsse der Stoffschutz auf die spezifische Funktion der DNA-Sequenz eingeschränkt werden.
3. DNA-Sequenzen dürften kein Objekt des Patentschutzes sein.

Hinsichtlich der politischen Einordnung dieser Positionen ist festzuhalten, dass Position 1 bei der Verabschiedung der EU-Biopatentrichtlinie und bis Ende der 90er Jahre als gültiges Recht angesehen wurde. Sie war gewissermaßen das »zentrale Dogma« der Biopatentrichtlinie, das mit Vehemenz beispielsweise vom Verband forschender Arzneimittelhersteller (VFA 2002), und der Patentanwaltschaft vertreten wurde (vgl. Dörries 2001; Köster 2002).

Position 3 wurde von Kritikern der Biopatentrichtlinie aus der Zivilgesellschaft, teilweise auch von Kirchenvertretern, von Humangenetik-Verbänden und der Bundesärztekammer wahrgenommen. Dabei wurde von einigen Seiten kategorial postuliert, dass Lebendiges – darunter auch DNA-Sequenzen – gänzlich frei von Patentansprüchen bleiben müsse. Begründet wurde diese moralische Norm unter anderem religiös (Nicht-Aneignung der Schöpfung) oder säkular, beispielsweise unter Verweis auf die patentrechtlich relevante Differenz zwischen Entdeckung und Erfindung (vgl. Kap. II. C, sowie NCB 2002: 21ff; Anwander 2002; Then 1999).

Eine weitere Argumentationslinie gegen die Patentierung von DNA-Sequenzen, die sowohl bei Position 2 wie 3 anzusiedeln ist, verfuhr konsequentialistisch: Sie verwies auf negative gesellschaftliche Konsequenzen für die Gesundheitsversorgung und die Forschung, wenn Patente vorzeitig bzw. zu früh in einem Produktzyklus vergeben würden (Overwalle 1997; Knoppers 1999a und b). Dabei wurde darauf verwiesen, dass die Isolierung und Sequenzierung der DNA (nur) der erste Schritt für die gewerbliche Verwertung eines mit ihrer Funktion in Zusammenhang stehenden Produkts sei, eine stärker *downstream* zu

104 Dieses Kapitel fusst auf einem Beitrag (Schneider 2003c), der in einem Sammelband veröffentlicht und hier gekürzt und überarbeitet wurde.

verortende Patentierung sei daher sachgerechter (vgl. Wolfrum/Stoll 2001). Stoffschutz-Patente auf DNA-Sequenzen lieferten zu viele Anreize für hochspekulative Praktiken wie etwa »Vorratspatentierungen« und behinderten »echte« wissenschaftliche Leistungen und gewerblich nutzbare Erfindungen (vgl. Svatos 1997).[105]

Zu konstatieren war, dass Position 3, die das »Ob« einer Genpatentierung radikal verneinte, sich de facto im EU-Politikprozess nicht durchsetzen konnte. Angesichts einer Vielzahl gewährter DNA-Patente weltweit, die schwerlich revidierbar sein dürften, erschien sie als eine durch die Normativität des Faktischen »überholte« Position.[106] Es bleibt jedoch festzuhalten, dass die Artikulation dieser Position durchaus einflussreich war, in dem Sinne, dass sie Druck entfaltete, um Position 2 als Kompromissposition überhaupt in der politischen Arena zur Geltung zu bringen. In der deutschen Umsetzungskontroverse verlagerte sich daher der Fokus auf das »Wie« der Patentierung und damit von der Tatbestandsebene auf den Umfang des Patentschutzes. Die entsprechende rechtspolitische Umsetzung stützte sich in operativer Hinsicht zentral auf Artikel 5(3) der EU-Biopatentrichtlinie, der verlangte, dass die »gewerbliche Anwendbarkeit einer Sequenz oder Teilsequenz eines Gens [...] in der Patentanmeldung konkret beschrieben werden« muss, sowie die dazugehörenden Erwägungsgründe 22 bis 25 der EU-Richtlinie.

Am Anfang des neuen Jahrtausends war zu beobachten, dass eine Abkehr vom »absoluten Stoffschutz« für DNA-Sequenzen immer breiteren Raum einnahm. Dies geschah nicht allein in der deutschen Debatte, sondern zog sich wie ein roter Faden durch eine Reihe von Expertenempfehlungen (vgl. auch ALRC 2004a, b; RoySoc 2003; NatAcad 2004). Der renommierte Nuffield Council on Bioethics (2002), ein Experten-Beratergremium für die britische Regierung, empfahl in einem »Diskussionspapier« zur Patentierung von DNA, dass zukünftig die Patentierung von DNA-Sequenzen statt der Regel die seltene Ausnahme werden solle:

»We note that many patents that assert rights over DNA sequences have already been granted but are of doubtful validity. The effects of many of these patents are extensive, because inventors who assert rights over DNA sequences obtain protection on all uses of the sequences.

We conclude that in the future, the granting of patents that assert rights over DNA sequences should become the exception rather than the norm« (Nuffield Council on Bioethics 2002: xi).

105 Kaum Zweifel dürfte es inzwischen daran geben, dass Patente Risiko-Kapital anlocken können, aber auch zu Kapitalvernichtung im großen Stil beitragen können. Insofern wohnt ihnen ein ebenso spekulatives Moment wie insgesamt der »new economy« inne.

106 Dies sollte allerdings nicht als Aussage über die mangelnde politische Legitimität dieser Position missverstanden werden.

Ebenso argumentierte der international einflussreiche Münchener Patentrechtler Joseph Straus in einem Gutachten für das deutsche Justizministerium. Er sprach sich allerdings nicht für eine Neuverhandlung der EU-Biopatentrichtlinie aus, sondern für eine Neuinterpretation von deren Inhalt:

»In diesem Zusammenhang sollten [...] Möglichkeiten sorgfältig überprüft werden, wie man mit Hilfe der in der Richtlinie 98/44 neu eingeführten spezifischen Patentierungsvoraussetzungen für DNA-Sequenzen, nicht zweckgebundene Ansprüche auf solche Sequenzen entweder ganz vermeiden, oder jedenfalls zu einer seltenen Ausnahme werden lassen könnte, ohne dass gesetzliche Maßnahmen, die sowohl mit der Richtlinie und noch mehr mit dem TRIPS-Übereinkommen kollidierten, ergriffen werden müssten« (Straus 2001a: 40–41).

Bereits am 1.Dezember 2000 hatte sich, wie bereits beschrieben, der deutsche Bundesrat in seiner Stellungnahme zum Regierungsentwurf dafür ausgesprochen, dass sich der Patentschutz ausschließlich auf die »Trias« von Substanz, Funktion und gewerblicher Anwendung eines Stoffpatents im biotechnologischen Bereich erstrecken solle.[107]

Für ein grundsätzliches Überdenken des Stoffparadigmas auf DNA-Patente sprachen sich die Enquete-Kommission »Recht und Ethik der modernen Medizin« (REM 2001) des Deutschen Bundestages, eine Vielzahl von Abgeordneten aller Parteien anlässlich der ersten Beratung des Gesetzentwurfs zur Umsetzung der Biopatentrichtlinie (vgl. Bundestags-Drs. 14/5642, 21.6.2001), drei Bedienstete des Europäischen Patentamtes (Schwägerl 2000), sowie im Jahr 2002 die Koalitions-Arbeitsgruppe »Biopatente« des Deutschen Bundestages aus.

Diskutiert wurde insbesondere,

- ob Stoffschutz-Patente auf DNA-Sequenzen noch im Kontext der gegenwärtigen Technologie gerechtfertigt sind,
- ob solche Patente für erfolgreiche Innovationen im Gesundheitsbereich notwendig sind,
- welche »Schwellenwerte« für die Patent-Voraussetzungen Neuheit, erfinderische Leistung und gewerbliche Anwendbarkeit angesetzt werden sollten,
- welche Aufgaben und Verpflichtungen den Patentinhabern in Bezug auf die Lizenzierung ihrer Erfindungen zukommen (vgl. Bobrow/ Thomas 2001: 764).

Im Folgenden werden zunächst einige der Gründe, die für eine solche Revision des absoluten Stoffschutzes auf DNA-Sequenzen geltend gemacht wurden, ausgeführt.

107 Bundesrat 2000: Empfehlungen 655/00 – Beschluss, Punkt g, ebenso Bundesrat Pressemitteilung vom 1.12.2000.

2.2 Faktorenanalyse für die Abwendung von der absoluten Stoffschutzdogmatik

Zu den Faktoren, die zu einer Abkehr von der Patentrechtsdogmatik des absoluten Stoffschutzes führten, zählen technische Veränderungen, neue wissenschaftliche Erkenntnisse, Umorientierungen führender Biowissenschaftler, empirische Studien, sowie ein erkenntnistheoretischer Umbruch in der genetischen Wissenschaft. Ich gehe auf diese nun näher ein.

2.2.1 Technische Veränderungen

Zum einen wurden technische Veränderungen in den Verfahren der Genomforschung angeführt, insbesondere automatisierte Sequenzierungstechniken und die Bioinformatik. Während früher Gene in aufwendigen Verfahren kloniert wurden, wurden inzwischen Computertechniken zur Isolierung und Entzifferung von DNA-Sequenzen eingesetzt. Viele Funktionen von Gensequenzen werden mithilfe bioinformatischer Verfahren als statistische Korrelation »ungefähr« ermittelt oder durch Homologieabgleich (sog. in-silico-Verfahren) mit bereits sequenzierten tierischen oder pflanzlichen Modellorganismen[108] (wie etwa der Maus oder der Ackerschmalwand) erstellt (NCB 2002: 28; Straus 2001a: 32).

»But as more DNA sequences become known and characterized, it is increasingly easy, through bioinformatic homology searching, to make *a good educated guess* about the general function of a newly discovered DNA sequence, even though far more research must be necessary to arrive at a thorough understanding of its biological function and disease relevance. It is an open question at what point this sort of *informed speculation* amounts to a credible assertion of utility in a patent application« (Eisenberg 1997: 126–Hervorhebung I.S.).[109]

Gensequenzen wurden zudem durch öffentliche Datenbanken des Humangenomprojekts im Internet als »public domain« oder von privatwirtschaftlichen Datenbanken gegen Gebühr bereitgestellt. Daher gestaltete sich der Zugang zu DNA-Sequenz-Rohdaten viel leichter, woraus manche den Schluss zogen, dass

---

108 Anfang 2001 waren bereits die gesamten Genomsequenzen von über 60 Species in Datenbanken verfügbar, damals wurde damit gerechnet, dass binnen weniger Monate die Zahl auf über 100 steigen würde (Peltonen/ McKusick 2001:1224).

109 In den USA wurde der Streit um Patentierungsvoraussetzungen und Schutzumfang für DNA-Sequenzen vor allem anhand des Begriffs der utility (Nützlichkeit, gewerbliche Anwendbarkeit) ausgetragen. Die Gewährung von Patentschutz auf DNA-Sequenzen hat spekulative Patente mit lediglich vagen oder hypothetischen Funktionsangaben, sowie Vorratspatentierungen befördert. Erst am 5.1.2001 trug das US-Patentamt mit geänderten *utility-Guidelines* dieser Tatsache Rechnung – die jedoch ihrerseits wiederum Kritik gegenüber ihrer Präzision einerseits und ihrer Fähigkeit zur Distinktion und Angemessenheit ausgesetzt blieben.

auch an die Höhe der erfinderischen Leistung andere Ansprüche zu stellen seien. Auffindung und Strukturaufklärung von DNA-Sequenzen müssten *an sich* auf einer erfinderischen Leistung beruhen. Mit der inzwischen extrem vereinfachten Sequenzierung und Strukturaufklärung werde die erfinderische Leistung nur in den seltensten Fällen ausreichend sein, um einen absoluten Stoffschutz zu rechtfertigen (Straus 2001b: 1019; Krefft 2003).

2.2.2 Korrekturen in der geschätzten Zahl von Genen

Während die Wissenschaft noch in den 90er Jahren von einer geschätzten Zahl von 100.000 Genen ausging (Fields 1994), wurden diese Zahlen mit dem vorläufigen Abschluss der Rohdaten der Genomsequenzierung nach unten korrigiert: Das Humangenom-Sequenzierungs-Konsortium sprach im Jahr 2001 von 30.000 bis 40.000 Genen beim Menschen – kaum mehr als bei einem Fadenwurm, der immerhin 20.000 Gene aufweisen kann (IHGSC 2001: 898–901; vgl. Malakoff 2001).[110] Spätere Veröffentlichungen setzten die Zahlen noch weiter nach unten; derzeit gehen die Wissenschaftler von rund 20.000 bis 25.000 menschlichen Genen aus (vgl. Pearson 2006). Damit war einmal mehr deutlich geworden, dass die entscheidende Bedeutung in der Regulation zwischen verschiedenen Genen und im Wechselspiel zwischen Genom und Umwelt liegt (vgl. Kollek 1995; Peltonen/McKusick 2001). Mittlerweile ging man davon aus, dass 40 Prozent aller DNA-Sequenzen alternativ gespliced werden (Straus 2001b: 1019). Dies unterstrich die Annahme, dass DNA-Sequenzen multifunktional sind. Damit wurde zum einen deutlich, dass der zu verteilende »Kuchen« der »Gesamtmenge an Genen« deutlich kleiner war, als zuvor angenommen. Zum anderen wurde das Problem der Überbelohnung des Erfinders thematisiert, der mit der Aufdeckung einer einzigen Funktion Schutzrechte an allen weiteren mit dieser DNA-Sequenz verbundenen Funktionen erhält.

2.2.3 Einflussreiche Wissenschaftler opponieren öffentlich

Sicherlich nicht ohne Wirkung dürfte geblieben sein, dass sich führende Wissenschaftler und Vertreter von Forschungsorganisationen in den Jahren 2000 und 2001 öffentlich gegen den absoluten Stoffschutz auf DNA-Sequenzen wandten. Der Präsident der Deutschen Forschungsgemeinschaft Ernst-Ludwig Winnacker, der Leiter des Max-Delbrück-Zentrums für Molekularmedizin und Präsident der Helmholtz Gesellschaft Detlev Ganten, sowie der Präsident der

---

110 Das private Genom-Sequenzier-Unternehmen Celera fasste die Spannweite weiter und sprach von 26.000 bis 38.000 Genen (vgl. Venter et al. 2001: 1346).

Max-Planck-Gesellschaft Hubert Markl[111] sprachen sich gegen zu breite Genpatente aus: »they argued that it should no longer be possible to obtain patent protection on all potential functions of biological material – such as a gene – and that patents should be restricted to specific functions« (Schiermeier 2000, vgl. Gostomzyk 2001). Auch andere Wissenschaftler, wie etwa der Biophysiker Hartmut Michel (Nobelpreis für Chemie im Jahr 1988) wandten sich gegen DNA-Sequenz-Patente bei Medikamenten-targets, da dies wissenschaftlich kontraproduktiv sei (Michel 2000). Damit erhoben renommierte Gen-Experten öffentlich Einspruch gegen die geltende Patentrechtspraxis.

2.2.4 *Hinweise auf Forschungsblockaden: Studien und Fälle*

Ein weiterer Faktor für den Umschwung waren empirische Studien und theoretische Fachartikel. Besonders hohe Beachtung fand ein Aufsatz von Heller/ Eisenberg (1998), in der die beiden US-Patentrechtsexperten in rhetorischer Anlehnung an Hardins (1968) klassischen Aufsatz von der »tragedy of the commons« (Tragödie der Allmende) den Begriff der »tragedy of the anticommons« prägten. Sie warnten vor den Gefahren einer Unternutzung von wertvollen Forschungsressourcen durch die Privatisierung der biomedizinischen Forschung und die herrschende Patentvergabepolitik, da zu viele Inhaber von Patentrechten sich durch Abhängigkeitspyramiden gegenseitig blockieren könnten und dies somit paradoxerweise zu geringeren Produktentwicklungen in der Biomedizin führen könnte. Bei intangiblen Gütern läge daher die Gefahr nicht in zuviel Gemeineigentum, sondern in einer zu starken Privatisierung begründet.

Einzelne, außerordentlich publik gewordene Fälle von breiten biotechnologischen Patenten, die für andere Forscher eine hemmende oder gar blockierende Wirkung entfalteten, lösten Alarmsignale in der Fachwelt aus. Besonders prominent wurden die Patente auf die beiden Brustkrebs-Gene BRCA1 und BRCA2 des Patenthalters Myriad Genetics, sowie das Patent von Human Genome Sciences auf das codierende Gen für den CCR5 Rezeptor, der für das HI-Virus eine wichtige Rolle spielt (vgl. NBC 2002: 39ff, mit weiteren Fallbeispielen; Andrews 2002). Kritiker verwiesen darauf, dass der dem Patentrecht unterstellte Vertrag zwischen Erfindern und Gesellschaft aus dem Lot geraten sei. Das teilweise groteske Missverhältnis zwischen dem in der Patentschrift Offen-

111 Markl äußerte sich dazu am 28.6.2001 in München in einem Vortrag unter dem Titel »Genes for Properties, Property of Genes«. Er sagte, der »gegenwärtig praktizierte sog. absolute Stoffschutz, nach welchem dem Ersterfinder für die Laufzeit dessen Patents auch künftige, von diesem selbst nicht entdeckte Verwendungen vorbehalten würden, könne sich als schädlich erweisen, denn diese Schutzreichweite entspreche dem erfinderischen Beitrag des Ersterfinders nicht« (zit. nach Holzapfel/ Schneider 2001: 861, vgl. Straus 2001b, Fußnote 7).

barten und der dafür eingeräumten Reichweite des Erfindungsschutzes erfordere korrektive Maßnahmen.

Empirische Studien zur Frage der Behinderung des freien Flusses wissenschaftlicher Erkenntnisse und zu Änderungen in der akademischen Kultur kamen zu widersprüchlichen Ergebnissen: Eine US-Studie von Blumenthal (et al. 1996) verwies bereits Mitte der 90er Jahre darauf, dass akademische Forscher mit industrieller Finanzierung viermal häufiger dazu neigten, Forschungsergebnisse geheim zu halten oder ihre Publikation hinauszuzögern. Das Zurückhalten von Veröffentlichungen und die Zurückhaltung gegenüber dem Daten- bzw. Material-Austausch wurde in weiteren systematischen Reviews bestätigt (Bekelman/Li/Gross 2003; Walsh et al. 2005). Henry (et al. 2002) stellten unterschiedliche Strategien zwischen kommerziellen und akademischen Wissenschaftlern fest, sowohl bezüglich der Patentierung, wie auch der Lizenzierung:

»Nonprofits appeared to generate more genetic discoveries than firms [...]. Nonprofits however, were less likely than firms to file patent applications. [...] Firms are more likely to adopt broad patenting strategies to build portfolios that have market value, that can be used to block competitors, or that defend the firms' ability to work in a particular field« (Henry et al 2002: 1279).

Die Europäische Kommission (EUC 2002a) erkannte allerdings in ihrem ersten Bericht nach Artikel 16c der Biopatentrichtlinie (vgl. dazu Kap. II.E.1), gestützt auf eine vom Münchener Max-Planck-Institut für ausländisches und internationales Patent-, Urheber- und Wettbewerbsrecht erstellte Befragung (Straus/Holzapfel/Lindemeir 2002), wenig Anlass für Besorgnis: Zwar gäbe es Verzögerungen bei der wissenschaftlichen Veröffentlichung patentfähiger Forschungsergebnisse und Strategien des »intentional camouflaging« bei Patentanmeldungen sowie rein spekulative Patentanträge; dennoch seien gravierende negative Konsequenzen nicht erkenntlich, gerichtliche Klagen hätten sich noch nicht gehäuft. Dennoch wolle die Europäische Kommission wachsam sein gegenüber möglichen Blockaden gesellschaftlich wünschenswerter Forschungsprojekte wie auch potentiell überhöhten Preisen für Endprodukte aufgrund einer Vielzahl lizenzgebührenberechtigter Patentinhaber (vgl. Bobrow/Thomas 2001).

2.2.5 Vom kausalen zum systemischen Gen-Paradigma

Entscheidende Bedeutung erlangte schließlich ein wissenschaftstheoretischer Paradigmenwechsel. Der Debatte um die Patentierung von Genen lag ein vereinfachtes Modell sowohl des Genomforschungsprozesses als auch seiner Ergebnisse zugrunde: Sie beruhte auf der Annahme, je ein »Gen« codiere ein bestimmtes Protein, welchem eine definierte »Funktion« im Körper zugewiesen werde. Die so genannte »Ein-Gen-ein-Enzym-Hypothese« wurde nun allerdings weitgehend zugunsten eines komplexeren Modells aufgegeben, wonach ein DNA-Abschnitt für verschiedene Proteine codieren kann. Das Patentrecht fusst darauf, dass sobald das Gen isoliert sei, ein »Stoff« vorliege, der dann prinzipiell patentfähig sei, wenn ein technischer Verwendungszweck (Funktion oder technische Anwendung) angegeben werden könne. Dieses Modell geht von einem relativ direkten Zusammenhang zwischen der Isolierung eines Gens und der Entwicklung sozial und ökonomisch begrüßenswerter biomedizinischer Produkte, wie z.B. Arzneimittel, aus. Es nimmt mithin an, dass der Anreiz zur Isolierung eines »Gens« durch Stoffschutz-Patentierung sich direkt in gestiegener Innovationstätigkeit in der pharmazeutischen Industrie niederschlage. Mittlerweile mehrten sich die Anhaltspunkte, dass dieses Modell die Verhältnisse in der molekularbiologischen und pharmazeutischen Forschung und Entwicklung nicht angemessen wiedergab (vgl. Sterckx 1997; Wolfrum/Stoll 2001: 23–37).

Innerhalb der Naturwissenschaften wird der Gen-Begriff selbst fortwährenden Revisionen unterzogen (vgl. Fox-Keller 2001; Kay 2000; Fischer 2002; Pearson 2006). Das alte Modell, das eine lineare, kausale Beziehung zwischen Genotyp und Phänotyp herstellte, traf nach neueren Erkenntnissen allerhöchstens für einige wenige, monogenetische Erkrankungen und Merkmale zu. Daher ist man mittlerweile davon abgegangen, ein Gen als Abschnitt auf der DNA zu definieren. Vorherrschend ist inzwischen, ein Gen als *funktionelle Einheit* zu beschreiben. Damit wird das *kausale, determinierende* genetische Paradigma[112] von einem systemtheoretisch abgeleiteten, *relationalen* Paradigma abgelöst: Lebensprozesse und die Entwicklung eines Organismus werden durch Wechselwirkungen zwischen genetischen und nichtgenetischen Faktoren auf allen Organisationsstufen erklärt, Gene bilden lediglich eine Kategorie unter anderen. Das deterministische Modell, das in der DNA-Sequenz den Ausgangspunkt aller weiteren Geschehnisse ansieht, wurde zusehends durch Netzwerkmodelle komplexer Interaktionen und Interdependenzen statt starrer Steuerungsmodelle ersetzt. Bei der Entstehung von Krankheiten spielen demzufolge fast immer mehrere Gene und Umweltfaktoren eine Rolle, die jeweils mehr oder minder dominant sind (Strohman 1998, vgl. Graumann 2000; Kollek 1995; Fischer 2002; Pearson 2006). Dieser Paradigmenwechsel äußerte sich auch in einem Wechsel in den *Metaphern*:[113] Celeste and Deirdre Condit (2002) sprechen sich etwa für den Ersatz der »Programm«- und »Blueprint«-Metapher durch den der DNA als eines »Rezepts« aus: Somit wird Proteinen und andere Aktanden innerhalb und außerhalb des Körpers die Möglichkeit eingeräumt, das »Rezept«

112 Zur frühen Kritik am genetischen Determinismus siehe: Lewontin 1992, Lewontin/Rose Kamin 1988, Hubbard/Wald 1993, Kollek 1995.

113 Zur Bedeutung von Metaphern und kulturellen Leitbildern für die soziale und politische Durchsetzung der Genforschung siehe: Tibon-Cornillot 1982, Gill 1992, Trallori 1993, Kollek 1994 und 1996, Nelkin/Lindee 1995, Kay 2000.

abzuwandeln, das Programm »umzuschreiben«. Als weitere Metapher fungiert die des Genoms als eines »Archivs« oder einer »Bibliothek«. Hierbei ist vor allem bemerkenswert, dass sich die frühere Konnotation von Aktivität und Passivität umgekehrt hat. Die »aktiven« Zell- bzw. Umweltfaktoren rekurrieren auf die »passive« DNA, wenn sie diese benötigen.

Die Argumentationen im Zusammenhang mit der DNA-Stoffschutz-Kontroverse nahmen in unterschiedlicher Weise auf wissenschaftliche Erkenntnisse und den Gen-Begriff Bezug, um damit ihre Argumentation zu stützen. Einige dieser Bezugspunkte sollen im Folgenden aufgeführt und systematischer untersucht werden.

2.3 DNA-Sequenzen als Stoffe oder als Information?

Die Befürworter eines absoluten Stoffschutzes auf DNA-Sequenzen leiteten diesen vom bereits erfolgten patentrechtlichen Schutz von Naturstoffen ab. Es wurde damit eine Analogie von Genen zu anderen (synthetischen) chemischen Stoffen sowie zu »Naturstoffen« gezogen und daraus eine rechtssystematisch immanente Begründung für den Stoffschutz auf Genpatente hergestellt. Die DNA sei nichts anderes als ein Molekül, ein »chemical compound« und als solches patentrechtlich gleichermaßen wie andere chemische Stoffe zu behandeln (vgl. Eisenberg 1997: 125):

> [DNA], »the molecule that encodes genetic information, is a biochemical substance and has been treated by patent offices in the same way as other chemical substances« (Vogel/Grunwald 1994: 19).

Wie bereits erörtert (vgl. Kap. I.F) geht die absolute Stoffschutzdogmatik im Wesentlichen zurück erstens auf die gesetzliche Zulassung des Stoffschutzes (in Deutschland 1968), zweitens auf die Naturstoff-Rechtsprechung des Bundespatentgerichts (Antamanid, 1977), die einen natürlich vorkommenden, isolierten Stoff für patentierbar erklärte, da er vorher der Öffentlichkeit nicht zugänglich war und der Erfinder eine technische Lehre zur Gewinnung dieser Substanz und deren gewerblichen Nutzbarkeit offenbarte, sowie drittens bezüglich des Schutzumfangs auf die Rechtsprechung des BGH (Imidazoline 1971), die deutlich machte, dass der Patentschutz absolut, also nicht zweckgebunden sei und bereits die Bereitstellung des Stoffes für eine bestimmte technische Aufgabe ausreiche, um alle Wirkungen, Zwecke und Brauchbarkeiten des Stoffes zu umfassen, selbst wenn der Patentinhaber diese Verwendungsmöglichkeiten weder erkannt noch offenbart hat (vgl. Köster 2002: 834). Im Patentrecht wird somit ein Begriff von Neuheit vertreten, »der nicht auf den Stoff in seiner materiellen Zusammensetzung, sondern auf seine bisher noch nicht dagewesene Verwendbarkeit und auf seine Bereitstellung abhebt« (von Renesse et al 2001:

3). Tatsächlich handelt es sich bei Genen um stoffliche Produkte – allerdings ist die Zusammensetzung der Desoxyribonukleinsäure aus den vier Basen (Adenin, Guanin, Cytosin und Thymin) und ihre Anordnung als Basenpaare im Strickleitermodell seit langem bekannt. Es fragte sich daher, ob der materiellen Eigenschaft der DNA tatsächlich die Bedeutung zukam, die ihr patentrechtlich zugeschrieben wird.

Entscheidende Bedeutung für den Umschwung in der Stoffschutzkontroverse erlangte eine Rekategorisierung von DNA als Information. Befürworter eines funktionsgebundenen Stoffschutzes kritisierten die Unangemessenheit des »Stoff«-Paradigmas für Gene. Dabei hoben sie vor allem auf den codierenden, *informationellen* Charakter des Genoms ab und bestimmten DNA-Sequenzen als Informationsträger, sowie Gene als Funktionseinheiten[114]:

Die Enquete-Kommission »Recht und Ethik der modernen Medizin« des Deutschen Bundestages formulierte:

»DNA-Sequenzen sind vor allem Informationsträger, von denen nicht kausal auf einzelne Funktionen geschlossen werden kann. Die Kenntnis der Basenabfolge einer DNA-Sequenz erlaubt maximal den Schluss auf die Primärstruktur des durch sie kodierten Proteins, erlaubt aber keinen Rückschluss auf die Funktion des Proteins oder dessen räumliche und zeitliche Stellung innerhalb eines biochemischen Gefüges. Ein Gen ist durch einen Abschnitt der DNA-Sequenz nicht hinreichend beschrieben« (REM 2001: 12–13).

Ähnlich argumentierte DFG-Präsident Ernst-Ludwig Winnacker:

»Statt eines Stoffpatents [...] sollte nur das von dem Forscher erfundene Verfahren patentierbar sein. [...] Das entspricht viel mehr der Natur von Genen: Weil Sie aus DNS bestehen, sind sie zwar einerseits ein Stoff, wie etwa Penizillin. Vor allem aber sind Gene Informationsträger, aus denen verschiedene Produkte hervorgehen« (Winnacker 2001).

Dabei wurde keineswegs abgestritten, dass die DNA auch eine stoffliche Substanz hat, sie sei jedoch hierdurch nicht ausreichend charakterisiert, es gebe eine Differenz zwischen chemischen und genetischen Stoffen: »the fact that genes are essentially just genetic information makes the issue of patenting them very different from that involved in the isolation of other chemical compounds« (NBC 2002: 28).

114 Vgl. etwa v. Renesse/Tanner/v. Renesse: »Gene zumal sind keine Stoffe im üblichen Sinne. Dem wissenschaftlichen Sachstand entsprechend werden Gene als Funktionseinheiten verstanden« (2001: 3). Die Enquete-Kommission vermerkte: »Die Funktion von Genen erschließt sich ganz wesentlich erst aus der Relation zwischen Stofflichkeit, Information und Struktur, also unter anderem aus der Position der DNA-Sequenz innerhalb der Architektur des Genoms, sowie aus der Interaktion innerhalb der Zelle bzw. des Organismus mit der Umwelt.« (REM 2001:13)

Diese Differenz sei zudem hierarchisch zu bewerten: »Die Nukleotidsequenz als Stoff ist weniger wichtig als ihre informatorische Komponente« (Schrell 2001: 785).

Die bisherige Patenterteilungspraxis sei zu weitgehend, weil sie nicht die Bedeutungs-Entschlüsselung als eigentliche »erfinderische Leistung« in Rechnung stelle:

»DNA-Sequenzen sind vor allem Informationsträger. [...] In der Molekularbiologie liegt dagegen der Schwerpunkt bei der Bestimmung dessen, was ein Gen ist, deutlich auf der immateriellen Seite, der Information bzw. der Funktion. Weil das Stoffpatent fixiert bleibt auf die ›chemischen Buchstaben‹, wird jede Bedeutung, die mit diesen Buchstaben verbunden ist, mit patentiert. Die Folge kann eine Überbelohnung des Erfinders sein« (v. Renesse/Tanner/v. Renesse 2001: 3).

Die Informations-Kategorie trägt dem codierenden Charakter von DNA Rechnung und ist insofern adäquater bezüglich der Charakterisierung des Gegenstandes. Denn die DNA-Sequenz als solche erfüllt selbst keine Funktion, sondern dient lediglich als Informationsträger, um eine Funktion im Organismus zu erfüllen. Dennoch bleibt anzumerken, dass diese Einstufung weiterhin einem relativ mechanistischen Modell verhaftet bleibt.[115] Semantisch wurde eine deskriptive Aussage über ein Objekt – das Gen – mit einer normativen Aussage über den patentrechtlich zu schützenden Gegenstand (DNA-Sequenz plus Funktion) sowie die Reichweite des Patentschutzes verknüpft. Dahingehend äußerte sich beispielsweise die Enquetekommission »Recht und Ethik der modernen Medizin« des Deutschen Bundestages in ihrem Teilbericht zur Biopatentierung: In der Biotechnologie sei »das Stoffparadigma des klassischen Patentrechts nicht mehr tragfähig.« Der absolute Stoffschutz sei »kein adäquates Instrument zum Schutz geistigen Eigentums bei lebenden Systemen« (REM 2001: 13). Hieraus wurde die Forderung nach einer Neukonzipierung des Genpatentsystems abgeleitet werden, welches der DNA als informationeller »Code« gerecht würde.[116]

Mit dem Hinweis auf den informationellen Charakter von Genen wurde demnach die Gültigkeit des absoluten Stoffschutzes für DNA-Sequenzen bestritten. Welche Konsequenz daraus abzuleiten wäre, war jedoch weder eindeutig noch evident. Beispielsweise hätte daraus geschlossen werden können, dass für Genpatente ein sui generis System zu entwickeln sei oder diese generell aus dem Geltungsbereich des Patentrechts auszunehmen wären. Warum eine

115 Es gibt weitere Paradigmenwechsel in der Genomforschung, etwa von der spezifischen DNA-Diagnostik zum Suszeptibilitätsmonitoring, sowie hinsichtlich der Single Nucleotoide Polymorphisms (SNPs) bei verschiedenen Bevölkerungsgruppen etc. (siehe dazu Peltonen/McKusick 2001: 1226), sowie neuere Entwicklungen von RNA-Interferenz und Transkriptomics, die bisher kaum Eingang in die patentrechtliche Kontroverse gefunden haben.

116 Zur Geschichte und Kritik des Gen-»Code«-Begriffs siehe Kay 2000.

Funktionsbindung der Informationalität entspräche, wurde kaum stringent begründet und war vor allem rechtspolitisch motiviert. Der Hinweis auf die Information diente vor allem dazu, eine Unterscheidung zur Substanz zu markieren und diese normativ aufzuladen.

Eine völlige Abkehr vom Stoffschutz-Paradigma wurde in der Regel nicht vorgenommen, vielmehr wurde eine Modifikation vorgeschlagen, indem jede von einer DNA-Sequenz kodierte Funktion mit einem eigenen Stoffschutz-Patent belegt werden solle (siehe dazu Schaubild 1 weiter unten).[117]

Hervorzuheben ist, dass die Bezeichnung »Stoffschutz« irreführenderweise davon ablenkt, dass der »Schutzgegenstand aller Immaterialgüterrechte nämlich [...], wenn auch in unterschiedlicher Gestalt, nicht körperlich, sondern eben immateriell, eine Information« (Ullrich 2001: 91) ist. Als erfinderische Leistung wird die Identifikation der DNA-Sequenz im Genom und die Entschlüsselung ihrer Funktion bewertet. Das Bereitstellen der »Information über die Information« wird nach der Public Good Theorie patentrechtlich geschützt, da diese Information ubiquitär zirkulieren kann und ihre Nutzung weder durch Wettbewerb noch durch Konsum restringiert wird. Erst Ausschlussrechte verheißen demnach, die Kosten der Informationsgenerierung über die Verwertung wieder einzuspielen (vgl. Kap. I.C sowie Ullrich 2001: 92).

In der Patentrechtslehre wird jedoch die »Erkenntnis *über*« die DNA-Information als *in* sie eingegangene technische Lehre gefasst – es findet indessen gewissermaßen eine Umschreibung und Aneignung des informationellen Inhalts der DNA als erfinderische Leistung des Wissenschaftlers statt.[118] Nicht der

---

117 Möglicherweise wird allerdings mit der Funktionsbindung für DNA-Sequenzen das Problem nur auf eine weitere Stufe verlagert, denn auch Proteine sind multifunktional. Gegen eine vereinfachte Sichtweise, die DNA-Sequenz liefere eine Anleitung für eine Funktion, nämlich ein Protein, wendet Michel (2000) ein, die DNA-Sequenz halte zwar eine notwendige Information über die Protein-Struktur bereit, diese sei aber unzureichend, denn je nach räumlichen und zeitlichem Kontext innerhalb der Biosynthese würde das Protein abgewandelt »because the mRNA and the original gene product, the protein, are modified in an unpredictable way depending on the temporal and spatial context of their biosynthesis« (Michel 2000: 285). Daher sollte, wenn ein Patent ein Genprodukt (Protein) abdecke, dies lediglich Rechte auf die vorhergesagte, unmodifizierte Form verleihen und diese experimentell nachgewiesen sein.

118 »Im Falle eines Produktpatents, dies sei hier der guten Ordnung halber hinzugefügt, sei es eines Vorrichtungs- oder Stoffpatents, ist sein Gegenstand stets die technische Lehre, wie ein bestimmtes Problem mit technischen Mitteln gelöst wird. Die Maschine oder die bisher unbekannte chemische Substanz als greifbarer Stoff stellen lediglich die *Verkörperung* –Verwirklichung - des Erfindungsgedankens dar und werden daher von den Wirkungen des Patents erfasst. Auch ein chemischer Stoff wird durch seine Formel repräsentiert, wie ein DNA-Molekül durch die Sequenz von Nukleotiden.« (Straus 2001a: 20) Siehe dagegen: »Damit wird das umfassende Stoffpatent in Frage gestellt, weil die biologische Substanz *weitaus mehr verkörpert* als den innovatorischen Gedanken dessen, der sie isoliert, einige Funktionen entschlüsselt und in eine technische Lehre einbaut.« (v. Renesse/Tanner/ v. Renesse 2001: 3, Hervorhebungen I.S.)

Wissenschaftler selbst hat ja die Codierung der DNA erfunden, sondern diese lediglich – im Rahmen des derzeit gültigen Paradigmas – qua geistiger und technischer Leistung aufgefunden.

In der politischen Debatte um die EU-Biopatentrichtlinie wurden – vor allem von Seiten der Industrie – keine rechtsdogmatischen oder naturwissenschaftlichen, sondern letztlich äußerst pragmatische Gründe für einen Stoffschutz geltend gemacht. Diese hängen vor allem damit zusammen, dass ein Stoffschutz den weitreichendsten Patentschutz verleiht, im Gegensatz etwa zum Verfahrenspatent. Denn bereits geringfügige Modifikationen eines technischen Verfahrens reichen aus, ein Verfahrenspatent zu unterlaufen. Man wollte bereits den Ausgangsstoff – die DNA-Sequenz bzw. das Molekül – geschützt haben. Nur der absolute Stoffschutz könne einen ausreichenden Schutz zur Investitionssicherung bezüglich der Arzneimittelherstellung leisten und damit letztlich, so die Argumentation, dem Patientenwohl entsprechen.

Eine Reihe von Kommentatoren betrachtete den Stoffschutz indes als einen Fremdkörper im Patentrecht (van Raden/ von Renesse 2002: 399). In politpragmatischer Hinsicht votierte man allerdings nicht für eine Abschaffung des Stoffschutzes, sondern für eine Beschränkung seiner Reichweite.

2.4 Die patentrechtsinterne Diskussion um Modi einer DNA-Stoffschutz-Beschränkung

Wie bereits beschrieben, kam es – ausgelöst insbesondere durch die parlamentarische Absage an einen *absoluten* Stoffschutz – zu einer sehr regen Debatte innerhalb der deutschen Patentrechtsdisziplin, wobei mehrere dutzend Fachartikel zum Stoffschutz erschienen. Einige dieser juristischen Ansätze, eine Funktionsbeschränkung in den Stoffschutz für DNA-Sequenzen einzuschreiben, werden nun diskutiert.[119] Zu differenzieren ist dabei zwischen folgenden Ebenen:

- Was macht eine DNA-Sequenz patentfähig, welche Voraussetzungen werden an die Patentierbarkeit gestellt und wo wird die Funktionsbindung verankert: In der Beschreibung oder in den Ansprüchen[120] eines Patentantrags?
- Welche Rechtsfolgen ergeben sich aus der Funktionsbeschränkung hinsichtlich des Schutzumfangs?
- An welcher Stelle wird beschränkt? Bei den Funktionen oder bei der Anwendung einer DNA-Sequenz?

---

119 Ich danke Prof. Dr. Christine Godt vom Zentrum für Europäische Rechtspolitik (ZERP) in Bremen für intensive und fruchtbare Diskussionen zu dieser Problematik insbesondere in den Jahren 2002/ 2003 und verweise auf ihr Diskussionspapier (Godt 2003b) und ihre Habilitationsschrift (Godt 2007).

120 Nur in den Ansprüchen wäre eine bindende und beschränkende Geltung rechtlich relevant.

– Zu unterscheiden ist darüber hinaus, bei welchen Akteuren bzw. Institutionen die Regulierung einer Funktionsbindung angesiedelt sein soll: Bei den Prüfern des Europäischen Patentamtes (EPA), vermittelt über geänderte Prüfungsrichtlinien des EPA, bei dem nationalen oder EU-Gesetzgeber oder bei Gerichten?

Ich stelle im Folgenden typologisch drei Positionen aus der patentrechtsinternen Debatte vor, die für eine Zweckbindung des Stoffschutzes hinsichtlich der Funktion eintraten, dabei aber unterschiedliche Varianten einer Beschränkung in die Debatte einbrachten. Es handelt sich um die Aufsätze von Meyer-Dulheuer (2000), Schrell (2001) und Straus (2001b).

Karl-Hermann Meyer-Dulheuer legte Erwägungsgrund 23 und Art. 5 (3) der EU-Biopatentrichtlinie[121] dahingehend aus, die Angabe der Funktion einer DNA-Sequenz sei »als das die Erfindung konstituierende technische Merkmal zu werten. [...] Das Auffinden der Funktion der neuen Sequenz wird damit zum eigentlichen Kern der Erfindung erhoben« (2000: 181), woraus er ableitet, dass diese »als das die Patentfähigkeit begründende und den Schutzbereich bestimmende technische Merkmal ihren Platz in den Ansprüchen finden muß« (ebenda).

Die DNA-Sequenz zuzüglich der Angabe ihrer Funktion im Anspruch (»nicht irgendwo beiläufig in der Beschreibung erwähnt« – ebenda) stellt damit mittelbar eine Patentierungsvoraussetzung dar, die sich unmittelbar auswirkt auf die erfassten gewerblichen Anwendungen im Schutzumfang (Rechtsfolge) des Patents: Andere als die angegebenen Funktionen oder nicht bekannte weitere Funktionen sollen daher – im Gegensatz zum absoluten Stoffschutz bei chemischen Verbindungen – nicht vom Patent abgedeckt und somit einem nicht abhängigen Patent zugänglich sein.

Meyer-Dulheuer wollte zudem spekulativen Funktionsangaben einen Riegel vorschieben, indem er verlangte, dass die Funktionsangabe bereits in der ursprünglichen Patentanmeldung offenbart sein solle und nicht erst im Laufe des Verfahrens erbracht oder geändert werden dürfe.[122] Er grenzt sich zudem vom Imidazoline-Beschluß des BGH ab, in dem die Erfindung bereits durch die *Bereitstellung* eines neuen chemischen Stoffes als gegeben anerkannt wurde.

Auch Andreas Schrell (2001) setzte sich dafür ein, eine Funktionsbindung des Stoffschutzes zu implementieren. Er setzte sich dabei mit der Interpretation der Richtlinie durch das federführende deutsche Justizministerium auseinander: Zwar verlange auch der deutsche Gesetzentwurf eine Funktionsbestimmung

121 Zum besseren Verständnis sei hier noch einmal der Wortlaut von Artikel 5 (3) der Richtlinie 98/44/EG vergegenwärtigt: »Die gewerbliche Anwendbarkeit einer Sequenz oder Teilsequenz eines Gens muss in der Patentanmeldung konkret beschrieben werden.«

122 Dies ist inzwischen geltende Praxis beim EPA.

des Stoffs, durch diese werde aber gleichsam der Stoff selbst definiert und im Ergebnis für den Stoff (DNA-Sequenz) absoluter Stoffschutz erlangt. Dies lasse

»außer Acht, dass die Funktionsangabe in der Anmeldung, namentlich in der Beschreibung, nicht zwangsläufig den beanspruchten Stoff definiert und so gegenüber strukturgleichen, aber funktionsunterschiedlichen Stoffen abgrenzt. Erst der Angabe der Funktion in den Ansprüchen des Patentes könnte bei sachgerechter Auslegung im Verletzungsverfahren funktionslimitierende Wirkung zukommen« (Schrell 2000: 784).

Indem Schrell konzeptualisierte, der Stoff (DNA-Sequenz) werde durch seine Funktion definiert, drehte er die klassische Reihenfolge um: Üblicherweise ging man davon aus, die DNA-Sequenz sei determinierend für die Funktion, beispielsweise ein bestimmtes Protein zu codieren, die Sequenz selbst definiere also die Funktion. Schrell hingegen hatte das inzwischen anerkannte wissenschaftliche Modell im Blick, dass eine DNA-Sequenz für mehrere Funktionen codieren kann, je nachdem, in welcher Weise sie von Bestandteilen der Zelle »gelesen« wird und in welchem räumlichen und zeitlichen Kontext sie steht.

Er ging zunächst auf gewerbliche Anwendungsmöglichkeiten ein, in denen die DNA-Sequenz primär in ihrer stofflichen Beschaffenheit genutzt wird. Er bezog dies vor allem auf die Teile des Genoms, die nicht eine codierende, sondern eine regulative Funktion (bisher kaum erforschte Strukturaufgaben) haben. Für diese DNA-Sequenzen wollte er bei gewerblicher Anwendung (z.B. als Sonden, Linker, Adaptoren, Primer) auch weiterhin absoluten Stoffschutz gelten lassen.[123]

Eigentlich ging es ihm jedoch um den wesentlich größeren Anwendungsbereich, bei dem DNA-Sequenzen in ihrer Funktion, für ein Protein zu codieren, genutzt werden. Die Sequenz werde in diesen Fällen »lediglich zur Herstellung

123 Es bleibt anzumerken, dass die Unterscheidung zwischen regulierenden und codierenden DNA-Abschnitten eine heuristische bleibt und bei Weiterentwicklung der Erkenntnisse über die Funktionen der ehemals als »junk DNA« geschmähten 90% des Erbgutes durchaus auch eine Neubewertung ihrer Bedeutung und ihres patentrechtlichen Schutzes zur Folge haben könnte (vgl. Fischer 2002). Schrell bleibt insofern inkonsistent, als auch für die regulativen DNA-Abschnitte von einer Multifunktionalität auszugehen ist, ergo hier ebenfalls auf die in der Patentanmeldung offenbarten Funktionen beschränkt werden müßte. Dass Schrell sich für ein Beibehalten der absoluten Stoffschutzdoktrin für die regulativen DNA-Abschnitte ausspricht, ist m. E. vor allem politisch-taktischen und pragmatischen Überlegungen geschuldet, nicht einem fundamentalem Unterschied zwischen primär stofflichen und primär informationalen DNA-Sequenzen. Das Belassen des absoluten Stoffschutzes signalisiert einerseits Besänftigung gegenüber dessen Apologeten – schließlich werde das Prinzip nicht aufgegeben. Auf der anderen Seite nützt in praktischer Hinsicht ein absoluter Stoffschutz (zumindest nach bisherigen wissenschaftlichen Erkenntnissen) dem Patentinhaber nicht viel, da mit diesen regulativen DNA-Sequenzen in technisch-erfinderischer Hinsicht nicht viel zu machen ist, diese (derzeit) eher unwichtig erscheinen. Zukünftig ist aber m.E. hinsichtlich dieser hochrepetitiven Sequenzen eher von einem neuen Funktions- und Erfindungsmodus auszugehen, der stärker etwa auf SNPs und »Hapmaps« fokussiert.

des Stoffes eingesetzt, der die gewerbliche Anwendbarkeit generiert« (Schrell 2000: 785). »Stoff« ist in diesem Falle also das Protein und der zu honorierende Beitrag zur Technik ist die Nennung des Proteins (und die Angabe seiner Funktion im Organismus).

Schrell ging von einem *Junktim* zwischen DNA-Sequenzinformation und Funktionsangabe, einer »Einheit aus Stoff und Funktion« (2001: 787) aus. Erst beide zusammen machten die »Erfindung« des Stoffes aus: »Ein Stoff, der eine andere Funktion ausübt als im Patentanspruch angegeben, ist nicht der patentierte Stoff und wird nicht geschützt« (Schrell 2001: 786).

Mit diesem Kunstgriff stellte Schrell den Stoffschutz vom Kopf auf die Füße: Nicht die Abfolge der Basenpaare sei ausschlaggebendes Merkmal, sondern die vom Erfinder offengelegte Funktionsangabe. Dieselbe DNA-Sequenz kann für Schrell einen »anderen Stoff« darstellen, wenn sie (für) ein anderes Protein kodiert. Insofern müsste das EPA also für eine identische DNA-Sequenz mehrere Patente vergeben (können), sofern unterschiedliche, sich nicht überschneidende Funktionsangaben damit verbunden sind.[124] Schrell ließ offen, an welcher Stelle die Funktion im Patentantrag niedergelegt wird, hielt jedoch die Aufnahme in die Ansprüche der Klarheit halber für wünschenswert gegenüber der bloßen Angabe in der Beschreibung, denn jene sei auch für einen Richter bindend. Die erfinderische Leistung läge nicht in der Bereitstellung einer DNA-Sequenz oder eines rekombinanten Proteins, sondern im Aufzeigen ihrer gewerblich anwendbaren Funktion (Schrell 2001: 786). Daher sei der »›Ersterfinder‹, also der Bereitsteller, (…) gegenüber den weiteren Erfindern, die weitere Funktionen aufzeigen, nicht mehr zu privilegieren« (ebenda). Somit erhielte derjenige, der eine weitere Funktion aufzeigt, ein neues, nicht abhängiges Patent.[125]

Schrell wollte diese seine Auslegung eines »absoluten, aber ausdrücklich funktionsgebundenen Stoffschutz(es) für Gene, diese enthaltene Einheiten und davon codierte Erzeugnisse« ausdrücklich in das Patentgesetz aufgenommen

124 An diesem Punkt argumentierte Schrell nicht mit der strittigen Materie der Überlappung von Gensequenzen, sondern es ging ihm tatsächlich um eine identische Gensequenz. Die Frage der Überlappung wird in Erwägungsgrund 25 der PRL behandelt. Allerdings besteht Unklarheit darüber, was als »wesentlich« zu betrachten ist, das von der Patentanmelderin offenbarte oder das »objektiv wesentliche« (vgl. Straus 2002: 57).

125 Nicht ganz zu Unrecht verwies Köster (2002:841), die sich vehement für das Beibehalten des bisherigen absoluten Stoffschutzes für DNA-Sequenzen aussprach, darauf, dass gerade aufgrund der Komplexität der Genregulation nicht auszuschließen sei, dass eine neu gefundene Funktion, für die ein nicht abhängiger, funktionsgebundener Stoffanspruch gewährt würde, eine bekannte und geschützte Funktion gleichzeitig oder zwangsläufig mitnutzen würde, was ggf. erst nach Patentvergabe erkannt würde. Dies verweist darauf, dass die Interdependenz und Multifunktionalität von DNA-Sequenzen auch zu einer Argumentation *pro* absolutem Stoffschutz eingesetzt werden kann.

wissen und schlug dafür eine Neuformulierung für §9 PatG vor.[126] Wie für Meyer-Dulheuer stellte für Schrell »der funktionsgebundene Stoffschutz jedoch keine Schutzbereichsbeschränkung dar« (Schrell 2000: 787). Tatsächlich wird der Schutzumfang nicht auf einzelne, in der Patentschrift genannte gewerbliche Verwendungen beschränkt, sondern lediglich auf die ermittelten Codierungsfunktionen.

Auch Joseph Straus (2001b) grenzte sich vom Imidazoline-Beschluß des BGH hinsichtlich der Patentierung von DNA-Sequenzen ab: Unter Rekurs auf Artikel 5(3) und die Erwägungsgründe 22 und 23 der EU-Biopatentrichtlinie[127] hob er darauf ab, dass ein DNA-Abschnitt ohne Funktionsangabe keine Lehre zum technischen Handeln, mithin keine Erfindung sei und diese auch nicht nachgereicht, sondern bereits in der Anmeldung konkret beschrieben werden müsse. Straus trennte allerdings die Funktionsangabe nicht von der Verwendung ab, sondern setzte mit »gewerbliche Anwendbarkeit der DNA-Sequenz, sprich ihre Funktion« (1018) beide synonym. Damit wird freilich die Unterscheidung zwischen der Funktion und der Verwendung einer DNA-Sequenz verunklart.

Straus konzedierte den Paradigmenwechsel in der Genomforschung und die Dynamisierung des Genbegriffs. Insofern stimmte er Meyer-Dulheuer und Schrell zu, dass

> »das der Stofferfindung hier zu Grunde liegende technische Problem (die Aufgabe) nicht in der Bereitstellung eines neuen chemischen Stoffs einer näher umschriebenen Konstitution allein gesehen werden [könne], sondern nur im Verbund mit der Auffindung der, einer oder mehrerer Funktionen eines in der Natur vorhandenen Stoffs, dessen Auffindung und Strukturaufklärung an sich auf keiner erfinderischen Tätigkeit beruhen« (Straus 2001b: 1019).

Entscheidend ist bei Straus allerdings, dass er keineswegs immer und generell eine Beschränkung des Stoffschutzes auf die aufgezeigte Funktion bejahte, sondern diese davon abhängig machen wollte, ob »Auffindung und Strukturaufklärung der DNA-Sequenz *an sich* auf einer erfinderischen Tätigkeit beruhen« (2001b: 1020). Es gebe weiterhin Fälle, in denen die erstmalige »Bereitstellung des DNA-Moleküls« (Straus 2001b: 1020) bereits die Erfindung konstituiere.

Ob die Funktion in die Patentansprüche aufgenommen werde – und damit eine beschränkende Wirkung bezüglich des Schutzbereichs habe – sei Sache des Europäischen Patentamtes, insbesondere des Prüfers. Dieser könne den An-

---

126 Schrell (2000: 785); ebenfalls für gesetzliche Klarstellung, aber kritisch dazu: Wolfrum/Stoll (2001: 77f).

127 Es ist darauf hinzuweisen, dass das Zustandekommen von Artikel 5 (3) der Richtlinie sowie die Erwägungsgründe 22–24 historisch vor allem aus der Kontroverse um die Patentierbarkeit von ESTs abzuleiten ist (vgl. dazu Oser 1998). Die neuere Debatte um eine Funktionsbeschränkung wurde nun in diese Passagen der Richtlinie hineinverlagert.

melder »im Laufe des Prüfungs, Einspruchs- und auch Beschwerdeverfahrens« (Straus 2001b: 1020) anhalten, die Funktionsangabe in die jeweiligen Patentansprüche hineinzunehmen. »Liegt dagegen der entscheidende Beitrag in der Bereitstellung der DNA-Sequenz selbst, dann ist der herkömmliche, absolute, aber wohl nur noch in Ausnahmefällen in Frage kommende Stoffschutz mit den sich daraus ergebenden Abhängigkeiten gerechtfertigt und systemkonform« (Straus 2001b: 1020). Keinesfalls solle aber, so Straus, der Gesetzgeber eine verpflichtende Handhabe der Funktionsbindung – wie von Schrell vorgeschlagen – vorgeben.

2.5 Würdigung der vorgestellten Ansätze und Darstellung zweier Modelle

Es erfolgt nun eine Bewertung der drei vorgelegten Ansätze einer Funktionsbeschränkung. Straus verblieb letztlich äußerst zaghaft in der Beschränkung des absoluten Stoffschutzes. Weder setzte er sich für eine gesetzliche Implementierung noch für eine durchgängige Funktionsbindung ein, sondern wollte dies als Fall-zu-Fall-Entscheidung in erster Linie den Patentprüfern sowie allenfalls in gerichtlichen Streitfällen dem Richterrecht überlassen.

Wie er dabei zu der prophezeienden Aussage gelangte, der absolute Stoffschutz werde »nur noch in Ausnahmefällen in Frage« (Straus 2001b: 1020) kommen, bleibt rätselhaft. Verlagerte er doch die Beweislast auf den Prüfer, dem es durchaus nicht leicht fallen dürfte, dem Anmelder nachzuweisen, dass seine Auffindung und Strukturaufklärung (Funktionsangabe) einer DNA-Sequenz *nicht »an sich«* auf erfinderischer Leistung beruht.

Die Schwäche von Straus' Ansatz liegt einerseits in dem Ermessungsspielraum, der den Patentprüfern eingeräumt wird, der aber hinsichtlich Transparenz, Willkürfreiheit, Nachvollziehbarkeit und unabhängiger Überprüfbarkeit erheblich zu wünschen übrig lässt. Unter Demokratie-Gesichtspunkten ist dies überdies insofern zweifelhaft, als das EPA als supranationale Behörde keiner direkten parlamentarischen Kontrolle unterliegt und selbst als fehlerhaft erkannte Patenterteilungen nicht administrativ aus sich heraus korrigieren kann, sondern nur, wenn Einspruch von außen erhoben wird, sei es im Einspruchsverfahren oder später national als Nichtigkeitsklage.[128]

Ob eine DNA-Sequenz tatsächlich *nur* für eine oder für mehrere Funktionen kodiert, wird oft erst nach der Patenterteilung bekannt werden, der Prüfer wird daher nach Plausibilität urteilen und dem Anmelder ohne gesetzliche Handhabe der Funktionsbindung kaum absprechen können, dass die entscheidende

---

128 Mit der EPÜ 2000-Revision kommt die weitere Variante hinzu, dass der Patentinhaber selbst seine Patentansprüche einschränken kann, beispielsweise nach einer fehlerhaften Erteilung. In diesem Fall ist das EPA aber auf den guten Willen des Patentinhabers angewiesen.

erfinderische Leistung bereits in der erstmaligen Bereitstellung der DNA-Sequenz und einer – vom Prüfer ebenfalls nicht nachprüfbaren – Funktionsangabe beruht. Spekulativen Patenten kann auf dieser Basis wohl kaum die Grundlage entzogen werden. Es bestand daher Grund zu der Annahme, dass der absolute Stoffschutz auf DNA-Sequenzen nach diesem Modell nicht zur Ausnahme werden, sondern die Regel bleiben dürfte.

Meyer-Dulheuer und Schrells Vorschläge hingegen laufen tatsächlich auf eine relevante Funktionsbindung des DNA-Stoffschutzes hinaus. Die verpflichtende Aufnahme der Funktionsangabe (Protein) in die Ansprüche (Meyer-Dulheuer) dürfte auch die Richter binden. Es bleibt an dieser Stelle vorwegzunehmen, dass der deutsche Gesetzgeber sich letztlich für diese Variante entschieden hat.

Schrells Ansatz überzeugt insofern, als er seinen Vorschlag nicht nur konzeptionell durch die Trennung von primär informatorischen (codierenden) und stofflichen Charakteristika unterfütterte, ein neueren Genkonzepten näher kommendes Junktim von Stoff und Funktion für die Stoffdefinition forderte und gleichzeitig – im Gegensatz zu Straus – Funktion und Verwendung klar voneinander trennte.

Zu beachten ist allerdings, dass alle drei Ansätze die Funktionsbindung nicht bei der Verwendung bzw. Anwendung der DNA-Sequenz ansetzen, sondern bei der Funktionsangabe für die DNA. Insofern bleiben alle weiterhin einem absoluten Stoffschutz verhaftet, als sie alle Verwendungen eines identifizierten, von einer DNA-Sequenz kodierten Proteins schützen und somit in dieser Hinsicht einen *breiten* Schutzumfang vertreten (vgl. Schaubild 1).

Im Folgenden beziehe ich mich nun auf eine Funktionsbindung bezüglich von Merkmalen und Krankheitsprädiktionen. Ein beachtliches Manko der oben vorgestellten Ansätze lag darin, dass sie sich nur auf Konstellationen bezogen, in denen einer DNA-Sequenz die Funktion, ein Protein zu codieren, zugeordnet wird. Unklar blieb die Umgangsweise mit Patentanmeldungen von DNA-Sequenzen, für die eine Korrelation zu bestimmten Krankheiten aufgezeigt wird, aber die codierende Funktion in einem strukturell-physischen Sinne (Protein) nicht bekannt ist. So war etwa für das »Brustkrebs-Gen« BRCA1 anfänglich nur bekannt, dass eine Mutation in dieser DNA-Sequenz mit der Erkrankung assoziiert sein kann, das von BRCA1 kodierte Protein wurde jedoch erst später gefunden. Der Begriff der »Funktion« wird allerdings in der Fachliteratur auch in diesem weiteren Sinne verwendet: Demnach ist es die Funktion von BRCA1, für Brustkrebs zu codieren. Inzwischen hat man entdeckt, dass BRCA1 auch bei der Entstehung von Prostatakrebs eine Rolle spielt. Ebenso können Mutationen in dem Brustkrebs-Gen BRCA 2 auch Tumore der Bauchspeicheldrüse begünstigen (Frankfurter Allgemeine, 12.2.2003: N1). Klärungsbedürftig ist daher, ob

Schaubild 1: Absoluter und funktionsgebundener Stoffschutz auf kodierende Proteine

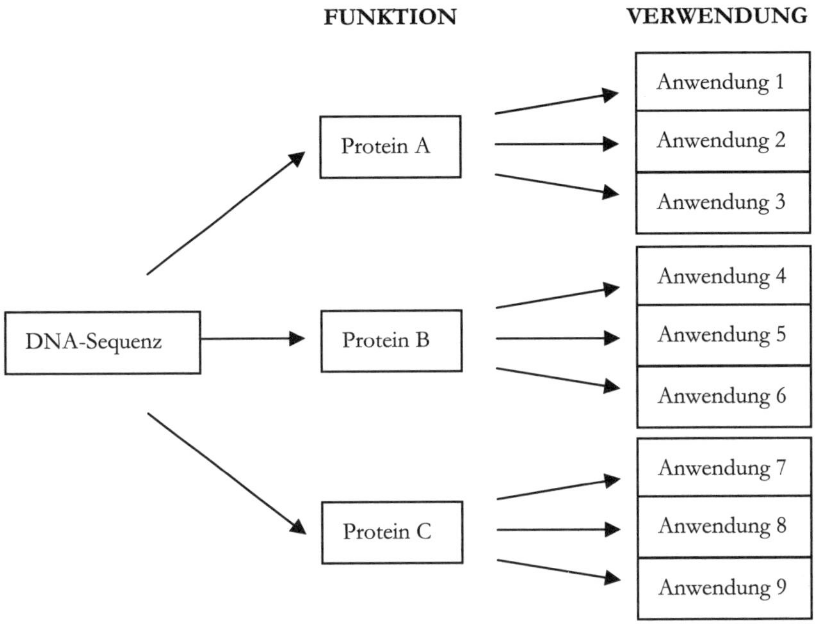

© Christine Godt

Erläuterung zum Schaubild 1:

Absoluter Stoffschutz: Wird eine DNA-Sequenz in der Patentanmeldung aufgeführt und eine einzelne Funktion (Protein A) dafür benannt, können alle weiteren Funktionen (Protein B und C) dieser DNA Sequenz und alle Verwendungen (im Schaubild 1–9, prinzipiell unendlich viele) beansprucht werden. Wer eine weitere Funktion und/oder Verwendung zur Patentierung einreicht, kann (sofern die weiteren Patentierungsvoraussetzungen erfüllt sind) lediglich ein abhängiges Patent erhalten, was bedeutet, dass er die Zustimmung des Basispatent-Inhabers erfragen und Lizenzgebühren an ihn entrichten muss. (Ein Anspruch auf eine Lizenz besteht nicht, entsprechende Ansprüche könnten nur als Zwangslizenz durchgesetzt werden.)

Funktionsgebundener Stoffschutz: Wird eine DNA-Sequenz in der Patentanmeldung aufgeführt und eine einzelne Funktion (Protein A) im Anspruch dafür benannt, können im Umfang lediglich alle unter Ausnutzen dieser Funktion möglichen Verwendungen (1–3) beansprucht werden. Wer eine weitere Funktion (Protein B) zur Patentierung einreicht, kann ein nicht abhängiges Patent erhalten und seinerseits alle Verwendungen (4–6) beanspruchen, die sich aus der Verwendung dieser Funktion ergeben.

diese weiteren »Funktionen« des mit Sequenzangabe patentierten Gens überhaupt einen weiteren Patentschutz erhalten und ob dieser (wie bisher vertreten) abhängig vom Basispatent (erstmalige Sequenz-Identifikation) bleiben soll oder einen neuen, nicht abhängigen Patentschutz rechtfertigt.

Ein zweckgebundener Stoffschutz würde in diesem Falle implizieren, dass die Funktion der DNA-Sequenz (Krankheit A) in die Ansprüche aufgenommen werden müsste und damit der Schutzumfang sich lediglich auf diese erkannte und offengelegte Funktion beschränkte, während eine neue Funktion (Krankheit B) einen nicht abhängigen Patentschutz erhalten könnte. Dieses Modell wurde jedoch im fraglichen Zeitraum vor der Verabschiedung des deutschen Implementierungsgesetzes nur in der Politik, nicht aber in der Rechtswissenschaft diskutiert (vgl. Schaubild 2).

2.6 Restriktion durch stringentere Anwendung der Patentierungsvoraussetzungen

Eine weiterer Ansatz, der hier nicht ausführlich diskutiert werden kann, stellt die Einschränkung eines als zu weit empfundenen Patentschutzes auf DNA-Sequenzen durch die stringentere Anwendung der Patentierungsvoraussetzungen Neuheit, erfinderische Leistung und gewerbliche Anwendbarkeit, wie es unter anderem der Nuffield Council vorschlug (vgl. NCB 2002: xi), dar. Dies trägt der Tatsache Rechnung, dass das Patentrecht immer schon dynamisch gewesen ist und sich Veränderungen in Wissenschaft und Technik, aber auch sozialen Aushandlungsprozessen angepasst hat. Neuheit, Erfindungshöhe und Nützlichkeit sind relative Begriffe, die jeweils unterschiedlich gefasst werden. In diesem Zusammenhang wird gerne eine Passage aus dem BGH –Tollwutvirus-Urteil vom 12.2.1987[129] in Anspruch genommen, in dem es heißt, dass

> »entsprechend dem Zweck des Patentschutzes, den technischen Fortschritt zu fördern und den Erfindergeist für das Gewerbe in nutzbringender Weise anzuregen, auch bei der Auslegung und Anwendung des Patentgesetzes praktischen Bedürfnissen stärker Rechnung zu tragen ist als theoretischen Überlegungen« (GRUR Int. 1987, 357 (359), zit. nach Kresbach 1994: 76).

In diesem Fall obliegt es den individuellen Prüfern sowie der Fortschreibung der »Richtlinien für die Prüfung« des Europäischen Patentamtes, zu bewerten, ob und in welchem Umfang die Patentierungskriterien erfüllt sind. Gegebenenfalls wird die strengere Auslegung der Patentierungskriterien durch Case Law der Beschwerdekammern befördert.

129 GRUR Int. 1987, 357 (359).

Schaubild 2: Absoluter, funktions- und zweckgebundener Stoffschutz bei Krankheiten

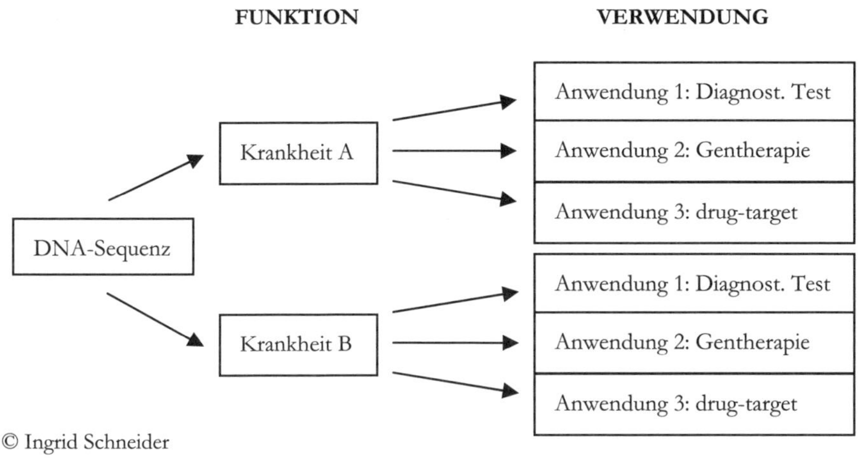

© Ingrid Schneider

Erläuterung zum Schaubild 2:

Absoluter Stoffschutz: Wird eine DNA-Sequenz in der Patentanmeldung aufgeführt und eine einzelne Funktion (Krankheit A) benannt, können alle weiteren Funktionen (Krankheit B) dieser DNA Sequenz und alle Verwendungen (im Schaubild 1–6, prinzipiell unendlich viele) beansprucht werden. Wer eine weitere Funktion und/oder Verwendung zur Patentierung einreicht, kann (sofern die weiteren Patentierungsvoraussetzungen erfüllt sind) lediglich ein abhängiges Patent erhalten, was bedeutet, dass er die Zustimmung des Basispatent-Inhabers erfragen und Lizenzgebühren an ihn entrichten muss. (Ein Anspruch auf eine Lizenz besteht nicht, entsprechende Ansprüche könnten nur als Zwangslizenz durchgesetzt werden.)

Funktionsgebundener Stoffschutz: Wird eine DNA-Sequenz in der Patentanmeldung aufgeführt und eine einzelne Funktion (Krankheit A) im Anspruch dafür benannt, können im Umfang lediglich alle unter Ausnutzen dieser Funktion möglichen Verwendungen (1–3) beansprucht werden. Wer eine weitere Funktion (z.B. Krankheit B) zur Patentierung einreicht, kann ein nicht abhängiges Patent erhalten und seinerseits alle Verwendungen (4–6) beanspruchen, die sich aus der Verwendung dieser Funktion ergeben.

Zweckgebundener Stoffschutz als Funktions- und Verwendungsbeschränkung: Wird eine DNA-Sequenz in der Patentanmeldung aufgeführt und eine einzelne Funktion (Krankheit A) im Anspruch dafür benannt, kann in dieser Konstruktion im Umfang lediglich die in der Patentschrift offenbarte und genau beschriebene Anwendung (z.B. 1: Diagnostischer Test) beansprucht werden. Für alle weiteren Anwendungen (2-6) kann jeweils ein nicht abhängiger Patentschutz beansprucht werden, der nur die in den Ansprüchen benannte Funktion (Krankheit A *oder* B) in Bezug auf die beanspruchte Verwendung (2 *oder* 3 *oder* 4 etc.) schützt.

Zudem wird bei einem solchen Ansatz die Hoffnung auf eine richterrechtliche Regelung des Streitfalles DNA-Stoffschutz-Patente artikuliert:

»So hat der BGH [...] eindrucksvoll unter Beweis gestellt, dass er in der Lage und gewillt ist, das Patentgesetz in Abhängigkeit von dem jeweiligen Stand der Wissenschaft und Technik dynamisch auszulegen und sich dabei an seinem Zweck zu orientieren« (Straus 2001b: 1019).

In beiden Fällen bleibt der Gesetzgeber in seine Schranken verwiesen, er soll lediglich generalklauselartige Vorgaben erlassen. Damit wird in diesem Fall auf die Selbstregulationskräfte des Patentsystems gesetzt und auf seine tradierte Evolution von Erteilungspraxis und Rechtsprechung (vgl. Kap. I.F). Ob dieses jedoch geeignet und in der Lage ist, tatsächlich entsprechende Korrekturen hinsichtlich eines »Raising the Bar«[130] vorzunehmen, die wirksam sind in einer Beschränkung der Anmelderinteressen, muss an dieser Stelle dahingestellt bleiben. Ein »selbstherrliches« Umstoßen der Patentrechtsdogmatik des *absoluten* Stoffschutzes durch das EPA ohne entsprechende Intervention von Regierungen oder Gerichten hätte jedenfalls als Kompetenzüberschreitung wahrgenommen werden können.[131]

Der deutsche Gesetzgeber hielt es letztlich für angebracht, an diesem Punkt eine legislative Klarstellung vorzunehmen.

2.7 Verwendungsbezogene Zweckbindung des Patentschutzes für DNA-Sequenzen und weitere Instrumente

Eine weitere Variante hinsichtlich der Einschränkung des Patentschutzes für DNA-Sequenzen im Umfang bezieht sich auf die Verwendung dieser Sequenzen im Sinne seiner gewerblichen Endanwendung. Bisher kommen viele DNA-Sequenzen vor allem als diagnostische Tests, jedoch noch selten in therapeutischer Hinsicht (Gentherapie, Medikamenten-targets o.ä.) zum Einsatz.[132] Die

130 So lautet die Initiative der 2007–2010 amtierenden Präsidentin des Europäischen Patentamtes, Alison Brimelow.

131 In meinen Gesprächen mit EPA-Mitarbeitern jedenfalls lautete die Einschätzung unisono, dass das EPA selbst nicht eine Korrektur des absoluten Stoffschutzes vornehmen könne. So auch die Einschätzung von Ursula Kinkeldey, Mitglied der Großen Beschwerdekammer des EPA bei der Anhörung des Rechtsausschusses des Deutschen Bundestages am 29.9.2004.

132 Im Rahmen dieser Arbeit kann nicht auf die Probleme und Kontroversen eingegangen werden, welche mit Verwendungspatenten hinsichtlich der so genannten ersten und zweiten medizinischen Indikation verbunden sind. Es bleibt darauf aufmerksam zu machen, dass auch hier ein erhebliches Konfliktpotential hinsichtlich eines »absoluten« Stoffschutzes für Arzneimittel-Verwendungen und einer engen Bindung an genannte Indikationen und davon abhängige weitere Indikationen besteht (siehe dazu Köster 2002 und Straus 2001a: 44–50; Straus 2002: 56; D. Schneider 2008).

Patentierungsvoraussetzung der »gewerblichen Anwendbarkeit« wird bisher so behandelt, dass sie nur beispielhaft aufgefasst wird: Bei absolutem Stoffschutz auf DNA-Sequenzen, deren Funktion (Protein) genannt wird, können selbst bei Nennung einer einzigen verdeutlichten gewerblichen Nützlichkeit eine Fülle von Verwendungen beansprucht werden und in der Regel beziehen sich die Ansprüche auf eine Vielzahl von (hypothetischen) Anwendbarkeiten.

Eine neue Form der *Zweckbindung* des Stoffschutzes liefe jedoch darauf hinaus, Patentschutz nur der *erkannten, offenbarten und beanspruchten* Verwendung zuzusprechen (siehe Erläuterung zum Schaubild 2, dritte Möglichkeit).[133]

Der Nuffield-Report unterscheidet vier Verwendungen für DNA-Sequenzen: Diagnostische Tests, *research tools*, Gentherapie und die Produktion von therapeutischen Proteinen. Bei allen vier Anwendungsbereichen sprach er sich für eine enge Umfangsbeschränkung aus, die sowohl die Entwicklung alternativer diagnostischer Tests möglich macht, Rechte über DNA-Sequenzen als *research tools* »entmutigt« und in der Gentherapie Erzeugnispatente »nur selten ermöglicht«, sondern sich auf die Entwicklung sicherer und effektiver Methoden eines angemessenen Gen-Transports konzentriert. Hinsichtlich therapeutischer Proteine sollten sich die Schutzrechte lediglich auf das beschriebene Protein erstrecken (NCB 2002: 47–66).

Wie solche Umfangs- und Verwendungsbeschränkungen durchgesetzt werden sollten, blieb offen. Appelliert wurde an die Patentämter der USA, Europas, Japans und andere relevante Körperschaften, Überlegungen Raum zu geben, die erfinderische Leistung bei »natürlich vorkommenden DNA-Sequenzen« lediglich auf die *Nutzung* der DNA-Sequenz und nicht auf ihre Ableitung oder die Aufklärung der Sequenz selbst zu beschränken. Dies machte deutlich, dass die Kontroversen, wie sie im Lauf der Verabschiedung der EU-Biopatentrichtlinie geführt wurden, keineswegs abgeschlossen waren und durchaus implizit auch die eingangs genannte Position 3, die sich generell gegen eine Patentierbarkeit von »Genen als solchen« aussprach, noch einmal politische Artikulation erfuhr (vgl. Jacobs/Overwalle 2001; DCE 2004).

---

133 Die Forderung eines zweckgebundenen Stoffschutz als *Verwendungs*beschränkung, die in Schaubild 2 als dritte Möglichkeit dargestellt ist (hier freilich in Kombination mit der Funktionsbindung), wurde in einem Antrag der CDU/CSU-Fraktion im Deutschen Bundestag vom 20.5.2003 erstmals gestellt. Darin heißt es: »Die Umsetzung muss sicherstellen, dass der Schutzumfang von Patenten, die auf Gensequenzen (Teilsequenzen) im Sinne des Artikels 5 Absatz 2 der Biopatentrichtlinie beruhen, auf die spezifisch nachgewiesene gewerbliche Anwendung beschränkt wird.« Dies verfolgte in der Tat einen neuen Ansatz. Allerdings hätte sich die dergestalt geforderte Verwendungsbindung nur auf *menschliche* DNA-Sequenzen bezogen, denn nur diese sind in Artikel 5.2. der Biopatentrichtlinie angesprochen. Dies erscheint wenig hilfreich insofern, als kaum auszumachen ist, worin das »spezifisch menschliche« einer DNA-Sequenz – abgesehen von ihrer Herkunft – liegt (vgl. Schneider 2003a).

Die bisher diskutierten Vorschläge, die bestimmend waren für die deutsche Debatte, konzentrierten sich auf Maßnahmen zur Umfangsbeschränkung des Stoffschutzes. Es gibt allerdings durchaus weitere Instrumente zur Eindämmung negativer Implikationen eines als »zu breit« oder »zu früh« erachteten Patentschutzes, die in anderen Ländern stärker debattiert wurden. Neben der Funktionsbindung wurden folgende Maßnahmen und Instrumente genannt, um potentielle negative Effekte breiter DNA-Sequenz-Patente abzufedern: Die weite Auslegung und konsequente Anwendung des Forschungsprivilegs, die Einführung einer Neuheitsschonfrist sowie die Erteilung von Zwangslizenzen (vgl. Straus 2001a; NCB 2002). Ohne hier im Einzelnen auf diese Instrumente eingehen zu können, besteht Anlass, an der tatsächlichen Wirksamkeit und am kompensatorischen Durchgreifen dieser Mittel zu zweifeln (vgl. Wolfrum/Stoll 2001: 47–53). Außerdem gilt die Erleichterung der Lizenzierung von Patenten als ein Weg, den Stoffschutz abzufedern. Die Debatte um nicht-exklusive Lizenzen, sowie um Patent-Pools und Clearinghouses als Abmilderungsmechanismen nach der Patenterteilung, sowie weitere post-grant-Mechanismen (vgl. Godt 2008) hat sich mittlerweile intensiviert (OECD 2006; van Overwalle et al 2006; van Zimmeren et al. 2006), bisher gibt es hinsichtlich der letzteren Modelle im menschlichen Genombereich jedoch noch keine Anwendungen in der Praxis.

2.8 Abschließende Einordnung und Bewertung

Zusammenfassend bleibt festzuhalten, dass es zwischen den Jahren 2000 und 2004 insbesondere in Deutschland, aber auch in einigen anderen Ländern, zu einer intensiven Debatte um die Patentrechtsdogmatik des »absoluten Stoffschutzes« kam. Diese wurde vor allem von der Politik heraus angestoßen, war aber ebenfalls das Resultat von neuen technischen Entwicklungen, veränderten wissenschaftlichen Erkenntnissen und von veränderten Einschätzungen über die Wirkung von Patenten insbesondere auf die wissenschaftliche Forschung, sowie Inventions- und Diffusionsprozesse. Auch epistemische Fragen, insbesondere der Übergang von einem kausalen zu einem systemischen Gen-Paradigma spielten eine wesentliche Rolle. In dieser Kontroverse um Art und Umfang des Stoffschutzes in der Biotechnologie, insbesondere bei humanen Gensequenzen, vollzogen sich wechselseitige Befruchtungsprozesse zwischen Wissenschaft, Politik und Patentrecht. Vor allem aus der Politik – Parlament und Bundesrat – artikulierte sich der Wille zu einer Stoffschutzbeschränkung. Die Diskussion war bestimmt davon, Veränderungen im wissenschaftlich-technischen Umfeld Rechnung zu tragen und wahrgenommene Probleme eines als zu breit betrachteten Patentschutzes, der als »Überbelohnung« und Forschungsbehinderung charakterisiert wurde, durch eine Umfangsbeschränkung zu regulieren. Die Impulse aus der Politik lösten eine intensive fachinterne Debatte im Patentrecht selbst aus, bei der es zu Lockerungen und zu Umdenkprozessen hinsichtlich einer zuvor äußerst rigiden und als alternativlos betrachteten Patentrechtsdogmatik des absoluten Stoffschutzes kam. Dies leitete einen Kurswechsel ein. Implizit wurde eingestanden, dass der absolute Stoffschutz im Bereich der biotechnologischen Erfindungen zu weitgehend war. Damit wurde zugleich eine Reverenz gegenüber den frühen Kritikern des absoluten Stoffschutzes auf DNA und einer Funktionsbindung *avant la lettre*[134] geleistet (vgl. von Renesse/Tanner/von Renesse 2001). Wie die dargestellten Positionen zeigen, herrschte eine große Spannbreite von Variationen, die sich sowohl im Grad der Umfangsbeschränkung, wie auch in temporaler Hinsicht und im Modus des Eingreifens unterschieden. Zudem bestanden Differenzen darin, ob eine legislative Beschränkung erfolgen sollte oder dies der Selbstregulierung von Anmeldern, Patentämtern und Gerichten überantwortet werden sollte.

Die spätere Verabschiedung des deutschen Umsetzungsgesetzes nahm auf diese patentrechtsinterne Debatte Bezug, setzte jedoch in der letztlichen Formulierung von gesetzestextlichen Änderungen eigene Schwerpunkte. Wichtig bleibt allerdings, dass sich der Gesetzgeber zu einer legislativen Ausgestaltung entschloss, wobei vorauszuschicken bleibt, dass bei der schließlich vorgenommenen gesetzlichen Kodifizierung und damit Verfestigung einer Stoffschutzbeschränkung beträchtliche Auslegungsspielräume bestehen. Insofern bleiben einige der angesprochenen Varianten und Strukturmodelle in Grad und Modus der Umfangsbeschränkung weiterhin für die Rechtspraxis relevant.

In der deutschen Stoffschutzdebatte zeigte sich in exemplarischer Weise ein neues Verständnis des Patentrechts, das davon ausgeht, dass die Formen und Grade des Patentschutzes wesentlichen Einfluss auf die technologische, soziale und ökonomische Entwicklung haben. Sie zeitigen Effekte auf die Forschungslandschaft und technische Trajektorien. Die Möglichkeit, DNA-Sequenzen zu patentieren und damit temporäre Ausschlussrechte zu erhalten, verändert Entscheidungen über die Ressourcenallokation, wirkt auf Strukturzusammenhänge von öffentlicher und privatwirtschaftlicher Forschung, kann zu einer Privilegierung der molekularbiologischen Forschung gegenüber anderen Forschungszweigen führen, wirkt sich aus auf wissenschaftliche Erkenntnismethoden sowie medizinische Heilverfahren und die Dynamik von Innovationsprozessen. Auf welcher Stufe im Forschungs- und Entwicklungsprozess Patente angesiedelt sind (*upstream/downstream*) und wie breit der erteilte Schutzumfang ausfällt, wurde als politisch relevant angesehen, da es erhebliche Konsequenzen darauf

134 Siehe beispielsweise diese frühe Stimme: »I think many of the objections could be removed if we would go away from this entire object protection. If you could actually go into protecting certain DNA sequences only for certain purposes« (Vogel in: Vogel/Grunwald 1994: 127).

hat, wie Wissen generiert wird, wie Universitäten arbeiten und wie gesellschaftliche Wohlfahrt verteilt wird. Patentfragen wurden damit als gestaltungsbedürftig und gestaltungsfähig angesehen, statt wie bisher als weitgehend vorgegeben. Damit wurden sie ihrer vermeintlichen bloßen Technizität enthoben und stattdessen als Spannbreite möglicher Optionen in einer Palette von Policy-Instrumenten diskutiert (vgl. Pestre 2007: 19). Somit vermittelte und vergegenwärtigte sich in dieser Debatte ein regulatives Neuverständnis des Patentrechts.

Die Rekategorisierung von Genen von »Stoffen« zur »Information« und der Rekurs auf relationale statt kausaler und deterministischer Genmodelle war ausschlaggebend dafür, einen Kurswechsel plausibel zu machen. Dies unterstreicht die Bedeutung von Semantik, Metaphern, Modellbildungen und Kategorisierungen für Policy-Prozesse. Allerdings bleibt an dieser Stelle anzumerken, dass die Charakterisierung von Genen als »Stoff« oder »Information« zu einer Klärung der Referenzpunkte beitragen kann, jedoch in normativer Hinsicht nicht ausschlaggebend für eine Beurteilung sein wird: Es gibt keine »Wahrheit der Gene«, auf die man sich zweifelsfrei berufen könnte, vielmehr sind alle Aussagen, dass das »Wesen« der DNA »so sei« und sich daraus ein bestimmter patentrechtlicher Schutzumfang ableite, als unangemessene Essentialisierungen zu bewerten. Daher sind die erfolgten Rekategorisierungsprozesse als Plausibilisierungsstrategien zu analysieren, die im Rahmen argumentativer Überzeugungen eine wichtige Rolle spielten.

Gleichzeitig war die deutsche Stoffschutzdebatte davon bestimmt, verschiedene Prognosen über Entwicklungskonsequenzen gegenüberzustellen und den sich abzeichnenden Verwerfungen durch zu breite Patentansprüche zu begegnen. Damit brach sich eine pro-aktiver Politikansatz Bahn, der das Design des Patentrechts von Folgeabwägungen abhängig machte und Steuerung antizipativ in das Vorfeld verlagerte. Dies sind wichtige Elemente einer Umorientierung im Patentrecht, die hervorgehoben werden müssen, um die Bedeutung der Stoffschutzdebatte auch über ihren konkreten Gegenstand der Gensequenzen hinaus zu erfassen.

3. Die zweite Phase des Gesetzgebungsverfahrens (2002–2003)

3.1 Neubeginn unter veränderten Kontextbedingungen und Konstellationen

Da es in der 14. Legislaturperiode nicht gelungen war, das Gesetz zu verabschieden, musste das Gesetz zur Umsetzung der EU-Biopatentrichtlinie aufgrund des Diskontinuitätsprinzips[135] in der 15. Wahlperiode erneut in den Bundestag eingebracht werden.

Dieser Neubeginn stand jedoch unter veränderten Vorzeichen, nach der hohen Veränderungsdynamik gewannen in der 15. Legislaturperiode die Verharrungskräfte an Stärke. Diese sind endogenen und exogenen Faktoren geschuldet, von denen im Folgenden einige unter analytischen Gesichtspunkten aufgeführt werden. Zu den exogenen Faktoren zählt der Druck zur Umsetzung aus Brüssel seitens der Europäischen Kommission; dieser wird vom Bundesjustizministerium in der Auseinandersetzung mit dem Parlament genutzt und ist daher mit innenpolitischen Prozessen verflochten. Zu den endogenen Faktoren zählen personelle Diskontinuitäten, Konflikte zwischen Exekutive und Legislative, zwischen den Koalitionsfraktionen und zwischen Regierung und Opposition. In meiner analytischen Darstellung dieser Faktoren folge ich in deskriptiver Hinsicht der Chronologie der Ereignisse.

3.1.1 Exogene Faktoren: Das Brüsseler Vertragsverletzungsverfahren

Der Druck seitens der Europäischen Kommission, die Richtlinie nun zügig zu verabschieden, erhöht sich. Insofern steht diese Umsetzungsphase im Schatten einer Klage aus Brüssel und unter dem Damoklesschwert hoher Vertragsverletzungszahlungen als Sanktion bei Nichtbefolgen.

Ende 2002 beschließt die Europäische Kommission, die fehlenden neun Mitgliedsstaaten Deutschland, Österreich, Belgien, Frankreich, Italien, Luxemburg, die Niederlande, Portugal und Schweden mit Nachdruck aufzufordern, die Richtlinie in innerstaatliches Recht umzusetzen. Die Aufforderungen der Kommission ergehen in Form mit Gründen versehener Stellungnahmen, der zweiten Stufe des Vertragsverletzungsverfahrens nach Artikel 226 EG-Vertrag (vgl. die Tabelle 2 in Kap. II.D und EUC 2002b).[136]

---

135 Nach dem Grundsatz der Diskontinuität gelten alle Gesetzesvorlagen, die nicht zum Gesetzesbeschluss gemäß Artikel 77 (1) Grundgesetz gediehen sind, am Ende der Legislaturperiode als »erledigt« (§125 der Geschäftsordnung des Deutschen Bundestages). Dies bedeutet, dass das Gesetzgebungsverfahren wieder von vorne aufgerollt werden muss (vgl. Barton 2004: 374f).

136 Pressemitteilung der Europäischen Kommission vom 19.12.2002.

Die Nicht-Umsetzung einer Richtlinie kann in einem Vertragsverletzungsverfahren vom EuGH mit einem Zwangsgeld bestraft werden.[137] Ein Verstoß gegen die Umsetzung der Richtlinie kann mit einem Bußgeld (zwischen 100.000 bis 800.000 € pro Tag) bis zur Umsetzung der Richtlinie geahndet werden (vgl. Krefft 2003: 40). Die Zahlungspflicht für säumige Mitgliedstaaten wegen verfristeter Richtlinie-Umsetzung ist aber weder eine »Strafe«, noch als »Schadensersatz« anzusehen, sondern ein Zwangsgeld, das sich allein auf die zügige Umsetzung richtet. Die Festsetzung der Kostenhöhe muss beim EuGH beantragt werden, nachdem das Vertragsverletzungsverfahren mit der Feststellung beendet wurde, dass ein Mitgliedsstaat seiner Pflicht nicht entsprochen hat. Dann ist die Zahlung des Erzwingungsgeldes fällig. Dieses gilt ab dem Urteil des EuGH, nicht aber rückwirkend ab dem Zeitpunkt des Umsetzungsfristendes.[138]

Das aus Brüssel eingeleitete und von Luxemburg (EuGH) verfolgte Vertragsverletzungsverfahren mit der im Raum stehenden Drohung einer hohen Erzwingungszahlung von mehreren hunderttausend Euro pro Tag wirkte sich dämpfend auf Wagemut und Reformbereitschaft von Regierung und Parlament aus. Zudem war angesichts der wiederholten Verletzung der Kriterien des EU-Stabilitätspaktes (Überschreiten der dreiprozentigen Neuverschuldungsgrenze durch die Bundesrepublik) die Bereitschaft der Regierung gering, gegenüber Brüssel weitere offene Flanken zu demonstrieren.

Zu den endogenen Faktoren, die das Gesetzgebungsverfahren in ein anderes Licht tauchten, zählten personelle Diskontinuitäten, Konflikte zwischen Exekutive und Legislative, sowie zwischen den Koalitionsfraktionen und zwischen Regierung und Opposition. Dieses Faktorenbündel wird nun kurz abgehandelt.

3.1.2 Personelle Diskontinuitäten

Durch den Wechsel der Legislaturperiode kam es zu personellen Diskontinuitäten. Der Wechsel an der Spitze des Justizministeriums, aber auch Fluktuationsprozesse durch das Ausscheiden einiger der mit der komplexen Materie vertrauten Abgeordneten[139] waren wenig förderlich für ein energisches Fortsetzen der verfolgten Linie aus dem Parlament.

---

137 Gemäß Art 228 II EGV (früher: Art. 171 II EGV).

138 Es existiert eine Tabelle über die maximale Höhe dieser »Zwangsgelder«, die sich an der Wirtschaftskraft des Mitgliedsstaates orientiert. Für Deutschland läge diese in der Höhe am oberen Ende. Dieser Fall einer Durchsetzung von Erzwingungszahlungen ist jedoch bislang in der EU erst äußerst selten eingetreten. Neben Griechenland, wegen der verspäteten Umsetzung der Abfall-Richtlinie, ist Frankreich wegen verfristeter Umsetzung der Vogelschutz-Richtlinie dieses Schicksal widerfahren (Schriftliche Mitteilung Dr. Christine Godt, ZERP, Universität Bremen, 14.10.03).

139 Insbesondere sind hier zu nennen die SPD-Abgeordnete Margot von Renesse und die grünen Abgeordneten Andrea Fischer und Monika Knoche, die nicht wieder für den Bundestag kan-

3.1.3 Konflikte zwischen Exekutive und Legislative: Gescheiterte Verhandlungen einer Koalitions-Arbeitsgruppe zur Neuvorlage aus dem Parlament

Um den Gesetzgebungsprozess zu beschleunigen, ist zunächst intendiert, den Gesetzentwurf von den beiden Regierungsfraktionen aus dem Parlament heraus in den Bundestag einbringen zu lassen. Bei einer solchen Vorlage »aus der Mitte des Bundestages« heraus hätte man nicht die Stellungnahme des Bundesrates abwarten müssen, um zur ersten Lesung zu gelangen. Die neu ins Amt eingetretene Bundesjustizministerin Brigitte Zypries favorisiert dieses Vorgehen.

Zypries erläutert in einer Sitzung mit dem Nationalen Ethikrat ihre Planungen und verweist auf die gebotene Rechtstreue gegenüber Brüssel: Die Kommission habe den Bemühungen ihrer Vorgängerin, das Thema auf supranationaler Ebene erneut aufzugreifen, eine deutliche Absage erteilt, der EuGH die Gültigkeit der Richtlinie bestätigt. Die EU Richtlinie weise durch die ethischen Klarstellungen eindeutige Verbesserungen gegenüber dem bisherigen Patentrecht auf. Strittige Punkte seien der absolute Stoffschutz, die informierte Zustimmung der Quellen biologischen Materials (Informed Consent, Erwägungsgrund 26) und die geografische Herkunftsangabe (Erwägungsgrund 27). Deutschland dürfe keinen Sonderweg gehen, da dies den Wirtschafts- und Forschungsstandort erheblich beeinträchtigen würde.[140]

Ein solcher beabsichtigter Gesetzentwurf aus den Regierungsfraktionen heraus kann jedoch wegen unüberbrückbarer Standpunkte zwischen Parlament und Justizministerium nicht erstellt werden. Im Frühjahr (April bis Anfang Juni 2003) tagt eine erneut eingesetzte Koalitions-Arbeitsgruppe regelmäßig mit Beamten des Referats Patentrecht des Bundesjustizministeriums. Der zentrale Streitpunkt ist weiterhin, ob und in welcher Form legislativ eine Umfangsbeschränkung des Stoffschutzes erfolgen soll, wofür sich einige Abgeordnete vehement einsetzen. Das einzige Zugeständnis des Bundesjustizministeriums wäre eine Beschränkung des absoluten Stoffschutzes bei »menschlichen Genen« gewesen, – analog zum parallel entstehenden französischen Entwurf.[141] Über

didiert hatten. Allerdings wurde das Thema weiterhin von kompetenten und erfahrenen Abgeordneten vertreten, darunter in der SPD Fraktion unter anderem von René Röspel, Vorsitzender der wieder eingesetzten Enquete-Kommission »Ethik und Recht der modernen Medizin« und von Wolfgang Wodarg, in der Grünen Fraktion vor allem von Reinhard Loske. Der SPD-Abgeordnete Matthias Weisheit, der auf langjährige Kompetenz zum Thema zurückblicken konnte, verstarb 2004 und hinterließ eine Lücke in seiner Fraktion.

140 Die Bundesjustizministerin erklärt im März 2003: »Das Thema ist so komplex, dass ich von mir aus auch nicht behaupten wollte, dass ich es schon vollständig durchdrungen hätte« (Wortprotokoll des Nationalen Ethikrates, Sitzung vom 27.3. 2003 in Berlin, S. 2). Sie verlässt sich daher auf die Expertise ihrer Fachabteilung. Die oben genannten Gewichtungen entstammen der Rede der Justizministerin vor dem Nationalen Ethikrat.

141 Zypries hatte im März 2003 darauf hingewiesen, die Bundesregierung wolle am absoluten Stoffschutz festhalten: »Wir glauben, dass insoweit nur eine einzige Ausnahme denkbar wäre,

einen entsprechenden Wortlaut kann aber keine Einigung erzielt werden. Unter Verweis auf die supranationale Ebene verweigern die Ministerialbeamten weitergehende Zugeständnisse. Nach einem halben Dutzend Treffen werden die Verhandlungen dieser Koalitions-Arbeitsgruppe einseitig seitens des Bundesjustizministeriums abgebrochen und für gescheitert erklärt.[142]

3.1.4 Konflikte zwischen Regierung und Opposition: Anträge von CDU/CSU und FDP

In dieser Pattsituation und nach dem Platzen der Gespräche mit den Fachpolitikern aus den Koalitionsfraktionen bereitet das Bundesjustizministerium auf dem traditionellen Weg einen Regierungsentwurf vor. Die Uneinigkeit zwischen der Regierung und ihren beiden Parlamentsfraktionen wird von der Opposition genüsslich öffentlich exponiert. Am 21. Mai 2003 mahnt ein Antrag aus den Reihen der CDU/CSU-Fraktion zur Biopatentierung, dass die Zeit dränge. Die betroffenen Forschungs- und Entwicklungsbereiche ebenso wie ganze Industriezweige litten wirtschaftlich an der bestehenden Rechtsunsicherheit. Die Umsetzung müsse aber sicherstellen, »dass der Schutzumfang von Patenten, die auf Gensequenzen (Teilsequenzen) im Sinne des Artikels 5 Absatz 2 beruhen, auf die spezifisch nachgewiesene gewerbliche Anwendung beschränkt wird«.[143] Damit macht sich diesmal erstaunlicherweise die CDU/CSU-Fraktion für eine Einschränkung des Schutzumfangs – allerdings nur bei menschlichen DNA-Sequenzen – stark. In einem Antrag der FDP-Fraktion[144] vom 25. Juni 2003 hingegen wird die Bundesregierung aufgefordert, »unverzüglich« ein Gesetz vorzulegen, in dem die EU-Richtlinie »eins zu eins« umgesetzt wird.

---

und zwar im Bereich natürlicher menschlicher Gensequenzen.« Sie verweist diesbezüglich auf eine inzwischen unregelmäßig tagende Arbeitsgruppe von Vertretern der europäischen Mitgliedsstaaten und der Europäischen Kommission, in der im Moment noch ein gewisser Spielraum bei der Umsetzung ausgelotet werde (Rede von Bundesministerin Zypries, Wortprotokoll des Nationalen Ethikrates, Sitzung vom 27.3. 2003 in Berlin, NER 2003a: 4).

142 In einer Greenpeace-Presseerklärung vom 21.Mai 2003, die ungefähr zeitgleich zum Abbruch dieser Gespräche verfasst ist, wird der Vorwurf erhoben, das Justizministerium versuche, den »Bundestag zu täuschen«, der geplante Gesetzentwurf arbeite »mit juristischen Tricks«. Der Umfang menschlicher Genpatente solle laut neuem Gesetzentwurf auf bestimmte technische Anwendungen begrenzt sein. So würde beispielsweise beim Brustkrebs-Gen BRCA der Zweck (»Brustkrebs«) in die Ansprüche aufgenommen, damit sollten andere Anwendungen, z.B. für Prostata-Behandlungen davon frei sein. Doch habe der deutsche Bundesgerichtshof bereits 1990 entschieden, dass die Angabe der geplanten Verwendung nicht zur Beschränkung der Reichweite von Patenten führe.

143 BT-Drs. 15/1024: »Die europäische Biopatentrichtlinie endlich umsetzen«, Antrag der CDU/CSU-Fraktion, vom 21.05.2003.

144 BT-Drs. 15/1219 vom 25.6.2003.

3.2 Der neue Gesetzentwurf der Regierung vom 25. Juni 2003

Am selben Tag (25.6. 2003) an dem die FDP die Regierung zum Handeln auffordert, legt das Bundeskabinett erneut einen Regierungsentwurf zur Umsetzung der Richtlinie vor. Die Pressestelle des Justizministeriums erklärt dazu, der Regierungsentwurf sei »Kein Patent auf Leben« und biete endlich Rechtssicherheit.[145] Der Gesetzentwurf entspricht weitestgehend wortgleich dem bereits in der 14. Legislaturperiode vorgelegten Regierungsentwurf.[146] Das Bundeskabinett verabschiedet den neuen Gesetzentwurf und leitet ihn dem Bundesrat zur Stellungnahme zu.

3.3 Die Stellungnahme des Bundesrats zum Regierungsentwurf

Am 26. September 2003 bestätigt der Bundesrat den Regierungsentwurf zur Umsetzung der EU-Biopatentrichtlinie.[147]

Die Stellungnahme wird damit verbunden, gewisse Einschränkungen im Bereich der Patente auf menschliche Gensequenzen zu verlangen. Die Bundesregierung wird außerdem unter Zuhilfenahme ihres eigenen, seit deren ersten Kabinettsbeschluß vom März 2001 zum Standard geworden Terminus gebeten, für weitere »erforderliche Verbesserungen und Präzisierungen« bei der Europäischen Kommission einzutreten, insbesondere beim Schutzumfang von Patenten auf menschliche Gensequenzen und bei der Patentierbarkeit menschlicher Stammzellen sowie daraus hergestellter Zell-Linien:

> »Der Bundesrat erneuert deshalb seine Bitte an die Bundesregierung, auf europäischer Ebene für erforderliche Verbesserungen und Präzisierungen einzutreten. [...]
> e) Der Bundesrat teilt insbesondere die Ansicht der Kommission, dass der Schutzumfang des Stoffpatents bei menschlichen Genpatenten geklärt werden sollten.
> Nach allgemeinem Patentrecht besteht bei der erfinderischen Bereitstellung von neuen Stoffen ein sogenannter »absoluter«, alle gewerbsmäßigen Verwendungen erfassender, Stoffschutz. Der Gesetzentwurf der Bundesregierung geht davon aus, dass die Richtlinie dies im Bereich der Biotechnologie nicht verändern wollte.
> aa) Hinzuweisen ist allerdings darauf, dass auch nach allgemeinem Patentrecht nicht bei jedem Genpatent automatisch von einem absoluten Stoffschutz auszugehen sein dürfte.

145 »Kein Patent auf Leben – Rechtssicherheit für biotechnologische Erfindungen«, Pressemitteilung des BMJ, Nr. 53/ 03, Berlin, 25. Juni 2003, http://www.bmj.bund.de/ger/themen/urheberrecht_und_patente/10000743/?sida962c77b7a562dbc77c87c9dbc24e69b. Auf diese Übertitelung der Pressemitteilung wird in Kap. II.C. 6 noch eingegangen.

146 Gesetzentwurf der Bundesregierung, angenommen im Bundeskabinett am 25.06.03, Wortlaut des Gesetzentwurfs siehe: http://www.bmj.bund.de/images/11618.pdf

147 Stellungnahme des Bundesrates, Entwurf eines Gesetzes zur Umsetzung der Richtlinie über den rechtlichen Schutz biotechnologischer Erfindungen, Drucksache 546/03 (Beschluss), vom 6.09.2003.

Vielmehr kommt es auf den Gegenstand der Erfindung an. Wenn die erfinderische Leistung nicht darin besteht einen neuen Stoff bereitzustellen, sondern eine bestimmte Funktion anzugeben, so dürfte bereits nach allgemeinem Patentrecht der Schutzumfang des Patents auf diese Funktion begrenzt sein.
bb) Die Richtlinie kann in der Frage des Stoffschutzes bei natürlichen Gensequenzen möglicherweise unterschiedlich ausgelegt werden. So lässt sich dem Erwägungsgrund 23 der Richtlinie entnehmen, dass ein einfacher DNA-Abschnitt ohne Angabe einer Funktion keine patentierbare Erfindung darstellt. Artikel 5 Abs. 3 der Richtlinie, der durch §1a Abs. 3 PatG-E umgesetzt wird, bestimmt, dass die gewerbliche Anwendbarkeit einer Sequenz oder Teilsequenz eines Gens in der Patentanmeldung konkret beschrieben werden muss. Erwägungsgrund 24 der Richtlinie schreibt vor, dass das Kriterium der gewerblichen Anwendbarkeit voraussetzt, dass im Fall der Verwendung einer Sequenz oder Teilsequenz eines Gens zur Herstellung eines Proteins oder Teilproteins angegeben wird, welches Protein oder Teilprotein hergestellt wird und welche Funktion es hat. Diese Regelungen können Anhaltspunkte dafür sein, dass bei Patenten, die sich auf natürliche menschliche Gensequenzen beziehen, *die Funktion kraft Gesetzes Gegenstand der Erfindung sein soll und damit in diesem Bereich generell nur ein funktionsbezogener Stoffschutz besteht.*
[...]
Die rechtlich und rechtspolitisch umstrittene Frage des Stoffschutzes bei menschlichen Genpatenten sollte möglichst bald geklärt werden. Der Bundesrat hält es aber nicht für sinnvoll, wegen dieser Problematik, die bereits bei der Diskussion des Gesetzentwurfs in der 14. Legislaturperiode eine erhebliche Rolle gespielt hat, die Umsetzung der Richtlinie in nationales Recht weiter zu verzögern. Der Bundesrat spricht sich deshalb dafür aus, die Frage auf europäischer Ebene einer Entscheidung zuzuführen und das nationale Patentrecht gegebenenfalls anschließend anzupassen« (Bundesrat 2003, Hervorhebungen I.S.).

Diese Bundesrats-Empfehlung greift wiederum die strittige Stoffschutzbeschränkung auf und beschreibt einige Wege, diese mit der EU Richtlinie kompatibel zu machen.[148] Der Tonfall ist im Vergleich zu ihrem Pendant vom Dezember 2000 allerdings sehr viel verhaltener. Die geforderte »Klärung« kann als nationale Stoffschutzbeschränkung verstanden werden. Hier herrscht allerdings das Prinzip vor, »wasch mir den Pelz, aber mache mich nicht nass.« Vor allem aber wird eine neue Reihenfolge der Marschrichtung nahegelegt: *Erst* solle sich in Europa etwas bewegen, dann könne national nachgezogen werden. Insgesamt ist diese Stellungnahme weder Fisch noch Fleisch, sie bleibt auch nach vielfachem Lesen uneindeutig.

148 Der Bundesrat bezieht sich zudem für den Auslegungsspielraum auf den ersten 16c Bericht der Kommission: »Auch die Kommission der Europäischen Gemeinschaften hat in ihrem oben genannten Bericht zumindest darauf hingewiesen, dass ›der Schutzumfang, der Sequenzen oder Teilsequenzen von Genen gewährt werden kann, weiterhin ein aktuelles Thema bleibt, das zu unterschiedlichen Auslegungen Anlass geben kann‹«. (Bundesrat 2003, vgl. zum Bericht der Kommission (EUC 2002: 31) siehe dazu auch Kap. II. E.1.

Dies mag nicht zuletzt der Tatsache geschuldet sein, dass die Europäische Kommission im Juli 2003 beschlossen hat, gegen die Bundesrepublik Klage vor dem EuGH wegen versäumter Umsetzung zu erheben.

3.4 Der Regierungsentwurf im Parlament und die Kontroverse um einen Entschließungsantrag

Am 15. Oktober 2003 wird der Gesetzentwurf in den Bundestag eingebracht und an die Ausschüsse überwiesen.[149] Der Termin für eine erste Lesung im Bundestag verzögert sich allerdings um ein halbes Jahr. Die Ursachen für diese Verschleppung liegen vor allem in einem veränderten politischen Klima und in Spannungen in und zwischen den Koalitionsfraktionen. Der Irak-Krieg und innenpolitische Reformen (»Agenda 2010«) stehen im Vordergrund der öffentlichen Aufmerksamkeit. Biopolitische Themen sind in der öffentlichen Wahrnehmung weit nach hinten gerutscht und bilden auch keine Priorität mehr im politischen Agenda Setting. Währenddessen hat sich auch die ökonomische Stimmungslage verschlechtert: Der massive Einbruch an den Börsenmärkten seit Ende 2001, von dem gerade auch die Biotech-Titel betroffen sind, löst einen tiefgreifenden Konsolidierungsprozess aus, branchenintern häufig als »Death Valley« bezeichnet. Dieser Entwertungs-Prozess ist mit Abschreibungen, Kreditausfällen und Insolvenzen verbunden, auch die öffentliche Hand ist durch Ausfallbürgschaften der Kreditanstalt für Wiederaufbau (KfW) an den Verlusten beteiligt. Venture Kapital-Anleger – in Europa ohnehin weniger stark an Biotech-Start-ups beteiligt – werden vorsichtig, dem »verbrannten Geld« neues Kapital »hinterherzuwerfen«. Patente werden allerdings weiterhin als Unterpfand betrachtet, um »*fresh money*« zu akquirieren. Gleichzeitig wächst die Unsicherheit, inwiefern die Patente überhaupt durchsetzbar sind und ob überhaupt vermarktbare Produkte aus den Anmeldungen zu generieren sind.

Das von Bundeskanzler Schröder Anfang 2004 ausgerufene »Jahr der Innovation«, sowie die Krise der Sozialdemokratischen Partei im Hinblick auf Parteiaustritte als Reaktion auf die Agenda 2010 und massiv schwindende Wahlanteile bei mehreren Landtagswahlen führen fraktionsintern zu einer Verhärtung. Insgesamt scheint der Mut für eine eigenständige Interpretation und ein Austesten der Grenzen der Richtlinie geschwunden zu sein. Es kommt der Ge-

149 RegE 2003: Gesetzentwurf der Bundesregierung zur Umsetzung der Richtlinie über den rechtlichen Schutz biotechnologischer Erfindungen, Drucksache 15/1709,15. Wahlperiode, 15. 10. 2003. Federführend ist wiederum der Rechtsausschuss, mitberatend tätig sind die Ausschüsse für Wirtschaft und Arbeit, für Verbraucherschutz, Ernährung und Landwirtschaft, für Gesundheit und Soziale Sicherung, für Umwelt, Naturschutz und Reaktorsicherheit, für Menschenrechte und Humanitäre Hilfe und für Bildung, Forschung und Technikfolgenabschätzung.

danke auf, man dürfe die Konsolidierungsphase der jungen Biotech-Branche nicht noch mit Patentrestriktionen belasten.

Dass erst im März 2004 eine erste Lesung im Bundestag erfolgte, ist zudem einem Taktieren der Fraktion von B90/Grüne geschuldet, die zunächst ihre Forderungen bei der Novellierung des »grünen« Gentechnikgesetzes (GenTG) unter Dach und Fach bringen wollten. Gleichzeitig spiegeln sich auch in der Biopatentdebatte die zunehmenden Spannungen in der rot-grünen Koalition und die Erosionserscheinungen in der SPD.

Als Bedingung für die Aufsetzung zur ersten Lesung im Parlament war von der Koalitions-Arbeitsgruppe zum Biopatentrecht ein Entschließungsantrag eingefordert worden. Um den Wortlaut dieses Entschließungsantrags, der die vom Parlament verfolgte »Doppelstrategie« von nationaler Umsetzung und Handlungsimpetus für Neuverhandlungen auf der europäischen Ebene zum Ausdruck bringen sollte, wurde wochenlang zwischen den Koalitionspartnern und mit dem Bundesjustizministerium gerungen. Nicht einmal die damalige Passage aus der Gegenäußerung der Bundesregierung zur Bundesrats-Stellungnahme von 2001 war nun mehr durchsetzbar.[150] Den parlamentarischen Mitgliedern der Arbeitsgruppe ging es insbesondere darum, die Bundesregierung zu drängen, sich auf EU-Ebene für eine Umfangsbeschränkung des Stoffschutzes einzusetzen. Die Wortwahl dieses Entschließungsantrags fällt jedoch wesentlich schwächer aus, als die Version aus dem Jahr 2002, die nicht mehr zur Abstimmung im Bundestag gelangte. Die ausgehandelte Sprachregelung bildet den Kompromiss zwischen der Forderung, den absoluten Stoffschutz aktiv einzuschränken oder unverbindlich »zu prüfen«.

In diesem Entschließungsantrag fordert der Deutsche Bundestag die Bundesregierung auf:

»1. sich auf europäischer Ebene für die erforderlichen Verbesserungen und Präzisierungen der Biopatentrichtlinie 98/44/EG einzusetzen und den Grundgedanken des Patentrechts entsprechend für einen fairen Interessenausgleich zu sorgen, der Überprivilegierungen bei der Reichweite des Stoffschutzes vermeidet und mit internationalen Verträgen in den Bereichen Schutz des Geistigen Eigentums, biologische Vielfalt und biologische Sicherheit übereinstimmt;
2. genau zu beobachten, ob in der Patenterteilungspraxis hinreichende Anforderungen an die Kreativität der erfinderischen Leistung gestellt werden (Erfindungshöhe) und ob den Grundgedanken des Patentrechts entsprechend für einen gerechten Interessenausgleich gesorgt wird;

150 Vgl. die Gegenäußerung der Bundesregierung zur Stellungnahme des Bundesrates, (Kabinettssache Datenblatt 14/07062 vom 13.3.2001, S. 1), in der nun nicht mehr akzeptablen Textpassage darin hieß es, man wolle »für erforderliche Verbesserungen und Präzisierungen eintreten, um insbesondere die Reichweite des Stoffpatents im biotechnologischen Bereich zu überprüfen.«

3. genau zu beobachten, ob gewährleistet ist, dass nur Erfindungen patentiert werden, die eine hinreichende Technizität haben und nicht Produkte, die in rein biologischen Verfahren gewonnen werden;
4. sich auf europäischer und internationaler Ebene dafür einzusetzen, dass der Herkunftsnachweis bei biologischem Material zu einer Pflichtangabe für den Patentanmelder gemacht wird;
5. sich bei allen internationalen Verhandlungen dafür einzusetzen, dass die verschiedenen internationalen Verträge in den Bereichen biologische Vielfalt, biologische Sicherheit und Schutz des geistigen Eigentums so ausgelegt und implementiert werden, dass sie sich gegenseitig unterstützen und nicht konterkarieren;
6. zu überprüfen, ob die Regelung zum Verhältnis von Patentrecht und Sortenschutzrecht auch praktisch zu angemessenen Ergebnissen und nicht zu einer Aushöhlung des Sortenschutzrechts führt. Wie im deutschen Umsetzungsgesetz soll auch auf europäischer Ebene das erweiterte Forschungsprivileg des Züchters eindeutig verankert werden;
7. auf nationaler Ebene kurzfristig gesetzliche Regelungen – wie etwa mit dem geplanten Gendiagnostik-Gesetz – zur Stärkung des Persönlichkeitsschutzes beim Umgang mit personenbezogenen Daten insbesondere bei der Verwendung menschlicher DNS, Zellen oder Organe vorzulegen;
8. innerhalb einer Frist von 3 Jahren ab der Verkündung dieses Gesetzes dem Parlament einen Bericht über die Auswirkungen des Patentrechts im Bereich der Biotechnologie vorzulegen;
9. sich dafür einzusetzen, das Europäische Patentübereinkommen daraufhin zu überprüfen, wie Kontrollmöglichkeiten und Transparenz verbessert werden können.«[151]

Dieser Entschließungsantrag der Koalitionsfraktionen datiert vom 10. März 2004, er wird allerdings erst am 3. Dezember 2004 zusammen mit der zweiten und dritten Lesung des Gesetzentwurfs wortgleich verabschiedet.

3.5 Die Plenardebatte zur ersten Lesung am 11. März 2004

Die erste Lesung des Gesetzentwurfes im Bundestag findet am 11. März 2004 statt.[152] In der Plenardebatte fordert nunmehr die CDU/CSU-Fraktion einen zweckgebundenen Stoffschutz, während aus der SPD-Fraktion deutlich wird, dass man am absoluten Stoffschutz national nicht mehr rütteln werde. Man wolle aber auf EU-Ebene dementsprechend etwas »anregen«. Die Grüne Fraktion fordert in Presseerklärungen deutliche Nachbesserungen am Gesetzentwurf, hält sich jedoch in der Plenardebatte verbal zurück.[153] Die Opposition

151 Antrag der Fraktionen SPD und Bündnis 90/Die Grünen »Für ein modernes Biopatentrecht«, BT-Drucksache 15/2657.

152 Deutscher Bundestag, Plenarprotokoll 15/97, Stenografischer Bericht, 97. Sitzung, Berlin, 11.3.2004.

153 Vgl. Presseerklärung Reinhard Loske, 11.3.2004 sowie Veranstaltungen der Grünen zur Biopatentierung in der Katholischen Akademie, Berlin am 17. Juni 2003 und am 28. September 2004.

nutzt dementsprechend die Konflikte innerhalb der Regierungskoalition, um die Regierung »vorzuführen«. Sie rügt, dass die Umsetzungsfrist bereits seit dreieinhalb Jahren verstrichen ist und kritisiert, dass das eingebrachte Gesetz keine Änderungen gegenüber der »Eins-zu-Eins-Umsetzung« des Regierungsentwurfs aus dem Jahr 2001 aufgenommen habe. Nicht zuletzt werden in diesen Manifestationen auch die allgemeinen Spannungen und Erosionsprozesse in der rot-grünen Koalition offenbar.

Bei Beteiligten ebenso wie bei Beobachtern stellen sich gewisse Déjà-Vú Effekte und Ermattungen ein, da keine neuen Argumente in die Debatte gelangen und der Schlagabtausch zwischen den verschiedenen Positionen ermüdet. Für den 29. September 2004 wird eine öffentliche Anhörung des Rechtsausschusses für alle beteiligten Bundestags-Ausschüsse zum Umsetzungsgesetzentwurf anberaumt. Nach der Verurteilung Frankreichs durch den EuGH wegen Nichtumsetzung im Juli 2004 wird erwartet, dass Deutschland nach der Sommerpause dasselbe Schicksal widerfahren werde. Die Bundesregierung drängt auf zügige Verabschiedung, um der Auferlegung eines Erzwingungsgeldes durch den EuGH zu entkommen.[154]

Im Kontext dieser Plenardebatte finden entsprechende Lobby-Aktivitäten statt. Dabei zeigen sich einige neue Konstellationen und Bündnisse, aber auch ein gewisser Rückzug auf alte Frontstellungen:

- Mehrere Pharmazeutische und Chemische Industrieverbände äußern sich in einer gemeinsamen Erklärung mit den Forschungsförderorganisationen DFG und Max-Planck-Gesellschaft.[155] Sie unterstützen die zügige Umsetzung der EG-Biopatentrichtlinie in deutsches Patentrecht »auf einer 1:1-Basis«. Von der wortlautgetreuen Umsetzung der EU-Biopatentrichtlinie in deutsches Recht seien keine Nachteile für die Forschung zu erwarten. Damit gehen die Wissenschaftsvertreter eine Allianz mit der Industrie ein und nehmen Abstand von ihren kritischen Äußerungen zur Genpatentierung zwei Jahre zuvor.[156]

---

154 Schriftliche Mitteilung, Dr. Dietrich Welp, Referat Patentrecht, Bundesministerium der Justiz, 18.7.2004.

155 Siehe: Gemeinsame Erklärung zum Patentschutz von Gensequenzen des Bundesverbandes der Pharmazeutischen Industrie (BPI), der Deutschen Industrievereinigung Biotechnologie (DIB), der Deutschen Forschungsgemeinschaft (DFG), der Max-Planck-Gesellschaft (MPG), des Verbandes der Chemischen Industrie (VCI) und des Verbandes Forschender Arzneimittelhersteller (VFA) vom 31.3.2003. Diese Erklärung war in einer »Flughafenkonferenz« recht kurzfristig zusammengestellt worden, ohne zuvor eine Meinungsbildung innerhalb der Wissenschaftsorganisationen selbst herbeizuführen. Vgl. auch: »Kein deutscher Sonderweg«, Positionspapier des Verbandes Forschender Arzneimittelhersteller (VfA) zur Umsetzung der EG-Biopatentrichtlinie (98/44/EG) in deutsches Recht, vom 24.04.2003.

156 DFG-Präsident Winnacker, der sich 2001 auch in den Medien sehr kritisch zu einem zu breiten Patentschutz auf Gene äußerte (Winnacker 2001), hat nach 2002 keine einzige öffentliche

- Die Spitzenverbände der Krankenkassen sehen einen »dringenden Nachbesserungsbedarf zum Schutz der Versicherten und Patienten« und sehen »die Wirtschaftlichkeit medizinischer Innovationen« gefährdet. Sie fordern, den Patentschutz auf Herstellungsverfahren und Verfahrensschritte zu begrenzen, um diese forschungshemmenden und ausgabensteigenden Wirkungen abzumildern. Damit würde »die Patentierung von Genen und Gensequenzen ausgeschlossen«.[157]
- Die Umweltorganisation Greenpeace, die katholische Entwicklungshilfeorganisation Misereor und die Bundesärztekammer treten mit einer gemeinsamen Erklärung an die Öffentlichkeit, in der sie fordern, dass Patente sich nur auf die erfinderische Leistung erstrecken und weder DNA-Sequenzen, noch Lebewesen oder deren Teile umfassen dürften.[158]

Damit werden in außerparlamentarischen Erklärungen noch einmal konträre Positionen zum unbedingten Festhalten am absoluten Stoffschutz einerseits und zur Nichtpatentierbarkeit von Gensequenzen andererseits hochgehalten, während die parlamentarische Debatte längst eine vermittelnde Kompromissposition zum Stoffschutz weiter entwickelt hat. Hinter den Kulissen allerdings werden von einzelnen Abgeordneten Gespräche geführt, in denen ausgelotet wird, welche gesetzlichen Formulierungen von der Industrie tolerierbar wären. Die Chemische Industrie befürchtet vor allem, dass eine Abkehr vom absoluten Stoffschutz bei Genpatenten auch im Dominoeffekt auf Chemie-Patente übergreifen könnte. Die Bundesjustizministerin hält an ihrer Position fest, dass Deutschland keinen »Sonderweg« gehen dürfe und will die Position deutscher Firmen mit dem Gesetz verbessern: »Wir müssen den Biotechnologie-Unternehmen damit das Signal geben, dass sie hier willkommen sind«.[159]

Stellungnahme mehr zur Biopatentierung abgegeben. Auch ein Gespräch mit SPD-Bundestagsabgeordneten, sowie eine Einladung zu einer Ausschussanhörung lehnte er ab (Laut persönlichen, übereinstimmenden Mitteilungen mehrerer Experten aus der SPD-Fraktion, November 2004).

157 Gemeinsame Presseerklärung, AOK-Bundesverband, Bonn, BKK Bundesverband, Essen, IKK-Bundesverband, Bergisch Gladbach, Bundesverband der landwirtschaftlichen Krankenkassen, Kassel, Verband der Angestellten-Krankenkassen e. V., Siegburg, AEV - Arbeiter-Ersatzkassen-Verband e. V., Siegburg: »Umsetzung der europäischen Biopatentrichtlinie in Deutschland. Spitzenverbände der Krankenkassen fordern größtmöglichen Schutz für Patienten: Kein Patentschutz auf Gene, sondern nur auf Herstellungsverfahren« vom 11.3.04. Darin fordern die Spitzenverbände zudem, dass die Entnahme von Genen und Körperbestandteilen, »zwingend von der vorherigen Zustimmung des Patienten abhängig gemacht werden« müsse.

158 »Erklärung von Berlin« von BÄK, Greenpeace und Misereor vom 6. Juni 2003, (www.baek.de/25/20030606/200306061.html).

159 Zitiert laut: »Zypries macht bei Biopatenten Tempo, Widerstand in der SPD - Zwangsgeld droht«, Welt am Sonntag, 11. Juli 2004, http://www.wams.de/data/2004/07/11/303809.html

3.6 Die Anhörung des Rechtsausschusses am 29. September 2004

Die Bearbeitung des Regierungsentwurfs in den Bundestagsausschüssen wird nach der Sommerpause mit einer Sachverständigen-Anhörung des Rechtsausschusses unter Beteiligung des Forschungs-, Gesundheits- und Landwirtschaftsausschusses am 29. September 2004 fortgesetzt. Zur öffentlichen Anhörung sind 19 Sachverständige geladen. Fünf Experten kommen aus Industrieverbänden und Biotech-Firmen, sieben aus der Rechtswissenschaft, jeweils zwei von Forschungsinstitutionen, aus dem Gesundheitsbereich (Bundesärztekammer, Krankenkassen) und aus der Landwirtschaft, sowie ein Vertreter aus zivilgesellschaftlichen Organisationen (Greenpeace).

Seitens des Parlaments ist die Beteiligung auf wenige Fachpolitiker beschränkt. Mit bemerkenswerter Klarheit und Pointierung werden seitens der Abgeordneten zentrale rechtspolitische Fragen auf den Punkt gebracht: Diese werden dahingehend formuliert, die Unklarheiten im EU-Richtlinientext dahingehend zu vereindeutigen, dass klargestellt werde, welche Folge die Zuordnung einer Funktion für den Umfang des Patentschutzes auf DNA-Sequenzen haben soll. Damit wird das Argument aus dem Bundesjustizministerium, man müsse mit einer wortlautgetreuen Umsetzung (»1:1«) Rechtssicherheit schaffen, zurückgewiesen und umgekehrt: Erst eine Klarstellung des Umfangs des Stoffschutzes schaffe Rechtssicherheit, während die gegenwärtige Situation Rechtsunsicherheit geschaffen habe.[160]

Bei der Anhörung besteht inzwischen unter den anwesenden Rechtsexperten – ausnahmslos – *Konsens* darüber, dass eine Umfangsbeschränkung des Stoffschutzes bei Gensequenzen nicht nur richtlinienkonform *möglich,* sondern auch nach dem aktuellen Stand der Technik, spätestens seit dem Abschluss der Humangenomsequenzierung 2001 *geboten* sei. Dies stellt einen äußerst bemerkenswerten Umschwung gegenüber den rechtswissenschaftlichen Positionen in der Bundestags-Ausschuss-Anhörung noch zwei Jahre zuvor dar.[161] Es bleibt an dieser Stelle hinzuzufügen, dass sich diese Kehrtwende auch in einem Stan-

160 Vgl. Anhörung des Rechtsausschusses am 29. September 2004.

161 Diese Position hat sich auch nach einer intensiven Debatte in den einschlägigen deutschen Fachzeitschriften (GRUR, Mitteilungen der deutschen Patentanwälte) durchgesetzt. Ein Indikator dafür, dass hier tatsächlich ein kompletter Umschwung in der »herrschenden Meinung« stattgefunden hat, bildet das Standardlehrbuch zum Patentrecht (Kraßer 2004: 220–234). Auch darin wird inzwischen eine Umfangsbeschränkung (Funktionsbindung) des Stoffschutzes als maßgebliche Auslegung des EU-Richtlinientextes angesehen. Allerdings wird der Meinungswandel unter den Begriff der »erfinderischen Leistung« subsumiert. Vgl. auch die Vorsitzende der Technischen Beschwerdekammer 3.3. des Europäischen Patentamtes, Ursula Kinkeldey, die in der Anhörung feststellt, dass mit der Infragestellung des absoluten Stoffschutzes »etablierte Patentrechtskreise neuerdings – wenngleich aus ganz anderen Gründen – in einer Reihe mit Gegnern der Patentierung von Genen aus der grünen Szene« stünden (Schriftliche Stellungnahme Kinkeldey zur Anhörung des Rechtsausschusses, 29.9.2004).

dardlehrbuch des Patentrechts niedergeschlagen hat, in dem von dem »brüchigen Fundament eines durch das erfinderische Verdienst regelmäßig nicht gedeckten absoluten Stoffschutzes« gesprochen wird, an dem nicht »weitergebaut« werden solle (Kraßer 2004: 233).

Dissens besteht seitens der rechtswissenschaftlichen Experten nunmehr lediglich noch in folgenden Punkten:

1) Auf welcher Ebene soll die Klarstellung über die Reichweite des Patentschutzes bei Gensequenzen erfolgen: auf *legislativer* Ebene, oder auf einer Ebene der *Rechtsprechung* durch die deutschen Patentgerichte? Anwesende Parlamentarier machen hierzu deutlich, dass der Gesetzgeber seinen Gestaltungsauftrag wahrnehmen und den erkannten Handlungsbedarf im Gesetzgebungsverfahren umsetzen solle.

Mehrere Sachverständige[162] stellen dar, dass eine Delegation der Entscheidung an die *Gerichte* – obgleich möglich – eine ganze Reihe von Imponderabilien berge: Denn noch vermöge niemand heute zu sagen, wann und in welcher Fallkonstellation eine solche Entscheidung bei einem deutschen Patentgericht anliegen werde. Dieser ungewisse Zeitfaktor impliziere eine erneute Verschleppung und damit Rechtsunsicherheit für Patentinhaber und Wettbewerber hinsichtlich aller erteilten Genpatente. Daneben bestünden die Unwägbarkeiten der jeweiligen Fallkonstruktion vor Gericht. Ebenso bestünde große Ungewissheit darüber, wie letztlich die richterrechtliche Entscheidung ausfallen werde. Insofern bedeute – so sinngemäß das Ergebnis der Anhörung – ein Vertrauen darin, dass die Gerichte schon entsprechend schutzeinschränkend regulativ tätig würden, nicht nur eine Verantwortungsdelegation von der Legislative an die Judikative, sondern es hieße, offenen Auges eine Entscheidung mit ganz ungewissem gerichtlichem Ausgang gesetzlich zu verankern.

Einer dritten Möglichkeit, nämlich einer Umfangsbeschränkung über die *Patenterteilungsbehörden* (Deutsches oder Europäisches Patentamt und deren Beschwerdekammern) erteilt die Vorsitzende einer Beschwerdekammer des Europäischen Patentamtes, Frau Dr. Kinkeldey, eine recht eindeutige Absage, da damit die Kompetenzen als Exekutivbehörde überschritten würden.[163]

2) Uneinigkeit bestand bei den Rechtsgelehrten hingegen darüber, auf welchen Gegenstandsbereich sich die Umfangsbeschränkung des absoluten Stoff-

162 Vgl. die schriftlichen und mündlichen Stellungnahmen von Stoll und van Raden.

163 »Ob Patenterteilungsbehörden wie das Europäische Patentamt oder die Beschwerdekammern, die sich an die Vorschriften des EPÜ zu halten haben, ohne eine entsprechende Änderung des EPÜ ein Mittel an der Hand haben, die Anmelder zu zwingen, einen auf ein Gen gerichteten Patentanspruch, wenn er nicht auf die gängige Weise formuliert ist [...], wodurch die Funktion des Gens durch das codierte Protein angegeben ist [...] – ihre Ansprüche durch die Angabe der Funktion einzuschränken, erscheint fraglich« (Schriftliche Stellungnahme Kinkeldey zur Anhörung des Rechtsausschusses, 29.9.2004, lt. Zusammenstellung des Rechtsausschuss-Sekretariats, S. 110).

schutzes beziehen solle: a) auf alle Sequenzen und Teilsequenzen von Genen; b) lediglich auf Gensequenzen *menschlicher* Herkunft; c) lediglich auf »*natürliche*«, nicht aber auf »*synthetische*« Gensequenzen.[164] Hier wurden unterschiedliche enge oder breite Präferenzen deutlich.

Die vorgebrachten Argumente insbesondere der Rechtssachverständigen lieferten für die Abgeordneten gute Gründe dafür, seitens der nationalen Gesetzgebung festzuschreiben, dass die Funktion einer DNA-Sequenz nicht nur in der *Beschreibung* des Patentantrages offenbart werden soll, sondern diese Funktion in die *Ansprüche* aufzunehmen ist.[165] Tatsächlich kann wohl festgehalten werden, dass die teilweise favorisierte[166], auf der Ebene der Patentprüfer angesiedelte, Fall-zu-Fall-Entscheidung darüber, ob bei dem jeweiligen Patentantrag die erfinderische Leistung bereits in der Bereitstellung der DNA-Sequenz oder erst in der zugeordneten Funktionsaufklärung liegt, diese Prüfer ungerechtfertigt überfordern würde. Zudem wäre es als eine Überschreitung seiner exekutiven Aufgaben zu bewerten, würde das Europäische Patentamt gewissermaßen eigenmächtig von den Patentanmeldern verlangen, die Funktion in die Patentansprüche aufzunehmen und damit den Umfang ihres Patents zu beschränken. Zudem wurde seitens von Parlamentariern argumentiert, dass Deutschland keineswegs einen »Sonderweg« einschlüge, sondern sich mit einer Stoffschutzbeschränkung neben Frankreich und anderen Ländern in der guten zentraleuropäischen Mitte befände.

3.7 Die Stellungnahme des Nationalen Ethikrates vom 6. Oktober 2004

Eine Woche nach der Anhörung im Rechtsausschuss legt der Nationale Ethikrat am 6. Oktober 2004 eine Stellungnahme »Zur Patentierung biotechnologi-

164 Diese Unterscheidung zwischen natürlichen und synthetischen Gensequenzen wurde durch den Schweizer Gesetzentwurf, der 2004 zur Vernehmlassung stand, in die Debatte eingeführt. Die Schweiz beabsichtigte zu diesem Zeitpunkt die Verabschiedung eines Patentgesetzes mit einer solchen Umfangsbeschränkung. Der Schweizer Gesetzentwurf, sowie weitere Unterlagen zum Schweizer Gesetzgebungsverfahren siehe unter http://www.ige.ch/D/jurinfo/j100.shtm#2, (letzte Abfrage 7.10.2004).

165 Einem zu diesem Zeitpunkt vorliegenden Gutachten zum Schweizer Biopatent- Gesetzentwurf zufolge ist genau dieses im Übrigen nicht nur bereits in Frankreich im Umsetzungsgesetz implementiert worden, sondern auch in Portugal und Spanien. Außerdem sei es sowohl im Gesetzentwurf Italiens wie auch der Schweiz vorgesehen (Siehe Straus 2004, darin zu den genannten Ländern S. 22–24, zur rechtlichen Bewertung des dort vorgenommenen Wortlauts S. 25).

166 Vgl. Straus 2001a und b, 2004 und Stellungnahme zur Anhörung des Rechtsausschusses, 29.9.2004.

scher Erfindungen unter Verwendung biologischen Materials menschlichen Ursprungs« vor (NER 2004).[167]

Er empfiehlt darin mehrheitlich, die EU-Biopatentrichtlinie möglichst bald in nationales Recht umzusetzen und dabei den vorliegenden Gesetzentwurf zu verabschieden. Der Nationale Ethikrat interpretiert dahingehend, dass es Zweck des von der Bundesregierung vorgelegten Gesetzentwurfs sei, den Patentschutz inhaltlich zu begrenzen.[168] Sowohl die konkrete Handhabung des Stoffschutzes als auch die Begrenzung und Konkretisierung des Patentschutzes könnten jedoch der Praxis überlassen bleiben, seien also nicht legislativ zu regeln. Die künftige Entwicklung und besonders die Praxis der Gerichte und Patentämter müssten allerdings sorgfältig beobachtet werden, und zwar vor allem bei der Handhabung des Stoffschutzes, beim Umgang mit Erteilungsverboten auf Grund des Ordre Public und bei der im Gesetzentwurf vorgesehenen erleichterten Zuerkennung von Zwangslizenzen. Sollten sich Bedenken ergeben, müssten sie zum Anlass genommen werden, um auf der EU-Ebene Änderungen und Präzisierungen anzustreben. Er empfahl darüber hinausgehend Maßnahmen – notfalls außerhalb des Patentrechts –, die eine ausreichende Information der Spenderinnen und Spender und den Nachweis ihrer Zustimmung sichern sollen. Weiterer Regelungen bedürfe es dagegen nicht.

In einem so genannten weiter gehenden Votum sprechen sich elf der 25 Ratsmitglieder dafür aus, die bestehenden Chancen für richtlinienkonforme eigene Regelungsansätze, wie sie bereits in anderen EU-Mitgliedstaaten (insbesondere Frankreich, Spanien, Portugal) vorgelegt worden seien, vollständig zu nutzen. Sie bedauern, dass es aus zeitlichen Gründen nicht mehr möglich sei, die Richtlinie in einer Reihe grundsätzlicher Punkte zu überprüfen. Deshalb wird vorgeschlagen, notwendigen Korrekturbedarf in der Gesetzesbegründung anzuführen und der EU-Kommission möglichst bald mitzuteilen, um eine baldige Revision der EU-Richtlinie einzuleiten. Für die nationale Regelung wird folgendes empfohlen:

»In der gesetzlichen Regelung ist der Schutzumfang eines Patentanspruches, der eine aus dem menschlichen Körper isolierte, nicht neu synthetisch entwickelte DNA-Sequenz

---

167 Nationaler Ethikrat (NER) 2004: Stellungnahme »Zur Patentierung biotechnologischer Erfindungen unter Verwendung biologischen Materials menschlichen Ursprungs«. Berlin. Der Nationale Ethikrat ist ein wissenschaftliches Beratungsgremium der Bundesregierung, der 2001 von Bundeskanzler Schröder eingesetzt wurde. Erst 2007 erfolgt zusammen mit der Umbenennung in »Deutscher Ethikrat« auch eine gewisse parlamentarische Anbindung dieses Gremiums.

168 »Der Nationale Ethikrat geht dabei davon aus, dass mit der Bestimmung des §1a Abs.3 des Gesetzentwurfs nicht nur ein formales Erfordernis des Anmeldeverfahrens normiert, sondern eine inhaltliche Begrenzung des Patentschutzes bezweckt werden soll« (NER 2004: 30).

abdeckt, auf die in der Patentbeschreibung und im Anspruch konkret dargelegte technische Anwendung einer Funktion zu begrenzen« (NER 2004: 31).[169]

Soweit es um die nationale gesetzliche Regelung selbst gehe, sollten zudem:

»– die Nichtpatentierbarkeit reproduktiver menschlicher Substanzen, menschlicher Organe, menschlicher embryonaler Stammzellen und Stammzelllinien festgeschrieben,
– die Verpflichtung, die Herkunft der jeweils verwendeten biologischen Substanzen menschlichen und nichtmenschlichen Ursprungs nachzuweisen, vorgeschrieben,
– eine freie und aufgeklärte Einwilligung der Spenderinnen und Spender zwingend vorgesehen, sowie
– die Notwendigkeit einer möglichst restriktiven Interpretation der »Erfindung« betont werden« (NER 2004).

Die Stellungnahme des Nationalen Ethikrates führt weder in ihrem inhaltlichen Teil noch in ihren Empfehlungen neue wissenschaftstheoretische, wissenschaftliche oder juristische Argumente in die Debatte ein, sondern gibt die dazu geführten parlamentarischen und rechtsinternen Auseinandersetzungen wieder. Das Mehrheitsvotum entspricht der Position des Bundesjustizministeriums, das – nicht als konträr, sondern als »weiter führend« gekennzeichnete Minderheitsvotum – stützt die Position aus dem Parlament.

4. Die letzte Etappe des Gesetzgebungsprozesses 2004: Resultate

Im Folgenden wird der »letzte Akt« der deutschen Implementierung der EU-Biopatentrichtlinie dargestellt, wozu insbesondere die entscheidende Verhandlungsrunde zwischen der Justizministerin und den Abgeordneten der Regierungskoalition zählt, sowie die Verabschiedung durch den Bundestag rekapituliert.

169 Diese Unterscheidung hin zu einer »neu synthetisch entwickelte DNA-Sequenz« erscheint insofern irritierend, als in der EU-Richtlinie »natürliche«, im Körper befindliche Gensequenzen (»Entdeckung«) von »isolierten« Gensequenzen (Erfindung) abgegrenzt wurde (Artikel 5 (1) und 5 (2)). Dies entspricht der Isolierungsdoktrin der Naturstoffrechtsprechung und der Stoffschutzdogmatik. Wenn nun die »isolierten« Gensequenzen immer noch als »natürlich« betrachtet werden, dürfte es entscheidend sein, präzise abzugrenzen, welcher Grad an Modifikation aus einer »natürlichen« eine »synthetische« Gensequenz macht. Diese nötige Trennschärfe ist wohl sehr schwer herzustellen. Es fragt sich, wie sichergestellt wird, dass nicht bereits die (zu diesem Zeitpunkt routinemäßige) Herausnahme von Introns, also nicht-kodierenden Abschnitten in der DNA, aus einer Gensequenz, die keinen Einfluss auf die Funktion hat, diese juristisch gesehen in eine »synthetische« verwandelt. Auch alleine die Tatsache synthetisch erzeugter Sequenzveränderungen an sich dürfte, solange sie nicht zu substantiell neuen funktionellen Eigenschaften des dadurch kodierten Proteins führen, wohl kaum rechtfertigen, hier auf eine funktionsgebundene Umfangsbeschränkung zu verzichten.

4.1 Die Verurteilung Deutschlands durch den EuGH am 28.10.2004

Am 28. Oktober 2004 verurteilt die vierte Kammer des EuGH Deutschland wegen Vertragsverletzung nach Artikel 226 EG, da die Biopatentrichtlinie noch nicht umgesetzt worden war.[170] Ein Verfahren wegen der Strafkosten aufgrund der Nicht-Implementierung würde jedoch erst in einem zweiten Verfahren erfolgen, in dem der EuGH eine Frist von etwa 6 Monaten auferlegen würde. Wäre dann noch keine Umsetzung erfolgt, würde für jeden weiteren Tag der Nichtumsetzung ein Zwangsgeld von etwa 792.000 € pro Tag fällig werden. Bereits am 1. Juli 2004 wurde Frankreich vom EuGH wegen versäumter Umsetzung verurteilt. Dasselbe widerfuhr Belgien und Luxemburg am 6. Juli 2004.[171] Außerdem wurde gegen Italien ein Vertragsverletzungsverfahren eingeleitet.

Anlässlich dieses EuGH-Urteils appelliert Bundesjustizministerin Zypries an die Parlamentarier des Bundestages, den vorliegenden Gesetzentwurf möglichst schnell zu verabschieden.[172] Aus den Reihen der Parlamentsfraktionen hingegen

170 EuGH Urteil in der Rechtssache C-5/04 unter http://curia.eu.int/jurisp/cgi-bin/form.pl?lang=de&Submit=Suchen&docrequire=alldocs&numaff=C-5%2F04&datefs=&datefe=&nomusuel=&domaine=&mots=&resmax=100, letzter Abruf 17.12.2004.

171 http://www.ipr-helpdesk.org/docs/noticias/0000005361_en.pdf, letzter Abruf 17.12.2004.

172 BMJ-Pressemitteilung, 28.10.2004: »Biopatent-Richtlinie umgehend umsetzen«. Bundesjustizministerin Brigitte Zypries teilt darin mit: »Unserer europarechtlichen Verpflichtung müssen wir umgehend nachkommen, unser Ruf als rechtstreues Mitglied der Europäischen Union steht auf dem Spiel.« Der Gesetzentwurf, den die Bundesregierung vorgelegt hat, setze die Vorgaben der EU-Richtlinie um und sei richtlinienkonform. »Die Kritiker dieses Entwurfs bitte ich zu beachten, dass die Richtlinie dem nationalen Gesetzgeber nur sehr enge Spielräume lässt. Soweit es notwendig ist, wird sich die Bundesregierung nach Abschluss des nationalen Gesetzgebungsverfahrens in Brüssel für Änderungen des Europäischen Patentrechts einsetzen«. Seitens der Fraktion B90/Die Grünen wurde entgegnet: »Wir wollen zügig umsetzen, allerdings unter Ausschöpfung der Gestaltungsspielräume, wie sie die Richtlinie ermöglicht. Der Gesetzentwurf der Bundesregierung [...] bleibt damit hinter dem zurück [...]. Grundsätzlich setzen wir auf eine Doppelstrategie: Umsetzung [...] unter Ausschöpfung vorhandener Gestaltungsspielräume und Überarbeitung der Richtlinie in Brüssel mit dem Ziel, das Stoffpatent deutlich einzuschränken. Wir erwarten von der Bundesregierung, dass sie dieser Aufforderung des Deutschen Bundestages vom März 2004 nachkommt.« (Adressiert wird damit der dementsprechende Entschließungsantrag der Regierungsfraktionen.) (Pressemitteilung Nr.767, 28.10.2004). Für die CDU/CSU-Fraktion wies MdB Hüppe der Bundesregierung die Schuld zu: »Den koalitionsinternen Streit kann der hilflose Appell der Justizministerin an den Bundestag nicht bereinigen. Eine vernünftige Umsetzung der Biopatentrichtlinie muss respektieren, dass Gene und ihre Funktion eine Entdeckung sind, keine Erfindung. Der Patentschutz ist daher auf eine konkret in der Patentschrift dargelegte gewerbliche Anwendung, z.B. ein Medikament oder ein Diagnostikum zu beschränken. So lässt sich die tatsächliche erfinderische Leistung schützen, ohne weitere Innovation zu gefährden. Rot-Grün ist in der Pflicht, nun endlich einen [...] Umsetzungsentwurf vorzulegen, der den durch die EU-Richtlinie gegebenen Spielraum nutzt« (Pressemitteilung 28.10.04).

wird dies zum Anlass genommen, eine Änderung des bestehenden Gesetzentwurfes als Voraussetzung für eine Zustimmung des Parlaments anzumahnen.

Wie stark die argumentative Bezugnahme auf »objektive Fakten« von strategischen Argumentationsweisen[173] geprägt ist, wird etwa anhand der Frage der Richtlinientreue der EU-Mitgliedsstaaten deutlich. So verwies Bundesjustizministerin Zypries darauf, dass 18 der 25 EU-Mitgliedstaaten die EU-Richtlinie bereits umgesetzt hätten.[174] Hingegen konstatierte die Fraktion B90/Grüne, dass die »hoch umstrittene« Biopatentrichtlinie der EU von 1998 bis dato erst von acht der fünfzehn »alten« Mitgliedsstaaten umgesetzt wurde.

> »Die zehn neuen Mitglieder mussten als Eintrittskarte [für die Osterweiterung der EU, I.S.] pauschal die EU-Richtlinie in nationales Recht übernehmen. Bereits vier Mitgliedsstaaten haben eine umfassende Einschränkung des Stoffpatentes vorgenommen oder planen dies zu tun: Frankreich, Spanien, Italien und Portugal. Auch die Schweiz, die sich aus Wettbewerbsgründen zu einer Umsetzung verpflichtet hat, schränkt das Stoffpatent deutlich ein. Diese Länder sind sich klar, dass es keinen umfassenden Stoffschutz für Gene geben kann, weil dies ethisch, wirtschafts- und forschungspolitisch nicht vertretbar ist. Diese Position teilen auch wir.«[175]

Damit trat abermals der Konflikt zwischen der Regierung und dem Parlament hinsichtlich eines wortlautgetreuen oder aber modifizierten Umsetzungstextes offen zutage.

4.2 Der Kompromiss der Regierungsfraktionen mit dem Justizministerium am 11. November 2004

Am 11. November 2004 treffen sich jeweils vier Abgeordnete der SPD-Fraktion und der Fraktion B90/Grüne mit Bundesjustizministerin Zypries. Bei dieser entscheidenden offiziellen Unterredung machen insbesondere die Vertreter der Fraktion B90/Grüne und ein Vertreter der SPD Fraktion deutlich, dass die Parlamentsfraktionen einer Verabschiedung des Biopatentgesetzes nur dann zustimmen würden, wenn darin eine bindende Einschränkung des Stoffschutzes für Gensequenzen verankert würde.

Erste Präferenz für den Wortlaut einer solchen Einschränkung soll nach den Vorstellungen der Grünen eine Änderung in Artikel 9 des deutschen Patentge-

173 Wie bereits in Kap. I.A angemerkt, ist in der politischen Empirie ein »reines Argumentieren« eigentlich nicht existent. Gleichzeitig zeigen empirische Studien, dass auch in vermeintlich »reinen« Bargaining-Sequenzen auf Argumente nicht verzichtet werden kann – so übrigens auch Risses Fazit: »Argumentiert wird eigentlich immer« (Risse 2003: 112).

174 BMJ-Pressemitteilung, 28.10.2004: »Biopatent-Richtlinie umgehend umsetzen«.

175 Fraktion B90/Die Grünen, Pressemitteilung Nr.767, 28.10.2004.

setzes sein, wodurch die Wirkung des Patents auf die Funktion und Anwendung einer Gensequenz beschränkt werden soll.

Auf diese Option lässt sich Justizministerin Zypries nicht ein. Sie begründet dies mit Bedenken hinsichtlich der EU-Richtlinien- und TRIPs-Kompatibilität einer solchen Änderung.[176] Das Bundesjustizministerium vertritt die Ansicht, dass eine solche weitgehende Stoffschutzbeschränkung auf alle DNA-Sequenzen (gleich welcher Herkunft) von der EU-Kommission nicht akzeptiert werden würde und damit die Gefahr drohe, dass Deutschland letztlich vor dem EuGH mit einer solchen Richtlinien-Implementierung scheitern würde.[177]

Das Bundesjustizministerium ist jedoch bereit, eine Präzisierung und Erweiterung des Artikels 5 der Biopatentrichtlinie in §1 des deutschen Patentgesetzes einzufügen.

Das Bundesjustizministerium legt hierzu folgenden Formulierungsvorschlag vor:

»(4) Ist Gegenstand der Erfindung eine Sequenz oder Teilsequenz eines *menschlichen* Gens, deren Aufbau mit dem Aufbau einer natürlichen Sequenz oder Teilsequenz eines menschlichen Gens *identisch* ist, so ist deren Verwendung, für die die gewerbliche Anwendbarkeit nach Absatz 3 konkret beschrieben ist, in den Patentanspruch aufzunehmen.« (Hervorhebung I.S.)

Dieser Vorschlag des Justizministeriums wird von den Verhandlungspartnern in zwei Punkten verändert: Zum einen wird die erstmalige Nennung des »menschlichen« Gens gestrichen. Zum anderen wird statt des Begriffs »identisch« eine »Übereinstimmung« mit menschlichen Genen festgeschrieben.

Die Verhandlungen waren einerseits argumentativ geprägt. Insbesondere verwiesen die Bundestagsabgeordneten hier noch einmal darauf, dass ein absoluter Stoffschutz auf Gensequenzen eine Überbelohnung des Erfinders darstellen würde. Zum anderen wurde auf die in Frankreich bereits erfolgte Stoffschutzbeschränkung für menschliche Körperbestandteile verwiesen. Auch in Spanien und Portugal bereits verabschiedete Implementierungstexte sowie die in Italien und der Schweiz geplanten Umfangsbeschränkungen des Stoffschutzes wurden dargestellt. Damit wurde das Argument entkräftet, eine gesetzlich bindende Umfangsbeschränkung sei richtlinienkonform nicht möglich. Dieser »Kraft des besseren Arguments« konnte sich die Justizministerin letztlich nicht entziehen.

---

176 Allerdings bleibt festzuhalten, dass sich in der Anhörung des Rechtsausschusses am 29.9.04 zwei juristische Sachverständige, nämlich sowohl der Patentanwaltskammervertreter Christoph Keussen, als auch der Bundespatentrichter Lutz von Raden für eine Änderung als neu einzufügenden Absatz 4 in §9a PatG ausgesprochen hatten. Auch das BMJ selbst hatte in einer früheren Verhandlungsphase §9a PatG für eine mögliche Option gehalten.

177 Mündliche Mitteilung, Ministerialdirigent Raimund Lutz, BMJ, 22.12.2004.

Der genaue Text der diesbezüglichen Änderung war hingegen vor allem vom Verhandlungs-Modus geprägt. Seitens der Grünen wurde darauf hingearbeitet, Gensequenzen möglichst generell – unabhängig von ihrer Herkunft – im Schutzumfang auf die beschriebene Funktion und gewerbliche Anwendung zu beschränken. Mit diesem Anliegen konnten sie sich nicht vollständig durchsetzen. Das Justizministerium war lediglich zu einer Umfangsbeschränkung bezüglich menschlicher Gensequenzen bereit. Es hielt zwar eine wortlautgetreue Umsetzung, sowie die im vorgelegten Gesetzentwurf vorgenommene Begründung eines Konkretisierungsgebots für die Funktionsbeschreibung für ausreichend.[178] Es zeigte sich jedoch geneigt, sowohl aus rechtssystematischen Gründen (Artikel 5 der EU-Richtlinie), als auch aus der Anerkennung ethischer Argumentationsweisen, die eine Sonderstellung von Bestandteilen des menschlichen Körpers (»Ausstrahlung der Menschenwürde«) beanspruchen, sowie im Hinblick auf die bereits erfolgte französische Lösung, sich auf eine gesetzlich bindende Umfangsbeschränkung für *menschliche* Gensequenzen einzulassen.[179] Hierzu wurde letztlich eine – für weitere Interpretationen offene – Kompromissformulierung erzielt.

Dass die Justizministerin überhaupt Konzessionen hinsichtlich einer Änderung des Gesetzentwurfs machte, ist einerseits mit der hohen Zwangsgeldandrohung seitens des EuGH zu erklären. Ein Scheitern der Verhandlungen – wie bei dem entscheidenden Gespräch anderthalb Jahre zuvor – hätte unter Umständen bedeutet, einer Verurteilung zu knapp 800.000 Euro pro Tag ins Auge sehen zu müssen. Es wäre nicht klar gewesen, wem in der öffentlichen Auseinandersetzung in einem solchen Fall die »Schuld« für das Entrichten einer solch hohen Zwangsgeldzahlung zugeschoben worden wäre. Alle Verhandlungsparteien waren darin einig, dass dieses Ergebnis auf jeden Fall zu vermeiden sei.

Wäre die Justizministerin hartnäckig geblieben und hätte auf Beibehalten des vorgelegten Gesetzentwurfes insistiert, wäre letztlich seitens der Grünen Fraktion ein Nachgeben unausweichlich geworden. Ein Bruch der Regierungskoalition in dieser Frage stand niemals zur Debatte und wäre in der Grünen Fraktion selbst keineswegs durchsetzbar gewesen oder auch nur in Betracht gezogen worden. Diese *exit*-Option wurde daher nicht einmal als Drohpotential eingesetzt.

Mangels geeigneter Sanktionspotentiale (wie Verschleppung, öffentliches *blaming and shaming*) stand den Parlamentsfraktionen letztlich nur der argumentative Weg offen. Dabei war die Argumentation allerdings durchaus strategisch geprägt: Es ging letztlich immer darum, der Justizministerin eine gesetzlich bindende Umfangsbeschränkung abzuringen.

178 Vgl. Gesetzentwurf, Drs. 15/1709, S. 10, zweite Spalte und S. 11, 1. Absatz.

179 Mündl. Mitteilung, Ministerialdirigent Raimund Lutz, BMJ, 22.12.2004.

Als Ergebnis der Verhandlungen zwischen der SPD-Fraktion, der Grünen Fraktion und Bundesjustizministerin Zypries am 11.11.2004 wurde ein Kompromiss mit folgendem Inhalt erzielt: [180]

1. Bezüglich der Beschränkung der Stoffpatente wurde die Regelung getroffen, in §1a einen neuen Absatz (4) einzufügen: »Ist Gegenstand der Erfindung eine Sequenz oder Teilsequenz eines Gens, deren Aufbau mit dem Aufbau einer natürlichen Sequenz oder Teilsequenz eines menschlichen Gens übereinstimmend ist, so ist deren Verwendung, für die die gewerbliche Anwendbarkeit nach Absatz (3) konkret beschrieben ist, in den Patentanspruch aufzunehmen.«
2. Zur Begründung des neuen oben genannten Absatzes (4) wurde vereinbart, sinngemäß in den Begründungsteil des Gesetzes folgende Formulierung aufzunehmen: Auch im Falle der nicht-menschlichen Gene soll entsprechend der allgemeinen Patentrechtsgrundsätze ein umfassender Stoffschutz regelmäßig nicht mehr gewährt werden. Gleichzeitig solle im Begründungsteil des Gesetzes das »Verständnis« von »menschlichen Genen« geklärt werden. Unter »menschlichen Genen« sollten damit alle Gensequenzen verstanden werden, die auch im Menschen vorkommen.
3. Vereinbart wurde ein gesetzlicher Patentierungsausschluss für menschliche Keimzellen.[181] Diese Übereinkunft ist als Reaktion auf eine erkannte Regelungslücke in der Richtlinie zu sehen. Aufmerksam darauf wurde die Politik durch ein von Greenpeace am 3.10.2004 »aufgedecktes« Patent auf Samenzellen (EP 1196 153), das vom EPA im November 2003 erteilt wurde.[182] Auch das weitergehende Votum des Nationalen Ethikrates hatte sich für ein

180 Die hier vorgelegten Informationen stammen aus persönlichen Mitteilungen von an der Verhandlungssitzung Beteiligten. Außerdem wird Bezug genommen auf die Pressemitteilung Nr. 829 der Bundestagsfraktion Bündnis 90/Die Grünen vom 11.11.2004, die auch vom Verhandlungspartner SPD mit getragen wurde.

181 Dies geschah über folgende Formulierung für §1a Absatz (1) PatG: »Der menschliche Körper in allen Phasen seiner Entstehung und Entwicklung, einschließlich der Keimzellen, sowie die bloße Entdeckung eines seiner Bestandteile oder seiner Produkte, einschließlich der Sequenz oder Teilsequenz eines Gens, können keine patentierbaren Erfindungen sein.« Damit wurde der Erwägungsgrund 16 der Biopatentrichtlinie in den Artikel des Patentgesetzes aufgenommen und klargestellt, dass Keimzellen als dem Gesamtkörper zugeordnete »Körperbestandteile« betrachtet werden.

182 Hintergrund des Patentes ist eine Behandlung menschlicher Spermazellen mit bestimmten chemischen Substanzen, um die Erfolgsrate bei der in-vitro-Befruchtung zu erhöhen. Patentiert wurde nicht nur das technische Verfahren, sondern auch das Sperma selbst als Erzeugnis. Da die neunmonatige Einspruchsfrist am Europäischen Patentamt zum Zeitpunkt der Veröffentlichung durch Greenpeace verstrichen war, ist das Patent in 25 Staaten, darunter auch Deutschland, rechtskräftig erteilt und kann nur noch gerichtlich angefochten werden. (www.greenpeace.org/deutschland/?page=/deutschland/pe/gentechnik/3-10-04-patent-auf-menschliches-sperma) Auch seitens von Mitarbeitern des EPA wurde inoffiziell anerkannt, dass diese Patenterteilung durchaus sehr zweifelhaft war (Pers. Mitteilung, 6.10.2004).

gesetzliches Verbot der Patentierung von reproduktiven menschlichen Substanzen ausgesprochen.[183]

4. Es wurde übereinstimmend festgestellt, dass ein umfassender Schutz von Persönlichkeitsrechten beim Umgang mit und der Verwertung von genetischem Material sichergestellt sein müsse. Als systematischer Ort hierfür wurde das in Vorbereitung befindliche Gendiagnostik-Gesetz angesehen. Damit wurde das Anliegen, dem Erwägungsgrund 26 der Biopatentrichtlinie gesetzlich verbindlich Rechnung zu tragen, entsprochen, wofür sich unter anderem die Enquete-Kommission des Bundestages (REM 2001) und der Nationale Ethikrat (NER 2004) ausgesprochen hatten.[184] Allerdings wurde eine Aufnahme eines entsprechenden Passus in das Patentgesetz seitens des BMJ verweigert und somit die Auseinandersetzung um eine Konkretisierung des persönlichkeitsrechtlichen Schutzes verlagert und vertagt.

4.3 Würdigung des Kompromisses und offene Fragen

Zusammenfassend ist festzuhalten, dass mit diesem Kompromiss das jahrelange Tauziehen um eine Einschränkung des Stoffschutzes bei Gensequenzen beendet wurde. Damit wurde der Weg frei, den Gesetzgebungsprozess abzuschließen. Die Verhandlungen standen unter der Drohung aus Brüssel, in Kürze ein Zwangsgeld zu verhängen. Keine der beteiligten Parteien wollte sich dem Vorwurf aussetzen, Zwangsgelder in empfindlicher Höhe verschuldet zu haben. Der erzielte Kompromiss war vor allem der Hartnäckigkeit in der Verhandlungsführung der Fraktion B90/Grüne zu verdanken.

Allerdings bleiben bei der erzielten Lösung eine Reihe von offenen Fragen hinsichtlich der Implementierung bzw. des Geltungsbereichs der erzielten Neuformulierung von §1a (4). Nicht durchsetzen konnte sich eine von den Grünen

183 »In der gesetzlichen Regelung muss klargestellt werden, dass reproduktive menschliche Substanzen (Eizellen, Samenzellen, Gonadengewebe), menschliche Organe und Embryonen sowie menschliche embryonale Stammzellen und Stammzelllinien nicht patentierbar sind. [...] Der insoweit nicht ausreichende Wortlaut der §§1a Abs. 1 und 2 Abs. 2 des Entwurfs ist zu korrigieren.« (NER 2004: 32).

184 Weitere Bestandteile des Kompromisses waren folgende Punkte: Im Berichterstatterprotokoll des Rechtsausschusses sollte klargestellt werden, dass Patente auf Produkte, die ausschließlich durch ein biologisches Verfahren gewonnen wurden (§2a Absatz (1)), auszuschließen sind. Dies betrifft durch Züchtung gewonnene Pflanzen, die unter den Sortenschutz, nicht den Patentschutz fallen. Weiterhin wurde vereinbart, dass es Veränderungen an dem begleitenden Entschließungsantrag zum Gesetz nicht mehr geben werde. Bündnis 90/Die Grünen verwiesen aber auf die Notwendigkeit einer weiteren Klarstellung bzgl. des Herkunftsnachweises von biologischem Material (Erwägungsgrund 27 der Biopatentrichtlinie) an anderer Stelle, insbesondere im Hinblick auf die TRIPs-Verhandlungen und die WIPO auf internationaler Ebene.

eingebrachte Option, die Umfangsbeschränkung des Stoffschutzes in §9 (3) PatGesetz aufzunehmen.[185]

Eine Bewertung des Kompromisses hängt nicht nur von der Einschätzung der vorgenommenen Änderungen und Präzisierungen ab, sondern auch vom Geltungsbereich und der Zeitspanne der Geltung der gesetzlich verfügten Beschränkungen des absoluten Stoffschutzes. Hier verbleiben in einer Reihe von Punkten noch weite Interpretationsspielräume. Die Durchsetzung der Geltung einiger von vielen potentiell möglichen Interpretationen wird von der Auslegung des Patentgesetzes durch Gerichte abhängen, aber auch vom weiteren Verfahren auf EU-Ebene. Insofern kann an dieser Stelle keine abschließende Bewertung vorgenommen werden. Von entscheidender Bedeutung im Hinblick auf die Beurteilung der demokratischen Legitimität dürfte sein, inwieweit die sich künftig durchsetzenden Interpretationen dem *politischen Willen* des Gesetzgebers – insbesondere also des Parlaments – entsprechen.

Nicht geklärt blieb bei dieser gefundenen Kompromisslösung,

1. ob die Regelung nur für vom Deutschen Patentamt erteilte Patente Gültigkeit hat oder auch für vom EPA erteilte Patente. Während §9 des Patentgesetzes sich klar auf die Wirkung des Patents bezieht, die dem nationalen Bereich unterliegt, und damit für alle Patente – gleichgültig nach Erteilungsinstanz – gültig ist, verweist §1a (4) auf die Erteilung des Patents. Es bleibt damit unklar, ob das Europäische Patentamt bei der Erteilung von Bündelpatenten für Deutschland dieser Regelung Rechnung trägt.
2. Unklarheiten bestehen auch hinsichtlich des Zeitpunktes, insbesondere dahingehend, ob die Regelung einer Umfangsbeschränkung des Stoffschutzes sich lediglich auf neu zu erteilende Patente nach der Gesetzesverabschiedung bezieht, oder auch eine Rückwirkung auf bereits erteilte bzw. angemeldete Patente entfalten könnte.
3. Ungeklärt ist ferner der Geltungsbereich der Einschränkung des absoluten Stoffschutzes. Immerhin bezieht sich der erste Teil des neu eingefügten Absatzes 4 von §1a PatG allgemein auf eine »Sequenz oder Teilsequenz eines Gens«. Für diejenigen Gen-(Teil)-Sequenzen, deren »Aufbau mit dem Aufbau einer natürlichen Sequenz oder Teilsequenz eines menschlichen Gens übereinstimmend ist« solle nun deren »Verwendung« in den Patentanspruch

185 Ein Formulierungsvorschlag für §9 (3) hatte gelautet: »Betrifft das Patent ein Erzeugnis, das auf Grund einer Erfindung aus einer biologischen Information besteht oder sie enthält, so erstrecken sich die Wirkungen des §9 auf jedes Material, in das dieses Erzeugnis Eingang findet und in dem die biologische Information enthalten ist und ihre Funktion erfüllt. Die Wirkungen des §9 beschränken sich dabei jeweils auf diejenige Funktion, die der biologische Informationsträger im Rahmen einer spezifischen Anwendung erfüllt und die in der Beschreibung der gewerblichen Anwendbarkeit genannt wird. §1 Abs. bleibt unberuhrt.« (Die Unterstreichungen markieren die Differenzen zum Gesetzentwurf der Bundesregierung.)

aufgenommen werden. Der Begriff »Verwendung« statt »Funktion« wurde vom BMJ durchgesetzt mit der Begründung, dass dieser patentrechtsdogmatisch bereits gebräuchlich sei.

Zwar bezieht sich mit dem letztgenannten Punkt die Stoffschutzbeschränkung auf den ersten Blick lediglich – analog zur französischen Lösung – auf »*menschliche*« Gene. Da jedoch nach dem derzeitigen Stand der wissenschaftlichen Erkenntnisse auch Pflanzen, Tiere und Mikroorganismen Gensequenzen aufweisen, die mit dem Aufbau menschlicher Gensequenzen übereinstimmen, wird auf indirektem Wege eine horizontale Stoffschutzbeschränkung für alle Gensequenzen – unabhängig von deren Herkunft – festgeschrieben. Zumindest lässt sich eine solche Interpretation vertreten und wurde auch von einigen Beteiligten so intendiert.[186]

Da eine Übereinstimmung von nicht-menschlichen Gensequenzen oder Teilsequenzen (von Pflanzen, Tieren und weiteren Organismen) mit menschlichen Genen nicht ausgeschlossen werden kann, – hier stellt sich allerdings die Frage, wer die Beweislast trägt – kann der Gesetzesartikel nur dahingehend ausgelegt werden, dass auch für *nicht-menschliche* Gene entsprechend der allgemeinen Patentrechtsgrundsätze ein umfassender Stoffschutz regelmäßig nicht mehr gewährt werden. Die Gesetzesbegründung[187] verweist denn auch darauf, dass für alle DNA-Sequenzen im Regelfall vom Patentprüfer eine Umfangsbeschränkung des Stoffschutzes vorgenommen werden soll. Daraus lässt sich ableiten, dass der Gesetzgeber den absoluten Stoffschutz grundsätzlich einschränken wollte und davon ausgeht, dass dieser auch bei pflanzlichen und tierischen Gensequenzen nicht mehr erteilt wird.

Die bei der Anhörung im Rechtsausschuss am 29.9.2004 noch lebhaft geführte Diskussion darum, ob eine Beschränkung des Stoffschutzes nur bei »nicht-synthetisch hergestellten Gensequenzen« gültig sein soll, hat sich insofern ebenfalls erübrigt, als in §1a (4) PatG nunmehr von mit dem »Aufbau einer natürlichen Sequenz oder Teilsequenz eines menschlichen Gens übereinstimmend(en)« Sequenzen gesprochen wird. Es lässt sich jedoch vertreten, dass jede *synthetisch erzeugte* Gensequenz potentiell auch bereits *natürlich* als Ergebnis von Evolutionsprozessen vorkommen kann.[188]

---

186 Vgl. Wissenschaftlicher Dienst des Dt. Bundestages 2004: Aspekte der vergleichenden Genstrukturanalyse und funktionalen Genomik verschiedener Spezies. Fachbereich VIII Umwelt, Naturschutz, Reaktorsicherheit, Bildung und Forschung. Bearbeiterin Dr. Christine Steinhoff. 19. Oktober 2004, Reg.-Nr.: WF VIII G - 117/04.

187 Ich greife hier der Begründung des Gesetzes vor, die im Abschnitt »Abschließende Beratung durch den Rechtsausschuss am 1.12.2004« zitiert wird.

188 Dies würde bedeuteten, dass auch für »*synthetische* Gene« (die im Labor neu zusammengesetzt bzw. synthetisch konstruiert wurden) kein absoluter Stoffschutz gelten kann und darf, insofern prinzipiell davon auszugehen ist, dass diese DNA-Abfolgen auch in einer natürlichen Umgebung existieren und mit bei Menschen vorkommenden Genabschnitten übereinstimmen

Ich folge nun den weiteren Stationen bis zur Verabschiedung des Gesetzes.

4.4 Die Abstimmung in der SPD-Fraktion am 30. November 2004

Am 30.11.2004 wurde in der SPD-Fraktion in nächtlicher Sitzung über den am 11.11.2004 erzielten Kompromiss diskutiert und abgestimmt. Hierzu war von dem Abgeordneten Wolfgang Wodarg ein weitergehender Antrag, der einen neuen Änderungsvorschlag für §9 PatGesetz beinhaltete, eingebracht worden.

Dieser Vorschlag lautete:

»(4) Betrifft die Erfindung eine natürliche oder gegenüber der natürlichen nur in unwesentlicher Hinsicht modifizierte Sequenz oder Teilsequenz eines Gens, so beschränkt sich die Wirkung des Patents auf die in diesem Patent konkret beschriebene Funktion der Sequenz.«[189]

Dieser Änderungsantrag wurde von der SPD-Fraktion nach Aussprache per Abstimmung abgelehnt. Damit wurde dieser Vorschlag nicht, wie von seinem Initiator intendiert, in die Bundestags-Ausschuss-Beratungen zum Gesetzentwurf eingebracht. Die Ablehnung wurde einerseits mit verfassungsrechtlichen Bedenken hinsichtlich einer Rückwirkung auf bereits erteilte Patente begründet,

---

könnten. In der Rechtsausschuss-Anhörung vom 29.9.2004 wurde hierzu von Dr. Dr-Ing. Heinz Hammann (Leiter der Patentabteilung der Firma Boehringer Ingelheim, europ. Patentanwalt) ausgeführt: »Was ist ein künstliches menschliches Gen? Genügt der Austausch einer Aminosäure und man hat kein natürliches menschliches Gen?« Er erläuterte dies am Beispiel des Arzneimittels Beta-Interferon, von dem es zwei Varianten gäbe, von dem eines eine Punktmutation (Austausch einer einzelnen Nukleinbase) habe. Man könne jedoch nicht »ausschließen, dass es irgendwo in der hinteren Mongolei einen Menschen gibt, der diese Mutation hat.« (Bundestags-Rechtsausschuss Protokoll Nr. 57, S. 53) Damit bezog er sich darauf, dass es potentiell immer einen Menschen geben könnte, der eine solche Gensequenzabfolge besitzt, die mit derjenigen übereinstimmt, die im Labor synthetisch konstruiert wurde. »D.h. wenn wir eine Separation machen zwischen künstlichen und natürlichen Genen, wissen wir nicht, wo die Grenze zu ziehen ist.« (ebenda). Der Dänische Ethikrat machte hierzu folgende Anmerkungen: »Every DNA sequence already exists in nature. The view might be advanced that since the variation in DNA is unlimited, in principle any newly synthesized sequence will in all likelihood be found in nature already.« (The Danish Council of Ethics 1994: Patenting Human Genes. A Report. Copenhagen, S. 25)

189 Anzufügen zu Artikel 1 Nr. 6 (zu §9a Abs. 4 – neu - PatG) als Absatz 4. Der Antrag wurde damit begründet, dass die Funktionsbindung des Stoffschutzes auf Gensequenzen damit auf alle in Deutschland geltenden Patente eingeführt und gesichert werde, auch für solche, die seitens des EPA erteilt wurden oder noch werden. (Änderungsantrag Wodarg vom 16.11.2004). Der Abgeordnete Wodarg war bei der entscheidenden Sitzung mit Bundesjustizministerin Zypries am 11.11.2004 nicht anwesend. Sein späterer Antrag wurde von MdB v. Weizsäcker unterstützt. Von den beiden SPD-Verhandlungsteilnehmern Hacker und Strässer, die bereits einige Monate zuvor seitens der SPD-Fraktionsführung als Koordinatoren bestimmt worden waren, wurde dieser jedoch abgelehnt.

zum anderen damit, dass der Schutzbereich eines Patentes durch das EPÜ bestimmt sei. [190]

Sowohl der SPD-Abgeordnete René Röspel, wie auch (im Vorfeld) die Bundestagsabgeordneten der Fraktion B 90/Die Grünen hatten deutlich gemacht, dass sie diesen Änderungsantrag parlamentarisch nicht mittragen würden. Und dies, obgleich der Antrag politisch das vorsah, was diese in den Verhandlungen mit dem Justizministerium eigentlich hatten erreichen wollten: Nämlich einerseits eine Umfangsbeschränkung auf der Rechts*folgen*seite und andererseits nicht beschränkt auf menschliche Gene, sondern auf Gensequenzen insgesamt. Einer der Gründe für diese politische Entscheidung lag darin, dass man mit einer Strategie des »Nachkartens« den mühsam errungenen Kompromiss mit dem Justizministerium nicht gefährden wollte. Denn ein Abweichen vom Verhandlungsergebnis hätte auch dem BMJ die Chance eröffnet, Zugeständnisse wieder zurückzunehmen.

Dies macht zum einen den fragilen Charakter des Kompromissergebnisses deutlich. Die erreichte Formulierung bietet beträchtliche Möglichkeiten zu weiten und engen Auslegungen. Eine Stabilisierung und Fixierung dürfte erst über den Rechtsdiskurs, die Erteilungspraxis des deutschen Patentamtes und letztlich durch gerichtliche Urteile eintreten. Zudem ist die Erteilungspraxis des EPA hierfür relevant, die nicht der Aufsicht durch den deutschen Gesetzgeber unterliegt. Allerdings ist der Kompromiss nicht generell als »zerbrechlich« zu bewerten. Vielmehr könnte er zukünftig durchaus insofern seine Robustheit unter Beweis stellen, als darin widerstrebende Positionen eingegangen sind und »zu-

190 Diese Begründungen werden in einem Schreiben der MdBs Hacker und Strässer an die Mitglieder der SPD-Bundestagsfraktion vom 24.11.2004 genannt. Eine solche Rechtsinterpretation wurde allerdings unter anderem von der Fraktion B90/Grüne angefochten (Interner Rechts-Vermerk, 26.11.2004). Entscheidend ist hier die rechtliche Auslegung von Artikel 64 und Artikel 69 EPÜ. Es wurde deutlich, dass hier in Zukunft unterschiedliche rechtliche Auslegungsvarianten bestehen. Da jedoch davon auszugehen war, dass von beiden Seiten – sowohl seitens des BMJ und einiger SPD-Abgeordneter, wie auch seitens anderer SPD-MdBs und der Fraktion B90/Grüne – keine Übereinkunft erzielt werden könnte, verzichtete man darauf, hierzu eine rechtsgültige Auslegung durch Abstimmung und festlegende legislative Bindung herzustellen. Dies lag zum einen darin begründet, dass vertreten wurde, dass eine solche komplexe Materie seitens der meisten MdBs nicht letztlich beurteilt werden könnte, daher eine Abstimmung nach Mehrheitsprinzip nicht auf einer faktengestützten Meinungs- und Willensbildung beruhen würde. Zum anderen war letztlich ausschlaggebend, dass man lieber eine rechtliche Offenheit zulassen wollte, als zu riskieren, bei einer Abstimmung zu unterliegen. Zudem herrschte die Einschätzung vor, dass man im weiteren Verlauf durchaus Chancen hätte, die eigene Interpretation sowohl im politischen Raum, als auch im Dialog mit der Rechtsdisziplin zu vertreten. Auch seitens des BMJ gab es keine Bestrebungen, eine bindende Auslegung zu diesen Fragen festzuschreiben. Vielmehr wurde auch hier für ein Offenhalten plädiert (Mündl. Auskunft Raimund Lutz, BMJ, 22.12.2004).

einander gefunden« haben.[191] Da keine Seite ganz unterlegen ist, dürfte dies die Legitimität und potentiell die *Compliance* stärken. Außerdem eröffnet der Kompromiss allen Seiten Spielräume für weitere Auslegungsprozesse, womit auch einem weitergehenden politischen, juridischen und zivilgesellschaftlichen Diskurs Raum eröffnet wurde.

Hinsichtlich des Verlaufs von Aushandlungsprozessen zwischen Parlament und Regierung wird zudem deutlich, dass es durchaus auf den »richtigen Zeitpunkt« (*kairos*) ankommt: Einmal erzielte Regelungen können nicht fortlaufend wieder in Frage gestellt und umgeworfen werden. Sie entfalten eine Bindungskraft, die prozedural erzeugt wird.

4.5 Abschließende Beratung durch den Rechtsausschuss am 1.12.2004

Am 1. Dezember 2004 beriet der federführende Rechtsausschuss abschließend den vorliegenden Gesetzentwurf[192], einschließlich der als Kompromiss[193] ausgehandelten Veränderungen.[194]

Dem gingen am selben Tag Sitzungen der mitberatenden Ausschüsse voraus, in denen die vorliegenden Drucksachen mit den neuen Gesetzes-Formulierungen abgestimmt wurden.[195]

---

191 Zur Unterscheidung zwischen Fragilität und Robustheit von Ergebnissen siehe Limoges: »the text of decisions which have provided a robust closure to a controversy often exhibit a careful association of many entities from the different worlds of relevance deployed during the controversy. [...] In the absence of sufficient associations, decisions will either not be taken, thus increasing turmoil or frustration, or they will be taken on a shaky ground, without adequate support, and remain fragile, a situation likely to generate new and more acrimonious debates« (1993: 422f). Limoges' Begriff von »worlds of relevance« entspricht dem von mir verwendeten Terminus »Frame«, unter »association« fasse ich das Reframing (siehe Kap. I.B und Kap. II.C).

192 Beschlussempfehlung und Bericht des Rechtsausschusses, Bundestags-Drucksache 15/4417 vom 1.12.2004. Die im obigen Text kenntlich gemachten Seitenzahlen beziehen sich auf dieses Protokoll.

193 Formulierung zu dem Entwurf eines Gesetzes zur Umsetzung der Richtlinie über den rechtlichen Schutz biotechnologischer Erfindungen- BT-Drs. 15/1709 -In Artikel 1 Nr. 2 ist §1a wie folgt zu ändern: »1. In Absatz 1 sind nach dem Wort »Entwicklung« die Wörter », einschließlich der Keimzellen,« einzufügen.« 2. Folgender Absatz 4 ist anzufügen: »(4) Ist Gegenstand der Erfindung eine Sequenz oder Teilsequenz eines Gens, deren Aufbau mit dem Aufbau einer natürlichen Sequenz oder Teilsequenz eines menschlichen Gens übereinstimmt, so ist deren Verwendung, für die die gewerbliche Anwendbarkeit nach Absatz 3 konkret beschrieben ist, in den Patentanspruch aufzunehmen.«

194 Antrag der Fraktionen SPD und B 90/Die Grünen, Drucksache 15/2657, vom März 2004.

195 Mitberatend tätig waren der Ausschuss für Wirtschaft und Arbeit, der Ausschuss für Verbraucherschutz, Ernährung und Landwirtschaft, der Ausschuss für Gesundheit und Soziale Sicherung, der Ausschuss für Umwelt, Naturschutz und Reaktorsicherheit, der Ausschuss für Bildung, Forschung und Technikfolgenabschätzung und der Ausschuss für wirtschaftliche Zusammenarbeit und Entwicklung (gutachterlich). Der Entschließungsantrag der Regierungs-

Erst zu diesem Zeitpunkt lag das Protokoll der Sachverständigenanhörung im Rechtsausschuss vom 29.9.04 vor. Damals nicht anwesende Parlamentarier hatten daher zuvor keine Möglichkeit, sich ein eigenes Urteil über die dort vorgetragenen Positionen und Willensbildungsprozesse zu verschaffen. Gleichzeitig war im Zeitraum dazwischen von allen Seiten versucht worden, den Tenor der Anhörung für die eigene Position zu beanspruchen.[196] In demokratischer Hinsicht ist diese Verzögerung als Versäumnis zu beurteilen.

Vorgelegt wurden die von SPD und B90/Grünen am 11.11.2004 ausgehandelten Änderungen des Gesetzentwurfes. [197] Zur Beratung wurde zu diesem Zeitpunkt erstmals vom BMJ eine in das Gesetz als Begründung eingehende Formulierung vorgelegt, die den Kompromiss der Regierungsfraktionen vom 11.11.2004 konkretisierte. Diese lautet:

»Zu Nummer 2 (Artikel 1 Nr. 2, §1a Abs. 4 -neu- PatG-Entwurf):

Mit dem neuen Absatz 4 wird bei Genen und Gensequenzen, die mit menschlichen Genen oder Gensequenzen übereinstimmen, der Stoffschutz auf die im Patentanspruch beschriebene Verwendung beschränkt. Eine Erfindung im Zusammenhang mit einer neuen, nicht im Patentanspruch enthaltenen Verwendung des Gens führt in diesen Fällen nicht zu einem abhängigen Patent. Eine Lizenz des ersten Erfinders ist nicht erforderlich.

Damit wird es zukünftig für Gene, Gensequenzen bzw. Teilsequenzen eines Gens, deren Aufbau mit dem Aufbau eines menschlichen Gens übereinstimmt – d.h. ein Gen, das auch beim Menschen vorkommt, – keinen absoluten Stoffschutz mehr geben.

---

fraktionen (Drucksache 15/2657) wurde zusätzlich dem Ausschuss für Menschenrechte und humanitäre Hilfe und die Anträge auf den Angelegenheiten der Europäischen Union zur Mitberatung überwiesen. Die Abstimmungsergebnisse entsprachen jenen im Rechtsausschuss.

196 BMinJ Zypries: »Bei einer Anhörung im Rechtsausschuss des Deutschen Bundestages hat die weit überwiegende Mehrheit der Sachverständigen den Gesetzentwurf der Bundesregierung als richtlinienkonformen Umsetzungsvorschlag gelobt.« (Pressemitteilung, 28.10.04). Dagegen MdB Loske: »Die Anhörung im Deutschen Bundestag vom 29. September und viele Stimmen aus dem Nationalen Ethikrat bestätigen, dass der Stoffschutz bei Gensequenzen eingeschränkt werden muss« (Pressemitteilung, B 90/Grüne, 28.10.04). Vgl. wiederum Cornelia Yzer, Hauptgeschäftsführerin des Verbandes Forschender Arzneimittelhersteller (VFA): »So liege seit langem ein Gesetzentwurf der Bundesregierung zur 1:1-Umsetzung der Biopatentrichtlinie vor, der nicht nur in der Sachverständigenanhörung bei der überwiegenden Mehrheit Zustimmung gefunden habe. [...] Nur die Regierungsmehrheit im Parlament könne sich weiterhin nicht zu einer Zustimmung zum Regierungsentwurf durchringen.« (VfA Pressemitteilung, 28.10.04).

197 »Es sind folgende Änderungen des Gesetzentwurfs vorgesehen: §1a Abs. 1 Patentgesetz-Entwurf wird um eine ausdrückliche Erwähnung des Begriffs »Keimzellen« ergänzt. Dies erfolgt zum Zwecke der Klarstellung. Eine inhaltliche Änderung ist damit nicht verbunden. Dem §1a Patentgesetz-Entwurf wird ein neuer Absatz 4 angefügt. Er schränkt den Stoffschutz für Gensequenzen, deren Aufbau mit dem Aufbau einer natürlichen menschlichen Sequenz übereinstimmt, auf die in der Patentanmeldung beschriebene Verwendung ein.« (Drs. 15/4417: 3)

Der Schutzumfang wird vielmehr auf die in der Patentanmeldung beschriebene Verwendung beschränkt. Um dieses Ziel zu erreichen, muss die beschriebene Verwendung in den Patentanspruch aufgenommen werden, da der Schutzbereich des Patents durch den Inhalt der Patentansprüche bestimmt wird (§14 PatG). Weitere als die in §1a Abs. 3 genannten Verwendungen können selbstverständlich nicht in den Patentanspruch aufgenommen werden. Die geschilderte Einschränkung ist durch die für den Menschen geltenden Besonderheiten gerechtfertigt. Die gewählte Formulierung berücksichtigt die Tatsache, dass menschliche Gene nach den heutigen Erkenntnissen weitgehend mit tierischen und pflanzlichen Genen übereinstimmen und die den Stoffschutz begrenzende Wirkung der Regelung ansonsten umgangen werden könnte, indem ein übereinstimmendes z.B. tierisches Gen für die Patentierung verwandt wird. In diesem Zusammenhang ist darauf hinzuweisen, dass auf Grund der neuen Regelung in §1a Abs. 3 der Patentprüfer das Patent auf den Teil des angemeldeten Gens, der für die beschriebene Funktion wesentlich ist (»wirkungsrelevant«), beschränken muss und die angemeldeten, aber für die Funktion nicht benötigten Genabschnitte vom Patentschutz ausnehmen muss.

Bei Genen und Gensequenzen, die nicht mit menschlichen Genen übereinstimmen, bleibt es bei der bisherigen Rechtslage. Es besteht also insoweit zwar grundsätzlich die Möglichkeit, für eine Erfindung absoluten Stoffschutz zu erhalten. Allerdings wird wegen des technischen Fortschritts bei der Entschlüsselung der Gene etwa durch den Einsatz von Sequenziermaschinen auch im Bereich der Pflanzen und Tiere de facto nur noch selten ein absoluter Stoffschutz auf Gene gewährt werden. Die Erfindungshöhe wird hier in der Regel nicht mehr vorliegen.

Auch bei der Sachverständigenanhörung vor dem Deutschen Bundestag am 29. September 2004 ist sowohl von Seiten der Vertreter von Wissenschaft und Forschung als auch von dem Vertreter des Bundesgerichtshofs bestätigt worden, dass es nach dem heutigen Stand von Wissenschaft und Forschung bei korrekter Anwendung der Patentierungsvoraussetzungen nur noch in Ausnahmefällen erfinderisch sein kann, eine bestimmte Gensequenz bereit zu stellen, so dass ein absoluter Stoffschutz in Frage käme. Im Regelfall liegt der erfinderische Charakter vielmehr im Nachweis einer neuen überraschenden Verwendung. In diesen Fällen ist aber auch schon jetzt der Schutzbereich auf die spezifische Verwendung beschränkt.« (S. 20–21)

Es bleibt vorauszuschicken, dass dieser Text ohne Änderungen Bestandteil des verabschiedeten Patentgesetzes wurde. Mit dieser Begründung wird dem absoluten Stoffschutz bei »mit menschlichen Genen übereinstimmenden« Gensequenzen nach dem neuen deutschen Patentrecht eine Absage erteilt. Für nicht mit menschlichen Genen übereinstimmende DNA-Sequenzen wird zwar noch in Ausnahmefällen ein absoluter Stoffschutz ermöglicht, es wird jedoch davon ausgegangen, dass dieser nicht mehr die Regel sein kann. Damit wird die Auslegung des Gesetzestextes der Biopatentrichtlinie (in Artikel 1 Nr. 2, §1a Abs. 4 PatG) entscheidend konkretisiert und rechtlich bindend präzisiert.

Dieser vorstehende Text wurde sowohl von den Regierungsfraktionen wie auch der CDU/CSU Fraktion ohne weitere Änderungen gebilligt und von die sen gegen die Stimmen der FDP-Fraktion angenommen. Somit wurde deutlich, dass die CDU/CSU-Fraktion den Regierungskompromiss mittrug.

Allerdings stimmten sowohl CDU/CSU wie auch FDP-Fraktion gegen den Antrag der Fraktionen SPD und B90/Die Grünen »Für ein modernes Biopatentrecht«.[198] Dieser war als Entschließungsantrag bereits im März 2004 vorgelegt worden. Er bezog sich auf Forderungen nach »Präzisierungen und Verbesserungen« auf EU-Ebene, für welche sich die Bundesregierung einsetzen solle. Dieser Antrag entspricht dem vor allem von B90/Grüne in einer »Doppelstrategie« verfolgten Ziel einer Neuverhandlung der Richtlinie auf EU-Ebene.

In der Aussprache wurden die Konvergenzen und Divergenzen der Fraktionen im Hinblick auf die Beurteilung deutlich:

Die *Fraktion der SPD* erläuterte, dass »nunmehr ein gutes Gesetz vorliege, besonders im Hinblick auf die Formulierungshilfe und die Einschränkung des absoluten Stoffschutzes. Es werde eine Überprivilegierung bei Patenterteilungen auf biotechnologische Entwicklungen verhindert. [...] Man habe ein Gesetz entwickelt, welches für alle Beteiligten eine gute Regelung darstelle« (S. 17). Die Bundesregierung wurde allerdings aufgefordert, auf EU-Ebene weiter über die Biopatentrichtlinie zu verhandeln.

Die *Fraktion der CDU/CSU* stellte dar, »dass man sich im Ergebnis und in der Sache einig« sei. Die Verzögerung der Umsetzung müsse jedoch der Bundesregierung zugerechnet werden. Der ursprüngliche Vorschlag der Bundesregierung (»Eins-zu Eins-Umsetzung«) hätte »zu einer absehbaren Rechtsunsicherheit in diesem wirtschaftlich hochrelevanten und forschungspolitisch bedeutsamen Bereich« geführt. Die relevanten Fragen wären nicht durch die Politik beantwortet worden, sondern hätten in einem weiteren Streit durch die Gerichte entschieden werden müssen. Mit der nunmehr erreichten Formulierung »sei eine Klärung herbeigeführt worden, welche die Fraktion der CDU/CSU in den entscheidenden Stellen immer befürwortet habe.« Diese lägen darin, »wegen der Besonderheiten des menschlichen Genoms, eine Begrenzung des Patentschutzes zu erreichen. Das Patent sei auf den Gegenstand und den Schwerpunkt der Erfindung zu begrenzen. Genau dies sei realisiert worden. Der Schutz reiche also nicht soweit, dass man Patente auf zukünftige Möglichkeiten oder Funktionen erhalte, welche noch gar nicht erfunden worden sind. Trotz aller unterschiedlichen Meinungen, die es noch gebe, seien auch die Kritiker aus dem Bereich der forschenden Industrie gezwungen, anzuerkennen, dass Rechtssicherheit gegeben sei«(S. 18). Damit beanspruchte die CDU-Fraktion einerseits, einen gewichtigen Teil zu dem erzielten Ergebnis beigetragen zu haben. Andererseits stellte sie ihre Interpretation heraus, dass es die Partikularitäten des menschlichen Genoms seien, die zu einer patentrechtlichen Umfangsbeschrän-

198 Bundestags-Drucksache 15/2657. Große Teile dieses Textes wurden bereits in Kap. II.B.1 bei der ersten Lesung am 11.3.2004 wiedergegeben.

kung veranlassen müssten.[199] Außerdem betonte sie das Kriterium der nunmehr gegebenen gesetzlichen Rechtssicherheit als Erfolg des Parlaments.

Die *Fraktion B90/Die Grünen* hob hervor, dass man bei der Umsetzung der Richtlinie »nicht von einem schuldhaften Verzögern« sprechen könne. Die Beratungszeit sei notwendig gewesen, um ein gutes Gesetz zu entwickeln. Das vorgelegte Gesetz sei »inhaltlich richtig«. Es gebe eine »sehr tief greifende Diskussion in der Gesellschaft über die Frage der Patentierbarkeit menschlicher oder belebter Materie. Es sei für Laien schwer verständlich, dass man etwas patentieren könne, was in der Natur vorhanden sei. Angesichts dieser Debatte müsse man wenigstens in der Klarheit und der Begrenzung der Patente eine solche gute Regelung finden, wie man sie jetzt habe. Man müsse jetzt gemeinsam die Kräfte sammeln, um auf europäischer Ebene die Änderungen herbeizuführen, die man mit Blick auf das europäische Patentübereinkommen brauche, damit der Standard an Rechtssicherheit und Rechtsklarheit, den man jetzt national habe, auch auf europäischer Ebene erreicht werde. Dies sei Sinn und Zweck des Entschließungsantrags« (S. 19).

Damit verwies die Grüne Fraktion auf die persistierenden gesellschaftlichen Kontroversen und darauf, dass sie die gesetzliche Regelung nur als ein Zwischenergebnis betrachtete.

Die *Fraktion der FDP* brachte vor, dass sie die Einschränkung beim Stoffschutz für Gensequenzen »bedauere«. Sie interpretierte aus der vorliegenden Gesetzesbegründung, dass diese »nicht für gentechnisch modifizierte Gensequenzen gelten« solle. Man sehe »gravierende Auswirkungen für den Forschungsstandort und für die internationale Wettbewerbsfähigkeit Deutschlands«. Deutschland werde sich mit der Einschränkung beim Stoffschutz »in Europa isolieren«. Der deutsche Weg werde nicht zu mehr Rechtssicherheit für die betroffenen Unternehmen führen« (S. 19). Damit wird deutlich, dass die FDP[200] den Kompromiss nicht mittrug und weiterhin auf einem absoluten Stoffschutz beharrte.

Mit dieser Ausschuss-Sitzung war der Weg frei für die Verabschiedung des Gesetzentwurfs im Bundestag. Diese fand bereits zwei Tage später statt.

199 Der von der CDU/CSU erneut vorgelegte Antrag (Drs. 15/1024), der ihrem vor anderthalb Jahren eingebrachten Antrag »Die europäische Biopatentrichtlinie von 1998 umsetzen« entsprach, konnte sich bei der Abstimmung nicht durchsetzen. Er wurde von allen anderen Fraktionen abgelehnt. Dieser forderte eine Stoffschutzbeschränkung bei menschlichen Gensequenzen.

200 Abgestimmt wurde bei dieser Sitzung zudem über einen neuen Änderungsantrag der FDP zum Züchterprivileg bei Pflanzen. Dieser wurde abgelehnt. Aus Gründen der Schwerpunktsetzung dieser Arbeit wird darauf nicht eingegangen. Zum Landwirteprivileg in §11 Nr. 2a PatG und zum Pflanzenzüchterprivileg siehe Walter 2008.

4.6 Die Verabschiedung des Biopatentgesetzes und des Entschließungsantrages in zweiter und dritter Lesung am 3.12.2004

Am 3.12.2004 wurde das Biopatentgesetz in zweiter und dritter Lesung mit den Stimmen der SPD-Fraktion, der Fraktion B90/Grüne und der CDU/CSU-Fraktion verabschiedet. Einzig die FDP-Fraktion stimmte gegen das Gesetz. [201]

Der Entschließungsantrag der Regierungskoalition, mit der die Bundesregierung nachdrücklich zum Einsatz für »Präzisierungen und Verbesserungen« der Richtlinie auf EU-Ebene aufgefordert wird, wurde gegen die Stimmen der CDU/CSU und FDP verabschiedet.[202]

Die Plenardebatte war durch großes Engagement, sachliche Argumentation, Aufrichtigkeit und – bis auf die Frage der Zurechnung der Verantwortung für die über vierjährige Verzögerung der Implementierung – durch weitgehende Absenz von parteipolitischer Polemik gekennzeichnet. Im Hinblick auf die Zuschreibung des »Erfolges«, den das Gesetz nach fraktionsübergreifender Meinung darstellte und der von allen Fraktionen (außer der FDP) beansprucht wurde, drängt sich das Bonmot auf: »Erfolg hat viele Eltern, die Niederlage ist ein Waisenkind.«

Der hohe Stellenwert, welcher der Abstimmung beigemessen wurde, dokumentiert sich auch darin, dass seitens einer Reihe von Abgeordneten Erklärungen nach §31 der Geschäftsordnung des Bundestages[203] (Gewissensfreiheit) abgegeben wurden.[204]

---

201 Deutscher Bundestag, Plenarprotokoll 15/146, Stenografischer Bericht, 146. Sitzung. Freitag, den 3. Dezember 2004.

202 Antrag der Fraktionen SPD und B90/Die Grünen »Für ein modernes Biopatentrecht« (Drucksache 15/2657).

203 §31 der Geschäftsordnung des Bundestages gesteht jedem Abgeordneten bei einer Abstimmung das Recht auf eine kurze, maximal fünfminütige mündliche, in der Regel aber schriftliche Erklärung zu. Diese Regelung wird im allgemeinen dafür genutzt, Abweichungen von der Fraktionsdisziplin kundzutun. Sie gilt als einer der Orte, an denen die Gewissensfreiheit nach Artikel 38 des Grundgesetzes ihren Platz hat.

204 Es handelte sich um die drei MdBs der SPD Dr. Hermann Scheer, Ernst Kranz, Dr. Wolfgang Wodarg, sowie um alle 25 MdBs des Bündnisses 90/Die Grünen. Die von den MdBs Dr. Reinhard Loske und Hans-Josef Fell verfasste Erklärung wurde von allen Abgeordneten der Fraktion B90/Grüne unterzeichnet. In ihr werden verschiedene Kritikpunkte erneut vorgebracht, aber auch die Handlungszwänge einer Regierungspartei thematisiert. Darin heißt es: »Ein modernes Biopatentrecht muss beides leisten: den Schutz öffentlicher Interessen einerseits und Anreize für Erfindungen andererseits. Wir halten Stoffpatente auf Gene oder Gensequenzen für einen grundsätzlichen Irrweg – egal ob es sich um menschliche, tierische oder pflanzliche Gene handelt. Die Isolierung von Genen und die Identifizierung ihrer Funktionen sind keine Erfindungen, sondern Entdeckungen von in der Natur Vorhandenem. Die Gewährung von Stoffpatenten auf Gene oder Gensequenzen ist auch forschungsfeindlich, weil sie wissenschaftliche Anstrengungen im Bereich patentierbarer Gene für Dritte objektiv erschwert. Vor allem sehen wir die Gefahr von Bio-Monopolen, die es großen Konzernen aufgrund ihrer ökonomischen Potenz erlauben, Konkurrenten vom Markt fern zu halten und sich

4.7 Zur Bewertung des Ergebnisses des deutschen Implementierungsgesetzes

Im Folgenden wird zunächst noch einmal kurz die Bewertung des Kompromisses durch Parlament und Regierung rekapituliert, sowie die Reaktionen von Industrie und von Zivilgesellschaft und Medienöffentlichkeit dargestellt.

Wie bereits dargestellt, bestand - mit Ausnahme der FDP-Fraktion – eine weitgehende Zufriedenheit mit dem erzielten Kompromiss seitens der Parlamentsfraktionen, die sich in der breiten Mehrheit des Abstimmungsergebnisses und der Zustimmung der oppositionellen CDU/CSU-Fraktion spiegelt.

Auch seitens des Bundesjustizministeriums[205] wurde eine Zufriedenheit mit dem verabschiedeten Gesetzentwurf geäußert. Diese wird vor allem darauf zurückgeführt, dass das Parlament sich mit gewissen Modifikationen auf einen Änderungstext eingelassen hat, der anderthalb Jahre zuvor noch abgelehnt wurde und damals zum Scheitern der Verhandlungen führte.[206]

Seitens von industriellen Akteuren liegen keine offiziellen Stellungnahmen vor.[207] Indirekte und mündliche Quellen zeigen sich »erleichtert« über den Kompromiss und bekunden, dass man »damit leben« könne. Dabei wird der Kompromiss in der Regel eng ausgelegt. Die »Erleichterung« bezieht sich vor allem darauf, dass eine Umfangsbeschränkung des absoluten Stoffschutzes lediglich auf mit menschlichen übereinstimmende Gensequenzen vorgenommen wurde und damit die Rechtsfigur des absoluten Stoffschutzes für chemische Substanzen unangetastet blieb.

Nun soll noch auf einige unmittelbare Reaktionen aus Zivilgesellschaft und Öffentlichkeit eingegangen werden. Die Umweltschutzorganisation Greenpeace

---

biologische Ressourcen aus den ärmeren Ländern anzueignen. Gleichzeitig müssen wir aber zur Kenntnis nehmen, dass die Probleme in der EU-Biopatentrichtlinie selbst liegen, die Stoffpatente auf Gene und Gensequenzen zulässt. Diese Richtlinie müssen wir als nationaler Gesetzgeber umsetzen. Mit der jetzigen Umsetzung in nationales Recht wird ein erster Schritt auf dem Weg zur Einschränkung von Stoffpatenten in der Gentechnik getan. Das ist ein Erfolg unserer Position. Deshalb stimmen wir dem Gesetz in dieser Form zu. Diesem Schritt müssen aber weitere folgen. Insbesondere sehen wir die Notwendigkeit, die Biopatentrichtlinie in Brüssel mit dem Ziel zu überarbeiten, strategische Patente und Vorratspatentierungen zu verhindern, Biopiraterie in den Ländern des Südens auszuschließen und Forschungsfreiheit sicherzustellen« (Deutscher Bundestag, Plenarprotokoll 15/146, Stenografischer Bericht, 146. Sitzung, 3.12.2004).

205 Vgl. die Rede von Bundesjustizministerin Zypries bei der Plenardebatte am 3.12.2004, außerdem mündl. Mitteilung Raimund Lutz, BMJ, 22.12.2004.

206 Noch weitergehender wäre sogar zu konstatieren, dass bereits im Frühsommer 2002 ein – relativ ähnlicher – Formulierungsvorschlag seitens des Bundesjustizministeriums beinahe zur 2. Lesung im Parlament gekommen wäre.

207 Eine wichtige Lobbyorganisation, der Verband forschender Arzneimittelhersteller (VfA) nahm – entgegen seiner sonstigen Gepflogenheiten – nach der Verabschiedung nicht zum Biopatentgesetz öffentlich Stellung, obgleich der VFA sich zuvor nahezu wöchentlich zum Thema geäußert hatte.

demonstrierte am Tag der Abstimmung mit 30 Greenpeace-Aktivisten vor dem Reichstag in Berlin. Mit 50 in Eisblöcken eingefrorenen[208] Babypuppen[209] wollten sie ihren Protest gegen »Patente auf Leben« den Parlamentariern vermitteln.[210] Die demokratische »Belagerung« der »Festung« des Staatsapparats (Habermas 1992: 531) fand hier also gewissermaßen im wörtlichen Sinne statt.[211] Positiv äußerte sich Greenpeace lediglich bezüglich des verabschiedeten

208 Die vereisten Babypuppen sind ein Relikt einer anderen Greenpeace Aktion vom 5.4.2004. Damals protestierte Greenpeace vor dem Europäischen Patentamt in München gegen ein am 26. November 2003 erteiltes Patent. Dieses von der Firma Vitrolife gehaltene Patent (EP 1121015) umfasst ein »Vitrifizierungsverfahren« (Verglasung) im Rahmen der Lagerung von Keimzellen und Embryonen bei der in-vitro-Befruchtung. Es erstreckt sich auch auf die mit einem solchen Verfahren behandelten und kryokonservierten Samen-, Eizellen und menschliche Embryonen. (Greenpeace Pressemitteilung »Patentamt legt Menschenwürde auf Eis«, 5.4.2004). Das Patent wurde zu Recht skandalisiert. Zumindest das Einbeziehen menschlicher Embryonen in die Patent-Ansprüche ist als Verstoß gegen Artikel 6(2)c der EU-Richtlinie zu bewerten. (So auch die inoffizielle Einschätzung eines EPA-Mitarbeiters, mündl. Mitteilung, 6.10.2004). In diesem Falle bekannte sich das EPA jedoch nicht öffentlich zu seinem »Fehler«, wie beim Edinburgh-Patent, sondern forderte die Öffentlichkeit lediglich auf, Einspruch beim EPA einzulegen. Eine rechtliche Grauzone ergab sich für die mitpatentierten Keimzellen, die in der EU-Richtlinie nur in Erwägungsgrund 16 ausgeschlossen werden. Insofern hätte Anlass für ein »Lob« des deutschen Gesetzgebers bestanden, als dieser menschliche Keimzellen nunmehr explizit von der Patentierbarkeit ausschließt. Auch hier hat Greenpeace es versäumt, sich die »Lorbeeren« für vom Parlament erzielte Änderungen im Gesetzeswortlaut aufzustecken, die erst durch das Öffentlichmachen solcher Patente und eine entsprechende Problematisierung möglich wurden.

209 Es ist anzumerken, dass diese Inszenierung einer »Lebensschützer«-Ikonographie verhaftet ist. Embryonen werden als (unschuldige) Babys dargestellt und provozieren Schutzinstinkte. Gleichzeitig werden sie als Emblem für »Leben«, für Menschen, Pflanzen, Tiere, eingesetzt. Zur Kritik solcher Ikonographien vgl. Duden (1991).

210 Greenpeace monierte, das Gesetz sei »eigentlich wirkungslos«, da das »deutsche Recht keinerlei Einfluss auf Patententscheidungen des Europäischen Patentamtes« habe. Diese Interpretation legt allerdings in paradoxer Weise das Biopatentgesetz auf eine Interpretation fest, die juristisch durchaus offen ist. Zwar vermerkte Greenpeace, dass das Gesetz »Patente auf menschliche Gene, die in Deutschland erteilt werden, auf einzelne technische Anwendungen einschränkt«, kommentierte dies jedoch nicht. Greenpeace begrüßt lediglich, »dass der Bundestag die Bundesregierung zugleich in einem begleitenden Antrag aufgefordert hat, sich für notwendige Änderungen des Patentrechtes in Brüssel einzusetzen. […] ›Die Bundesregierung hat sich bis heute nicht für die dringende Neuverhandlung der europäischen Patentrichtlinie eingesetzt‹, sagte Christoph Then, Patentexperte von Greenpeace. ›Inzwischen schafft das EPA weiter Fakten‹, warnt Then. ›Stück für Stück erfolgt der Ausverkauf des menschlichen Erbgutes und der belebten Natur. Die Bundesregierung macht sich mitschuldig an dieser ethisch unerträglichen Entwicklung. […] Wir fordern ein generelles Verbot der Patentierung von Genen und Lebewesen‹« (Pressemitteilung Greenpeace, 3.12.2004) Diese »Mitschuld«-Metaphorik ist durch einen hohen Grad an Pathos geprägt und ruft historisch unangemessene Analogien auf. Die »Verbots« Semantik wiederum ist durchaus als ein gewisser autoritärer Reflex zu bewerten.

211 Vgl. dazu Habermas: »Kommunikative Macht wird ausgeübt im Modus der Belagerung. Sie wirkt auf die Prämissen der Urteils- und Entscheidungsprozesse des politischen Systems ohne Eroberungsabsicht ein, um in der einzigen Sprache, die die belagerte Festung versteht, ihre

Entschließungsantrages, der eine erneute Verhandlungsrunde auf EU-Ebene einfordert. Dies überrascht insofern, als das Zustandekommen eines Kompromisses nicht unmaßgeblich darauf zurückzuführen sein dürfte, dass Greenpeace mit fortwährenden Aktionen und der regelmäßigen »Aufdeckung« und Skandalisierung von sehr breiten oder ethisch und rechtlich bedenklichen EPA-Patenten das Thema Biopatente öffentlich wach hielt.

In den Medien wurde überwiegend deskriptiv berichtet, in vielen Zeitungen beschränkte sich die Berichterstattung auf die Wiedergabe der Plenardebatte. Seitens der Medien, die in den Jahren zuvor den Verlauf »kritisch« publizistisch begleitet hatten, wurde das Ereignis mit Beiträgen auf der Kommentarseite gewürdigt. Allerdings überwogen hier skeptische bis ablehnende Reaktionen. Als Kritik wurde beispielsweise angemerkt, der Preis, den die Grünen für die Regierungsbeteiligung hätten zahlen müssen, sei zu hoch.[212] Zudem wurde der Vorwurf erhoben, im Gesetz spiegele sich ein anthropozentrisches Weltbild.[213]

Solchen Kommentaren ist zu entgegnen, dass sie den Wortlaut des Gesetzes und seiner Begründung offensichtlich nicht ausreichend zur Kenntnis genommen haben oder gar eine Fehlinterpretation dessen leisten. Es handelt sich um einen gewissen Rückfall in alte Fronten, der die Diskurs-Entwicklungen nicht hinreichend reflektiert und honoriert. Zum anderen ist anzumerken, dass die Zwänge, unter denen staatliches Handeln unter europäischem und international bindendem Recht steht, darin nicht anerkannt werden. Ein Nicht-Implementieren der Richtlinie wäre für den Gesetzgeber, zumal unter dem Damokles-

---

Imperative zur Geltung zu bringen: sie bewirtschaftet den Pool von Gründen, mit denen die administrative Macht zwar instrumentell umgehen kann, ohne sie aber, rechtsförmig verfasst, wie sie ist, ignorieren zu können« (1992: 626). Nur in Krisensituationen allerdings erhielten zivilgesellschaftliche Akteure »die Chance, die Richtung der konventionell eingespielten Kommunikationskreisläufe in der Öffentlichkeit und im politischen System umzukehren und damit den Problemlösungsmodus des ganzen Systems zu verändern« (1992: 460, vgl. auch, 449, 451).

212 »Rot, Grün und Schwarz waren sich diesmal weitgehend einig. Das war nicht immer so: Denn einst gehörten die Grünen zu den schärfsten Gegnern der jetzt mit ihren Stimmen verabschiedeten Regelung. Die Geschichte des Biopatentgesetzes zeigt sehr deutlich, welchen Preis die grüne Partei für ihre Regierungsbeteiligung bezahlen muss.« [...] Auch die mit verabschiedete Forderung, die Bundesregierung müsse sich in Brüssel dafür einsetzen, diese Richtlinie zu überarbeiten, ändert nichts daran, dass sie letztendlich zugestimmt haben.« (taz Nr. 7531 vom 4.12.2004, Seite 11, Kommentar Wolfgang Löhr: »Der Preis der Regierung«), Hier schwingt unüberhörbar ein »Verratsvorwurf« zwischen den Zeilen mit.

213 »Gesiegt hat die Erkenntnis, dass für Biopatente für menschliche Gene andere Voraussetzungen und Grenzen gelten müssen als für Aspirin. Uneingeschränktes Lob verdient dieses Gesetz aber dennoch nicht: Es teilt die Welt auf zwischen Menschen und dem Rest der Natur; was beim Menschen verboten sein soll, ist bei Tieren und Pflanzen erlaubt. [...] Dieses Gesetz macht die Erde dem Menschen untertan, die Weltsicht des Mittelalters lässt grüßen. Einen absoluten Patentschutz, Patente auf Leben, sollte es nicht geben, egal ob bei Mensch, Tier oder Pflanze. [...] Mit ihrem Gesetz steht die Bundesregierung im Wort, für eine Neuauflage der EU-Richtlinie zu sorgen [...]«. (Heidrun Graupner: Reparatur-Arbeiten am menschlichen Gen, in: Süddeutsche Zeitung, 4.12.2004, S. 4).

schwert der Brüsseler Zwangsgelder, nicht möglich gewesen. Zudem ist europarechtlich auch eine nicht umgesetzte Richtlinie bereits in den Mitgliedsstaaten rechtlich bindend.[214] Keine Anerkennung wurde der politischen Leistung des Parlaments gezollt, welche sich in dem Kompromiss manifestiert. Damit behielt die zivilgesellschaftliche Öffentlichkeit ihren Konfrontationskurs bei. Zwar ist anzuerkennen, dass sich ein zivilgesellschaftlicher Mitspieler wie Greenpeace immer in dem Spagat befindet, einerseits Teilerfolge zu feiern, andererseits aber Entwicklungen politisch durch Kritik weiter voranzutreiben. Dennoch sollte die Anerkennung eines »Schritts in die richtige Richtung« nicht als falscher Kniefall oder als Kooptation missverstanden werden.

Es bleibt abzuwarten, ob es bei der fehlenden Akzeptanz und legitimatorischen Bestreitung des Kompromisses bleibt. Das Lob für den Entschließungsantrag der Koalitionsfraktionen gibt allerdings zu verstehen, dass damit ein Versprechen geleistet wurde, dessen Einhaltung seitens der Öffentlichkeit aufmerksam beobachtet werden dürfte. Das Auseinanderklaffen zwischen der hohen allgemeinen Zufriedenheit im Parlament und der eher kritischen Sichtweise in Zivilgesellschaft und Medienöffentlichkeit macht deutlich, dass die in den langen parlamentarischen Diskussionsprozessen erreichten Verständigungen und damit der potentiell transformative Gehalt des Kompromisses nicht hinreichend nach außen kommuniziert wurden.

4.8 Zusammenfassung

Der mühselige und langwierige Implementierungsprozess der EU-Biopatentrichtlinie in Deutschland war mit andauernden Kontroversen um die moralisch-ethische Legitimität sowie um die zweischneidige innovations- und forschungspolitische Wirkung von Biopatenten verbunden. Es entstand ein Konflikt zwischen einerseits der rechtstreuen Umsetzung und andererseits dem Willen zur Adaption an neue empirische Bedingungen und wissenschaftliche Erkenntnisse, welche eine Anpassung und Präzisierung für nötig erachten ließen, sowie um die europarechtlich möglichen Gestaltungsoptionen des nationalen Gesetzgebers. Der Verdienst der deutschen Debatte um die Umsetzung der Biopatentrichtlinie liegt darin, dass sie auf einem sehr hohen, qualifizierten Niveau geführt wurde. Insbesondere die Stoffschutzdebatte wurde sehr intensiv aus dem Parlament heraus angestoßen und in der Rechtsdisziplin gründlich wissenschaftlich bearbeitet. Herausragend bleibt, dass damit seitens des Bundestages entscheidende Impulse für die als Hüterin des Patentrechts fungierende Patentrechtsdisziplin gesetzt wurden und diese zu Neuorientierungen in der Patent-

214 Mündliche Mitteilung, Dr. Schmidt, Ex-Vizepräsident des Europäischen Parlaments, 25.11.04 in Berlin.

rechtsdogmatik veranlassen konnte. Damit wurde tatsächlich der machtpolitische Kern des Rechts berührt und zumindest zu vorsichtigen Verschiebungen bewogen. Die Bearbeitung in der Legislative zwang die epistemische Gemeinschaft des Patentrechts zu einer Abkehr von ihrer selbstreferentiellen Logik und zur Resonanz auf empirische Irritationen und neue, außerrechtliche Argumente. Die deutsche Stoffschutzdebatte hat zudem in exemplarischer und mustergültiger Weise die Hegemonie bestimmter patentrechtlicher Axiome zur Innovationsförderung in Frage gestellt und zu Umorientierungen veranlasst. Wie im nächsten, frame-analytischen Kapitel (II.C) noch ausgeführt wird, kam es dabei zu einem Reframing, in dem bisherige wirtschaftspolitische Argumente invertiert wurden.

Zudem erfolgte eine Abkehr vom bisherigen »one-size-fits all«-Prinzip im Patentrecht hin zu einer technologiepolitischen Feinsteuerung. Als die wichtigsten Gründe dafür, warum Gensequenzen patentrechtlich differenzierend zu chemischen Stoffen zu behandeln sind, galten

– ihr primär informationeller Charakter (Codierungsfunktion),
– ihre Multifunktionalität (Überholtheit des alten Dogmas »ein-Gen-codiert-ein-Protein«) und relationale Vernetztheit (Interaktion von Genen und Genprodukten),
– die Tatsache, dass es sich um eine begrenzte Ressource handelt (begrenzte Zahl von Genen im Genom jedes Organismus, beim Menschen rund 25.000 Gene), die sorgsam zu »verwalten« sei,
– dass bei stoffgeschützten Gensequenzpatenten ein »inventing around« kaum möglich ist.

Diese Argumente machen eine patentrechtliche Sonderbehandlung von DNA-Sequenzen plausibel.

Die hohe argumentative Qualität der Auseinandersetzung und der erreichte Grad an Verständigung ging über einen bloßen Kompromiss hinaus und hat eine echte Stufe von Verständigung und Policy-Learning erreicht. Dies spiegelt sich sowohl in der breiten Zustimmung im Parlament über die Regierungsfraktionen hinaus, als auch in der letztlichen Bereitschaft der Bundesjustizministerin, Zugeständnisse an das Parlament zu machen. Keineswegs aber fand die Auseinandersetzung in einer Arena des herrschaftsfreien Diskurses statt. Unterschiedliche Sichtweisen und politische Willensbildungen zur Ausgestaltung des deutschen und auch des europäischen Patentsystems blieben mehr oder weniger latent vorherrschend. Hier standen die Ansichten aus dem Parlament jenen der Regierung, insbesondere des Justizministeriums und seines Beamtenapparats, diametral und unversöhnlich gegenüber. Zwar war das Parlament in seiner Haltung keineswegs homogen, es verhielt sich jedoch quer durch (fast) alle Parteien responsiv zu argumentativen Anfechtungen der Patentrechtspraxis und fasste das Patentrecht nicht als »wertneutrales Instrument der Technologieförderung«, sondern als Rechtsinstrument mit politischen und (re-)distributiven Dimensionen sowie mit Implikationen für die Technologiesteuerung auf.

Die Ministerialbürokratie des Bundesjustizministeriums hingegen verschanzte sich formal hinter europarechtlichen Argumenten der geforderten Rechtstreue und der gebotenen engen Umsetzungspflichten. Kaschiert wurde dahinter, dass durchaus bestimmte inhaltlich-politische Positionen vertreten wurden, nämlich letztlich ein Insistieren auf dem absoluten Stoffschutz für Gene und andere (human)biologische Substanzen. In dieser Hinsicht waren die Lobbybemühungen insbesondere der pharmazeutischen Industrie und die patentrechtsdisziplinären Beharrungskräfte sehr erfolgreich.

So darf die Tatsache, dass es überhaupt zur Verabschiedung eines Gesetzestextes kam, der in seinem Wortlaut von jenem der EU Richtlinie abwich, durchaus als großer Erfolg des Parlaments und insbesondere der argumentativen und verhandlungspolitischen Beharrlichkeit einzelner Fachpolitiker aus den Regierungsfraktionen betrachtet werden. Hinsichtlich der handwerklichen Qualität dieser Modifikationen und ihrer juristischen Eleganz wäre sicherlich einiges noch verbesserungswürdig gewesen. Der Grad der Präzisierung fällt hinter den bereits 2002 erreichten Stand der Auseinandersetzung in der Koalitions-Arbeitsgruppe zurück.

Alle Verständigungsprozesse sollten jedoch nicht darüber hinwegtäuschen, dass die Verabschiedung des Gesetzes das Resultat eines zähen Machtkampfes zwischen Exekutive und Legislative war, bei der am Ende beide Seiten Zugeständnisse machten, aber auch wichtige, klärungsbedürftige Punkte offen blieben.

Der Wille des Parlaments lag darin, eine Umfangsbeschränkung des Stoffschutzes bei Gensequenzen durchzusetzen. Diese sollte Gültigkeit auch für bereits anhängige Anmeldungen haben und in ihrer Wirkung auch für vom Europäischen Patentamt erteilte, für Deutschland benannte Patente durchschlagen. Es herrschte jedoch die Einschätzung vor, dass eine Umfangsbeschränkung für bereits erteilte Genpatente legislativ nicht möglich sei, da damit in bestehende Eigentumstitel rückwirkend eingegriffen worden wäre; allerdings wurde durch die legislative Klärung und die eindeutige gesetzgeberische Willensbekundung zur Stoffschutzbeschränkung in der Gesetzesbegründung erwartet, dass in einem Streitverfahren vor einem deutschen Bundespatentgericht über eine Patentverletzung bei einem Genpatent eine Grundsatzentscheidung getroffen würde, bei der die Richter diesen Willen des Gesetzgebers zur Richtschnur ihres Urteils machen müssten und eine teleologische Reduktion zu erfolgen hätte. Wäre aber damit in einem Präzedenzfall geklärt, dass für andere Verwendungen eines Genpatents als die bereits in der Patentanmeldung beschriebenen keine Patentverletzung vorläge, so entfaltete dieses Case Law als

Rechtsfortbildung durch die Gerichte seine allgemeine Gültigkeit für alle, auch die vor dem Inkrafttreten des Gesetzes erteilten Genpatente. So zumindest lautete das rechtspolitische Kalkül – ob dies vor Gericht so eintreten wird, wird sich erst noch erweisen müssen.

Der politische Wille der Regierungsfraktionen, der sich im zusätzlich zum Gesetz verabschiedeten Entschließungsantrag dokumentiert, lag zudem darin, Impulse für eine Neuverhandlung der Richtlinie auf EU-Ebene zu setzen, es also nicht bei einem »deutschen Sonderweg« zu belassen, sondern in Europa für eine Verallgemeinerung der Stoffschutzbeschränkung zu werben. Damit erteilte das Parlament einen Auftrag an die Exekutive, sich in supranationalen Arenen für die gefundene Kompromisslösung einzusetzen und weitere Schritte zu einem ausgewogeneren Patentrecht zu beschreiten. Ob der Kompromiss in seiner Wirkung tatsächlich Effekte entfaltet, die geltende Patentrechtspraxis zu transformieren, wird vom Vollzug des Gesetzes abhängen.

C Frame-Analyse der EU Kontroverse und des deutschen Politikprozesses

Nachdem ich den Verlauf des Gesetzgebungsverfahrens in der EU und der nationalen Implementierung in Deutschland als Policy-Analyse dargestellt habe, werde ich in diesem Kapitel die Dynamik der Patentierungskontroverse in den beiden Politikprozessen noch einmal in einer Frame-Analyse rekonstruieren, um die große Bedeutung des diskursiven Wandels durch Parlamente und Zivilgesellschaft für die Governance des Europäischen Patentsystems deutlich herauszustellen. Methodik und Theorie dieses Frame-Ansatzes wurden bereits in Kap. I. B dargestellt. Ich untersuche zunächst, wie sich die Hauptframes und damit die Ausgangskonstellation der Kontroverse herausgebildet haben und wie diese Konstellation sich durch intra- und interrelationale Bezugnahmen (Frame-Interaktionen), sowie in Auseinandersetzung mit veränderten Kontexten, in denen sie eingebettet sind, rekonfiguriert hat. Dabei ist von besonderer Bedeutung, zu welchen Verschiebungen (*frame-shifts*) und Umdeutungen der Problemstellung es kam und ob im Ergebnis ein Reframing erreicht wurde.

Zur zeitlichen Strukturierung habe ich auf die Perioden der Gesetzgebungsprozesse auf europäischer und nationaler Ebene Bezug genommen. Die Interaktion des öffentlichen, zivilgesellschaftlichen Diskurses mit den parlamentarischen Diskursen bildet einen Fokus der Frame-Analyse, wobei ich mich auf die Verlaufsdynamik in den parlamentarischen Auseinandersetzungen konzentriert habe.

Als empirisches Material für die Frame-Analyse habe ich, wie bereits in Kap. I.B vermerkt, sowohl auf die Dokumente aus den EU- und deutschen Policy-Prozessen zurückgegriffen, wie auch auf die geführten Experteninterviews, teilnehmende Beobachtungen an Bundestags-Anhörungen und weiteres schriftliches Material, das ich mittels des Open Coding Verfahrens der Grounded Theory (Glaser/Strauss 1998) ausgewertet, codiert und aggregiert habe. Aufgrund der großen Materialfülle verzichte ich weitgehend auf Einzelbelege zur Darstellung der Hauptframes, denn die in der Frame-Analyse aufgeführten Argumente und *story lines* sind pervasiv, es könnten für jede von ihnen hunderte von Belegquellen angegeben werden, jede Auswahl von einzelnen Quellen und Zitaten würde daher Begründungsprobleme für die jeweilige Selektivität aufwerfen. Als Belegquellen beschränke ich mich vor allem auf den autoritativen, im

Jahr 1998 verabschiedeten EU-Richtlinientext, nicht zuletzt deshalb, weil dieser eine Entscheidung markiert hat. In der chronologisch dargestellten Policy-Analyse wurde bereits deutlich, in welcher Weise die Spuren der politischen Auseinandersetzungen sich in diesen Text eingeschrieben haben. Für die deutsche Debatte führe ich Zitate aus Grundsatzreden des Bundeskanzlers und der Justizministerin auf; diese bezogen sich zwar allgemein auf geistige Eigentumsrechte, waren daher keine Grundsatzreden zur Biopatentierung. Sie sind jedoch insofern hochrangige und autoritative Quellen, als darin programmatische regierungspolitische Grundsatzaussagen gemacht wurden. Für den oppositionellen Frame »Ethik« greife ich schwerpunktmäßig auf Interviews mit Gegnern der Richtlinie zurück und auf Texte, in denen diese versucht haben, Einfluss auf den Richtlinien- bzw. Gesetzestext zu nehmen.

Um Frames überhaupt identifizieren zu können, müssen diese eine gewisse zeitliche Stabilität über den Diskursverlauf hinweg aufweisen. Konzepte und Argumentationslinien, die nur von einzelnen Diskursteilnehmern sowie lediglich punktuell artikuliert wurden, sind insofern aus der Analyse ausgeschieden. Differenzierungen und Verschiebungen ergaben sich im Lauf der Diskursdynamik sowohl *intra*-frame, als Ausdifferenzierung in der Binnenstruktur eines Hauptframes, wie auch *inter*-frame, als Bezugnahme der Hauptframes aufeinander.

Die Frame-Analyse rekonstruiert die argumentativen Aussagen bzw. *story lines* einer Kontroverse, sie prüft und bewertet nicht, ob diese plausibel, konsistent oder widersprüchlich sind oder unter welchen Prämissen und Kontextbedingungen sie gelten bzw. invalide sind. Ich beginne im Folgenden mit der Ausgangskonstellation der Kontroverse.

1. Die erste Phase der EU-Kontroverse (1988–1995): Formierung der beiden Hauptframes »Wirtschaft« und »Ethik«

Die erste Phase der Auseinandersetzung auf EU-Ebene reicht vom ersten Richtlinienvorschlag 1998 bis zum Scheitern der Richtlinie im Europäischen Parlament 1995. Dabei formierten sich die beiden Hauptframes der Kontroverse, die als Frame »Wirtschaft« und als Frame »Ethik« zu kennzeichnen sind und die nun vorgestellt werden.

1.1 Der Hauptframe »Wirtschaft«

Der Hauptframe »Wirtschaft« bildet sich mit dem ersten Richtlinienentwurf der Kommission und wird von den Proponenten und Befürwortern der EU Biopatentrichtlinie vertreten, auch auf der späteren nationalen Ebene des Politikprozesses. Die *problem-setting story* dieses Frames (vgl. Schön/Rein 1994) bildet zum einen die Notwendigkeit der (präventiven) rechtlichen Harmonisierung des europäischen Patentrechts angesichts der Gefahr einer rechtlichen Zersplitterung durch unterschiedliche nationale richterrechtliche Entscheidungen, sowie zum anderen, dass es notwendig ist, das Patentrecht an Spezifika der Biotechnologie (lebende Materie) anzupassen.

Innerhalb von Hauptframe »Wirtschaft« sind die Hauptbezugspunkte die Biotechnologie als neue Schlüsseltechnologie, die Harmonisierung des Patentrechts, die beide in einen positiven Zusammenhang zur ökonomischen Entwicklung gestellt werden (siehe Grafik 1). Dabei werden die Chancen der Technikentwicklung hervorgehoben und die Präferenzen und Optionen im Hinblick auf technische Innovation weitgehend dem Markt überantwortet. Es handelt sich um einen Frame, der stark im geltenden Patentrecht institutionalisiert[1] ist, womit er zugleich in der Erteilungspraxis des EPA verankert und in dessen Grundannahmen verhaftet bleibt. In der politischen Kontroverse um die Biopatentrichtlinie war dieser Frame zunächst hegemonial.

Grafik 1: Hauptbezugspunkte im Frame »Wirtschaft«

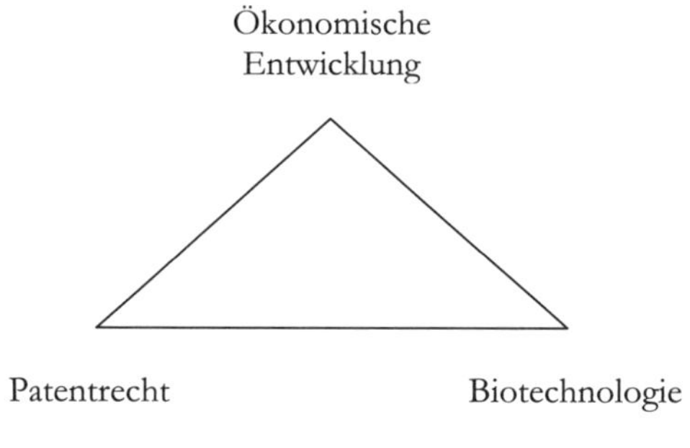

1 Schön/Rein 1994:33 nennen dies in ihrem Konzept einen *institutionalized action frame*, vgl. Kap. I.B.

Grafik 2: Hauptframe »Wirtschaft«: Referenzpunkte, Elemente, *story lines* und Argumentationslinien

Referenzpunkte und Elemente	*Argumentationslinien*
Wirtschaft	Innovation
	Investitionsschutz
	Internationale Konkurrenz, Standortsicherung
	Arbeitsplätze und Wohlstand
Recht	Rechtsangleichung und Harmonisierung
Gesundheitspolitik	Arzneimittel- und Therapieentwicklung
Forschungspolitik	Gerechter Lohn für Erfinder bzw. Investoren und Gemeinwohl
	Privatisierung von Erfindungen notwendig für Technologieentwicklung
	Wissens- und Technologietransfer, Ressourcenallokation
Ethische Grundstruktur:	Utilitarismus
Verhältnis zu Technik/ Konnotation:	Technikoptimismus
Gestützt durch:	Patentrecht
Tendenz:	maximalistisch

Dabei wurden innerhalb des Hauptframes »Wirtschaft« hauptsächlich die nun folgenden Argumentationslinien und *story lines* vorgebracht und mit Geltungsansprüchen versehen. Deren Referenzpunkte Wirtschaft (1–4), Recht (5), sowie Gesundheits- und Forschungspolitik (6) sind gleichzeitig als Unterframes zu klassifizieren. Die nächsten *story lines* (7–9) beziehen sich auf die Forschungspolitik und den Technologietransfer. Der Komplex von Forschung und Entwicklung stand anfangs im Hintergrund, er wurde erst im weiteren Verlauf der Kontroversen stärker addressiert und das Narrativ der Wissensgesellschaft (10) trat erst Ende der 1990er Jahre auf (vgl. Grafik 2 als Überblick).

1) Innovation

Patentschutz fördert die technische Innovation und die industrielle Entwicklung. Entsprechend lautet Erwägungsgrund (1) der EU Biopatentrichtlinie :

»Biotechnologie und Gentechnik spielen in den verschiedenen Industriezweigen eine immer wichtigere Rolle, und dem Schutz biotechnologischer Erfindungen kommt grundlegende Bedeutung für die industrielle Entwicklung der Gemeinschaft zu.«

2) Investitionsschutz

Die Hauptfunktion von Patenten liegt darin, dem Investitionsschutz zu dienen.

Erwägungsgrund (2) der Biopatentrichtlinie formuliert dazu:

»Die erforderlichen Investitionen zur Forschung und Entwicklung sind insbesondere im Bereich der Gentechnik hoch und risikoreich und können nur bei angemessenem Rechtsschutz rentabel sein.«

Damit wird die Anspornthéorie des Patentrechts vertreten. Der Hauptfokus liegt dabei auf dem »return on investment«, den ein angemessener Patentschutz gewährleisten muss. Auf nationaler Ebene formulierte hierzu Bundeskanzler Gerhard Schröder in einer Grundsatzrede zum Schutz des geistigen Eigentums:

»Um die Bedingungen für hervorragende Forschung zu schaffen, müssen die Unternehmen vorausschauend investieren können. Dazu sind sie aber dann und nur dann bereit, wenn eine realistische Chance besteht, die von ihnen vorfinanzierten Erfindungen gewinnbringend auszuwerten. Das ist nichts Böses, sondern das ist etwas, wovon Unternehmen und damit die Gesellschaft lebt« (Schröder 2004).

3) Internationale Konkurrenz und Standortsicherung für die nationale Ökonomie

Als vorrangige Aufgabe der nationalen und europäischen Politik wird die Standortsicherung für Unternehmen betrachtet. Internationale Konkurrenz herrscht nicht nur zwischen Unternehmen, sondern auch zwischen Volkswirtschaften. Ohne ausreichenden Patentschutz ist die Nation bzw. die Europäische Union der internationalen Konkurrenz, insbesondere zwischen den führenden Industrieländern (USA, Japan), nicht gewachsen. Um aufzuholen oder zumindest den gegenwärtigen Rang zu halten, ist ein wirksamer Schutz der geistigen Eigentumsrechte, insbesondere ein starker Patentschutz, unumgänglich.[2]

4) Arbeitsplätze und Wohlstand

Technischer Fortschritt fördert die ökonomische Entwicklung und dient dazu, Arbeitsplätze zu schaffen und damit den allgemeinen Wohlstand zu befördern.

---

2 Es bleibt hervorzuheben, dass das Standortargument international gewissermaßen *die* »Trumpfkarte« im Diskurs bildet. Das Argument des Konkurrenzwettlaufs wird regelmäßig für eine Stärkung und Ausweitung des Patentschutzes in Anschlag gebracht, auch und selbst dann, wenn es sich um ökonomisch und technologisch sehr starke Nationen handelt. Es war beispielsweise auch wesentlich für die Verabschiedung des für den Technologietransfer zwischen Universitäten und Wirtschaft zentralen Bayh-Dole-Acts 1980 in den USA (vgl. Kap. II.A und Rai 1999). Auch in der Schweiz, die zu den stärksten Pharmanationen zählt und eine hohe Zahl von Patenten vorweisen kann, wurde das Standortargument zentral für die Notwendigkeit einer Übernahme der EU-Biopatentrichtlinie ins Schweizer Recht ins Feld geführt. (Siehe die Unterlagen zum Schweizer Gesetzentwurf unter www.ige.ch/D/jurinfo/j100.shtm#2, letzte Abfrage 11.1.2005).

5) Rechtsschutz, Rechtsangleichung und Harmonisierung

Erfinder und Unternehmen sind auf Rechtssicherheit bei der Patentierung angewiesen, sowohl innerhalb Europas wie international.

Hinsichtlich europapolitischer und europarechtlicher Aspekte wird festgehalten, dass ein einheitliches Patentrecht für biotechnologische Erfindungen notwendig ist, um Rechtssicherheit zu schaffen und die industrielle Entwicklung zu befördern. Dies gilt sowohl für die Europäische Gemeinschaft nach innen, wie auch im Außenverhältnis. Entsprechend lautet Erwägungsgrund (3) der Biopatentrichtlinie:

»Ein wirksamer und harmonisierter Schutz in allen Mitgliedstaaten ist wesentliche Voraussetzung dafür, dass Investitionen auf dem Gebiet der Biotechnologie fortgeführt und gefördert werden.«

sowie Artikel (7):

»Eine uneinheitliche Entwicklung der Rechtsvorschriften zum Schutz biotechnologischer Erfindungen in der Gemeinschaft könnte zusätzliche ungünstige Auswirkungen auf den Handel haben und damit zu Nachteilen bei der industriellen Entwicklung der betreffenden Erfindungen sowie zur Beeinträchtigung des reibungslosen Funktionierens des Binnenmarkts führen.«

Eine Rechtsangleichung sei ebenso international erforderlich und werde durch das TRIPs-Abkommen für alle Staaten bindend. Implizit wird mit der Erfordernis der Konvergenz geltend gemacht, dass die EU das Patentrecht auf biotechnologische Erfindungen ähnlich weitgehend ausgestalten müsse wie dies in den USA und Japan bereits erfolgt sei.

Erwägungsgrund (12) der Biopatentrichtlinie lautet hierzu:

»Das Übereinkommen über handelsbezogene Aspekte der Rechte des geistigen Eigentums (TRIPs-Übereinkommen), das die Europäische Gemeinschaft und ihre Mitgliedstaaten unterzeichnet haben, ist inzwischen in Kraft getreten; es sieht vor, dass der Patentschutz für Produkte und Verfahren in allen Bereichen der Technologie zu gewährleisten ist.«

6) Arzneimittel- und Therapieentwicklung

Patentschutz ist zur Entwicklung neuer Medikamente und Therapien unerlässlich. Patente dienen somit dem Patientenwohl und der Fortentwicklung der Gesundheitsversorgung. Dabei müssen auch Körperbestandteile und Gene in die Patentierbarkeit eingehen. Das zentrale Credo dieser Position wurde 1997 unter der Devise *»no patents, no cure«* – ohne DNA-Patente keine Medikamentenentwicklung – zusammengefasst.

Im Erwägungsgrund (17) wird dazu formuliert:

»Mit Arzneimitteln, die aus isolierten Bestandteilen des menschlichen Körpers gewonnen und/oder auf andere Weise hergestellt werden, konnten bereits entscheidende Fortschritte bei der Behandlung von Krankheiten erzielt werden. Diese Arzneimittel sind das Ergebnis technischer Verfahren zur Herstellung von Bestandteilen mit einem ähnlichen Aufbau wie die im menschlichen Körper vorhandenen natürlichen Bestandteile; es empfiehlt sich deshalb, mit Hilfe des Patentsystems die Forschung mit dem Ziel der Gewinnung und Isolierung solcher für die Arzneimittelherstellung wertvoller Bestandteile zu fördern.«

7) Gerechter Lohn für Erfinder bzw. Investoren und Gemeinwohl

Patentschutz dient nicht lediglich partikularen Interessen, sondern dem Gemeinwohl. Hier wird implizit oder explizit auf die Vertragstheorie des Patentrechts Bezug genommen.

»Das Interesse der Erfinder und der innovativen Unternehmen, unbefugte Dritte – natürlich zeitlich befristet - von der unerlaubten Nutzung ihrer Ideen auszuschließen, ist also nichts nur eigennütziges, sondern die Bedingung für einen Fortschritt, der uns allen zu Gute kommt, etwas Nachvollziehbares und in sich auch Gerechtes« (Schröder 2004).

8) Offenbarung individuell erzeugten Wissens

Die dem Patentschutz immanente – zeitlich befristete – Exklusivierung und Privatisierung von Erfindungen wird als notwendig für die Technologieentwicklung, insbesondere für den Technologietransfer von der Grundlagenforschung zur industriellen Anwendung angesehen. Dabei wird davon ausgegangen, dass technisch nutzbare Erkenntnisse in der Wissensgenerierung einzelnen Individuen als Erfindern zugeordnet werden können und dass Innovationen von inkrementellen Weiterentwicklungen abgrenzbar sind.

9) Wissensgenerierung, Technologietransfer und Ressourcenallokation

Die mit einer Patentanmeldung verbundene Offenbarung der Erfindung verhindert die Geheimhaltung von Wissen (Offenbarungstheorie des Patentrechts) und führt zu einer gesellschaftlich sinnvollen Allokation von Ressourcen.

»Die obligatorische Veröffentlichung der Anmeldungen gewährleistet einen raschen Wissenstransfer innerhalb der interessierten Fachkräftekreise. Dieser Wissenstransfer hilft, doppelte Entwicklungen und damit die Vergeudung von Ressourcen zu vermeiden. Nach Ablauf der Schutzdauer sollen und werden Erfindungen und Muster gemeinfrei. Das System des gewerblichen Rechtsschutzes hilft also unmittelbar den Erfindern. Und es trägt dazu bei, dass in unserer Gesellschaft Wissen gemehrt wird« (Schröder 2004).

10) Technische Erfindungen als Rohstoffe der Wissens- und Informationsgesellschaft

In der Wissens- und Informationsgesellschaft sind technische Erfindungen als »Rohstoffe« zu betrachten, die gerade in rohstoffarmen Ökonomien wachsende Bedeutung erlangen. Nur durch die patentrechtliche Proprietisierung werden diese zu handelbaren Gütern.

»Wir müssen technisch anwendbare Ideen als das begreifen was sie sind: Als Wirtschaftsgüter und als die Rohstoffe unserer modernen Gesellschaft« (Zypries 2004a).

11) Ethische Grundstruktur: Utilitarismus

Von seiner ethischen Grundstruktur her gesehen ist Frame »Wirtschaft« utilitaristisch ausgerichtet. Es werden implizite Kosten-Nutzen-Analysen angestellt, die von einer höheren Effizienz des patentrechtlichen Schutzes von Innovationen im Bereich der Gentechnologie gegenüber einem nicht-patentrechtlichen Schutz ausgehen.

12) Konnotation: Technikoptimismus

Frame »Wirtschaft« ist ein (un)ausgesprochener Technikoptimismus zueigen. Häufig wird darauf verweisen,

»wie sehr unser jetziger und erst recht der künftige Wohlstand, aber auch der soziale Fortschritt, für den wir uns einsetzen, auf Wissenschaft, Forschung und Resultaten von Technik und Technologie basiert« (Schröder 2004).

Die »planmäßige Beherrschung der Naturkräfte«[3] gilt als Innovations- und Fortschrittsgarant. Der Technikentwicklung wird hohes Potential für die Lösung sozialer Probleme und die Verringerung globaler Ungleichheiten im Verhältnis zwischen Industrienationen und Ländern des Südens zugeschrieben.

Erwägungsgrund 11 der Biopatentrichtlinie vermerkt dazu:

»Die Entwicklung der Biotechnologie ist für die Entwicklungsländer sowohl im Gesundheitswesen und bei der Bekämpfung großer Epidemien und Endemien als auch bei der Bekämpfung des Hungers in der Welt von Bedeutung. Die Forschung in diesen Bereichen sollte ebenfalls mittels des Patentsystems gefördert werden.«

Als Fazit bleibt festzuhalten: Hauptframe »Wirtschaft« betont insgesamt den Nutzen des Patentrechts für technische und ökonomische Innovationen, die Medikamentenversorgung, für Fortschritt und Wohlstand. Zugespitzt und verdichtet lässt sich Frame »Wirtschaft« in einer Gleichung zusammenfassen:

3 So der in die Technizität überführte Erfindungsbegriff des Patentrechts, wonach eine Erfindung als eine »Lehre zum planmäßigen Handeln unter Einsatz beherrschbarer Naturkräfte zur Erreichung eines kausal übersehbaren Erfolges« definiert wird (»Rote Taube«, BGH 1969, vgl. Kap. I. F).

Patente = Innovation = Wirtschaftsentwicklung = Therapieentwicklung = Gemeinwohl.

Die einzelnen Elemente dieser Gleichung werden weitgehend synonym gesetzt und widerspruchsfrei in Kausalketten aufeinander bezogen.

Als Negativgleichung ergibt sich daraus, dass ohne Patentschutz Stagnation herrsche, die Wirtschaft leide, der nationale Standort gefährdet sei und technische Entwicklungspotentiale ungenutzt blieben.

Obgleich Hauptframe »Wirtschaft« ökonomisch argumentiert, ist er nicht umstandslos als marktwirtschaftliches Modell (miß)zuverstehen, da – zeitlich und territorial befristete - Ausschlussrechte einerseits die Marktfähigkeit von Wissen überhaupt erst herstellen, andererseits Marktkonkurrenz ausschalten und einem ungehinderten Wettbewerb entgegenstehen können. Insgesamt wird der Markt jedoch im Hinblick auf die Bereitstellung von gewerblich anwendbarem Wissen als bestes Mittel zur Ressourcenallokation und zur Bedürfnisbefriedigung angesehen. Private Gewinne werden als eine angemessene Entschädigung für eingegangene Risiken betrachtet. Prämisse bleibt, dass das Patentsystem einen positiven Einfluss auf die Technologieförderung hat und eine Optimierung der Ressourcenallokation herbeiführt.

Es bleibt hervorzuheben, dass im Laufe der Diskursdynamik die immanente (utilitaristische) Wertorientierung des Frame »Ökonomie« und dessen Priorisierung des Eigentumsschutzes deutlicher herausgestellt, aber auch angefochten wurde.[4]

13) Wirksamkeit

Vermittels und innerhalb des Hauptframes »Wirtschaft« bildete sich ein relativ homogener Diskurszusammenhang, der in der Kontroverse um die EU Richtlinie den Richtlinien-Entwurf und die weiteren Ausarbeitungen der Europäischen Kommission bestimmt hat. Frame »Wirtschaft« wird daher durch das geltende Patentrecht gestützt. In dieses Patentrecht sind die oben genannten *story lines* weitgehend als Prämissen und als Axiome der epistemischen Gemeinschaft des Patentrechts eingeschrieben (vgl. Kap I. E). Der Richtlinien-Vorschlag der Europäischen Kommission und die darin eingegangenen Normen und rechtlichen Setzungen werden als »normale Anwendung« des Patentrechts auf ein sich neu entwickeltes Technologiefeld (Bio- und Gentechnologie) betrachtet. Tendenziell ist dieser Frame »maximalistisch« ausgerichtet[5], insofern als er den

4 Sehr pointiert und kritisch herausgearbeitet werden die Wertorientierung und die immanenten Technik- und Sozialpräferenzen des Patentrechts bei Boyle 2003a.

5 Die Unterscheidung zwischen »minimalistischen« und »maximalistischen« Positionen ist James Boyle (2003a) entlehnt. Er verwendet diese Kategorisierung in Bezug auf das Patentrecht: »the basic division in the intellectual property field is between maximalists or high protectionists, on the one hand, and minimalists, or those with a heightened concern about the public do-

Anspruch erhebt, »je mehr Patentschutz, desto mehr Innovation« würde möglich.

1.2 Der Hauptframe »Ethik«

Der zweite Hauptframe der Kontroverse konstituierte sich parallel zum Agenda Setting der Europäischen Kommission für die Richtlinie. Die zivilgesellschaftliche »Initialzündung« erfolgte 1988 in einer Konferenz von Nichtregierungsorganisationen (NGOs).[6] Ein wesentlicher Auslöser bildete die Erteilung des »Krebsmaus«-Patents durch das Europäische Patentamt am 13. Mai 1992, woraufhin sich eine Kampagne »Kein Patent auf Leben« bildete, die sich zunehmend europäisierte und den Auftakt für eine breitere und längerfristig angelegte Problemartikulation durch Zivilgesellschaft und Öffentlichkeit darstellte (Then 1999).[7] Die »Übersetzung« und Einschleusung in das Europäische Parlament vollzog sich erstmals durch einen Vorschlag des Wirtschafts- und Sozialausschusses, den Sonderstatus und die Nichtpatentfähigkeit des menschlichen Körpers in der Richtlinie zu verankern (WSA 1989, vgl. Kap. II.A).

Die *problem-setting story* dieses Frames bildet die Ausweitung des Patentrechts in der Biotechnologie über bindende rechtliche Regeln des Europäischen Patentübereinkommens (EPÜ) und über gültige moralische Normen hinaus. Die Hauptreferenzpunkte beziehen sich vor allem auf das Verhältnis des Patentrechts zu rechtlichen und moralischen Normen und zur Entwicklung der Biotechnologie, bei der die Risiken und Gefahren der Technikentwicklung hervor-

main, on the other« (Boyle 2003a: 9). Wie bereits in Kap.I.F dargestellt kam es seit den 1980er Jahren zu einer maximalistischen Grundausrichtung des Patentrechts. Nicht nur aus Gründen der Symmetrie, sondern auch aus der empirischen Beobachtung und Analyse heraus gehe ich davon aus, dass im Ethik-Frame ebenfalls »minimalistische« und »maximalistische« Positionen vertreten wurden.

6 Im Juni 1988 kamen 70 Teilnehmer aus 50 NGOs und Entwicklungsorganisationen aus 12 europäischen Ländern in Dänemark zu einem ersten Treffen des »Seeds Action Networks« zusammen. Aus einem Workshop dieses Treffens erfolgte der Startschuss für eine Kampagne gegen die EU-Richtlinie. Die Kritik weitete sich generell auf die Patentierung von Pflanzen, Tieren, Körperbestandteilen von Menschen und Genen aus. Um 1990 begannen Greenpeace und »Friends of the Earth« als große Umweltorganisationen ihr Engagement (Emmott 2001: 374). Zur »Harvard-Oncomaus« siehe Kevles 2002.

7 Die deutsche Kampagne entstand in München anlässlich des europäischen Patents »Harvard Oncomouse« (EP 0 169 672), welches das EPA an Lederer und Harvard University/DuPont erteilte. Insofern war die öffentliche Empörung zunächst auf die Erteilung eines Patents auf ein gentechnisch verändertes Säugetier gerichtet. Gegen dieses Patent entstand ein Bündnis aus über 200 Organisationen aus Europa und einigen »Dritte-Welt«- Ländern. Im ersten Einspruchsverfahren beim EPA wurden 16 Einsprüche erhoben, das Verfahren zog sich über 17 Jahre hin bis zur Großen Beschwerdekammer des EPA (vgl. Baur/Mair-Spohler 1993, Koechlin 1998).

gehoben und demokratische Gestaltungsnotwendigkeiten beansprucht werden (siehe Grafik 3).

Grafik 3: Hauptbezugspunkte im Frame »Ethik«

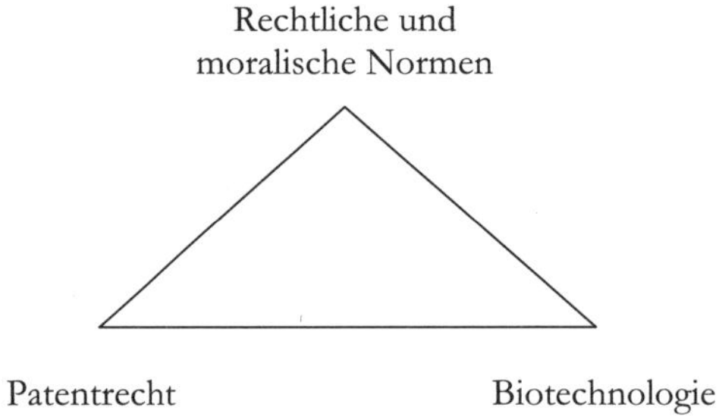

Grafik 4: Frame »Ethik«: Referenzpunkte, Elemente, *story lines* und Argumentationslinien

Referenzpunkte/ Unterframes	*Argumentationslinien, story lines*
Hauptaussage	»Kein Patent auf Leben«
Besonderheit des Lebendigen	Lebendiges (Stoffe, Gene, Organismen) als Entdeckung, nicht als Erfindung.
Leben, Schöpfung	»Heiligkeit des Lebens«, Schöpfungsgedanke
Lebendiges, Natur	In Natur nicht (gentechnisch) eingreifen, Natur nicht kommerzialisieren
Menschlicher Körper	Nicht-Kommerzialisierung des Körpers, Menschenwürde
Markt	Grenzen des Marktes und der Ökonomie
Gemeingut	Erbe der Menschheit
Wissen und Technologie	Verhältnis Public Domain/ Private Domain: Gegen private Proprietisierung
Wissen und Erkenntnis	Wissen als öffentliches Gut, freier Zugang
Ethische Grundstruktur:	Deontologie
Verhältnis zu Technik/ Konnotation	Ambivalenz von Technik, Skeptizismus
Gestützt durch:	(Medien-)Öffentlichkeit
Tendenz:	maximalistisch

Hauptframe »Ethik« ist als oppositioneller Frame zu Frame »Ökonomie« entstanden. Er artikulierte (zumindest in der Anfangsphase) vor allem moralisch-ethische Prinzipien. Verbindende Klammer für ein Konglomerat von heterogenen Strömungen, *story lines* und Begründungsmodi bildete die Ablehnung der Patentierbarkeit von Lebendigem (»Kein Patent auf Leben«). Der Richtlinien-Vorschlag der Europäischen Kommission wurde als Expansion des Patentrechts von unbelebter Materie und technischen Erfindungen in Zonen betrachtet, die nach Ansicht der Akteure nicht dem Patentschutz unterliegen sollten.

Die ersten Elemente dieses Hauptframes »Ethik« beziehen sich vor allem auf die Besonderheit des Gegenstandes der Patentierung, nämlich Lebendiges, der Natur zugehöriges (1–3), sowie Teile des menschlichen Körpers (4), andere Unterframes verweisen auf die Grenzen des Marktes (5) und auf ein »gemeinsames Erbe der Menschheit«. Zum Themenkomplex »Forschung und wissenschaftlich-technisches Wissen« beruhen weitere Problemartikulationen auf dem Spannungsverhältnis und den Grenzziehungen zwischen der Öffentlichkeit des Wissens (Public Domain) und dem privatisierbaren Eigentum an Wissen, insbesondere bezogen auf das (menschliche) Genom. Da Frame »Ethik« vor allem auf die Substanzhaftigkeit und Vitalität der Patentierungsobjekte[8] referiert, traten die letzteren Aspekte in der Auseinandersetzung zunächst in den Hintergrund und wurden erst im weiteren Diskursverlauf stärker artikuliert.

1) Lebendiges als Entdeckung, nicht als Erfindung

Die Grundüberzeugung dieses Frames beruht auf der Besonderheit des Lebendigen, das sich unter anderem in seiner autonomen Reproduktionsfähigkeit zeige und nicht mit einer technischen Erfindung gleichgesetzt werden dürfe. Es gibt allerdings innerhalb dieses Hauptframes unterschiedliche Begründungsmodi und *story lines* für diese Besonderheiten des Lebendigen. Das erste Postulat bezieht sich darauf, dass Lebendiges (Stoffe, Gene, Organismen) als Entdeckung, nicht als Erfindung bewertet werden müsse. Damit wird eine dichotome Unterscheidung im Patentrecht aufgenommen und die Grenzziehung des geltenden Patentrechts, biotechnologische Stoffe und Organismen als »Erfindungen« einzuordnen, zurückgewiesen.

8 Im Verständnis des Frames »Ethik« handelt es sich um Patente »auf« Organismen und Gegenstände der Natur und des Menschen. Eine Auseinandersetzung mit dem patentrechtlichen Schutz von Erzeugnissen als Ergebnis von Verfahren, sowie der Stoffschutzdogmatik, bei denen sich der gewerbliche Rechtsschutz mit der gewerblich anwendbaren Funktions- oder Wirkungsentschlüsselung auf den Stoff selbst erstreckt, fand damit zunächst nur in verkürzter Weise statt.

2) »Heiligkeit des Lebens«

Hinsichtlich des Komplexes Lebendiges/Natur sind zudem weitere *story lines* aufzufinden. Die Sakralität von Leben knüpft an religiös motivierte Schöpfungsvorstellungen an. Kritikpunkt ist vor allem die als »Anmaßung« betrachtete Idee, der Erfinder sei gewissermaßen »Schöpfer« von natürlichen Organismen und Körperbestandteilen, inklusive Genen. Allgemeiner ethisch und wissenschaftskritisch gefasst wurde dies in eine Warnung vor naturwissenschaftlicher und medizinischer Hybris übersetzt.[9]

3) Eigenwert der Natur

In einer säkularen Variante werden vitalistische Vorstellungen und die Idee eines Eigenwerts der Natur, zum Teil mit deutlich naturromantizierenden Zügen, artikuliert. Teilweise werden wertkonservative Positionen vertreten, insbesondere im Hinblick auf eine Ablehnung von Embryonenforschung, teilweise gehen wissenschaftstheoretische und wissenschaftskritische Analysen in die Argumentation ein. »Natur« dürfe nicht kommerzialisiert werden, sie sei achtsam und ehrenvoll zu behandeln. Teilweise bezieht sich die Kritik auf die Ablehnung (gen)technischer Eingriffe in die Natur, teilweise allein auf deren patentrechtliche Kodifizierung.

4) Nicht-Kommerzialisierung des menschlichen Körpers und Menschenwürde

Die Verteidigung des international anerkannten ethischen Prinzips der Nicht-Kommerzialisierung des menschlichen Körpers wird in direkte Verbindung mit der Ablehnung der Patentfähigkeit von Körperbestandteilen, insbesondere auch Genen und Zellen, gesetzt. Die Patentierung von Körperbestandteilen wird als »Kommerzialisierung des menschlichen Körpers« betrachtet. Die Wahrung der Menschenwürde gebiete es, auch vom Körper getrennte Körperbestandteile von der Patentierbarkeit auszuschließen.

5) Grenzen des Marktes und der Ökonomie

Ein weiterer Unterframe ist auf marktwirtschaftliche Verhältnisse und private Eigentumsformen gerichtet. Diese *story line* stellt die Abwehr von Verwertungsinteressen und die Notwendigkeit von Grenzen des Marktes in kapitalistischen

9 Beispielhaft ist folgende Aussage: »Der Mensch will die Natur in Besitz nehmen, um sie vermarkten zu können. Damit geschieht ein Übergriff: Wird die »Entdeckung« zur »Erfindung«, nimmt der Mensch eine Eigenleistung für sich in Anspruch, zu welcher er selber überhaupt nichts beigetragen hat. [...] Bei diesem Übergriff blendet der Mensch jegliche Abhängigkeit seinerseits von der Natur aus und nimmt sich selbst als absoluter Beherrscher wahr. Diese Art der Patentierung ist die Institutionalisierung der menschlichen Tyrannei über die Natur« (Joss 2004: 1663).

Ökonomien in den Mittelpunkt. Darunter fallen eher traditionell dem linken Spektrum zuzuordnende Positionen. Die Patentierung von Genen wird als »innere Landnahme«, als Ausbreitung kapitalistischer Verwertungszugriffe auf Lebensformen und auf »kleinste Bestandteile« von Organismen (Zellen, Gene) bis hin zum Menschen betrachtet. Patente gelten als (ungerechtfertigte) Kommodifizierung des Lebendigen.

6) Gemeinsames Erbe der Menschheit

Mehrere *story lines* werden in einer weiteren Redefigur zusammengefasst. Gene gehören demnach zum »gemeinsamen Erbe der Menschheit«, sie dürften daher nicht zum Gegenstand von Patenten werden. Teilweise wird dies auf alle Gene bezogen, teilweise wird dieser Topos auf das menschliche Genom beschränkt. Eine genauere Klärung dieses Begriffes, eine Explikation sowohl auf die Begründung wie auch auf die Konsequenzen findet in aller Regel nicht statt. [10]

7) Verhältnis Public Domain/Private Domain: Gegen private Proprietisierung

Hervorgehoben wird die Notwendigkeit einer ausreichend großen Public Domain, die für das Generieren von Wissen und den freien Fluss von technologischen Erkenntnissen nötig ist. Eine private Proprietisierung von Erkenntnissen hemme die Forschung.

8) Wissen als öffentliches Gut, freier Zugang

Wissen wird als öffentliches Gut betrachtet, das allen zugänglich sein muss und daher nicht privatisierbar und eigentumsförmig aneigenbar sein sollte.

9) Ethische Grundstruktur: deontologisch

Die ethische Grundstruktur des Frames »Ethik« ist deontologisch angelegt, es geht um prinzipienorientierte Beurteilungen, in denen die Patentierung von

---

10 Eine Internet-Suche zu den Worten »Erbe der Menschheit« + Gen + Patent ergab 10.100 Einträge, die entsprechende englische Variante (common heritage + gene + patent) 24.500 Fundstellen (unter Google, 11.1.2005). Greenpeace vertrat: »Das gemeinsame Erbe der Menschheit wird zum Monopol der Industrie – Leben zum Produkt.« (www.greenpeace.de). Auch der Europarat bezieht sich auf diese Redefigur in seiner Empfehlung 1512: »ask all Council of Europe member states to strive to change the basis of patent law in international fora, as far as the ownership of human being tissue and genes is concerned, into law pertaining to the common heritage of mankind.«(Europarat 2001). Eine positive Bezugnahme auf diese Begrifflichkeit verwendet das HUGO Ethics Committee (1996) und die UNESCO-Erklärung zum Humangenom (1997, Artikel 12 (a)). Zur Genese der entsprechenden Formulierung in der UNESCO-Erklärung siehe Stellmach 1999. Zur ethisch-philosophischen Analyse und Kritik siehe Resnik 2004, Anwander et al. 2002: 65–89, Ossario 1998, Spectar 2001, Sturges 1997.

Genen, Organismen, Pflanzen und Tieren als unzulässige Instrumentalisierung, sei es von Menschen, der »Natur« oder von Wissen betrachtet wird.[11]

10) Technik-Verhältnis: Ambivalenz

Im Verhältnis zur Technik und Innovationsentwicklung wird die Ambivalenz und Janusköpfigkeit von Technologien hervorgehoben, teilweise im Anschluss an technische Risikodiskurse, teilweise im Hinweis auf »Missbrauchsmöglichkeiten« von Technik. Die Skepsis gegenüber Bio- und Gentechnologien überwiegt.

11) Wirksamkeit: über Medienöffentlichkeit

Gestützt wurde dieser Frame durch eine relativ breite (Medien-)Öffentlichkeit. Medien bildeten einen Resonanzraum für die Anliegen dieses Frames, der vor allem aus der Zivilgesellschaft artikuliert wurde.[12]

Die Macht, die diese *story lines* und Redefiguren im Diskurs entfaltet haben, beruht vor allem auf ihrer augenscheinlich intuitiven Plausibilität. Zum Teil beruft man sich auf (universell) geteilte moralische Überzeugungen und Grundprinzipien (z.B. Nicht-Kommerzialisierung des Körpers, Menschenwürde), die in einer spezifischen Weise auf die Patentierbarkeit von lebender Materie bezogen wurden. Die starke Moralisierung, die mit diesem oppositionellen Frame mobilisiert wurde, verlieh der Kontroverse öffentliche Aufmerksamkeit und Schubkraft. Denn damit handelte es sich nicht mehr um »schwer zu verstehende technische und juristische Fragen«, die besser Experten überlassen bleiben, sondern um Angelegenheiten von allgemeinem Belang. Redefiguren wie

11 Oft treten die Argumentationsweisen dieses Frames in Kombination miteinander auf. So heißt es beispielsweise in einem Artikel des Dt. Ärzteblattes zur Kontroverse: »Zum ersten Mal seit der Abschaffung der Sklaverei würde wieder Eigentumsrecht am Menschen erhoben […] Der unveräußerliche Schatz des menschlichen Genoms dürfe aber nicht monopolisiert und kommerzialisiert werden. […] Das Wissen um die menschliche Anatomie und das Genom des Menschen sind Allgemeingut und keine Handelsware«, sagte [Ärzte-]Kammerpräsident Jörg-Dietrich Hoppe und begründete so die Kritik der Ärzteschaft. […] Es sei […] ›die Patentierung von Genen generell zu verbieten‹.« (Bartmann 2001: B1655) Hier zeigt sich, wie in dieser – im Artikel nur eine kleine Spalte umfassenden – Argumentation nahezu alle deontologischen Argumente gegen (menschliche) Genpatente gebündelt werden. Allerdings wird ebenso deutlich, wie relativ undifferenziert und begründungslos einzelne *story lines* aneinandergereiht werden.

12 Im Rahmen meiner Studie kann ich keine Analyse des Mediendiskurses zur Biopatentierung vorlegen. Dieser bildet ein Forschungsdesiderat. Interessant wäre eine Medienanalyse, die sich nicht auf die nationale Ebene beschränkte, sondern eine vergleichende europäische Analyse vornähme. In diesem Zusammenhang könnte und sollte auch der Frage nachgegangen werden, ob bei der Thematik Biopatentierung Ansätze einer europäischen Öffentlichkeit auszumachen sind. Denn immerhin wurde die Biopatentierungskontroverse in den EU-Mitgliedsstaaten bereits im Formulierungsprozess breit medienöffentlich begleitet.

»gemeinsames Erbe der Menschheit« beziehen ihre diskursive Kraft nicht aus ihrer Validität oder Konsistenz, sondern aus ihrem metaphorischem und symbolischem Gehalt, der ihnen Glaubwürdigkeit und Vertrauenswürdigkeit als Gegenentwurf verleiht.[13]

Innerhalb des Hauptframes »Ethik« argumentierende Akteure bestreiten fundamental die ethische Legitimität der Patentierbarkeit von natürlichen Stoffen, Genen und Organismen. Die Erteilung von Stoffschutz-Patenten wurde zudem als unzulässige »Monopolisierung« und damit als ökonomisch und forschungspolitisch schädlich sowie ethisch inakzeptabel beurteilt.

1.3 Die Konstellation zwischen den beiden Hauptframes: Antagonistisch

Wie im Kapitel zur Frametheorie (Kap. I. B) bereits hervorgehoben, ist es wichtig, die Frame-Konstellation genauer zu erfassen: Handelt es sich um eine simultane Konstellation, bei der verschiedene Frames nebeneinander her bestehen können, oder handelt es sich um eine inverse bzw. antagonistische Konstellation, bei der der Aufruf des einen Frames den anderen ausschließt, wie anhand der gestaltpsychologischen »Kippbilder« verdeutlicht wurde?

Hierzu bleibt festzuhalten, dass die einzelnen Elemente bzw. Unterframes *innerhalb* der beiden Hauptframes jeweils simultan nebeneinander Bestand haben konnten, obgleich sie keineswegs immer widerspruchsfrei aufeinander zu beziehen waren. Das Verhältnis *zwischen* den beiden Hauptframes ist jedoch als antagonistisch zu bezeichnen: Es bestand keine Verständigungsmöglichkeit, da die jeweiligen Referenzpunkte – Ökonomie versus ethisch-moralische Normen und Prinzipien – divergierten und das Verständnis dessen, »worum es eigentlich ging«, grundsätzlich auseinanderklaffte. Für die Akteure, die innerhalb des Frames »Wirtschaft« das Geschehen deuteten, handelte es sich bei der Richtlinie »lediglich« um die Anwendung des Patentrechts auf die Biotechnologie und damit gewissermaßen um *business as usual.* Die Akteure, deren Deutungsmuster vom Frame »Ethik« bestimmt war, hielten dies hingegen für einen fundamentalen »Übergriff auf das Leben selbst« und sahen die Menschenwürde berührt.

13 Vgl. Fischer: »Normally, to speak of the degree of confidence in the ›truth‹ of a finding of a particular empirical analysis is to speak of the ›validity‹. […] But in a world of multiple realities the concept of an objective assessment of an isomorphism loses any rigorous meaning that neo-positivism assigns to it. More relevant is the compatibility of the constructed realities that exist in the mind of the inquiry's respondents with those that are attributed to them. The relationship is best termed ›credibility‹ or trustworthiness'«: (2003:154) Sowie zur Bedeutung von Metaphern: »Rather than examining a metaphor's prepositional truth, the analyst must ask whether the metaphor fits the story […]. Can it reveal new insights that otherwise would not have been apparent?« (Fischer 2003: 177).

Aufgrund dieser antagonistischen Konstellation war keine rationale, diskursive Verständigung möglich.

Die Kontroverse war stark polarisiert und adversativ. Beide Frames neigten zu maximalistischen Positionen. Die Ausgangsstruktur der Kontroverse ist treffend in folgender Aussage gekennzeichnet: »the morality arguments are ultimately countered by technical ones in what often appears to be a dialogue of the deaf.« (Black 1998: 649)

Diese Beobachtung charakterisiert, dass die beiden Frames nicht miteinander kompatibel sind und eine gemeinsame Verständigung (die unter Taubstummen mittels Gebärdensprache immerhin möglich wäre) unmöglich ist, da in der Grunddiagnose, den Prämissen und in der Herangehensweise an die »Substanz des Themas« vollkommen unterschiedliche Zugänge vorherrschen – entweder sah man den Hasen oder die Ente, wie im Kapitel Frametheorie anhand der »Kippbilder« verdeutlicht wurde (vgl. Kap. I.B).

Diese Situationsbeschreibung trifft den Stand der Kontroverse bis etwa Mitte der 90er Jahre. Die frontale Kollision der Frames und ihre antagonistische Anordnung zueinander erlaubten keine gemeinsame Basis für eine Verständigung. Vielmehr prallten hier zwei inkompatible Problemsichten und Gegenstandskonzeptionen aufeinander Es handelte sich somit nicht um ein bloßes *policy disagreement*, sondern um eine *policy controversy* in den Kategorien von Schön und Rein (1994: 4).

Bezüglich der Referenzthemen fällt auf, dass die Orientierung des Frames »Wirtschaft« auf die ökonomischen, rechtlichen, gesundheits- und forschungspolitischen Implikationen von Innovationen und deren patentrechtliche Absicherung Bezug nimmt. Hingegen artikuliert Frame »Ethik« diesbezüglich – zumindest anfänglich – nur wenige Ansatzpunkte.

Es ist also gewissermaßen kein Frame »Ökonomie« *im* Frame »Ethik« aufzufinden. Umgekehrt sind die von Frame »Ethik« artikulierten deontologischen Prinzipien im Frame »Ökonomie« nicht vorhanden – rekurriert wird dort auf die »Technik- und Wertneutralität« des Patentrechts.

Damit ist die Ausgangsposition der Frame-Konstellation gekennzeichnet. Gleichzeitig charakterisiert diese Frame-Konstellation die erste Phase des EU-Politikprozesses von 1988 bis 1995. Es ist – neben den im Kapitel II.A bereits analysierten institutionellen Gründen – auch und vor allem dieser antagonistischen Frame-Konstellation zuzuschreiben, dass es 1995 zu einem *Clash* kam und die Richtlinie im Parlament scheiterte.

Zum Verhältnis der jeweiligen Frames zum Patentrecht ist anzumerken, dass die Akteure des Frames »Ökonomie« eine autoritative Auslegung des EPÜ beanspruchten und sich dabei auf die herrschende Patentrechtsdogmatik bezogen.

Frame »Ethik« ist diesbezüglich widersprüchlich konfiguriert: Einerseits lehnten seine Akteure die Patentierungspraxis in der Biotechnologie bezüglich von Produktpatenten auf Lebendiges grundlegend ab und bestritten damit die Legitimität des europäischen (und später nationalen) Rechtsetzungsprozesses, insofern dieser »Patente auf Leben« kodifizierte. Es wurde allerdings Patentschutz in der Biotechnologie nicht generell verurteilt, vielmehr wurde gefordert, diesen auf einen Verfahrensschutz zu beschränken. Insbesondere richtete sich die Kritik auf die Patentierung »höherer Lebensformen«, vor allem Säugetiere, da ein Dammbruch hin zur Patentierbarkeit des Menschen befürchtet wurde. Ein weiterer Kritikstrang bezog sich darauf, dass Patente auf die Gensequenz als solche »zu früh« erfolge und stattdessen erst industriell verarbeitbare, gewerblich anwendbare Produkte erfassen solle. Zudem galt der Patentschutz als »zu breit« im Umfang.

Um Geltung im öffentlichen Diskurs und Einfluss auf den Politikprozess zu erlangen, nehmen die Vertreter dieses Frames andererseits Bezug auf patentrechtsimmanente Regeln und Unterscheidungen. Opposition artikuliert sich daher sowohl *gegen* wie auch in Bezugnahme *auf* das gegebene Patentrecht des Europäischen Patentübereinkommens und dessen sprachlich gefasste Struktur. Um Kritik zu artikulieren, muss diese eine potentielle Einschreibung in das Patentrecht mobilisieren und die herrschende Praxis als »Unrecht« klassifizieren.

Das Patentrecht wird als hermetisches System betrachtet, das sich hartnäckig gegen ethische und politisch-ökonomische Argumente abschirmt.[14] Um sich auf dieses System beziehen zu können und diskursive Ankerplätze[15] darin einzugraben, werden zwei Elemente des europäischen Patentrechts ausgemacht:

1. Die Unterscheidung zwischen Erfindung und Entdeckung als Grenzziehung der Patentfähigkeit.
2. Der Patentierungs-Ausschluß wegen Verstoßes gegen die öffentliche Ordnung und die guten Sitten im europäischen Patentrecht (Ordre Public-Klausel in Art. 53a EPÜ).

Mit der Referenz auf das Begriffspaar »Erfindung und Entdeckung« wird dem Patentsystem vorgeworfen, seine eigenen rechtlichen Grenzen nicht einzuhalten und damit »falsch« zu handeln.[16] Der Bezug auf die Ordre Public-Klausel wird als Auffangbecken für die deontologischen Prinzipien angesehen und damit eine Auslegung vertreten, wonach die geltenden Patenterteilungspraxis illegitim

14 Zur Kritik der Hermetik des Patentrechts siehe Boyle 2003b, Black 1998, zur Auseinandersetzung damit vgl. Kap I.E.

15 Kallerud (2004b) bezeichnet sie als »Brückenköpfe«.

16 Teilweise lesen sich entsprechende Aufsätze tatsächlich als argumentative Versuche, zu belegen, dass die Juristen sich gewissermaßen »irrten« und das Patentrecht *falsch* anwendeten (siehe beispielhaft: Peters 2002).

sei. Damit begibt sich Frame »Ethik« jedoch in das Feld der Patentrechtsdogmatik. Dies ist insofern problematisch, als damit von Laien eine Auslegungshoheit beansprucht wird, die im Patentrecht der Deutungshoheit der juristischen Disziplin und deren Experten unterliegt.

Dass überhaupt »*Ethik*« und nicht »Sozio-Ökonomie« oder etwa »Natur/Kultur« die übergeordnete Klammer bzw. den »Übertitel« des zweiten Hauptframes bildet, ist nicht alleine aus entsprechend dominanten moralischen Überzeugungen der Akteure zu erklären. Vielmehr liegt dies vor allem darin begründet, dass die Ordre Public-Klausel in Europa[17] ein (allerdings schmales) Einfallstor für eine *patentrechtsimmanente* Anfechtung darstellt. Es wurde versucht, dieses Einfallstor zu begehen und weiter zu öffnen:

> »Through this entry point have come arguments which are totally alien to the closed world of patents and the EPO has tried to narrow the gateway as far as possible« (Black 1998: 648).

In frame-theoretischer Hinsicht bildet dies ein Argument für ein strukturzentriertes Frame-Konzept (vgl. Kap. I B). Die Diskursteilnehmer sind eben *nicht* in der Lage, die Sprache, in der sie ihre Kritik artikulieren, »aus freien Stücken« ganz autonom zu wählen. Gegen-Diskurse sind an geltende Begriffe im hegemonialen Diskurs gebunden. Um Geltung der Kritik zu erlangen, muss auf Vorhandenes und Tradiertes Bezug genommen werden – in diesem Fall das geltende Patentrecht. Allerdings können Begriffe und Konzepte anders gefasst und mit verschobenen oder neuen Inhalten belegt werden. Doch kann nicht einfach ein »freier Gegenentwurf« entwickelt werden, vielmehr muss an die im Patentrecht verkörperte »Macht« und dessen diskursive Konstellationen angeknüpft werden, wodurch »Öffnungen« geschaffen und allmählich ausgeweitet werden können.

Allerdings werden auch die Grenzen einer solchen Strategie deutlich: Wie bereits anderweitig abgehandelt (vgl. Kap I. F), ist die Unterscheidung zwischen Erfindung und Entdeckung in der Patentrechtsdogmatik selbst weitgehend irrelevant geworden. Die Bezugnahme auf solche Unterscheidungen, die patentrechtlich nicht (mehr) markiert sind, droht daher politisch ins Leere zu laufen.[18]

---

17 In den USA und Kanada gibt es keine solche Ordre Public- Klausel im Patentrecht. Im TRIPs-Übereinkommen besteht allerdings eine – hier weniger ethisch, als sozio-ökonomisch – ausgerichtete Generalklausel in Art. 27(2).

18 Es ist in dieser Hinsicht aufschlussreich, dass im kritischen US-Diskurs diese Unterscheidung zwischen Erfindung und Entdeckung weniger hervorgehoben wurde – denn diese war dort schon immer weniger ausgeprägt. (So wird, wie bereits in Kap. I.F erwähnt, in der US-Verfassung dem US-Congress Befugnis und Mandat erteilt, »To promote Progress of Science and useful Arts, by securing for limited Times to Authors and *Inventors* the exclusive right to their respective Writing and *Discoveries*« (Hervorhebung I.S.) (United States Constitution. Article 1, section 8, clause 8 (1787). [http://www.constitution.org/indexco_.htm] Die Kontroverse in den USA stützte sich daher stärker auf das patentrechtliche Verbot der Patentierung von Na-

Ob historisch aufgehobene, dichotome Grenzziehungen wieder »eingeschrieben« werden können, ist jedoch fraglich.

Gleichzeitig ist mit diesen Anmerkungen darauf hingewiesen, dass das Parlament darauf verwiesen ist, die außerparlamentarische Kritik gewissermaßen in das »alte« Patentrecht einzuschreiben, es kann kein »ganz neues Recht« formulieren.

Im Folgenden gehe ich auf die Beziehung zwischen Frame-Struktur und Akteuren ein.

2. Frames und Diskurskoalitionen: Die Akteure

Ich gehe im Rahmen der Frametheorie davon aus, das Koalitionen zwischen (kollektiven) Akteuren nicht unbedingt (alleine) auf geteilten Interessen oder Präferenzen beruhen, oder auf *core beliefs*, sondern auf geteilten Frames. Damit wird dem empirischen Umstand Rechnung getragen, dass unterschiedliche Themen und Politikinhalte unterschiedliche Akteurskoalitionen und -konstellationen hervorrufen können. Akteursgruppen können demnach ganz unterschiedliche politische Überzeugungen, normative Vorstellungen und Wertorientierungen haben, aber in für das Thema entscheidenden Problemdeutungen (Frames) übereinstimmen und daraus ihre gemeinsame Handlungsorientierung und Zusammenarbeit ableiten.[19] Damit soll aber keineswegs bestritten werden, dass den Frames bestimmte Akteurskonstellationen zugrunde liegen können, beziehungsweise Frames und Akteure eng miteinander korreliert sind.

Die zu den Frames gehörenden Akteurskoalitionen lassen sich in groben Zügen folgendermaßen darstellen:

---

turstoffen (»product of nature«- Doktrin), um Geltung zu erlangen (vgl. Conley/Makowski 2004).

19 In dieser Arbeit wird aus methodologischen und theoretischen Gründen nicht das von Paul Sabatier (1988; 1998) entwickelte Advocacy-Coalition-Framework (ACF) verwendet, das von der hohen Bedeutung von *belief systems* ausgeht, eine diesem Ansatz folgende Analyse der EU-Biopatentrichtlinie liegt vor (Pernicka 2001). Ich fokussiere hingegen auf Diskurskoalitionen (vgl. Hajer 1997) und die darin angelegten Entwicklungsdynamiken. Die theoretische Annahme der *belief systems* unterstellt einen »tiefen«, »essentialistischen Kern« der Kontroverse. Er vermag jedoch nicht die bunte Koalition von kollektiven Akteuren mit stark divergierenden *belief systems* – etwa die Zusammenarbeit von religiösen Organisationen mit säkularen oder atheistisch gesinnten Gruppierungen aus dem linken oder grün-alternativen Spektrum, von Ärztefunktionären und gentechnikkritischen Gruppen – zu erklären. Das Frame-Konzept unterstellt hingegen eine themengebundene Situierung, in der *beliefs* eine Rolle spielen, aber in einem »flacheren« Sinne, wobei sich unterschiedliche Wert- und Normorientierungen, moralische und politische Überzeugungen und Positionierungen verflechten. Für eine Kritik des ACF aus diskurstheoretischer Perspektive siehe Fischer (2003: 94–116).

2.1 Die Diskurskoalition des Frame »Wirtschaft«

Für den hier zur Untersuchung stehenden Anwendungsbereich der biotechnologischen Forschung am Menschen (»rote« Gentechnologie) waren die maßgeblichen industriellen Akteure die pharmazeutische und biomedizinische Industrie. Sie setzten sich – besonders stark zwischen 1995 und 1997 – mit massiven Lobby-Kampagnen für die Verabschiedung der Richtlinie ein (vgl. Pernicka 2001).

Zu unterscheiden sind dabei drei Hauptakteursgruppen:[20]

1. Die *Big Players*, große, oft transnational agierende Pharmaunternehmen, die in erheblichem Maße eigene Grundlagenforschung betreiben. Sie betrachten Patente als unerlässlich für ihre Ressourcenallokation, für die Marktsegmentierung und ihre Gewinnerwartungen, aber auch als Aktionsfeld, um Konkurrenten durch Defensivpatentierung »auszubremsen« zu können.
2. *Kleine und mittlere Unternehmen (KMUs)* sehen Patente ebenfalls als notwendig an, auch wenn sie selbst nicht in demselben Maße forschend tätig sind und keine innovative Patentierungspolitik betreiben.
3. *Start-up-Unternehmen*: Solche im fraglichen Zeitraum der Diskussion der Richtlinie zum Teil erst neu entstandenen Start-up-Firmen im Humangenom-Bereich entstanden häufig als Ausgründungen von Universitäten mit Hilfe von Risikokapital. Sie betrachten ein Patent-Portfolio einerseits als unerläßliches Mittel für die Einwerbung von frischem *venture*-Kapital, andererseits aber auch als *bargaining chip* dafür, sich insbesondere in späteren Phasen, wenn es um die die langwierigen und teuren klinischen Testphasen neuer Pharmaka geht, von großen Pharmafirmen aufkaufen zu lassen.

Die Lobbyorganisationen und Policy-Netzwerke der Industrie, darunter die European Federation of Pharmaceutical Industry Associations (EFPIA)[21] und EuropaBio (die europäische Assoziation der Bioindustrie, insbesondere der kleinen und mittleren Unternehmen, vor 1996: Senior Advisory Group Biotechnology), sowie das Forum for the European Bio-Industry-Coordination

20 Freeman/Soete (1997: 265–285) unterscheiden in diesem Zusammenhang zwischen erstens offensiven und initiativen Innovationsstrategien durch große Unternehmen mit starkem Forschungs- und Entwicklungsetats, die Pionierpatente anmelden und über Patente eine Monopolposition anstreben, zweitens defensiven Innovationsstrategien kleinerer wissensintensiver Firmen, die Patente anmelden müssen, um nicht von neuen Technologiezweigen ausgeschlossen zu werden, und drittens imitativen und abhängigen Strategien.

21 Vgl. EFPIA- Stellungnahmen zur Biopatentierung: http://www.ebe-efpia.org/Topics/Patdir.htm, letzte Abfrage 15.9.2004. Zum Forum for the European Bio-Industry-Coordination (FEBC) siehe dazu ausführlicher: Pernicka 2001: 114–115; einen Überblick über die in Europa agierenden nationalen und supranationalen Biotechnologie- Lobbyverbände, die zur Richtlinie aktiv waren, geben Greenwood/Ronit 1994, zum Forum for the European Bio-Industry-Coordination (FEBC) siehe auch Thaker 2002.

(FEBC), in dem überwiegend US- und japanische Unternehmen vertreten waren, entfalteten eine intensive Lobbyarbeit für den Richtlinienvorschlag der Kommission, sowie später für die nationale Implementierung der Richtlinie, nach ihrer Verabschiedung auf europäischer Ebene. In Deutschland war es vor allem der Verband forschender Arzneimittelhersteller (VfA), der die Umsetzung der Biopatentrichtlinie rege politisch begleitete, sowie weitere Industrie-Verbände (Deutsche Industrievereinigung Biotechnologie DIB, Bundesverband der Pharmazeutischen Industrie, Verband der Chemischen Industrie VCI).

Im Policy-Prozess haben die Europäische Kommission und der Rat (in seiner überwiegenden Mehrheit) tendenziell die Problemdefinition des Wirtschafts-Frames geteilt und die Präferenzen der ihm verbundenen Akteurskoalitionen vertreten.

2.2 Die Diskurskoalition des Hauptframe »Ethik«

Innerhalb des Hauptframe »Ethik« war ein sehr heterogenes Spektrum von Verbänden und vor allem von zivilgesellschaftlichen Organisationen repräsentiert. Dazu zählen Ärzteverbände auf nationaler und internationaler Ebene (Deutsche Bundesärztekammer, Ständiger Ausschuss der Europäischen Ärzte, Weltärztebund), kirchliche[22], entwicklungspolitische und Umwelt-Organisationen, bis hin zu Tierschutz- und Bauernorganisationen sowie indigenen Gruppen, die jeweils ihre Kritik der Richtlinie formuliert haben. Koordinierend tätig waren unter anderem Greenpeace und die Kampagne »Kein Patent auf Leben«, teilweise gab es punktuelle, zeitlich befristete strategische Koordinationen und Bündnisse verschiedener Organisationen und Netzwerke (vgl. Emmott 2001; Pernicka 2001: 115).

Zu unterscheiden ist an dieser Stelle zwischen primär interessenorientierten Organisationen einerseits und advokatorischen Organisationen andererseits:

22 Die beiden großen christlichen Kirchen in Deutschland (Deutsche Bischofskonferenz und die EKD) gaben erst um das Jahr 2000 explizit kritische Stellungnahme zur Biopatentierung ab. Es gab jedoch eine relativ große Zahl von kirchlichen Gruppierungen, die sich bereits zuvor ablehnend zur Biopatentrichtlinie äußerten. Wichtig war vor allem die katholische Entwicklungshilfeoranisation Misereor für eine Artikulation entwicklungspolitisch motivierter Bedenken gegen Biopatente (vgl. Nilles 2003). In den USA war die Situation anders: Im Mai 1995 gaben 200 religiöse Führer, darunter über 100 katholische Bischöfe, Führer von vielen protestantischen Kirchen, sowie führende Köpfe von jüdischen, muslimischen, buddhistischen und hinduistischen Glaubensgemeinschaften eine Stellungnahme heraus, in der sie ihre Kritik an der Erteilung von tierischen und menschlichen Genen, Organen, Geweben und Organismen verkündeten (Rifkin 1998: 64).

a) interessenorientierte Kritik:

Zu den Kritikern aus dem Gesundheitsbereich zählten insbesondere Humangenetiker-Vereinigungen (vgl. DGH 1997), die sich gegen Genpatente richteten, weil sie den wissenschaftlichen Austausch gefährdet und die Entwicklung institutseigener Gentests gefährdet sahen, Ärzteverbände, die unter anderem eine Einschränkung ihrer ärztlichen Therapiefreiheit befürchteten, sowie Krankenkassen-Spitzenverbände, die von einer Verteuerung der Kosten für Arzneimittel ausgingen.[23]

b) advokatorische Interessenvertretung:

Die meisten der beteiligten Nichtregierungsorganisationen können als advokatorische Interessenvertretungen verstanden werden, die sich »treuhänderisch« für Interessen schwacher Gruppen (z.B. Patienten) einsetzen oder einem – wie auch immer definierten – allgemeinen Interesse, sei es menschenrechtlich, ethisch oder umweltpolitisch motiviert, verpflichtet fühlen.[24]

Letztere spielen im Diskurs insofern eine andere Rolle, als sie einerseits nicht mit partikularen Interessen identifiziert werden[25], sondern im Namen des »öffentlichen Interesses« oder des »Gemeinwohls« agieren. Damit könnten sie grundsätzlich gesehen eine möglicherweise konsensuelle Position artikulieren, sie beanspruchen aber auch eine gewisse moralische Superiorität. In die Mobilisation und Meinungsartikulation dieser Formation sind außerdem in wesentlich stärkerem Maße *moralische* Orientierungen und *Wertfragen* eingelassen (vgl. Willems 2000). Für die Definition und Konkretisierung dessen, was als »öffentliches Interesse« und als »Gemeinwohl« zu gelten hat ist, sind in starkem Maße bestimmte Vorannahmen konstitutiv, die in der Frame-Analyse gerade rekonstruiert werden sollen, statt sie vorauszusetzen.

---

23 In Ländern mit einem staatlichen Gesundheitssystem (z.B. in Großbritannien, sowie in Kanada) traten auch dessen Vertreter als gewichtige kritische Akteure gegenüber Genpatenten auf. (Vgl. anhand der Kontroverse über die Myriad-BRCA-Patente Parthasarathy 2007). In Frankreich verhielten sich auch staatliche Forschungsinstitute wie etwa das Institut Curie und das Institut Pasteur offensiv kritisch gegenüber der Genpatentierung und legten Einsprüche gegen Genpatente beim EPA ein (vgl. Balter 2001).

24 Zur Theoriediskussion und zur Organisationsfähigkeit von moralischen Forderungen, advokatorisch verfochtenen und allgemeinen Interessen, sowie zu Public Interest Groups siehe Willems/von Winter 2000, darin vor allem Willems 2000.

25 Sie sprechen allenfalls *im Namen* von unzureichend vertretenen Interessengruppen (»Dritte Welt«, marginalisierte Gruppen) oder schwerlich artikulierbaren Positionen (Umwelt, Tierschutz).

Das Europäische Parlament[26] hat sich aufgeschlossen gegenüber den Positionen dieser Akteursgruppen gezeigt und bildete einen Resonanzboden für diese zivilgesellschaftlichen Problemperzeptionen.

Es gibt über diese beiden Diskurskoalitionen hinaus eine dritte Kategorie, die man als »ambivalente Wechsler« bezeichnen könnte. Dabei handelt es sich um Akteure, die sich nicht eindeutig dem einen oder dem anderen Frame zugeordnet oder im Verlauf des Politikprozesses »die Seiten gewechselt« haben. Im hier untersuchten Politikfeld zählten dazu vor allem zwei soziale Gruppen, Wissenschaftler und Patienten. Auf die besondere Positioniertheit dieser Gruppen kann durch Ausschlussmechanismen, welche eine spezifische Diskurskonstellation erzeugt hat, Bezug genommen werden. Ich habe mich allerdings aus Umfangsgründen dazu entschlossen, auf diese Analyse in der hier vorliegenden Arbeit zu verzichten.[27]

Nachdem ich bisher die – gewissermaßen statische – Ausgangskonstellation der Frames rekonstruiert habe, wie sie sich zwischen 1988 und 1995 darstellte, widme ich mich nun der Frame-Dynamik und ihren Phasen. Die erste Phase der Frame-Dynamik ist bereits durch die antagonistische Frame-Konstellation hinreichend charakterisiert. Zwischen den beiden Haupt-Frames gab es aufgrund der grundlegend divergierenden Problemdeutungen keinen »gemeinsamen Nenner«. Dies spiegelte sich auch in der unterschiedlichen Auslegung des im EU-Vermittlungsverfahren verfassten, gemeinsamen Schriftstücks. Das Ergebnis war das Scheitern des Politikprozesses 1995 mit der Ablehnung der Richtlinie durch das Parlament.

3. Die zweite Phase des EU-Gesetzgebungsprozesses von Ende 1995 bis 1998: Frame-Dynamiken

Die Etappe zwischen Ende 1995 und 1998 bildete die kritische Phase für die Entscheidung auf EU-Ebene über die Richtlinie. Dieser Zeitraum war von intensiver Deliberation sowohl in der Öffentlichkeit wie auch im Europäischen Parlament bestimmt, wobei es zu vertieften Argumentations- und Verhandlungsprozessen kam.

Rekonstruktiv lassen sich dabei für die Frame-Dynamik zwei Prozesse feststellen, die zum einen als »konsequentialistische Wende«, zum anderen als Binnendifferenzierung der beiden Frames zu fassen sind. Beide Prozesse lagen nicht zuletzt darin begründet, dass durch den Entscheidungsdruck im Policy-

26 Dies gilt sowohl für den Zeitraum vor 1995, als auch für die Änderungsanträge zum Kommissions-Richtlinien-Entwurf, die 1997 in die Verabschiedung mündeten.

27 Eine entsprechende Veröffentlichung zu »Patenten und Patienten« ist geplant.

Prozess die beiden Frames zur Bezugnahme aufeinander gezwungen wurden. Damit ergaben sich sowohl *intra-frame-* wie auch *inter-frame* Dynamisierungen.

3.1 Inter-frame-Dynamik: Die »konsequentialistische Wende« des Diskurses

Seitens der Kritiker der Biopatentrichtlinie wurde die deontologische Prinzipienorientierung innerhalb des Hauptframes »Ethik« in der weiteren Auseinandersetzung in den Hintergrund gerückt. Stattdessen konzentrierte sich die Kritik vor allem darauf, die Geltung der von Hauptframe »Wirtschaft« behaupteten Annahmen über die generell positiven Wirkungen von Patenten in der Biotechnologie zu bestreiten. Damit ließen sich die von Frame »Ethik« bestimmten Kritikpositionen auf konsequentialistische Begründungsratios zur Beurteilung des Patentsystems, wie sie seitens des Frame »Wirtschaft« bereits zuvor bestimmend waren, ein.[28]

Während die eine Seite (Frame »Wirtschaft«) die innovationsförderlichen Wirkungen des Patentschutzes hervorhob, wurden von der anderen Seite (Frame »Ethik«) nahezu ausschließlich die negativen Implikationen dargestellt. Insbesondere bezogen sich die Annahmen auf die Implikationen von Gensequenz-Patenten für die wissenschaftliche Forschung und die Entwicklung von Medizinprodukten. Generell fokussierte die Kontroverse in hohem Maße auf menschliche Gensequenzpatente.[29]

Die wesentlichen Argumentationen lassen sich folgendermaßen zusammenfassen:

Während seitens der innerhalb des Frames »Wirtschaft« argumentierenden Befürworter der Richtlinie die *forschungs- und innovationsfördernden* Implikationen des Patentschutzes betont wurden, wiesen deren Kritiker (Diskurskoalition »Ethik«) auf dementsprechende *behindernde* Wirkungen von Patenten hin (siehe Grafik 5).

---

28 In dieser Darstellung liegt eine gewisse Idealtypisierung. Auch *vor* 1995 wurden bereits vereinzelt konsequentialistische Argumente geltend gemacht. Vorherrschend war damals jedoch der prinzipienorientierte Ansatz, indem z.B. menschliche Genpatente als »Biosklaverei« tituliert wurden.

29 Beispielsweise demonstrierte Greenpeace bei der Abstimmung des Europäischen Parlaments in zweiter Lesung 1997 mit dem Slogan »Kein Patent auf Gene«, 1995 war es noch »No Patents on Life« gewesen (Interview Emmot). Vom weiten und etwas diffusen »Lebens«-Begriff wurde teilweise abgerückt und die Kritik an Biopatenten konkretisiert. Insbesondere wurden die Anliegen von Entwicklungsländern stärker aufgenommen – allerdings war die öffentliche Resonanz und der Widerhall im Europäischen Parlament zu diesem Punkt geringer als zu den menschlichen Anwendungsformen von Biopatenten.

Grafik 5: Konsequentialistische Argumentationen zur Biopatentierung

Biopatentierung	*Positive Wirkungen*	*Negative Wirkungen*
Argumentationen	Patente forschungs- und innovationsfördernd	Patente forschungs- und innovationsbehindernd
	Alternative zur Patentierung nur Geheimhaltung	Veröffentlichung u.a. durch Wissenschaftsregeln gewährleistet
	Offenbarungspflicht	»U-Boot«-Patente
	Investitionsabsicherung nur über Patente möglich, Patente als Innovationsnotwendigkeit	Produktinnovation auch über wirtschaftliche Konkurrenz
	Forschungsprivileg und Zwanglizenz als »Gegenmittel« ausreichend	Forschungsprivileg und Zwanglizenz unzureichend
Politische Konsequenzen	Rechtsangleichung an US-Patentrecht notwendig	restriktiverer europäischer Weg machbar
	Keine Patente auf ESTs, aber auf DNA-Sequenzen mit Funktionsangabe	Keine Patente auf ESTs und auf DNA-Sequenzen als solche
	Für Arzneimittel- und Therapieentwicklung: »no patents, no cure«	Patente nur auf Verfahren und Endprodukte (Arzneimittel), nicht auf Gene als solche
	Isolierte (menschliche) Gene und Körperteile = Erfindung	Isolierte Gene und Körperteile = Entdeckung
assoziiert mit	*Frame »Wirtschaft«*	*Frame »Ethik«*

Die Befürworter der Biopatentrichtlinie (Hauptframe »Wirtschaft«) führten an, Patentschutz auf Gensequenzen sei nötig, um Forschung, die zu neuen Medikamenten oder zu diagnostischen und therapeutischen Verfahren führe, überhaupt möglich zu machen und abzusichern. Patente wirkten als wichtiger Forschungsanreiz. Außerdem sei mit der Patentschrift die Offenbarungspflicht für die technologischen Erkenntnisschritte verbunden, Alternative für Forscher bliebe ansonsten nur die Geheimhaltung. Wissenschaftler postulierten, es sei für kleine Start-up-Firmen weder eine Kooperation mit großen Pharmafirmen möglich, noch ein Technologietransfer oder eine Anwerbung von Forschungsmitteln aus der Industrie, sofern es keine Patente für die Forschungsergebnisse gäbe. Eine Absicherung hoher und riskanter Investitionen (»return on investment«) sei nur über Patente möglich, Patente stellten eine Innovationsnotwendigkeit dar. Hohe Investitionskosten für die Entwicklung dieser neuen Therapeutika würden sich für die pharmazeutische Industrie nur lohnen, wenn über das Patent die – auf 20 Jahre befristete – Exklusivierung gesichert sei. Sie beharrten auch darauf, dass der Patentschutz sich auf das Gen »als solches« (»absoluter Stoffschutz«) erstrecken müsse, nicht nur auf das Verfahren zur Herstellung eines Arzneimittels oder das Endprodukt, da nur dies wirksam vor einer Kopie des Erzeugnisses (mit lediglich geringen Modifikationen) von Seiten konkurrierender Unternehmen schützen könne. Ohne Genpatente werde es keine medizinische Innovation geben. Forschungsfreiheit sei durch das Forschungsprivileg garantiert, auch anderen potentiell auftretenden Problemen könne das Patentrecht unter anderem mit dem Instrument der Zwanglizenz gerecht werden.

Gegner der Patentierung »biologischen Materials« (Hauptframe »Ethik«) argumentierten, dass bereits die Regeln des Wissenschaftssystems – insbesondere der Wettlauf um Erstveröffentlichung für die wissenschaftliche Reputation – für eine Offenlegung neuer Erkenntnisse sorgten. Die Offenbarungspflicht in der Patentanmeldung werde oft durch ungenaue Angaben, Auslassungen und fehlleitende Titel in der Patentanmeldung (»U-Boot-Patente«) ausgehöhlt. Das Wachstum wissenschaftlicher Erkenntnisse sowie Innovationen in der biomedizinischen Forschung würden über einen Patentschutz auf Gene behindert. Durch die Monopolisierung etwa von bestimmten Gensequenzen würden andere Forscher vom Zugang zu diesen Genen für die anwendungsorientierte Forschung weitgehend ausgeschlossen. Viele Wissenschaftler und Firmen hielten Informationen über analysierte Gene zunächst geheim, bis ein Patent angemeldet und bewilligt sei. Damit würden die Forschung und der freie Austausch wissenschaftlicher Erkenntnisse behindert. Statt eines freien wissenschaftlichen Wettbewerbs um die Erforschung und Entwicklung neuer Diagnostika und Therapeutika würden durch Patente Exklusivrechte vergeben und damit den Patenthaltern Schlüsselpositionen bei der Entwicklung und Herstellung neuer Arzneimittel verliehen (Basispatente). Andere Forscher würden damit von der Validierung von Erkenntnissen und der medizinischen Weiterentwicklung abgehalten. Produktinnovation sei auch über Mechanismen wirtschaftlicher Konkurrenz gewährleistet. Außerdem würde sich die Forschung nur auf die Analyse von weitverbreiteten und von zahlungskräftigen Patienten erlittenen Krankheiten konzentrieren, da nur diese besonders profitträchtig seien. Ferner begünstige die Patentierung vor allem anwendungsnahe Forschung zu Lasten der Grundlagenforschung. Zwar wurde zugestanden, dass für Medikamente als Endprodukte Patentschutz zur Investitionssicherung sinnvoll sei, es dürften dafür aber nicht die Gensequenzen als solche patentiert werden, sondern es sei ausreichend, auf Verfahren und Endprodukte (z.B. Medikamente, gendiagnostische Tests) Patente zu erteilen. Forschungsprivileg und Zwanglizenz seien unzureichende Instrumente zur Gewährleistung von Forschungsfreiheit und zur Verhinderung von Monopolisierung.

Während man innerhalb des Frame »Wirtschaft« vor allem darauf fokussierte, dass ein Investitionsschutz notwendig für Innovationen sei, betonte man innerhalb des Frame »Ethik«, dass der freie Austausch wissenschaftlich-technischen Wissens und dessen allgemeine Zugänglichkeit unerlässlich für Innovationen sei. Aus diesen konsequentialistischen Erwägungen wurden unterschiedliche politische Konsequenzen undd Handlungsstrategien abgeleitet. Seitens der Befürworter der bisherigen Patenterteilungspraxis wurde vertreten, eine Rechtsangleichung an die US-Patentierungspraxis sei notwendig, dagegen wurde seitens der Kritiker im Europäischen Parlament ein sehr restriktiver europäischer Weg für möglich gehalten. Strittig blieb weiterhin die Einordnung von Genen und abgetrennten, insbesondere menschlichen Körperbestandteilen als Erfindung oder als Entdeckung.

Zusammenfassend bleibt hinsichtlich der Dynamik der argumentativen Auseinandersetzung *zwischen* den Frames »Wirtschaft« und »Ethik« folgendes festzuhalten: Erst in dieser zweiten Etappe des Legislativprozesses, als man sich innerhalb des Frames »Ethik« auf eine konsequentialistische Betrachtungsweise einließ, wie sie für Frame »Wirtschaft« bereits zuvor kennzeichnend war, konnte eine gemeinsame Basis des Diskurses zumindest insofern gefunden werden, als nun die forschungspolitischen und ökonomischen Wirkungen des Patentrechts zum »gemeinsamen Thema« wurden. Hierzu mussten Plausibilisierungen, sei es logischer oder empirischer Art, geliefert werden.[30] Allerdings war auch hier zunächst und für lange Zeit von einer konträren Konstellation zu sprechen. In einer Art Schwarz-Weiß-Denken wurden von jeder Seite fast ausschließlich entweder die positiven oder die negativen Implikationen hervorgehoben. Dabei wurde aber immerhin deutlich, dass das Patentrecht widersprüchliche Effekte haben kann. Diese Erkenntnis schwächte die Geltungsansprüche des maximalistisch ausgerichteten »Wirtschafts«-Frames. Verständigungsorientiertes Handeln wurde jedoch erst möglich, als beide Seiten begannen, die – zumindest partielle – Gültigkeit der Wirkungsbeschreibung der anderen Seite anzuerkennen. Erst damit wurde deutlich, dass das Patentrecht kontradiktorische Implikationen birgt. Erst auf der Basis der gemeinsamen Anerkennung dieser Erkenntnis wurde es möglich, nach Wegen zu suchen, negative und unerwünschte Wirkungen einzuschränken und positive zu fördern. Im Zeitraum zwischen 1995 und 1998 blieb diese Übereinstimmung weitgehend auf die Nicht-Patentfähigkeit von sog. ESTs beschränkt (siehe unten).

30 Der Großteil der empirischen Belege bezog sich in der Argumentation beider Seiten auf anekdotische Evidenzen bzw. Einzelfälle, relativ wenig auf empirische wissenschaftliche Studien. Häufig beschränkte sich die Argumentation auch auf logisch dargelegte Konsequenzen.

3.2 Intra-Frame-Dynamik: Die Binnendifferenzierung der Frames – Maximalismus und Minimalismus

Ausgelöst nicht zuletzt durch die verstärkte argumentative, konsequentialistisch geleitete Auseinandersetzung, die dazu diente, die Parlamentarier zu überzeugen, kam es zu einer Binnendifferenzierung innerhalb der beiden Hauptframes.

3.2.1 Frame »Wirtschaft«: Minimierung durch Nicht-Patentfähigkeit von ESTs

Innerhalb des »Wirtschafts«-Frames ist ein partieller Öffnungsprozess zu konstatieren. Es entwickelte sich die Bereitschaft zur »Minimierung« einer weitreichenden, breiten und frühen Patentierungspraxis hinsichtlich von Gensequenzen. Kritisches externes Ereignis hierzu bildete die anhaltende Kontroverse über die Patentierbarkeit von Expressed Sequence Tags (ESTs). Dabei handelt es sich um Genabschnitte, die über computerisierte Programme sequenziert wurden und die als Marker für Gene angesehen werden. Es konnte aber für diese Genbruchstücke meist keine bekannte und spezifische Funktion angegeben werden (vgl. Kap. II.A.2).

Diese EST-Kontroverse stellt ein wichtige Auseinandersetzung darüber dar, wie die Grenzen der Patentfähigkeit gezogen werden sollten, da davon sowohl unmittelbare wie auch längerfristige Auswirkungen auf die Entwicklung der Humangenom-Erforschung mit erheblichen wissenschafts- und verteilungspolitischen Konsequenzen erwartet wurden.

Seitens der internationalen Humangenomorganisation (HUGO) wurde auf diese Entwicklung in den USA, ESTs zum Patent anzumelden und seitens des USPTO auch zu erteilen, in einem Akt der Selbstregulation der Forschungs-Community zu reagieren versucht. Das HUGO Committee sprach sich 1995 gegen die Patentierung von ESTs und generell gegen die Anmeldung von Gensequenzen ohne Funktion aus.[31] Die in HUGO zusammenarbeitenden Genom-

---

31 Die EST-Kontroverse wurde bereits 1991 mit der Anmeldung von 3421 cDNA-Sequenzen durch die US-National Institutes of Health (Erfinder: Craig Venter) eröffnet. 1993 wurden weitere 4.448 cDNA-Sequenzen seitens des NIH angemeldet. Dies löste eine lange Kette von Kontroversen aus und war – nicht zuletzt durch die Auseinandersetzungen um die Aufrechterhaltung und den Rückzug der EST-Patentanträge seitens der NIH und das Verhalten des USPTO – sehr stark in den gesamten 90er Jahren präsent. Der Leiter des US-Humangenomprojekts, James Watson (Mitentdecker der DNA-Doppelhelix-Struktur) trat damals aus Protest gegen die NIH-EST-Patentanmeldungen von seinem Amt zurück. Watson und andere Kritiker kennzeichneten diese Patentanmeldungen als »a land grab, a premptive strike that would promote a worldwide stampede to garner patents on essentially meaningless pieces of DNA […] it would foster secrecy among scientists, destroy the essential – and fragile – international relations on which the Genome Project depends, and hamstring the biotech industry« (zit. lt. Roberts 1992: 912, vgl. Sturges 1997: 243; Straus 1997: 43–47). (Bei den oben genannten cDNA-Sequenzen (complementary DNA) handelt es sich um Sequenzen ohne nichtkodie-

forscher beschlossen zudem 1996 in ihrer »Bermuda-Erklärung«[32], Rohsequenzen von Genen (ohne Funktionsbeschreibung) binnen 24 Stunden im Internet frei und öffentlich zur Verfügung zu stellen. Welche Auswirkungen dies auf die Patentfähigkeit haben sollte, blieb jedoch zunächst offen – später wurde entschieden, dass dies nicht als neuheitsschädliche Vorveröffentlichung zu bewerten wäre.

Insbesondere diese EST-Kontroverse führte dazu, in Europa von einer als zu weitgehend angesehenen Patentierungspraxis und -politik in den USA Abstand zu nehmen. Genfragmente und Genabschnitte ohne Funktionszuweisung, die nur als Marker oder Sonden dienten, sollten in Europa nicht der Patentierung zugänglich sein. Es bleibt an dieser Stelle nachzutragen, dass sich in den USA erst über ein Jahrzehnt später durch Gerichtsentscheidungen letztlich dieselbe Position einer Nicht-Patentfähigkeit von ESTs durchsetzte, womit dort für lange Jahre hohe Rechtsunsicherheit bestand.[33]

Diese Sichtweise, dass ESTs von der Patentfähigkeit ausgeschlossen werden müssten, wurde sowohl von Vertretern der Diskurskoalition »Ethik« wie jenen des Frames »Wirtschaft« geteilt und setzte sich 1998 in Artikel 5(3) der Richtlinie und den Erwägungsgründen 22 bis 24 durch. Damit werden Ansätze einer »Minimierung« des Zuschnitts von Genpatenten (allerdings auf der Tatbestandsseite: bezüglich der patentierbaren Objekte) deutlich. Diese Passagen der Biopatentrichtlinie beziehen sich zudem nicht spezifisch auf Gensequenzen menschlicher Herkunft. Dies entspricht dem Diskussionsverlauf, der nicht auf humane DNA-Sequenzen beschränkt war.[34]

Mit dieser »Minimierung« wurde jedoch andererseits die Patentfähigkeit von Gensequenzen als solchen keineswegs in Frage gestellt, sondern womöglich sogar eher bekräftigt. Dagegen forderten im »Ethik«-Frame verankerte Kritiker weiterhin, für Gene nur einen *Verfahrensschutz* zu ermöglichen, sowie einen

---

rende Regionen (sog. Introns), vgl. Straus 1997: 41. Ausführlich zur EST-Patentierung siehe Oser 1998; Krefft 2003; Sturges 1997.

32 An dem Treffen zur Vorbereitung der Bermuda-Erklärung nahmen teil der Wellcome Trust (UK), der UK Medical Research Council, das US-National Centre for Human Genome Research, das US- Department of Energy, das Deutsche Humangenom-Programm, die Europäische Kommission, die Human Genome Organisation (HUGO) and das Humangenomprojekt Japan. (Wellcome Trust, Genome Data Release, www.wellcome.ac.uk/en/1/awtvispoldat.html, 10 April 2003). In den Bermuda-Prinzipien wurde festgehalten, dass bestimmte Rohdaten täglich veröffentlicht werden sollten, andere Sequenzdaten sobald die Sequenzierung abgeschlossen sei. Siehe Wellcome Trust, Summary of principles agreed at the International Strategy Meeting on Human Genome Sequencing, University College London, www.gene.ucl.ac.uk/hugo/bermuda.htm, 10 April 2003 (vgl. Straus 1997: 47; Bentley 1996; Marshall 2001).

33 Siehe Lawrence 2005; Anderson 1993; Kintisch 2005; Wadman 2007.

34 Gleichwohl bleibt, wie bereits erwähnt, Artikel 5(3) in seiner rechtssystematischen Stellung insofern problematisch, als Artikel 5 insgesamt sich auf den *menschlichen* Körper bezieht.

Schutz auf Ergebnisse und Endprodukte zu ermöglichen, aber die »Gensequenz selbst« vom Patentschutz freizuhalten.

3.2.2 Frame »Ethik«: Minimierung durch Fokussierung auf den menschlichen Körper und auf Reproduktionsgenetik

Auch innerhalb der Diskurskoalition des Frame »Ethik« ist ein Binnendifferenzierung festzustellen. Insbesondere bestand innerhalb des Parlaments im weiteren Verlauf des Gesetzgebungsprozesses die Tendenz, die Geltung der weitgehenden deontologischen Postulate (»Kein Patent auf Leben«) nun auf den *menschlichen Körper* und die Patentierung von seinen Bestandteilen hin engzuführen. Rechtlich-philosophisch begründet wurde der Sonderstatus des menschlichen Körpers mit der besonderen Bedeutung des Körpers für den Menschen als Person, sowie mit weiterwirkenden persönlichkeitsrechtlichen Bindungen von menschlichen Körpersubstanzen, sowie einer Geltung und »Fernwirkung« von Menschenwürde auch für abgetrennte Körpersubstanzen.[35]

Kritisches Ereignis war in diesem Zusammenhang die Oppositionsverhandlung gegen ein vom EPA erteiltes Patent auf Genabschnitte, die für das Hormon Relaxin[36] kodieren. Hier wurde Einspruch gegen die Erteilung wegen Verstoß gegen den Ordre Public (Art. 53a EPÜ) eingelegt. Dieser wurde von der Oppositionskammer abgewiesen. [37] Eine weitere vielbeachtete Oppositionsverhandlung bildete der Einspruch gegen das sog. »Nabelschnurblut«-Patent.[38]

35 Vgl. zur rechtlichen Einordnung: Appel 1996; Taupitz 1991; Schneider 2002a.

36 Relaxin spielt unter anderem in der Schwangerschaft und bei der Wehentätigkeit eine Rolle.

37 Die Einsprechenden – darunter die Grüne Fraktion im Europäischen Parlament – erhoben bei der Verhandlung 1994 den Einwand, dass die Isolierung des für Relaxin kodierenden Gens aus Gewebe, das einer schwangeren Frau entnommen wurde, sittenwidrig sei. Denn damit würde die Schwangerschaft als außergewöhnlicher Zustand einer Frau zum Zweck eines gewinnorientierten technischen Verfahrens ausgenutzt. Dies verstoße gegen die Menschenwürde. Außerdem müsse auch zur Nachbearbeitung der patentierten Erfindung einer schwangeren Frau Gewebe entnommen werden. Es würde damit »menschliches Leben patentiert«, was einer »Sklaverei« gleichkomme. Die EPA- Einspruchsabteilung wies in ihrer Beschwerdebegründung diese Argumentation und den vorgebrachten Verstoß gegen Art. 53a EPÜ zurück, unter anderem damit, dass die Frau der Entnahme von Körperproben zugestimmt habe, DNA lediglich ein chemischer Stoff sei und kein ethischer Unterschied zwischen der Patentierung menschlicher Gene und »sonstiger menschlicher Stoffe« bestehe (vgl. Lausmann-Murr 2000:125–131; Bently/Sherman 1995: 280f; Vossius/Grund).

38 Patent EP 34321 umfasst das Blut aus menschlichen Föten, aus Nabelschnur und Plazenta. Biocyte besaß damit die Rechte für die Zusammensetzung von Blutstammzellen aus der Nabelschnur und einem bestimmten Kältekonservierungsmittel. Die Firma hatte gezeigt, dass diese Blutzellen sich auch nach dem Gefrieren weiter teilen. Vier Opponenten, darunter die Grünen im Europaparlament und zwei Firmen legten gegen das 1996 erteilte Patent des New Yorker Pharmaunternehmens Biocyte Einsprüche ein. Das Patent wurde 1999 wegen fehlender Neuheit und mangelnder erfinderischer Tätigkeit widerrufen. Auch in der nächsten Instanz des EPA, der Beschwerdekammer, wurde der Widerruf aufrechterhalten.

Zudem ergab sich eine zunehmende diskursive Fokussierung auf die Probleme der verbrauchenden Embryonenforschung, des Klonens, der Keimbahneingriffe und der Chimärenbildung (Mensch/Tier-Hybride). Abgelehnt wurden vor allem Patente auf Embryonen selbst. Diese Tendenz wurden vor allem von wertkonservativen Akteuren (im Europäischen Parlament: insbesondere Teile der EVP-Fraktion) vorangetrieben.

3.3 Die Frame-Dynamik 1995–1998: Zusammenfassung

Ich fasse nun die Entwicklung der Frame-Dynamik von 1995 bis 1998 zusammen. Während zum Beginn der Kontroverse auf beiden Seiten »maximalistische« Positionen vorherrschten, ist die Entstehung »minimalistischer« Positionen – zumindest teilweise – auf die Diskursdynamik zurückzuführen. Außerdem wurden »minimalistische« Positionen vor allem im Europäischen Parlament forciert, da hier ein Entscheidungsdruck bestand, während in der Öffentlichkeit weitergehend »fundamentale« Positionen auf beiden Seiten weiter vertreten werden konnten. Die »Minimierung« steht daher auch im Zusammenhang mit der Einschleusung von zivilgesellschaftlichen Diskursen in das Parlament und mit der dort geforderten Anschlußfähigkeit an das geltende Patentrecht. Insgesamt sind neben dieser Intra-frame-Differenzierung erste Ansätze zu Inter-frame-Dynamiken erkennbar, die Anlässe zu einer Reflexivierung der Frames[39] geboten haben (vgl. zur Übersicht: Grafik 6).

Grafik 6: 1995–1998: Binnendifferenzierung der Frames: Maximalismus und Minimalismus

Ausprägung der Frames	*Wirtschaft*	*Ethik*
Maximalistischer Unterframe	Patentierbarkeit allen biologischen Materials	Keine Stoffpatente auf alles Lebendige
minimalistischer Unterframe	Keine EST-Patentierung, Beachtung forschungs- und innovationsbehindernder Wirkungen von Patenten	Fokussierung auf menschliche Gene und auf reproduktionsgenetische Forschung
Grundstruktur und Verhältnis zwischen den Frames:	– Intra-frame-Differenzierung – Ansätze zu Inter-frame-Dynamiken	

39 Zur *frame reflection* vgl. Rein/Schön 1993.

Durch die Verlagerung des Diskurses auf konsequentialistische Argumentationen wurde die anfangs bestehende antagonistische Frame-Konstellation aufgelockert. Widersprüchliche Effekte des Patentsystems begannen öffentlich sichtbar zu werden und erzeugten politischen Handlungsbedarf. Damit verringerte sich die Überzeugungs- und Geltungskraft des maximalistischen »Wirtschafts«-Frames und seiner Argumentationen und Grundannahmen.

Insgesamt entfaltete sich in der Diskursdynamik eine selektive Integration von Anteilen des konkurrierenden Hauptframes. Frame »Wirtschaft« integrierte eine (minimalistische) »Ethik«, die vor allem auf Fragen der Embryonenforschung zentriert war, Frame »Ethik« eine minimalistische »Ökonomie«, die sich vor allem auf Forschungs- und Innovationsfragen bezog. Im Ergebnis ergab sich daraufhin die in Grafik 7 bildlich dargestellte Konstellation.

Grafik 7: Selektive Integration

Frame »WIRTSCHAFT«	Frame »ETHIK«
integriert »minimalistische« Ethik-Position »WIRTSCHAFT« Plus »ethik«	integriert »minimalistische« Ökonomie-Position »ETHIK« Plus »wirtschaft«

4. Der Niederschlag der Frames im 1998 verabschiedeten Richtlinientext: Selektive Integration

Im Folgenden werde ich untersuchen, wie sich der Stand der Frame-Auseinandersetzungen im 1998 verabschiedeten Richtlinientext niedergeschlagen hat und zu welchem Ergebnis es bei diesem legislativem Schließungsprozess aus frameanalytischer Sicht gekommen ist.

Anhand der Ergebnisse des Gesetzgebungsaktes auf EU-Ebene sollen einige Entscheidungsprozesse und die darin eingegangenen Anteile der beiden Frames rekonstruiert werden. Dabei soll herausgearbeitet werden, welche Konzessionen gemacht wurden, um eine Zustimmung der Diskurskoalition des »Ethik«-Frames beziehungsweise der sich innerhalb des Deutungsrahmens »Ethik« bewegenden Abgeordneten zu erreichen, sowie an welchen Punkten sich welcher Hauptframe stärker und in welcher Weise durchgesetzt hat. Bewusst vermeide ich hier jedoch die – teilweise von meinen Interviewpartnern gebrauchte – Rede von »Sieg und Niederlage«. Denn diese Gefechtsfeldbegriffe werden den komplexen Deliberationsprozessen nicht gerecht. Zudem suggerieren sie, es hätte eine eindeutige Gewinner-Fraktion gegeben. Damit würden jedoch analytische Chancen verspielt, den Kompromisscharakter des Richtlinientextes deutlich zu machen und die darin eingelassenen Auslegungsmöglichkeiten als Handlungsspielräume bei der nationalen Implementierung, sowie darüber hinausgehend in der Patenterteilungs- und Rechtspraxis zu nutzen.

4.1 Grundsätzliche Patentfähigkeit von biologischem Material

Die generelle Patentierbarkeit »biologischer Materie« wird, wie bereits in Kap. II.A.2.10 dargestellt, in Artikel 3 (1) der Richtlinie festgeschrieben, wobei auch die patentrechtliche Isolierungsdoktrin für Naturstoffe in Artikel 3 (2) der Richtlinie wiedergegeben wurde.[40] Dieser Artikel 3 spiegelt die geltende Naturstoffrechtsprechung wider (»Isolierung und Aufreinigung« bedeutet Transformation zur »Erfindung«). Auch Körperbestandteile sind unter die Kategorie »biologisches Material« subsumiert.[41] Damit hat sich entgegen der Forderungen der Diskurskoalition des (maximalistischen) Frames »Ethik« die generelle Patentierbarkeit von biologischem Material und damit die Position der Diskurskoalition des (maximalistischen) Frames »Wirtschaft« durchgesetzt. Es wurden jedoch auch Anliegen und Postulate des »Ethik«- Frames in die Richtlinie aufgenommen, allerdings in selektiver Weise. Dies spiegelt den Kompromiss-Charakter der Richtlinie und die eingegangenen politischen Zugeständnisse.

Dies soll nun anhand der beiden neu in die Richtlinie eingegangenen Artikel 5 und 6, die im Entwurf der Kommission noch nicht vorhanden waren und über deren Wortlaut es, wie die Policy-Analyse (Kap. II.A) gezeigt hat, lange Aushandlungsprozesse zwischen Parlament, Kommission und Rat gab, verdeutlicht werden.

40 Zur Erinnerung sei hier erneut Artikel 3 aufgeführt: 3 (1) Im Sinne dieser Richtlinie können Erfindungen, die neu sind, auf einer erfinderischen Tätigkeit beruhen und gewerblich anwendbar sind, auch dann patentiert werden, wenn sie ein Erzeugnis, das aus biologischem Material besteht oder dieses enthält, oder ein Verfahren, mit dem biologisches Material hergestellt, bearbeitet oder verwendet wird, zum Gegenstand haben. 3 (2) Biologisches Material, das mit Hilfe eines technischen Verfahrens aus seiner natürlichen Umgebung isoliert oder hergestellt wird, kann auch dann Gegenstand einer Erfindung sein, wenn es in der Natur schon vorhanden war.«

41 Die »kann« Formulierung in Artikel (3) 2 macht allerdings deutlich, dass die Patentierbarkeit an die üblichen Voraussetzungen der Patentierbarkeit gebunden bleibt.

4.2 Artikel 5 der Richtlinie

Artikel 5 der EU-Biopatentrichtlinie in der Endfassung von 1998 lautet:

»(1) Der menschliche Körper in den einzelnen Phasen seiner Entstehung und Entwicklung sowie die bloße Entdeckung eines seiner Bestandteile, einschließlich der Sequenz oder Teilsequenz eines Gens, können keine patentierbaren Erfindungen darstellen.
(2) Ein isolierter Bestandteil des menschlichen Körpers oder ein auf andere Weise durch ein technisches Verfahren gewonnener Bestandteil, einschließlich der Sequenz oder Teilsequenz eines Gens, kann eine patentierbare Erfindung sein, selbst wenn der Aufbau dieses Bestandteils mit dem Aufbau eines natürlichen Bestandteils identisch ist.
(3) Die gewerbliche Anwendbarkeit einer Sequenz oder Teilsequenz eines Gens muss in der Patentanmeldung konkret beschrieben werden«

Zunächst lässt sich anmerken, dass der erste Absatz des Artikels 5 die Anliegen der Diskurskoalition von Frame »Ethik« aufnimmt, der zweite Absatz diejenigen der Diskurskoalition des Frames »Wirtschaft« und der dritte Absatz die Anliegen beider Diskurskoalitionen insbesondere in Reaktion auf die EST-Kontroverse widerspiegelt.

Wie ist Artikel 5 nun auszulegen?

Die Interpretation der ersten beiden Absätze ist vielstimmig. Viele Juristen halten den ersten Absatz für vernachlässigbar und sprechen ihm lediglich eine »Placebofunktion« zu, um die Kritiker zu befrieden.[42] Er enthalte Selbstverständlichkeiten und sei letztlich bedeutungslos. In kurioser Weise trifft sich dies mit der Einschätzung mancher Kritiker, die – zugespitzt – meinen, der erste Absatz habe lediglich dazu gedient, das Parlament »an der Nase herumzuführen«.[43] Diesen Auffassungen schließe ich mich – zumindest in dieser Schärfe – nicht an.[44]

Vielmehr ist Artikel 5 Absatz 1 als Bekräftigung und Konkretisierung geltender Menschenrechtsprinzipien zu betrachten. Es ist neu, dass diese in einem Patentrechtskodex aufgeführt werden.[45] Mit dieser Verankerung wird die europäische Grundrechte-Tradition auch auf das Patentrecht bezogen und es findet

42 Herdegen kommentiert zu Artikel 5(1) der Richtlinie: »it is a placebo designed for fundamental opposition« (Herdegen 2000/2001: 103).

43 So einige meiner Interviewpartner (Emmott, Then).

44 Ähnlich Albers 2003a, Godt 2003, Barton 2004.

45 Der explizite Ausschluss des Menschen (»human being«) von der Patentierbarkeit durch den australischen Gesetzgeber 1990 (vgl. Bently/Sherman 1995: 288) und den US-Gesetzgeber Ende 2003 (vgl. Kap. II.A.1.4) legt nahe, dass man dem Patentrecht selbst nicht zutraut, eine solche Grenzziehung vorzunehmen, bzw. unterstellt, dass diese Grenze in der Patenterteilungspraxis überschritten werden könnte.

somit eine Konstitutionalisierung statt (vgl. Kersten 2004).[46] Damit ist ein wichtiges Anliegen des Frame »Ethik« in die Richtlinie eingegangen.

Eine zentraler moralisch-ethischer Grundsatz des Ethik-Frames, der die Bedeutung der Menschenwürde und die Sonderstellung des menschlichen Körpers (»Nicht-Kommerzialisierbarkeit«) unterstreicht, ging damit in die Richtlinie ein, wie auch aus Erwägungsgrund 16 ersichtlich ist, der Artikel 5(1) erläutert.

Dort heißt es:

»(16) Das Patentrecht muß unter Wahrung der Grundprinzipien ausgeübt werden, die die Würde und die Unversehrtheit des Menschen gewährleisten. Es ist wichtig, den Grundsatz zu bekräftigen, wonach der menschliche Körper in allen Phasen seiner Entstehung und Entwicklung, einschließlich der Keimzellen, sowie die bloße Entdeckung eines seiner Bestandteile oder seiner Produkte, einschließlich der Sequenz oder Teilsequenz eines menschlichen Gens, nicht patentierbar sind. Diese Prinzipien stehen im Einklang mit den im Patentrecht vorgesehenen Patentierbarkeitskriterien, wonach eine bloße Entdeckung nicht Gegenstand eines Patents sein kann.«

Die Gültigkeit deontologischer Prinzipien (Menschenwürde, körperliche Integrität) wird damit anerkannt und bestätigt. Damit wurde zudem ein wichtiger Konsens des »Wirtschafts«-Frames mit dem »Ethik«-Frame formuliert, nämlich dass auch die »Ökonomie« an die Einhaltung von Menschenrechten gebunden bleibt. Betont wird, dass der Schutz auch in der Entstehungs- und Entwicklungsphase des menschlichen Körpers gegeben ist und sich sogar bereits auf die Keimzellen erstreckt.[47]

Sowohl in Artikel 5(1) wie auch in Erwägungsgrund 16 wird daneben auch die »alte« patentrechtliche Grenzziehung zwischen Entdeckung und Erfindung aufgenommen und durch seine explizite Wiedereinführung in das Biopatentrecht anerkannt und aufgewertet. Es fragt sich allerdings, wie diese Grenzziehung konkretisiert und gelöst wird.

Der zweite Absatz von Artikel 5 bezieht sich auf die Patentfähigkeit von isolierten Körperbestandteilen. Er gibt im Wesentlichen die Isolierungsdogmatik des Patentrechts wieder. Die herrschende Auslegung unter Patentrechtlern besteht darin, davon auszugehen, dass damit der Patentausschluss in Artikel 5

46 Ein affirmativer Bezug auf die Grundrechte findet sich zudem in Erwägungsgrund 43 der Richtlinie: »Nach Artikel F Absatz 2 des Vertrags über die Europäische Union achtet die Union die Grundrechte, wie sie in der am 4. November 1950 in Rom unterzeichneten Europäischen Konvention zum Schutze der Menschenrechte und Grundfreiheiten gewährleistet sind und wie sie sich aus den gemeinsamen Verfassungsüberlieferungen der Mitgliedstaaten als allgemeine Grundsätze des Gemeinschaftsrechts ergeben.«

47 Die Aufführung der Keimzellen erscheint systematisch nicht ganz passend, da hier ein Körper*teil*, nicht der ganze Körper adressiert wird. Andererseits wird damit dem besonderen Charakter von Keimzellen als Fortpflanzungssubstanzen Rechnung getragen.

(1) irrelevant ist, da der Patentschutz sich ohnehin niemals auf den menschlichen Körper und seine Teile in seiner natürlichen Umgebung bezieht.[48]

Isolierte Körperbestandteile, inklusive (Teil-)Gensequenzen werden somit nach herrschender Auslegung »automatisch« der Erfindung zugeordnet und sind damit patentierbar, wenn die weiteren Voraussetzungen gegeben und dargelegt sind (erfinderische Tätigkeit, Neuheit, gewerbliche Anwendbarkeit).

Es fragt sich allerdings an dieser Stelle, »ob Art. 5 lediglich eine deklaratorisch bzw. klarstellende Funktion ausübt oder tatsächlich materiell Neues hervorbringt« (Barton 2004: 208).

Hervorzuheben ist, dass auch *isolierte* Sequenzen oder Teilsequenzen eines Gens nicht per se patentfähig sind, sondern erst dann, wenn es sich dabei um *keine bloße Entdeckung* handelt.[49] Wie Godt zu Recht differenzierend feststellt, werden die Gensequenzen durch Isolierung »erst *patentwürdig*. Patentierbar werden sie erst, wenn für den Abschnitt eine Funktion bzw. eine gewerbliche Anwendbarkeit dargelegt wird« (2003: 9). Damit bleiben allerdings für die Auslegung der Richtlinie wiederum Spielräume eröffnet, welche die Konkretisierung der »erfinderischen Leistung« addressieren (siehe dazu Kraßer 2004).

Damit soll festgehalten werden, dass zwischen Absatz 1 und Absatz 2 von Artikel 5 der Richtlinie ein Spannungsverhältnis besteht, das bisher in der Auslegung sehr schematisch aufgelöst wird, das aber m.E. weder rechtsdogmatisch noch rechtspolitisch ausreichend reflektiert ist. Es ist darauf hinzuweisen, dass wohl – gäbe es den entsprechenden politischen bzw. juristischen Willen – durchaus aus Art. 5(1) eine schärfer gezogene Auslegung der Patentfähigkeit

---

48 Dies liegt unter anderem daran, dass sie keinen »technischen Charakter« haben und das Patentrechtsverhältnis sich nicht auf die Privatsphäre bezieht. Siehe Art. 31 GPÜ: »Die Wirkung des Patents erstreckt sich nicht auf: a) Handlungen, die im privaten Bereich zu nicht gewerblichen Zwecken vorgenommen werden. [...]« (BGBl. II 1979: 846, zit. nach Fili 2002: 75). Eine zweite Auslegungsrationalität liegt in der sachenrechtlichen Unterscheidung zwischen eigentumsfähigen abgetrennten Körperbestandteilen und dem (nicht eigentumsfähigen) ganzen Menschen. Ob es drittens überhaupt ein »natürliches« Gen geben kann, ist eine epistemische Frage (siehe dazu Schneider 2003a: 106ff).

49 Vgl. Erwägungsgrund 16: »...sowie die bloße Entdeckung eines seiner [menschlicher Körper] Bestandteile oder Produkte«, einschließlich der Sequenz oder Teilsequenz eines menschlichen Gens, nicht patentierbar sind.« Siehe außerdem Erwägungsgrund 23: »Ein einfacher DNA-Abschnitt ohne Angabe einer Funktion enthält keine Lehre zum technischen Handeln und stellt deshalb keine patentierbare Erfindung dar.« Hier wird der Begriff der »technischen Lehre« zur Bestimmung des Erfindungsbegriffs herangezogen (Querverweis zu Erfindungsbegriff und BGH) und die Angabe einer Funktion zum Nachweis der erfinderischen Leistung verlangt. Dies steht im Gegensatz zur bisherigen Stoffschutzdogmatik bei chemischen Stoffen, wonach bereits das Isolieren (und Reinigen) eines Stoffes das Neuheitskriterium erfüllte und eine gewerbliche Anwendbarkeit angegeben wurde. Die Richtlinie hingegen stellt erstmals darauf ab, das die Funktion (EG 24) bzw. die gewerbliche Anwendbarkeit (Artikel 5(3)) einer Gensequenz bereits bei der Anmeldung genannt werden muss und nicht nachgereicht werden kann (vgl. Straus 2003).

extrahiert, sowie höhere Anforderungen an die erfinderische Leistung gestellt werden könnten.

Ein Problem für eine Öffnung gegenüber einer solchen neuartigen Auslegung von Artikel 5(1) liegt möglicherweise darin, dass die entsprechende Debatte allzu »substantialistisch« im Hinblick auf den Körper und auf gentechnische »Stoffe« geführt wurde und zuwenig darum, dass nicht »Körperteile«, sondern Wissen und Erkenntnisse patentiert werden. Wie im Kapitel I. F festgehalten, zählt es aber zur entscheidenden Ratio des Patentausschlusses für Entdeckungen, bestimmte Wissensbestände ohne Einschränkungen für alle zugänglich zu halten. Es geht also um Freihaltung von der Patentfähigkeit, nicht um die mit dem Körper verbundene Würde zu wahren, sondern um soziotechnische Beziehungen in einer Weise zu gestalten, die im Allgemeininteresse der Verbesserung der Erkenntnisfähigkeit für alle förderlich ist. Die Vermischung dieser beiden Aspekte in Artikel 5(1) ist in dieser Hinsicht tatsächlich rechtssystematisch als unglücklich zu bezeichnen.

Die Modulationsbemühungen und Neuauslegungen im deutschen Umsetzungsprozess richteten sich allerdings nicht auf Art. 5(1) im Verhältnis zu Art. 5(2), sondern vor allem auf Art 5(3). Dabei wurde die tatbestandsbeschränkende Funktion des dritten Absatzes von Artikel 5, wie zuvor aus dessen Genese deutlich rekonstruiert wurde – es sollten ESTs nicht patentfähig sein – in eine umfangsbeschränkende Funktion transformiert – Gensequenzen sollten weniger »breit« geschützt werden. Dies sei jedoch an dieser Stelle lediglich vorausgeschickt im Hinblick auf die neuen Kontroversen und Auslegungen von Artikel 5(3) der Richtlinie, wie sie sich in den nationalen Implementierungsprozessen vollzogen haben und bereits für Deutschland in Kap. II.B zur Stoffschutzdebatte untersucht wurden.

Zusammenfassend bleibt festzuhalten, dass in Artikel 5 verschiedene Regelungsanliegen beider Diskurskoalitionen eingegangen sind und – wie ich hervorheben möchte – deren Aussagekraft und »Tendenz« in hohem Maße an die Auslegung der recht generalklauselhaft ausgefallenen Vorschriften gebunden ist.

Ich komme nun zum zweiten Artikel der Richtlinie, der erst im parlamentarischen Prozess in die Richtlinie eingefügt wurde.

4.3 Artikel 6 der Richtlinie

Wie bereits in der Policy-Analyse erörtert, geht die Aufnahme von Artikel 6 gänzlich auf die Initiative des Europäischen Parlaments zurück. Zwar entspricht Artikel 6(1) wörtlich der Ordre Public-Klausel in Art. 53(a) EPÜ, er war jedoch im ursprünglichen Richtlinienentwurf der Kommission nicht vorgesehen. Allein schon dessen Aufnahme signalisiert also eine Reaktualisierung einer Grenze im

Patentrecht, die für die Patentpraxis zuvor ganz unbedeutend geworden und kaum mehr gebräuchlich war. Mit Artikel 6 wurden Anliegen des »Ethik«-Frames in die Richtlinie integriert. Die Liste der Ordre Public-Ausschlüsse im zweiten Absatz von Artikel 6 war, wie bereits beschrieben wurde, im Rahmen der Aushandlungsprozesse zwischen Europäischer Kommission, Rat und dem Parlament lange umkämpft. Im Ergebnis hat sich hier das Europäische Parlament und die Diskurskoalition des »minimalistischen Unterframe Ethik« durchgesetzt.

»Artikel 6
(1) Erfindungen, deren gewerbliche Verwertung gegen die öffentliche Ordnung oder die guten Sitten verstoßen würde, sind von der Patentierbarkeit ausgenommen, dieser Verstoß kann nicht allein daraus hergeleitet werden, dass die Verwertung durch Rechts- oder Verwaltungsvorschriften verboten ist.
(2) Im Sinne von Absatz 1 gelten unter anderem als nicht patentierbar:
a) Verfahren zum Klonen von menschlichen Lebewesen;
b) Verfahren zur Veränderung der genetischen Identität der Keimbahn des menschlichen Lebewesens;
c) die Verwendung von menschlichen Embryonen zu industriellen oder kommerziellen Zwecken; [...]«

Der zweite Absatz von Artikel 6 konkretisiert – erstmalig für das europäische Patentrecht – die Ausnahmen von der Patentierbarkeit in einer – nicht abschließenden[50] – Liste. Die Absätze a und b von Art. 6(2) beziehen sich dabei auf Verfahrensansprüche, Absatz c) auf die Verwendbarkeit menschlicher Embryonen, also auf Verfahrens- und Produktansprüche. Diese Patentierungsverbote beziehen sich vor allem auf reprogenetische Anwendungen der Biotechnologie.[51] Damit wurde eine gewisse »minimalistische« Kanalisierung von »Ethik« auf Embryonen, reproduktives Klonen und Keimbahneingriffe vollzogen. Die Nicht-Abgeschlossenheit der Liste der Patentierungsausnahmen macht jedoch deutlich, dass es sich um beispielhafte Anwendungen handelt.

Wie diese Patentierungsausschlüsse interpretiert werden, ist wiederum stark an die Frame-Perspektive gebunden. Je nachdem, ob das in Frame »Ethik« verankerte Deutungsmuster oder jenes des Frames »Wirtschaft« vorherrscht, wird im ersten Fall eine Auslegung eher weit ausfallen, oder im letzteren eher eng beschränkt bleiben. Eine – enge oder weite – Auslegung dieser Patentierungsausschlüsse bleibt nicht nur wegen der notwendigen Generalklauselhaftigkeit

50 Dass sich die Liste als nicht abschließend versteht, wurde durch die Formulierung »unter anderem« deutlich gemacht. Im Erwägungsgrund 38 wird zusätzlich festgehalten: »Verfahren, deren Anwendung gegen die Menschenwürde verstößt, wie etwa Verfahren zur Herstellung von hybriden Lebewesen, die aus Keimzellen oder totipotenten Zellen von Mensch und Tier entstehen, sind natürlich ebenfalls von der Patentierbarkeit auszunehmen.«

51 Es bleibt anzumerken, dass Artikel 6(2)d dem Tierschutz Rechnung trägt, dies bleibt jedoch im Fokus meiner Arbeit ausgeklammert.

solcher gesetzlichen Vorschriften der Patenterteilungspraxis und der Rechtsprechung überlassen, sondern ist auch dadurch bedingt, dass es in der Richtlinie an entsprechenden Legaldefinitionen der Begriffe »Klonen«, »menschliches Lebewesen« sowie »Embryonen« fehlt, die in europäischen Legislaturen unterschiedlich gefasst werden (vgl. Müller 2003).

4.4 Exkurs: Patentrecht als forschungspolitisches Governance-Instrument

In einem kleinen Exkurs möchte ich an dieser Stelle auf einige weitere Gesichtspunkte und Ausdeutungsmöglichkeiten von Artikel 6 der Biopatentrichtlinie hinweisen. Denn meines Erachtens geht Artikel 6(2) in einem weiteren Aspekt über die bisherige Ordre Public-Klausel des EPÜ hinaus und hat ein neues Patentrechtsverständnis in die Richtlinie und damit das Patentrecht eingeschrieben. Wie der erste Absatz im Einklang mit dem EPÜ betont, ist es für eine Klassifizierung als »nicht-patentfähig« nicht ausreichend, dass die Verwertung einer Erfindung verboten ist – beispielsweise durch ein strafrechtliches Verbot oder ein Vermarktungsverbot. Laut tradierter Patentrechtsdogmatik können also auch Verfahren oder Produkte, deren Verwertung gesetzlich untersagt ist, patentfähig sein – es bedarf zusätzlich eines Verstoßes gegen grundlegende Normen der Rechtsordnung und damit eines besonderen Schweregrades, sowie dessen, dass die Erfindung ausschließlich in diesem verwerflichen Sinne ausgeübt werden kann.[52]

Die Regelungsinhalte der Patentierungsausschlüsse geben dem ersten Absatz jedoch eine andere Wendung. Denn es handelt sich um neue Forschungszweige, deren Verfahren zum Zeitpunkt der Verabschiedung der Richtlinie keineswegs in allen Mitgliedsstaaten der Gemeinschaft verboten waren. Zum Teil – dies betrifft sowohl das Klonen bei Menschen, als auch die Keimbahntherapie – waren diese noch nicht einmal technisch in der humanen Anwendung möglich, man ging lediglich von ihrer dereinstigen Realisierbarkeit aus. Die verbrauchende Embryonenforschung ist unter anderem in Deutschland verboten, in Großbritannien unter bestimmten Bedingungen erlaubt. Mit dieser Regelung greift die Richtlinie also – und dies stellt das Innovative der gesetzlichen Regelung dar – weit in das Vorfeld der Verwertung einer Erfindung ein. Sie bezieht sich bereits auf frühe Forschungsansätze und bewegt sich damit »upstream« im Forschungs- und Entwicklungsprozess. Dies gibt den beiden Worten »nicht

52 Klassische Beispiele sind Briefbombe und Antipersonenminen. Im Gegensatz dazu wäre beispielsweise eine Messerform jederzeit patentierbar, wenn sie neu und erfinderisch ist, d.h. ein beschriebenes Problem löst. Die Tatsache, dass man mit einem Messer einen Menschen töten kann und dies strafrechtlich verboten ist, macht die Erfindung nicht generell patentunfähig im Sinne von Art. 53(a) EPÜ.

allein« im ersten Absatz von Artikel 6 eine potentielle neue Wendung, nämlich in dem Sinne, dass ein Patentierungsausschluss gegeben sein kann, *selbst wenn* die gewerbliche Anwendung der Erfindung gesetzlich nicht verboten ist. Dies bleibt jedoch lediglich, darauf ist hinzuweisen, im Bereich des Möglichen, es ist nicht explizit so reglementiert. Artikel 6 ermöglicht bei einem sich aufeinander beziehenden Verhältnis zwischen dem ersten und zweiten Absatz auch neue Deutungsmöglichkeiten des Verwertungsbegriffs, wie sich seither gezeigt hat. »Verwertung« bedeutet nicht erst eine gewerbliche Verwertung im Sinne des Verkaufs eines Produkts oder Verfahrens, sondern der Akt der Patentierung selbst kann bereits als Verwertung gefasst werden, da ein Patent durch Lizenznahme verwertet werden kann.[53]

Darüber hinaus ist es möglich, diese Patentierungsausschlüsse als die Implementation eines neuen Governance- Modus für Forschung und technische Innovation zu betrachten. Die Europäische Gemeinschaft hat keine Regelungskompetenz für bioethische Fragen in dem Sinne, dass sie befugt wäre, über die strafrechtliche Zulassung entsprechender technischer Verfahren zu entscheiden, dies bleibt dem nationalen Gesetzgeber vorbehalten. Zweck des gesetzlich in der Richtlinie implementierten Patentierungsverbots ist es aber, Einfluss auf die Richtung der Forschungsentwicklung zu nehmen, indem ein Anreiz für solche Forschungen entzogen wird und sich in dem Patentierungsausschluss eine entsprechende Missbilligung der Generierung solchen Wissens seitens des europäischen Gesetzgebers ausdrückt.

Dies bedeutet, dass das Patentrecht nicht mehr allein als technologie-stimulierendes Instrument eingesetzt wird sondern auch als technologie-lenkendes Instrument im Sinne des Auferlegens einer Innovationsverantwortung. Technikentwicklung wird damit als gestaltungsbedürftig betrachtet und das Patentrecht als ein Gestaltungsinstrument genutzt.

Dies steht im Einklang mit Forderungen aus der innovationsrechtlichen Forschung, wonach Innovationsoffenheit in das Spannungsverhältnis zur Innovationsverantwortung gesetzt werden muss:

»Ziel sollte auch sein, Innovationsfolgen an den normativen Orientierungen der Gesellschaft zu messen, insbesondere an verfassungsrechtlichen Vorgaben, wie der Chancengleichheit oder der Sicherung der realen Entfaltungsfreiheit möglichst vieler. In diesem Sinne ist Innovationsverantwortung zu sichern. Dazu gehört es auch, die in der Rechtsordnung einschließlich der Grundrechte enthaltenen staatlichen Schutzverpflichtungen

---

53 Für solche Verschiebungen und Redefinitionen des Verwertungsbegriffs siehe insbesondere die Entscheidung der Großen Beschwerdekammer G2/2006 im Fall WARF (GBK 2008). Einen *weiten* Verwertungsbegriff vertreten Moufang (1993), Lausmann-Murr (2000: 138–150), Dolder (1984) Beyer (1994) und Godt (2005), siehe ausführlich dazu: Schneider (2008). Eine traditionell sehr *enge* Auslegung des Verwertungsbegriffs als absolutes Vermarktungsverbot vertritt Straus (2004: 51).

und objektiv-rechtlichen Schutzaufträge zu berücksichtigen« (Hoffmann-Riem 2006: 266).

Die Neukonzeption des Patentrechts als technikgestaltendes Instrument entspräche – wissenschaftspolitologisch[54] und -soziologisch reflektiert – auch neueren Ansätzen in der Technikgeneseforschung. Der Wissenschaftssoziologe Nico Stehr (2003a; 2005) spricht in diesem Zusammenhang von der Notwendigkeit einer präventiven »Wissenspolitik«, die den Akzent verschiebt »weg von der Lösung einmal aufgetretener Probleme, die sich aus der Anwendung von Technik und Wissenschaft ergeben, hin zur möglichen Reduktion oder Prävention nicht gewollter, jedenfalls ungeplanter Folgen« (Stehr 2003b: 118). Diese Stoßrichtung von technologischer Governance bestätigt auch der frühere Richter am Bundesverfassungsgericht Dieter Grimm: »Der Ruf nach Verboten oder Begrenzungen, der sich bisher auf die Ebene der Verwertung wissenschaftlicher Erkenntnisse bezogen hatte, erreicht nun die Ebene der Wissensproduktion selbst […]« (Grimm 2002). Hinsichtlich der Handlungsgrenzen erinnert Grimm an die wichtige »Entschleunigungsfunktion« des Verfassungsrechts, insbesondere des Menschenwürdeschutzes. Es fragt sich aber, ob und wie verfassungsrechtliche Normen als Schranken in das Patentrecht hineinzuführen sind bzw. ob sich nicht auch das Patentrecht selbst als »›Unterbrecher‹ für die Durchschlagskraft des wissenschaftlich-technischen Fortschritts und seiner kommerziellen Verwertung« einsetzen ließe, der »zum Innehalten und zum Ebenenwechsel« anhält und in das Fragen, »ob man das, was möglich ist auch wollen soll« (Grimm 2002), zu integrieren wären. Über diese Fragen bedarf es weiterer Diskussion. Es soll jedoch daran erinnert werden, dass eine solche Rechtsauffassung durchaus bereits in zwei patentrechtliche Urteile eingegangen ist (vgl. BPatG 2006; GBK 2008).

In diesem Sinne wandelt sich die Ordre Public-Klausel in eine Public Policy-Klausel um (vgl. Lausmann-Murr 2000). Dies bedeutet, dass das Patentrecht als ein Modus der »sanften« Forschungsregulierung benutzt wird. Sozial unerwünschte und ethisch verwerfliche Forschungsansätze – etwa die verbrauchende Embryonenforschung oder die Keimbahntherapie – werden damit nicht mit der Keule des Strafrechts verboten, sondern ihnen in milder Weise ein ökonomischer Anreiz entzogen – nämlich den der exklusiven wirtschaftlichen Verwertbarkeit. Dass beim Patent als staatlichem Hoheitsrecht dem Erteilungsakt immer auch ein gewisses Moment der Billigung und Akzeptanz zukommt, ist nicht von der Hand zu weisen.[55] Ein Patentierungsverbot greift nicht in die

54 Zur »reflexiven Wissenspolitik« als neuem Politikfeld siehe: Wehling 2004.

55 »Der jeweilige Entscheidungsträger, sei es das Patentamt oder das Patentgericht, muss als Ausdruck der Achtung der öffentlichen Ordnung und der guten Sitten jeden Anschein einer staatlichen Billigung gesetzes- oder sittenwidriger Handlungen oder gar der Mitwirkung an der

Freiheit von Wissenschaft und Forschung ein, denn sie lässt staatliche, private oder gemeinnützig getragene Grundlagen- und angewandte Forschung an entsprechenden Verfahren zu. Es entzieht aber eben bereits im frühen Stadium der Technikgenese einen bestimmten Anreiz, nämlich den des zeitlich befristeten Verwertungsmonopols.[56]

Wie bereits betont, handelt es sich bei einer solchen Sichtweise um ein Potential, um das Framing einer neuen Option, welches durch die Biopatentrichtlinie »gerahmt« wurde und welches zukünftig durch die administrative und justizielle Rechtsauslegung entweder ausgebaut werden oder aber unausgeschöpft bleiben kann.

4.5 Zusammenfassende Würdigung

Die Würdigung der beiden Artikel 5 und 6, die durch das Parlament in der Richtlinie kodifiziert wurden, muss zwangsläufig ambivalent bleiben und es bleibt vor allem zu unterstreichen, dass die Auswirkungen der darin getroffenen Normierungen in starkem Maße von der Auslegung in der Patentrechtspraxis abhängig sein werden.

In Artikel 5 und 6 der Biopatentrichtlinie wurden verschiedene Anliegen der Diskurskoalition des Ethik-Frames anerkannt und in die Richtlinie eingeschrieben. Zum einen wurde durch die Bezugnahme auf die Grundprinzipien der Menschenwürde und körperlichen Integrität (Erwägungsgrund 16 in Erläuterung von Artikel 5(1)) das Patentrecht verfassungsrechtlich eingebunden, zum anderen wurde in Artikel 5(1) die alte patentrechtliche Grenze der Unterscheidung von Entdeckung und Erfindung reaktualisiert. Artikel 6 wertet eine weitere im Patentrecht bestehende, jedoch lange vernachlässigte Grenze, die Ordre Public-Klausel, auf und konkretisiert diese erstmals durch die Auflistung von Patentierungsausschlüssen.

In einer weiten Deutung der beiden Artikel 5 und 6 ließe sich argumentieren, dass das Patentrecht dadurch generell »ethisch« überformt wird.

In einer engeren Auslegung bleibt allerdings darauf hinzuweisen, dass in der Substanz des Gesetzestextes (Artikel 6(2)) »Ethik« vor allem auf Fragen der Reproduktionsgenetik beschränkt wurde. Damit wurde »Ethik« kanalisiert und eingekapselt. In diesem Sinne kann die Engführung von »Ethik« auf Embryonenforschung, Keimbahneingriffe und Klonen als Eindämmungsstrategie angesehen werden, oder sogar als Immunisierungsversuch gegen ein weites, deon-

---

Vorbereitung solcher Handlungen vermeiden« (BPatG 2006, vgl. Benkard 2006, 32 Rdn. 3b und 3c).

56 Vgl. ausführlicher: Schneider 2007b und 2008.

tologisches Verständnis von »Ethik«[57], wie es im maximalistischen »Ethik«-Frame vertreten wird. Nach einer solchen Interpretation wurde lediglich der »minimalistische« Ethik-Unterframe integriert.

Es ist darauf hinzuweisen, dass sich durch Artikel 5(2) die Diskurskoalition des Frame »Wirtschaft« in einem ganz wesentlichen und entscheidenden Punkt durchsetzen konnte. Dies erlaubte es, an der bestehenden Patenterteilungspraxis für isolierte Körperbestandteile, einschließlich Gensequenzen, festzuhalten. Die Isolierungsdoktrin der Patentrechtsdogmatik wurde damit gesetzlich festgeschrieben und die grundsätzliche Patentfähigkeit von Gensequenzen bestätigt. In dieser Hinsicht konnte sich der (lediglich geringfügig »reduzierte«), maximalistische Frame »Ökonomie« weitgehend (Artikel 3 und 5(2) der Richtlinie) kodifizieren.

Eine gewisse Öffnungsklausel konstituierte sich jedoch mit Artikel 5(3). Dieser Absatz ging vor allem auf die EST-Kontroverse zurück, wurde seit Mitte der 90er Jahre aber auch auf die beginnende Kontroverse um einzelne mit Krankheiten assoziierte Gensequenzen bezogen.[58] Die Aufnahme der konkreten Funktionsbeschreibung als Patentierungserfordernis für Gensequenzen lässt sich zum einen als rein formale, neue Erfordernis lesen, die Funktion bereits bei der Patentanmeldung herbeizubringen und nicht später erst nachreichen zu können. Zum zweiten lässt sie sich in tatbestandlicher Hinsicht als Nicht-Patentfähigkeit von Genabschnitten ohne (benannte) Funktion auslegen und nimmt damit ESTs von der Patentierbarkeit in Europa aus. Zum dritten lässt sich daraus eine umfangsbeschränkende Wirkung schöpfen – dies geschah jedoch erst in der nationalen Implementierungsphase in Deutschland.

Insgesamt setzte sich damit nach herrschender Lesart im Richtlinientext eine selektive Integration des Ethik-Frames in einen weiterhin eher maximalistischen Frame »Wirtschaft« durch, der allerdings durch Artikel 5(3) etwas eingeschränkt wurde.

Diese selektive Integration sollte allerdings nicht als bloße »symbolische Politik« verbucht werden. Denn die Aufnahme von als »ethisch« apostrophierten Anliegen in die Patentrichtlinie signalisiert eine Öffnung und Ausweitung des Patentrechts, das sich bisher unter Verweis auf seine »Wertneutralität« weitgehend einer »Ethisierung« und Politisierung verschlossen hatte. Damit ist es gelungen, in den Text der Richtlinie neue Diskurse und Regelungsanliegen hineinzutragen und darin zu verankern.

---

57 Siehe dazu für die patentrechtliche Diskussion: Geiger 2006.

58 Z.B. das »Brustkrebs«- Gen BRCA1 und das »*obesity*«- Gen Leptin, siehe Straus (1997: 42). Wichtig war auch die Kontroverse um den Rezeptor CCR5, vgl. Science vol. 275, 28.2.1997, S. 1263. In früheren Jahren entzündete die Kritik sich vor allem an dem Fall der Genmutation für Zystische Fibrose: Forscher des Kinderkrankenhauses Toronto, die das Gen gefunden und patentiert hatten, verlangten Lizenzgebühren und Verhandlungen von britischen Forschern, die ebenfalls bereits entsprechende Gentests entwickelt hatten (Dickson 1993: 391).

Diese selektive Integration von Anteilen des Frames »Ethik« kann in ihrer Wirkung als doppeldeutig bewertet werden:

Einerseits wurde die Hermetik des Patentrechts und die weitgehende Immunisierung des Frames »Wirtschaft« gegenüber deontologischen Prinzipien und Wertfragen aufgebrochen. Hier konnten in Artikel 5(1) und Artikel 6 bindende Festlegungen getroffen werden.[59]

Andererseits erhöhte gerade die selektive Integration einzelner ethischer Postulate und die Liste der Patentierungsverbote in Artikel 6(2) insgesamt die Legitimationskraft der Richtlinie. Ihren Gegnern wurde beschieden, »Ethik« sei zufriedenstellend aufgenommen worden.

Kontrovers blieb in der öffentlichen Debatte weiterhin, ob – auch isolierte – Körperbestandteile und Gensequenzen als solche als »Erfindung« oder als »Entdeckung« zu qualifizieren seien. Diese Debatte wurde allerdings erst in der deutschen Stoffschutzkontroverse (vgl. Kap. II.B.2) weiter präzisiert.[60]

5. Zusammenfassung für 1988 bis 1998 – der Politikprozess auf EU Ebene aus Frame-analytischer Perspektive

Zusammenfassend bleibt zur Frame-Dynamik festzuhalten, dass die antagonistische Frame-Konstellation, wie sie für die Jahre 1988 bis 1995 kennzeichnend war, von 1996 bis 1998 aufgebrochen wurde, was vor allem durch den Willen zur Verabschiedung der Richtlinie bedingt war. Es vollzog sich eine »konsequentialistische Wende« in den Argumentationslinien, insbesondere innerhalb des Frames »Ethik«, wobei in der Inter-frame-Dynamik positive und negative Implikationen des Patentschutzes für Forschung und Innovation jeweils eher holzschnittartig und einseitig betrachtet wurden. Damit wurde jedoch erstmals eine Art begleitende Patentfolgenabschätzung realisiert. Trotz der gegensätzlichen Einschätzungen der Wirkungen der Patentierung war damit eine gewisse gemeinsame Argumentationsbasis hergestellt. Zudem wurden damit die Glaubenssätze des Frames »Wirtschaft« relativiert und demnach die widersprüch-

59 Der Patentierungs- Ausschluss des Menschen *in toto* in Artikel 5(1) ist auch insofern wichtig, als der lebende Mensch – inklusive Embryonen – damit nicht als »Erzeugnis« patentrechtlich geschützt werden kann, selbst wenn Verfahren zur Veränderung des menschlichen Substrats geschützt werden. Damit wurde der mit Verfahrenspatenten implizierte Erzeugnisschutz auf den ganzen Menschen bezogen ausgeschlossen.

60 Bloße Isolation entspricht damit der Naturstoffdoktrin, das »erstmalige Bereitstellen« eines »neuen« Stoffes der Rechtsfigur des »absoluten« Stoffschutzes. Der Begriff »Stoffschutz« taucht in der Richtlinie selbst nicht auf, sondern ging nur implizit als Patentrechtsdogmatik in sie ein.

lichen Wirkungen von Patentschutz offenbar, was die Notwendigkeit einer regulierenden Gestaltung plausibilisierte.

Bezogen auf die Intra-frame-Dynamik bildeten sich in beiden Frames Minimierungen der zuvor maximalistischen Positionen heraus, die in Kompromisspositionen im Richtlinientext bei der Verabschiedung mündeten. Im Ergebnis ist im Richtlinientext jeweils eine selektive Integration von Anteilen des konkurrierenden Frames aufzufinden: Der weiterhin dominante Frame »Wirtschaft« nahm Einschränkungen im Patentschutz von Gensequenzen auf (Art. 5(3)). Mit dem Artikeln 5(1) und 6 setzte sich ein – allerdings in der Auslegung enggeführter – Frame »Ethik« durch. Das Ergebnis ist als Kompromiss zu bewerten.

Im nächsten Teil gehe ich darauf ein, wie sich die Frame-Kontroverse in der deutschen Implementierung fortsetzte.

6. Frame-Analyse des deutschen Implementierungsprozesses 2000–2004: Diskursverschiebungen und Reframing

Problem-setting story der deutschen parlamentarischen Kontroverse war, dass die EU-Richtlinie bindend umgesetzt werden musste, obgleich es weiterhin erhebliche Kontroversen zu und Einwände gegen die auf EU-Ebene erfolgte Regulierung gab.

Während einerseits innerhalb des »maximalistischen« Frames »Ethik« verhaftete Akteure sowohl in der Öffentlichkeit wie auch in Teilen des Parlaments die Legitimität der Richtlinie insgesamt bestritten und sich für eine gänzliche Neuverhandlung der Richtlinie auf EU-Ebene aussprachen, zeichneten sich andererseits – vor allem im Bundestag – Versuche ab, Gestaltungsspielräume innerhalb der Richtlinie auszuloten und auszuschöpfen. Hier zentrierte sich die Kontroverse zwischen Parlament und Regierung vor allem um eine wortlautgetreue oder modifizierte Umsetzung der Richtlinie unter Ausnutzung von rechtlichen Spielräumen. Dabei ging es vor allem darum, mit welchen Mitteln man einen »zu breiten« Patentschutz verkleinern könne.

Nur kursorisch will ich an dieser Stelle darauf eingehen, dass zwischen den Jahren 1999 bis 2001 eine Reihe von Versuchen unternommen wurden, die Anliegen der zuvor als »minimalistischer Unterframe Ethik« gekennzeichneten Positionen einer weiteren Konkretisierung und zudem »weiten« Auslegung zuzuführen. Diese spiegelten sich in den Auseinandersetzungen um das »Edinburgh-Patent« (2000) und der darauf folgenden Entscheidung der EPA Einspruchskammer (2002), in der eine weite Auslegung des Artikels 6(2)c geltend gemacht wurde, wonach menschliche embryonale Stammzellen, die auf die Tötung eines Embryos zurückgehen, nicht als patentfähig beurteilt wurden.

Im Bundestag stritt man darum, ob und inwiefern das Embryonenschutzgesetz auch eine Schranke für die Patentfähigkeit darstellen solle, und damit um eine enge oder weite Auslegung der Patentierungsausschlüsse in Artikel 6(2) der Richtlinie. Zudem wurden Fragen der konkreten Bedeutung des Persönlichkeitsschutzes und Herkunftsnachweises (Erwägungsgründe 26 und 27 der Richtlinie) für das Patentgesetz diskutiert. Weitaus bedeutsamer, intensiver und folgenreicher war jedoch die Stoffschutzkontroverse, weshalb ich meine Analyse nun vor allem auf diese konzentrieren werde.

Nach der Verabschiedung der Richtlinie auf EU-Ebene lassen sich erhebliche Verschiebungen im Diskurs und in den Kontroversen auf der nationalen Ebene feststellen. Anfang und Mitte der 1990er Jahre fokussierte der zentrale Streit auf das *Ob* der Genpatentierung, also ob überhaupt Patente auf DNA-Sequenzen zugelassen werden sollten. Angesichts der Unhintergehbarkeit der Rechtsetzung durch die EU und der Bestätigung der Richtlinie durch den EuGH, sowie nicht zuletzt der Faktizität von hunderten bereits erteilten Genpatenten, verlagerte sich die Kontroverse nach 1998 primär auf das *Wie* der Genpatentierung, d.h. auf die Patentierungsvoraussetzungen und den Umfang von Patenten auf DNA-Sequenzen. Zentrale Kontroverse bei der deutschen Umsetzungsdiskussion bildete, wie bereits in Kap. II.B ausführlich dargestellt, die Frage, ob ein absoluter oder umfangsbeschränkter Stoffschutz auf DNA-Sequenzen gesetzlich festgeschrieben werden sollte (vgl. Grafik 8).

Grafik 8: Diskursverschiebungen nach 1998

	Verschiebungen des Diskurses	
Vor 1998	Patentierbarkeit von Gensequenzen und anderen (human)biologischen »Stoffen«	»*Ob*« Gene patentieren (Tatbestand, patentable subject matter)
Nach 1998	Umfang der Gen-Patente, insbes. absoluter Stoffschutz	»*Wie*« Gene patentieren (erfinderische Leistung und Umfang)

6.1 Die kreuzweise Verkehrung der Hauptframes

Frame-analytisch lässt sich auf der rhetorisch-semantischen Ebene ein neues Phänomen beobachten, nämlich dass sich auf der diskursiven Ebene kreuzweise Verkehrungen eingestellt haben, das ich als Übersicht in Grafik 9 darstelle und im Folgenden genauer betrachte, zunächst vermittels einiger empirischer Belegzitate.

Grafik 9: Kreuzweise Verkehrung der Frames

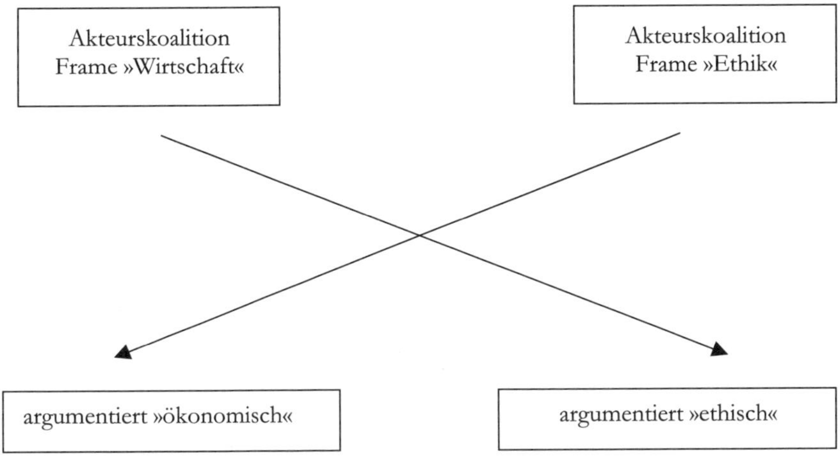

Akteurskoalition Frame »Wirtschaft«: argumentiert »ethisch« und hebt »minimalistische« Ethik-Position hervor	Akteurskoalition Frame »Ethik« argumentiert »ökonomisch«: hebt »minimalistische« Ökonomie - Position hervor
Legitimation: Ordre Public (»Ethik«) als Argument für eine 1:1 Implementierung der Richtlinie herangezogen	Richtlinienkonforme Reinterpretation der Patentierbarkeit von Gensequenzen: Funktionsbindung des Stoffschutzes

6.1.1 »Ethisierung« des »Wirtschafts«-Frames

Die Diskurskoalition des Frame »Wirtschaft« argumentierte nun »ethisch«: Sowohl die Deutsche Bundesregierung (Bundeskabinett) wie auch die pharmazeutische Industrie betonten 2001 bis 2004 die Fortschritte, welche die Richtlinie hinsichtlich der Patentierungsausschlüsse bei Embryonenschutz, Keimbahneingriffen und Klonen (Artikel 6 (2) der Richtlinie) erbracht haben. Dies wurde als Argument für eine wortlautgetreue Implementierung der Richtlinie eingesetzt.

Ein Schlüsseltext für diese offenbare Verkehrung – die man nicht vorschnell als »rein rhetorisch« abtun sollte – bildet eine Pressemitteilung des Bundesjustizministeriums. Darin wurde der vorgelegte neue Kabinettsentwurf für die Umsetzung der Biopatentrichtlinie unter die Überschrift »Kein Patent auf Leben«

gestellt.[61] Dies ereignete sich just zu dem Zeitpunkt, nachdem monatelange Verhandlungen des BMJ mit einer Koalitionsfraktions-Arbeitsgruppe gescheitert waren, weil das BMJ nicht von einer wortlautgetreuen Umsetzung der Richtlinie abrücken wollte. In dieser Pressemitteilung heißt es:

»In Deutschland tritt eine Verbesserung der rechtlichen Situation ein, weil die ethischen Grenzen der Patentierbarkeit konkreter gefasst werden. Das Gesetz klärt, welche biotechnologischen Erfindungen patentiert werden können und welche nicht. Die gesetzliche Regelung bringt EU-weite Rechtssicherheit und fördert Investitionen und Innovationen in diese Zukunftstechnologie. Dies dient der Forschung und z. B. der Entwicklung neuer Medikamente und stärkt den Wissenschafts- und Industriestandort Deutschland. Das neue Recht verdeutlicht die ethischen Grenzen der Patentierbarkeit. Bisher werden diese allein durch die Generalklauseln »Öffentliche Ordnung« und »Gute Sitten« bestimmt. Das neue Patentrecht regelt dies zukünftig konkreter: [...] Dies schützt vor Missbräuchen der Gentechnologie.«[62]

Die Hervorhebung der »ethisch« motivierten Patentierungsausschlüsse (»minimalistischer Ethik«-Frame) werden nun legitimatorisch *für* die Implementierung in Anspruch genommen. Komplementär dazu werden die *story lines* des »maximalistischen« Frames »Ökonomie« (Innovation, Investitionsschutz, Standortsicherung, Rechtssicherheit, Arzneimittelentwicklung, Forschungsförderung) aufgerufen und reaktualisiert. Außerdem wird Anschluß an die Gentechnologie-Kontroverse und deren Überschneidungen mit dem Biopatentierungsdiskurs gesucht und diesbezüglich ein »rechter Gebrauch der Gentechnik« (»Chancen«) semantisch von einem »Missbrauch« abgetrennt.

Bereits 2001 vermerkte die Bundesregierung, mit diesen ethischen Patentierungsgrenzen seien »erhebliche Vorteile erreicht, die nicht wieder aufgegeben werden sollten«, weil durch die Richtlinie »stärkere und konkretere Grenzen« gezogen und »spezifische Patentierungsverbote« normiert würden (BMJ 2001: 11).

Gleichermaßen stellte der Verband Forschender Arzneimittelhersteller (VfA) 2004 in seiner Stellungnahme zum Gesetzentwurf der Bundesregierung zur Umsetzung der Richtlinie fest:

»Der VFA begrüßt, dass der Gesetzentwurf klare ethische Grenzen der Patentierbarkeit setzt. [...][63] Diese ethischen Begrenzungen einschließlich der ausdrücklichen Nennung des Embryonenschutzgesetzes als Patentierungsgrenze trägt die forschende Arzneimit-

61 »Kein Patent auf Leben – Rechtssicherheit für biotechnologische Erfindungen« BMJ Pressemitteilung Nr. 53/03, Berlin, 25. Juni 2003. http://www.bmj.bund.de/enid/d141b91a41acae8744eb5a21a394b159,c777fa707265737365617274696b656c5f6964092d0931343132093a096d795f79656172092d0932303033093a096d795f6d6f6e7468092d093036/58.html, letzter Abruf 23.9.2004.

62 »Kein Patent auf Leben - Rechtssicherheit für biotechnologische Erfindungen« BMJ Pressemitteilung Nr. 53/ 3, Berlin, 25. Juni 2003.

63 Verwiesen wird auf Art. 1 §1a Absatz 1 und §2 Absätze 1 und 2.

telindustrie mit. Dem Ziel der Bundesregierung, Missbräuchen der Gentechnologie vorzubeugen, wird damit effektiv Rechnung getragen.«[64]

Dass seitens des Bundesjustizministeriums der Slogan »Keine Patent auf Leben« in Anspruch genommen wurde, könnte – bei aller Vorsicht – als Indikator dafür betrachtet werden, dass diese Losung im Laufe der Kontroverse eine kulturelle Hegemonie entwickelte. Frame »Ethik« mit seinem moralischen Postulat einer Nicht-Patentierbarkeit von »Leben« erschien offenbar in weiten Teilen der Öffentlichkeit intuitiv einleuchtend und überzeugend. Die mediale Öffentlichkeit berichtete überwiegend wohlwollend und rezeptiv über die Anliegen dieser Diskurskoalition. Da Politik auf die »Zustimmung der Galerie« (Habermas 1992: 462) [65] angewiesen bleibt, kann solches rhetorisches Verhalten seitens der Bundesjustizministerin zumindest Aufschluss darüber geben, dass eine relevante Haltung der Öffentlichkeit in diesem Sinne eingeschätzt wurde.

Es wäre daher m.E. unangemessen, hier in ideologiekritischer Absicht lediglich »zu entlarven« und Kooptationsversuche zu vermuten. Vielmehr wird durch die Aufnahme und Inanspruchnahme des Slogans des »maximalistischen« Ethik-Frames dessen diskursive Macht bestätigt und für die eigenen politischen Ziele in Anspruch zu nehmen versucht. Statt solche Konzepte »totzuschweigen« oder zu diskreditieren, wird mit ihrer Inanspruchnahme jedoch möglicherweise auch ihre Geltung anerkannt und gestärkt.

Zum Teil handelt es sich dabei sicherlich um strategische und rhetorische Argumentationen, teilweise ist aber ein tatsächliches Policy Learning zu konstatieren. Die Bezugnahme auf die »ethisch« begründeten Patentierungsausschlüsse signalisiert eine Anerkennung ihrer Geltung und eine positive Affirmation. Glaubwürdiges politische Handeln der Regierung, des Parlaments und der wirtschaftlichen Akteure wird sich fortan daran messen lassen müssen, wieweit sie eine weite Auslegung der Ordre-Public-Klausel (Artikel 6(2) der RL) unterstützen, oder es erlauben, dass das im Diskursverlauf weiter geöffnete »Einfallstor« des Patentrechts von der Patentrechtsdisziplin und den Gerichten wieder auf einen schmalen Spalt verkleinert wird.

---

64 VfA Stellungnahme zum Gesetzentwurf der Bundesregierung, 2004, S.3.

65 »Aber generell lässt sich feststellen, dass sich auch in mehr oder weniger vermachteten politischen Öffentlichkeiten die Kräfteverhältnisse verschieben, sobald die Wahrnehmung von relevanten gesellschaftlichen Problemlagen ein Krisenbewusstsein an der Peripherie hervorruft. Wenn sich dann zivilgesellschaftliche Akteure zusammenfinden, ein entsprechendes Thema formulieren und in der Öffentlichkeit propagieren, können ihre Initiativen Erfolg haben, weil mit der endogenen Mobilisierung der Öffentlichkeit eine sonst latent bleibende Gesetzmäßigkeit in Kraft tritt, die in der Binnenstruktur jeder Öffentlichkeit angelegt ist und im normativen Selbstverständnis der Massenmedien auch präsent gehalten wird: dass die Spieler in der Arena ihren Einfluß der Zustimmung der Galerie verdanken.« (Habermas 1992: 461–462).

6.1.2 »Ökonomisierung« des Ethik-Frames

Auf der anderen Seite untermauerten Akteure aus der Diskurskoalition des Frames »Ethik« ihre Kritik an einer wortlautgetreuen Umsetzung nunmehr mit ökonomischen Argumenten:[66] Eine zu breite Reichweite der Genpatente behindere die Forschung, gefährde die Forschungsfreiheit und Gene als »öffentliches Gut« und stellten ein ungerechtfertigtes Monopol des Patentinhabers dar. Hier wird auf wirtschaftswissenschaftliche Kontroversen rekurriert – das Konfliktverhältnis zwischen der Monopolstellung, die das Patentrecht dem Patentinhaber erteilt und den wirtschaftspolitischen Anliegen, Wettbewerb zu ermöglichen und Kartelle zu verhindern. Insofern nehmen die Akteure des »Ethik-Frames« nun auf die Vertragstheorie des Patentrechts positiven Bezug, evaluieren aber die gegenwärtige Patenterteilungspraxis als *Überbelohnung* des Erfinders.

Diese argumentative Umorientierung wurde teilweise auch von außerparlamentarischen Gruppen vollzogen: So heißt es etwa in einem »Positionspapier des Beirates des Gen-ethischen Netzwerkes (GeN)« unter der Rubrik »Missverhältnis zwischen Leistung und Belohnung«:

»Die Schere zwischen der Leistung und der Belohnung der Patentinhaber klafft zunehmend weiter auseinander. Die Leistung, also der Aufwand, respektive die »Erfindungshöhe« wird immer geringer, während die Belohnung in Form von Lizenzen steigt, weil der Geltungsbereich für einzelne Patente fast grenzenlos ausgeweitet wird. Der Inhaber von Patenten auf Gene erhält für seine relativ geringe Leistung bei der Sequenzierung weitgehende Rechte. Er gilt als »Erfinder« der Gensequenz. Damit hat er das Monopol auf alle - auch auf die noch nicht bekannten - Anwendungen seiner »Erfindung«. Nach der Rechtslage der Patentierungsrichtlinie erhält er ein Patent, wenn zur Sequenz nur eine einzige Anwendung oder eine einzige Funktion angegeben ist. Oftmals werden vom Europäischen Patentamt Patente auf Gensequenzen erteilt, ohne zu wissen, ob es sich um einzelne oder mehrere Gene handelt, und ohne zu wissen, für welche Proteine die Gene kodieren und welche Funktion diese Gene und Proteine genau haben.«[67]

Kritisiert wird hier also eine unausgeglichene Balance in der Patenterteilung. Der Wirtschaftsjurist Stoll forderte zur Rebalancierung einen »zweckgebundener Stoffschutz auf Gensequenzen«:

»Der Stoffschutz ist bei Genen und Gensequenzen auf die Funktion zu beziehen, die diese auszeichnen und die angegeben wird. Er gewährleistet dauerhafte Innovationsanreize und Rechtssicherheit: Ein ohne solche Grenzen absolut wirkender Stoffschutz vergibt ein Mal breite Rechte für die Offenlegung der Sequenz, schränkt aber Forschung, Entwicklung und Verwertungs- und Schutzmöglichkeiten und damit Innovationsanreize in dem Forschungs- und Technologiebereich für die Dauer der Schutzfrist

---

66 Wegbereitend für diese neue Argumentation war das von der Fraktion B90/Grüne in Auftrag gegebene Gutachten von Wolfrum/Stoll et al (2001).

67 Positionspapier des Beirates des Gen-ethischen Netzwerkes (GeN) zur geplanten Umsetzung der EU-Patentrichtlinie, Dez. 2000.

ein. Er kann sich auch nicht rechtfertigend auf eine typischerweise besonders hohe erstmalige erfinderische Leistung berufen.«[68]

Damit werden die zentralen *story lines* »Innovation« und »Rechtssicherheit« des Hauptframe »Wirtschaft« aufgegriffen, diese aber mit der Forderung nach umfangsbeschränktem Stoffschutz bei DNA-Sequenzen verknüpft und damit rekonfiguriert.

In einer Erklärung der Krankenkassen-Spitzenverbände (2004) warnen diese

»vor einer - wie in der Biopatentrichtlinie vorgesehenen - zu umfassenden Reichweite des Patentschutzes. [...] Dies gefährde zudem die Wirtschaftlichkeit medizinischer Innovationen. Bereits heute führten durch Patente hervorgerufene Monopolstellungen z. B. bei Arzneimitteln häufig zum Preisanstieg. Wenn die Biopatentrichtlinie ohne Änderungen in Deutschland umgesetzt würde, sei mit einem Anstieg der Ausgaben in der gesetzlichen Krankenversicherung zu rechnen. Die genannten Spitzenverbände fordern deshalb, den Patentschutz auf Herstellungsverfahren und Verfahrensschritte zu begrenzen, um diese forschungshemmenden und ausgabensteigenden Wirkungen abzumildern. Damit würde die Patentierung von Genen und Gensequenzen ausgeschlossen.«[69]

Bemerkenswerterweise wird hier eine Forderung reartikuliert, bei Gensequenzen nur Verfahrenspatente zu erteilen.[70] Diese wird jedoch nun *ökonomisch* und *forschungspolitisch* begründet. Die *story lines* des »Wirtschafts«-Frames (Forschungsförderung, Medikamentenentwicklung) werden aufgerufen, aber mit anderen Forderungen und Geltungsansprüchen versehen, nämlich der breiten Zugänglichkeit von innovativen Arzneimitteln und wirtschaftlich und gesundheitspolitisch angemessenen Kosten für Verbraucher und Gesundheitssystem.

Auch hier wäre es m.E. unangebracht, zu vermuten, die Akteure der Diskurskoalition des Frame »Ethik« hätten sich schlicht den Mantel ihres politischen Gegners umgeworfen, um ihre eigenen Inhalte zu transportieren. Vielmehr gehe ich davon aus, dass tatsächliche Diskursveränderungen und ein beginnendes Reframing bei den parlamentarischen Akteuren innerhalb des Frames »Ethik« zu verzeichnen sind. Zwar wurde mit der »Ökonomisierung« des »Ethik«-Frames auch die Macht des Frames »Wirtschaft« gestärkt, dessen

---

68 Prof. Dr. Peter-Tobias Stoll, Institut für Völkerrecht der Universität Göttingen, Abteilung Internationales Wirtschaftsrecht, Öffentliche Anhörung des Rechtsausschusses des Deutschen Bundestages am 17.10.01. Schriftliche Stellungnahme der Sachverständigen.

69 Gemeinsame Presseerklärung, AOK-Bundesverband, Bonn, BKK Bundesverband, Essen, IKK-Bundesverband, Bergisch Gladbach, Bundesverband der landwirtschaftlichen Krankenkassen, Kassel, Verband der Angestellten-Krankenkassen e. V., Siegburg, AEV – Arbeiter-Ersatzkassen-Verband e. V., Siegburg: »Umsetzung der europäischen Biopatentrichtlinie in Deutschland. Spitzenverbände der Krankenkassen fordern größtmöglichen Schutz für Patienten: Kein Patentschutz auf Gene, sondern nur auf Herstellungsverfahren« vom 11.3.04.

70 Dies stellt gewissermaßen einen »Rückfall« in den maximalistischen Ethik-Frame dar. Generell hat sich allerdings im Diskursverlauf nicht ein generelle Abschaffung des Stoffschutzes auf biologische Materialien und Gensequenzen, sondern eine Umfangsbeschränkung des Stoffschutzes durchgesetzt.

story lines aber gleichzeitig verschoben und um eine »ethische Dimension« angereichert, die sich nun nicht mehr auf den Embryonenschutz bezieht, sondern auf Aspekte von Fairness und Verhältnismäßigkeit.

6.1.3 Würdigung

Die zentralen *story lines* des Frames »Wirtschaft«, dass Patente wichtig für technische Innovationen und damit für die wirtschaftliche und soziale Entwicklung Europas seien, blieben über den ganzen Zeitraum der Richtliniendiskussion hinweg, auch in der deutschen Umsetzung, dominant. Die *story line* des Frames »Ethik«, dass Patente auf lebendes Material, insbesondere auf menschliche Körpersubstanzen und Gene eine unakzeptable Grenzüberschreitung darstellten, konnte sich in dieser Radikalität nicht durchsetzen. Allerdings erregte die diesem Frame zugrunde liegende »Ethisierung« und Moralisierung der Kontroverse hohe öffentliche Aufmerksamkeit und entwickelte eine beträchtliche Schlagkraft insofern, als die Legitimität der Patentierung »lebender Materie« bestritten und damit die Hegemonie von Frame »Wirtschaft« herausgefordert wurde.

Relativ unangefochten hat sich in der deutschen Umsetzungsdebatte zumindest als »Überschrift« der Frame »Wirtschaft« durchgesetzt. Im seinem Bedeutungs- und Sinngehalt gab es jedoch erhebliche Verschiebungen:

Einerseits wurde die Notwendigkeit von ökonomischer Standortsicherung und von Rechtssicherheit für Unternehmen unterstrichen. Auf der anderen Seite wurde jedoch »Rechtssicherheit« nunmehr als legislative Festlegung einer Stoffschutzbeschränkung für (menschliche) Gensequenzen definiert, um bei Anmeldern und Wettbewerbern Klarheit über die Reichweite des Stoffschutzes zu schaffen und entsprechende Unsicherheiten zu beseitigen. Gleichzeitig wurde damit das Primat der Politik gegenüber der bisherigen Auslegungshoheit hinsichtlich der Patentierungsvoraussetzungen und des Umfangs durch das EPA, nationale Patentämter und Patentgerichte in Anspruch genommen und durchgesetzt. Außerdem wurde ein stärkerer Akzent auf kleine und mittlere Biotechnologie-Unternehmen gelegt – insbesondere Start-ups als Ideenschmieden und Katalysatoren von biotechnologischer Innovation – und damit die starke Machtposition von großen, transnationalen Unternehmen, Patente anzumelden und vor Gerichten durchzusetzen, indirekt kritisch adressiert.[71]

Der weitaus wichtigste Punkt dürfte jedoch die vorgenommene Neuauslotung des Patentrechts sein. Während im Frame »Wirtschaft« vor allem auf der

71 »Rot-Grün schafft mit dieser Einigung mehr Rechtssicherheit bei der Biopatentierung in Deutschland. Das ist auch für kleine und mittlere Biotechnologie-Unternehmen wichtig. Damit leisten wir einen Beitrag zur Stärkung des Innovationsstandortes Deutschland.« Pressemitteilung der Bundestagsfraktion Bündnis 90/Die Grünen, 11.11.2004 zum Kompromiss von SPD/Grünen bei der Implementierung der Biopatentrichtlinie.

Notwendigkeit, riskante *Investitionen* über Patente abzusichern, insistiert wurde, besinnt sich nunmehr ein »minimalistischer« Ökonomie-Frame darauf, dass die Hauptfunktion des Patentrechts im *Erfindungsschutz* anzusiedeln sei und auch dafür Sorge zu tragen wäre, dass Anreize für nachfolgende Erfinder bestehen bleiben und diese nicht durch zu starke Abhängigkeiten abgeschreckt würden. Darüber hinaus wurde forschungspolitisch festgehalten, dass die Wissenschaftsfreiheit nicht leiden und der Patentschutz nicht zu Forschungsbehinderungen führen dürfe.

6.2 Reframing als Ergebnis des Politikprozesses: Von der »Überbelohnung« zur »Balance«

Wie bereits im Kapitel II. B ausführlich policy-analytisch analysiert, kam es im deutschen Umsetzungsprozess zu einer intensiven Debatte über die Legitimation, Reichweite und Auswirkungen des Patentschutzes in der Biotechnologie. Dabei wurde die Patentrechtsdogmatik des absoluten Stoffschutzes – vor allem vermittels wissenschaftstheoretischer Umdeutungen des Gens vom biochemischen Stoff zur Information – als inadäquat betrachtet und zugunsten eines funktions- bzw. zweckgebundenen Stoffschutzes für (humane) Gensequenzen aufgegeben. Wie ich im Folgenden zeigen werde, ist dieser Prozess als ein Reframing der Kontroverse zu verstehen. Es gelang in diesem Prozess eine kreative Syntheseleistung, welche die frühere antagonistische Frame-Konstellation überwand.

Dieses Reframing wurde durch einen neuen performativen Leit- und Schlüsselbegriff eingeleitet und ermöglicht, welcher »*Überbelohnung*« lautete.

Dieser Begriff ist anschlußfähig an das tradierte Patentrecht und greift die Belohnungstheorie auf, er knüpft gleichzeitig an die dem europäischen Patentrecht zugrunde liegende Vorstellung eines Sozialvertrags zwischen Erfinder und Gesellschaft an, und ist damit mit dem Frame »Wirtschaft« vereinbar. Das Präfix »Über-« macht jedoch diagnostisch deutlich, dass in diesem Sozialvertrag etwas zuungunsten des Allgemeininteresses aus dem Lot geraten ist. Der Terminus enthält gleichzeitig eine Handlungsanweisung, nämlich eine Überbelohnung zu vermeiden und damit einen neuen Gleichgewichtszustand zu erreichen. Somit fokussiert das Reframing darauf, dass Ziele des Patentrechts darin liegen müssen, eine *Angemessenheit, Verhältnismäßigkeit und Fairness* des Patentschutzes zu erreichen. Damit ist ein neuer Maßstab für die Patentpolicy gesetzt.

Ein zweiter, ähnlicher Begriff, der neu und ebenso prominent in der Debatte auftauchte, ist jener der »*Überprivilegierung*«. Indem dieser semantisch an die historische Vorform des Patentrechts, das Privilegiensystem[72], anknüpft, stellt er gleichzeitig klar, dass das Patentrecht ein staatlich gewährtes Recht darstellt, kein Naturrecht. Die »Überprivilegierung« verweist wiederum darauf, dass im gegenwärtigen Patentschutz etwas aus dem Gleichgewicht geraten ist, was der Re-Regulierung durch den Gesetzgeber bedarf.

Sowohl »Überbelohnung« wie auch »Überprivilegierung« sind daher sowohl als deskriptive wie auch als präskriptive Begriffe zu kennzeichnen.[73] Die Bezugnahme darauf enthält die Anerkennung, dass Patentrecht sich um einen sozialen Ausgleich bemühen müsse, also in einem regulativen Sinne zu verstehen ist. Patentschutz, so der neue Konsens, darf den Erfinder nicht über Gebühr belohnen und die wissenschaftlich-technische Entwicklung nicht behindern. Damit wird die Notwendigkeit einer Abwägung und eines Ausgleichs zwischen divergierenden Interessen, Wertigkeiten und Zielorientierungen betont.

Ein Kranz von negativ konnotierten Begriffen, die nun in der Patentrechtsdebatte auftauchen – wie beispielsweise spekulative Patente, Vorratspatentierungen, U-Boot-Patente, Trivialpatente – beziehen sich ebenfalls auf Fehlentwicklungen, die mit einem als ungerechtfertigt angesehenen Verhalten von Patentinhabern und Patentämtern in Verbindung gebracht werden und die es in einem politischen Verständnis zu korrigieren gilt. Die neue Maxime eines »ausgewogenen« Patentschutzes ist auch anschlußfähig für die Diskurskoalition des Frames »Ethik«, da damit sozialethische Gerechtigkeitsfragen artikulationsfähig werden. Sie erlaubt es gleichzeitig, Anliegen des Frames »Ethik« in das Patentrecht einzuschreiben.

Somit kennzeichnen die Begriffe »Überbelohnung« und »Überprivilegierung« die Emergenz eines neuen, übergreifenden Hauptframes, der die bisherigen Hauptframes überwölben und einschließen kann. Damit wird gleichzeitig eine Annäherung zwischen den beiden Hauptframes »Ethik« und »Wirtschaft« erreicht. Diese ist keineswegs in dem Sinne zu verstehen, dass nun alle Gegensätze und Uneinigkeiten aufgehoben wären. Es bestehen weiterhin erhebliche Differenzen darüber, was als »angemessener Ausgleich« zu betrachten ist und wie dieser am besten hergestellt werden kann. Gleichwohl hat sich darin eine Transformation der zuvor als antagonistisch gekennzeichneten Frame-Konstellation vollzogen: Die beiden Frames können nunmehr nebeneinander bestehen und aufgerufen werden. Es geht nicht mehr um ein sich gegenseitig ausschließendes »entweder/ oder« des Patentschutzes, sondern sehr viel stärker um ein angemessenes »mehr oder weniger« im »Wie« des Patentschutzes, und damit eher um Graduierungen und Verschiebungen auf einer kontinuierlichen Skala. Die beiden (maximalistischen) Ausgangsframes »Wirtschaft« und »Ethik« sind zwar noch vorhanden und zeitweilig kommt es durchaus auch wieder zu gewis-

72 Siehe Kap. I C.

73 Vgl Rein/Schön 1994 zum Verhältnis von Deskription und Präskription, sowie Kap I B.

sen »Rückfällen« in die alte Position. Es hat sich jedoch durch die neue, gemeinsame Problemsicht, dass Überbelohnung zu vermeiden sei, ein neuer Hauptframe ausgebildet, innerhalb dessen die beiden »alten« Hauptframes nun Unterframes bilden, wobei sich zwischen diesen nun Überschneidungen und Überlappungen herausgebildet haben. Grafik 10 versucht, diesen Prozess bildlich darzustellen.

Grafik 10: Reframing

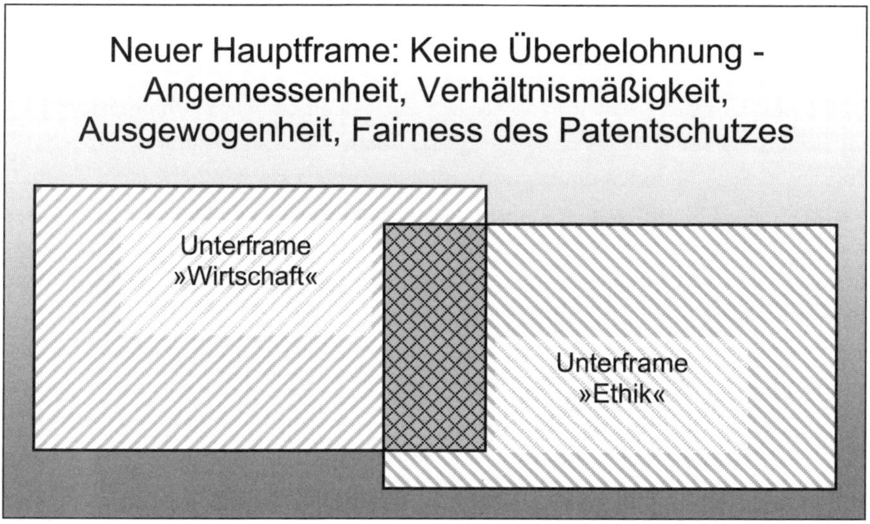

Die Betonung der »übermäßigen« Belohnung oder Privilegierung des Patentinhabers stellt eine übereinstimmende Bewertung darüber dar, dass es in der Praxis zu Ungleichgewichten und »Auswüchsen« gekommen ist, und deshalb ein – vom Gesetzgeber schließlich vorgenommener – Änderungsbedarf besteht. Damit konnten auch Anliegen der Diskurskoalition des Frames »Ethik« integriert werden, insofern als diese darauf pochte, dass das Patentrecht in seiner »Reichweite« übermäßig expandiert und in »Bereiche« vorgedrungen sei, die sich dem Patentschutz verschließen müssten.[74] Nicht mehr ein starker, gar »maximaler« Patentschutz, sondern ein »austarierter« Patentschutz lautet insgesamt nun die neue Maxime.

Anhand von einigen Materialien aus der Abschlussphase des deutschen Rechtsetzungsprozesses, insbesondere dem Protokoll des Rechtsausschusses, in dem die Abschlussberatung und Beschlussfassung zur Vorlage im Bundestag

74 »Belohnt werden in Zukunft über das Patentrecht nur solche Neuerungen im Bereich der Biotechnologie, die echte Erfindungen darstellen« (Pressemitteilung der Bundestagsfraktion Bündnis 90/Die Grünen, 11.11.2004 zum Kompromiss von SPD/Grünen bei der Implementierung der Biopatentrichtlinie).

erfolgte, sowie der Plenardebatte zur zweiten und dritten Lesung des Gesetzes soll dieses Reframing nun belegt und verdeutlicht werden.

Das neue Grundverständnis[75], das die Ausgangsbasis des Reframing bildet, wird im Beschluss des Rechtsausschusses wiedergegeben:

»Auch im Bereich der Biotechnologie muss das Patentrecht für einen angemessenen Ausgleich zwischen den Interessen des Erfinders am Schutz seiner Erfindung und denen der Allgemeinheit an der Förderung von Innovationen aber auch an der freien Verfügbarkeit von Informationen sorgen. Aus dem Blickwinkel des öffentlichen Interesses muss das Patentrecht daher so gestaltet werden, dass hinreichende Anreize für Innovationen und Investitionen in Zukunftstechnologien geschaffen, aber zugleich Überprivilegierungen verhindert werden.«[76]

In diesem Ausgleich, so wird aus obigem Zitat deutlich, werden nicht mehr, wie im »alten« Patentrechtsverständnis, das dem Ausgangsframe »Wirtschaft« zugrunde lag, Erfinderschutz und Allgemeininteresse einfach ineinsgesetzt. Vielmehr wird betont, dass es ausreichend innovationsfördernde Anreize geben müsse, aber auch ein Allgemeininteresse »an der freien Verfügbarkeit von Informationen« gäbe. Damit wird ein Gegeninteresse benannt, nämlich das Offenhalten einer Public Domain von allgemein zugänglichem Wissen. In den »angemessenen Ausgleich« müssen also weitere Variablen eingehen und in ein proportionales Verhältnis zueinander gesetzt werden. Welche Abwägungen werden geltend gemacht? Hier möchte ich wiederum mit einem Zitat aus dem Rechtsausschuss-Protokoll die Richtung aufzeigen:

»Es werde eine Überprivilegierung bei Patenterteilungen auf biotechnologische Entwicklungen verhindert. Es seien verschiedenste Aspekte, wie patentrechtliche, ethische-moralische, forschungspolitische und wirtschaftspolitische Fragen zu berücksichtigen gewesen. Man habe ein Gesetz entwickelt, welches für alle Beteiligten eine gute Regelung darstelle.«[77]

Im Patentgesetz selbst sind daher andere Regelungsaspekte einzubeziehen gewesen. Dies kennzeichnet ein neues, regulatives Konzept des Patentrechts, wo-

75 Es bleibt an dieser Stelle anzumerken, dass selbst die FDP-Fraktion, die als einzige Fraktion im Bundestag gegen das Gesetz stimmte, weil sie sich gegen eine *gesetzliche* Funktionsbeschränkung aussprach – in dieser Grunddiagnose übereinstimmte: »Auch der immer wieder geäußerten Gefahr von Überbelohnungen kann begegnet werden. Insbesondere dann, wenn die erfinderische Leistung in der bloßen Zurverfügungstellung einer Sequenz mit einer bestimmten Funktion liegt, muss der Schutz auf die Funktion begrenzt werden. In der Anhörung wurde deutlich, dass der Rechtsprechung ausreichende gesetzliche Möglichkeiten zur Verfügung stehen, um eine Überprivilegierung von Patentinhabern zu vermeiden.« (Susanne Kastner (FDP), Plenardebatte zur 2. und 3. Lesung des Biopatentgesetzes am 3.12.2004, Deutscher Bundestag – 15. Wahlperiode – 146. Sitzung. Berlin, S. 13684).

76 Beschluss des Rechtsausschusses vom 1.12. 2004, Bundestags- Drs. 15/4417, S. 2

77 Beschluss des Rechtsausschusses vom 1.12. 2004, Bundestags- Drs. 15/4417, S. 8 (Stellungnahme der SPD-Fraktion).

nach *im* Patentrecht selbst andere Abwägungen in Rechnung zu stellen sind. Diese neue patentrechtliche Konzeption ist zudem nicht mehr unitaristisch (*one size fits all*), sondern muss technologische Spezifika und Differenzen des Patentierungsgegenstandes (*subject matter*) in Rechnung stellen. Dieser Gesichtspunkt soll wiederum mit einem Zitat aus der abschließenden Plenardebatte des Bundestages verdeutlicht werden:

»Es ist übereinstimmende Auffassung, dass wir gerade im Hinblick auf die Reichweite des Patentschutzes den Besonderheiten des menschlichen Genoms Rechnung tragen müssen, indem wir den Patentschutz darauf beschränken, was Gegenstand der Erfindung ist. Eine Überbelohnung muss sowohl aus Erwägungen hinsichtlich der Gerechtigkeit als auch aus forschungspolitischen Erwägungen unterbleiben.«[78]

Die Spezifika des Humangenoms waren bereits Gegenstand der analysierten Stoffschutzdebatte.[79] Im obigen Zitat taucht jedoch auch – und dies ist neu für das Patentrecht – der Begriff »Gerechtigkeit« auf. Dieser ist in mehrfacher Hinsicht auslegbar und verweist unter anderem auf verteilungspolitische Implikationen des Patentschutzes, die in die Abwägung einbezogen werden müssen. »Forschungspolitische Erwägungen« betreffen nicht zuletzt die Frage des angemessenen Zuschnitts des Patentrechts, um forschungsbehindernde Wirkungen zu vermeiden. In diesem Sinne wird eine Neukonzeption des Patentrechts entworfen, das für einen »fairen Interessenausgleich sorgt«, wie ein anderer Abgeordneter äußert:

»Ziel muss es sein, ein EU-weit einheitliches Biopatentrecht zu schaffen, das [...] Erfindungen belohnt und Überprivilegierungen verhindert [...], das für einen fairen Interessenausgleich sorgt.«[80]

Es bleibt darauf hinzuweisen, dass selbst für diejenigen Akteure innerhalb der Diskurskoalition des Frames »Ethik«, die sich weiterhin grundsätzlich gegen Patente auf Gene »als solche« aussprechen, das politische Ergebnis insofern akzeptabel werden könnte, als bei einer engen Zweckbindung des Stoffschutzes letztlich nicht mehr »das Gen als solches« patentiert wird, sondern nur noch in Verbindung mit seiner spezifischen, erkannten Verwendung, die ausreichend beschrieben und gestützt sein muss.[81]

---

78 Norbert Röttgen (CDU), Plenardebatte zur 2. und 3. Lesung des Biopatentgesetzes am 3.12.2004, Deutscher Bundestag, Plenarprotokoll 15/146, Berlin, S. 13682.

79 Dazu zählen vor allem seine Endlichkeit (»begrenzte Ressource«), die Multifunktionalität von Genen, beide belegt und unterstrichen durch eine geringere Zahl von Genen im Genom als zuvor angenommen, sowie das kaum mögliche »inventing around« bei Genen, siehe Kap. II. B.2 (Stoffschutzdebatte).

80 Reinhard Loske (B 90/ Grüne), Plenardebatte zur 2. und 3. Lesung des Biopatentgesetzes am 3.12.2004, Deutscher Bundestag, Plenarprotokoll 15/146, S. 13683.

81 Wird die patentrechtliche »Verwendungsbindung« des Stoffschutzes dahingehend ausgelegt, dass in einem Patentanspruch nur eine offenbarte Gensequenz, die eine aufgedeckte Funktion

Für die nun für notwendig gehaltenen Abwägungen *im* Patentrecht selbst sollen andere Interessen einbezogen werden, etwa diejenigen des Gesundheits- und Verbraucherschutzes und des Schutzes von unabhängiger Grundlagenforschung.[82]

Neben diesem Abwägungsbedarf wurde im deutschen Politikprozess ebenfalls anerkannt, dass Grenzen im Patentrecht notwendig sind. In diesem Zusammenhang hebt Bundesjustizministerin Zypries erneut die Fortschritte hervor, welche durch die Richtlinie erreicht worden seien:

»Sie [die Richtlinie] stellt auch unter dem Blickwinkel der Ethik eine Verbesserung gegenüber der bisherigen Rechtslage dar, weil sie die *Grenzen der Patentierbarkeit* klarer umschreibt. Die Richtlinie weitet das Patentrecht also nicht aus, sondern schränkt es ein, auch und gerade aus ethischen Gründen. Indem die Richtlinie die bestehenden allgemeinen Patentverbote konkretisiert, bringt sie eine zusätzliche bioethische Sensibilität in unser Patentrecht.«[83]

Diese »bioethische Sensibilität« des Patentrechts kann bedeuten, dass bereits in frühen Forschungsstadien durch das Patentrecht Einfluss auf die Richtung und den Verlauf technischer Innovationen genommen werden soll und kann. [84]

X erfüllt (z.B. Codieren für Protein A) und für eine bestimmte Anwendung (z.B. Nachweis in einem Gentest) geschützt ist, so ergeben sich für andere Forscher eine Fülle von Möglichkeiten, an und mit dieser Gensequenz zu arbeiten, um das Kodieren weiterer Proteine und weitere gewerbliche Anwendungen (Z.B. Einsatz der Gensequenz und des bestimmten Proteins als drug-target) zu ermöglichen. Damit würde die Gensequenz nicht mehr »als solche« geschützt, sondern lediglich in der Trias Stoff – Funktion – Anwendung (vgl. BRat 2000 und das im zweiten Schaubild in Kap. II.B.2 veranschaulichte Modell). Damit ergeben sich vielfältige Anwendungs- und – nicht voneinander abhängige – Patentierungsmöglichkeiten für eine Gensequenz. Die Sequenz würde damit in einem gewissen Sinne wieder »frei«, da patentrechtlich geschützt nur noch in Bezug auf eine konkrete Funktion *und* eine konkrete Anwendung. Mit dieser Variante des Patentschutzes könnten sich Vertreter der Forderung, »Kein Patent auf Gene« gegebenenfalls abfinden.

82 Siehe beispielsweise der entsprechende Verweis in der Plenardebatte auf die Krankenkassen und Krankenhausverbände, die sich der Abgeordnete Röspel (SPD) zu eigen gemacht hat: »Wenn ihr diesen umfassenden Stoffschutz erteilt, dann, so befürchten wir, werden Monopole dazu führen, dass zum Beispiel Medikamente, Therapie- und Diagnostikverfahren viel teurer werden. Wir haben zur Kenntnis zu nehmen, dass sich zum Beispiel die Kosten für eine Brustkrebsuntersuchung wegen der Patentproblematik verdreifacht haben.« (René Röspel in Plenardebatte zur 2. und 3. Lesung des Biopatentgesetzes am 3.12.2004, Deutscher Bundestag – 15. Wahlperiode – 146. Sitzung. Berlin, S. 13683). Akteure aus der Diskurskoalition des Frame »Ethik« haben sich für eine weitergehende Permeabilität des Patentsystems für sozial-, umwelt- und entwicklungspolitische Belange stark gemacht. In dieser Hinsicht haben sie einen gewissen Etappensieg erreicht und zumindest das Tor für eine entsprechende stärkere Sensibilisierung des Patentrechts geöffnet.

83 Bundesjustizministerin Zypries, Plenardebatte zur 2. und 3. Lesung des Biopatentgesetzes am 3.12.2004, Deutscher Bundestag, Plenarprotokoll 15/146, S. 13680.

84 Siehe zur Aufwertung der Ordre Public-Ausschlüsse auch die folgende Aussage: »Wir wollen aber noch einmal deutlich machen […], dass mit der heutigen Entscheidung zum ersten Mal *ethisch-moralische Grundsätze* ins Patentrecht aufgenommen werden, das eigentlich ein reines

Diese Ergebnisse des Politikprozesses sind äußerst bedeutsam, als damit eine Reihe von Grundannahmen des Patentrechts (vgl. Kap. I. E) einer kritischen Überprüfung unterzogen wurden und dieses Patentrecht insofern rekonfiguriert wurde, als seine Responsivität und Permeabilität[85] für andere Interessen und Präferenzen – über jene der Anmelder hinaus – eingefordert wurde.

Zusammengefasst liegt die präskriptive Dimension der »Überprivilegierungsthese« in dem »zuviel« des Patentschutzes, was für Frame »Wirtschaft« bedeutet, dass Patentschutz akzeptiert wird, aber nicht im Übermaß erfolgen darf, für den »Ethik«-Frame, dass anerkannt wird, dass es Grenzen geben soll, was auch absolute Grenzen der Patentfähigkeit einschließen kann.

Reframing bedeutet allerdings nicht, dass sich alle Konflikte in Wohlgefallen aufgelöst hätten. Es bestehen weiterhin viele Uneinigkeiten (*disagreements*) über die »angemessene« Art und die Reichweite des Patentschutzes in der Biotechnologie. Dennoch, und dies bleibt hervorzuheben, wurde durch das Reframing eine hartnäckiger Frame-Konflikt (*controversy*) in ein *disagreement* überführt, bei dem sich die Beteiligten um einen Kompromiss oder gar um eine Verständigung im Sinne eines Konsenses bemühen können, weil sie nun nicht mehr eine miteinander inkompatible Sicht (*duck or rabbit*) auf das Politikfeld und das Politikproblem einnehmen, sondern auf eine neue Weise miteinander deliberieren können.

Diese Transformation gilt es frame-analytisch zu unterstreichen. Denn damit wurde eine neue Stufe des Diskurses erreicht, von der aus gesehen sich politische Auseinandersetzungen fortsetzen werden, jedoch unter geänderten Vorzeichen und auf der Basis einer nunmehr gemeinsamen Diskursplattform, die in der geteilten Überzeugung besteht, dass das Patentrecht »ausbalanciert werden« muss.

Es bleibt an dieser Stelle hinzuzufügen, dass es sich beim Reframing nicht um einen spezifisch deutschen Prozess handelt, sondern die deutsche Debatte sich vielmehr an ähnliche Entwicklungen in anderen Ländern anschlussfähig zeigt. Mit aller gebotenen Vorsicht bleibt darauf hinzuweisen, dass sich ein entsprechender Umdenkprozess in einem generelleren Sinne abzeichnet. Einige Hinweise für diese Parallelentwicklungen und für eine darin angelegte Rekonfiguration des Patentrechts sollen im Rahmen dieser Arbeit genügen.

Wirtschaftsrecht ist; das sollte man nicht übersehen. Vorschriften etwa zum Schutz von Embryonen und zum Schutz der menschlichen Identität werden nun konkret im Patentrecht verankert. Das ist, glaube ich, ein ganz wesentlicher Fortschritt gegenüber dem, was wir bisher im Patentrecht hatten.« (Helmut Heiderich (CDU/CSU), in: Plenardebatte zur 2. und 3. Lesung des Biopatentgesetzes am 3.12.2004, Deutscher Bundestag, Plenarprotokoll 15/146, S. 13686).

85 Vgl. zur Permeabilität Kap I.E.7.

Im englischen Sprachraum lautet der entsprechende Schlüsselbegriff für das Reframing »*balance*«.[86] Damit ist – ebenso wie im Deutschen – angedeutet, dass das Patentrecht einer Abwägung verschiedener Interessen und Präferenzen bedarf. Dieser Begriff taucht mittlerweile in der entsprechenden Fachdebatte ubiquitär auf.

Ein von der Europäischen Kommission beauftragter Bericht zu Genpatenten etwa, dessen Schlussfolgerungen mit der von der Kommission eingesetzten Expertengruppe abgestimmt sind, empfiehlt dementsprechend, die Debatte mit einer notwendigen neuen Akzentsetzung fortzusetzen:

»Patent law is in that sense also a particular field of the law, in that it influences and is influenced by science and economics. Understanding and applying patent law presumes a continuous balancing of interests: what is beneficial to society, without hampering too much technological and economic development? And how can technology be stimulated without causing a social cost which is disproportionate? These are difficult questions, which must be dealt with, however« (Bostyn 2004: 125).

Welche Interessen und Präferenzen berührt sein können, dazu gibt es unterschiedliche Akzentsetzungen. Die Ethikberatergruppe der Europäischen Kommission vermerkt hierzu allgemein, es sei

»necessary to secure the right balance between the inventor's interests and the society's interests – in the sense that one task for the community is to secure ethical principles and values in the context of possible conflicting interests of stakeholders« (EGE 2000b: Abs. 2.2).

In einem jüngeren Bericht dieser Ethikberatergruppe[87], der – wie bereits aufgezeigt – in Artikel 7 der EU-Biopatentrichtlinie eine Monitoringaufgabe für das Patentrecht erteilt wurde, wird explizit auf eine Schieflage hingewiesen:

»The aim of the patent system is to encourage innovation by striking a balance between knowledge protection and information dissemination. There is, however, a risk of excessively broad patents being granted and the risk that the research exemption and the exemption for diagnostic and therapeutic purposes can be challenged. These factors make the present patent system less well adapted to deal adequately with, on the one hand, knowledge protection and, on the other, information dissemination [...], especially if combined with a liberal policy of granting patents. The balance between disclosure and inventors' rights is skewed« (EGE 2007: 35).

86 Als erster Anhaltspunkt mag diese Zahl dienen: Eine Google-Suche unter »strike + balance + patent« erbrachte 90.100 Einträge (durchgeführt am 6.4.2009).

87 Es handelt sich um eine Stellungnahme zur Nanomedizin, die allerdings an mehreren Punkten auf Patente eingeht und dabei allgemeine Aussagen trifft, sie sich nicht nur auf die Nanotechnologie bezieht.

Sie weist auf mögliche finanzielle Zugangsprobleme zur medizinischen Versorgung hin, die sich aus dem Patentschutz ergeben können und fordert ein regulatives Gegenlenken:

»Patenting of biomaterial for medical use has become an issue of ethical concern where and insofar as it may limit the provision of medical treatment on financial grounds. Patent law represents an attempt to strike a balance between several legitimate interests. Researchers and companies should be able to protect their intellectual property rights and benefit financially from their investment, but regulation will be needed in order to protect patients« (EGE 2007: 47).

Gleichzeitig wird eine Einbindung und Einhegung in globale Gesundheitsziele eingefordert, indem die Ethikgruppe die Aufmerksamkeit lenkt auf Forschungsbedarf

»into the manner in which the patent system can properly balance the need to reward innovation and ensure availability. This could lead to a more general review of the nature of the patent system in relation to new technologies that do not easily fit into a system devised in the 19th Century, possibly with a focus on use or process patents rather than product patents. There is a need to look further into the balance between knowledge protection and information dissemination. Comparative research on the merits and shortcomings of different patent systems in various parts of the world is needed« (EGE 2007: 58).

Von diesem Reframing ist nicht allein das Biopatentrecht berührt, sondern es beginnt damit eine neue Sichtweise auf das System der gewerblichen Schutzrechte insgesamt einzuziehen,[88] wie anhand eines maßgeblichen britischen Regierungsreports[89] deutlich wird:

»The ideal IP system creates incentives for innovation, without unduly limiting access for consumers and follow on innovators. It must strike the right balance in a rapidly changing world so that innovators can see further by standing on the shoulders of giants« (Gowers 2006: 1).

88 In gewissem Sinne findet mit dieser Konzeption einer Abwägung und eines Interessenausgleichs *im und zum* Patentrecht eine *Normalisierung* des Patentrechts statt und ein Aufgeben der von ihm beanspruchten Sonderrolle und Inselstellung im Recht: Ebenso wie in anderen Rechtsbereichen – beispielsweise Steuerrecht, Bau- und Mietrecht – bedarf der Eigentumsschutz eines Ausgleichs mit anderen Rechtsgütern und Abwägungen. Das Patentrecht und seine Dogmatik vollziehen damit allmählich etwas nach, was in andere Rechtsgebiete bereits seit Jahrzehnten eingezogen ist (vgl. Godt 2007).

89 Der von Gordon Brown in Auftrag gegebene »Gowers Review of Intellectual Property« wurde im Dezember 2006 in Großbritannien vorgelegt. Er hebt die wachsende Bedeutung von geistigen Eigentumsrechten hervor und mahnt einen gewissen Reformbedarf in einer globalisierten und digitalisierten Welt an, wobei der Autor vermerkt: »taking a holistic view of the system, I believe there is scope for reform to serve better the interests of consumers and industry alike.« (Gowers 2006: 1).

In welcher Weise hier »das rechte Gleichgewicht« gefunden und wie Abwägungen zwischen welchen Interessen, Präferenzen und Rechtsgütern getroffen werden sollen und können, dies wird Gelegenheit für neue Debatten bieten, die künftig in alten und neuen Arenen ausgetragen werden.

6.3 Schlussbetrachtung

Die Frame-analytische Rekonstruktion des deutschen Implementierungsprozesses hat gezeigt, dass das Reframing der Kontroverse mit einer »kreuzweisen Verkehrung« der Frames eingeleitet wurde. Selbst wenn man diese »kreuzweise Verkehrung« der Argumentationen lediglich als rhetorische Sprechakte ansähe, die rein strategische Ziele verfolgten, um die jeweiligen politischen Ziele durchzusetzen (in diesem Falle wortlautgetreue Umsetzung versus Stoffschutzbeschränkung im Gesetz), ist dieses Phänomen dennoch als ein wichtiger Indikator für Diskursverschiebungen zu betrachten. Mit der »Ökonomisierung« respektive »Ethisierung« ist eine zumindest partielle Anerkennung des jeweiligen oppositionellen Frames und seiner Anliegen erreicht worden. Dies war ein wichtiger Schritt, um alte, im Entweder-Oder verharrende Antagonismen zu überwinden. Gleichzeitig wurden darin Diskursverschiebungen erkennbar, bei der »neue Inhalte« in »alte Begriffe« gegossen wurden.

Mit dem Reframing wurde eine kreative Syntheseleistung vollzogen, vermittels derer eine Annäherung zwischen den Hauptframes und eine gemeinsame Plattform zur Auseinandersetzung über konkurrierende Problemdeutungen hergestellt wurde. Im Ergebnis bedeutet dies nicht eine Auflösung aller Konfliktlagen, aber dass eine neue Stufe erreicht wurde, auf deren Basis Verständigungsprozesse ermöglicht werden und mittels derer sich wiederum neue Frames und Frame-Konstellationen ausbilden können.

Methodologisch bietet der überraschende empirische Befund einer »kreuzweisen Verkehrung« die Möglichkeit, diese als erkenntnisleitende Hypothese für Frame-Analysen in anderen Politikfeldern einzusetzen und auf ihre Verallgemeinerbarkeit zu prüfen. Es ist dabei zu klären, ob und inwieweit diese »kreuzweise Verkehrung« als genereller Indikator für Reframing-Prozesse tauglich ist. Anekdotische Evidenzen scheinen anzudeuten, dass dieses Phänomen einer »kreuzweisen Verkehrung« auch in anderen polarisierten politischen Kontroversen auftaucht. Es kann möglicherweise die Anerkennung der Validität von opponierenden Frame-Konstruktionen beinhalten, kann aber auch als ein Versuch angesehen werden, Hegemonie in einem gegebenen Diskurs (wieder) zu gewinnen. Der diskursive Versuch, »den Gegner mit seinen eigenen Waffen zu schlagen« kann sich jedenfalls potentiell in Reorientierungen sowohl in der Inter-Frame-Struktur wie auch der Intra-Frame-Dynamik niederschlagen. Deshalb bedarf das Phänomen der »kreuzweisen Verkehrung« einer komparativ angelegten Frame-analytischen Forschung.

Das »Reframing« wurde in dieser Arbeit in einem rekonstruktiven Sinne behandelt. Ich gehe allerdings davon aus, dass diese Rekonstruktion das Verständnis für Politikprozesse verbessern und in diesem Sinne sowohl Beteiligten wie »Zuschauern« ein Instrument an die Hand geben kann, das zu einer Reflexivierung beiträgt und damit zu Erkenntnissen über hartnäckige und konfliktive Governance-Prozesse verhilft.

D Die Implementierung der Richtlinie 98/44/EG in den EU-Mitgliedsstaaten sowie weiteren Staaten

It is often forgotten that law as a matter of fact is frozen politics
(Eriksson 1998: 52)
Recht ist geronnene Politik
(Grimm 1969: 502)

Nachdem der deutsche Umsetzungsprozess ausführlich behandelt wurde, verfolge ich in diesem Kapitel die Implementierung der EU-Biopatentrichtlinie in den anderen Mitgliedsstaaten der EU sowie in einigen weiteren Staaten. Eine tabellarische Synopse, die am Ende dieses Kapitels steht (Tabelle 3), gibt einen Überblick über die entsprechenden Implementierungsdaten in den einzelnen EU-Mitgliedsstaaten. In der Analyse typisiere ich zum einen die Etappen der Umsetzung und unterscheide dabei verschiedene Gruppen von Mitgliedsstaaten, in denen es zu geringeren oder stärkeren öffentlichen und parlamentarischen Auseinandersetzungen kam. Im nächsten Schritte gehe ich darauf ein, in welchen weiteren, nicht der EU angehörenden Staaten die Richtlinie Bindungswirkung entfaltete und aufgrund welcher Rechtsverhältnisse sich dieses vollzog. Ein weiterer Abschnitt fasst sodann in einer Übersicht zusammenfassend die Modifikationen und Erweiterungen zum Wortlaut des Richtlinientextes, wie er in der EU 1998 verabschiedet worden war, inhaltlich zusammen.

1. Die Implementierung in den Mitgliedsstaaten der Europäischen Union

Das Gemeinschaftsrecht schreibt eine Implementierung von EU Richtlinien in nationales Recht binnen von zwei Jahren vor. Diese Zeitspanne wurde bei der Umsetzung der Richtlinie 98/44/EG von einigen Staaten erheblich überschritten. Nur vier Mitgliedsstaaten implementierten termingerecht (siehe Tabelle 1). Gegen sieben säumige Mitgliedsstaaten leitete die Europäische Kommission am 9. Juli 2003 ein Verfahren vor dem EuGH wegen Nichtumsetzung ein. Die entsprechenden Beschlüsse des EuGH, in denen eine Vertragsverletzung festgetellt wurde, wurden ab Mitte 2004 ausgestellt und hatten aufgrund der drohenden

Tabelle 1: Etappen der Umsetzung in den nationalen Mitgliedsstaaten der Europäischen Union

In der Richtlinie vorgeschriebener Implementierungszeitpunkt: 30.07.2000

1998 bis Juli 2000, Implementierung innerhalb des vorgegebenen Zeitrahmens in Kraft getreten:

Dänemark, Finnland, Irland, Großbritannien*

Spätere Implementierungen:

2001: Griechenland
2002: Spanien
2003: Portugal
2004: Frankreich, Niederlande, Schweden
2005: Österreich, Belgien, Deutschland
2006: Italien, Luxemburg

Neue Beitrittsstaaten:

2000: Tschechische Republik, Estland
2001: Slowakische Republik
2002: Zypern, Polen
2003: Kroatien, Rumänien, Slowenien, Ungarn
2004: Malta
2005: Lettland, Litauen
2006: Bulgarien

*betrifft Art. 1–11, Artikel 12 wurde erst 2002, Art. 13–14 erst in 2001 umgesetzt.

hohen Zwangsgelder in der Regel eine beschleunigende Wirkung auf die nationalen Gesetzgebungsverfahren (Siehe Tabelle 2).

Analytisch lassen sich bei der nationalen Umsetzung drei Gruppen unterscheiden:

1) Länder, in denen die Richtlinie zügig und weitgehend ohne parlamentarische und/ oder öffentliche Debatte implementiert wurde.

Hierzu zählen Großbritannien, Irland und Finnland. Dänemark hat zwar fristgerecht umgesetzt, eine nationale Ethikkommission hat sich jedoch mehrfach intensiv und kritisch mit der Biopatentierung auseinandergesetzt (DCE 2004). Die südeuropäischen Länder Griechenland, Spanien und Portugal haben die Richtlinie zwar erst 2001 bis 2003 transponiert, von einer intensiven Debatte ist jedoch nichts bekannt.

Tabelle 2: Rechtsverletzungsverfahren der Europäischen Kommission vor dem EuGH gegen säumige Mitgliedsstaaten wegen Nichtumsetzung der Richtlinie 98/44/EG

	Verfahren von Kommission eingeleitet	Rechtssache Nummer	EuGH Beschluß	Datum der nationalen Umsetzung
Frankreich	09.07.2003	C-448/03	01.07.2004	08.12.2004
Luxemburg	09.07.2003	C-450/03	09.09.2004	15.02.2006
Niederlande	09.07.2003	C-395/03	09.10.2004	10.11.2004
Belgien	09.07.2003	C-454/03	09.09.2004	28.04.2005
Deutschland	09.07.2003	C-005/04	28.10.2004	03.12.2004
Italien	09.07.2003	C-456/03	16.06.2005	22.02.2006
Österreich	09.07.2003	C-004/04	28.10.2004	09.06.2005

Quelle: Europäische Kommission

2) Länder, in denen es zu einer starken öffentlichen und parlamentarischen Debatte kam, die aber dennoch die Richtlinie wortlautgetreu (»eins zu eins«) umsetzten.

Hierzu zählen insbesondere die Niederlande, in denen das Thema sowohl auf eine starke kritische Öffentlichkeit wie auch auf parlamentarische Opposition stieß. Zeitweilig sollten sogar Tiere und Pflanzen gesetzlich ganz von der Patentfähigkeit im Rahmen der Ordre Public Klausel ausgeschlossen werden; dies konnte sich aber ebenso wenig wie andere Änderungsanträge des Unterhauses letztlich durchsetzen.[1] In eingeschränkter Form gilt diese Einschätzung auch für Schweden, wo sich sowohl eine Nationale Medizinethikkommission (SNCME 2002) mit ethischen Fragen, als auch eine weitere Expertenkommission (SOU 2006) mit einer Stoffschutzbeschränkung befassten, aber zu einer den absoluten Stoffschutz affirmierenden Empfehlung gelangten. Auch in Österreich erfolgte zwar eine kritische Anhörung im Parlament[2], dies blieb jedoch weitgehend einflusslos im Hinblick auf das Ergebnis des Gesetzes.

1 Mündliche Information von Dr. Henk van den Belt, 30.11.2004; vgl. Straus (2004).

2 Vgl. Parlamentarische Enquete (Anhörung) am 8. Oktober 2003 in Wien, »Die Umsetzung der EU-Biopatentrichtlinie 98/44/EC-Chancen und Risiken«, Protokoll siehe unter: http://www.parlament.gv.at/portal/page?_pageid=908,707549&_dad=portal&_schema=PORTAL

3) Länder, in denen nach anhaltender öffentlicher und parlamentarischer Debatte der Richtlinientext ergänzt und erweitert wurde.

Dazu zählen Frankreich und Luxemburg, sowie Deutschland und Italien, die unter Berufung auf Artikel 5(3) der Richtlinie gesetzlich einen funktions- bzw. zweckgebundenen Stoffschutz für (menschliche) Gensequenzen festschrieben.

Zudem führten eine Reihe von Ländern zur Ordre Public Klausel in Artikel 6(2) weitere Ausnahmen von der Patentfähigkeit ein und fassten teilweise auch den Ordre Public neu, etwa indem sie die Menschenwürde explizit als Wertungsmaßstab einführten und damit eine verfassungsrechtliche Überwölbung in das Patentgesetz einschrieben.[3]

Darüber hinaus haben einige Länder eine Schrankensetzung des Patentschutzes im Allgemeininteresse mittels staatlicher bzw. gerichtlicher Interventionen gestärkt. Hervorzuheben ist insbesondere Belgien, welches das Forschungsprivileg nicht nur »an«, sondern auch »mit« einer Erfindung erlaubt, sowie Zwangslizenzen aus Gründen der Public Health einführte (vgl. van Overwalle 2006).

Am weitestgehenden hat wohl Italien, das auch an der Nichtigkeitsklage der Niederlande gegen die Richtlinie vor dem EuGH beteiligt war, seine nationalen Spielräume bei der Implementierung genutzt und ausgeweitet, indem ein hoher Anteil der in der Öffentlichkeit diskutierten Kritikpunkte in parlamentarische Modifikationen der Richtlinie mündeten.

4) Die neuen ost- und südeuropäischen EU Beitrittsstaaten.

Diese besaßen die geringsten Gestaltungschancen, denn ihnen wurde im Rahmen des Acquis Communautaire die Unterzeichnung des Europäischen Patentübereinkommens und damit ein Beitritt zur Europäischen Patentorganisation abverlangt, obgleich dieses völkerrechtliche Vertragswerk und die EPO als intergouvernementale Organisation in keiner Weise den EU Verträgen und der EuGH-Rechtsprechung unterworfen sind (vgl. Sadlonova 2005). Im Rahmen der EU-Mitgliedschaft – gewissermaßen als »Eintrittskarte« – mussten die neuen Beitrittsstaaten die Biopatentrichtlinie in ihre Gesetzgebung übernehmen, genau so wie alle anderen EU Richtlinien auch, die zum gemeinschaftlichen Besitzstand zählen. Dies ist nichts ungewöhnliches, macht jedoch deutlich, dass die Richtlinie dort unmittelbare Bindungskraft entfaltete, ohne noch durch parlamentarische Verfahren gefiltert und national moduliert werden zu können. Es bleibt abzuwarten, ob die Biopatent-Kontroversen zukünftig auch in diesen Ländern aufflammen und ob dies in irgendeiner Weise seinen rechtlichen Nie-

3 Dazu zählen Italien, Frankreich und die Schweiz – siehe die Zusammenstellung weiter unten im Text.

derschlag finden wird, sei es in parlamentarischen oder in gerichtlichen Entscheidungsprozessen über die jeweilige Auslegung der Richtlinie.

Die genauen Daten des Inkrafttretens der Gesetze in den jeweiligen Ländern sowie Informationen zum Gesetzgebungsprozess sind der Synopse am Ende dieses Kapitels (Tabelle 3) zu entnehmen.

2. Die Bindungswirkung der EU-Richtlinie über die EU hinaus

2.1 Die EWR Staaten: Norwegen, Island und Liechtenstein

Die EU Richtlinie entfaltete ihre Bindungskraft jedoch auch über den Kreis der EU-Mitgliedsstaaten hinaus in anderen Ländern. Die Mitgliedsstaaten des EWR (Europäischen Wirtschaftsraumes, früher EFTA) Norwegen, Island und Liechtenstein waren im Rahmen ihres Kooperationsabkommens mit der EU über einen gemeinsamen Binnenmarkt gehalten, die EU-Richtlinie in ihre nationale Gesetzgebung zu übernehmen. Island implementierte die Richtlinie im Jahr 2004, aus Liechtenstein sind diesbezüglich keine Informationen bekannt. In Norwegen[4] entwickelten sich starke öffentliche und parlamentarische Kontroversen über die Biopatentierung. Die Konflikte spitzten sich so zu, dass sie sogar zeitweilig mit dem Schicksal des Fortbestands einer Koalitionsregierung verknüpft wurden. Darüber hinaus wurde die EU-Biopatentrichtlinie allgemein mit der umstrittenen Frage des Beitritts zur EU verbunden (Kallerud 2004a, b und 2009). Gleichwohl kam es letztlich 2003 zu einer weitgehend wortlautgetreuen Umsetzung der Richtlinie durch das norwegische Parlament (»Stortinget«). Eingefügt wurde allerdings eine Klausel zur verpflichtenden geographischen Herkunftsangabe[5] für biologisches Material, das den entwicklungspoliti-

---

4 Ich danke herzlich Egil Kallerud, NIFU-STEP, Oslo, für die Informationen zu Norwegen.

5 Das norwegische Gesetz bezieht sich hinsichtlich der geografischen Herkunftsregelung vor allem auf pflanzengenetische Ressourcen, menschliche Körpermaterialien werden hier explizit ausgeschlossen. Verstöße sollen zivilrechtlich, nicht patentrechtlich geahndet werden. »Geographical origin, §8 (b): If an invention concerns or uses biological material, the patent application shall include information on the country from which the inventor collected or received the material (the providing country). If it follows from the national law in the providing country that access to biological material shall be subject to prior consent, the application shall state whether such consent has been obtained. If the providing country is not the same as the country of origin of the biological material, the application shall also state the country of origin. The country of origin means the country from which the material was collected from its natural environment. If the national law in the country of origin requires that access to biological material shall be subject to prior consent, the application shall state whether such consent has been obtained. If the information set out in this subsection is not known, the applicant shall state that. The duty to disclose information under the first and second paragraphs applies even where the inventor has altered the structure of the received material.

schen Sensibilitäten Rechnung trug, sowie ein verpflichtender Informed Consent (§8 (c)) des Probengebers für menschliches Körpermaterial.

Zudem setzte sich eine institutionelle Innovation durch, nämlich die Etablierung eines Ethikbeirates beim norwegischen Patentamt nach Artikel 15 (a) des norwegischen Patentgesetzes:

»If the Patent Office is in doubt whether a patent should be granted or refused based on section 1 b, the Patent Office shall obtain an advisory statement from an ethics committee appointed by the King, before making a decision. The ethics committee shall give their advisory statement within three months of receiving the request. The King may, by regulation, determine specific rules for the committee's procedures.«[6]

Diesem neuen Gremium war allerdings – zumindestens bislang – kein realer Einfluß auf die Patenterteilungs- oder Patentzurückweisungspraxis des norwegischen Patentamtes beschieden. Die Ethikkommission wurde bisher nur einmal zu einer konkreten Patentanmeldung angehört. Dabei kam es seitens des norwegischen Patentamtes zu dem Versuch, »Ethik« für industriepolitische, protektionistische Zwecke zu instrumentalisieren. Die Empfehlung des Gremiums wurde nicht befolgt.[7] Ungehalten über die mangelnde Inanspruchnahme seitens des norwegischen Patentamtes veröffentlichte das Ethikkomitee im Mai 2008

The duty to disclose information does not apply to biological material derived from the human body. Breach of the duty to disclose information is subject to penalty in accordance with the General Civil Penal Code §166. The duty to disclose information is without prejudice to the processing of patent applications or the validity of rights arising from granted patents. (Übersetzung laut http://www.patentstyret.no/en/english/Legal_texts/Patents_Act/). Das Original des Norwegischen Patentgesetzes siehe unter http://www.lovdata.no/cgi-wift/wiztldrens?/usr/www/lovdata/ltavd1/filer/nl-20031219-127.html.

6 Ethics committee, §15 (a), Übersetzung aus dem Norwegischen laut http://www.patentstyret.no/en/english/Legal_texts/Patents_Act/. Das Original lautet: »Er Patentstyret i tvil om §1 b er til hinder for å imøtekomme søknaden, skal Patentstyret innhente en rådgivende uttalelse fra en etisk nemnd oppnevnt av Kongen før søknaden avgjøres. Nemnda skal avgi sin uttalelse innen tre måneder etter foreleggelsen. Kongen kan ved forskrift gi nærmere regler om saksbehandlingen i nemnda.« Zusätzliche Regulationen zur Arbeitsweise der Ethikkommission siehe Kapitel 16 unter http://www.patentstyret.no/en/Patent/Regelverk/Forskrift_til_patent loven_(PF)/ Bei §1 b, auf den §15 (a) Bezug nimmt, handelt es sich um die wortgetreue Übertragung der konkretisierten Ordre Public Klauseln von Artikel 6 (2) a-d der EU Richtlinie 98/44/EG.

7 Es handelte sich um die Patentanmeldung 19933276e auf einen transgenen Lachs. Die Ethikkommission wandte die entsprechende Ordre Public Klausel aus Artikel 6(2) d der Richtlinie an, die eine Abwägung zum Leiden der Tiere vorsieht. Die Kommission hielt es für wahrscheinlich, dass dem Lachs durch die genetische Modifikation Leiden zugefügt worden sei und hielt bei der Abwägung die Nachteile gegenüber den Vorteilen für überwiegend. Sie sprach sich für die Anwendung des Vorsorgeprinzips aus und kam einstimmig zu der Empfehlung, dass die Anmeldung aus Tierschutzgründen zurückgewiesen werden sollte. Das Patentamt aber erteilte das Patent, mit gewissen Einschränkungen. (Mündliche Informationen und Einschätzung, Prof. Torben Hviid Nielsen, Mitglied der norwegischen Ethikkommission, bei der European Biopolitics Conference, Böll-Stiftung, Berlin, 17. –19.03.2006).

einen Bericht, in dem es Ethik im Patentrecht allgemein diskutiert und vom Patentamt und dem Parlamentsausschuss für Handel und Industrie einfordert, dass sein Mandat und seine Aufgaben geklärt werden.[8] Die dabei aufgeworfenen Fragen und Vorschläge zum Modus der Integration von Ethik in die Patenterteilungspraxis, zum institutionellen Design und zu prozeduralen Regeln sind von Relevanz für alle Patentämter.

2.2 Nicht EU-Mitglied, aber Vertragsstaat der EPO: die Schweiz und andere Länder

Für diejenigen Vertragsstaaten des Europäischen Patentübereinkommens (EPÜ), die nicht EU-Mitglieder sind, ergab sich die Notwendigkeit zur Umsetzung der EU-Biopatentrichtlinie aus ihrer Mitgliedschaft in der Europäischen Patentorganisation und der vom EPO Verwaltungsrat 1999 vorgenommenen Implementierung der EU-Biopatentrichtlinie in die Regeln der EPÜ Ausführungsordnung.

Bis 2006 waren dies sieben Länder, nämlich Island und Liechtenstein – die allerdings bereits qua ihrer EWR Mitgliedschaft zur Implementierung verpflichtet waren – , Bulgarien und Rumänien – die 2007 der EU beitraten –, sowie Monaco und die Schweiz. Über den Stand im Fürstentum Monaco ist nichts bekannt. Die Implementierung in der Türkei wurde für 2009 erwartet.

Für die Schweiz bestand über die EPO-Verpflichtungen hinaus bereits 1999 der Wille zu einer »europakompatiblen Ausgestaltung des schweizerischen Rechts« durch den Bundesrat. Die Umsetzung der Biopatentrichtlinie[9] erfolgte zusammen mit einer Revision des Schweizer Patentgesetzes, bei der darüber hinaus drei völkerrechtliche Abkommen integriert wurden. Dabei wurden sowohl ein Forschungsprivileg nach deutschem Vorbild eingeführt, wie auch die Voraussetzungen für eine Zwangslizenz für die Herstellung und den Export von patentgeschützten Pharmazeutika nach WTO Entschließung von 2003 aufgenommen.

Die 1999 initiierte Patentgesetzrevision war Gegenstand von zwei Vernehmlassungsverfahren und zwei parlamentarischen Anhörungen unter breiter

---

8 »Ethical committee criticizes the Patent Office««, http://www.etikkom.no/Etikkom/Nyheter/2008/210508. Der Bericht »Patent ethics committee without portfolio« (http://www.etikkom.no/HvaGjorVi/Publikasjoner/patent) enthält vier englische Expertenanalysen, welche die Debatte über die Integration von »engen« oder »weiten« Ethikfragen in das Patentrecht theoretisch und empirisch analysieren, sich aber auch mit dem institutionellem Design von Ethikbeiräten und Verfahrensfragen beschäftigen.

9 Siehe Bundesgesetz über die Erfindungspatente (Patentgesetz, PatG), http://www.admin.ch/ch/d/ff/2006/155.pdf. Zum Gesetzgebungsverfahren siehe: http://www.ige.ch/D/jurinfo/j100.shtm#a04

und kontroverser öffentlicher Beteiligung. In Folge kam es mehrfach zu Änderungen am ursprünglichen Gesetzentwurf. Während in der ersten Fassung eine Stoffschutzbeschränkung auf Gensequenzen nach deutschem Vorbild vorgesehen war (vgl. Straus 2004), war diese in der letzten Fassung von 2007 trotz weiter bestehender Kontroversen[10] unter anderem auf Druck der pharmazeutischen Industrie hin aus dem Gesetz herausgenommen worden.[11]

Das Schweizer Gesetz fasst allerdings den entsprechenden Artikel 5 der Richtlinie zum menschlichen Körper und zu Gensequenzen sprachlich neu, wie unten zitiert. Ob und welche Änderungen sich daraus bezüglich der Schutzwirkung ergeben, bleibt abzuwarten.

»Art. 1a
1 Der menschliche Körper als solcher in allen Phasen seiner Entstehung und Entwicklung, einschliesslich des Embryos, ist nicht patentierbar.
2 Bestandteile des menschlichen Körpers in ihrer natürlichen Umgebung sind nicht patentierbar. Ein Bestandteil des menschlichen Körpers ist jedoch als Erfindung patentierbar, wenn er technisch bereitgestellt wird, ein technischer Nutzeffekt angegeben wird und die weiteren Voraussetzungen von Artikel 1 erfüllt sind; Artikel 2 bleibt vorbehalten.

Art. 1b
1 Eine natürlich vorkommende Sequenz oder Teilsequenz eines Gens ist als solche nicht patentierbar.
2 Sequenzen, die sich von einer natürlich vorkommenden Sequenz oder Teilsequenz eines Gens ableiten, sind jedoch als Erfindung patentierbar, wenn sie technisch bereitgestellt werden, ihre Funktion konkret angegeben wird und die weiteren Voraussetzungen von Artikel 1 erfüllt sind; Artikel 2 bleibt vorbehalten.«

Die Schweiz kodifizierte darüber hinaus 2007 einige Modifikationen und Erweiterungen gegenüber der EU Richtlinie. Sie nahm in die allgemeine Ordre Public Klausel »Erfindungen, deren Verwertung die Menschenwürde verletzen

10 Auch ein letzter Versuch schlug fehl. Im Ständerat wurde im Juni 2007 zum Beschluss des Nationalrates über das Patentgesetz noch ein Änderungsantrag einer Minderheit zu Art. 8c PatG eingebracht, der lautete: »Betrifft die Erfindung eine Sequenz, die sich von einer natürlich vorkommenden Sequenz oder Teilsequenz eines Gens ableitet, so beschränkt sich die Wirkung des Patents auf die Sequenz in Verbindung mit den im Patent konkret beschriebenen Funktionen (Art. 49 Abs. 2 Bst. b).« Dieser konnte sich nicht durchsetzen. (Ständerat, Protokoll vom 11.6.07, PatG, FD150607). Ich danke Prof. Fritz Dolder, Universität Basel, für diese Information.

11 Geblieben ist lediglich in Artikel 8c eine Beschränkung in den Sequenzabschnitten, sowie in Artikel 49 (2) b PatG eine Änderung zur Form der Anmeldung. Darin heißt es: »Das Patentgesuch muss enthalten: b. eine Beschreibung der Erfindung und im Falle der Beanspruchung einer Sequenz, die sich von einer Sequenz oder Teilsequenz eines Gens ableitet, eine konkrete Beschreibung der von ihr erfüllten Funktion.« Damit erfolgt eine Anlehnung an Artikel 5(3) der EU Richtlinie. Dadurch, dass dies nur für die Beschreibung gefordert ist, dürften sich daraus wohl keine Beschränkungen in den Patentansprüchen ergeben.

oder die Würde der Kreatur missachten« auf und erweiterte die konkreten Patentausschlüsse auf »Verfahren zur Bildung von Mischwesen unter Verwendung menschlicher Keimzellen, menschlicher totipotenter Zellen oder menschlicher embryonaler Stammzellen und die damit gewonnenen Wesen«; nicht patentfähig werden zudem »Verfahren der Parthenogenese unter Verwendung menschlichen Keimguts und die damit erzeugten Parthenoten«, sowie unveränderte menschliche embryonale Stammzellen und Stammzelllinien und schließlich wurde jede Verwendung menschlicher Embryonen »zu nicht medizinischen Zwecken« von der Patentfähigkeit ausgeschlossen (Art.2.(1) a-g).

Neben diesen Erweiterungen hinsichtlich des Ordre Public schreibt das Gesetz in Anlehnung an Erwägungsgrund 27 der EU Richtlinie Angaben über die Quelle genetischer Ressourcen und traditionellen Wissens in der Patentanmeldung fest.

Im Artikel 40c wurde spezifisch eine Zwangslizenz für Diagnostika bei wettbewerbswidriger Praxis ermöglicht.[12] Für Patente auf Forschungsinstrumente (research tools) wurde eine Lizenzpflicht vorgesehen und damit auf innovative Weise eine »licence of rights« eingeführt, die zwar einen Entschädigungsanspruch (Lizenzgebühr) für den Patenthalter beinhaltet, aber keine Exklusivlizenz mehr gewährt.[13] Diese Klauseln stellen eine Reaktion dar auf die Debatten um Forschungsbehinderungen durch Patente, besonders bei *research tools* und Gendiagnostika (am prominentesten diskutiert am Fall der BRCA-Gentests der Firma Myriad). Beide Rechtsinstitute verankern entgegenwirkende Maßnahmeoptionen.

3. Zusammenfassende inhaltliche Übersicht über Modifikationen und Erweiterungen zum Richtlinientext in Nationalstaaten Europas

Im Folgenden fasse ich die wichtigsten Modifikationen und Erweiterungen zum Richtlinientext, die in einzelnen Nationalstaaten Europas gesetzlich implementiert wurden, zusammen. Die diesbezüglich wichtigsten Original-Textpassagen aus den Implementierungsgesetzen habe ich im Anhang dieses Buchs dokumentiert.

---

12 Art. 40c PatG: »Für Erfindungen, die ein Erzeugnis oder ein Verfahren zur Diagnose beim Menschen zum Gegenstand haben, wird zur Behebung einer im Gerichts- oder Verwaltungsverfahren festgestellten wettbewerbswidrigen Praxis eine nicht ausschliessliche Lizenz erteilt.«

13 Art. 40b Pat G: »Wer eine patentierte biotechnologische Erfindung als Instrument oder Hilfsmittel zur Forschung benützen will, hat Anspruch auf eine nicht ausschliessliche Lizenz.«

3.1 Zielbestimmung und Bezugsrahmen des Patentschutzes

Auf die Menschenwürde als Referenz und Zielbestimmung für Patentierungsausschlüsse nehmen Italien, Schweiz und Frankreich Bezug. In Italien und Belgien findet sich auch eine Bezugnahme auf die Europäische Menschenrechtserklärung als Rahmenwerk. Italien nimmt zudem in der Präambel Referenz auf den Umweltschutz als Rahmenbedingung des Patentschutzes, die UN Biodiversitätskonvention (ebenso: Niederlande), die Menschenrechtskonvention des Europarates und auf TRIPs. In Portugal wurde die Ordre Public Klausel um die Kriterien der Rechtswidrigkeit und der öffentlichen Gesundheit erweitert. In der Schweiz wurde auch der Tierschutz (»Würde der Kreatur«) als Maßstab für Patentierungsausschlüsse verankert. Mit diesen Maßnahmen erhält der Patentschutz eine explizite verfassungsrechtliche Überwölbung.

Dies ist insofern bemerkenswert, als damit entweder in der Präambel oder in der Ordre-Public-Klausel das Patentrecht in einen größeren Kontext gestellt wird. Die Innovationsförderung als klassische Funktion des Patentschutzes wird somit eingehegt und relativiert, indem andere Ziele aufgenommen werden und eine Konkordanz mit Grundrechten vorgeschrieben wird. Damit wird das Patentrecht explizit einer verfassungsrechtlichen Normenhierarchie unterstellt (vgl. Kersten 2004). Patentämter und Gerichte sind gehalten, dies als ethische und sozio-ökonomische Abwägungsaufgabe in ihre Praxis einzubeziehen (vgl. Godt 2003b: 53–64).

3.2 Stoffschutzbeschränkungen

Die Einführung eines zweck- bzw. verwendungsgebundenen Stoffschutzes für Gensequenzen (umfangsseitige Beschränkung) unter Bezugnahme auf Artikel 5(3) der Richtlinie erfolgte

- ansetzend auf der Ebene der Patentprüfung (Aufnahme der *Verwendung in den Patentanspruch* entfaltet beschränkende Wirkung) in Deutschland und Luxemburg,
- ansetzend bei der *Wirkung* des Patentschutzes in Frankreich und Italien.

3.3 Ordre Public-Ausnahmen

Verschiedene Staaten haben die Liste der nicht erschöpfenden Patentierungsausschlüsse in Artikel 6 (2) der EU Richtlinie (Ordre Public) erweitert und konkretisiert. Damit werden Entscheidungen von Patentprüfern und Gerichten durch generelle Vorgaben gesteuert und deren eigenständiger Rechtsfortbildung

Grenzen gesetzt. Dabei haben die Regierungen implizit ein neues, regulatives Grundverständnis von Patentrecht in ihre Gesetze eingeschrieben:

- Menschliche embryonale Stammzellen und Stammzelllinien haben explizit von der Patentierbarkeit ausgeschlossen: Italien und die Schweiz (hier nur: »unveränderte«). Italien hat technische Verfahren, in denen Embryonen genutzt werden, sowie jegliche Verwendung des menschlichen Embryos von der Patentfähigkeit ausgeschlossen, die Schweiz jene zu »nicht medizinischen Zwecken«. In Deutschland soll das Embryonenschutzgesetz patentrechtsbeschränkende Wirkung entfalten.
- Verfahren zur Veränderung der genetischen Identität menschlicher Wesen hat Frankreich – ohne Bezug auf die Keimbahn – als Patentausschluss formuliert.
- Frankreich verbietet zudem die Patentierung von Sequenzen oder Teilsequenzen eines Gens »als solche«. Mit dieser zusätzlichen rechtssystematischen Einordnung fasst das französische Gesetz (L 611–18) (menschliche) Gensequenzen als solche nicht nur als unpatentierbar, da keine Erfindung (analog zu Art. 5(1)/5(2) der EU-Richtlinie), sondern als Verstoß gegen den Ordre Public.
- Verfahren der Parthenogenese unter Verwendung menschlichen Keimguts und die damit erzeugten Parthenoten, sowie von Verfahren zur Bildung von Chimären unter Verwendung menschlicher Keimzellen schließt die Schweiz vom Patentschutz aus. Auch die Produkte der ausgeschlossenen Prozesse, d.h. von Klonverfahren, Chimärenbildung, Keimbahninterventionen und leidvoll genetisch veränderten Tieren werden in der Schweiz explizit von der Patentfähigkeit ausgenommen.
- Ein Patentausschluss für Erfindungen im Zusammenhang mit genetischen Screenings, die zu einer Diskriminierung und Stigmatisierung des Menschen führen können, auf der Basis seiner Krankheit, Rassen-, sozialen oder ökonomischen Zugehörigkeit oder mit eugenischer, nicht diagnostischer Zielsetzung erfolgte in Italien. Wie dieses Kriterium, das Bedingungen für die soziale Anwendung der Gendiagnostik in das Patentrecht implantiert, umgesetzt werden soll, bleibt allerdings offen.
- Verfahren, die das Leben oder die Gesundheit von Menschen, Tieren oder Pflanzen gefährden oder die Umwelt ernsthaft schädigen, haben die Niederlande (analog zu TRIPs Art. 27 (2)) als Ausschlusskriterium in das Gesetz aufgenommen. Auch Italien bezieht sich explizit auf Art. 27 (2) TRIPs.

3.4 Geographische Herkunft und Informed Consent

Zwei ursprünglich vom Europäischen Parlament als Änderungsanträge eingebrachte Artikel der Richtlinie, die vom Rat zurückgewiesen und als bloße Erwägungsgründe verankert wurden, erfuhren in einigen Mitgliedsstaaten eine Aufwertung, indem sie als rechtlich bindende Gesetzesartikel implementiert wurden:

- Geographische Herkunftsangaben zu den Quellen von biologischem Material fordern Belgien, Dänemark, Deutschland, Italien, Island, Norwegen, Schweden und die Schweiz (dort auch zu traditionellem Wissen). In der Regel bleibt dies allerdings ohne Effekt auf die Patentierbarkeit und die Validität eines Patentes. Damit wurde der Erwägungsgrund 26 der EU-Richtlinie national in einen bindenden Artikel transponiert.
- Bestimmungen zum Informed Consent entsprechend Erwägungsgrund 27 der EU-Richtlinie haben Italien und die Niederlande (hier aber unter Bezug auf Art. 15(5) TRIPs), sowie Norwegen[14] in ihre Gesetze aufgenommen.

3.5 Forschungsprivileg, Zwangslizenz, »licence of rights«

Nachregulationsinstrumente *post grant* und Ausnahmeregelungen vom exklusiven Patentschutz wurde in mehreren Ländern zusätzlich zum Forschungsprivileg und zur Zwangslizenz kodifiziert:

- Eine Zwangslizenz aus Gründen der Public Health statuierten Frankreich[15] und Belgien. Die Schweiz und Frankreich kodifizierten spezifische Zwangslizenzen für Diagnostika. In Deutschland wurde die hohe rechtliche Voraus-

14 »Consent (§8 (c)): Dersom en oppfinnelse gjelder eller anvender biologisk materiale fra mennesker, skal det fremgå av patentsøknaden om personen som materialet stammer fra, har samtykket i den aktuelle anvendelsen av materialet i samsvar med lov 21. februar 2003 nr. 12 om biobanker. Brudd på opplysningsplikten er straffbart så langt det følger av straffeloven §166. Opplysningsplikten berører ikke behandlingen av patentsøknaden eller gyldigheten av patentet. Übersetzung: »Section 8 c. If an invention concerns or uses biological material from the human body, the patent application shall include information on whether the person from whom the material has been derived has given his/her consent to the use of the biological material, in accordance with the law of 21st February 2003 no 12 about biobanks. Breach of the duty to disclose information is subject to penalty in accordance with the General Civil Penal Code §166. The duty to disclose information is without prejudice to the processing of patent applications or the validity of rights arising from granted patents.« (Übs. laut www.patentstyret.no/en/english/Legal_texts/Patents_Act/).

15 Frankreich verfügt in seinem nationalen Patentrecht (Code de la propriete intellectuelle, Livre VI) ohnehin über Rechtsinstitute wie eine »licence of rights« (Art. L.6134-10) und ex officio Lizenzen (Art. L 613-16). Siehe http://www.wipo.int/clea/docs_new/pdf/fr/fr/fr065fr.pdf.

setzung eines »öffentlichen Interesses« als Bedingung für die Einräumung einer Zwangslizenz aufgehoben und damit die Schwelle für eine solche Erteilung gesenkt.[16]

- Die Schweiz hat einen gesetzlichen Anspruch auf eine nicht-exklusive Lizenz für Forschungszwecke eingeführt (»licence of rights«).
- Eine Ausweitung des Forschungsprivilegs nicht allein »an«, sondern auch »mit« dem Gegenstand einer Erfindung hat Belgien vorgenommen.
- Das Pflanzenzüchterprivileg, das die Nutzung einer patentierten Erfindung bei der Entwicklung einer neuen Pflanzensorte erlaubt, wurde in Deutschland, Frankreich und Luxemburg in das Patentrecht eingeschrieben.

3.6 Prozedurale Instrumente

Einige Staaten haben ergänzende *prozedurale* Vorkehrungen institutionalisiert, um die Patentämter und ggf. auch Gerichte und den Gesetzgeber bei ihrer Arbeit begleitend zu unterstützen, insbesondere dort, wo es um komplexe ethische und sozio-ökonomische Abwägungen geht. Eine spezielle Ethikkommission zur Beratung des Patentamts wurde in Norwegen per Gesetz eingeführt. In Italien wurde eine bereits bestehende Kommission (Nationales Komitee für Biologische Sicherheit und Biotechnologie) mit dieser neuen, zusätzlichen Aufgabe betraut. In Schweden[17] und Österreich[18] wurden per Gesetz Kommissionen eingerichtet, die sich dem Monitoring der Ausführungen der Biopatentgesetze widmen und regelmäßige Berichte vorlegen sollen. In Belgien begutachtet die nationale Bioethikkommission Zwangslizenz-Gesuche. Von diesen Kommissionsberichten bzw. den Aktivitäten solcher Kommissionen, sofern sie bei konkreten Patentanmeldungen beratend hinzugezogen werden, könnten gegebenenfalls Impulse für Novellierungen der nationalen Gesetze oder für neue Auslegungen der EU-Richtlinie ausgehen. Außerdem könnten solche Berichte, wie sie etwa in Österreich vorgesehen sind, mehr Transparenz über den aktuellen Status Quo der Biopatentierung schaffen und damit der Politik sowohl em-

16 Diese Erleichterung der Zwanglizenzierung fand durch die Änderung des §24 PatG statt.

17 Die schwedische Regierung hat eine Kommission zum Monitoring der Praxis und der Auswirkungen der Biopatentierung eingesetzt. Diese befasste sich zunächst mit dem absoluten Stoffschutz auf Gensequenzen und legte 2006 einen Vorbericht vor, in dem keine Änderung hinsichtlich eines zweckgebundenen Stoffschutzes empfohlen wurde. Der Endbericht wurde 2008 erwartet. (Lt. ESHG 2007, Annex A: 8-9)

18 Information laut Aussagen des Österreichischen Bundeskanzleramtes, Wien, 30.5.2006. Entsprechend einer Entschließung des Nationalrates aus dem Jahr 1998 wurde mit der Umsetzung der Richtlinie 2005 ein Biopatent-Monitoring-Komitee (2006) eingerichtet, welches am 1. Juni 2006 seinen ersten Bericht über die Auswirkungen der Richtlinie in Österreich vorgelegt hat, siehe dazu: http://www.patentamt.at/Home/rzbio/17190.html

pirische Grundlagen an die Hand geben, wie auch mögliche Handlungsempfehlungen von Experten und Repräsentanten verschiedener gesellschaftlicher Interessenvertretungen vordiskutieren lassen. Damit werden flexible, weiche Regulationsmechanismen geschaffen und eine breitere gesellschaftliche Repräsentanz von Sichtweisen auf das Patentsystem – in Österreich sind beispielsweise Gewerkschaften und Verbraucherschutzverbände beteiligt – um den engen Kreis von juristischen und technischen Patentexperten herum organisiert, die potentiell Ausstrahlungskraft gewinnen könnten.

4. Außereuropäische Übernahme der EU-Biopatentrichtlinie: China

Der Text der EU-Biopatentrichtlinie fand auch außerhalb von Europa Widerhall, unter anderem in Patentrechtsreform-Kommissionen in Australien (vgl. ALRC 2004a, b), aber auch bei vielen entsprechenden Diskussionen in den USA und Kanada.

Besonders hervorzuheben ist, dass China im Jahr 2006 die wesentlichen Inhalte der EU-Biopatentrichtlinie (98/44/EG) in seinen Richtlinien für die Prüfung (Guidelines for Examination) des Chinesischen Patentamtes SIPO übernommen hat.[19] Diese »Rechtstransplantation« (vgl. Watson 1993) dürfte als Signal dahingehend zu werten sein, dass es in den Schwellenländern durchaus Interesse gibt, technologiespezifische Patentgesetzgebung aus Industrieländern zu adaptieren, statt die Rechtsfortbildung dem durch Gerichte geschaffenen Case Law zu überantworten. Technologiespezifische Patentlegislation kann sich somit international als Referenzmodell qualifizieren.

5. Zusammenfassung und Ausblick

5.1 Europäische und nationale Öffentlichkeiten

Während die intensive Debatte um die Verabschiedung der EU-Biopatentrichtlinie zur Herstellung einer europäischen Öffentlichkeit (vgl. Landfried 2004) beigetragen hat, zerfiel diese in der Phase der nationalen Implementierung weit-

19 Schriftliche Mitteilung von Dr. Friedrich Feuerlein, Leiter der Hauptabteilung Patente im Deutschen Patent- und Markenamt, am 19.11.2007 unter Berufung auf einen Vortrag von Pan Aiqun, Director, State Intellectual Property Office of the People's Republic of China (SIPO), am 21.09.2006. Diese Guidelines for Examination seien veröffentlicht worden (Intellectual Property Publishing House 2006).

gehend wieder in national umgrenzte (Teil-)Öffentlichkeiten. Da eine nationale Implementierung von EU Richtlinien binnen von zwei Jahren vorgesehen ist, könnte potentiell ein Gleichlauf erreicht werden. Es waren aber vor allem einzelne Ereignisse – wie die Clinton/Blair Erklärung (vom 14. März 2000) zum freien wissenschaftlichen Zugang zu den Rohdaten des menschlichen Genoms, das Edinburgh Patent zur embryonalen Stammzellenforschung, sowie immer wieder die Myriad Kontroverse zur Gendiagnostik, die vorübergehend zu einer Synchronisierung von Medienöffentlichkeiten führten. Im Übrigen jedoch blieben die Implementierungsprozesse den jeweiligen Eigenheiten der parlamentarischen Verfahren, nicht zuletzt auch nationalen Wahlterminen, variierenden Koalitionsbildungen und sonstigen prozeduralen Faktoren vorbehalten. Es bedürfte einer eigenen, vergleichenden Analyse, um zu eruieren, ob und inwieweit Charakteristika der jeweiligen politischen Systeme (insbesondere Mehrheits- oder Konsensdemokratien, vgl. Lijphart 1999) Einfluss auf das Ergebnis hatten.

Im Kontext dieser Arbeit sei lediglich darauf verwiesen, dass die auf der supranationalen Ebene in der EU geführten Kontroversen in vielen Mitgliedsstaaten wieder aufbrachen, zumindest in Experten- oder zivilgesellschaftlichen Öffentlichkeiten. In Großbritannien etwa, wo die Implementierung in einem parlamentarischen Verfahren ohne jede Debatte wortlautgetreu erfolgte, befasste sich eine von der Regierung eingesetzte Kommission kritisch mit dem Patentschutz für Entwicklungsländer (CIPR 2002), die Royal Society (2003) analysierte die Wechselwirkung von Patentschutz und Wissenschaft, wobei der Titel des Berichts »Keeping Science Open« durchaus als mahnender Appell zu verstehen ist; auch der Nuffield Council (2002), ein bioethisches Beratungsgremium, legte einen skeptisch-besorgten Bericht zur Ethik der Genpatentierung vor. Die Biopatentierung wurde von einer Reihe von nationalen Ethikkommissionen kritisch begleitet. Berichte vorgelegt wurden unter anderem in Dänemark (DCE 1994 und 2004), Frankreich (CCNE 2000), den Niederlanden (Interdepartementale Werkgroep 2005, vgl. van den Belt 2005), Deutschland (REM 2000, NER 2004), Schweden (SNCME 2002, SOU 2006) und Österreich (BEK 2002). Dies verweist darauf, dass neue Expertengruppen aus anderen Disziplinen Ansprüche auf Einlass in die epistemische Gemeinschaft des Patentrechts erhoben. Die Mobilisierung solcher Wissensbestände in den politischen Entscheidungsprozessen erfolgte allerdings selektiv. Insofern blieben die Konflikte virulent, wurden jedoch nicht durchgängig in das parlamentarische System eingespeist und dort legislativ bearbeitet. Die Kommissionsberichte entfachten in der Regel mediale Themenkonjunkturen und mobilisierten eine breitere politische Öffentlichkeit, die als diachrone Prozesse jeweils national zu rekonstruieren wären.

5.2 Die Ausstrahlungskraft europäischer Gesetzgebung

Obgleich die Richtlinie bei ihrer Verabschiedung 1998 nur für 15 EU-Mitgliedsstaaten verbindlich war, entfaltete sie eine mehr oder weniger unmittelbare Wirkungs- und Bindungskraft sowohl für die zwölf (10 in 2004, 2 in 2007) neuen EU Beitrittsstaaten als auch für die EWR-Länder und die übrigen EPO-Vertragsstaaten. Damit wird beispielhaft die erhebliche Ausstrahlungswirkung der EU Gesetzgebung in Europa deutlich. Ob man dies als »EU Hegemonie« bewertet, als ausstrahlende Harmonisierung oder schlicht als Konvergenz analysiert, steht hier nicht zur Diskussion. Es macht jedoch deutlich, dass sowohl die Europäische Patentorganisation (EPO) wie auch die EU de facto erhebliche Vereinheitlichungsprozesse im europäischen Patentrecht entfalten und damit ein genuin europäisches (Bio-) Patentrecht schaffen. Zum größten Teil vollzieht sich diese Europäisierung jedoch über die Patenterteilungspraxis des Europäischen Patentamtes und die Rechtsprechung der EPA-Beschwerdekammern, und damit ohne parlamentarische Beteiligung, Mitsprache und Kontrolle. Insofern bewirkte der von der Europäischen Kommission angestoßene legislative, technologiespezifische Rechtsetzungsprozess für Patente eine gewisse Demokratisierung des Europäischen Patentrechts (höhere input-Legitimation).

Gleichzeitig sorgte in den Nationalstaaten die Implementierungspflicht für Richtlinien[20] dafür, dass sich verschiedene Interpretationen und Adaptionen herausbildeten und damit in unterschiedlicher Weise an national bereits bestehende Gesetzeswerke, rechtliche Ordnungen ebenso wie an internationale, völkerrechtliche Verträge angeknüpft wurde und sich damit erneut Differenz (vgl. Landfried 2002) herausbilden konnte.

Für eine angemessene politikwissenschaftliche Analyse gilt es daher, ein Augenmerk und methodisches Instrumentarium für beide Prozesse, sowohl die Konvergenzen wie auch die Divergenzen zu entwickeln, will man sich vor falschen Verallgemeinerungen und fehlgeleiteten Schlussfolgerungen schützen. Quantitativ angelegte komparativistische Untersuchungen und rechtsvergleichende Synopsen bedürfen daher der Erweiterung durch qualitative Studien, insbesondere Fallstudien sowie reichhaltigere, die jeweilige Rechtskultur und Rechtspraxis einbeziehende wissenschaftliche Analysen, um auf diesem Weg zu theoretisch gestützten und empirisch gesättigten Aussagen über das europäische Patentrecht zu gelangen. An diesem Punkt lässt sich zunächst die widersprüchliche Diagnose festhalten, dass die EU-Biopatentrichtlinie sowohl zu einer Harmonisierung des europäischen Patentrechtes in der Biotechnologie geführt hat, da mit ihr der Korridor der Handlungsmöglichkeiten für nationale Regierungen erheblich eingeschränkt wurde, als auch eine gewisse Fragmentierung

20 In Gegensatz zu den unmittelbar bindenden Rechtsverordnungen, bei denen den nationalen Gesetzgebern kein Ermessensspielraum für die Umsetzung bleibt.

des europäischen Patentrechts durch die Unterschiede in den nationalen Implementierungen ausgelöst hat.

Allen Bekenntnissen zur Einheitlichkeit des Binnenmarktes zum Trotz bleibt jedoch darauf hinzuweisen, dass eine völlige Gleichheit des europäischen Rechts eine Fiktion bleibt. Konvergenzen und Divergenzen sind vielmehr als aufeinander bezogene Spannungsbögen zu betrachten, wobei die Temporalität als dynamischer Faktor hinzuzunehmen ist: Abstimmungsbemühungen und politischer Entscheidungsdruck können zu Verständigungen und Kompromissen führen, gewachsene nationale Kulturen und Rechtssysteme werden europäische Impulse aufnehmen, adaptieren und transformieren, so dass sich über die Zeit wechselseitige Überformungsprozesse herausbilden und ein Wandel durch die Wechselwirkung von Konvergenz und Differenz entsteht. In der Sprache neoinstitutionalistischer Theorie ließe sich dies als Isomorphismus (Strukturähnlichkeit) beschreiben.[21]

Die überaus lange hinausgezogene Phase der nationalen Implementierungsprozesse ermöglichte es, in den nationalen Mitgliedsstaaten neue ökonomische und naturwissenschaftliche Entwicklungen einzubeziehen und damit im Legislativprozess Antworten auf deren politische Einschätzungen und strategischen Bewertungen zu geben.[22]

Nachbesserungen und Konkretisierungen in einzelnen Ländern – insbesondere in Italien und der Schweiz – schufen hier größere Rechtssicherheit und erlaubten eine parlamentarisch abgesicherte und damit höhere Legitimität beanspruchende, verbindliche Auslegung. Die internationalen Kontroversen insbe-

---

21 Spielarten dieses Theorieansatzes bilden der erzwungene Isomorphismus durch gesetzliche Regelungen, der mimetische Isomorphismus durch Imitation und Kopieren erfolgreicher Modelle, sowie der normative Isomorphismus durch die Professionalisierung von Berufsgruppen oder etwa die Entstehung von Bioethikdiskursen und -kommissionen (vgl. DiMaggio 1998; Powell/DiMaggio 1991). Für alle drei Dimensionen wäre die EU Biopatent-Richtlinie ein exemplarischer Fall dafür, dass sich das europäische Biopatentrecht gewandelt und angenähert hat. Dem Begriff des Isomorphismus, der vor allem verschiedene Faktoren zur Anpassung von Institutionen fokussiert, fehlt jedoch ein immanenter theoretischer Gegenbegriff, der auch die Fliehkräfte und Differenzimpulse angemessen beschreiben würde (siehe demgegenüber als theoretischen Ansatz, der auf Varianzen fokussiert: Hall/Soscice 2001). Zu verkürzt erscheinen in diesem Zusammenhang allerdings Erklärungsansätze, die Differenzen bei der nationalen Umsetzung von EU-Richtlinien lediglich als »misfit« und damit pejorativ charakterisieren (vgl. Treib 2003).

22 So hatten beispielsweise der Wettlauf zwischen dem internationalen staatlichen Humangenomprojekt und der privaten Genomsequenzierungsfirma Celera um die Jahrtausendwende, die New Economy-Blase an den Börsenmärkten und ihr Platzen 2001, die sich auch in einer Art Wettrüsten zur Genpatentierung bei den Patentämtern niederschlugen, durchaus Einfluss auf die deutsche Debatte um eine »Überbelohnung« des Erfinders durch den absoluten Stoffschutz, wie in Kap. II.B dargestellt. Ebenso warfen die internationalen Kontroversen um die embryonale Stammzellenforschung und das Klonen die Frage auf, wie denn die Patentierungsausschlüsse in Artikel 6(2) der Biopatentrichtlinie hinsichtlich der Patentierbarkeit von embryonalen Stammzellen auszulegen seien.

sondere um die Brustkrebspatente BRCA1 und BRCA2 und um die äußerst restriktive Lizenzierungspraxis von Myriad Genetics fanden ihren politischen Niederschlag in neuen Regelungen zum Forschungsprivileg (Belgien), zur Zwangslizenzierung (Belgien, Frankreich, Schweiz) und zur Einführung einer *licence of rights* (Schweiz), wobei an dieser Stelle hinzuzufügen ist, dass im deutschen Patentgesetz (§23 PatG) bereits eine Regelung zur freiwilligen allgemeinen Patentbereitschaft besteht, die möglicherweise zukünftig eine Aufwertung erfahren könnte. Das deutsche Modell der Stoffschutzbeschränkung bei Gensequenzen wurde von Italien übernommen, das entsprechende französische Modell von Luxemburg – somit fand durchaus ein »Lernen von den Nachbarn« (vgl. Schmidt 2003) statt. Es lässt sich daher ohne jede Übertreibung konstatieren, dass es in vielen Nationalstaaten zu wichtigen Prozessen des Policy Learning (vgl. Sabatier 1998) und teilweise zu transnationaler Politikdiffusion kam.

Es bleibt offen, ob und in welcher Weise die Modifikationen in den nationalen Umsetzungen tatsächlich zu einer veränderten Rechtspraxis führen werden. Hier kommt es auf den Vollzug durch die nationalen Patentämter an, vor allem aber auf die Rechtsprechung der nationalen Gerichte in Streitfällen. Hier besteht erheblicher empirischer Forschungsbedarf, um die Wirkung der Implementierungen zu untersuchen und festzustellen, ob die Bemühungen der Parlamente letztlich in ihrer Wirkung verpuffen und es sich daher um ein bloßes Glasperlenspiel handelte, oder ob Erfahrungen mit einer regulativen Umgestaltung des Biopatentrechts gesammelt wurden.

Gleichwohl ist an dieser Stelle erneut festzuhalten, dass es an entsprechenden Rückkopplungsschleifen auf die supranationale Ebene hin mangelt. Dies gilt sowohl für das Europäische Patentamt, das die nationalen Gesetzgebungsprozesse weitgehend ignoriert[23] und keine dementsprechenden internen Reflexionsprozesse operationalisiert hat, etwa in seinen »Richtlinien für die Prüfung«, sondern alleine in den eigenen Einspruchs- und Beschwerdekammerentscheidungen und somit weitgehend selbstreferentiell eine Rechtsfortbildung vornimmt. Es gilt ebenso für die Ebene der Europäischen Union. Das alleinige Initiativrecht der Europäischen Kommission für die Gemeinschaftsgesetzgebung erschwert eine »Rücküberführung« von nationalen Willensbildungsprozessen auf die europäische Ebene. Daher wären mit bestimmten Mehrheiten der nationalen Mitgliedsstaaten verbundene Initiativrechte des Rats für ein Agenda Setting auf EU Ebene und insbesondere eine institutionelle Reform, die dem

23 Die ziemlich typische Aussage eines EPA-Patentprüfers aus dem Biotechnologie-Cluster hierzu lautete, auf nationaler Ebene schreie ein Staat »hü« und der andere »hott«, daher könne dies kein Maßstab für das EPA sein (Mündliche Mitteilung, 09.11.2007). Damit wird jedoch billigend in Kauf genommen, dass Anmelder schärfere nationale Regelungen – etwa Ordre Public Ausschlüsse – umgehen, indem sie ihr Patent direkt beim EPA anmelden und damit Unterschiede im Sinne eines *Forum Shopping* ausnutzen.

Europäischen Parlament das Recht auf eine genuin selbständige Gesetzesinitiative[24] einräumen würde, wichtige Schritte zur weiteren Demokratisierung der Europäischen Union. Dies könnte sowohl zu mehr Kohärenz und stärkerer Kohäsion führen wie auch zu effektiveren Wechselwirkungen zwischen der nationalen und der supranationalen Ebene.[25]

24 Vgl zur Diskussion: Helms (2005: 554) sowie Winter 2010.

25 Die nachfolgende Synopse in Tabelle 3 orientiert sich an einer Zusammenstellung der Europäischen Kommission, deren Stand vom 15.07.2007 datiert und die punktuell aktualisiert wurde. Mit Dank an Jean-Philippe Muller, Europäische Kommission, DG Internal Market and Services, Knowledge-based Economy, Industrial Property für wichtige Informationen, sowie an Prof. Dr. Fritz Dolder für Angaben zur Schweiz, Egil Kallerud für Norwegen und Dr. Henk van den Belt für die Niederlande.

Tabelle 3: Synopse der Umsetzung der EU Richtlinie 98/44/EG in den EU-Mitgliedsstaaten und in weiteren Ländern

Land		Daten zum Implementierungsprozess	In Kraft Getreten
EU-Mitgliedsstaaten (27)*			
AT	Österreich	**16.05.2000**: Regierungsvorlage des Gesetzentwurfs an das Parlament überwiesen. Aufgrund von Wahlen und der Auflösung des Parlaments (Herbst 2002) musste der Gesetzentwurf neu eingebracht werden. **6.3.2002:** positives Votum der Bioethikkommission beim Bundeskanzleramt. **8.10.2003:** Experten- und Verbände- Anhörung des Parlaments zur Regierungsvorlage. **14.9.2004**: Erneuter Kabinettsbeschluß und Überweisung an das Parlament. **12.5.2005:** In erster Lesung vom Nationalrat verabschiedet. Gesetz BGBl. I Nr. 42/2005 – Veröffentlicht am **9.6.2005**	9. Juni 2005
BE	Belgien	**14.6.2001:** Gesetzentwurf vom Kabinett verabschiedet. Am **21.6.2002** an das Parlament überwiesen. Aufgrund der Wahlen am **18.5.2003** Neuüberweisung des Gesetzentwurfs an das Parlament am **21.9.2004**. Eine dringende Beratung des »Raad van State« (Staatsrat) wurde angefordert und an das Parlament weitergeleitet. Plenardebatte im Parlament im **November 2004.** Gesetzentwurf angenommen vom Repräsentantenhaus am **10.3.2005** und vom Senat am **14.4.2005**. Gesetz vom **28.4.2005**, veröffentlicht **13.5.2005**	28. April 2005
BG	*Bulgarien*	Patent- und Gebrauchsmustergesetz (*Titel erweitert, Bundesgesetzblatt No. 64/2006; in Kraft* **9.11.2006**)	9. November 2006
CY	*Zypern*	Gesetz N.163(I)/2002, Patent (Änderungs-) Gesetz von 2002, gültig ab **9.08.2002**.	9. August 2002
CZ	*Tschechische Republik*	Gesetz No. 206/2000 Coll. L vom **21.6.2000, in Kraft getreten am 1.10.2000**	1. Oktober 2000
DK	Dänemark	Dänisches Parlament (Folketinget) verabschiedet Implementierungsgesetz am **26.5.2000**.	26. Mai 2000
EE	*Estland*	Änderung des Patentgesetzes von 1994, datiert **27.10.1999**, in Kraft getreten **01.01.2000**	1. Januar 2000

Land		Daten zum Implementierungsprozess	In Kraft Getreten
DE	Deutschland	**18.10.2000** Gesetzentwurf vorgelegt (Kabinettsbeschluss). Im Bundestag große Kontroversen. Wegen Neuwahlen (September 2002) Neueinführung des Gesetzentwurfs in das Parlament. Neuer Kabinettsbeschluss zum Gesetzentwurf am **25.6.2003**. Erste Lesung im Bundestag am **11.3.2004**. Verabschiedet in zweiter und dritter Lesung am **3.12. 2004**. Veröffentlicht am **28.1.2005** im Bundesgesetzblatt, in Kraft getreten am **28.2.2005**	28. Februar 2005
FIN	Finnland	Finnisches Parliament (Riksdagen) verabschiedet implementierendes Gesetz am **30.5.2000**.	30. Juni 2000
FR	Frankreich	Gesetzentwurf vom Regierungskabinett am **31.10.2001** angenommen. Dieser Gesetzentwurf wurde allerdings nie im Parlament debattiert. Die beiden Hauptartikel der EU Richtlinie (Art. 5 and 6) wurden jedoch bei der Revision der Bioethik-Gesetze einbezogen und im Parlament ausführlich debattiert. Die anderen Regelungen der EU Richtlinie wurden in einem gesonderten Prozess verabschiedet. **Januar 2002:** Erste Lesung in der Nationalversammlung **Januar 2003**: Erste Lesung im Senat **Dezember 2003**: Zweite Lesung in der Nationalversammlung **6.8.2004:** Gesetz im Senat in zweiter Lesung angenommen (Gesetz Nr. 2004-800, veröff. 7.8.2004). **29.11.2004**: Verbleibende Implementierungsartikel angenommen (Gesetz Nr. 2004-1338, veröff. **8.12.2004**).	7. August 2004: Implementierung der Artikel 5 & 6 8. Dezember 2004: Abschluß der Implementation der weiteren Artikel
GR	Griechenland	Präsidentielles Dekret Nr. 321/2001 (veröff. im Amtsblatt 218, A, **1.10.2001**).	22. Oktober 2001
HU	Ungarn	Gesetz XXXIX aus 2002	1. Januar 2003
IRL	Irland	European Communities (Legal Protection of Biotechnological Inventions) Regulations, 2000 (S.I. No. 247 of 2000)	30. Juli 2000
IT	Italien	**19.10.1999:** Gesetzentwurf an Parlament überwiesen **26.9.2002:** Annahme des Gesetzes durch das Unterhaus mit Änderungen **2.4.2003:** Annahme des Gesetzes durch den Senat mit Änderungen **26.6.2003:** Annahme des Gesetzes durch das Unterhaus mit weiteren Änderungen, daher erneute, letzte Billigung durch den Senat erforderlich	11. März 2006

Land		Daten zum Implementierungsprozess	In Kraft Getreten
		29.12.2005: Dekret-Gesetz von der Regierung angenommen, Decreto-Legge n. 3, 10.1.2006, veröff. Gazetta Ufficiale **11.1.2006**) Gesetzliche Umsetzung endgültig angenommen (Legge n.78, **22.2.2006)**. Conversione in legge, con modificazioni, N. 3760 – veröff. Gazetta Ufficiale n. 58, **10.3.2006**	
LV	*Lettland*	Gesetzesänderung zu Pflanzensortenrechten (Grozījumi Augu šķirņu aizsardzības likumā), angenommen am **17.11.2005** Änderung des Patentgesetzes (Grozījumi Patentu likumā), angenommen am **8.12.2005**	29. Dezember 2005
LU	Luxemburg	Gesetz Nr. 4673 wurde im **Juni 2000** an das Parliament überwiesen. Die mitberatende Parlamentarische Ethikkommission machte ihre Opposition gegen den Gesetzentwurf geltend. Die Regierung überwies daraufhin im **März 2005** den Gesetzentwurf an den parlamentarischen Wirtschaftsausschuss, der Änderungen vorschlug. Am **11.10.2005** gab der Staatsrat zwei Meinungen zu diesen Änderungsanträgen ab. Der Endbericht des Ausschusses wurde am 19.1.2006 angenommen. Das Gesetz wurde im Plenum des Parlaments am 15.2.2006 verabschiedet. Gesetz vom **7.4.2006**, veröff. **19.4.2006**.	23. April 2006
LT	*Litauen*	Gesetz vom **30.6.2005** über die Änderungen und Ergänzungen der Präambel, sowie der Artikel 2, 4, 10, 11, 13, 19, 21, 24, 26, 39, 40, 48, 50 des Patentgesetzes und Gesetzesänderungen der Artikel 28(1), 38, Sektion X(1) and ein Annex (No X-287). Amtsblatt »Valstybes žinios« 2005, Nr. 85-3135, in Kraft getreten **14.7.2005**	14. Juli 2005
MT	*Malta*	Patente und Geschmacksmuster-Gesetz 2002 (Kapitel 417 des Maltesischen Gesetzbuches)	1. Januar 2004
NL	Niederlande	**2000**: Regierung legt Gesetzentwurf vor und überweist an das Unterhaus, das Änderungen vorschlägt. Wirtschaftsminister ersucht Staatsrat (Raad van State) am **7.7.2000** um juristische Bewertung, die am **2.10.2000** vorgelegt wird und Inkompatibilität der Änderungsanträge mit der Richtlinie erklärt. Im **April 2002** überweist Regierung neuen Gesetzesentwurf an das Unterhaus. Juni 2004: Unterhaus ersucht Regierung um Novelle des Entwurfs und Rücküberweisung an Unter- und Oberhaus. Gesetz am **9.11.2004** vom Oberhaus verabschiedet.	November 2004
PL	*Polen*	Ustawa z dnia 30 czerwca 2000 r. - Prawo własności przemysłowej, angenommen am **30.6.2000**	18. Oktober 2002
PT	Portugal	Gesetzentwurf vom Parlament angenommen. Ministerrat nimmt Gesetz endgültig an im **November 2002**. Gesetz	1. Juli 2003

Land		Daten zum Implementierungsprozess	In Kraft Getreten
		tritt sieben Monate nach Verabschiedung in Kraft. Decreto-Lei N° 36/2003, **5.3.3003**	
RO	*Rumänien*	Patentgesetz Nr. 64/1991, verändert und erweitert durch Gesetz Nr. 203/2002 vom **19.4.2002** (Amtsblatt Nr. 212/ 1991, Nr. 340/2002) angenommen durch Regierungsentscheid Nr. 499/2003 vom **18.4.2003** (Amtsblatt Nr. 348 vom 22.5. 2003)	22. Mai 2003
SK	*Slowakische Republik*	Gesetz Nr. 435/2001 Coll. Patent Act	1. November 2001
SV	*Slowenien*	Dekret Nr. 3873, veröff. **18.8.2003**	2. September 2003
ES	Spanien	Gesetz Nr. 10/2002, vom **29.4.2002**, als Änderung des Patentgesetzes 11/1986 vom 20.3.1986, veröff. im Amtsblatt am **30.4.2002**.	30 April 2002
SE	Schweden	**12.12.2003: Gesetzentwurf** vom Kabinett angenommen **1.4.2004:** Gesetz vom Parlament ohne Änderungen verabschiedet.	1. Mai 2004
GB	Gross-britannien (UK)	Implementierung der Artikel 1-11 der EU-Richtlinie. In Kraft getreten am **28.7.2000** Implementierung der Artikel 13 and 14 am **6.7.2001** Implementierung von Artikel 12. In Kraft getreten am **1.3.2002**	28. Juli 2000: Implementierung Artikel 1-11 6. Juli 2001: Implementierung Artikel 13-14 1. März 2002: Implementierung Artikel 12
		EU-Beitritts-Kandidaten	
HR	*Kroatien*	Patentgesetz vom **8.11.2003**	1. Januar 2004
TR	*Türkei*	EPÜ/EPO Mitgliedsstaat. Technische Studien in Vorbereitung.	
	Mazedonien (frühere jugoslaw. Republik)	*Keine Information*	
		Staaten des EWR (Europäischer Wirtschaftsraum)	
IC	*Island*	EPÜ/EPO Vertragsstaat. Gesetz zur Implementierung verabschiedet am **15.3.2004**, veröff. 11.5.2004	11. Mai 2004
LI	*Liechtenstein*	EPÜ/EPO Vertragsstaat. *Keine Information*	

Land		Daten zum Implementierungsprozess	In Kraft Getreten
NO	*Norwegen*	**30.3.2003**: EWR Komitee des Parlaments schlägt Überführung der EU-Richtlinie in norwegisches Recht vor, am **31.1.2003** dem Parlament vorgelegt. **17.06.2003**: Plenardebatte im Parlament (»Stortinget«), Annahme des EWR Vorschlags. **09.05.2003:** Gesetzentwurf der Regierung in Parlament eingebracht. Debatte und Verabschiedung in der ersten Kammer (»Odelstinget«) am **25.11.2003**, in der 2. Kammer (»Lagtinget«) am 9.12.2003. Gesetz veröffentlicht im Amtsblatt, Norsk Lovtidend, 2003-12-19-127 (**19.12.2003**), hefte 17, p. 2697	1. Februar 2004
Nicht-EU, aber EPÜ-Vertragsstaat			
CH	*Schweiz*	**7.12.2001:** Justizministerium eröffnet Vernehmlassungsverfahren für das Gesetz zur Anpassung der Schweizerischen Regelungen an die EU Bestimmungen. **29.11.2002:** Bundesrat nimmt Ergebnisse des Vernehmlassungsverfahrens entgegen. **11.3.2005:** Bundesrat weist Justiz- und Polizeiministerium an, den Gesetzentwurf bei seiner Sitzung am 11.3.2005 abzuschließen. Der Gesetzentwurf, der sich auf einen angemessenen Patentschutz (Stoffschutzdebatte) konzentriert, soll dem Parlament 2006 zugehen. **23.11.2005**: Der Bundesrat nimmt den Auftrag zur Revision des Patentgesetzes unter Berücksichtigung der technischen Fortschritte und der internationalen Entwicklungen an. **20.12.2006**: Der Bundesrat verabschiedet den Regierungsentwurf (»Botschaft«) einer Revision des Patentgesetzes. Der Nationalrat stimmt dem Gesetz zur Änderung des Bundesgesetzes über die Erfindungspatente zu. **11.6.2007**: Ständerat (2.Kammer des Bundesparlaments) debattiert den Gesetzentwurf und stimmt mehrheitlich dem Beschluss des Nationalrates zu. Ablauf der Frist für die Einreichung eines Referendums: 11.10.2007 **1.7. 2008**: Revidiertes Schweizerisches Patentgesetz tritt in Kraft, inklusive der Revision Biotecherfindungen vom Juni 2007 (SR 232.14; BBl 2005, 7489). Am **19.12.2008** erfolgt eine weitere Revision zu Parallelimporten.	1. Juli 2008

*neue EU-Beitrittsstaaten und Nicht -EU-Staaten: Namen sind kursiv gesetzt.
Quelle: Europäische Kommission, Stand 15.1.2007 und eigene Recherchen.

E Weitere Entwicklungen auf europäischer Ebene nach 1998

Nachdem die EU-Biopatentrichtlinie am 30. Juli 1998 in Kraft trat, war der Politikprozess auf supranationaler Ebene nicht gänzlich beendet. Deshalb wird im Folgenden ein Überblick über einige relevante Entwicklungen gegeben, die nach dem Inkrafttreten der Richtlinie 98/44/EG auf supranationaler Ebene erfolgten. Ich gehe zunächst auf die Europäische Kommission, im zweiten Teil auf das Europäische Parlament und im dritten Teil auf das Europäische Patentamt ein und beleuchte einige Implikationen der dargestellten Sachverhalte hinsichtlich der Governance des europäischen Patentsystems. Es ergeben sich dabei einzelne Überschneidungen mit der bereits chronologisch abgehandelten Implementierung in Deutschland und anderen europäischen Staaten, da sich teilweise Wechselwirkungen zwischen der nationalen und supranationalen Ebene entfalteten. In einer Reihe von Punkten werden zudem öffentliche Streitfälle, die für die Gesetzgebungsprozesse relevant waren, fortgeschrieben und auf den aktuellen Sachstand gebracht.

1. Die Berichte der Europäischen Kommission nach Richtlinien-Artikel 16

In Artikel 16 der Richtlinie 98/44/EG wurden regelmäßige Berichtspflichten der Europäischen Kommission gegenüber Rat und Parlament verankert, wie bereits in der Policy-Analyse des Richtlinienprozesses (Kap. II.A.2.5) vermerkt wurde. Im Folgenden gebe ich in sehr geraffter Form einen Überblick über die bisher vorgelegten Berichte.

In allen Berichten wird der Unmut der Kommission über die zeitlichen Verschleppungen in den nationalen Umsetzungsverfahren deutlich und ihr Anliegen, die Mitgliedsstaaten zu einer zügigen und richtliniengetreuen Implementierung zu bewegen, um europaweit Vollzug melden zu können:

»a large number of Member States still have not transposed the directive into national legislation or are proposing new legislation that may even be in conflict with the directive itself. All this is adding legal uncertainty and may hamper the full potentials of biotechnologies to be exploited for the benefit of patients and the competitiveness of our industry« (Gemeinsames Vorwort des Forschungskommissars Philippe Busquin und des Binnenmarktkommissars Frits Bolkestein in: Bostyn 2004: III).

Ein Bericht nach Artikel 16b der Richtlinie, der die Auswirkungen auf die Grundlagenforschung evaluieren sollte, wurde 2002 fristgerecht vorgelegt. Er bewertet die Situation hinsichtlich der Verzögerung von Forschungsveröffentlichungen als uneinheitlich, wobei es zu erheblichen Verzögerungen vor allem bei patentunerfahrenen Forschern komme. Der Bericht diskutiert als Maßnahmen die Einführung einer Neuheitsschonfrist und plädiert für die Einführung einer provisorischen Patentanmeldung.[1] Des weiteren setzt die Kommission auf innerhalb der OECD diskutierte freiwillige Lizenzierungserleichterungen, falls forschungsbehindernde Probleme bei Genpatenten auftauchen sollten (vgl. EUC 2002b; OECD 2006).

Über diesen einmaligen Art. 16 b-Bericht hinaus soll laut Art. 16 c der Richtlinie alljährlich ein Bericht »über die Entwicklung und die Auswirkungen des Patentrechts im Bereich der Bio- und Gentechnologie« übermittelt werden. Bisher wurden allerdings nur zwei solche 16 c-Berichte vorgelegt.[2]

In beiden Berichten werden vor allem zwei kontroverse Themen identifiziert: Zum einen der Schutzumfang von Patenten auf menschliche DNA-Sequenzen und zum anderen die Patentfähigkeit von menschlichen embryonalen Stammzellen. Umstritten war nicht zuletzt, ob und wieweit die einzelnen Mitgliedsstaaten hierzu Beschränkungen in ihren Umsetzungsgesetzen implementieren konnten, ohne fürchten zu müssen, deshalb durch die Kommission vor dem EuGH verklagt zu werden.

Im ersten 16 c- Bericht findet sich hierzu die Aussage, dass »einige Bestimmungen der Richtlinie« den »Mitgliedstaaten offenbar eine gewisse Flexibilität bei der Umsetzung in einzelstaatliches Recht« zugestehen. Insbesondere wird festgehalten, »dass der Schutzumfang, der Sequenzen oder Teilsequenzen von Genen gewährt werden kann, weiterhin ein aktuelles Thema bleibt, das zu unterschiedlichen Auslegungen Anlass geben kann« (alle Zitate lt. EUC 2002b:

---

1 EUC 2002a: Bericht der Kommission an das Europäische Parlaments und den Rat: Eine Evaluierung der Auswirkungen des Unterbleibens oder der Verzögerung von Veröffentlichungen, deren Gegenstand patentfähig sein könnte, auf die gentechnologische Grundlagenforschung gemäß Artikel 16 Buchstabe b) der Richtlinie 98/44/EG des Europäischen Parlaments und des Rates über den rechtlichen Schutz biotechnologischer Erfindungen. Brüssel. KOM (2002) 2 endgültig, 14.01.2002.

2 EUC 2002b: Bericht der Kommission an das Europäische Parlaments und den Rat: Entwicklungen und Auswirkungen des Patentrechts im Bereich der Biotechnologie und der Gentechnik. Brüssel. KOM (2002) 545 endgültig, 7.10.2002. EUC 2005a: Bericht der Kommission an den Rat und das Europäische Parlament. Entwicklung und Auswirkungen des Patentrechts im Bereich der Biotechnologie und der Gentechnik. KOM(2005) 312 endgültig (SEK(2005) 943) http://www.europa.eu.int/comm/internal_market/de/indprop/invent/index.htm.

31). Dies schien eine Bereitschaft der Kommission anzudeuten, einen national festgelegten funktionsgebundenen Stoffschutz als Neuauslegung des EU-Richtlinientextes zu dulden.

Zur Klärung der oben genannten offenen Fragen setzte die Kommission im Dezember 2002 eine Sachverständigengruppe ein[3], die zwei Studien vorlegte, wovon diejenige zu Genpatenten veröffentlicht wurde (Bostyn 2004). Allerdings wurde diese Gruppe nur wenige Male zu Sitzungen einberufen und bei den Beteiligten setzte sich der Eindruck fest, dass der Kommission nicht wirklich an einer Klärung der strittigen Fragen gelegen war, sondern die Gruppe vor allem dazu diente, Problembewusstsein zu demonstrieren. Obgleich die Expertengruppe nicht offiziell aufgelöst ist, fand nach 2004 keine Sitzung mehr statt.[4]

Der zweite – und bislang letzte – Bericht nach Artikel 16 c wurde mit zweijähriger Verspätung Mitte des Jahres 2005 vorgelegt (EUC 2005a). Er konzentriert sich auf die beiden strittigen Fragen der Gensequenzierung einerseits und der Patentfähigkeit von humanen embryonalen Stammzellen andererseits.

Bezüglich des Schutzumfangs bei der Gensequenzpatentierung lässt die Kommission ihre Skepsis gegenüber der Einführung eines funktionsgebundenen Stoffschutzes erkennen, spricht sich jedoch weder dafür noch dagegen aus, sondern gibt bekannt, eine weitere Studie in Auftrag gegeben zu haben.[5] Im übrigen gibt sie Vertrauen in die Selbstregulationskräfte des Patentsystems zu erkennen und hält es für »fraglich, ob der Versuch, den Schutzumfang von Patenten auf Gensequenzen im Lichte der Unterschiede zwischen den nationalen Rechtsvorschriften weiter zu präzisieren, spürbare Auswirkungen auf die Akteure in diesem Bereich haben wird« (EUC 2005a: 5; vgl. Bostyn 2004).[6]

---

3 IP/03/127 Brüssel, 28. 01. 2003: Zum Auftrag und zur Zusammensetzung der Sachverständigengruppe: »Rechtsschutz biotechnologischer Erfindungen: Kommission erörtert Fortschritte mit den Mitgliedstaaten und richtet Expertengruppe ein«. http://europa.eu.int/rapid/start/cgi/guesten.ksh?p_action.gettxt=gt&doc=IP/03/127|0|RAPID&lg=DE&display=

4 Ein Mitglied der Gruppe kommentierte, das Einsetzen der Expertengruppe sei ein »öffentliches Manöver gewesen« und habe vor allem dazu gedient, »Dampf aus der Debatte zu nehmen«. Es habe kein nachhaltiger Impetus bestanden, die Gruppe zum Arbeiten zu bewegen. Die Berichte seien kommissionsintern blockiert worden (Schriftl. Mitteilung eines Mitglieds vom 7.10.2004, bestätigt durch informelle Informationen anderer Beteiligter).

5 Diese ist inzwischen veröffentlicht, siehe Hopkins et al. 2006, vgl. Hopkins et al 2007. Diese Studie untersucht empirische Trends einer Genpatentierung beim EPA, demnach wurde 2000/2001 der Höhepunkt der Anmeldungen erreicht und ist seither ein Rückgang zu verzeichnen.

6 EUC 2005a: Bericht der Kommission an den Rat und das Europäische Parlament. Entwicklung und Auswirkungen des Patentrechts im Bereich der Biotechnologie und der Gentechnik. KOM(2005) 312 endgültig (SEK(2005) 943) http://www.europa.eu.int/comm/internal_market/de/indprop/invent/index.htm.

Ein als Annex beigefügtes Hintergrund-Arbeitspapier[7] lässt erkennen, dass die Kommission die in Frankreich und Deutschland (sowie später in Luxemburg und Italien) vorgenommene Stoffschutzbeschränkung letztlich nicht als richtlinienkonform einstuft,[8] aber wohl zu einer Duldung anderer Auslegungen bereit ist.[9]

In Bezug auf die zweite Streitfrage, die Patentfähigkeit von menschlichen embryonalen Stammzellen bzw. daraus hergestellter Zelllinien, sowie von Verfahren und Produkten des sog. »therapeutischen Klonens« (Somatischer Zellkerntransfer, SCNT) bei Menschen, enthält sich die Kommission ebenfalls eines expliziten Werturteils. Sie vermerkt, es handele sich dabei um komplexe Fragen. Bezüglich des Richtlinientextes wird in Bezug auf *totipotente* Stammzellen festgehalten, dass die Bestimmungen hier nach Artikel 5 (1) eindeutig seien und aufgrund der Tatsache, dass sich aus jeder solchen Stammzelle »von sich aus ein Mensch entwickeln könnte« die Patentierbarkeit ausgeschlossen sei (EUC 2005b: 6). Anders gelagert sei dies im Fall von *pluripotenten* Stammzellen.[10]

Hinsichtlich einer Entscheidung über die Patentfähigkeit solcher pluripotenten Stammzellen verweist die Kommission sowohl auf divergierende nationale Definitionen und Akzeptanzen, die »rasanten Entwicklungen auf diesem Gebiet«, als auch auf die allgemeine Ordre Public Klausel in Artikel 6(1) der Richtlinie, die von den Mitgliedsstaaten unterschiedlich ausgelegt werden könne. Als Fazit »ist es aus Sicht der Kommission verfrüht, in diesem Bereich genauere Definitionen zu formulieren oder für eine stärkere Harmonisierung zu sorgen. Die Kommission wird die künftigen Entwicklungen allerdings weiterverfolgen

7 EUC 2005b: Document de travail des services de la commission. Annex au Rapport de la Commission au Conseil et au Parlement européen« Évolution et implications du droit des brevets dans le domaine de la biotechnologie et du génie génétique ». SEC (2005) 943, 14.7.2005.

8 Ein breiter Patentschutz sei rechtmäßig: »sans nul doute, qu'une protection large devrait être accordée à ce type de brevets, qu'ils soient de produits ou de procédés«, (EUC 2005b: 11).

9 »Ces dispositions nationales relatives à la portée à conférer à des inventions portant sur des séquences ou des séquences partielles de gènes apportent une autre interprétation des articles pertinents de la directive en matière d'étendue de protection« (EUC 2005b: 12).

10 *Totipotenz* bezeichnet die Fähigkeit, alle Gewebe eines Organismus bilden zu können, einschließlich des extraembryonalen Gewebes (Plazenta), z.B. vermögen dieses Zellen des frühen menschlichen Embryos im Furchungsstadium. *Pluripotenz* charakterisiert die Fähigkeit, Zelltypen und Gewebe aller Keimblätter hervorzubringen, jedoch keine Plazenta (z.B. embryonale Stammzellen). Anzumerken ist, dass die Trennschärfe dieser geläufigen Unterscheidung zwischen Totipotenz und Pluripotenz bei embryonalen Stammzellen naturwissenschaftlich keineswegs unumstritten ist. Siehe dazu Denker (2004), der aus tierexperimentellen Forschungen der tetraploiden Komplementierung folgert, dass auch aus menschlichen embryonalen Stammzellen ein normales lebensfähiges Individuum hervorgehen könnte. Er fordert gezielte experimentelle Untersuchungen zur Klärung strittiger Fragen des Potenzstatus. Es stellt sich zudem die Frage der Beweislast: Muss der Nachweis geführt werden, dass bei embryonalen Stammzellen keine Totipotenz vorhanden ist oder genügt die Annahme der Pluripotenz? Solche Fragen werden von der Kommission nicht diskutiert.

und dabei sowohl die ethischen Aspekte als auch mögliche Auswirkungen auf die Wettbewerbsfähigkeit berücksichtigen« (EUC 2005b: 6).[11] Damit wird auch hier eine abwartende Position eingenommen.

Seit dem Jahr 2005 hat die Kommission keine weiteren Berichte vorgelegt, obgleich sie nach Artikel 16 c alljährlich einen solchen übermitteln soll. Artikel 16 a der Richtlinie schreibt überdies fest, dass nach dem 30. Juli 2000 »alle 5 Jahre« ein Bericht »zu der Frage, ob durch die Richtlinie Probleme mit internationalen Übereinkommen zum Schutz der Menschenrechte, denen die Mitgliedstaaten beigetreten sind, entstanden sind« abgegeben wird. Dieser überfällige 16 a-Bericht wurde zwar längst vom Beamtenapparat der Kommission erstellt, ist auf Geheiß des Kommissars jedoch bisher nicht zur Veröffentlichung freigegeben worden.[12] Dies dürfte nicht auf die Brisanz seines Inhalts zurückzuführen sein, sondern darauf, dass sich die Kommission generell zum Thema Biopatente bedeckt hält.[13]

Abschließend bleibt festzuhalten, dass die Entscheidung der Kommission, sich einer Bewertung darüber zu enthalten, ob ein »klassischer«, absoluter Stoffschutz oder ein eingeschränkter Schutzumfang bei Gensequenzen (gesamt)europäische Gültigkeit haben soll und auch keine Einordnung über die Patentfähigkeit pluripotenter embryonaler Stammzellen zu treffen, gewissermaßen als *»Governance durch Non-Governing«* zu bewerten ist. Die Kommission ist sich durchaus darüber im Klaren, dass die Harmonisierungsabsicht, welche der Ausgangspunkt für die Richtlinie war, durch das Auseinanderlaufen der nationalen Implementierungen in Frage gestellt wird. Denn de facto kam es durch die diver-

---

11 Zu diesem Zweck wurde eine weitere Studie in Auftrag gegeben, die sich mit den ethischen und rechtlichen Aspekten der Patentierung von Stammzellen befasst (siehe: Plomer 2006).
Der Text der Stellungnahme der Kommission wurde maßgeblich von Liz Coleman vom britischen Patentamt verfasst; die Relevanz der Unterscheidung zwischen totipotenten und pluripotenten Stammzellen ist dementsprechend zunächst ähnlich wie bei der britischen Erteilungspraxis ausgefallen, welche in einer Practice Note des UK Patent Office dokumentiert war (Mündliche Mitteilung Liz Coleman, Director Intellectual Property and Innovation Directorate, UK Intellectual Property Office, 13.02.2007). Nach der WARF-Entscheidung (G2/2006) der Großen Beschwerdekammer des EPA (GBK 2008) hat das Britische Patentamt in einer weiteren Practice Note seine Praxis angepasst.

12 Jean-Philippe Muller, Europäische Kommission (mündliche Information, 2.6.2008). Dass die Kommission bis heute nicht ihren regelmäßigen Berichtspflichten nachgekommen ist, ist dokumentiert auf der entsprechenden Website der Kommission, http://ec.europa.eu/internal_market/indprop/invent/index_de.htm#docs (Letzte Abfrage 21.07.2010).

13 Als Warnung vor einer erneuten Polarisierung dürfte die Europäische Kommission in diesem zeitlichen Kontext auch aufgefasst haben, dass am 6. Juli 2005 die EU-Software-Richtlinie (sog. computerimplementierte Erfindungen) in zweiter Lesung vom Europäischen Parlament mit überwältigender Mehrheit (648 Stimmen gegen die von der Europäischen Kommission erarbeitete Richtlinie, 14 dafür, 18 Enthaltungen) abgelehnt wurde (Spiegel-online, 6.7.2005). Auch diese Entscheidung traf auf große öffentliche Aufmerksamkeit und blieb von erheblichen Kontroversen begleitet.

gierenden nationalen Umsetzungen zu einer gewissen Zersplitterung des Biotechnologie-Patentrechts in der EU. Hinsichtlich einer pro-aktiven Governance der Biotechnologie durch Patentrecht hat sich die EU-Kommission allerdings mit ihrem »Handeln durch Nicht-Handeln« dafür entschieden, selbst auf eine vertikale exekutive Steuerung zu verzichten.

Diese vermeintliche Passivität hat in mehrfacher Hinsicht dennoch »aktive« Komponenten und ist nicht gänzlich als »laissez-faire«-Haltung zu verstehen. Vielmehr ist sie als repressive Toleranz zu bewerten, demzufolge spielt Toleranz einigen – durchaus mächtigen – Akteuren in die Hände und lässt andere Akteure nicht zum Zuge kommen: Zum einen werden dadurch der Rat und das Europäische Parlament »ausgebremst«: Da das Initiativmonopol für eine Novellierung der Richtlinie, mittels derer eine erneute Harmonisierung hergestellt werden könnte, bei der Europäischen Kommission liegt, erhalten die anderen EU-Organe keine Chance für eine Mitgestaltung der weiteren Biopatent-Policy.

Jede erneute Beteiligung insbesondere des Europäischen Parlaments wurde von meinen Gesprächspartnern in der Europäischen Kommission rundweg verworfen.[14]

Auch der Weg, über das Einberufen einer Sitzung mit Vertretern aus den Ministerien der Mitgliedsstaaten eine Verständigung über einen erneuten Harmonisierungsbedarf herbeizuführen und zu einer klarstellenden schriftlichen Empfehlung zu gelangen, um – zwar am Europäischen Parlament vorbei, aber vermittels der Mitgliedsstaaten – dem Ziel einer einheitlichen Interpretation zum Schutzumfang von Gensequenzen insbesondere hinsichtlich Artikel 5(3) der Richtlinie näher zu kommen, wurde nicht eingeschlagen.[15]

Mit dieser »Stilllegung« überlässt die Kommission das Gesetz des Handelns anderen Akteuren, nämlich den Patentanmeldern, den nationalen Patentämtern und Gerichten sowie dem Europäischen Patentamt.

Auch hier schreckt die Kommission allerdings vor einer allzu aktiven Strategie zurück. So ließen einige Kommissionsbeamte durchaus Sympathie dafür erkennen, wegen nicht-richtlinienkonformer Implementierung gegen Deutschland und Frankreich eine Klage vor dem EuGH anzustrengen. Wesentlich dafür, diese »abweichenden« Mitgliedsstaaten nicht vor dem EuGH zu belangen, war jedoch die strategische Erwägung, die Kommission könne bei einer Klage

14 Diese wurde mit dem Begriff »Chaos« assoziiert, nach dem Motto: »Wenn wir diesen Sack wieder öffnen, könnte das ganze Paket neu aufgeschnürt werden.« Dieses suchte man tunlichst zu vermeiden (Mdl. Mitteilungen der Beamten Waldemar Kütt, Europäische Kommission, Generaldirektion Forschung, Direktorat E, am 18.4.2005 und Jean-Philippe Muller, Europäische Kommission, Generaldirektion Binnenmarkt und Dienstleistungen, Abt. wissensbasierte Ökonomie und industrielles Eigentum, am 27.4.2005).

15 Das federführende deutsche Bundesjustizministerium hatte erwartet, dass auf diesem Wege eine erneute Rechtsangleichung beschritten würde (Mdl. Mitteilung Raimund Lutz, BMJ, 22.12.2004).

vor dem EuGH öffentlich in Misskredit geraten und in den Medien und seitens der Kritiker wiederum als »Beelzebub« angesehen werden. Statt selbst den Weg einer Klage vor dem EuGH zu beschreiten, wünschten sich aber zumindest einige Kommissionsmitarbeiter, dass der EuGH von »industrial stakeholders« oder nationalen Gerichten angerufen würde, um die Konformität der nationalen Umsetzung mit dem Gemeinschaftsrecht zu überprüfen. Außerdem von Bedeutung für das nicht aktive Handeln seitens der Kommission war die Annahme, dass die reale praktische Relevanz der divergierenden nationalen Implementationsgesetze gering sein dürfte, sowohl im Hinblick auf die Patenterteilung beim EPA, wie auch in ihrer Wirkung auf die Patentanmelder selbst.[16]

Obgleich dies nicht gezielt beabsichtigt ist, wird mit der weitgehenden Untätigkeit der Europäischen Kommission de facto allerdings insbesondere das Europäische Patentamt als rivalisierende supranationale Parallelorganisation für die Patent-Policy aufgewertet und ihm einer Art Ersatzgesetzgeber-Rolle zugewiesen. Denn eine fehlende legislative Steuerung über die Gemeinschaft fordert das Europäische Patentamt nolens volens dazu auf, über seine Patenterteilung, Prüfrichtlinien oder die Technischen Beschwerdekammern und die Große Beschwerdekammer selbst eine Entscheidung über die Art und Weise der Anwendung der EU Richtlinie, die in die Ausführungsordnung des EPÜ eingegangen ist, herbeizuführen.

2. Entschließungen des Europäischen Parlaments zur Biopatentierung

Auch nach dem Abschluss des Gesetzgebungsverfahrens zur Richtlinie 98/44/EG hat sich das Europäische Parlament weiterhin regelmäßig zur Biopatentierung geäußert. Da das Parlament kein Gesetzgebungsinitiativrecht besitzt, stand ihm dafür nur das Mittel der Entschließung offen.[17] Solche Initiativresolutionen bedürfen im Europäischen Parlament nur einer einfachen Mehrheit für die Verabschiedung und können das Parlament als Arena der öffentlichen Auseinandersetzung nutzen. Durch Entschließungen macht das Parlament von

16 In diesem Zusammenhang wurde von einigen meiner Gesprächspartner auch die französische Gesetzesimplementierung als weitgehend wirkungslos eingeschätzt, es habe sich dabei um ein »espadon à l'eau« gehandelt (Mündl. Mitteilung von Fabrice Claireau, Direktor der rechtlichen und internationalen Angelegenheiten des Pariser INPI (institute national de la propriété industrielle), am 30.05.2006.

17 Eine gewisse Ausweitung der Kompetenzen für das Europäische Parlament ergaben sich erst mit einer interinstitutionellen Vereinbarung nach dem Vertrag von Lissabon (vgl. Winter 2010), so muss die Kommission künftig zumindest auf Aufforderungen des Parlaments hin Stellung beziehen, ein originäres Gesetzgebungsinitiativrecht besteht aber weiterhin nicht.

seiner Artikulations- und Interaktionsfunktion Gebrauch (vgl. Maurer 2005: 97, 116). Es artikuliert damit Sichtweisen, Präferenzen und Interessen, stellt Öffentlichkeit her und fordert andere EU-Organe oder die jeweiligen Adressaten zu einer entsprechenden Politikgestaltung auf.

Konkrete Anlässe für eine Entschließung bildeten in der Regel Patenterteilungen seitens des EPA, die kritisiert wurden. So verurteilt das Parlament im März 2000 die Erteilung des »Edinburgh-Patents«, da es, wie das Europäische Parlament argumentiert, das Klonen von Menschen mit umfasst und mahnt das EPA, das Patent zu widerrufen.[18] Die Entscheidung der EPA Einspruchskammer, das Patent partiell zu widerrufen, wird 2005 positiv gewürdigt.[19] Im Oktober 2000 fordert das Parlament das EPA auf, keine Patente für die Brustkrebsgene BRCA1 and BRCA2 an die US-Firma Myriad Genetics zu erteilen und beurteilt Genpatente generell kritisch.[20] Im Oktober 2005 richtet es sich gegen mehrere vom EPA erteilte Verfahrens- oder Produktpatente im Zusammenhang mit Keimzellen, darunter eines auf Methoden zur Geschlechtsselektion menschlicher Keimzellen, das auch die Spermien selbst umfasst.[21]

Mit seinen Entschließungen inkriminierte das Parlament jedoch nicht allein vermeintliche einzelne Verstöße des EPA gegen die von ihm in seine EPÜ-Ausführungsordnung übernommene Biopatentrichtlinie. Vielmehr versuchte es, durch seine Äußerungen Einfluss auf die Interpretation der Richtlinie zu nehmen. Hierzu sprach es sich durchgängig für eine restriktive Auslegung der Patentfähigkeit von Gensequenzen und eine weite Auslegung der Patentierungsverbote (Art. 6(2) der Richtlinie) aus, insbesondere hinsichtlich von menschlichen embryonalen Stammzellen und Klonverfahren.

In einer Entschließung vom November 2002 fordert das Parlament die Kommission sogar auf,

18 European Parliament 2000: Resolution on the decision by the Patent Office on the cloning of human beings, 30.03.2000.

19 Europäisches Parlament 2005: I.

20 European Parliament 2001: European Parliament resolution on the patenting of BRCA1 and BRCA2 (»breast cancer«) genes«. 4.10.2001.

21 Europäisches Parlament 2005: Entschließung über die Patente für biotechnologische Erfindungen, 26.10.2005. Inkriminiert wurde darin besonders das europäische Patent EP 1 257 168 B1 mit dem Titel »Method of cryopreserving selected sperm cells«, das am 2.2. 2005 dem Unternehmen XY Inc., Fort Collins, CO (USA) erteilt wurde und auf einer Patentanmeldung vom 22.11.2002 beruht. Erwägung H der Resolution vermerkt zudem, »dass das Europäische Patentamt auch die europäischen Patente EP 1121015 und EP 1196153, die sich auch auf menschliche Keimzellen beziehen, sowie EP1121015 erteilt hat, das sich auch auf gefrorene menschliche Embryos bezieht.« Auf alle diese Patente hatte Greenpeace die Öffentlichkeit aufmerksam gemacht.

»den Text von Artikel 5 Absatz 2 der Richtlinie 98/44/EG durch eine Änderung der Richtlinie dahingehend zu klären, dass die Sequenz eines vom menschlichen Körper isolierten Gens oder ein Teil davon von der Patentfähigkeit ausgeschlossen ist.«[22]

Diese Entschließung stellt sich offensiv gegen den verabschiedeten Richtlinientext, indem es auch isolierte Gensequenzen von der Patentierbarkeit ausnehmen will. Im Oktober 2005 vertritt das Parlament einen zweckgebundenen Stoffschutz auf Gensequenzen als konsequente Auslegung der Richtlinie.[23]

Das Parlament befürwortet zwar die Stammzellenforschung, hebt jedoch hervor, dass

»für die Herstellung embryonaler Stammzellen Embryonen zerstört werden müssen und dass die Patentierung von Technologien, durch die menschliche Embryonen zerstört oder für kommerzielle oder gewerbliche Zwecke verwendet werden, gemäß Artikel 6 Absatz 2 Buchstabe c der Richtlinie ausgeschlossen ist.«[24]

Daraus folgt nach Ansicht der Abgeordneten, dass Verfahren der Nutzung humaner embryonaler Stammzellen oder von Zellen, die sich aus embryonalen Stammzellen ableiten, ebenfalls von der Patentierbarkeit auszunehmen seien. Eine solche weite Auslegung des Patentierungsverbots wird auch für Art. 6(2)a der Richtlinie (»Klonen von menschlichen Lebewesen«) in Anspruch genommen, besonders unter Bezugnahme auf eine Erklärung des Rats gegenüber dem Parlament, die »klargestellt« habe, »dass dieses Patentierungsverbot nicht nur das reproduktive Klonen« betreffe und »dass der Begriff des menschlichen Lebewesens in diesem Zusammenhang die embryonale Phase einschließt«.[25] Damit nimmt das Parlament eine Gegenposition zur Kommission ein, die Zweifel an der Eindeutigkeit des Patentausschlusses für Verfahren und Produkte des Forschungsklonens hegt und einer liberaleren Sicht zuneigt, sowie auf eine fehlende europäische Legaldefinition des Begriffs »Embryo« verweist. Zudem bekräftigt das Parlament die in Art. 6 (2) der Richtlinie festgelegten Patentierungsausschlüsse und legt zudem fest, dass es sowohl *beide* Formen des Klonens (›reproduktives‹ und ›therapeutisches‹ Klonen) wie auch embryonen-

22 Europäisches Parlament 2002: Entschließung des Europäischen Parlaments zu der Mitteilung der Kommission zu »Biowissenschaften und Biotechnologie – Eine Strategie für Europa, 21.11.2002. Mit dieser Entschließung des Parlaments könnten sich einige Mitgliedsstaaten gestärkt gesehen haben, die Modifikationen im Wortlaut der Richtlinie bei ihrer nationalen Implementierung durchsetzen wollten. Zumindest zeigt diese Resolution an, dass die Kontroversen latent anhielten.

23 Die Resolution vom 26.10.2005 fordert, »Patente auf humane DNA nur in Verbindung mit einer konkreten Anwendung zu erteilen, und verlangt, dass der Geltungsbereich des Patents auf diese konkrete Anwendung begrenzt wird, sodass andere Anwender die gleiche DNA-Sequenz für andere Anwendungen nutzen und patentieren lassen können (zweckgebundener Schutz), (Europäisches Parlament 2005: Pkt. 5.).

24 Europäisches Parlament 2005: N und Pkt. 3 und 14 der Entschließung.

25 Europäisches Parlament 2005: O.

verbrauchende Forschung generell missbilligt.[26] In seiner Verkoppelung von angemahnten, ethisch motivierten politischen Grenzsetzungen für die biomedizinische Forschung mit der Patentierungsfrage macht sich das Europäische Parlament somit für eine *weite* Auslegung der Ordre Public-Klausel stark, die entgegen der vorherrschenden engen Auslegung durch die Patentrechtsdisziplin außerdem eine Neukonzeption von Ordre Public im Sinne einer »Public Policy«-Orientierung vornimmt (vgl. Kap.II.C.4.4). Es empfiehlt zudem – implizit – eine restriktive europäische Regulierung für die biomedizinische Forschung und Anwendung sowie – im Zusammenhang damit –eine restriktive Patentierungspraxis, womit es ein regulatives Patentrechtsverständnis artikuliert.

Das Europäische Parlament beschränkt sich jedoch nicht darauf, sein Verständnis von der Auslegung bestimmter Artikel der EU-Biopatentrichtlinie deutlich zu machen. Es mahnt darüber hinaus institutionelle Reformen des Europäischen Patentsystems im Sinne von demokratischen Kontroll- und Rechenschaftspflichten an, insofern als es rügt, das Europäische Patentamt sei »a body acting as both judge and jury whose powers and procedures must be reviewed«.[27] Außerdem wird das Europäische Patentamt ersucht, »ein weiteres Gremium einzusetzen, das aufgrund der Sensitivität dieses Problems die Patente, die unter ethischen Gesichtspunkten heikel sind, vor ihrer Erteilung überprüft«. Somit wird ein weiteres Mal, wie bereits im EU-Gesetzgebungsverfahren und in anderen Entschließungen des Europäischen Parlaments (2000, 2001), eine Art »Ethikkommission« oder »Ethikabteilung« für das Europäische Patentamt vorgeschlagen. Diese Forderung war von der Ethikberatergruppe der Europäischen Kommission ebenfalls mehrfach vorgebracht worden (EGE 2002).[28]

Weiterer Adressat der Entschließungen des Parlaments ist die Europäische Kommission: Sie wird aufgefordert, »die Entwicklungen weiterhin zu beobachten und dabei sowohl die ethischen Aspekte als auch die möglichen Folgen für die Zugänglichkeit und Erschwinglichkeit gesundheitlicher Versorgung und die Wettbewerbsfähigkeit zu berücksichtigen«.[29] Damit knüpft das Parlament an die Berichtspflicht der Kommission laut Artikel 16c der Biopatentrichtlinie an, erweitert und konkretisiert diese jedoch im Hinblick auf Fragen der Public

26 Europäisches Parlament 2005: Pkt. 3. Damit bedeutet diese Entschließung auch eine neuerliche Richtungserklärung des Parlaments in Bezug auf die umstrittene Förderung von embryonaler Stammzellen- und Klonforschung im Rahmen des 7. Forschungsrahmenprogramms der EU.

27 European Parliament 2000: Resolution on the decision by the Patent Office on the cloning of human beings, 30.03.2000.

28 Diese Gruppe hat durch Artikel 7 der EU-Biopatentrichtlinie ein offizielles Mandat zur Ethikbewertung in der Biotechnologie erhalten (vgl. Kap. II.A.2.4.2).

29 Europäisches Parlament 2005: 17.

Health und des Kartellrechts, womit es eine Folgenorientierung des Patentrechts anmahnt.

Ungewöhnlich ist die Forderung des Parlaments an die Kommission im Oktober 2005, »unverzüglich Einspruch gegen das Patent«, das ein Verfahren zur Geschlechtsselektion bei Spermien beinhaltet, »einzulegen«.[30] Damit wird in einem gewissen Sinne die EPA-Einspruchsabteilung als Arena für eine Überprüfung der ordnungsgemäßen Implementierung der Biopatentrichtlinie in der Verwaltungspraxis des Europäischen Patentamtes in Anspruch genommen und der Europäischen Kommission eine entsprechende Aufsichts- und Kontrollpflicht aufgetragen.[31] Würde die Kommission tatsächlich in diesem oder einem anderen Fall einer EPA-Patenterteilung als Einspruchspartei auftreten, so bleibt an dieser Stelle anzumerken, dass dies in der Tat als eine »*new institutional venue*« zu bewerten wäre, die imstande sein könnte, die Struktur des europäischen Patentsystems erheblich zu dynamisieren (vgl. Kap. I.D).

Wie haben sich die beiden adressierten Institutionen, das Europäische Patentamt und die Europäische Kommission zu diesen Entschließungen geäußert? Die Kommission nahm niemals offiziell Stellung, wozu sie rechtlich auch nicht verpflichtet ist.

Das Europäische Patentamt reagierte mehrmals recht unverzüglich in Form von Pressemitteilungen auf die Entschließungen.[32] Darin bezog das Amt inhaltlich keine Stellung zu den inkriminierten Patenterteilungen, sondern bestätigte lediglich deren Erteilung. Das Amt verwies jeweils auf die Möglichkeit des Einspruchsverfahrens, das jedem offen stehe und eine »inbuilt legal remedy« zur Rechtssicherheit über die Patentierbarkeit einer Innovation darstelle. Es sei die Aufgabe der Einspruchsabteilung, den Fall anhand der von den Opponenten vorgebrachten Gründe zu prüfen. Außerdem werde von den Technischen Beschwerdekammern des EPA entsprechendes Case Law geschaffen, das für die

30 Europäisches Parlament 2005: 9.

31 In Punkt 11 der Entschließung heißt es hierzu, das Europäische Parlament »stellt fest, dass jede beliebige Person gemäß Artikel 99 Absatz 1 des Europäischen Patentübereinkommens Einspruch gegen das Patent erheben kann« (Europäisches Parlament 2005: 11.). Dies ist richtig, allerdings war die Einspruchsabteilung bislang nicht als Ort für eine Art Normenvollzugskontrolle vorgesehen. Sie bietet jedoch aufgrund der Niedrigschwelligkeit ihres Zugangs im Prinzip ein Einfallstor für eine solche Neubestimmung. Da bereits am 2.11.2005 die neunmonatige Einspruchsfrist für das monierte Patent EP 1257168 ablief, bestand wenig Zeit. Einspruch beim EPA gegen dieses Patent wurde von Greenpeace, sowie von Hiltrud Breyer für die Grüne EP-Fraktion eingelegt (Greenpeace Pressemitteilung, 2.11.2005, »Greenpeace legt Einspruch gegen Designerbaby-Patent ein. EU-Kommission soll die gesamte Praxis des Europäischen Patentamtes prüfen«; Schriftl. Mttlg. MdEP Breyer, 7.11.2005).

32 EPO 2001: Statement by the European Patent Office concerning the resolution of the European Parliament of 4 October 2001 on the patenting of BRCA1 and BRCA2 (»breast cancer«) genes. CA/145/01, Munich, 17.10.2001. EPO 2005: Press release: »The EPO follows the EU's Directive on biotechnology patents«, Munich, 27.10. 2005, www.european-patent-office.org/news/pressrel/2005_10_27_e.htm.

Erteilungspraxis verbindlich werde. Alle sozio-ökonomischen und sozialethischen Regulationsanliegen werden jedoch weiterhin aus dem Patentrecht ausgeklammert:

»We are fully aware that this is a sensitive field of technology and also has important ethical implications. However, [...] obtaining a patent does not imply permission to actually use an invention. This is the responsibility of regulatory bodies, not of the EPO.«

Damit klassifiziert sich das EPA als »Exekutivbehörde« und nicht als »Regulativbehörde«.[33]

Im Folgenden will ich diese Entschließungen und die Reaktionen darauf aus einer Governance-Perspektive bewerten.

Zunächst bleibt festzuhalten, dass die Entschließungen des Parlaments rechtlich keinerlei Bindungskraft haben. Es handelt sich lediglich um Appelle, mit denen das Parlament andere Organe der Europäischen Union, supranationale Institutionen, Personen, Organisationen oder die Öffentlichkeit zu einem bestimmten Handeln aufruft. Dabei nutzen die Abgeordneten ihren Status als »Repräsentanten der europäischen Bürgerinnen und Bürger« und das Parlament seine Integrität und Glaubwürdigkeit, um bestimmte Botschaften auszusenden. Solche Entschließungen, obgleich rein deklamatorischen Charakters, dokumentieren zudem die Richtung einer bestimmten parlamentarischen Willensbildung und können somit als Signale und Indikatoren für mögliche Mehrheitsverhältnisse im Parlament gedeutet werden.

Das Parlament machte in und mit diesen Entschließungen eine gewisse »Aufsicht« über das Europäische Patentamt geltend, die ihm rechtlich nicht zusteht, von ihm aber moralisch und in seinem Selbstverständnis in Anspruch genommen wird. Es kommuniziert damit sowohl gegenüber dem Europäischen Patentamt wie auch gegenüber der Kommission, dass es die Patenterteilungspraxis des EPA, besonders in sensiblen bioethischen Feldern, aufmerksam und kritisch beobachtet. Vor allem aber nimmt es in Anspruch, die generalklauselhaften Artikelformulierungen – insbesondere in Artikel 5 und 6 der Richtlinie – selbst auszudeuten, dies also nicht gänzlich dem EPA und Gerichten zu überlassen. Damit sendet das Parlament zugleich ein Signal an die Kommission, die – im Gegensatz zum Parlament – durchaus die Möglichkeit hätte, durch Klar-

33 Damit wird der Akt der Patenterteilung von einer Reflexion und einer antizipatorischen Feedbackschleife über unerwünschte Folgewirkungen hermetisch abgeschirmt: »Patent law is thus not a suitable tool for preventing any abuses or risks associated with a given technology. It cannot serve to replace or render superfluous national, European or international law which may impose restrictions or prohibitions or which concerns the monitoring of research and of the use or commercialisation of its results, notably from the point of view of the requirements of public health, safety, environmental protection, animal welfare, the preservation of genetic diversity and compliance with certain ethical standards« (EPO 2005: Press release: The EPO follows the EU's Directive on biotechnology patents«, Munich, 27.10. 2005).

stellungen des Gesetzestextes, denen in der Regel Konsultationen mit den EU-Mitgliedsstaaten und gegebenenfalls auch externen Stakeholders vorausgegangen sein müssten – für eine autoritative Auslegung zu sorgen (vgl. Kap. II.E.1). Eine formale Rechtsaufsicht der Kommission besteht allerdings nur gegenüber den EU-Mitgliedsstaaten, nicht dem Europäischen Patentamt gegenüber (vgl. Kap. I D); dennoch würde eine solche autoritative Rechtsauslegung der Richtlinie wohl dafür sorgen, dass das EPA ihr Folge leisten würde, nicht zuletzt aus Gründen der Einheitlichkeit des europäischen Patentrechts und da sie die EU Richtlinie bereits in die Ausführungsordnung des EPÜ übernommen hat (vgl. Kap II.A).

Die Beredsamkeit des Europäischen Patentamtes spricht dafür, dass das Amt die sich vom Parlament angemaßte Aufsichtsfunktion in gewisser Weise annimmt, indem es eine Art Rechenschaftspflicht, zumindest jedoch Auskunftspflichten übernimmt. Das Amt sieht sich demnach in der Pflicht, sein Verwaltungshandeln öffentlich zu legitimieren, was neu ist und auf die durch öffentliche Anfechtungen ausgelöste Legitimitätskrise des europäischen Patentsystems zurückweist. Es verhält sich allerdings äußerst vorsichtig und weist jegliche neue Aufgabendefinition für das Amt hinsichtlich eines Mandats für Ethik und Technik- bzw. Patentfolgenabschätzung rigoros zurück.

Bemerkenswert bleibt dennoch, dass das Amt diese Anrufungen aus dem Parlament überhaupt beantwortet und sich damit responsiv gezeigt hat. Rein rechtlich gesehen besteht hierzu, wie erwähnt, kein Anlass, da das Europäische Patentamt ebenso wie die Europäische Patentorganisation insgesamt in keiner Weise den Organen der Gemeinschaft unterstellt oder ihr gegenüber rechenschaftspflichtig ist. Diese Responsivität lässt sich zum einen als Indiz für eine Ko-Evolution von EU und EPO begreifen. Zum anderen belegt es, dass »Kompetenzüberschreitungen« eines demokratisch gewählten Gremiums und per Mehrheit abgestimmte »Meinungsäußerungen« des Parlaments durchaus eine gewisse Wirkung zeitigen können, selbst wenn es die Normadressaten rechtlich in keiner Weise bindet und keine unmittelbaren Verhaltensänderungen kollektiver Akteure hervorruft. Dies unterstreicht einmal mehr, dass Sprache und Diskursen ein eigenständiges Gewicht in politischen Prozessen zukommt.

Wie ist das Schweigen der Kommission – sie führt allenfalls die Entschließungen des Parlaments buchhalterisch in ihren 16 c Berichten auf, äußert sich allerdings nicht inhaltlich dazu – zu interpretieren? Man könnte dies so deuten, dass die Entschließungen schlichtweg ignoriert wurden und die Kommission beharrlich an dem gesetzten Recht festhielt. Gleichwohl bleibt anzumerken, dass die Kommission diese parlamentarischen »Stimmungsbarometer« aufmerksam registrierte. Sie wurden einerseits als Indikatoren für die weiterreichende Sensibilität des Parlaments und die Virulenz des Politikfelds wahrgenommen. Andererseits veranlassten sie die Kommission in strategischer Hinsicht, keinesfalls den abgeschlossenen Gesetzgebungsprozess etwa durch eine neue Initiative zur Novellierung noch einmal öffnen zu wollen.[34] Bezüglich der Politikinhalte könnte das Schweigen als Ratlosigkeit oder Indifferenz gedeutet werden. Es weist aber meines Erachtens darauf hin, dass die Kommission in politischer Hinsicht andere Positionen als das Parlament vertritt, nämlich weiterhin für eine Patentierbarkeit von Gensequenzen mit weitem Schutzumfang eintritt sowie für eine Patentfähigkeit von menschlichen embryonalen Stammzellen und von Verfahren des sogenannten therapeutischen Klonens plädiert. Dieser politische Dissens wird jedoch nicht ausgetragen, so dass sich letztlich an der Pattsituation auf EU-Ebene nichts ändert.

Es bleibt hinzuzufügen, dass trotz allen sich in den Entschließungen manifestierenden rhetorischen Wagemuts im Europäischen Parlament Unschlüssigkeit über weitere politische Strategien besteht. Denn selbst wenn es zu einer Revision der Richtlinie 98/44/EG in einem neuen Gesetzgebungsverfahren käme, vermag niemand zu sagen, wie sich die Meinungs- und Willensbildung entwickeln und wie die Mehrheitsverhältnisse im Parlament letztlich ausfallen würden. Aufgrund dessen herrscht selbst bei denjenigen Parlamentsabgeordneten, die eine Neuverhandlung befürworten würden, eine entsprechende Vorsicht vor.[35]

3. Die Patenterteilungspraxis des EPA und die Spruchpraxis seiner Einspruchs- und Beschwerdekammern

Mit dem Abschluss des EU-Legislativverfahrens und der Übernahme der Richtlinie in die Regeln der Ausführungsordnung des EPÜ ist die supranationale Patent-Governance gewissermaßen in ihren »Normalmodus« zurückgefallen, das heißt in das Wechselspiel zwischen Anmelderverhalten und Erteilungspraxis, sowie die Interaktion der Prüfabteilungen des Patentamtes mit den Einspruchs- und Beschwerdekammern bzw. nationalen Gerichten.

Es kann nun an dieser Stelle nicht eine Analyse geleistet werden, ob und wie sich im EPA die politisch gesetzten Anstöße für das, was in dieser Arbeit »Reframing« und ein regulatives Patentrechtsverständnis genannt wird, Reso-

34 Diese Einschätzung im Sinne eines »putting a lid on this can of worms« beruht unter anderem auf Gesprächen mit Dr. Waldemar Kütt, European Commission, DG Research, Directorate E: Life Sciences: biotechnology, agriculture and food research, Policy co-ordination: Innovation & SME und mit Jean-Philippe Muller, European Commission, DG Internal Market and Services, Knowledge-based Economy, Industrial Property, Ende 2005.

35 Diese Einschätzung beruht auf Gesprächen mit Dr. Gerhard Schmidt, Ex-Vizepräsident des Europäischen Parlaments, am 25.11.2004, Hiltrud Breyer, MdEP am 21.06.2007 und Peter Liese, MdEP, 21.06.2007.

nanz gefunden haben. Dies bildet eine neue Fragestellung und für dieses Forschungsdesiderat wären geeignete Methoden sowohl quantitativer Art wie qualitativer Art zu entwickeln. Ich will es an dieser Stelle dabei belassen, einige wichtige Stationen und Entscheidungen aufzuführen, die das europäische Patentrecht post-EU-Richtlinie weiterentwickelt haben, sowie auf einige Faktoren und Ereignisse hindeuten, welche für eine Einschätzung über den gegenwärtigen Stand des europäischen Biopatentrechts bedeutsam sein mögen:

Zum einen soll die Rechtsprechung der Einspruchs- und Beschwerdekammern hinsichtlich von zwei Themenfeldern skizziert werden, die für besonders viel Aufmerksamkeit gesorgt haben. Es handelt sich zum einen um die Rechtsprechung bezüglich der Patentfähigkeit menschlicher embryonaler Stammzellen hinsichtlich der Präzendenzfälle des »Edinburgh Patents« und des WARF/Thomson Patents, die als »Nagelprobe« für die enge oder weite Auslegung von Artikel 6(2)c der Richtlinie zu gelten haben.

Zum zweiten soll die Rechtsprechung hinsichtlich der Brustkrebspatente BRCA1 und BRCA2 rekapituliert werden, denn diese beiden Genpatente wurden innerhalb des Politikprozesses immer wieder prominent dafür herangezogen, dass es bei Gendiagnostika Probleme gäbe hinsichtlich einer Forschungsbehinderung und einer Kostenbelastung für die Gesundheitssysteme aufgrund der erheblichen Verteuerung durch Lizenzgebühren.

Drittens gehe ich auf einige allgemeinere Faktoren und Tendenzen hinsichtlich der Prüf- und Erteilungspraxis des Europäischen Patentamtes und seiner Rechtsprechung ein.

Im Fall des skandalträchtigen »Edinburgh Patentes« (vgl. Kap. II.B.1.3.) entschied die Einspruchsabteilung im Juli 2002, Artikel 6(2) c der Richtlinie dahingehend auszulegen, dass Patente auf Verfahren und Produkte, die auf die Zerstörung eines Embryos zurückgehen, nicht patentfähig seien.[36] Diese Entscheidung ging in die Berufungsinstanz vor der Beschwerdekammer, die Beschwerde wurde dort jedoch im Jahr 2007 lediglich unter Berufung auf Art. 83 EPÜ (ausreichende Offenbarung der Erfindung) abgelehnt, ohne auf weitere Einspruchsgründe einzugehen. Von Seiten des Einsprechenden wurde daraufhin keine weitere Beschwerde eingelegt. Damit hat die Berufungskammer es versäumt, diese Gelegenheit, neues Case Law zu schaffen, zu nutzen und in einer ausführlichen Begründung Klärung für weitere Fälle herzustellen.[37]

36 Das Edinburgh-Patent EP 695351 umfasste daher nach der Einspruchsverhandlung in den Ansprüchen keine embryonalen menschlichen Stammzellen mehr. Siehe Treichel 2004 und Pressemitteilung des EPA: »›Edinburgh‹-Patent nach Anhörung im Einspruchsverfahren vor dem Europäischen Patentamt eingeschränkt«, http://www.epo.org/about-us/press/releases/archive/2002/24072002_de.html.

37 Eine weitere Beschwerde ist nicht möglich, die Beschwerdekammern sind letzte Instanz. Höchstens eine Überprüfung nach dem neuen Artikel 112a, EPÜ 2000 (wegen Verfahrensmängeln) wäre eventuell möglich gewesen.

Anlässlich einer anderen wichtigen Patentanmeldung aus dem Bereich der humanen embryonalen Stammzellen wurden der Großen Beschwerdekammer Fragen vorgelegt, die grundsätzlich geklärt werden sollten. Es handelte sich um das grundlegende Basispatent zur Herstellung von humanen embryonalen Stammzellen.[38] Die anstehende Entscheidung vor der Großen Beschwerdekammer (G2/2006) rief große Aufmerksamkeit hervor, die interessierte Öffentlichkeit beteiligte sich in Form von tausenden von Amicus Curiae Briefen an die Beschwerdekammer, auch der EPA-Präsident gab eine ausführliche juristische Stellungnahme zu den formulierten Fragen ab. Die Entscheidung der Großen Beschwerdekammer vom November 2008 lässt sich dahingehend zusammenfassen, dass in Bestätigung der Edinburgh-Entscheidung eine weite Auslegung der Ausnahme von der Patentierbarkeit in Artikel 6(2)c der Richtlinie gegeben wurde. Im Ergebnis wird die Herstellung von humanen embryonalen Stammzellen, wenn diese die Zerstörung des Embryos nötig macht, als Verstoß gegen die konkretisierte Ordre Public-Klausel der »industriellen und kommerziellen Nutzung von Embryonen« erfasst gesehen. Die Kammer hat in ihrer Begründung eine allzu enge Legaldefinition für den Embryo abgelehnt und auch technischen Tricks der Anmelder einen Riegel vorgeschoben, also nicht zugelassen, dass durch geschickte Claimformulierung ein Verbot umgangen werden kann. Bemerkenswert ist der *weite* Verwertungsbegriff, in dem das »Machen«, d.h. Herstellen eines zu patentierenden Produkts bereits als kommerzielle oder industrielle Verwertung gefasst wird, selbst wenn dies lediglich für Forschungszwecke geschieht. Die Entscheidung hält gleichzeitig fest, dass die Herstellung von humanen embryonalen Stammzellkulturen zum Zeitpunkt der Anmeldung die Zerstörung eines Embryos voraussetzte (GBK 2008: Nr. 25). Damit liegt die Entscheidung vollumfänglich auf der Linie des Edinburgh-Urteils der Einspruchskammer von 2002. Es ist davon auszugehen, dass die Patentansprüche der WARF auf die Herstellung von humanen embryonalen Stammzellen nun von der Prüfungsabteilung zurückgewiesen werden. Gleichwohl ist damit noch keine Entscheidung über die Patentfähigkeit von hunderten von weiteren Patentanmeldungen getroffen, die in erster Linie die Ausdifferenzierung und Weiterverarbeitung von bereits bestehenden menschlichen embryonalen Stammzellen betreffen. Insofern bleibt hinsichtlich letzterer Anmeldungen die Erteilungspraxis des EPA abzuwarten. Außerdem wird eine vom deutschen Bundesgerichtshof (BGH Beschluss Xa ZR 58/07, Brüstle versus Greenpeace, vom 17.12.2009) an den EuGH zur Vorabentscheidung (C-34/10) überwiesene Vorlage zur Auslegung der Biopatentrichtlinie bezüglich der Patentfähigkeit von humanen embryonalen Stammzellen wohl nicht ohne Einfluß auf die EPA-

38 EP 770125, Erfinder James Thomson, Patentinhaber: Wisconsin Alumni Research Foundation WARF. Siehe zu dieser und weiteren Patentanmeldungen Thomsons und der WARF: Schneider 2002b und 2004a.

Rechtsprechung bleiben. Dies gilt auch, obwohl die Große Beschwerdekammer des EPA in ihrer WARF-Entscheidung (G2/06) selbst eine diesbezügliche Überweisung an den EuGH seitens des EPA abgelehnt hat.

Im Falle der BRCA-Patente erfolgten mehrere öffentliche Verhandlungen vor den Einspruchsabteilungen und Beschwerdekammern. Diesen Patenten auf die mit Brust- und Eierstockkrebs in Zusammenhang stehenden Gene BRCA1 und BRCA2 wurde hohe internationale Aufmerksamkeit zuteil, insbesondere da die Inhaberin des Patents, die Firma Myriad Genetics sehr hohe Gebühren für Gentests erhob und äußerst restriktive Lizenzierungspraktiken an den Tag legte, was weithin als anekdotische Evidenz für allgemeine Probleme der Forschungsbehinderung bei Gensequenzpatenten gedeutet wurde.[39]

Diesem Fall kam insofern auch hohe symbolische Bedeutung zu. Inzwischen ist er hinsichtlich seiner juristischen Bearbeitung auf der Ebene des Europäischen Patentamtes weitgehend abgeschlossen. Auf die entsprechenden vom EPA erteilten Patente wurde von einer Fülle von Organisationen aus Zivilgesellschaft und öffentlich finanzierter Forschung Einspruch erhoben, darunter waren französische (Institut Curie) und belgische Humangenetiker am aktivsten.[40] Die Ergebnisse stellen sich folgendermaßen dar:

- Das BRCA2-Patent[41] (EP 785216) wurde im Juni 2005 vor der EPA- Einspruchsabteilung seitens der Anmelder beschränkt auf »*diagnosing a predisposition to breast cancer in Ashkenazi-Jewish women*« und in dieser Form von der EPA-Einspruchsabteilung aufrechterhalten.
- Zwei BRCA1 Patente (EP 705902/ 03) auf Mutationen des Gens wurden erstinstanzlich im Januar 2005 erheblich eingeschränkt und diese Einschränkungen zweitinstanzlich im November 2008 aufrechterhalten, wobei bei einem Patent die Patentansprüche auf eine wichtige Hauptmutation erhalten blieben, das Patent jedoch auf eine Gensonde reduziert wurde und keine

39 Zum Streit um die Bedeutung anekdotischer Evidenz siehe einerseits Caulfield et al. 2006, die eine kritisch-ablehnende Haltung einnehmen und andererseits Gold et a. 2007, die darauf hinweisen, dass der Gesetzgeber auch ohne letzte empirische Evidenz handeln und Entscheidungen treffen müsse.

40 Siehe die kontinuierlichen Pressemitteilungen des Institut Curie zu den Einsprüchen vor dem EPA unter http://www.curie.fr/home/presse/communiques-affaires.cfm/lang/_fr/affaire/3.htm.

41 Das erteilte Patent EP0785216 B1 bezieht sich auf »Chromosome 13-linked breast cancer susceptibility gene BRCA2«. Es wurde im Januar 2003 an das US-Unternehmen Myriad Genetics erteilt, Nach einer Übertragung der Rechte gehörte es 2005 gemeinschaftlich der University of Utah Research Foundation, Salt Lake City/US, sowie drei weiteren US- und kanadischen Firmen. Zu den Ergebnissen des Einspruchsverfahrens siehe: Marshall 2005, und www.epo.org/about-us/press/releases/archive/2005/29062005.html

Ansprüche auf therapeutische und diagnostische Verfahren mehr erhalten blieben.[42]

- Auch das weitere BRCA1 Patent (EP 699754) auf eine Methode zur Diagnostik einer Prädisposition für Brust- und Eierstockkrebs wurde Ende November 2008 in veränderter Form aufrechterhalten. Die Technische Beschwerdekammer revidierte damit die Entscheidung der Einspruchskammer, die das Patent im Mai 2004 gänzlich widerrufen hatte. Die Erfindung wurde hierbei letztlich umformuliert und deckt nur noch sogenannte frameshift-Mutationen ab, nicht aber mehr die BRCA1-Gensequenz als solche oder diagnostische Methoden für Mutationen des Gens.[43]

Damit ist zumindest für das BRCA1-Gen der europäische Instanzenweg abgeschlossen, die Patente können nunmehr nur noch auf nationaler Ebene gerichtlich angefochten werden. Bei den Einspruchsparteien, insbesondere den Humangenetikern, besteht einerseits Erleichterung darüber, dass die Patente in ihrem Umfang erheblich eingeschränkt werden und somit die Exklusivstellung des Patentinhabers deutlich zurechtgestutzt werden konnte. Welche Folgen dies für die Zahlung von Lizenzgebühren haben wird und inwiefern Lizenzen für die Durchführung eines Gentests notwendig sein werden, bleibt abzuwarten, da sich dies erst in der Praxis zeigen wird (vgl. ESHG 2007). Allerdings zeigen Einsprechende bei aller Freude darüber, dass von den ursprünglichen Patenten substantiell kaum mehr etwas übrig geblieben ist, auch Enttäuschung. Denn der (später revidierte) Widerruf bzw. die Einschränkung der Patentansprüche ging auf minutiöse technische Details zurück und scheiterte vor allem an Kriterien der Neuheit, nicht aber an der Erfindungshöhe. Damit gelang zwar der akribisch geführte Nachweis einzelner Versäumnisse des Patentinhabers, es handelt sich jedoch insgesamt um Einzelentscheidungen, die keine Ausstrahlungswirkung auf andere Patente des gleichen Typs (Gentests) entfalten, die ebenfalls als problematisch angesehen werden.[44] Insofern haben die Technischen Beschwerdekammern des EPA die Gelegenheit, die Entscheidungen über die BRCA-Patente in den Kontext einer breiteren Diskussion über die Patentfähigkeit und Schutzbreite von Genen und Gentests zu stellen und entsprechende Leitsätze zu formulieren, ungenutzt verstreichen lassen.

---

42 Siehe zu Patent EP 705902: www.epo.org/about-us/press/releases/archive/2007/20070927.html, zu EP 705903: http://www.epo.org/about-us/press/releases/archive/2008/20081114.html

43 Siehe zu den Entscheidungen: www.epo.org/about-us/press/releases/archive/2004/18052004.html (Ergebnis des Einspruchs), sowie www.epo.org/topics/news/2008/20081119.html (Ergebnis der Revision), sowie Abbott 2008.

44 Vgl. eine entsprechende Einschätzung des belgischen Humangenetikers Matthijs in: Nat Acad 2004.

An dieser Stelle ist darauf hinzuweisen, dass jenseits des Atlantiks neue Bewegung in die »Myriad«-Debatte und damit in die Frage der Patentfähigkeit von Gensequenzen überhaupt gekommen ist. Richter Robert Sweet vom District Court des Bundesstaates New York erklärte in einer von der American Civil Liberties Union (ACLU) und anderen NGOs eingereichten Klage ein BRCA-Patent der Firma Myriad für nichtig und setzte sich in seiner 152 Seiten langen Urteilsschrift ausführlich mit den Argumenten der Kläger auseinander. Es wird allgemein damit gerechnet, dass dieses Urteil in der nächsten Instanz vor dem CAFC wieder aufgehoben werden wird. Sollte dieser Fall aber vor den US Supreme Court gelangen, ist der Ausgang völlig offen und könnte die Patentfähigkeit von Gensequenzen als Naturstoffen in den USA eine höchstrichterliche Neuinterpretation erfahren.[45]

Es bleibt hervorzuheben, dass beide oben geschilderten Problemfelder insofern vom »Normalmodus« der Patent-Governance abweichen, als bei ihnen Einsprüche von »unüblichen« Parteien erhoben wurden. Während es im Normalfall Wettbewerber sind, die Einspruch erheben, waren es in diesen Fällen einmal sogar drei Regierungen (beim Edinburgh Patent), vor allem aber zivilgesellschaftliche Organisationen, allen voran Greenpeace und »Kein Patent auf Leben«, sowie öffentlich geförderte Forschungsinstitute und Verbraucherschutzorganisationen, die ein Verfahren vor der Einspruchsabteilung einleiteten und dabei diese Instanz als Forum für eine öffentliche Problematisierung nutzten.[46]

Die weiter gehende Frage, ob sich hinsichtlich von Biotechnologiepatenten durch die intensiven Debatten eine Veränderung der EPA-Patenterteilungspraxis eingestellt hat, kann im Rahmen dieser Arbeit nicht tiefergehend geprüft werden. Hierzu bedarf es weiterer Studien, deren sowohl qualitative wie quantitative Erfassung von entsprechenden Prozessen in einem klugen methodischen Design sicherzustellen wäre. Einige Gesichtspunkte sollen im Folgenden benannt werden.

Die in einzelnen EPO-Vertragsstaaten vorgenommenen Stoffschutzbeschränkungen für Gensequenzen (vgl. Kap. II.D) sind beim EPA ohne jede offizielle Rückwirkung geblieben. Es bestehen allerdings durchaus ernsthafte

---

45 United States District Court Southern District of New York, *Association for Molecular Pathology vs USPTO et al.*, 09 Civ. 4515, New York, N.Y., Justice Robert Sweet, 29.03.2010. Siehe auch: Kesselheim/ Mello 2010 und Hoffenberg 2010.

46 Beim »Edinburgh-Patent«-Verfahren in der Einspruchsabteilung waren Deutschland, Niederlande und Italien drei der insgesamt 14 Einspruchsparteien. Bei dem Berufungsverfahren vor der Beschwerdekammer war jedoch keine der Regierungen mehr beteiligt, sondern nur noch Greenpeace und »Kein Patent auf Leben«. Durch die Nicht-Wahrnehmung dieser »Wächterrolle« im Verfahren vor der Beschwerdekammer relativiert sich die von der deutschen Bundesjustizministerin in Anspruch genommene »bioethische Sensibilität« im Patentrecht (vgl. Kap. II.C.6.2).

Hinweise darauf, dass sich in den Biotechnologie-Fachabteilungen des EPA in eigenständiger Form gewisse Korrekturmechanismen für exzessiv breite Patentanmeldungen herausgebildet haben, die sich teilweise auf Artikel 5(3) der Biopatentrichtlinie stützen. Es gab eine Reihe von Beschwerdekammer-Entscheidungen, unter anderem zu Artikel 56 und 57 EPÜ. Zur Frage der gewerblichen Anwendbarkeit (Art. 57 EPÜ) weisen die Entscheidungen allerdings nicht in dieselbe Richtung, sondern sind stark vom Einzelfall abhängig. So haben vier Entscheidungen (T1165/06, T 1450/07, T1540/07 sowie T 1213/05 zu einem BRCA1-Protein) die industrielle Anwendbarkeit bestätigt, drei Entscheidungen (T 1452/06-1 aus 2007, T 870/04 und T 641/05) die gewerbliche Anwendbarkeit verneint, weil die Funktion nicht glaubwürdig oder nicht nachweisbar dargestellt wurde. Es scheint sich aber ein gewisser Standard herauszubilden. Nach einer anderen Interpretation herrscht bei den Beschwerdekammern nach einem »Anziehen« der Kriterien zur Mitte des Jahrzehnts nun wieder eine großzügigere Haltung vor.[47]

Von eigenständiger Bedeutung dürfte darüber hinaus sein, dass die Patentamtspräsidentin Alison Brimelow in ihrer Amtsperiode (7/2007–6/2010) das Motto »Raising the Bar« ausgegeben hat, was auch bedeutet, strengere Prüfkriterien anzulegen (Brimelow 2007a, EPO 2010). Ob und wie dies jedoch effektiv operationalisiert wird, bleibt abzuwarten. Eine wichtige Veränderung im internen Anreizsystem, mittels dessen die Leistung und Produktivität der EPA-Bediensteten bewertet wird, dürfte allerdings durchaus ihren Niederschlag finden: Seit Ende des Jahres 2007 erhalten Prüfer für die Rückweisung einer Patentanmeldung die doppelte Punktezahl, also nicht mehr, wie zuvor, nur einen Punkt wie für die Erteilung, sondern zwei Punkte.[48] Diese administrative Maßnahme ist durchaus gerechtfertigt insofern als der Aufwand für eine Zurückweisung erheblich höher ist und deshalb das bisherige Vergütungssystem eher die Tendenz beförderte, Patente »abzufertigen«, als sich auf einen ausgedehnten Schriftwechsel mit dem Anmelder wegen einer Ablehnung einzulassen.[49] Ersten

47 Mündliche Mitteilung eines EPA-Patentprüfers, 12.04.2010.

48 Diese Entscheidung erfolgte in einem internen Text an die Bediensteten, in dem die EPA-Präsidentin Brimelow in Punkt 4 folgendes deklarierte: »In the examination phase refusals are awarded double compared to grants« (Decision on PAX; 11.10.2007).

49 Eine Studie hat gemessen, dass der zeitliche Aufwand für eine Zurückweisung ca. das 1,7fache des Aufwands für eine Erteilung beträgt (Friebel et al. 2006). Vgl. dazu auch SUEPO 2002. Es gibt aber auch kritische Stimmen zu diesem geänderten Anreizsystem, die ein solches Vorgehen für verhängnisvoll halten, da (ähnlich wie in der Finanzwirtschaft) dann der persönliche Vorteil des Prüfers das Handeln bestimme und nicht die Sach- und Rechtslage. Die oben genannten Zahlen könnten als Beleg dafür gewertet werden, dass die EPA-Prüfer auf ein geändertes Anreizsystem mit deutlich geändertem Verhalten bei Erteilung und Zurückweisung antworten. Dies aber ließe sich als Indiz dafür bewerten, dass entweder früher zu wenig zurückgewiesen und damit zu lax geprüft wurde oder möglicherweise heute zu scharf geprüft würde und zuviel zurückgewiesen werde. In beiden Fällen widerspräche dies dem Auftrag des

Ergebnissen zufolge ist die Zurückweisungsrate beim EPA daraufhin im Jahr 2008 um 50 Prozent angestiegen, in der Biotechnologie sogar noch stärker.[50]

Allerdings gibt es wiederum gegenläufige Signale, die darauf hinweisen, dass die Qualität der Patentprüfung in den vergangenen Jahren deutlich abgesunken ist, unter anderem aufgrund des auf den Prüfern lastenden, immer stärker werdenden Produktivitätsdrucks.[51] Internen Ergebnissen der EPA-Auditierungsabteilung zufolge, die sich auf Stichprobenerhebungen stützt, liegt die Quote der falsch erteilten Patente, die sich vor allem auf die Überprüfung des Kriteriums der Neuheit bezieht, bei über 10 Prozent. Demzufolge lag der »Qualitätsdefektindex« im Jahr 2005 bei 13,4 Prozent, 2006 betrug er sogar 17 Prozent in der Prüfungsphase, 2007 werden 12,9 Prozent als Index verzeichnet. Sollten diese Zahlen generalisierbar sein, so würde dies eine durchaus besorgniserregend hohe Rate von schlecht geprüften und fälschlich erteilten Patenten ergeben, die nicht mit den Qualitätsstandards vereinbar ist und die Toleranzgrenze von 5 Prozent bei weitem überschreitet.[52]

Gleichzeitig gibt es jedoch ebenfalls einige Hinweise darauf, dass die technischen Prüfkriterien des Europäischen Patentamtes angehoben werden, was sich aus einigen Entscheidungen der Technischen Beschwerdekammern entnehmen lässt. Beachtlich ist beispielsweise die Entscheidung T 870/04. In diesem Fall wurde unter anderem unter Bezugnahme auf Regel 23e (3) EPÜ-AO, die Artikel 5(3) der EU-Biopatentrichtlinie entspricht, entschieden, dass allein aufgrund der Tatsache, dass eine Substanz (hier: ein Polypeptid) auf eine bestimmte Weise hergestellt wurde, *nicht* bereits das Kriterium der gewerblichen Anwendbarkeit (Artikel 57, EPÜ) erfüllt ist, solange nicht auch ein »profitable use for which the substance can be employed« nachgewiesen wurde.[53] Eine vage oder

---

EPA, das EPÜ korrekt anzuwenden. Deshalb wird von dieser Seite her dafür plädiert, unterschiedlichen Zeitaufwand durchaus zu berücksichtigen, aber nur im Rahmen der Prüferbeurteilung, nicht aber bei der Beurteilung der Patentfähigkeit der Patentanmeldung.

50 Mündliche Mitteilung, Ciarán McGinley, Leiter des Controlling Office, Europäisches Patentamt, am 29.1.2009. Laut einer Stellungnahme von Dr. Andreas Popp, BASF SE, Ludwigshafen in der Anhörung des Rechts- und des Agrarausschusses des Bundestages am 11. Mai 2009 zum Thema »Züchtungsverfahren und Biopatentrecht« äußert dieser unter Bezugnahme auf einen Bericht der VDI Nachrichten, dass die Patenterteilungshäufigkeit beim EPA auf unter 50 Prozent abgesunken sei, in der Biotechnologie sei diese sogar auf unter 36.6 Prozent gesunken. (Stellungnahme Popp, S.7), http://www.bundestag.de/dokumente/textarchiv/2009/24324260_kw20_recht2/index.html.

51 vgl. Abbott 2004, A question of priority 2004, SUEPO 2002, Hagel 2004.

52 Diese Zahlen stützen sich auf die Einsichtnahme in einen internen, vertraulichen Auditierungsbericht des EPA mit Stand vom Oktober 2008.

53 Die Beweislast könne nicht dem Leser der Patentschrift überlassen werden, »to guess or find a way to exploit an invention in industry by carrying out work in search for some practical application geared to financial gain without any confidence that any practical application exists«. Im dritten Absatz der Leitentscheidung stellt die Beschwerdekammer klar, dass in den Fällen in denen eine natürlich im menschlichen Körper vorkommende Substanz identifiziert wird, und

spekulative Angabe möglicher erreichbarer Ziele sei nicht ausreichend: »The purpose of granting a patent is not to reserve an unexplored field of research to an applicant«.[54] Mit diesen Leitsätzen hat die Entscheidung erhöhte Bedingungen für die Erfüllung des Kriteriums der »gewerblichen Anwendbarkeit« gesetzt. Gleichzeitig führt sie eine Abgrenzung zwischen wissenschaftlicher Grundlagenforschung und industrieller Anwendungsfähigkeit wieder ein, die im vergangenen Jahrzehnt weitgehend verloren gegangen war. Sollten sich diese von einer Beschwerdekammer aufgestellten Prinzipien in der Patentprüfungs- und Erteilungspraxis niederschlagen, so wäre damit ein beachtlicher Schritt dazu getan, »schärfer« zu prüfen und spekulative Patente mit hypothetischen Anwendungen von der Patentfähigkeit auszuschließen. In indirekter Weise könnte diese Entscheidung auch die absolute Stoffschutzdogmatik berühren insofern als nicht nur die Nennung (irgend)einer Funktion gefordert wird, sondern diese erkannt und verstanden sein soll.[55]

Eine Reihe weiterer Entscheidungen der Technischen Beschwerdekammern bestätigen diese Tendenz, die Messlatte der Anforderungen höher zu setzen. Insbesondere die Entscheidungen T604/04 und T898/05, die sich auf die Erwägungsgründe 23 und 24 der EU-Biopatentrichtlinie beziehen, sowie die Entscheidungen T609/02, T669/04 zu spekulativen Patentanmeldungen, sowie T 1329/04 zur erfinderischen Tätigkeit belegen, dass es inzwischen eine gewisse Serie von Entscheidungen der Beschwerdekammern gibt, die auf Beschränkungen eines zu weitgehenden Schutzes abheben und sich dabei sowohl auf Artikel 83, als auch auf die Artikel 54, 56 und 57 des EPÜ stützen und diese konkretisieren. Es bleibt abzuwarten, ob und in welchem Umfang über das interne *Patent Practice and Procedure Committee* diese Entscheidungen in die Richtlinien für

möglicherweise diese auch strukturell charakterisiert und durch eine bestimmte Methode bereitgestellt wird, bei der aber ihre Funktion unbekannt ist oder komplex und unvollständig verstanden ist, und keine Krankheit oder andere Bedingung identifiziert ist, die einem übermäßigen Vorkommen oder einem Fehlen zuzuschreiben ist, und keine andere praktische Nutzung für die Substanz vorgeschlagen wurde, dann könne die gewerbliche Anwendbarkeit nicht anerkannt werden. Auch wenn die Forschungsergebnisse eine wissenschaftliche Errungenschaft von beachtlichem Wert darstellten, »they are not necessarily an invention which can be applied industrially.« (Alle Zitate aus T 0870/04 vom 11.5.2005, S. 2) Die Leitsätze berufen sich erstaunlicherweise auf Artikel 5 (3) der EU-Biotech-Richtlinie, obwohl der strittige Gegenstand hier nicht Gensequenzen darstellen, sondern ein Polypeptid. Diese Leitsätze stellen in gewisser Weise für Europa eine Annäherung an die vom USPTO erlassenen Utility-Guidelines aus dem Jahr 2000 dar, die eine »specific and substantial utility that is credible« verlangen.

54 Diese Formulierung erinnert stark an die berühmte Aussage des US-Supreme Court aus dem Jahr 1966, wonach ein Patent keine Jagdlizenz sei und demnach keine Belohnung für die Suche, sondern eine Entschädigung für deren erfolgreichen Abschluss sei (Brenner v. Mason, 383 US 519, S. 534–535, vgl. Kap. I.C und I.F). »Unfertige« Erfindungen, die ein bloßes Absichern von Forschungsfeldern anstreben, sind demnach nicht zulässig.

55 Damit würde vom bisher ausschlaggebenden Kriterium der erstmaligen Bereitstellung eines Stoffes (Imidazoline-Entscheidung des BGH 1972) abgegangen.

die Prüfung eingehen oder in internen Anweisungen zurückkommuniziert werden und ob die Prüfabteilungen diesen Restriktionen in ihrer Praxis folgen. Im Rahmen dieser Arbeit kann freilich weder der Frage nachgegangen werden, wieweit diese Entscheidungen für andere Beschwerdekammer-Urteile repräsentativ sind, noch ob und wieweit diese in der Prüfpraxis implementiert werden.

Ob Genpatente inzwischen vom EPA »strenger« geprüft und stärker beschnitten werden, lässt sich daher nicht pauschal beantworten. Zwar merken viele Beobachter – insbesondere Patentanwälte, aber durchaus auch Patentkritiker – an, dass inzwischen bei Genpatenten rigidere Prüfungen vorherrschten. Andererseits werden weiterhin Patente mit einem weiten Schutzumfang und sehr breiten, unspezifischen gewerblichen Anwendungen gewährt. Ein Beispiel dafür ist das Patent EP 1278770 B1, das am 30.4.2001 angemeldet und am 8.3.2006 vom EPA erteilt wurde:

Das Patent mit dem Titel »Human wingless-like gene« der Merck Patent GmbH beansprucht ein spezifisches Polypeptid (Wnt-8D) und Polynukleotide, die solche Polypeptide kodieren, die als Sequenzen aufgeführt sind. Beansprucht werden das isolierte Polypeptid und die Polynukleotide selbst, und zwar zur Verwendung als Expressionssystem, als rekombinante Wirtszelle, als Verfahren zu seiner Produktion, als Fusionsprotein, Antikörper und Screening-Verfahren (Ansprüche 1–11). Welche biologische Funktion im Körper das Wnt-8D hat, wird nicht genauer erläutert. In der Zusammenfassung der Erfindung heißt es: »Such polypeptides and polynucleotides are of interest in relation to methods of treatment of certain diseases, including, but not limited to, asthma, alzheimer, cancer, cardiomyopathies, depression, schizophrenia, general psychotic disorders, ischemia, stroke, wound healing, kidney diseases, lung disorders, aberrant apoptosis, tissue remodeling, stem cell therapies, hereinafter referred to as ›diseases of the invention‹.« Zusätzlich werden Methoden für Agonisten und Antagonisten, sowie diagnostische Assays zur Entdeckung von Krankheiten, die mit »inappropriate Wnt-8D activity or levels« assoziiert sind, aufgeführt (Pkt. 0004).

Daraus lässt sich ablesen, dass das Peptid als Stoff absolut, mit sehr weiten Ansprüchen, geschützt wurde, so dass alle nachfolgenden Erfinder von diesem Patent abhängig werden, selbst wenn sie Wirkungszusammenhänge des Wnt-8D aufdecken, die dem Patentinhaber überhaupt nicht bekannt waren. Das Wnt-8D soll offenbar unter anderem als *target* für die Suche nach neuen Arzneiwirkstoffen eingesetzt werden. Es bleibt aber fraglich, ob ein solch weiter Schutzumfang nicht eine Überbelohnung darstellt. Gerade weil die Regulation des Wnt-8D möglicherweise bei einer Vielzahl von höchst unterschiedlichen Erkrankungen eine Rolle spielt, kann dieses Patent unter Umständen die diagnostische bzw.

therapeutische Forschung anderer Wissenschaftler und Firmen behindern und in dieser Hinsicht das Patent auch destruktiv eingesetzt werden.

Diese Hinweise auf vielfältige Faktoren und einander teilweise widersprechende Entwicklungslinien sollen an dieser Stelle genügen, um deutlich zu machen, dass generalisierende Aussagen über die hohe Qualität und die »Strenge« der Patentprüfung des Europäischen Patentamtes sich bei genauerem Hinsehen in ein unübersichtliches und verschwommenes Bild verwandeln. Letztlich hängt vieles vom Berufsethos, der Arbeitsauffassung und der Entscheidung des jeweiligen individuellen Prüfers ab und Prüfer verwehren sich durchaus selbstbewusst dagegen, von wem auch immer eine Patenterteilungspolicy »übergestülpt« zu bekommen, die ihre Autonomie in der Auslegung des EPÜ einschränken würde. Von großer Bedeutung ist auch die Rolle der dreiköpfigen Prüfungsabteilung; dies ist im internationalen Vergleich eine Besonderheit des EPA, die eine zusätzliche Qualitätsprüfung darstellt. In den letzten Jahren werden Entscheidungen zudem stichprobenhaft einer sogenannten operativen Qualitätskontrolle (»CLOCQ«)unterzogen. Sogar die interne Harmonisierung innerhalb des Joint Cluster Biotechnology im Amt selbst ist eine Aufgabe, deren Bewältigung von verschiedenen Seiten innerhalb des EPA selbst unterschiedlich bewertet wird. Ob es also möglich ist, den Wald zu erkennen, oder dieser vor lauter Bäumen stehend verstellt bleibt, muss an dieser Stelle offen bleiben, gewarnt sei jedenfalls vor pauschalisierenden Aussagen und damit gleichzeitig ein Forschungsbedarf angemahnt.

Hinsichtlich von nationalen Gerichtsentscheidungen gibt es bisher noch wenige Streitfälle im Biotechnologiebereich, aus denen allgemeineres Richterrecht entstehen würde. Case Law, wie etwa eine kürzliche Entscheidung (TGF-receptor) des UK High Court von Justice Jacob, die einer früheren Entscheidung der EPA Beschwerdekammer widerspricht[56] und eine Entscheidung des britischen House of Lord im Streitfall Erythropoietin (EPO) am 21.10.2004 könnten jedoch – mit aller gebotenen Vorsicht – als Indiz für einen allmählichen Gezeitenwechsel betrachtet werden. Immerhin urteilten die Richter im letztgenannten Fall, »gene sequences are to be assessed as ›discoveries‹ or just ›information about the natural world‹« (Crespi 2005: 368). Damit ist die Frage der Erfindungshöhe bei Genpatenten neu auf die Tagesordnung gesetzt worden. Der »death blow« (Crespi 2005) für das EPO-Patent der Firma Amgen erfolgte allerdings erst zwei Monate, bevor die Patentlaufzeit auslief; angesichts der Tatsache, dass dieses Patent, das letztlich vor Gericht als ungültig erklärt wurde, fast zwei Jahrzehnte lang von seinen Inhabern genutzt wurde, um Wett-

56 UK High Court of Justice, Court of Appeal 2010: Eli Lilly vs Human Genome Sciences, 09.02.2010, Case No. A3/2008/2673, http://www.eplawpatentblog.com/2010/February/Eli%20Lilly%20v%20Human%20Genome%20Sciences%20-%20Appeal.pdf (letzte Abfrage 21.07.2010)

bewerber aus dem Markt zu halten, beträchtliche Lizenzgebühren einzunehmen und hohe Erlöse aus der Vermarktung des Produkts EPO zu erzielen, ergeben sich allerdings durchaus allgemeinere Anfragen an die Effizienz und Ausgewogenheit des Patentsystems sowie an seine Fähigkeit zur rechtzeitigen Selbstkorrektur (vgl. Kap. I.F).

Es sei an dieser Stelle vermerkt, dass vor allem in den USA inzwischen Anzeichen erkennbar sind, dass das Pendel der Patentexpansion zurückzuschwingen beginnt[57] und dies auch in Europa zumindest auf der Ebene von Fachreports allmählich Resonanz findet.[58] Einige vor US-Gerichten anhängige bzw. bereits entschiedene Fälle deuten darauf hin, dass in den USA die Regeln für die Patentierbarkeit von Biotech-Verfahren und -Produkten allmählich strenger ausgelegt werden, was »›a significant change‹ in a system that has historically been friendly to biotechnology patenting« (Kintisch 2009: 452) einläuten könnte.[59] Ob die Grenzen der Patentierbarkeit allmählich neu justiert werden, bleibt abzuwarten, ebenso ob es zu entsprechenden politischen Neuorientierungen kommen wird.

Es ist abschließend erneut darauf hinzuweisen, dass das EPA kaum direkte Rückkopplungsschleifen zur nationalen Ebene besitzt, weder bezüglich der Gesetzgebung, noch hinsichtlich von nationalen Gerichtsentscheidungen oder Patentprüfungen. Gewisse Abstimmungsplattformen bilden lediglich zwei Foren: Zum einen der jährliche European Round Table on Patent Practice (EUROTAB), der allerdings aufgrund der geringen Teilnehmerzahlen von ein bis vier Teilnehmern pro Land kaum Auswirkungen auf die jeweilige Patentamtspraxis erwarten lässt. Zum anderen die Europäischen Patentrichtersymposien, die inzwischen von den sogenannten Venedig-Konferenzen abgelöst wurden, die von der EPLAW (European Patent Lawyers Association) und vom EPA ausgerichtet werden. Zu diesen Venedig-Konferenzen werden hochrangige nationale Patentrichter eingeladen, gemeinsam werden Fälle erarbeitet und diskutiert. Dies ist insbesondere deshalb kritisch zu sehen, weil hier Patentanwälte mit Partikularinteressen und nationale Patentrichter sich miteinander über

---

57 Vgl. FTC 2003; NRC 2004; Jaffe/Lerner 2005, NAS 2006; Bessen/Meurer 2008, Kesselheim/Mello 2010.

58 Vgl. Gowers 2006, PIETA 2006, BMWi Beirat 2007.

59 Siehe hierzu für die Fälle »LabCorp v. Metabolite« und »Homocystein« vor dem US Supreme Court, welche die Außengrenzen der Patentierbarkeit im US-Patentrecht – »laws of nature, natural phenomena and abstract ideas« – tangieren: Kintisch 2006, für die Bilski Entscheidung des CAFC: Simmons 2009; für das Berufungsverfahren für *in re Kubin*: Kintisch 2009. Die KSR-Teleflex Entscheidung des US Supreme Court hat mit grosser Wahrscheinlichkeit auch in der Biotechnologie Auswirkung auf die Grenzziehung zwischen »offensichtlichen« und »nicht-offensichtlichen« Gegenständen. Auch eine jüngere Entscheidung des USPTO, die allerdings noch vor dem CAFC Bestand haben muss, versucht Genpatente zu restringieren, indem die Kriterien des Naheliegens (obviousness) und des Stands der Technik für eine fachlich ausgewiesene Person (PHOSITA) gestärkt werden (Yamanaka 2008).

künftige Patentrechtsprechung ins Vernehmen setzen, ohne dass kritische Gegenstimmen Gehör fänden. Nach Ansicht von Fachleuten haben besonders Venedig III und Venedig V für Deutschland gravierende Änderungen in der Patentierungspraxis ausgelöst (siehe Tilmann 2008 und 2010, Schneider D. 2009).

Aus heutiger Sicht muss offen bleiben, wie der Stand der Biopatentierung vor dem Europäischen Patentamt zu bewerten ist und ob es durch die intensiven supranationalen und nationalen Diskussionsprozesse zu internen institutionellen Veränderungen kam oder allenfalls in symbolträchtigen Streitfällen mit hoher öffentlicher Aufmerksamkeit einzelne Entscheidungen getroffen wurden, bei denen Patentierungsgrenzen und -schranken weit ausgelegt und die EPÜ-Kriterien hart angewandt wurden.

F Erste Ergebnisse hinsichtlich des Vollzugs des deutschen Biopatentgesetzes durch die Patentanwaltschaft und in der Praxis des Deutschen Patent- und Markenamtes

Für Policy-Analysen und die Evaluationsforschung zur Gesetzgebung ist es wichtig, zu prüfen, wie Gesetze implementiert werden und ob der intendierte Regelungszweck erfüllt wird. Aspekte der Wirkungsforschung eines Gesetzes sind die *Effizienz* als Grad der Umsetzung einer Maßnahme und die *Effektivität* als Grade der Zielerreichung, das heißt, ob die gesetzlichen Vorschriften in der Praxis angewandt werden (Gesetzeszweck) und ein bestimmter Sollzustand im Regelungsbereich erreicht wird (Gesetzesziel). Außerdem unterscheidet man zwischen dem *output* als den durch das Gesetz bewirkten Handlungen der Vollzugsträger in ihrer Durchführung hinsichtlich des Gesetzeszwecks, sowie dem *impact* als Handlung oder Verhaltensweise der gesellschaftlichen Zielgruppen und *outcome* als letztendliche Auswirkungen im Regelungsbereich (Seibel 1984: 64; vgl. von Beyme 1997: 319–351).

Für eine eingehende Evaluation der Wirkung des Ende 2004 verabschiedeten deutschen Patentgesetzes, mit dem die EU-Biopatentrichtlinie umgesetzt wurde, ist es noch zu früh. Es sind jedoch einige Tendenzen erkennbar und es können einige Grundaussagen getroffen werden. Hierbei beziehe ich mich vor allem auf den output, also wieweit die Vollzugsorganisationen ihre Handlungen der gesetzlichen Regelung und dem von der Legislative vorgegebenen Governance-Ziel angepasst haben.

Ich gehe zunächst auf einige Reaktionen seitens des Bundesjustizministeriums und der Patentanwaltschaft ein. Vor allem aber gebe ich einen Einblick in die Erteilungspraxis des DPMA bezüglich des Gesetzesvollzuges und diskutiere diese im Hinblick auf die Regelungsintentionen des Gesetzgebers.

1. Verhalten des Bundesjustizministeriums und Reaktionen der Patentanwaltschaft

Da 80 bis 90 Prozent aller für Deutschland gültigen Biopatente vom Europäischen Patentamt erteilt werden, war es zweifelsohne der politische Wille des Parlaments, dass die verabschiedete Stoffschutzbeschränkung auch für diese

Genpatente Gültigkeit erlangte (siehe Kap.II.B.1.13, 1 und 2). Hierzu ging jedoch keine klare dementsprechende Gesetzesformulierung und Begründung in die Verabschiedung des Gesetzes Ende 2004 ein. Mit dieser Regelungslücke war jedoch ein Auslegungsspielraum für »interessierte Kreise« entstanden.[1]

Zunächst bleibt festzuhalten, dass sich der deutsche Vertreter im Verwaltungsrat der Europäischen Patentorganisation in der Verwaltungsrats-Sitzung nach der Verabschiedung des deutschen Gesetzes dahingehend äußerte, dass die verabschiedete Stoffschutzbeschränkung die europäischen erteilten Patente nicht berühren würde.[2] Damit wurde eine recht einseitige Interpretation des verabschiedeten Gesetzes vorgetragen. Der vom Bundestag verabschiedete Entschließungsantrag, der Impulse für eine Präzisierung auf europäischer Ebene setzen wollte, wurde nicht wiedergegeben und es erfolgte kein »Werben« für eine entsprechende Umfangsbeschränkung des Stoffschutzes in Europa. Da die Sitzungen des EPO-Verwaltungsrates nicht öffentlich sind und auch nicht in öffentlich zugänglicher Weise dokumentiert werden, kann weder das Parlament noch die interessierte Öffentlichkeit Einblick darin gewinnen, wie sich die Exekutive, vertreten durch die Ministerialbürokratie verhält und ob sie den von Parlament und Regierung erteilten Auftrag erfüllt. Hier wären generell mehr Transparenz und Rechenschaftspflichten vonnöten.[3]

Dass die verabschiedete gesetzliche Regelung hinsichtlich ihres Geltungsbereiches nicht eindeutig war, löste bei den Normadressaten eine gewisse Unsicherheit aus. Dies veranlasste den Verband der Chemischen Industrie (VCI), vier gleichlautend gestellte Anfragen zu rechtlichen Kurzgutachten in Auftrag zu geben. Die vier Gutachter[4] vertraten in ihren schriftlichen Gutachten einmütig die Rechtsauffassung, dass die deutsche Regelung nur für beim Deutschen Patent- und Markenamt angemeldete Patente gültig sei, nicht aber für vom Europäischen Patentamt erteilte deutsche Patente. Ein Gutachter bezog sich in seiner Stellungnahme auf eine schriftliche Anfrage eines Bundestagsabgeordneten und die entsprechende Stellungnahme der Regierung.[5] Darin hieß es von

1 Siehe zu der Willensbildung und den Gründen für die später nicht explizit erfolgte gesetzliche Festlegung die ausführliche Rekapitulation der entsprechenden parlamentarischen Diskussionsprozesse und der Stoffschutzdebatte in Kap. II.B.

2 Lt. mündlicher Mitteilung (vom 20. Dezember 2004) eines EPA Mitarbeiters, der an der Verwaltungsrats-Sitzung teilnahm.

3 In diesem Zusammenhang läge ein Schritt zur Öffnung darin, die »Micado« genannte Datenbank des EPO Verwaltungsrates öffentlich zugänglich zu machen.

4 Es handelte sich um Stellungnahmen von Prof. Götting (TU Dresden), Prof. Straus (MPI München), Prof. Ensthaler (Uni Kaiserslautern) und Prof. Ann (Uni München).

5 Die Anfrage des MdB Dr. Joachim Pfeiffer (CDU/CSU) lautete: Gibt es rechtliche Möglichkeiten, die Wirkung, die ein erteiltes europäisches Patent in Deutschland entfaltet, zu begrenzen, so wie es §1a Abs. 4 des novellierten Patentgesetzes regelt? Vgl. die Antwort des Parlamentarischen Staatssekretärs Alfred Hartenbach (BMJ) vom 17. Dezember 2004. Darin heißt es: »Diese Regelung ist nach intensiver Diskussion bewusst und aus Sicht der Bundesregierung

Ministeriumsseite, man habe absichtlich die Umfangsbeschränkung nicht bei den Wirkungen des Patentes (in Artikel 9 der EU Richtlinie), sondern im Schutzbereich angesiedelt. Mit dieser Auslegung wird anderen juristischen Interpretationen, die aus Art. 64 (2) Abs. 2 EPÜ die Schlussfolgerung eines absoluten Gleichlaufs von nationalen und europäischen Patenten ziehen und von einer Geltung der Stoffschutzbeschränkung auch für vom EPA erteilte deutsche Patente ausgehen[6], der Boden zu entziehen gesucht. Daher wird von den vorgenannten begutachtenden Juristen – einigermaßen spitzfindig – argumentiert, dass das geänderte Gesetz in §1a (4) PatG keine Wirkung auf das europäisch erteilte Recht entfalte.

Diese Geschehnisse geben Anlass zu der Annahme, dass die zuständigen Fachbeamten des Bundesjustizministeriums die gesetzliche Lösung als bloßen Formelkompromiss betrachten und die Wirkung der – überfraktionell (außer der FDP) getragenen – Stoffschutzbeschränkung möglichst eng halten wollen. Dies bedeutet letztlich einen Rückfall in alte Frontstellungen, die eigentlich als überwunden galten. Es zeigt allerdings gleichzeitig, wie fragil der Prozess einer neuen Rechtsetzung in ihrem Vollzug ist und dass bei der Implementierung des Biopatentgesetzes weite Spielräume für die Ausgestaltung – sei es im Blick auf das politisch gewollte Regelungsziel des Gesetzgebers, oder im Sinne eines »weiter so« der alten epistemischen Gemeinschaft des Patentrechts – bestehen.

Die Rechtsunsicherheit in Bezug auf die Geltung des Stoffschutzes – ob nur für vom DPMA erteilte oder auch für vom EPA erteilte Patente – ist nicht gänzlich beseitigt worden. Vielmehr werden erst die Rechtspraxis und konkrete Fälle vor Patentgerichten größere Klarheit herstellen. Hier allerdings, so steht zu befürchten, könnten neue, kontextualisierte Sichtweisen auf die Wirkung des Patentsystems wieder weitgehend ausgeblendet werden und die Akteure ihrem juristisch-technokratischen Reduktionismus und letztlich kurzfristigen Partikularinteressen der Patentanmelder verhaftet bleiben.

---

zu Recht (nur) in §1a Patentgesetz und nicht etwa auch in §9 oder §9a Patentgesetz aufgenommen worden. Denn es geht beim Umfang des Stoffschutzes nicht um die Wirkungen des Patents im Sinne des Patentrechts, sondern um dessen Schutzbereich. Diese Unterscheidung ist durch das Europäische Patentübereinkommen (EPÜ) verbindlich vorgegeben und darf nicht durch eine Sonderregel im nationalen Recht in Frage gestellt werden. Nach dem Europäischen Patentübereinkommen legt das Europäische Patentamt mit der Erteilung des europäischen Patents auch dessen Schutzbereich abschließend und verbindlich fest (vgl. Artikel 69 EPÜ). Im Hinblick auf solche europäischen Patente kann eine Einschränkung des Umfangs des Stoffschutzes daher nur durch eine Änderung dieses Übereinkommens beziehungsweise seiner Ausführungsordnung erreicht werden« (Bundestags-Drs. 15/4595, S. 13). Wie bereits in Kap. II.B.1.13 unter Punkt 1 dargestellt, bezogen sich Fachpolitiker der Regierungskoalition und Justiziare des Parlaments demgegenüber auf Art. 64 EPÜ und leiteten daraus eine Geltung der Stoffschutzbeschränkung auch für vom EPA erteilte Patente ab.

6 Genannt im Gutachten »Stellungnahme zur Einschränkung des absoluten Stoffschutzes nach §1a. Abs 4 PatG« von Prof. Dr. Horst-Peter Götting vom 10.2.2005, S. 2.

Hinsichtlich der Reaktion der Patentanwaltschaft ist zu vermerken, dass geraume Zeit nach der Verabschiedung des Gesetzes noch eine große Unsicherheit darüber herrschte, in welcher Weise sich die Gesetzgebung in veränderten Anmeldestrategien niederschlagen sollten oder mussten.[7] Einige Patentanwälte empfahlen eine Aufnahme von biologischen Funktionsangaben in die Patentansprüche, zumindest als »Rückfallposition«, auch bei EPA-Patentanmeldungen. Andere Vertreter behaupteten, eine Zweckbindung des Stoffschutzes beträfe ohnehin nur die Anmeldungen beim DPMA und empfahlen weiterhin möglichst weite Anspruchsformulierungen.

Als Gesamteindruck ist festzuhalten, dass die Patentanwaltschaft dem neuen Gesetz mit großen Aversionen begegnet und sich insbesondere gegen die Einschränkung des absoluten Stoffschutzes vehement sperrt. Hingegen wurde von Seiten kleinerer und mittlerer Biotech-Unternehmen die Novellierung als Maßnahme gegen die zuvor angemeldeten »Gen-Massenpatente« begrüßt.[8]

Die Patent-Fachliteratur lehnte die deutsche Richtlinien-Umsetzung als »verfehlt« (Krauß 2005: 497) ab oder prophezeite, dass diese vor dem EuGH nicht standhalten werde und beschwor sogar ein Vertragsverletzungsverfahren seitens der WTO wegen diskriminierender Behandlung von Gensequenzen als Verstoß gegen Art 27(2) und (3) TRIPs herauf (Feldges 2005). Diese – kaum überzeugenden – rhetorischen Drohgebärden wurden von einer möglichst *engen* Auslegung der Gesetzesänderungen begleitet, etwa in Bezug auf die Geltung der Stoffschutzbeschränkung auch für pflanzliche und tierische DNA, wobei versucht wurde, den Begriff des »Übereinstimmens« als »Identisch-Sein« (§1a (4) PatG) zu interpretieren. Für deutsche nationale Anmeldungen wurde im Hinblick auf eine mögliche erfolgreiche Klage vor dem EuGH weiterhin eine breite, auf absoluten Stoffschutz setzende Anspruchsformulierung empfohlen, denn »den geforderten Schutzumfang jeglicher beanspruchter Nucleinsäure von Anfang an auf bestimmte Zwecke/Verwendungen einzuschränken, wäre eine frühzeitige Aufgabe von Territorium, das sich trotz allem als patentierbar heraus-

7 Diese Einschätzung beruht in erster Linie auf der teilnehmenden Beobachtung an zwei Patentanwaltsforen, nämlich der Fachtagung »Biopatente 2005« des Forum Institut für Management am 21.10.2005 in München und des Fachseminars »Life Science und Biopatente – Auswirkungen der EU-Biotechnologie-Richtlinie auf den Innovationsschutz« der Handelskammer am 02.09.2005 in Hamburg. Die Beurteilung der Gesetzesnovellierung verlief unterschiedlich: Auf dem Hamburger Seminar wurde empfohlen, eine Verwendungsbeschränkung in jedem Falle als »Rückfallposition« in die Patentanmeldung aufzunehmen, und zwar sowohl beim DPMA wie auch beim EPA. Das Münchener Seminar äußerte sich eher abfällig über die deutsche Gesetzesregelung und monierte, eine Stoffschutzbeschränkung solle nicht bei der Erteilung, sondern erst vor Gericht erfolgen. Tendenziell wurde den Anmeldern und ihren juristischen Vertretern in München nahegelegt, ihre Patente doch gleich beim EPA anzumelden, da dort ein größerer Schutzbereich zu erhalten sei.

8 Diese Bewertung geht vor allem auf Gespräche auf den vorgenannten Patenttagungen zurück, sowie auf weitere Hintergrundgespräche mit Patentanwälten.

stellen könnte« (Kilger/Jaenichen 2005: 998). Der Gesetzgeber wurde als inkompetent beschimpft (vgl. ebenso: Tilmann 2005), eine fundierte inhaltliche und empirische Auseinandersetzung mit der »Überbelohnungsthese« fand jedoch nicht statt.

Insgesamt zeigt sich die Patentanwaltschaft damit weitgehend resistent gegenüber den Regelungsanliegen des Gesetzes und vorwiegend den maximalistischen Individualinteressen ihrer Klienten verpflichtet. Vielerorts wurde davon ausgegangen, dass Patentanmelder sich umorientieren und DNA-Patente noch weniger beim DPMA, sondern vielmehr fast ausschließlich direkt beim EPA anmelden würden. Damit gab es aus der Sicht der Patentanwaltschaft eine leicht gangbare Möglichkeit, die gesetzlich festgelegte Begrenzung des Schutzumfanges für Genpatente zu umgehen.

Das Europäische Patentamt äußerte sich offiziell gar nicht zur deutschen Umsetzung und ging wohl stillschweigend davon aus, dass diese Regelung die für den EPO-Vertragsstaat Deutschland erteilten europäischen Bündelpatente nicht beträfe.[9] Eine Abstimmung mit der nationalen Ebene zum Zweck der Harmonisierung des europäischen Patentrechts wurde nicht für notwendig erachtet.[10]

Die parlamentarische und öffentliche Aufmerksamkeit für Biopatente ist nach dem Gesetzgebungsverfahren erwartungsgemäß abgeebbt, da schließlich die Entscheidung über die gesetzliche Regelung gefallen war. Somit besteht die Gefahr, dass die analytischen und politischen Differenzierungen, welche den gesetzlichen Implementierungsprozess in der Bundesrepublik über viele Jahre hinweg geprägt haben, der Vergessenheit anheim fallen. Damit könnten auch die andauernden Kämpfe um eine Rekonzeptualisierung des Patentrechtes der Trägheit eines weitgehend selbstreferentiellen europäischen Patentsystems zum Opfer fallen.

---

9 Zum Teil ist dies auch als schlichte Nichtbeachtung der nationalen Regelungen anzusehen, die sich quasi »unterhalb des Radarschirms« der EPA-Patentprüfer bewegen.

10 Das nahezu einzige Forum für solche Abstimmungsprozesse bilden die Patentrichterkonferenzen. Ein zweites paneuropäisches Expertenforum ist der vom EPA initiierte European Round Table on Patent Practice (EUROTAB) (vgl. Borrás 2006 und vgl. die kritische Bewertung dazu am Ende des Kapitels II.E.3). Siehe zu den Patentrichterkonferenzen zum Thema des Stoffschutzes: EPO 2007d: Amtsblatt des EPO, Sonderausgabe 2/2007, 13. Symposium Europäischer Patentrichter, Thessaloniki, 12. bis 16.09.2006, darin insbesondere die Beiträge von Galligani, Pezard und Lutz zum Stoffschutz.

2. Die Implementierung des Gesetzes durch das Deutsche Patent- und Markenamt (DPMA)

Das Deutsche Patent- und Markenamt (DPMA) bildet die primäre Exekutivbehörde für das Gesetz.[11] Bereits vor der Gesetzesverabschiedung hatte das DPMA einen »Arbeitskreis Biotechnologie« eingerichtet. In diesem – in unregelmäßigen Abständen einberufenen – Arbeitsgremium wurde sehr intensiv über die neue Regelung der Stoffschutzbeschränkung diskutiert. Dabei machten sich die Arbeitskreismitglieder mit den Motiven und Argumenten des Gesetzgebers vertraut und befassten sich inhaltlich durch die Diskussion entsprechender Fachartikel mit diesem Thema. Diese Auseinandersetzung mündete zum einen in einen »internen Leitfaden« für die Patentprüfung.[12] Zum anderen nahmen die beiden Arbeitskreisleiter in Fachartikeln und bei europäischen Patentrechtsseminaren Stellung zum umfangsbeschränkten Stoffschutz (Walter 2007; Schneider/Walter 2007; Schneider D. 2008). Daraus geht hervor, dass diese Führungsebene des DPMA sowohl aus den technischen wie den juristischen Fachabteilungen gesetzeskonform zum Wert und der Sinnhaftigkeit einer Stoffschutzbeschränkung als Maßnahme gegen eine »Überbelohnung« des Erfinders steht. In einer eleganten Interpretationsweise des Patentgesetzes argumentieren die beiden Autoren darüber hinaus, dass Deutschland damit keinen »Sonderweg« gegangen sei. Vielmehr sei mit der Verwendungsbeschränkung »der Schutz für menschliche Gensequenzen nunmehr dem Schutz angeglichen [...], der in den klassischen technischen Gebieten für Erzeugnisse faktisch nur gewährt wird« (Schneider/Walter 2007: 831). Die deutsche Regelung stelle zudem »einen wichtigen Schritt zur Harmonisierung des Stoffschutzes in Europa« dar (Walter 2007: 284).

Generell zeigt sich die deutsche Patentadministration gewillt, nicht allein gegenüber dem Gesetzgeber sondern gerade auch gegenüber anderen europäischen Ländern und der supranationalen Ebene (Europäische Union, Europäisches Patentamt) zu beweisen, dass mit der deutschen Gesetzesregelung (§1a (4) PatG) ein viabler Lösungsweg gefunden wurde und eine rechtsbeständige Auslegung des Begriffs der »Verwendung« als umfangsbeschränkender Patentschutz

11 Meine Darstellung beruht in erster Linie auf einer schriftlichen Anfrage an das DPMA vom 06.05.2008, die vom DPMA am 23.10.2008 beantwortet wurde, sowie auf Auskünften von Dr. Dieter Schneider, dem Leiter der Patentabteilung 1.41 beim Deutschen Patent- und Markenamt, dem ich sehr für das mir entgegengebrachte Engagement und Vertrauen danke. Der Deutsche Bundestag hat eine inhaltlich weitgehend gleiche Antwort des DPMA vermittels der Bundesregierung zur Implementierung der Biopatentrichtlinie erhalten (Siehe Bundestagsdrucksache 16/12809).

12 Der »Leitfaden für die Prüfung biotechnologischer Anmeldungen« erstellt vom DPMA-Arbeitskreis »Biotechnologie« mit Stand vom 24. Mai 2006 fasst die gesetzlichen Vorschriften samt Beispielsfällen zusammen.

möglich ist. In diesem Sinne kann die weiter bestehende nationale Ebene des europäischen Patentwesens – mit der Etablierung des EPA wurden ja die nationalen Patentämter nicht abgeschafft, sondern eine Parallelstruktur errichtet (vgl. Kap. I.D) – auch als eine Art föderales System (Konkurrenzföderalismus) begriffen werden, in dem Neuerungen zunächst ausprobiert und auf ihre Praxistauglichkeit geprüft werden können.

Seitens von Patentanwaltskreisen und auch teilweise von Patentrichtern wird allerdings nicht selten, wie bereits angesprochen, der Rat verbreitet, auf das Europäische Patentamt auszuweichen, da dort noch der »volle Stoffschutz zu haben« sei, womit eine bestimmte Einschätzung vertreten wird, die weder rechtlich noch politisch als gesichert gelten kann. Teilweise wird sogar behauptet, die Biotechnologie-Anmeldungen beim DPMA seien auf Null zurückgegangen.[13] Diese Behauptung soll im Folgenden einer Überprüfung unterzogen werden.

Vorab bleibt zu den Größenverhältnissen festzuhalten, dass das DPMA angesichts der Anmeldezahlen das größte nationale Patentamt in Europa darstellt und mit rund 60.000 Patentanmeldungen und zwischen 35.000 und 38.000 Prüfungsanträgen jährlich weiterhin einen hohen Stand erreicht. Es ist weltweit das fünftgrößte nationale Patentamt (nach den USA, Japan, China und Südkorea). Das DPMA stellt gewissermaßen den »kleinen Bruder« des »großen« Europäischen Patentamts dar. Das DPMA beschäftigt 2600 Mitarbeiter, davon sind rund 750 Prüfer, verglichen mit dem EPA mit rund 3.800 Prüfern (DPMA 2010: 4, 66; vgl. Kap. I.D). Die Hauptsitze der beiden Ämter in München liegen nur etwa hundert Meter voneinander entfernt, es bestehen aber wenig Kontakte und die Organisationskulturen unterscheiden sich erheblich. Während das EPA mittlerweile rund 250 Prüfer in neun Biotech-Direktoraten beschäftigt[14], sind es beim DPMA rund 15 bis 20 Prüfer welche die Biotechnologie als gewerbliches Rechtsgebiet abdecken. Die Zahl der Biotech-Prüfer beim DPMA entspricht dem dortigen Arbeitsaufkommen. Im Vergleich hierzu bleibt zu konstatieren, dass alleine in einer großen und einflussreichen Münchener Patentanwaltskanzlei 26 Anwälte mit Biotechnologie-Patenten betraut sind.

Ungeachtet der latenten Rivalität zwischen DPMA und EPA versichern allerdings beide Ämter, dass sie auf eine hohe Prüfungsqualität Wert legen. Dies dürfte unbedingt auch im Interesse der Anmelder sein, da »schlecht geprüfte« Patente das Risiko einer späteren gerichtlichen Nichtigkeitserklärung bergen

13 Diese Aussage geht auf Gespräche mit Patentanwälten und einem Patentrichter zurück.

14 Das Joint Cluster Biotech des EPA umfasst neun Direktorate (sechs in München, drei in Den Haag) jedes mit 25–30 Prüfern, und beschäftigt 169 Patentprüfer in München, sowie 87 Prüfer in Den Haag (Schriftl. Mitteilung, Berthold Rutz, EPA, 11.6.2008). Das DPMA hat im Jahr 2009 neue Mitarbeiter rekrutiert und die Zahl seiner Prüfer um 100 Stellen aufgestockt (DPMA 2010: 66).

und damit hohe Kosten aufwerfen sowie ganze Entwicklungsbereiche abschneiden können. Eine Benchmarking-Studie bescheinigte dem DPMA 2007 sogar eine doppelt so hohe Produktivität wie dem EPA.[15]

Die hohe Bereitschaft des deutschen Patentamtes, das veränderte Patentgesetz umzusetzen, stößt allerdings auf gewisse Hindernisse, da die Zahl der Biotechnologie-Anmeldungen, anhand derer diese Implementierung demonstriert werden kann, beschränkt ist.

Generell werden inzwischen mehr als 90 Prozent der in Deutschland gültigen Biotechnologie-Patente vom Europäischen Patentamt mit dem Benennungsland Bundesrepublik erteilt.

Dass Anmelder häufig von vorneherein die europäische Route der Anmeldung einschlagen, hat mit dem hohen Europäisierungs- bzw. Internationalisierungsgrad biomedizinischer Forschung und ihrer Anwendung zu tun. Ein weiterer wichtiger Grund scheint inzwischen ein sprachlicher zu sein: Wissenschaftler verfassen ihre Publikationen in englischen *peer-reviewed journals* und große, transnationale Firmen unterhalten mittlerweile ihre gesamte interne Korrespondenz auf Englisch. Das DPMA akzeptiert hingegen, im Einklang mit dem deutschen Patentgesetz, nur deutschsprachig verfasste Patentanmeldungen.[16]

---

15 Productivity benchmarking study in the patent grant procedure published, Munich/Newport, 26 July 2007, http://www.epo.org/about-us/press/releases/archive/2007/20070726.html. Siehe Ernst & Young (2007). Auch Überschlagsrechnungen zeigen, dass das DPMA eine höhere Produktivität aufweist: Das EPA hat fünfmal so viele Prüfer wie das DPMA, das Verhältnis liegt also bei 1:5. Beim DPMA gehen rund 60.000 Anmeldungen jährlich ein. Beim EPA waren es 2008 und 2009 gemittelt rund 60.000 Direktanmeldungen und rund 80.000 Euro-PCT-Anmeldungen in der regionalen Phase, was zusammen etwa 140.000 Anmeldungen beträgt. Im Vergleich mit dem DPMA ergibt sich daraus ein Verhältnis von circa 1:2,3. Hinsichtlich der abgeschlossenen Verfahren werden im DPMA jährlich rund 33.000 Prüfungsverfahren durchgeführt und rund 13.000 Recherchen. Beim EPA sind es rund 124.000 Prüfungsverfahren und rund 10.000 vorläufige Verfahren, die ungefähr den Recherchen beim DPMA entsprechen (EPO 2009, DPMA 2010). Bei den Prüfungsverfahren beträgt das Verhältnis also rund 1:3,8, bei den Recherchen 1:0,78. Rechnet man Recherchen als halbes Verfahren, dann ergeben sich beim DPMA 39.500 erledigte Verfahren und beim EPA rund 129.000; daraus berechnet beträgt das Verhältnis 1:3,3. Die höhere Produktivität des DPMA bedeutet, dass das DPMA mit der Personalstärke des EPA folglich 39.500 mal fünf und somit jährlich 197.500 Prüfungsverfahren bewältigen würde. Es ist aber einzubeziehen, dass das EPA dreisprachig arbeitet und eine Reihe von politischen Funktionen auf europäischer Ebene und international übernommen hat, wofür Prüfer freigestellt werden.

16 Anmelder zu veranlassen, zunächst die deutsche Route zu beschreiten und dann von dort aus eine europäische bzw. PCT-Anmeldung zu stellen, würde dem DPMA Arbeit und Einnahmen für Prüfungsgebühren verschaffen. Generell gesehen würde dies die nationale Souveränität über die (implizite) Biopatentierungs-Policy, die sich vermittels der Erteilungspraxis des Patentamtes vollzieht, stärken. Ein Anreiz für diesen Weg läge darin, das deutsche Patentgesetz dahingehend zu ändern, dass man dem Anmelder zunächst nur die Abfassung der Patent*ansprüche* auf Deutsch abverlangte, aber eine Beschreibung in englischer Sprache akzeptierte und die Übersetzung ins Deutsche erst bei Erteilung fordern würde (Persönliche Meinung, Dr. Dieter Schneider, DPMA, 9.6.2008).

3. Die Entwicklung der Anmelderaten nach Inkrafttreten des deutschen Biopatent-Gesetzes

Zunächst bleibt zu fragen, wie sich die Anmelde- und Erteilungsraten im Bereich der Biotechnologie-Patente, insbesondere für (humane) Gensequenzen vor und nach dem Inkrafttreten des deutschen Umsetzungsgesetzes vom 28.02.2005 beim DPMA entwickelt haben. Dabei wäre zu eruieren, ob es nach dem Inkrafttreten des Gesetzes zu einem signifikanten Rückgang der Biotechnologie-Anmeldungen kam, wobei hierzu die Anmelderaten beim EPA zu vergleichen wären. Erst eine Analyse dieser Zahlen und ein Heranziehen weiterer Erklärungsfaktoren kann Hinweise darauf geben, ob es tatsächlich zu einer »Abwanderung« hin zum EPA gekommen ist. Außerdem ist hinsichtlich einer Evaluation der Implementierung zu klären, ob und wie die neuen Vorgaben des §1a Abs. 3 und 4 PatG hinsichtlich der Stoffschutzbeschränkung umgesetzt werden.

3.1 Zahlen zu den Anmeldungen und Erteilungen (1998–2007)

Hierzu hat das DPMA auf eine schriftliche Anfrage hin folgende Zahlen vorgelegt[17], die eine Übersicht zur Entwicklung der offengelegten Anmeldungen der Jahre 1998 bis 2006 ermöglicht (siehe Tabelle 1, entsprechend Grafik 1), sowie die Entwicklung der gedruckten Patentschriften der Jahre 1998 bis 2007 (siehe Tabelle 2, Zahlen aufgetragen in Grafik 2) offenlegt.

Tabelle 1: Offengelegte Anmeldungen nach dem Anmeldetag beim DPMA 1998–2006

	1998	1999	2000	2001	2002	2003	2004	2005	(2006)
DE-Biopatent-Anmeldungen	59	88	89	73	44	25	32	27	20
EP-Biopatent-Anmeldungen	1472	1583	1667	1753	934	699	671	361	(202)
DE-Arzneimittel-Anmeldungen	658	743	780	900	711	598	599	618	(437)
EP-[Proteine/Gene]-Anmeldungen	55	55	65	62	40	22	26	27	(16)
DE-[Proteine/Gene]-Anmeldungen	9	14	10	14	9	2	2	7	(5)

Quelle: DPMA (2008), die Zahlen des Jahres 2006 sind vorläufig.

17 Ich folge in meiner Darstellung den schriftlichen Mitteilungen des DPMA vom 23.10.2008 auf meine Anfrage. Zur Bewertung greife ich zum einen auf die Aussagen des DPMA selbst zurück, zum anderen stelle ich eigene Bewertungen an, die als solche gekennzeichnet sind.

Graphik 1: Biopatentanmeldungen beim DPMA (1998–2006)

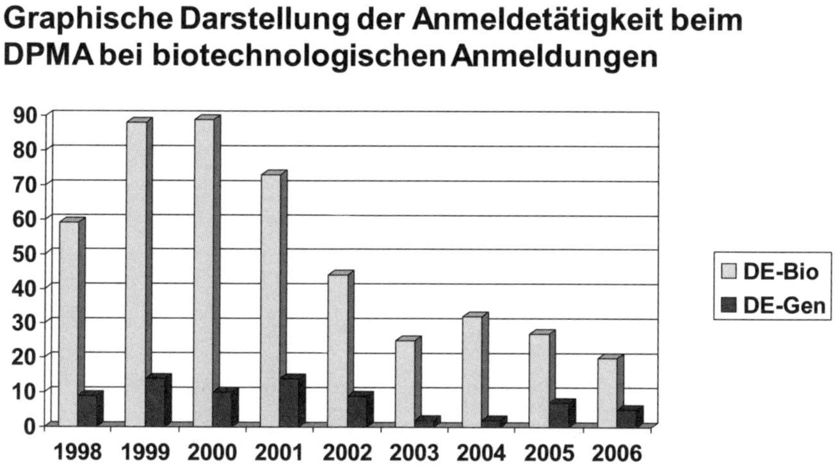

DE-Bio steht für die Gesamtzahl der Anmeldungen im Biotech-Bereich.
DE-Gen steht für die Gesamtzahl der Anmeldungen mit Protein- und/oder Gensequenzen.
Quelle: DPMA (entsprechend Tabelle 1)

Tabelle 2: Gedruckte Patentschriften Biopatente nach Veröffentlichungsjahr (1998–2007)

	1998	1999	2000	2001	2002	2003	2004	2005	2006	2007
DE-Biopatente	27	24	23	4	2	2	1	3	12	13
EP-Biopatente	143	148	135	153	149	297	392	503	523	393
EP-[Proteine/Gene]	2	7	5	5	7	6	7	18	19	22
DE-[Proteine/Gene]	5	4	12	1	0	0	0	0	0	5

DE = Beim Deutschen Patent- und Markenamt angemeldete Patente.
EP = Beim Europäischen Patentamt angemeldete Patente.
Quelle: DPMA (2008)

Grafik 2: Vom DPMA erteilte Biotechnologie- und Genpatente (1998–2007)

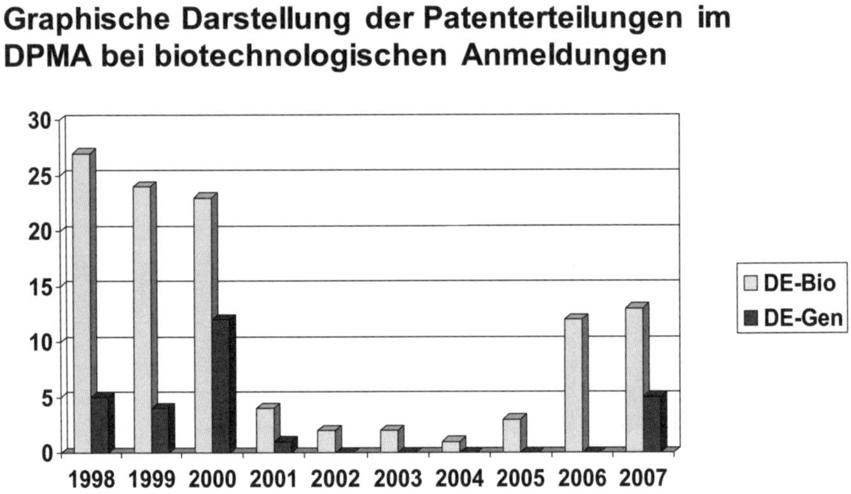

DE-Bio steht für die Gesamtzahl der Erteilungen im Biotech-Bereich.
DE-Gen steht für die Gesamtzahl der Erteilungen mit Protein- und/oder Gensequenzen.
Quelle: DPMA (2008)

3.2 Analyse und Ergebnis

Sowohl bei der Zahl der beim DPMA angemeldeten deutschen Biopatente, als auch bei den zum Vergleich angeführten Arzneimittel-Patentanmeldungen lag der Höhepunkt der Anmeldungen in den Jahren 1999 bis 2001. Von 2001 bis 2003 ist eine kontinuierliche Abnahme gegenüber den Jahren 1999 bis 2001 zu erkennen. Bei den beim Europäischen Patentamt angemeldeten Biopatenten ist dieselbe Tendenz erkennbar; hier schreitet die Abnahme nach dem Gipfel im Jahr 2001 in den Jahren 2002 bis 2005 sogar noch stärker fort, und fällt schließlich im Jahr 2005 auf etwa ein Fünftel der Anmeldezahlen von 2001. Die Anmeldungen, für die §1a Abs. 4 PatG zu beachten ist, entsprechen größtenteils den in Zeile fünf von Tabelle 1 aufgeführten Zahlen.[18] Das DPMA vermerkt dazu, dass diese Zahlen sehr klein sind und ein starkes »Rauschen« aufwiesen, »so dass man aus diesen Zahlen kaum Schlüsse ziehen kann«.

Das DPMA wendet das Gesetz auch auf vor dem Inkrafttreten des Gesetzes am 28.02.2005 beim DPMA anhängige, aber noch nicht erteilte Genpatente an, da im Gesetz keine Übergangsregelung festgelegt wurde. Ein Einfluss des In-

18 Dabei ist Zeile fünf eine Unterkategorie zu Zeile eins, d.h. die Zahlen der fünften Zeile sind auch in den Zahlen der ersten Zeile enthalten.

krafttretens des deutschen Gesetzes zur Umsetzung der Richtlinie 98/44/EU am 28.02.2005 auf die Zahl von Biopatent-Anmeldungen beim Deutschen Patent- und Markenamt ist für 2005 nicht erkennbar. Der starke Abfall in den Jahren 2002 bis 2003 bei deutschen Biopatent-Anmeldungen kann nicht auf die deutsche Biopatent-Politik zurückgeführt werden, da dieser Trend auch in Nicht-Biopatent-Gebieten und außergewöhnlich stark bei Biopatent-Anmeldungen beim Europäischen Patentamt zu beobachten ist (siehe Tabelle 3 in Kapitel II.B und Hopkins et al. 2007).

Auch auf die deutsche Erteilungsrate (Tabelle 2) ist kein signifikanter Einfluss durch das Umsetzungsgesetz zu erkennen, denn bereits im Jahr 2001 trat ein starker Abfall der deutschen Erteilungsrate ein, die auf diesem niedrigen Niveau bis 2005 verharrt und erst 2006 eine Zunahme zeigt. Die niedrigen Erteilungszahlen sind durch lange Bearbeitungszeiten und den Rückstau in der administrativen Bearbeitung (Backlogging) zu erklären. Laut DPMA war in den Jahren 2001 bis 2005 für die Prüfungsstellen des DPMA eine schwerwiegende Unsicherheit bei Patentprüfungen entstanden, vor allem hinsichtlich der Handhabung des Kriteriums der »Einheitlichkeit« bei Anmeldungen mit Gensequenzen und Proteinen, da die Ansprüche häufig viele verschiedene Gegenstände umfassten; zugleich waren hohe Zahlen von Erstbescheiden zu bewältigen, so dass in dieser Zeit Erteilungen »quasi ausgesetzt« waren. Dieses temporäre »auf Eis legen«, bis eine interner administrativer Umgang hinsichtlich der »Einheitlichkeit« gefunden wurde, ist besonders deutlich bei den (humanen) Protein- und Genpatenten in den Jahren 2002 bis 2006 zu erkennen, in denen es beim DPMA zu keiner einzigen Erteilung kam. Tatsächlich sind in diesem Zeitraum die Genpatent-Erteilungen »auf Null gesunken« und erst 2007 wurden wieder Genpatente erteilt. Die politische Unsicherheit hinsichtlich der Stoffschutzdebatte habe hier jedoch nicht oder allenfalls ganz unwesentlich in die Erteilungspraxis hineingespielt.

Eine Erhöhung der Zurückweisungsquote bei Biopatent-Anmeldungen durch das DPMA ist nicht zu erkennen; es traten insgesamt sechs Zurückweisungen über die vergangenen acht Jahre hinweg auf, diese waren nicht seit dem Jahr 2005 gehäuft.

Beim Europäischen Patentamt hingegen ist von 2002 bis 2005 eine Erhöhung der Erteilungsrate um mehr als das Dreifache sichtbar. Diese ist vor allem darin begründet, dass beim EPA neue Prüfer für den Biotechnologie-Bereich eingestellt wurden, die den Berg der aufgelaufenen Anmeldungen allmählich abtragen.

3.3 Veränderungen im Anmelderverhalten?

Darüber hinaus wurde das DPMA gefragt, bei wie vielen Anmeldungen bzw. für welchen Anteil der Anmeldungen nach deutscher Erstanmeldung und Recherchebericht die europäische Route (EPA-Bündelpatent) eingeschlagen wurde und ob es hierbei zu Veränderungen im Anmelderverhalten nach dem Inkrafttreten des Gesetzes am 28.02.2005 kam. Hierzu kann das DPMA nur eingeschränkt Aussagen treffen.[19] Demnach sind bis Ende März 2008 insgesamt 263 Biopatent-Anmeldungen mit einem Prüfungsantrag *vor* dem 28.02.2005 anhängig; davon sind 103 ausgesetzt wegen eines parallelen EPA-Verfahrens (EP-Frist). Im deutschen Prüfungsverfahren befinden sich somit zum 27. März 2008 bei 14 Prüfungsstellen in vier Patentabteilungen 160 Anmeldungen mit Prüfungsantrag *vor* dem 28.02.2005, auf die das neue Recht anzuwenden ist.

Gleichzeitig sind 247 solcher Anmeldungen mit Prüfungsantrag *nach* dem 28.02.2005 anhängig; davon sind 46 wegen EP-Frist ausgesetzt. Im deutschen Prüfungsverfahren befinden sich somit 201 Anmeldungen mit Prüfungsantrag *nach* dem 28.02.2005.

Der Vergleich der Biopatent-Anmeldezahlen vor (160) und nach (201) dem Gesetzes-Stichtag 28. Februar 2005 zeigt folglich, dass sich die Anmelderschaft in der Mehrzahl der zum 27. März 2008 anhängigen Biopatent-Anmeldungen erst *nach* dem 28.02.2005 zum Eintritt in das Prüfungsverfahren entschlossen hat. Abwanderungsbewegungen zum Europäischen Patentamt sind nicht erkennbar geworden. Vielmehr zeigt der Vergleich der anhängigen Biopatent-Anmeldungen vor (263) und nach (247) dem Inkrafttreten des Gesetzes am 28.02.2005 sogar, dass *vor* diesem Datum 103 parallele Anmeldungen beim EPA eingereicht wurden, während es danach lediglich 46 waren. Hier wäre allenfalls noch zu prüfen, ob es zwischen der Verabschiedung des Gesetzes im Bundestag am 3.12. 2007 und seinem Inkrafttreten zu einer Häufung von europäischen Anmeldungen kam, die gegebenenfalls als »Flucht zum EPA« interpretiert werden könnten.

19 Das DPMA verweist darauf, dass für die Beantwortung dieser Frage für jedes der Jahre 2004 bis 2008 im Einzelnen das Einleiten von EP-Verfahren nach dem Erstbescheid oder dem Recherchebericht, aber nicht vor diesen amtsseitigen Aktionen gezählt werden müsste. Der Zeitaufwand für eine »handausgezählte« Detailanalyse dürfte enorm hoch sein, eine entsprechende Datenbank steht nicht zur Verfügung. Daher sei eine eingeschränkte Aussage zu dieser Problemstellung nur anhand der aktuellen Inventurliste der Prüfungsanträge in ausgewählten Patentabteilungen (1.23, 1.41, 1.43 und 1.44) zum 27. März 2008 möglich.

3.4 Zusammenfassung

Zusammenfassend bleibt daher festzustellen, dass eine Abwanderungsbewegung von Anmeldern von Biopatenten, insbesondere solchen auf humane Gensequenzen, vom Deutschen Patent- und Markenamt hin zum Europäischen Patentamt nicht zu erkennen ist.[20]

Deshalb wäre es falsch, zu insinuieren, dass Anmelder aufgrund der strengeren deutschen Gesetzesregelung zur Stoffschutzbeschränkung, welche den Schutzbereich von (humanen) Gensequenzpatenten einschränkt, auf das europäische Bündelpatent mit deutscher Benennung ausweichen.[21]

Ob es überhaupt ein solches vermeintliches rechtliches »Schlupfloch« gibt, ob also die Erteilungspraxis des EPA gegenüber jener des DPMA tatsächlich einen breiteren Schutzbereich in den Patentansprüchen ermöglicht, wäre empirisch durch einen detaillierten Vergleich zwischen (möglichst identischen) Anmeldungen beim DPMA und beim EPA und einen Abgleich des Textes der erteilten Patentansprüche zu prüfen. Hier besteht Forschungsbedarf. Zwar nimmt, wie bereits vermerkt, das EPA in keiner Weise auf die deutsche Stoffschutzbeschränkung Bezug, es entwickelt jedoch unter anderem im Rahmen seiner von der EPA-Präsidentin Brimelow eingeleiteten Initiative »Raising the Bar« gegebenenfalls eigene Methoden zur Verschärfung seiner Patenterteilungspraxis (Siehe Kap. II.E.3).[22]

---

20 Allerdings sind die Zahlen sehr klein und deshalb keine statistischen Signifikanzen ausmachbar.

21 Zum Schutzbereich bleibt generell zu vermerken, dass die Umfangsebene analytisch von der Tatbestandebene zu trennen ist. Der Umfang des Patentanspruchs (Schutzbereich) wird vom Anmelder als Gegenstand des Patents definiert und vom Patentprüfer nach Ermittlung des Standes der Technik festgelegt, woraus sich die Schutzwirkungen des Patents ableiten. Daraus lässt sich aber nicht bereits der Umfang des gewährten Schutzes ableiten, insbesondere nicht, ob dieser absolut oder zweckgebunden ist. Der absolute Stoffschutz stammt aus dem Richterrecht, das Case Law hat aber durch das Wirken der epistemischen Gemeinschaft des Patentrechts hohe Verallgemeinerung erfahren. Erst durch die parlamentarische Debatte kam es zu einer Hinterfragung und zu einer erstmaligen *gesetzlichen* Erwähnung des Umfangs des Stoffschutzes und schließlich zu einer spezifischen Stoffschutzbeschränkung. Es bleibt allerdings festzuhalten, dass auch dann, wenn ein Patentprüfer eine Funktions- oder Zweckangabe in den Patentanspruch aufnimmt, wie vom Gesetzgeber in §1a (4) PatG vorgeschrieben, letztlich immer noch allein der Verletzungsrichter im konkreten Fall entscheidet, ob diese Angabe zu einer Einschränkung des Schutzes führt oder nicht.

22 Die Maxime »Raising the Bar« stößt jedoch EPA-intern nicht nur auf Applaus und es stellt sich die Frage, wie sie operationalisiert wird (vgl. dazu Staff Union of the European Patent Office (SUEPO) 2007: »Raising the bar. Core products with core quality«. SUEPO Central Executive Committee, 15.11.2007).

4. Die Implementierung der Verwendungsbeschränkung von §1a Abs. 4 PatG in der Praxis

Gegenstand der Anfrage an das DPMA war auch die konkrete Umsetzung der neuen Regelung von §1a Abs. 4 des Biopatent-Gesetzes in der Praxis des DPMA, wobei gefragt wurde, wie die Umfangsbeschränkung des Stoffschutzes auf die »Verwendung« in der Praxis gehandhabt wird.

Zur Erinnerung sei hier nochmals der Wortlaut von §1a (3) und (4) PatG wiedergegeben:

»(3) Die gewerbliche Anwendbarkeit einer Sequenz oder Teilsequenz eines Gens muss in der Anmeldung konkret *unter Angabe der von der Sequenz oder Teilsequenz erfüllten Funktion* beschrieben werden.

(4) *Ist Gegenstand der Erfindung eine Sequenz oder Teilsequenz eines Gens, deren Aufbau mit dem Aufbau einer natürlichen Sequenz oder Teilsequenz eines menschlichen Gens übereinstimmend ist, so ist deren Verwendung, für die die gewerbliche Anwendbarkeit nach Absatz (3) konkret beschrieben ist, in den Patentanspruch aufzunehmen.*«[23]

Die Konkretisierung in Absatz 4 fordert vom Patentprüfer, dafür zu sorgen, dass die *Verwendung* der Gensequenz in die Patent*ansprüche* aufgenommen wird und somit den Schutzumfang darauf beschränkt.

Im Folgenden gebe ich zunächst die vom DPMA vorgelegten Daten, sowie dessen Bewertung wider. In einem zweiten Schritt wird eine eigene Bewertung dieses Materials vorgenommen.

4.1 Beleg des Gesetzesvollzuges durch das DPMA

Angefragt wurde beim DPMA, ob es zur Implementierung interne Anweisungen oder Richtlinien für die Prüfung gäbe. Neben dem Verweis auf einen internen Leitfaden[24] weist das DPMA in seiner offiziellen Mitteilung darauf hin, dass die Prüfungsstellen am DPMA von Gesetzes wegen in ihrer Erteilungspraxis unabhängig sind.

Das Amt legt zur konkreten Handhabung der Erteilungspraxis aus dem Jahr 2007 fünf Patentschriften vor, die humane Gensequenzen behandeln. Bekannt gewordene Änderungen aufgrund §1a(4) PatG können beispielhaft anhand der folgenden Fälle 1 bis 5 nachvollzogen werden. Dabei wird jeweils der relevante

23 Die kursiv gedruckten Textpassagen markieren die Differenz zum Text der EU-Biopatentrichtlinie.

24 Persönliche Mitteilung, Dr. Dieter Schneider, DPMA, 9.6.2008.

ursprüngliche Anspruch der Offenlegungsschrift dem erteilten Anspruch der Patentschrift gegenübergestellt.[25]

Tabelle 3: Fünf Fälle von DNA-Patenterteilungen des DPMA 2007

1. Offenlegungsschrift DE 103 06 085 A1 Ursprünglicher Anspruch 1: »Isoliertes Nukleinsäuremolekül ausgewählt aus der Gruppe umfassend a) ein Nukleinsäuremolekül umfassend eine Nukleotidsequenz nach SEQ ID Nr. 1, b) ein Nukleinsäuremolekül, welches mit einer Nukleotidsequenz gemäß a) unter stringenten Bedingungen hybridisiert, c) ein Nukleinsäuremolekül umfassend eine Nukleotidsequenz, die eine ausreichende Homologie aufweist, um zu einer Nukleotidsequenz gemäß a) oder b) funktionsanalog zu sein, d) ein Nukleinsäuremolekül, das in Folge des genetischen Codes zu einer Nukleotidsequenz gemäß a)–c) degeneriert ist und e) ein Nukleinsäuremolekül gemäß einer Nukleotidsequenz nach a)–d), welches durch Deletionen, Additionen, Substitutionen, Translokationen, Inversionen und/oder Insertionen modifiziert und funktionsanalog zu einer Nukleotidsequenz gemäß a) bis d) ist.«	*Patentschrift DE 103 06 085 B4, Patenterteilung 11.01.2007* Erteilter Anspruch 1: »AKAP-kodierendes Nukleinsäuremolekül der Nukleotidsequenz SEQ ID No. 1 und alle Homologen mit mindestens 83%, die zu dem Nukleinsäuremolekül der Nukleotidsequenz SEQ ID No. 1 funktionsanalog sind, *zur Detektion einer AKAP-PKA-Interaktion oder eines AKAP- und/oder PKA-Inhibitors oder eines membranpermeablen Peptides.*«
2. Offenlegungsschrift DE 102 41 553 A1 Ursprünglicher Anspruch 1: »DNA-Sequenz, die den 5'-nichttranslatierten Bereich des menschlichen TIMP-2-Gens von den Positionen -631 bis -611, -605 bis -585 und/oder -271 bis -251 gemäß Fig. 1 umfaßt und sich von der ursprünglichen TIMP-2-DNA-Sequenz dadurch unterscheidet, dass die Base C an Position -621 gegen T, A oder G ausgetauscht ist und/oder die Base A an Position -596 gegen T, C oder G und/oder die Base G an Position -261 gegen T, C oder A.«	*Patentschrift DE 102 41 553 B4, Patenterteilung 25.01.2007* Erteilter Anspruch 1: »Nukleinsäure, *verwendbar zur Diagnose einer vaskulären Erkrankung, kardialen Erkrankung, Arteriosklerose oder Krebserkrankung*, der Sequenz, die den 5'-nichttranslatierten Bereich des menschlichen TIMP-2-Gens von den Positionen -631 bis -611, -605 bis -585 und/oder -271 bis -251 gemäß Fig. 1 umfasst und sich von der ursprünglichen TIMP-2-DNA-Sequenz dadurch unterscheidet, dass die Base C an Position -621 gegen T, ausgetauscht ist und/oder die Base A an Position -596 gegen C und/oder die Base G an Position -261 gegen A.«

25 Die entscheidenden Änderungen zur Aufnahme der Verwendung in den Anspruch erscheinen im erteilten Anspruch kursiv gedruckt.

3. Offenlegungsschrift DE 199 58 198 A1 Ursprünglicher Anspruch 1: »Nukleinsäure, dadurch gekennzeichnet, daß sie für ein an den IGF-1 Rezeptor bindendes Protein codiert, ausgewählt aus der Gruppe umfassend: a) die in SEQ ID NO:5 dargestellte Nukleinsäuresequenz oder Komplementärsequenz dazu, b) Nukleinsäuresequenzen, welche unter stringenten Bedingungen mit einer der Nukleinsäuren aus (a), die für ein Polypeptid mit Homologie zu der in SEQ ID NO:6 dargestellten Polypeptidsequenz codieren, hybridisieren, c) Nukleinsäuresequenzen, welche aufgrund der Degeneration des genetischen Codes für Polypeptide codieren, welche die Aminosäuresequenz der von einer der Nukleinsäuren aus (a) und/oder (b) codierten Polypeptide aufweisen.«	*Patentschrift DE 199 58 198 B4, Patenterteilung 08.03.2007* Erteilter Anspruch 1: »Nukleinsäure, dadurch gekennzeichnet, dass sie für einen an den IGF-I-Rezeptor bindendes Protein codiert, ausgewählt aus der Gruppe: (a) die in SEQ ID NO:5 dargestellte Nukleinsäuresequenz, (b) Nukleinsäuresequenzen, welche für ein Polypeptid codieren, welches mindestens 75% Homologie mit dem Polypeptid der SEQ ID NO:6 aufweist, *und welche zur Detektion des Proliferationspotenzials einer Tumorzelle geeignet ist.*«
4. Offenlegungsschrift DE 10 2004 004 924 A1 Ursprünglicher Anspruch 1: »Nukleinsäuremolekül kodierend für ein humanes Omi/HtrA2-Protein, das an Aminosäureposition 141 und/oder 399 eine gegenüber dem Wildtyp genetische Veränderung aufweist, sowie für entsprechende Abschnitte hiervon.«	*Patentschrift DE 10 2004 004 924 B4, Patenterteilung 26.04.2007* Erteilter Anspruch 1: »Nukleinsäuremolekül kodierend für ein humanes Omi/HtrA2-Protein, das an Aminosäureposition 141 und/oder 399 eine gegenüber dem Wildtyp genetische Veränderung aufweist, sowie für entsprechende Abschnitte hiervon, *zur Verwendung in der Diagnose von Morbus Parkinson und/oder einer Veranlagung hierfür und/oder zum Auffinden und Testen von gegen Morbus Parkinson wirksamen Substanzen.*«
5. Offenlegungsschrift DE 199 55 576 A1 Ursprünglicher Anspruch 11: »Nukleinsäure oder Homologe davon, die das in den Ansprüchen 7 bis 9 genannte Transferprotein kodiert.«	*Patentschrift DE 199 55 576 B4, Patenterteilung 28.02.2008* Erteilter Anspruch 18: »Nukleinsäure oder Homolog davon, kodierend für ein Transferprotein nach einem der Ansprüche 7 oder 8 oder eine Transferverbindung nach Anspruch 10 oder das carboxyterminale Ende des Ki-67 Proteins, das in einer Transferverbindung nach einem der Ansprüche 9 bis 14 enthalten ist, *zur Verwendung als Arzneimittel.*«

4.2 Würdigung und kritische Bewertung

Wie den vorgelegten Patentschriften zu entnehmen ist, kam es durchaus im Erteilungsprozess zu erheblichen Veränderungen an den ursprünglich eingereichten Ansprüchen in den Patentanmeldungen. Dies zählt zum normalen Prozess eines jeden Prüfungs- und Erteilungsverfahrens beim DPMA. Bemerkenswert ist, dass in allen vorgelegten Fällen explizit eine Aussage zur Verwendung der Gensequenz getroffen wird. Somit lässt sich anhand der vom DPMA vorgelegten Patenterteilungen feststellen, dass der Regelungszweck des Gesetzes erfüllt wird: Die Verwendung der Gensequenz wird in die Patentansprüche aufgenommen und somit rechtlich gesehen der Schutzumfang auf diese Verwendung beschränkt.

Insofern lässt sich zunächst einmal hinsichtlich der Implementierung positiv vermerken, dass die Umsetzung der Beschränkung des Stoffschutzes auf die Verwendung in §1a(4) PatG in die Praxis eingegangen ist.

Hierzu bleibt zur Auslegung des Begriffs »Verwendung« einer Gensequenz festzustellen, dass diese in ganz unterschiedlicher Weise, angepasst an die jeweilige Erfindung, gefasst wird. In Fall 1 handelt es sich um eine biologische Funktion, in Fall 2 um die Verwendung zur Krankheitsdiagnostik, in Fall 3 um die Aufdeckung eines über die Entwicklung einer onkologischen Krankheit möglicherweise aufschlussreichen Sachverhalts, in Fall 4 um eine Verwendung sowohl in der Diagnostik wie in der Therapie einer bestimmten Erkrankung, in Fall 5 um eine allgemeine Verwendung als Arzneimittel.

Damit ist festzustellen, dass ganz unterschiedliche Verwendungsbegrifflichkeiten und spezifische Verwendungsmöglichkeiten Eingang in die Erteilungspraxis gefunden haben, sowohl in Bezug auf die biologische Funktion einer DNA-Sequenz oder auf die Funktion einer Krankheitskorrelation wie auch in Bezug auf die gewerbliche Anwendung in Diagnostik und Therapie (vgl. die Modelle in Kap. II.B.2).

Zur *Breite* der Schutzansprüche bleibt zu vermerken, dass diese sehr stark schwankt. Dabei bestätigt sich die – dem Regelungsziel eigentlich widersprechende – Regel, dass der Schutzumfang am breitesten ist, je diffuser die Verwendung beschrieben wird. Am breitesten ist demnach die Anspruchsformulierung im Fall 5, die eine »*Verwendung als Arzneimittel*« vorsieht.

Da es sich bei *allen* fraglichen Biopatenten um eine biomedizinische Anwendung handelt, bleibt an dieser Stelle gegenüber dem DPMA kritisch zu fragen, ob eine solche Formulierung im Fall 5 noch dem Gesetzesziel entspricht. Hier dürfte man davon ausgehen, dass das Ziel verfehlt wurde, werden doch hier alle möglichen Verwendungen als Arzneimittel beansprucht, während der Gesetzgeber gerade eine Präzisierung und Einschränkung der gewerblichen Anwendbarkeit sicherstellen wollte.[26] Daher kann man sich auf den Standpunkt stellen, dass eine solche Formulierung de lege lata nicht zulässig sein sollte.

Dies ist wohl auch dem DPMA nicht entgangen, das anmerkt, dass dieses Fallbeispiel 5 »auf den ersten Blick eine nicht geglückte Anwendung« sei, die im Widerspruch zur Forderung des Gesetzgebers zu stehen scheine. Das Amt vermerkt jedoch, dass im Prüfungsverfahren »in zwei Prüfungsbescheiden die Anwendung von §1a Abs. 4 PatG thematisiert« worden sei. Die in der Patentschrift verwendete Formulierung sei bei genauerer Betrachtung konkreter als bloß »für medizinische Zwecke«, da sie Forschungszwecke und diagnostische Verfahren nicht umfasse und auch insofern sachgerecht, als die beschriebene Verwendung tatsächlich sehr allgemein sei: Die Nukleinsäure solle zur Herstellung von Transportproteinen dienen, die im Prinzip jedes beliebige Arzneimittel in die Zelle schleusen können; in solch einem Fall sei nur eine sehr allgemeine Formulierung möglich. »Noch treffender hätte die Formulierung allerdings lauten können: »… zur Herstellung des Ki-67-Proteins als Transportmittel für Arzneimittel« vermerkt das DPMA abschließend. Letztere Formulierung wäre sicherlich zielführender gewesen.

Auch hinsichtlich des Schutzbereichs der anderen vorgestellten Fälle ergeben sich kritische Fragen:

- Fall 1 beansprucht letztlich eine bloße wissenschaftliche Erkenntnis. Es fragt sich daher, worin die technische Lehre eigentlich besteht und welche gewerbliche Anwendung offen gelegt wird. Die herangezogene Beschreibung führt dazu (unter anderem in Pkt. 56 und 57, sowie in 70 und 71) aus, dass bestimmte HEK293-Zellen, die membranpermeable Substanzen identifizieren, »für die Suche« nach spezifischen membranpermeablen Inhibitoren […] nutzbar« sind (Pkt 71). Es fragt sich hier, ob es sich tatsächlich bereits um eine abgeschlossene Erfindung handelt oder ob hier nicht »hunting grounds« reserviert wurden. Ob eine Patentierung von Erkenntnissen aus der Grundlagenforschung sinnvoll ist, bleibt jedoch heftig umstritten.
- In Fall 2 werden hingegen mehrere Krankheiten genannt, für welche die Gensequenz diagnostisch eingesetzt werden soll. Allerdings handelt es sich um vier große Krankheitsgebiete, die sowohl mehrere Organe wie auch die Tumorbildung umfassen. Es drängt sich der Eindruck auf, dass es sich dabei eher um spekulative Anwendungsbereiche handelt. Die herangezogene Beschreibung belegt diesen Verdacht, da diese Diagnosegebiete in der Beschreibung nicht ausreichend gestützt erscheinen. Vielmehr machen Formulierungen über gefundene Mutationen »von denen ausgegangen wird, dass

26 Dem Gesetz nach sollen »allgemeine Angaben zur gewerblichen Verwertbarkeit wie etwa ›für medizinische Zwecke‹ « schon für §1a (3) PatG nicht mehr und damit erst recht nicht für §1a (4) PatG ausreichen (siehe BT-Drs. 15/1709 (zu §1a) und BT-Drs 15/4417 zu §1a (4) PatG).

sie mit Erkrankungen in Zusammenhang stehen« sowie dass bestimmte Untersuchungen »keine signifikante Assoziation zwischen Genotyp und Phänotyp« zeigten (Pkt. 7, vgl. auch Pkt. 15) deutlich, dass es sich um einen Biomarker handelt, dessen Spezifität und Sensitivität für bestimmte Erkrankungen noch nicht bestimmt ist. Daher erscheint auch hier der Schutzumfang zu breit und die Erfindung nicht ausreichend offenbart.

- Fall 3 deckt eine zukünftig diagnostisch und therapeutisch möglicherweise relevante, vielleicht sogar segensreiche Anwendung hinsichtlich der Aggressivität einer Krebszelle ab, denn sie lässt fürderhin möglicherweise einmal Rückschlüsse auf die Lebenserwartung und auf das »Anschlagen« einer bestimmten Behandlungsart zu. Diese potentiellen Anwendungen liegen jedoch in weiter Ferne, wie in der herangezogenen Beschreibung in einer Reihe von Punkten (z.B. 4, 53, 54, 57, 59) deutlich wird, die alle mit dem Verb »können« und »könnten« arbeiten. Letztlich wird hier wiederum, wie bereits in Fall 1, eine wissenschaftliche Erkenntnis oder gar nur eine entsprechende Hypothese, patentiert. Dies liegt jedenfalls wiederum an der Grenze dessen, was man für sinnvoll und mit den üblichen Patentierungsvoraussetzungen vereinbar (keine Patentierbarkeit einer Entdeckung) halten kann.
- Fall 4 offenbart im Gegensatz zu Fall 2 eine spezifische Erkrankung, nämlich Morbus Parkinson. Diese willkommene Spezifizierung in der Verwendung, welche dem Regelungsziel des Gesetzgebers entspricht, wird allerdings wieder eingebüßt bei der gewerblichen Anwendbarkeit: Hierfür wird sowohl die präsymptomatische Disposition für die Erkrankung wie ein diagnostischer Test, als auch alle möglichen Substanzen, welche gegen die Parkinsonsche Erkrankung wirksam sein könnten (potentiell unendlich), beansprucht. Hier wären wiederum sowohl eine Spekulativität in der Problemlösung wie auch ein zu breiter Anwendungsbereich zu monieren.[27] Letztlich wurde hier ein *research tool* patentiert, auf das viele andere Forscher angewiesen sein werden, falls sich wirklich der Nachweis des Zusammenhangs mit Morbus Parkinson erhärten lässt.

27 Aus der herangezogenen Beschreibung wird deutlich, dass man ein genetisches Nachweisverfahren für Morbus Parkinson sucht und dabei auf eine genetische Veränderung im Omi/HtrA2 Protein gestoßen ist, die überraschend mit dem Auftreten von Parkinson korreliert und bisher in der Fachliteratur verneint wurde (siehe Pkt 15 und 18). Der Nachweis wurde jedoch nur bei 29 Parkinson-Patienten gegenüber 600 gesunden Kontrollpersonen geführt, was keine statistisch aussagekräftige Relevanz erbringt (Pkt. 19, vgl. auch 23, 34 und 66). Somit ist m.E. lediglich eine interessante Hypothese gefunden worden, die durch weiteres Forschen und durch Nachweis an einer wesentlich höheren Zahl von Probandenproben zu validieren ist, bevor ein genetisches Nachweisverfahren für Morbus Parkinson daraus entstehen kann und tatsächlich geklärt ist, ob diese genetische Veränderung für die Diagnose einer Parkinsonschen Erkrankung bedeutsam und aussagekräftig ist.

Zusammenfassend bleibt festzustellen, dass das DPMA den Regelungszweck umgesetzt und hinsichtlich der *Effizienz* der Implementierung wohl den höchsten Grad erreicht hat: In alle Genpatente wurde gesetzesgemäß eine Verwendung in den Patentanspruch eingefügt. Die gesetzlichen Vorschriften werden hinsichtlich des Gesetzeszwecks voll in der Praxis angewandt. Dies ist sehr zu begrüßen und stellt zweifellos einen Erfolg dar.

Hinsichtlich der *Effektivität* der Zielerreichung besteht allerdings noch ein gewisser Nachjustierungsbedarf. Insbesondere bestehen begründete Zweifel, ob der vom Gesetzgeber vorgesehene Sollzustand im Regelungsbereich erreicht wird (*Gesetzesziel*). Das Gesetzesziel lag darin, eine »Überbelohnung« des Patentinhabers zu vermeiden und zu einer angemessenen Balance zwischen der vom Patentinhaber offenbarten Erfindung und dem dafür von der Gesellschaft gewährten Schutz zu erreichen. Insbesondere sollten eine »Vorratspatentierung« verhindert und spekulativen Patentanmeldungen ein Riegel vorgeschoben werden. Dabei lag die Regelungsabsicht darin, Patente auf *research tools* und *reach-through*-Ansprüche nicht oder allenfalls unter engsten Bedingungen zuzulassen, da diesen eine überwiegend negative Wirkung auf den Forschungs- und Entwicklungsprozess unterstellt wurde. Zudem wurde befürchtet, dass sich damit Patentdickichte aufbauen, welche zukünftige Erfinder behindern und zu einem ökonomisch nachteiligen Auftürmen von Lizenzforderungen (*Royalty Stacking*) führen können (zu diesen Begriffen siehe Tabelle 4).

Diese Befürchtungen sind weiterhin begründet. Für die Erteilungspraxis des DPMA bedarf es allerdings m.E. keiner erneuten Gesetzesänderung. Vielmehr wäre eine interne Schulung der Patentprüfer zu begrüßen, welche die Bewußtseinsbildung gegenüber den wissenschaftlich seit vielen Jahren hervorgehobenen, potentiell nachteiligen Wirkungen von breiten Genpatenten schärft. Außerdem wäre eine entsprechende Leitlinie vonnöten, die auf einer strikten Patentvergabe insistiert, basierend auf spezifischen, ausreichend offenbarten und in der Beschreibung gestützten Erfindungen, die eine technische Lehre vorweisen. Hierzu bedarf es auch der entsprechenden Führung seitens der Amts- und Abteilungsleiter. Ein weiteres, damit in Zusammenhang stehendes Problem ist aber auch die permissive Linie der BGH-Rechtsprechung, die den Patentprüfern wenig Handhabe lässt, gegen unzulässig verallgemeinerte oder spekulative Patentanmeldungen vorzugehen.[28]

Insgesamt sehe ich daher hinsichtlich der Effektivität der Implementierung noch Optimierungsbedarf, dem allerdings dank des »Nachhinkens« der Patenterteilung durch aufgelaufene Prüfrückstände durchaus Rechnung getragen werden kann.

---

28 Solche Probleme werden konkret z.B. anhand der sog. Markush-Formeln in einem Aufsatz veranschaulicht (siehe Schneider D. 2009).

Tabelle 4: Forschungs- und entwicklungsbehindernde Implikationen von Patenten

Im Gegensatz zu der das Patentrecht leitenden Annahme, dass Patente die technologische Innovation und Diffusion fördern, können Patente forschungs- und entwicklungsbehindernde Wirkungen entfalten. Zu den diskutierten Problemkomplexen zählen: – *reach through*-Ansprüche oder -Patente: Darunter werden Claims bzw. Patente gefasst, die breite Abhängigkeiten etablieren und den Durchgriff auf damit entwickelte Endprodukte gestatten, und zwar auch dann, wenn diese nicht physischer Bestandteil des entsprechenden Endproduktes werden (vgl. Wolfrum/Stoll 2001: 36). Reach through claims können entweder weitergehende Forschungen in ihrer Patentierbarkeit ganz blockieren (Neuheitsschädlichkeit), so dass die Früchte nachfolgender Erfinder dem Ersterfinder in die Hände fallen, oder deren Reichweite eng begrenzen und vom Basispatent abhängig machen. – *Research Tools*: Ein Stoff oder Verfahren bildet kein vermarktbares Endprodukt und resultiert auch nicht in einem solchen, sondern erleichtert oder ermöglicht lediglich die Suche nach einem solchen Endprodukt. Ein Stoff oder Verfahren kann je nach Blickwinkel des Erzeugers bzw. Nutzers ein Endprodukt sein – selbst wenn es lediglich für weitere Forschungszwecke eingesetzt wird – oder ein Research Tool (vgl. Godt 2007: 183–186). – Patentdickicht (*patent thicket*): Eine Vielzahl von fragmentierten und überlappenden Patentansprüchen macht die Orientierung schwierig und führt zu hohen Transaktionskosten für die Recherche solcher bereits bestehenden Patentansprüche und für Lizenzverhandlungen. Patentierte technologische Elemente formen »Dickichte«, in denen einzelne Bestandteile so eng miteinander verknüpft sind, dass eines oder mehrere dieser Bestandteile nicht angemessen genutzt werden können, ohne auch andere zu lizenzieren. Patentmärkte können zusammenbrechen, wenn ein Patentinhaber in Bezug auf ein Schlüsselelement einer Technologie inakzeptable Lizenzgebühren verlangt oder die Lizenzierung verweigert (Shapiro 2001; Geller 2004: 275). – *Royalty Stacking*: Eine Vielzahl von verschiedenen Patentansprüchen, für die Lizenzgebühren entrichtet werden müssen, um eine neue, eigene Erfindung nutzen zu können, schichten sich aufeinander auf. Diese Lizenzansprüche, die Gewinnanteilsverpflichtungen darstellen, kumulieren sowohl in horizontaler Hinsicht (verschiedene Lizenzgeber) wie auch in vertikaler Hinsicht (zeitliche Addierung durch Weitergabe innerhalb einer Kette an die nächsten Lizenznehmer) (vgl. Godt 2007: 232f). Solche kumulierenden Lizenzverpflichtungen können den ökonomischen Wert einer Erfindung aushöhlen. Alle diese Problemfelder thematisieren Grundprobleme, die sich unter anderem aus patentrechtlichen Abhängigkeiten ergeben, sowie daraus, dass biomedizinische Patente *früh* im Forschungsprozess (*upstream*) und *breit* im Schutzumfang erteilt werden.

Der *output* hinsichtlich der Handlungen der administrativen Vollzugsträger in ihrer Durchführung zur Umsetzung des Gesetzeszwecks könnte verbessert werden. Was den *impact* anbelangt, so sind jedenfalls bislang keine nachteiligen oder den Gesetzeszweck aushöhlenden Bewegungen hinsichtlich einer Abwanderung zum Europäischen Patentamt als Parallelbehörde erkenntlich. Dies könnte sogar darauf hinweisen, dass nicht nur die Qualität und relativ zügige Bearbeitungsdauer des DPMA von den Anmeldern und der Patentanwaltschaft geschätzt wird, sondern dass diese auch einen Wert in der neuen Gesetzesregelung erkennen: Führt diese doch dazu, dass unangemessen breite Schutzansprüche auch von Konkurrenten eingeschränkt werden und somit größere Transparenz erreicht, überlappende Patentansprüche vermieden und demnach die Operationsfreiheit für alle Anmelder gesteigert und die Rechtssicherheit erhöht werden könnte. Für eine Evaluation hinsichtlich des *outcome* ist es zu diesem Zeitpunkt noch zu früh. Ein Monitoring der Entwicklung durch Begleitforschung wäre zielführend, nicht nur im Hinblick auf die deutsche Wirkungsforschung, sondern auch hinsichtlich entsprechender politischer Gestaltungsabsichten und -notwendigkeiten auf europäischer Ebene.

Es bleibt allerdings zuzugestehen, dass das DPMA, sollte es seine Prüfungspraxis unter Bezugnahme auf §1a(4) PatG erheblich verschärfen, tatsächlich in die Bredouille kommen könnte, so dass Anmelder zum EPA hin »abwandern«. Dies zeigt ein Problem des doppelgleisigen, parallel nebeneinander bestehenden nationalen und europäischen Systems der Patentanmeldung auf (vgl. Kap. I.D), das Anmeldern die Möglichkeit zum *forum shopping* bietet und letztlich durch die Konkurrenz zwischen nationalen Patentämtern und EPA sogar einen Unterbietungswettlauf (*race to the bottom*) auslösen kann. Umso weniger ist es verständlich, dass es nicht zu einem weitaus stärkeren Austausch und höherer Koordination zwischen nationalen Ämtern und EPA in den spezifischen Prüfgebieten kommt. Denn mit der Verständigung über gemeinsame Standards, zumindest hohen Mindeststandards, ließe sich entsprechenden Anmelderstrategien entgegenwirken und sogar ein *race to the top* initiieren.

5. Ausblick zum Stand der Genpatentierung in Europa und zur Abschätzung der zukünftigen Entwicklungen

Wie die eingangs vorgelegten Zahlen zeigen, kam es um die Jahrtausendwende zu einem Höhepunkt an Anmeldungen von Gen- und Biotechnologiepatenten. Dieser »Gipfel« im Jahr 2001 steht, wie anderweitig in dieser Arbeit erörtert (vgl. Kap. II.B.1.), in Zusammenhang mit dem Abschluss des Humangenom-Sequenzierungsprojekts und dem gleichzeitigen Boom der New Economy. Seither sind die Zahlen für Biotechnologie-Patentanmeldungen zurückgegangen.

Mögliche Erklärungen für diesen Sachverhalt sind vielfältig und bedürfen der wissenschaftlichen Erschließung. Man könnte beispielsweise davon ausgehen, dass die »am lukrativsten« erscheinenden Gensequenzen mittlerweile bereits zum Patent angemeldet sind und es zu einer Sättigung gekommen ist. Andererseits sind aus der funktionalen Genomik, Proteomik und den mittlerweile vielfach geförderten Biobanken- und Biomarker-Projekten neue Erkenntnisse über Gen-Interaktionen und Korrelationen zwischen Genen und Volkskrankheiten zu erwarten, woraus ein erneuter Schub an Patentanmeldungen erwachsen könnte.

Neuere Erkenntnisse aus der Stammzellenforschung, der Erforschung monoklonaler Antikörper (Hashimoto/Aida 2008), zur RNA-Interferenz, Proteomik- oder Metagenomik-Untersuchungen, sowie der Synthetischen Biologie (vgl. Rai/Boyle 2007, Rutz 2007) bedeuten, dass neue Felder der Patentierungspraxis eröffnet werden (vgl. NAS 2006). Diese schlagen allerdings gegenüber traditionellen Einzelstoffansprüchen zur Erzielung eines Stoffschutzes auf biologisches Material einschließlich rekombinanter oder mutierter Gensequenzen nominal bisher nicht so stark zu Buche.[29]

Äußerst fragwürdig allerdings erscheint es, aus den abnehmenden Anmeldezahlen bereits »das Ende einer Ära« abzuleiten, wie dies der Titel eines Aufsatzes tut (Hopkins et al. 2007), der eine Studie im Auftrag der Europäischen Kommission (Hopkins et al 2006) zum Stand der Genpatentierung in Europa zusammenfasst (vgl. zur Kritik: Gold et al. 2007).

Eine solche prospektive Aussage ist zum einen bezüglich der Entwicklung der Genforschung bisher nicht möglich. Vor allem aber, und dies bleibt hervorzuheben, scheint dieser Titel der Politik zu suggerieren, dass es keinen Handlungsbedarf mehr gäbe. Davon kann keine Rede sein (vgl. Eisenberg 2002, ESHG 2008, Zei/Jeneja/Wright 2009). Vielmehr ist hervorzuheben, dass sich aufgrund des *Backlogging* beim Europäischen Patentamt ein keineswegs unbeträchtlicher Teil von Genpatent-Anmeldungen noch in der Prüfungsphase be-

29 So zumindest die Aussage des DPMA. Das EPA vermerkt allerdings einen beginnenden Anstieg von Anmeldungen aus den oben genannten Gebieten (Mündliche Mitteilung, Berthold Rutz, EPA).

funden hat und teilweise noch immer befindet und damit politischen und administrativen Regulierungen hinsichtlich einer »strikten« Prüfung und auch einer Stoffschutzbeschränkung zugänglich ist.

Tabelle 5: Genpatente (human/animal) beim Europäischen Patentamt (1985–2005)

Patentanmeldungen (EP-A):	7.606
Erteilte Patente (EP-B):	1.752
Erteilungsrate (B/A):	23%
Ende 2005 noch anhängige Patente:	5.854
Ab 2006 noch zu erteilende Patente (nach durchschnittlicher EPA-Erteilungsrate von 45%):	**1.673**

Quelle: DVD-Rom Espace Access Vol. 2006/001 und EP-B Vol. 2006/001. Erteilungsraten berechnet aus EPA Jahresbericht 2006.

Dieses wichtige Faktum soll kurz anhand einiger knapper Zahlen illustriert werden (vgl. Tabelle 5). Zwischen 1985 und 2005 wurden beim EPA für die europäische Route 7.606 Patente auf Gensequenzen menschlicher und/oder tierischer Herkunft angemeldet.[30] Davon wurden bis Ende 2005 vom EPA 1.752 Patente erteilt, dies entspricht einer Erteilungsrate von 23 Prozent.[31]

Nominal waren damit Ende 2005 noch 5.854 menschliche bzw. tierische Genpatente anhängig. Es ist davon auszugehen, dass ein nicht unerheblicher Teil dieser Anmeldungen bereits aktiv oder passiv (durch Nicht-Entrichten von Gebühren) zurückgezogen wurde. Legt man die damalige durchschnittliche Erteilungsrate von 45 Prozent aller EP-Patentanmeldungen zugrunde, so ist noch mit 1.673 in den kommenden Jahren zu erteilenden (menschlichen) Genpatenten zu rechnen. Der *Modus* der Patenterteilung für diese anhängigen Patentanmeldungen ist daher von höchster Relevanz.

Das bedeutet, sofern sich auf europäischer Ebene der Gedanke einer umfangsseitigen Stoffschutzbeschränkung durchsetzen würde, dass dieses Rückwirkungen auf die aufgrund von Prüfrückständen nicht unbeträchtliche Zahl von sich noch im Prüfverfahren befindlichen Patentanmeldungen entfalten könnte.

Um diese Dimension noch einmal deutlich vor Augen zu führen: Die Zahl der 2005 noch zu erteilenden Genpatente entsprach ziemlich genau derjenigen

30 Aufgrund der hohen Übereinstimmung zwischen menschlichen und tierischen Gensequenzen, und weil die EPA-Patentklassifikation keine disclaimer für Menschen bei »animals« oder »mammals« verschlagwortet, gibt es keine genaueren, disaggregierten Zahlen zu menschlichen Genpatenten.

31 Eigene Berechnungen lt. Quelle: DVD-Rom Espace Access Vol. 2006/001 und EP-B Vol. 2006/001. Ich danke Dr. Ruth Tippe für die Beschaffung dieser Zahlen.

aller Genpatente, die in den 20 Jahren zuvor (1985–2005) bereits vom EPA erteilt wurden. Auch wenn inzwischen ein Teil des Rückstaus abgebaut ist, wäre es falsch, davon auszugehen, dass die Genpatentierung bereits ein weitgehend abgeschlossener Prozess ist. Das Gegenteil ist der Fall. Deshalb sollten sich Überlegungen zur Ausgestaltung des europäischen Biopatentrechts nicht allein auf die *post-grant*-Phase, etwa zu Lizenzierungsmodi und zur Reichweite des Forschungsprivilegs richten, sondern auch die Phase der Patentprüfung (*pre-grant)* mit einbeziehen. Dies verdeutlicht, dass ein erhebliches Handlungs- und Gestaltungspotential auf europäischer Ebene bestünde, vorausgesetzt, es wäre ein entsprechender politischer Wille vorhanden.

Teil III: Ergebnisse

Ergebnisse

The ›what for?‹ of the patent system has indeed become obscure (at least to some) and the ›where next‹ is also unclear.
(Brimelow 2007: XI)

In terms of policy, the question of IPR should not thus be treated as a non-choice – as a fatality, as something given, as something beyond control and discussion. It should not be treated either as a mere technical question [...] but rather as a range of possible options in a palette of policy tools.
(Pestre 2007: 19)

Das Anliegen dieser Arbeit bestand darin, zu untersuchen, welche Transformationen sich mit der EU-Biopatentrichtlinie und ihrer nationalen Implementierung zwischen den Jahren 1988 und 2010 in der Governance des europäischen Patentsystems vollzogen haben. Es konnte herausgearbeitet werden, dass zum einen bezüglich der Prozessdimension der Verlauf dieses Gesetzgebungsprozesses als Legislativverfahren Veränderungen der europäischen Patent-Governance hervorgerufen hat und zum anderen die Richtlinie sowie die nationalen Gesetzestexte zu ihrer Umsetzung in ihrer Strukturdimension selbst Ausdruck der in ihnen inkorporierten Transformationen des Patentrechts sind. Diese Transformationen werden nun noch einmal zusammengetragen und gebündelt. Ich beginne mit einer Kurzdarstellung der Ergebnisse und führe diese sodann in einzelnen Aspekten weiter aus.

Ergebnisse in nuce:

- Die Governance des europäischen Patentsystems war bestimmt durch eine weitgehende Selbstregulierung in der Interaktion zwischen Anmeldern, Patentämtern und Gerichten. Diese *horizontale* Selbstregulierung wurde durch den EU-Gesetzgebungsprozess um eine *vertikale, legislative* Dimension erweitert, womit sich horizontale und vertikale Governance verknüpften.
- Im Lauf des sehr kontroversen Gesetzgebungsprozesses wurden neue Akteure in die Governance des Patentsystems inkorporiert, insbesondere zivilgesellschaftliche Organisationen, für deren Anliegen sich die Parlamente responsiv zeigten.
- Gleichzeitig kam es zu einer Neukonzeption des Patentrechts, das nicht allein als technikfreisetzendes und innovationsförderndes Rechtsinstitut, sondern auch als regulatives Recht, in dem Innovationsverantwortung wahrgenommen wird, konzipiert wurde.

- Die epistemische Gemeinschaft des Patentrechts, die bestimmt war von Juristen und Technikern, welche ihre Deutungshoheit über den Rechtskorpus hermetisch abschirmten, wurde um weitere Disziplinen erweitert, insbesondere um Ökonomen und Ethiker.
- Die bisherigen Legitimationstheorien des Patentrechts wurden durch Bestreitungen infragegestellt und durch neue Erklärungsansätze zu den Funktionen und Konfigurationen des Patentrechts im Zusammenspiel zwischen Wissenschaft, Industrie und Gesellschaft erweitert. Während Effizienz und Legitimität des Patentsystems zuvor als gegeben angesehen wurden, wurden an dieses nunmehr Anforderungen von empirischer Validierung, Rechenschaftspflichten, demokratischen Kontrollmechanismen und antizipatorischen Wirkungsabschätzungen und -bewertungen gestellt.
- Im supranationalen, europäischen Patentsystem, das durch eine hohe Autonomie des Europäischen Patentamts bestimmt war, entwickelten sich Ko-Evolutionsprozesse mit dem EU-Mehrebenensystem. Bislang haben diese allerdings nicht die supranationale Doppelstruktur von Europäischer Union und Europäischer Patentorganisation (EPO) überwunden.

A Verlauf und Ergebnisse des Gesetzgebungsaktes und seine Bedeutung für die Governance des europäischen Patentsystems

Die traditionelle Evolution der Governance des Patentrechts hatte sich im Wesentlichen durch administrative und justizielle Rechtsfortbildung vollzogen (Kap. 1.F). Das Patentrecht blieb einem engen Kreis von Spezialisten – Technikern und Juristen – vorbehalten, die eine epistemische Gemeinschaft bildeten, die kognitiv durch bestimmte Axiome zusammengehalten wurde, wie die Unitarität und Wertfreiheit des Patentrechts sowie seine eo ipso technologie- und innovationsförderliche Wirkung (Kap. 1.E). Der Legislative wurde in der Ära vor der EU-Richtlinie »über den rechtlichen Schutz biotechnologischer Erfindungen« (98/44/EG) allenfalls die Aufgabe zugewiesen, Grenzverschiebungen und Transformationen, welche sich im selbstregulativen Gefüge von Patentanmeldungen, Erteilungspraxis und Richterrecht bereits weitgehend realisiert hatten, durch formale Gesetzgebungsakte nachzuvollziehen. Der erste Richtlinien-Entwurf der Europäischen Kommission war noch durch diese Ausgangssituation geprägt: Der Richtlinienvorschlag war durch Mitglieder der epistemischen Gemeinschaft des Patentrechts, insbesondere durch zuvor auf OECD-Ebene aktive Rechtswissenschaftler, vorbereitet worden und sah mit der expliziten Kodifizierung biotechnischer Produkte und Verfahren als Gegenstände des Patentrechts gleichzeitig eine Stabilisierung des Patentschutzes vor, womit er vor allem den Wünschen der Anmelder nach einer Stärkung des Patentschutzes entgegenkam. Insoweit bildete das Agenda-Setting der Kommission im Jahr 1988 und der erste Richtlinienvorschlag anfangs kein Abweichen von dem tradierten patentrechtlichen Governance-Modus. Neu war lediglich, dass überhaupt auf supranationaler, europäischer Ebene eine legislative Tätigkeit in diesem Politikfeld entfaltet wurde.

Einen entscheidenden Faktor für das Agenda Setting bildete die spezifische Architektur des europäischen Patentsystems. Durch das Fehlen eines supranationalen Europäischen Patentgerichtshofs war die supranationale Parallelstruktur zum einen »unvollständig« geblieben, was die gerichtliche Klärung von Streitfällen weiterhin der nationalen Ebene überantwortete. Ein Ziel der Richtlinie lag demzufolge in der »präventiven Harmonisierung«, um das europäische Patentrecht nicht durch divergierende nationale Gerichtsentscheidungen zu fragmentieren. Zum anderen zeichnet sich das supranationale Patentsystem aufgrund des historischen Geburtsfehlers des Scheiterns eines europäischen Gemeinschaftspatents durch eine institutionelle Doppelstruktur mit zwei Grundpfeilern aus: Einen starken Pfeiler bildet die Europäische Patentorganisation mit einem weitgehend autonom agierenden Europäischen Patentamt, das europäische Bündelpatente prüft und erteilt und mit seinen Einspruchs- und Beschwerdekammern eigene justizähnliche Instanzen ausgebildet hat. Der zweite Pfeiler des europäischen Patentsystems, die Patentpolitik innerhalb der Europäischen Union, war hingegen anfangs nur schwach ausgeprägt. Neben der angestrebten europäischen Harmonisierung des Biopatentrechts zählte es daher zur *hidden agenda* des Richtlinienvorschlages durch die Europäische Kommission im Jahr 1988, ihre eigenen Kompetenzansprüche auf den Bereich der Immaterialgüterrechte auszuweiten und zudem damit einen gewissen Zugriff auf das von der Gemeinschaft vollkommen unabhängige System der Europäischen Patentorganisation zu erhalten, welches sich bis dato einer Governance durch die EU entzog. Ziel war es demnach auch, diesen »zweiten Pfeiler« zu stärken und eine Verbindung zwischen diesen weitgehend unverbundenen Pfeilern des Europäischen Patentsystems herzustellen.

Statt jedoch, wie im Patent-Governance-Modus bislang üblich, in der legislativen Governance lediglich zu kodifizieren, was durch Patentämter und Gerichte bereits vorgebahnt und weitgehend präjudiziert war, nahm die Entwicklung der Richtlinie auf dem Weg durch die europäischen Gesetzgebungsorgane einen anderen Verlauf.

Das Patentrecht wurde politisiert und damit seinem technokratischen Wirkungsmodus entrissen. Aus der zivilgesellschaftlichen Öffentlichkeit heraus wurde die normative Legitimität des Biopatentrechts in seiner Anwendung auf lebende Materie als »Stoffe« grundsätzlich bestritten. Diese öffentliche Anfechtung war von einer starken Moralisierung begleitet, welche dem Protest eine entsprechende Wucht verlieh und gleichzeitig durch die Mobilisierung von Pathos und Ethos das Thema der trockenen Komplexität der Patentrechtsdogmatik entwand. Die Parlamente verhielten sich überaus responsiv gegenüber dieser zivilgesellschaftlichen Bestreitung und bildeten einen Resonanzboden für ein anderes Framing von Patenten. Im Zuge dieser öffentlichen Auseinandersetzung wurden die Legitimationsgrundlagen und Wirkungsweisen des Patentrechts hinterfragt, in Zweifel gestellt und insgesamt einer kritischen Überprüfung unterzogen. Dies hatte fruchtbare Wirkungen auf die wissenschaftliche Diskussion und löste neue rechtspolitische sowie ökonomisch und empirisch angelegte Studien über die innovationsfördernden Implikationen von Patentschutz aus. Dabei wurden die Axiome der Patentgemeinde als Prämissen entblößt, die einer empirischen Validität nicht immer standhielten und die janusköpfigen Wirkungen des Patentschutzes, die sowohl technikfördernde wie auch technikbehindernde sowie verteilungspolitische Implikationen in sich bergen, aufgezeigt.

Mit der frametheoretischen Rekonstruktion der Auseinandersetzungen um die Biopatent-Gesetzgebung in der EU und in den nationalen Mitgliedsstaaten als Frame-Konflikt konnte ihr Verlauf verdeutlicht werden (Kap. II. C). Aus der zivilgesellschaftlichen Debatte, die ins Parlament eingeschleust wurde, entwickelte sich ein Gegen-Frame »Ethik« zum hegemonialen und institutionalisierten Frame »Wirtschaft«, auf dem das Patentsystem bisher ideell ruhte. Innerhalb dieses Frames »Ethik« wurde die Patentfähigkeit von lebenden Organismen und von menschlichen Körpersubstanzen fundamental bestritten. Dabei berief man sich auf eine von Laien vorgenommene Neuinterpretation der im Europäischen Patentübereinkommen verankerten Grenzen. Diese Grenzen waren zum einen die Patentierungsschranke für Entdeckungen, zum anderen das Patentverbot für Erfindungen, die gegen die öffentliche Ordnung und guten Sitten verstoßen (Ordre Public-Klausel in Art. 53a EPÜ). Beide Grenzziehungen »nach außen« hinsichtlich der Patentfähigkeit waren zuvor für die Patentrechtsdogmatik und die Rechtsprechung weitgehend irrelevant geworden, weshalb eine Berufung auf diese Grenzen auf rigide Abwehr durch die epistemische Gemeinschaft des Patentrechts stieß, welche gleichzeitig ihr tradiertes Deutungsmonopol zu behaupten suchte.

Ausgelöst durch den EU-Richtlinienentwurf formierten sich mithin die beiden Hauptframes »Wirtschaft« und »Ethik«, entlang derer sich entsprechende Diskurskoalitionen ausprägten. Die Parlamente bildeten Arenen für die Austragung dieses Frame-Konflikts. Gleichzeitig war die Tatsache, dass sich die Kontroverse von patentrechtlichen Fachgremien einerseits und der zivilgesellschaftlichen Öffentlichkeit andererseits auf das Zentrum von Gesetzgebung und Gestaltungsmacht verlagerte, wichtig für den Verlauf des politischen Prozesses.

Denn beide Diskurskoalitionen trachteten danach, die Parlamentarier für ihren Frame zu gewinnen und mussten damit in eine argumentative Auseinandersetzung miteinander treten.

Die Auseinandersetzung zwischen den beiden Frames war zunächst prinzipialistisch bestimmt und von einem unüberbrückbaren Antagonismus gekennzeichnet. Dieser schlug sich im EU-Gesetzgebungsprozess nieder und führte zunächst zum Scheitern der Richtlinie im Jahr 1995. Der argumentative Disput und der Wille, die Parlamentarier zu überzeugen und Mehrheiten zu gewinnen, führte sodann zu einer »konsequentialistischen Wende« in der Debatte, in der sich beide Streitkoalitionen auf die empirischen Wirkungen des Patentschutzes bezogen. Dabei trat zutage, dass die Implikationen von Patentschutz notwendigerweise widersprüchlich sind, nämlich sowohl innovationsfördernde wie auch forschungsbremsende Folgen haben können. In politischer Hinsicht ergab sich daraus die Einsicht, dass es eines regulativen Austarierens des Patentschutzes sowie abmildernder Maßnahmen bei Problemen bedarf. Dies schlug sich im 1998 verabschiedeten Richtlinientext nieder, der einige Anliegen des Frames »Ethik« selektiv in den weiterhin dominanten Frame »Wirtschaft« integrierte. Sowohl in die Erwägungsgründe wie auch in einzelnen Artikeln der Richtlinie wurden zugleich eine Fülle von neuen Erwägungen, Zielen und Inhaltsbestimmungen des Patentschutzes eingelassen.

Dies hatte Folgen für die weitere Entwicklung, denn die Politisierung des Patentrechts und die Frame-Kontroverse setzten sich auf nationaler Ebene fort, wie ausführlich anhand des nationalen Implementierungsprozesses in Deutschland (2000 bis 2004) behandelt (Kap.II.B und II.C). Dabei kam es zu einer »kreuzweisen Verkehrung« der Frames: Von den Vertretern der Diskurskoalition des Frames »Wirtschaft« wurde die Bedeutung normativ-ethisch motivierter Beschränkungen der Patentfähigkeit anerkannt. Gleichzeitig wurde in der deutschen Stoffschutzdebatte von den Vertretern der Diskurskoalition des Frames »Ethik« letztlich erfolgreich argumentiert, dass nur eine Umfangsbeschränkung des absoluten Stoffschutzes auf Gensequenzen eine technisch angemessene und ökonomisch effiziente Innovationsförderung bewirke. Somit wurden neue ökonomische Argumente aufgeboten, um die Expansion des Patentschutzes einzuschränken oder gar umzukehren. Letztlich kam es im Ergebnis des deutschen Implementierungsprozesses nicht nur zu einem politischen Kompromiss, der von fast allen Parlamentsfraktionen, auch der Opposition, akzeptiert wurde, wie sich in der Abstimmung zeigte. Es erfolgte darüber hinaus auch ein Reframing des Patentrechts, womit eine partielle Syntheseleistung, in der die zuvor konträren Frames durch einen neuen, übergeordneten Frame integriert wurden, erbracht wurde. Dieses Reframing wurde vermittels der Leitbegriffe »Überbelohnung« und »Überprivilegierung« eingeleitet, womit ein Ausufern des Patentschutzes moniert und eine neue Balance zwischen Erfinder und

Gesellschaft eingeklagt wurde. Dieser neue, übergreifende Frame lässt sich dahingehend fassen, dass eine Überbelohnung des Patentinhabers zu vermeiden ist und deshalb ein Neujustieren im Patentrecht nötig ist, innerhalb dessen verschiedene Abwägungen miteinander austariert werden müssen.

Es ist herauszustellen, dass dieses Reframing des Patentrechts eine bedeutende und innovative Leistung des Parlaments darstellt. Es trug nicht nur zu einer Befriedung eines fundamentalen Konfliktes bei, sondern eröffnete in einem weitaus grundsätzlicheren Sinne eine Neukonzeption des Patentrechts und leitete diese Neuorientierung durch einen bindenden Gesetzestext ein.

In inhaltlicher Hinsicht kam es bei der 1998 verabschiedeten Biopatent-Richtlinie einerseits zur expliziten gesetzlichen Anerkennung der Patentfähigkeit von »lebender Materie«, wie sie bereits in der Rechtspraxis des Europäischen Patentamtes erfolgt war. Andererseits wurde aber die Bedeutung von Grenzen im Patentrecht für ein angemessenes, effizientes und gemeinwohlverträgliches Funktionieren des Patentsystems reaktualisiert. Dies bezieht sich zum einen auf Aspekte der Effizienz des Patentschutzes: Dabei wurde hervorgehoben, dass Innovationsförderung nicht allein durch universelle Einführung der Patentspielregel erfolgen soll und darf, sondern auch gemeinfreie Sphären der Wissensproduktion (pre-competitive knowledge, Public Domain) und andere Modi der Wissensgenerierung (peer and community based, open source, akademisch-universitär) berücksichtigen muss und diese nicht auszehren oder verdrängen sollte. Zum anderen gilt diese neue Inhalts- und Schrankenbestimmung des Patentrechts im Hinblick auf normative Aspekte: Das Europäische Parlament veränderte die Funktions- und Zielbestimmung des Patentschutzes dahingehend, als es ihm eine Aufgabe in der gemeinwohlverträglichen Innovationsentwicklung zuwies. Letztere liegt darin, auf die Genese technischer Innovation durch Patentschutz Einfluss zu nehmen, und zwar nicht allein in stimulierender, sondern auch in lenkender Weise. Damit wurde der Anspruch auf die Beeinflussung und Regelung von etwas Neuem erhoben, *bevor* und *während* dieses Wirklichkeit wird. Nach der erfolgten Vorverlagerung des Patentschutzes in den Bereich der Grundlagenforschung hinein wurde demnach auch die Regulation von Forschungs- und Technologieentwicklung in Richtung »upstream« verschoben. Darin artikuliert sich ein neues Governance-Verständnis, das dem Patentschutz nicht nur die immer schon implizit vorhandenen regulativen Implikationen bezüglich technischer Trajektorien *nach*weist, sondern ihm sogar explizit regulative Aufgaben und Funktionen *zu*weist. Somit wird die Aufgabenbestimmung des Patentrechts verändert und ihm eine gewisse Verantwortung für Folgewirkungen sowohl neuer wissenschaftlich-technischer Entwicklungen wie auch des Patentschutzes selbst übertragen. Gleichzeitig zeigt sich darin exemplarisch und in nuce, dass moderne Wissenspolitik präventiv und pro-aktiv regulieren will, um frühzeitig unerwünschte Folgen zu erkennen und zu reduzieren. Regulative Steuerungen und Begrenzungen richten sich damit nicht erst auf die Phase der Verwertung wissenschaftlicher Erkenntnisse, sondern erreichen die frühe Etappe der Wissensproduktion selbst. Das Patentrecht wurde dabei als geeignetes Rechtsinstitut angesehen, das früh auf den Prozess der Wissensgenerierung Einfluss nimmt und in ihm gewisse Steuerungswirkungen entfalten kann (Kap. II.C.4.4.). Somit wurde das Patentrecht in die Debatte um die gesellschaftliche Erwünschtheit und sozialverträgliche Gestaltungsfähigkeit von bestimmten neuen Techniken und Wissensformationen eingebunden. Es handelt sich deshalb bei der Biopatent-Kontroverse weder um einen bloßen »Stellvertreterkonflikt« für die gentechnische Risikodebatte noch um eine »Blitzableiterfunktion« für andere gesellschaftliche Konflikte. Vielmehr muss die Ausgestaltung des Patentrechts selbst als immanenter Teil jeglicher Innovations-Governance angesehen werden.

Wie außerdem herausgearbeitet wurde, ist die geläufige Unterscheidung zwischen symbolischer und substantieller Politik angesichts der Beurteilung des Ergebnisses eines Politikprozesses im Gehalt eines Gesetzestextes keineswegs trennscharf (Kap. II.A.2.10). Vor allem aber ist zu unterstreichen, dass symbolische Politik sich in handfeste materielle Politik verwandeln kann, sofern es zu entsprechenden Kontextveränderungen kommt und die Politisierung eines Politikfeldes anhält. Exemplarisch dafür steht der vom Europäischen Parlament in der Richtlinie verankerte Patentierungsausschluss für die »kommerzielle und industrielle Verwertung von Embryonen« (Art. 6 (2) c). Diese Klausel hat angesichts der Stammzelldebatte ungeheure Aktualität und breite Wirkung entfaltet und wurde über mehrere Instanzen letztlich auch vom Europäischen Patentamt und seinen Beschwerdekammern in Vollzug gesetzt (Kap. II.E.3).

Optionen einer Neukonzeption des Patentrechts wurden darüber hinaus in demokratietheoretischer Hinsicht entwickelt, denn die intensiven Debatten legten eine Reihe von demokratischen Strukturdefiziten und problematischen Steuerungsformen des Patentsystems bloß, von denen einige in meiner Arbeit herauskristallisiert wurden. Dazu zählt, dass Gegeninteressen – außer jenen von Wettbewerbern – nicht in das Patentsystem und seine Governance integriert sind und darin keinen institutionellen Ort haben. Bei der horizontalen Patent-Governance zwischen Anmeldern und Patentämtern bestehen im Wesentlichen gleich gerichtete Interessen. Daher handelt es sich bei der Evolution des Patentrechts vor allem um anmeldergetriebenes Recht, wobei die heterogene Gruppe der Erfinderschaft in aller Regel durch Patentanwälte repräsentiert wird, die nicht zuletzt aus Eigeninteressen einem Pro-Patent-Bias unterliegen und im Bestreben nach maximalem Schutz partikulare Eigeninteressen ihrer Mandanten vertreten (Kap. I.E). Sofern sich Patentämter in ihrem Selbstverständnis vor allem als Dienstleistungsagentur für ihre »Kunden« begreifen, die eine »anmelderfreundliche« Tätigkeit für ihre »Nutzer« betreiben, werden gegenläufige öffentliche Interessen an Gemeinfreiheit nicht ausreichend wahrgenommen und vertreten (Kap. I.D). Durch die Biopatent-Kontroverse wurden die Patentämter daher an ihre öffentlich-rechtlichen Aufgaben gemahnt und somit an ihr Mandat, als Institution im öffentlichen Interesse zu handeln.

Der Politikprozess um die EU Biopatentrichtlinie hat zudem Mitspracherechte und Teilhabeansprüche Dritter formuliert, welche eine Rekonzeptualisierung des Patentrechts und seiner Governance implizieren. Zu diesen »Dritten«, deren Interessen und Präferenzen einbezogen werden sollen, zählen unter anderem Patienten und Wissenschaftler, deren Interessen nicht einfach als maximaler Patentschutz ausgelegt werden können. Auch im Interesse einer Wirtschaftlichkeit bei der öffentlichen Gesundheitsversorgung sind Grenzen des Patentschutzes angezeigt.

Fasst man die frame- und demokratietheoretischen Impulse zusammen, so hat das Reframing im Politikprozess neue Optionen für das Patentrecht aufgezeigt: Das Patentrecht wurde als regulatives Rechtsinstitut gefasst, das eine Balance zwischen Patentschutz und Patentfreihaltung im öffentlichen Interesse einfordert und den Patentschutz nicht absolut setzt, sondern in ein regulatives Wechselverhältnis zu anderen Rechtsinstituten wie unter anderem dem Medizinrecht, dem Wettbewerbsrecht und dem Strafrecht stellt. Grenzen und Patentierungsschranken werden damit nicht mehr als überkommene und zu überwindende Beschränkungen verstanden, sondern als notwendige Funktionselemente für eine angemessene, sozial- und umweltverträgliche und gemeinwohlfördernde Governance von technischer Innovation betrachtet. Zusammenfassend formuliert haben die in der EU-Richtlinie 98/44/EG gesetzlich kodifizierten Patentausschlüsse und Regulative:

- die Grenze zwischen Entdeckung und Erfindung re-akzentuiert (Art. 5(1));
- die Ordre Public-Klausel als Instrument der Steuerung der Genese sozial erwünschten bzw. unerwünschten neuen Wissens genutzt und damit als eine sanfte Form der frühen Innovationslenkung entdeckt, in der die Versagung des Patentschutzes als »mildestes Mittel« reüssiert, statt von Anbeginn an bestimmte neue Technologien mit der Keule des Strafrechts zu unterbinden (Art. 6(2));
- die Schwelle der Erfindungshöhe als Regulativ angehoben und weitere Instrumente wie die ausreichende Offenbarung der Erfindung und die Stützung durch die Beschreibung geschärft, was dazu dient, Trivialpatente auszuschließen und der gesellschaftlich nützlichen Offenbarungsfunktion der Patentanmeldung wieder stärkere Geltung zu verleihen (Art. 5(3)).

In diesen legislativen Kodifizierungen spiegelt sich das Anliegen, das aus dem Lot geratene Verhältnis zwischen Erfinder und Gesellschaft wieder neu zu justieren und damit den Sozialvertrag, welcher dem Patentrecht nach europäischem Verständnis inhärent ist, neu zu begründen. Dies wurde nicht nur auf supranationaler Ebene, sondern auch bei den nationalen Umsetzungsprozessen deutlich, wie nun kurz rekapituliert werden soll.

Nicht nur in Deutschland, sondern auch in weiteren EU-Mitgliedsstaaten setzte sich die Kontroverse um eine regulative Neuorientierung des Patentrechts in der Implementierungsphase fort (Kap. II.D). Sie führte in einer Reihe von Staaten zu originären Ergebnissen im Gesetzestext, welche eine regulative Funktion im Patentrecht akzentuierten und Korrekturmechanismen für die Grenzverluste im Patentrecht, welche durch Praxis und Richterrecht erfolgt waren, bereitstellten. Diese Neukonzeption unterstreicht die Bedeutung von Außengrenzen im Patentrecht (Patentfähigkeit) sowie von Binnengrenzen im Patentrecht, welche Grad und Umfang des Patentschutzes steuern. Diese nationalen Implementierungen schrieben daher neue Akzentsetzungen fort, welche bereits in der EU-Richtlinie angelegt waren.

Eine Reihe von EU-Mitgliedsstaaten haben dementsprechende Ergänzungen im Wortlaut des Gesetzestextes der EU-Richtlinie verabschiedet. Vier EU Mitgliedsstaaten haben bei der Implementierung der Richtlinie die Patentrechtsdogmatik des absoluten Stoffschutzes partiell revidiert. In diesen nationalen Legislaturen wurde der absolute Stoffschutz zugunsten eines zweck- bzw. verwendungsbezogenen Stoffschutzes für (humane) Gensequenzen »zurechtgestutzt«. Damit wurden einer ausufernden und konturlos gewordenen Patenterteilungspraxis neue Unterscheidungs- und Regulationskriterien an die Hand gegeben. Diese Umfangsbeschränkung des Stoffschutzes wurde in Deutschland, Italien, Frankreich und Luxemburg gesetzlich implementiert.

Andere Staaten haben unter anderem mit einer Zwangslizenz aus Gründen der Public Health (Belgien, Frankreich) neue Leitlinien zur Regulation des Patentschutzes post-grant erlassen, die forschungsbehindernde und gesundheitspolitisch unerwünschte Wirkungen des Patentschutzes abfedern sollen. Demselben Zweck dienen eine Zwangslizenz für Diagnostika bei wettbewerbswidriger Praxis sowie ein Lizenzanspruch für research tools, die in der Schweiz erlassen wurden. Einige Länder – Italien, Portugal, Frankreich sowie die nicht der EU angehörende Schweiz – haben die Liste der Ordre-Public-Ausnahmen erweitert. Darüber hinaus wurden von einer Reihe von Staaten die Menschenwürde, Menschenrechte, die Wahrung der biologischen Vielfalt, sowie Prärogative des Gesundheits- und Umweltschutzes in Artikel der nationalen Patentgesetze eingelassen (Belgien, Frankreich, Italien, Portugal, Niederlande, Schweiz). Dies verleiht dem Patentrecht explizit eine verfassungsrechtliche Überwölbung und eine sozio-ökonomische Grundausrichtung und Zielbestimmung, welche über die klassische Innovationsförderung hinausgeht und letztere einer Abwägung mit anderen Zielen unterstellt. Drei Staaten (Österreich, Schweden sowie das Nicht-EU-Land Norwegen) haben überdies – wie bereits auf EU-Ebene geschehen – mit der Einsetzung einer begleitenden Ethikkommission ein prozedurales Vorgehen zum kontinuierlichen Monitoring der Entwicklungen in der Patentpraxis implementiert.

Anhand dieser nationalen Umsetzungsgesetze ist zum einen zu erkennen, dass das neue regulative Grundverständnis des Patentrechts in vielen europäischen Staaten geteilt wird, und zum anderen, dass diese Staaten dem besonderen Charakter von EU-Richtlinien zur Geltung verholfen haben. Das bedeutet auch, dass der Ausgestaltungsspielraum, der bei Richtlinien im Unterschied zu den unmittelbar wirksamen EU-Verordnungen besteht, einem Verständnis von Europäisierung Rechnung trägt, das Adaptionsprozesse an nationale Gegebenheiten, lokale Rechtskulturen und politische Aushandlungsprozesse ermöglicht, worauf ich weiter unten noch einmal eingehen werde.

Die in dieser Arbeit konstatierten Divergenzen in den nationalen Implementierungsprozessen sollten durchaus zum Anlass genommen werden, eine Novellierung der Biopatentrichtlinie auf die Agenda der Europäischen Union zu setzen und damit eine neue Harmonisierungsrunde einzuleiten. Insofern markieren sie nicht allein das Ende eines Politikprozesses sondern könnten der Auftakt für eine neue Phase der Politikformulierung sein.

Bisher hat die Europäische Kommission die entsprechenden Impulse aus den Mitgliedsstaaten allerdings nur passiv aufgenommen und ist ihnen mit einer »laissez-faire«-Haltung begegnet, die letztlich als repressive Toleranz bewertet wurde (Kap. II.E.1.). Die Kommission hat es bislang versäumt, diese Impulse produktiv aufzugreifen und partizipativ in Verfahren der Komitologie oder in anderen Prozessen weiter zu entwickeln. An dieser Stelle zeigt sich, dass europäische Politik keine Einbahnstrasse sein sollte, wenn sie nicht Gefahr laufen will, in einer Sackgasse zu landen. Vielmehr sollte sie von einem produktiven Wechselspiel zwischen supranationaler und nationaler Ebene geprägt sein, wobei Differenzen in den nationalen Implementierungen als Lösungsversuche markiert werden können, welche bei erfolgreicher nationaler Umsetzung wiederum neue Anregungen für supranationale Politikstrategien geben können. In dieser Hinsicht lässt sich eine Art wettbewerbsföderalistisches Modell für die Europäische Union entwerfen, wonach der dargestellte Vollzug des novellierten deutschen Patentgesetzes durch das Deutsche Patent- und Markenamt (Kap. II.F) durchaus Ansätze bietet, welche sowohl die Machbarkeit eines funktionsgebundenen Stoffschutzes dokumentieren, als auch Anlass geben könnten, diese Erfahrungen auf die supranationale Ebene zu transponieren.

Dies gilt umso mehr, als die in Artikel 16 der Richtlinie verankerten Berichtspflichten der Kommission, die vom Gesetzgeber als fortlaufendes Monitoringverfahren und als Frühwarnsystem für einen erneuten Regulationsbedarf vorgesehen waren, sich in der Praxis nicht als sehr valides Policy-Instrument erwiesen haben. Bei einer entsprechenden Non-Compliance der Kommission –

schon allein bezüglich der zu wahrenden regelmäßigen Berichtsfristen – bestehen keine europarechtlichen Sanktionen, was einen institutionellen Reformbedarf signalisiert. Problematisch ist auch, wenn die Berichte selbst nur Kontroversen aufzeigen, aber die Regelungsoptionen und damit Entscheidungsnotwendigkeiten nicht wirklich zur politischen Diskussion stellen.

So bleibt abschließend festzustellen, dass sich die Verschränkung von horizontalen und vertikalen, sowie von supranationalen und nationalen Governanceprozessen keineswegs friktionsfrei vollzieht und einer Verbesserung der Rückkopplungsschleifen bedarf.

B Die Rolle der Parlamente

Wie sich gezeigt hat, haben sich die Parlamente weitaus responsiver für ein anderes Framing von Politikinhalten gezeigt als die epistemische Gemeinschaft des Patentrechts. In einer anhaltenden Situation von Polarisierung und hartnäckiger politischer Kontroversen haben Parlamente die »Quadratur des Kreises« möglich gemacht und antagonistische Frames, die in einem »dialogue of the deaf« verharrten, in eine insgesamt als konstruktiv und produktiv zu bewertende Auseinandersetzung geführt. Es war somit sowohl das Verfahren der Gesetzgebung selbst, das eine stärkere Inklusion von in der Zivilgesellschaft artikulierten Anliegen beförderte, als auch das konkrete, häufig interfraktionelle Handeln der Parlamentarier, welche ein Reframing ermöglichten und damit eine partielle Synthese, welche die divergierenden Ausgangsframes in einen neuen, überspannenden Frame integrieren konnte. Aus diesem Reframing geht das Patentrecht nunmehr verändert hervor: In die Gesetzgebung wurden Elemente eingeschrieben, die eine regulative Ausrichtung des Patentschutzes artikulieren. Dies spricht für das Primat der Politik, auch wenn parlamentarische Deliberation über kontroverse Politikinhalte zeitliche Verschleppungsprozesse mit sich bringen kann. Demokratie braucht Zeit, wie aus der langen Gestationsperiode der Richtlinie – zehn Jahre auf EU-Ebene und bis zu acht Jahre auf nationaler Ebene für die Implementierung – ersichtlich ist. Dies behindert jedoch nicht zwangsläufig Effizienz und Effektivität von Government, sondern kann dafür sogar förderlich sein, wenn sie Ergebnisse zeitigt, indem Gesetzesvorhaben letztlich verabschiedet werden. Damit hat die EU-Richtlinie exemplarisch unter Beweis gestellt, dass Parlamente Problemlösungskapazitäten besitzen und dysfunktional gewordene Pfadabhängigkeiten und Evolutionspfade eines weitgehend selbstreferentiellen gesellschaftlichen Teilsystems »wenden« können.

C Zur Neukonzeption eines regulativen Patentrechts und eines responsiven Patentsystems

Wie bereits dargelegt, hat sich in und durch die Biopatentkontroverse ein regulatives Konzept des Patentrechts entwickelt. Es bildete ein Anliegen dieser Arbeit, die Genese dieses regulativen Patentrechts wie es sich im Verlauf des analysierten Politikprozesses herausgeschält hat, in seinen Konturen deutlicher werden zu lassen. Dieses regulative Patentrechtskonzept ist bereits in die verabschiedete EU-Biopatentrichtlinie eingegangen und wurde in einzelnen Ländern noch weiterentwickelt und ebenfalls gesetzlich kodifiziert. »Regulatives Patentrecht« ist daher keine bloße Zukunftsmusik oder akademische Programmatik, sondern bereits gesetzliche Realität. Für die Zukunft käme es meines Erachtens darauf an, in der Auslegung der Gesetze durch Patentadministration und Gerichte diese immanente Neuausrichtung nicht in Vergessenheit geraten zu lassen, sondern vielmehr diesen »Geist des Gesetzes« wach zu halten und sich von der darin enthaltenen politischen Willensbildung des Gesetzgebers leiten zu lassen.

Im Weiteren soll ausgeführt werden, was mit einem solchen »regulativen Patentrecht« gemeint ist, denn es handelt sich um ein bisher noch in den Kinderschuhen steckendes Konzept, das insbesondere in der Praxis der Patentämter der weiteren Ausgestaltung bedarf. Hierfür unterbreite ich im Folgenden selbst einige Vorschläge und Ansatzpunkte, um diese immanent angelegte Neukonzeption einer reflexiven Governance des europäischen Patentrechts zur Geltung zu bringen.

Oben wurde aufgezeigt, dass die legislative Bearbeitung der Kodifizierung und Ausgestaltung des Biopatentrechts eine Erweiterung des tradierten Governance-Modells des Patentrechts bedeutete. Es traten neue Akteure, Verfahren und Arenen in Erscheinung, was sich schließlich auch substantiell im Ergebnis des Gesetzgebungsverfahrens niedergeschlagen hat.

Was bedeutet dies nun für das Zusammenspiel zwischen horizontaler Selbstregulierung und vertikaler, legislativer Governance? Diese Frage ist in zweifacher Hinsicht zu beantworten:

Durch den europäischen Gesetzgeber wurden an die Patentämter und Gerichte neue Abwägungs- und Gestaltungsaufgaben herangetragen. Die Aufgabenbestimmung des Prüfens und Erteilens von Patenten und der gerichtlichen Klärung von Streitfragen wurde modifiziert und erweitert. Als erste neue Aufgabe stellt sich insbesondere ein Ausbalancieren des Patentschutzes hinsichtlich einer Effizienz von Innovationsförderung. Damit sollen Patentämter mit dafür Sorge tragen, dass der Anspruch des Patentrechts, Innovationen und soziale Wohlfahrt zu fördern, tatsächlich eingelöst wird, statt wie bisher davon auszugehen, dass sich dieses Ergebnis von selbst einstellt. Als zweite Aufgabe stellt sich, das Patentrecht als Teil von Innovationsgestaltung und Innovationsverantwortung zu betrachten und dabei normative Grenzen zu wahren. Dritte Aufgabe von Patentämtern ist es, über die immanente Ausgestaltung der Patentprüfungspraxis Transparenz herzustellen und die Folgen von Patenterteilungen empirisch zu validieren. Dies bedeutet zusammengefasst eine Modifikation und Ausdehnung der Aufgaben, die Patentämter übernehmen sollen.

In einer zunächst gegenläufig erscheinenden Zielbestimmung war es jedoch ebenfalls ein Anliegen der Gesetzgebung, die weitgehend autonome Selbstregulation des Patentsystems zu beschränken, da diese als zu weitgehend erachtet wurde. An diesem Punkt stellt sich die Frage, wann und an welchen Punkten erneut eine *legislative* Regulation für notwendig befunden wird, wie also zukünftig das Zusammenspiel von administrativer, justizieller und legislativer Governance beschaffen sein soll.

Letztlich bleibt dieses sicherlich eine Sache des Agenda Settings durch die Europäische Kommission beziehungsweise den nationalen Gesetzgeber. Wie für den vorliegenden Politikprozess dargelegt, bietet die *legislative* Governance des Patentrechts eine Reihe von Vorteilen, da weit mehr Aspekte eines Politikfelds eingebracht und divergierende Sichtweisen, Präferenzen und Interessen artikuliert werden können.

Eine regulative Neukonzeption des Patentrechts würde den Patentämtern daher nicht allein neue Aufgaben im Sinne von Innovationsverantwortung, Transparenz und Rechenschaftspflichten überantworten, vielmehr würde es Patentämtern und Gerichten ebenso auferlegen, die Grenzen der eigenen Autonomie und Entscheidungskompetenz anzuerkennen und besser einschätzen zu lernen. Bei echten »neuen« Fragen im Patentrecht sollte demzufolge eine Art Frühwarnsystem etabliert werden, mittels dessen die entsprechende Klärung dieses Sachverhaltes und der darin enthaltenden Entscheidungsoptionen aufgearbeitet und gegebenenfalls an den Gesetzgeber übertragen wird (vgl. Kap. 1.F.12). Gefragt wäre damit von den Patentämtern, zu lernen, genuin politische Fragen nicht als technokratische Fragen zu maskieren und im Sinne des Drucks der Anmelder zu klären, sondern zur öffentlichen Diskussion und zur demokratischen Entscheidung zu stellen.

Das bedeutet, dass regulatives Patentrecht nicht einfach die Regelungsansprüche der Patentämter ausweitet, indem ihnen neue Aufgaben in der Governance von Innovation übertragen werden. Vielmehr soll es sie gleichzeitig zu konstruktiver Selbstbeschränkung befähigen. Die Herausforderung liegt also darin, Entscheidungen zum Beispiel über die grundsätzliche Patentfähigkeit von höheren Säugetieren, von Pflanzen und Tieren oder von Software, um andere Bereiche zu nennen, als genuin *politisch* zu treffende Entscheidungen zu erkennen. Diese müssen dem Gesetzgeber überlassen bleiben, sollten also *nicht* weiterhin – sei es durch Betriebsblindheit oder in einer gewissen Selbstherrlichkeit

– durch die Patentprüfungsabteilungen und deren selbst verfasste Richtlinien für die Prüfung, oder durch die Beschwerdekammern und Gerichte implizit entschieden werden dürfen.

In diesem Zusammenhang ist das Patentrecht an die demokratische Gewaltenteilung zu erinnern: Patentämter sind die *Exekutive* für die Patentgesetze beziehungsweise das Europäische Patentamt der ausführende, administrative Arm eines völkerrechtlichen Vertragswerkes. Gerichte und Beschwerdekammern haben als Judikative Normenkontrollfunktionen inne. Die explizite Gesetzgebungs- und Regelungskompetenz bleibt indes die genuine Aufgabe der Legislative.

Patentämter sollten sich stärker dieser »dienenden Rolle« besinnen. Sie können durch ein kluges Design der zur Regelung und Klärung anstehenden Fragen sowie durch die Erhebung und Bereitstellung entsprechender Daten und Wissensbestände dazu beitragen, dass der Gesetzgeber notwendige Entscheidungen in hochqualifizierter, wissenschaftlich gestützter Weise treffen kann. Hierzu bedürfte es indes Umstrukturierungen in der Datenerhebung und -präsentation bei den Patentämtern. So ist beispielsweise bisher keine in zentralisierter Form zugängliche Transparenz darüber gegeben, in welchen EPO-Vertragsstaaten vom Europäischen Patentamt erteilte Patente validiert und durch Zahlung der Jahresgebühren aufrechterhalten werden. Auch die Datenlage zur Lizenzierung erteilter Patente ist prekär, sie könnte durch einige prozedurale Vorkehrungen und die Einführung von Meldepflichten erheblich verbessert werden. In diesem Sinne können Patentämter zu einem besseren Wissensmanagement beitragen und damit andere gesellschaftliche Teilbereiche in ihren Regulierungsaufgaben unterstützen. Nicht zuletzt würde damit die Transparenz des Patentsystems sich selbst gegenüber erhöht und seine Fähigkeit zur Selbststeuerung verbessert.

Die bisherigen Ausführungen bezogen sich auf das Verhältnis zwischen Selbstregulierung und legislativer Governance des Patentrechts und legten verstärkte Rückkopplungsschleifen und einen größeren Respekt vor *legislativ* zu treffenden Grundsatzentscheidungen nahe. Die zweite Governance-Perspektive bezieht sich auf die Interaktion zwischen dem Patentrecht und anderen rechtlichen und außerrechtlichen Formen der Regulierung von Innovation. Das traditionelle Konzept der Governance des Patentrechts lag darin, sich allein für die Innovationsstimulierung zuständig zu erklären und die Regelung von neuen Technologien anderen gesellschaftlichen Funktionsbereichen nachgelagert zu überantworten.

Das neue, »regulative« Konzept besteht darin, zum einen *in* das Patentsystem selbst eine gewisse Regulationsverantwortung und -gestaltung einzuschreiben. Zum anderen wird *an* das Patentsystem die Anforderung gestellt, *andere* gesellschaftliche Teilbereiche, insbesondere das politische System selbst, bei ihren Regulationsaufgaben zu unterstützen. Dies kann beispielsweise dadurch geschehen, dass entsprechende Informationen und Daten bereitgestellt werden. Da Patentämter tatsächlich »an der vordersten Front der Innovation« angesiedelt sind, könnte ihre Aufgabe unter anderem darin liegen, in jährlichen Reports für Regierungen und Parlamente neue Technikfelder (beispielsweise Nanotechnologie, Stammzellen, Synthetische Biologie, Neurowissenschaften) vorzustellen und daraus erkennbare Regulationsbedarfe (etwa für Risikofragen, Datenschutz, aber auch für gegebenenfalls strafrechtlich zu ziehende Grenzen) zu artikulieren. Das Patentrecht wird damit nicht mit Regelungen, die in anderen Politikfeldern getroffen werden müssen, überfrachtet, nimmt aber Teil am Eruieren von Regelungsbedarfen und erkennt damit gleichzeitig an, dass Innovationsentwicklung der Setzung normativer Regelungen einer Public Policy bedarf.

Die im vorgestellten Politikprozess geforderte Resonanzfähigkeit für sozial- und umweltverträgliche Innovation sowie für normative Grenzen und verteilungspolitische Aspekte stellt das Patentrecht vor große Herausforderungen. Implizit wird damit gefordert, eine Wirkungsanalyse von Patenten und somit eine antizipative Patentfolgenabschätzung zu leisten. Bisher sind die Patentämter für eine solche Aufgabenbestimmung nicht gerüstet. Sie erforderte, eine entsprechende Grundsatzabteilung einzuführen, die sich mit belastbaren Methoden und Instrumentarien einer solchen begleitenden Patentfolgenabschätzung widmet. Daher wäre vorzuschlagen, dass das Europäische Patentamt eine Abteilung für »Patent Assessment, Technology Foresight und Ethik« einrichtet, wie auch vom Europäischen Parlament bereits mehrfach in Entschließungen gefordert wurde (vgl. Kap. II.E.2). Zudem würden für diese Aufgabe Schulungen und Trainings der Patentprüfer notwendig, um überhaupt entsprechende Fähigkeiten und Kompetenzen bezogen auf ihre jeweiligen Technikfelder zu entwickeln.

Welche Steuerungsimpulse sind denkbar, um das Europäische Patentamt reflexiver und responsiver zu machen? Meines Erachtens wären folgende Vorschläge zielführend:

- Zum einen sind Deliberationsprozesse in das EPA selbst einzuführen und zu verstetigen. Dies kann durch die Etablierung regelmäßiger Dialoge mit der Zivilgesellschaft, insbesondere mit sich als public interest oder advocacy-Gruppe verstehenden Organisationen bis hin zu sich allmählich herausbildenden zivilgesellschaftlichen Patent Watchdogs geschehen.
- Durch die Einrichtung von externen Beratungs- und Auditing-Kommissionen oder durch die Institutionalisierung entsprechender interner Expertisen in einer Grundsatzabteilung könnten sowohl die Selbstbeobachtungskapazitäten des Europäischen Patentamtes gestärkt, wie auch seine Responsivität gegenüber Irritationen aus der Systemumwelt gestärkt werden.

- Diesen Rückkopplungsschleifen innerinstitutionell Gewicht einzuräumen dient dazu, ein Reframing der Denkhaltungen (mindsets) der Patentprüfer anzuleiten.
- Die Implementierung einer Patentwirkungsforschung zeigt in verschiedene Richtungen. Einerseits in die Erhöhung der *Effizienz*: So bleibt der Nachweis zu führen, dass der Patentschutz tatsächlich die Innovations- und Wohlfahrtseffekte hat, die ihm zugeschrieben werden. Hierfür ist operational eine Feinsteuerung entsprechender Anreize und Schutzmodelle zu entwickeln. Dies bedeutet, es müssen die Ergebnisse der antizipativen und begleitenden Wirkungsanalysen in Handlungsanweisungen für die technischen Kriterien der Patentprüfung rückübersetzt werden.
- Steuerungsansätze für Inhalt und Umfang des Patentschutzes ergeben sich aus den Regeln des *materiellen* Patentrechts, insbesondere der Erfindungshöhe (inventive step), dem Wissen des Durchschnittsfachmanns, der ausreichenden Offenbarung, gestützt durch die Beschreibung, möglicherweise aber auch durch die Wiederbelebung der Unterscheidung zwischen Entdeckung und Erfindung.
- Steuerungseffekte lassen sich auch aus dem *prozeduralen* Patentrecht gewinnen. Dazu zählen unter anderem Anreizwirkungen, die sich aus den Gebührensätzen ergeben, sowie aus der Beschränkung von Teilanmeldungen oder von Fristen, die eine Verschleppung des Verfahrens durch die Anmelder erlauben.
- Ein früherer und stärkerer Einbezug von Dritten (Art. 99 und Art. 115 EPÜ) könnte die Qualität der Patenterteilung erhöhen.

Diese Vorschläge bedürfen der Diskussion und theoretischen wie praktischen Erweiterung.

D Die Erweiterung der epistemischen Gemeinschaft

Die Vertreter des Patentsystems werden häufig als hermetische Gemeinschaft von Eingeweihten beschrieben, welche hoch spezialisiert sind und mit der Patentrechtsdogmatik eine eigene Sprache entwickelt haben, die für Außenseiter kaum durchdringbar ist. Diese relative Abgeschlossenheit wurde mit dem Konzept der epistemischen Gemeinschaft erfasst. Allerdings wurde die These der Hermetik in dieser Arbeit insofern modifiziert, als dem Patentsystem eine Semipermeabilität eigen ist, eine selektive Durchlässigkeit für bestimmte Interessengruppen und deren Präferenzen und Problemdefinitionen. Das Bedienen solcher Interessen von Patentanmeldern und Patentinhabern kleidet sich in das Gewand einer scheinbar wertneutralen Innovationsförderung (vgl. Kap. I.E.7).

Einige Prämissen und Axiome der epistemischen Gemeinschaft des Patentrechts wurden im Lauf der Biopatentierungskontroverse einer kritischen Revision unterzogen:

- *Wertneutralität*: Die Vorstellung von einer Wertneutralität des Patentrechts wich einer Einordnung in die Normenhierarchie der Rechtsordnung und damit einer vertikalen und horizontalen Konstitutionalisierung des Patentrechts, welches sich in die ordnungs- und sozialpolitische Werteordnung einfügt und normativ-ethische Schranken einhält.
- *Technologie- und Innovationsfreundlichkeit*: Die Grundannahme einer Technologie- und Innovationsfreundlichkeit des Patentrechts wurde ergänzt durch den Auftrag, dass das Patentrecht sich den Ambivalenzen des wissenschaftlich-technischen Fortschritts stellen müsse und aufgerufen sei, für den hierzu notwendigen gesellschaftlichen Regelungsbedarf eine gewisse »Zuarbeit« zu leisten.
- *Unitarismus*: Der Nutzen einer Einheitlichkeit des Patentrechts wird zunehmend angezweifelt. Dabei artikuliert sich ein Bedarf an Differenzierungsgeboten im Patentrecht, insbesondere zwischen diskreten und komplexen Produktindustrien sowie zwischen kurzzyklischen und langzyklischen Techniksektoren. Dies betrifft unter anderem technologische Differenzierungen insoweit als unterschiedliche Regelungen für den pharmazeutischen und biotechnologischen Bereich gegenüber dem Informations- und Kommunikationssektor, insbesondere der Computersoftware, sinnvoll erscheinen. Auch territoriale Differenzierungen werden angemahnt, insbesondere ein schwächerer Patentschutz mit Ausnahmeregelungen und sui generis-Lösungen für Entwicklungsländer. Zudem wird von manchen eine differenzierte Behandlung zwischen KMUs und Big Players befürwortet und außerdem branchenspezifischere Regelungen eingefordert.

Weitere Grundüberzeugungen der epistemischen Gemeinschaft des Patentrechts sind im Verlauf des zwanzigjährigen Prozesses nachhaltig erschüttert worden. So hat die Vorstellung, Patente leisteten per se einen positiven Beitrag zur technologischen und ökonomischen Innovationsfähigkeit einer Nation erheblich an Überzeugungskraft eingebüßt. Hierzu haben vor allem empirische Studien von Ökonomen beigetragen.

Der Nutzen der traditionell horizontalen Governance des Patentrechts vermittels einer epistemischen Gemeinschaft, die in juristisch-technizistischen Herangehensweisen verharrt, wurde in Zweifel gezogen, da die Effizienz dieses technokratischen Modells nicht evident bewiesen ist und ihm wohl ein unterschwelliger Richtungsdrall innewohnt.

Daraus wurde abgeleitet, dass eine Demokratisierung und regulative Neukonzeption des Patentrechts notwendig ist. Gefordert wurde im vorliegenden

Politikprozess eine Permeabilität des Patentsystems auch für andere Interessen und Präferenzen, darunter für den Patienten- und Verbraucherschutz, Persönlichkeitsrechte, den Schutz von unabhängiger Grundlagenforschung, den Umweltschutz, für die Ernährungssicherung, für internationale Verteilungsfragen, sowie für ethische Fragen. Diese Präferenzen sind in die Erwägungsgründe der Richtlinie eingegangen. Eventuelle gegenläufige Interessen und Präferenzen zu Anmelderinteressen können auch darin liegen, bestimmte Gebiete von Patentschutz freizuhalten, Patentansprüche umfangseitig zu beschränken oder die Exklusivität des Patentschutzes entweder durch allgemeine Lizenzbereitschaft (analog zum § 23 PatG) oder durch Entschädigungsregeln (liability rule) zu ersetzen und damit eine Zugänglichkeit zu Erfindungen zu gewährleisten oder unerwünschte, aus der Monopolstellung resultierende Preisentwicklungen mit ihren wettbewerbsrechtlichen Implikationen zu vermeiden oder abzumildern. Solche Präferenzen und Interessen sind bislang nicht im Patentsystem repräsentiert und womöglich auch aufgrund von Fragen der Temporalität und Organisierbarkeit gar nicht durch Verbände repräsentierbar. Daher ist die Berücksichtigung entsprechender gegenläufiger Präferenzen nicht zuletzt ein mental-kognitiver Akt der Öffnung der Patentamtsbediensteten für entsprechende Problemsichten.

Damit wurde an die epistemische Gemeinschaft des Patentrechts die Aufgabe herangetragen, einen Beitrag zur Innovationsverantwortung zu leisten und dies nicht ausschließlich an andere gesellschaftliche Institutionen zu delegieren und nachgelagert zu behandeln. Mit der Neukonzeptualisierung des Patentrechts als regulatives Rechtsinstitut wurde ein entsprechender Präferenzwandel induziert.

Im Zuge der Biopatentierungskontroverse hat sich die lange Zeit auf Juristen und Techniker beschränkte epistemische Gemeinschaft disziplinär erweitert und diversifiziert. Insbesondere professionelle Ethiker erhoben Ansprüche auf Mitspracherechte und neue Definitionshoheiten. Zudem sind Ökonomen als gewisse Gegenspieler zu den Juristen auf den Plan getreten, welche die Effizienzannahmen der Juristen bestritten, sowie eine andere Sprache und andere Modelle in das Patentrecht einführten. Diese Erweiterung hat die patentrechtliche epistemische Gemeinschaft pluralisiert und dadurch eine produktive Spannung zwischen den verschiedenen Disziplinen und ihren Vertretern erzeugt, die sich wechselseitig ihre Annahmen und Herangehensweisen übersetzen und in eine Verständigung miteinander treten müssen. Damit haben sich neue Plausibilisierungszwänge und Nachweiserfordernisse für zuvor als selbstverständlich erachtete Axiome ergeben. Dies trägt dazu bei, dass sich Verschiebungen und neue Konzeptualisierungen ergeben.

E Modifizierte Legitimationstheorien und Korrekturmechanismen zur Entgrenzung

Die Kontroverse um die Biopatentierung hat Anlass gegeben, tradierte Legitimationstheorien des Patentschutzes auf den Prüfstand zu stellen und seine genuin innovations- und wohlfahrtsfördernde Wirkung nicht nachweislos zu unterstellen. Dabei wurde deutlich, dass das Patentrecht ein janusköpfiges Rechtsinstitut zur Innovationsstimulierung ist, das auch in Zugangs- und Innovationsbehinderungen umschlagen kann. Mit dieser Erkenntnis wurde der Anschluss an historische Patentdebatten geleistet. Zudem wurde deutlich, dass das Patentrecht im Rahmen seiner Expansion in den vergangenen Jahrzehnten eine Fülle neuer Funktionen übernommen hat, insbesondere als Instrument, um riskante Investitionen zu amortisieren, und als Vehikel für den Technologietransfer zu fungieren. Gleichzeitig wirkt ein Patent nicht mehr unbedingt als »festes«, verbrieftes Recht über eine Erfindung, sondern vor allem als Beglaubigungsgut mit Signalwirkung für Finanzanleger, es erhält probabilistischen Charakter in lotterieähnlichen Spielen und wird als Bargaining-Chip in Verhandlungen eingesetzt (Kap. I.C).

Die Entgrenzung des Patentrechts und die Erosion traditioneller Schranken im Patentrecht haben zu einer progressiven Kommodifizierung und zur Appropriationsfähigkeit von technologischem Innovationswissen geführt und die Patentierbarkeit weit upstream in die Grundlagenforschung vorverlagert (Kap. I.F). Der *return on investment* und der Technologietransfer wurden zu neuen Säulen der Legitimation des Patentrechts. Die Folgewirkungen waren jedoch entgegen verbreiteter Annahmen keineswegs uneingeschränkt technologiefördernd, sondern haben neue Unsicherheiten und potentielle Blockaden geschaffen, die in der Literatur unter dem Stichwort der »Anticommons« (Heller/Eisenberg 1998) zusammengefasst werden. Zudem hat sich das Patentsystem aufgebläht und durch das exponentielle Wachstum der Anmeldungen insbesondere das Europäische Patentamt vor große Herausforderungen gestellt (Kap. I.D).

Die Kontroverse um die Biopatentrichtlinie kann als erfolgreicher Versuch bewertet werden, solche als Grenzüberschreitungen wahrgenommene Ausdehnungen des Patentschutzes einzuhegen und ein neues Bewusstsein für notwendige Grenzziehungen zu schaffen. Außerdem wurde der Blick für kollektive Dysfunktionen der laufenden Patenterteilungspraxis geschärft und entsprechende Korrekturmechanismen eingeleitet. Diese sind ein Versuch, die externalisierten sozialen Kosten des Patentsystems zu internalisieren.

Im Rahmen eines regulativen Konzepts lässt sich die Frage nach den »Grenzen« damit in eine Frage der angemessenen »Balance« zwischen Erfinder und Gesellschaft überführen.

Allgemein gesprochen sollten Patente

- nicht zu früh im Produktzyklus erteilt werden, um eine Flaschenhals-Situation zu vermeiden,
- nicht zu breit im Umfang sein, um parallele und nachfolgende Erfinder nicht auszuschließen,
- nicht zu viele Abhängigkeiten schaffen, unter anderem im Hinblick auf für alle notwendige Forschungswerkzeuge (research tools) und um zukünftige Erfindungen nicht zu ersticken, sowie um Überlappungen überschaubar zu halten.

Aber Patente sollten gleichwohl

- nicht zu spät im Forschungs- und Entwicklungs-Prozess ansetzen, um eine angemessene Ressourcenallokation zu ermöglichen,
- und nicht zu eng und begrenzt sein, um Patentdickichte und Royalty Stacking zu vermeiden.

Die Herstellung einer solchen Balance ist an Kommunikations- und Aushandlungsprozesse gebunden. Die Anforderungen müssen zudem technikfeldbezogen in die Regeln und Kriterien der Patentprüfung übersetzt werden.

F Modifikationen in der Architektur des Europäischen Patentsystems

Die Architektur des europäischen Patentsystems ist durch eine komplexe multipolare Mehrebenenstruktur gekennzeichnet. In dieser Arbeit habe ich mich auf die beiden supranationalen Hauptpfeiler, die Europäische Patentorganisation (EPO) und die Europäische Union beschränkt; die Wechselverhältnisse zwischen diesen mit der nationalen Ebene der Patentämter und Gerichte, sowie der internationalen Ebene (insbesondere WTO/TRIPs) bedürfen weiterer Studien.

Kennzeichnend für diese Ausgangslage war eine institutionelle Doppelstruktur zwischen EPO und EU, wobei beide Pfeiler unverbunden nebeneinander standen. Diese Doppelstruktur besteht zwar weiterhin. Es haben sich jedoch mit der Biopatentrichtlinie und durch sie wechselseitige Bezugnahmen ergeben, die insgesamt als Ko-Evolutionsprozesse bewertet werden können.

Obwohl die EPO in keiner Weise dem Gemeinschaftsrecht unterworfen ist, hat der Verwaltungsrat der EPO mit der wortgetreuen Übernahme der Artikel der Europäischen Biopatentrichtlinie in die Ausführungsordnung des Europäischen Patentübereinkommens die Sekundärgesetzgebung der Europäischen Gemeinschaft in das System der EPO transponiert. Diese Verfahrensweise war demokratietheoretisch betrachtet in zweierlei Hinsicht problematisch: Zum einen erlaubte sie den EPO-Staaten, welche nicht Mitglied der Europäischen Union sind, keinerlei Teilhabe und Einflussmöglichkeiten auf den verabschiedeten Gesetzgebungsakt. Zum anderen erfolgte die Integration in das völkerrechtliche Rahmenwerk des Europäischen Patentübereinkommens nicht über eine Diplomatische Konferenz, wie eigentlich angezeigt gewesen wäre, sondern über die »Hintertür« des EPO-Verwaltungsrats. Damit war weder eine demokratische Deliberation, noch eine angemessene Beteiligung der nationalen Regierungen, geschweige denn der Parlamente möglich. Zudem hatte man zu diesem Zeitpunkt im Jahr 1999 nicht einmal das ausstehende Urteil des EuGH zur Nichtigkeitsklage der Niederlande gegen die Richtlinie abgewartet. Überdies sind die bindenden materiell-rechtlichen Regelungen in rechtssystematischer Hinsicht in der Ausführungsordnung deplaziert.

Die eingeschlagene Vorgehensweise wurde erst nachträglich, anderthalb Jahre später, durch die EPÜ 2000-Revision legalisiert. Diese demokratischen Verfehlungen sind als ein pragmatisches *muddling through* angesichts der äußerst schwerfälligen und langwierigen Governance-Struktur des Europäischen Patentübereinkommens zu erklären, wenn auch nicht in Gänze zu rechtfertigen. Neben einem Reformbedarf für die Europäische Patentorganisation zeigt dies gleichzeitig auf, dass die Verfahren innerhalb der EU vergleichsweise höhere Ansprüche auf demokratische Legitimität erheben können.

Es bleibt zu würdigen, dass die Verabschiedung der EU-Richtlinie einen breiten demokratischen Prozess initiierte und ermöglichte. Sie hebt sich damit augenfällig vom durch »Insider-Governance« (Drahos 2006) gekennzeichneten Verwaltungsrats-Verfahren innerhalb der EPO ab, in dem die Mitgliedsstaaten in der Regel lediglich durch die nationalen Patentamtspräsidenten vertreten sind und die Abstimmungsprozesse öffentliche Transparenz missen lassen.

Im Ergebnis wurde mit der Übernahme der EU-Biopatentrichtlinie in das Europäische Patentübereinkommen eine Harmonisierung des europäischen Patentrechts und damit eine Konvergenz zwischen EU und EPO hergestellt, welche die institutionelle Spaltung zwischen den beiden supranationalen Organisationen EPO und EU überbrückt. Gleichzeitig schuf dies eine Präzedenz, die folgenreich sein dürfte: Es ist kaum vorstellbar, dass sich die EPO weiteren verabschiedeten EU-Sekundärgesetzgebungen im Patent-Politikfeld verweigern könnte und würde. Letztlich ist die EU-Richtlinie damit als gewichtiger Beitrag zu einer Kohärenz des europäischen Patentrechts und zu einer Ko-Evolution seiner Institutionen anzusehen.

G Legislative Governance und horizontale Selbstregulierung

Ein regulatives Verständnis von Patentrecht bedeutet zum einen, dass das Patentsystem reflexiv gegenüber seinen eigenen Wirkungen werden und Perzeptoren entwickeln muss, um diese Implikationen erfassen und abbilden zu können. Zum anderen muss es auf seine wettbewerbs- und verteilungspolitischen Wirkungen achten und gewärtig sein, dass Patentschutz in verschiedenen Technologien, Branchen, sowie Ländern mit unterschiedlichen Entwicklungsniveaus differente Wirkungen hat und gegebenenfalls auch entsprechend unterschiedlich ausgestaltet werden muss. Der Gesetzgeber hat mit der Konkretisierung von Ordre Public Ausnahmen außerdem deutlich gemacht, dass er bereits die Genese technischer Innovation regulieren und damit auf technische Trajektorien Einfluss nehmen will. Das heißt, dass die Ordre Public-Klausel sich hin zu einer Public Policy-Klausel entwickelt, mittels derer sozial verträgliche und akzeptable Technikgestaltung ermöglicht und gebahnt werden soll. Dies bedeutet, dass das Patentrecht als Instrument von Innovationsgestaltung angesehen wird, ohne es jedoch völlig an die Politik preiszugeben. Damit löst sich das Patentrecht von seiner traditionellen privatrechtlichen Fundierung und erhält eine öffentlich-rechtliche Konnotation. Gleichzeitig enthält das Ergebnis des Politikprozesses die Aufforderung zu einem »empirical turn« im Patentrecht: Einschlägig positive Wirkungen der Patentspielregel dürfen nicht mehr einfach behauptet, sondern müssen nachgewiesen werden, was eine begleitende Wirkungsanalyse erfordert und zudem die Möglichkeit des Nachsteuerns und - korrigierens enthält.

Eine solche regulative Sicht auf das Patentrecht spiegelt sich in der verabschiedeten EU Biopatent-Richtlinie und in den vorgenommenen Änderungen in den nationalen Implementationsgesetzen wider. Diese zeigen, dass eine öffentliche Debatte über das Patentsystem andere Gesichtspunkte eingebracht, die selektive Blindheit des Patentrechts überwunden und es hin zu einer Multiperspektivität geöffnet hat. Es wäre ein bedauerlicher Rückfall, wenn dieses Reframing des Patentrechts in der Praxis der Patentämter und Gerichte in Vergessenheit geriete.

Wie die deutsche Implementierung der verabschiedeten nationalen Umsetzung der Biopatentrichtlinie durch das Deutsche Patent- und Markenamt gezeigt hat, gibt es durchaus Grund zu einer positiven Evaluation des Vollzugs des veränderten Patentgesetzes, auch wenn noch weiterer administrativer Nachbesserungsbedarf angemerkt wurde (Kap.II.F). Auch beim Europäischen Patentamt bestehen gewisse Ansätze zu einer Rejustierung der Patenterteilungspraxis und zur Erhöhung der Patentqualität, die jedoch durch einige gegenläufige Prozesse möglicherweise konterkariert werden (Kap. II.E.3). Eine qualitative Bestandsaufnahme beim EPA zu erheben und Bilanz zu ziehen, bleibt daher weiteren empirischen Studien vorbehalten.

Generell zeigt sich, dass ein Reframing des Patentrechts erst dann erfolgreich sein kann, wenn diese Rekonzeptualisierungen institutionalisiert und damit auf Dauer gestellt werden. Die Dynamisierung durch den Gesetzgeber kann erst und nur dann seine Wirkung entfalten, wenn die neuen Handlungsorientierungen auch in eine veränderte administrative und gerichtliche Praxis übersetzt werden. Denn nach dem Abschluß dieses Gesetzgebungsverfahrens ist das Patentsystem wiederum seinem traditionellen, »normalen« Governance-Modus im Zusammenspiel zwischen Anmeldern, Ämtern und Gerichten überlassen. Es gibt einige Anzeichen dafür, dass der Politisierungsschub nachgelassen hat – wurde er doch teilweise erst durch das legislative Agenda-Setting hervorgerufen: Erst dieses erlaubte der Zivilgesellschaft und den Parlamenten, deutlich zu machen, *dass* es etwas zu entscheiden gibt, dass Alternativen offen stehen und Gestaltungsmöglichkeiten zu nutzen sind. Diese faktisch sich realisierenden Entscheidungen, bei denen zukünftige Weichenstellungen getroffen werden, sind in der impliziten *policy-making*-Praxis der Patentprüfung und des Case Law sehr viel schwieriger auszumachen. Zudem gibt es in der Regel – außer bei Einsprüchen und vor Gericht – nur geringe Möglichkeiten der Öffentlichkeit, darauf Einfluss zu nehmen. Damit werden Entscheidungen wiederum weitgehend opak und bleiben einem begrenzten Kreis von Akteuren vorbehalten. Aus diesen Überlegungen ist zum einen die Konsequenz zu ziehen, dass eine stärkere legislative Governance auch in Zukunft angezeigt wäre, um Weichenstellungen zu treffen, sowie politische Präferenzen und Strategien explizit zu machen. Zum anderen ist ein Umdenken in den Patentämtern selbst erforderlich, nämlich eine größere Rezeptivität gegenüber anderen Stakeholders und eine Resonanzfähigkeit für andere Problemkonzeptionen und Interessen. Neben der Erwägung, weitere legislative Akte auf die Agenda zu setzen, dürfte daher die Verbesserung der Selbstregulation zielführend sein.

Das vorliegende Buch hat herausgearbeitet, dass in dem vorgestellten Politikprozess ein regulatives Reframing des Patentrechts angelegt ist und nach weiterer Artikulation sucht. Das Patentsystem hat die Wahl, diese Option wahrzunehmen und damit eine Neukonzeption des Patentrechts zu unterstützen und weiter voranzutreiben. Dies könnte nicht zuletzt im wohlverstandenen Eigeninteresse angezeigt sein. Denn es mehren sich die Anzeichen, dass sich das Patentrecht global in einer tiefgehenden Krise befindet, die nicht zuletzt durch seine starke Expansion ausgelöst wurde. Alison Brimelow, die Präsidentin des Europäischen Patentamtes von 2007 bis 2010, spricht von einem »global warming« des Patentsystems. Für das Jahr 2025 zeigt ein vom EPA selbst initiiertes Szenario-Projekt vier Optionen auf, wohin sich das Patentsystem entwickeln könnte. Die aus den vier Szenarien gewonnene Einsicht des Amts lautet, dass ein »business as usual« nicht mehr möglich sei und bei einem »weiter so wie bisher« das System »unter seinem eigenen Gewicht kollabieren« könnte (EPO

2007a). Der Verlauf der Biopatentkontroverse hat meines Erachtens viele Lernprozesse ermöglicht und die Weichen für eine Neuausrichtung des Patentsystems gestellt. Für den weiteren Verlauf wird es darauf ankommen, diese Umorientierungen zu implementieren.

Zwar ist die öffentliche Aufmerksamkeit hinsichtlich des Biopatentrechts seit der Verabschiedung der nationalen Implementierungsgesetze zurückgegangen, wie dies regelmäßig nach dem Abschluss von Gesetzgebungsverfahren der Fall ist. Dennoch besteht Anlass, von einer weitergehenden Politisierung des Patentrechts auszugehen. Hierzu tragen neben den engeren Fragestellungen von Biopatenten, die jüngst anhand des Ausgreifens des Patentschutzes auf konventionelle Züchtungsverfahren bei Tieren und Pflanzen erneut problematisiert wurden, die weiterhin offenen Fragen der Software-Patentierung bei, aber auch die Spannungen, die sich in anderen, traditionellen Technikfeldern durch Fragen patentrechtlicher Abhängigkeiten stellen. Weitere politisierte Patentfelder sind die TRIPs-Verträge und ihre Bedeutung für die Entwicklungsländer, Fragen von Patentschutz und Biodiversität, sowie von Arzneimittelforschung und vernachlässigten Krankheiten. Der Trend, auch im deutschen Sprachgebrauch zunehmend von »geistigen Eigentumsrechten« zu sprechen, führt die bisher eher getrennten Felder von Urheberrechten, Markenrechten und anderen gewerblichen Schutzrechten mit dem Patentrecht zusammen. Daraus könnten sich Verbindungen mit den Konflikten im Copyright-Sektor (Internet-Downloads von Musik und Film, Markenpiraterie) ergeben, die für viele Konsumenten – insbesondere Jugendliche – sehr viel näher an ihrer Alltagserfahrung angesiedelt sind als die häufig sehr abstrakten und komplexen Patentfragen. Es bleibt darauf hinzuweisen, dass 2006 in Schweden erstmals die Gründung einer »Piratenpartei« erfolgte, die 2009 aus dem Stand mit zwei Abgeordneten in das Europäische Parlament einzog, welche sich programmatisch die Neugestaltung von geistigen Eigentumsrechten und die Wahrung der Privatsphäre auf die Fahnen geschrieben und inzwischen weltweit Nachfolger gefunden hat (EPO 2007a: 74). Auch wenn es eher unwahrscheinlich sein dürfte, dass eine solche *single-issue*-Partei in ein nationales Parlament einziehen wird, dürften solche Themen in Zukunft die Aufmerksamkeit traditioneller Parteien wecken. Die vorgenannten Politikfelder sind als Austragungsorte für die emergenten Konfliktkonstellationen einer »wissensbasierten Ökonomie« anzusehen.

Der Politikprozess um die Biopatentierung war ein Katalysator, der wichtige neue Handlungsimpulse auf das europäische Patentrecht und Patentsystem ausgeübt hat. Er manifestierte einen entsprechenden Reformbedarf und förderte eine Neukonzeption des Patentrechts im Sinne eines regulativen Patentrechtsverständnisses zutage. Für die Zukunft käme es darauf an, diesen Prozess eines prospektiven und begleitenden Patent-Impact-Assessments zu verstetigen und zu institutionalisieren. Hier besteht weiterhin Handlungsbedarf, um das

Patentrecht vor einem Rückfall in überkommene Denkweisen und Regelungsstrukturen zu bewahren.

Abschließend bleibt festzuhalten, dass die Governance des europäischen Patentsystems aus diesem zwanzigjährigen Politikprozess verändert hervorgeht. Das Patentrecht hat sich politisiert und konstitutionalisiert, ihm wurden damit ordnungspolitische Dimensionen zuteil, auf die eine moderne Patentrechts-Governance nicht mehr verzichten sollte.

H Erkenntnisse für die politikwissenschaftliche Governance- und europäische Integrationsforschung

Der in dieser Arbeit behandelte Gesetzgebungsprozess hat ein Regelungssubjekt »rehabilitiert«, das in der politikwissenschaftlichen Governance-Forschung zu Unrecht ins Abseits geraten ist, die Parlamente als kollektive Akteure. Wie die vorliegende Studie gezeigt hat, sind und bleiben die Versammlungen der aus demokratischen Wahlen hervorgegangenen Volksvertreterinnen und -vertreter eine wichtige Instanz für Politikprozesse, die von der Politologie nicht vernachlässigt werden sollten. In demokratietheoretischer Hinsicht ist hier insbesondere an die Interaktions- und Schleusenfunktion zwischen öffentlicher, zivilgesellschaftlicher Sphäre und politisch-institutionellem Komplex zu erinnern. Das Schleusenmodell von Habermas/Peters bietet hier einen wichtigen Anknüpfungspunkt, um Politikprozesse zu typologisieren (»normaler« versus »außergewöhnlicher Modus«) und die Bedeutung von »Unterbrechungen« in den routinehaften administrativen Prozessierungen zwischen Politik und spezifischen gesellschaftlichen Teilbereichen (neo-korporatistische Governance-Arrangements) hervorzuheben. Gerade in diesen »Unterbrechungen« kommt es zu wichtigen Neuaushandlungen und damit auch zu Re-Konzeptualisierungen von Politikinhalten (Reframing), bevor mit den neu gefundenen Lösungen eine erneute Etappe des »Normalbetriebes« von »horizontaler Governance« anbrechen kann, aber eben unter geänderten Vorzeichen und in einer innovativen Ausrichtung.

Die politologische Analyse eines zwei Jahrzehnte überspannenden Politikprozesses, der sämtliche Phasen durchlaufen hat – vom Agenda-Setting und der Politikformulierung über die Ablehnung bis hin zur Verabschiedung einer EU-Richtlinie, deren Anfechtung vor dem EuGH und erneuter Stabilisierung, bis hin zur Implementierung in allen nationalen Mitgliedsstaaten – zeigt, wie komplex und wechselvoll entsprechende Gesetzgebungsverfahren sein können und bietet damit dichtes empirisches Anschauungsmaterial für europäische Demokratie. Solche Fallstudien sind eine wichtige Ergänzung zu quantitativen Überblicksarbeiten, da sie zeigen, wie sich Europäisierung en detail vollzieht. Dies kann auch vor allzu schematischen Kategorisierungen bewahren, die Gefahr laufen können, eine reichhaltige Empirie in ein analytisches Prokrustesbett zu pressen. Denn Politikinhalte (policies) werden nicht allein in einer gegebenen institutionellen Verfasstheit (polity) mittels politischer Verfahren und Spielregeln prozessiert (politics), erstere können letztere auch modulieren oder gar transformieren. Gegenüber einem statischen Modell dieser drei politischen Grunddimensionen ist daher ein dynamisches Modell vorzuziehen, wie in dieser Arbeit an verschiedenen Stellen angemerkt wurde. So hat beispielsweise die Gesetzgebung über einen vermeintlich überwiegend »technischen« Politikinhalt zu einer Konstitutionalisierung der Gemeinschaft beigetragen und paradoxerweise dazu geführt, dass in dem entsprechenden EuGH-Beschluss zur Abweisung der Nichtigkeitsklage gegen die EU-Biopatentrichtlinie erstmalig die Menschenwürde als Bestandteil des primären Gemeinschaftsrechts ausdrücklich anerkannt wurde. Damit hat eine vorgängig rein wirtschaftspolitisch angelegte Richtlinie einen Schritt zur weiteren Ausformung einer europäischen Wertegemeinschaft geleistet. Konstitutionalisierung vollzieht sich daher nicht allein in Konventen und Verträgen, sondern auch gewissermaßen subkutan, *in praxi*.

Auch die Differenzen, die sich in den nationalen Implementierungsprozessen herausgebildet haben, wurden hervorgehoben. Der Implementierungsprozess bietet demnach Chancen, die Politikinhalte fortlaufend gemäß sich ändernden externen Rahmenbedingungen weiter zu entwickeln. Dass es dabei zu Unterschieden in den Nationalstaaten kommt, sollte nicht pauschal pejorativ als »misfit« bewertet werden, wie dies häufig in politikwissenschaftlichen Studien nahegelegt ist, die sich entweder hauptsächlich von Konvergenzannahmen leiten lassen oder Abweichungen in erster Linie als Defizite im Normenvollzug verzeichnen. Lebendige Demokratie in Europa bedeutet hingegen, zu einem dynamischen Wechselspiel zwischen nationaler und supranationaler Ebene zu gelangen. Zudem ist der Rechtsvergleich aufschlussreich und kann zu wechselseitigen Lernprozessen sowohl zwischen nationalen Legislaturen wie auch zwischen der nationalen und der supranationalen Ebene beitragen.

Der Ansatz, Sprache und Ideen neben Akteuren und Strukturen als eigenständige Meta-Analyse-Dimension zufassen, hat sich als fruchtbar erwiesen. Die Frame-Theorie und Methodik bietet dafür als diskursanalytischer Ansatz ein leistungsfähiges Instrument, das auch mit anderen Verfahren der Policy-Analyse und der Institutionenanalyse kombiniert werden kann. Der Fokus auf grundlegende Frames und auf Reframing-Prozesse bietet die Möglichkeit, sowohl die Grundkonstellationen wie auch die Dynamiken von kontroversen Politikprozessen zu analysieren. Besonderes Augenmerk sollte in Frame-Analysen auf das im vorliegenden Politikprozess entdeckte Phänomen der »kreuzweisen Verkehrung« gelegt werden (Kap. 2.C.6.1). In weiteren Studien wäre zu überprüfen, ob dieses Phänomen genereller auftritt und es sich als Indikator für die Einleitung von Reframing-Prozessen eignet.

Als Ertrag für die politikwissenschaftliche Forschung ergibt sich daraus, dass das weitgehend von Juristen und in jüngerer Zeit von Ökonomen »gepachtete« Feld des Patentrechts einer sozialwissenschaftlichen Analyse zugänglich gemacht wurde, deren andere Erkenntnisinteressen, Fragestellungen und Instrumentarien – zugespitzt auf die Governance-Frage – zu Ergebnissen führt, welche in den interdisziplinären Diskurs einzuspeisen sind.

Eigene Datenerhebung: Experteninterviews und Hintergrundgespräche

Wie in Kapitel I.B.5 bereits erwähnt, habe ich neben der Auswertung von umfangreichen schriftlichen Primärquellen als primäre Daten der empirischen Untersuchung leitfadengestützte, halbstrukturierte Experteninterviews erhoben. Diese Experteninterviews wurden nach eingehender Auseinandersetzung mit der Methodik des Experteninterviews durchgeführt (vgl. Meuser/Nagel 1991 und 1994; Hopf 1978) und dienten insbesondere zur Rekonstruktion des EU-Policy-Prozesses der Biopatentrichtlinie. Die Experteninterviews dauerten jeweils zwischen 45 Minuten und drei Stunden. Alle Interviews wurden vollständig transkribiert und mit dem Verfahren des Open Coding (Glaser/Strauss 1998) systematisch ausgewertet. Hierzu habe ich die folgenden Interviewpartner/innen ausgewählt und zum jeweils angegebenen Zeitpunkt befragt, wobei im Anschluß noch deren jeweilige Funktion erläutert und damit die Auswahl begründet wird.

Willi Rothley, MdEP, SPD/SPE, Berichterstatter für die Biopatentrichtlinie und Stellvertretender Vorsitzender des Ausschusses für Recht und Bürgerrechte des Europäischen Parlaments, am 01.12.1998.

Dr. Peter Liese, MdEP, CDU/EVP, bioethischer Sprecher seiner Fraktion, am 01.12.1998.

Hiltrud Breyer, MdEP, Die Grünen, Mitglied des Vermittlungsausschusses zwischen Parlament und Rat, am 02.12.1998.

Dominique Vandergheynst, Beamter der Europäischen Kommission, zuständig für die Biopatentrichtlinie, am 03.12.1998.

Wolfgang Leonhardt, Beamter im Sekretariat des Rechtsausschusses des Europäischen Parlaments, am 01.12.1998.

Steve Emmott, wissenschaftlicher Referent für Gentechnik bei der Grünen Europaparlamentsfraktion, am 02.12.1998.

Prof. Dr. Dietmar Mieth, Mitglied der European Group on Ethics in Science and New Technologies to the European Commission, Berichterstatter der Stellungnahme der Beratergruppe »Die ethischen Aspekte der Patentierbarkeit von Erfindungen, die sich auf Elemente menschlichen Ursprungs erstrecken«, am 05.05.1999.

Dr. Ulrich Schatz, Hauptdirektor für internationale Angelegenheiten, Europäisches Patentamt, am 07.05.1999.

Dr. Christian Gugerell, Hauptdirektor Mikrobiologie und Gentechnik, Europäisches Patentamt, am 06.05.1999.

Dr. Rainer Moufang, Mitglied der Beschwerdekammern des Europäischen Patentamts, am 23.04.2003.

Dr. Christoph Then, Koordinator der Biotechnologie-Patent-Kampagnen von Greenpeace, am 16.3.1999.

Prof. Dr. Joseph Straus, Max-Planck-Institut für ausländisches und internationales Patent-, Urheber- und Wettbewerbsrecht in München, Berater für die Europäische Kommission, Internationale Organisationen und Regierungen, am 04.09.2002.

Erläuterungen zur Auswahl der Befragten für die Experteninterviews

Abgeordnete des Europäischen Parlaments:

Herausragend institutionell und personell involviert war *Willi Rothley*, der parlamentarische Berichterstatter für die Biopatentrichtlinie und Vize-Vorsitzende des federführenden Rechtsausschusses des Europäischen Parlaments, der sich vehement für die Verabschiedung der Richtlinie einsetzte, auch gegen Teile seiner eigenen Sozialistischen Fraktion.

Eine seiner Gegenspielerinnen im Europäischen Parlament war *Hiltrud Breyer* von der Fraktion der Grünen, die auch in der Öffentlichkeit insoweit eine prominente Position innehatte, als sie bei Einsprüchen gegen Patente z.B. auf das Schwangerschaftshormon Relaxin vor dem Europäischen Patentamt beteiligt war und darüber hinaus später Leiterin der fraktionsübergreifenden Bioethik-Intergruppe des Europaparlaments war. Außerdem war sie Mitglied des eingesetzten Vermittlungsausschusses zwischen Ministerrat und Parlament.

Der Abgeordnete *Dr. Peter Liese* nahm eher eine Zwischenposition ein, er enthielt sich der Stimme bei der Abstimmung um die Biopatentrichtlinie 1995 und stimmte 1997 mit »ja«. Als Arzt war er nicht nur ein fachlich kompetenter Interviewpartner, sondern brachte auch als »Parlamentsneuling«, der erst 1994 in das Europäische Parlament gewählt wurde, »frische« Perspektiven ein. Er vertritt seine Partei (CDU) in bioethischen Fragen und wurde als Vertreter der EVP-Fraktion befragt.

Experten im politisch-administrativen System der Europäischen Union:

Der Kommissionsbeamte *Dominique Vandergheynst* wurde mir als »Vater der Richtlinie« in der Europäischen Kommission vorgestellt. Der belgische Jurist hat den Richtlinientext entworfen und den Verlauf dieser Richtlinie seit Ende der 80er Jahre durch alle Stationen maßgeblich begleitet.

Eine wesentliche Rolle »im Hintergrund« spielte der zuständige Beamte des Rechtsausschusses des Parlaments *Wolfgang Leonhardt*. Er schrieb alle Arbeitsdokumente aus den Ausschüssen, entwarf die politische Leitargumentation für den Ausschussvorsitzenden, fädelte unter anderem die Zusammenfassung der Änderungsvorschläge der Parlamentsabgeordneten ein und bereitete das Abstimmungsprozedere vor.

Für die Kritiker der Richtlinie formulierte der Brite *Steve Emmott* die argumentativen Leitlinien und Vorlagen für die Abgeordneten der Grünen Fraktion. Er war außerdem eine wichtige Schaltstelle für den Kontakt mit außerparlamentarischen Initiativen auf Europaebene und international.

Da in der Biopatentrichtlinie erstmals ein Votum der Ethik-Beratergruppe bei der EU-Kommission berücksichtigt wurde und diese Gruppe auch die Implementierung und Evaluation der Richtlinie begleiten soll, wurde das damalige deutsche Mitglied dieser Gruppe, der Katholische Theologe *Prof. Dr. Dietmar Mieth aus Tübingen*, interviewt, der sowohl bei dieser *Opinion* Berichterstatter für diese Beratergruppe war, als auch sich damit hervorgetan hat, dass er 1996 ein Sondervotum zur entsprechenden Empfehlung der Beratergruppe abgab.

Experten des Europäischen Patentamts:

Der Jurist *Dr. Ulrich Schatz* gab im Europäischen Patentamt Verfahrenslinien vor und war als Hauptdirektor für internationale Angelegenheiten beratend und vermittelnd bei der Europäischen Kommission, dem Europäischen Parlament und dem Ministerrat tätig. Er war ebenso wie sein Kollege *Dr. Christian Gugerell*, der seit 1991 als Direktor die erste biotechnologische Direktion des Amtes in München leitete, seit Ende der 1980er Jahre an der Formulierung der Biopatentrichtlinie beteiligt. Als Mitglied der Beschwerdekammern des Europäischen Patentamts wurde *Dr. Rainer Moufang* befragt, der bereits 1988 seine juristische Doktorarbeit zu genetischen Erfindungen im gewerblichen Rechtsschutz verfasst hatte und sich intensiv mit ethischen Aspekten von Patenten in der Biotechnologie auseinandergesetzt hat.

Zivilgesellschaftliche Akteure:

Als Interviewpartner aus den Gruppen der NGOs wählte ich *Dr. Christoph Then*, der sich als Mitbegründer der Initiative gegen ein Patent auf die Harvard-Onkomaus seit 1992 zunächst als Koordinator der bundesweiten Kampagne »Kein

Patent auf Leben!« engagierte und später bei der Umweltorganisation Greenpeace für den Bereich Biotechnologie und Patentrecht zahlreiche Kampagnen und Koalitionen mit anderen NGOs initiiert sowie eine hohe Anzahl von Einsprüchen gegen einzelne Patente vor dem Europäischen Patentamt eingelegt und weitere Verfahren vor den Technischen Beschwerdekammern sowie vor dem deutschen Bundespatentgericht durchgefochten hat.

Wissenschaftliche Akteure:

Als herausragenden Akteur der epistemischen Gemeinschaft des Patentrechts befragte ich *Prof. Dr. Joseph Straus*, Direktor am Max-Planck-Institut für ausländisches und internationales Patent-, Urheber- und Wettbewerbsrecht in München. Er fungierte von Beginn an als Berater für die Europäische Kommission und war am ersten Richtlinienentwurf beteiligt. Seither beriet er Internationale Organisationen wie OECD, WIPO und Weltbank, das Europäische Patentamt sowie deutsche und schweizerische Regierungen sowie Parlamente zum Patentrecht, außerdem war er von 1995 bis 2006 Vorsitzender des Intellectual Property Rights Committee der Humangenomorganisation (HUGO).

Hintergrundgespräche

Zusätzlich zu den Experteninterviews habe ich zur Untersuchung der Governance des europäischen Patentsystems und zur Rekonstruktion des deutschen Implementierungsprozesses sowie der Umsetzung in anderen europäischen Staaten Gespräche mit weiteren Experten geführt, die unten aufgelistet sind. Diese reichten von einmaligen Gesprächen über telefonische Interviews bis hin zu einem regelmäßigen Informations- und Gedankenaustausch. Diese Hintergrundgespräche wurden über Mitschriften oder Gedächtnisprotokolle festgehalten und inhaltsanalytisch ausgewertet.

Europäisches Patentamt

Alison Brimelow, Präsidentin des Europäischen Patentamts (2007–2010), am 10.3.2005, 29.3.2007, 21.09.2007 und 21.6.2010.

Ciarán McGinley, Europäisches Patentamt, Leiter des Controlling Office, am 18.04.2007 und 29.1.2009.

Wolfram Förster, Europäisches Patentamt, Leiter Hauptdirektion Mittel, am 19.10.2005.

Oswald Schröder, Europäisches Patentamt, Hauptdirektor Kommunikation, am 30.03.2007, 30.01.2009 und 21.06.2010.

Dr. Georg Artelsmair, Europäisches Patentamt, Koordinator für die Kontakte zu den Mitgliedstaaten, europäische Angelegenheiten (2005–2008).

Dr. Konstantinos Karachalios, Europäisches Patentamt, Internationale Zusammenarbeit, Mitglied des Scenario-Teams, Clean Energy Project (2006–2010).

Gareth Lord, Europäisches Patentamt, Patentprüfer, Controlling Abteilung, am 10.3.2005.

Marcus Müller, Europäisches Patentamt, Mitglied des Scenario-Teams, (2007)

Bettina Reichl, Europäisches Patentamt, Ökonomin, Controlling Abteilung, (2005–2010).

Dr. Berthold Rutz, Europäisches Patentamt, Patentprüfer für Biotechnologie, Mitglied des Scenario-Teams, (2007–2009).

Dr. Pierre Treichel, Europäisches Patentamt, Jurist in der Direktion Patentrecht, (2004–2010).

Europäische Kommission

Jean-Philippe Muller, Europäische Kommission, DG Internal Market and Services, »Knowledge-based Economy, Industrial Property«, (2005–2009).

Dr. Waldemar Kütt, Europäische Kommission, DG Research, Directorate E »Life Sciences, Policy co-ordination: Innovation & SME«, am 18.4.2005.

Jens Gaster, Europäische Kommission, Generaldirektion Binnenmarkt und Dienstleistungen, Principal Administrator, Industrial Property Unit, am 08.02.2007.

Europäisches Parlament

Evelyne Gebhardt, MdEP, SPE, am 10.10.2002.

Dr. Gerhard Schmidt, Ex-Vizepräsident des Europäischen Parlaments, MdEP, SPE, am 24.11.04.

Deutscher Bundestag

Margot von Renesse, MdB, SPD, (2000–2002).

Dr. René Röspel, MdB, SPD, (2000–2006).

Dr. Reinhard Loske, MdB, B90/Grüne, am 21.04.2005.

Hubert Hüppe, MdB, CDU (2000–2004).

Dr. Norbert Röttgen, MdB, CDU, am 29.9.2004.

Carolin Brummet, Referentin eines SPD-Abgeordneten, (2000–2002).

Thomas Friedl, Referent eines CDU-Abgeordneten, (2004–2009).

Dr. Markus Rothhaar, Referent eines SPD-Abgeordneten, (2003–2004).

Sabine Riewenherm, Fraktionsreferentin Gentechnik, Grüne, (2003–2008).

Bundesministerium der Justiz

Dietrich Welp, Leiter des Referats Patentrecht, BMJ, am 11.9. 2004.
Herr von Kempski, Referat Patentrecht, BMJ, am 18.11.2005.
Ministerialdirigent *Raimund Lutz*, BMJ, Leiter der Unterabteilung für den Schutz des geistigen Eigentums, am 22.12.2004 sowie in seiner Funktion als Präsident des Bundespatentgerichts (seit 2006), am 29.03.2007.

Zivilgesellschaft

Dr. Ruth Tippe, Kampagne »Kein Patent auf Leben«, München, (2002–2010).

Industrie

Prof. Dr. Nikolaus Zacherl, Vorsitzender des Vorstands des Vereins zur Förderung der Humangenomforschung e.V., am 29.05.2006.
Dr. Dieter Laudien, Leiter der Patentabteilung, Boehringer Ingelheim GmbH, am 10.10.2002.
Dr. Heinz Hammann, Leiter Intellectual Property, Boehringer Ingelheim GmbH, 29.05.2006.
Dr. Astrid Sotriffer, Verband der Chemischen Industrie e.V., Abt. Gewerbliche Schutzrechte, am 1.6.2006.
Dr. Lothar Steiling, Chief Patent Counsel der Bayer AG, am 29.03.2007.

Patentanwaltschaft

Dr. Hans-Rainer Jaenichen, Patentanwalt, Kanzlei Vossius und Partner, München, am 29.06.2005.
Dr. Christof Keussen, Patentanwalt, Kanzlei Glawe-Delfs-Moll, Hamburg, Vizepräsident der Deutschen Patentanwaltskammer, am 21.08.2006 und 7.12.2009.

Deutsches Patent- und Markenamt

Dr. Jürgen Schade, Präsident des Deutschen Patent- und Markenamts (2001–2008), am 22.07.2008.
Dr. Dieter Schneider, Leiter der Patentabteilung Biotechnologie (1.41) beim Deutschen Patent- und Markenamt, seit Januar 2009 Leiter der Hauptabteilung H 1/II (Patente II) (2007–2010).

Britisches Patentamt

Liz Coleman, Director Intellectual Property and Innovation Directorate, UK Intellectual Property Office, am 13.02.2007.

Tony Howard, Deputy Director, UK Intellectual Property Office, am 30.05.2006.

Französisches Patentamt

Fabrice Claireau, Direktor für rechtliche und internationale Angelegenheiten, Institute National de la Propriété Industrielle (INPI), am 30.05.2006.

Wissenschaft

Dr. Sven J.R. Bostyn, Assistant Professor of Intellectual Property Law, Institute for Information Law (IVIR), University of Amsterdam, Berichterstatter zu »DNA-Patenten« der von der Europäischen Kommission 2002 eingesetzten »Expertengruppe für biotechnologische Erfindungen«, am 30.05.2006.

Prof. Dr. William Cornish, Herchel Smith Professor of Intellectual Property Law, Cambridge University, U.K. (Emeritus), President of the International Association for Teaching and Research in Intellectual Property, Gründungsmitglied des Council of the Intellectual Property Institute, London; Specialist Adviser to the House of Lords Committee on EC Legislation on trade marks and patents, am 12.09.2008.

Prof. Dr. Peter Drahos, Rechtsprofessor, Australian National University, Canberra und Direktor des dortigen Centre for the Governance of Knowledge and Development in the Regulatory Institutions Network (RegNet) sowie Chair in Intellectual Property at Queen Mary, University of London, am 09.11.2006.

Prof. Dr. Christine Godt, Professorin für Europäisches Wirtschaftsrecht an der Carl von Ossietzky Universität Oldenburg, Privatdozentin für Rechtswissenschaft, Zentrum für Europäische Rechtspolitik an der Universität Bremen (ZERP), Federführung des Projektes »Boundaries to Information Property« im Rahmen des »Trento Common Core Project on European Private Law« und des Projektes »Equitable Licencing« (2003–2010).

Prof. Dietmar Harhoff, Ph.D., INNO-tec – Institut für Innovationsforschung, Technologiemanagement und Entrepreneurship, Ludwig-Maximilians-Universität München, Vorstand des Instituts für Innovationsforschung, Technologiemanagement und Entrepreneurship, am 10.3.2005, 20.9.2007 und 26.01.2009.

Prof. Dr. Göran Hermerén, Professor für Medizinethik, Medizinische Fakultät, Universität Lund, Vorsitzender der European Group of Ethics in Science and New Technologies, am 29.05.2006.

Prof. Dr. Reto Hilty, Direktor am Max-Planck-Institut für Geistiges Eigentum, Wettbewerbs- und Steuerrecht, München sowie Lehrstuhl für Immaterialgüterrecht an der Universität Zürich, am 09.11.2006 und 11.09.2008.

Egil Kallerud, Senior Researcher, Norwegian Institute for Studies in Innovation, Research and Education (NIFU STEP), Oslo, Chefredakteur von *Forskningspolitikk*, Partner im EU-FRP 6 geförderten Projekt »Researching Inequality in Science and Technology« (ResIST), (2004–2010).

Prof. Dr. Hanns Ullrich, Professor für Bürgerliches Recht, Handels- und Wirtschaftsrecht, Universität der Bundeswehr München (Emeritus) und Professor für Wettbewerbsrecht und Recht des Geistigen Eigentums am Europäischen Hochschulinstitut in Florenz, (2006–2009).

Dr. Henk van den Belt, Assistant Professor in Social Sciences, Applied Philosophy Group, History and Sociology of Science and Technology, Universität Wageningen, (2004–2010).

Prof. Dr. Geertrui van Overwalle, Professorin für Patentrecht, Centrum voor Intellectuele Rechten (CIR), Katholieke Universiteit Leuven, Berichterstatterin zu »Stammzell-Patenten« der von der Europäischen Kommission 2002 eingesetzten »Expertengruppe für biotechnologische Erfindungen«, (2002–2010).

Da ich den ausdrücklichen Wunsch einiger meiner weiteren Gesprächspartner, nicht namentlich genannt zu werden, selbstverständlich respektiert habe, sind hier weitere Experten, mit denen ich Hintergrundgespräche geführt habe, nicht mehr aufgelistet.

Wie bereits in der Einleitung dargelegt, basiert die Studie darüber hinaus auf zahlreichen *teilnehmenden Beobachtungen* im Politikfeld, die protokolliert und zur inhaltsanalytischen Auswertung genutzt wurden.

Darüber hinaus richtete ich zu einer ersten, eher explorativ gehaltenen Evaluation der Implementierung des deutschen Gesetzes zur Umsetzung der EU-Biopatentrichtlinie durch das Deutsche Patent- und Markenamt (DPMA) am 06.05.2008 eine *schriftliche Anfrage an das DPMA*, die vom DPMA am 23.10.2008 beantwortet wurde und deren Ergebnisse in Kapitel II.F eingegangen sind.

Quellen

Europa

Bauer, Michael 1999: Gutachterliche Stellungnahme zur Ergänzung der Ausführungsordnung zum Europäischen Patentabkommen durch Beschluss des Verwaltungsrates der Europäischen Patentorganisation vom 16. Juni 1999. München, 2.11.1999. Erstellt im Auftrag der Initiative »Kein Patent auf Leben!« durch Rechtsanwalt Michael Bauer, http://www.keinpatent.de/gutachten.html

Brimelow, Alison 2007a: »The future of the patent system in Europe. Nostalgia is not a good adviser«. *Presentation*, EPIP Conference, Lund, 21.09.2007, http://www.epip.eu/conferences/epip02/lectures/

Brimelow, Alison 2007b: »Foreword«, in: Guellec, Dominique/van Pottelsberghe, Bruno*: The Economics of the European Patent System*: Oxford, S. XI.

Brimelow, Alison 2008: »Governance of the system, evaluation and the innovation policy challenge«. *Speech* given by the President of the EPO, 3rd Annual Conference of the EPIP Association, Bern, Switzerland, 3.10.2008, http://www.epip.eu/conferences/epip03/papers/keynote%20speeches/Brimelow_Final_EPIP_speech.pdf

Council of the European Union 2009: *Conclusions on an enhanced patent system in Europe*, 2982nd Competitiveness (Internal market, Industry and Research) Council meeting, Brussels, 4.12.2009, http://www.consilium.europa.eu/uedocs/cms_Data/docs/-pressdata/en/intm/111744.pdf

EGE (European Group on Ethics in Science and New Technologies) 2000a: Ethical aspects of human stem cell research and use. *Opinion* n° 15, 14.11.2000, http://ec.europa.eu/european_group_ethics/docs/avis15_en.pdf

EGE 2000b: A European Challenge – *Report* of the European Group on Ethics in Science and New Technologies on the Charter on Fundamental Rights related to technological innovation as requested by President Prodi on 3.2.2000, (published 23.5.2000), http://europa.eu.int/comm/secretariat_general/sgc/ethics/en/index. htm

EGE 2007: Ethical aspects of nanomedicine, *Opinion* n°21, 17.01.2007, http://ec.europa.eu/european_group_ethics/activities/docs/opinion_21_nano_en.pdf

EPA – Technische Beschwerdekammer 1992: T 19/90, »Harvard Krebsmaus« (EP 169672). Decision of April 3, 1992, »Onco-mouse/Harvard II«, in: *IIC 24* (1993), S. 103ff.

EPA – Technische Beschwerdekammer 1995, »Howard Florey/Relaxin«, in: *EPOR* 1995, S. 541.

EPA – GBK (Große Beschwerdekammer des Europäischen Patentamtes) 2008: Wisconsin Alumni Research Foundation (WARF)/James Thomson, Anmeldung Nr.

96903521.1, G 02/2006, Decision of the Enlarged Board of Appeal, 25.11.2008, http://documents.epo.org/projects/babylon/eponet.nsf/0/428862B3DA9649A9C125750E002E8E94/$FILE/G0002_06_en.pdf

EPA (Europäisches Patentamt) 2003: *Jahresbericht 2003*. Wien.

EPA 2004: *Jahresbericht 2004*. Wien.

EPA 2005: *Jahresbericht 2005*. Wien.

EPA 2006: *Jahresbericht 2005*. Wien.

EPA 2007: *Jahresbericht 2007*. Wien.

EPA 2008: *Jahresbericht 2008*. Wien.

EPA 2009: *Jahresbericht 2009*. Wien.

EPA- Einspruchsabteilung 2002: Entscheidung zum »Edinburgh Patent« (EP 0695351).

epi 2007: Observations of epi on the Office's proposals for fee increases, EPO Verwaltungsrat- Dokument CA/203/07, Munich, 10.12.2007.

EPO (European Patent Office) 2000: *Press Release*, 23.2.2000.

EPO 2001: *Statement* by the European Patent Office concerning the resolution of the European Parliament of 4 October 2001 on the patenting of BRCA1 and BRCA2 (»breast cancer«) genes. CA/145/01, Munich, 17.10.2001.

EPO (European Patent Office) 2006a: *Interviews for the Future*. Munich.

EPO (European Patent Office) 2007a: *Scenarios for the future*. Munich.

EPO (European Patent Office) 2007b: »*Financial Statements*. 2006 Accounting Period«, http://documents.epo.org/projects/babylon/eponet.nsf/0/d962420980837159c125730d002c6579/$FILE/Financial_statements_2006.pdf

EPO (European Patent Office) 2007c: *Facts and figures 2007*. Vienna.

EPO 2007d: *Amtsblatt des EPO, Sonderausgabe 2*/2007 – »13. Symposium Europäischer Patentrichter, Thessaloniki, 12.–16.09.2006«, http://www.european-patent-office.org/epo/pubs/oj007/04_07/special_edition_2_judges_symposium.pdf

EPO 2008: *Facts and figures 2008*. Vienna.

EPO 2010: »›Raising the Bar‹ – Inkrafttreten neuer Bestimmungen am 1. April 2010«, in: *Patent Information News*, 1/2010, S. 1–2

EPÜ 1973: »Übereinkommen über die Erteilung europäischer Patente (*Europäisches Patentübereinkommen*) vom 5. Oktober 1973«, http://www.european-patent-office.org/legal/epc/d/ma1.html

EPÜ 2000: *Amtsblatt des EPA*, Sonderausgabe 1/2007, »Das revidierte Europäische Patentübereinkommen (EPÜ 2000). Die für die Praxis maßgeblichen neuen Texte«. München. http://www.european-patent-office.org/epo/pubs/oj007/01_07/special_edition_1_epc_2000.pdf

ESHG (European Society of Human Genetics) 2007: *Patenting and Licencing in Genetic Testing. Ethical, Legal and Social Issues*. Patenting and Licensing Committee, Public and Professional Policy Committee, http://www.eshg.org

ESHG (Ayme, S./Matthijs, G./Soini, S., on behalf of the ESHG Working Party on Patenting and Licensing) 2008: »Patenting and licensing in genetic testing. *Recommendations* of the European Society of Human Genetics«, in: *European Journal of Human Genetics* 16, S. 3–9.

ETAG (European Technology Assessment Group) 2007: »Intellectual property rights – Policy options for the improvement of the European patent system«. *Interim report, commissioned by STOA, European Parliament*, March 2007.

EUC 2002a: *Bericht der Kommission an das Europäische Parlaments und den Rat*: »Eine Evaluierung der Auswirkungen des Unterbleibens oder der Verzögerung von Veröffentlichungen, deren Gegenstand patentfähig sein könnte, auf die gentechnologische Grundlagenforschung gemäß Artikel 16 Buchstabe b) der Richtlinie 98/44/EG des Europäischen Parlaments und des Rates über den rechtlichen Schutz biotechnologischer Erfindungen«. Brüssel. KOM (2002) 2 endgültig, 14.01.2002.

EUC 2002b: *Bericht der Kommission an das Europäische Parlaments und den Rat:* »Entwicklungen und Auswirkungen des Patentrechts im Bereich der Biotechnologie und der Gentechnik«. Brüssel. KOM (2002) 545 endgültig, 7.10.2002.

EUC 2005a*: Bericht der Kommission an den Rat und das Europäische Parlament.* »Entwicklung und Auswirkungen des Patentrechts im Bereich der Biotechnologie und der Gentechnik«. KOM(2005) 312 endgültig (SEK(2005) 943), http://www.europa.eu.int/comm/internal_market/de/indprop/invent/index.htm

EUC 2005b: *Document de travail des services de la commission. Annex au: Rapport de la Commission au Conseil et au Parlement européen,* »Évolution et implications du droit des brevets dans le domaine de la biotechnologie et du génie génétique«. SEC (2005) 943, 14.7.2005.

EUC 2007: COM (2007) 803 final. Commission of the European Communities. *Strategic report* on the renewed Lisbon strategy for growth and jobs: launching the new cycle (2008–2010). Keeping up the pace of change. Part 1: Communication from the Commission to the Spring European Council. Brussels, 11.12.2007.

EuGH (Europäischer Gerichtshof) 2001: »Königreich der Niederlande gegen Europäisches Parlament und Rat der Europäischen Union, Urteil Rechtssache C-377/98 »Nichtigerklärung – Richtlinie 98/44/EG«, Urteil vom 4.10.2001«, in: *Amtl. Sammlungen EuGH* – I, S. 7078–7083.

EuGH 2005: C-456/03 »Commission v. Italy«, 16.06.2005, in: *ECR* (2005) I–5335.

EuGH 2010: »Vorabentscheidungsverfahren«, *C-34/10*, Brüstle/BGH Deutschland.

Europäische Kommission 2002, *Pressemitteilung* vom 19.12.2002 zum Einsetzen einer Expertengruppe zum Rechtsschutz biotechnologischer Erfindungen.

Europäische Patentorganisation 1999: »Beschluss des Verwaltungsrates der EPO vom 16. Juni 1999 zur Änderung der Ausführungsordnung zum Europäischen Patentübereinkommen«, in: *Amtsblatt des EPA* 7/1999, S. 437–440.

Europäisches Parlament 1990: Ausschuss für Recht und Bürgerrechte, *Arbeitsdokument*, 27.7.1990, 55/89, PE 141.360.

Europäisches Parlament 1992: *Dritter Bericht des Ausschusses für Recht und Bürgerrechte*, A3-0286/92, PE 201.664/endg., 5.10.1992.

Europäisches Parlament 1997: »Protokoll der Plenardebatte zur 1. Lesung der Richtlinie, 15.7.1997«, *Pressebericht* PE 256.914/DE.

Europäisches Parlament 1998: *Protokoll der Plenardebatte* im Europäischen Parlament zur 2. Lesung der Richtlinie, 11.5.98.

Europäisches Parlament 2002: *Entschließung* des Europäischen Parlaments zu der Mitteilung der Kommission zu »Biowissenschaften und Biotechnologie – Eine Strategie für Europa, 21.11.2002. Aktenz.: P5_TA (2002) 0566. Dok: KOM (2002) 27 – C5-0260/2002-2002/2123 (COS), Punkt H 25.

Europarat 1999: *Empfehlung 1425*, Strasbourg, 24.09.1999.

Europarat 2001: *Recommendation 1512: Protection of the human genome*, http://assembly.coe.int/Documents/AdoptedText/ta01/EREC1512.htm

European Commission 2005: *Life Sciences and Biotechnology – A Strategy for Europe,* MEMO/05/389, Brüssel, 21.10.2005 und IP/05/1324.

European Parliament 1993: »*Resolution* on the cloning of the human embryo«, in: *Official Journal* C 315, 22/11/1993, S. 224.

European Parliament 1997: »*Resolution* on the cloning of human beings«, in: *Official Journal* C 115, 14/4/1997, S. 92.

European Parliament 1998: »*Resolution* on the cloning of human beings«, in: *Official Journal* C 034, 2/2/1998, S. 164.

European Parliament 2000: »*Resolution* on the decision by the Patent Office on the cloning of human beings«, 30.03.2000.

European Parliament 2001: »*Resolution* on the patenting of BRCA1 and BRCA2 (»breast cancer«) genes«. B5-0633, 0641, 0651 and 0663/2001. Angenommen 4.10.2001, 80/PE 309.503.

GAEIB (Group of advisers to the European Commission on the ethical implications of biotechnology) 1993: *Opinion* n° 3 – Opinion on ethical questions arising from the Commission proposal for a Council directive for legal protection of biotechnological inventions. 30. 09.1993, http://ec.europa.eu/european_group_ethics/docs/avis3_de.pdf

GAEIB (Beratergruppe für Fragen der Ethik in der Biotechnologie der Europäischen Kommission) 1996: Die ethischen Aspekte der Patentierbarkeit von Erfindungen, die sich auf Elemente menschlichen Ursprungs erstrecken. *Stellungnahme* Nr. 8 vom 25.9.1996, http://ec.europa.eu/european_group_ethics/docs/avis8_de.pdf

GAEIB 1997: *Opinion* n° 9 vom 28.05.1997 – Ethische Aspekte von Klonungstechniken. http://ec.europa.eu/european_group_ethics/docs/avis9_de.pdf

Gal, Jean-Luc (Head of the Brussels Bureau of the EPO) 2006: The European Patent Office. An introduction to the Office, its organisational structure and the European patent system. *Presentation.* Residence Palace, 22.11.2006.

Gemeinsamer Entwurf als Ergebnis des Vermittlungsverfahrens zwischen Parlament und Rat, PE-CONS 3606/1/95, C4-0042/95, mit Anlagen I-V vom 09.02.1995.

Gemeinsamer Standpunkt (EG) Nr. 19/98, vom Rat festgelegt am 26.2.1998 im Hinblick auf den Erlass der Richtlinie 98/.../EG des Europäischen Parlaments und des Rates vom (...)über den rechtlichen Schutz biotechnologischer Erfindungen, Interinstitutionelles Dossier Nr. 95/0350 (COD) [Auslassungen so im Originaldokument!]

Gemeinsamer Standpunkt des Rates zu dem Vorschlag für eine Richtlinie des Europäischen Parlaments und des Rates über den rechtlichen Schutz biotechnologischer Erfindungen (Änderungen des Parlaments), Abl. EG Nr. C 205 vom 25.7.1994, S. 307ff.

Gemeinsamer Standpunkt vom 28.2.1998, Interinstitutionelles Dossier Nr. 95/0350 (COD), Begründung des Rates.

Grossenbacher, Roland 2000a: Diplomatische Konferenz. *Erklärung* des Präsidenten des Verwaltungsrats der Europäischen Patentorganisation zur Pressekonferenz am 20.11.2000 in München, http://www.ige.ch/d/archiv/2000/a114.shtm

Grossenbacher, Roland 2000b: EPC 2000, Diplomatic Conference, *Statement* by Dr Roland Grossenbacher, Chairman of the Administrative Council of the European Patent Organisation, Munich, 29.11.2000, http://www.epo.org/about-us/press/releases/archive/2000/29112000.html

Harhoff, Dietmar 2006a: *Intellectual property rights in Europe – where do we stand and where should we go?* Prime Minister's Office, Economic Council of Finland, 20.09.2006 (im Rahmen der Finnischen EU-Ratspräsidentschaft), http://www.vnk.fi/hankkeet/talousneuvosto/tyo-kokoukset/globalisaatioselvitys-9-2006/artikkelit/Harhoff_06-09-20.pdf

Jacobs, Francis G. 2001: »Schlussanträge des Generalanwalts Francis G. Jacobs vom 14.6.2001 zur Rechtssache C-377/98 »Nichtigerklärung – Richtlinie 98/44/EG««, in: *Amtl. Sammlungen EuGH* – I, S. 7084–7173.

KOM (82) 865 endg., Vorschlag für eine europäische Strategie auf dem Gebiet der Wissenschaft und Technik.

KOM (85) 310 endg., *Weißbuch* der Europäischen Kommission: Die Vollendung des Binnenmarkts, SYN 159, vom 21.10.1988.

KOM (88) 496 endg. – SYN 159, »Vorschlag für eine Richtlinie des Europäischen Parlaments und des Rates über den Rechtsschutz für biotechnologische Erfindungen«, *Amtsbl. C10* vom 13.1.89, erster Richtlinienvorschlag der Kommission vom 21.10.1988.

KOM (92) 589 endg., Vorschlag für eine Richtlinie des Europäischen Parlaments und des Rates über den Rechtsschutz für biotechnologische Erfindungen, SYN 159, vom 16.12.1992.

KOM (94) 219 endg., Vorschlag für eine Richtlinie des Europäischen Parlaments und des Rates über den Rechtsschutz für biotechnologische Erfindungen, vom 1.6.1994.

KOM (94) 245 endg., Vorschlag für eine Richtlinie des Europäischen Parlaments und des Rates über den Rechtsschutz für biotechnologische Erfindungen, COD 159, 9.6.1994.

KOM (95) 661 endg., Vorschlag für eine Richtlinie des Europäischen Parlaments und des Rates über den Rechtsschutz für biotechnologische Erfindungen, 13.12.1995, COD 350.

KOM (95) 661 endg./2, Vorschlag für eine Richtlinie des Europäischen Parlaments und des Rates über den Rechtsschutz für biotechnologische Erfindungen, 11.7.1996.

KOM (97) 446 endg., Vorschlag für eine Richtlinie des Europäischen Parlaments und des Rates über den Rechtsschutz für biotechnologische Erfindungen, 29.8.1997.

Lissabon Agenda 2000: Europäischer Rat, Schlußfolgerungen des Vorsitzes – Lissabon, 23. und 24. März 2000, SN 100/00, DE, http://www.bmwa.gv.at/NR/rdonlyres/2327D88E-1ED4-4CAE-9C7C-B67053C66DBC/0/SchlussfLissabon2000.pdf

McCreevy, Charlie 2006: »European Commissioner for Internal Market and Services: *Closing remarks* at public hearing on future patent policy«. *Public Discussion* on Future Patent Policy in Europe. Brussels, 12.07.2006. SPEECH/06/453.

McCreevy, Charlie 2008: »Protecting innovation in Europe. *Speech* by the European Commissioner for Internal Market and Services«, Conference on Industrial Property Rights, Strasbourg, 16.10.2008, http://europa.eu/rapid/pressReleasesAction.do?reference=SPEECH/08/532&format=HTML&aged=0&language=EN&guiLanguage=de

Pompidou, Alain 2005: »The European patent system on the move«, in: Patents in Europe. *Supplement to Intellectual Asset Management (iam) Magazine*, in association with the European Patent Office, S. 8–10.

Richtlinie 98/44/EG des Europäischen Parlaments und des Rates vom 6.7.1998 über den rechtlichen Schutz biotechnologischer Erfindungen, in: *Amtsblatt der Europäischen Gemeinschaften* L 213–221, 30.7.98.

Rothley Bericht 1992: Dritter *Bericht* des Ausschusses für Recht und Bürgerrechte über den Vorschlag der Kommission an den Rat für eine Richtlinie über den rechtlichen Schutz biotechnologischer Erfindungen (KOM (88)0496 endg. – C3- 0036/89 – SYN 159. Berichterstatter: Willi Rothley. PE 201.664/endg., A3-0286/92 vom 5.10.1992.

Rothley Bericht 1997: *Bericht* zum Vorschlag für eine Richtlinie des Europäischen Parlaments und des Rates über den rechtlichen Schutz biotechnologischer Erfindungen (KOM(95)0661-C4-0068/96/0350(COD)). Ausschuss für Recht und Bürgerrechte. Berichterstatter: Willi Rothley. A4-0222/97, PE 218.021/endg. vom 25.6.1997.

SEC (2003) 248, *Internes Arbeitspapier* der Kommission zur Mitteilung der Kommission an das Europäische Parlament, den Rat und den Wirtschafts- und Sozialausschuss »Biowissenschaften und Biotechnologie: Eine Strategie für Europa, Fortschrittsbericht und künftige Ausrichtung«{KOM(2003) 96 endg.}, http://europa.eu.int/comm/biotechnology/pdf/sec2003-248_de.pdf

STOA (Scientific and Technological Options Assessment for the European Parliament) 2006: »Policy options for the European patent system«. *Background document* for the STOA Workshop on November 9th, 2006, European Parliament, Brussels, http://www.tekno.dk/pdf/projekter/patent-system-STOA/background_document.pdf, website: http://www.tekno.dk/subpage.php3?article=1345&toppic=kategori11&language=uk&category=11

SUEPO (Staff Union of the European Patent Office) 2007: *Raising the bar. Core products with core quality*. SUEPO Central Executive Committee, 15.11.2007.

TRIPs 1994: Trade-Related Aspects of Intellectual Property Rights (TRIPs). Übereinkommen über handelsbezogene Aspekte der Rechte des geistigen Eigentums vom 15. April 1994.

WSA (Wirtschafts- und Sozialausschuss) 1989: »Stellungnahme des Wirtschafts- und Sozialausschusses zu KOM (88) 496 endg., vom 26.04.1989«, in: *Abl. C 159*, S. 10–13.

WSA 1996: »Stellungnahme des Wirtschafts- und Sozialausschusses zum neuen Richtlinien-Vorschlag am 11. Juli 1996, 96/C 295/03«, in: *Abl. C 295* vom 7.10.1996, S. 11–17.

Bundesrepublik Deutschland

Antrag der Fraktion der FDP des Deutschen Bundestages 2003: *Rechtssicherheit für biotechnologische Erfindungen durch schnelle Umsetzung der Biopatentrichtlinie*, BT-Drs. 15/1219 vom 25.6.2003.

Antrag der Fraktion der SPD des Deutschen Bundestages 1997: *Zum Vorschlag für eine Richtlinie des Europäischen Parlaments und des Rates über den rechtlichen Schutz biotechnologischer Erfindungen*, BT-Drs. 13/6828, vom 29.01.1997.

Antrag der Fraktionen SPD und Bündnis 90/Die Grünen des Deutschen Bundestages 2004: *»Für ein modernes Biopatentrecht«,* BT-Drs. 15/2657 vom 10.03.2004.

Antrag von Abgeordneten der Fraktion CDU/CSU im Deutschen Bundestag 2003: *»Die europäische Biopatentrichtlinie endlich umsetzen«*. BT-Drs. 15/1024 vom 21.5.2003.

Antwort der Bundesregierung auf die Kleine Anfrage der Abgeordneten Dobberthien et al. 1992: *Patentierung von gentechnisch veränderten Pflanzen,* BT-Drs. 12/1871 vom 16.01.1992.

BGH (Bundesgerichtshof), »Antivirusmittel«, in: *GRUR* 1987, S. 784.

BGH, »»Imidazoline«, Beschluss des Bundesgerichtshofes vom 14.03.1972«, in: *GRUR* 9, 1972, S. 541–546.

BGH, »Klinische Versuche I«, in: *GRUR* 1996, S. 109.

BGH, »Klinische Versuche II«, in: *Mitteilungen der Dt. Patentanwälte* 1997, S. 253.

BGH, »Naturstoffe«, in: *GRUR* 1978, S. 238.

BGH, »Rote Taube«, BGHZ 52: 79, in: *GRUR* 1969, S. 673.

BGH, »Tollwutvirus« vom 12.2.1987, in: *GRUR Int.* 1987, S. 357–359.

BGH, Beschluss Xa ZR 58/07, »Brüstle versus Greenpeace«, vom 17.12.2009.

BMBF (Bundesministerium für Bildung und Forschung) 2001: Gesundheitsforschung: Forschung für den Menschen. *Programm* der Bundesregierung. Bonn.

BMJ (Bundesministerium der Justiz) 2001: *Stellungnahme* des Bundesministeriums der Justiz zu den Vorschlägen und Hinweisen der Koalitionsarbeitsgruppe zur Umsetzung der Biopatentrichtlinie (BMJ III B 4, Stand 18.6.2001).

BMJ 2003: »Kein Patent auf Leben – Rechtssicherheit für biotechnologische Erfindungen«. *Pressemitteilung des BMJ,* Nr. 53/03, Berlin, 25.06.2003.

BMJ 2004: *Pressemitteilung,* »Biopatent-Richtlinie umgehend umsetzen«, 28.10.2004.

BMWi Beirat 2007: Patentschutz und Innovation. *Gutachten* des Wissenschaftlichen Beirats des Bundesministeriums für Wirtschaft und Technologie, vorgelegt am 31.05.2007, http://www.bmwi.de/BMWi/Redaktion/PDF/G/gutachten-des-wissenschaftlichen-beirats-patentschutz-und-innovation,property=pdf,bereich=bmwi,sprache=de,rwb=true.pdf (und http://www.bmwi.de/BMWi/Navigation/Presse/pressemitteilungen,did=205080.html)

BPatG (Bundespatentgericht) 1978, »Antamanid«, *BPatGE* 20, S. 81 ff, bzw. in: *GRUR* 1978, S. 238.

BPatG 2006: Patentnichtigkeitssache betreffend das deutsche Patent 197 56 864. *Urteil* vom 05.12.2006, Az. C 12 N 5/06, 3 Ni 42/04.

BPI et al. 2003: *Gemeinsame Erklärung* zum Patentschutz von Gensequenzen des Bundesverbandes der Pharmazeutischen Industrie (BPI), der Deutschen Industrievereinigung Biotechnologie (DIB), der Deutschen Forschungsgemeinschaft (DFG), der Max-Planck-Gesellschaft (MPG), des Verbandes der Chemischen Industrie (VCI) und des Verbandes Forschender Arzneimittelhersteller (VFA) vom 31.3.2003.

Bundesrat 2000a: *Empfehlungen* der Ausschüsse zur 757. Sitzung des Bundesrates am 1.12.2000, Entwurf eines Gesetzes zur Umsetzung der Richtlinie über den rechtlichen Schutz biotechnologischer Erfindungen, Drucksache 655/1/00 vom 27.11.2000.

Bundesrat 2000b: Empfehlungen 655/00 – *Beschluss,* Punkt g, und Bundesrat Pressemitteilung vom 1.12.2000.

Bundesrat 2003: *Entwurf eines Gesetzes* zur Umsetzung der Richtlinie über den rechtlichen Schutz biotechnologischer Erfindungen, Stellungnahme des Bundesrates, Drucksache 546/03 (Beschluss), vom 6.09.2003.

Bundesregierung 1996: *Stellungnahme der Bundesregierung*, Vorblatt, BMWi – E B 7, zur Richtlinie des Europäischen Parlaments und des Rates über den rechtlichen Schutz biotechnologischer Erfindungen, Bonn, 10.04.1996.

Bundesregierung 2001: *Gegenäußerung der Bundesregierung zur Stellungnahme des Bundesrates*, Kabinettssache Datenblatt 14/07062 vom 13.3.2001.

Bundestagsfraktion B90/Die Grünen 2004a: *Pressemitteilung* Nr. 767, 28.10.2004.

Bundestagsfraktion Bündnis 90/Die Grünen 2004b: *Pressemitteilung* Nr. 829, vom 11.11.2004 zum Kompromiss von SPD/Grünen bei der Implementierung der Biopatentrichtlinie in deutsches Recht.

Bundestagsfraktion der SPD im Deutschen Bundestag 1992: »Undurchsichtige Haltung der Bundesregierung zur Patentierung menschlicher Gene«, *Erklärung* der SPD Abgeordneten Dr. Marliese Dobberthien zur Antwort der Bundesregierung auf zwei schriftliche Fragen zur Patentierung menschlicher Gene, 04.05.1992, Nr. 1163.

BVerfG (Bundesverfassungsgericht) 2001: »Anwendung eines patentierten Arzneimittels zu Versuchszwecken – *Beschluß* betreffend die BGH-Rechtsprechung »Klinische Versuche«, vom 10.05.2000 – 1 BvR 1864/95«, in: *GRUR* 2001, 1, S. 43–48.

Däubler-Gmelin, Herta 2001: *Schreiben* der Bundesjustizministerin Däubler-Gmelin an die Vorsitzende der Enquete Kommission »Recht und Ethik der modernen Medizin Margot von Renesse, vom 20.7.2001.

Deutscher Bundestag (Hg.) 1987: »Chancen und Risiken der Gentechnologie«. *Bericht* der Enquete-Kommission »Chancen und Risiken der Gentechnologie« des 10. Deutschen Bundestages. Bonn.

Deutscher Bundestag 1989: *Plenarprotokoll*, Aktuelle Stunde, BT-Drs. 14/89 vom 23.02.2000.

Deutscher Bundestag 1990: *Plenarprotokoll*, Aktuelle Stunde, BT-Drs. 14/90, vom 24.02.2000.

Deutscher Bundestag 2001: »Beratung des Zwischenberichts der Enquete-Kommission »Recht und Ethik der modernen Medizin«, Teilbericht zum dem Thema »Schutz des geistigen Eigentums in der Biotechnologie«««, *Plenarprotokoll* 14/167, vom 10.5.2001.

Deutscher Bundestag 2002: *Entwurf eines Entschließungsantrags* der Fraktionen von SPD und Bündnis 90/Die Grünen zum Gesetzentwurf der Bundesregierung zur Umsetzung der Richtlinie des Europäischen Parlaments und des Rates über den rechtlichen Schutz biotechnologischer Erfindungen vom 10.3.2002.

Deutscher Bundestag 2004: *Beschlussempfehlung und Bericht* des Rechtsausschusses zu dem Gesetzentwurf der Bundesregierung – Drucksache 15/1709 – Entwurf eines Gesetzes zur Umsetzung der Richtlinie über den rechtlichen Schutz biotechnologischer Erfindungen. BT-Drucksache 15/4417 vom 01. 12. 2004.

Deutscher Bundestag 2004: *Plenarprotokoll* 15/97, Stenografischer Bericht, 97. Sitzung, erste Lesung des Gesetzentwurfs der Bundesregierung zur Umsetzung der Richtlinie über den rechtlichen Schutz biotechnologischer Erfindungen, Berlin, 11.3.2004.

Deutscher Bundestag 2004: *Schriftliche Frage* von Dr. Pfeiffer, Joachim (CDU/CSU): Begrenzung der Wirkung eines erteilten europäischen Patents gemäß § 1a Abs. 4 des novellierten Patentgesetzes und *Antwort* des Parlamentarischen Staatssekretärs Alfred Hartenbach (BMJ) vom 17. Dezember 2004. BT-Drs. 15/4595, S. 13.

Deutscher Bundestag 2004: *Plenarprotokoll* 15/146, Stenografischer Bericht, 146. Sitzung, 03.12.2004.

Deutscher Bundestag, Rechtsausschuss 2004: *Anhörung* des Rechtsausschusses zum Biopatentgesetz vom 29.9.2004, Nr. 57, Wortprotokoll mit Stellungnahmen der geladenen Sachverständigen.

Deutscher Bundestag, Rechtsausschuss 2004: *Protokoll* Nr. 57, 15. Legislaturperiode.

Deutscher Bundestag 2009: *Unterrichtung* durch die Bundesregierung. Bericht der Bundesregierung über die Wirkungen des Gesetzes zur Umsetzung der Biopatentrichtlinie. BT-Drucksache 16/12809 vom 29.04.2009.

Deutsches Patent- und Markenamt (DPMA) 2010: *Jahresbericht* 2009. München.

DFG (Deutsche Forschungsgemeinschaft) 1997: »Genforschung und Patentierung. Stellungnahme der Senatskommission für Grundsatzfragen der Genforschung vom 20.9.1996« in: *DFG: Genforschung – Therapie, Technik, Patentierung. Senatskommission für Grundsatzfragen der Genforschung. Mitteilung 1,* Weinheim u.a., S. 21–41.

DGH (Kommission für Öffentlichkeitsarbeit und ethische Fragen der Deutschen Gesellschaft für Humangenetik e.V.) 1997: »Stellungnahme zur Patentierung menschlicher Gene und DNA-Sequenzen«, in: *Medizinische Genetik* 9, S. 487.

GeN 2000: *Positionspapier* des Beirates des Gen-ethischen Netzwerkes (GeN) zur geplanten Umsetzung der EU-Patentrichtlinie, Dezember 2000.

Gesetz zur Umsetzung der Richtlinie über den rechtlichen Schutz biotechnologischer Erfindungen vom 21. Januar 2005, in Kraft getreten am 28.2.2005.

Greenpeace Pressemeldung: »Greenpeace deckt Patent auf Brustkrebs-Gen auf«, 20.6.2001.

Kinkeldey, Ursula 2004: Schriftliche *Stellungnahme* zur Anhörung des Bundestags-Rechtsausschusses, 29.9.2004, zusammengestellt vom Rechtsausschuss-Sekretariat, S. 110.

Loske, Reinhard, MdB, Bündnis 90/Die Grünen, *Presseerklärung* vom 11.3.2004.

Merkel, Angela 2007: »Patente sind Zukunft«. *Rede* anlässlich des «European Patent Forum« des Europäischen Patentamtes am 18. April 2007 in München, http://www.epo.org/about-us/press/speeches/070418.html

NER (Nationaler Ethikrat) 2003a: *Wortprotokoll* des Nationalen Ethikrates, Sitzung vom 27.3. 2003 in Berlin.

NER 2003b: *Niederschrift* über das Forum Bioethik des Nationalen Ethikrates zum Thema »Ethische Grenzen der Patentierbarkeit bio-technologischer Erfindungen«, 23. April 2003 in Berlin. Wortprotokoll, http://www.nationalerethikrat.de/texte/pdf/Patentierung

NER 2004: »Zur Patentierung biotechnologischer Erfindungen unter Verwendung biologischen Materials menschlichen Ursprungs«. *Stellungnahme,* Berlin, 6.10.2004.

RegE 2000: »Entwurf eines Gesetzes zur Umsetzung der Richtlinie über den rechtlichen Schutz biotechnologischer Erfindungen«, BR-Drs. 655/000, 20.10.2000.

RegE 2001: »Entwurf eines Gesetzes zur Umsetzung der Richtlinie über den rechtlichen Schutz biotechnologischer Erfindungen«, BT-Drs.14/5642 vom 23. März 2001.

RegE 2003: »Gesetzentwurf der Bundesregierung zur Umsetzung der Richtlinie über den rechtlichen Schutz biotechnologischer Erfindungen, Stellungnahme des Bundesrates«, Drucksache 15/1709, 15. Wahlperiode, vom 15. 10. 2003.

REM (Enquete-Kommission »Recht und Ethik der modernen Medizin«) 2001: »*Zwischenbericht* der Enquete-Kommission »Recht und Ethik der modernen Medizin«.

Teilbericht zum Schutz des geistigen Eigentums in der Biotechnologie«. BT-Drs. 14/5157 vom 25.1.2001, http://dip.bundestag.de/btd/14/051/1405157.pdf

REM 2002a: *Bericht* der Enquete-Kommission »Recht und Ethik der modernen Medizin« zur Stammzellforschung und die Debatte des Deutschen Bundestages zum Import von menschlichen embryonalen Stammzellen. Hg. vom Deutschen Bundestag, Referat Öffentlichkeitsarbeit, Zur Sache 1/2002, Berlin.

REM 2002b: *Schlussbericht der Enquete-Kommission »Recht und Ethik der modernen Medizin«*, herausgegeben vom Deutschen Bundestag, Referat Öffentlichkeitsarbeit, Zur Sache 2/2002, Berlin.

Schröder, Gerhard 2004: *Rede* von Bundeskanzler Gerhard Schröder anlässlich der Eröffnung des Symposiums »Innovation und geistiges Eigentum in Deutschland« des Deutschen Patent- und Markenamtes am 6. Juli 2004 in München, http://www.bundesregierung.de/servlet/init.cms.layout.LayoutServlet?global.naviknoten=11636&link=bpa_notiz_druck&global.printview=2&link.docs=679373.

VfA 2002: »*Stellungnahme* des Verbandes Forschender Arzneimittelhersteller e.V. (VfA) zur öffentlichen Anhörung des Ausschusses für Gesundheit am 31.1.2002 zum »Entwurf eines Gesetzes zur Umsetzung der Richtlinie über den rechtlichen Schutz biotechnologischer Erfindungen«, BT-Drs. 14/5642.

VfA 2003: *Positionspapier* des Verbandes Forschender Arzneimittelhersteller (VfA) zur Umsetzung der EG-Biopatentrichtlinie (98/44/EG) in deutsches Recht: »Kein deutscher Sonderweg«, vom 24.04.2003.

VfA 2004: »*Stellungnahme* zum Gesetzentwurf der Bundesregierung zur Umsetzung der Richtlinie über den rechtlichen Schutz biotechnologischer Erfindungen (EG-Biopatentrichtlinie 98/44/EG), (BT-Drs. 15/1709)«, vom April 2004.

Wissenschaftlicher Dienst des Deutschen Bundestages 2000: Präzisierungsmöglichkeiten des nationalen Gesetzgebers bei der Umsetzung der Richtlinie 98/44/EG »Patentierung biotechnologischer Erfindungen«, WF VII – 115/00, Ausarbeitung RD Dr. Markus, 18.8.2000.

Wissenschaftlicher Dienst des Deutschen Bundestages 2004: Aspekte der vergleichenden Genstrukturanalyse und funktionalen Genomik verschiedener Spezies. Fachbereich VIII Umwelt, Naturschutz, Reaktorsicherheit, Bildung und Forschung. Bearbeiterin Dr. Christine Steinhoff. 19.10.2004, Reg.-Nr.: WF VIII G - 117/04.

Zypries, Brigitte 2004a: »Wir müssen technisch anwendbare Ideen als Wirtschaftsgüter und Rohstoffe unserer modernen Gesellschaft begreifen«. *Rede* von Bundesjustizministerin Zypries anlässlich der Eröffnung des Symposiums »Innovation und geistiges Eigentum in Deutschland« des Deutschen Patent- und Markenamtes am 6. Juli 2004 in München, http://www.bmj.bund.de/enid/0,0/ny.html?druck=1

Zypries, Brigitte 2004b: »Hypertrophie der Schutzrechte?« In: *GRUR* 2004, S. 977–980 (*Vortrag* auf der GRUR-Jahrestagung am 17.9.2004).

Weitere europäische Länder

Belgien

Loi Belge du 28 avril 2005. – Loi modifiant la loi du 28 mars 1984 sur les brevets d'invention en ce qui concerne la brevetabilité des inventions biotechnologiques.

Dänemark

DCE (The Danish Council of Ethics) 1994: *Patenting human genes: A Report.* Copenhagen.

DCE (The Danish Council of Ethics) 2004: *Patenting human genes and stem cells.* Copenhagen, http://www.etiskraad.dk/sw4520.asp

Frankreich

CCNE (Comité Consultatif National d'Ethique) 2000: *Avis* sur l'avant-projet de loi portant transposition, dans le code de la propriété intellectuelle de la directive 98/44/CE du Parlement européen et du Conseil, en date du 6 juillet 1998, relative à la protection juridique des inventions biotechnologiques. N°64 – 8 Juin 2000, http://www.ccne-ethique.fr/francais/pdf/avis064.pdf

Chirac, Jacques 2000: Der Präsident der Republik Jacques Chirac, an den Präsidenten der Europäischen Kommission Romano Prodi, *Brief und Vermerk* vom 30.6.2000. (Übersetzt vom Sprachendienst des Dt. Bundestages).

Code de la propriete intellectuelle, Livre VI.

Lévy, Maurice/Jouyet, Jean-Pierre 2006: L'économie de l'immatériel. *Rapport* de la commission sur l'economie de l'immatériel, Paris, 23.12.2006, http://www.minefi.gouv.fr/directions_services/sircom/technologies_info/immateriel/immateriel.pdf

LOI n° 2004-1338 du 8 décembre 2004 relative à la protection des inventions biotechnologiques.

LOI n° 2004-800 du 6 août 2004 relative à la bioéthique.

PIETA 2006: Quel système de propriété intellectuelle pour la France d'ici 2020? *Rapport* du groupe PIÉTA (Prospective de la Propriété Intellectuelle pour l'ÉTAt stratège), http://www.cawa.fr/IMG/pdf/Rapport_PIETA_2006.pdf

Italien

Decreto-Legge 10 gennaio 2006, n. 3 . Gazetta Ufficiale – Serie Generale n. 8 del 11-1-2006. Conversione in legge, con modificazioni, N. 3760 – Gazetta Ufficiale – Serie Generale n. 58 del 10-3-2006, testo in vigore dal: 12-1-2006.

Luxemburg

LOI No 4673B modifiant la loi modifiée du 20 juillet 1992 portant modification du régime des brevets d'invention.

Niederlande

Interdepartementale Werkgroep 2005: Ethische aspecten aan octrooiverlening voor biotechnologische uitvindingen, Amsterdam, Niederlande, 23-6-2005.

Norwegen

Den etiske nemnda for patentsaker 2008: Pententnemnd uten portefolje? (*Patent ethics committee without portfolio?*). Oslo, Mai 2008, http://www.etikkom.no/HvaGjorVi/Publikasjoner/patent

Norwegisches Patentgesetz, http://www.lovdata.no/cgi-wift/wiztldrens?/usr/www/lovdata/ltavd1/filer/nl-20031219-127.html

Österreich

BEK 2002: *Beschluss der Bioethikkommission* beim Bundeskanzleramt vom 6. März 2002. Stellungnahme der Bioethikkommission zur Frage der innerstaatlichen Umsetzung der Biotechnologie-Richtlinie. Wien, Österreich, http://www.austria.gv.at/DocView.axd?CobId=1114

Parlamentarische Enquete (Anhörung) am 8. Oktober 2003 in Wien, »Die Umsetzung der EU-Biopatentrichtlinie 98/44/EC-Chancen und Risiken«, *Protokoll* unter: http://www.parlament.gv.at/portal/page?_pageid=908,707549&_dad=portal&_schema=PORTAL

Portugal

Decreto-Lei N° 36/2003, de 5 de Março.

Schweden

SNCME 2002: The Swedish National Council on Medical Ethics: *Opinion* on Directive 98/44/EC on the legal protection of its biotechnical inventions, and its implementation in Sweden, Stockholm, 25.02.2002, http://www.smer.gov.se/english/opinion/patent.eng.htm

SOU 2006: Oinskränkt produktskydd för patent på genteknikområdet. Delbetänkande av Kommittén om patentskydd för biotekniska uppfinningar, http://www.fritzes.se/

Schweiz

Bundesgesetz über die Erfindungspatente (Patentgesetz, PatG) Änderung vom 22. Juni 2007.

Bundesgesetz über die Erfindungspatente (Patentgesetz, PatG) Änderung vom 19.12.2008 (Parallelimporte).

Ständerat, *Protokoll* vom 11.6.07, PatG, FD150607.

Spanien

Ley 10/2002, de 29 de abril, por la que se modifica la Ley 11/1986, de 20 de marzo, de Patentes, para la incorporación al Derecho español de la Directiva 98/44/CE del Parlamento Europeo y del Consejo, de 6 de julio, relativa a la protección jurídica de las invenciones biotecnológicas.

Vereinigtes Königreich

CIPR (Commission on Intellectual Property Rights) 2002: *Integrating Intellectual Property Rights and Development Policy*. London. UK. www.iprcommission.org/papers/pdfs/final_report/CIPRfullfinal.pdf, (letzte Abfrage 1.9.2004).

Gowers, Andrew 2006: *Gowers Review* of Intellectual Property, commissioned by Chancellor of the Exchequer Gordon Brown for the UK, 06.12.2006. London, http://www.hm-treasury.gov.uk/media/583/91/pbr06_gowers_report_755.pdf

Nuffield Council on Bioethics (NBC) 2002: *The ethics of Patenting DNA*. U.K., http://www.nuffieldbioethics.org.

Royal Society (RoySoc) 2003: *Keeping Science Open*: The Effects of Intellectual Property Policy on the Conduct of Science. London. http://www.royalsoc.ac.uk/files/statfiles/document-221.pdf, letzter Abruf 2.9.2004.

UK High Court of Justice, Court of Appeal 2010: »Eli Lilly vs Human Genome Sciences«, 09.02.2010, Case No. A3/2008/2673

International

ALRC (Australian Law Reform Commission) 2004a: *Gene Patenting and Human Health (ALRC 68)*, Australian Government, Sydney.

ALRC (Australian Law Reform Commission) 2004b: *Genes and Ingenuity: Gene Patenting and Human Health* (ALRC 99). Australian Government, Sydney. http://www.austlii.edu.au/au/other/alrc/publications/reports/99/

Dickinson, Todd Q. 2000: *Statement* of Q. Todd Dickinson, Undersecretary of commerce for Intellectual Property and Director of the USPTO before the Subcommittee on the Judiciary, US. House of Representatives, July 13, 2000.

FTC (U.S. Federal Trade Commission) 2003: *To Promote Innovation: The Proper Balance of Competition and Patent Law and Policy*. October 2003, http://www.ftc.gov/os/2003/10/innovationrpt.pdf

NAS 2006: National Academies of Science, Board on Science, Technology, and Economic Policy (STEP), and Committee on Science, Technology, and Law (STL). *Reaping the Benefits of Genomic and Proteomic Research.Intellectual Property Rights, Innovation, and Public Health*, Washington, http://www.nap.edu/books/0309100674/html

Nat Acad 2004: The National Academies *Trilateral Workshop* on Intellectual Property Rights in Genomic and Protein Research and Innovation, December 16, 2004, Rockefeller Foundation Center, Bellagio, Italy, Verbatim unedited transcript, http://www7.nationalacademies.org/step/proteomics_transcript_1216_2004.pdf

NRC (U.S. National Research Council) 2004: Committee on Intellectual Property Rights in the Knowledge-Based Economy: *A Patent System for the 21st Century*. Washington, D.C., http://www.nap.edu/html/patentsystem/0309089107.pdf

OECD 2002a: Organisation for Economic Co-operation and Development and Federal Ministry of Education and Research: Short *Summary* of the Workshop on Genetic Inventions, Intellectual Property Rights and Licensing Practices (2002), OECD, Paris, www.oecd.org

OECD 2002b: Genetic Inventions, Intellectual Property Rights and Licensing Practices: Evidence and Policies. Paris, http://www.oecd.org/dataoecd/42/21/2491084.pdf

OECD 2004: OECD *Ministerial Report.* Patents and Innovation: Trends and Policy Challenges. Paris. http://www.oecd.org/dataoecd/48/12/24508541.pdf

OECD 2005: Intellectual property and competition policy in the biotechnology industry. http://www.oecd.org/dataoecd/36/4/35040373.pdf

OECD 2006: Organization for Economic Co-operation and Development. *Guidelines* for the Licensing of Genetic Inventions. (OECD Publications, Paris, 2006). *Recommendation* of the Council on the Licensing of Genetic Inventions. Scientific and Technological Policy. 23.02.2006 – C(2005)149/REV1, http://webdomino1.oecd.org/horizontal/oecdacts.nsf/Display/7556CF157BF75A02C1257137003AC861?Open Document

Straßburger Patentübereinkommen – »Übereinkommen zur Vereinheitlichung gewisser Begriffe des materiellen Rechts der Erfindungspatente« (IntPatÜG) vom 27. November 1963, von Deutschland unterzeichnet am 21. Juni 1976, in: *BGBl.* II S. 649.

Trilateral Co-operation of the US, European, and Japanese Patent Offices 1988 in: *Biotechnology Law Review* 7, S. 163.

UNESCO (United Nations Educational, Scientific, and Cultural Organization) 1997: *Universal Declaration on the Human Genome and Human Rights*, 11 November 1997. Geneva, http://www.unesco.org/shs/human_rights/hrbc.htm

United States District Court Southern District of New York, Association for Molecular Pathology vs USPTO et al., 09 Civ. 4515, New York, N.Y., Justice Robert Sweet, 29.03.2010.

US-Supreme Court 1966: Brenner v. Manson, 383 U.S. 519.

US-Supreme Court 1980: Diamond v. Chakrabarty, 447 U.S. 303.

WHO (World Health Organisation) 2006: Public Health. Innovation and Intellectual Property Rights. *Report of the Commission* on Intellectual Property Rights, Innovation and Public Health. April 2006, http://www.who.int/intellectualproperty/documents/thereport/CIPIHReport23032006.pdf bzw. http://www.who.int/intellectualproperty/documents/thereport/en/index.html (Letzte Abfrage 11.5.2006).

WHO (World Health Organization) 2002: Genomics and world health. *Report of the advisory committee on health research.* Geneva.

Weitere Pressemitteilungen werden lediglich in den jeweiligen Fußnoten ausgewiesen.

Literatur

»A question of priority«, Editorial, in: *Nature*, vol. 429, 3.6.2004, S. 487, http://www.nature.com/nature/journal/v429/n6991/pdf/429487b.pdf.

Abbott, Alison 2004: »Pressured Staff 'lose faith' in patent quality«, in: *Nature*, vol. 429, 3.6.2004, S. 493.

Abbott, Alison 2008: »Europe to pay royalties for cancer gene, BRCA1 patent decision may be ignored in clinics«, in: *Nature*. S. 556, www.nature.com/news/2008/081203/pdf/456556a.pdf.

Abels, Gabriele 2000: *Strategische Forschung in den Biowissenschaften. Der Politikprozess zum europäischen Humangenomprogramm*. Berlin.

Abels, Gabriele 2003: »Biopolitik in internationalen Arenen: Policy-Prozesse mit oder ohne Partizipation von Frauen?« In: Graumann, Sigrid/Schneider, Ingrid (Hg.): *Verkörperte Technik – Entkörperte Frau. Biopolitik und Geschlecht*, Frankfurt/Main, New York, S. 233–244.

Abels, Gabriele/Bora, Alfons 2004: *Demokratische Technikbewertung*. Bielefeld.

Abolafia, Mitchel Y. 2004: »Framing moves: Interpretive politics at the Federal Reserve«, in: *Journal of Public Administration Research and Theory*, Nr. 14, S. 349–370.

Abromeit, Heidrun 2002: *Wozu braucht man Demokratie? Die postnationale Herausforderung der Demokratietheorie*. Opladen.

Adrian, Johann 1996: *Patentrecht im Spannungsfeld von Innovationsschutz und Allgemeininteresse*, Antrittsvorlesung, 27. Juni 1996, http://edoc.hu-berlin.de/humboldt-vl/adrian-johann/PDF/Adrian.pdf

Aerts, Rob J. 2007: »The Legitimacy of Patent Law-Making in Europe and the U.S. – A Tentative Comparison«, in: *IIC (International Review of Intellectual Property and Competition Law)*, Heft 2, S. 165–182.

Ahrens, Claus 2002: *Die Verwertung persönlichkeitsrechtlicher Positionen: Ansatz einer Systembildung*. Würzburg.

Ahrweiler, Petra/Pyka, Andreas/Gilbert, Nigel 2006: »Institutions matter but… – Organisational Alignment in Knowledge-based Industries«, in: *Science, Technology and Innovation Studies*, vol. 2(1), S. 39–582, http://www.sti-studies.de/articles/2006-01/ahrweiler.htm

Albers, Marion 2003a: »Patente auf Leben«, in: *Juristenzeitung*, 58. Jg., S. 269–320.

Albers, Marion 2003b: »Die Institutionalisierung von Ethikkommissionen: Zur Renaissance der Ethik im Recht«, in: *KritV* 4, 86. Jg., S. 419–436.

Albert, Mathias/Brock, Lothar/Hesserl, Stephan/Menzel, Ulrich/Neyer, Jürgen 1999: *Die neue Weltwirtschaft: Entstofflichung und Entgrenzung der Ökonomie*. Frankfurt am Main.

Alpen, Dagmar 2000: *Zur Ökonomik blockierender Patente*. Wiesbaden.

Andersen, Birgitte/Konzelmann, Sue 2008: »In Search of a Useful Theory of The Productive Potential of Intellectual Property Rights«, in: *Research Policy* 37, S. 12–28.

Andrews, Lori B. 2002: »Genes and patent policy: rethinking intellectual property rights«, in: *Nature Reviews Genetics*, 3(10), S. 803–808.

Angell, Marcia/Relman, Arnold S. 2002: »Patents, profits & American medicine: conflicts of interest in the testing & marketing of new drugs«, in: *Daedalus* (Spring 2002), S. 102–111.

Anwander, Norbert/Bachmann, Andreas/Ripp, Klaus Peter/Schaber, Peter 2002: *Gene patentieren. Eine ethische Analyse.* Paderborn.

Appel, Bernd 1996: *Der menschliche Körper im Patentrecht.* Köln.

Aristoteles 1993: *Rhetorik.* München. (*De arte rhetorica*, Dt. Übs. Franz G. Sieveke, 4. Auflage).

Arrow, Kenneth 1970: »Ökonomischer Nutzen und die Allokation von Ressoucen für Erfindung«, in: Naumann, Jens (Hg.): *Forschungsökonomie und Forschungspolitik.* Stuttgart, S. 115–132.

Arrow, Kenneth J. 1962: »Economic Welfare and the Allocation of Resources of Invention«, in: Richard R. Nelson (Hg.): *The Rate and Direction of Inventive Activity: Economic and Social Factors.* Princeton, NJ., S. 609–625.

Artelsmair, Georg 2003: *Die Internationalisierung des europäischen Patentsystems im Spannungsfeld von Globalisierung, Regionalisierung und nationalen Interessen.* (Diss. München 2003, veröff. Hamburg 2004).

Artelsmair, Georg 2005: A Comprehensive Patent System Needed for Europe, in: Kur, Annette et al. (Hg.): *„…und sie bewegt sich doch!" Patent Law on the Move.* Köln, S. 5-30.

Arundel, Anthony 1999: *Patents – the Viagra of Innovation Policy, MERIT, project »Innovation Policy in a Knowledge-Based Economy«,* commissioned by the European Commission. Maastricht, http://www.sistemasdeconocimiento.org/English/e100mty/inputs/General_KBD_inputs/kbd_files/010_european_community/KBE2_3.pdf.

Asheim, Bjørn/Valentin, Finn/Zeller, Christian 2007: *IPR and Innovation Systems: An international comparison, paper presented at the EPIP conference, Lund,* http://www.epip.eu/conferences/epip02/files/Asheim_IPR_and_Innovation_Systems.pdf

Associated Press 2006: *B vitamin case reaches Supreme Court,* http://abcnews.go.com/Politics/wireStory?id=1744888 .

Auel, Katrin/Rittberger, Berthold 2006: »Fluctuant nec merguntur: the European Parliament, National Parliaments, and European Integration«, in: Richardson, Jeremy (Ed.): *European Union: Power and Policy-Making.* London, S. 121–145.

Austin, John L. 1962: *Zur Theorie der Sprechakte* (How to do things with Words). Stuttgart.

Bachrach, Peter 1970: *Die Theorie demokratischer Elitenherrschaft: eine kritische Analyse.* Frankfurt am Main.

Bagley, Margo 2003: »Patent first, ask questions later: Morality and biotechnology in patent law«, in: *William and Mary Law Review*, vol. 45(2), S. 469–547.

Balter, Michael 2001: »Transatlantic War over BRCA1 Patent«, in: *Science*, vol. 292, S. 1818.

Bandelow, Nils C. 1999: *Lernende Politik. Advocacy-Koalitionen und politischer Wandel am Beispiel der Gentechnologiepolitik.* Berlin.

Barben, Daniel 2007: *Politische Ökonomie der Biotechnologie. Innovation und gesellschaftlicher Wandel im internationalen Vergleich.* Frankfurt am Main.

Baringhorst, Sigrid 2004: »Strategic Framing – Deutungsstrategien zur Mobilisierung öffentlicher Unterstützung«, in: Kreyher, Volker J. (Hg.), *Handbuch Politisches Marketing*. Baden-Baden, S. 75–89.

Bartmann, Peter 2001: »Schürfrechte am menschlichen Erbgut«, in: *Dt. Ärzteblatt*, Jg. 98(30), 27.7.2001, S. B1655–1657.

Barton, Tanja 2004: *Der »Ordre public« als Grenze der Biopatentierung*. Berlin.

Bateson, Gregory 1972: »A Theory of Play and Fantasy«, in: ders.: *Steps to an Ecology of Mind*. London, S. 177–193.

Bauer, Carsten 1993: *Patente für Pflanzen – Motor des Fortschritts?* Düsseldorf.

Baumgartner, Christoph 2005: »Ausschluss durch Aufnahme? Über Schwierigkeiten einer wirksamen ethischen Beurteilung der Patentierung im Bereich der Agrarbiotechnologie«, in: Potthast, Thomas/Baumgartner, Christoph/Engels, Eve-Marie (Hg.): *Die richtigen Maße für die Nahrung: Biotechnologie, Landwirtschaft und Lebensmittel in ethischer Perspektive*. Tübingen [u.a.], S. 287–308.

Baur, Wolfgang/Maier-Spohler, Gabriele (Hg.) 1993: *Von Mäusen und Forschern. Darf Leben patentiert werden?* München.

Beck, Ulrich 1986: *Risikogesellschaft: auf dem Weg in eine andere Moderne*. Frankfurt am Main.

Becker, Michael/Zimmerling, Ruth (Hg.) 2006: »Politik und Recht«. *PVS Sonderheft* Bd. 36, Wiesbaden.

Beier, Friedrich-Karl 1989: »Die Rechtsbehelfe des Patentanmelders und seiner Wettbewerber im Vergleich«, in: *GRUR Int.* 1989, S. 1–14.

Beier, Friedrich-Karl u.a. 1986: *Biotechnologie und Patentschutz. Eine internationale Untersuchung der OECD*. Weinheim.

Bekelman, J.E./Li, Y/Gross, C.P. 2003: »Scope and impact of financial conflicts of interest in biomedical research: a systematic review«, in: *JAMA* 289(4), S. 454–65.

Benedetto, Giacomo 2005: »Rapporteurs as legislative entrepreneurs: the dynamics of the codecision procedure in Europe's parliament«, in: *Journal of European Public Policy*, vol.12(1), S. 67–88.

Benford, Robert D./Snow, David A. 2000: »Framing Processes and Social Movements. An Overview and Assessment«, in: *Annual Review of Sociology*, vol. 26, S. 611–639.

Benkard 2002: *Europäisches Patentübereinkommen*. München.

Benkler, Yochai 2004: *Peer Production of Survivable Critical Infrastructures*, http://web.si.umich.edu/tprc/papers/2004/340/Benkler%20Critical%20Infrastrcutures.pdf.

Bentley, D.R. 1996: »Genomic Sequence Information Should Be Released Immediately and Freely in the Public Domain«, *Science* 274, S. 533–534.

Bently, Lionel/Sherman, Brad 1995: »The Ethics of Patenting: Towards a transgenic patent system«, in: *Medical Law Review*, 3, Autumn 1995, S. 275–291.

Benz, Arthur (Hg.) 2004: *Governance – Regieren in komplexen Regelsystemen*. Wiesbaden.

Benz, Arthur 1997: »Policies als erklärende Variable in der politischen Theorie«, in: A. Benz/Seibel, W. (Hg.): *Theorieentwicklung in der Politikwissenschaft – eine Zwischenbilanz*. Baden-Baden, S. 303–322.

Benz, Arthur 1998: »Postparlamentarische Demokratie? Demokratische Legitimation im kooperativen Staat«, in: Greven, Michael (Hg.): *Demokratie – eine Kultur des Westens?* 20. Wiss. Kongress der DVPW. Opladen, S. 201–222.

Benz, Arthur 2003: »Konstruktive Vetospieler in Mehrebenensystemen«, in: R. Mayntz/Streeck, W. (Hg.): *Die Reformierbarkeit der Demokratie. Innovationen und Blockaden*. Festschrift für Fritz Scharpf. Frankfurt am Main/New York, S. 205–236.

Benz, Arthur/Lütz, Susanne/Schimank, Uwe/Simonis, Georg 2007: *Handbuch Governance. Theoretische Grundlagen und empirische Anwendungsfelder.* Wiesbaden.

Bessen, James/Maskin, Eric 2006: *Sequential Innovation, Patents, and Imitation.* Economics Working Papers 0025, Institute for Advanced Study, School of Social Science, http://www.sss.ias.edu/publications/papers/econpaper25.pdf

Bessen, James/Meurer, Michael J. 2008: *Patent Failure. How Judges, Bureaucrats, and Lawyers Put Innovators at Risk.* Princeton.

Beyer, Hans 1994: »Patent und Ethik im Spiegel der technischen Evolution«, in: *GRUR*, Heft 8/9, S. 541–559.

Beyleveld, Deryck/Brownsword, Roger 2003: »Is Patent Law Part of the EC Legal Order?« in: Baumgartner, Christoph/Mieth, Dietmar (Hg.): *Patente am Leben? Ethische, rechtliche und politische Aspekte der Biopatentierung.* Paderborn, S. 129–144.

Black, Julia 1998: »Regulation as Facilitation: Negotiating the Genetic Revolution«, in: *The Modern Law Review*, vol. 61(5), Sept. 1998, S. 621–660.

Blatter, Joachim 2006: »Governance als transdisziplinäres Brückenkonzept für die Analyse von Formen und Transformationen politischer Steuerung und Integration«, in: Bogumil, Jörg/Jann, Werner/Nullmeier, Frank (Hg.): *Politik und Verwaltung. PVS-Sonderheft* 37, S. 50–76.

Bleek, Wilhelm 2001: *Geschichte der Politikwissenschaft in Deutschland.* München.

Blumenthal, D./Causino, N./Campbell, E. et al. 1996: »Relationships between academic institutions and industry in the life sciences – An industrial survey«, in: *New England Journal of Medicine*, vol. 334, S. 368–374.

BMG (Bundesministerium für Gesundheit) (Hg.) 2001: »Fortpflanzungsmedizin in Deutschland«. *Schriftenreihe des Bundesministeriums für Gesundheit*, Band 132, Baden-Baden.

Bobbert, Monika 2007: »Was macht Menschsein aus, wenn Biotechniken die Spezies verändern? Ethische Fragen der Forschung mit embryonalen Stammzellen, alternativen Klonverfahren und Chimären«, in: *Ethica* (15)1, S. 7–49.

Bobrow, Martin/Thomas, Sandy 2001: »Patents in a genetic age. The present patent system risks becoming a barrier to medical progress«, in: *Nature*, vol. 409, 15.2.2001, S. 763–764.

Bogner, Alexander/Menz, Wolfgang 2006: »Wissenschaftskriminalität. Der koreanische Klon-Skandal und die Bedeutung der Ethik«, in: *Leviathan* 34 (2), S. 270–290.

Bogner, Alexander/Torgersen, Helge 2005: *Wozu Experten? Ambivalenzen der Beziehung zwischen Wissenschaft und Politik.* Wiesbaden.

Böhret, Carl /Konzendorf, Götz 2001: *Handbuch Gesetzesfolgenabschätzung (GFA). Gesetze, Verordnungen, Verwaltungsvorschriften* Baden-Baden.

Bora, Alfons 2003a: »Kontrolle oder Gestaltung? Institutionelle Voraussetzungen von Netzwerkbildung, Partizipation und Professionalisierung im Bereich der Gesetzesfolgenabschätzung«, in: Karpern, Ulrich/Hof, Hagen (Hg.): *Wirkungsforschung zum Recht IV. Möglichkeiten einer Institutionalisierung der Wirkungskontrolle von Gesetzen.* Baden-Baden, S. 244–255.

Bora, Alfons 2003b: »Politik und Recht. Krisen der Politik und die Leistungsfähigkeit des Rechts«, in: Nassehi, Armin/Schroer, Markus (Hg.): *Der Begriff des Politischen, Soziale Welt Sonderband 14.* Baden-Baden, S. 189–216.

Borrás, Susana 2003: *The Innovation Policy of the European Union. From Government to Governance.* Cheltenham, UK and Northampton, USA.

Borrás, Susana 2006: »The governance of the European patent system: Effective and legitimate?« In: *Economy and Society*, 35(4), S. 594–610.

Borrás, Susana/Conzelmann, Thomas 2007: »Democracy, Legitimacy and Soft Modes of Governance in the EU: The Empirical Turn«, in: *Journal of European Integration*, vol. 29(5), Special Issue on »Democracy and Soft Modes of Governance in the EU«, S. 531–548.

Borrás, Susana/Koutalakis, Charalampos/Wendler, Frank 2007: »European agencies and input legitimacy: EFSA, EMeA and EPO in the post-delegation phase«, in: *Journal of European Integration,* vol. 29(5), S. 583–600.

Börzel, Tanja 2000: »Europäisierung und innerstaatlicher Wandel. Zentralisierung und Entparlamentarisierung?« In: *PVS (Politische Vierteljahresschrift),* vol. 41(2), S. 225–250.

Böschen, Stefan/Schulz-Schaeffer, Ingo (Hg.) 2003: *Wissenschaft in der Wissensgesellschaft.* Opladen.

Böschen, Stefan/Schneider, Michael/Lerf, Anton (Hg.) 2004: *Handeln trotz Nichtwissen. Vom Umgang mit Chaos und Risiko in Politik, Industrie und Wissenschaft.* Frankfurt am Main/New York.

Bossung, Otto 1995: »Rückführung des europäischen Patentrechts in die Europäische Union«, in: *GRUR Int.*, 923ff. (http://www.suepo.org/public/).

Bossung, Otto 2003: »A Union Patent instead of the community patent – developing the European Patent into an EU Patent«, in: *IIC (International Review of Intellectual Property and Competition Law),* 1, S. 1–30.

Boston Consulting Group 2000: *The Pharmaceutical Industry into Its Second Century. From Serendipity to Strategy.* Report.

Bouchard, Ron A. 2007: »Living Separate and Apart is Never Easy: Inventive Capacity of the PHOSITA as the Tie that Binds Obviousness and Inventiveness in Pharmaceutical Litigation«. *University of Ottawa Law & Technology Journal,* January 2007, http://ssrn.com/abstract=958927.

Boyle, James 1996: *Shamans, Software and Spleens: Law and the Construction of the Information Society.* Cambridge, MA and London.

Boyle, James 2003a: »Enclosing the Genome: What Squabbles over Genetic Patents Could Teach Us«, in: Kieff, Scott F. (Hg.): *Perspectives on Properties of the Human Genome Project.* Amsterdam u.a., S. 97–122, (im Text zitiert nach Fassung unter http://james-boyle.com, letzte Abfrage 23.9.2004).

Boyle, James 2003b: »Foreword: The Opposite of Property?« In: *Law and Contemporary Problems*, vol. 66(1&2), S. 1–32.

Boyle, James 2003c: »The Second Enclosure Movement and the Construction of the Public Domain«, in: *Law and Contemporary Problems*, vol. 66(1&2), S. 33–74.

Boyle, James 2004: »A Manifesto on WIPO and the future of intellectual property«, in: *Duke Law & Technology Review*, No. 9, pp 1–12, www.law.duke.edu/journals/dltr/articles/2004dltr0009.html

Brändli, Paul 1996: »Europäisches Patentrecht als Instrument zur Förderung spezifischer Wirtschaftsstrategien«, in: Harabi, Najib (Hg.): *Kreativität – Wirtschaft – Recht, Zürcher Hochschulforum* Band 24, S. 275–303.

Brettschneider, Frank 1994: »Agenda-Setting. Forschungsstand und politische Konsequenzen«, in: Jäckel, Michael/Winterhoff-Spurk, Peter (Hg.): *Politik und Medien. Analysen zur Entwicklung der politischen Kommunikation.* Berlin, S. 211–229.

Breyer, Hiltrud 1996: »Patente auf menschliche Gene: Missbrauch des Patentrechts«, in: *Medizinische Genetik,* 8. Jg.(4), S. 321–325.

Brosius, Hans-Bernd 1994: »Agenda-Setting nach einem Vierteljahrhundert Forschung: Methodischer und theoretischer Stillstand?« In: *Publizistik* 39, S. 269–288.

Brown, Nik/Michael, Mike 2003: »A Sociology of Expectations: Retrospecting Prospects and Prospecting Retrospects«, in: *Technology Analysis and Strategic Management,* 15(1), S. 3–18.

Bull, Alan T./Holt, Geoffrey/Lilly, Malcolm D. 1984: *Biotechnologie. Internationale Trends und Perspektiven.* Organisation for Economic Cooperation and Development (OECD). Köln. (engl. Original von 1982).

Bunke, Holger 2009: 40 Jahre »›Rote Taube‹ – Die Entwicklung des Erfindungsbegriffs«, in: *Mitteilungen der deutschen Patentanwälte,* Heft 4/2009, S. 168–177.

Burk, Dan L./Lemley, Mark A 2003: »Biotechnology's Uncertainty Principle«, in: Kieff, Scott F. (Hg.): *Perspectives on Properties of the Human Genome Project.* Amsterdam u.a., S. 305–154.

Busse, Dietrich 1992: *Recht als Text.* Tübingen.

Calamé, Thierry 2001: *Öffentliche Ordnung und gute Sitten als Schranken der Patentierbarkeit gentechnologischer Erfindungen.* Basel.

Callon, Michel 2002: »From Science as an Economic Activity to Socioeconomics of Scientific Research: The Dynamics of Emergent and Consolidated Techno-economic Networks«, in: Mirowski, Philip/Sent, Esther-Mirjam (Eds.): *Science Bought and Sold.* Chicago/London, S. 277–317.

Campbell, K.H./McWhir, J./Ritchie, W.A./Wilmut, I. 1996: »Sheep cloned by nuclear transfer from a cultured cell line«, in: *Nature,* vol. 380(6569), S. 64–66.

Cienki, Alan 2007: »Frames, idealized cognitive models, domains«, in: Geeraerts, Dirk/Cuyckens, Hubert (Eds.): *The Oxford handbook of cognitive linguistics.* Oxford, S. 170–187.

Ciompi, Luc 1994: »Affektlogik – die Untrennbarkeit von Fühlen und Denken«, in: Fedrowitz, Jutta/Metejovski, Dirk/Kaiser, Gert (Hg.): *Neuroworlds. Gehirn – Geist – Kultur.* Frankfurt am Main/New York, S. 117–130.

Condit, Celeste M./Condit, Deirdre M. 2001: »Blueprints and Recipes: Gendered Metaphors for Genetic Medicine«, in: *Journal of Medical Humanities* 22(1), S. 29–39.

Conley, John/Makowski, Roberte 2004: »Rethinking the Product of Nature Doctrine as a Barrier to Biotechnology Patents in the United States – And Perhaps Europe as Well«, in: *Information & Communications Technology Law,* vol. 13(19), S. 4–40.

Cook-Deegan, Robert 1994: *The Gene Wars. Science, Politics, and the Human Genome.* New York/London.

Cook-Degan, Robert Mullan 1997: »Confidentiality, Collective Ressources, and Commercial Genomics«, in: Rothstein, Mark (Hg.): *Genetic Secrets: Protecting Privacy and Confidentiality in the Genetic Era.* New Haven/London, S. 161–183.

Corbett, R. 2002: »A Very Special Parliament: The European Parliament in the Twenty-First Century«, in: *The Journal of Legislative Studies,* vol. 8(2), S. 1–8.

Coriat, Benjamin/Orsi, Fabienne 2002: »Establishing a new intellectual property right regime in the United States. Origins, content and problems«, in: *Research Policy,* vol. 31, S. 1491–1507, (http://www.druid.dk/conferences/nw/paper1/coriat.pdf).

Cornish, William R. 2000: *Intellectual Property. Patents, Copyrights, Trademarks and Allied Rights.* London, (Fourth Edition).

Cornish, William R. 2004: *Intellectual Property: Omnipotent, Distracting, Irrelevant?* Oxford.
Cotterrell, Roger 1992: *The Sociology of Law: An Introduction*, London, (2nd edition).
Cotterrell, Roger 1995: *Law's Community, Legal Theory in Sociological Perspective*, Oxford.
Cowan, R./David Paul A./Foray Dominique 2000: »The Explicit Economics of Knowledge Codification and Tacitness«, in: *Industrial and Corporate Change,* 9(2), S. 211–253.
Crespi, Stephen R. 2005: »Erythrpoietein in the UK: a setback for gene patents?« in: *Nature Biotechnology* vol. 23(3), S. 367–368.
Cukier, Kenneth Neil 2006: »Navigating the future(s) of biotech intellectual property«, in: *Nature Biotechnology* 24, S. 249–251.
Dahinden, Urs 2006: *Framing. Eine integrative Theorie der Massenkommunikation.* Konstanz.
Damasio, Antonio R. 2004: *Descartes' Irrtum. Fühlen, Denken und das menschliche Gehirn.* München.
Dasgupta, Partha/David, Paul A. 1994: »Toward a new economics of science«, in: *Research Policy* 23 (1994), S. 487–521, reprinted in: Ph. Mirowski/Sent, E.-M. 2002: *Science Bought and Sold: Essays in the Economics of Science.* Chicago, S. 219–248.
David, Paul 1995: »Post-Modern Visions of Research and the Curse of Success«, *MERIT Working Paper* 2.96-002, University of Limburg, Maastricht, December, http://137.120.22.236/www-edocs/loader/file.asp?id=50.
David, Paul A. 2003: »The Economic Logic of ›Open Science‹ and the Balance between Private Property Rights and the Public Domain in Scientific Data and Information: A Primer«, *SIEPR Discussion Paper No. 02-30, Stanford Institute for Economic Policy Research,* March 2003.
David, Paul/Foray Dominique 1995: »Accessing and Expanding the Knowledge Base in Science and Technology«, *STI Review* 16, S. 13–68.
Davies, Kevin 2001: *Die Sequenz. Der Wettlauf um das menschliche Genom.* Berlin.
Davis, Michael 1989: »Patents, Natural Rights, and Property«, in: Weil, Vivian/Snapper, John (Ed): *Owning Scientific and Technical Information*, New Brunswick/London.
Davis, Michael 2005: »Patent Politics«, in: *South Carolina Law Review*, http://papers.ssrn.com/sol3/papers.cfm?abstract_id=282056
Daviter, Falk 2007: »Policy framing in the European Union«, in: *Journal of European Public Policy* 14(4), S. 654–666.
De Wilde, Pieter 2007: »Politicisation of European Integration: Bringing the Process into Focus«, *ARENA Working Paper Series* 18/2007, ARENA Centre for European Studies, University of Oslo, http://www.arena.uio.no/publications/working-papers 2007/papers/wp07_18.pdf.
Demaine, L.J./Fellmeth, A.X. 2003: »Natural Substances and Patentable Inventions«, in: *Science*, vol. 300(5624), 30 May 2003, S. 1375–1376.
Denker, Hans-Werner 2004: »Die Potenz von menschlichen ES-Zellen als Argument gegen ihre Patentierbarkeit«, in: *Jahrbuch für Wissenschaft und Ethik*, Bd. 9, S. 367–371.
Derclaye, Estelle 2007: »Intellectual Property Rights on Information and Market Power: Comparing European and American Protection of Databases«, in: *IIC* 38, S. 275.
Deschenes M. /Cardinal G./Knoppers B.M./Glass KC. 2001: »Human genetic research, DNA banking and consent: a question of 'form'?« in: *Clinical Genetics*, vol. 59(4), S. 221–39.
DeSousa, Ronald 1997: *Die Rationalität des Gefühls.* Frankfurt/Main.

Deutsch, Erwin 1999: *Medizinrecht. Arztrecht, Arzneimittelrecht und Medizinprodukterecht.* Berlin u.a., (4.Auflage).

Dickson, David 1993: »UK clinical geneticists ask for ban on the patenting of human genes«, in: *Nature* vol. 366, S. 391.

DiMaggio, P. 1998: »The new institutionalisms: Avenues of collaboration«, in: *Journal of Institutional and Theoretical Economics,* 154, S. 697–705.

Döbert, Rainer/van den Daele, Wolfgang 2002: »Wessen Gemeinwohl ist mit wie viel Matthäus-Effekt vereinbar? Zur globalen Neuordnung der ›Rechte des geistigen Eigentums‹«, in: Schuppert, Gunnar Folke/Neidhardt, Friedhelm (Hg.): *Gemeinwohl – Auf der Suche nach Substanz. WZB-Jahrbuch 2002*, Berlin.

Dolata, Ulrich 1996: *Politische Ökonomie der Gentechnik. Konzernstrategien, Forschungsprogramme, Technologiewettläufe.* Berlin.

Dolder, Fritz 1984: »Schranken der Patentierbarkeit biotechnologischer Erfindungen nach dem Europäischen Patentübereinkommen«, in: *Mitteilungen der Deutschen Patentanwälte*, 75. Jg.(1), S. 1–7.

Donati, Paolo R. 2001: »Die Rahmenanalyse politischer Diskurse«, in: Keller, Reiner et al. (Hg.): *Handbuch sozialwissenschaftliche Diskursanalyse; Bd. 1*, Opladen, S. 145–175.

Dörries, H. Ulrich 2001: »Patentansprüche auf DNA-Sequenzen: ein Hindernis für die Forschung? Anmerkungen zum Regierungsentwurf für ein Gesetz zur Umsetzung der Richtlinie 98/44/EG«, in: *Mitteilungen der deutschen Patentanwälte*, 92. Jg.(1), S. 15–21.

Drahos, Peter 1996: *A Philosophy of Intellectual Property.* Dartmouth, Aldershot/Brookfield, Vt.

Drahos, Peter 1999: »Biotechnology patents, markets and morality«, in: *European Intellectual Property Review* 9, S. 441–449.

Drahos, Peter/Braithwaite, John 2002: *Information Feudalism: Who owns the Knowledge Economy?* London.

Drahos, Peter 2006: *Governance of the European Patent System: A Separation of Powers Approach*, STOA Workshop, »Policy options for the European patent system«. European Parliament, November 9th, expert statement, http://www.tekno.dk/pdf/projekter/patent-system-STOA/Drahos.pdf

Dryzek, John 1990: *Discursive democracy.* New York.

Dryzek, John 2001: »Legitimacy and economy in deliberative democracy«, in: *Political Theory*, Vol. 29(5), S. 651–669.

Duden; Barbara 1991: *Der Frauenleib als öffentlicher Ort. Vom Missbrauch des Begriffs Leben.* Hamburg/Zürich.

Dutfield, Graham 2004: »Does One Size Fit All?« In: *Harvard International Review*, vol. 26(2), S. 50–54.

Dutfield, Graham 2004: »From mousetraps to (onco) mice: the law and politics of biotech patenting.« *Paper for 4S and EASST conference, Paris, 25–28.08.2004.*

Dutfield, Graham 2009: *Intellectual Property Rights and the Life Science Industries. Past, Present and Future.* New Jersey. (2nd Edition).

Dutfield, Graham/Suthersanen, Uma 2005: »DNA Music: Intellectual Property and the Law of Unintended Consequences«, in: *Science Studies* 18(1), S. 5–29.

Dye, Thomas R. 1978: *Policy Analysis. What Governments Do, Why They Do It, and What Difference it Makes.* Alabama.

Easton, David 1965: *A Framework for Political Analysis.* Englewood Cliffs, N.J.

Eckl, Andreas/Ludwig, Bernd 2005: *Was ist Eigentum? Philosophische Positionen von Platon bis Habermas.* München.

Eco, Umberto 1977: *Zeichen. Einführung in einen Begriff und seine Geschichte.* Frankfurt am Main

Economist 2005: »Bayhing for blood or Doling out cash?« In: *The Economist,* 20.12. 2005, http://www.economist.com/science/displayStory.cfm?story_id=5327661&no_na_tran=1.

Egeberg, Morten/Schaefer, Günther/Trondal, Jarle 2003: »The Many Faces of EU Committee Governance«, in: *West European Politics* 26(3), S. 19–40.

Ehrlich, Eugen 1989: *Grundlegung der Soziologie des Rechts.* (4. Auflage).

Eifert, Martin/Hoffmann-Riem, Wolfgang (Hg.) 2008: *Geistiges Eigentum und Innovation.* Berlin.

Eilstrup-Sangiovanni, Mette (Ed.) 2006: *Debates on European Integration. A Reader.* Houndmills, Basingstoke.

Eimer, Thomas R. 2006: »Source code and ownership. Software regulation in the US and the EU«, *Paper presented at the ECPR/CRI Conference »Frontiers of Regulation«, September 2006, Bath (UK),* http://www.bath.ac.uk/cri/pdf/ecpr_pdf/5_Eimer.pdf.

Eisenberg, Rebecca 1989: »Patents and the Progress of Science: Exclusive Rights and Experimental Use«, in: *University of Chicago Law Review,* vol. 56, S. 1017–1086.

Eisenberg Rebecca S. 1997: »Structure and function in gene patenting«, in: *Nature Genetics,* 15(2), S. 125–30.

Eisenberg, Rebecca 2004: »Obvious to Whom? Evaluating Inventions from the Perspective of PHOSITA«, in: *Berkeley Tech. L.J.* 19(3), S. 885–906.

Eisenberg, Rebecca 2006: »The story of Diamond vs. Chakrabarty: Technological Change and the Subject Matter Boundaries of the Patent System«, in: Ginsburg, Jane C./Dreyfuss, Rochelle Cooper (Eds.): *Intellectual Property Stories.* New York, S. 327–357.

Eisenberg, Rebecca S./Nelson, Richard R. 2002: »Public vs. Proprietary Science: A Fruitful Tension?« In: *Academic Medicine,* 77, S. 1392–1399.

Eissler, Stephan 2004: Eine Kritik der Institution des so genannten »geistigen Eigentums« im digitalen Zeitalter aus Perspektive liberaler Theorien. Tübingen, http://www.wissen-schaft.org/downloads/Eissler_Stephan_2004_d.pdf

EIU (Economist Intelligence Unit) 2007: »The value of knowledge. European firms and the intellectual property challenge«. *White paper.* London, http://graphics.eiu.com/files/ad_pdfs/eiu_EuropeIPR_wp.pdf

Elias, Paul: *Biotechnology Loses Billions A Year.* Associated Press, 1.6.2005.

Elsmore, Matthew J. 2009: »Quality and quantity: Can we have both within the European patent system?« In: *ERA-Forum* 2009, S. 216–230

Elster, Jon 1997: »The market and the forum: three varieties of political theory«, in: Goodin, E./Pettit, P. (Eds.): *Contemporary political philosophy: an anthology.* Oxford, S. 128–42.

Emmott, Steve 2001: »No Patents on Life: The Incredible Ten-year Campaign against the European Patent-Directive«, in: Tokar, Brian (Ed.): *Redesigning Life?* London/New York, S. 328–384.

Engel, Christoph (Hg.) 2002: *Wissen – Nichtwissen – unsicheres Wissen.* Baden-Baden.

Entman, Robert M. 1993: »Framing: Toward Clarification of a Fractured Paradigm«, in: *Journal of Communication* 43(4), S. 51–8.

Eriksson, L. D. 1998: »The Indeterminacy of Law or Law as a Deliberative Practice«, in: Hirvonen, A. (Ed.): *Polycentricity. The Multiple Scenes of Law*. London, S. 44–58.

Ernst & Young 2004a: *Refocus. The European Perspective. Global Biotechnology Report 2004.*

Ernst & Young 2004b: *On the Threshold. The Asia-Pacific Perspective.* Global Biotechnology Report 2004.

Ernst & Young 2007: *Final Report, Benchmarking Project – Productivity of the EPO, UKIPO & DPMA*, Munich, June 29th 2007, http://documents.epo.org/projects/babylon/eponet.nsf/0/46CEFCF34ED4A9F0C1257324002A1428/$File/Bechmarking_productivity_report_2007_en.pdf.

Etzkowitz, Henry 2002: *MIT and the Rise of Entrepreneurial Science.* London.

Etzkowitz, Henry/Leydesdorff, Loet 2000: »The Dynamics of Innovation: From National Systems and 'Mode 2' to a Triple Helix of University-Industry-Government Relations«, in: *Research Policy*, 29(2), S. 109–123.

Etzkowitz, Henry/Webster, Andrew 1995: »Science as Intellectual Property«, in: Jasanoff, Sheila et al. (Eds.): *Handbook of Science and Technology Studies.*Thousand Oaks u.a., S. 480–505.

Etzkowitz, Henry/Webster, Andrew/Healey, Peter 1998: *Capitalizing Knowledge: New Intersections of Industry and Academia.* Albany, NY.

Ezrahi, Yaron 1990: *The descent of Ikarus. Science and the transformation of contemporary. democracy.* Cambridge.

Feest, J./Nelken, D. 2001: *Adapting Legal Cultures.* Oxford.

Feldges, Joachim 2005: »Ende des absoluten Stoffschutzes? Zur Umsetzung der Biotechnologie-Richtlinie«, in: *GRUR*, 12, S. 977–984.

Felt, Ulrike/Nowotny, Helga/Taschwer, Klaus 1995: *Wissenschaftsforschung.* Frankfurt am Main/New York.

Feuerstein, Günter/Kollek, Regine 1999: »Flexibilisierung der Moral. Zum Verhältnis von biotechnischen Innovationen und ethischen Normen«. In: Honegger, C./Hradil, S./Traxler, F. (Hg.): *Grenzenlose Gesellschaft? Kongreßband (Teil 2) des Freiburger Kongresses der DGS, ÖGS und SGS.* Opladen, S. 559–574.

Fields, Chris et al. 1994: »How many genes in the human genome?« In: *Nature Genetics*, vol. 7, S. 345–346.

Fili, Verena 2002: *Versuchsprivileg und Zwangslizenz bei gentechnisch hergestellten Arzneimitteln.* Rechtswissenschaftliche Dissertation. Erlangen.

Fillmore, Charles 1976: »Frame semantics and the nature of language«, in: *Annals of the New York Academy of Sciences: Conference on the Origin and Development of Language and Speech*, vol. 280, S. 20–32.

Fillmore, Charles 1982: »Frame semantics«, in: *The Linguistic Society of Korea: Linguistics in the Morning Calm.* Seoul, S. 111–137.

Fischer, Ernst-Peter 2002: *Das Genom.* Frankfurt am Main.

Fischer, Frank 1990: *Technocracy and the Politics of Expertise.* Newbury Park CA.

Fischer, Frank 2003: *Reframing Public Policy. Discursive Politics and Deliberative Practices.* Oxford.

Fischer, Frank/Forester, John 1993: *The argumentative turn in policy analysis and planning.* Durham and London.

Fisher, Kim 1997: »Locating Frames in the Discursive Universe«, in: *Sociological Research Online* 2(3), http://www.socresonline.org.uk/2/3/4.html.

Foray, Dominique 2002: »Intellectual Property and Innovation in the Knowledge-Based Economy«, in: *ISUMA* 3, S. 71–78.

Foray, Dominique 2004: *Economics of Knowledge.* Cambridge, Mass.; London.

Fox Keller, Evelyn 2000: *The Century of the Gene.* Cambridge, London.

Frahm, Katharina/Gebauer, Jochen 2002: »Patente auf Leben? – Der Luxemburger Gerichtshof und die Biopatentrichtlinie«, in: *Europarecht*, S. 78–94.

Franzius, Claudio/Preuß, Ulrich K. (Hg.) 2004: *Europäische Öffentlichkeit.* Baden-Baden.

Freeman, Christopher/Soete, Luc 1997: *The Economics of Industrial Innovation.* Washington/London. (3. Auflage).

Freidson, Eliot 1986: *Professional Powers. A Study of the Institutionalization of Formal Knowledge.* Chicago/London.

Freire, Maria 2001: Statement of National Institutes of Health Before Senate Appropriations Subcommittee on Labor, Health and Human Services, Education and Related Agencies, August 1, 2001 <www.nih.gov> (Seitenabruf 27.9.2001).

Friebel, Guido/Koch, Alexander K./Prady, Delphine/Seabright, Paul 2006: *Objectives and incentives at the European Patent Office*, IDEI (Institut d'Economie Industrielle, University of Toulouse), commissioned by SUEPO, http://www.idei.fr/doc/by/seabright/report_epo.pdf.

Friedman, Lawrence M. 1975: *The Legal System, A Social Science Perspective.* New York.

Fromme, Friedrich Karl 2004: *Rechtspolitik und Medien*, http://www.irp.uni-trier.de/pdf/04_Fromme.pdf

Fuchs, Andreas 2000: »Patentrecht und Humangenetik«, in: *Mitteilungen der deutschen Patentanwälte*, 91.Jg.(1), S. 1–9.

Fuchs, Michael 2002: »Internationaler Überblick zu Verfahren der Entscheidungsfindung bei ethischem Dissens. Gutachten für die Enquete-Kommission »Recht und Ethik der modernen Medizin« des Dt. Bundestages«, veröffentlicht 2006 unter: *Widerstreit und Kompromiß. Wege des Umgangs mit moralischen Dissens in bioethischen Beratungsgremien und Foren der Urteilsbildung.* Institut für Wissenschaft und Ethik. Bonn.

Fuchs, Michael/Lanzerath, Dirk/Hillebrand, Ingo/Runkel, Thomas/Balcerak, Magdalena/Schmitz, Barbara 2002: *Enhancement. Die ethische Diskussion über biomedizinische Verbesserungen des Menschen.* Deutsches Referenzzentrum für Ethik in den Biowissenschaften, Sachstandsberichte 1. Bonn.

Funtowicz, S.O./Ravetz, J.R. 1993: »The Emergence of Post-Normal Science«, in: von Schomberg, Rene (Ed.): *Science, Polities, and Morality. Scientific Uncertainty and Decision Making*, Dordrecht. Boston/London.

Gamson, William A. 1992: *Talking Politics.* Boston.

Garfinkel, Harold 1984: *Studies in Ethnomethodology.* Cambridge.

Gebhardt, Evelyne 1996: »Die ethischen Aspekte der Patentierung des menschlichen Genoms«, in: *Medizinische Genetik*, 8. Jg.(4), S. 317–321.

Geiger, Christopher 2006: »›Constitutionalising‹ Intellectual Property Law? The Influence of Fundamental Rights on Intellectual Property in the European Union«, in: *International Review of Intellectual Property and Competition Law (IIC)* 37, S. 371–406.

Geissler, Bernhard 1972: *Der Umfang des Stoffschutzes für chemische Erfindungen.* Köln.

Geller, Paul Edward 2004: »Eine Utopie des Internationalen Patentrechts?« In: *GRUR Int.*, 53.Jg.(4), S. 271–356.

Gewin, Virginia 2005: »The technology trap«, in: *Nature* 437, (13 October 2005), S. 948–949.

Gibbons, Michael/Limoges, Camille /Nowotny, Helga /Schwartzman, Simon /Scott, Peter /Trow, Martin 1994: *The New Production of Knowledge*. London.

Gifford, Daniel J. 2004: »How Do the Social Benefits and Costs of the Patent System Stack Up in Pharmaceuticals?« *bepress Legal Series. Working Paper* 209. http://law.bepress.com/expresso/eps/209

Gill, Bernhard 1992: »Kettenmoleküle und Assoziationsketten – Metaphern in der Gentechnologie und Genomanalyse«, in: *Prokla*, Jg. 22(3), 88, S. 413–433.

Glaser, Barney G./Strauss, Anselm L. 1998: *Grounded theory: Strategien qualitativer Forschung*. Bern u.a.

Godt, Christine 2003a: »Kommerzialisierte Grundlagenforschung: Biopatentierung als rechtsethische Herausforderung«, in: Baumgartner, Christoph/Mieth, Dietmar (Hg.): *Patente am Leben? Ethische, rechtliche und politische Aspekte der Biopatentierung*. Paderborn, S. 159–179.

Godt, Christine 2003b: »Streit um den Biopatentschutz: Stoffschutz, Patente auf Leben und Ordre Public. Nationaler Gestaltungsspielraum bei der Umsetzung der Europäischen Biopatentrichtlinie«. Zentrum für Europäische Rechtspolitik an der Universität Bremen. *ZERP Diskussionspapier 1/2003*.

Godt, Christine 2007: *Eigentum an Information*. Tübingen.

Godt, Christine 2008: »Innovationsfreiheit und Innovationsverantwortung: Geistiges Eigentum und öffentliche Ziele post grant«, in: Hoffmann-Riem, Wolfgang/Eifert, Martin (Hg.): *Geistiges Eigentum und Innovation*. Berlin, S. 363–378.

Goffman, Erving 1974: *Frame Analysis: An Essay on the Organization of Experience*. New York, NY. (deutsche Fassung: Goffman, Erving 1996: *Rahmen-Analyse. Ein Versuch über die Organisation von Alltagserfahrungen*. Frankfurt am Main., 4. Aufl., dt. Erstauflage 1980).

Gold, E. Richard/Joly, Yann/Caulfield, Timothy 2005: »Genetic Research Tools, the Research Exception and Open Science«, in: *GenEdit* 2005, Vol III (2), www.humgen.umontreal.ca/int/GE_Arch_v.cfm?an=2005&no=2.

Gold, E.R./Bubela, T./Miller, F.A./Nicol, D./Piper, T. 2007: »Gene patents – more evidence needed, but policymakers must act«, in: *Nature Biotechnology*, 25(4), S. 388–389.

Gold, Richard/Durell, Karen Lynne 2004: *Innovating the Skilled Reader: Tailoring Patent to New Technologies*. McGill Centre for Intellectual Property Policy, 15.4.2004. http://www.cipp.mcgill.ca/pdf/040415_wp_en.pdf (Letzte Abfrage 23.7.2004).

Gold, Richard/Gallochat, Alain 2001: »The European Biotech Directive: Past as Prologue«, in: *European Law Journal*, Nr. 7, S. 331–366.

Goldstein, Judith/Robert O. Keohane 1993: »Ideas and Foreign Policy: An Analytical Framework«. In: dies. (Eds.): *Ideas and Foreign Policy. Beliefs, Institutions, and Political Change*. Ithaca, S. 3–30.

Görlitz, Axel 1985: *Rechtspolitologie: eine Einführung*. Opladen.

Görlitz, Axel/Voigt, Rüdiger 1989: *Rechtspolitologie und Rechtspolitik*. Pfaffenweiler.

Gostomzyk, Tobias 2001: © »DNS – Heute berät der Bundestag über das Biopatentgesetz«, in: *Frankfurter Allgemeine*, 21.6.2001, S. 45.

Gottweis, Herbert 1998: *Governing Molecules: The Discursive Politics of Genetic Engineering in Europe and in the United States*. Cambridge, MA.

Gottweis, Herbert 2003a: »Post-positivistische Zugänge in der Policy-Forschung«, in: Maier, Matthias Leonhard/Nullmeier, Frank/Pritzlaff, Tanja/Wiesner, Achim (Hg.): *Politik als Lernprozess. Wissenszentrierte Ansätze der Politikanalyse.* Opladen, S. 122–138.

Gottweis, Herbert 2003b: »Dealing with Uncertainty: Stem Cell Policies in the United States and in Europe«. *Paper given at the »Vital Politics« conference*, London School of Economics & Political Science, 5.–7.9.2003 (Manuscript).

Gottweis, Herbert 2005a: »Rhetoric in Policymaking: Towards an Analytical Framework«. *Paper given at the Third General ECPR Conference,* Budapest, 08.–11.09.2005.

Gottweis, Herbert 2005b: »Regulating genomics in the 21st century: from logos to pathos?« In: *TRENDS in Biotechnology*, Vol.23, No.3, S. 118–121.

Gottweis, Herbert 2006: »Argumentative Policy Analysis«, in: Peters, Guy P./Pierre, Jon (Eds.): *Handbook of Public Policy.* London, S. 461–480.

Graumann, Sigrid 2000a: »Heilen mit Genen?« In: *Dr. med. Mabuse* 124, S. 43–47.

Graumann, Sigrid 2000b: *Die somatische Gentherapie: Entwicklung und Anwendung aus ethischer Sicht.* Tübingen und Basel.

Graumann, Sigrid 2006: »Zukunftsvision Keimbahntherapie – die Manipulation an den menschlichen Genen«, in: *Die Hebamme*, vol. 19, S. 218–223.

Graupner, Heidrun 2004: »Reparatur-Arbeiten am menschlichen Gen«, in: *Süddeutsche Zeitung*, 4.12.2004, S. 4.

Greenwood, Justin/Ronit, Karsten 1994: »The ABC of Biotechnology Lobbying Organizations in Europe«, in: *Bio/Technology*, vol. 12, 12.4.1994, S. 371–374.

Gregg, Alan 1933: »On University patenting«, in: *Science*, vol. 77 (March 10), S. 257.

Greven, Michael 2001: »Anmerkungen zur Kritik eines funktionalistischen und finalistischen Politikbegriffes«, in: Lietzmann, Hanns J. (Hg.), *Moderne Politik. Politikverständnis im 20. Jahrhundert*, Opladen 2001, S. 331–340.

Grimm, Dieter 1969: »Recht und Politik«, in: *JuS* (Juristische Schulung), S. 501ff.

Grimm, Dieter 2002: »Die Wissenschaft setzt ihre Autonomie aufs Spiel«, Interview in der *Frankfurter Allgemeinen*, 11.02.2002, S. 48.

Groebner, Valentin 2007: »Die Osterweiterung der Renaissance«. *Vortrag*, Schweizer Geschichtstage, 17.–19. März, Bern. Panel: »Periodisierung im Zeitalter der Trends«, http://www.unilu.ch/files/osterweiterung_der_renaissance.pdf.

Grubb, Philip W. 1999: *Patents for chemicals, pharmaceuticals and biotechnology.* Oxford.

Grunwald, Arnim 2001: *Technikfolgenabschätzung – eine Einführung.* Berlin.

Guellec, Dominique/Van Pottelsberghe, Bruno 2007: *The Economics of the European Patent System.* Oxford.

Haagen, Florian/Häussler, Carolin/Harhoff, Dietmar/Murray, Gordon/Rudolph, Bernd 2007: *Finding the Path to Success – The Structure and Strategies of British and German Biotechnology Companies,* Anglo-German Biotech Observatory Report, Munich: LMU.

Haas, Peter M. 1992: »Introduction: epistemic communities and international policy coordination«, in: *International Organization*, 46(1), S. 1–35.

Habermas, Jürgen 1987: *Theorie des kommunikativen Handelns, Bd. 2, Zur Kritik der funktionalistischen Vernunft.* Frankfurt am Main. (4. Aufl.)

Habermas, Jürgen 1988: *Theorie des kommunikativen Handelns, Bd. 1, Handlungsrationalität und gesellschaftliche Rationalisierung.* Frankfurt/Main. (1. Aufl.)

Habermas, Jürgen 1992: *Faktizität und Geltung. Beiträge zur Diskurstheorie des Rechts und des demokratischen Rechtsstaates.* Frankfurt/Main.

Habermas, Jürgen 1996: »Three normative Models of Democracy«, in: Benhabib, Seyla (Hg.): *Democracy and Difference*. Princeton, S. 21–30.

Hackett, Edward J. et al. (Eds.) 2008: *The handbook of science and technology studies*. Cambridge. (3rd edition).

Hagel, Francis 2004: »Serving two masters: the balance between the applicant and the public«, in: *Patent World*, vol. 161, S. 22–24.

Hajer, Maarten 1993: »Discourse coalitions and the institutionalization of practice: the case of acid rain in Britain«, in: Fischer, F./Forester, J (Eds.): *The argumentative turn in policy analysis and planning*. Durham, NC, S. 43–76.

Hajer, Maarten 1997a: *The politics of environmental discourse: ecological modernization and the policy process*. Oxford [u.a.].

Hajer, Maarten 1997b: »Discourse Analysis«, in: ders.: *The politics of environmental discourse*. Oxford, S. 42–72.

Hajer, Maarten/Uitermark, Justus 2008: »Performing Authority: Discursive politics after the assassination of Theo van Gogh«, in: *Public Administration*, vol. 86(1), S. 5–19.

Hajer, Maarten/Wagenaar, Hendrik (Eds.) 2003: *Deliberative Policy Analysis. Understanding Governance in the Network Society*. Cambridge.

Halàsz, Christian 2004: *Das Recht auf bio-materielle Selbstbestimmung: Grenzen und Möglichkeiten der Weiterverwendung von Körpersubstanzen*. Berlin.

Hall, Bronwyn H. 2005: »Exploring the Patent Explosion«, in: *Journal of Technology Transfer* 30, S. 35–48.

Hall, Bronwyn H. 2006: *Patents and innovation (and competition)*, http://www.tekno.dk/pdf/projekter/patent-system-STOA/Hall.pdf

Hall, Bronwyn H. 2007: *Patents. Contribution to The New Palgrave: A Dictionary of Economics*. (Second edition, September 2006, revised February 2007), http://elsa.berkeley.edu/~bhhall/papers/BHH06_Patents_Palgrave.pdf

Hall, Bronwyn H./Ziedonis, Rosemarie Ham 2001. »The patent paradox revisited: an empirical study of patenting in the U.S. semiconductor industry, 1979–1995«, in: *RAND Journal of Economics* 32, S. 101–28.

Hall, Peter A./Soscice, David 2001: »An Introduction to Varieties of Capitalism«. In: dies.: *Varieties of Capitalism*, S. 1–44.

Hardin, Garrett 1968: »The tragedy of the commons«, in: *Science* 162, S. 1243–1248.

Harhoff, Dietmar 2006b: »Patente – Segen oder Fluch für Innovationen?« In: *zfbf (Zeitschrift für betriebswirtschaftliche Forschung)*, Sonderheft 54, S. 86–109.

Hashimoto, Kazunori/Aida, Tomomi 2008: »Antibody patenting without antibodies: a global trend«, in: *Nature Biotechnology*, vol. 26(12), S. 1341–1343.

Haunss, Sebastian/Kohlmorgen, Lars 2008: »Political claims-making in IP conflicts«, *ECPR 2008 Joint Sessions of Workshops, Workshop 14, »The Politics of Intellectual Property«*. Rennes, 11.–16. April 2008.

Heinelt, Hubert 2002: »Zivilgesellschaftliche Perspektiven einer demokratischen Transformation der EU«, in: Meyer, Thomas/Weil, Reinhard (Hg.): *Die Bürgergesellschaft. Perspektiven für Bürgerbeteiligung und Bürgerkommunikation*. Bonn, S. 318–342.

Heinelt, Hubert 2003: Politikfelder: »Machen Besonderheiten von Policies einen Unterschied?« In: Schubert, Klaus/Bandelow, Nils (Hg.): *Lehrbuch der Politikfeldanalyse*. München und Wien, S. 239–256.

Heller, Michael 2008: *The Gridlock Economy: How Too Much Ownership Wrecks Markets, Stops Innovation and Costs Lives*. New York.

Heller, Michael A./Eisenberg, Rebecca 1998: »Can patents deter innovation? The anticommons in biomedical research«, in: *Science*, vol 280, May 1998, S. 698–701.

Helms, Ludger 2005: »Metamorphosen des Parlamentarismus in Europa«, in: *Leviathan* 33(4), S. 544–560.

Henry, Michelle/Cho, Mildred/Weaver, Meredith/Merz, Jon 2002: »DNA Patenting and Licensing«, in: *Science*, vol. 297, S. 1279.

Herdegen, Matthias 2000/2001: »Patenting Human Genes and other Parts of the Human Body under EC Biotechnology Directive«, in: *Bio-Science Law Review (BSLR)*, S. 102ff.

Héritier, Adrienne (Hg.) 1993: »Policy-Analyse. Kritik und Neuorientierung«. *PVS Sonderheft* 24. Opladen.

Hilken, Arnold 1989: *Innovation und Patentschutz auf dem EG-Arzneimittelmarkt unter besonderer Berücksichtigung des europäischen Wettbewerbsrechts*. Baden-Baden.

Hoedemaekers, R. 2001: »Human gene patents: core issues in a multi-layered debate«, in: *Medicine, Health Care, and Philosophy*, 4(2), S. 211–21.

Hoedemaekers, R./Dekkers, W. 2001: »Is there a unique moral status of human DNA that prevents patenting?« In: *Kennedy Institute of Ethics Journal*, 11(4), S. 359–86.

Hoffenberg, Howard Leslie 2010: »Will the patentability of genes survive?«, in: *Nature Biotechnology*, vol. 28(9), S. 925-926.

Hoffmann-Riem, Wolfgang 2005: »Governance im Gewährleistungsstaat – Vom Nutzen der Governance-Perspektive für die Rechtswissenschaft«, in: Schuppert, Gunnar Folke (Hg.): *Governance-Forschung*. Baden-Baden, S. 195–219.

Hoffmann-Riem, Wolfgang 2006: »Innovationsoffenheit und Innovationsverantwortung durch Recht. Aufgaben rechtswissenschaftlicher Innovationsforschung«, in: *Archiv des öffentlichen Rechts*, Bd. 131(2), S. 255–277.

Hoffmann-Riem, Wolfgang 2008: »Immaterialgüterrecht als Referenzgebiet innovationserheblichen Rechts«, in: Hoffmann-Riem, Wolfgang/Eifert, Martin (Hg.): *Geistiges Eigentum und Innovation*. Berlin, S. 15–42.

Hoffmann-Riem, Wolfgang/Schmidt-Aßman, Eberhard/Schuppert, Gunnar Folke (Hg.) 1993: *Reform des Allgemeinen Verwaltungsrechts*. Baden-Baden.

Hofmann, Jeanette (Hg.) 2006: *Wissen und Eigentum*. Bonn.

Holmes, Mary 2004: »The Importance of Being Angry: Anger in Political Life«, in: *European Journal of Social Theory*, 7(2), S. 123–132.

Holzapfel, Henrik/Schneider, Michael 2001: »Wem gehört das menschliche Genom? Tagung am 28.Juni 2001 in München«, in: *GRUR Int.* 2001, Heft 10, S. 860–863.

Holzinger, Katharina 2001: »Verhandeln statt Argumentieren oder Verhandeln durch Argumentieren? Eine empirische Analyse des Verhältnisses von Argumentieren und Verhandeln auf der Basis der Sprechakttheorie«, in: *Politische Vierteljahresschrift* 42, S. 414–446.

Holzinger, Katharina 2004: »Bargaining by Arguing. An Empirical Analysis Based on Speech Act Theory«, in: *Political Communication* 21, S. 195–222.

Hopf, Christel: »Die Pseudo-Exploration – Überlegungen zur Technik qualitativer Interviews in der Sozialforschung«, in: *Zeitschrift für Soziologie*, Jg. 7 (2), S. 97–115.

Hopkins, Michael M. et al. 2006: *The Patenting of Human DNA: Global Trends in Public and Private Sector Activity. A report for the European Commission, compiled by SPRU*, Brighton, UK, Nov. 2006, http:www.sussex.ac.uk/spru/documents/patgen_finalreport.pdf

Hopkins, Michael M./Mahdi Surya/Patel, Pari/Thomas, Sandy M. 2007: »DNA patenting: the end of an era?« In: *Nature Biotechnology*, 25, S. 185 –187.

Hopkins, Michael M./Martin, Paul/Nightingale, Paul/Kraft, Alison/Mahdi, Surya 2007: »The myth of the biotech revolution: an assessment of technological, clinical and organisational change«, in: *Research Policy*, vol. 36(4), S. 566–589.

Hubbard, Ruth/Wald, Elijah 1993: *Exploding the Gene Myth.* Boston

HUGO 2000: HUGO Statement on Patenting of DNA sequences – In Particular Response to the European Biotechnology Directive – April 2000, www.hugo-international.org/hugo/patent2000.html (letzter Abruf 23.7.2004).

HUGO Ethics Committee 1996: Statement on the Principled Conduct of Genetics Research.

Hutter, Michael 1989: *Die Produktion von Recht. Eine selbstreferentielle Theorie der Wirtschaft, angewandt auf den Fall des Arzneimittelpatentrechts.* Tübingen.

IHGSC (International Human Genome Sequencing Consortium) 2001: »Initial sequencing and analysis of the human genome«, in: *Nature*, vol. 409, 15.2.2001, S. 860–921.

Jachtenfuchs, Markus/Kohler-Koch, Beate (Hg.) 1996: *Europäische Integration.* Opladen.

Jacobs, Philippe/van Overwalle, Geertrui 2001: »Gene patents: an alternative approach«, in: *European intellectual property review (E.I.P.R.)*, vol.23(11), S. 505–506.

Jaffe, Adam B./Lerner, Josh 2005: *Innovation and Its Discontents: How Our Broken Patent System is Endangering Innovation and Progress, and What to Do About It.* Cambridge.

Jasanoff, Sheila 1990: *The Fifth Branch: Science Advisers as Policymakers.* Cambridge, MA.

Jasanoff, Sheila 2005: *Designs on Nature. Science and Democracy in Europe and the United States.* Princeton and Oxford.

Jasanoff, Sheila 2006: *States of Knowledge: The Co-Production of Science and the Social Order.* Routledge.

Jastrow, Joseph 1899: »The mind's eye«, in: *Popular Science Monthly*, 54, S. 299–312.

Jensen, Kyle/Murray, Fiona 2005: »Intellectual Property Landscape of the Human Genome«, in: *Science*, vol 310(5746), S. 239–240.

Joerges, Christian 2002: »Das Recht im Prozess der Konstitutionalisierung Europas«, *MZES Arbeitspapier 25/2002*, Mannheim, S. 22.

Johnson, Mark 1987: *The body in the mind.* Chicago/London.

Joss, Monika 2004: »Patente auf Gene«, in: *Schweizer Ärztezeitung*, 83(31), S. 1661–1664.

Judge, David/Earnshaw, David (Hg.) 2008: *The European Parliament.* Second Edition. London.

Kahin, Brian 2001: »The Expansion of the Patent System: Politics and Political Economy«, in: *First Monday*, vol. 6(1), http://firstmonday.org/issues/issue6_1/kahin

Kallerud, Egil 2004a: »The Ambiguity of Progress – Biotechnology in Norway«, in: Häyrinen-Alesalo, Marja/Kallerud, Egil (Eds.): *Mediating Public Concern in Biotechnology*, NIFU Rapport 2/2004. Oslo, S. 83–112.

Kallerud, Egil 2004b: »Frames and conflicts in the politics of science. An analysis of Norwegian debate on the European biotechnology patent directive«, in: *Public Proofs. Science, technology and democracy, 4S &EASST Conference.* Paris, 25–28.8.2004, S. 605–606.

Kallerud, Egil 2009: *Frames and reframing in the »patent on life« controversy.* Paper presented at the Conference for Interpretive Policy Analysis (IPA), »Discourse, power and politics«, University of Kassel, 25.–27.07.2009.

Kay, Lily E. 2000: *Who wrote the book of life? The history of the genetic code.* Stanford.
Keller, Reiner 2004: *Diskursforschung.* Opladen.
Keller, Reiner 2005: *Wissenssoziologische Diskursanalyse.* Wiesbaden.
Keller, Reiner et al. (Hg.) 2006: *Handbuch sozialwissenschaftliche Diskursanalyse; Bd. 1*, Opladen.
Kersten, Jens 2004: *Das Klonen von Menschen. Eine verfassungs-, europa- und völkerrechtliche Kritik.* Tübingen.
Kesselheim, Aaron S./Mello, Michelle 2010: »Gene Patenting – Is the Pendulum Swinging Back?« In: *New England Journal of Medicine*, 362(20), S. 855-858.
Kevles, Daniel J. 1998: »Diamond v. Chakrabarty and Beyond: The Political Economy of Patenting Life«, in: Thackray, Arnold (Ed.): *Private Science. Biotechnology and the Rise of the Molecular Sciences.* Philadelphia, S. 65–79.
Kevles, Daniel J./Hood, Leroy 1993: *Der Supercode. Die genetische Karte des Menschen.* München.
Kieff, Scott F. (Hg.) 2003: *Perspectives on Properties of the Human Genome Project.* Amsterdam.
Kilger, Christian/Jaenichen, Hans-Rainer 2005: »Ende des absoluten Stoffschutzes? Zur Umsetzung der Biotechnologie-Richtlinie«, in: *GRUR*, 12, S. 984–998.
Kintisch, Eli 2005: »Court tightens patent rules on gene tags«, in: *Science*, vol. 309, S. 1797.
Kintisch, Eli 2006: »U.S. intellectual property. Patent experts hope high court will clarify what's obvious«, in: *Science*, vol. 314(5803), S. 1230–1.
Kintisch, Eli 2009: »Biotechnology. US Appellate Court Weighs 'Obvious' Patents«, in: *Science*, vol. 323, S. 452–453.
Kitch, Edmund W. 1977: »The Nature and Function of the Patent System«, in: *Journal of Law and Economics*, vol. 20(2), S. 265–290.
Klein, Andreas/Einfinger, Alexander 2006: »Gen-Patente Pro und Contra«, in: *Humboldt Forum Recht*, Beitrag 5, http://www.humboldt-forum-recht.de/druckansicht/druckansicht.php?artikelid=113
Klein, Ansgar 2001: »Der Diskurs der Zivilgesellschaft«. *Münsteraner Diskussionspapiere zum Nonprofit-Sektor* Nr. 06.
Knesch, G. 1994: »Assessing Inventive Step in Examination and Opposition Proceedings in the EPO«, in: *epi Information*, 3, S. 95–101.
Knoppers, Bartha M. 1999a: »Status, sale and patenting of human genetic material: an international survey«, in: *Nature Genetics,* vol. 22, May 1999, S. 23–25.
Knoppers, Bartha M./Hirtle, Marie/Glass, Kathleen Cranley 1999b: »Commercialization of Genetic Research and Public Policy«, in: *Science*, vol. 286, S. 2277–2278.
Koechlin, Florianne (Hg.) 1998: *Das patentierte Leben. Manipulation, Markt und Macht.* Zürich.
Kohler, Josef 1878: *Deutsches Patentrecht: systematisch bearbeitet unter vergleichender Berücksichtigung des französischen Patentrechts.* Mannheim.
Kohler, Josef 1900: *Handbuch des deutschen Patentrechts in rechtsvergleichender Darstellung.* Mannheim. (online unter: http://dlib-pr.mpier.mpg.de/m/kleioc/0010/exec/books/%22161848%22).
Kohler-Koch, Beate 1996: »Die Gestaltungsmacht organisierter Interessen«, in: Jachtenfuchs, Markus/Kohler-Koch, Beate: *Europäische Integration.* Opladen, S. 193–224.
Kohler-Koch, Beate/Eising, Rainer (Hg.) 1999: *The Transformation of Governance in the European Union.* London/New York.

Kolata, Gina 1998: *Clone: The road to Dolly and the path ahead.* Morrow.

Kollek, Regine 1994: »Der Gral der Genetik. Das menschliche Genom als Symbol wissenschaftlicher Heilserwartungen des 21. Jahrhunderts«, in: *Mittelweg* 36/1, S. 5–14.

Kollek, Regine 1995: »Ambiguous genes«, in: *Biotechnology and Development Monitor*, No. 23, S. 24.

Kollek, Regine 1996: »Metaphern, Strukturbilder, Mythen – Zur symbolischen Bedeutung des menschlichen Genoms«, in: Trallori, Lisbeth (Hg.): *Die Eroberung des Lebens. Technik und Gesellschaft an der Wende zum 21. Jahrhundert.* Wien, S. 137–154.

Kollek, Regine/Lemke, Thomas 2008: *Der medizinische Blick in die Zukunft. Gesellschaftliche Implikationen der prädiktiven Medizin.* Frankfurt am Main.

Koselleck, Reinhart 1979: *Vergangene Zukunft – Zur Semantik geschichtlicher Zeiten.* Frankfurt am Main.

Köster, Uta 2002: »Absoluter oder auf die Funktion eingeschränkter Stoffschutz im Rahmen von »Biotech«-Erfindungen, insbesondere bei Gen-Patenten«, in: *GRUR* 104. Jg.(10), S. 833–844.

Kraßer, Rudolf 2004: *Patentrecht.* München. (5.Auflage).

Krauß, Jan 2005: »Die Effekte der Umsetzung der Richtlinie über den rechtlichen Schutz biotechnologischer Erfindungen auf die deutsche Praxis im Bereich dieser Erfindungen«, in: *Mitteilungen der deutschen Patentanwälte,* 96. Jg.(11), S. 490–497.

Krefft, Alexander Richard 2003: *Patente auf human-genomische Erfindungen.* Köln u.a.

Kresbach, Georg 1994: *Patentschutz in der Biotechnologie.* Wien/New York.

Krimsky, Sheldon 2003: *Science in the private interest.* Lanham u.a.

Kuhn, Thomas S. 1962: *The Structure of Scientific Revolutions.* Chicago.

Kunczik, Niclas 2003: »Die Legitimation des Patentsystems im Lichte biotechnologischer Erfindungen«, in: *GRUR*, 10, S. 845–849.

Kur, Annette 2004: »A New Framework for Intellectual Property Rights – Horizontal Issues«, in: *International Review of Intellectual Property and Competition Law*, vol. 35(1), S. 1–21.

Kurz, Peter 2000: *Weltgeschichte des Erfindungsschutzes: Erfinder und Patente im Spiegel der Zeiten.* Köln u.a.

Ladeur, Karl-Heinz 1999: »Risikobewältigung durch Flexibilisierung und Prozeduralisierung des Rechts. Rechtliche Bindung von Ungewißheit oder Selbstverunsicherung des Rechts?« In: Bora, Alfons (Hg.): *Rechtliches Risikomanagement. Form, Funktion und Leistungsfähigkeit des Rechts in der Risikogesellschaft.* Berlin, S. 41–64.

Lakoff, George 1987: *Women, fire and dangerous things: What categories reveal about the mind.* London.

Lakoff, George 2006: *Whose Freedom? The battle over America's most important idea.* Auburn, CA.

Lakoff, George/Ferguson, Sam 2006: *Crucial Issues Not Addressed in the Immigration Debate: Why Deep Framing Matters,* http://www.rockridgeinstitute.org/research/lakoff/imm-response/

Lakoff, George/Johnson, Mark 1980: *Metaphors We Live By.* London.

Lakoff, George/Wehling, Eva E. 2008: *Auf leisen Sohlen ins Gehirn: Politische Sprache und ihre heimliche Macht.* Heidelberg.

Landes, William M./Posner, Richard A. 2004: *The Political Economy of Intellectual Property Law.* AEI-Brookings Joint Center for Regulatory Studies, Washington, D.C., http://www.aei.org/docLib/20040608_Landes.pdf

Landfried, Christine 2001: »Auf dem Weg zu einem europäischen Verfassungsstaat?« In: Bruha, Thomas/Hesse, Joachim Jens/Nowak, Carsten (Hg.): *Welche Verfassung für Europa?* Baden-Baden, S. 265–279.

Landfried, Christine 2002: *Das politische Europa. Differenz als Potential der Europäischen Union.* Baden-Baden.

Landfried, Christine 2003: »Mehr Macht den Parlamenten in der Europäischen Union«, in: Bruha, Thomas/Nowak, Carsten (Hg.): *Die Europäische Union nach Nizza: Wie Europa regiert werden soll.* Baden-Baden, S. 73–83.

Landfried, Christine 2004: »Das Entstehen einer europäischen Öffentlichkeit«, in: Franzius, Claudio/Preuß, Ulrich K. (Hg.): *Europäische Öffentlichkeit.* Baden-Baden, S. 123–137.

Lanzerath Dirk 2000: *Krankheit und ärztliches Handeln. Zur Funktion des Krankheitsbegriffs in der medizinischen Ethik.* Freiburg im Breisgau.

Lausmann-Murr, Daniela 2000: *Schranken für die Patentierung der Gene des Menschen: »öffentliche Ordnung« und »gute Sitten« im Europäischen Patentübereinkommen.* Baden-Baden.

Leinemann, Felix 1998: *Die Sozialbindung des »Geistigen Eigentums«.* Baden-Baden.

Lemley, Mark A. 2001: »Rational Ignorance at the Patent Office«, in: *Northwestern University Law Review*, vol. 95(4), S. 1495–1532, http://ssrn.com/abstract=261400

Lemley, Mark A. 2004a: »Ex Ante Versus Ex Post Justifications for Intellectual Property«. *UC Berkeley Public Law Research Paper*, No. 144, http://ssrn.com/abstract=494424

Lemley, Mark A. 2004b: »Property, Intellectual Property, and Free Riding«. *Stanford Law and Economics Online Working Paper* No. 291, http://ssrn.com/abstract=582602

Lemley, Mark A./Shapiro, Carl 2005: »Probabilistic Patents«, in: *Journal of Economic Perspectives*, vol. 19(2), S. 75–98, http://faculty.haas.berkeley.edu/shapiro/patents.pdf

Lerner, Josh 2002: »Patent policy shifts and innovation over 150 years«, in: *American Economic Review,* vol. 92, S. 221–225.

Lewontin, Richard C. 1992: *Biology as Ideology.* New York.

Lewontin, Richard C./Rose, Steven/Kamin, Leon J. 1988: *Die Gene sind es nicht... Biologie, Ideologie und menschliche Natur.* München/Weinheim.

Liese, Pater 1996: »Brüsseler Gespräche: Erarbeitung der Europäischen Patentrichtlinie«, in: *Medizinische Genetik,* 8. Jg.(4), S. 314–317.

Lieske, Jürgen 2000: *Forschung als Geschäft. Die Entwicklung von Auftragsforschung in den USA und Deutschland.* Frankfurt am Main/New York.

Lijphart, Arend, 1999: *Patterns of Democracy. Government Forms and Performance in Thirty-Six Countries.* New Haven/London.

Limoges, Camille 1993: »Expert knowledge and decision-making in controversy contexts«, in: *Public Understanding of Science,* 2, S. 417–426.

Löhr, Wolfgang 2004: »Der Preis der Regierung«, in: *taz,* Nr. 7531 vom 4.12.2004, S. 11.

Lowi, Theodore J. 1964: »American Business, Public Policy, Case Studies and Political Theory«, in: *World Politics*, 16, S. 677–715.

Lowi, Theodore J. 1972: »Four Systems of Policy, Politics, and Choice«, in: *Public Administration Review* 32, S. 298–310.

Lüders, Christian/Meuser, Michael 1997: »Deutungsmusteranalyse«, in: Hitzler, Ronald/Honer, Anne (Hg.): *Sozialwissenschaftliche Hermeneutik.* Opladen, S. 57–79.

Luhmann, Niklas 1987: *Rechtssoziologie.* Opladen. (3. Auflage).

Luhmann, Niklas 1993: *Das Recht der Gesellschaft.* Frankfurt am Main.

Lutterbeck, Bernd 2008: »Open Source Commnity und geistiges Eigentum«, in: Hoffmann-Riem, Wolfgang/Eifert, Martin (Hg.): *Geistiges Eigentum und Innovation.* Berlin, S. 207–238.

Lyman, Peter 2004: »The Domestication of Anger. The Use and Abuse of Anger in Politics«, in: *European Journal of Social Theory*, 7(2), S. 133–147.

Machlup, Fritz 1958: *An economic review of the patent system*, Study No. 15 of Commission on Judiciary, Subcommittee on Patents, Trademarks, and Copyrights, 85th Congress, 2d Session.

Machlup, Fritz 1961: »Die wirtschaftlichen Grundlagen des Patentrechts«, in: *GRUR* 1961, Teil 1: S. 373–390; Teil 2: S. 473–482; Teil 3: S. 524–537.

Machlup, Fritz 1962: *Production and Distribution of Knowledge in the United States.* Princeton.

Maier, Matthias Leonhard/Nullmeier, Frank/Pritzlaff, Tanja/Wiesner, Achim (Hg.) 2003: *Politik als Lernprozess. Wissenszentrierte Ansätze der Politikanalyse.* Opladen.

Majone, Giandomenico 1989: *Evidence, Argument and Persuasion in the Policy Process.* New Haven/London.

Majone, Giandomenico 1994: »The Rise of the Regulatory State in Europe«, in: *West European Politics*, 17(3), S. 77–101.

Majone, Giandomenico 2001: »Two Logics of Delegation«, in: *European Union Politics*, 2(1), S. 103–122.

Majone, Giandomenico 2002a: »What Price Safety? The Precautionary Principle and its Policy Implications«, in: *Journal of Common Market Studies*, vol. 40(1), S. 89–109.

Majone, Giandomenico 2002b: »Delegation of Regulatory Powers in a Mixed Polity«, in: *European Law Journal*, 8(3), S. 319–339.

Majone, Giandomenico 2005a: *Dilemmas of European Integration: The Ambiguities and Pitfalls of Integration by Stealth.* Oxford.

Majone, Giandomenico 2005b: »Strategy and Structure of the Political Economy of Agency Independence and Accountability«, in: OECD (Ed.): *Designing Independent and Accountable Regulatory Authorities for High Quality Regulation.* Paris: OECD, S. 126–155.

Malakoff, David 2001: »Will a Smaller Genome Complicate the Patent Chase?« In: *Science*, vol. 291, 16.2.2001, S. 1194.

Mali, Franc 2004: »Some issues of intellectual property rights in the context of the new European innovation policy«. *Paper for EASST/4S conference in Paris »Public Proofs – Science, Technology and Democracy«, 25.–28.8.2004.*

March, James G./Olsen, Johan 1989: *Rediscovering institutions: the organizational basis of politics.* New York.

Marschall, Stefan 2005: *Parlamentarismus.* Baden-Baden.

Marshall, Eliot 2001: »Bermuda Rules: Community Spirit, With Teeth«, in: *Science* 291, S. 1192.

Marshall, Eliot 2005: »BRCA2 Claim Faces New Challenge«, in: *Science*, vol 308(5730), S. 1851, http://www.sciencemag.org/cgi/content/full/308/5730/1851a.

Martin, Joseph B./Kasper, Dennis L. 2000: »In Whose Best Interest? Breaching the Academic-Industrial Wall«, in: *New England Journal of Medicine* 343(22), S. 1646–1649.

Martinsen, Renate (Hg.) 1997: *Politik und Biotechnologie. Die Zumutung der Zukunft.* Baden-Baden.

Martinsen, Renate/Simonis, Georg (Hg.) 1995: *Paradigmenwechsel in der Technologiepolitik?* Opladen.

Matthijs, Gerd 2004: »Patenting Genes«, in: *British Medical Journal*, 329, S. 1358–1360.

Maurer, Andreas 2005: »Das Europäische Parlament in der Gesetzgebung«, in: Maurer, Andreas/Nickel, Dietmar (Hg.): *Das Europäische Parlament.* Baden-Baden, S. 93–119.
Maurer, Andreas/Nickel, Dietmar (Hg.) 2005: *Das Europäische Parlament: Supranationalität, Repräsentation und Legitimation.* Baden-Baden.
May, Christopher 2003a: »Digital rights management and the breakdown of social norms«, in: *First Monday*, no. 8, http://www.firstmonday.org/issues/issue8_11/may/.
May, Christopher 2005: *Commercial rights, commodification and the hard law strategy*, www.patentinglives.org/Patenting%20Lives%20-%20Chris%20May.doc.
May, Christopher/Sell, Susan K. 2005: *Intellectual Property Rights: A Critical History.* Boulder.
Mayntz, Renate 1997: *Soziale Dynamik und politische Steuerung. Theoretische und methodologische Überlegungen.* Frankfurt am Main.
Mayntz, Renate 1998: »New Challenges to Governance Theory«. *Jean Monet Chair Papers* No. 50, European University Institute, Florenz.
Mayntz, Renate 2001: »Zur Selektivität der steuerungstheoretischen Perspektive«, *MPIfG Working Paper* 01/2, Mai 2001, http://www.mpi-fg-koeln.mpg.de/pu/workpap/wp01-2/wp01-2.html.
Mayntz, Renate 2004: »Governance Theory als fortentwickelte Steuerungstheorie?« *MPIfG Working Paper* 04/1, März 2004, http://www.mpi-fg-koeln.mpg.de/pu/workpap/wp04-1/wp04-1.html.
Mazzoleni, Roberto/Nelson, Richard R. 1998a: »The benefits and costs of strong patent protection: A contribution to the current debate«, in: *Research Policy* 27, S. 273–284.
Mazzoleni, Roberto/Nelson, Richard R. 1998b: »Economic Theories about the Benefits and Costs of Patents«, in: *Journal of Economic Issues* 32(4), S. 1031–1052.
McCombs, Maxwell E.; Shaw, Donald L. 1972: »The Agenda Setting Function of Mass Media«, in: *The Public Opinion Quarterly* 36, S. 176–187.
Meiser, Christian 2005: *Biopatentierung und Menschenwürde.* Baden-Baden.
Merges, R. P./Menell, P. S./Lemley M. A. et al. 1997: *Intellectual Property in the New Technological Age.* New York, NY.
Merges, Robert 2005: »A Transactional View of Property Rights«, in: *Berkeley Technology Law Journal*, vol. 20(4), S. 1477–1520.
Merges, Robert/Nelson, Richard R. 1990: »On the complex economics of patent scope«, in: *Columbia Law Review* 90, S. 839–916.
Merton, Robert K. 1957: *Social Theory and Social Structure.* New York.
Merton, Robert K. 1980: *Auf den Schultern von Riesen. Ein Leitfaden durch das Labyrinth der Gelehrsamkeit.* Frankfurt am Main.
Merton, Robert K. 1985a: *Entwicklung und Wandel von Forschungsinteressen: Aufsätze zur Wissenschaftssoziologie.* Frankfurt am Main. (Erstveröffentlichung 1942).
Merton, Robert K. 1985b: *On The Shoulders of Giants: A Shandean postscript.* San Diego.
Meuser, Michael/Nagel, Ulrike, 1991: »ExpertInneninterviews – vielfach erprobt, wenig bedacht. Ein Beitrag zur qualitativen Methodendiskussion«, in: Garz, Detlef/Kraimer, Klaus (Hg.): *Qualitativ-empirische Sozialforschung.* Opladen, S. 441–471.
Meuser, Michael/Nagel, Ulrike, 1994: »Expertenwissen und Experteninterview«, in: Hitzler, Ronald u.a. (Hg.): *Expertenwissen. Die institutionalisierte Kompetenz zur Konstruktion von Wirklichkeit.* Opladen, S. 180–192.

Michel, Hartmut 2000: »Allowing gene patents could be an expensive mistake for the US«, in: *Nature,* vol. 407, 21.9.00, S. 285.

Mihciyazgan, Ursula 2008: *Der Irrtum im Geschlecht: Eine Studie zu Subjektpositionen im westlichen und im muslimischen Diskurs.* Bielefeld.

Minsky, Marvin 1975: »A framework for representing knowledge«, in: Winston, Patrick Henry (Ed.): *The psychology of computer vision.* New York. S. 211–277.

Mirowski, Philip/Sent, Esther-Mirjam (Eds.) 2002: *Science Bought and Sold.* Chicago/London.

Moir, Hazel V. J. 2008: »Who benefits? An empirical analysis of the ownership of Australian patents«. Paper presented at European Consortium for Political Research. Joint Sessions of Workshops, Workshop 14: The Politics of Intellectual Property. Rennes, 11–16 April 2008.

Monotti, Ann L./Ricketson, Sam 2003: *Universities and Intellectual Property. Ownership and Exploitation.* Oxford.

Mooney, Christopher Z./Schuldt, Richard G. 2008: »Does Morality Policy Exist? Testing a Basic Assumption«, in: *Policy Studies Journal,* vol. 36(2), S. 199–218.

Moore, Sally Frank 2001: »Certainties undone. Fifty turbulent years of legal anthropology, 1949–1999«, in: *Journal of the Royal Anthropological Institute.* Nr. 7, http://www.dhdi.free.fr/recherches/theoriedroit/articles/sally.pdf

Moravcsik, Andrew 2002: »In defence of the democratic deficit: reassessing legitimacy in the European Union«, in: *Journal of Common Market Studies,* vol. 40(4), S. 603–634.

Moser, P. 2005: »How do patent laws influence innovation? Evidence from nineteenth century world fairs«, in: *American Economic Review* 95, S. 1214–36.

Moufang, Rainer 1988: *Genetische Erfindungen im gewerblichen Rechtsschutz.* Köln.

Moufang, Rainer 1993: »Patentierung menschlicher Gene, Zellen und Körperteile? Zur ethischen Dimension des Patentrechts«, in: *GRUR International,* Heft 6, S. 439–450.

Moufang, Rainer 2002: »Biotechnologische Erfindungen im europäischen Patentrecht«, in: Ehlers, Dirk/Wolffgang, Hans-Michael/Pünder, Hermann (Hg.): *Rechtsfragen des internationalen Schutzes geistigen Eigentums.* Münster/Köln, S. 149–164.

Moufang, Rainer 2003: »Ethische Grenzen der Patentierung biotechnologischer Erfindungen. Zur Rechtspraxis des Europäischen Patentamts«. *Referat beim Forum Bioethik des Nationalen Ethikrats, 23. April 2003,* http://www.nationalerethikrat.de/texte/pdf/Patentierung_Referat_Moufang.pdf

Mouffe, Chantal 1999: »Deliberative Democracy or Agonistic Pluralism?« In: *Social Research* 66(3), S. 745–758.

Mowery, David C./Nelson, Richard R./Sampat, Bhaven N., Ziedonis, Arvids A. 2001: »The Growth of Patenting and Licensing by U.S. Universities: An Assessment of the Effects of the Bayh-Dole Act of 1980«, in: *Research Policy* 30(1), S. 99–119.

Müller, Eva-Maria 2003: *Die Patentfähigkeit von Arzneimitteln – der gewerbliche Rechtsschutz für pharmazeutische, medizinische und biotechnologische Erfindungen.* Berlin.

Müller, Rolf 1995: *Die kommerzielle Nutzung menschlicher Körpersubstanzen. Rechtliche Grundlagen und Grenzen.* (Juristische Dissertation Universität Erlangen 1995, veröffentlicht 1997) Berlin.

Munzer, Stephen 1990: *A Theory of Property.* Cambridge.

Murmann, Johann Peter 2003: *Knowledge and competitive advantage: the coevolution of firms, technology, and national institutions.* Cambridge.

Nack, Ralph 2002: *Die patentierbare Erfindung unter den sich wandelnden Bedingungen von Wissenschaft und Technologie.* Köln.

Nack, Ralph 2003: »Getrennte Welten? – Die volkswirtschaftliche und die juristische Diskussion um Softwarepatente«, in: Ann, Christoph et al. (Hg.): *Materielles Patentrecht.* Köln u.a., S. 359–378.

Nelken, David 1997: *Comparing Legal Cultures.* Dartmouth.

Nelken, David 2002: »Legal Transplants and Beyond: Of Disciplines and Metaphors«, in: Harding, A./Orucu, E. (Eds.): *Comparative Law for the 21st Century.* Kluwer, S. 19–34.

Nelkin, Dorothy/Lindee, Susan 1995: *The DNA Mystique. The Gene as a Cultural Icon.* New York.

Nelson, Nicole/Geltzer, Anna/Hilgartner, Stephen 2008: »The anticipatory state: making policy-relevant knowledge about the future«, in: *Science and Public Policy*, 35(8), S. 546–550.

Nelson, Richard R. 1959: »The Simple Economics of Basic Scientific Research«, in: *Journal of Political Economy*, vol. 67, S. 297–306, [in dieser Arbeit zitiert aus dem Nachdruck in: Mirowski, Philip/Sent, Esther-Mirjam (Eds.) 2002: *Science Bought and Sold.* Chicago/London, S. 151–164.]

Nelson, Richard R. 2001: »Observations on the Post-Bayh-Dole Rise of Patenting at American Universities«, in: *Journal of Technology Transfer,* 26, S. 13–19.

Nelson, Richard R. 2004: »The market economy, and the scientific commons«, in: *Research Policy*, 33, S. 445–471.

Nelson, Richard R./Winter, Sidney 1982: *An Evolutionary Theory of Economic Change.* London.

Niedlich, Wolfgang 2003: »Die Bedeutung des Durchschnittsfachmanns«, in: Ann, Christoph et al. (Hg.): *Materielles Patentrecht.* Köln u.a., S. 399–416.

Nightingale, Paul/Martin, Paul 2004: »The myth of the biotech revolution«, in: *Trends in Biotechnology,* vol. 22(11), November 2004, S. 564–569.

Nilles, Bernd 2003: »Patente aus entwicklungspolitischer Perspektive«, in: Baumgartner, Christoph/Mieth, Dietmar (Hg.): *Patente am Leben? Ethische, rechtliche und politische Aspekte der Biopatentierung.* Paderborn, S. 213–228.

Novas, Carlos/Rose, Niklas 2000: »Genetic risk and the birth of the somatic individual«, in: *Economy and Society* 29(4), S. 485–513.

Nullmeier, Frank 1997: »Interpretative Ansätze in der Politikwissenschaft«, in: Benz, Arthur/Seibel, Wolfgang (Hg.): *Theorieentwicklung in der Politikwissenschaft.* Baden-Baden, S. 101–144.

Nullmeier, Frank 1998: »Agonalität – von einem kultur- zu einem politikwissenschaftlichen Grundbegriff?« In: Greven, Michael Th. /Münkler, Herfried/Schmalz-Bruns, Rainer (Hg.): *Bürgersinn und Kritik. Festschrift für Udo Bermbach zum 60. Geburtstag.* Baden-Baden, S. 85–119.

Nullmeier, Frank 2003: »Sprechakttheorie und Textanalyse«, in: Maier, Matthias Leonhard/Nullmeier, Frank/Pritzlaff, Tanja/Wiesner, Achim (Hg.): *Politik als Lernprozess. Wissenszentrierte Ansätze der Politikanalyse.* Opladen, S. 211–223.

Nullmeier, Frank 2006: »Politikwissenschaft auf dem Weg zur Diskursanalyse?« In: Keller, Reiner et al. (Hg.): *Handbuch sozialwissenschaftliche Diskursanalyse*; Bd. 1. Opladen, S. 287–313.

Nussbaum, Martha 2001: *Upheavals of Thought: The Intelligence of Emotions.* Cambridge.

Obama, Barack 2006: *The audacity of hope.* New York.

Oduncu, Fuat S. 2001: »Klonierung von Menschen – biologisch-technische Grundlagen, ethisch-rechtliche Bewertung«, in: *Ethik in der Medizin* 13, S. 111–126.

Oeckl, Albert (Hg.) 1996: *Taschenbuch des Öffentlichen Lebens. Europa und internationale Zusammenschlüsse.* Bonn

Office of Technology Assessment, U.S. Congress (OTA) 1987: *Ownership of Human Tissues and Cells.* Washington.

Ogden, Charles K. /Richards, Ivor A. 1923: *The meaning of meaning. A study of the influence of language upon thought and of the science of symbolism.* London.

Ohly, Ansgar 2003a: »Geistiges Eigentum?« In: *Juristen-Zeitung (JZ)* 2003, S. 545–554.

Ohly, Ansgar 2003b: »Die Einwilligung des Spenders von Körpersubstanzen und ihre Bedeutung für die Patentierung biotechnologischer Erfindungen«, in: Ann, Christoph et al. (Hg.): *Materielles Patentrecht. Festschrift für Reimar König.* Köln u.a., S. 417–134.

Ohly, Ansgar et al. (Hg.) 2005: *Perspektiven des Geistigen Eigentums und Wettbewerbsrechts. Festschrift für Gerhard Schricker.* München.

Oser, Andreas 1998: »Patentierung von (Teil-Gensequenzen) unter besonderer Berücksichtigung der EST-Problematik«, in: *GRUR Int.,* Heft 8–9, S. 648–655.

Ossario, P. 1998: »Common heritage arguments and the patenting of DNA«, in: Chapman, A.R. (Ed.): *Perspectives on gene patenting. American Association for the Advancement of Science,* Washington D.C., S. 89–110.

Ost, David 2004: »Politics as the Mobilization of Anger. Emotion in Movements and in Power«, in: *European Journal of Social Theory,* 7(2), S. 229–244.

Osterrieth, Christian 2004: »Patentrecht«. *NJW (Neue Juristische Wochenschrift)* Schriften 75. München. (2. Auflage).

Ostrom, Elinor 1990: *Governing the Commons: The Evolution of Institutions for Collective Action.* Cambridge.

Pagenberg, Jochen 2007: »Another Year of Debates on Patent Jurisdiction in Europe and No End in Sight?« In: *IIC,* S. 805–825.

Pahl, Hanno/Meyer, Lars (Hg.) 2007: *Kognitiver Kapitalismus. Soziologische Beiträge zur Theorie der Wissensökonomie.* Marburg.

Paradise, Jordan 2004: »European Opposition to Exclusive Control Over Predictive Breast Cancer Testing and the Inherent Implications for U.S. Patent Law and Public Policy: A Case Study of the Myriad Genetics' BRCA Patent Controversy«, in: *Food and Drug Law Journal,* vol. 59(1), S. 133–154.

Paradise, Jordan/Andrews, Lori/Holbrook Timothy 2005: »Patents on Human Genes: An Analysis of Scope and Claims«, in: *Science,* vol. 307, S. 1566–1567.

Parthasarathy, Shobita 2007: *Building Genetic Medicine,* Cambridge, MA.

Patzelt, Werner, J. 2004: »Parlamentarismus«, in: Helms, Ludger/Jun, Uwe (Hg.): *Politische Theorie und Regierungslehre.* Frankfurt am Main, S. 97–129.

Payne, Rodger A. 2001: »Persuasion, frames and norm construction«, in: *European Journal of International Relations,* vol. 7(1), S. 37–61.

Pearson, Helen 2006: »What is a gene?« In: *Nature,* vol. 441, S. 398–401.

Peifer, Karl-Nikolaus 2003: »Patente auf Leben – Ist das Patentrecht blind für ethische Zusammenhänge?« In: Ann, Christoph et al. (Hg.): *Materielles Patentrecht.* Köln u.a., S. 435–450.

Peltonen, Leena/McKusick, Victor 2001: »Dissecting Human Disease in the Post-genomic Era«, in: *Science*, vol. 291, 16.2.01, S. 1224–1229.

Penrose, Edith 1951: *The economics of the international patent system*. Baltimore.

Pernicka, Susanne 2001: *Wem gehören die Gene? Patente auf Leben für ein neues Wachstumsregime*. Hamburg.

Pernicka, Susanne/Feigl-Heihs, Monika /Gerstl, Alfred /Biegelbauer Peter 2002: *Wie demokratisch ist die Europäische Forschungs- und Technologiepolitik?* Baden-Baden.

Pestre, Dominique 2007: *Historical Perspectives on Science, Society and the Political. Report to the Science, Economy and Society Directorate*. European Commission, January 2007, http://ec.europa.eu/research/science-society/document_library/pdf_06/report_from_historical_seminar_en.pdf

Peters, Bernhard 1993: *Die Integration moderner Gesellschaften*. Frankfurt am Main.

Peters, Linde: »Die Praxis der Patentierung von Leben«, in: Hauskeller, Christine (Hg.): *Humane Stammzellen*. Lengerich, S. 158–172.

Pierre, Jon/Peters, Guy B. 2000: *Governance, Politics and the State*. New York.

Plomer, Aurora 2006: *Stem Cell Patents: European Patent Law and Ethics. Report for the European Commission*. Nottingham, 28.07.2006, http://www.nottingham.ac.uk/law/StemCellProject/reports.htm

Polanyi, Michael 1985: *Implizites Wissen*. Frankfurt am Main. (Engl. Erstausgabe 1966).

Pollack, Andrew 2005: »Celera to quit selling genome information«, in: *New York Times*, 27.04.2005, www.nytimes.com/2005/04/27/business/27celera.html.

Pollack, Mark A. 1997: »Representing diffuse interests in EC policy-making«, in: *Journal of European Public Policy*, 4, S. 572–590.

Popp Berman, Elizabeth 2008: »Why Did Universities Start Patenting? Institution-building and the Road to the Bayh-Dole Act«, in: *Social Studies of Science*, 38, S. 835–872, http://sss.sagepub.com/cgi/reprint/38/6/835.

Pospisil, Leopold 1971: *Anthropology of Law. A Comparative Study*. New York.

Powell, Walter W. 2001: »Networks of Learning in Biotechnology«, in: Dreyfuss, Rochelle Cooper/Zimmerman, Diana Leenheer/First, Harry (Hg.) 2001: *Expanding the Boundaries of Intellectual Property Rights*. New York, N.Y., S. 251–266.

Powell, Walter W./DiMaggio, Paul J. 1991: *The new institutionalism on organizational analysis*. Chicago.

Powell, Walter W./Owen-Smith, Jason 1998: »Universities and the market for intellect-tual property in the life sciences«, in: *Journal of Policy Analysis and Management*, vol. 17(2), S. 253–277.

Prokopf, Kai Heinrich 2007: *Das gemeinschaftsrechtliche Rechtsinstrument der Richtlinie: eine rechtsdogmatische Untersuchung der Art. 249 Abs. 3 EGV und Art. 161 Abs. 3 EAGV*. Berlin.

Pugatch, Meir Perez 2007: »IP Policy & Commercialisation of Knowledge Assets«. *(University of Haifa), presentation at European Patent Forum, 18/19 April 2007*, http://www.european-inventor.org/index.php?mid=100

Quack, Sigrid 2006: »Who fills the Legal »Black Holes« in Transnational Governance? Lawyers, Law Firms and Professional Associations as Border-crossing Regulatory Actors«, in: Schuppert, Gunnar Folke (Ed.): *Global Governance and the Role of Non-State Actors*. Baden-Baden, S. 81–100.

Radaelli, Claudio 1995: »The Role of Knowledge in the Policy Process«, in: *Journal of European Public Policy* 2(2), S. 159–183.

Radaelli, Claudio 1999: »The Public Policy of the European Union: Whither Politics of Expertise?« In: *Journal of European Public Policy* 6(5), S. 757–74.

Radaelli, Claudio M./Schmidt, Vivien A. (Hg.) 2004: »Policy Change and Discourse in Europe«, in: *West European Politics,* vol. 27(2), Special Issue.

Rai, Arti K./Boyle, James 2007: »Synthetic Biology: Caught Between Property Rights, the Public Domain, and the Commons«, in: *PLoS Biology*, March 2007, 5 (3), S. e58.

Rai, Arti Kaur 1999: »Regulating scientific research: Intellectual property rights and the norms of science«, in: *Northwestern University Law review*, vol. 94(1), S. 77–152.

Rai, Arti Kaur/Eisenberg, Rebecca 2003: Bayh-Dole Reform and the Progress of Biomedicine, 66 Law and Contemporary Problems, S. 289–314.

Rammert, Werner 1993: *Technik aus soziologischer Perspektive.* Opladen.

Rammert, Werner 1994: »Vom Nutzen der Technikgeneseforschung für die Technikfolgenabschätzung«, in: Bechmann, Gotthard/Petermann, Thomas (Hg.): *Interdisziplinäre Technikforschung. Genese, Folgen, Diskurs.* Frankfurt am Main/New York, S. 15–35.

Rehbinder, Manfred 2007: *Rechtssoziologie.* München. (6. Auflage).

Rehder, Britta 2007: »Der Richter und seine (Vor-) Denker«, in: Stolleis, Michael/ Streeck, Wolfgang (Hg.): *Aktuelle Fragen zu politischer und technischer Steuerung im Kontext der Globalisierung.* Baden-Baden, S. 259–279.

Reichman, Jerome H. 2000: »Of Green Tulips and Legal Kudzu: Repackaging Rights in Subpatentable Innovation«, in: *Vanderbilt Law Review,* vol. 53, S. 1743–1790.

Reichman, Jerome H. 2003: »Saving the patent system from itself: informal remarks concerning the systemic problems afflicting developed intellectual property regimes«, in: Kieff, Scott F. (Hg.): *Perspectives on properties in the Human Genome Project.* Amsterdam, S. 289–304.

Rein, Martin/Schön, Donald 1993: »Reframing Policy Discourse«, in: Fischer, Frank/ Forester, John: *The argumentative turn in policy analysis and planning*, Durham and London, S. 145–166.

Rein, Martin/Schön, Donald A. 1996: »Frame-critical policy analysis and frame-reflective policy practice«, in: *Knowledge and Policy*, Nr. 9, S. 85–104.

Reinicke, Wolfgang H. 1997: *Global Public Policy – Governing without Government?* Washington (Brookings Institution).

Renn, Ortwin 2008: *Risk governance: coping with uncertainty in a complex world.* London.

Resnik, David 1994: »Debunking the Slippery Slope Argument against Human Germ-Line Gene Therapy«, in: *The Journal of Medicine and Philosophy* 19, S. 23–40.

Resnik, David 2003: »A pluralistic account of intellectual property«, in: *The Journal of Business Ethics,* Nr. 46, S. 319–35.

Resnik, David 2004: *Owning the Genome. A Moral Analysis of DNA Patenting.* Albany, N.Y.

Rifkin, Jeremy 1998: *The Biotech Century.* London.

Rimmer, Matthew 2003a: »Myriad Genetics: Patent Law and Genetic Testing«, in: *European Intellectual Property Review (EIPR),* Bd. 25(1), S. 20–33.

Rimmer, Matthew 2003b: »Beyond Blue Gene: Intellectual Property and Bioinformatics«, in: *IIC (International Review of Intellectual Property and Competition Law),* vol. 34, S. 31–49.

Risse, Thomas 2000: »›Let's Argue!‹. Communicative Action in World Politics«, in: *International Organization,* 54(1), S. 1–39.

Risse, Thomas 2003: »Konstruktivismus, Rationalismus und Theorien Internationaler Beziehungen – warum empirisch nichts so heiß gegessen wird, wie es theoretisch gekocht wurde«, in: Hellmann, Gunther/Wolf, Klaus Dieter/Zürn, Michael (Hg.): *Die neuen internationalen Beziehungen. Forschungsstand und Perspektiven in Deutschland.* Baden-Baden, S. 99–132.

Rittberger, Berthold 2005: *Building Europe's Parliament. Democratic Representation Beyond the Nation State.* Oxford.

Rittberger, Berthold/Schimmelfennig, Frank (Hg.) 2006: *Die Europäische Union auf dem Weg in den Verfassungsstaat.* Frankfurt am Main/New York.

Robbins, Jane 2004: »Patenting Life: Historical Justifications and Objections«. *Paper given at 4S/EASST Annual Meeting.* Paris, France. August 26, 2004, www.csi.ensmp.fr/WebCSI/4S/download_paper/download_paper.php?paper=robbins.pdf

Roberts, Leslie 1992: »NIH Gene Patents, Round Two«, in: *Science*, vol. 255, S. 912.

Rochefort, David A./Cobb, Roger W. 1994: *The Politics of Problem Definition. Shaping the Policy Agenda.* Kansas.

Rogers, E. M./Dearing, J. W. 1988: »Agenda-setting research: Where has it been? Where is it going?« In: Anderson, J. A. (Ed.): *Communication yearbook 11.* New York, NY, S. 555–594.

Röhl, Klaus F. 1987: *Rechtssoziologie.* Köln u.a.

Röhrich, Wilfried (Hg.) 1975: *'Demokratische' Elitenherrschaft: Traditionsbestände eines sozialwissenschaftlichen Problems.* Darmstadt.

Röhrich, Wilfried 1991: *Eliten und das Ethos der Demokratie.* München.

Rosch, Eleonor 1973: »Natural Categories«, in: *Cognitive Psychology* 4, S. 328–350.

Rosch, Eleonor 1978: »Principles of Categorization«, in: Rosch, E./Lloyd, B.B. (Eds.): *Cognition and Categorization.* Hillsdale, S. 27–48.

Rosch, Eleonor et al. 1976: »Basic Objects in Natural Categories«, in: *Cognitive Psychology* 8, S. 382–439.

Rosenau, James N. 1997: *Along the Domestic Frontier. Exploring Governance in a Turbulent World.* Cambridge.

Rosenau, James N./Czempiel, Ernst-Otto (Hg.) *1992: Governance without Government: Order and Change in World Politics.* Cambridge.

Rössler, Patrick/Schatz, Heribert/Nieland Jörg-Uwe (Hg.) 2002: *Politische Akteure in der Mediendemokratie. Politiker in den Fesseln der Medien?* Wiesbaden.

Roßnagel, Alexander 1997: »Rechtswissenschaftliche Technikfolgenforschung«, in: Westphalen, Raban Graf von (Hg.): *Technikfolgenabschätzung als politische Aufgabe*, München/Wien. (3. Auflage), S. 222–237.

Roßnagel, Alexander 2001: »Rechtswissenschaft«, in: Ropohl, Günter (Hg.): *Erträge der interdisziplinären Technikforschung. Eine Bilanz nach 20 Jahren.* Berlin, S. 195–214.

Rutz, Berthold 2007: »Synthetic biology through the prism of scenarios«, in: *Biotechnology Journal,* 2(9), S. 1072–1075.

Sabatier, Paul 1988: »An Advocacy Coalition Model of Policy Change and the Role of Policy-Oriented Learning Therein«, in: *Policy Sciences* 21, S. 129–168.

Sabatier, Paul A. 1998: »The Advocacy Coalition Framework: Revisions and Relevance for Europe«, in: *Journal of European Public Policy*, 5(1), S. 98–130.

Sadlonova, Veronika 2005: *Vorgaben des Acquis Communautaire für den Bereich des Patentrechts.* München

Salter, Ammon J./Martin, Ben R. 2001: »The economic benefits of publicly funded basic research: a critical review«, in: *Research Policy,* 30, S. 509–532.

Salter, Brian 2007: »The Global Politics of Human Embryonic Stem Cell Science«, in: *Global Governance* 13, S. 277–298.

Sampat, Bhaven N. 2006: »Patenting and U.S. academic research in the 20th century: The World Before and After Bayh-Dole«, in: *Research Policy* 35, S. 772–789.

Sarasin, Philipp 2003: *Geschichtswissenshaft und Diskursanalyse.* Frankfurt am Main.

Saretzki, Thomas 1996: »Wie unterscheiden sich Argumentieren und Verhandeln? Definitionsprobleme, funktionale Bezüge und strukturelle Differenzen von zwei verschiedenen Kommunikationsmodi«, in: von Prittwitz, Volker (Hg.): *Verhandeln und Argumentieren. Dialog, Interessen und Macht in der Umweltpolitik.* Opladen, S. 19–39.

Saretzki, Thomas 1997: »Technisierung der Natur – Transformation der Politik? Perspektiven der politikwissenschaftlichen Analyse zum Verhältnis von Biotechnologie und Politik, in: Martinsen«, Renate (Hg.): *Politik und Biotechnologie. Die Zumutung der Zukunft.* Baden-Baden, S. 37–60.

Saretzki, Thomas 1998: »Post-positivistische Policy-Analyse und deliberative Demokratie«, in: Greven, Michael Th./Münkler, Herfried/Schmalz-Bruns, Rainer (Hg.): *Bürgersinn und Kritik. Festschrift für Udo Bermbach zum 60. Geburtstag.* Baden-Baden, S. 297–321.

Saretzki, Thomas 2003: »Aufklärung, Beteiligung und Kritik: Die ›argumentative Wende‹ in der Policy-Analyse«, in: Schubert, Klaus/Bandelow, Nils C. (Hg.): *Lehrbuch der Politikfeldanalyse.* München/Wien, S. 391–416.

Saretzki, Thomas 2007: »Argumentieren, Verhandeln und Strategie. Theoretische Referenzen, begriffliche Unterscheidungen und empirische Studien zu arguing und bargaining in der internationalen Politik«, in: Niesen, Peter/Herborth, Benjamin (Hg.): *Anarchie der kommunikativen Freiheit. Jürgen Habermas und die Theorie der internationalen Politik.* Frankfurt am Main, S. 111–146.

Sauer, Dieter/Lang, Christa 1999: *Paradoxien der Innovation. Perspektiven sozialwissenschaftlicher Innovationsforschung.* Frankfurt am Main/New York.

Schaaber, Jörg 2005: *Keine Medikamente für die Armen? Hindernisse auf dem Weg zu einer gerechten Gesundheitsversorgung am Beispiel Aids.* Frankfurt am Main.

Scharpf, Fritz W. 1989: »Politische Steuerung und Politische Institutionen«, in: *Politische Vierteljahresschrift (PVS),* 30(1), S. 10–21.

Scharpf, Fritz W. 1997: »Balancing Positive and Negative Integration The Regulatory Options for Europe«. *Policy Paper 97/4. Florenz: Robert Schuman Centre, Europäisches Hochschulinstitut.*

Scharpf, Fritz W. 1999: *Governing in Europe: effective and democratic?* Oxford.

Scharpf, Fritz W. 2000: *Interaktionsformen. Akteurszentrierter Institutionalismus in der Politikforschung.* Opladen.

Scherer, F. M. 2002: »The economics of human gene patents«, in: *Acad Med.* 77, S. 1348–1367.

Schieder, Siegfried 2004: »In guter Verfasstheit? Nutzen und Nachteil eines europäischen Verfassungsvertrages«, in: *Aus Politik und Zeitgeschichte,* B 17, http://www.bpb.de/publikationen/J7Z3GP.html

Schiermeier, Quirin 2000: »German agencies sound alarm on risks of broad gene patents«, in: *Nature,* vol. 406, 13.7.2000, S. 111.

Schmalz-Bruns, Rainer 1995: *Reflexive Demokratie: die demokratische Transformation moderner Politik.* Baden-Baden.

Schmidt, Patrick 2004: »Law in the age of governance«, in: Jordana, Jacint/Levi-Faur, David (Eds.): *The politics of Regulation.* Cheltenham/Northampton, S. 273–295.

Schmidt, Rolf D. 2002: Taschenatlas der Biotechnologie und Gentechnik. Weinheim.

Schmidtmann, Annette 2004: »Patentierung in der Stammzellforschung aus Sicht der deutschen Forschungsgemeinschaft«, in: *Jahrbuch für Wissenschaft und Ethik, Bd. 9.* Berlin/New York, S. 355–357.

Schmidt-Szalewski, Joanna 2007: »Europe, Patents and Dinosaurs«, in: *IIC* 38, S. 757.

Schneider, Dieter R./Walter, Doris 2007: »Ist der absolute Stoffschutz noch zu retten? – Zur Umsetzung der Richtlinie 98/44/EG (Biotechnologie-Richtlinie)«, in: *GRUR* Heft 10, S. 831–839.

Schneider, Dieter 2008: »Patenting of Pharmaceuticals – Still a Challenge?« In: *IIC (International Review of Intellectual Property and Competition Law),* 5, S. 511–525.

Schneider, Dieter 2009: »Betrachtungen zum Olanzapin-Fall«, in: *VPP-Rundbrief,* Nr. 4/2009, S. 19–29.

Schneider, Ingrid 2002a: »Körper und Eigentum. Grenzverhandlungen zwischen Personen, Sachen und Subjekten«, in: Kuhlmann, Ellen/Kollek, Regine (Hg.): *Konfiguration des Menschen. Biowissenschaften als Arena der Geschlechterpolitik.* Opladen, S. 41–59.

Schneider, Ingrid 2002b: »Beschleunigung – Merkantilisierung – Entdemokratisierung? Zur Rolle von Patenten in der embryonalen Stammzellforschung«, in: Oduncu, Fuat/Schroth, Ulrich/Vossenkuhl, Wilhelm (Hg.): *Stammzellenforschung und therapeutisches Klonen,* Göttingen, S. 211–245.

Schneider, Ingrid 2003a: »Die Kontroverse um die Patentierung von Genen menschlicher Herkunft. Zur EU-Richtlinie über den rechtlichen Schutz biotechnologischer Erfindungen und deren Umsetzung in Deutschland«, in: Goebel, Bernd/Kruip, Gerhard (Hg.): *Gentechnologie und die Zukunft der Menschenwürde.* Münster, S. 101–132.

Schneider, Ingrid 2003b: »›Reproduktives‹ und ›therapeutisches‹ Klonen«, in: Düwell, Markus/Steigleder, Klaus (Hg.): *Bioethik.* Frankfurt am Main, S. 267–275.

Schneider, Ingrid 2003c: »Funktionsgebundener Stoffschutz auf DNA-Sequenzen? Policy-analytische und wissenschaftstheoretische Anmerkungen zu einer zentralen Kontroverse in der Biopatentierung«, in: Baumgartner, Christoph/Mieth, Dietmar (Hg.): *Patente am Leben? Ethische, rechtliche und politische Aspekte der Biopatentierung.* Paderborn, S. 179–211.

Schneider, Ingrid 2004a: »Konfliktkonstellationen und Chancen einer Europäischen Stammzellpatent-Politik«, in: *Jahrbuch für Wissenschaft und Ethik, Bd. 9.* Berlin/New York, S. 337–343.

Schneider, Ingrid 2004b: »Soziale Implikationen eines genetischen »Enhancement««, in: Graumann, Sigrid et al. (Hg.): *Ethik und Behinderung. Ein Perspektivenwechsel.* Reihe »Kultur der Medizin« Bd.12. Frankfurt am Main/New York, S. 184–188.

Schneider, Ingrid 2006a: »Die Interdependenz von Technik und Recht: eine vernachlässigte TA-Perspektive. Konkretisiert am Beispiel der Transformation des Patentrechts vom technikfreisetzenden zum regulativen Recht in der Bio-Patentierung«. In: Bora, A./Decker, M./Grunwald, A./Renn, O. (Hg.): *Technik in einer fragilen Welt. Die Rolle der Technikfolgenabschätzung.* Berlin, S. 419–436.

Schneider, Ingrid 2006b: Governance of the European Patent System, STOA Workshop, »Policy options for the European patent system«. European Parliament, November 9th, expert statement at http://www.tekno.dk/pdf/projekter/patent-system-STOA/Schneider.pdf, und in: STOA 2006, S. 47–49.

Schneider, Ingrid 2007a: »Die Nicht-Kommerzialisierung des Organtransfers als Gebot einer Global Public Policy«, in: Taupitz, Jochen (Hg.): *Die Kommerzialisierung des menschlichen Körpers.* Berlin, S. 109–126.

Schneider, Ingrid 2007b: »Governance of the European Patent System«, in: European Patent Office (ed.): *Scenarios for the Future, Interviews.* Munich 2007, S. 579–609, http://documents.epo.org/projects/babylon/eponet.nsf/0/F172DE5BB2B9B15BC12572DC0031A3CB/$File/Interview_Schneider.pdf

Schneider, Ingrid 2008: »Geistiges Eigentum und öffentliche Ziele«, in: Hoffmann-Riem, Wolfgang/Eifert, Martin (Hg.): *Geistiges Eigentum und Innovation,* Berlin, S. 309–362.

Schneider, Ingrid 2009a: »Governing the patent system in Europe: The EPO's supranational autonomy in need for a regulatory perspective«, in: *Science and Public Policy*, vol. 36 (8), S. 619–628.

Schneider, Ingrid 2009b: »Can patent legislation make a difference? Bringing parliaments and civil society into patent governance«, in: Haunss, Sebastian/Shadlen, Kenneth C. (eds): *The Politics of Intellectual Property: Contestation over the Ownership, Use, and Control of Knowledge and Information.* Cheltenham, UK and Northampton, MA, USA, S. 129–157.

Schneider, Ingrid 2009c: »The evolution of a 'European mode' of patent governance: Legislation on the patenting of biotechnology in the European Union and in Germany«, in: Gaudillière, Jean-Paul/Kevles, Daniel/Rheinberger Hans-Jörg (eds): *Living Properties: Making Knowledge and Controlling Ownership in the History of Biology,* Max Planck Institute for the History of Science, MPI Preprint 382, Berlin 2009, S. 187–224.

Schneider, Ingrid/Kallerud, Egil 2009: *Frame conflict and reframing in the controversy on the European biopatent directive – a comparative study.* Paper presented at the 5th ECPR General Conference, Potsdam, 10.–12. September 2009, University of Potsdam.

Schön, Donald 1993: »Generative metaphor: A perspective on problem-setting in social policy«, in: Ortony, Andrew (Hg.): *Metaphor and Thought.* Cambridge, S. 137–163.

Schön, Donald/Rein, Martin 1994: *Frame reflection: toward the resolution of intractable policy controversies.* New York.

Schrell, Andreas 2001: »Funktionsgebundener Stoffschutz für biotechnologische Erfindungen«, in: *GRUR* 9, S. 782–788.

Schricker; Gerhard /Dreier, Thomas /Kur, Annette 2001: *Geistiges Eigentum im Dienst der Innovation.* Baden-Baden.

Schubert, Klaus/Bandelow, Nils (Hg.) 2003: *Lehrbuch der Politikfeldanalyse.* München/ Wien.

Schünemann, Herbert 1985: *Die Rechte am menschlichen Körper.* Frankfurt am Main.

Schuppert, Gunnar Folke (Hg.) 1998: *Das Gesetz als zentrales Steuerungsinstrument des Rechtsstaates.* Baden-Baden.

Schuppert, Gunnar Folke (Hg.) 2006: *Governance-Forschung. Vergewisserung über Stand und Entwicklungslinien.* Baden-Baden. (2. Auflage).

Schuppert, Gunnar Folke 2007: »Was ist und wozu Governance?« In: *Die Verwaltung. Zeitschrift für Verwaltung und Verwaltungswissenschaften,* 40. Bd., 2007, S. 463–511.

Schütz, Alfred 1974: *Der sinnhafte Aufbau der sozialen Welt. Eine Einleitung in die verstehende Soziologie.* Frankfurt am Main. (Erstveröffentlichung 1932).

Schwägerl, Christian 2000: »Patent auf Mensch-Tier- Mischwesen erteilt. Greenpeace kritisiert europäische Behörde. Schmidt-Jortzig nennt Biopatent-Gesetz unzureichend«, in: *Berliner Zeitung*, 20.11.2000, S. 7.

Schwägerl, Christian 2001a: »»Jeder kennt die Goldmine und holt sich etwas heraus.« Wider das Spekulative: Das Europäische Patentamt will den Zugang zu Genpatenten strenger geregelt sehen. Interview mit Ulrich Schatz, Rainer Moufang und Bart Claes«, in: *Frankfurter Allgemeine*, 21.6.2001, S. 45.

Schwägerl, Christian 2001b: »Die Herren der Gene. Behindern ausgerechnet Patente den Fortschritt?« In: *Frankfurter Allgemeine*, 15.10.2001.

Schweiger, Thomas/Then, Christoph 1997: »EU Parliament goes Gene-Monopoly«. *Dokumentation von »Kein Patent auf Leben!«*. München.

Scotchmer, Suzanne 1991: »Standing on the Shoulders of Giants: Cumulative Research and the Patent Law«, in: *Journal of Economic Perspectives* 5(1), S. 29–41.

Scotchmer, Suzanne 2005: *Innovation and Incentives*. Cambridge, MA.

Searle, John R. 1969: *Speech Acts*. Cambridge.

Seckelmann, Margrit 2006: *Industrialisierung, Internationalisierung und Patentrecht im Deutschen Reich, 1871–1914*. Frankfurt am Main.

Seibel, Wolfgang 2003: »Suchen wir immer an der richtigen Stelle? Einige Bemerkungen zur politikwissenschaftlichen Forschung nach dem Ende des Kalten Krieges«, in: *Politische Vierteljahresschrift (PVS)*, Nr. 04, S. 217–228.

Seibt, Gustav 2005: »Innovation gegen Tradition«, in: *Süddeutsche Zeitung*, Nr. 215, 17./18.09.2005, S. 17.

Sellnick, Hans-Joachim 2002: »Erfindung, Entdeckung und die Auseinandersetzung um die Umsetzung der Biopatentrichtlinie der EU«, in: *GRUR*, Heft 2, S. 121–126.

Shamblott M.J./Axelman J./Wang S./Bugg E.M./Littlefield J.W./Donovan P.J./Blumenthal PD/Huggins GR/Gearhart JD. 1998: »Derivation of pluripotent stem cells from cultured human primordial germ cells«, in: *Proceedings of the National Academy of Sciences*, USA, 10.11.1998, 95(23), S. 13726–13731.

Shapiro, Carl 2001: »Navigating the Patent Thicket: Cross-Licenses, Patent Pools, and Standard Setting«, in: Jaffe, A.B./Lerner, J./Stern, S. (eds.): *Innovation Policy and the Economy*. Washington D.C.: National Bureau of Economic Research, S. 119–144.

Shapiro, Martin /Stone Sweet, Alec 1994: »The New Constitutional Politics of Europe«. In: *Comparative Political Studies* 26, S. 397–420.

Shulman, Seth 1999: *Owning the Future*. Boston/New York.

Shuman, Jill M. (Hg.) 1999: *Intellectual Property Rights and Their Special Impact on Biotechnology*. A conference jointly sponsored by Tufts University School of Nutritions Science and Policy and Medicine in the Public Interest.

Siegrist, Hannes 2007: »Die Propertisierung von Gesellschaft und Kultur. Konstruktion und Institutionalisierung des Eigentums in der Moderne«, in: ders. (Hg.): Entgrenzung des Eigentums in modernen Gesellschaften und Rechtskulturen, *Comparativ* 16, H. 5/6, S. 9–52

Siegrist, Johannes 1995: *Medizinische Soziologie*. München/Wien/Baltimore. (5.Auflage).

Sietmann, Richard 2001: »Wettbewerb im Gerichtssaal. Der Kampf ums geistige Eigentum treibt das Patentwesen in die Zerreißprobe«, in: *c't* 17, S. 170, www.heise.de/ct/01/17/170/, letzter Abruf 15.7.04

Simmons, William J. 2009: »Bilski blundering biotech«, in: *Nature Biotechnology*, vol. 27(3), S. 245–248.

Simonis, Georg/Martinsen, Renate/Saretzki, Thomas (Hg.) 2000: »Politik und Technik«. *PVS-Sonderheft* 31. Wiesbaden.

Sjursen, Helene 2008: »Enlargement in Perspective: The EU's Quest for Identity«, *ARENA Working Paper Series*, 05/2008, http://www.arena.uio.no/publications/working-papers2008/papers/wp08_05.xml.

Snow, David A./Benford, Robert D. 1988: »Ideology, Frame Resonance and Participant Mobilization«, in: *International Social Movement Research*, 1, S. 197–219.

Snow, David A./Rochford, E. Burke/Worden, Steven K./Benford, Robert D. 1986: »Frame Alignment Processes, Micromobilization and Movement Participation«, in: *American Sociological Review* 51, S. 456–81.

Spectar, J.M. 2001: »The fruit of the human genome tree: cautionary tales about technology, investment, and the heritage of mankind«, in: *Loyola of Los Angeles International and Comparative Law Review*, 23(1), S. 1–40.

Spinner, Helmut F. 1994: *Die Wissensordnung: ein Leitkonzept für die dritte Grundordnung des Informationszeitalters.* Opladen.

Spranger, Tade Matthias 2002: »Europe's Biotech Patent Landscape: Conditions and Recent Developments«, in: *Minnesota Intellectual Property Review*, vol. 3(2), S. 235–249.

Stauder, Deter 2005: »Die internationale Zuständigkeit in Patentverletzungsklagen – ›Nach drei Jahrzehnten‹«, in: Ohly, Ansgar et al. (Hg.): *Perspektiven des Geistigen Eigentums und Wettbewerbsrechts. Festschrift für Gerhard Schricker.* München, S. 917–928.

Stehr, Nico 1994: *Knowledge Societies.* London.

Stehr, Nico 2003a: *Wissenspolitik. Die Überwachung des Wissens.* Frankfurt am Main.

Stehr, Nico 2003b: »Die gesellschaftliche Kontrolle neuer Erkenntnisse«, in: *Sociologia Internationalis* 41, S. 113–13.

Stellmach, Claudia 1999: »UNESCO-BioPolitik: Neue Technik – alte Eugenik«, in: Emmrich, Michael (Hg.): *Im Zeitalter der Bio-Macht. 25 Jahre Gentechnik – eine kritische Bilanz*, Frankfurt am Main, S. 275–340.

Sterckx, Sigrid (Hg.) 1997: *Biotechnology, patents and morality.* Aldershot u.a.

Stichweh, Rudolf 2001: »Strukturen der Weltgesellschaft. Starke und schwache Bindungen: Ein Überblick über die neue globale Sozialordnung«, in: *Frankfurter Rundschau*, 13.03.2001, http://www.uni-bielefeld.de/(de)/soz/iw/presse/stichweh_fr.html.

Stinchcombe, Arthur L. o.J.: *Universities and the Communism of Knowledge as the Core of the World Information Economy (SASE Presentation).*

Stolze, Ted 2000: »A Displaced Transition: Habermas and The Public Sphere«, in: Hill, Mike/Montag, Warren (Ed.): *Masses, Classes, and the Public Sphere.* London/New York, S. 146–157.

Stone, Deborah A. 1988: *Policy paradox.* Boston.

Stone, Deborah A. 1989: »Causal stories and the formation of policy agendas«, in: *Political Science Quarterly,* vol. 104(2), S. 281–300.

Stone, Diane 2004: »Transfer Agents and Global Networks in the 'Transnationalisation' of Policy«, in: *Journal of European Public Policy* 11(3), S. 545–566.

Stone Sweet, Alec 2000: *Governing with Judges: Constitutional Politics in Europe.* Oxford.

Straus, Joseph 1992: »Biotechnologische Erfindungen – ihr Schutz und seine Grenzen«, in: *GRUR* 94, S. 252–266.

Straus, Joseph 1996: The Present State of the Patent System in the European Union As Compared with the Situation in the Unites States of America and Japan. Study for the European Commission, www.suepo.org/public/background/straus.pdf.

Straus, Joseph 1997: *Genpatente. Rechtliche, ethische, wissenschafts- und entwicklungspolitische Fragen.* Basel.

Straus, Joseph 2000: »Genpatentierung – Eine »abstruse Idee«?« In: *Dt. Ärzteblatt* Jg. 97(16), S. A-1061-63.

Straus, Joseph 2001a: *Elemente eines Änderungsprozesses zur ggf. erforderlichen Verbesserung und Präzisierung der Richtlinie 98/44 des Europäischen Parlaments und des Rates vom 6. Juli 1998 über den rechtlichen Schutz biotechnologischer Erfindungen in Folge der technischen und gesellschaftlichen Entwicklung der letzten Zeit unter Berücksichtigung der Aspekte des internationalen Rechtsrahmens.* Stellungnahme erstellt im Auftrage des Bundesministeriums der Justiz. München.

Straus, Joseph 2001b: »Produktpatente auf DNA-Sequenzen – Eine aktuelle Herausforderung des Patentrechts«, in: *GRUR* 10-11, S. 1016–1021.

Straus, Joseph 2002: »Kommerzielle und patentrechtliche Aspekte der Genomforschung«, in: Orth, G. (Ed.): Forschen und tun was möglich ist? In: *Edition »ethik kontrovers«.* Münster, S. 45–62.

Straus, Joseph 2003: »Product Patents in Human DNA Sequences: An Obstacle for Implementing the EU Biotech Directive?« In: Kieff, Scott F. (Hg.): *Perspectives on Properties of the Human Genom*e *Project.* Amsterdam u.a., S. 65–78.

Straus, Joseph 2004: *Optionen bei der Umsetzung der Richtlinie EG 98/44 über den rechtlichen Schutz biotechnologischer Erfindungen.* Eidgenössisches Institut für geistiges Eigentum. Bern, Publ. Nr. 2, http://www.ige.ch/D/jurinfo/documents/j10015d.pdf.

Straus, Joseph/Holzapfel, Henrik/Lindenmeir, Matthias 2002: *Empirical Survey on »Genetic Inventions and Patent Law«.* Max-Planck-Institut für ausländisches und internationales Patent-, Urheber- und Wettbewerbsrecht. Studie im Auftrag des Bundesministeriums für Bildung und Forschung. Januar 2002.

Strohman, Richard 1998: *»Eine Kuhn'sche Revolution in der Biologie steht ins Haus«,* BIOGUM Arbeitsmaterialien 9. Hamburg.

Strulik, Torsten 2004: *Nichtwissen und Vertrauen in der Wissensökonomie.* Frankfurt am Main/New York.

Sturges, M.L. 1997: »Who should hold property rights to the human genome? An application of the common heritage of mankind«, in: *American University International Law Review,* 13(1), S. 219–261.

Sulston, John/Ferry, Georgina 2002: *The common thread. Science, politics, ethics and the Human Genome.* London.

Supiot, Alain 2005: *Homo Juridicus. Essai sur la fonction anthopologique du droit.* Paris.

Svatos, Michele 1997: »Patents and morality. A philosophical commentary on the conference ›Biotechnology, patents and morality‹«, in: Sterckx, Sigrid (Hg.): *Biotechnology patents and morality.*, Aldershot u.a., S. 291–306.

Tannen, Deborah 1993: *Framing in Discourse.* Oxford.

Taupitz, Jochen 1991a: »Die Zellen des John Moore vor den amerikanischen Gerichten: Ende der ›heimlichen‹ Nutzung menschlicher Körpersubstanzen?« In: *Versicherungsrecht,* 42. Jg.(10), S. 369–375.

Taupitz, Jochen 1991b: »Wem gebührt der Schatz im menschlichen Körper?« In: *AcP* 191, S. 201–246.

Taupitz, Jochen 1993: »Menschliche Körpersubstanzen: nutzbar nach Belieben des Arztes?« In: *Dt. Ärzteblatt* 90(15), 16. April 1993, S. A-1106–1110.

Tekin, Funda/Wessels, Wolfgang (2009): »Entscheidungsverfahren«, in: Weidenfeld, Werner/Wessels, Wolfgang (Hg.): *Europa von A bis Z*, Taschenbuch der europäischen Integration, 11. Auflage. Baden-Baden.

Teubner, Gunther 1987: »Juridification: Concepts, Aspects, Limits, Solutions«, in: ders. (Hg.): *Juridification of Social Spheres. A Comparative Analysis in the Arenas of Labor, Corporate Antitrust and Social Welfare Law*. Berlin/New York, S. 3–48.

Teubner, Gunther (Hg.) 1996a: »Globale Bukowina: Zur Emergenz eines transnationalen Rechtspluralismus«, in: *Rechtshistorisches Journal* 15, S. 255–290.

Teubner, Gunther 1996b: *Global Law Without A State*. Aldershot.

Thaker, Shail 2002: *The Criticality of Non-Market Strategies: The European Biotechnology Patents Directive,* Kellogg School of Management, Northwestern University paper 03, http://www.kellogg.northwestern.edu/academic/biotech/articles/shail.htm.

Thambisetty, Sivaramjani 2006: »The Institutional Nature of the Patent System: Implications for Bioethical Decision-making«, in. Lenk, Christian/Hoppe, Nils/Andorno, Roberto (Eds.): *Ethics and Law of Intellectual Property: Current Problems in Politics, Science and Technology*. Aldershot, S. 247–268.

Thambisetty, Sivaramjani 2007: »Patents as Credence Goods«, in: *Oxford Journal of Legal Studies,* vol. 27(4), S. 707–740, http://papers.ssrn.com/sol3/papers.cfm?abstract_id=999965

Then, Christoph 1999: »»Am Anfang war die Krebsmaus. Patente auf Leben««, in: Emmrich, Michael (Hg.): *Im Zeitalter der Bio-Macht. 25 Jahre Gentechnik – eine kritische Bilanz*. Frankfurt am Main, S. 355–366.

Thomas, S.M./Hopkins, M.M./Brady, M. 2002: »Shares in the human genome – the future of patenting DNA«, in: *Nature Biotechnology,* 20, S. 1185–1188.

Thomsen, Peter R. 2000: *Erteilungspraxis von Ergänzenden Schutzzertifikaten in Deutschland, Unter besonderer Berücksichtigung der sogenannten Salzproblematik*. Diplomarbeit Zürich. http://www.bepress.com/cgi/viewcontent.cgi?article=1002&context=ndsip

Thomson, James A. u.a. 1998: »Embryonic Stem Cell Lines derived from Human Blastocysts«, in: *Science,* vol. 282, 6.11.1998, S. 1145–47.

Thumm, Nikolaus 2000: *Intellectual Property Rights. National Systems and Harmonization in Europe*. Heidelberg.

Tibon-Cornillot, Michel 1982: »Die transfigurativen Körper. Zur Verflechtung von Techniken und Mythen«, in: Kamper, Dietmar/Wulf, Christoph (Hg.): *Die Wiederkehr des Körpers*. Frankfurt am Main, S. 145–164.

Tilmann, Winfried 2005: »Scope of Protection for Gene Sequence Patents«, in: *IIC*, vol. 8, S. 899.

Tilmann, Wilfried 2008: »Neue Überlegungen im Patentrecht (Teil III)«, in: *GRUR Int.* , S. 312ff.

Tilmann, Wilfried 2010: »Validity of Selective Product Claims – Venice Conferences III and V, Lundbeck and Olanzopin«, in: *IIC*, S. 149–170.

Tömmel, Ingeborg 2003: *Das politische System der EU*. München/Wien.

Trallori, Lisbeth 1993: »Politik des Lebendigen – zur Logik des genetischen Codes«, in: Winkler, Ute/Fleischer, Eva (Hg.): *Die kontrollierte Fruchtbarkeit*. Wien, S. 49–64.

Treib, Oliver 2003: »Die Umsetzung von EU-Richtlinien im Zeichen der Parteipolitik: Eine akteurzentrierte Antwort auf die Misfit-These«. Max-Planck-Institut für Gesellschaftsforschung, *Discussion Paper* 03/2003.

Treichel, Pierre 2004: »Die Patentierbarkeit von humanen Stammzellen nach europäischem Patentrecht«, in: *Jahrbuch für Wissenschaft und Ethik, Band 9.* Berlin/New York, S. 279–295.

Trute, Hans-Heinrich 2006: »Die demokratische Legitimation der Verwaltung«, in: Hoffmann-Riem, Wolfgang/Schmidt-Aßmann, Eberhard/Voßkuhle, Andreas (Hg.): *Grundlagen des Verwaltungsrechts, Bd. 1,* Nr. 6. München, S. 307–389.

Trute, Hans-Heinrich/Kühlers, Doris/Pilniok, Arne 2007: »Rechtswissenschaftliche Perspektiven«, in: Benz, Arthur/Lütz, Susanne/Schimank, Uwe/Simonis, Georg (Hg.): *Handbuch Governance.* Wiesbaden, S. 240–252.

Tsebelis George 1994: »The Power of the European Parliament as a Conditional Agenda-Setter«, in: *American Political Science Review,* 88 (1), S. 128–142.

Turnbull, Nick 2004: »Rhetorical Agency as a Property of Questioning«, in: *Philosophy and Rhetoric,* vol. 37(3), S. 207–222.

Ullrich, Hanns 2001a: »Grenzen des Rechtsschutzes. Technologieschutz zwischen Wettbewerbs- und Industriepolitik«, in: Schricker, Gerhard /Dreier, Thomas /Kur, Annette: *Geistiges Eigentum im Dienst der Innovation.* Baden-Baden, S. 83–124.

Ullrich, Hanns 2001b: »Intellectual Property, Access to Information, and Antitrust: Harmony, Disharmony, and International Harmonization«, in: Dreyfuss, R./ Zimmerman, L. D./First, H. (Hg.): *Expanding the Boundaries of Intellectual Property.* New York, NY, S. 365–402.

Ullrich, Hanns 2002: »Patent Protection in Europe: Integrating Europe into the Community or the Community into Europe?« European University Institute, Florence, *EUI Working Paper Law,* 5, http://cadmus.iue.it/dspace/bitstream/1814/183/1/law02-5.pdf (also published in: *European Law Review,* vol. 8(4), 2002, S. 433–491.)

Ullrich, Hanns 2005: »Expansionist Intellectual Property Protection and Reductionist Competition Rules: A TRIPS Perspective«. *Berkeley Center for Law and Technology. Law and Technology Scholarship. Working Paper 3.* http://repositories.cdlib.org/bclt/lts/3

Ullrich, Hanns 2006: »National, European and Community Patent Protection: Time for Reconsideration«. European University Institute, Badia Fiesolana. *EUI Working Paper LAW No. 2006/41.*

Ullrich, Hanns 2007: »Patente, Wettbewerb und technische Normen: Rechts- und ordnungspolitische Fragestellungen«, in: *GRUR,* 109. Jg.(9), S. 817–830.

USPTO (Department of Commerce, United States Patent and Trademark Office) 2001: »Utility Examination Guidelines«, in: *Federal Register* vol. 66(4) /January 5, http://www.uspto.gov/web/offices/com/sol/notices/utilexmguide.pdf

van Benthem, Johannes B. 1990: »Europäisches Patentsystem und Weltpatentsystem«, in: *GRUR Int.* 10, S. 684–690.

van den Belt, Henk 1989: »Action at a Distance: A.W. Hofmann and the French patent disputes about aniline red (1860–1863), or how a scientist may influence legal decisions without appearing in court«, in: Smith, R./Wynne, B. (Eds.): *Expert Evidence: Interpreting Science in the Law.* London, S. 184–209.

van den Belt, Henk 2004a: »A New Constellation of Knowledge and Power: Gene Patents in the Information Society«, in: *Krisis* 5 (2), S. 22–37.

van den Belt, Henk 2004b: *From the Ivory Tower to the Agora.* Internal paper. Wageningen University.

van den Belt, Henk 2005a: *Waarom genoctrooien (nog steeds) moreel bedenkelijk zijn. Een reactie op het rapport 'Ethische aspecten aan octrooiverlening voor biotechnologische uitvindingen' van de interdepartementale werkgroep* (23.6.2005). Universität Wageningen. Niederlande.

van den Belt, Henk 2005b: *Lecture 'Introduction to Ethics'. Course: Life Science for Social Scientists.* Wageningen University. (Manuskript).

van Dijk, Teun A. 1985: *Handbook of Discourse Analysis.* New York.

van Ooyen, Robert Christian/Möllers, Martin 2006. *Das Bundesverfassungsgericht im politischen System.* Wiesbaden.

van Overwalle, G./Van Zimmeren, E./Verbeure, B./Matthijs, G. 2006: »Models for facilitating access to patents on genetic inventions«, in: *Nature Review Genetics,* 7, S. 143–148.

van Overwalle, Geertrui 1997: »Biotechnology patents in Europe: from law to ethics«, in: Sterckx, Sigrid (Hg.): *Biotechnology, patents and morality.* Aldershot u.a., S. 139–148.

van Overwalle, Geertrui 2001: *Study on the patenting of inventions related to human stem cell research.* At the request of the European Group on Ethics in Science and New Technologies to the European Commission. 30.12.2001. Luxemburg.

van Overwalle, Geertrui 2006: »The Implementation of the Biotechnology Directive in Belgium and its Aftereffects. The Introduction of a New Research Exemption and a Compulsory License for Public Health«, in: *International Review of Intellectual Property and Competition Law (IIC),* Heft 8; S. 889–920.

van Raden, Lutz/von Renesse, Dorothea 2002: »Überbelohnung – Anmerkungen zum Stoffschutz für biotechnologische Erfindungen«, in: *GRUR,* 5, S. 393–399.

van Waarden, Frans 2003: *Regulating across borders: The power of international expert communities in international regulation and enforcement.* Paper presented at the Robert Schuman Centre, European University Institute, May 2003, in Florence, Italy.

van Waarden, Frans/Drahos, Michaela 2002: »Courts and Epistemic Communities in the Convergence of Competition Policies«, in: *Journal of European Public Policy* 9(6), S. 913–934.

van Zimmeren, E./Verbeure, B./Matthijs, G./van Overwalle, G. 2006: »A clearing house for diagnostic testing: the solution to ensure access to and use of patented genetic inventions?« In: *Bulletin of the World Health Organisation,* 84, S. 352–359.

Vandergheynst, Dominique 1997: »Ethik und Technik. Schutz biotechnologischer Erfindungen muß auf europäischer Ebene geregelt werden«, in: *Gesellschaftspolitische Kommentare* 7, S. 3–10.

Varma, A./Abraham, D. 1996: »DNA is Different: Legal Obviousness and the Balance Between Biotech Inventors and the Market«, in: *Harvard Journal of Law & Technology* 9(53), S. 78ff.

Venter, Craig et al. 2001: »The Sequence of the Human Genome«, in: *Science*, vol. 291, 16.02.2001, S. 1304–1351.

Verbeure, B./Matthijs, G./van Overwalle, G. 2006: »Analysing DNA patents in relation with diagnostic genetic testing«, in: *European Journal of Human Genetics*, 14, S. 26–33.

Verbeure, B./Van Zimmeren, E./Matthijs G./Van Overwalle, G. 2006: »Patent pools and diagnostic testing«, in: *Trends in Biotechnology (TIB),* vol. 3(24), S. 115–120.

Vogel, F./Grunwald, R. 1994: *Patenting of Human Genes and Living Organisms.* Berlin/ Heidelberg.

Vogel, Friedrich 1994: »Patenting of Human Genes and Living Organisms – A Nightmare for the Scientist«, in: Vogel, F./Grunwald, R.: *Patenting of Human Genes and Living Organisms*, Berlin/Heidelberg, S. 7–11.

Voigt, Rüdiger (Hg.) 1998: *Evolution des Rechts.* Baden-Baden.

Voigt, Rüdiger 1980: *Verrechtlichung. Analysen zu Funktion und Wirkung von Parlamentarisierung, Bürokratisierung und Justizialisierung sozialer, politischer und ökonomischer Prozesse.* Königstein.

Voigt, Rüdiger 1993: *Politik und Recht: Beiträge zur Rechtspolitologie.* Bochum. (3. Auflage).

Voigt, Rüdiger 2000: *Recht – Spielball der Politik? Rechtspolitologie im Zeichen der Globalisierung.* Baden-Baden. (4. Auflage).

Voigt, Rüdiger 2006: »Das Bundesverfassungsgericht in rechtspolitologischer Sicht«, in: van Ooyen, Robert Christian/Möllers, Martin: *Das Bundesverfassungsgericht im politischen System.* Wiesbaden, S. 65–86.

von Beyme, Klaus 1997: *Der Gesetzgeber: der Bundestag als Entscheidungszentrum.* Opladen.

von Beyme, Klaus 1999: *Die parlamentarische Demokratie. Entstehung und Funktionsweise 1789–1999.* Opladen. (3. Auflage).

von Blumenthal, Julia 2005: »Governance – eine kritische Zwischenbilanz«, in: *Zeitschrift für Politikwissenschaft* 15(4), S. 1149–1180.

von Prittwitz, Volker (Hg.) 1996: *Verhandeln und Argumentieren. Dialog, Interessen und Macht in der Umweltpolitik.* Opladen.

von Renesse, Margot/Tanner, Klaus 2001: »Rechtsstreit um die Gene: Europäische Richtlinien für biotechnologische Patente«, in: *Zeitzeichen* 2(1), S. 56–59.

von Renesse, Margot/Tanner, Klaus/von Renesse, Dorothea 2001: »Das Biopatent – eine Herausforderung an die rechtsethische Reflexion«, in: *Mitteilungen der deutschen Patentanwälte*, 92. Jg., Heft 1, S. 1–4.

Vossius, Volker/Grund, Martin 1995: »Patentierung von Teilen des Erbguts, der Mensch als Sklave? – Einspruchsverfahren gegen das Relaxin-Patent«, in: *GRUR* Nr. 11, S. 339–345.

Wagner, Polk/Petherbridge, Lee 2004: »Is the Federal Circuit Succeeding? An Empirical Assessment of Judicial performance«. *Research paper No. 04-08, University of Pennsylvania Law School, http://ssrncom/abstract=511003.*

Wagner, R. Polk/Parchomovsky, Gideon 2005: »Patent Portfolios«, in: *University of Pennsylvania Law Review*, vol. 154(1), http://ssrn.com/abstract_id= 874445.

Waldby, Catherine/Mitchell, Robert 2006: *Tissue Economies: Blood, Organs and Cell Lines in Late Capitalism.* Durham N.C.

Walsh, John P./Cho, Charlene/Cohen, Wesley M. 2005: Patents, Material Transfers and Access to Research Inputs in Biomedical Research. Final Report to the National Academy of Sciences' Committee Intellectual Property Rights in Genomic and Protein-Related Inventions. September 20, 2005. http://tigger.uic.edu/~jwalsh/WalshChoCohenFinal050922.pdf

Walter, Doris 2007: »Harmonisierung und angemessene Anspruchsbreite bei der Gensequenzpatentierung«, in: *GRUR International*, S. 284 –294

Walter, Doris 2008: »Patentrechtliche Betrachtungen zu modernen Züchtungsverfahren und daraus hervorgehenden Pflanzen und Tieren«, in: *Journal für Verbraucherschutz und Lebensmittelsicherheit*, Vol. 3, No. 4, S. 1661–5751.

Watson, Alan 1985a: *Sources of Law, Legal Change and Ambiguity.* Edinburgh.

Watson, Alan 1985b: *The Evolution of Law.* Baltimore. Maryland.

Watson, Alan 1993: *Legal Transplants: An Approach to Comparative Law.* Athens, Georgia. (Second Edition).

Watson, Alan 2000: »Legal Transplants and European Private Law«, in: *Electronic Journal of Comparative Law*, vol 4.4, Dec. 2000, http://www.ejcl.org/ejcl/44/44-2.html.

Watson, Alan 2001: *Society and Legal Change.* Philadelphia. (Second Edition).

Weber, Florian 2007: »Emotionalisierung, Zivilität und Rationalität. Schritte zu einer politischen Theorie der Emotionen«, in: *Österreichische Zeitschrift für Politikwissenschaft,* 1, S. 7–22.

Weber, Karsten/Nagenborg, Michael/Spinner, Helmut F. (Hg.) 2002: *Wissensarten, Wissensordnungen, Wissensregime.* Opladen.

Weber, Max 1967: *Rechtssoziologie,* Darmstadt/Neuwied. (2.Auflage).

Wehling, Peter 2004: »Reflexive Wissenspolitik: Öffnung und Erweiterung eines neuen Politikfeldes«, in: *Technikfolgenabschätzung, Theorie und Praxis*, 13 (3), S. 63–71.

Weible, Christopher M./Sabatier, Paul A./McQueen, Kelly 2009: »Themes and Variations: Taking Stock of the Advocacy Coalition Framework«, in: *Policy Studies Journal,* vol. 37(1), S. 121–140.

Weiler, Joseph H. H. 1999: *The Constitution of Europe.* Cambridge.

Weingart, Peter 1999: »Neue Formen der Wissensproduktion: Fakt, Fiktion und Mode«, in: *TA-Datenbank-Nachrichten,* 8. Jg.(3/4) – Dezember 1999, S. 48–57.

Weingart, Peter 2001: *Die Stunde der Wahrheit? Zum Verhältnis der Wissenschaft zu Politik, Wirtschaft und Medien in der Wissensgesellschaft.* Weilerswist.

Welp, Dietrich 2003: »Die Implementierung der europäischen Richtlinie über den Schutz biotechnologischer Erfindungen in der Bundesrepublik Deutschland«, in: Baumgartner, Christoph/Mieth, Dietmar (Hg.): *Patente am Leben? Ethische, rechtliche und politische Aspekte der Biopatentierung.* Paderborn, S. 59–76.

Welt am Sonntag 2004: »Zypries macht bei Biopatenten Tempo, Widerstand in der SPD – Zwangsgeld droht«, 11. Juli 2004, http://www.wams.de/data/2004/07/11/303809.html.

Wessels, Wolfgang 2003: »Konstitutionalisierung der EU: Variationen zu einem Leitbegriff – Überlegungen zu einer Forschungsagenda«, in: Chardon, Matthias et al. (Hg.): *Regieren unter neuen Herausforderungen: Deutschland und Europa im 21. Jahrhundert, Festschrift für Rudolf Hrbek zum 65. Geburtstag.* Baden-Baden, S. 23–45.

Wessels, Wolfgang 2004: »Gesetzgebung in der EG: Geschriebene und gelebte Regeln in der dreipoligen institutionellen Architektur«, in: Ismayr, Wolfgang (Hg.): *Gesetzgebungsverfahren.*Vorabdruck unter http://www.uni-koeln.de/wiso-fak/powi/wessels/DE/PUBLIKATIONEN/texte/EG%20Gesetzgebungsverfahren%2025.pdf, (Abruf 4.3.2008).

Westphal, Sylvia Pagan 2005: »Human gene patents ›surprisingly high‹, a new study shows«, in: *Wall Street Journal,* 14.10.2005, http://lists.essential.org/pipermail/ip-health/2005-October/008384.html

Westphalen, Raban Graf von (Hg.) 1997: *Technikfolgenabschätzung als politische Aufgabe,* München/Wien. (3. Auflage).

Wiener, Antje 2008: *The Invisible Constitution of Politics: Contested Norms and International Encounters.* Cambridge.

Wiener, Antje/Diez, Thomas (Eds.) 2004: *European Integration Theory.* Oxford.

Willems, Ulrich 2000: »Probleme, Bedingungen und Strategien der Organisation moralischer Forderungen. Elemente einer Theorie der Repräsentation allgemeiner sowie advokatorisch verfochtener Interessen«, in: Willems, Ulrich/von Winter, Thomas (Hg.): *Politische Repräsentation schwacher Interessen.* Opladen, S. 61–92.

Willems, Ulrich/von Winter, Thomas (Hg.) 2000: *Politische Repräsentation schwacher Interessen.* Opladen.

Williams-Jones, Bryn/Graham, Janice E. 2003: »Actor-Network-Theory: a tool to support ethical analysis of commercial genetic testing«, in: *New Genetics and Society,* vol. 22(3), S. 271–296.

Willke, Helmut 1992: *Ironie des Staates. Grundlinien einer Staatstheorie polyzentrischer Gesellschaft.* Frankfurt am Main.

Willke, Helmut 1997: *Supervision des Staates.* Frankfurt am Main.

Wimmer, R. 1989: »›Kategorische Argumente‹ gegen die Keimbahn-Gentherapie?« In: Wils, J.P./Mieth, D. (Hg.): *Ethik ohne Chance?* Tübingen, S. 182–209.

Windhoff-Héritier, Adrienne 1983: »›Policy‹ und ›Politics‹ – Wege und Irrwege einer politikwissenschaftlichen Policy-Theorie«, in: *Politische Vierteljahresschrift* 24(4), S. 347–360.

Windhoff-Héritier, Adrienne 1987: *Policy-Analyse.* Frankfurt am Main.

Winnacker, Ernst-Ludwig 2001: »›Viel zu weitreichend. Ernst-Ludwig Winnacker: Patentregeln behindern die Forschung‹, Interview von Cornelia Stolze mit Winnacker«, in: *Die Woche,* 8.6.2001.

Winter, Gerd 1986: »Über den Umgang des Rechts mit neuen Techniken. Das Beispiel Gentechnologie«, in: Kollek, Regine u.a.: *Die ungeklärten Gefahrenpotentiale der Gentechnologie.* München, S. 188–201.

Winter, Gerd 1992: »Patent law policy in biotechnology«, in: *Journal of Environmental Law,* vol. 4(2), S. 167–187.

Winter, Martin 2010: »Mehr Rechte für das EU Parlament«, in: *Süddeutsche Zeitung,* 29.01.2010, S. 7.

Wolf, Klaus-Dieter 2000: *Die Neue Staatsräson. Zwischenstaatliche Kooperation als Demokratieproblem in der Weltgesellschaft.* Baden-Baden.

Wolf, Klaus-Dieter/Conzelmann, Thomas 2007a: »The Potential and Limits of Governance by Private Codes of Conduct«, in: Graz, Jean-Christophe/Nölke, Andreas (Hg.): *Transnational Private Governance and its Limits.* London, S. 98–114.

Wolf, Klaus-Dieter/Conzelmann, Thomas 2007b: »Doing Good While Doing Well? Potenzial und Grenzen grenzüberschreitender politischer Steuerung durch privatwirtschaftliche Selbstregulierung«, in: Hasenclever, Andreas /Wolf, Klaus Dieter/ Zürn, Michael (Hg.): *Macht und Ohnmacht internationaler Institutionen.* Frankfurt am Main/New York, S. 145–175.

Wolf, Rainer 1992: »Techniksteuerung durch Recht. Vorüberlegungen zu einem forschungspolitischen Desiderat«, in: Grimmer, Klaus et al (Hg.): *Politische Techniksteuerung.* Opladen, S. 75–94.

Wolfrum, Rüdiger/Stoll, Peter-Tobias 2001: *Die Gewährleistung freier Forschung an und mit Genen und das Interesse an der wirtschaftlichen Nutzung ihrer Ergebnisse.* Rechts-Gutachten für die Fraktion Bündnis 90/Die Grünen im Deutschen Bundestag. Oktober 2001.

Yamanaka, Miles 2008: »A nail in the coffin for DNA sequence patents?« In: *Nature Biotechnology,* No. 10, S. 1008–1085.

Yanow, Dvora 2000: *Conducting interpretive policy analysis.* Newbury Park, CA.

Zei, Zhen/Jeneja, Rhaki/Wright, Brian D. 2009: »Patents versus patenting: implications of intellectual property protection for biological research«, in: *nature biotechnology*, vol. 27(1), S. 36–40.

Zeilinger, Anton 2003: *Einsteins Schleier. Die neue Welt der Quantenphysik*. München.

Ziman, John 2000: *Real Science: What It Is and What It Means*. Cambridge.

Zintler, Mathias 2002: *Die Biotechnologierichtlinie*. Frankfurt am Main.

Zito, Anthony R. 2001: »Epistemic Communities, Collective Entrepreneurship and European Integration«, in: *Journal of European Public Policy* 8(4), S. 585–603.

Die aufgeführten Websites/URLs wurden, sofern nicht anderweitig angegeben, zuletzt am 20.04.2009 abgefragt.

Tabellen und Schaubilder

Kapitel II.C

Kapitel II.D.

Kapitel II.F

Abkürzungsverzeichnis

Abs.	Absatz
Abl.	Amtsblatt
AIPLA	American Intellectual Property Law Association
AIPPI	Association Internationale pour la Protection de la Propriété Intellectuelle
ALRC	Australian Law Reform Commission
Art.	Artikel
Bd.	Band
BDI	Bundesverband der Deutschen Industrie
BGB	Bürgerliches Gesetzbuch
BGBl	Bundesgesetzblatt
BGH	Bundesgerichtshof
BGHZ	Bundesgerichtshofentscheidungen – Zivilsachen
BMBF	Bundesministerium für Bildung und Forschung
BMFT	Bundesministerium für Forschung und Technologie
BMG	Bundesministerium für Gesundheit
BMJ	Bundesministerium der Justiz
BMWi	Bundesministerium für Wirtschaft und Technologie
BPatG	Bundespatentgericht
BT-Drs.	Bundestagsdrucksache
BR-Drs.	Bundesrat-Drucksache
BVerfG	Bundesverfassungsgericht
CAFC	Court of Appeals for the Federal Circuit
CBD	Convention on Biological Diversity
CEIPI	Centre d'Etudes Internationales de la Propriété Industrielle
DFG	Deutsche Forschungsgemeinschaft
DGH	Deutsche Gesellschaft für Humangenetik
DPMA	Deutsches Patent- und Markenamt
DVPW	Deutsche Vereinigung für Politische Wissenschaft
Ed.	Editor
EEUPC	Agreement on the European and EU Patents Court
EG	Europäische Gemeinschaft
EGV	Vertrag zur Gründung der Europäischen Gemeinschaft
EIPR	European Intellectual Property Review
EPA	Europäisches Patentamt
EPC	European Patent Convention
epi	European Patent Institute

EPLA	European Patent Litigation Agreement
EPO	Europäische Patentorganisation
EPO	European Patent Office
EPÜ	Europäisches Patentübereinkommen
EPÜ 2000	Europäisches Patentübereinkommen, Revision of 2000
EPÜ-AO	Ausführungsordnung zum Europäischen Patentübereinkommen
ES	Embryonale Stammzellen
ESHG	European Society of Human Genetics
EST	Expressed Sequence Tag
EU	Europäische Union
EuGH	Europäischer Gerichtshof
EUROTAB	European Round Table on Patent Practice
EWR	Europäischer Wirtschaftsraum
ff.	fortfolgende
Fn.	Fußnote
GG	Grundgesetz
GPÜ	Gemeinschaftspatentübereinkommen
GRUR	Gewerblicher Rechtsschutz und Urheberrecht (Zeitschrift)
GRUR Int.	Gewerblicher Rechtsschutz und Urheberrecht – Internationaler Teil
Hg.	Herausgeber
HUGO	Human Genome Organisation
IIB	Institut International des Brevets
IIC	International Review of Industrial Property and Copyright Law
IPRs	Intellectual Property Rights
Kap.	Kapitel
KMU	kleine(s) und mittlere(s) Unternehmen
m. E.	meines Erachtens
MdB	Mitglied des Bundestages
MdEP	Mitglied des Europaparlamentes
Mdl.	Mündlich
Mio.	Million(en)
MTAs	Material Transfer Agreements
Mttlg.	Mitteilung
NER	Nationaler Ethikrat
NBC	Nuffield Council on Bioethics
NGO	Non-Governmental Organization (Nichtregierungsorganisation)
OECD	Organization for Economic Cooperation and Development
PatG	Patentgesetz
PCT	Patent Cooperation Treaty (Vertrag über die internationale Zusammenarbeit auf dem Gebiet des Patentwesens)
PGS	Plant Genetic Systems
PVS	Politische Vierteljahresschrift
PVÜ	Pariser Verbandsübereinkunft
RegE	Regierungsentwurf
REM	Enquete-Kommission "Recht und Ethik der modernen Medizin"
Randnr.	Randnummer
s.u.	siehe unten

SACEPO	Standing Advisory Committee before the EPO
SCNT	Somatic Cell Nuclear Transfer
StGB	Strafgesetzbuch
SUEPO	Staff Union of the European Patent Office
TRIPs	Trade Related Intellectual Property Rights
u.a.	und andere
UNESCO	United Nations Educational, Scientific and Cultural Organization
UNICE	Union of Industrial and Employers' Confederations of Europe
UPOV	Union Internationale pour la Protection des Obtentions Végétales/ International Union for the Protection of New Varieties of Plants
USPTO	US Patent and Trademark Office
vgl.	vergleiche
WARF	Wisconsin Alumni Research Foundation
WHO	World Health Organization
WSA	Wirtschafts- und Sozialausschuss
WIPO	World Intellectual Property Organization
WPT	World Patent Treaty
WTO	World Trade Organization
z. B.	zum Beispiel

Anhang

Anhang – Modifikationen in den nationalen Umsetzungsgesetzen europäischer Staaten: Dokumentation

Im folgenden wird der Wortlaut von wichtigen Passagen aus acht nationalen Gesetzestexten wiedergegeben, soweit sich darin Änderungen zum EU-Richtlinientext finden. Es handelt sich um die Staaten Belgien, Deutschland, Frankreich, Italien, Luxemburg, Portugal, Spanien sowie die Schweiz als Nicht-EG-Land.

Ganz neu eingefügte Textstellen sind fett gesetzt und unterstrichen markiert, gegenüber der Wortlaut-Fassung der EU-Richtlinie erweiterte oder abweichend gestaltete Gesetzestexte sind fett hervorgehoben. Die Darstellung erhebt keinen Anspruch auf Vollständigkeit, soll aber ermöglichen, den jeweiligen Text des Staates originalgetreu nachzulesen.

1. Belgien

Loi Belge du 28 avril 2005. – Loi modifiant la loi du 28 mars 1984 sur les brevets d'invention

en ce qui concerne la brevetabilité des inventions biotechnologiques (1)

Art. 2. A l'article 1er de la loi du 28 mars 1984 sur les brevets d'invention sont apportées les modifications suivantes :

1° le § 1er est complété comme suit : (Liste der Legaldefinitionen - Begriffe)

- Droit d'obtention végétale: droit accordé à l'obtenteur d'une variété végétale nouvelle tel que défini par la législation sur la protection des obtentions végétales;

2° le § 2 est complété comme suit :

«Cela implique le plein respect notamment des textes internationaux suivants : la Convention sur la diversité biologique conclue à Rio le 5 juin 1992, l'Accord sur les aspects des droits de propriété intellectuelle qui touchent au commerce conclu à Marrakech le 15 avril 1994 **<u>et la Convention européenne des droits de l'homme du 4 novembre 1950.</u>**»

Art. 6. L'article 17, § 1er, deuxième alinéa, est remplacé comme suit :

«Lorsqu'une invention porte sur de la matière biologique non accessible au public et ne pouvant être décrite dans la demande de brevet pour permettre à une personne du métier de réaliser l'invention ou implique l'utilisation d'une telle matière, la description, pour l'application du droit des brevets, n'est réputée suffisante que si la matière biologique a été déposée au plus tard le jour du dépôt de la demande de brevet auprès d'une institution de dépôt reconnue et si ***les exigences fixées par le Roi*** sont remplies.»

Art. 11. L'article 28, § 1er, b), de la même loi est remplacé par la disposition suivante :

«b) aux actes accomplis **à des fins scientifiques sur et/ou** avec l'objet de l'invention brevetée. »

Art. 12. L'article 31, § 1er, alinéa 1er, de la même loi, modifié par la loi du 28 janvier 1997, est modifié comme suit :

«3° lorsqu'un obtenteur ne peut obtenir ou exploiter un droit d'obtention végétale sans porter atteinte à un brevet antérieur, dans la mesure où cette licence est nécessaire pour l'exploitation de la variété végétale à protéger et pour autant que la variété représente un progrès technique important d'un intérêt économique considérable par rapport à l'invention revendiquée dans le brevet **et à condition que cette licence soit octroyée principalement pour l'approvisionnement du marché national;**

4° au titulaire d'un droit d'obtention végétale, lorsque le titulaire d'un brevet concernant une invention biotechnologique a, conformément aux dispositions de la loi sur la protection des obtentions végétales, obtenu une licence obligatoire pour l'exploitation non-exclusive de la variété végétale protégée par ce droit d'obtention végétale parce qu'il ne peut exploiter l'invention biotechnologique sans porter atteinte à ce droit d'obtention végétale antérieur ***et*** **à condition que cette licence soit octroyée principalement pour l'approvisionnement du marché national.** »

Art. 13. Un article 31bis, rédigé comme suit, est inséré dans la même loi:

«Art. 31bis. - § 1er. Dans l'intérêt de la santé publique, le Roi peut, par arrêté délibéré en Conseil des ministres, octroyer une licence d'exploitation et d'application d'une invention couverte par un brevet pour :

a) un médicament, un dispositif médical, un dispositif médical ou un produit de diagnostic, un produit thérapeutique dérivé ou à combiner;

b) la méthode ou le produit nécessaire pour la production d'un ou plusieurs produits mentionnés sous a);

c) une méthode de diagnostic appliquée en dehors du corps humain ou animal.

§ 2. Le demandeur de la licence obligatoire doit établir qu'il dispose, dans le cas où la licence obligatoire lui serait octroyée, des moyens ou de l'intention loyale d'obtenir les moyens qui sont nécessaires pour la fabrication et/ou l'application sérieuse et continue en Belgique de l'invention brevetée.

§ 3. Toute procédure concernant une action en contrefaçon d'une invention couverte par un brevet pour lequel une licence obligatoire pour des raisons de santé publique a été demandée et qui est intentée contre le demandeur d'une telle licence, est suspendue en ce qui concerne la question de la contrefaçon jusqu'au moment où une décision concernant la licence obligatoire est prise par le Roi conformément au § 1er.

§ 4. Les licences octroyées en application du présent article ne sont pas exclusives.

§ 5. La licence obligatoire peut être limitée dans le temps ou en ce qui concerne son champ d'application.

§ 6. Le demandeur d'une licence obligatoire soumet sa demande au ministre et adresse une copie de celle-ci au Comité consultatif de Bioéthique.
Le ministre transmet la demande dans un délai de dix jours au Comité consultatif de Bioéthique. Durant le même délai, le ministre informe le titulaire du brevet qui fait l'objet d'une demande de licence obligatoire, du contenu de la demande et l'invite à faire connaître son point de vue concernant l'octroi possible d'une licence obligatoire ainsi que ses observations relatives à une rémunération raisonnable au cas où une licence obligatoire serait accordée, dans un délai d'un mois au Comité consultatif de Bioéthique avec une copie à lui-même.

Le Comité consultatif de Bioéthique soumettra au ministre un avis motivé et non contraignant sur le bien fondé de la demande.

Dans un délai de trois mois après réception de l'avis du Comité consultatif de Bioéthique, le ministre soumettra, pour délibération au Conseil des ministres, un projet d'arrêté royal motivé sur le bien fondé de la demande. Le ministre soumettra également une proposition de rémunération pour le titulaire du brevet.

Si le Roi décide, conformément au § 1er, d'octroyer la licence obligatoire, Il déterminera le cas échéant, par arrêté délibéré en Conseil des ministres, la durée, le champ d'application et les autres conditions d'exploitation de cette licence. Les conditions d'exploitation fixent également la rémunération afférente à l'exploitation de l'invention brevetée durant la procédure d'octroi de la licence.

En cas de crise de santé publique et sur proposition du ministre ayant la santé publique dans ses attributions, le Roi peut, par arrêté délibéré en Conseil des Ministres, prendre des mesures en vue d'accélérer la procédure mentionnée dans le présent paragraphe. Il peut, le cas échéant, prévoir que l'avis du Comité consultatif de Bioéthique ne doit pas être obtenu, afin d'accélérer la procédure de prise d'octroi de licence.

Les décisions prises dans le cadre des procédures visées aux alinéas précédents seront publiées au Moniteur belge et mentionnées au Recueil.

La licence obligatoire produit ses effets à compter du jour de l'exploitation et au plus tôt à dater de la demande de la licence obligatoire.

§ 7. Une rémunération raisonnable doit être versée par le demandeur de la licence pour l'utilisation de l'invention brevetée durant la période entre la demande de licence obligatoire pour des raisons de santé publique et l'arrêté royal qui octroie la licence obligatoire. Dans ce cas, le Roi fixe le montant de la rémunération, par arrêté délibéré en Conseil des ministres.

§ 8. Dès l'octroi de la licence obligatoire, les rapports entre le titulaire du brevet et le licencié sont assimilés, sauf dérogations décidées en vertu du § 6, à ceux existant entre un concédant et un licencié contractuels.

§ 9. L'octroi de la licence obligatoire, ainsi que les décisions s'y rapportant, sont inscrites au Registre.

§ 10. Pour autant que des éléments nouveaux soient intervenus, le Roi peut, par arrêté délibéré en Conseil des Ministres, à la requête du titulaire du brevet ou du licencié et conformément aux procédures prévues par le § 6, procéder à la révision de ce qui a été décidé en ce qui concerne leurs obligations réciproques et, le cas échéant, les conditions d'exploitation.

§ 11. A la demande de tout intéressé et après avoir à nouveau pris connaissance de l'avis du Comité consultatif de Bioéthique, le Roi peut, par arrêté délibéré en Conseil des Ministres, retirer la licence obligatoire octroyée pour des raisons de santé publique si, après l'expiration du délai

fixé pour l'exploitation, le licencié n'a pas exploité en Belgique l'invention brevetée par une fabrication sérieuse et continue.

L'arrêté de retrait est publié par extrait au Moniteur belge et mentionné au Recueil.

§ 12. Les articles 31, 32 à 38 ne s'appliquent pas à la licence obligatoire visée au présent article. Les dispositions du présent article ne s'appliquent pas aux licences obligatoires visées par les articles 31, 32 à 38.»

Die wesentlichen Änderungen/Ergänzungen:

- Bezugnahme auf die Europäische Menschenrechtsdeklaration als Rahmenwerk
- Zwangslizenz für Zwecke der öffentlichen Gesundheit
- Forschungsprivileg an und mit der geschützten Erfindung
- Pflanzenzüchterprivileg eingeführt

2. Deutschland

Gesetz zur Umsetzung der Richtlinie über den rechtlichen Schutz biotechnologischer Erfindungen, in Kraft getreten am 28.2.2005

§ 1 - Patentfähige Erfindungen

§ 1a- Der menschliche Körper und seine Bestandteile

1) Der menschliche Körper in den einzelnen Phasen seiner Entstehung und Entwicklung, einschließlich der Keimzellen, sowie die bloße Entdeckung eines seiner Bestandteile, einschließlich der Sequenz oder Teilsequenz eines Gens, können keine patentierbaren Erfindungen sein.

(2) Ein isolierter Bestandteil des menschlichen Körpers oder ein auf andere Weise durch ein technisches Verfahren gewonnener Bestandteil, einschließlich der Sequenz oder Teilsequenz eines Gens, kann eine patentierbare Erfindung sein, selbst wenn der Aufbau dieses Bestandteils mit dem Aufbau eines natürlichen Bestandteils identisch ist.

(3) Die gewerbliche Anwendbarkeit einer Sequenz oder Teilsequenz eines Gens muss in der Anmeldung konkret **unter Angabe der von der Sequenz oder Teilsequenz erfüllten Funktion** beschrieben werden.

(4) **Ist Gegenstand der Erfindung eine Sequenz oder Teilsequenz eines Gens, deren Aufbau mit dem Aufbau einer natürlichen Sequenz oder Teilsequenz eines menschlichen Gens übereinstimmt, so ist deren Verwendung, für die die gewerbliche Anwendbarkeit nach Absatz 3 konkret beschrieben ist, in den Patentanspruch aufzunehmen.**

§ 2 Ausnahmen von der Patentierbarkeit

[...] (2) Insbesondere werden Patente nicht erteilt für
1. Verfahren zum Klonen von menschlichen Lebewesen;
2. Verfahren zur Veränderung der genetischen Identität der Keimbahn des menschlichen Lebewesens;
3. die Verwendung von menschlichen Embryonen zu industriellen oder kommerziellen Zwecken;
4. Verfahren zur Veränderung der genetischen Identität von Tieren, die geeignet sind, Leiden dieser Tiere ohne wesentlichen medizinischen Nutzen für den Menschen oder das Tier zu verursachen, sowie die mit Hilfe solcher Verfahren erzeugten Tiere.
Bei der Anwendung der Nummern 1 bis 3 sind die entsprechenden Vorschriften des Embryonenschutzgesetzes maßgeblich.

§ 24 Zwangslizenz

2) Kann der Lizenzsucher eine ihm durch Patent mit jüngerem Zeitrang geschützte Erfindung nicht verwerten, ohne das Patent mit älterem Zeitrang zu verletzen, so hat er gegenüber dem Inhaber des Patents mit dem älteren Zeitrang Anspruch auf Einräumung einer Zwangslizenz, sofern

1. die Voraussetzung des Absatzes 1 Nr. 1 erfüllt ist und

2. seine eigene Erfindung im Vergleich mit derjenigen des Patents mit dem älteren Zeitrang einen wichtigen technischen Fortschritt von erheblicher wirtschaftlicher Bedeutung aufweist.

Der Patentinhaber kann verlangen, dass ihm der Lizenzsucher eine Gegenlizenz zu angemessenen Bedingungen für die Benutzung der patentierten Erfindung mit dem jüngeren Zeitrang einräumt.

(3) Absatz 2 gilt entsprechend, wenn ein Pflanzenzüchter ein Sortenschutzrecht nicht erhalten oder verwerten kann, ohne ein früheres Patent zu verletzen

§ 34a Geographischer Herkunftsort biologischen Materials

Hat eine Erfindung biologisches Material pflanzlichen oder tierischen Ursprungs zum Gegenstand oder wird dabei derartiges Material verwen-

det, so soll die Anmeldung Angaben zum geographischen Herkunftsort dieses Materials umfassen, soweit dieser bekannt ist. Die Prüfung der Anmeldungen und die Gültigkeit der Rechte auf Grund der erteilten Patente bleiben hiervon unberührt.

Die wesentlichen Änderungen/Ergänzungen:
- Verwendungsbeschränkter Stoffschutz für Gensequenzen, deren Aufbau mit dem Aufbau einer natürlichen Sequenz oder Teilsequenz eines menschlichen Gens übereinstimmt.
- Für die Auslegung der Patentierungsausschlüsse ist das Embryonenschutzgesetz maßgeblich.
- Zwangslizenz: Öffentliches Interesse gestrichen.
- Geografischer Herkunftsort biologischen Materials muss angegeben werden, bleibt aber ohne Wirkung auf die Erteilung und Validität des Patents.

3. Frankreich

LOI n° 2004-800 du 6 août 2004 relative à la bioéthique
LOI n° 2004-1338 du 8 décembre 2004 relative à la protection des inventions biotechnologiques
LOI n° 2004-800 du 6 août 2004
relative à la bioéthique (1)
NOR : SANX0100053L
TITRE IV
PROTECTION JURIDIQUE
DES INVENTIONS BIOTECHNOLOGIQUES

Article 17

A. – Le code de la propriété intellectuelle est ainsi modifié:

I. – L'article L. 611-17 est ainsi rédigé :
«**Art. L. 611-17**. – Ne sont pas brevetables les inventions dont l'exploitation commerciale serait contraire **à la dignité de la personne humaine**, à l'ordre public ou aux bonnes moeurs, cette contrariété ne pouvant résulter du seul fait que cette exploitation est interdite par une disposition législative ou réglementaire. »

II. – Après l'article L. 611-17, sont insérés trois articles L. 611-18, L. 611-19 et L. 611-20 ainsi rédigés :

«**Art. L. 611-18.** – Le corps humain, aux différents stades de sa constitution et de son développement, ainsi que la simple découverte d'un de ses éléments, y compris la séquence totale ou partielle d'un gène, ne peuvent constituer des inventions brevetables.

«Seule une invention constituant l'application technique d'une fonction d'un élément du corps humain peut être protégée par brevet. Cette protection ne couvre l'élément du corps humain que dans la mesure nécessaire à la réalisation et à l'exploitation de cette application particulière. Celle-ci doit être concrètement et précisément exposée dans la demande de brevet.

«Ne sont notamment pas brevetables:
«a) Les procédés de clonage des êtres humains;
«b) Les procédés de modification de l'identité génétique de l'être humain;
«c) Les utilisations d'embryons humains à des fins industrielles ou commerciales;
«**d) Les séquences totales ou partielles d'un gène prises en tant que telles.**

Article 5

«**Art. L. 613-2-3.** – La protection conférée par un brevet relatif à une matière biologique dotée, du fait de l'invention, de propriétés déterminées s'étend à toute matière biologique obtenue à partir de cette matière biologique par reproduction ou multiplication et dotée de ces mêmes propriétés.

«La protection conférée par un brevet relatif à un procédé permettant de produire une matière biologique dotée, du fait de l'invention, de propriétés déterminées s'étend à la matière biologique directement obtenue par ce procédé et à toute autre matière biologique obtenue, à partir de cette dernière, par reproduction ou multiplication et dotée de ces mêmes propriétés.
«**Art. L. 613-2-4.** – La protection visée aux articles L. 613-2-2 et L. 613-2-3 ne s'étend pas à la matière biologique obtenue par reproduction ou multiplication d'une matière biologique mise sur le marché sur le territoire d'un Etat membre de la Communauté européenne ou d'un Etat partie à l'accord sur l'Espace économique européen par le titulaire du brevet ou avec son consentement, lorsque la reproduction ou la multiplication résulte nécessairement de l'utilisation pour laquelle la matière biologique a été mise sur le marché, dès lors que la matière obtenue n'est pas utilisée ensuite pour d'autres reproductions ou multiplications.»
Article 6
(...)

«Art. L. 613-5-3. – Les droits conférés par les articles L. 613-2-2 et L. 613-2-3 ne s'étendent pas aux actes accomplis en vue de créer ou de découvrir et de développer d'autres variétés végétales. »

Article 18

«Art. L. 613-16. – Si l'intérêt de la santé publique l'exige et à défaut d'accord amiable avec le titulaire du brevet, le ministre chargé de la propriété industrielle peut, sur la demande du ministre chargé de la santé publique, soumettre par arrêté au régime de la licence d'office, dans les conditions prévues à l'article L. 613-17, tout brevet délivré pour :
«a) Un médicament, un dispositif médical, un dispositif médical de diagnostic in vitro, un produit thérapeutique annexe ;
« b) Leur procédé d'obtention, un produit nécessaire à leur obtention ou un procédé de fabrication d'un tel produit ;
«c) Une méthode de diagnostic ex vivo.
«Les brevets de ces produits, procédés ou méthodes de diagnostic ne peuvent être soumis au régime de la licence d'office dans l'intérêt de la santé publique que lorsque ces produits, ou des produits issus de ces procédés, ou ces méthodes sont mis à la disposition du public en quantité et qualité insuffisantes ou à des prix anormalement élevés, ou lorsque le brevet est exploité dans des conditions contraires à l'intérêt de la santé publique ou constitutives de pratiques déclarées anticoncurrentielles à la suite d'une décision administrative ou juridictionnelle devenue définitive.
«Lorsque la licence a pour but de remédier à une pratique déclarée anticoncurrentielle ou en cas d'urgence, le ministre chargé de la propriété industrielle n'est pas tenu de rechercher un accord amiable.»

Die wesentlichen Änderungen/Ergänzungen:

- Zweckbeschränkung des Stoffschutzes bei menschlichen Gensequenzen.
- Gensequenzen oder Teilsequenzen eines Gens als solche nicht patentierbar
- Zwangslizenz aus Gründen der Public Health, auch auf ex vivo Diagnostika
- Einführung des Pflanzenschützerprivilegs.

4. Italien

Decreto-Legge 10 gennaio 2006, n. 3 .
Gazetta Ufficiale – Serie Generale n. 8 del 11-1-2006.
Conversione in legge, con modificazioni, N. 3760 - Gazetta Ufficiale – Serie Generale n. 58 del 10-3-2006, testo in vigore dal: 12-1-2006

Art. 1.
Finalità

1. Il presente decreto è adottato nel rispetto degli obblighi derivanti da accordi internazionali, in particolare dalla **Convenzione sul brevetto europeo**, firmata a Monaco il 5 ottobre 1973, ratificata con legge 26 maggio 1978, n. 260, dalla **Convenzione sulla diversità biologica**, fatta a Rio de Janeiro il 5 giugno 1992, ratificata con legge 14 febbraio 1994, n. 124, tenendo conto in particolare del principio dell'uso sostenibile delle risorse genetiche e dell'equa distribuzione dei benefici derivanti dallo sfruttamento delle medesime, dalla **Convenzione del Consiglio d'Europa per la protezione dei diritti dell'uomo e della dignità dell'essere umano riguardo all'applicazione della biologia e della medicina**, fatta ad Oviedo il 4 aprile 1997 e dal Protocollo addizionale sul divieto di clonazione di esseri umani, fatto a Parigi il 12 gennaio 1998, n. 168, entrambi ratificati con legge 28 marzo 2001, n. 145, e **dall'Accordo sugli aspetti dei diritti di proprietà intellettuale attinenti al commercio** (TRIPs), adottato a Marrakech il 15 aprile 1994, ratificato con legge 29 dicembre 1994, n. 747.

Art. 3.
Brevettabilità

1. Sono brevettabili purché abbiano i requisiti di novità e ***originalità*** e siano suscettibili di applicazione industriale:
a) un materiale biologico, isolato dal suo ambiente naturale o prodotto tramite un procedimento tecnico, anche se preesistente allo stato naturale;
b) un procedimento tecnico attraverso il quale viene prodotto, lavorato o impiegato materiale biologico, anche se preesistente allo stato naturale;
c) qualsiasi applicazione nuova di un materiale biologico o di un procedimento tecnico già brevettato;
d) un'invenzione relativa ad un elemento isolato dal corpo umano o diversamente prodotto, mediante un procedimento tecnico, anche se la sua struttura è identica a quella di un elemento naturale, a condizione che la sua funzione e applicazione industriale siano concretamente indicate, descritte **e specificatamente rivendicate**. **Per procedimento tecnico si intende quello che soltanto l'uomo e' capace di mettere in atto e che la natura di per se stessa non e' in grado di compiere;**

Art. 4.
Esclusioni

1. Sono esclusi dalla brevettabilità:

a) il corpo umano, **sin dal momento del concepimento** e nei vari stadi del suo sviluppo, nonché la mera scoperta di uno degli elementi del corpo stesso, ivi compresa la sequenza o la sequenza parziale di un gene, **al fine di garantire che il diritto brevettuale sia esercitato nel rispetto dei diritti fondamentali sulla dignità e l'integrità' dell'uomo e dell'ambiente;**

b) i metodi per il trattamento chirurgico o terapeutico del corpo umano o animale e i metodi di diagnosi applicati al corpo umano o animale;

c) le invenzioni il cui sfruttamento commerciale e' contrario alla dignità umana, all'ordine pubblico e al buon costume, alla tutela della salute e della vita delle persone e degli animali, alla preservazione dei vegetali e della biodiversità ed alla prevenzione di gravi danni ambientali, in conformità ai principi contenuti nell'articolo 27, paragrafo 2, dell'Accordo sugli aspetti dei diritti di proprietà intellettuale attinenti al commercio (TRIPS). Tale esclusione riguarda, in particolare:

1) ogni procedimento tecnologico di clonazione umana, **qualunque sia la tecnica impiegata, il massimo stadio di sviluppo programmato dell'organismo clonato e la finalità della clonazione;**

2) i procedimenti di modificazione dell'identità' genetica germinale dell'essere umano;

3) **ogni** utilizzazione di embrioni umani, **ivi incluse le linee di cellule staminali embrionali umane;**

4) i procedimenti di modificazione dell'identità' genetica degli animali, atti a provocare su questi ultimi sofferenze senza utilità medica sostanziale per l'essere umano o l'animale, nonché gli animali risultanti da tali procedimenti;

5) **le invenzioni riguardanti protocolli di screening genetico, il cui sfruttamento conduca ad una discriminazione o stigmatizzazione dei soggetti umani su basi genetiche, patologiche, razziali, etniche, sociali ed economiche, ovvero aventi finalità eugenetiche e non diagnostiche;**

d) una semplice sequenza di DNA, una sequenza parziale di un gene, utilizzata per produrre una proteina o una proteina parziale, salvo che venga fornita l'indicazione e la descrizione di una funzione utile alla valutazione del requisito dell'applicazione industriale e che la funzione corrispondente **sia specificatamente rivendicata**; ciascuna sequenza e' considerata autonoma ai fini brevettuali nel caso di sequenze sovrapposte solamente nelle parti non essenziali all'invenzione;

e) le varietà vegetali e le razze animali, nonché i procedimenti essenzialmente biologici di produzione di animali o vegetali;

f) le nuove varietà vegetali rispetto alle quali l'invenzione consista esclusivamente nella modifica genetica di altra varietà vegetale, anche se detta modifica e' il frutto di procedimento di ingegneria genetica.
2. E', comunque, escluso dalla brevettabilità ogni procedimento tecnico che utilizzi cellule embrionali umane.

Art. 5.
Procedimento

1. **L'Ufficio italiano brevetti e marchi, in sede di valutazione della brevettabilità di invenzioni biotecnologiche, al fine di garantire quanto previsto dall'articolo 4, comma 1, lettera c), può richiedere il parere del Comitato nazionale per la biosicurezza e le biotecnologie.**

2. La provenienza del materiale biologico di origine animale o vegetale, che sta alla base dell'invenzione, e' dichiarata all'atto della richiesta di brevetto sia in riferimento al Paese di origine, consentendo di accertare il rispetto della legislazione in materia di importazione e di esportazione, sia in relazione all'organismo biologico dal quale e' stato isolato.

3. La domanda di brevetto relativa ad una invenzione che ha per oggetto o utilizza materiale biologico di origine umana deve essere corredata dell'espresso consenso, libero e informato a tale prelievo e utilizzazione, della persona da cui e' stato prelevato tale materiale, in base alla normativa vigente.

4. La domanda di brevetto relativa ad una invenzione, che ha per oggetto o utilizza materiale biologico contenente microrganismi o organismi geneticamente modificati, deve essere corredata da una dichiarazione che garantisca l'avvenuto rispetto degli obblighi riguardanti tali modificazioni, derivanti dalle normative nazionali o comunitarie, ed in particolare dalle disposizioni di cui al comma 6 e di cui ai decreti legislativi 12 aprile 2001, n. 206, e 8 luglio 2003, n. 224.

5. L'utilizzazione da parte dell'agricoltore, per la riproduzione o la moltiplicazione in proprio nella sua azienda, di materiale brevettato di origine vegetale, avviene nel rispetto di quanto previsto dall'articolo 14 del regolamento (CE) n. 2100/94 del Consiglio, del 27 luglio 1994, e secondo le modalità stabilite con

decreto del Ministro delle politiche agricole e forestali, di concerto con il Ministro delle attività produttive.

6. Nel caso in cui la richiesta di brevetto riguardi l'utilizzo o la modifica delle identità genetiche di varietà italiane autoctone e da conservazione, ai sensi della direttiva 98/95/CE del Consiglio, del 14 dicembre 1998, del decreto legislativo 24 aprile 2001, n. 212, e del regolamento di cui al decreto del Presidente della Repubblica 9 maggio 2001, n. 322, o di materiali biologici vegetali o animali cui facciano riferimento i disciplinari adottati in Italia, in conformità alle disposizioni sulla denominazione di origine protetta e sulla indicazione geografica protetta di cui ai regolamenti (CEE) n. 2081/92 e n. 2082/92 del Consiglio, del 14 luglio 1992, e alla citata direttiva 98/95/CE, e si riferisca a fini diversi da quelli diagnostici o terapeutici, e' acquisito preventivamente il parere del Ministero delle politiche agricole e forestali; il Ministero si esprime, previa consultazione della commissione consultiva di cui all'articolo 18 del decreto del Presidente della Repubblica 12 agosto 1975, n. 974, sentite le associazioni di produttori di cui all'articolo 5 del citato regolamento (CEE) n. 2081/92, entro novanta giorni dalla data nella quale sia pervenuta al Ministero medesimo la relativa richiesta. Decorso inutilmente il termine anzidetto, il brevetto puo' essere rilasciato.

7. Con decreto del Ministro delle politiche agricole e forestali, di concerto con i Ministri della salute e delle attività produttive, da adottarsi entro sessanta giorni dalla data di entrata in vigore della legge di conversione del presente decreto, sono disciplinati l'ambito e le modalità per l'esercizio della deroga di cui al paragrafo 2 dell'articolo 11 della direttiva 98/44/CE del Parlamento europeo e del Consiglio, del 6 luglio 1998, riguardante la vendita o altra forma di commercializzazione di bestiame di allevamento o di altro materiale di riproduzione di origine animale, da parte del titolare del brevetto o con il suo consenso. In particolare, il decreto prevede il divieto della ulteriore vendita del bestiame in funzione di un'attività' di produzione commerciale, a meno che gli animali dotati delle stesse proprietà siano stati ottenuti mediante mezzi esclusivamente biologici e ferma restando la possibilità di vendita diretta da parte dell'allevatore per soggetti da vita rientranti nella normale attività agricola.

Die wesentlichen Änderungen/Ergänzungen:

- Präambel nimmt Bezug auf verschiedene völkerrechtliche Konventionen. Verweis auf die Menschenwürde und den Umweltschutz als Rahmenbedingungen und Zielbestimmungen des Patentschutzes. Damit wird das Patentrecht verfassungsrechtlich überwölbt.
- Patentausschlüsse für jegliche Nutzung des menschlichen Embryos und technischer Verfahren, in denen Embryonen genutzt werden, insbesondere menschliche embryonale Stammzellen. (Damit erfolgt eine Änderung sowohl von Artikel 5.1. der EU-Richtlinie, wie auch von 6.(2).c)
- Patentausschluss für Erfindungen im Zusammenhang mit genetischen Screenings, die zu einer Diskriminierung und Stigmatisierung des Menschen führen können, auf der Basis seiner Krankheit, Rassen-, sozialen oder ökonomischen Zugehörigkeit oder mit eugenischer, nicht diagnostischer Zielsetzung.
- Funktion und Verwendung einer Gensequenz müssen spezifisch beansprucht werden.
- Patentausschluss für ausschließlich genetisch veränderte Pflanzensorten.
- Patentausschluss für technische Verfahren, welche menschliche embryonale Zellen nutzen.
- Zur Auslegung der Bestimmungen zum Patentausschluss kann das Italienische Patentamt auf die nationale Kommission für Biosicherheit und Biotechnologie rekurrieren.
- Erwägungsgründe 26 und 27 der EU-Richtlinie wurden in bindende Gesetzesartikel (Art. 5.2 und 5.3. sowie 5.6) übersetzt. Die geographische Herkunftsangabe wird zum verpflichtenden Bestandteil der Patentanmeldung, zudem müssen die Ein- und Ausfuhrbestimmungen für isolierte biologische Materialien eingehalten werden. Außerdem erhalten staatliche Behörden ein Widerrufsrecht für ein Patent in Bezug auf die geographische Herkunftsangabe und auf therapeutische und diagnostische Zwecke (Art. 5.6. und 5.7.)
- Das Landwirteprivileg wurde unter Hinweis auf die nationale Gesetzgebung spezifiziert.

5. Luxemburg

LOI No 4673B modifiant la loi modifiée du 20 juillet 1992
portant modification du régime des brevets d'invention
LOI modifiant la loi modifiée du 20 juillet 1992 portant
modification du régime des brevets d'invention

Art. 5ter.– 1. Le corps humain, aux différents stades de sa constitution et de son développement, **y compris les cellules germinales**, ainsi que la simple découverte d'un de ses éléments, y compris la séquence ou la séquence partielle d'un gène, ne peuvent constituer des inventions brevetables.

2. Un élément isolé du corps humain ou autrement produit par un procédé technique, y compris la séquence ou la séquence partielle d'un gène, peut constituer une invention brevetable, même si la structure de cet élément est identique à celle d'un élément naturel.

3. Seule une invention constituant l'application technique d'une fonction d'un élément du corps humain peut être protégée par brevet. Cette protection ne couvre l'élément du corps humain que dans la mesure nécessaire à la réalisation et à l'exploitation de cette application particulière. Celle-ci doit être concrètement **et précisément** exposée dans la demande de brevet.

Art. 6. nouveau.– Il est inséré à l'article 44 de la loi un paragraphe 4 nouveau rédigé comme suit:

4. La portée d'une revendication couvrant un élément isolé du corps humain ou autrement produit par un procédé technique, y compris la séquence ou la séquence partielle d'un gène, est limitée à la partie de cette séquence directement liée à la fonction spécifique concrètement exposée dans la description.

Les droits créés par la délivrance d'un brevet incluant un élément isolé du corps humain ou autrement produit par un procédé technique, y compris la séquence ou la séquence partielle d'un gène, ne peuvent être invoqués à l'encontre d'une revendication ultérieure portant sur la même séquence si cette revendication satisfait elle-même aux conditions de l'article 5ter et qu'elle expose une autre application particulière de cette séquence.

5. La procédure et les conditions d'octroi des licences visées aux paragraphes 3 et 4 sont celles définies aux articles 60 à 62 de la loi.

Die wesentlichen Änderungen/Ergänzungen: Stoffschutzbeschränkung für Gensequenzen (analog zu Frankreich)

6. Portugal

Decreto-Lei Nº 36/2003, de 5 de Março
TÍTULO II - Regimes jurídicos da propriedade industrial
CAPÍTULO I - Invenções
SUBCAPÍTULO I - Patentes
SECÇÃO I - Disposições gerais

Artigo 51.º - Objecto

1 - Podem ser objecto de patente as invenções novas, implicando actividade inventiva, se forem susceptíveis de aplicação industrial, mesmo quando incidam sobre um produto composto de matéria biológica, ou que contenha matéria biológica, ou sobre um processo que permita produzir, tratar ou utilizar matéria biológica.

(...)

Artigo 52.º - Limitações quanto ao objecto

1 - Exceptuam-se do disposto no artigo anterior:

a) As descobertas, assim como as teorias científicas e os métodos matemáticos;
b) Os materiais ou as substâncias já existentes na natureza e as matérias nucleares;
c) As criações estéticas;
d) Os projectos, os princípios e os métodos do exercício de actividades intelectuais em matéria de jogo ou no domínio das actividades económicas, assim como os programas de computadores, como tais, sem qualquer contributo;
e) As apresentações de informação.
2 - Não podem ser patenteados os métodos de tratamento cirúrgico ou terapêutico do corpo humano ou animal e os métodos de diagnóstico aplicados ao corpo humano ou animal, podendo contudo ser patenteados os produtos, substâncias ou composições utilizados em qualquer desses métodos.

3 - O disposto no n.º 1 só exclui a patenteabilidade quando o objecto para que é solicitada a patente se limite aos elementos nele mencionados.

Artigo 53. - Limitações quanto à patente

1 - As invenções cuja exploração comercial seja contrária à lei, à ordem pública, à saúde pública e aos bons costumes são excluídas da patenteabilidade, não podendo a exploração ser considerada como tal pelo simples facto de ser proibida por disposição legal ou regulamentar.
2 - Nos termos do número anterior não são patenteáveis, nomeadamente:
a) Os processos de clonagem de seres humanos;
b) Os processos de modificação da identidade genética germinal do ser humano;
c) As utilizações de embriões humanos para fins industriais ou comerciais;
d) Os processos de modificação de identidade genética dos animais que lhes possam causar sofrimentos sem utilidade médica substancial para o homem ou para o animal, bem como os animais obtidos por esses processos.
3 - Não podem ainda ser objecto de patente:
a) O corpo humano, nos vários estádios da sua constituição e do seu desenvolvimento, bem como a simples descoberta de um dos seus elementos, incluindo a sequência ou a sequência parcial de um gene, sem prejuízo do disposto na alínea b) do n.º 1 do artigo seguinte;
b) As variedades vegetais ou as raças animais, assim como os processos essencialmente biológicos de obtenção de vegetais ou animais.

Artigo 54. - Casos especiais de patenteabilidade

1 - Pode ser patenteada:
a) Uma substância ou composição compreendida no estado da técnica para a execução de um dos métodos citados no n.º 2 do artigo 52.º, com a condição de que a sua utilização, para qualquer método aí referido, não esteja compreendida no estado da técnica;
b) Uma invenção nova, que implique actividade inventiva e seja susceptível de aplicação industrial, que incida sobre qualquer elemento isolado do corpo humano ou produzido de outra forma por um processo técnico, incluindo a sequência ou a sequência parcial de um gene, ainda que a estrutura desse elemento seja idêntica à de um elemento natural, desde que seja observada expressamente e exposta concretamente no pedido de patente, a aplicação industrial de uma sequência ou de uma sequência parcial de um gene;
c) Uma invenção que tenha por objecto vegetais ou animais, se a sua exequibilidade técnica não se limitar a uma determinada variedade vegetal ou raça animal;

d) Uma matéria biológica, isolada do seu ambiente natural ou produzida com base num processo técnico, mesmo que preexista no estado natural;
e) Uma invenção que tenha por objecto um processo microbiológico ou outros processos técnicos, ou produtos obtidos mediante esses processos.
2 - Entende-se por processo essencialmente biológico de obtenção de vegetais ou de animais qualquer processo que consista, integralmente, em fenómenos naturais, como o cruzamento ou a selecção.
3 - Entende-se por processo microbiológico qualquer processo que utilize uma matéria microbiológica, que inclua uma intervenção sobre uma matéria microbiológica ou que produza uma matéria microbiológica.
4 - Entende-se por matéria biológica qualquer matéria que contenha informações genéticas e seja auto-replicável ou replicável num sistema biológico.
(...)

Artigo 63.º - Invenções biotecnológicas

1 - No caso em que uma invenção diga respeito a matéria biológica não acessível ao público e não possa ser descrita no pedido de patente por forma a permitir a sua realização por pessoa competente na matéria, ou implicar a utilização de uma matéria desse tipo, a descrição só é considerada suficiente, para efeitos de obtenção de patente, se:
a) A matéria biológica tiver sido depositada até à data de apresentação do pedido de patente em instituição de depósito reconhecida, como as instituições de depósito internacionais que tenham adquirido esse estatuto em conformidade com o Tratado de Budapeste, de 28 de Abril de 1977, sobre o Reconhecimento Internacional do Depósito de Microrganismos para efeitos de Procedimento em Matéria de Patentes;
b) O pedido incluir as informações pertinentes de que o requerente dispõe relativamente às características da matéria biológica depositada;
c) O pedido de patente mencionar a instituição de depósito e o número de depósito.
2 - O acesso à matéria biológica depositada deve ser assegurado mediante entrega de uma amostra:
a) Até à primeira publicação do pedido de patente, unicamente às pessoas a quem tal direito é conferido pelo direito nacional;
b) Entre a primeira publicação do pedido e a concessão da patente, a qualquer pessoa que o solicite ou, a pedido do depositante, unicamente a um perito independente;
c) Após a concessão da patente e, mesmo no caso de cessação da patente por invalidade ou caducidade, a qualquer pessoa que o solicite.
3 - A entrega só é efectuada se a pessoa que o solicita se comprometer, durante o período de duração da patente:

a) A não facultar a terceiros qualquer amostra da matéria biológica depositada ou de uma matéria dela derivada;
b) A não utilizar qualquer amostra da matéria depositada ou de uma matéria dela derivada, excepto para fins experimentais, salvo renúncia expressa do requerente ou do titular da patente quanto a esse compromisso.
4 - Caso o pedido de patente seja recusado ou retirado, o acesso à matéria depositada pode ficar, a pedido do depositante, limitado a um perito independente durante 20 anos a contar da data de apresentação do pedido de patente, sendo, neste caso, aplicável o disposto no n.º 3.
5 - Os pedidos do depositante, referidos na alínea b) do n.º 2 e no n.º 4, só podem ser apresentados até à data em que se considerem concluídos os preparativos técnicos para publicação do pedido de patente.
6 - Quando a matéria biológica depositada em conformidade com o disposto nos números anteriores deixar de estar disponível na instituição de depósito reconhecida, é permitido um novo depósito da matéria nas condições previstas no Tratado de Budapeste.
7 - Qualquer novo depósito deve ser acompanhado de uma declaração assinada pelo depositante, certificando que a matéria biológica, objecto do novo depósito, é idêntica à inicialmente depositada.

Die wesentlichen Änderungen/Ergänzungen:
- Weitgehend wortgetreue Umsetzung, aber in anderer Rechtssystematik.
- Patentausschluss für natürliche Substanzen.
- Kriterium der Rechtswidrigkeit und öffentlichen Gesundheit zusätzlich zu öffentlicher Ordnung und guten Sitten als Patentausschluss.

Weitere Erläuterung:

In Portugal wurde der Richtlinientext weitgehend wortgetreu umgesetzt. Allerdings erfolgte die Form der Einfügung in das Patentgesetz in einer anderen Rechtssystematik. Hierbei wurde einerseits auf den Text des EPÜ rekurriert, andererseits Teile der EU-Biopatentrichtlinie aufgenommen. So wurde Artikel 3 der Richtlinie aufgenommen hinsichtlich von biologischem Material als Gegenstand des Patentschutzes.

Beschränkungen des Patentschutzes werden in Artikel 52 und 53 kodifiziert. Dabei orientiert sich Artikel 52 am Wortlaut von Artikel 52.2. EPÜ, welches nicht patentfähige Erfindungen festlegt. Das portugiesische Patentgesetz spricht jedoch hier nicht von Erfindungen, sondern von Patentierungsgegenständen bzw. »Objekten«. Zusätzlich zu den vier übernommenen nicht patentfähigen Erfindungen aus Artikel 52.2 (a-d), schließt das portugiesische Patentgesetz in Artikel 52. (1) b »Materialien oder Substanzen, die bereits in der Natur bereits vorhanden sind und nukleares Material« von der Patentierbarkeit aus. Es handelt sich damit gewissermaßen um eine eigene Variante der im EPÜ kodifizierten Grenzziehung zwischen Entdeckung und Erfindung.

Die Ordre Public-Klausel aus Artikel 5.1. der Richtlinie wurde in Artikel 53 des portugiesischen Gesetzes, überschrieben mit »Begrenzungen des Patentschutzes« (Limitações quanto à patente) übertragen. Dabei wurden zusätzlich zur öffentlichen Ordnung und den guten Sitten die Kriterien der Rechtswidrigkeit und der öffentlichen Gesundheit aufgenommen (seja contrária à lei, [...] à saúde pública). Dabei entsteht ein Spannungsverhältnis zum zweiten Teil des Satzes, in dem – wortgleich zu Artikel 6. 1. der EU Richtlinie – statuiert wird, dass ein Verstoß nicht allein aus einem in Rechts- oder Verwaltungsvorschriften festgelegten Verwertungsverbot abgeleitet werden kann. Hier öffnen sich also Interpretationsspielräume.

Die Patentausschlüsse von Artikel 6.2. der Richtlinie wurden in Artikel 53(2) a-d des portugiesischen Gesetzes wortgetreu übernommen. Auch Artikel 5.1. der Richtlinie wurde innerhalb der Patentbeschränkungen, in Artikel 53.3 a. kodifiziert. Das Patentierungsverbot für Pflanzensorten und Tierrassen aus Art. 53b EPÜ wurde explizit aufgenommen.

Die Artikel 5.2. und 5.3. der Richtlinie werden als »Sonderfälle der Patentierbarkeit« gefasst und in Artikel 54 verankert. Interessant ist die Verschmelzung dieser beiden Artikel in Absatz b von Art. 54 (1):

»1 - Pode ser patenteada: (...)
b) Uma invenção nova, que implique actividade inventiva e seja susceptível de aplicação industrial, que incida sobre qualquer elemento isolado do corpo humano ou produzido de outra forma por um processo técnico, incluindo a sequência ou a sequência parcial de um gene, ainda que a estrutura desse elemento seja idêntica à de um elemento natural, desde que seja observada expressamente e exposta concretamente no pedido de patente, a aplicação industrial de uma sequência ou de uma sequência parcial de um gene;«

Daraus ergibt sich dem Wortlaut nach keine explizite Einschränkung des Stoffschutzes, eine Stoffschutzbeschränkung ist aber auch nicht auszuschließen.

Straus legt die portugiesische Fassung in einem Gutachten als »Verschärfung« aus, »nämlich, dass die Funktion der Sequenz nicht nur offenbart und beschrieben werden muss, sondern auch spezifisch zu beanspruchen ist« (2004: 25). Der Begriff »exposta concretamente no pedido de patente« wird so ausgelegt, »dass die gewerbliche Anwendbarkeit explizit beansprucht werden muß.« (Straus 2004: 22) Nach dieser Interpretation müßten Anmelder die gewerbliche Anwendbarkeit einer Gensequenz nicht nur in die Beschreibung, sondern in die Ansprüche aufnehmen, woraus sich dann eine Zweckbeschränkung auf die jeweilige Anwendung ergäbe.

Es dürfte portugiesischen Gerichten überlassen bleiben, die bindende Auslegung zu klären.

7. Spanien

Ley 10/2002, de 29 de abril, por la que se modifica la Ley 11/1986, de 20 de marzo, de Patentes, para la incorporación al Derecho español de la Directiva 98/44/CE del Parlamento Europeo y del Consejo, de 6 de julio, relativa a la protección jurídica de las invenciones biotecnológicas.

Dos. El artículo 5 de la Ley de Patentes queda redactado como sigue:

Artículo 5. (suite)

No podrán ser objeto de patente:
2. Las variedades vegetales y las razas animales. Serán, sin embargo, patentables las invenciones que tengan por objeto vegetales o animales si la viabilidad técnica de la invención no se limita a una variedad vegetal o a una raza animal determinada.
Lo dispuesto en el párrafo anterior no afectará a la patentabilidad de las invenciones cuyo objeto sea un procedimiento microbiológico o cualquier otro procedimiento técnico o un producto obtenido por dichos procedimientos.

3. El cuerpo humano, en los diferentes estadios de su constitución y desarrollo, así como el simple descrubrimiento de uno de sus elementos, incluida la secuencia o la secuencia parcial de un gen.
Sin embargo, un elemento aislado del cuerpo humano u obtenido de otro modo mediante un procedimiento técnico, incluida la secuencia total o parcial de un gen, podrá considerarse como una invención patentable, aun en el caso de que la estructura de dicho elemento sea idéntica a la de un elemento natural.
La aplicación industrial de una secuencia total o parcial de un gen deberá figurar explícitamente en la solicitud de patente.

Die wesentlichen Änderungen/Ergänzungen:

- wortlautgetreue Umsetzung von Artikel 5 und 6 der EU-Richtlinie.
- Dennoch Stoffschutzbeschränkung möglicherweise auslegbar.
- Es bleibt offen, ob und wieweit Spanien den Stoffschutz überhaupt anerkennt.

Erläuterung:

Artikel 5.(3) der Richtlinie entsprechen in der spanischen Version der deutschen Übersetzung der EU-Richtlinie, das Wort »konkret« wurde hierbei mit »explícitamente« übernommen. Eine Übersetzung lautet: Die gewerbliche Anwendbarkeit einer Sequenz oder Teilsequenz eines Gens muss konkret in der Patentanmeldung dargestellt werden.

Straus legt dies in einem Gutachten als »Verschärfung« aus, »nämlich, dass die Funktion der Sequenz nicht nur offenbart und beschrieben werden muss, sondern auch spezifisch zu beanspruchen ist« (2004: 25). Der Begriff »en la solicitud de patente« wird so ausgelegt, »dass die gewerbliche Anwendbarkeit explizit beansprucht werden muß.« (Straus 2004: 22) Nach dieser Interpretation müßten Anmelder die gewerbliche Anwendbarkeit einer Gensequenz nicht nur in die Beschreibung, sondern in die Ansprüche aufnehmen, woraus sich dann eine Zweckbeschränkung auf die jeweilige Anwendung ergäbe.

Es dürfte spanischen Gerichten überlassen bleiben, die bindende Auslegung zu klären.

Zudem bleibt offen, wieweit Spanien den Stoffschutz überhaupt anerkennt. Der Stoffschutz auf chemische Stoffe war in Spanien lange ausgeschlossen.

Spanien hat beim Beitritt zur EPO (1986) einen Vorbehalt nach Artikel 167 (2) a) EPÜ geltend gemacht, dem zufolge europäische Patente in Spanien unwirksam waren, soweit sie Schutz für chemische Erzeugnisse oder Arzneimittel als solche gewährten. Mit der Unterzeichnung des TRIPs-Übereinkommens ist ein Ausschluss des Stoffschutzes nicht mehr möglich. Es entstanden damit aber rechtliche Fragen, unter anderem, wieweit Stoffschutz für noch zuvor anhängige Patentanmeldungen – sowohl beim EPA wie beim nationalen spanischen Patentamt – möglich ist, welche Übergangsbestimmungen gelten und ob TRIPs unmittelbar wirksam ist.[1]

1 Mitteilung des Europäischen Patentamts vom 18. Juni 2007 im Anschluss an die Mitteilung vom 8. März 2007 (ABl. EPA 2007, 258) über die unmittelbare Anwendbarkeit des Artikels 70 (7) des TRIPs-Übereinkommens in Spanien auf europäische Patentanmeldungen, die vor Erlöschen des von Spanien nach Artikel 167 (2) a) EPÜ gemachten Vorbehalts eingereicht wurden, http://www.epo.org/patents/law/legal-texts/InformationEPO/archiveinfo/20070618_de.html. Dies gilt nur für *europäische* Patentanmeldungen, die vor dem 8. Oktober 1992, dem Tag des Erlöschens des von Spanien gemachten Vorbehalts, eingereicht wurden und noch beim Europäischen Amt anhängig sind.

8. Schweiz

Bundesgesetz
über die Erfindungspatente
(Patentgesetz, PatG)
Änderung vom 22. Juni 2007

II. Der menschliche Körper und seine Bestandteile - Art. 1a

1 Der menschliche Körper als solcher in allen Phasen seiner Entstehung und Entwicklung, einschliesslich des Embryos, ist nicht patentierbar.
2 Bestandteile des menschlichen Körpers in ihrer natürlichen Umgebung sind nicht patentierbar. Ein Bestandteil des menschlichen Körpers ist jedoch als Erfindung patentierbar, **wenn er technisch bereitgestellt wird, ein technischer Nutzeffekt angegeben wird und die weiteren Voraussetzungen von Artikel 1 erfüllt sind; Artikel 2 bleibt vorbehalten.**

III. Gensequenzen - Art. 1b

1 Eine natürlich vorkommende Sequenz oder Teilsequenz eines Gens ist als solche nicht patentierbar.
2 Sequenzen, die sich von einer natürlich vorkommenden Sequenz oder Teilsequenz eines Gens **ableiten,** sind jedoch als Erfindung patentierbar, **wenn sie technisch bereitgestellt werden, ihre Funktion konkret angegeben wird und die weiteren Voraussetzungen von Artikel
1 erfüllt sind; Artikel 2 bleibt vorbehalten.**

B. Ausschluß von der Patentierung - Art. 2

1 Von der Patentierung ausgeschlossen sind Erfindungen, **deren Verwertung die Menschenwürde verletzen oder die Würde der Kreatur missachten oder auf andere Weise** gegen die öffentliche Ordnung oder die guten Sitten verstossen würde. Insbesondere werden keine Patente erteilt für:
a. Verfahren zum Klonen menschlicher Lebewesen **und die damit gewonnenen Klone;**
b. Verfahren zur Bildung von Mischwesen unter Verwendung menschlicher Keimzellen, menschlicher totipotenter Zellen oder menschlicher embryonaler Stammzellen und die damit gewonnenen Wesen;
c. Verfahren der Parthenogenese unter Verwendung menschlichen Keimguts und die damit erzeugten Parthenoten;
d. Verfahren zur Veränderung der in der Keimbahn enthaltenen Identität des menschlichen Lebewesens und die damit gewonnenen Keimbahnzellen;

e. unveränderte menschliche embryonale Stammzellen und Stammzelllinien;
f. die Verwendung menschlicher Embryonen **zu nicht medizinischen Zwecken;**
g. Verfahren zur Veränderung der genetischen Identität von Tieren, die geeignet sind, diesen Tieren Leiden zuzufügen, ohne durch überwiegende schutzwürdige Interessen gerechtfertigt zu sein, **sowie die mit Hilfe solcher Verfahren erzeugten Tiere.**

IV. Nukleotidsequenzen - Art. 8c

Der Schutz aus einem Anspruch auf eine Nukleotidsequenz, die sich von einer natürlich vorkommenden Sequenz oder Teilsequenz eines Gens ableitet, ist auf die Sequenzabschnitte beschränkt, welche die im Patent konkret beschriebene Funktion erfüllen.

F. Forschungswerkzeuge - Art. 40b

Wer eine patentierte biotechnologische Erfindung als Instrument oder Hilfsmittel zur Forschung benützen will, hat Anspruch auf eine nicht ausschliessliche Lizenz.

G. Zwangslizenzen für Diagnostika - Art. 40c

Für Erfindungen, die ein Erzeugnis oder ein Verfahren zur Diagnose beim Menschen zum Gegenstand haben, wird zur Behebung einer im Gerichts- oder Verwaltungsverfahren festgestellten wettbewerbswidrigen Praxis eine nicht ausschliessliche Lizenz erteilt.

A. Form der Anmeldung I. Im Allgemeinen - *Art. 49 Randtitel und Abs. 2 Bst. b*

2 Das Patentgesuch muss enthalten:
b. eine Beschreibung der Erfindung und im Falle der Beanspruchung einer Sequenz, die sich von einer Sequenz oder Teilsequenz eines Gens ableitet, eine konkrete Beschreibung der von ihr erfüllten Funktion;
II. Angaben über die Quelle genetischer Ressourcen und traditionellen Wissens - Art. 49a
1 Das Patentgesuch muss Angaben enthalten über die Quelle:
a. der genetischen Ressource, zu welcher der Erfinder oder der Patentbewerber Zugang hatte, sofern die Erfindung direkt auf dieser Ressource beruht;

b. von traditionellem Wissen indigener oder lokaler Gemeinschaften über genetische Ressourcen, zu dem der Erfinder oder der Patentbewerber Zugang hatte, sofern die Erfindung direkt auf solchem Wissen beruht.
2 Ist die Quelle weder dem Erfinder noch dem Patentbewerber bekannt, so muss der Patentbewerber dies schriftlich bestätigen.

Die wesentlichen Änderungen/Ergänzungen:

- Ordre Public-Formel um Menschenwürde und Tierschutz erweitert.
- Erweiterung der Liste der Patentierungsausschlüsse.
- Beschränkung der Funktionsansprüche in den Gensequenzen (d.h. ACGT) selbst, aber keine Stoffschutzbeschränkung.
- Anspruch auf nicht-exklusive Lizenz für Forschungswerkszeuge (licence of rights).
- Zwangslizenzen für Diagnostika.
- Verpflichtende Angabe über die Quelle genetischer Ressourcen und traditionellen Wissens.